D1927947

MICHAEL FREEMAN

Alles über Digitalfotografie

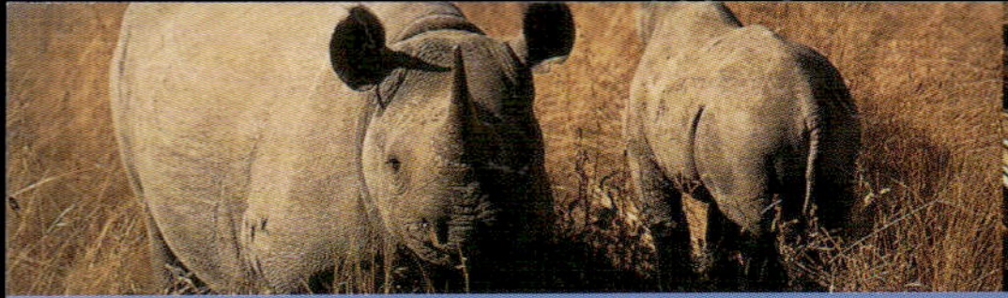
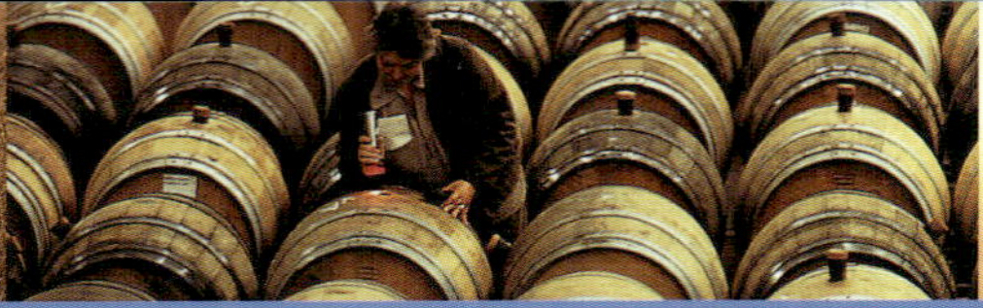

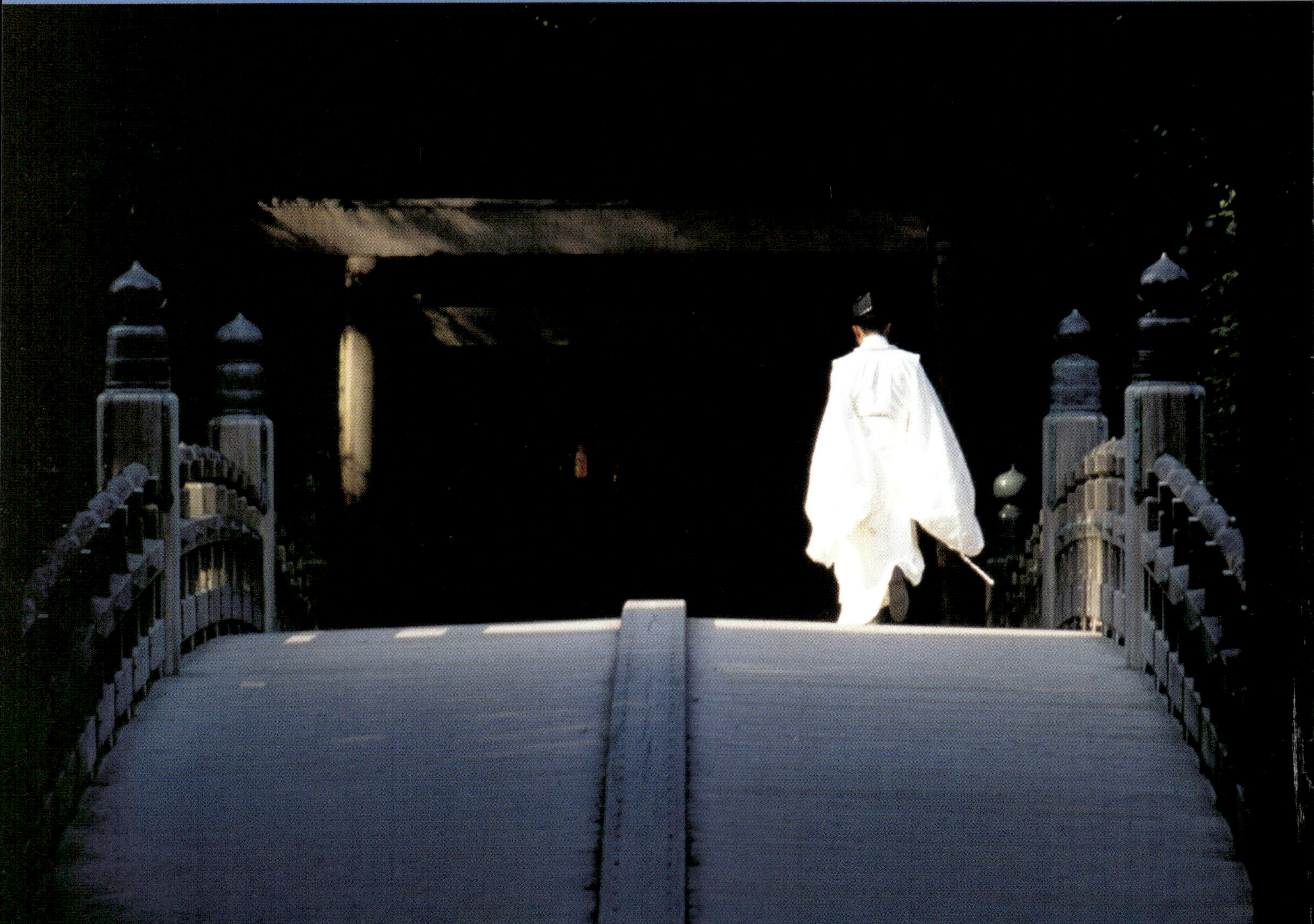

MICHAEL FREEMAN

Alles über Digitalfotografie

evergreen

Inhalt

© 2009 EVERGREEN GmbH, Köln

© 2008 The Ilex Press Limited

Originaltitel:
Mastering Digital Photography

Deutsche Übersetzung:
agentur commintern, Wien (S. 8-123, 334-609)
Brigitte Rüßmann und Wolfgang Beuchelt, Scriptorium Köln (S. 124-333)
Heinrich Degen, München (S. 7, 610-631)

ISBN 978-3-8365-1474-3

Printed in India

Einleitung

Digitalkameras haben der Fotografie neue, faszinierende Perspektiven und Möglichkeiten eröffnet. Ein großer Vorteil ist die sofortige Kontrolle der Aufnahme, die fast augenblickliche Verfügbarkeit der Bilder und die Möglichkeit, sie gleich nach der Aufnahme zu bewerten und – falls nötig – technische und künstlerische Korrekturen vorzunehmen. Dank der Digitalkamera kann man heute fast überall fotografieren. Sie kommt mit wenig Licht aus und ist meist so klein, dass man sie stets mitnehmen kann. Und da man die Aufnahmen selbst bearbeiten, ausdrucken und anzeigen kann, hat man auch den gesamten Prozess unter Kontrolle.

Doch viele Aspekte der Fotografie sind unverändert geblieben, sie betreffen im Wesentlichen den Bildinhalt: die Motive und deren Umsetzung. Man könnte auch sagen, den eigentlichen Inhalt der Fotografie. Ein befreundeter Artdirector hat eine treffende Formulierung, um Bilder zu beschreiben, die nicht wirklich gut sind: „Ein Foto auf der Suche nach einem Motiv." Ich habe das Gefühl, ich sehe immer mehr solcher Bilder. Die Nutzer der Digitalkamera experimentieren begeistert mit allen Funktionen des Gerätes und schießen zahllose Digitalfotos, allerdings wird kaum Mühe aufgewendet, um interessante Motive zu suchen und zu fotografieren. Zu viele Blumen, Backsteinmuster und eher langweilige Landschaften sind das Resultat. In diesem Buch geht es im Wesentlichen um bewusstes Fotografieren.

Ich bin überzeugt davon, dass Fotografie mehr mit dem Gebrauch des Auges als mit irgendwelchen technischen Aspekten und Funktionen einer Kamera zu tun hat. Deshalb stelle ich die technischen Informationen bewusst im Anhang vor und nicht – wie die meisten Bücher – als Einstieg in das Thema Fotografie. Die technischen Grundlagen sind keinesfalls nebensächlich, doch das Wissen über Sensoren und Objektive ist nur eine Vorbereitung auf die Fotografie, mehr nicht. Was aber ist nun Fotografie? Ist es die technische Ausrüstung, die uns mit immer tolleren Features präsentiert wird? Ist es das geheime Wissen darum, wie man perfekt und gekonnt jedes einzelne Motiv fotografiert? Ist es die Software, die das letzte Quäntchen aus einem Bild „kitzelt"?

Als professioneller Fotograf, der für Zeitschriften und vorrangig im dokumentarischen Bereich tätig ist, habe ich dazu natürlich meine eigenen Ansichten. Und das ist auch der Grund, warum ich Bücher schreibe, wenn ich nicht unterwegs bin, um zu fotografieren. Ich vertrete dabei einen durchaus subjektiven Standpunkt, und in meinem Verständnis hat die Bearbeitung digitaler Bilder am Computer keinesfalls denselben Stellenwert wie das Fotografieren selbst. Fotografie ist für mich zuallererst die Aufnahme, das Erfassen eines Moments und eines Motivs.

Im Idealfall ist Fotografie eine Begegnung mit der realen Welt vor der Kamera, die man mit seiner eigenen, besonderen Sichtweise in einem Bild einfängt. Sich an eine formalistische Herangehensweise bei der Auswahl von Perspektiven, Bildkomponenten und Belichtungseinstellungen zu halten, ist einfach, letztlich aber eher unverbindlich, denn sie beschert keine echte Freude am Fotografieren. Auf den folgenden Seiten stelle ich die Welt der Fotografie als ein großes Angebot an Möglichkeiten vor, gelungene, interessante und individuelle Aufnahmen zu machen. Das ist auch der Anspruch, den ich in erster Linie an meine Fotos habe.

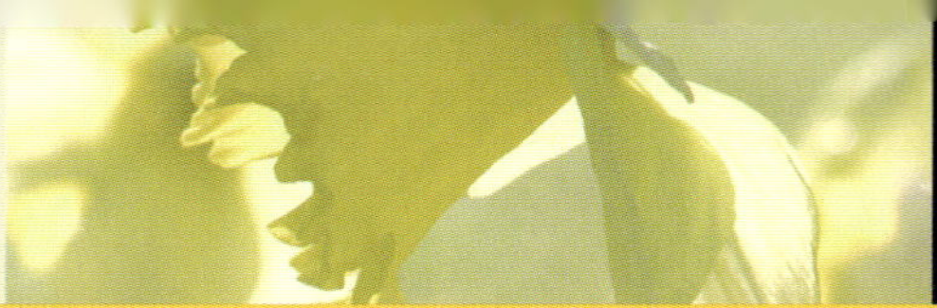
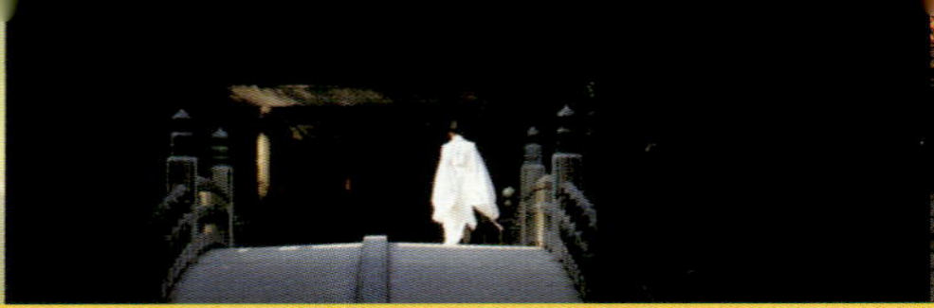
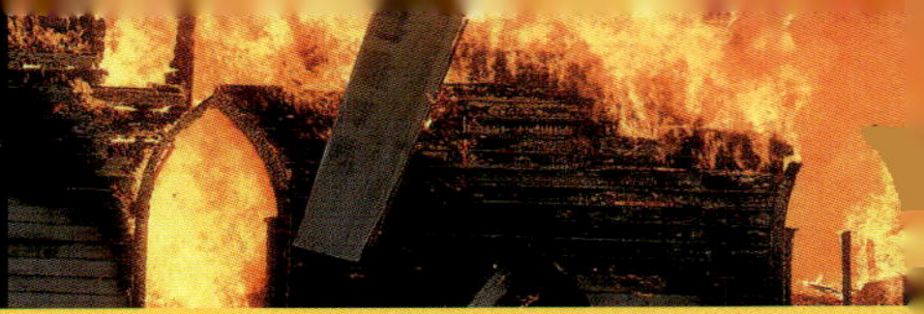
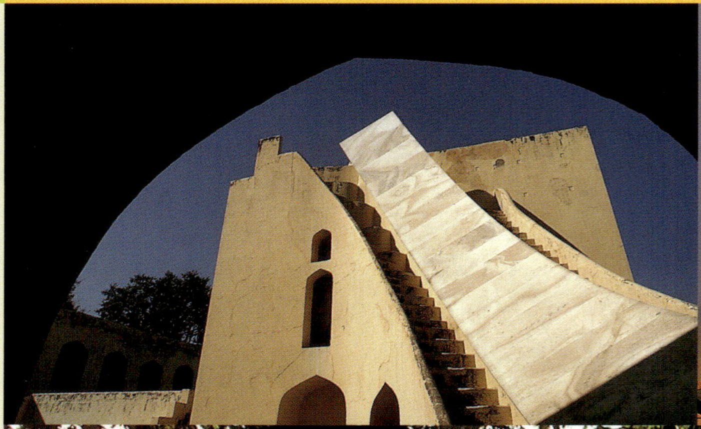
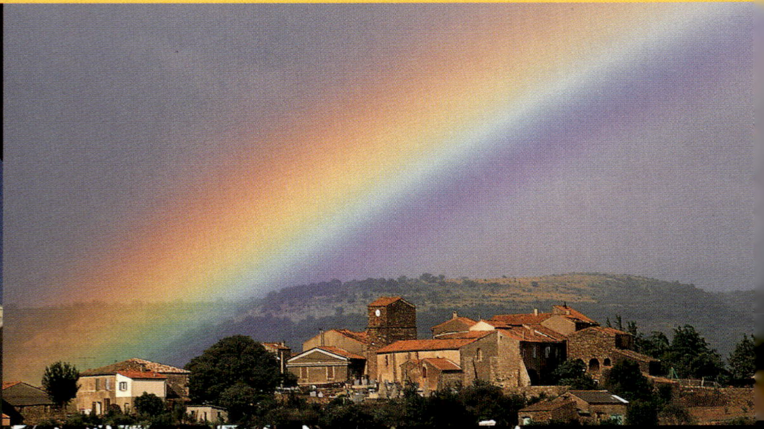
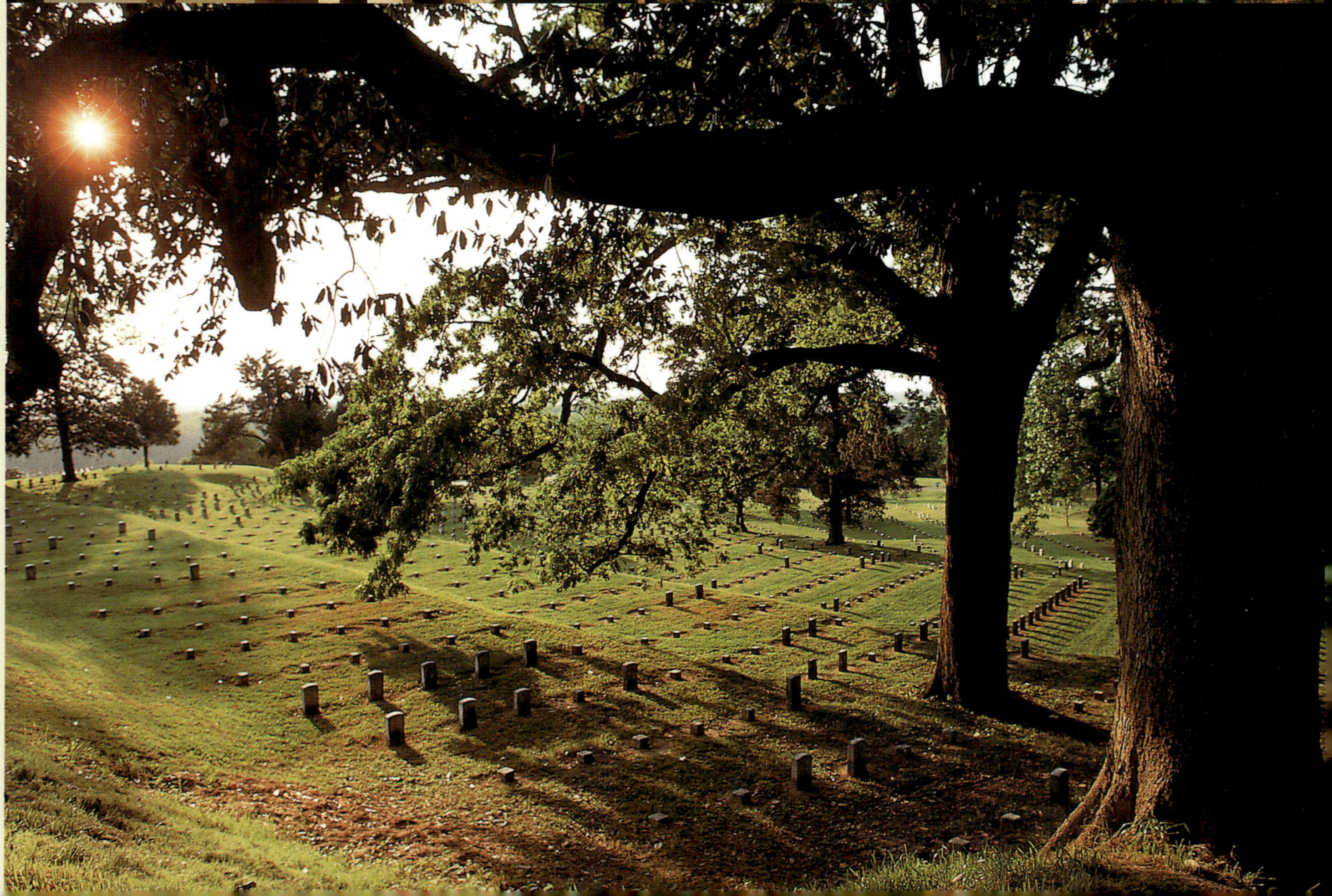

Licht – die Fakten

Dank digitaler Aufnahmetechnik kann man Licht mit bislang unbekannter Genauigkeit messen. Bessere Kameras etwa zeigen die Verteilung der einzelnen Tonwerte einer Aufnahme, von dunkel bis hell, grafisch als Histogramme an. Solche und weitere Analysen sind auch nach dem Transfer der Bilder auf den Computer möglich. Diese Techniken sind keineswegs nur von akademischem Interesse, sondern praktische Hilfen, die es ermöglichen, das Beste aus Licht und Farbe zu machen, indem umfassendste Bildinformationen eingefangen und dargestellt werden.

Der Prozess der Digitalfotografie beginnt auf der Ebene kleinster Fotozellen auf dem Sensor der Kamera. Trifft Licht auf, wird es proportional zu seiner Intensität als Änderung der elektrischen Spannung aufgezeichnet. Das zu speichernde Bild ist ein Mosaik aus Millionen dieser Zellen. Um ihre korrekte Funktion sicherzustellen, müssen die Kamera und das Objektiv Lichtstärke und Farbbalance sowie, falls ein Blitz verwendet wird, dessen Synchronisation kontrollieren. Die Lichtstärke entspricht im Wesentlichen der Belichtungszeit, da die Sensoren für jedes brauchbare Bild eine bestimmte Lichtmenge benötigen. Allerdings kann, wenn auch immer mit qualitativen Einbußen, die Empfindlichkeit an dämmrige Verhältnisse angepasst werden. Die Qual der Wahl des richtigen Films ist zu Ende – das gesamte Spektrum wird von einem einzigen Sensor abgedeckt.

Die anderen beiden wesentlichen Variablen, mit denen die Lichtmenge reguliert wird, sind Verschlusszeit und Blendenöffnung. Da sie sich in ihrer Wirkung unterscheiden, können wir je nach Gestaltungsabsicht einem Element den Vorzug geben: einer kürzeren Verschlusszeit, um eine Bewegung einzufrieren, oder einer kleineren Blende, um mehr Schärfentiefe zu erhalten. Aktuelle Kameras passen, außer wenn man manuell wählen möchte, Verschlusszeit und Blende programmgesteuert an und liefern so meist akzeptabel belichtete Bilder.

Licht hat auch Farben, und zwar mehr, als das Auge unterscheiden kann: Wir stellen uns im Alltag so gut auf Farbverschiebungen des Lichts ein, dass uns Farben echt und richtig scheinen, egal, ob wir sie im strahlenden Weiß der Mittagssonne, im Blau der Schatten, im Orange von Glühlampen oder im Grün von Leuchtstoffröhren betrachten. Kameras bilden die von der Lichtquelle abhängigen Farbtöne originalgetreu ab, ohne Kompromisse. Dies führte in den Tagen des Films oft zu überraschenden und unerwünschten Farbergebnissen. Dem trägt die digitale Aufnahmetechnik auf zwei Arten Rechnung: Zum einen kann man das Bild sofort kontrollieren, zum anderen sind Anpassungen in der Kamera selbst möglich.

Aktuelle Digitalkameras stellen sich automatisch auf die genannten Faktoren ein, doch das ist manchmal zu gut gemeint, da gerade das Licht grundlegende Entscheidungen fordert: Welches Licht passt am besten zu welchem Thema oder zu welcher Szene und wie kann man nicht zu beeinflussende Lichtverhältnisse am besten nutzen. Kurz gesagt: Entwickeln Sie ein Gefühl für die Vielfalt an Stimmungen, die man mit Licht erschaffen kann.

Helligkeit

Tageslicht ist die häufigste Lichtquelle in der Fotografie, daher sind darauf die Einstellmöglichkeiten von Verschlusszeit und Blende sowie die Empfindlichkeit des Sensors optimal abgestimmt.

Die meisten Digitalkameras liefern bei ISO 100 oder 200 die qualitativ besten Ergebnisse. Normale Belichtungszeiten liegen, an einem klaren Tag um die Mittagszeit, bei Blende *f*16 bei 1/125 oder 1/250 Sek. Verglichen damit sind die meisten künstlichen Lichtquellen schwach. Überdies kann anderes als fotografisches Licht, etwa Wohnungs- oder Straßenbeleuchtung, erhebliche Probleme verursachen. Aber auch Fotolicht erschwert die Arbeit, meist ist es eher zu schwach, selten wird man Gefahr laufen, überzubelichten. Bei Nahaufnahmen, etwa bei Stillleben, sind diese Probleme leicht zu bewältigen, größere Szenen aber erfordern für zufriedenstellende Ausleuchtung meist aufwändige und teure Ausstattung.

Die Intensität des Lichts ist von drei Faktoren abhängig: der Stärke der Lichtquelle, der Art, wie sie modifiziert wird, und von ihrer Entfernung zum Objekt. Zwar ist die Sonne unsere wichtigste Lichtquelle, aber es können, mit unterschiedlichem Erfolg, verschiedenste Lampen für die Fotografie eingesetzt werden. Einige, wie konventionelle Glühlampen, gibt es nur, weil sie eine einfache Möglichkeit zur Lichterzeugung sind, auch wenn ihr Schein kaum Ähnlichkeit mit Tageslicht hat. Hingegen sollen Leuchtstofflampen einen schmalen Bereich des Tageslichts imitieren. Andere wiederum, wie Elektronenblitze, wurden allein für die Fotografie geschaffen. Es gibt es drei wesentliche künstliche Lichtquellen: Glühlampen, Leuchtstoffröhren bzw. Gasdampflampen und Elektronenblitze. Glühlampen erzeugen Licht durch Erwärmung. Ein Wolframfaden wird durch elektrische Spannung zum Glühen gebracht. In Leuchtstoffröhren und Dampflampen werden Gase durch

Tageslicht
Das Licht der Sonne ist nicht nur die häufigste, sondern für gewöhnlich auch die hellste Lichtquelle. Fotografiert man direkt in die Sonne, ist deren Helligkeit so groß, dass kein Film oder Sensor diese Lichtmenge korrekt verarbeiten kann.

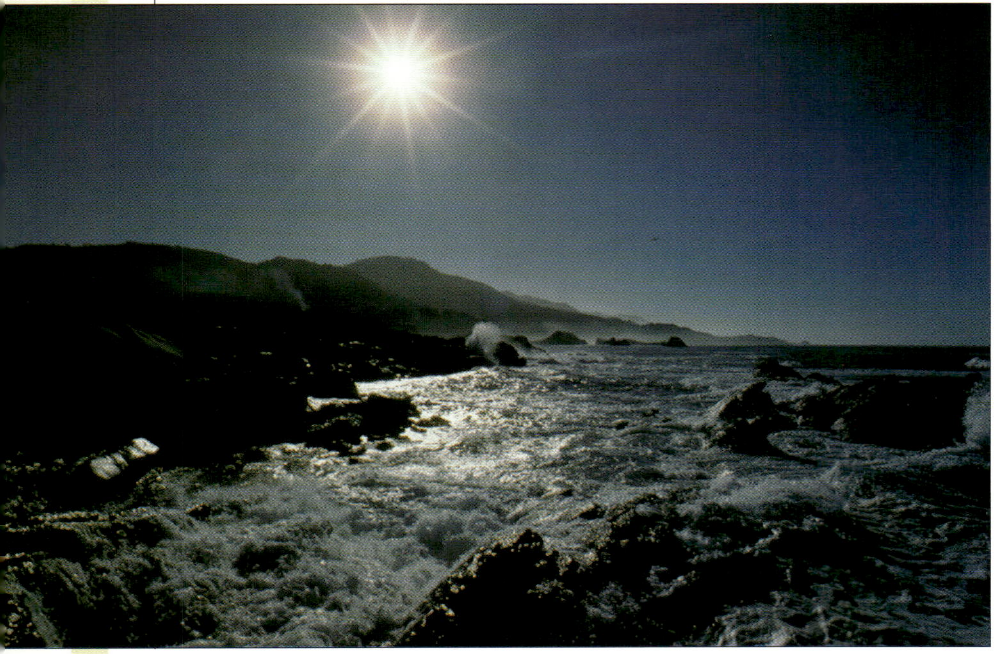

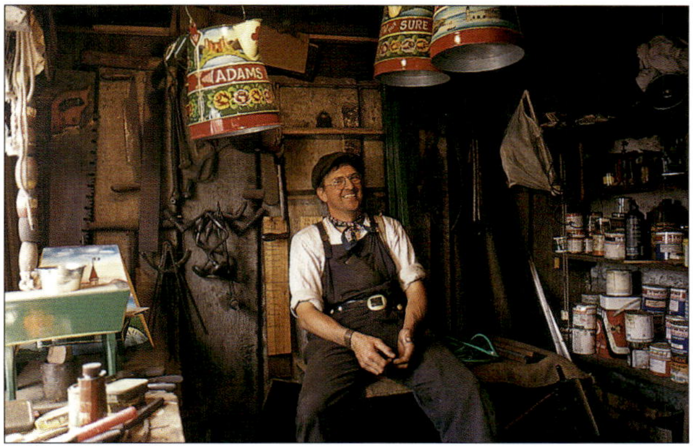

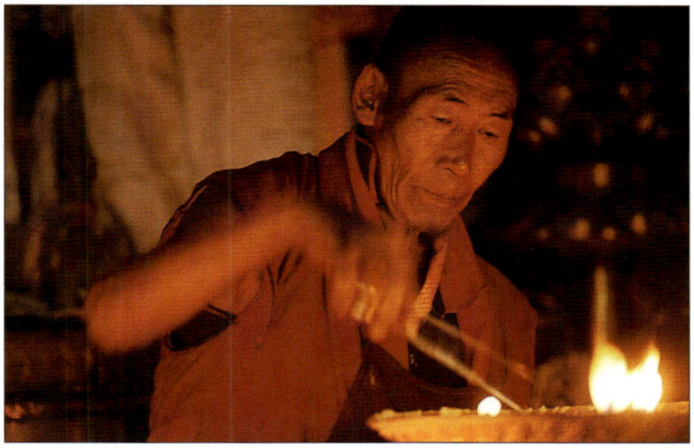

elektrischen Strom ionisiert, wodurch sie sich entladen und leuchten. Auch Elektronenblitze nutzen das Prinzip der elektrischen Entladung, allerdings als einzelner, extrem kurzer Impuls in einer versiegelten Gasröhre.

Da die Sonne weit von uns entfernt ist, ist ihr Licht in jedem Teil einer Szene von gleicher Intensität – der Unterschied in der Entfernung zwischen Vorder- und Hintergrund einer Landschaft ist im Vergleich zu jener zwischen Erde und Sonne minimal. Jede künstliche Lichtquelle wird jedoch mit der Entfernung schwächer, und genau dieser Abfall ist ein wesentlicher Faktor bei der Gestaltung mit künstlichem und nachts verfügbarem Licht.

Tageslicht und Licht von Glühlampen sind linear und, zumindest aus der Sicht des Fotografen, konstant. Leuchtstoffröhren hingegen pulsieren, liefern schnell wechselnde Lichtsituationen. Blitzlicht basiert auf einem einzelnen Impuls: eine einzige, konzentrierte, gleichmäßige Entladung, die ein Bild ebenso belichtet wie konstantes Licht geringerer Stärke. Die Synchronisation des Blitzes mit jener Zeit, in der die Blende der Kamera geöffnet ist, ist entscheidend für die Regulierung der Belichtung eines Bildes.

Licht im Innenraum

In Gebäuden sind Glühbirnen nach Tageslicht die häufigste Lichtquelle. Die Helligkeit ist von der Raumgröße sowie den Positionen von Fenstern und Lampen abhängig. Aber selbst untertags ist die Lichtstärke um 7 Blendenschritte kleiner als im Freien.

Flammen

Die wohl schwächste Lichtquelle, der man in der Fotografie begegnet, ist eine Kerze. Die Flamme ist zwar immer hell genug, um ein Foto zu ermöglichen, kommt das Licht jedoch von der Kerze allein, braucht es lange Verschlusszeiten.

Beleuchtungsstärke und Entfernung

Die Beleuchtungsstärke fällt mit dem Quadrat der Entfernung zur Lichtquelle: Doppelt so weit entfernt beträgt die Lichtstärke nur mehr ein Viertel. Bemerkenswert ist, dass das Sonnenlicht nicht mit dem Quadrat der Entfernung abzunehmen scheint. Dies ist deswegen so, weil die Distanz zwischen Sonne und Erde so groß ist, dass lokale Unterschiede nicht ins Gewicht fallen.

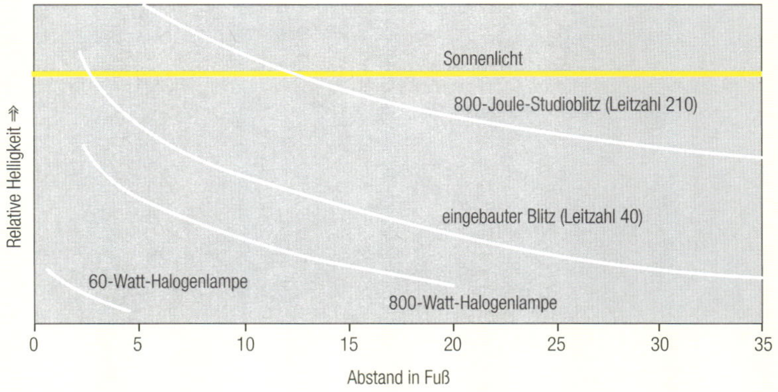

Messung und Belichtung

Im Normalfall hat man optimal belichtet, wenn alle wesentlichen Details erkennbar, der Tonwertumfang groß und die Farbsättigung gut sind. Die Messung liefert die Basis, die letzte Entscheidung aber treffen Sie.

Die Belichtung entspricht der Lichtmenge, die den Sensor erreicht. Bei zu viel Licht wirkt eine Aufnahme blass und verwaschen, bei zu wenig dunkel und düster. Richtige Belichtung ist von der Empfindlichkeit des Sensors abhängig, die bei den meisten Kameras geregelt werden kann. Anhand der Messungen des integrierten Belichtungsmessers werden die Belichtungsdaten errechnet, die Automatik liefert meist zufriedenstellende Ergebnisse. Ist eine Szene ungewöhnlich beleuchtet, oder wollen Sie bewusst einen besonderen Effekt erzielen, belichten Sie manuell. Ich ziehe die manuelle Einstellung vor, auch wenn man der Lichtsituation mehr Aufmerksamkeit schenken muss.

Kameras regeln die Belichtung über Verschlusszeit und Blendenöffnung. Der Shutter bleibt kürzer oder länger geöffnet, je nachdem, wie man eine Bewegung abbilden will. Die Blende, meist ein mehrflügeliges Lamellensystem zwischen den Linsen des Objektivs, schneidet das Licht mehr oder weniger ab. Beides wird durch das Messsystem verbunden, das die Lichtverhältnisse einer Szene aus der Kameraposition misst und dementsprechend die Belichtung regelt.

Kameras bieten diverse Modi zur Belichtungssteuerung. Entweder wählt man die Blendenöffnung, und die Kamera steuert die Verschlusszeit (Zeitautomatik), oder man wählt die Verschlusszeit, und die Kamera regelt die Blende (Blendenautomatik), oder man überlässt beides der Kamera, entsprechend der gewählten Programmvorgabe (Programmautomatik). Alternativ kann man alle Parameter manuell einstellen und Über- oder Unterbelichtung über Sucher oder Display kontrollieren.

Manuell belichten

Manuelle Belichtung ermöglicht die direkte Wahl von Blende und Verschlusszeit. Bei Digital- und Filmkameras stehen diese Werte in einem reziproken Verhältnis: Das Belichtungsergebnis bleibt gleich, wenn man einen der Faktoren um einen Schritt erhöht und den anderen um einen Schritt vermindert. Blende und Belichtungszeit werden in Zahlenschritten angegeben. Jeder volle Schritt verdoppelt bzw. halbiert die Belichtung. Benötigt man eine kürzere Verschlusszeit, ohne die Belichtung zu verändern, braucht man nur die Blende um dieselbe Stufenzahl zu erhöhen. Fotografiert man zum Beispiel mit 1/60 Sek. und *ƒ*5.6 und will ein sich schnell bewegendes Objekt durch kürzere Verschlusszeit einfrieren, wird man die Verschlusszeit um zwei Stufen auf 1/250 Sek. und die Blende auf *ƒ*2.8 ändern – das Belichtungsergebnis bleibt gleich. Bessere Kameraautomatiken arbeiten stufenlos, trotzdem ist es nach wie vor üblich, die vertrauten Skalen von Verschlusszeit und Blende im Display anzuzeigen.

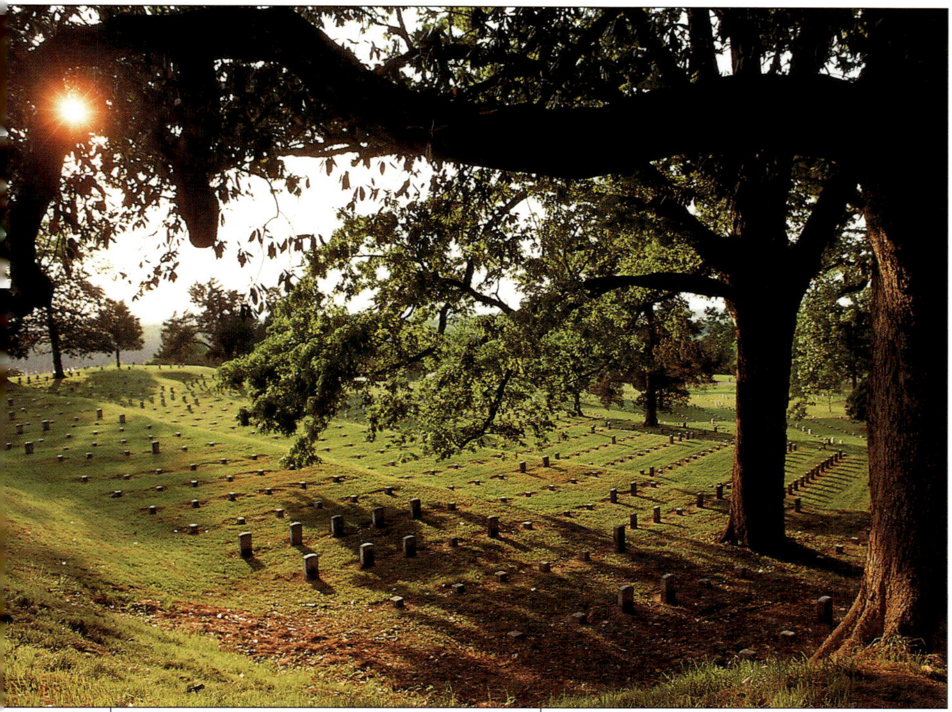

Belichtungsreihen

Bei Belichtungsreihen werden zusätzlich etwas über- bzw. unterbelichtete Aufnahmen gemacht. Ein so genanntes „Bracket" von drei Bildern umfasst +*f*1/2, normal und -*f*1/2 Blendenschritte, ein Bracket von fünf besteht aus +*f*1, +*f*1/2, normal, -*f*1/2 und -*f*1. Diese Technik ist vor allem bei schwierigen Lichtverhältnissen nützlich oder wenn nicht genügend Zeit bleibt, um das Ergebnis auf dem LCD-Monitor zu kontrollieren. Viele Kameras bieten diese Funktion automatisiert an.

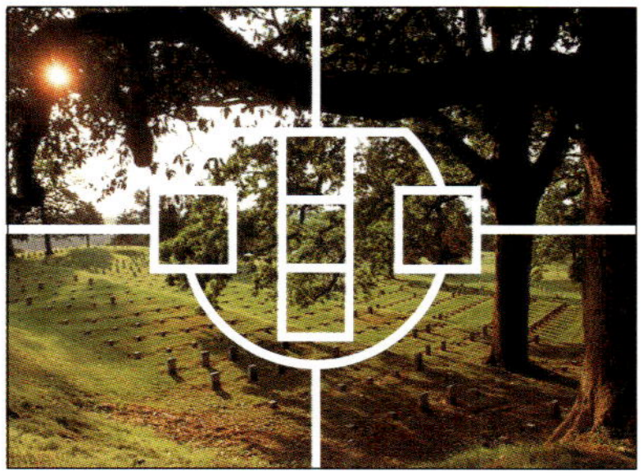

Matrixmessung
Matrix- oder Mehrfeldmessung beruht auf einer Segmentierung des Kamerabildes, wobei jedes Segment gesondert gemessen wird. Das daraus resultierende Verteilungsmuster wird mit einer Motivbibliothek verglichen und die Belichtung entsprechend angepasst. Enthält die Datenbank eines Herstellers eine umfangreiche Auswahl an Referenzsituationen, kann diese Methode die beste zur Bewältigung ungewöhnlicher Lichtverhältnisse sein. So auch hier, wo die Sonne oben links durch die Blätter scheint.

Blendenschritte

Die Größe der Blendenöffnung wird in Blendenschritten gemessen. Der Grund dafür: Dieselbe Zahl gilt für alle Arten von Objektiven. Jeder Schritt entspricht einer bestimmten Lichtmenge, die das Objektiv passiert. So ist bei Blende *f*4 die Öffnung eines 35-mm-Objektives weit kleiner als bei einem Teleobjektiv, die Belichtung ist bei beiden jedoch exakt gleich. Die Teilung der Blendenschritte wirkt deswegen etwas seltsam, da die Zahlen dem Verhältnis der Öffnung zur Brennweite entsprechen. Dennoch: Bei jedem Schritt passiert nur mehr halb so viel Licht wie bei dem Wert davor.

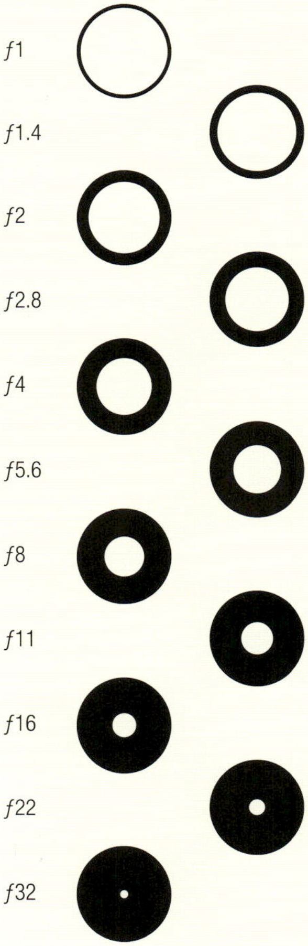

Messmodelle

Die meisten integrierten Belichtungsmesser beurteilen eine Szene in Hinblick auf wahrscheinliche Bildkompositionen, viele Kameras bieten Wahlmöglichkeiten.

Der Belichtungsmesser untersucht das auf den Sensor fallende Licht in Bezug auf optimale Belichtung, ermöglicht es aber auch, bestimmte Bildelemente zu bevorzugen. Der Grund: Bei den meisten Motiven ist die Helligkeit ungleich verteilt, die für einen Teil optimale Belichtung ist für einen anderen unpassend. Anders gesagt, die Wahl ihres Themas ist entscheidend (*Details dazu auf Seite 22–23*). Die hinter dem Messsystem arbeitende Software versucht nun, das Bild im Hinblick auf mögliche Kompositionen zu analysieren.

Die Mehrfeld- oder Matrixmessung wurde über die Jahre laufend verfeinert und ist heute die ausgefeilteste Methode. Dabei wird das Bild in eine bestimmte Zahl an Segmenten geteilt und deren Lichtwert gesondert ausgelesen. Das daraus resultierende Muster wird mit mehreren, im System gespeicherten Referenzsituationen verglichen. Gelingt der Abgleich mit einer gespeicherten Charakteristik, sollte das Ergebnis fast perfekt sein. Einige Hersteller nutzen für den Vergleich Algorithmen simulierter Szenen, andere Motivbibliotheken realer Aufnahmen (bei Nikon 30000 Bilder).

Aber Vorsicht bei ungewöhnlichen Lichtsituationen. Die Matrixmessung basiert auf typischen Bildern. Auch wenn sich führende Kamerahersteller rühmen, nahezu jede Situation berücksichtigt zu haben, gerade jene ganz besondere, für Sie wertvolle Aufnahme kann nicht oder völlig falsch eingeordnet werden. In wenigen, aber meist umso schwerer wiegenden Fällen liegt die Matrixmessung mit der Annahme, was Sie wollen, völlig falsch.

Mittenbetonte und Spotmessung sind die beiden anderen, allerdings nicht bei allen Kameras verfügbaren Messmodi. Beide sind in der Hand des erfahrenen Fotografen herausragende und präzise Gestaltungshilfen, auch wenn sie im Vergleich zur Mehrfeldmessung wenig raffiniert erscheinen. Bei der mittenbetonten Messung werden die im Zentrum liegenden Messfelder meist im Sucher eingeblendet. Bei unserem Beispiel hat das Hauptmessfeld einer Nikon SLR (links) einen Durchmesser von 8 mm und läuft in ein umschließendes, 12 mm breites Feld aus, das man im Sucher sieht. Die Spotmessung ist noch präziser. In beiden Fällen empfiehlt es sich, erst den wichtigsten Bereich eines Motives zu messen, den Belichtungswert zu

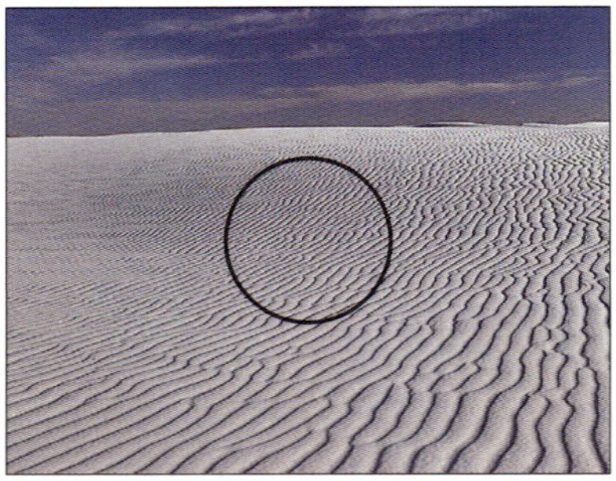

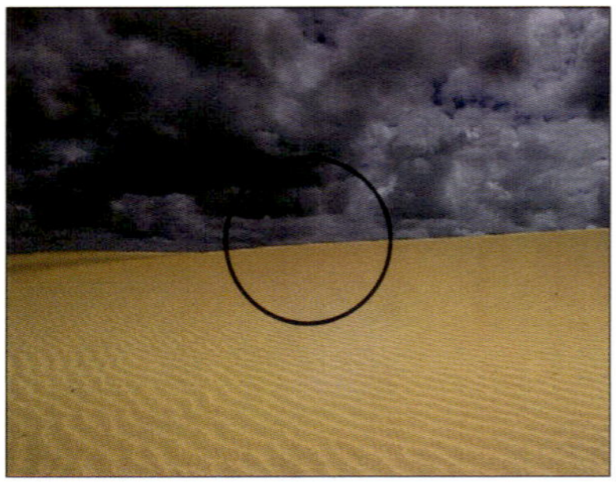

Die mittenbetonte Selektivmessung verstehen
Betrachten Sie durch den Sucher eine Szene mit zwei stark kontrastierenden Elementen. Bei unserem Beispiel hat der eingravierte Messkreis der Nikon D100 einen Durchmesser von 12 mm, dem 8-mm-Kreis in der Mitte kommt das größte Gewicht zu. Indem wir das Messfeld auf verschiedene Bildteile richten und die Messwerte beachten, lernen wir, die exakte Gewichtung zu verstehen, und begreifen, wie sie sich auf das Ergebnis auswirkt. Mit dieser Messtechnik können Sie jede Aufnahme nach Ihren Vorstellungen gestalten, indem Sie mit den Messwerten verschiedener Bildbereiche arbeiten oder sie gar aus einer anderen Ansicht nehmen.

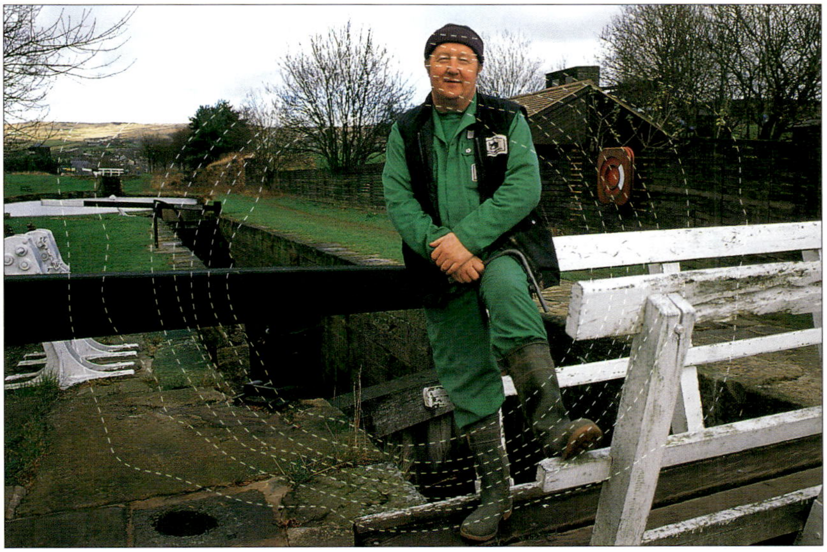

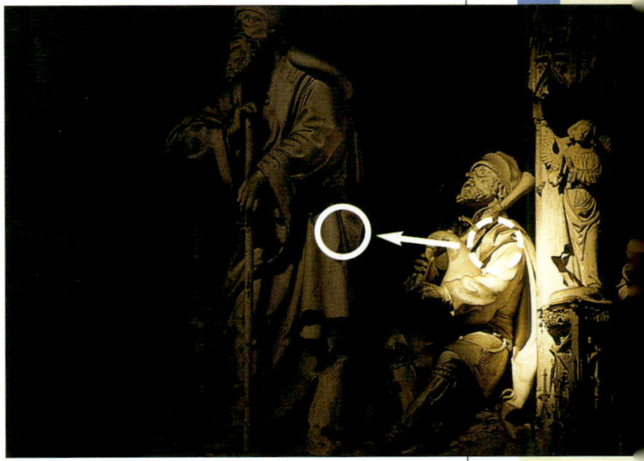

Alternative Messmethoden

Alternativen zur Mehrfeldmessung, die weniger auf die Kameraautomatik setzen, sind die mittenbetonte Integralmessung (oben), bei der ein Bildpunkt umso wichtiger wird, je näher er in der Mitte liegt, die mittenbetonte Selektivmessung (unten) und die Spotmessung (oben rechts). Bei der Spotmessung misst man zuerst das Hauptmotiv aus und arrangiert dann das Bild neu.

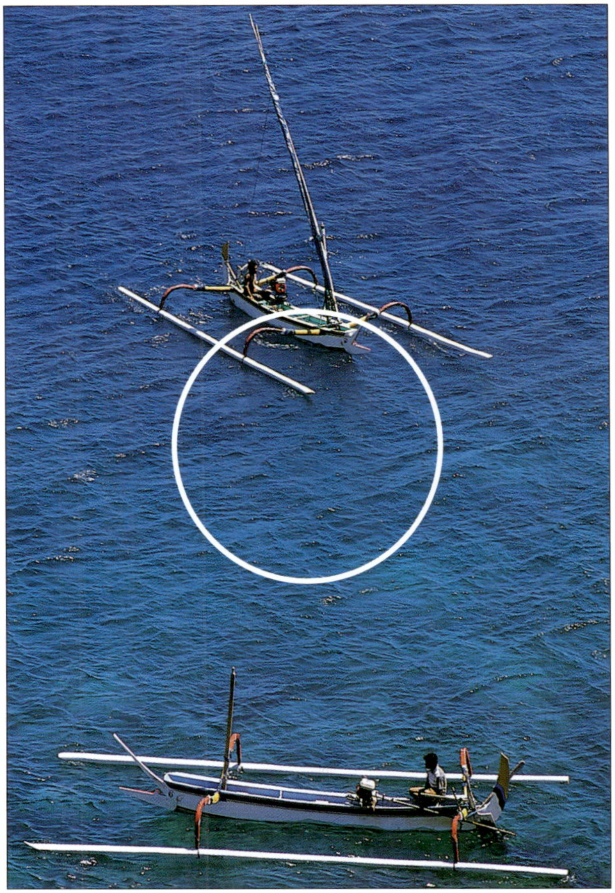

speichern und den Bildausschnitt wieder zu ändern, ohne die Einstellung zu verlieren. Alternativ kann man die gemessenen Werte manuell einstellen. Glücklicherweise kann das Ergebnis sofort am Display beurteilt und, falls nötig, eine neue Aufnahme gemacht werden.

Arbeiten Sie unter Studiobedingungen oder wollen Sie das Wesen der Lichtmessung zur Gänze erfassen, sind Handmessgeräte unschlagbar. In der Praxis wurden sie aber durch die Möglichkeit, die Ergebnisse sofort am LCD-Monitor zu kontrollieren, verdrängt. Ein Handbelichtungsmesser ermöglicht zusätzlich zu der oben beschriebenen Objektmessung die so genannte Lichtmessung. Nach Aufsetzen einer Diffusorkalotte kann das auf ein Objekt fallende Licht direkt gemessen werden, wodurch sich die Frage, ob es dunkler oder heller als der Rest des Bildes ist, erübrigt.

Histogramme

Digital gespeicherte Bilder können absolute exakt gemessen werden. Manche Kameras besitzen eine Histogrammfunktion, die eine sofortige Beurteilung der Belichtung ermöglicht.

Einer der größten Vorteile der Digitalfotografie ist das sofortige Feedback: Jedes Bild kann unmittelbar nach der Aufnahme beurteilt werden. Dadurch hat sich die Arbeitsweise vieler Fotografen grundlegend verändert, besonders in schwierigen Situationen. Einer der Hauptvorteile der unmittelbaren Bildkontrolle ist, dass weit exakter belichtet werden kann. So können Sie Belichtungsreihen vergessen, sogar bei so problematischen Aufnahmen wie Gegenlicht und Silhouetten.

Die sofortige Überprüfung kann aber auch weniger erwünschte Effekte haben, wie Gleichgültigkeit oder das allzu schnelle Verwerfen von Aufnahmen. Die LCD-Displays haben zwei bei der Beurteilung der Belichtung wesentliche Schwachstellen. Der erste ist der Betrachtungswinkel: Oft reichen wenige Grad Abweichung von der Bildachse, um ein Bild heller oder dunkler erscheinen zu lassen, als es tatsächlich ist. Der andere ist das Umgebungslicht: Einen wirklich stimmigen Eindruck hat man nur im Dunklen, helle Sonne macht eine Beurteilung nahezu unmöglich.

Einige Kameras können zu jeder Aufnahme ein Histogramm anzeigen, das eine präzise und unverfälschte Beurteilung ermöglicht. Ein Histogramm als Kurve oder Balkendiagramm stellt die Tonwertverteilung eines Bildes dar, wobei Schwarz links, Grau in der Mitte und Weiß ganz rechts aufgetragen wird. Dies ist keinesfalls eine nutzlose technische Spielerei. Können Sie ein Histogramm erst lesen, werden Sie es auf einen Blick interpretieren, meist weit schneller, als das Foto selbst zu analysieren.

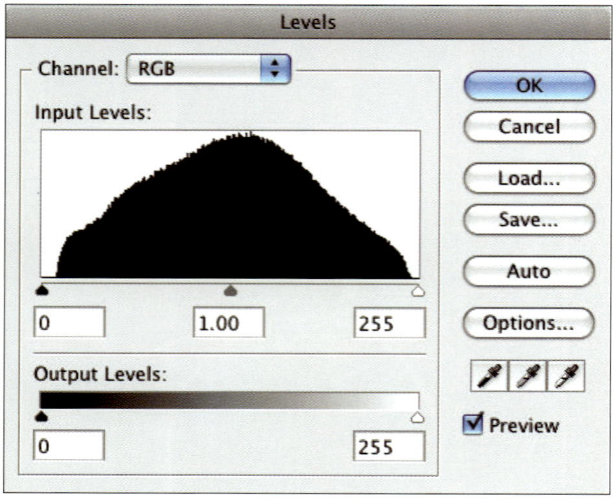

Gute Standardbelichtung

Wegen der enormen Vielfalt an Lichtsituationen fällt es schwer, allgemein gültige Regeln aufzustellen. Bei einer durchschnittlichen Szene mit normalem Kontrastumfang sieht der Geübte am Histogramm zwei typische Kennzeichen richtiger Belichtung:

- Die Kurve beginnt nahe dem rechten Rand und verläuft fast bis ans linke Ende.
- Der Gipfel der Kurve liegt in der Nähe des Zentrums, das heißt: Schatten sind dunkel, aber dennoch durchgezeichnet, helle Bereiche sind fast, aber nicht ganz weiß, Mitteltöne (der Gutteil der Spitze) sind, wo sie sein sollen: in der Mitte.

Photoshop-Histogramm

Hat Ihre Kamera keine Histogramm-Ansicht, hilft Ihr Bildbearbeitungsprogramm, etwa Photoshop: In heiklen Situationen machen Sie Belichtungsreihen, um unwiederbringlich falsch belichtete Aufnahmen zu vermeiden, und beurteilen sie dann am Computer.

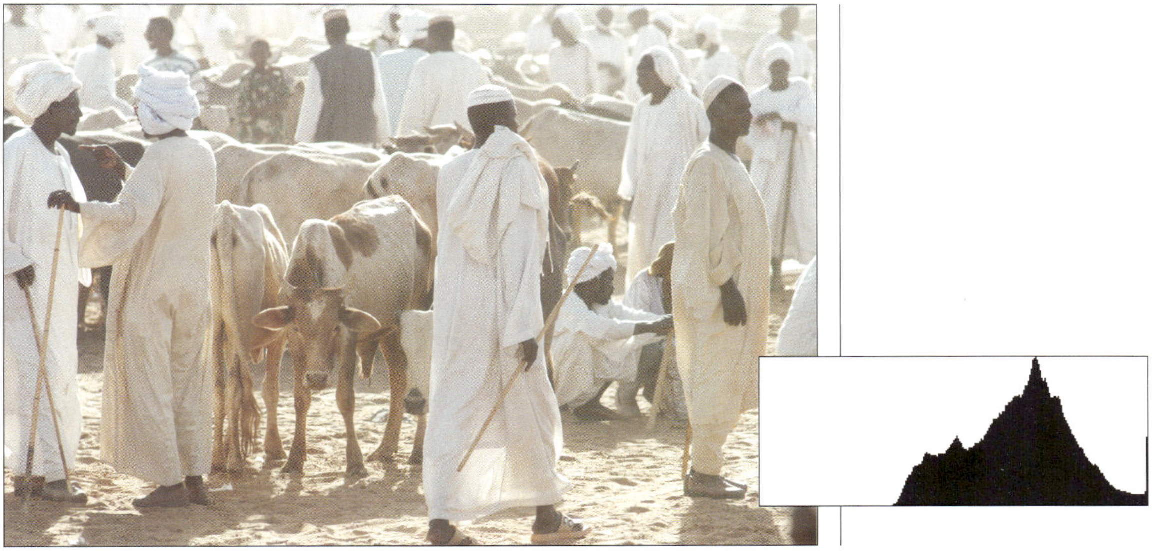

Überbelichtet

Erreicht zu viel Licht den Sensor, gibt es keine dunklen Schatten, Lichter erscheinen verwaschen. Die Kurve des Histogramms ist nach rechts verschoben und im hellen Bereich oben gequetscht, links erkennt man ein Loch.

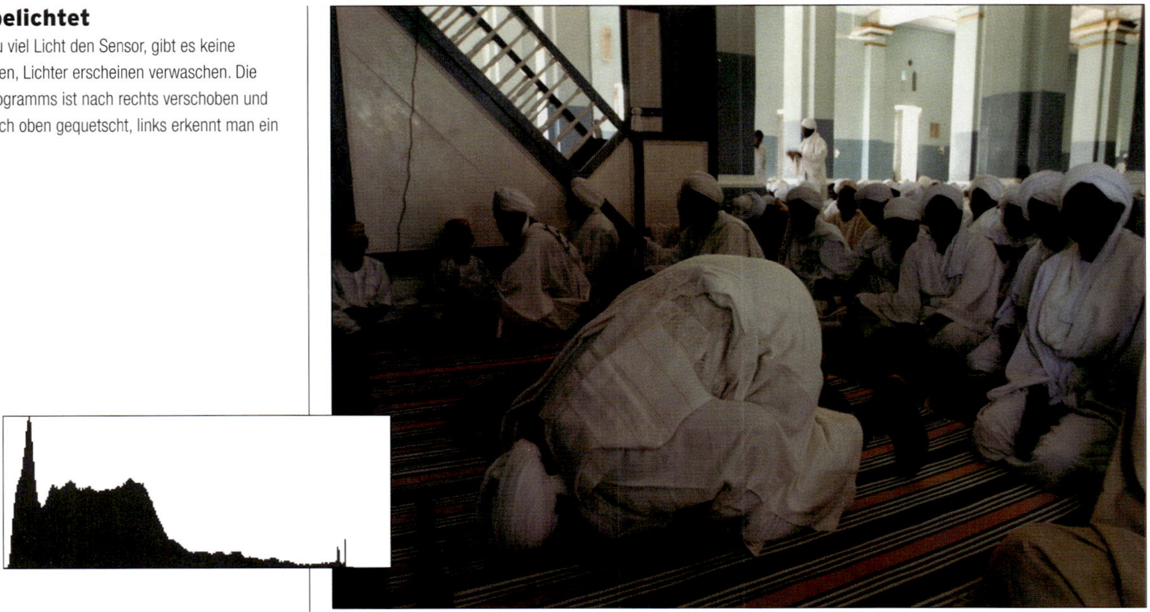

Unterbelichtet

Erreicht zu wenig Licht den Sensor, werden die Schatten zu dicht, die Lichter trübe. Das Histogramm ist eindeutig: Die ganze Kurve ist nach links verschoben, gegen Ende zu aufgefaltet und hat ein Loch an der rechten Seite.

Lichtspitzen

Manche Kameras bieten eine weitere Option zur Kontrolle von Überbelichtung: Ausreißende Lichter werden eingefärbt oder anders gekennzeichnet. Für gewöhnlich sind diese Markierungen klein und nur wenige davon im Bild vorhanden.

Fallstudie: **Histogramme**

Lesen Sie Histogramme, und das Leben (oder zumindest die Kunst des Belichtens) wird leichter. Es ist wichtig zu verstehen, welche Teile des Histogramms sich auf welche Bildbereiche beziehen. Die gezeigten Beispiele vermitteln ein Gefühl für diese Beziehung. In gewissem Sinn ist ein Histogramm die Karte einer Aufnahme.

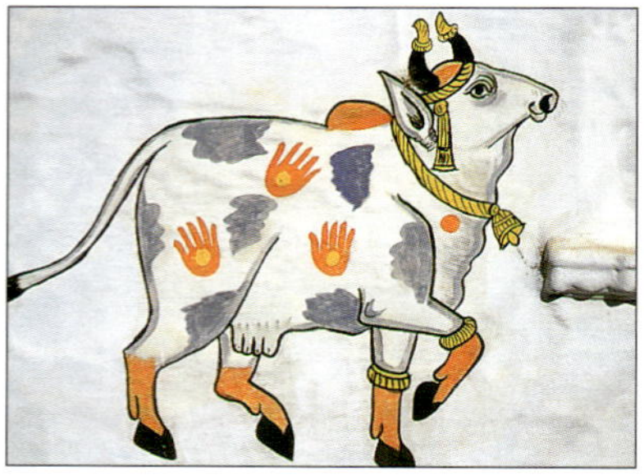

Kuh
Das indische Wandbild zeigt überwiegend blasse Farben vor einem fast weißen, dominanten Hintergrund. Dementsprechend liegt der Schwerpunkt des Histogramms weit rechts. Die dünne Linie links entspricht Hufen und Hörnern.

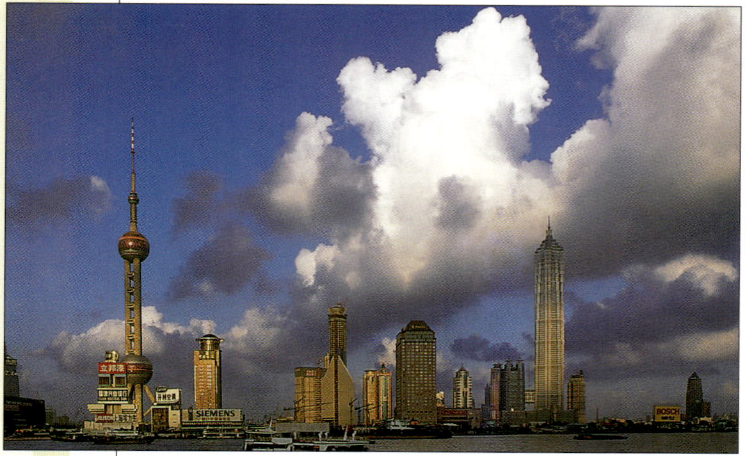

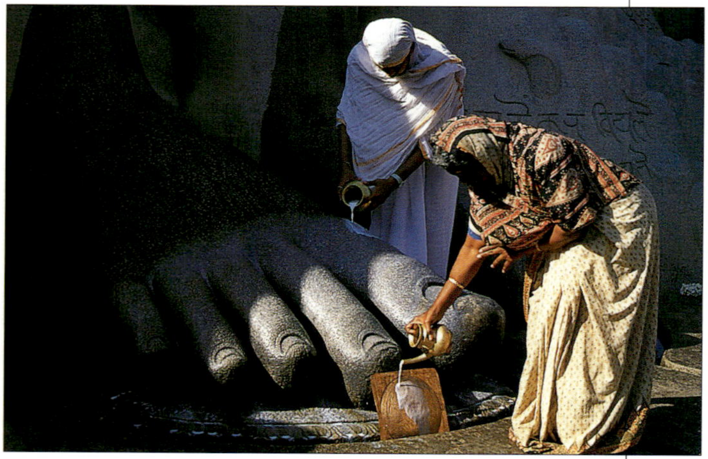

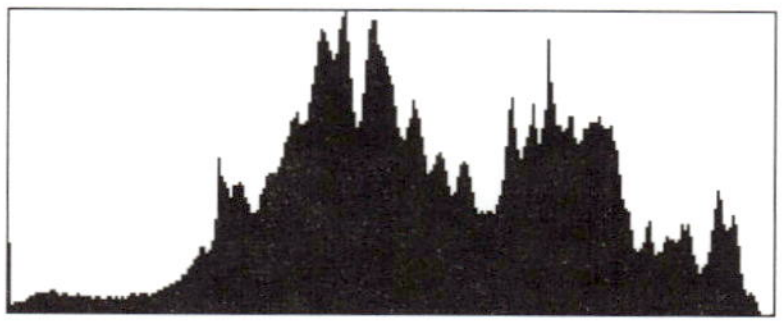

Skyline
Das Histogramm der Skyline mit sich türmenden Wolken ist dreigeteilt: Der größte Block entspricht dem blauen Himmel und den dunkleren Gebäuden, rechts davon sind die hellgrauen Wolken und in dem schmalen Bereich ganz rechts die weißen Wolken.

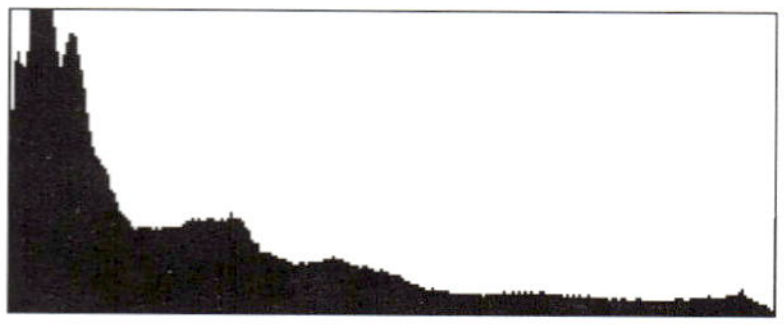

Statue
Mehr als ein Drittel des Bildes liegt im Schatten – den Verlust an Details zeigen die sich im linken Eck ballenden Tonwerte. Zehen und bunt gekleidete Menschen: die nach rechts führenden Stufen. Die dünne Linie rechts: die Lichtspitze auf dem weißen Gewand.

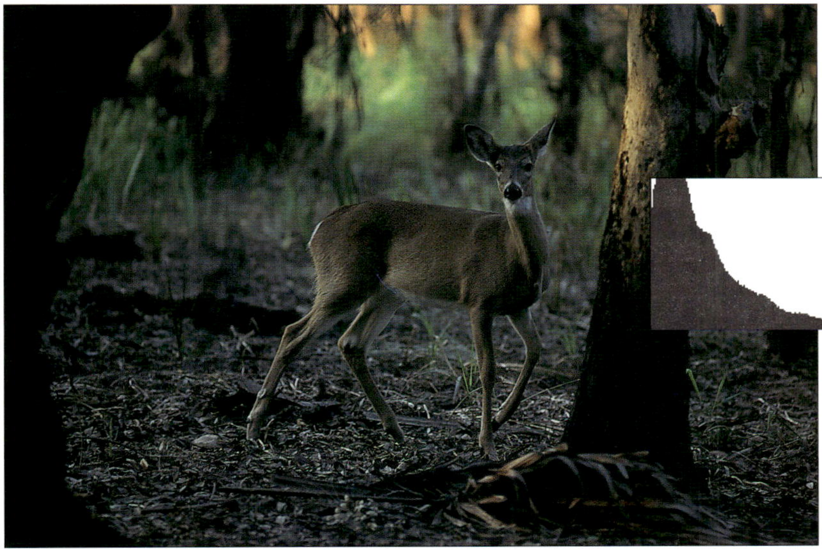

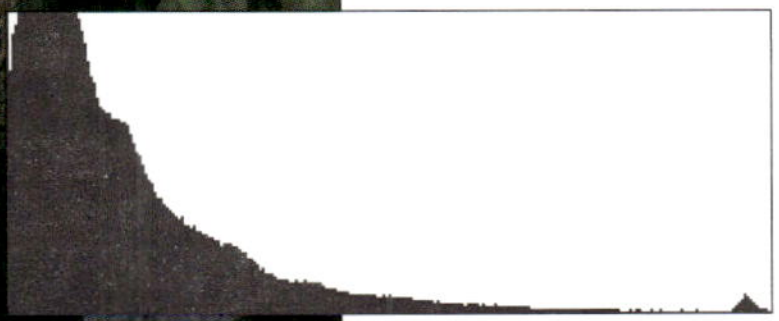

Reh

Das Histogramm ähnelt dem der indischen Gläubigen. Tiefe Schatten und eine Kurve, die scharf nach rechts abfällt. Anders aber, auch wenn ein hoher Bildanteil im Dunklen liegt und die Lichtspitze (die kleine Erhebung rechts) für die Komposition entscheidend ist, ist das Reh selbst – als Hauptobjekt – dunkel.

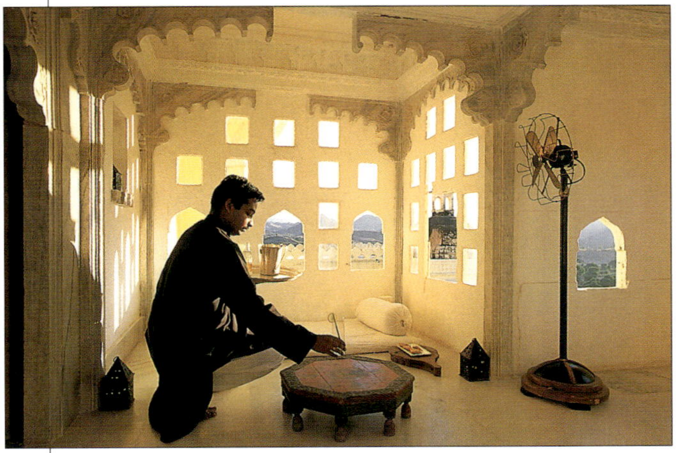

Cocktails

Die Botschaft des Histogramms: Das Bild enthält mehrere Gruppen von Tonwerten, nahezu gleichmäßig von hell bis dunkel verteilt. Anstelle eines dominierenden Gipfels gibt es mehrere kleine Erhebungen.

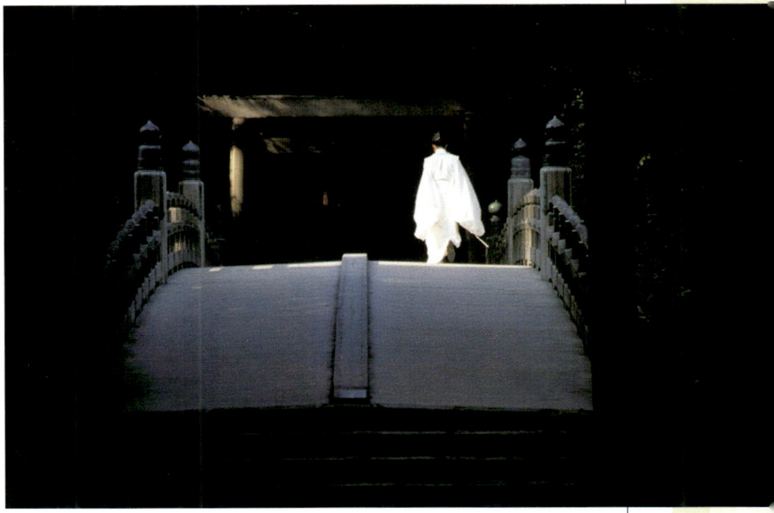

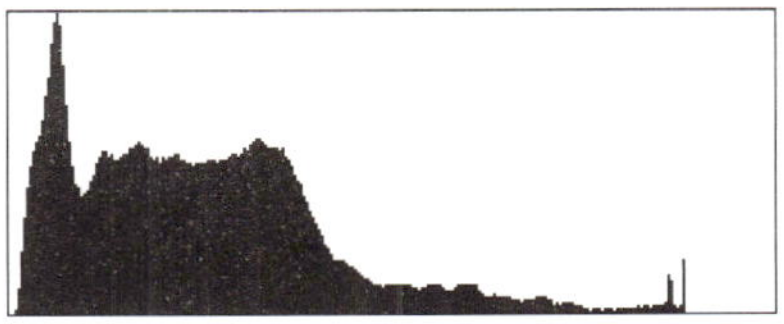

Priester

Drei Ausprägungen des Histogramms spiegeln die wesentlichen Teile des Bildes. Die Schatten des Umfelds entsprechen der scharfen Spitze ganz rechts, die dunkle Brücke dem Plateau daneben, der weiß gekleidete, japanische Priester der kleinen Gruppe an Spitzen ganz rechts.

Weißabgleich

Der Weißabgleich ist die Antwort der Digitalfotografie auf unterschiedliche, manchmal unvorhersehbare Farben des Lichts. Er bietet eine herrlich bequeme Lösung, um die Farben eines Bildes so einzufangen, wie wir sie zeigen wollen.

Die Farbe des Lichts kann äußerst unterschiedlich sein. Auch wenn unserem Auge und Gehirn eine Szene „normal" erscheint, wird das auf ein Objekt fallende Licht oft zumindest einen leichten Farbstich haben: bläulich im Schatten unter klarem Himmel, rötlich bei Sonnenauf- und -untergang oder getönt durch Spiegelungen farbiger Oberflächen. Darauf nehmen Programme zum Weißabgleich Rücksicht.

Zwar differieren die Möglichkeiten von Kamera zu Kamera, das Prinzip ist jedoch immer gleich. Die hellsten Bereiche reflektieren das Licht am stärksten. Wenn Sie eine Weißkarte ins Licht halten, wird die Farbe des Lichts unverändert reflektiert. Steht die Sonne hoch, ist das Ergebnis annähernd weiß. Weiß ist eher eine psychische denn eine physikalische Realität, wir empfinden es als neutral. Sind die Lichter einer Szene neutral Weiß, erscheint ein Bild als „normal", besser: „richtig".

Ebendies erledigen Digitalkameras bei der Verarbeitung der vom Sensor eingefangenen Informationen. Bei schwierigen Lichtverhältnissen empfiehlt sich hingegen besonders der Einsatz einer Weißkarte. Diese wird zum Beispiel im Schatten unter blauem Himmel blau reflektieren – wird die Kamera korrekt justiert, wird der Blaustich kompensiert, die Karte erscheint weiß. Dementsprechend werden alle anderen Farben korrigiert.

Den Weißabgleich testen

Eine überaus nützliche Graukarte (hier von Kodak) ist ein einfaches Mittel, um den Weißabgleich zu überprüfen. Fotografieren Sie sie bei verschiedenen Tageslichtbedingungen jeweils mit mindestens zwei Einstellungen für den Weißabgleich (einschließlich Automatik). Prüfen Sie in einem Bildbearbeitungsprogramm die RGB-Werte. Sie sollten übereinstimmen. Die weiße Rückseite eignet sich für manuellen Abgleich.

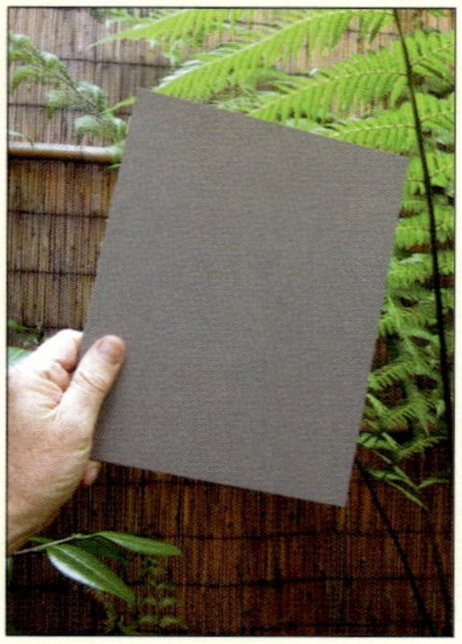

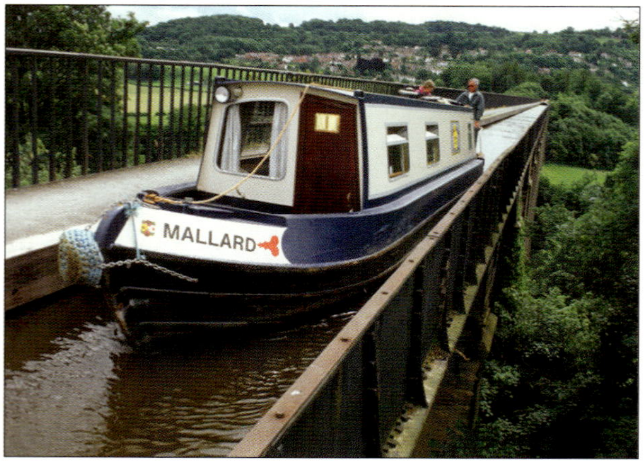

Voreingestellter Weißabgleich

Selbst einfachste Digitalkameras bieten, meist über das Menü am LCD-Anzeige aufrufbar, eine Auswahl von Voreinstellungen für typische Lichtsituationen, wie Sonnenlicht, Bewölkung, Schatten, Blitz, Glühlampen oder Leuchtstoffröhren. Wählen Sie die passende, wird das Ergebnis meist akzeptabel sein. Typische Farbtemperatureinstellungen sind:

Direktes Sonnenlicht 5200 K	Blitz 5400 K	Bedeckt 6000 K	Schatten 7000 K	Kunstlicht 3200 K	Neonlicht (nicht genau auf der Farb-temperaturskala einzuordnen, meist grünlich)

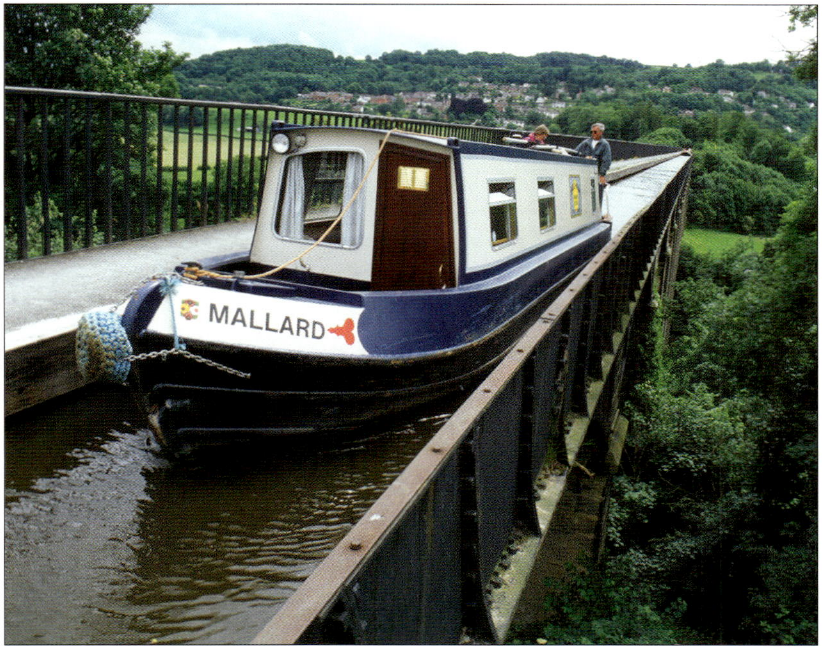

Wolkendecke

Ist der Himmel bewölkt, steigt die Farbtemperatur um etwa 200 bis 1000 K. Ein Blick ins Handbuch der Kamera hilft, die korrekte Einstellung für diese Situation zu finden.

Korrekturübung

Das Blau des Himmels entsteht durch Streuung der kurzwelligen Anteile des Lichts. Unser Auge aber erwartet, dass Licht auch im Schatten neutral weiß ist. Manchmal ist das auch so, meist aber gibt es einen Blauanteil. Das ist mit freiem Auge nicht zu beurteilen. Machen Sie, wie bei dieser Schneeszene, Aufnahmen von Schatten unter strahlend blauem Himmel: zuerst mit der Einstellung für Sonnenlicht (oben), dann für Schatten (Mitte), zuletzt mit der Automatik (unten). Die Voreinstellung für Sonnenlicht wird beweisen, wie blau der Schatten wirklich ist. Die anderen Einstellungen liefern annehmbare Ergebnisse.

Feinabstimmung

Einige Kameras bieten neben den voreingestellten Werten flexible Alternativen. Zu den nützlichsten zählt der automatische Weißabgleich: Dabei analysiert die Kamera die Szene und versucht, sie „neutral“, in der geringstmöglichen Farbverfremdung zu interpretieren. Dies gelingt in vielen, wenn nicht nahezu allen Fällen recht gut, außer, wenn eine kräftige Farbe das Bild dominiert. Eine weitere Option ist die manuelle Farbkorrektur in Stufensprüngen nach oben oder unten. Die exakteste Anpassung ermöglicht der manuelle Weißabgleich, bei dem unter den Lichtbedingungen des Motivs eine weiße Fläche fotografiert wird und die Kamera die für die Neutralisierung nötigen Werte speichert.

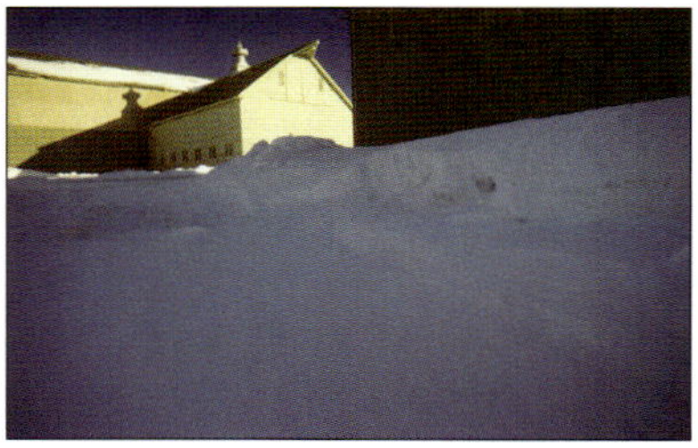

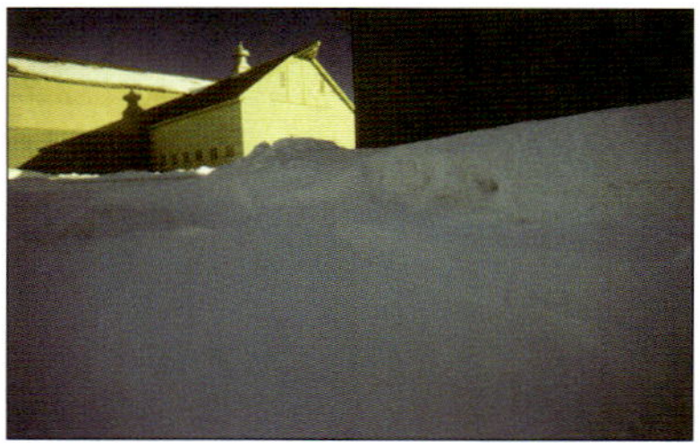

Grundlagen der Belichtung

Meist liefert die Belichtungsautomatik einer Kamera hervorragende Ergebnisse. Um jedoch nichts dem Zufall zu überlassen und genau jene Aufnahme zu erhalten, die Sie wollen, sollten Sie vorab Einiges bedenken.

Belichtung beruht immer auf Messwerten und entsprechender Kameraeinstellung. Die Kenntnis der Grundlagen und das Wissen um die Eigenschaften eines akzeptablen Bildes sind die Voraussetzungen für durchgehend richtige Belichtung. Letztendlich bleibt aber vieles eine Frage des Geschmacks, auch wenn die meisten Menschen leicht erkennen, ob eine Aufnahme zu hell oder zu dunkel ist. So wird verständlich, dass es keine exakten Standards für korrekte Belichtung gibt. Doch die Idee der „korrekten" Belichtung bleibt wertvoll, besonders, wenn man so weit gekommen ist, um mit ihr spielerisch umgehen zu können.

Unter normalen Umständen ist jene Belichtung die beste, die die meisten Details wiedergibt. Das Ziel ist ein Bild, das jener Szene, die das Auge gesehen hat, möglichst nahe kommt. Bei einer typischen Aufnahme heißt das, dass alle Nuancen, vom Licht bis zum Schatten, vorhanden sind. Die Lichter sind strahlend, zeigen aber noch genügend Struktur, die Schatten sind dunkel, aber nie so dunkel, dass sie Details verbergen, und die Mitteltöne, weder hell noch dunkel, sind auch auf dem Foto durchschnittlich hell.

Allerdings gibt es unzählige Motive, die keineswegs durchschnittlich, sondern hell oder dunkel erscheinen sollen. Ein weiß getünchtes Haus soll strahlend und weiß sein, weder schmutzig noch grau. Gleiches gilt für ein schwarzes Londoner Taxi: Schwarz muss es sein, nicht grau. Überdies kann es enorme Tonwertunterschiede zwischen einem Motiv und seinem Hintergrund geben. In diesem Fall werden Sie vor allem das Motiv korrekt belichten wollen, oft keine leichte Sache, vor allem wenn es in Relation eher klein ist.

Wegen der Vielzahl an Aufnahmebedingungen bietet jede ernstzunehmende Kamera unterschiedliche Messsysteme (mittenbetont, Spot- und Matrixmessung, *siehe Seite 14-15*). Da keine Kamera ahnen kann, wie Sie ein Bild gestalten wollen, ist es wichtig, die Systeme zu kennen, um jene Werte wählen zu können, die Ihren Vorstellungen am nächsten kommen. Durch Kenntnis der Unterschiede kommen Sie bald auch mit schwierigen Lichtverhältnissen zurecht. Verzichten Sie bei Übungen zur Belichtung allerdings auf die Matrixmessung, da Sie nie wissen können, wie diese eine Szene interpretiert. Verwenden Sie die mittenbetonte oder die Spotmessung.

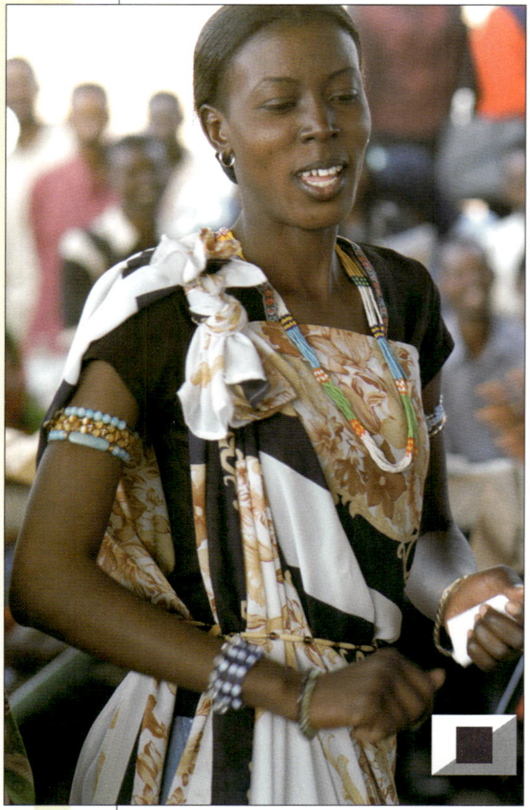

Dunkle Töne dominieren
Die dunkle Haut dieser sudanesichen Sängerin ist der wichtigste Tonwert, den es korrekt zu bewahren gilt.

Lichtverhältnisse

Vereinfacht betrachtet, entsprechen nahezu alle denkbaren Szenen einem dieser 12 typischen Lichtverhältnisse, wobei hoher Kontrastumfang zu den am schwierigsten zu bewältigenden Situationen zählt. Auf den nachfolgenden Seiten wird auf jede Bedingung detaillierter eingegangen.

Tonwertumfang normal

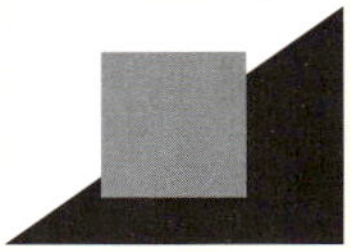

Mitteltöne bildbestimmend

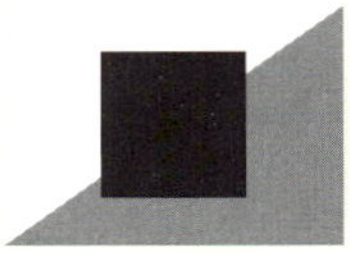

Tiefen bildbestimmend

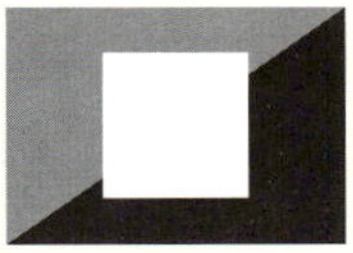

Lichter bildbestimmend

Geringer Kontrast

Durchschnittlich

Dunkel

Hell

Hoher Kontrast

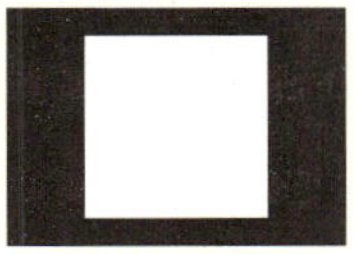

Großes, helles Motiv, dunkler Hintergrund

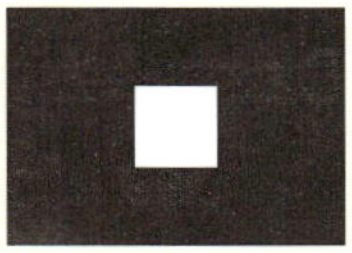

Kleines, helles Motiv, dunkler Hintergrund

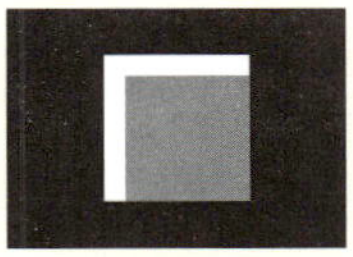

Großes Motiv im Seitenlicht

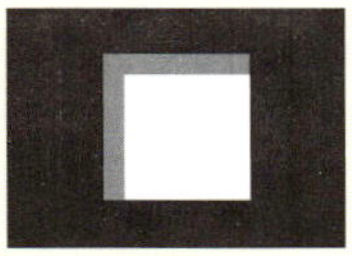

Kleines Motiv im Seitenlicht

Großes, dunkles Motiv, heller Hintergrund

Kleines, dunkles Motiv, heller Hintergrund

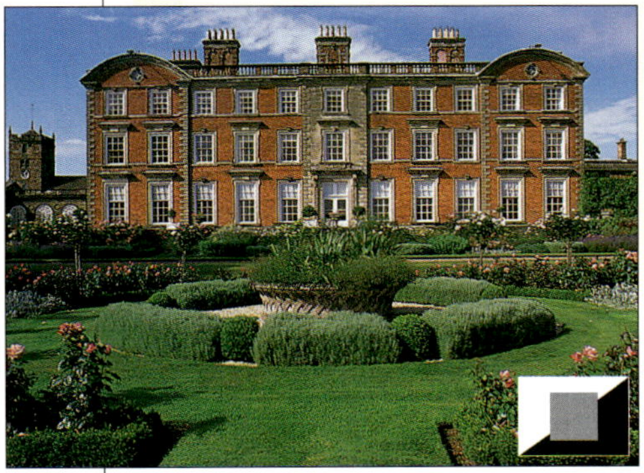

Mitteltöne dominieren

Die Backsteinfassade des Landhauses ist das entscheidende Element dieser Aufnahme.

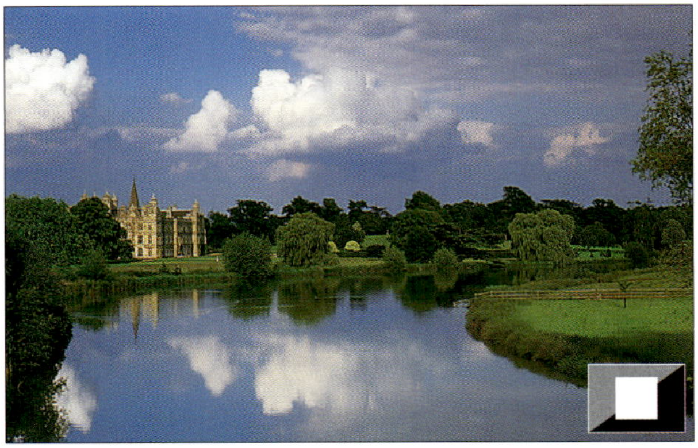

Lichter dominieren

Der Himmel und das Weiß der Wolken sind für dieses Bild entscheidend.

Kontrolliert belichten

Diese Prinzipien sichern bei mittenbetonter und Spotmessung kalkulierbare Ergebnisse:

- ☐ Direktmessung ohne Kompensation: bei durchschnittlichen Lichtverhältnissen durchschnittliche Ergebnisse.
- ☐ Direktmessung mit Kompensation: Funktioniert mit ein wenig Erfahrung bemerkenswert gut. Messen Sie Ihr Objekt und schätzen Sie ab, um wie viel dunkler oder heller es sein soll als seine Umgebung.
- ☐ Achten Sie darauf, dass unerwünschte Bereiche nicht von einem Messfeld angemessen werden.
- ☐ Substitutionsmessung: Messen Sie eine gänzlich andere Szene an, deren Lichtverhältnisse nach Ihrer Einschätzung jener des Hauptmotives entsprechen. Vor allem dann nützlich, wenn das Objekt für das TTL-Messfeld der Kamera zu klein ist.
- ☐ Maximalwertmessung: Messen Sie erst die hellsten, im Anschluss die dunkelsten Elemente, bilden Sie den Durschnitt.
- ☐ Spotmessung simulieren: Messen Sie mit voll ausgefahrenem Zoom oder durch ein Teleobjektiv, um die Spotmessung zu imitieren, falls Ihre Kamera diese Möglichkeit nicht anbietet. Für kleine Bereiche besonders geeignet.

Fallstudie: **Geringer Kontrast**

Diese Beispiele sind wegen des Lichts, des Motivs oder beidem flacher als gewöhnlich. Da der Kontrastumfang gering ist, können Sie wählen, wie hell oder dunkel die Aufnahme sein soll.

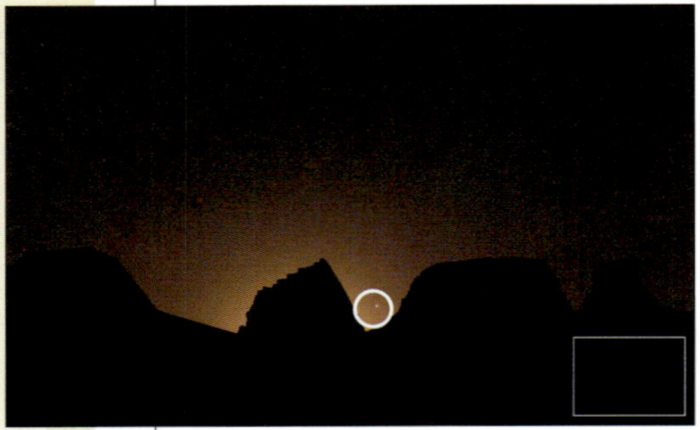

Geringer Kontrast, dunkles Motiv

Da es sich hier um eine Nachtaufnahme handelt, müssen die Silhouetten (Pyramiden) gegen den aufgehenden Mond dunkel bleiben, damit das Bild realistisch wirkt. Der hellste Bereich ist der Schein um den Mond, der nicht zu ausgeprägt sein darf, damit man das Bild nicht für eine Tagaufnahme hält. Wie dunkel genau, ist eine Frage der Einschätzung, mehrere Versionen wären denkbar. Ich blieb drei Blendenschritte unter dem Normalwert, sodass die Silhouetten gerade noch zu erahnen sind.

Geringer Kontrast, normales Motiv

In diesem Bild ist die Tonwertverteilung so gleichmäßig, wie es unter normalen Bedingungen nur irgendwie möglich ist. Der Kontrast ist so gering, dass es beinahe trostlos wirkt. Es gibt keinerlei besorgniserregend helle oder dunkle Bereiche und keinen Grund, anders als gleichmäßig zu belichten. Jede Messmethode würde dasselbe Resultat liefern.

Eine zufällige Auswahl an Spotmessungen zeigt Unterschiede von 1/3 Blende. Es gibt keinen Grund, der Standard-TTL-Messung der Kamera zu misstrauen.

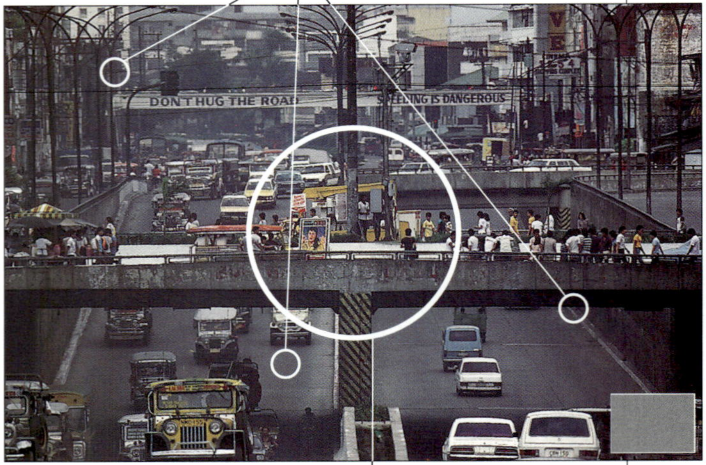

Auf den ersten Blick erkennt man bereits, dass der mittige Messkreis völlig identisch zum Rest der Szene ist. Den Messwerten entsprechend belichtet, sieht die Aufnahme aus wie abgebildet. Die einzig mögliche Variation wäre es, entweder durch Zugabe oder durch Abzug eines halben Blendenschritts einen hellen, wolkigen Tag bzw. ein aufziehendes Gewitter zu suggerieren. Typische Durchschnittssituationen wie diese lassen sehr wenig Gestaltungsfreiheit.

Geringer bis mittlerer Kontrast, normales Motiv

Abgesehen vom Horizont ist der Kontrast in diesem Bild ebenfalls unterdurchschnittlich. Die mittenbetonte Messung ergibt dieselben Einstellwerte wie die Matrixmessung. Eine Korrektur ist nicht notwendig.

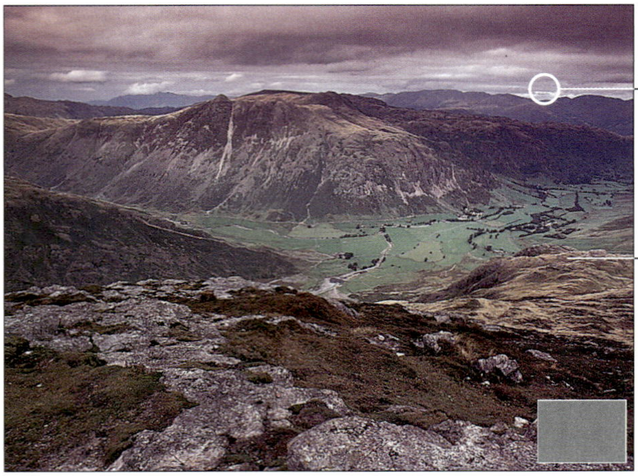

Der etwas hellere Himmel knapp über dem Horizont ist die einzige Abweichung, ansonsten ist der Kontrast der Szene gering.

Die mittenbetonte Messung ergibt eine für das gesamte Bild passende Einstellung, solange der Messkreis nicht auf den Himmel gerichtet wird.

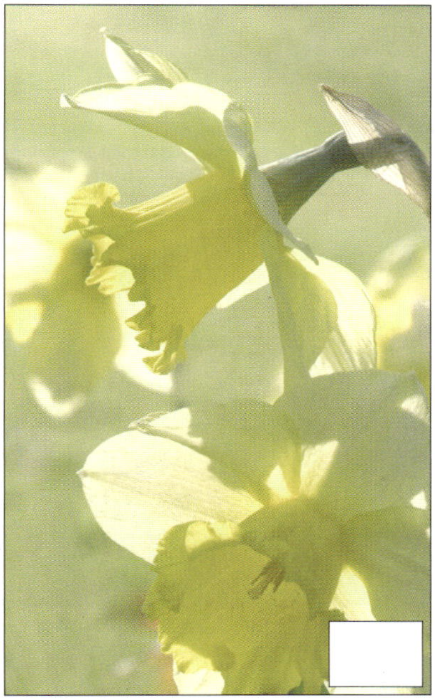

Geringer bis mittlerer Kontrast, helles Motiv

In dieser Gegenlichtaufnahme der Osterglocken scheint die Sonne durch die hellen, gelben Blütenblätter. Das Gesamtbild muss daher sehr hell sein, doch bei normaler Belichtung würde es trüb, fast schmutzig wirken. Die Belichtung wurde um 2/3 Blenden nach oben korrigiert.

Innerhalb dieses Grabsteins mit Inschrift ergibt jede Messung dasselbe Resultat. Die drei Kreise stehen für verschiedene Ziele des Spots der TTL-Messung.

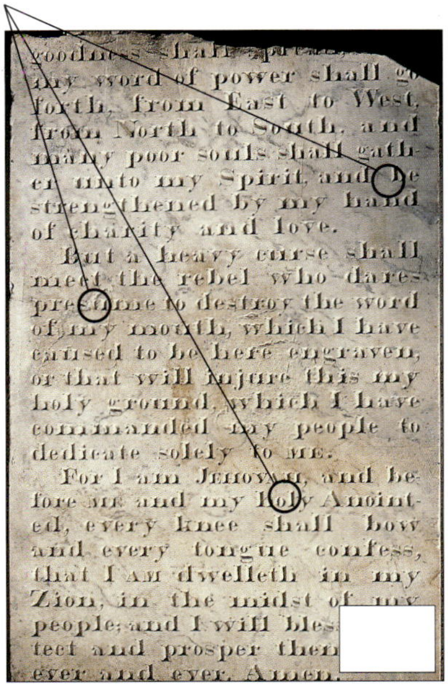

Geringer Kontrast, helles Motiv

Wieder ist der Kontrastumfang gering, doch würde man nach den Werten der Standard-TTL-Messung belichten, erschiene das Bild eher grau denn weiß. Man muss um 1/2 bis 2 Blenden nach oben korrigieren. Noch stärkere Belichtung würde die Textur auf dem Stein zum Verschwinden bringen.

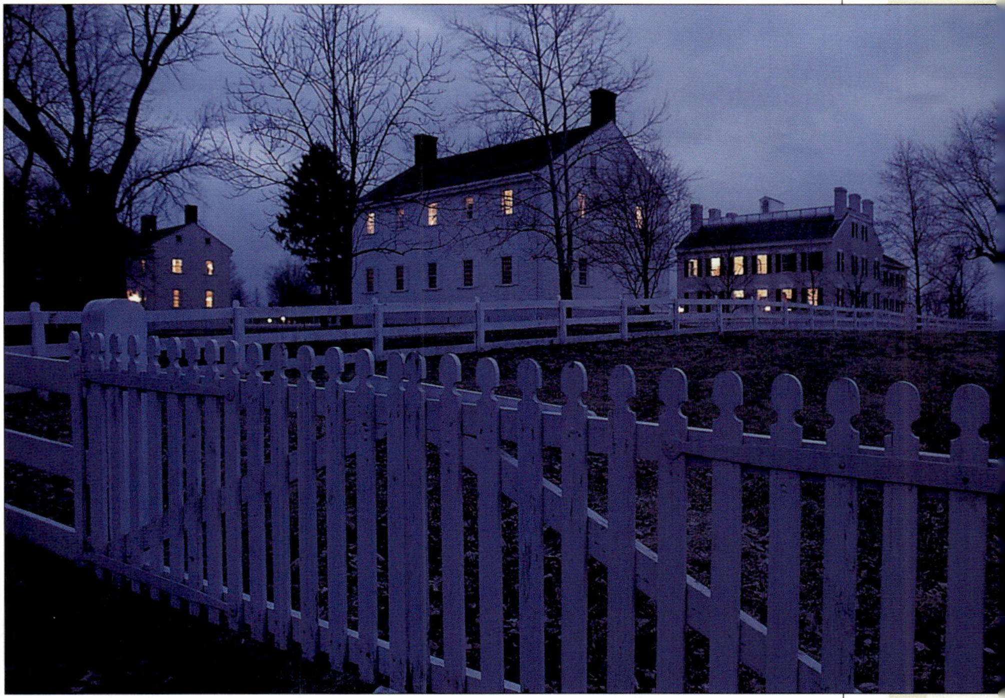

Geringer bis mittlerer Kontrast, mitteldunkles Motiv

Bis auf die streng abgegrenzten, hellen Fenster mindert der einfallende Nebel über diesem Shaker-Dorf den Gesamtkontrast. Um den Eindruck des Zwielichts zu bewahren, liegt die beste Belichtungseinstellung etwa einen Blendenschritt unter dem Normalwert.

Fallstudie: **Hoher Kontrast**

Kontrastreiche Szenen bergen das Risiko, an Details zu verlieren, da ihr Tonwertumfang die Möglichkeiten des Kamerasensors meist übersteigt. Die entscheidende Frage ist, welche Tonwerte bewahrt werden sollen.

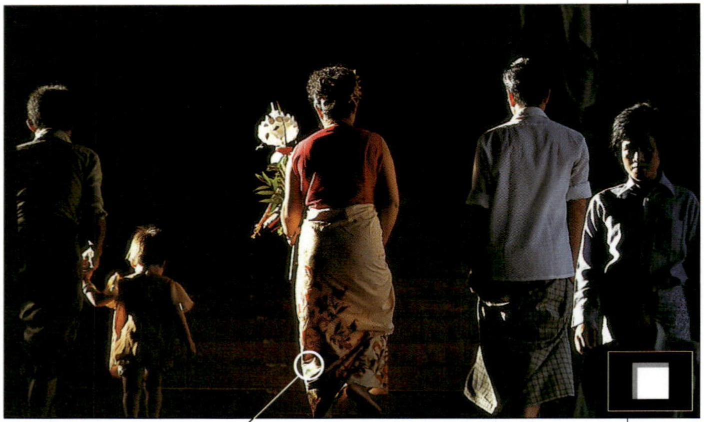

Die wichtigsten Tonwerte liegen in diesen hellen Spitzlichtern, die die Figuren umgeben. Sie sind nicht nur selbst für Spotmessung zu klein, aufgrund der Bewegung der Personen bleibt auch zu wenig Zeit. Eine Ersatzmessung oder die Belichtung anhand von Erfahrungswerten wären die einzig möglichen Alternativen.

Hoher Kontrast, Motiv zum Teil beleuchtet

Jede TTL-Messung, mittenbetont oder Spot, muss hier versagen. Man misst ersatzweise eine sonnenbeschienene Stelle und belichtet eine Serie. Vor diesem Beispiel wurden schon einige Aufnahmen in direktem Sonnenlicht gemacht, sodass die Einstellung bekannt war – 1/250 Sek. bei Blende *f*5.6 mit ISO 64 Film. Da die Lichter als Konturen der Personen wichtig waren und keine Zeichnung haben mussten, wurde eine Stufe zugegeben – 1/125 Sek. bei Blende *f*5.6.

Obwohl eine mittenbetonte Messung zu sehr vom Himmel und dem Schatten beeinflusst wäre, erhält man ein brauchbares Ergebnis, wenn man den Messkreis aus der Mitte zu den bildbestimmenden Teilen führt. Dennoch muss man korrigieren, um Unterbelichtung zu vermeiden.

Der dunkle Himmel darf die Belichtungsmessung nicht beeinflussen.

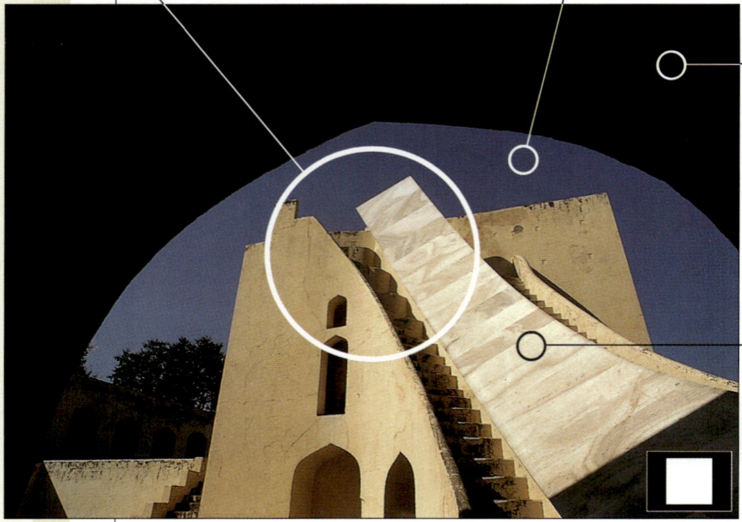

Als dichter, schwarzer Schatten spielt dieser Bereich keine Rolle bei der Berechnung der Belichtung und muss daher nicht gemessen werden.

Diese hellste Front des Gebäudes ist der bildbestimmende Teil der Szene und muss so belichtet werden, dass sie in gerade noch darstellbarem Weiß erscheint. Bei Überbelichtung würde alles verwaschen wirken.

Hoher Kontrast, Motiv hell und dominant

Hier gilt es, zuerst das Motiv zu bestimmen – zumindest aus der Sicht der Belichtung. Der dunkle, schattige Rahmen und der Himmel müssen aus der Messung ausgeschlossen werden, indem man den Messkreis allein auf die hellweißen Gebäude richtet. Der angezeigte Wert würde ein sehr dichtes Bild ergeben, für eine durchschnittlich belichtete, wenn auch weniger farbenfrohe Aufnahme ist 1/2 bis 1 Blende zuzugeben.

Der Messkreis ist in diesem Fall nutzlos.

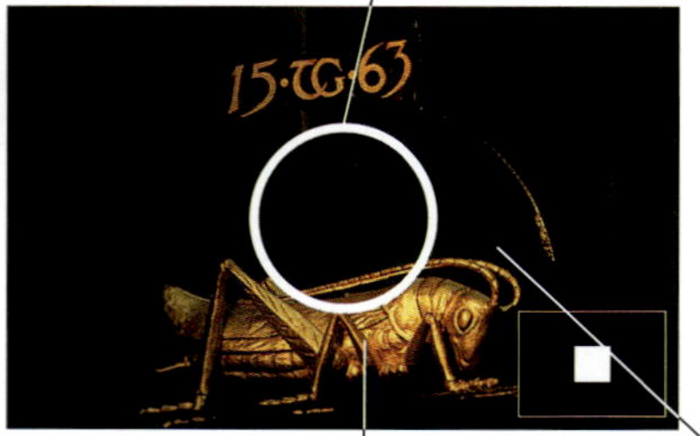

Der bestimmende Tonwert liegt in dem kleinen Bereich der Figur. Eine Spotmessung mit geringer Zugabe zum Ausgleich der Unterbelichtung wäre ideal.

Der Bereich des Hauptmotivs ist zu klein für den Messkreis, selbst wenn er für die Messung direkt darauf gerichtet wird.

Hoher Kontrast, Motiv hell und klein

Die Messung der dunkleren Bereiche des goldenen Schilds wäre exakt, ist aber nur – falls vorhanden – mit einem Spotmeter, mit der TTL-Spotmessung der Kamera oder mit einem langen Teleobjektiv möglich. Andernfalls hilft eine Ersatzmessung an einem ähnlich beleuchteten, ebenso reflektierenden Objekt und eine Belichtungsserie.

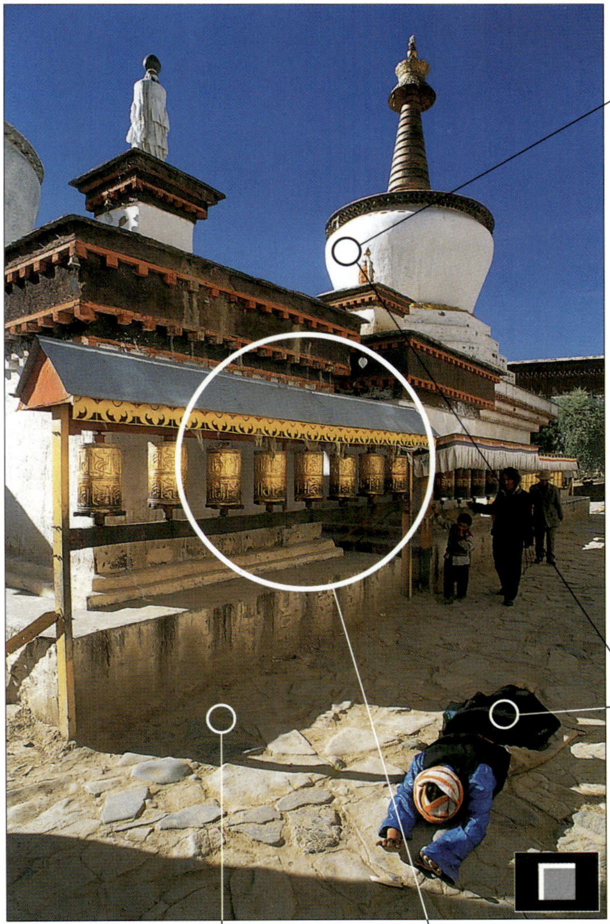

Der helle Bereich der Szene muss bewahrt werden. Zu stark belichtet reißen die Lichter aus.

Der Kontrastunterschied zwischen diesen beiden Stellen beträgt 6 Blendenschritte.

Idealerweise sollte dieses große Schattenareal ausreichend belichtet sein, um Details zu zeigen – etwa 1 bis 1 1/2 Blenden über dem Grenzwert tiefster Schatten.

Eine rasche Einschätzung des mittenbetonten Messwerts ergibt eine Belichtungskorrektur von 1 1/2 Schritten nach unten.

Hoher Kontrast, Motiv zum Teil schattig

Hier haben die hellen Bereiche Vorrang, doch die Schatten müssen durchgezeichnet sein. Mehrfeld-Messung sollte funktionieren. Spotmessung der hellsten und dunkelsten Teile wäre ideal, doch in solchen Situationen bleibt kaum Zeit. Alternativ kann man die hellen Bereiche anmessen und um 1 1/2 Blenden reduzieren. Eine Serie macht sicher.

Vorausgesetzt, der Messkreis schließt die hellen und dunklen Bereiche zu gleichen Teilen ein, wäre eine mittenbetonte Messung in diesem Fall exakt (obwohl eine Belichtungsserie ratsam ist). Im Allgemeinen ist allerdings eine Ersatzmessung sicherer.

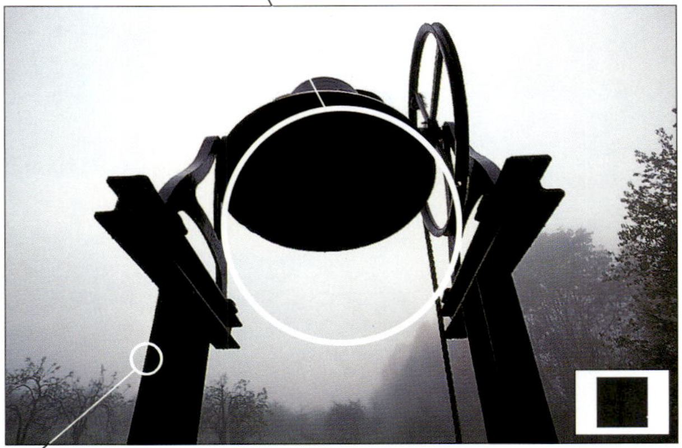

Der Kontrastunterschied zwischen Motiv und Hintergrund umfasst 8 Blendenschritte.

Hoher Kontrast, Motiv dunkel und dominant

Der extrem hohe Kontrastumfang in dieser Szene lässt einige Freiheit in der Interpretation zu. Ideal wäre es allerdings, wenn der neblige Himmel noch etwas Tönung hätte und man zumindest eine Idee der Details in der Silhouette der Glocke erkennen könnte. Eine Möglichkeit ist, die Kamera so zu halten, dass der Messkreis den hellen Himmel und die dunkle Glocke zu gleichen Teilen enthält. Das ist tatsächlich die schnellste Methode, ein so kontrastreiches Motiv annähernd zu erfassen. Wie immer in heiklen Situationen ist eine Belichtungsserie ratsam.

In der Praxis misst man hier auf den Hintergrund und öffnet die Blende um 2 bis 2 1/2 Schritte, sodass das Wasser gerade eben nicht verwaschen erscheint.

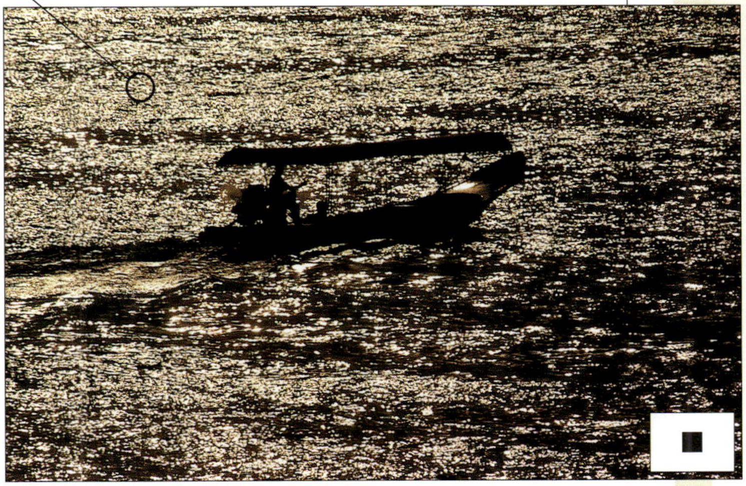

Hoher Kontrast, Motiv dunkel und klein

Es macht wenig Sinn, hier das Boot oder eine ähnlich dunkle Stelle anzumessen. Am leichtesten lässt sich die helle, sonnenbeschienene Wasseroberfläche messen. Geben Sie etwa 2 bis 2 1/2 Blenden zu. Weniger würde zwar dem Wasser mehr Textur und Farbe verleihen, könnte aber die Konturen des Boots teilweise verwischen. Mehr würde zu ausreißenden Lichtreflexen führen, die Silhouette des Boots erschiene grau.

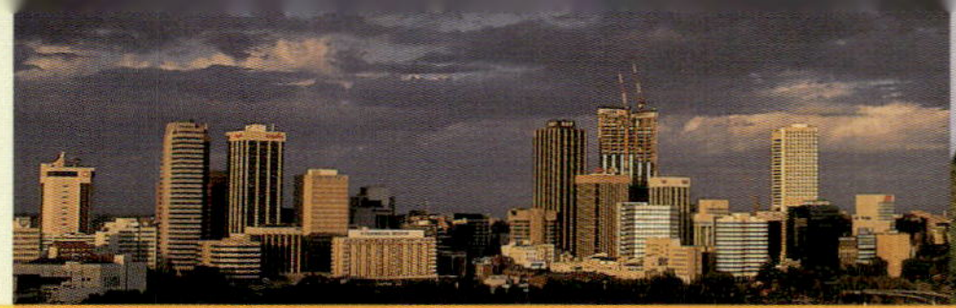
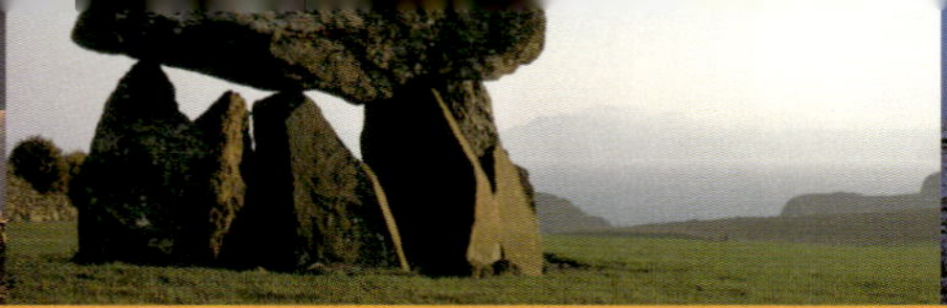
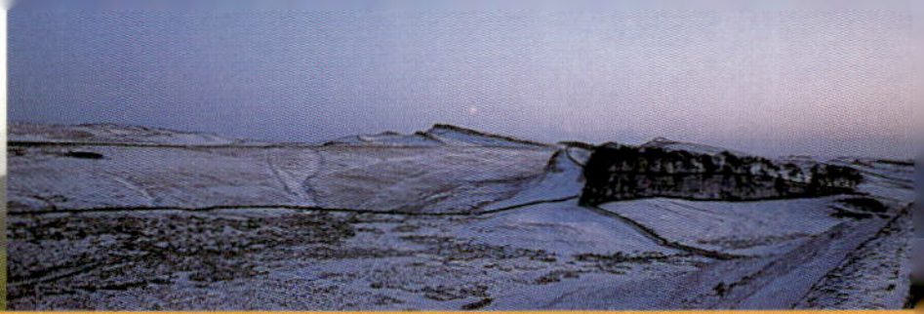
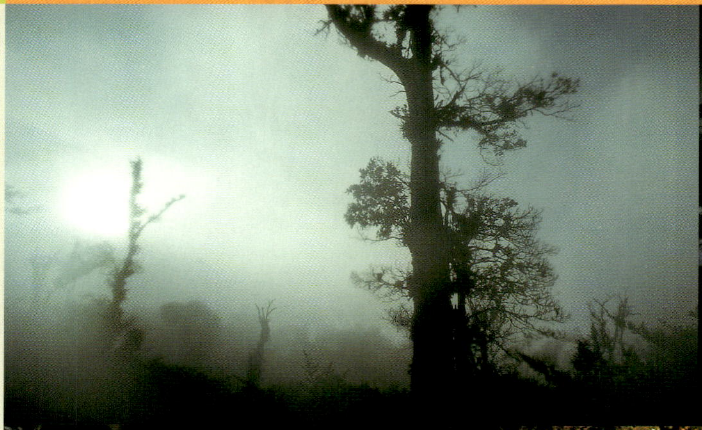
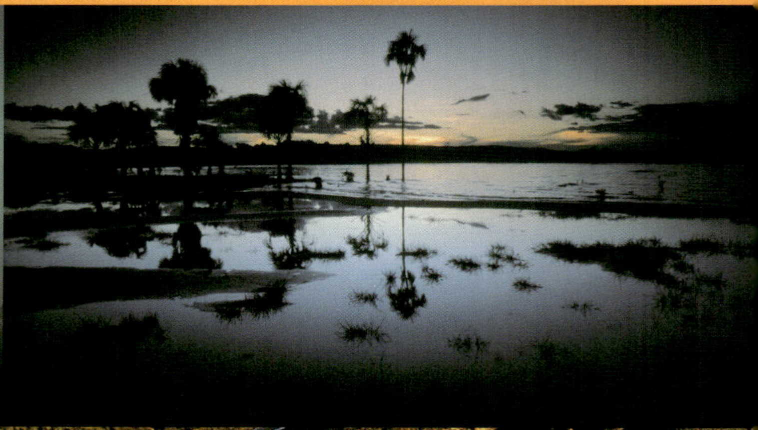
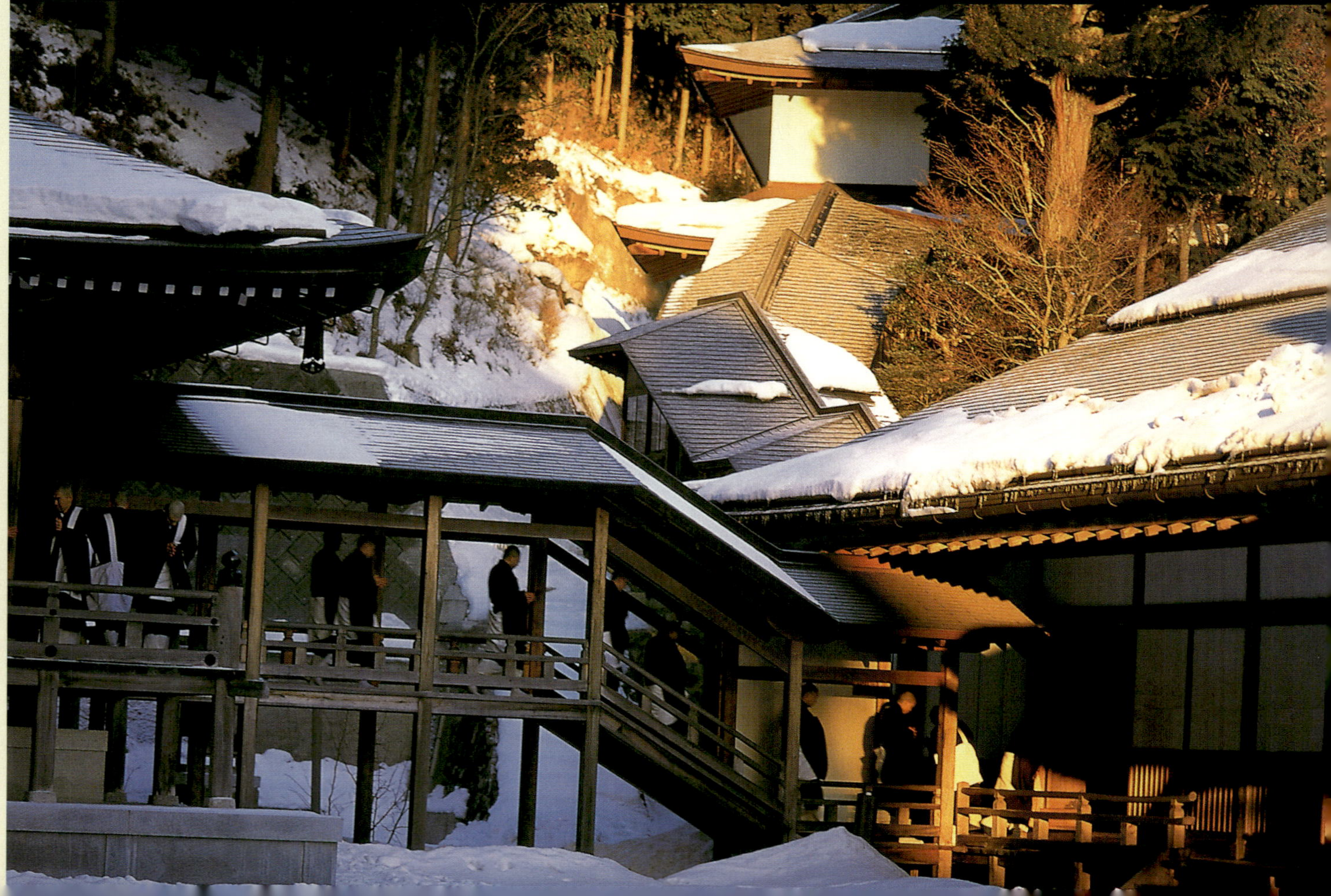

Natürliches **Licht**

Die einzige natürliche Lichtquelle ist die Sonne. Sogar der Mond, wie auch der Himmel, sind nur Reflektoren. Dennoch ist die Vielfalt möglicher Lichtstimmungen überwältigend: Es gibt so viele Arten, das Sonnenlicht zu variieren, dass die Zahl denkbarer Lichtverhältnisse ins Unendliche geht.

Die Richtung des Lichteinfalls ist die erste Variable. Auf ihrem Weg über den Himmel steht die Sonne zu verschiedenen Tages- und Jahreszeiten sowie an verschiedenen Breitengraden unterschiedlich hoch. Nehmen Sie dazu noch den Kamerawinkel – man kann mit der und gegen die Sonne fotografieren, das Licht kann von der einen oder der anderen Seite kommen. Alles zusammen ergibt unvorstellbar viele Winkel zwischen Sonne, Kamera und Motiv.

Bevor das Sonnenlicht auf eine Szene trifft, muss es die Atmosphäre durchqueren. Dabei wird es leicht gestreut, und zwar umso mehr, je dichter die Atmosphäre ist, zum Beispiel, wenn die Sonne tief steht. Das Licht wird auch verschieden gebrochen, sodass der Himmel blau erscheint und das Sonnenlicht selbst jede Farbe haben kann, von Weiß bis Rot. Dazu kommen diverse Wetterverhältnisse, die das Licht noch stärker filtern und reflektieren. Wolken gibt es in den verschiedensten Formen und Dichten, während Dunst, Nebel, Nieselregen, Staub, Regen, Schnee und Luftverschmutzung jeweils eine spezielle Filterwirkung haben. Zu guter Letzt beeinflusst das Objekt selbst seine Beleuchtung, indem bestimmte Anteile des Lichts von seiner Oberfläche absorbiert, andere reflektiert werden. Zusammengefasst kann man sagen, dass das Sonnenlicht auf drei Arten verändert wird: Es wird gestreut, teilweise absorbiert (wodurch sich seine Farbe ändert) und von Oberflächen reflektiert.

Man kann sich natürliches Licht als riesiges Freiluft-Studio vorstellen. Die Sonne wird zur einzigen Leuchte, und die anderen Faktoren haben ihre jeweilige Entsprechung in Streuschirmen, Filtern und Reflektoren. Obwohl Sie ihre Position kaum beeinflussen können, können Sie zumindest Ihre Kamera bewegen. Und, vielleicht noch wichtiger, je besser Sie verstehen, wie diese Faktoren funktionieren und wie sie sich verändern, desto leichter werden Sie jene Lichtverhältnisse vorhersehen, die Sie für das von Ihnen gewünschte Bild brauchen. Die Wahl des Standpunkts, das richtige Timing und vor allem ein gewisses Maß an Voraussicht sind die wichtigsten Fertigkeiten im Umgang mit natürlichem Licht.

Helle Sonne, klarer Himmel

Die am wenigsten komplizierte Art natürlichen Lichts erzeugt die Sonne bei klarem Himmel. Ohne Wolken und andere Wettereinflüsse sind die Lichtverhältnisse fast immer konstant.

Der Weg der Sonne über den Himmel hängt von der Jahreszeit und der geografischen Breite ab. Wenn die Sonne aufgeht, steigt die Helligkeit. Sie steigt am Morgen rasch an und sinkt abends rasch ab, tagsüber ist das Licht jedoch so gut wie konstant. Steht die Sonne erst einmal ca. 40° über dem Horizont, strahlt sie bereits so hell sie kann. Wie lange sie über dieser Höhe bleibt, hängt wie gesagt von Jahreszeit und Breitengrad ab: in den Tropen bis zu sieben Stunden, in mittleren Breiten im Sommer bis zu acht Stunden, im Winter nie. An einem Wintertag im Norden der USA oder Europas verändert sich die Helligkeit langsam, aber ständig von Sonnenauf- bis -untergang. Im Sommer ist die Veränderung am Tagesanfang und -ende stark und rasch, während der Mittagszeit kaum wahrnehmbar.

Die Dichte der Atmosphäre beeinflusst die Lichtintensität – steht die Sonne höher, strahlt sie heller. Die Atmosphäre streut außerdem selektiv bestimmte Wellenlängen. Das gesamte weiße Sonnenlicht wird gestreut, doch die kurzen Wellenlängen, am blauen Ende des Spektrums, werden am stärksten gestreut. Man erkennt dies daran, dass der Himmel, wenn man

Sonnenuntergang
Die Atmosphäre bricht das Sonnenlicht, und zwar am stärksten, wenn die Sonne tief steht. Da die kürzesten Wellen am blauen Ende des Spektrums am leichtesten gebrochen werden, sehen wir die tief stehende Sonne rot bis orange. Die weichen Schatten auf diesem Flughafen zeigen den Blauanteil, der vom geraden Weg abwich.

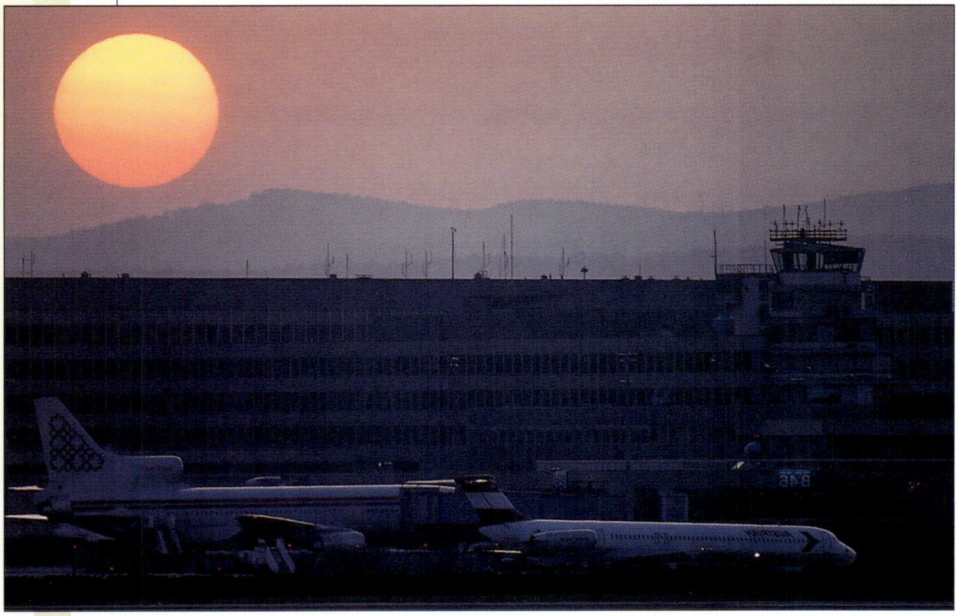

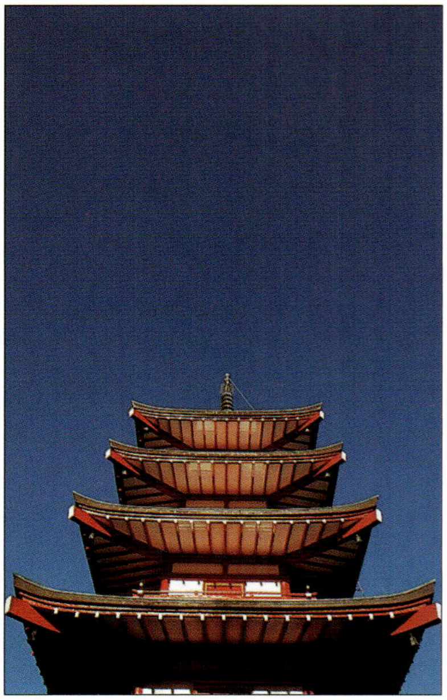

nicht genau in die Sonne sieht, blau erscheint. Blickt man hingegen in die Sonne, hängt ihre Farbe davon ab, wie hoch der Anteil der gestreuten und damit verlorenen Wellenlängen ist; steht die Sonne hoch, ist dieser Teil gering, doch bei Sonnenauf- und -untergang, wenn das Licht die dichtere Atmosphäre durchdringen muss, verschiebt sich seine Farbe gegen Rot. Bei tief stehender Sonne hat die dichte Atmosphäre in Bodennähe die größte Auswirkung, doch die Farbe differiert von Ort zu Ort und von Tag zu Tag zwischen Gelb und Rot.

Der Effekt des blauen Himmels, den wir als „Tageslicht" kennen und im Schatten wahrnehmen, ist weit geringer als direktes Sonnenlicht. Er wirkt wie ein Reflektor und färbt die Schatten. Zusätzlich wird die Farbe der Schatten aber auch von der Umgebung bestimmt, denn das grüne Gras, die Wände von Gebäuden und vieles mehr wirken ebenfalls wie farbige Reflektoren.

Der Himmel als Studio

In vielerlei Hinsicht fungiert die Sonne bei klarem Wetter für die Fotografie als überdimensionales Studio. Dabei ist die Sonne die einzige Lichtquelle, vergleichbar einer nackten Lampe, der blaue Himmel ist ein farbiger Reflektor. Alle Objekte, Gebäude, Menschen, Landschaften werden von der Sonne direkt und von dem bläulichen Reflektor indirekt beleuchtet.

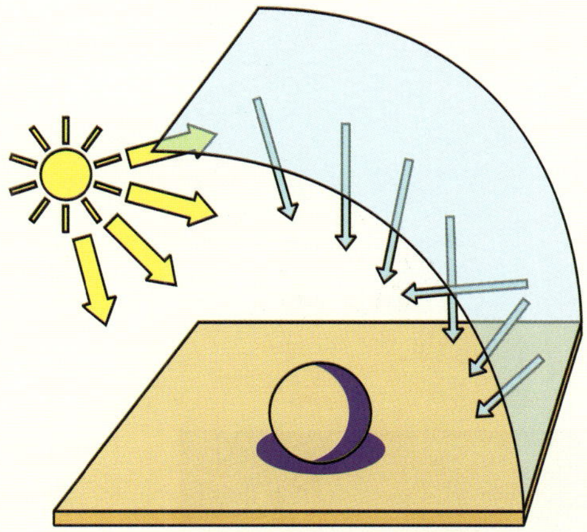

San Xavier

Klarheit und Schärfe, mit deutlichen Details in Licht und Schatten sind typisch für klares Wetter, wie in dieser Ansicht der Mission San Xavier in der Nähe von Tucson, Arizona. Der Himmel ist oft dunkler als das Motiv – ganz im Gegensatz zu Szenen unter bedecktem Himmel.

Churieto-Tempel

Um die Mittagszeit, wenn die Sonne hoch steht, dominiert der Kontrast zwischen dem Blau des Himmels und dem sonnenbeschienenen Motiv die meisten Szenen, wie hier, wo das Sonnenlicht die Dächer eines japanischen Tempels streift und von diesen reflektiert wird.

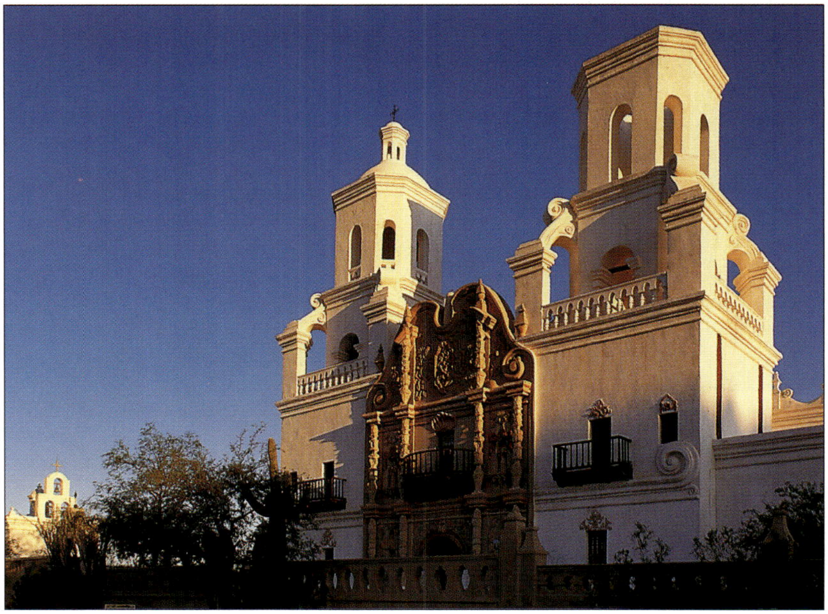

Der Einfallswinkel der Sonne

Im Lauf eines Tages enthüllt der sich ändernde Einfallswinkel des Sonnenlichts verschiedene Aspekte einer Szene, manche sind attraktiver als andere.

All die möglichen Richtungen des Lichts bilden zusammen eine Kugel, die das Motiv umschließt. In einem Studio könnte man jede davon verwenden, doch (abgesehen von ungewöhnlichen Reflexen) steht uns das Sonnenlicht immer nur in Form einer Halbkugel zur Verfügung *(siehe Grafik unten)*. In der Praxis sind zwei Winkel von Bedeutung: Der Winkel zwischen Sonne und Kamera und jener zwischen Sonne und Motiv. Beide zusammen ergeben zu viele Varianten, um sie vernünftig einzuordnen, also konzentrieren wir uns auf jene Richtung, die das Bild entscheidend beeinflusst: auf den Winkel zur Kamera.

Primär ist die Lichtstimmung für die Atmosphäre und die Wirkung eines Bildes verantwortlich. Der Winkel zwischen Sonne und Objekt ist für all jene Motive wichtig, die in eine bestimmte Richtung „sehen", und für die plastischen Qualitäten, wie Kontur, Form und Textur. Die Grafik hier zeigt zum besseren Vergleich mit Studiobeleuchtung eine Kugel.

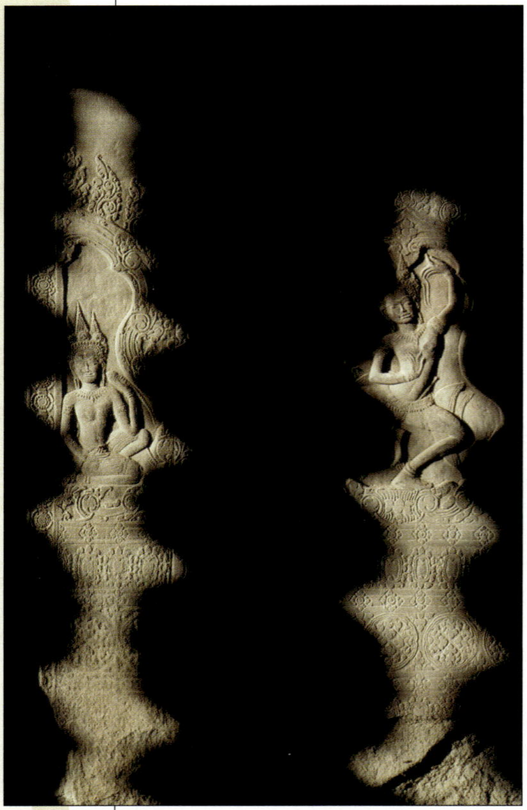

Gutes Timing
Der exakte Einfallswinkel des Sonnenlichts wird wichtig, wenn es zum Beispiel nur kurze Zeit Schatten auf ein bestimmtes Objekt wirft: Die Spalten zwischen den steinernen Säulen lassen die Inschriften auf der gegenüberliegenden Wand teilweise erkennen. Gesehen im Tempel von Angkor Wat, Kambodscha.

Richtung des Lichts

Die Richtung des Lichts, das im Freien von überall her über dem Horizont kommen kann, wird in Zonen eingeteilt. Die Segmente auf unserem „Leuchtglobus" veranschaulichen die Hauptrichtungen, mit denen wir uns auf den folgenden Seiten beschäftigen werden.

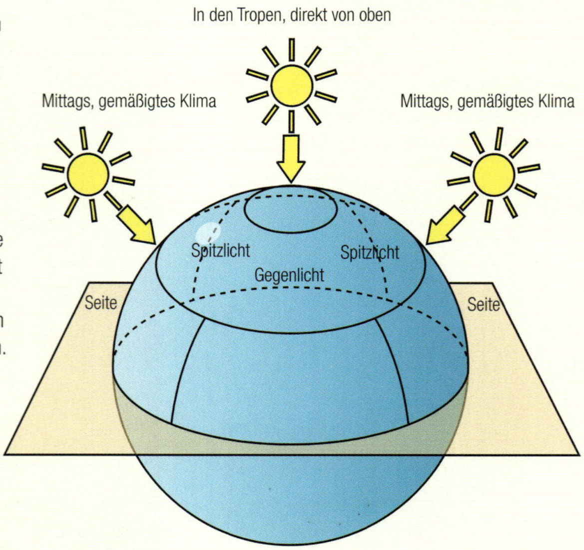

Selbstverständlich hängen diese Einfallswinkel von Tages- und Jahreszeit ab. Der bei weitem größte Teil aller Aufnahmen wird aus beinahe horizontaler Kameraposition, mit maximal 10° bis 20° Abweichung, gemacht. Für diese gilt unser Beleuchtungsdiagramm. Für extreme Vertikale, sowohl auf- als auch abwärts, gilt es nicht. Aufnahmen aus sehr tiefem Winkel sind vom Blickfeld her immer so ungewöhnlich, dass andere Bildeigenschaften, wie die Richtung des Lichts, zweitrangig werden. Doch Gegenlicht-Aufnahmen sind keinesfalls unüblich, wir beschreiben diese Technik auf Seite 44–45. Extrem abwärts, vor allem auf größere Entfernung, etwa aus einem hohen Gebäude oder einem Flugzeug, richten wir die Kamera immer auf eine ebene Fläche: den Boden. Überlegungen zur der Ausleuchtung solcher Situationen ähneln den Anforderungen zur Hervorhebung von Texturen *(siehe Seite 38–39)*.

Der Lauf der Sonne

Ein einzelnes, alleinstehendes Element – eine Klippe an der Küste Mallorcas – enthüllt im Lauf eines Tages unter wolkenlosem Himmel verschiedenste Aspekte. Die Reflexe im klaren Wasser verstärken den unterschiedlichen Charakter der wechselnden Bilder.

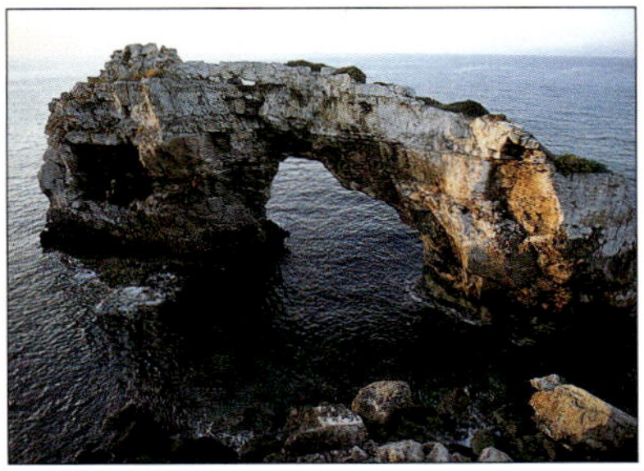
Sonnenaufgang

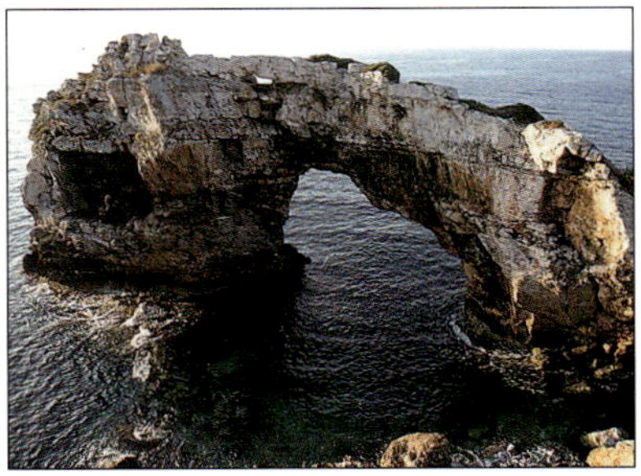
Früher Morgen

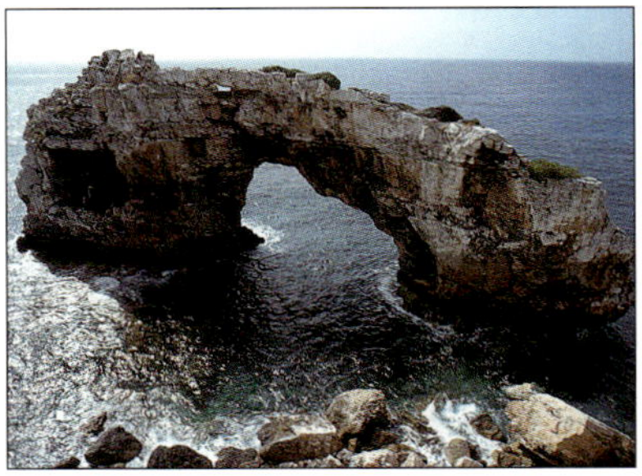
Vormittag

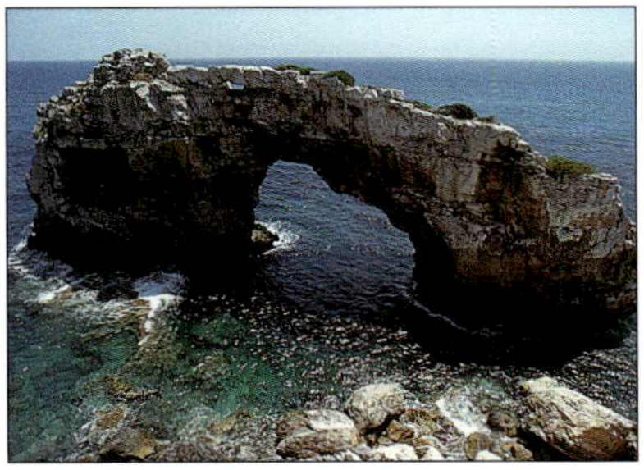
Mittag

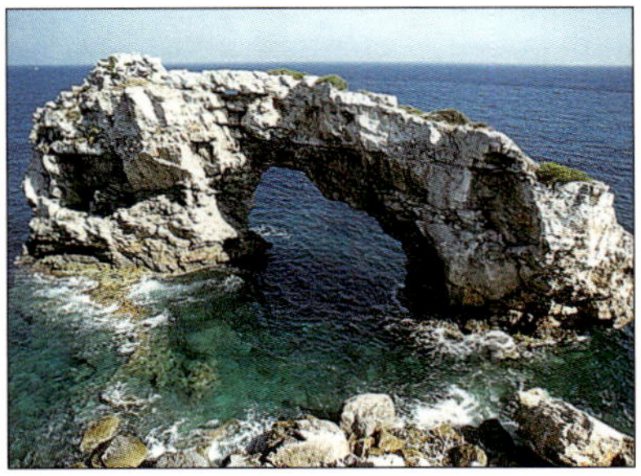
Früher Nachmittag

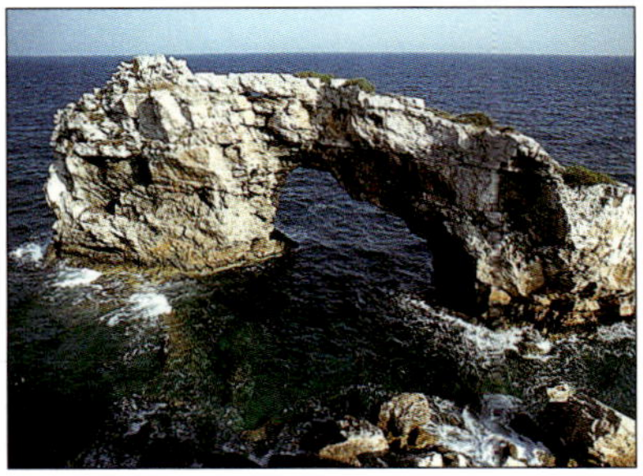
Nachmittag

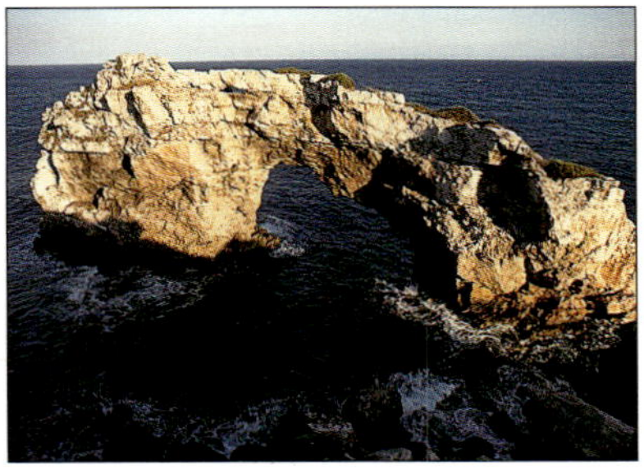
Später Nachmittag

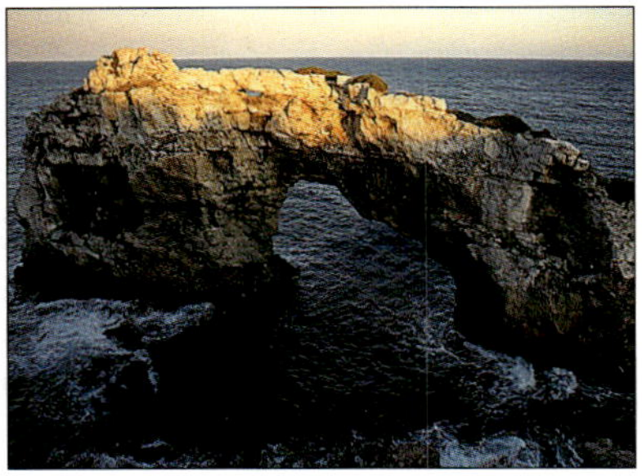
Sonnenuntergang

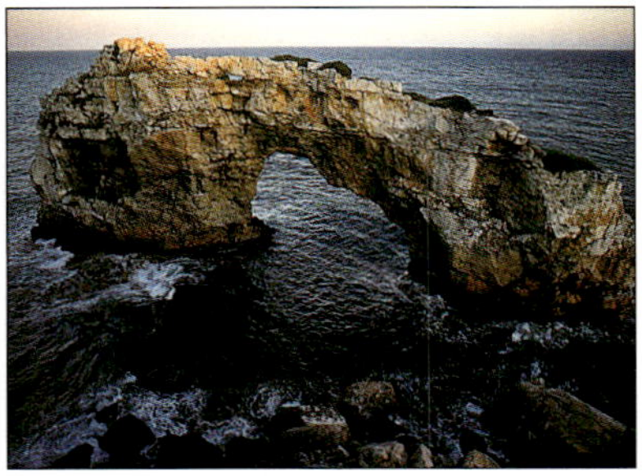
Dämmerung

Tageslicht

Indirektes, vom Himmel reflektiertes Licht, wenn also ein Hindernis die Sonne verdeckt, ist weich und wirkt attraktiv, doch es variiert stark in der Farbe.

Die Atelierfenster eines Künstlers weisen für gewöhnlich nach Norden, da so das Licht sanft und gleichmäßig ist. Doch dieses „Tageslicht" erscheint nur unserem Auge als gleichmäßig, tatsächlich hat es immer eine schwer einzuschätzende Farbe. Aus diesem Grund wurden solche Lichtverhältnisse zu Zeiten des Farbfilms tunlichst vermieden. Glücklicherweise können Digitalkameras den Farbstich neutralisieren. Das Tageslicht tendiert zu Blau, da die Atmosphäre Licht mit kurzer Wellenlänge streut. Dieser Blaustich variiert mit dem Wetter und der Seehöhe und ist im Gebirge am stärksten ausgeprägt. Wolken und jedes andere helle Objekt in der Umgebung, etwa ein weißes Gebäude, das das Sonnenlicht reflektiert, mindern den Effekt. Obwohl Tageslicht nichts anderes als das Restlicht ist, das bleibt, wenn die Sonne verdeckt wird, fungiert es aus fototechnischer Sicht als Lichtquelle.

Das vom Himmel reflektierte Licht ist am wichtigsten, wenn sich das Motiv ganz im Schatten befindet. Dann ist es die einzige sichtbare Lichtquelle und wird daher vom Auge sowohl als konstant als auch als neutral, sprich weiß empfunden. Doch dies ist kaum jemals der Fall: Hier kommt der

Die Varianten von „Himmelblau"

Die Farbtemperatur von blauem Himmel umfasst in etwa die hier gezeigte Bandbreite. Im ersten Feld ist die Luft rein und klar; die Intensität des Himmels hängt von der Höhe, der Jahreszeit, dem Sonnenstand und davon ab, welchen Teil man betrachtet (je höher oben, desto blauer). Im zweiten Feld wird das Blau durch steigenden Dunst verwaschen. Eine lockere Wolkendecke reduziert die Farbtemperatur der gesamten Umgebung; wie sehr, hängt von Anzahl und Dichte der Wolken ab. Zu guter Letzt kann auch die Umgebung einen Teil/einen Großteil des Himmelsblaus neutralisieren. Ist das Umfeld sehr hell und wird es selbst von der Sonne beschienen, kann das Umgebungslicht zur Hauptlichtquelle werden.

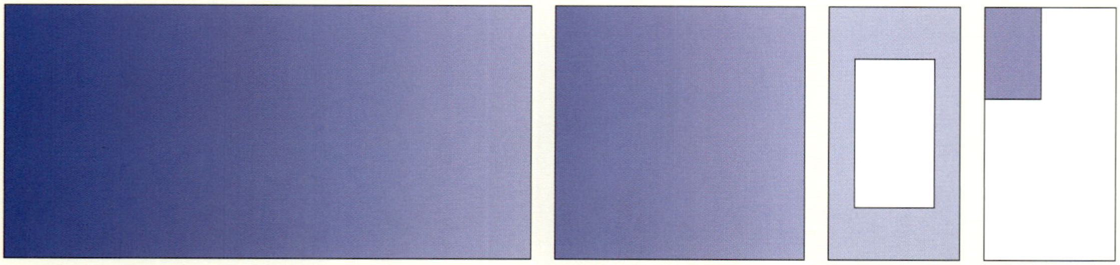

Klarer Himmel 12000–7000 K

Dunst etwa 6000 K

Wechselnd wolkig etwa 5700 K

Helle Umgebung etwa 5400 K

Weißabgleich der Kamera zum Tragen. Der „Schatten"-Modus variiert je nach Hersteller und liegt durchschnittlich bei 8000 K. Bei manchen Kameras kann der Wert manuell korrigiert werden. Beachten Sie aber, dass unser Auge immer auf Vermutungen angewiesen ist, und überprüfen Sie, wie der blaue Himmel, die Haupt-Lichtquelle, aussieht und inwieweit reflektierende Objekte (wie Mauern, Sand oder Wasser) die Farbtemperatur beeinflussen.

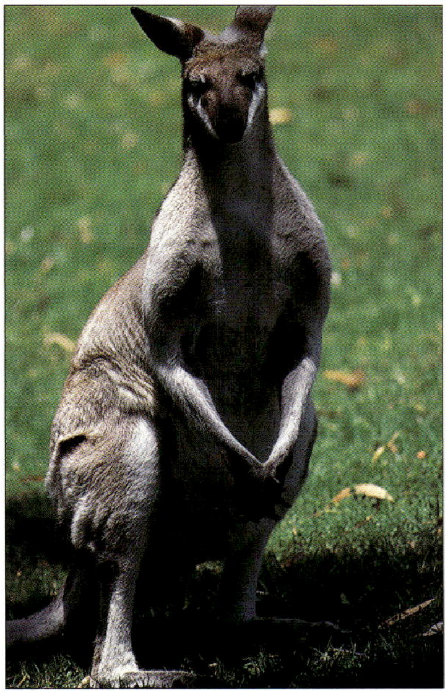

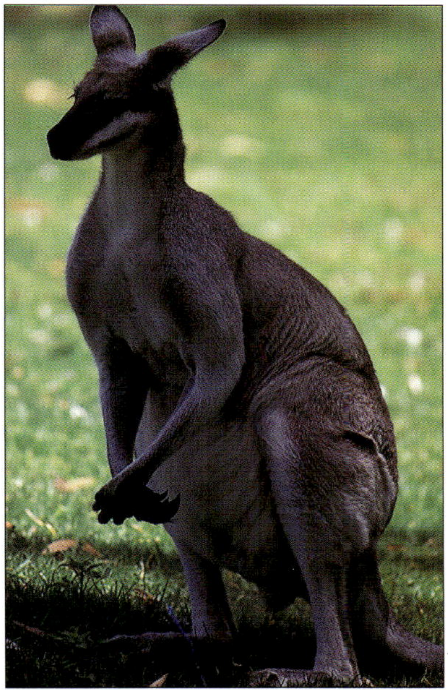

Sonne und Schatten
Die beiden Aufnahmen des kleinen Känguruhs zeigen die typischen Unterschiede von prallem Sonnenlicht und Schatten an einem klaren Tag in Bezug auf Lichtintensität und Farbtemperatur. Unsere Augen würden das Fell des Tiers auch im Schatten als neutral wahrnehmen, auf dem Foto ist der Blaustich des vom Himmel reflektierten Lichts deutlich erkennbar.

Blau in großer Höhe
An einem klaren Tag im Gebirge ist die Atmosphäre dünner, es gibt weniger Dunst und stärkere UV-Strahlung. Morgens und abends, wenn die Sonne tief steht, wird die Szenerie von großen Schattenarealen geprägt, die ganze Landschaft, hier ein Dorf in den Anden, übernimmt den Blaustich des Himmels.

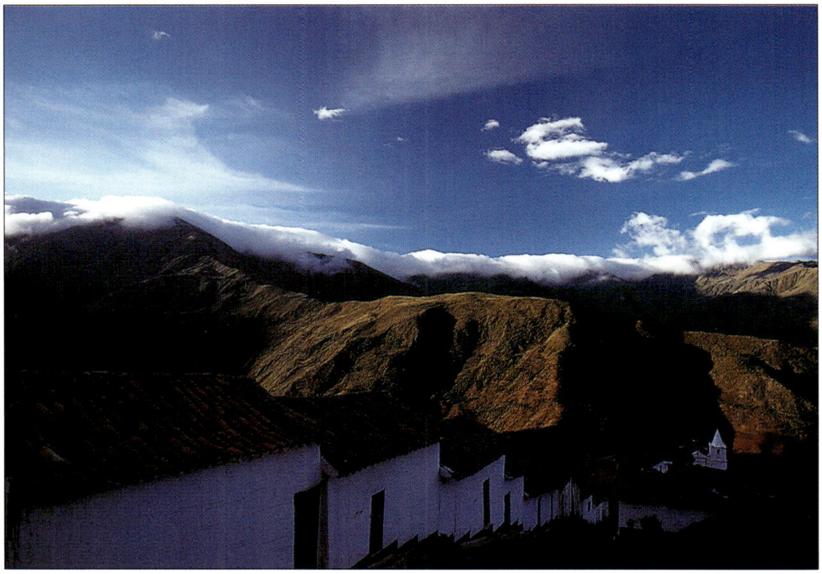

Vormittag und Nachmittag

Steht die Sonne tief, wird das Leben des Fotografen erst interessant. Es gibt mehr Abwechslung als mittags, da die Sonne mit Gebäuden, Menschen und Objekten spielt, und man kann den Kamerawinkel gestalterisch einsetzen.

Faszinierende, auf den ersten Blick interessante Lichtstimmungen ergeben sich oft am Vormittag und am Nachmittag. Anstatt dass alles in ein und demselben Oberlicht ertrinkt, erregen Einzelheiten plötzlich unsere Aufmerksamkeit, wenn die Sonne die Objekte nur streift und weniger vorhersehbare Schatten wirft. Das flacher einfallende Licht schmeichelt den meisten Motiven mehr als die harte Mittagssonne. Zwar mag dieser Lichtstimmung – wenn die Sonne zwar deutlich über dem Horizont, aber nicht zu hoch steht – die Dramatik der Sonnenauf- und -untergänge fehlen, doch das Licht ist attraktiv und weit verlässlicher. Die Farbe ist annähernd neutral und, falls Sie die Vielzahl orange- und rotstichiger Bilder schon nervt, weniger aufdringlich. Ist für ein Motiv Farbtreue wichtig, fotografieren Sie, wenn die Sonne ein bis zwei Stunden über dem Horizont steht.

Von oben nach unten
Unter diesen Lichtverhältnissen kann es eine lohnende Option sein, die Kamera von oben auf das Motiv zu richten. Dadurch ist der Kontrastumfang geringer, da das Objekt gegen den Erdboden oder einen anderen Untergrund abgebildet wird, dessen Textur aber dennoch erhalten bleibt. Zusätzlich eröffnen die langen Schatten interessante Möglichkeiten der Bildkomposition.

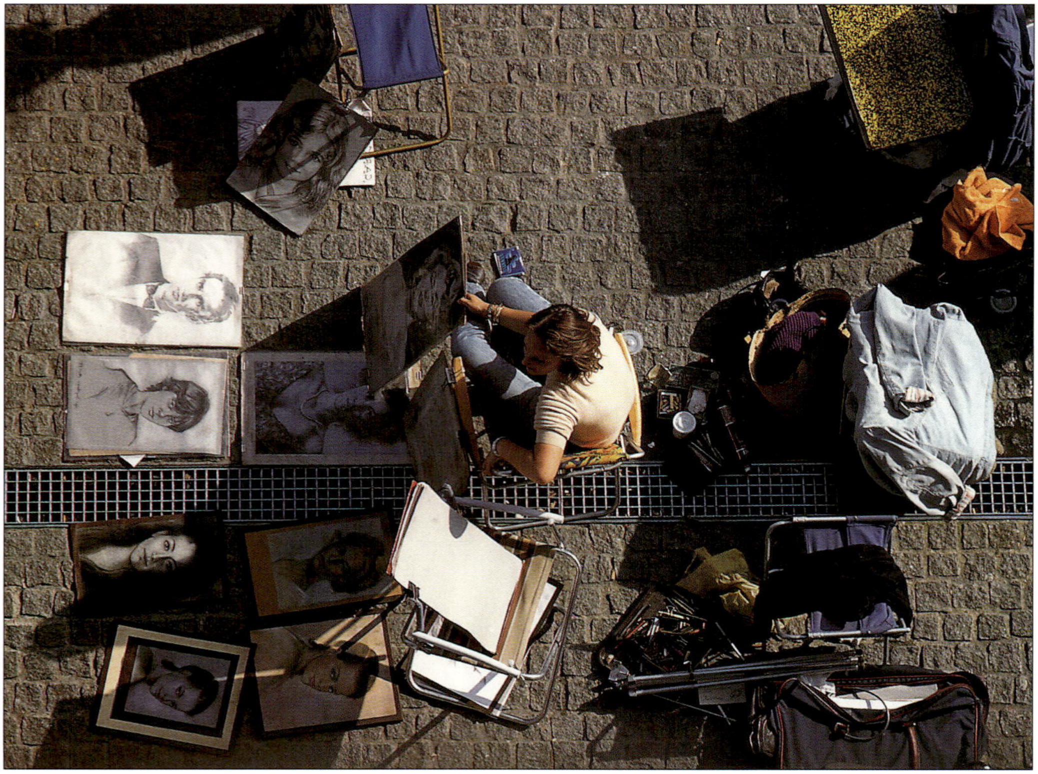

Nutzen Sie den flachen Lichteinfall, indem sie den Winkel von Kamera und Sonne mit Bedacht wählen: von vorn, von hinten oder seitlich. Die Ergebnisse sind stark unterschiedlich und umso deutlicher, je näher die Sonne dem Horizont kommt. Silhouetten in Aufnahmen gegen die Sonne besprechen wir auf Seite 46–47, morgens und abends kommen so allerdings nur hohe Objekte gut zur Geltung. Der eindrucksvollste Lichteffekt ergibt sich zu diesen Tageszeiten bei Seitenlicht, das ebenso praktisch wie dramatisch sein kann, wie wir gleich sehen werden.

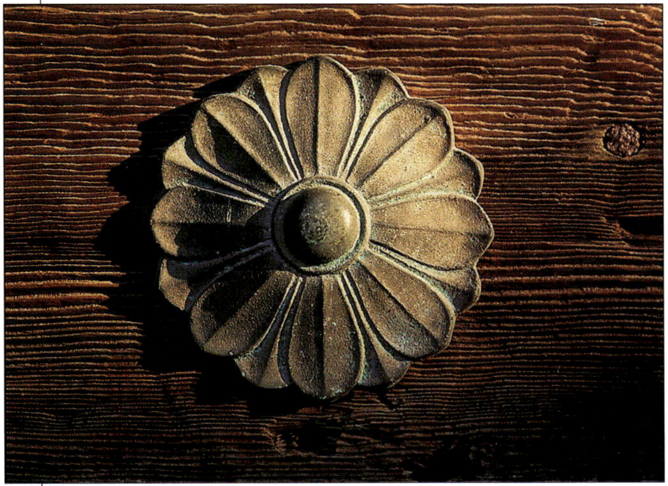

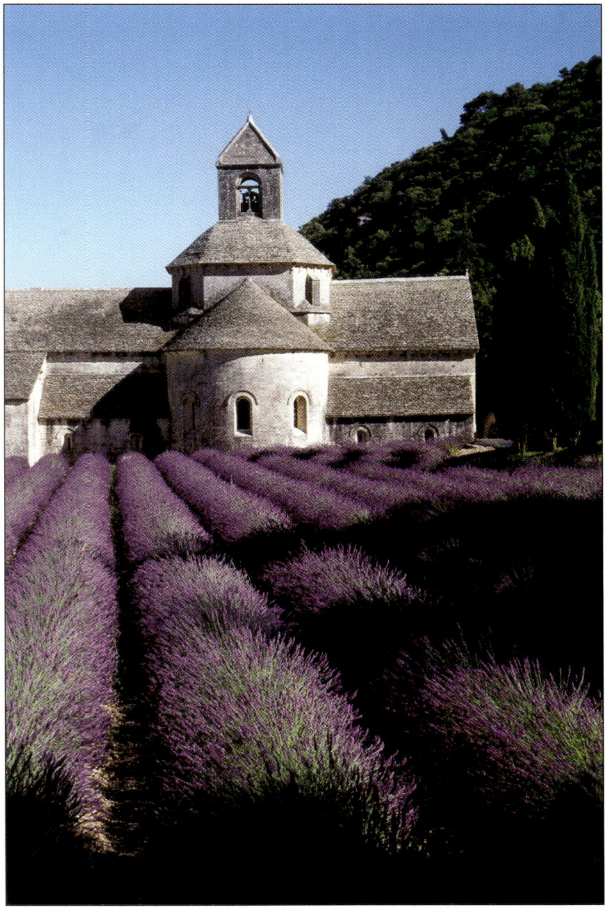

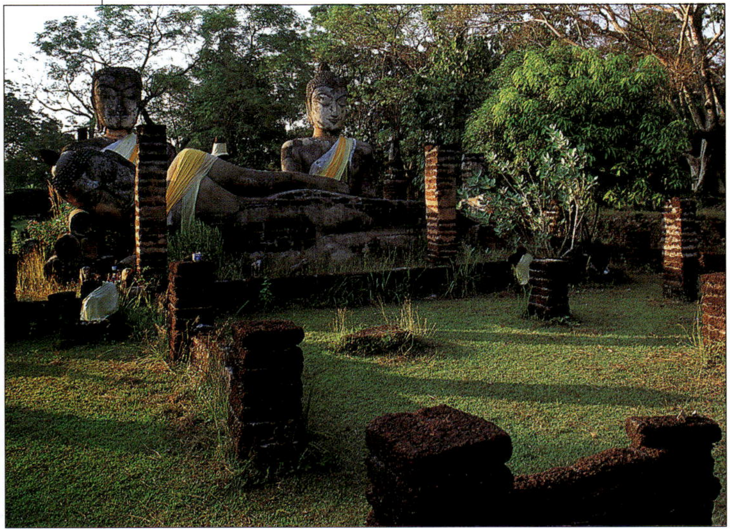

Detail einer Wand

Schräger Lichteinfall bringt die Struktur einer Oberfläche am besten zur Geltung. So wie dieser Effekt auf manchen vertikalen Flächen nur mittags eintritt, zeigen sich andere Objekte, wie dieses bronzene Ornament an einer Holzwand vormittags und nachmittags von ihrer besten Seite. In unserem Fall war das Zeitfenster für eine gelungene Aufnahme äußerst knapp, bevor der Schatten wieder alles einhüllte.

Licht und Schatten waagrecht

Das sichtbare Spiel von Licht und Schatten ist ein wichtiges Element in Aufnahmen zu dieser Tageszeit. Befindet sich die Kamera im rechten Winkel zur Sonne, wird der Effekt am besten genützt, wodurch das Bild eine ausgeprägt lineare, horizontale Komponente erhält.

Schatten nützen

Die Form der Schatten, die eine tief stehende Sonne erzeugt, kann ein starkes, grafisches Bildelement sein. Diese Aufnahme einer Abtei in Frankreich inmitten eines Lavendelfeldes erhält durch die Schatten im Vordergrund eine solide Basis. In der Bildmitte lassen die Schatten der Bäume den Wald zur Rechten erahnen und der Schatten des konischen Daches setzt die Linie des Hügels dahinter fort.

Seitenlicht

Von allen Varianten direkten Sonnenlichts ist Seitenlicht vor allem dann am praktischsten, wenn Textur und Detailzeichnung eines Objekts wichtig sind. Dabei kommt es immer darauf an, wie die Schatten fallen.

Schatten sind jene Begleiterscheinung von Seitenlicht, die am meisten auffällt. Denn sie lassen das Relief von Oberflächen und Objekten hervortreten. Wie die beiden Grafiken zeigen, erzeugt Seitenlicht die von der Kamera aus gesehen längsten und akzentuiertesten Schatten. Zwar steht die Sonne auch dann im rechten Winkel zur Kamera, wenn sie sich direkt darüber befindet, in diesem Fall aber begrenzt der Boden die Größe der Schatten und hellt sie zusätzlich als Reflektor auf.

Bei Seitenlicht haben Schatten drei verschiedene Effekte: Erstens werden die Konturen der Objekte nachgezogen, sodass diese an Tiefe gewinnen, sehr gut zu sehen in der Aufnahme der beiden Frauen auf der Seite gegenüber. Zweitens wird die Struktur einer Oberfläche betont. Die langen Schatten dringen in kleinste Ritzen und Winkel, sodass selbst kleinste Details deutlich sichtbar werden, wie bei der japanischen Papierlaterne gegenüber.

Licht und Schatten

Seitenlicht erzeugt die deutlichsten Schatten. Diese Sequenz zeigt, was passiert, wenn sich die Richtung der Sonneneinstrahlung von frontal bis Gegenlicht ändert. Aus der Sicht der Kamera erzeugt Vorderlicht die kleinsten Schatten, während sie bei Gegenlicht so dominant sind, dass nur wenige, stark begrenzte Stellen von der Sonne erreicht werden. Den stärksten Hell-Dunkel-Kontrast erhält mann, wenn die Sonne im rechten Winkel zur Kamera steht.

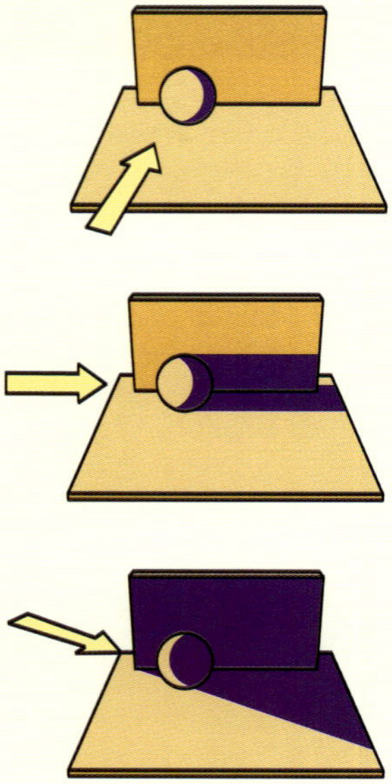

Hoher Kontrast

Hoher Kontrast ist charakteristisch für viele Seitenlicht-Aufnahmen. Die Lichtachse befindet sich im rechten Winkel zur Objektivachse, ebenso fallen die Schatten rechtwinkelig ein. Wie die Grafik zeigt, muss eine Fläche nur leicht von der Sonne weg drehen oder durch ein relativ kleines Hindernis abgeschattet werden, um einen hohen Hell-Dunkel-Kontrast zu erhalten.

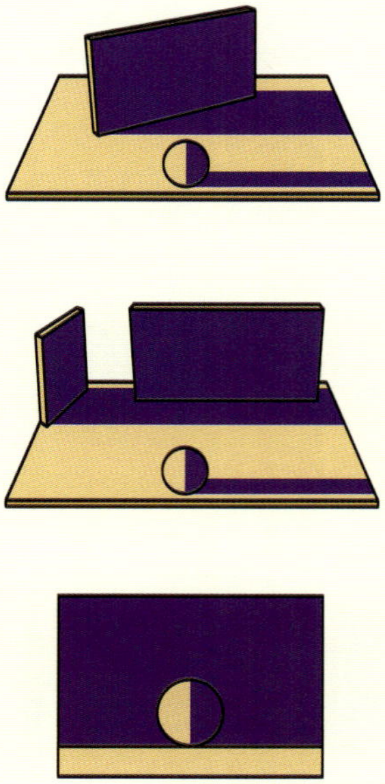

Der dritte Effekt von Seitenlicht ist der starke Kontrast. Ist der Himmel klar und kein Objekt in der Nähe, das als Reflektor wirkt, ist der Unterschied zwischen Licht und Schatten hoch. Außerdem kann man, wie die Grafik zeigt, einen hellen Hintergrund ganz leicht in einen dunklen verwandlen, vor dem sich ein Objekt im Seitenlicht deutlich abzeichnet. Auch die Aufnahme der beiden Frauen veranschaulicht diesen Umstand.

Richtig belichten

Belichtungsmessung und Belichtung hängen von der Form des Motivs und vom Verhältnis zwischen Licht und Schatten ab. Ist ein Großteil des Objekts der Sonne zugewandt, stellen Sie darauf die Belichtung ein. In solchen Situationen bewährt sich die Mehrfeldmessung, doch man muss das Ergebnis sorgfältig auf dem LCD-Display überprüfen. Alternativ messen Sie die hellen Bereiche an (im Spot- oder mittenbetonten Modus, falls die Kamera diesen hat), speichern die Einstellung und richten die Kamera neu aus. Ist das Motiv jedoch relativ flach und der Kamera zugewandt, ergibt ein Durchschnittswert die besten Resultate.

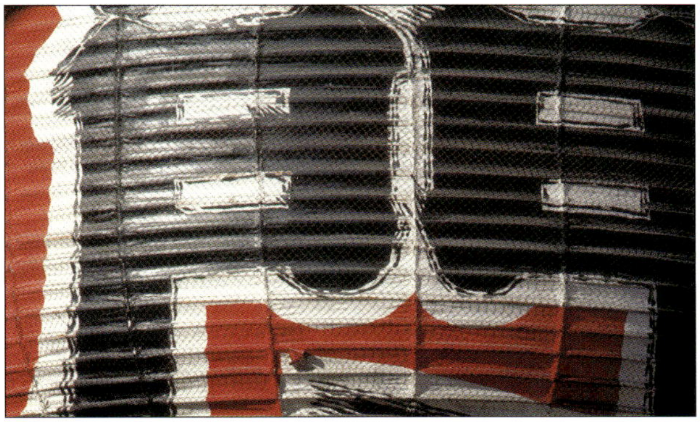

Licht und Textur
Die Oberfläche dieser japanischen Papierlaterne kippt leicht von links nach rechts. Dadurch wird der Schattenwurf beeinflusst. Die Textur ist am deutlichsten sichtbar, wenn die Sonne die Oberfläche in einem ganz bestimmten Winkel streift. Vereinfacht gesagt erkennt mann drei Bereiche unterschiedlich stark durchgezeichneter Oberflächenstruktur, deren Messung folgende Werte ergibt: Links = $f16$; Mitte = $f11$; Rechts = $f4$. Die stärkste Zeichnung ist in der Mitte erkennbar.

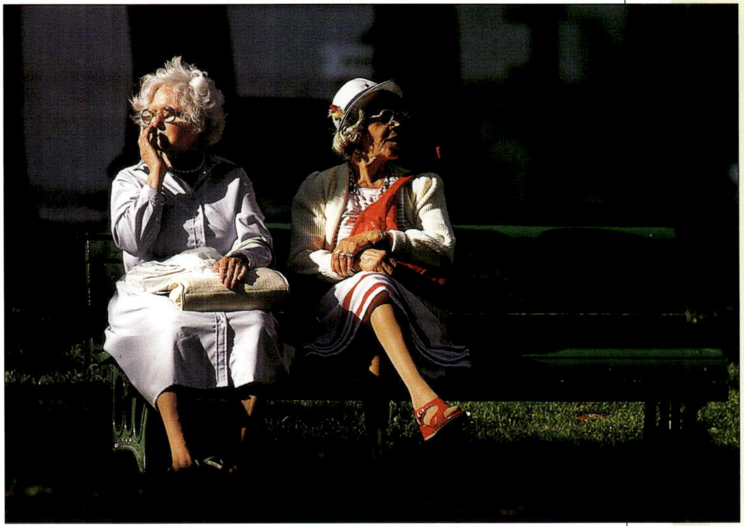

Scharfe Konturen
Eine der effektivsten Einsatzmöglichkeiten von Seitenlicht, nämlich die Herausarbeitung der Kontur eines Objekts, hängt fast zur Gänze von der Kameraposition ab. In dieser Aufnahme aus einem Park in Montreal befindet sich die Sonne im rechten Winkel zur Blickachse, der Hintergrund liegt im Schatten.

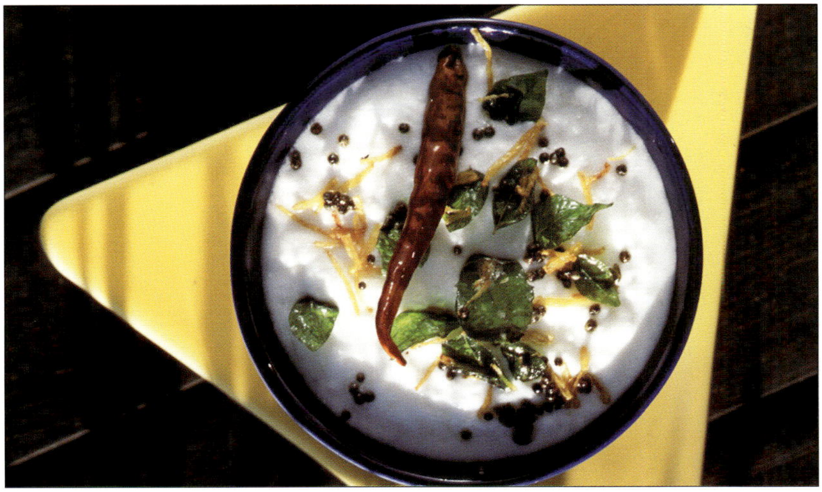

Streiflicht
Dieses Joghurtgericht wurde gerade von oben aufgenommen, Seitenlicht lässt die Konsistenz der Speise hervortreten – ein wesentlicher Faktor in der Food-Fotografie, wo jeder Sinneseindruck den Geschmack anregt. Ein weißer Kartonreflektor auf der dem späten Nachmittagslicht gegenüberliegenden Seite hellt die Schatten auf.

Die Sonne am Horizont

An klaren Tagen kann die Sonne, knapp über dem Horizont, die Landschaft in spektakuläres Licht tauchen. Dies nutzt man dann voll aus, wenn man die Kameraposition dem rasch wechselnden Licht anpasst und nicht lange zögert.

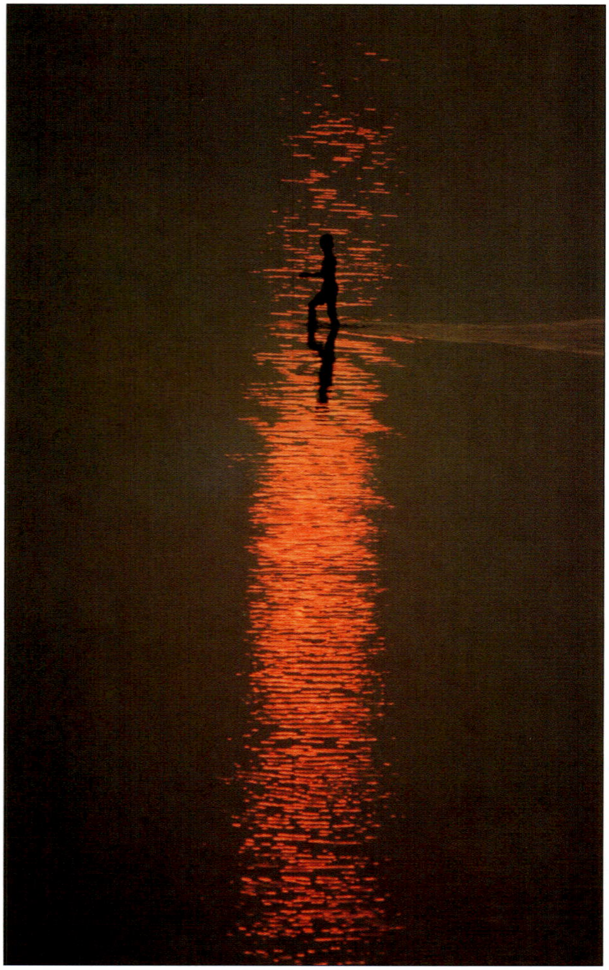

Die aufregendste Tageszeit, um mit dem Wechsel des Lichteinfalls zu arbeiten, ist etwa binnen einer Stunde nach Sonnenauf- bzw. vor Sonnenuntergang. Jede Eigenschaft des Lichts ändert sich: Richtung, Diffusion, Farbe, Intensität. Der Effekt ist kaum vorhersehbar und hängt von atmosphärischen Einflüssen und Wolken, die das Licht reflektieren, ab. Im Gebirge bleibt die Sonne im Winnter den ganzen Tag über in der Nähe des Horizonts, an kalten, klaren Tagen herrscht ideales Fotowetter.

Alle möglichen Einfallswinkel sind äußerst flach. Die Sonne steht maximal 30°, in den Beispielen hier kaum 20° über dem Horizont. In mittleren Breiten herrschen solche Bedingungen vor sechs Uhr morgens und nach sechs Uhr abends. Besonders wertvoll für den Fotografen ist, dass eine derart tief stehende Sonne vier grundlegende Beleuchtungsvarianten eröffnet – frontal, von der Seite, als Gegen- und als Spitzlicht, und zwar alle zur selben Zeit, bei demselben Sonnenstand.

Selbstverständlich kann man auch das alte Klischee bemühen und die unter- bzw. aufgehende Sonne selbst zum Hauptmotiv des Bildes wählen. Unzählige Postkarten von Sonnenuntergängen überall auf der Welt erzählen von der unwiderstehlichen Anziehungskraft dieses Anblicks. Der sinkenden Sonne zuzusehen (die aufgehende verlangt mehr Disziplin), mag eine nette Freizeitbeschäftigung sein, daraus ein gutes Foto zu machen, erfordert einen grafisch interessanten Hintergrund. Ein langes Teleobjektiv ist hier hilfreich.

Die Sonne als Spiegelung
Die Sonne erfüllt hier einen doppelten Zweck: Die rote Lichtgasse umschließt fein säuberlich die Silhouette des Jungen, der duch die Untiefe watet, und durch den dichten Dunst kontrastiert sie weniger mit dem Wasser rund herum.

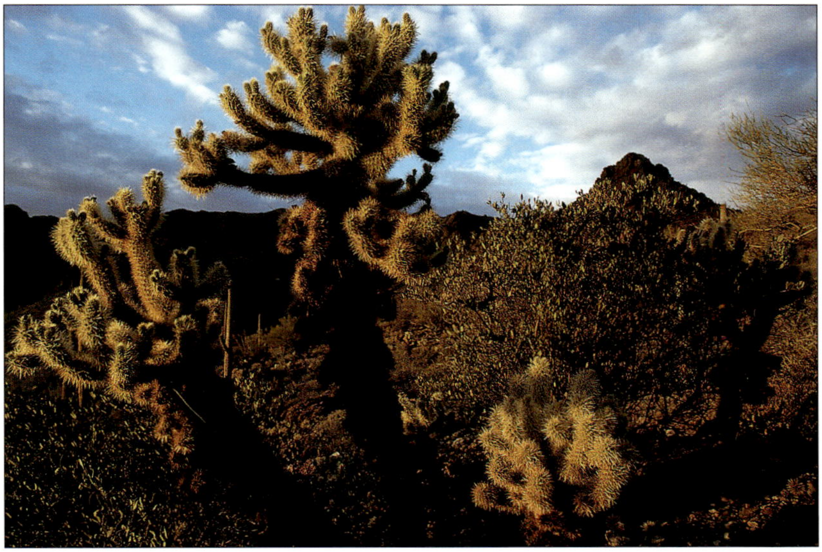

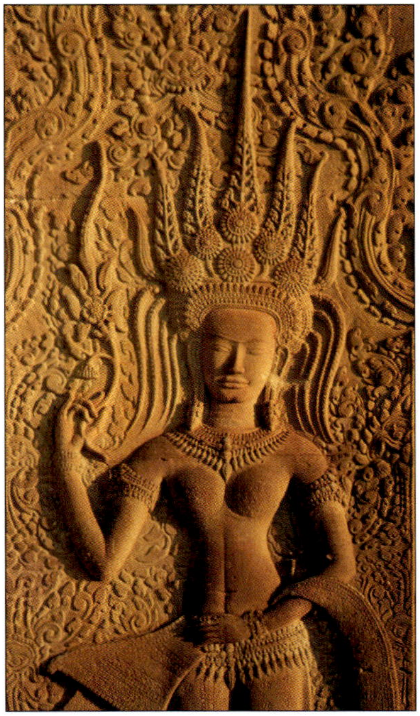

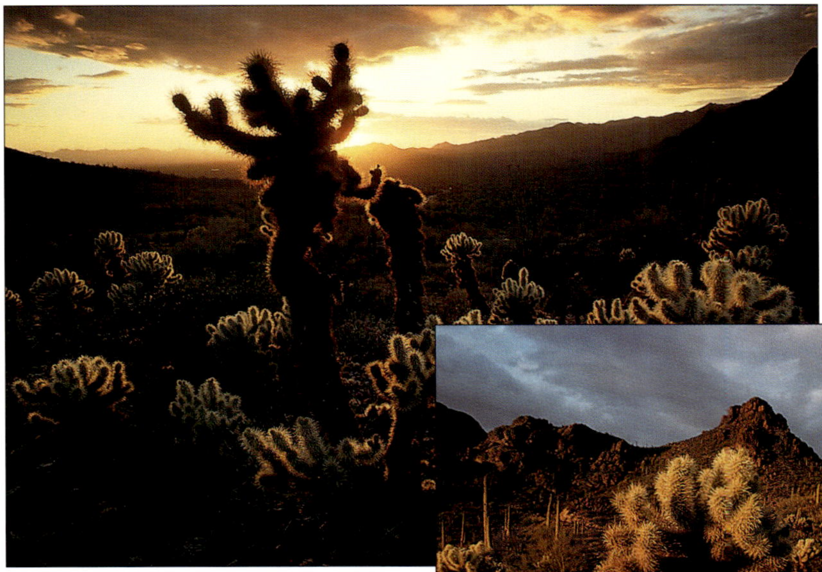

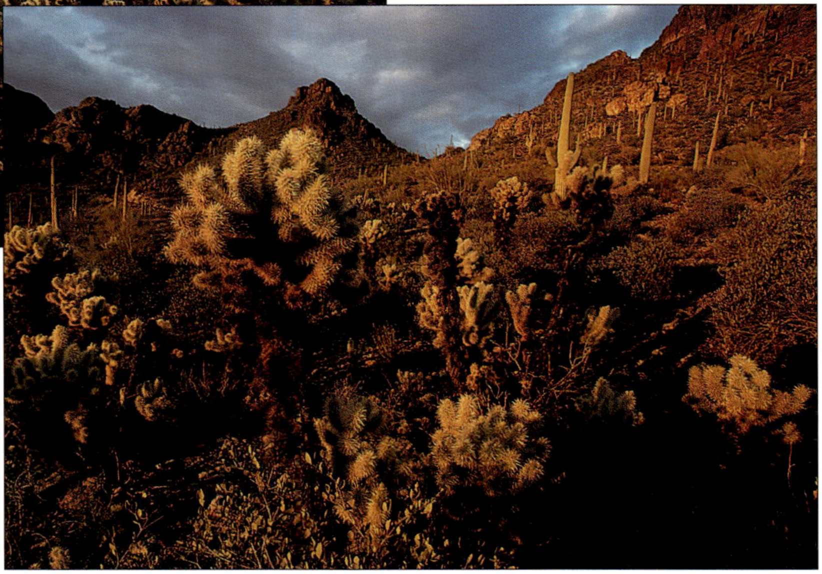

Warme Töne

Tagsüber ist dieser Sandstein mit dem Basrelief der alten Khmer undefinierbar grau. Im Licht der frühen Morgensonne erstrahlt er in goldenem Glanz.

Cholla-Kaktus

Diese drei Aufnahmen einer Gruppe von Cholla-Kakteen entstanden innerhalb weniger Minuten, während die Sonne über dem Saguaro-Nationalpark in der Näher von Tucson, Arizona, versank. Abhängig vom Kamerastandpunkt sind der Winkel zur Sonne – Gegen-, Seiten- und Vorderlicht – und die Lichtstimmung in jedem Bild verschieden. Dadurch wird einer der Hauptvorteile einer so tief stehenden Sonne deutlich – sie eröffnet der Kamera eine Vielzahl an Möglichkeiten.

Frontal von vorn

Licht, das frontal auf ein Objekt fällt, wirft keine sichtbaren Schatten, sondern bringt Unterschiede in Farbe und Ton sowie intensive Reflexe voll zur Geltung.

Frontales Licht, wenn sich die Sonne direkt hinter der Kamera befindet, ergibt – gekonnt genutzt – prächtige, farbenfrohe Aufnahmen. Doch der Grat zwischen einem gelungenen und einem nichtssagenden Bild ist schmal und das Ergebnis schwerer abzuschätzen als bei anderen Lichteinfallswinkeln. Vorderlicht wirft seine Schatten von der Kamera weg, und wenn die Blickachse genau auf der Lichtachse liegt – dem Kamerablitz nicht unähnlich –, sind diese nicht zu sehen. Da Schatten für Modellierung und Textur sorgen und die Perspektive unterstützen, erscheinen frontal beleuchtete Objekte oft flach und zweidimensional. Das führt fast zwangsläufig zu langweiligen Fotos, doch intensives Sonnenlicht in Verbindung mit Farbe und Tönung des Motivs kann für den entscheidenden Unterschied sorgen.

Ist das Licht intensiv und die Quelle direkt hinter der Kamera, ist das auffälligste Merkmal des Bildes die Kraft seiner Farben. Bei echter Frontalbeleuchtung verstärkt sich dieser Effekt durch die Tatsache, dass die Farbtemperatur niedriger ist, das Licht erscheint gelb bis orange. Das führt zu hohem Kontrast sowohl in der Farbe als auch im Tonwert. Sind diese Kontraste bereits im Originalmotiv stark, wie bei der japanischen Frau links, ist das Resultat überzeugend. Reflektionen treten unter diesen Bedingungen fast schon zu sehr hervor, doch der Effekt auf glänzenden oder schillernden Oberflächen kann überwältigend sein, ein Versuch lohnt allemal.

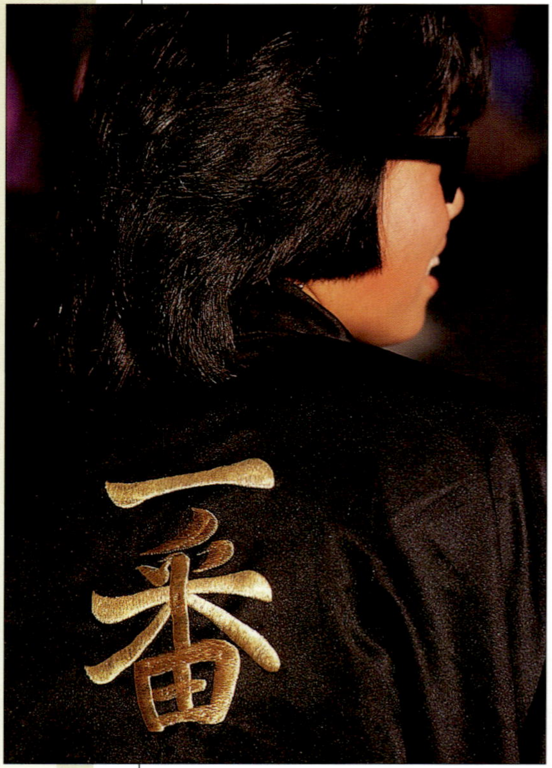

Farbenpracht
Der Kontrast zwischen der schwarzen Seide und der goldenen Stickerei sticht immer ins Auge, doch frontal von vorn beleuchtet, steigt die Wirkung des glänzenden Goldfadens erheblich.

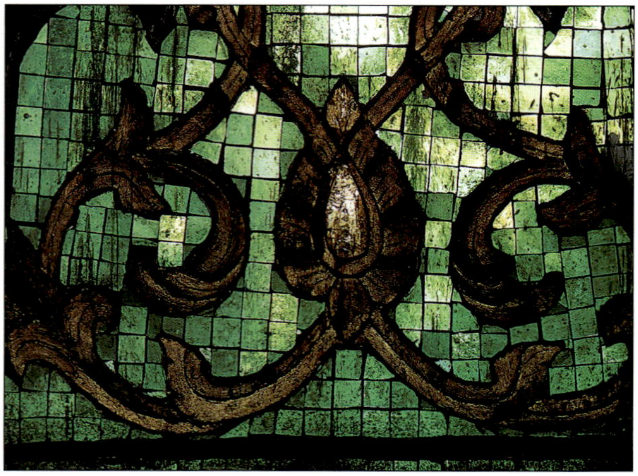

Spiegel-Kontrast
Eine spiegelnde Oberfläche, direkt von vorn aufgenommen, ergibt ein Bild mit extrem hohem Kontrastumfang. Jede matte Fläche wird, wie in diesem dekorativen Detail, beinahe wie eine Silhouette erscheinen.

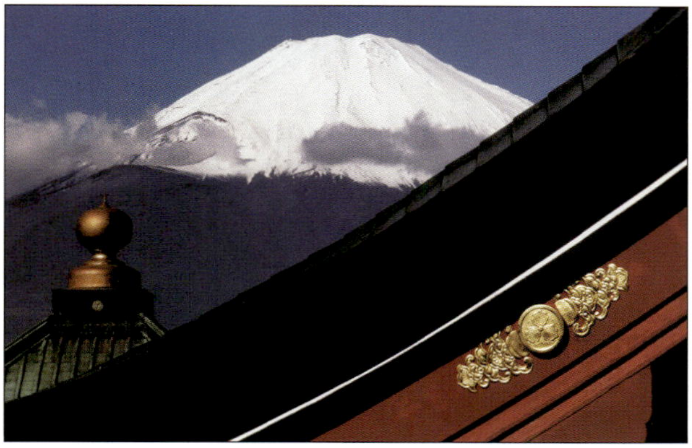

Der eigene Schatten

Wenn die Sonne fast den Horizont berührt, erscheinen – vorausgesetzt ihr Licht bleibt hell – Schatten, die bald alles einhüllen. Das bedeutet aber auch, dass Ihr eigener Schatten zu sehen ist, ein nicht erwünschter Effekt. Eine Möglichkeit ist, den eigenen Schatten so zu verändern, dass er nicht mehr als solcher zu erkennen ist (ziehen Sie zum Beispiel Kopf und Arme ein oder verhüllen Sie die Beine des Stativs). Die andere Lösung ist, sich so weit aus der Lichtachse zu bewegen, dass das Licht nicht mehr exakt frontal auftrifft. In der Aufnahmen des Friedhofs erzeugte das leicht schräg einfallende Licht starke, grafische Schatten, die sich über die hellen Formen schoben und eine interessante Komposition ergaben.

Flache Grafik
Der Mangel an Schatten, der immer dann zu bemerken ist, wenn das einfallende Sonnenlicht der Objektivachse folgt, kann Motive mit starken Farben oder ausgeprägten Kontrasten gut zur Geltung bringen, wenn Sie in der Bildkomposition Perspektive und Tiefe hintanstellen und die grafische Komponente betonen.

Helle Reflexionen
Glänzende Flächen, wie die Vergoldung auf diesem Tempel im Norden Thailands, der der aufgehenden Sonne entgegenblickt, werden für die kurze Zeit, in der sie das Licht einfangen, aus jedem Bild hervorstechen.

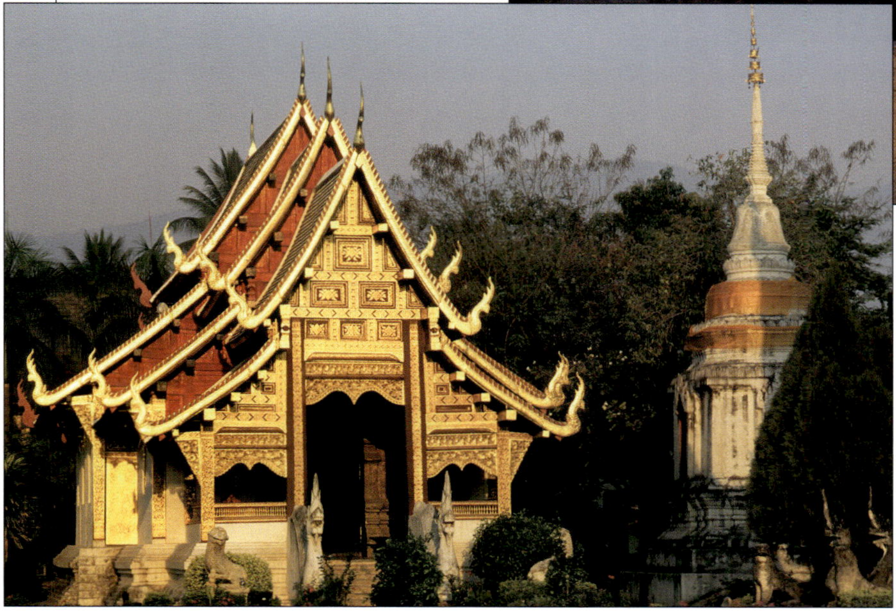

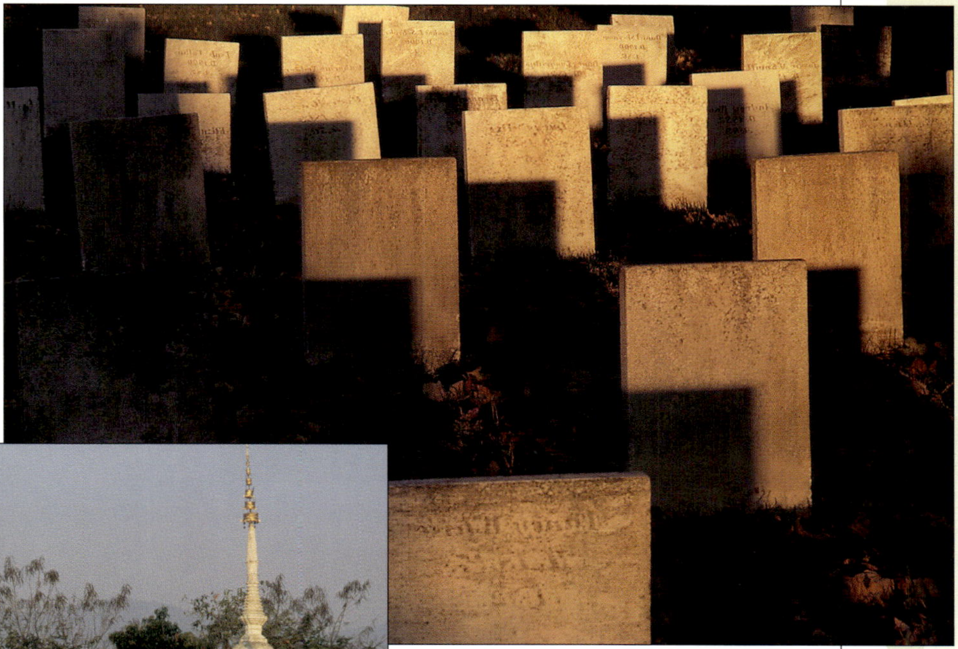

Schattenformen
Schmale, doch harte Schatten, hervorgerufen von der untergehenden Sonne fast genau hinter der Kamera, spielen in dieser Aufnahme eines Shaker-Friedhofs in der Nähe von Albany, New York, eine wichtige Rolle. Die sorgfältige Wahl der Kameraposition war notwendig, um nicht den eigenen Schatten im Bild zu haben.

Direkt in die Sonne

Gegenlichtaufnahmen sind potenziell dramatisch und aufregend, doch wie jede auffällige fotografische Technik entfalten sie ihre volle Wirkung nur dann, wenn man sie sparsam einsetzt.

Aufnahmen gegen die Sonne eröffnen dem Fotografen einige der besten Möglichkeiten für atmospärisch dichte oder abstrakte Bilder. Ihr Markenzeichen sind Silhouetten jeder Art - ein Bildelement, das immer dann äußerst wirkungsvoll ist, wenn die Form klar erkennbar und das Foto richtig belichtet ist. Richtet man die Kamera etwas aus der Achse, sodass die Sonne knapp außerhalb des Bildes steht, ergibt sich eine Vielzahl interessanter und ungewöhnlicher Bilder, die sich in ihrer Wirkung ganz auf die Oberflächenstruktur des Motivs verlassen.

Vier Arten von Aufnahmesituationen können als Gegenlicht eingestuft werden: direkt in die Sonne oder in eine *Spiegelung* der Sonne sowie jene beiden Varianten,

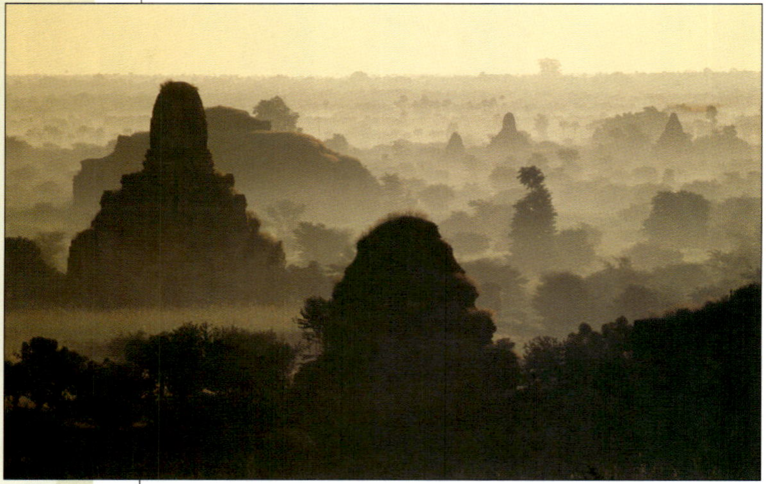

Zurücktretende Ebenen
Der leichte Morgennebel kreiert gemeinsam mit dem Gegenlicht eine sehr luftige Atmsophäre, da die Schatten und die Konturen dieser antiken Pagoden in Burma mit zunehmender Entfernung immer weicher werden.

Arten von Gegenlichtaufnahmen

Bei Gegenlichtaufnahmen ergeben sich, abhängig von Sonnenstand und Kameraposition, vier unterschiedliche Effekte. Direkt in die Sonne fotografiert, erhält man eine harte Silhouette in einer extrem hellen Fläche. Steht die Sonne höher und nimmt man das Objekt gegen eine reflektierende Fläche, etwa Wasser, auf, ergibt sich auch eine Silhouette, doch der Hintergrundbereich ist größer. Steht die Sonne höher und ist nicht im Bild, haben die Schatten etwas Zeichnung. Setzt man ein Spitzlicht, ist der Hintergrund dunkel, die Kanten des Ojekts strahlen hell.

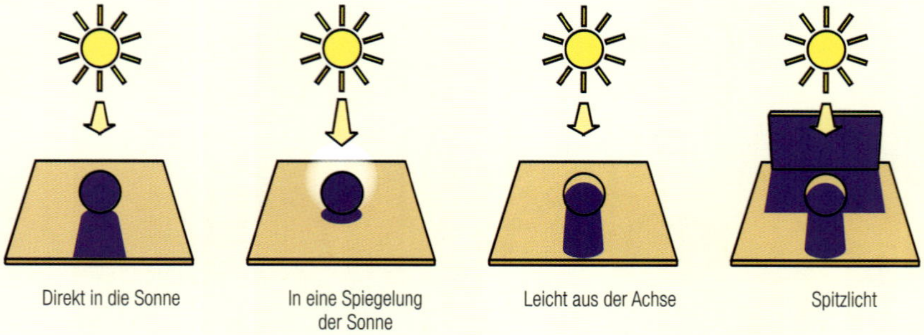

bei denen Licht- und Objektivachse leicht verschoben sind; einmal unter normalen Bedingungen mit sichtbarem Horizont, einmal unter der besonderen Voraussetzung eines dunklen Hintergrunds in scharfem Kontrast zu den hell strahlenden Rändern des Objekts.

Bei Aufnahmen gegen die Sonne ist der Kontrast fast immer extrem hoch. Selbst wenn man es in Kauf nimmt, dass Objekte im Vordergrund oder in geringer Entfernung sehr dunkel sind, gehen Tonwertabstufungen an beiden Enden der Skala verloren. Die Weitwinkelaufnahme des Fischerboots ist typisch für Situationen, in denen sowohl die Sonne als auch ein Hauptmotiv abgebildet werden sollen. Die Verluste in den entfernten Lichtern und den Schatten im Vordergrund sind sichtbar. Die helle Sonne dämpft die Farben; Details des Boots sind nicht zu erkennen. Doch dies sind rein technische Überlegungen, die die Bildwirkung nicht unbedingt zerstören; die Atmosphäre dieser Gegenlichtaufnahme überzeugt gerade deshalb.

Eine große Hilfe waren die Dunstwolken am Horizont, die die Intensität des Sonnenlichts etwas dämpften. Zusätzlich wurde der Kontrast durch zwei Hilfsmittel reduziert. Zum einen habe ich einfach gewartet, bis die Sonne tief genug stand, zum anderen kam ein starker Gradationsfilter vor das Objektiv. Der Filter wurde in seiner Halterung so gedreht, dass die weiche Grenze der dunklen Seite auf einer Linie mit dem Horizont lag *(siehe Seite 60–61)*.

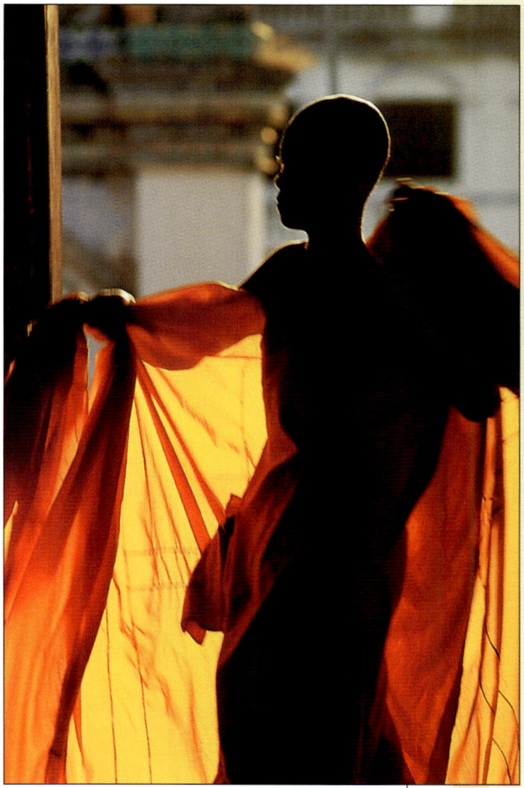

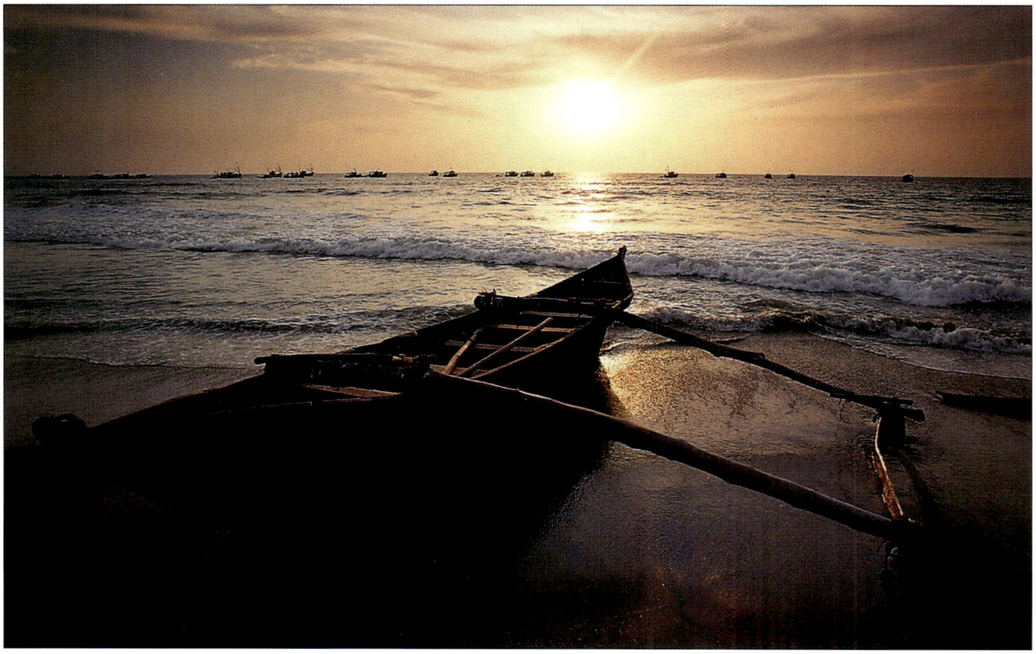

Intensive Farbe
Durchdringt Gegenlicht durchscheinendes Material – wie die safrangelbe Robe dieses Mönchs – werden die Farben zum Leuchten gebracht. Hüten Sie sich vor Überbelichtung.

Himmel filtern
In dieser Aufnahme eines Boots bei Sonnenuntergang war der Kontrast so hoch, dass der Himmel mit einem neutralen Gradationsfilter abgedunkelt werden musste.

Silhouette

Silhouetten sind der Spezialfall unter den Gegenlichtaufnahmen und bieten, wenn das Motiv ausgeprägte Konturen hat und die Sonne verdeckt, beste Voraussetzungen für interessante Bilder.

Sonne als Hintergrund
Das große Bild der Köcherfliege entstand mit einer Makrolinse und einem Vergrößerungsfaktor von 1/2 x bei offener Blende – *f*2.8. Bei kleinerer Blende (*f*16) deformieren die Lamellen die Sonne zu einem Achteck, sie wird kleiner und die Silhouette ist zerstört.

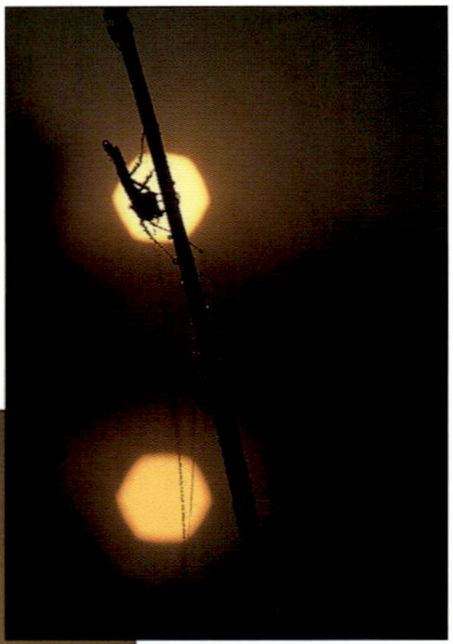

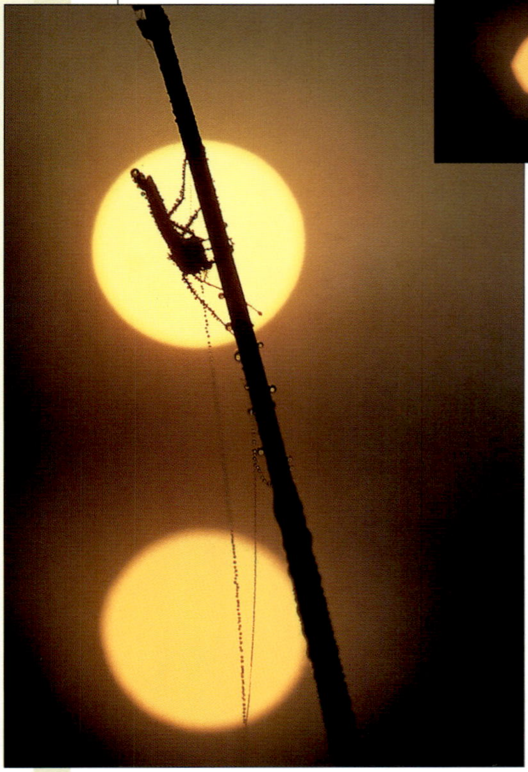

Der hohe Kontrast von Gegenlichtaufnahmen ist genau das, was Sie für das Foto einer Silhouette brauchen. Diese Art von Aufnahme hängt, soll sie gut sein, von der Form des Motivs und dem Kontrast zweier entgegengesetzter Tonwerte ab: einem hellen Hintergrund und Schwarz. Der Schlüssel zum Erfolg liegt in der klaren, deutlich erkennbaren Kontur des Objekts. Das ist nicht immer leicht zu arrangieren, da es sich ja genau zwischen Ihnen und der Sonne befinden muss.

Die Einstellung der Belichtung kann unter diesen Umständen knifflig werden, aus mehreren Gründen: Im Normalfall verdecken Silhouetten die Sonne, wie das Foto des Ladekrans zeigt. Bei klarem Himmel ist der helle Bereich um die Sonne sehr klein, starke Unterbelichtung, besonders im Weitwinkelbereich, wird also auch den Himmel zum Bildrand hin dunkel abbilden. Daher verlieren Silhouetten außerhalb des Zentrums ihre Kontur. Ist die Silhouette klein, können Sie mit einem Tele- oder Makroobjektiv die Sonnenscheibe selbst als kontrastierenden Hintergrund einsetzen. Die Aufnahme der Köcherfliege links zeigt dies sehr schön. In jedem Fall gibt es mehrere mögliche Einstellungen, eine umfangreiche Belichtungsserie ist keinesfalls Zeitverschwendung.

Eine Silhouette kann man auch gegen die Spiegelung der Sonne, für gewöhnlich im Wasser, abbilden. Das hat unter anderem den Vorteil, dass – falls die Wasseroberfläche nicht völlig ruhig ist – das Licht etwas gestreut wird. So erscheint statt eines einzigen hellen Flecks der Hintergrund als größere, gleichmäßig helle Fläche. Wenn Sie, wie ich bei der Aufnahme des Elchs, ein Teleobjektiv verwenden, kann dieser Hintergrund das ganze Bild ausfüllen, davor ist die Kontur der Silhouette klar, scharf und gut erkennbar. Ein weiterer Vorteil dieser Aufnahmesituation war der notwendigerweise erhöhte Kamerastandpunkt, sodass die Silhouette leicht zu isolieren war. Dadurch ist die Kontur weit besser erkennbar, als wenn sie sich gegen den üblicherweise dunklen Erdboden abzeichnen müsste.

Silhouetten belichten

Für die Aufnahme einer Silhouette messen Sie überall, wo es Sinn macht, und sichern sich mit einer großzügigen Belichtungsserie ab. Die üblichen Beurteilungskriterien für richtige Belichtung gelten hier nicht. In einer Silhouetten-Aufnahme lässt der hohe Kontrast keine Mitteltöne zu, Details sind kaum je erkennbar. Das Hauptmotiv ist die Silhouette, deren Konturen klar erkennbar sein müssen. Das Fehlen von Mitteltönen gibt Ihnen einige Freiheit in der Wahl der Einstellungen, daher empfiehlt sich eine großzügige Serie über mehrere Blendenschritte. Sie werden dann höchstwahrscheinlich mehrere Bilder als gelungen betrachten können. Die Obergrenze ist erreicht, wenn die Silhouette eher grau denn schwarz erscheint und sich die Konturen durch überstrahlende Lichter aufzulösen beginnen. An der Untergrenze wird der Hintergrund trüb und verschluckt die Konturen. Allerdings kann man mit Überbelichtung in manchen Fällen einen attraktiven, ätherischen Effekt erzeugen.

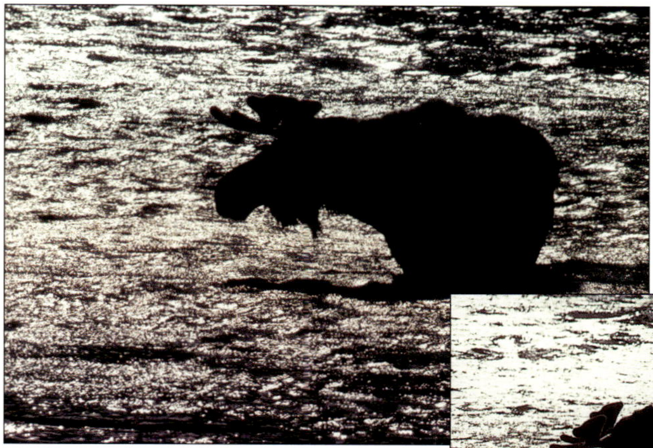

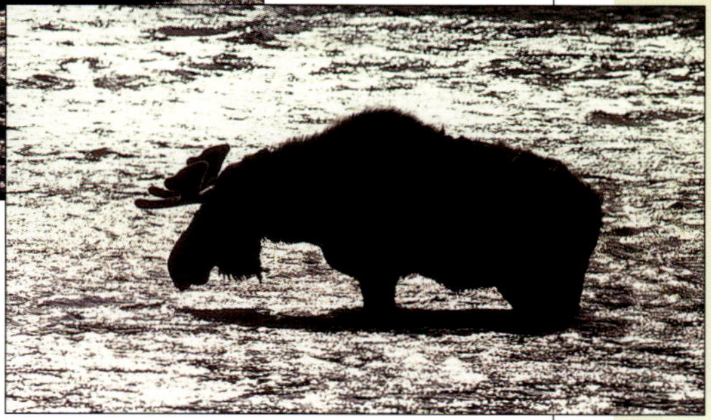

Verschieden belichtet
Silhouetten zeigen wenige bis keine Details, sodass Sie einigen Spielraum bei der Belichtung haben. Dennoch werden bei Überbelichtung, wie unten, die Lichter sichbar überstrahlen.

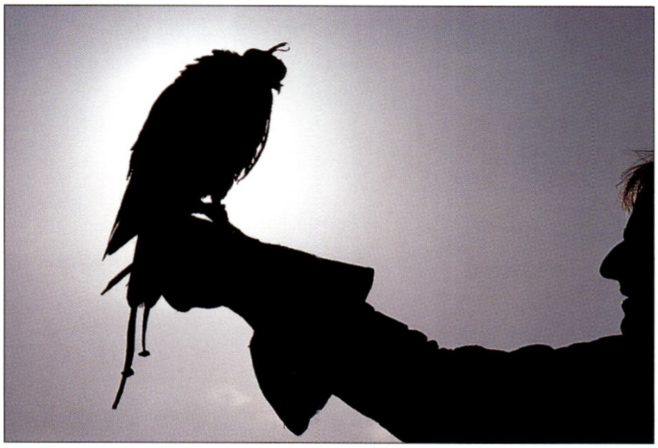

Eine klare Silhouette
Für die simple Dunkel-auf-Hell-Silhouette des Falken auf der Hand des Falkners nahm ich ein mittleres Teleobjektiv und wählte den Kamerastandpunkt so, dass die Sonne hinter dem Vogel verschwand.

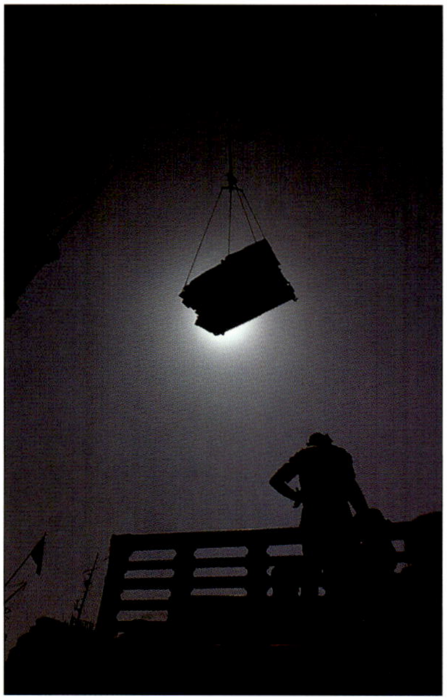

Weitwinkel-Silhouette
Die Voraussetzungen für die Aufnahme aus den Docks entsprachen grundsätzlich denen für den Falken. Der entscheidende Unterschied liegt allerdings im Objektiv: Das Weitwinkel zeigt weit mehr von dem in diesem Fall weit dunkleren Himmel.

Reflexion der Sonne

Jede Oberfläche wird das Sonnenlicht streuen, die helle Fläche wird größer, wie im Bild des Elchs im Wasser. Der Reflexionswinkel ist kritisch, halten Sie daher notfalls die Kamera höher oder tiefer oder warten Sie, bis sich der Sonnenstand ändert.

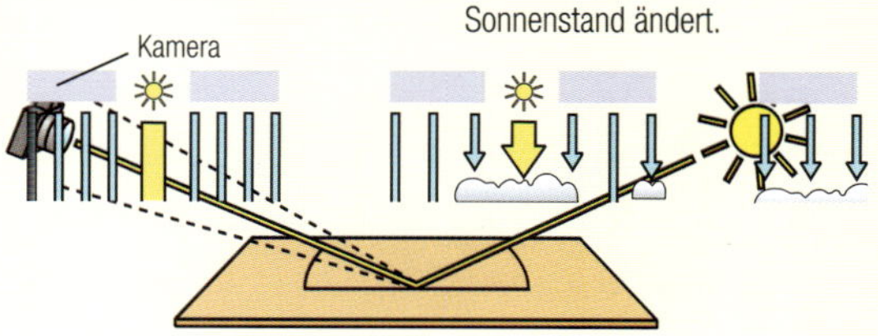

Streiflicht

Erstaunliche, stimmungsvolle Effekte können sich ergeben, wenn das Licht Ihr Motiv von hinten streift, leicht nach einer Seite hin versetzt.

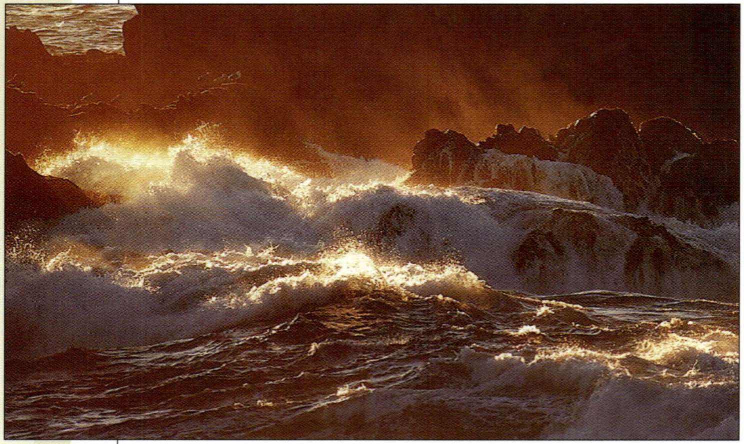

Überstrahlung bei Gegenlicht Überstrahlung erzeugt einen warmen Glanz, der das ganze Bild überzieht, hier zu sehen in der Tele-Aufnahme (400-mm-Teleobjektiv) der sich brechenden Wellen in Point Lobos, in der Nähe von Carmel, Kalifornien. Ob Sie diesen Effekt, der den Kontrast mindert, als Problem oder als Bereicherung des Bildes sehen, ist reine Geschmackssache.

Schräg einfallendes Gegenlicht erzeugt einen Glanz, der die Kontraste mildert, und kann einem Foto eine ganz besondere Atmosphäre verleihen. Der Glanz ist tatsächlich geringe Überstrahlung und muss kontrolliert werden. Überstrahlung ist nicht immer schlecht, doch Sie sollten sicher sein, dass das Ergebnis Ihren Vorstellungen entspricht und nicht nur einfach die Bildqualität mindert. Die Kennzeichen von Überstrahlung sind einerseits Blendenflecke (ein oder mehrere helle Polygone), andererseits ein Schein über das gesamte Bild, der Farben und Kontrast schwächt. Blendenflecke sind Reflexe an den Lamellenkanten der Blendenöffnung des Objektivs. Überstrahlung kann auch auftreten, wenn Ihr Motiv von einer weißen Fläche umgeben ist – eine Nahaufnahme im Schnee oder die typische „Produktaufnahme" im Studio (*mehr dazu auf Seite 108–109*).

Überstrahlung erkennen Sie, wenn Sie eine Hand langsam vor der Kamera nach unten schwenken; in diesem Fall wird das Bild „knackiger" und etwas dunkler, bevor Ihre Hand ins Bild kommt. Die Hand oder ein Stück Karton können Überstrahlung verhindern, eine genau für diese Situation vorgesehene Sonnenblende wäre allerdings die beste Lösung. In den meisten Fällen sehen die Bilder besser aus, wenn die Linse abgeschattet wird, doch Sie können sich Überstrahlung auch zunutze machen. Teleobjektive neigen dazu, manchmal sogar farbiges Streulicht über das ganze Bild zu verteilen. Der orange Schein der untergehenden Sonne kann sehr attraktiv sein. Gibt es kleine Lichter oder reflektierende Stellen im Bild, erhalten Sie einen Halo – Sie können den Effekt durch einen dünnen Fettfilm auf der Linse übertreiben (tatsächlich natürlich mit einem entsprechenden Filter). Möglicherweise verstärken die Strahlen der Blendenflecke und andere Reflexe das Gefühl intensiver Sonnenstrahlen. Probieren Sie es einfach aus.

Ein Spezialfall leicht schrägen Gegenlichts sind Spitzlichter. Das Licht wird von den Objektkanten reflektiert und erzeugt einen Lichtsaum, wie im Bild der Uniformierten rechts. Damit der Effekt wirkt, muss der Hintergrund allerdings zumindest halb dunkel sein, sodass die Konturen hervortreten.

Tipp

Wenn Sie gegen das Licht fotografieren und die Sonne knapp außerhalb des Bildes steht, halten Sie Ihren Arm oder ein Stück Karton soweit wie möglich nach vorn, ohne dass etwas im Bild zu sehen ist. Noch besser wäre es, wenn Sie ein Stativ verwenden und mit Ihrem Körper die Linse abschatten.

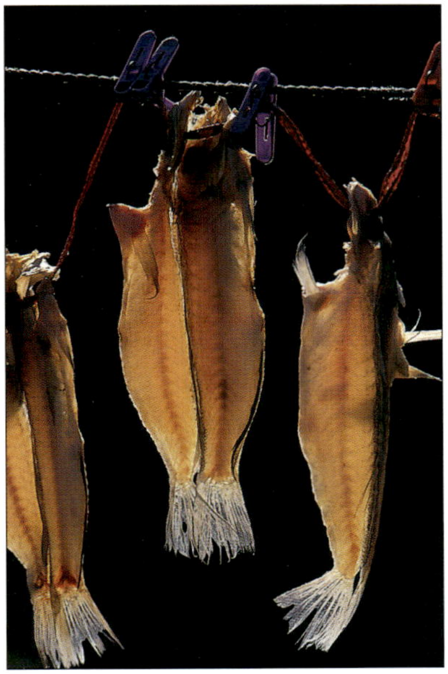

◀ Durchsichtiger Fisch

Die Trockenfische werden von der Sonne gestreift, die auch durch sie hindurchscheint, sodass man die Gräten erkennt. Die Kamera suchte nach einem dunklen Hintergrund.

▼ Spitzlichter

Aus sehr tiefem Winkel und fast im Bild erzeugt die Sonne hier Spitzlichter an den Konturen. Wie hell die Ränder strahlen, hängt vor allem vom Material ab – hier ist es Uniformstoff.

Blendenflecke vermeiden

- ☐ Verwenden Sie eine Sonnenblende. Es gibt sie passend für jedes Objektiv sowohl vom Objektivhersteller als auch von unabhängigen Marken. Eine effektive Sonnenblende deckt das gesamte Bild fast genau an den Kanten ab und sollte daher rechteckig und verstellbar sein wie ein Balgen. Manche Teleobjektive haben eingebaute Sonnenblenden, die nach vorn ausfahren.
- ☐ Halten Sie die Linse rein. Ein Fett- oder Staubfilm verstärkt jede Überstrahlung und vermehrt Blendenflecke. Kontrollieren und säubern Sie regelmäßig das Objektiv.
- ☐ Entfernen Sie alle Filter. Filter, wie gut sie auch sein mögen, bedeuten eine zusätzliche Glasschicht, wodurch Reflexe und Blendenflecke verstärkt auftreten. Also weg damit, wenn möglich.
- ☐ Verwenden Sie Objektive mit entsprechender Beschichtung. Hochwertige, mehrfach beschichtete Objektive verursachen weniger Blendenflecke als billige. Greifen Sie immer zu Qualität.

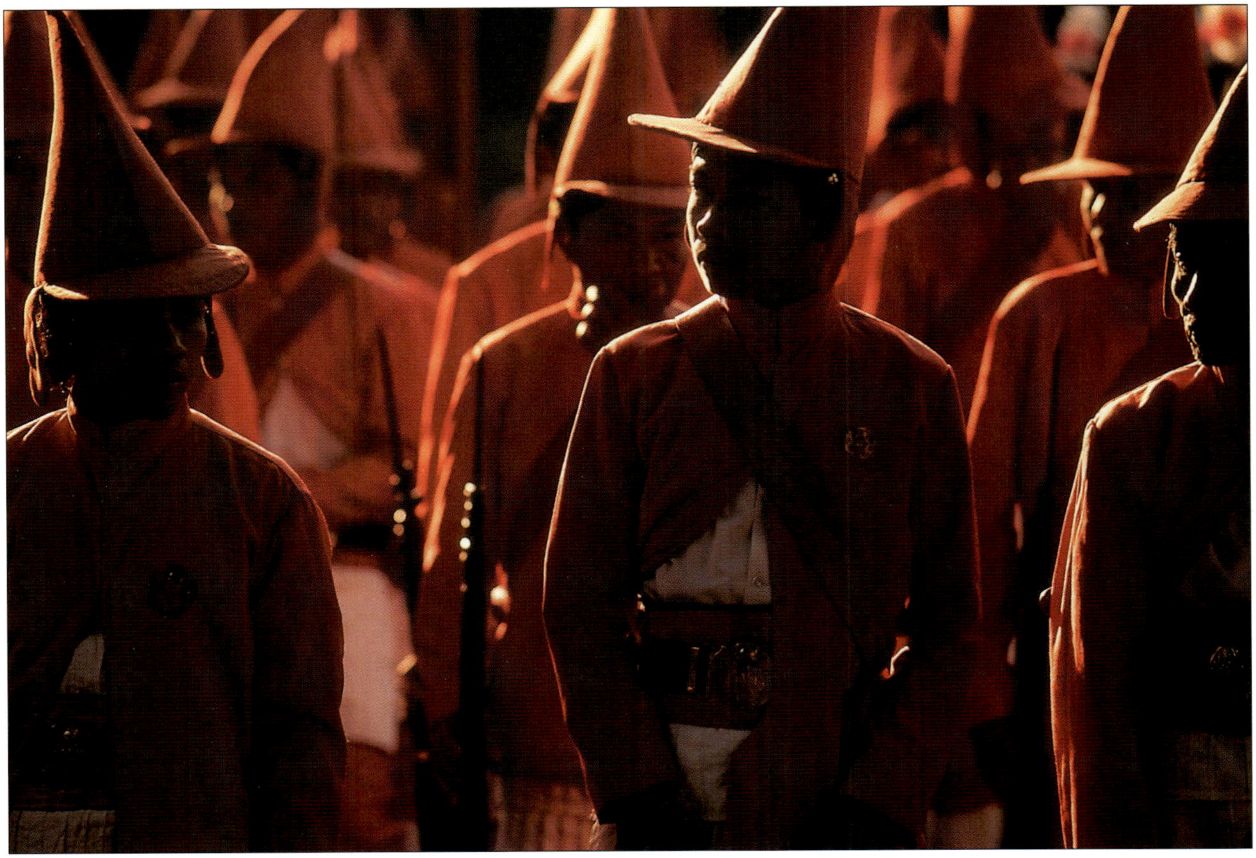

Sonnenauf- und Sonnenuntergang

Während die Sonne auf- oder untergeht – meist kaum eine Stunde lang – ändern sich die Lichtverhältnisse dramatisch, es ergeben sich diverse Bildmöglichkeiten für unterschiedliche Brennweiten.

Abwechslungsreiche, unerwartete Effekte sind hier gefragt. Ob Sie bei Sonnenauf- oder -untergang fotografieren, hängt wahrscheinlich von örtlichen Gegebenheiten ab: Die größte Vielfalt bieten Aufnahmen direkt in die Sonne, doch wenige Aussichtspunkte ermöglichen eine Rundum-Wahl der Aufnahmerichtung. Außer der Wahl der Blickrichtung, die selbstverständlich ausschlaggebend für das Bild ist, wird der Unterschied zwischen auf- und untergehender Sonne niemandem außer Ihnen selbst auffallen. Während der Aufnahme sind die Bedingungen allerdings höchst verschieden. Mit Sonnenaufgängen ist kaum jemand vertraut, allein schon ein Grund, diese Tageszeit zu wählen – und meist sind Sie allein vor Ort.

Silhouetten
Die offensichtlichste Möglichkeit bei Aufnahmen in die auf- oder untergehende Sonne sind Silhouetten. Dafür eignet sich am besten ein Weitwinkelobjektiv, da damit die Sonne selbst klein wird und leichter hinter Objekten, wie diesem Turm in Shanghai, versteckt werden kann.

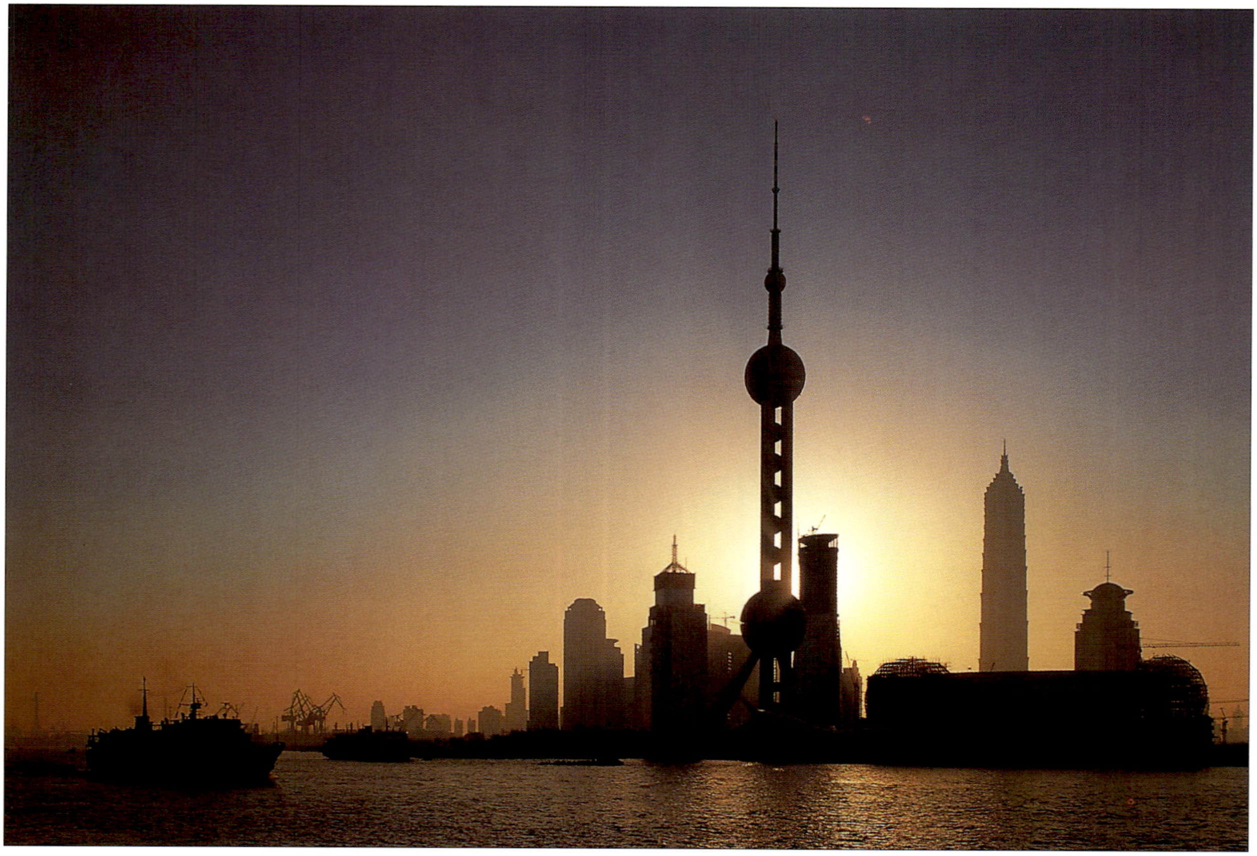

Für Aufnahmen zu Sonnenaufgang müssen Sie mit den ersten Sonnenstrahlen vor Ort sein, das bedeutet, Sie müssen Ihren Standpunkt im Dunklen finden. Es bewährt sich, Weg und Ort tags zuvor auszukundschaften. Sie werden die Situation ganz anders erleben als zu Sonnenuntergang – es wird ganz langsam heller, mögliche Motive tauchen auf. Doch Ihre Augen sind an die Dunkelheit gewöhnt, sodass das erste Morgenlicht heller erscheint, als es tatsächlich ist. Wenn Sie also eine bestimmt Verschlusszeit brauchen, um Bewegung einzufrieren, werden Sie länger warten müssen, als Sie glauben.

Achtung Weißabgleich

Falls Sie für gewöhnlich mit automatischem Weißabgleich arbeiten, wird diese Einstellung die warmen Farbtöne der unter- oder aufgehenden Sonne kompensieren, die Stimmung geht verloren, das Bild sieht enttäuschend „normal" aus. Der Modus „Direkte Sonne", der auf 5400–5500 K abgestimmt ist, wird die Farben wirklichkeitsnäher darstellen.

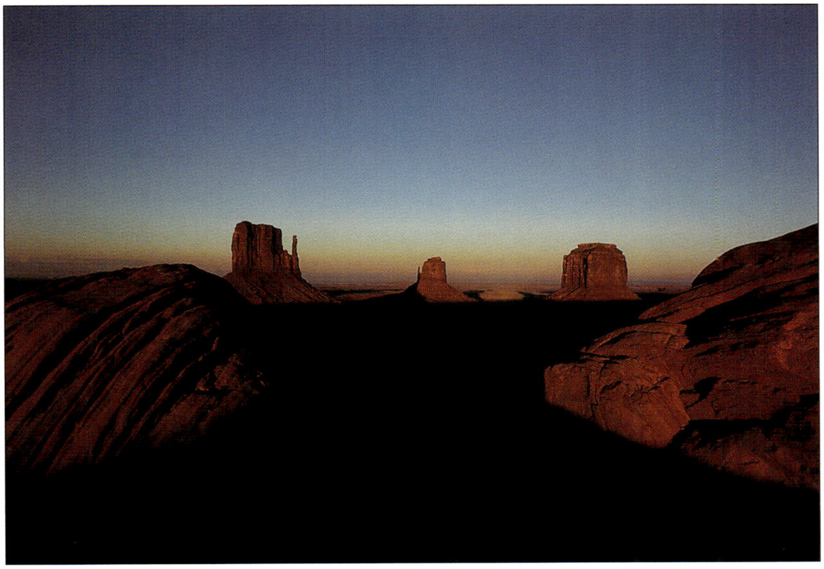

Warme, volle Farben
Extrem klare Luft lässt die Sonne auch dann noch hell strahlen, wenn sie am Horizont steht und ihr Licht am rötlichsten ist, wie bei diesem Bild des Monument Valley in Utah/Arizona. Die stärksten Farben ergeben sich, wenn Sie (und ihre Kamera) die Sonne im Rücken haben. Vermeiden Sie es, Ihren eigenen Schatten aufzunehmen, indem Sie ihre Position so wählen, dass er im allgemeinen Schatten verschwindet und nicht auf ein Objekt im Vordergrund fällt.

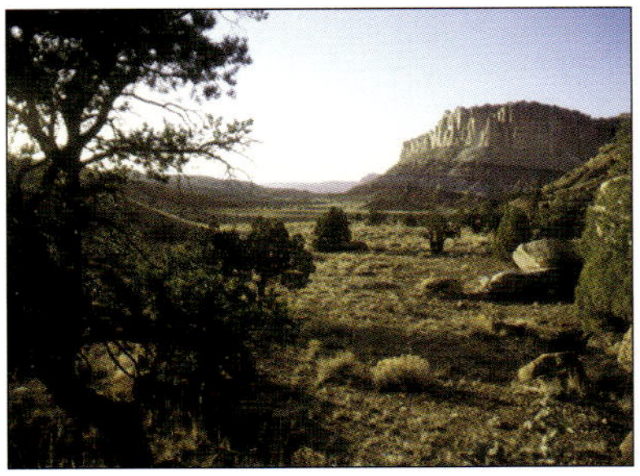

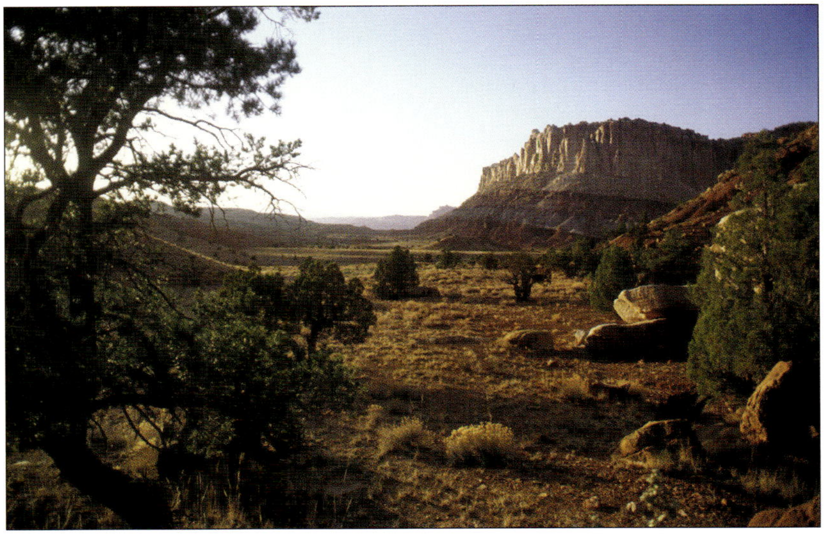

Weißabgleich beachten
Vergewissern Sie sich, dass der Weißabgleich der Kamera so eingestellt ist, dass die warmen Töne der tief stehenden Sonne *nicht* kompensiert werden, damit das Foto auch wirklich nach Sonnenuntergang aussieht. Sie sehen deutlich den Unterschied zwischen dem Modus „Auto" (oben) und „Direkte Sonne" (rechts).

Zwielicht

Ist die Sonne hinter dem Horizont verschwunden, ist es ihr Nachglanz, der die Szenerie erhellt, oft so überraschend zart, wie man es nur zu dieser Zeit sieht.

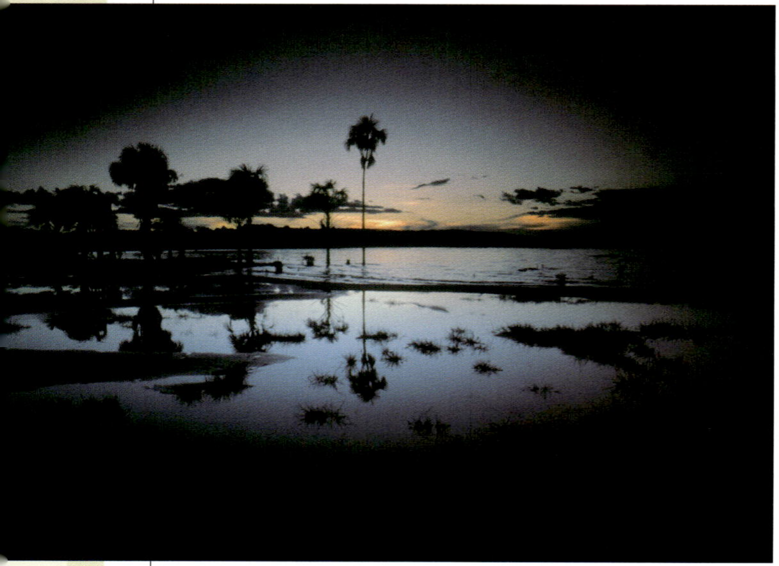

Reflexionen
Fast auf gleicher Höhe mit dem Wasserspiegel aufgenommen, wirken die sanften Verläufe der hereinbrechenden Nacht im Guayana-Gebirge in Venezuela am besten. Alle Farben sind aus dem Land verschwunden.

So wie normales Tageslicht ist auch Zwielicht reflektiertes Sonnenlicht, allerdings etwas vielschichtiger in seiner Wirkung. Es ist jenes Licht, das kurz vor Sonnenaufgang zu sehen ist und nach Sonnenuntergang noch etwas bleibt („Morgen- bzw. Abendrot"). An klaren Tagen ist es direkt am Horizont in der Nähe der Sonne am hellsten und verblasst nach außen und oben. (Das Äquivalent im Studio wäre das Gegenlicht einer auf dem Boden platzierten, gegen einen weißen Reflektor gerichteten Leuchte.) Der Himmel agiert einerseits als Diffusor, andererseits als Reflektor. Die Lichtintensität reicht vom tatsächlichen Sonnenauf- bzw. -untergang bis zu einem nur schwachen Glühen.

Diese Lichtverhältnisse lassen eine breite Palette an Belichtungseinstellungen zu. Direkt in die Sonne kann eine kurze Verschlusszeit eine attraktive Silhouette des Horizonts und des Motivs ergeben. Bei dieser Art von Gegenlichtaufnahme (das Bild oben rechts ist ein gutes Beispiel) lässt der nach oben hin dunkler werdende Himmel eine Reihe von Einstellungen zu, besonders mit einem Weitwinkelobjektiv. Kurz belichtet, wird der Blick vom Horizont angezogen, die Intensität der Farben verstärkt sich; lang belichtet erkennt man mehr von den höheren, blaueren Teilen des Himmels. Anders gesagt: Der erkennbare Bereich der Szene im Bildausschnitt wird größer. Welche Belichtungseinstellung Sie wählen, hängt primär davon ab, was Sie auf dem Bild hervorheben und zeigen wollen.

Nicht nur die Helligkeit wird vom Horizont aufwärts geringer, auch die Farbintensität. Die Farbe des Lichts wird von der lokal unterschiedlichen Atmosphäre bestimmt, die unterschiedlichen Streueffekte, wie auf Seite 30-31 beschrieben, sind im Zwielicht alle gemeinsam anzutreffen. Etwas entfernt vom hellsten Bereich - gegenüber und darüber - ist die Farbtemperatur in etwa so hoch wie am Tag. Nahe der Sonne, am Horizont, erzeugt die Streuung die wärmeren Farben am unteren Ende des Spektrums: Gelb, Orange und Rot, die sich zu einem sanften Verlauf mischen.

Brennweite

Probieren Sie sowohl Weitwinkel- als auch Teleobjektiv aus bzw. beide Enden des Zoombereichs. Weitwinkelaufnahmen zeigen mehr von der Weite des Himmels und eine breitere Farbpalette, Teleobjektive mit ihrem kleinen Bildausschnitt bilden nur einen kleinen Teil der Szenerie ab; vielleicht nur eine Farbe.

Sanftes Reflexlicht

Der Schattenverlauf in Licht und Farbe kann bei der Aufnahme von Motiven mit stark reflektierender Oberfläche wertvoll sein. Im richtigen Winkel erzeugt Zwielicht eine breite Reflexion ohne erkennbare Ränder, was eine einfache und attraktive Beleuchtung für spiegelnde Objekte, zum Beispiel ein Auto, ergeben kann. Versuchen Sie verschiedene Kamerahöhen und -winkel, damit der Himmel am besten reflektiert wird.

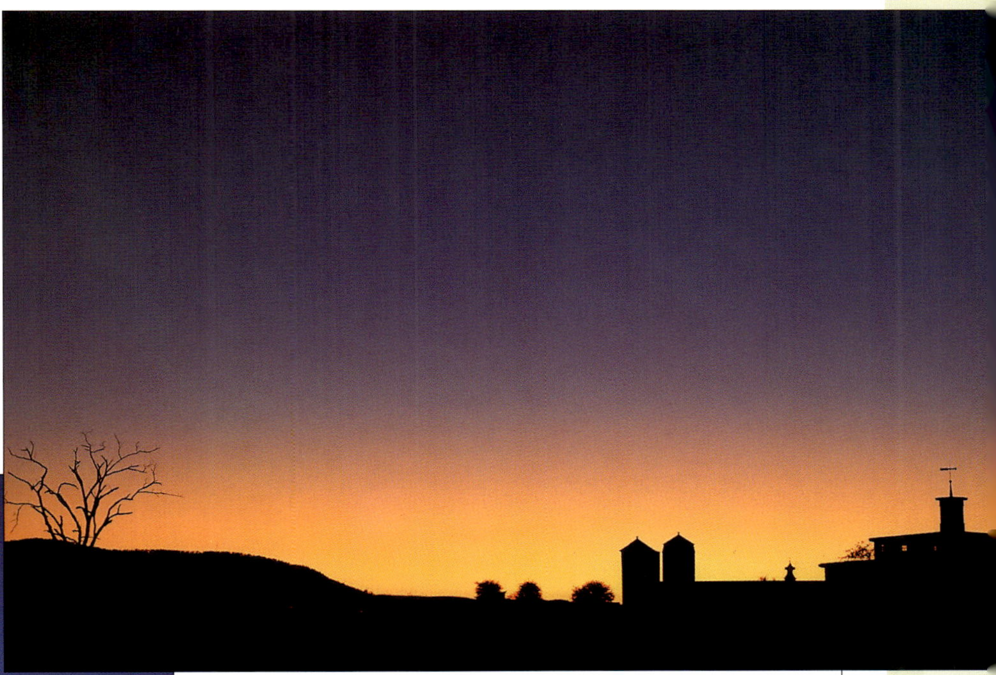

Intensives Blau
Wenn der Himmel bei Sonnenauf- oder -untergang nicht rötlich oder orange ist, liegt ein charakteristischer blauer Schimmer über der ganzen Landschaft, wie in dieser Winteransicht.

Wiederschein am Himmel
Ein klarer Himmel verhält sich nach Sonnenauf- oder -untergang wie eine sanfter Reflektor für die hinter dem Horizont versteckte Sonne. Das Licht wird vom Horizont aufwärts sanft gestreut. Mit einem Weitwinkelobjektiv erzielt man die beste Wirkung, da ein größerer Teil des Himmels abgebildet wird. Ein 180-mm-Teleobjektiv hat nur einen eingeschränkten Blickwinkel von 11°, bei einem 20-mm-Weitwinkel beträgt er 84°.

Wolken bei Zwielicht

Unter diesen Lichtverhältnissen ist die Wirkung von Wolken so gut wie nicht vorhersagbar. Eine dichte Wolkendecke zerstört meist jedes Zwielicht, doch vereinzelt können Wolken zu dramatischen Reflektionen führen: Hohe rote oder orange Wolken kennen wir alle von Postkarten-Sonnenuntergängen. In solchen und vielen anderen Situationen wird klar, dass Wolken zu dieser Tageszeit immer für Überraschungen gut sind. Steht die Sonne unter dem Horizont, trifft ihr Licht die Wolken aus spitzem Winkel, sodass kleinste Verschiebungen zu sichtbaren Veränderungen führen. Manchmal werden die Wolken einfach verblassen, manchmal aber für kurze Zeit zu neuem Leben erweckt – ein guter Grund, nicht gleich einzupacken, sobald die Sonne weg ist.

Mondlicht

Der Mond reflektiert nur das Licht der Sonne, noch dazu sehr schwach. Eine Szene bei Mondlicht muss auch im Bild so sein, wie wir sie tatsächlich erleben: dunkel, farblos und mysteriös.

Fotografieren bei Mondlicht verlangt lange Verschlusszeiten, auch bei hoher Lichtempfindlichkeit, da die Helligkeit etwa 19 Blendenschritte unter Tageslichtbedingungen liegt. Meist lohnt sich eine solche Aufnahme nur bei Vollmond und klarem Himmel.

Ein heller Vollmond ist immer noch 400000 Mal schwächer als die Sonne. Belichten Sie eine Minute bei Blende *f*2.8 und ISO 200, und überprüfen Sie das Resultat am LCD-Display. So lange Verschlusszeiten verführen zur Wahl einer höheren ISO-Zahl, doch das Rauschen würde dadurch verstärkt, und ein Stativ muss man allemal verwenden, sodass eine längere Belichtung in Standardeinstellung in der Regel besser ist. Zwei weitere Faktoren gilt es zu beachten. Einerseits empfinden wir selbst Mondlicht als schwach, daher sollte die Belichtung etwa ein bis zwei Blendenschritte unter normal liegen. Andererseits sollte eine Nachtaufnahme auch in den Farben gedämpft sein, die Kamera nimmt aber alles normal auf. Versuchen Sie, für das fertige Bild die Sättigung zu verringern oder den Blauwert zu erhöhen.

Um den Mond selbst in annehmbarer Größe zu fotografieren, werden Sie ein Teleobjektiv (mindestens 400 mm äquivalent) brauchen. Seine Helligkeit hängt von der Atmosphöre und der Mondphase ab. Ein heller Vollmond braucht bei ISO 200 etwa 1/250 Sek. und Blende *f*8, aber kontrollieren Sie am LCD-Monitor. Andere Mondphasen oder eine dunstige Nacht erfordern mehr. Halten Sie die Verschlusszeit kurz, denn abgesehen von der Verwacklungsgefahr bewegt sich auch der Mond (bzw. die Erde). Sie werden daher auch jede Aufnahme neu einrichten müssen.

Verschlusszeit

Damit der Mond auf einem Foto in annehmbarer Größe zu sehen ist, bedarf es eines starken Teleobjektivs. Da die Blende höchstwahrscheinlich ganz geöffnet sein wird, empfiehlt sich eine Belichtungsserie anhand der Verschlusszeit. Die untere Grenze wird dabei von der Bewegung des Mondes in seiner Umlaufbahn bestimmt. Der Mond verschiebt sich innerhalb von ca. 2 Minuten um seinen eigenen Durchmesser, das bedeutet, dass bei einem 400-mm-Teleobjektiv eine Belichtungszeit von einer Sekunde oder mehr zu Bewegungsunschärfe führt.

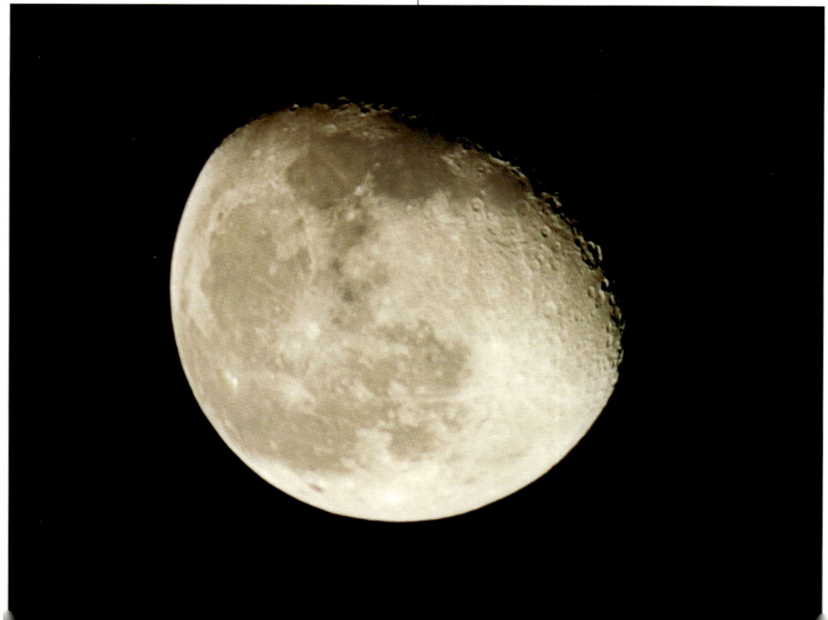

Der Mond selbst
Mit einem 600-mm-Tele (900 mm-EFL-Äquivalent) auf der Nikon D1 füllt die Kugel des Mondes beinahe das ganze Bild, Details sind gut erkennbar. Bei offener Blende *f*4 wurde 1/80, 1/100 und 1/125 Sek. belichtet, die mittlere Aufnahme war die beste. Bei dieser Vergrößerung ist sogar bei kurzer Verschlusszeit ein Verwackeln möglich.

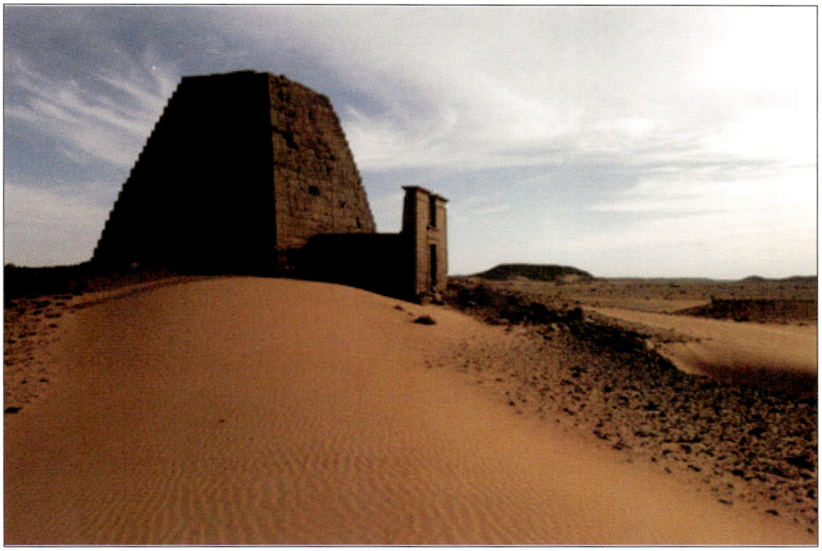

Bei Mondlicht

Die Unsicherheiten bei Aufnahmen im Mondlicht auf Film sind durch die Digitaltechnik verschwunden: Man kann die Belichtung auf dem LCD-Monitor überprüfen, und die Verschlusszeiten sind selten so lange, dass Sterne von Punkten zu Streifen werden. Die größte Schwierigkeit liegt darin, das Bild nicht wie eine Tageslichtaufnahme aussehen zu lassen. Die Pyramiden von Meroe im Sudan wurden zuerst mit der Automatikeinstellung fotografiert, die eine Belichtung von 10 Sek. bei Blende $f2.8$ und ISO 1600 vorsah. Der einzige kleine Hinweis, dass es hier Nacht ist, sind ein paar Sterne. Die manuelle Einstellung (6 Sek. bei Blende $f2.8$ und ISO 1000) brachte den gewünschten Erfolg. Ein Freund hatte auf meine Bitte hin zusätzlich im Eingang einen kleinen Blitz gezündet.

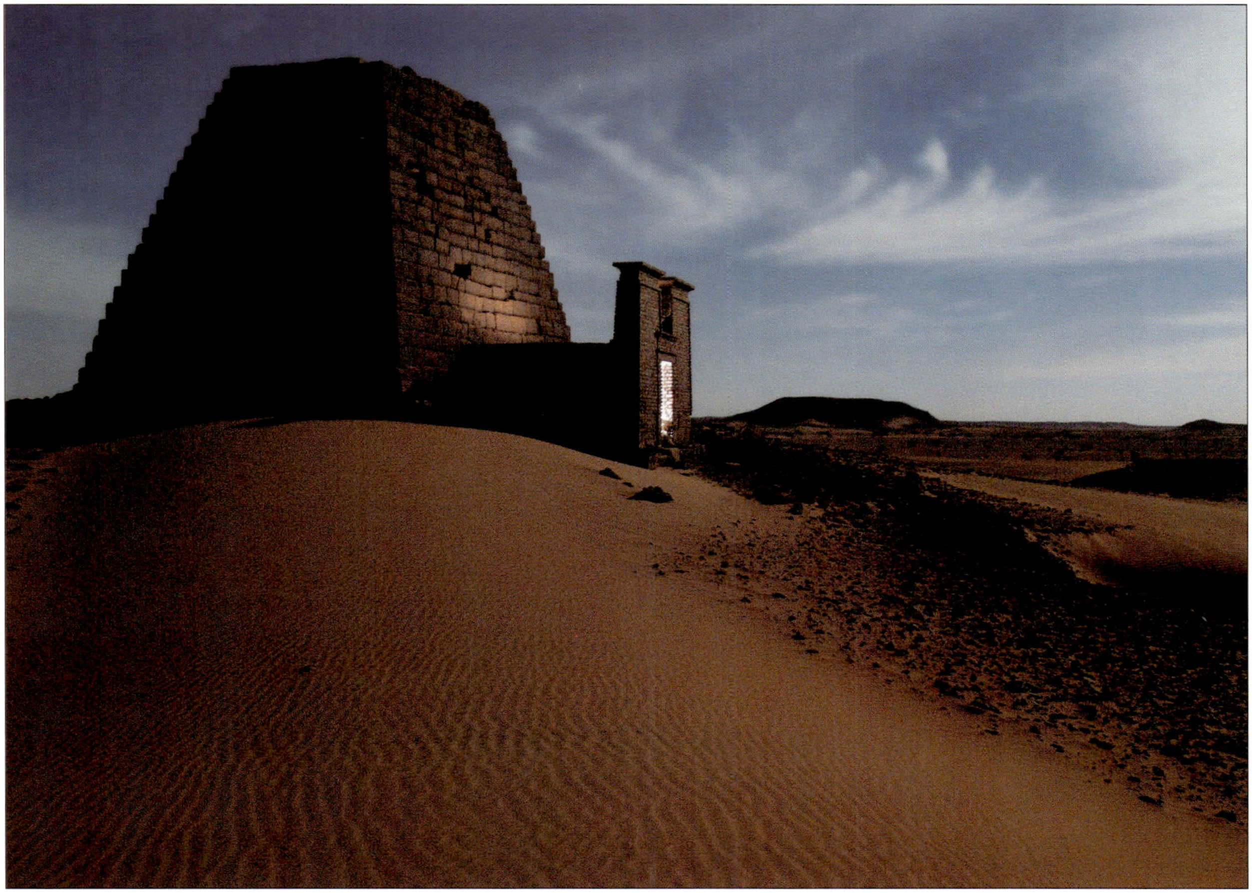

Wolkendecke

Wolken sind die sichtbarste Begleiterscheinung des Wetters und beim Fotografieren im Freien auch die wichtigste. Sie verändern das Licht und erzeugen eine Vielzahl von Effekten.

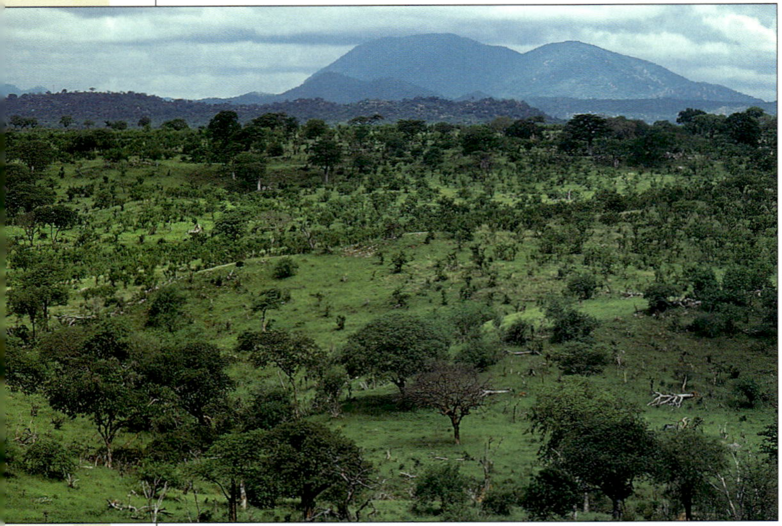

Pastell-grün
Weiches, schattenloses Licht und zarte Farben kennzeichnen Landschaftsaufnahmen im diffusen Licht einer geschlossenen Wolkendecke.

Wolken streuen das Tageslicht, wodurch die Szenerie weicher wird und Schatten zurücktreten. Um sie mit Studiolicht zu vergleichen: Sie wirken wie ein variabler Diffusor und Reflektor gleichzeitig. Abhängig von Dicke, Art, Anzahl und Höhe der Wolken, der Art, wie sich die Schichten übereinanderschieben und unterschiedlich schnell bewegen, geht der Wechsel der Lichtverhältnisse an bewölkten Tagen ins Unendliche. Die einfachste Situation herrscht bei bedecktem Himmel. Eine geschlossene Wolkendecke streut einfach das Licht, und wenn sie dick genug ist, sodass kein heller Fleck den Stand der Sonne verrät, ist das Licht so gleichmäßig, wie Licht nur sein kann. Die Tabelle auf Seite 67 zeigt die Belichtungseinstellung bei bedecktem Himmel.

Einer mittleren bis dicken Wolkendecke sagt man Langeweile nach, was bis zu einem gewissen Grad auch stimmt. In dem mehr oder weniger von allen Seiten kommenden Licht werfen nur sehr nah beeinander stehende Objekte Schatten. Der Mangel an Schatten verringert Modellierung, Perspektive und Textur einer Szene, Objekte erscheinen ohne Substanz, Landschaften flach. Das Licht wird wenig moduliert, und die gleichmäßige Ausleuchtung bietet kaum jene interessanten Überraschungen, die bei wechselnden Wetterbedingungen auftreten.

Der Wert dieses schattenlosen, gleichmäßigen Lichts liegt eher in seiner Effizienz, aufregend ist es nicht. Bilder werden klarer, wobei es vor allem auf die Absicht des Fotos ankommt: Ist eine wirklichkeitsnahe Abbildung eines Objekts wichtig, kann das gleichmäßige Licht wertvoll sein. Dann muss der Ausdruck zugunsten der Klarheit zurücktreten.

Klare Bilder

Bedeckter Himmel eignet sich gut für manche Motive, besonders solche mit komplizierten Konturen. Diese Art von Licht ist typischerweise klar und unkompliziert. Daher bildet es komplexe Objekte scharf und deutlich ab. Auch reflektierende Oberflächen lassen sich bei diffusem Licht besser abbilden: Eine breite, gleichmäßige Lichtquelle wird die gesamte oder zumindest große Teile der Oberfläche erhellen. Im Gegensatz dazu erscheint die Sonne bei klarem Himmel als einzelner, spektakulärer Lichtblitz.

Wolken und Farbtemperatur

Wolken verändern die Farbtemperatur, da sie die relative Lichtintensität der Sonne und des reflektierenden Himmels abschwächen. An klaren Tagen (1) ist die Sonne selbst bei tief blauem Himmel um so vieles stärker, dass sie die höhere Farbtemperatur des Himmels überstrahlt, nur die Schatten, in der Regel 3 bis 4 Blendenschritte dunkler, sind bläulich.

Ziehen Wolken an der Sonne vorbei (2), wird ihr Licht abgeschwächt, das Blau des Himmels wird wirksamer. Ist der gesamte Himmel bedeckt (3), vermischt sich die Farbtemperatur beider Lichtquellen, der Sonne und des Himmels; die Farbtemperatur des diffusen Lichts, das die Erde erreicht, wird überall etwas angehoben.

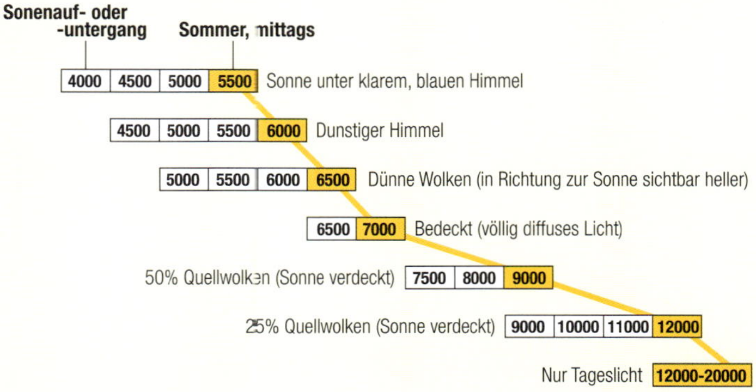

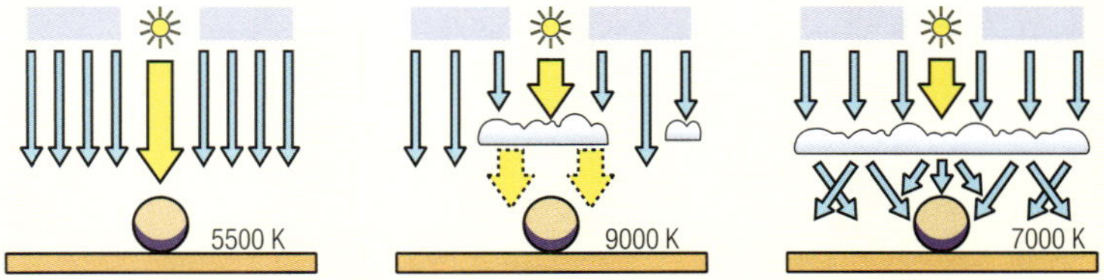

1. Wolkenloser Himmel 2. Bewölkter Himmel 3. Bedeckter Himmel

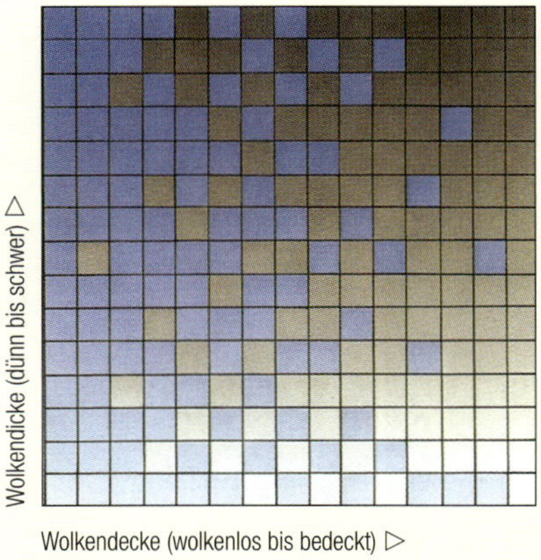

Die Grafik zeigt die Farbtemperatur abhängig von Helligkeit (bedingt durch ihre Dicke) und Dichte der Wolken.

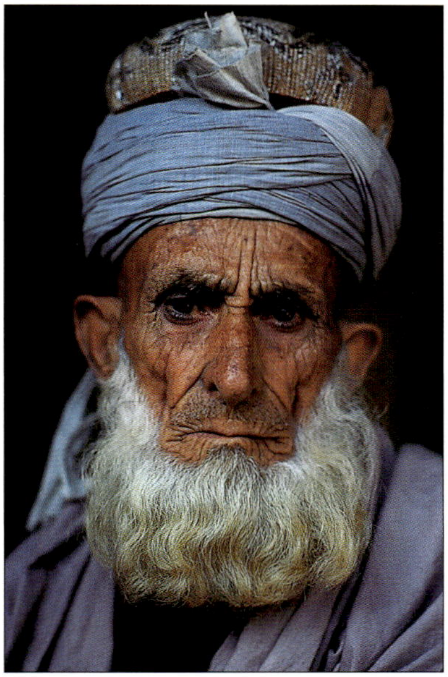

▲ Porträtlicht

Eine der besten Eigenschaften des diffusen Lichts an bedeckten Tagen ist, dass es keine harten Schatten wirft. Es eignet sich daher gut für Porträtaufnahmen.

▶▼ Blau ist nicht gleich Blau

Die Auswirkung auf die Farbtemperatur ist am sichtbarsten, wenn Wolken an der Sonne vorbeiziehen, wie bei unserem Pfau. Stellen Sie den Weißabgleich auf „Bewölkt", um die Schwankung auszugleichen.

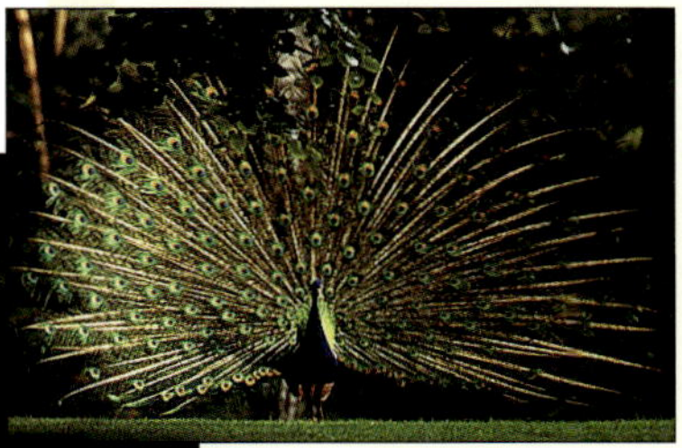

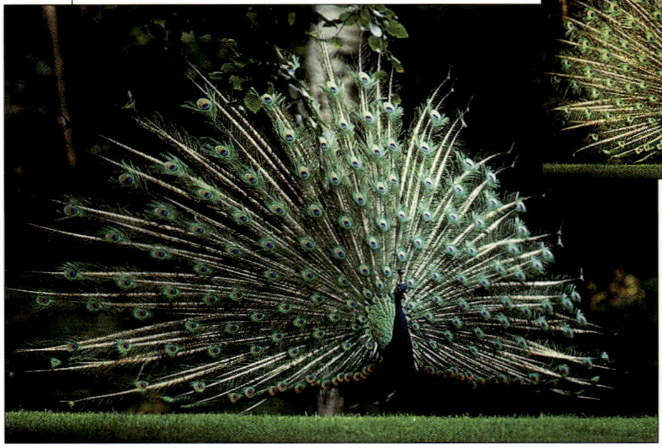

Die Vielfalt der Wolken

Wolken der verschiedensten Art und Dicke, einzeln oder in Schichten, kreieren komplexe, vielfältige Lichtstimmungen.

Die Lichtverhältnisse sind komplizierter, weniger leicht vorhersagbar, wenn die Wolken auseinander reißen und der Anteil blauen Tageslichts steigt. In der Tat gibt es oft mehr als eine Schicht lockerer Wolken, jede von anderer Art. Die Tabelle auf Seite 67 umreißt die Bandbreite der Möglichkeiten; selbst so vereinfacht wird deutlich, wie sehr Intensität, Qualität und Farbe des Lichts variieren. An einem windigen Tag wechseln die Verhältnisse sehr rasch, nicht nur zwischen Wolken und Sonne, sondern das Wetter kann völlig wechseln. Beachten Sie die Auswirkung einer durchziehenden Kaltfront. Den Wechsel von einzelnen Wolkenfetzen und teilweiser Wolkendecke begleitet ein augenscheinlicher Wechsel des Lichts. Am rechten und linken Ende der Skala sind die Bedingungen meist konstant.

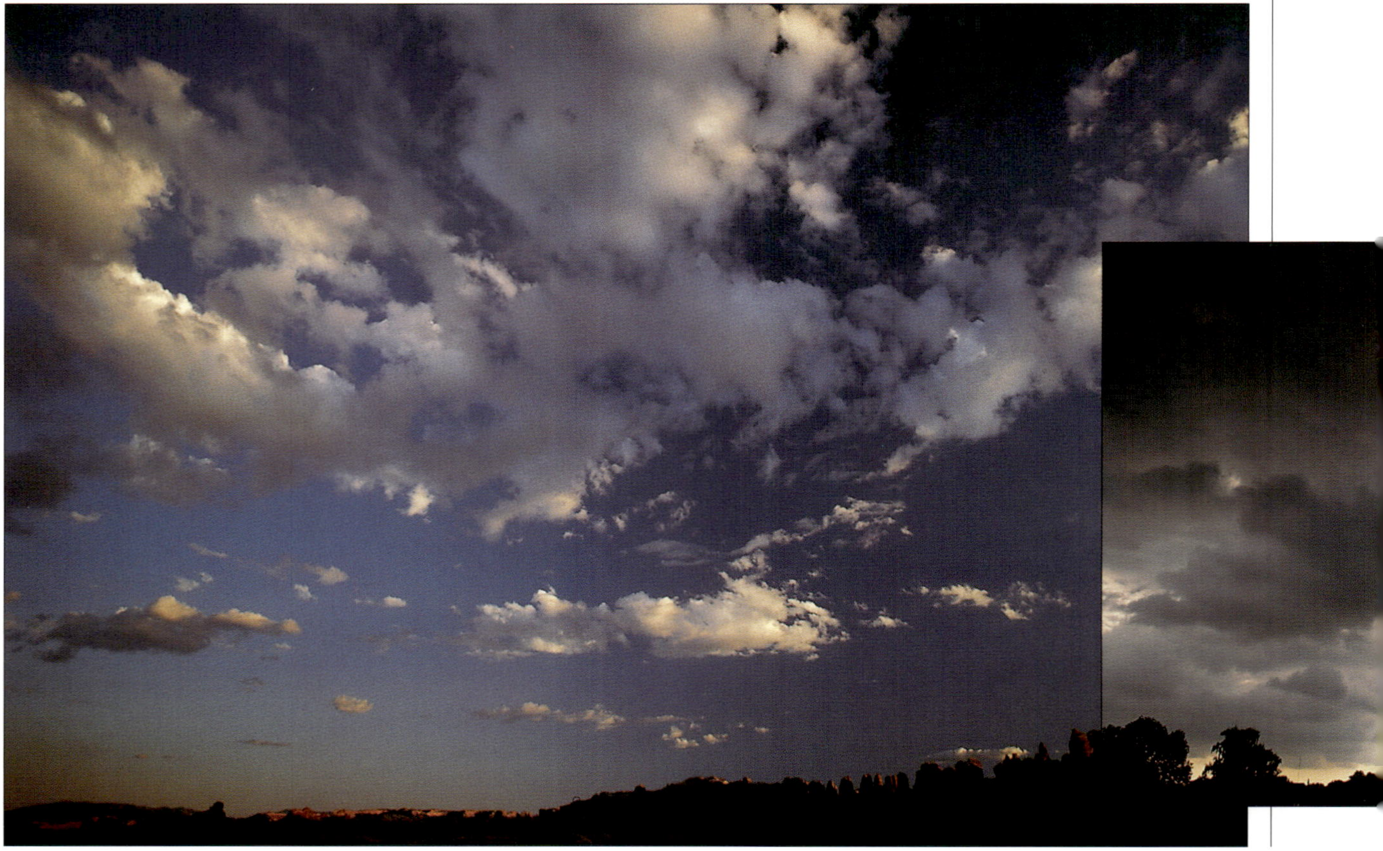

Wenn Sie an einem solchen Tag eine ganz bestimmte, in Ihrer Vorstellung fixierte Aufnahme machen wollen, kann das gelinde gesagt frustrierend sein. Das Licht wird stärker und schwächer, „richtig" ist es nie. Andererseits kann die bare Vielfalt durchziehender Wolken einzigartige, dramatische Lichtstimmungen kreieren. Um sie auszunützen, muss man schnell sein. Es hilft, mit den Lichtstärken in jeder Situation vertraut zu sein; wenn Sie die Unterschiede zwischen direkter Sonne und Wolken einmal gemessen haben, können sie die Einstellungen rasch wechseln, ohne nochmals messen zu müssen. Bei dichten Wolken, die nur manchmal aufreißen, ist dies besonders nützlich, da die Sonnenflecken ziemlich rasch über die Landschaft ziehen und es schwierig sein kann, die richtigen Stellen rasch genug anzumessen.

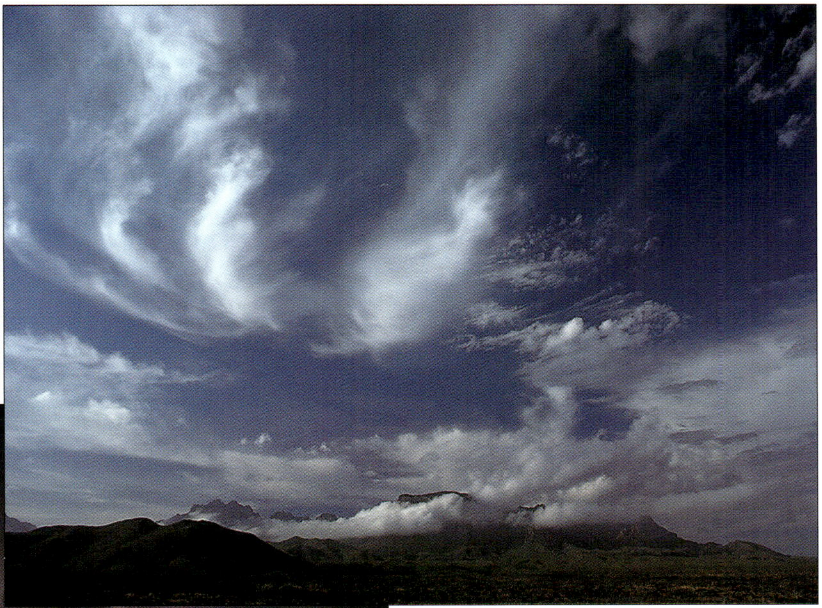

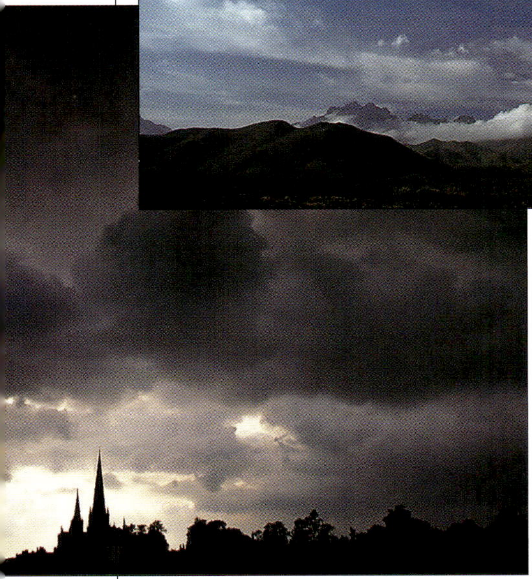

Wolken als Motiv

Diese drei Fotos sind nur ein kleiner Ausschnitt aus der riesigen Vielfalt an Wolkenformationen und illustrieren die sehr unterschiedlichen Effekte, die sie in einem Bild haben können. Die Aufnahme oben zeigt Quellwolken in schwächer werdendem Licht, das alles sehr deutlich zeichnet. Im Foto links träufelt das Sonnenlicht attraktiv durch tiefe, dunkle Gewitterwolken, und im Bild ganz links treiben böige Haufenwolken in Vorahnung eines Regenschauers über den hellen Himmel.

Wolkenformen

Einen Eindruck von der visuellen Komplexität von Wolken mit deutlichen Formen gibt die Grafik unten, die die Helligkeit einzelner Wolkenformationen – vor allem abhängig von ihrer Dicke – dem Grad der Bewölkung gegenüberstellt. Je dünner die Bewölkung, desto mehr kommt das Blau des Himmels zum Tragen.

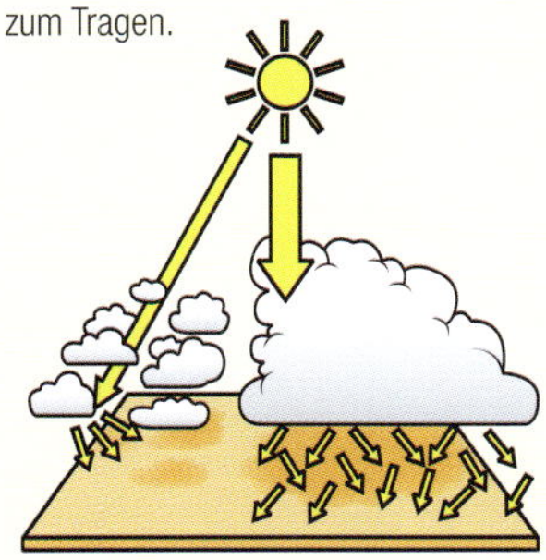

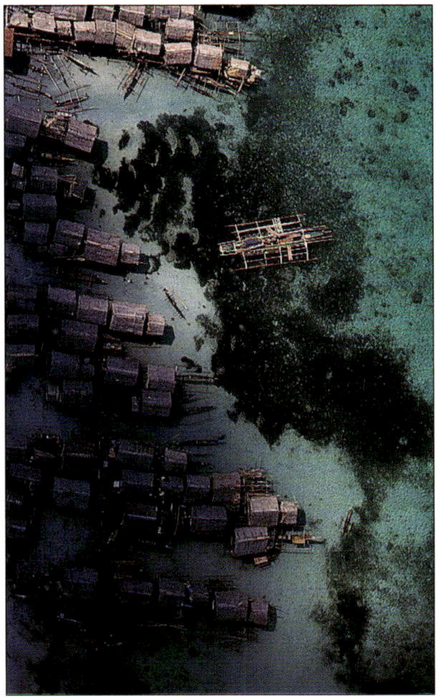

Licht und Schatten

Wolken, die über das Land ziehen, erzeugen eine Art Helldunkel-Effekt (Licht und Schatten). Die Überlagerung der Tonwerte ist am besten aus einiger Entfernung und von einem hoch gelegenen Aussichtspunkt zu erkennen, wie in dieser Luftaufnahme eines philippinischen Hafens.

Heller Himmel mit Wolken

Wenn sich der Himmel nicht gerade in üppigem Blau zeigt, kann der Kontrast zwischen Himmel und Landschaft so hoch sein, dass er verwaschen wirkt.

In Landschaften und anderen Ansichten, die den Horizont zeigen, ändert eine geschlossene Wolkendecke den Tonwertunterschied zwischen Himmel und Land. Ohne Wolken sind beide meist ähnlich hell, oft sind sogar die Objekte heller. Das ändert sich allerdings, wenn sich Wolken über die Szenerie gelegt haben. Dann wird die Wolkendecke zur Lichtquelle, und wenn sie im Bild zu sehen ist, ist der Kontrast ein Problem. Mit anderen Worten, ist der Horizont im Bild, gehen entweder im Himmel oder in der Landschaft Details verloren. Sind die Objekte am Boden richtig belichtet, wird der Himmel nur mehr weiß sein, ohne erkennbare Zeichnung der Wolken.

Meist versucht man unter diesen Bedingungen, Himmel und Erde in einem Bild zu vermeiden, doch manchmal hat man keine Wahl. Eine Lösung bei der Aufnahme ist ein Gradationsfilter, wobei man die weiche Grenze der dunklen Fläche am Horizont ausrichtet, sodass der Himmel verdunkelt wird.

Es gibt auch eine digitale Möglichkeit, die dann gut funktioniert, wenn Sie mit Hilfe eines Stativs sicherstellen, dass der Bildausschnitt konstant bleibt. Machen Sie zwei Aufnahmen, eine auf die Objekte am Boden gerichtet, eine auf den Himmel (dunkel genug, um die Wolken zu erkennen). Später kann in der Nachbearbeitung der Himmel aus dem einen mit der Landschaft aus dem anderen Bild kombiniert werden, um das Beste aus beiden herauszuholen.

Neutrale Gradationsfilter

Obwohl man den Himmel in der Nachbearbeitung abdunkeln kann, bewahrt ein Gradationsfilter bei der Aufnahme mehr Details. Neutrale Gradationsfilter gibt es in verschiedenen Stärken – ND 0,3 dunkelt um einen, ND 0,6 um zwei Blendenschritte ab. Zwei Filter können gemeinsam verwendet werden, um die Wirkung zu verstärken, wird einer davon gedreht betont das den Horizont.

Gradfilter 1

Gradfilter 2

2 Gradfilter

Gegeneinander gedrehte Gradfilter

Zwei verschieden belichtete Aufnahmen montieren

Bei dieser Landschaft in Island wurden bei richtiger Belichtung des Tals die Wolken zu hell. Macht man eine zweite, dunklere Aufnahme, wobei die Kamera auf dem Stativ sein muss, damit beide deckungsgleich sind, ist es einfach, das Tal aus dem einen mit dem Himmel aus dem anderen Bild zu montieren. In Photoshop wird die „normale" Talaufnahme in einer Ebene über der dunkleren Version platziert und mit einem dicken Radierpinsel der überbelichtete Himmel vorsichtig entfernt.

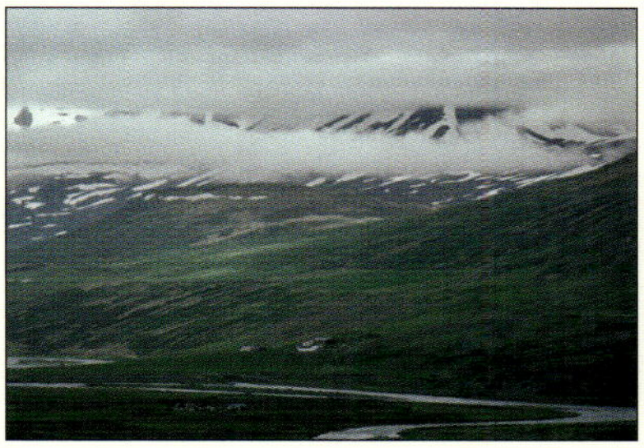
Normal belichtet

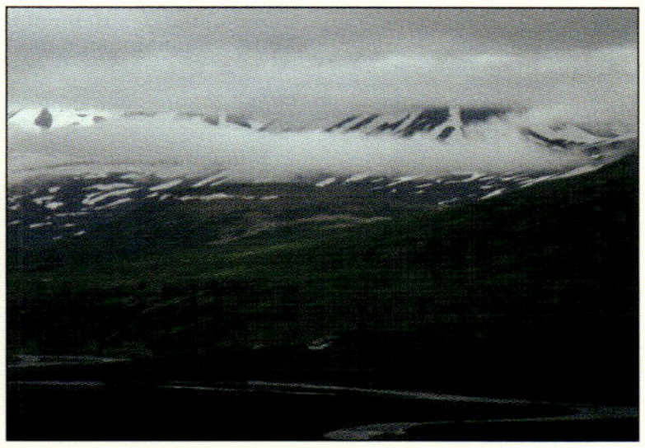
Auf die Wolken belichtet

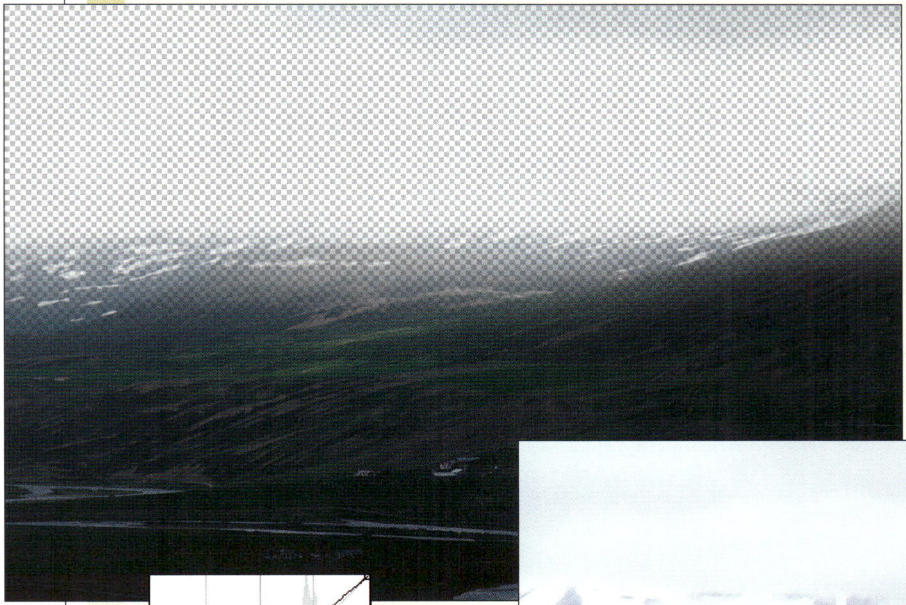

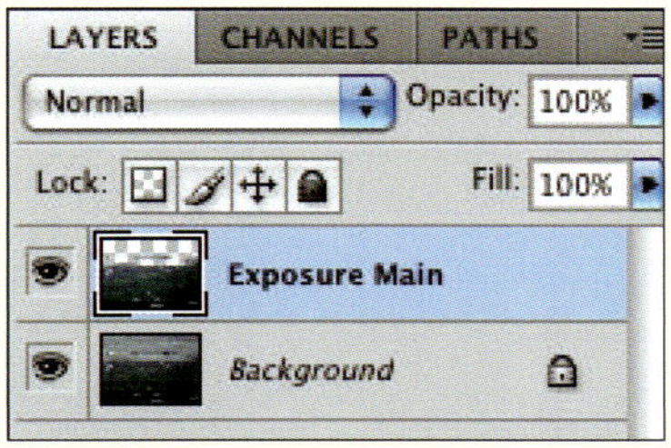

Ebenen kombinieren

Die normale Aufnahme ist in der obersten Ebene, darunter das dunklere Bild für die Wolken. Wird die obere Hälte der oberen Ebene mit einem dicken, weichen Pinsel entfernt, sieht man die Wolken durch.

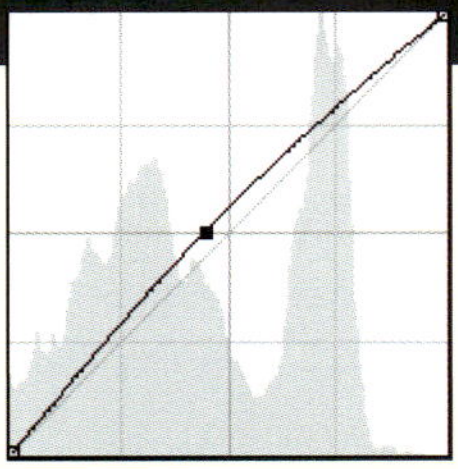

Gradationskurven

Um die Farbtöne im Bild besser zur Geltung zu bringen, wird die Einstellung mit Hilfe des Befehls „Gradationskurven" ein wenig korrigiert.

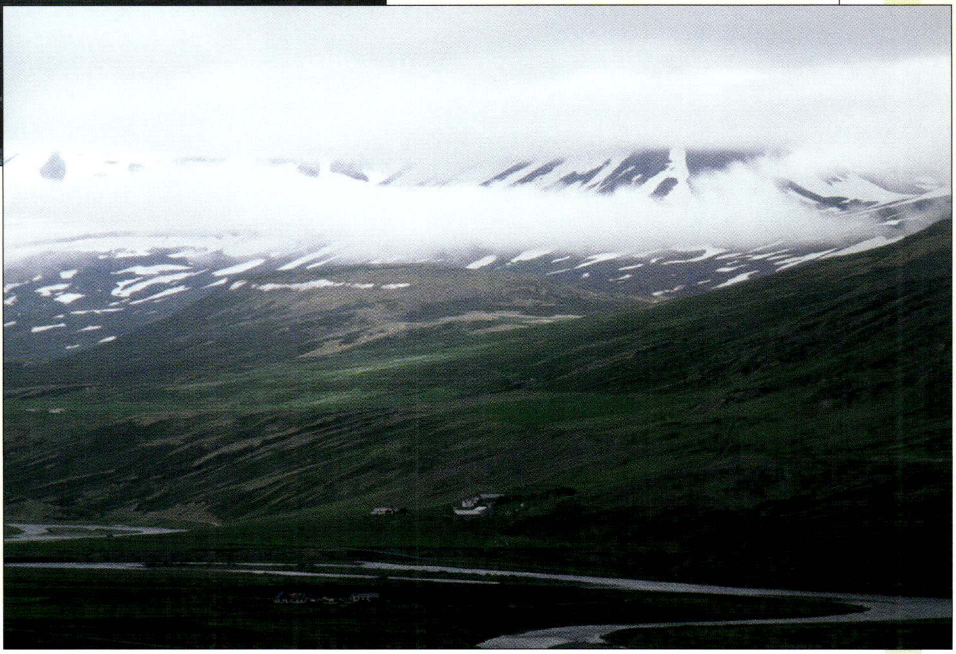

Regen und Sturm

Nasses, stürmisches Wetter verdirbt manchem die Lust an einem Ausflug, doch es bietet eine Reihe interessanter Möglichkeiten, von glitzernden Flächen bis zu zuckenden Blitzen.

Regen mag ungemütlich sein, und Digitalkameras mit ihrer Elektronik müssen gut gegen Feuchtigkeit geschützt sein, doch in Bezug auf das Licht kann Regen fast eine Erlösung von dem ewigen Sonnenschein sein. Das Licht ist wegen der Dicke der Regenwolken meist schwach, doch die sanfte, schattenlose, alles einhüllende Beleuchtung lässt die Reinheit der Farben erstrahlen. Besonders Grün kommt bei Regen gut zur Geltung, sodass diese Bedingungen ideal für Aufnahmen von Gärten oder in Wäldern sind.

Den Regen selbst zu fotografieren, ist wegen des schwachen Lichts und der Geschwindigkeit, mit der die Tropfen zu Boden fallen, nicht leicht. So sieht er in vielen Fotos, je nach Stärke, eher wie Dunst oder wie Linien aus. Richtige Regentropfen könnte man am besten im Gegenlicht gegen einen dunklen Hintergrund abbilden, Verhältnisse, die man bei Regenwetter selten vorfindet. Das beste Gefühl für den Regen kommt oft aus den Motiven – etwa Tropfen auf Blättern oder Autofenstern – und weniger aus den Lichtverhältnissen. Die Helligkeit ist meist gering: Regen und Wolken fordern zusätzlich 4 bis 5 Blendenschritte.

Blitze tragen erheblich zur Kraft einer Landschaft bei. Das Problem ist nur, sie zu erahnen – ihre Richtung und den exakten Moment. Man kann nie einen Blitz mit der Verschlusszeit synchronisieren, die einzige Möglichkeit ist, den Verschluss offen zu lassen und zu warten, bis es blitzt. Zum Glück erzeugt die Elektrizität, die zu einem Blitz führt, meist mehrere Blitze an fast derselben Stelle. Am Höhepunkt eines Gewitters müssen sie kaum 10 bis 20 Sek. auf den nächsten Blitz warten, und er erscheint wahrscheinlich dort, wo auch der letzte aufzuckte. Bei Tageslicht läuft man dennoch Gefahr, Aufnahmen von Blitzen überzubelichten. Ist der Himmel noch hell, schätzen Sie die Intervalle zwischen den Blitzen und stellen die Verschlusszeit ein wenig länger ein.

Die Belichtung hängt von der Stärke des einzelnen Blitzes ab, ob er von Wolken in der Umgebung reflektiert wird und in welcher Entfernung es blitzt. Sie schätzen die Entfernung, indem Sie die Sekunden zwischen dem letzten Blitz und dem Donner zählen. Die Differenz ist die Schallgeschwindigkeit: Ein Abstand von 5 Sek. bedeutet, dass der Blitz ca. 1,6 km weit weg ist. Überprüfen Sie die erste Aufnahme am LCD-Monitor und korrigieren Sie die Belichtung wenn nötig.

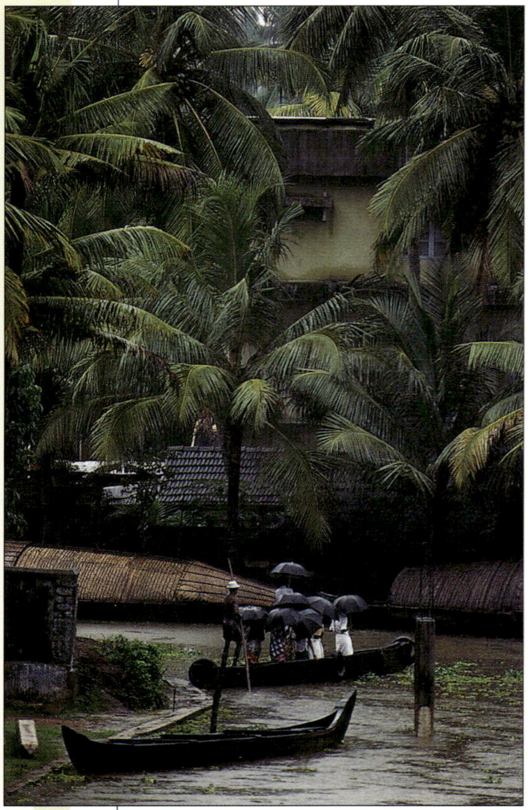

Monsun im Dunst
In dieser Aufnahme eines typischen Tages während der Zeit des Monsuns im Süden Indiens ist der Regen zwar heftig, erscheint aber dennoch als dumpfer Dunst. Doch die Menschen, die sich unter den Regenschirmen ducken, unterstreichen die Realität des Unwetters.

Impression

Manchmal hängt das eindrucksvollste Bild eines Unwetters von winzigen Kleinigkeiten ab, wie man an der Aufnahme der wirbelnden Nebelschwaden und des peitschenden Regens auf einem Berg in Zentralamerika gut sieht.

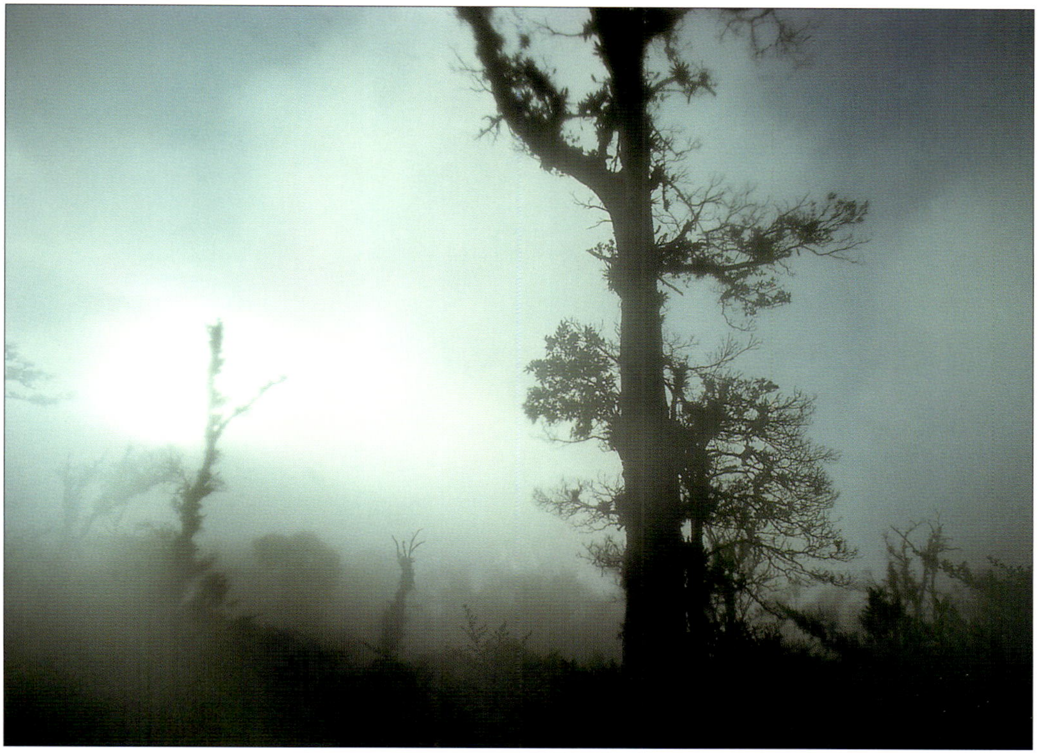

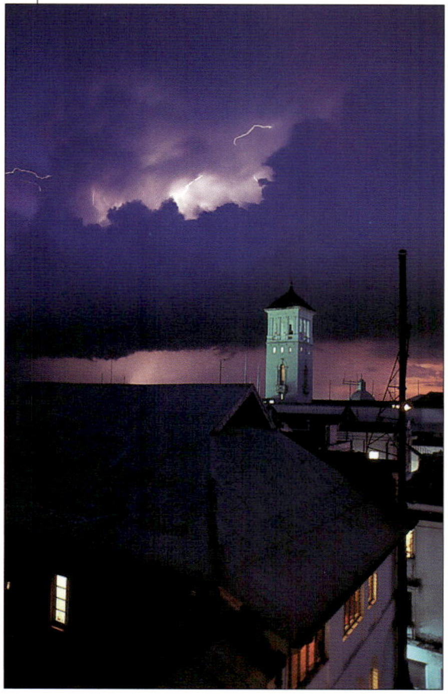

Blitze einfangen

Die entfernten Blitze über Rangun wurden zu Sonnenuntergang mit einer Belichtungszeit von 30 Sek. aufgenommen – lang genug, um einige Blitze einzufangen, die zwischen den Wolken aufflackerten, und einen, der bis zur Erde zuckte. Die Blende war ƒ2.8 und die Lichtempfindlichkeit ISO 100.

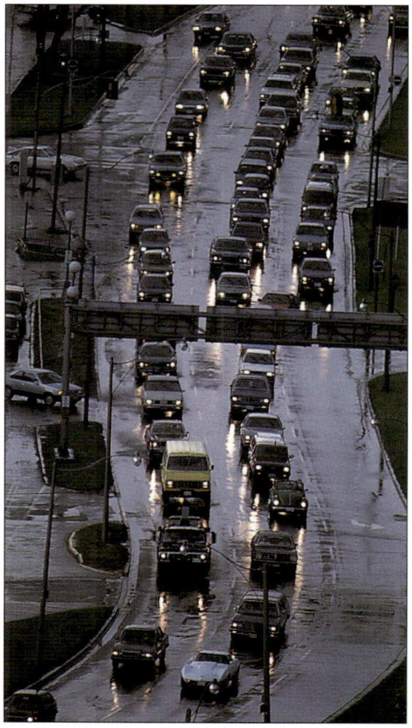

Regenstimmung

Um die Atmosphäre eines total verregneten Tags bildlich festzuhalten, kann man mit Absicht einige optische Hinweise in die Aufnahme einbauen. Das Scheinwerferlicht der Autos, das sich in der regennassen Fahrbahn einer Autobahn in Toronto spiegelt, macht deutlich, was ich meine.

Digitale Effekte

Viele Einflüsse von natürlichem Licht und Atmosphäre können am Computer sehr wirksam bearbeitet werden – man kann sie verändern und manchmal sogar aus dem Nichts entstehen lassen.

Geht es darum, Bilder digital zu verändern und anzupassen, gibt es keine Grenzen, doch ich will mich hier auf jene Effekte beschränken, die natürlichen Verhältnissen nahekommen. Die augenscheinlichsten dieser digitalen Techniken beeinflussen den Himmel. Zwei davon, Gradation und Polarisation, imitieren Filter, die man bei der Aufnahme verwenden kann. Ein dritter erzeugt jene Unterschiede, die wir zwischen Schönwetter und einem aufziehenden Gewitter wahrnehmen.

Eine Szene kann mit Dunst oder sogar dichtem Nebel in Bodennähe übergossen werden, doch damit der Eingriff realistisch wirkt, ist etwas Handarbeit in den Details nötig. Auf die Schnelle erzeugt man solche Veränderungen durch eine blassgraue, halbdeckende Ebene über dem ganzen Bild, doch der Nebel sollte sich mit zunehmender Entfernung verdichten. Üblicherweise wird das entsprechende Bild in Bereiche unterschiedlicher Tiefe eingeteilt, doch das ist nur eine von vielen Möglichkeiten. Mit etwas Einfallsreichtum – vorausgesetzt, man scheut weder Zeit noch Mühe – kann man das Licht auf unendlich viele Arten modifizieren. Auf den folgenden Seiten widmen wir uns der etwas komplexeren Aufgabe, Lichtstimmungen zu kreieren.

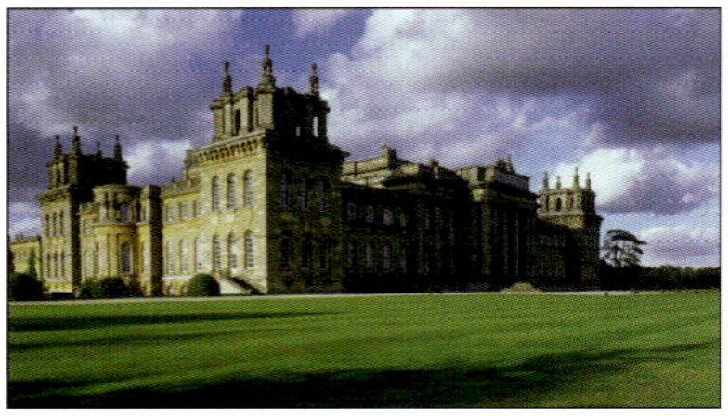

Ein Sturm kommt auf

Ein dunkler Himmel, das Vorzeichen eines Unwetters, kann eine Landschaft dramatisch ändern, besonders in Verbindung mit Sonnenlicht. Doch bei blauem Himmel sieht es unrealistisch aus. Der Trick ist, dem Himmel Sättigung zu nehmen, wodurch sich die blauen Bereiche in Gewitterdunst verwandeln. Dann wird die Helligkeit verringert und der Kontrast erhöht. In unserem Beispiel wurde zur Auswahl ein Automatikwerkzeug verwendet (akkurate Kanten sind nicht wichtig, da nur die Sättigung verringert wird). Den blauen Bereich wählte ich mit dem Zauberstab, um die Details der Wolken zu erhalten, die Sättigung wurde verringert und alles leicht abgedunkelt, der Kontrast im ganzen Himmel mit Hilfe der Gradationskurven reduziert.

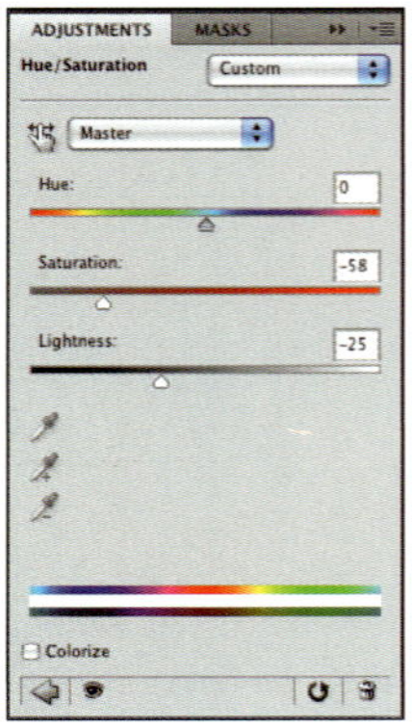

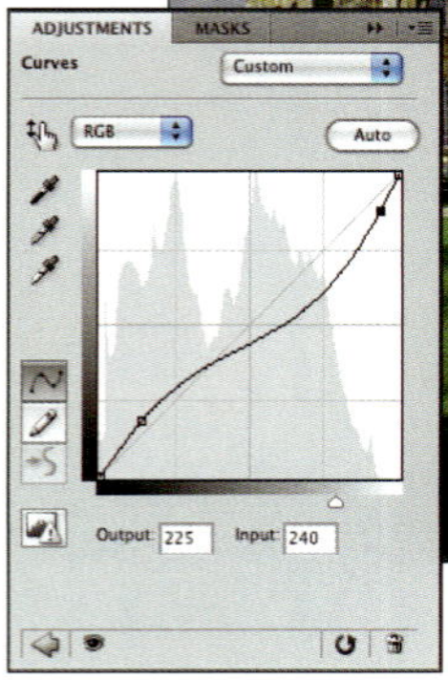

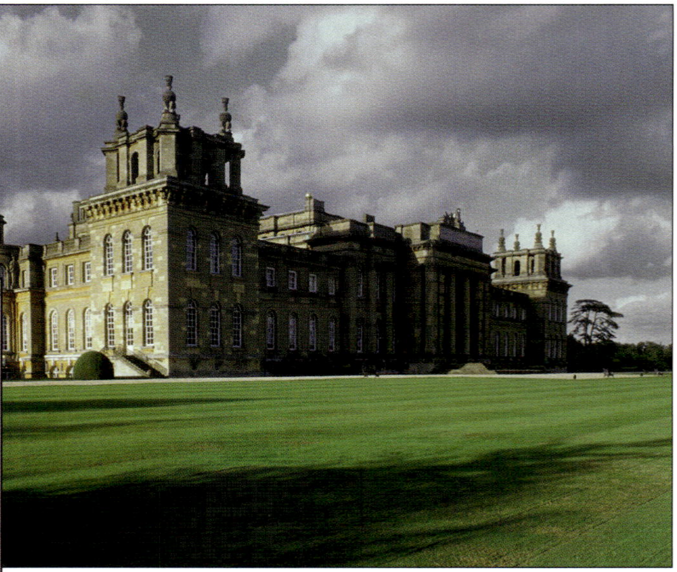

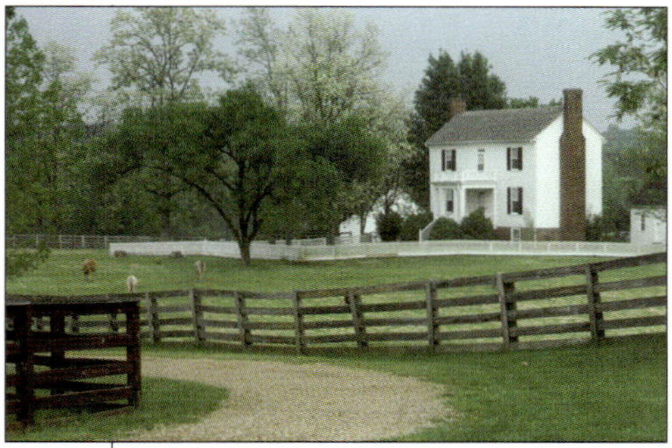

Digitale Atmosphäre

Einem Bild digitalen Nebel hinzuzufügen ist reine Handarbeit, da die einzelnen Objekte je nach Entfernung von der Kamera isoliert und maskiert werden müssen. Dafür gibt es keinen automatischen Befehl.

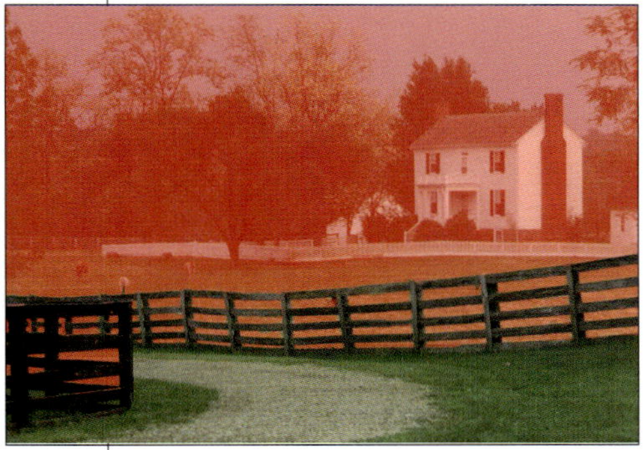

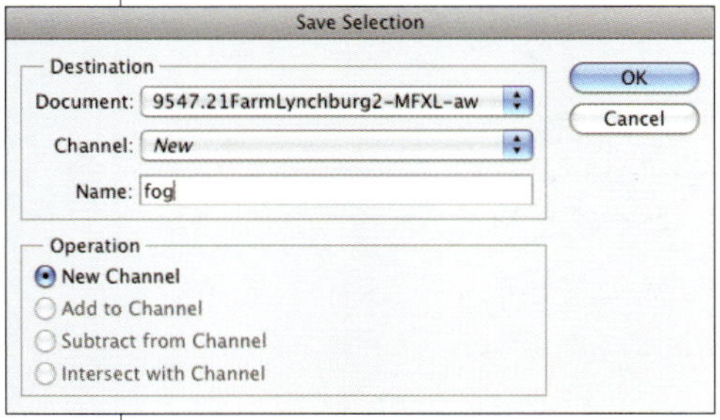

Schritt 1

Der ländlichen Szene in der Nähe von Lynchburg, Virginia, sollte digitaler Nebel hinzugefügt werden. Der erste Schritt war recht einfach. Ich erzeugte einen vertikalen Verlauf und sicherte diesen als Alpha-Kanal.

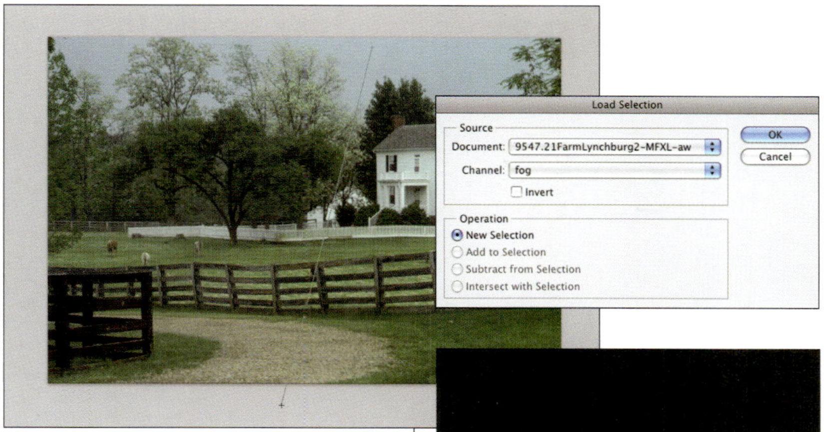

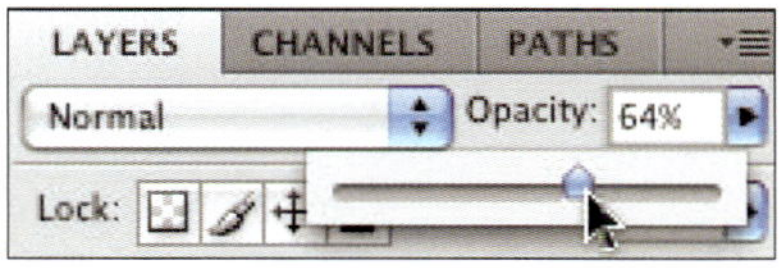

Schritt 2

Der Alpha-Kanal wurde in eine neue Ebene geladen und diese mit Grau bei 64% Deckkraft gefüllt.

Schritt 3

Für einen realistischen Effekt mussten die Zäune im Vorder- und Mittelgrund von dem alles überziehenden Nebel ausgenommen werden. Sie wurden mit Pfaden umrissen, die Pfade in Auswahlen umgewandelt und diese Auswahlen aus der Nebel-Ebene gelöscht.

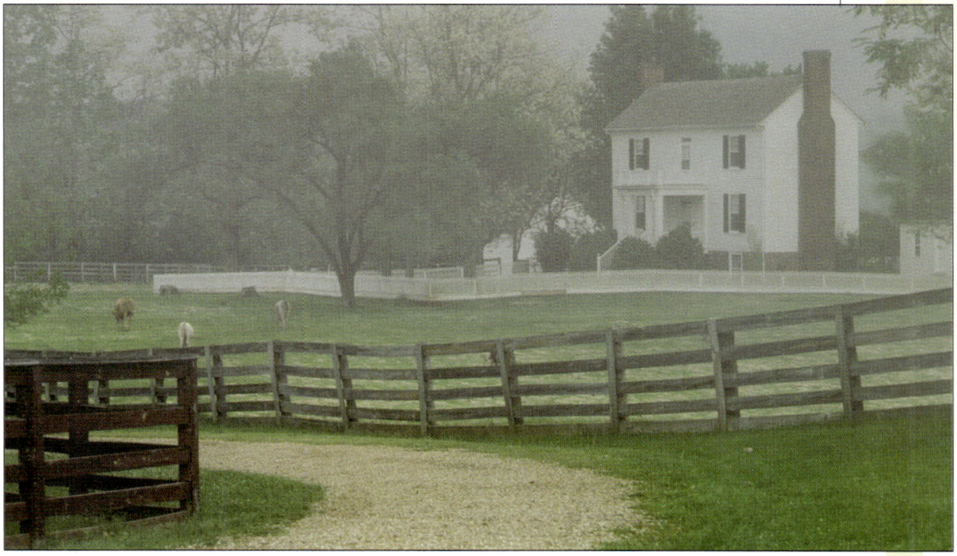

Aufhellen

Eine ganz spezielle Herausforderung bei der digitalen Veränderung von Lichtstimmungen ist die Vorspiegelung hellen Sonnenscheins; doch auch dafür gibt es hilfreiche Software.

Die alles entscheidende Frage in der Bildbearbeitung ist, wie weit man gehen will, das heißt: Wie sehr kann sich das Ergebnis von der Originalaufnahme unterscheiden. Wir widmen uns in allen Büchern dieser Serie immer wieder dieser Frage, da es keine klaren Regeln gibt. Im Prinzip kann man alles und jedes ändern; in der Praxis kommt es darauf an, was Sie selbst für vertretbar halten und wieviel Aufwand es Ihnen Wert ist.

Bei Tageslicht ist die größte Hürde, Sonnenschein in die Bilder zu bringen. Haben Sie jemals auf eine Lücke in der Wolkendecke gewartet, damit die Sonne die Landschaft erhellt, werden Sie die Notwendigkeit kennen - bis zu einem gewissen Grad hilft eine „digitale Sonne". Das Problem dabei ist, wie man an den Aufnahmen der bedeckten und „sonnigen" Szene erkennt, dass das Sonnenlicht nicht nur die Helligkeit betrifft, sondern auch kleinste Schatten und den Wiederschein des Lichts in den schattigen Bereichen.

Im Allgemeinen vermeide ich es, Programme einzeln zu besprechen, in diesem Fall aber gibt es nach heutigem Stand eine ganz spezielle Anwendung, die in trüben, dunstigen Bildern „die Sonne aufgehen" lässt: der Filter mit dem treffenden Namen „Sunshine" aus der Sammlung Nik Color Efex Pro. Eine Reihe komplexer Algorithmen misst den Kotrast an verschiedenen Punkten, mit Reglern passt man Sättigung, Farbtemperatur, Intensität (Helligkeit) und die Auswirkung all dieser Einstellungen auf angrenzende Bildteile an. Klare Schatten müssen Sie allerdings dennoch per Hand hinzufügen - meist reichen wenige, größere Bereiche. Hat der Betrachter genug optische Hinweise, um an Sonnenschein zu glauben, werden Details kaum mehr beachtet.

Darüber hinaus gibt es eine Reihe von Filtern für spezielle Beleuchtungseffekte, einige davon

Trüb und bedeckt
Das Original: ein sehr „englischer", trüber Tag. Während sich dieses Licht für manche Motive durchaus eignet – siehe Seite 56–57 –, bildet es Landschaften wie diese, mit Himmel und Wasser, nicht eben vorteilhaft ab.

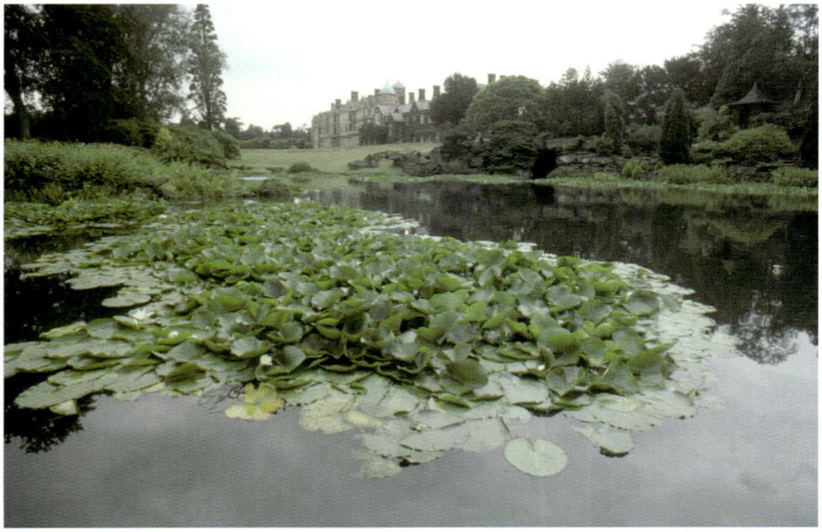

Licht und Wolken

Alle Wolken vor der Sonne verringern die Helligkeit des Sonnenlichts, wie sehr, hängt von der Art der Wolken ab. Liegt eine geschlossene Wolkendecke über dem Land, folgt der Lichtverlust einer einfachen Skala von leichtem Dunst (kaum 1/2 Blendenschritt weniger als direkte Sonne) über dünne, hohe Stratocumuli bis zu dunkelgrauen, tief liegenden Wolken (4 bis 5 Blendenschritte oder mehr bei sehr schlechtem Wetter). Bei vereinzelten Haufenwolken oder den dünnen Wolkenfetzen bei schönem Wetter wechselt die Lichtintensität ständig und rasch, besonders bei Wind. Helle, weiße Wolken, die sich vor die Sonne schieben, können das Licht schlagartig um 2 Blendenschritte verringern. Dunkle Wolken mit ausgerissenen Rändern oder mehrere Schichten übereinander machen mehr Probleme, da das Licht allmählich und unvorhersehbar wechselt. Im ersten Fall braucht es nur zwei Messungen – einmal in der Sonne, einmal im Wolkenschatten – und man schaltet einfach zwischen den Einstellungen hin und her. Bei komplexen Wolken muss die Belichtung laufend gemessen und angepasst werden, wollen Sie nicht auf die seltenen Momente warten, in denen die Sonne durchkommt.

Lichtverlust bei gleichmäßig verteilter Bewölkung

	Helle Sonne	Leichter Dunst	Schwerer Dunst	Dünne Wolken	Helle Wolken	Leicht bedeckt	Stark bedeckt
Blenden	0	-1/2	-1	-1 1/2	-2	-3	mind. -4

in Photoshop integriert. Wenden Sie sie mit Sorgfalt und eher selten an, man sieht sich leicht daran satt. Auch wenn sie optisch korrekt eingesetzt sind, können sie, da man sie mittlerweile in allzu vielen Bildern findet, nach dem aussehen, was sie tatsächlich sind – digitale Effekte. Zur rechten Zeit an der richtigen Stelle kann ein kleiner Reflex jedoch den Ausschlag geben und das Auge davon überzeugen, dass in einem Bild die Sonne scheint.

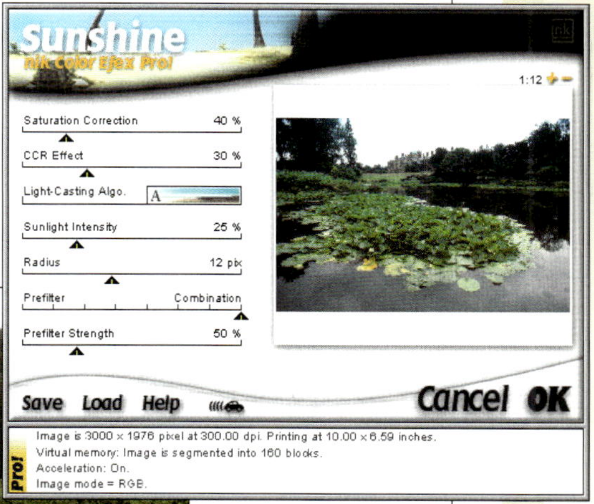

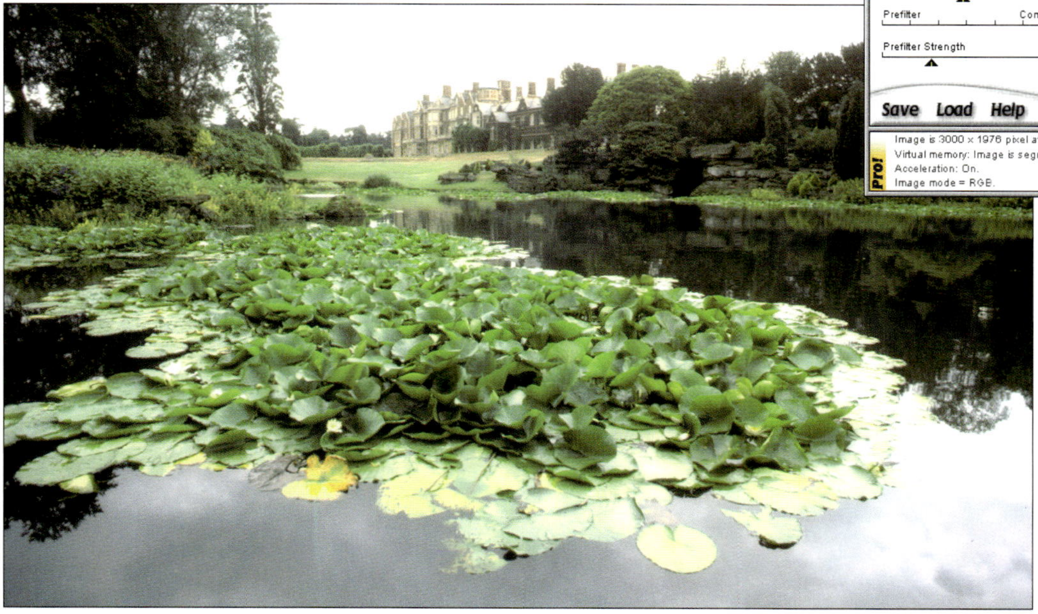

Sonne Der Filter aus der Sammlung Nik Color Efex Pro verwendet eine komplexe Kombination von Einstellungen, um direkte Sonne zu simulieren – außer Schatten, die nur das menschliche Auge erkennt. Hier täuscht das fehlende Relief im Vordergrund vor, dass es bei echter Sonne keine auffälligen Schatten gäbe.

Dunst

Dunst streut das Sonnenlicht, dämpft die Farben und bringt Tiefe und Perspektive in eine Szene. Je nach dem, was Ihr Bild aussagen soll, können Sie den Dunst verringern oder seine speziellen Eigenschaften hervorkehren.

Dunst entsteht durch kleinste Partikel von Staub, Luftverschmutzung oder hohe Feuchtigkeit in der Luft. Dabei wird das Licht gestreut. Es gibt höchst unterschiedliche Arten von Dunst, nicht nur in Bezug auf die Dichte, sondern auch auf die betroffenen Anteile des Lichts. Allerfeinste Partikel streuen in erster Linie die kurzen Wellenlängen und erzeugen in der Ferne einen blauen UV-Schleier. Feuchter Dunst andererseits ist neutral und erscheint auf größere Distanz neblig weiß.

Dunst hat zwei sichtbare Effekte: Er ist selbst zu sehen und verändert das Licht. Dadurch sieht eine entfernte Landschaft blasser aus, wobei der Effekt zunimmt, sodass sich Kontrast, Farbe und Schärfe vom Vorder- zum Hintergrund sukzessive verringern. Am stärksten ist der Effekt, wenn die Sonne vor der Kamera (doch nicht unbedingt tief) steht, wodurch eine luftige Perspektive entsteht – der Eindruck der Tiefe durch die „Farbe" der Luft. Um dies deutlich zu machen, müssen in einem Bild allerdings zumindest einige

Tiefe und Atmosphäre
Dunst bringt ein leuchtendes, gemeimnisvolles Flimmern in jedes Bild und verstärkt Tiefe und Atmosphäre. Statt das Foto dieses steinernen Grabmonuments an der Küste von Wales zu zerstören, unterstreicht der Dunst die mystische Atmosphäre der uralten Landschaft.

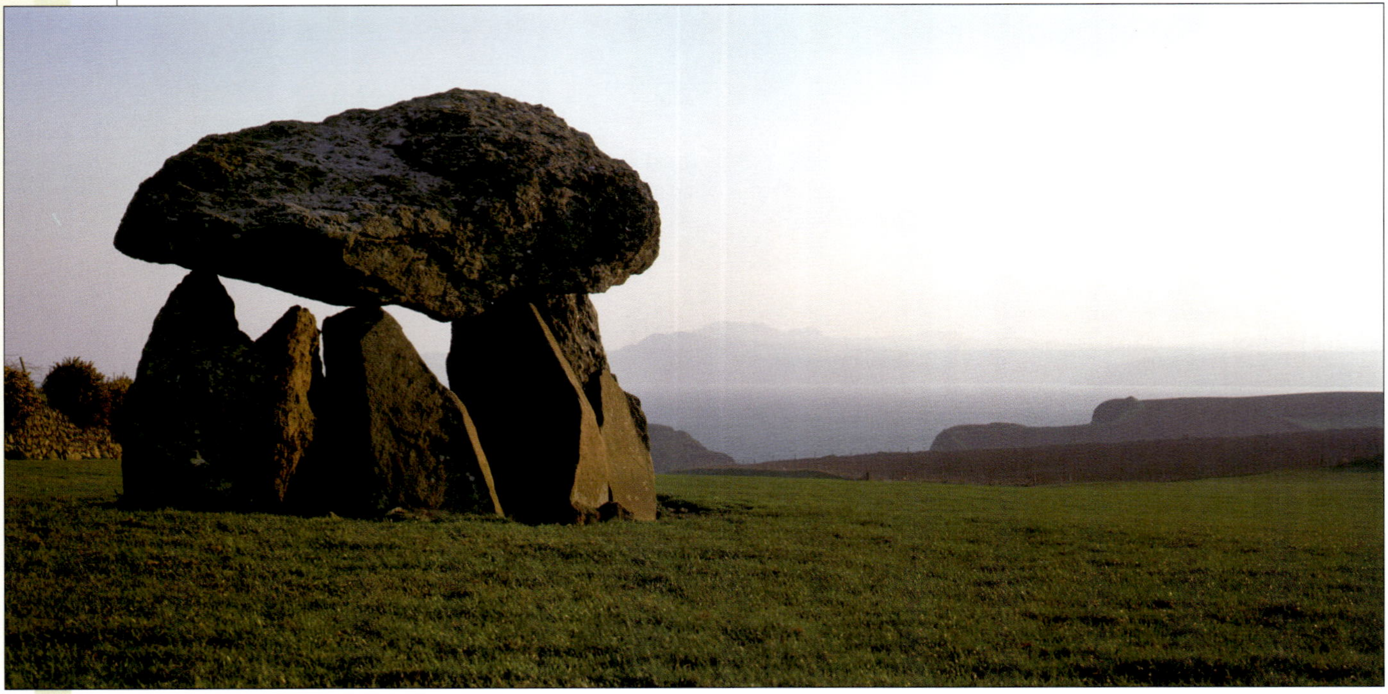

Ebenen in sichtbar verschiedenen Distanzen vorhanden sein. Einfach in die Weite zu fotografieren, ohne Vorder- oder Mittelgrund, ergäbe nur ein verwaschenes Bild.

Dunst macht das harte Sonenlicht weicher, reduziert den Kontrast und hellt die Schatten auf. Das Resultat kann ein hübscher Ausgleich zwischen direktem und diffusem Licht sein, besonders, wenn die Sonne etwas vor der Kamera steht, wie im Bild auf der Seite gegenüber. Dunst variiert in seiner Dichte, und damit wechselt seine Auswirkung auf das Bild. Starker Dunst ist mit einer dünnen Wolkendecke vergleichbar.

Dunst vermeiden

Dunst kann sehr störend sein, da er Detail und Schärfe verringert und Farben dämpft. So ist er weniger sichtbar:

UV-Filter Der Filter wirkt sich nur auf kurzweliges Licht aus, der Effekt ist kaum jemals total. Bei Schwarzweißaufnahmen wird Dunst durch Rot- oder Orangefilter erfolgreicher reduziert.

Polfilter Das beste Ergebnis erhalten Sie im rechten Winkel zur Sonne (bei Seitenlicht), der Filter wirkt auf das ganze Bild.

Frontal- oder Seitenlicht Jede dieser Positionen ist dem Gegenlicht vorzuziehen, das den Dunst bis zur Übertreibung verstärkt.

Distanzen vermeiden Je näher Sie am Motiv stehen, desto weniger Luft und daher auch Dunst ist dazwischen. Daher sind Weitwinkelaufnahmen einer Teleansicht vorzuziehen.

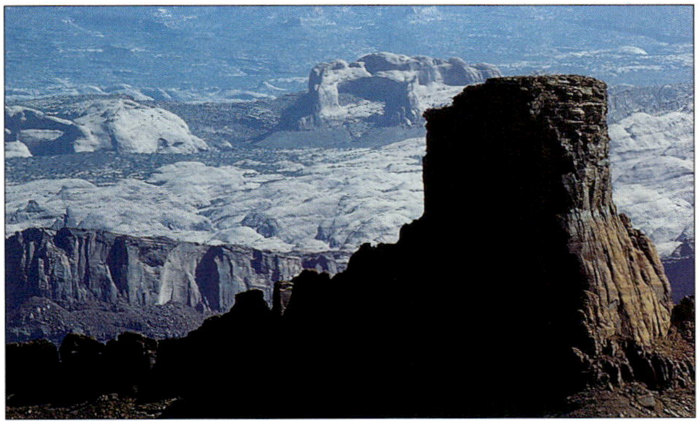

Ungefiltert

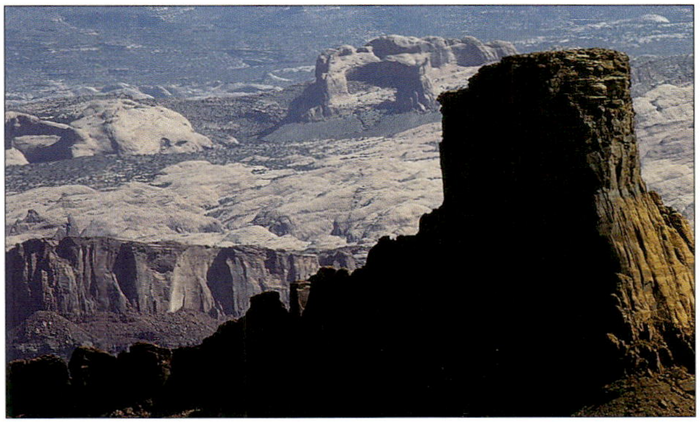

UV-Filter

Ultraviolett

Fotografiert man entferntere Teile einer Landschaft mit einem Teleobjektiv, wie in dieser Bildfolge aus dem Canyonlands-Nationalpark in Utah, treten die Effekte der UV-Strahlung meist zu deutlich zutage. Man kann das Bild durch die Verwendung von Filtern entscheidend verbessern. In der ungefilterten Ansicht (oben) schwächt der blassblaue Dunst sowohl Farben als auch Kontrast. Ein UV-Filter (oben rechts) verbessert den Farbkontrast, ein Polfilter (rechts) erzeugt einen noch stärkeren Effekt.

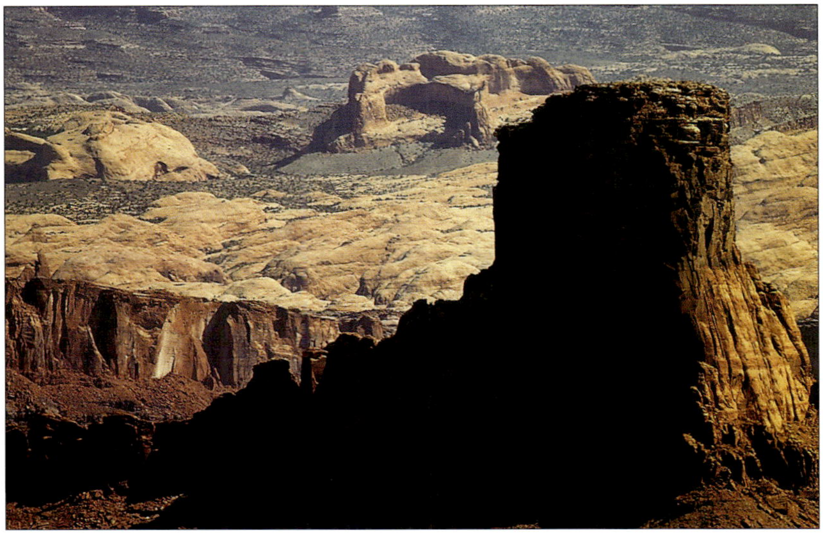

Polfilter

Nebelschleier und Staubwolken

Dicker als Dunst, hüllen Staub oder Nebel eine Landschaft völlig ein und verschlucken alle fernen Details. So entstehen rätselhafte, nachhaltige Szenen.

Nebel und Staub können so dicht sein, dass man selbst in der Nähe kaum etwas erkennt. Die Partikel in der Luft sind so groß, dass nicht nur bestimmte Wellenlängen gestreut werden, das Licht als Ganzes wird diffus. (Staub hat meist selbst eine Farbe und färbt die Sicht gelb, hellbraun oder wie auch immer.) Diese Verhältnisse sind nicht unbedingt ein Problem: Der Nebel wird sich lichten - oftmals sehr schnell - und bietet in der Zwischenzeit Gelegenheit zu interessanten, grafischen Bildern.

In dichtem Nebel oder wenn die Sonne hoch steht, hat das diffuse Licht keine bestimmte Richtung. Wenn Sie den Aufnahmeabstand sorgfältig wählen, sodass man gerade noch etwas erkennt, werden die Farben und Tonwerte im Bild extrem zart sein. Im Gegenlicht erhält man, abhängig von der Dichte des Nebels, meist Silhouetten. Nahe der Kamera hebt sich das Motiv deutlich und in gutem Kontrast ab. In größerer Entfernung erscheinen Silhouetten und Umgebung in unterschiedlichem Grau. Wenn sich die Schwaden lichten oder verdichten, sind die Auswirkungen im Bild signifikant. Vor allem Staub ist äußerst wechselhaft: Er braucht Wind oder Bewegung, um sich in der Luft zu halten. Gegenlicht zeigt das Wirbeln und Wogen am besten, doch setzen Sie Ihre Ausrüstung nicht allzu oft dieser Gefahr aus.

Nebel bietet viele Möglichkeiten. Ein lohnendes Projekt könnte es sein, sich auf einen Ort zu konzentrieren, um dort die größtmögliche Vielfalt an Ansichten zu entdecken. Man kann verschiedene Standpunkte und Objekte wählen, die Brennweite wechseln und darauf warten, dass sich der Nebel lichtet, wobei man folgende Effekte nutzen kann:

- ☐ zarte Farben im richtungslosen, diffusen Licht
- ☐ erhöhte Tiefe im Bild, da Objekte in unterschiedlicher Entfernung nach und nach verblassen
- ☐ starke Silhouetten im Gegenlicht
- ☐ blasse Silhouetten
- ☐ aufsteigender oder einfallender Nebel; ein Weitwinkelobjektiv kann unterschiedlich dichten Nebel in einem Bild deutlich zeigen
- ☐ ein hoher Aussichtspunkt mit einem Nebelmeer darunter, idealerweise ragen daraus Bäume oder Gebäude hervor.

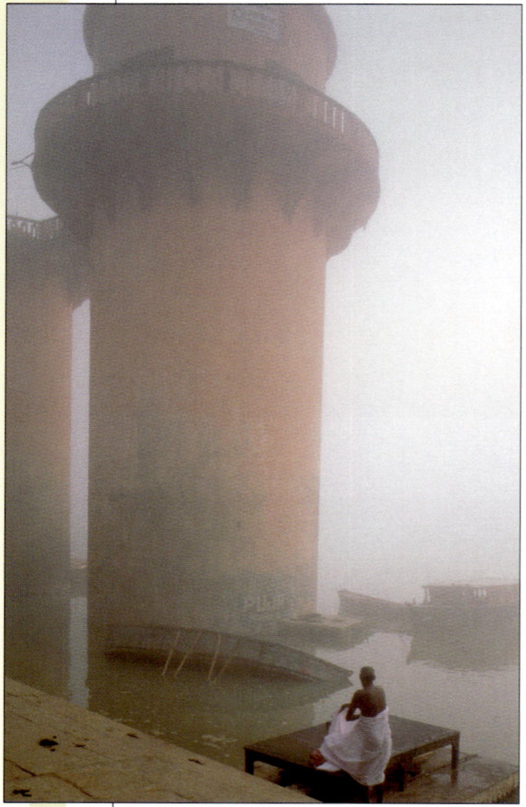

Formen im Nebel
Am frühen Morgen am Ganges: Der Nebel über dem Fluss legt sich geheimnisvoll über den Hintergrund und gibt dem großen, nicht besonders ansehnlichen Wasserturm eine verschwommene, hoch aufragende Gestalt – ein geschickt gewählter Gegenpol zu dem Badenden im Vordergrund.

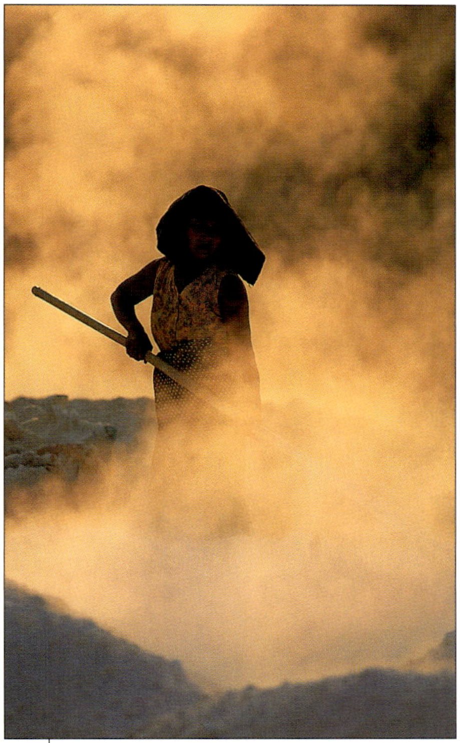

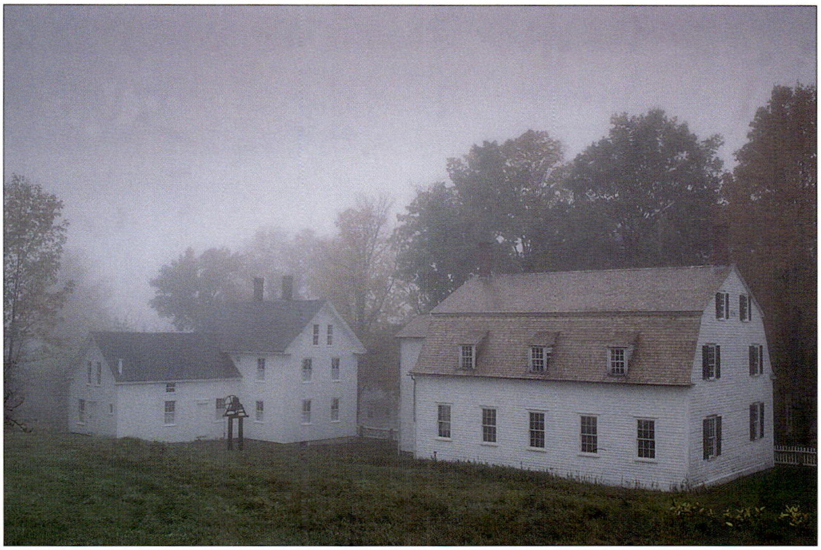

Staubwolken

Staub ist eine Gefahr für jede Kamera, ein Bild kann dadurch aber beträchtlich an Atmosphäre gewinnen. Die Staubwolken der Arbeitsmaschinen verleihen der Gestalt Nachdruck und Präsenz. Das Gegenlicht der untergehenden Sonne bringt das am besten zur Geltung.

Zarte Pastelltöne

Der Morgennebel verleiht dieser Ansicht eines Shaker-Dorfs in Maine, USA, Sanftheit, ja Frieden, hervorgerufen durch die zarten Farben und verlaufenden Töne.

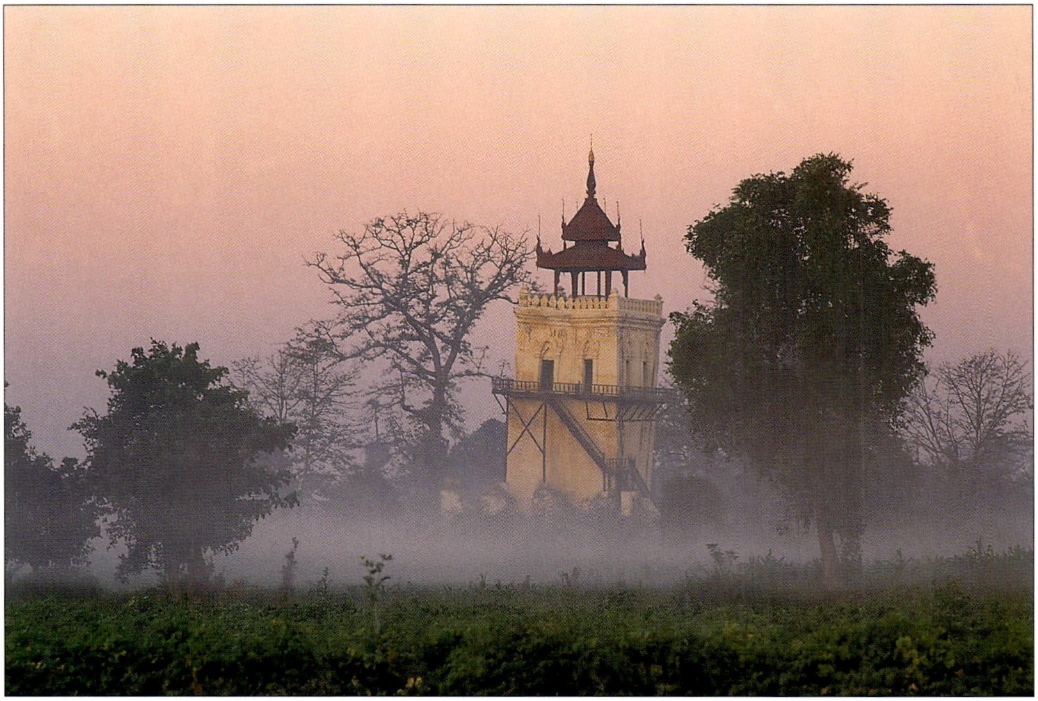

Bodennebel

Ein weiteres Kennzeichen früher Morgenstunden sind die Nebelfetzen, die am Boden kauern. Sie überdauern den Sonnenaufgang nur kurz, doch im Bild festgehalten, verleihen Sie der Landschaft eine duftige Atmosphäre. Höhere Bildelemente, wie Bäume oder Gebäude, scheinen fast zu schweben.

Das Licht in den Bergen

Berge haben spezielle Auswirkungen auf die Fotografie: In der klaren, dünnen Luft ist das Licht stärker und heller, das Wetter kann schlagartig umschlagen.

Ihre bloße Höhe einerseits sowie der Wechsel von Berg und Tal andererseits, der das lokale Wetter schnell umschlagen lässt, erzeugen jene speziellen Bedingungen, die man nur im Hochgebirge vorfindet. Das bemerkenswerteste Licht zum Fotografieren hat man sicher bei klarer, frischer Luft und Sonnenschein, wenn Panoramen unglaublich scharf und detailreich werden. Doch das ist nur eine von vielen Lichtstimmungen in den Bergen.

Die Luft in diesen Höhen ist dünner und daher, bei Schönwetter, klarer. In der dünnen Luft gibt es weniger Partikel, die das Licht in die Schatten streuen, die daher sehr, sehr tief sein können. Als Folge ist der Kontrast sehr hoch, das Tageslicht im Schatten von intensiverem Blau als auf Meeresniveau. Die Farbtemperatur ist schwerer abzuschätzen als gewöhnlich und kann ohne

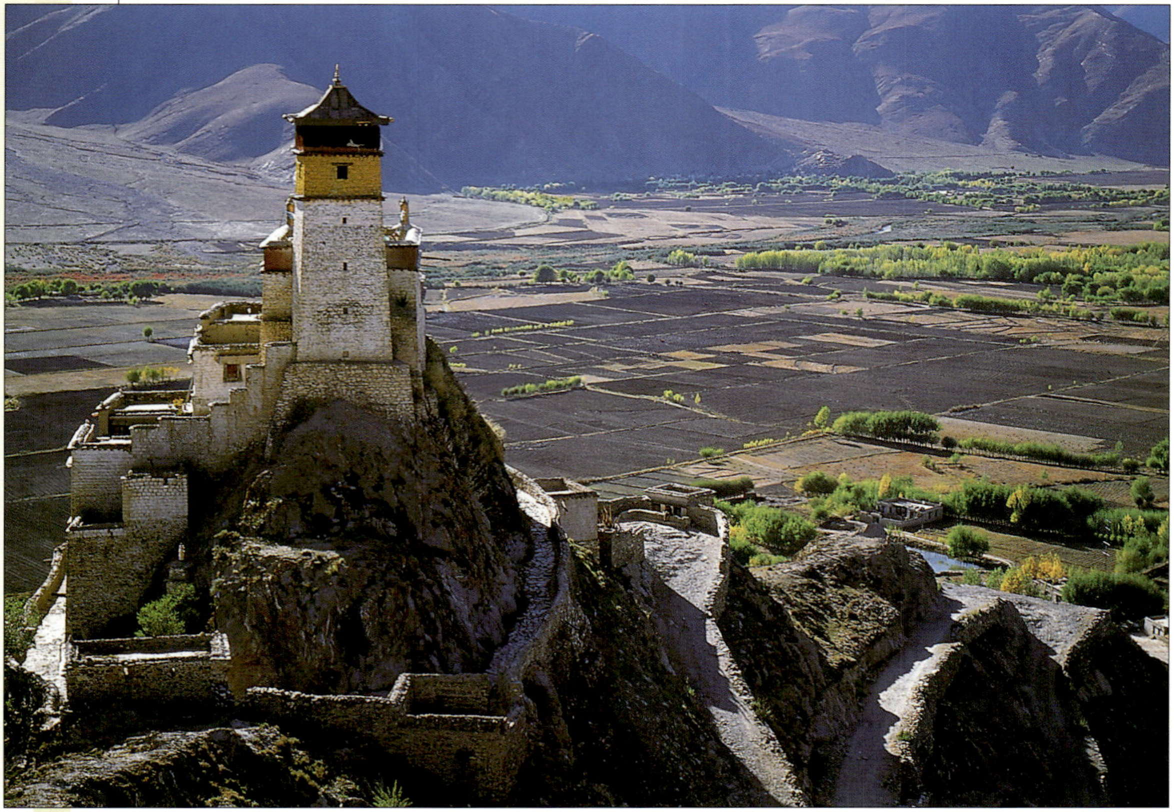

Klarheit In 5000 m Seehöhe ist der Sauerstoffanteil der Luft nur mehr halb so hoch wie auf Meeresniveau. Für die Fotografie bringt das ungewöhnliche Klarheit und Schärfe. Scheint die Sonne, wie über diesem tibetanischen Plateau, erzeugt sie hohen Kontrast und tiefe Schatten. Wenn Ihre Kamera entsprechende Einstellungen zulässt, ist es kein Fehler, Tonwert- und Kontrastumfang etwas zu verringern.

Korrektur zu unerwarteten Ergebnissen führen. Die dünne Luft ist auch ein schlechterer Schutz gegen UV-Strahlen, der Anteil dieser kurzen Wellenlängen ist im Gebirge extrem hoch. Dadurch wird der Unterschied zwischen dem, was Sie sehen, und dem, was die Kamera aufnimmt, ungewöhnlich groß. Wenn Sie den Blaustich nicht gezielt einsetzen wollen, um die Weite zu betonen, empfiehlt sich ein starker UV-Filter. Bedenken Sie auch, dass der Kamerasensor durch den hohen UV-Anteil stärker belichtet wird und entfernte Bildteile blasser wirken, als das Auge sie sieht.

Abgesehen von der dünnen Luft sorgt das schnell wechselnde, streng örtlich begrenzte Wetter, bedingt durch das Relief von Gipfeln und Tälern, für die interessanten Lichtstimmungen im Hochgebirge. Vor allem Wolken werden zu einem entscheidenden Faktor, wie die Fallstudie auf der nächsten Seite zeigt.

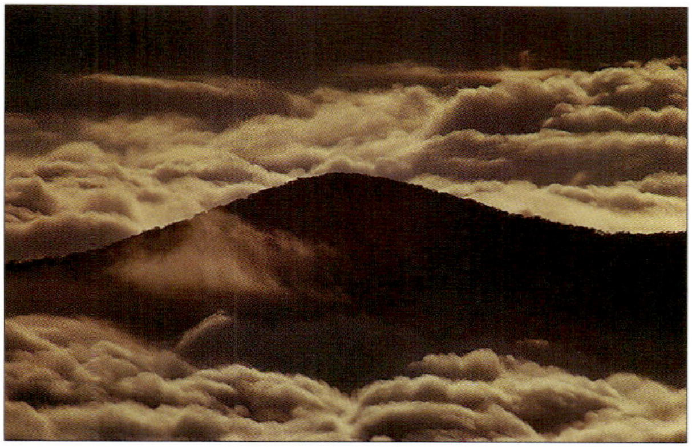

Inseln im Wolkenmeer
Eine der spektakulärsten Aussichten auf hohen Bergen ist der Blick auf tiefer liegende Wolken. Am häufigsten erlebt man solche Szenen am frühen Morgen, hier waren wir in der Sierra Nevada in Kolumbien.

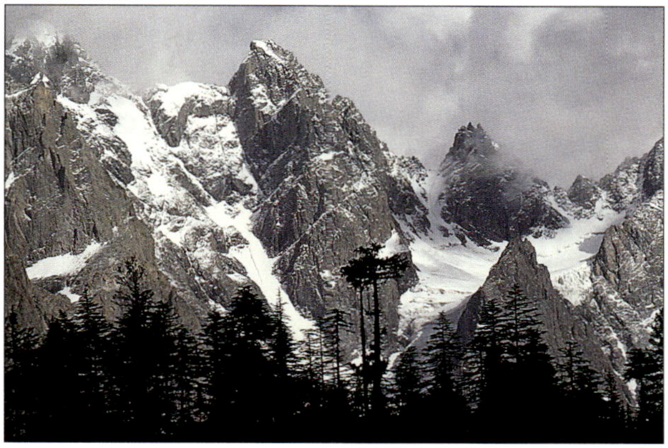

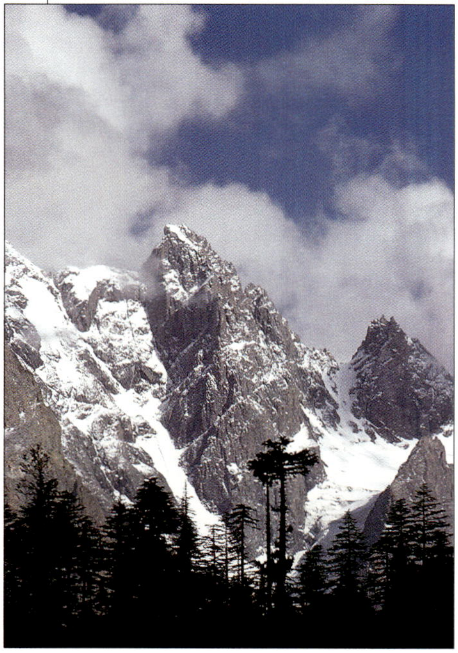

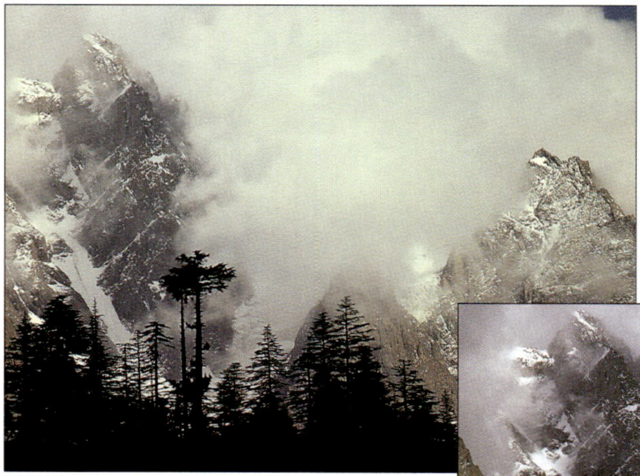

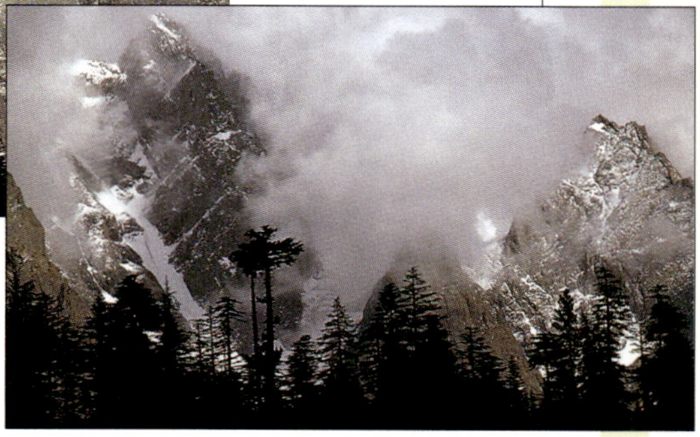

Wetterwechsel
Berge garantieren launisches Wetter. Durch die sich verschiebenden Wolkenmassen ändern sich Licht und Szenerie ununterbrochen, wie diese Bildfolge aus dem Hindukusch zeigt. Das Licht wechselte innerhalb weniger Minuten.

Das Licht in den Tropen

Tagsüber steht die Sonne hoch, sie geht extrem schnell auf und unter. Die nur sehr kurzen Zeitspannen attraktiven Lichts machen das Fotografieren in den Tropen zu einer Herausforderung.

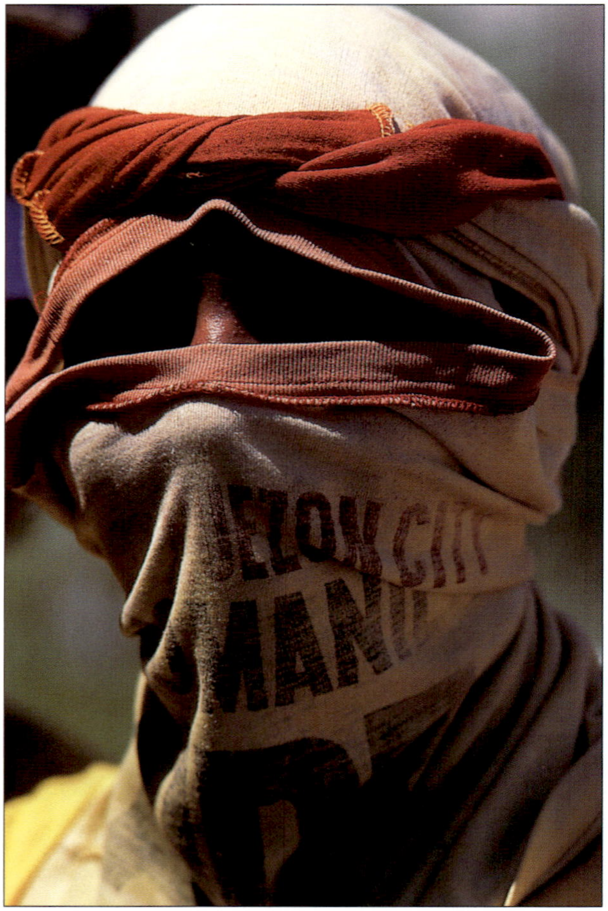

Hitze und Sonne
Die Menschen in den Tropen schützen sich für gewöhnlich gegen die Sonne, wodurch sich optische Symbole ergeben. Dieser Arbeiter in Manila ist wegen der Hitze schwer maskiert.

Die meiste Zeit des Jahres steht die Sonne in den Tropen tagsüber direkt am Zenit, diese Verteilung von Licht und Schatten ist für viele Fotografen ungewöhnlich. In mittleren Breiten – in New York ebenso wie in Mitteleuropa – liegt der Höchststand der Sonne bei etwa 60° über dem Horizont. In den Tropen gibt es allerdings für ein paar Stunden täglich keine sichtbare Richtung, kein vorn, hinten oder seitlich, des Sonnenlichts. Die Schatten liegen direkt unter den Objekten. Dächer und Vorsprünge werfen tiefe Schatten, doch unter vielen Subjekten, wie Menschen oder Autos, sind die Schatten äußerst klein. Alles Flache, also die meisten Landschaften, erscheinen gänzlich schattenlos.

Leicht kann man dieses starke Oberlicht als unattraktiv abtun, und aus konventioneller Sicht ist es das für viele Motive wahrscheinlich auch. Doch es als gänzlich unbrauchbar abzutun, wäre übertrieben, denn es kann die Stimmung tropischer Hitze überzeugend transportieren. Suchen Sie nach Motiven, die das Gefühl von Hitze vermitteln: Bilder mit starkem Kontrast und typischen Mustern von Licht und Schatten – die langen, nach unten weisenden Schatten an einer hellen Mauer, ein von der Hutkrempe völlig beschattetes Gesicht und ähnliches. Mit anderen Worten: Lassen Sie Ihr Bild „vor Hitze stöhnen", durch das Motiv ebenso wie durch das Licht.

Porträts und Landschaften leiden am meisten unter dem grellen Licht der tropischen Sonne. Ein Gesicht wird unter den Augenbrauen, der Nase und dem Kinn buchstäblich im Schatten ertrinken, der noch dazu die Augen, die so viel an Ausdruck transportieren können, völlig versteckt. Bei Landschaften trifft das genaue Gegenteil zu: Es gibt kaum irgendwo Schatten. Als Folge davon mangelt es jeder Landschaft an Form und Textur und konsequenter Weise auch an Perspektive. Da hilft nur, am frühen Morgen oder abends zu fotografieren; Porträtaufnahmen machen Sie am besten im lichten Schatten, doch achten Sie dabei auf den Weißabgleich.

Die Sonne geht mehr oder weniger schnurgerade auf bzw. unter, wodurch sich zumindest ihre Position in Bezug auf ein Motiv im Sonnenauf- bzw. -untergang leicht vorhersehen lässt *(siehe Seite 50–51)*. Doch den weit kürzeren Weg legt sie recht schnell zurück, sie scheint sich rascher zu bewegen, und die Zeiten der Dämmerung sind kurz. Wenn Sie an die Zeit gewöhnt sind, die Ihnen das gemäßigte Klima zur Vorbereitung einer Aufnahme oder für einen Positionswechsel lässt, kann Sie die Tropensonne leicht auf dem falschen Fuß erwischen.

Flaches Licht

In flachen Szenen, wie an der Küste vor Borneo, gibt es nichts, was in dem vertikalen Licht Schatten wirft, der Kontrastumfang ist bemerkenswert gering.

Oberlicht

Die Sonne steht fast den ganzen Tag hoch am Himmel, sodass sich die Schatten unter den Objekten ballen, der Kontrast ist extrem hoch. Die typische Lichtverteilung zeigt unser Reiher: Lichtspitzen oben, tiefer Schatten unten.

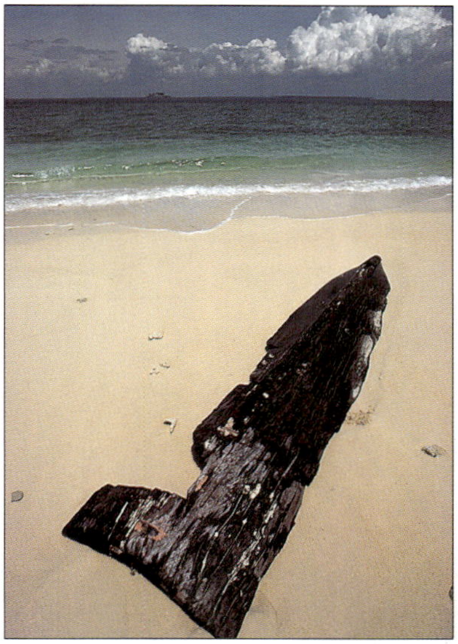

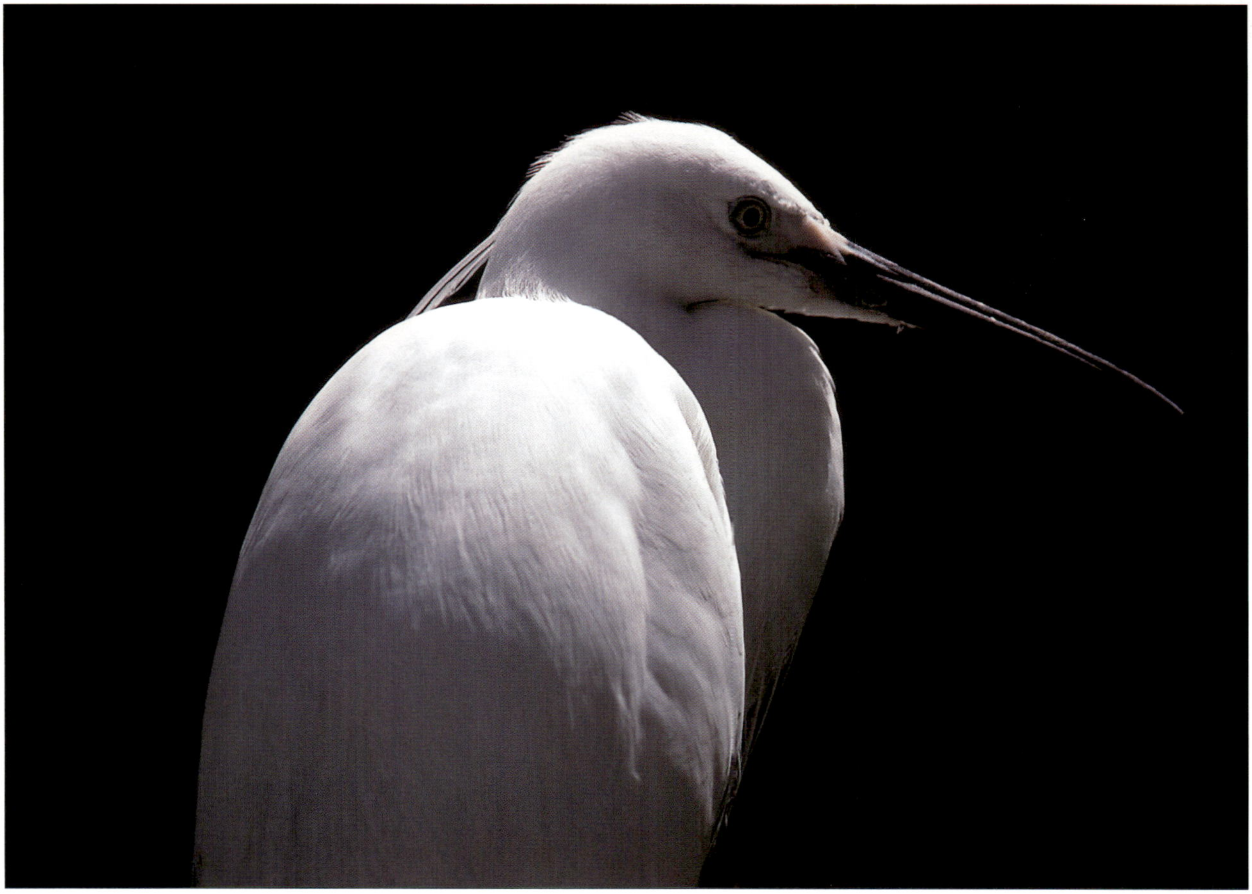

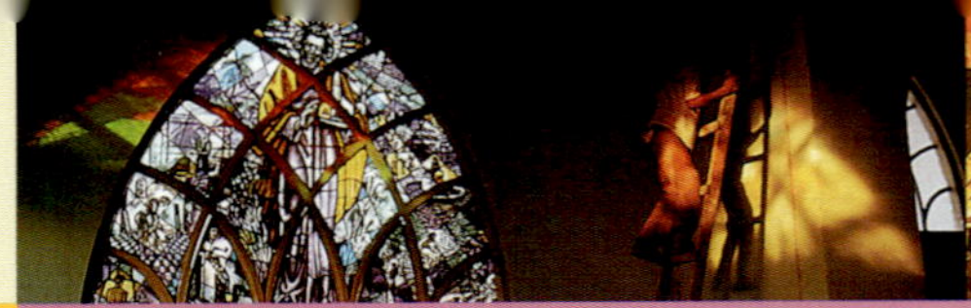

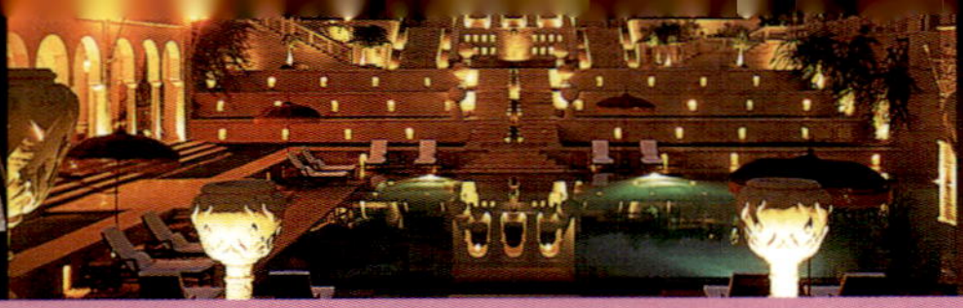

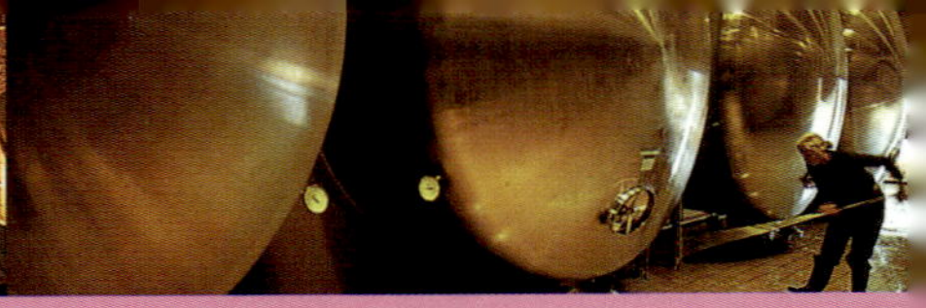

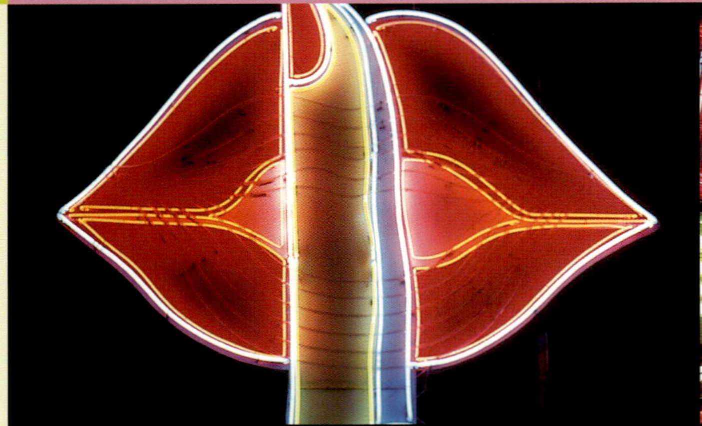

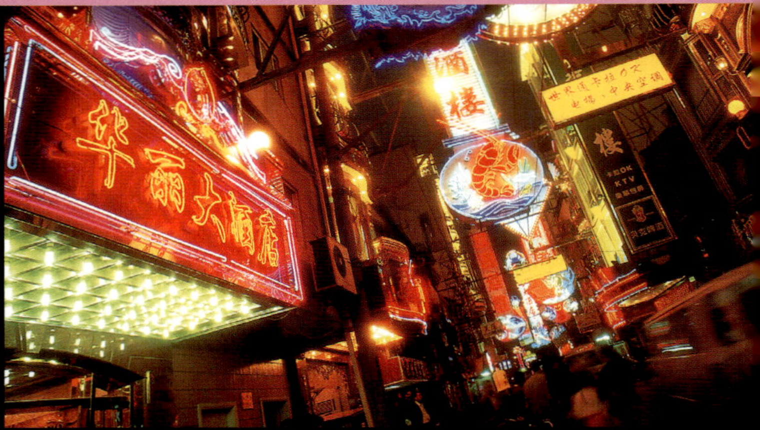
华丽大酒店
酒楼

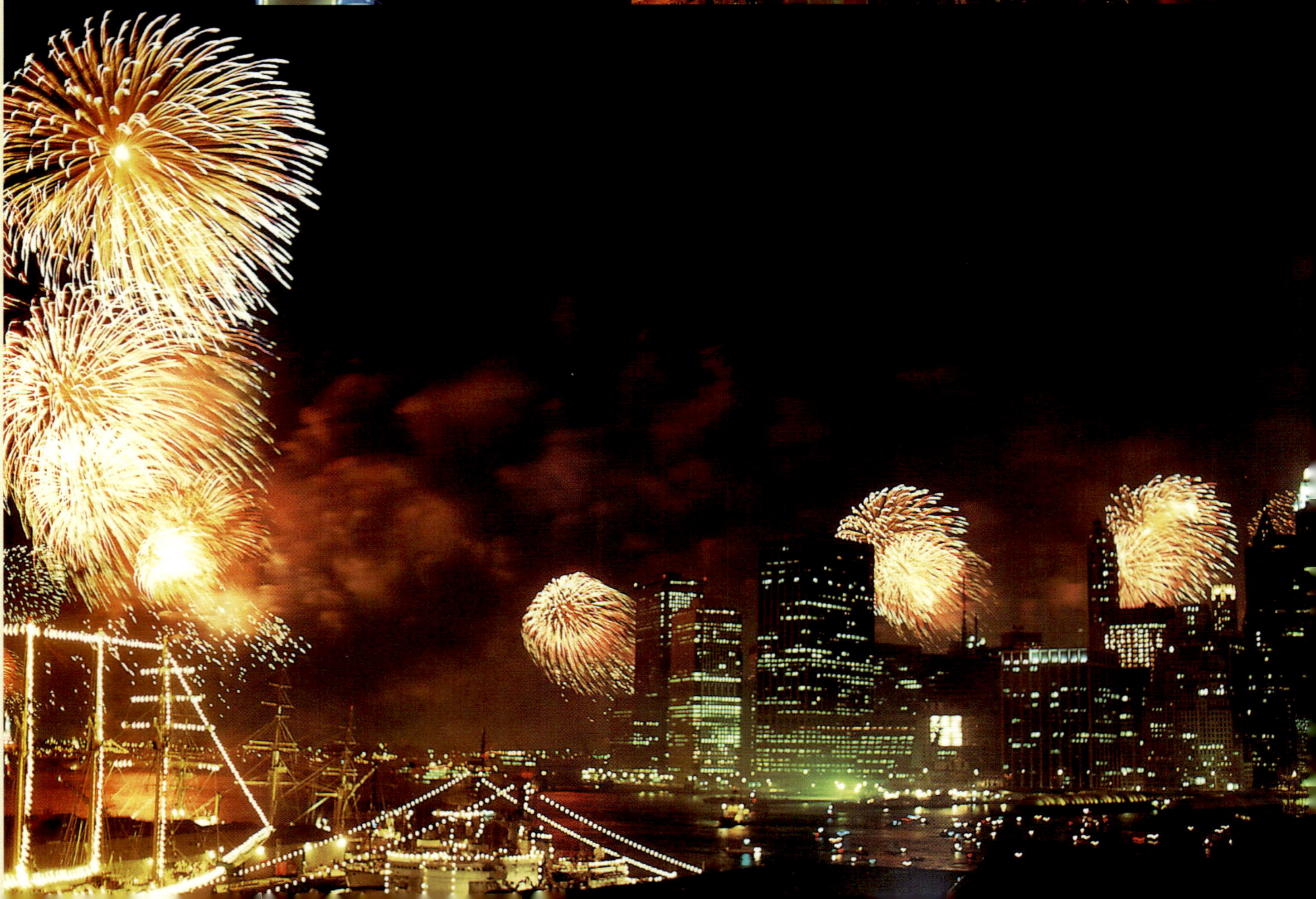

Verfügbares **Licht**

Von allen Lichtquellen, die der Fotografie zur Verfügung stehen, wird das Licht in Wohnungen und Büros, Straßen und öffentlichen Plätzen am geringsten geschätzt. Tageslicht ist die natürliche Lichtquelle. Fotografische Beleuchtung (im nächsten Kapitel beschrieben) orientiert sich, dem Anlass entsprechend, an den Erfordernissen von Kamera und Optik. Als letzte Quelle bleibt, was als verfügbares, vorhandenes, als Raum- oder Umgebungslicht bezeichnet wird. Es mag problematisch sein, vermag aber auch zu faszinieren.

Optimale Nutzung des Umgebungslichts ist immer eine mit großer Unsicherheit verbundene Herausforderung. Arbeitet man mit Film, ist es in der Regel zu schwach, um überzeugende Ergebnisse zu liefern. Entweder muss man einen „schnellen", grobkörnigeren Film wählen und auf Details verzichten, oder aber, bei feinerem Korn, ein Stativ verwenden und Bewegungsunschärfen in Kauf nehmen. Zur Vermeidung von Farbstichen hat man sich zwischen Tages- und Kunstlichtmaterial zu entscheiden sowie den richtigen Filter zu wählen, vorausgesetzt, man hat in ein vollständiges Set investiert. Und man muss die Farbe des Lichts beurteilen: mittels Farbtemperaturmessung, aufgrund von Erfahrung oder durch Versuch und Irrtum.

Die Digitalfotografie löst all diese Probleme mit einem Schlag, Arbeit mit Umgebungslicht wurde zum Vergnügen – oder wenigstens zur sportlichen Herausforderung, bei der als Siegespreis ein Bild winkt, dass der Wahrnehmung des Auges entspricht. Dies ist nicht zuletzt im Hinblick auf Zeit und Kosten bedeutend. Vorausplanung und Berechnung wurden nahezu überflüssig. Stattdessen reicht es, die Farbbalance in etwa abzuschätzen, eine Annäherung genügt, denn im Anschluss folgt die Wahl des Weißabgleichs samt unmittelbarer Ergebniskontrolle. Ist die Aufnahme nicht stimmig, einfach zurück ins Menü und nochmals gewählt. Selbst unter schwierigsten Umständen sollte das Ergebnis nach knapp einer Minute befriedigend sein.

Auch die Kostenfrage, früher von der Zahl unterschiedlicher Aufnahmen bestimmt, die der Fotograf zur Lösung des Problems machen musste, ist geklärt. Da Umgebungslicht meist Mischlicht ist, dessen Zusammensetzung sich überdies laufend ändert, musste man mit unterschiedlichen Filterkombinationen und Belichtungsserien arbeiten, wollte man brauchbare Ergebnisse erhalten. Zumindest war man versucht, dies zu tun. Heute zeigt ein Blick auf das Display, welche Einstellungen vorzunehmen sind. Filter, alternatives Filmmaterial und ein zweites Gehäuse dafür sind überflüssig. Eine einzelne Digitalkamera bietet alle Optionen und hat der Arbeit mit Umgebungslicht den Schrecken genommen.

Tageslicht in Gebäuden

Im Grunde ist es einfach, Innenräume in jenem Licht zu fotografiern, das durch Fenster fällt. Nutzen Sie es als Gestaltungselement, versuchen Sie sich an seinem plastischen Potenzial.

Natürlichkeit ist die wichtigste Qualität des Tageslichts in Räumen. Oft ist es attraktiv und nützlich, auch wenn Lichtstärke, Kontrastumfang und die Unsicherheit bezüglich der Farbbalance einige technische Schwierigkeiten bereiten. Auf seinen Effekten beruht auch das häufigste Beleuchtungsschema der Stillleben-Fotografie: Lichtwannen, die das durch ein Fenster einfallende, gestreute Sonnenlicht imitieren.

Konventionelle Wandfenster sind die typische Tageslicht-Quelle in Räumen. Anordnung und Außenverhältnisse bestimmen Stärke und Farbtemperatur des einfallenden Lichts. Ein analytischer Blick aus dem Fenster hilft einzuschätzen, ob, wie stark und in welche Richtung die Farbtemperatur verschoben sein wird. Meist haben die Wände benachbarter Häuser einen viel größeren Einfluss als der Himmel.

Fehlt direkte Sonne (oder wird sie durch Vorhänge gestreut), ist das Fenster selbst die Lichtquelle. Diese Feststellung ist wichtig, da die Lichtstärke

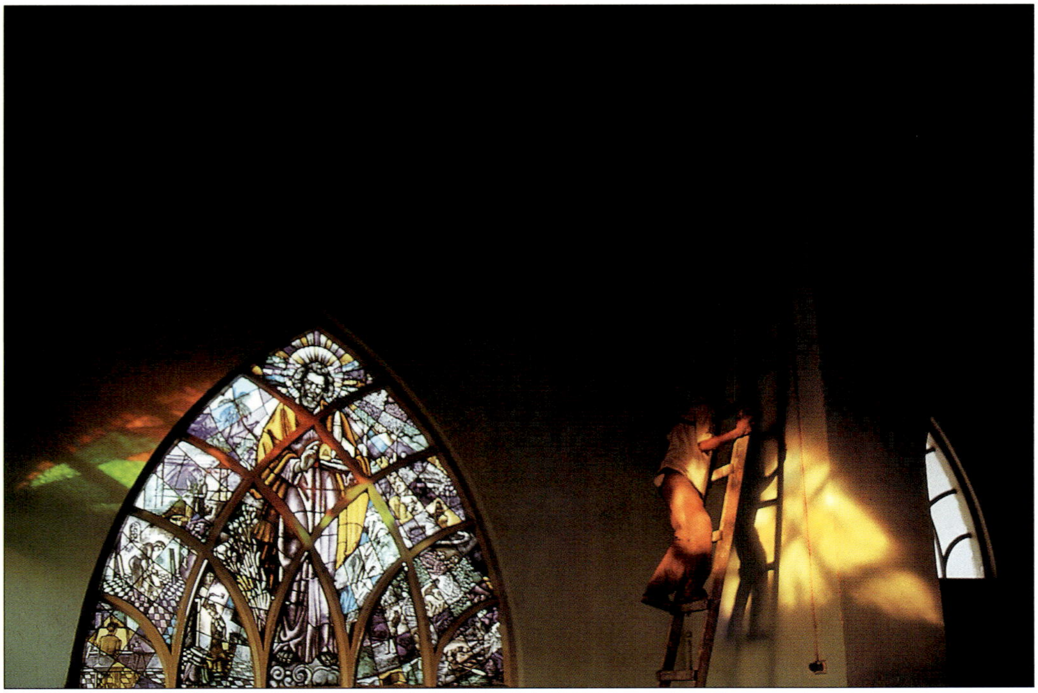

Unverhoffte Effekte
Steht die Sonne tief genug, um durch ein Fenster zu scheinen und in einen Raum zu fallen, hebt das Licht einzelne Objekte hervor – doch nur für kurze Zeit, denn die Position der Sonne ändert sich schnell. In dieser katholischen Kirche fällt das Licht direkt auf jene Leiter, die Abend für Abend vom Glöckner erklommen wird.

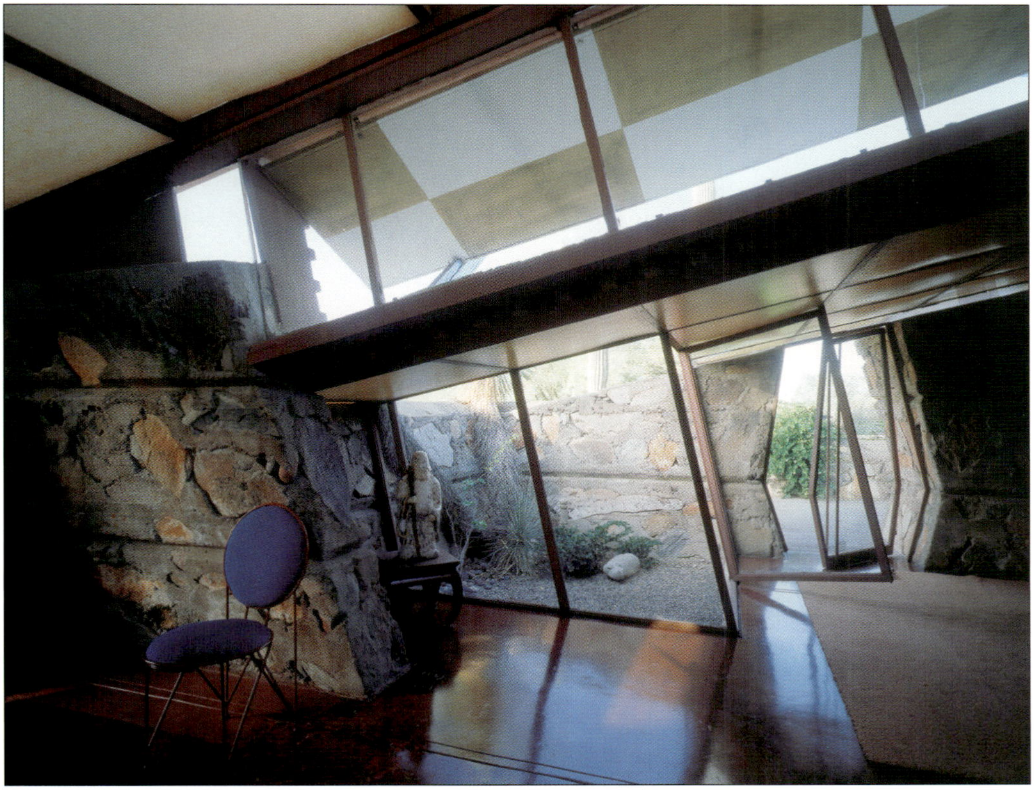

Frank Lloyd Wright
Um zu vermeiden, dass durch das Fenster eindringende Lichtspitzen ausreißen, muss die Kameraposition mit Bedacht gewählt werden. In diesem, vom amerikanischen Architekten Frank Lloyd Wright entworfenen Raum, blieb durch die Wahl des Standpunkts der überwiegende Teil des Himmels verborgen – von weiter hinten wäre es zu Überstrahlung gekommen, von weiter vorn hätte man den Schatten der Markise verloren.

keineswegs konstant ist, sondern mit der Entfernung deutlich abnimmt *(siehe Seite 11)*. Das bedeutet etwa im Fall einer Porträtaufnahme im diffusen Licht eines Fensters, dass sich die Belichtungswerte abhängig vom Abstand der Person signifikant ändern. So Sie den gesamten Raum fotografieren wollen, werden die Unterschiede in der Lichtstärke so hoch sein, dass Sie den Kontrastumfang durch Hilfsmittel reduzieren müssen.

Fensterlicht ist eine charakteristische Mischung aus direkt einfallendem und breit gestreutem Licht, seine Schatten sind einfach, gerade und fließend. Da diese besondere Qualität Formen nahezu unübertroffen schön hervortreten lässt, eignet es sich besonders für Porträts und Ganzkörperaufnahmen. Sein modellierender Effekt wird am stärksten, wenn sich das Fenster seitlich der Kamera befindet. Die Dichte der Schatten und folglich auch der Kontrast hängen stark davon ab, wie die andere Seite des Raums beschaffen ist: Gibt es weitere Fenster? Wie groß ist der Raum? Sind die Wände eher hell oder dunkel? Ist die beschattete Seite dunkel und wollen Sie dennoch Details bewahren, sollten Sie Reflektoren einsetzen.

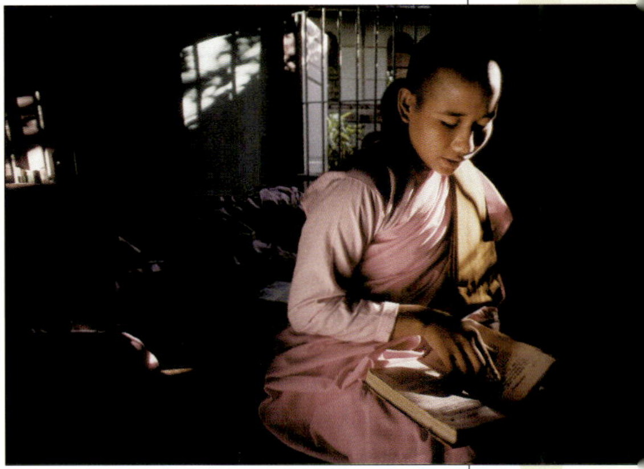

Der Wert von Reflexionen
Das helle Tageslicht, das vom Fußboden auf das Gesicht dieses Novizen reflektiert wird, erhellt den ansonsten schattigen Teil des Gesichts und der rosafarbenen Robe – der Effekt hebt nicht nur Details plastisch hervor, er ist auch von sich aus schön.

Kunstlicht

Der orange Schein von Glühlampen, den Kameras stärker wahrnehmen als das Auge, muss, wenn auch nicht immer zur Gänze, durch den Weißabgleich kompensiert werden.

Glühlampen dominieren nach wie vor als Leuchtmittel im privaten Umfeld, vor allem in Wohnräumen. Im Freien sowie in öffentlichen Gebäuden wurden sie weitgehend von Neonlicht und Niederdruck-Dampflampen verdrängt. Der Wolframfaden einer Glühbirne wird weißglühend und spendet Licht, weil er brennt: Seine Helligkeit hängt vom Grad der Erhitzung ab. Diese entspricht der Wattzahl, anhand der man Helligkeit und Farbtemperatur abschätzen kann. Der Farbbereich liegt zwischen Orange und Gelb und wird von der Farbtemperatur bestimmt.

Die Farbtemperatur ist der erste Faktor, den man bei Aufnahmen in Wohnräumen mit dem dort verfügbaren Licht bedenken sollte. Betreten Sie, direkt aus der Sonne kommend, einen nur von Glühlampen erhellten Raum, bemerken Sie sofort den Orangestich. Üblicherweise aber sehen wir das Licht von Glühlampen nur nachts, dann passt sich unser Auge binnen kürzester Zeit an und wir empfinden das Licht als nahezu weiß. Nehmen Sie Glühlicht unkorrigiert auf, d.h. mit auf Sonne gestelltem Weißabgleich, wird Sie der Orangestich Ihrer Aufnahme verblüffen – eine Farbe, an die Sie sich nicht erinnen können. Da die Farbtemperaturwerte üblicher Haushaltsglühlampen niedriger, also bedeutend rötlicher sind als die Standardeinstellung des

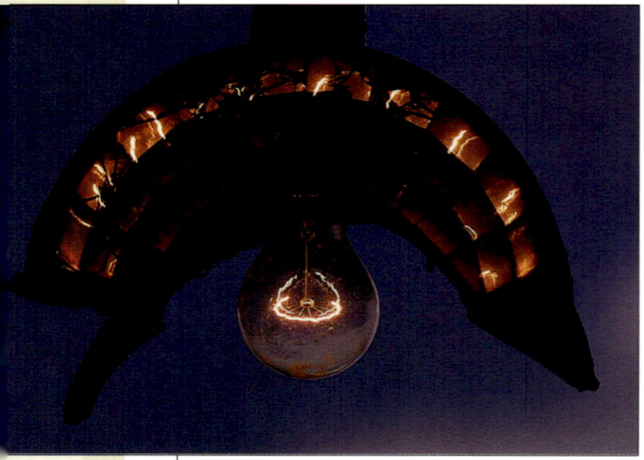

Eine vertraute Lichtquelle Glühbirnen, die direkten Nachfolger der Kerzen, sind eine der ältesten Mehoden zur Erzeugung künstlichen Lichts. Obwohl in öffentlichen Gebäuden und in Büros weitgehend ersetzt, dominieren sie nach wie vor in der Wohnraumbeleuchtung.

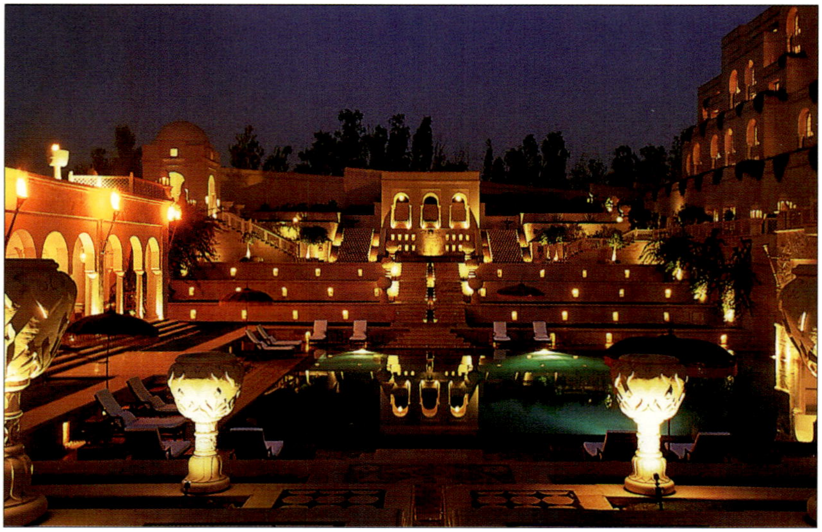

Lichter als Motiv Hier im Amarvilas Hotel in Agra sind Glühlampen, Flammen und andere Kunstlichtquellen wesentliches Gestaltungselement. Experimentieren Sie mit unterschiedlichen Belichtungswerten, um die richtige optische Balance zu erhalten.

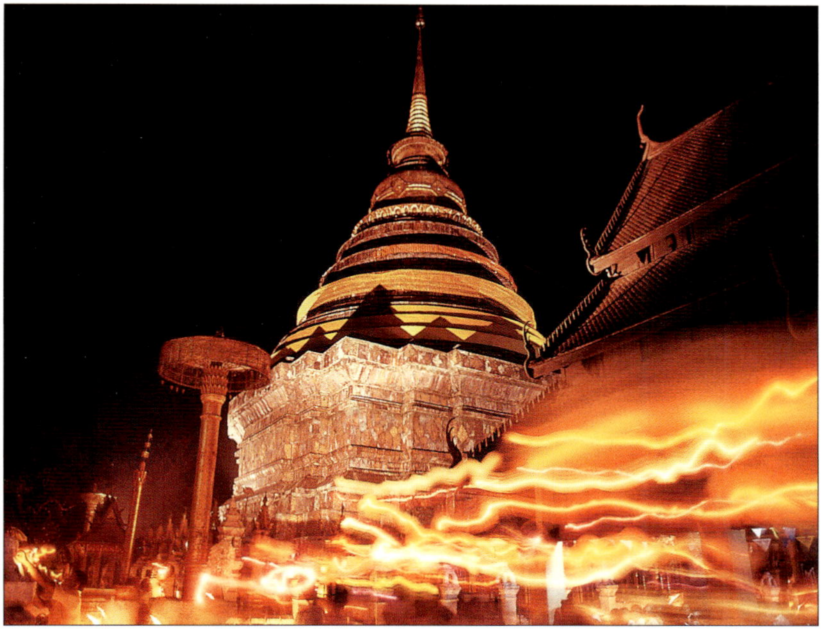

Lange Belichtungszeiten

Bei einer Verschlusszeit von zwei Sekunden erscheinen die von den Gläubigen bei einer Prozession vor einem Tempel im Norden Thailands getragenen Papierlaternen als Flüsse von orangem Licht. Die Kamera war auf einem Stativ befestigt.

Weißabgleichs für Kunstlicht (3200 K), erscheinen sie auch bei dieser Einstellung wärmer, was aber meist akzeptabel ist. Wie bei vielen Fragen der Fotografie beruht die beste Lösung nicht nur auf technischen Fakten. Letztendlich ist entscheidend, was gut aussieht, und nicht, was exakt zu messen ist. Der Farbtemperaturwert der Kunstlicht-Einstellung entspricht, wie wir im Kapitel über fotografisches Licht sehen werden, den Werten von Fotolampen mit speziellen Glühbirnen oder Wolfram-Halogenlampen.

Der klassiche Tänzer aus Java trat in Wolfram-Flutlicht mit einer Farbtemperatur von etwa 2900 K auf. Bei einer Aufnahme ist der Weißabgleich auf Sonnenlicht, bei der anderen auf Kunstlicht gestellt. Wie Sie diese und eigene Ergebnisse beurteilen, ist weitgehend Geschmackssache. Nach meinem Dafürhalten sind beide Versionen akzeptabel. Nebeneinander ist der Unterschied offensichtlich, ohne die korrigierte Version scheint die andere gleich viel weniger rötlich. Manchmal können die Orangetöne unkorrigierter Glühbirnen sehr attraktiv sein, da sie ein Gefühl der Wärme und Behaglichkeit vermitteln. Das wissen auch Fleischer, die ihre Geschäfte gern mit Glühbirnen beleuchten, um ihre Ware etwas rötlicher erscheinen zu lassen, die unter grünem oder blauen Licht eher unappetitlich wirkt.

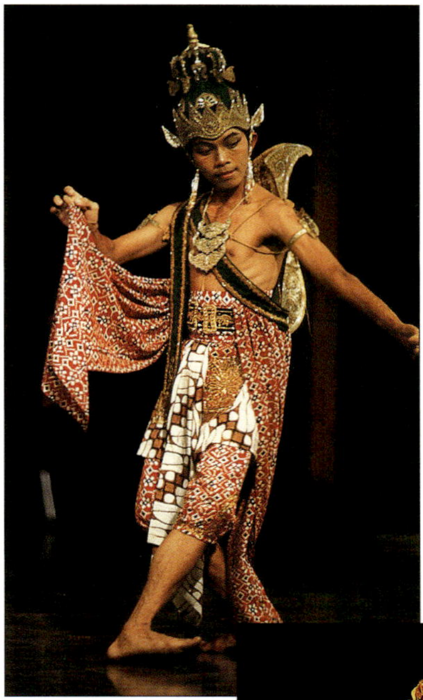

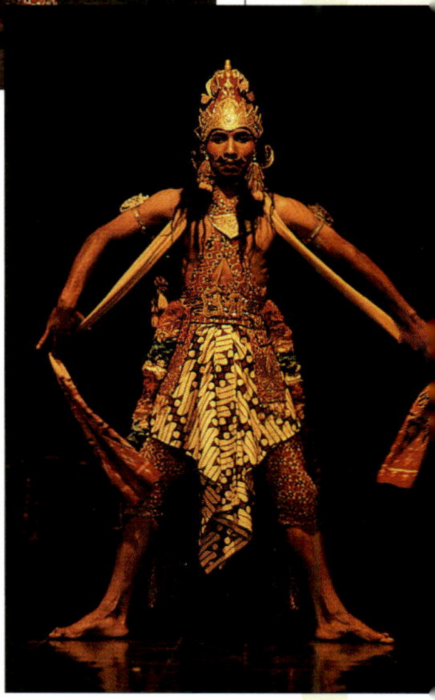

Akzeptable Wärme

Beide Fotos entstanden in Java im identen Licht von Glühbirnen. Bei der rechten Aufnahme war der Weißabgleich auf 5400 K Tageslicht, bei der oberen auf 3200 K Kunstlicht gestellt. Man sieht, dass die warmen Töne unkorrigierten Kunstlichts durchaus akzeptabel sein können, das Ausmaß der Korrektur ist Geschmacksache.

Fluoreszierendes Licht

Leuchtstofflampen, die man in vielen Innenräumen findet, wirken weiß, auf Fotos jedoch grün und verlangen daher einen Weißabgleich.

Leuchtstoffröhren haben kein kontinuierliches Spektrum, ihr Licht ist meist grünlich. Ihre Funktion beruht auf elektrischer Entladung in einer mit Gasdampf gefüllten versiegelten Glasröhre, deren Innenseite mit einer fluoreszierenden Schicht vergütet ist. Da die fluoreszierenden Substanzen bei verschiedenen

Verschiedene Röhren

Leuchtstoffröhren sind in den verschiedensten Weißtönen verfügbar, deren Unterschiede sich auf Bildern verstärken. Am gebräuchlichsten sind „Tageslicht", „Warm White" und „Cool White", in der fotografischen Praxis ist eine Unterscheidung, mit welcher Art man es zu tun hat, nahezu unmöglich. Testaufnahmen mit unterschiedlichen Einstellungen und die Sofortkontrolle am Display sind empfehlenswert.

Gemischte Quellen

Die Probleme werden deutlich verstärkt, mischt man das Licht von Leuchtstoffröhren mit dem anderer Quellen *(Lösungen siehe Seite 86–87)*. Auch ein Blitzgerät hebt die Farbunterschiede hervor, so man das helle Grün nicht ausfiltert und den Weißabgleich auf Leuchtstoffröhren setzt.

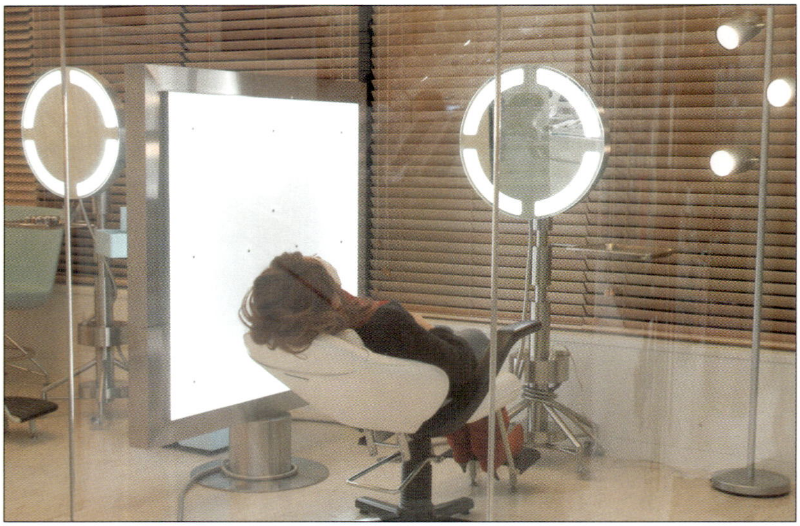

▼ Fluoreszierende Strahlung
Die über das gesamte sichtbare Spektrum verteilten Balken der Diagramme verdeutlichen die unterschiedlichen Strahlungsmuster verschiedener Leuchtstoffröhren. Der optische Effekt entspricht in etwa der Summe dessen, was unsere Bilder zeigen.

▲ Feinabstimmung
Ein mit Leuchtstoffröhren beleuchteter Schönheitssalon in Tokio. Überbelichtung korrigiert den Farbstich der sichtbaren Lampen.

▶ Typisches Grün
Dieser Fassreiferaum einer Kellerei im Nappa Valley wird, wie viele Industrieanlagen, von Neonröhren an der Decke beleuchtet. Der Farbunterschied beruht darauf, dass der Weißabgleich der ersten Aufnahme (links) auf Tageslicht, jener der zweiten (rechts) auf fluoreszierendes Licht gestellt war.

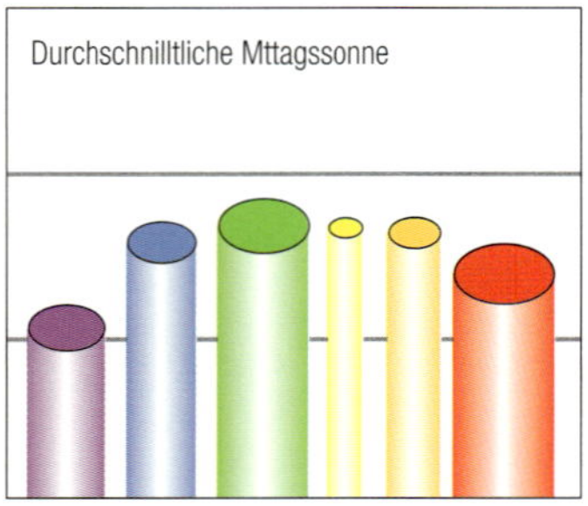

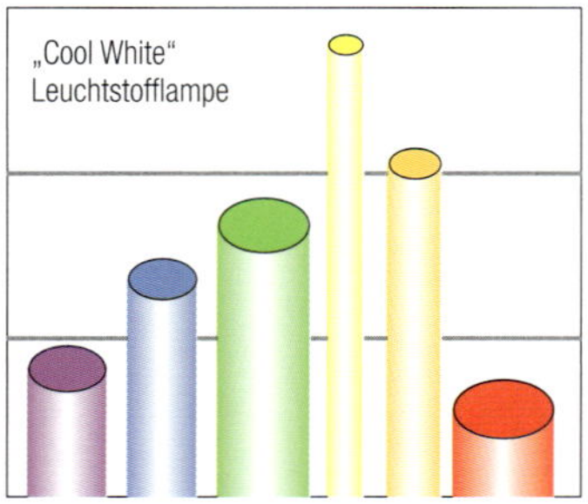

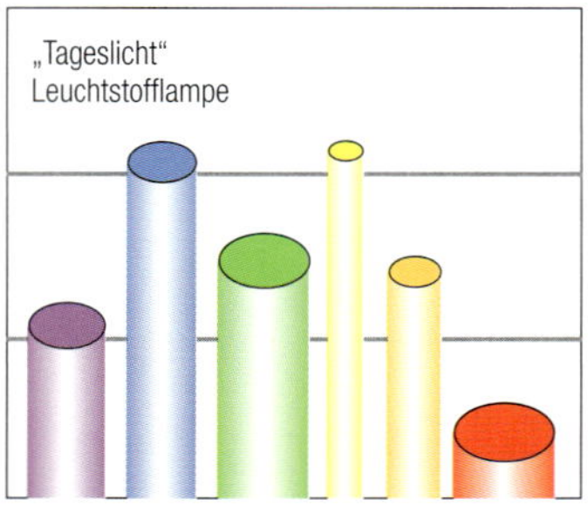

Wellenlängen glühen, ist ihr Lichtspektrum breit. Der optische Effekt ist zufriedenstellend, das Auge empfindet das Licht als weiß, wenn auch etwas kalt. Auf Fotos aber wirkt ihr Licht wenig attraktiv.

Wären diese Mängel einheitlich, könnte man sie einfach mit einer einzigen Einstellung des Weißabgleichs beheben. Tatsächlich aber werden, wie die Balkendiagramme auf Seite 82 zeigen, verschiedenste Leuchtstoffröhren für unterschiedlichste Effekte produziert. Manche sind auf Fotos nur leicht, andere knallig grün. Jede Digitalkamera bietet zumindest eine, manche aber eine breitere Auswahl an Korrektureinstellungen, etwa für „Tageslicht"-, „Warm White"- und „Cool White"-Lampen. Rein optisch lässt sich kaum beurteilen, wie stark ein Farbstich sein wird. Am besten, man beginnt mit dem Standardwert und korrigiert davon ausgehend den Weißabgleich.

Ein wesentlicher Teil des Problems ist, ästhetisch betrachtet, dass außer bei wenigen Ausnahmesituationen die meisten Menschen einen Grünstich unattraktiv finden - anders als bei Glühbirnen *(siehe Seite 80–81)*, deren Orange meist toleriert wird. Während Orange auch eine Farbe natürlicher Lichtquellen (etwa Feuer oder prächtige Sonnenuntergänge) ist, unseren Erfahrungen entspricht und positiv mit Wärme assoziiert wird, ist Grün keine natürliche Farbe des Lichts. Obwohl dies ein wahrhaft guter Grund für Korrekturen ist, sollten Sie trotzdem darüber nachdenken, ob Sie den Farbstich eventuell nutzen könnten oder ob sich dadurch sogar eine völlig andere Bildaussage ergibt.

Akzeptabler Farbstich

Schiere Gewöhnung kann ein Anlass sein, auf Farbkorrektur zu verzichten. Da Neonlicht in vielen Lebensbereichen, wie Supermärkten und Büros, dominiert und es davon zahllose nur geringfügig oder unkorrigierte Aufnahmen gibt, sind uns die günlichen Farben vertraut. Als gewolltes Stilmittel können sie einer Szene eine kalte, industrielle Atmosphäre geben – oder auch einem wenig reizvollem Bild Spannung.

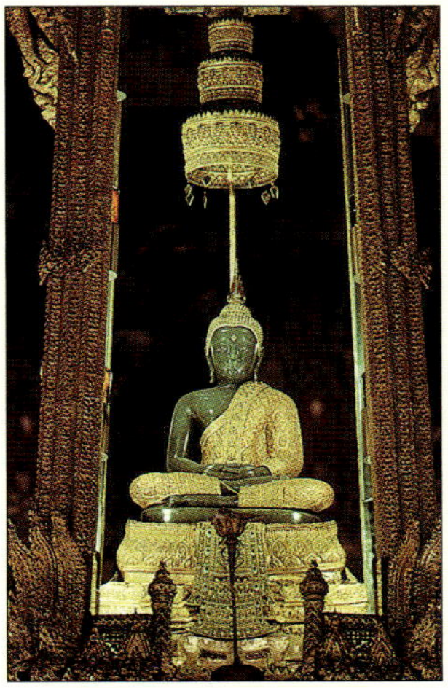

Wenn Grün akzeptabel wird

Vertikale Neonröhren werfen ihr typisch grünes Licht auf diesen Smaragd-Buddha in Bangkok. Eine Farbkorrektur ließe die Statue stumpfer erscheinen.

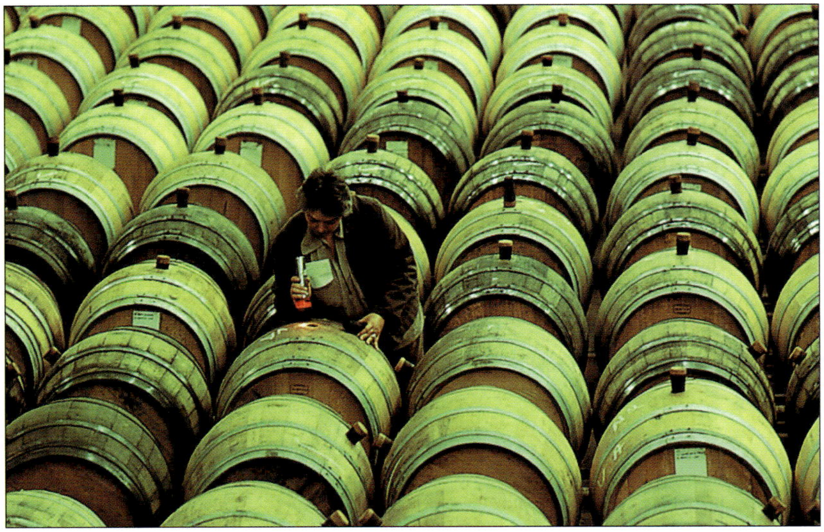

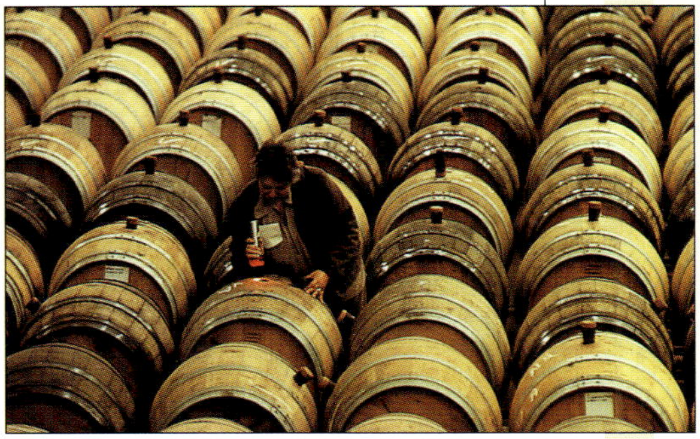

Niederdruck-Dampflampen

Die Digitalfotografie wird bei einer der vertracktesten Lichtsituationen zum Retter, indem sie das häufig trügerisch weiß wirkende Grün, Blau oder Gelb von Dampflampen korrigiert.

Niederdruck-Dampflampen sind vor allem in öffentlichen Gebäuden, in Warenhäusern und Geschäften immer häufiger und verdrängen, da sie leistungsfähiger sind, nach und nach Neonröhren und Glühlampen. Sie eignen sich zwar besonders für die Ausleuchtung großer Innen- und Außenräume, leider aber kaum für die Fotografie. Unser Auge empfindet sie meist als weiß – ein Grund für ihre Beliebtheit –, aber Fotos erhalten einen starken Farbstich. Besonders unangenehm ist, dass ihre Effekte weder konstant noch vorhersagbar sind.

Die drei wichtigsten Typen sind Natriumdampflampen, die auf Fotos gelb wirken, Quecksilberdampflampen mit kalt-weißem Licht, das auf Fotos grün bis blaugrün wird, und Halogenmetalldampflampen, ebenfalls kalt-weiß, meist aber auch auf Fotos ausgewogen. Nariumdampflampen werden hauptsächlich zur Straßen- und Fassadenbeleuchtung eingesetzt, Halogenmetalldampflampen in Stadien, da Fernsehkameras eine ausgewogene Farbbalance benötigen, und Quecksilberdampflampen findet man an den unterschiedlichsten Orten. Natriumdampflampen sind schnell beschrieben: Sie leuchten gelb, glühen nur für wenige Minuten nach dem Einschalten orange. Die beiden anderen täuschen das Auge leicht, allerdings glühen Quecksilberdampflampen, bevor sie ihre volle Stärke erreichen, grünlich (bedenken Sie, wenn Sie die Lampen ausschalten, um eine Szene ohne Licht zu überprüfen, dass diese erst nach einigen Minuten wieder gestartet werden können).

Dampfentladungslampen strahlen in sehr engen Bereichen des Spektrums, viele Wellenlängen fehlen gänzlich. Anders als Leuchtstoffröhren haben sie keine fluoreszierende Beschichtung, die die Bandbreite ihres Lichts über nahezu alle Spektralbereiche verteilt. Bei der Arbeit mit Film war dies extrem problematisch, Digitalkameras haben jedoch zwei Vorzüge: Ihre Sensoren reagieren meist weniger extrem auf Dampfentladungslampen als herkömmlicher Farbfilm; und ihr Weißabgleich ermöglicht meist eine zumindest annähernde Neutralisierung.

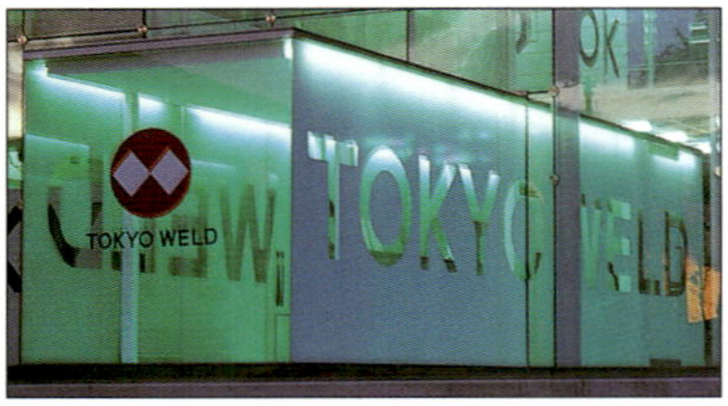

▲ Farbkontrast
Der Kontrast zwischen dem Grün der Dampflampen im Glasvorbau und dem kühlen Licht der Morgendämmerung ist interessant, daher wurde das Grün bei der Nachbearbeitung nicht neutralisiert.

▼ Natriumgelb
Der gelbe Schimmer der Natriumdampflampen wird durch Spiegelungen in den stählernen Weintanks verstärkt. Auf eine Neutralisierung wurde bewusst verzichtet, da der Farbstich die industrielle Strenge betont.

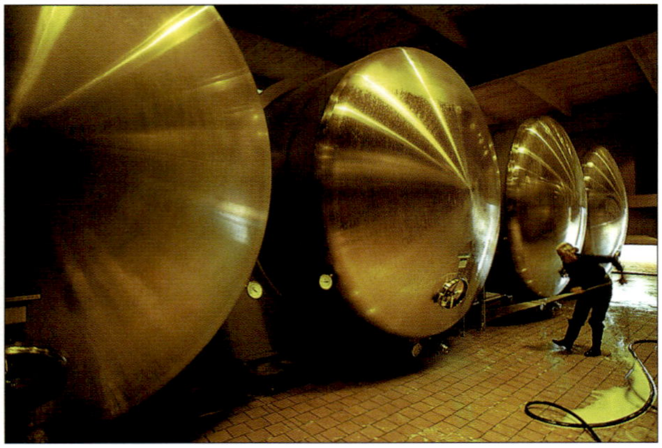

Farbvarianten

Auf diesem Bild einer Ölraffinerie im Osten Malaysias stammen die blaugrünen Lichter von Quecksilber-, die gelben von Natriumdampflampen. Auf Farbkorrektur konnte verzichtet werden, da die Lichter nur ein vernachässigbares Element der Komposition sind.

Intensives Grün

Die Beleuchtung dieser Kirche mit Dampflampen ist aufgrund des extrem kleinen Spektrums in der Kamera kaum zu korrigieren. In der Nachbearbeitung kann man den Farbton auf einen optisch akzeptableren Wert stellen und die Sättigung verringern. Die Schwierigkeit dabei ist, dass die Farbtöne so nah beieinander liegen, dass die tatsächliche Tönung kaum zu erreichen ist.

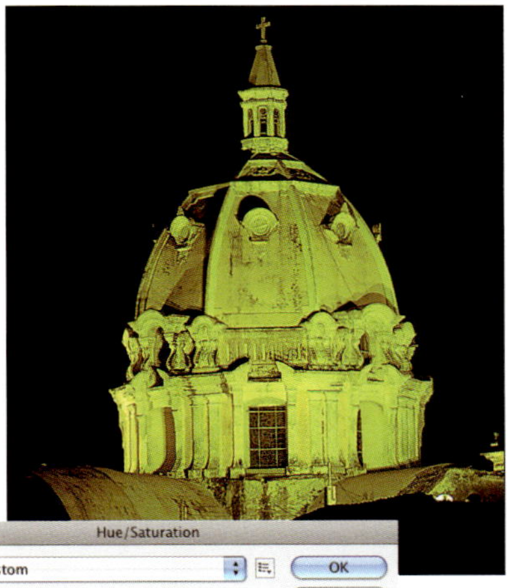

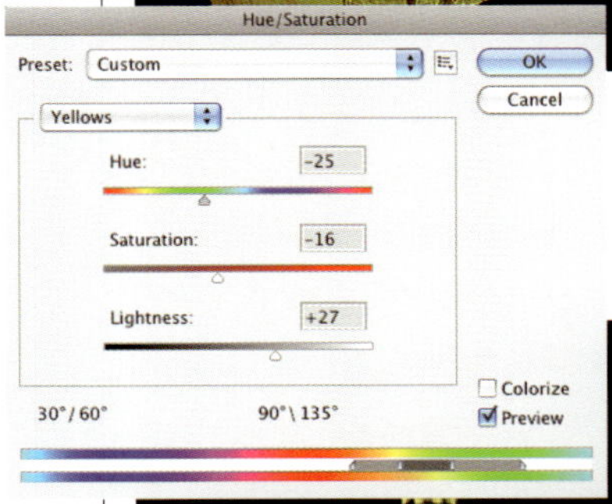

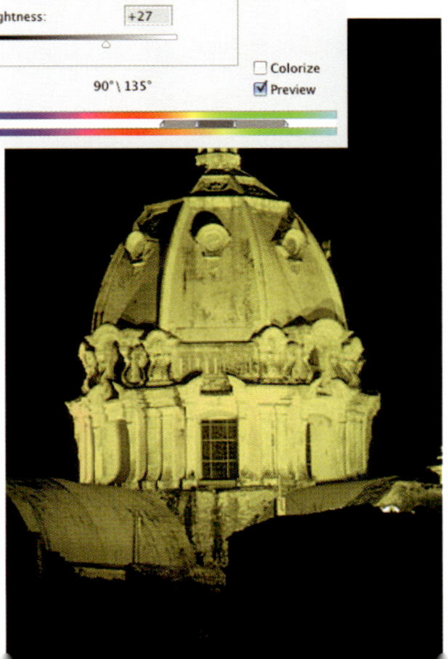

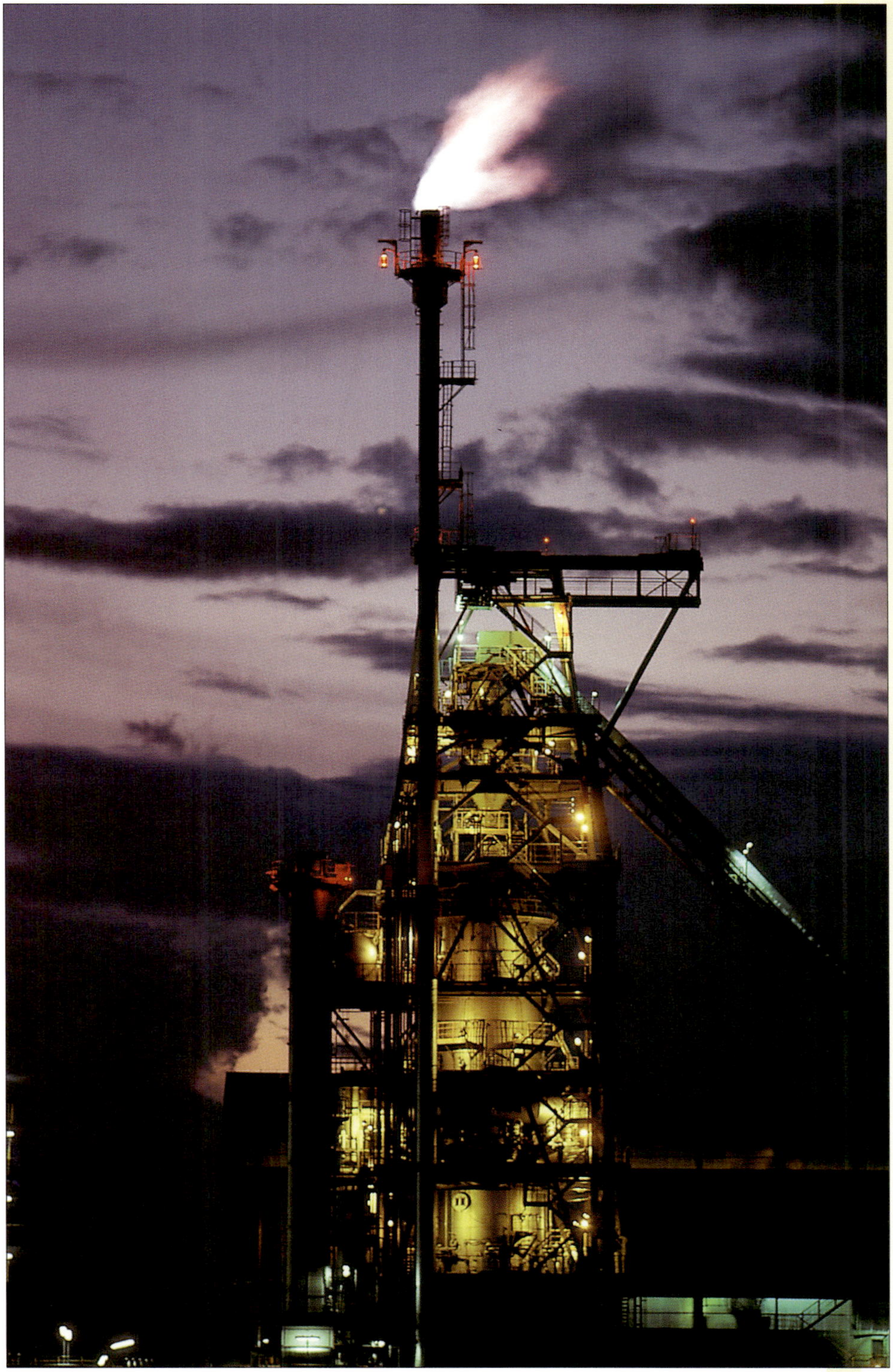

Mischlicht

Treffen unterschiedliche Beleuchtungsarten aufeinander, entfesselt sich ein Krieg der Farben. Es liegt an Ihnen, mit einer Einstellung für den Weißabgleich das Beste daraus zu machen.

Ein Trend der Raumbleuchtung, vor allem bei großen Räumen, ist die Mischung von Glüh-, Neon- und Dampflampen. Einmal mehr ist für die Fotografie der Unterschied zwischen dem, was das Auge sieht, und der Aufzeichnung des Sensors von Bedeutung. Mischlicht funktioniert, weil sich das Auge rasch an Farbveränderungen anpasst. Eine Kamera bildet jedoch nahezu immer die Unterschiede innerhalb derselben Szene ab. Je nach Standort der Lichtquellen kann das Ergebnis ein Mischton sein, oder das Bild zerfällt in einzelne, unterschiedlich gefärbte Bereiche.

Einmal mehr haben Digitalkameras ein höhers Lösungspotenzial als der analoge Film. Ihr Sensor reagiert weniger extrem und die LCD-Anzeige liefert unmittelbares Feedback. Um die relativen Farbunterschiede einer Szene beurteilen zu können, mache ich immer zuerst eine Probeaufnahme mit der kürzesten verfügbaren Brennweite. Die Einstellung des Weißabgleichs ist für diese Testaufnahme nicht wirklich wichtig, um aber exakt messen und vergleichen zu können, verwende ich immer „Sonnenlicht". Auf dieser Grundlage entscheide ich, ob bestimmte Lichter abgedreht werden müssen, und welche Weißabgleicheinstellung am ehesten der Szene entspricht.

Bevor Sie korrigieren, sollten Sie immer überlegen, ob das vorhandene Mischlicht nicht doch seine Vorzüge hat.

Ein Vorteil des Mischlichts ist, dass die Farbkombination Eindringlichkeit und Attraktivität einer Szene steigern kann. Aber auch die mit grünem Licht verbundenen, unangenehmen Gefühle könnten genau das verstärken, was Sie mit einem Bild vermitteln wollen. So können die Notaufnahme eines Spitals, ein überfüllter Busbahnhof oder eine U-Bahnstation in unkorrigiertem Neonlicht weit eindrucksvoller wirken.

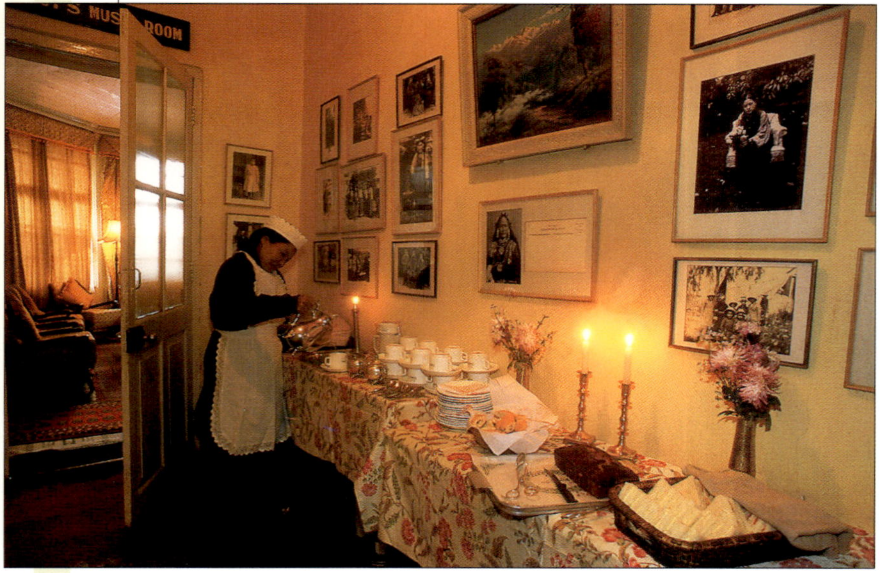

Warmes Kerzenlicht
Der traditonelle britische Nachmittagstee wird in diesem alten Hotel in Darjeeling bei Kerzenlicht serviert. Der Schuss durch den Raum vermittelt Zusammenhang und Atmosphäre, nimmt aber auch Tageslicht, das durch das Fenster fällt, auf. Obwohl Glühlicht als Lichtquelle dominiert, wurde beim Weißabgleich nur wenig korrigiert, da das Tageslicht normal erscheinen und die Wärme des Kerzenlichts betont werden sollte.

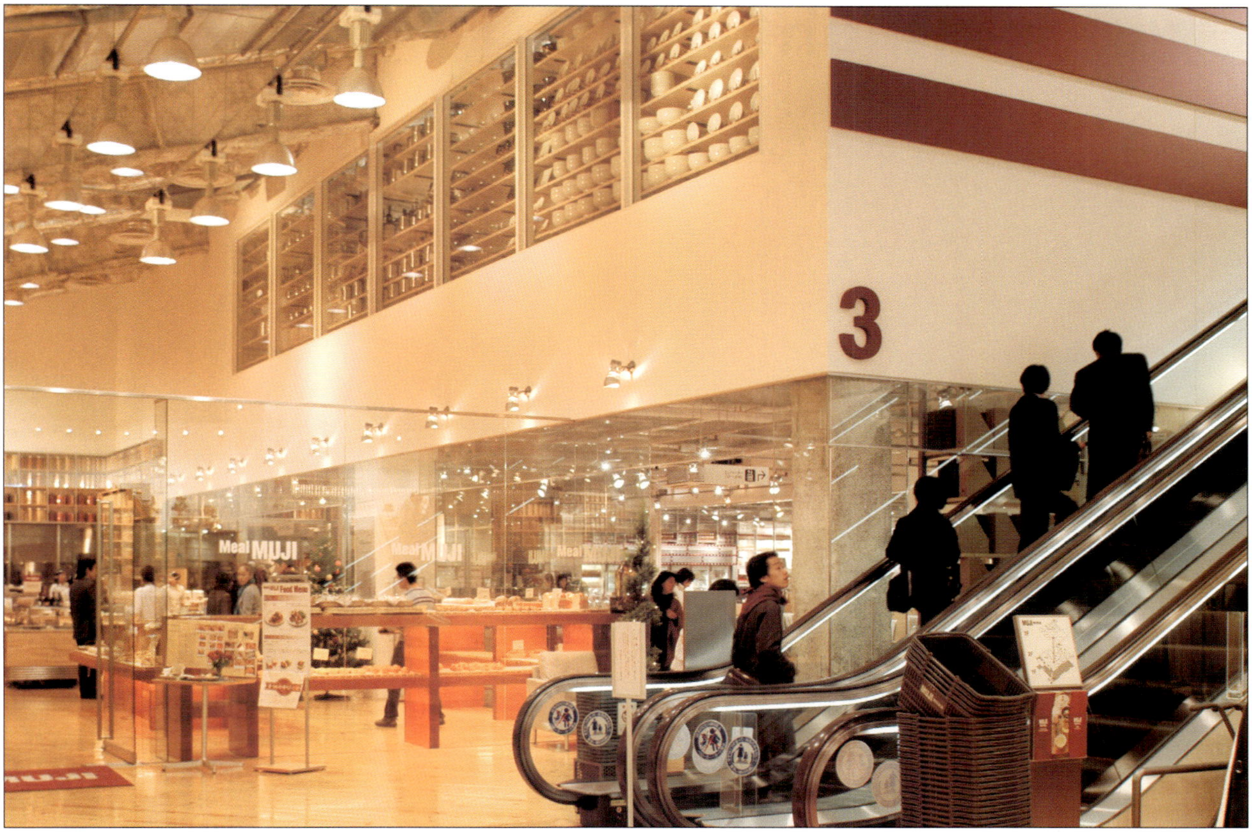

Komplexe Mischung

In diesem Warenhaus in Tokyo sind Glüh-, Leuchtstoff- und Dampflampen bunt gemischt. Bei Verwendung des automatischen Weißabgleichs ist der Gesamteffekt jedoch erstaunlich normal, da ein Farbstich den anderen aufhebt.

Farbharmonie

Man würde meinen, dass diese harte Mischung aus Glühlicht und Tageslicht eine Herausforderung darstellt, die nur durch selektive Farbkorrektur im Bildbearbeitungsprogramm zu bewältigen ist. Die Anziehungskraft dieser Aufnahme entsteht aber gerade durch den harmonischen Kontrast zwischen Orange und Blau, ein Effekt, der mit Hilfe eines Weißabgleichwertes zwischen den beiden Quellen festgehalten werden konnte.

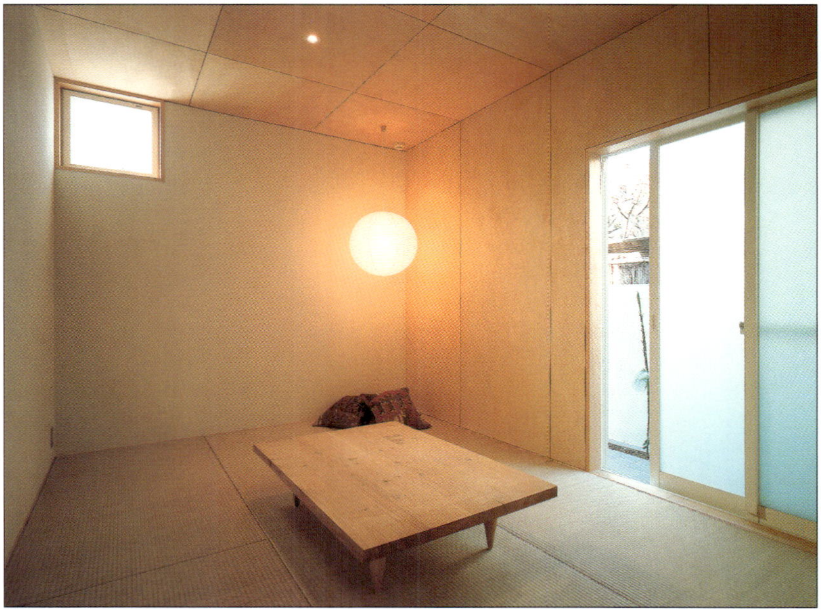

Großstadtlichter

Weltweit werden in den Stadtzentren Straßenbeleuchtung und Lichtwerbung immer heller und bunter, ein ideales Motiv für die digitale Fotografie.

Die Beleuchtung nachts im Freien unterscheidet sich nicht von den schon besprochenen Lichtquellen, nur ihr Verhältnis ist anders. Wegen der höheren Leistung sind Dampflampen draußen weit häufiger zu finden als drinnen, vor allem als Straßenbeleuchtung und Flutlicht. Glühlampen verlieren an Bedeutung, strahlen aber immer noch aus Auslagen, Wohnungsfenstern und Autoscheinwerfern. Alles in allem aber werden Vergnügungs- und Einkaufsviertel heller und fotografisch interessanter.

Wenn auch die Lichtquellen im Freien dieselben sein mögen, ihre Effekte unterscheiden sich wie Tag und Nacht. Der Kontrastumfang ist größer, und es gibt eine geringere Zahl spiegelnder Elemente, wie Decken oder Wände. Als

Hell erstrahlen lassen
Das Lichtniveau diese Straße in Shanghai, in der sich ein Seafood-Restaurant ans andere reiht, entspricht dem geschäftigen Treiben der Nacht. Belichtungsreihen machen sich bezahlt, meist ist das hellste Bild das Beste.

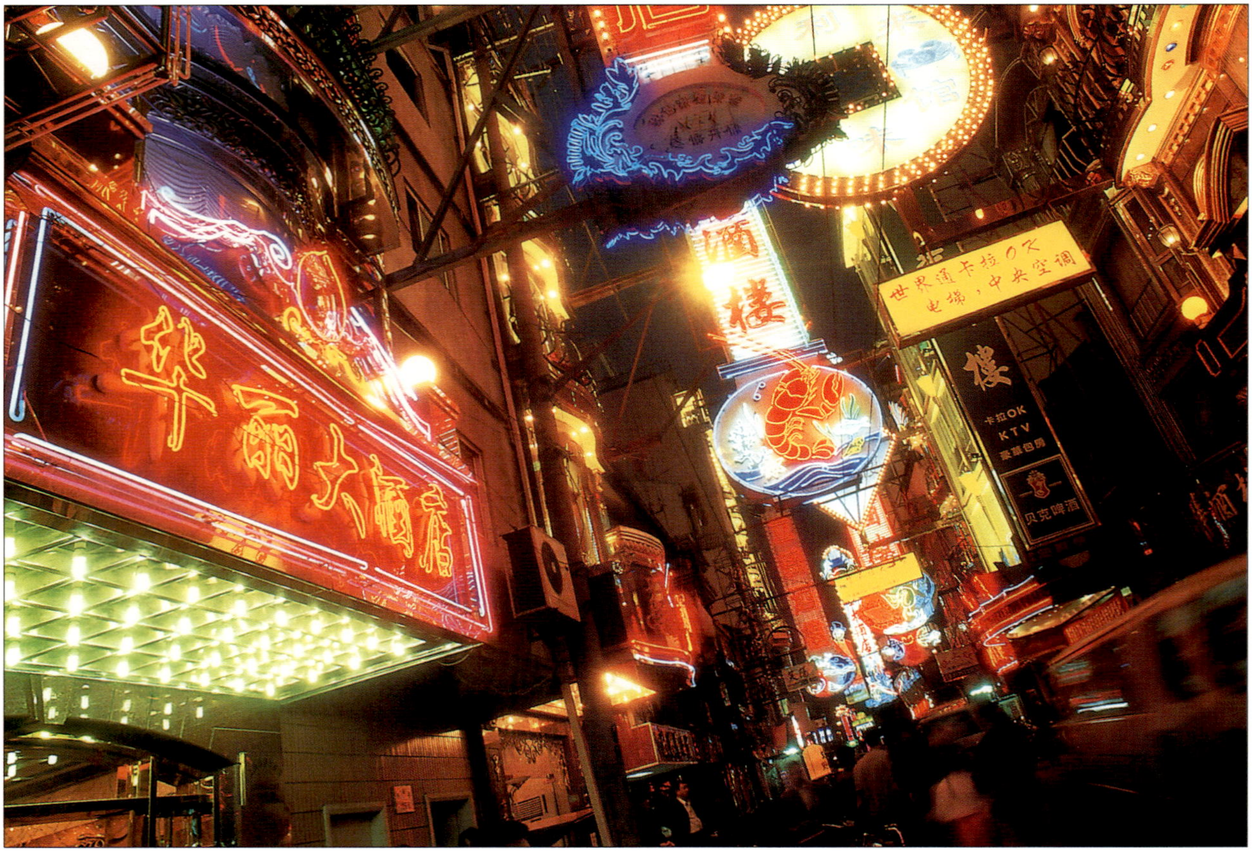

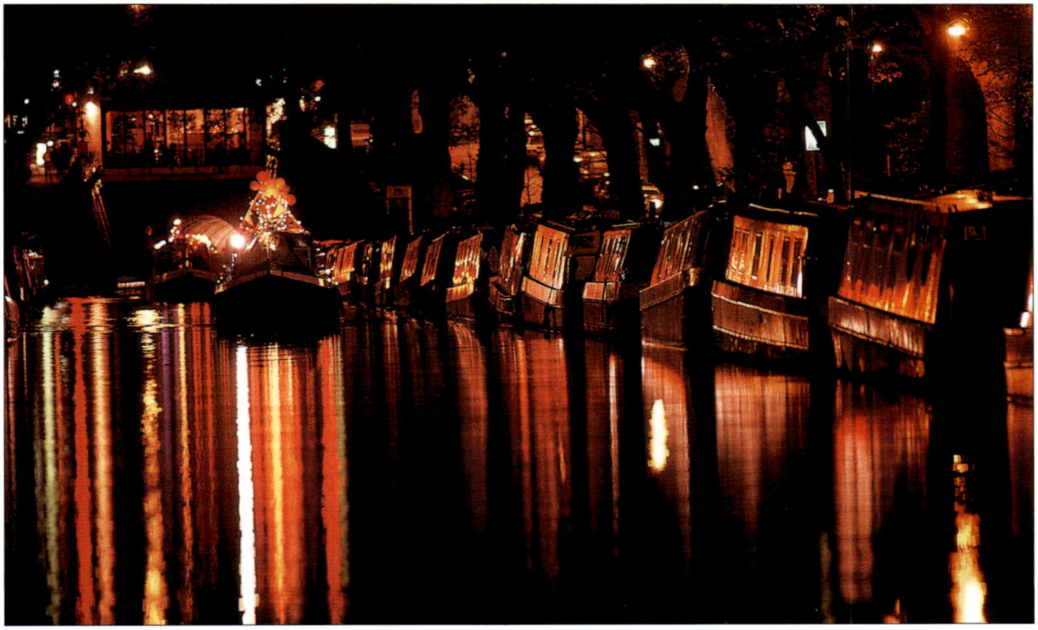

Spiegelnde Lichter
Um das meiste aus dem äußerst knappen Licht an einem Kanal in London zu machen, schoss ich mit einem langen Teleobjektiv. Die Position in spitzem Winkel zu den vertäuten Kanalbooten fängt die Spiegelungen an ihren Seitenwänden ein, der tiefe Standpunkt nützt auch das Wasser als Reflektor. Ohne diese Reflexionen wären kaum Details erkennbar gewesen – so aber ist das Bild atmosphärisch dicht und etwas geheimnisvoll.

Folge sind einzelne Lichter isoliert: Eine typische Szene wird von vielen, streng abgegrenzten Lichtern bestimmt. Bereiche, in denen das Licht so hell ist, dass die Details zu einem Gesamtbild verschmelzen, sind selten, man findet sie nur in den belebtesten Vierteln der Innenstädte, auf manchen Straßenmärkten des Südens und, wie erwartet, in Sportstadien. Eine praktikable Lösung: Aufnahmen in der Dämmerung, mit einem Rest Tageslicht.

Bei der typischen Nachtaufnahme einer Stadt dominiert entweder ein hell erleuchteter Bereich, etwa ein von Flutlicht bestrahltes Gebäude, oder ein Mosaik kleinerer Lichtquellen. Die Lichtsituationen sind meist weniger problematisch als bei Innenaufnahmen, die Frage, was denn nun die Hauptlichtquelle ist und wie deren Farbe zu korrigieren sei, stellt sich kaum. Ein unerwünschten Farbstich ergibt sich in der Regel dann, wenn der größte Bereich einer Aufnahme betroffen ist, gibt es noch andere Lichtquellen im Bild, schwindet die Bedeutung des Weißabgleichs.

Die Anordnung der Lichtquellen erschwert jede Messung. Sie erlauben meist nur eine grobe Schätzung und Belichtungsreihen, die darauf aufbauen. Doch bei nahezu allen Nachtaufnahmen ist eine exakte Belichtung nur am Rande wichtig. Oft stört selbst Überbelichtung kaum, da sie Schattenwelten erschließt. Die Lösung liegt im Experiment, und das ist bekanntlich eine der Stärken der digitalen Fotografie.

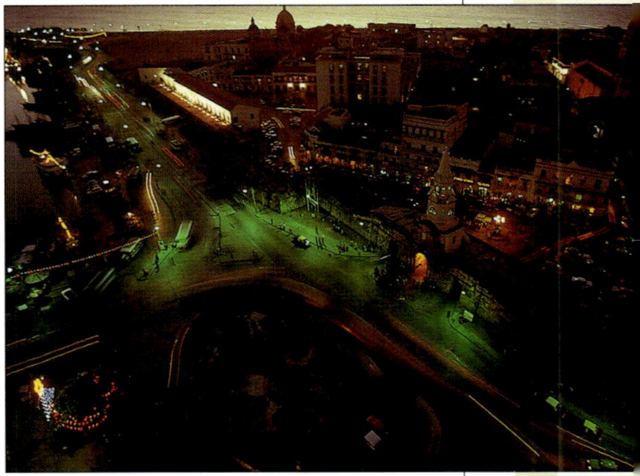

Dämmerung über der Stadt
Das Zwielicht kurz nach Sonnenuntergang ist ein wesentliches Gestaltungselement dieser von oben geschossenen Aufnahme einer Stadt in der Karibik. Das gedämpfte Grundlicht gibt Straßen und Gebäuden Struktur, ohne dieses Licht, wenig später, würde das Bild nur aus Lichtpunkten und hellen Streifen bestehen.

Leuchtreklamen

Außenlichter als Motiv brauchen eine etwas sorgfältigere Belichtung, um Form und Farbe zu bewahren, der Spezialfall Feuerwerk zudem noch ein hohes Maß an Voraussicht.

Obwohl mit Neonröhren bestückt, spielt deren Grünstich bei Leuchtreklamen keine Rolle, er wird von den kräftigen Farben überdeckt, sodass Sie auf exakten Weißabgleich verzichten können. Anzeigetafeln sind meist weit über Straßenniveau montiert und am einfachsten von der gegenüberliegenden Straßenseite aus oder aus größerer Entfernung mit einem Teleobjektiv aufzunehmen. Verwenden Sie, nur um den Unterschied zu sehen, bei einer Aufnahme die Einstellungen für fluoreszierendes Licht. Eine Belichtungsserie ist empfehlenswert: Beginnen Sie mit dem gemessenen Wert und erhöhen Sie schrittweise die Belichtung. Bei Verwendung eines Stativs können Sie die Empfindlichkeit gleich lassen, doch sollte die Verschlusszeit unter 1/30 Sekunde liegen, anderenfalls stört das Pulsieren der Lampen.

Welche Belichtungseinstellung gefällt, ist Geschmackssache, der technisch annehmbare Bereich ist groß. Beachten Sie beim Vergleich der Aufnahmen, dass kurze Verschlusszeiten intensivere Farben bedingen, die Röhren als Linien dargestellt werden und nichts oder nur sehr wenig von der Umgebung zu erkennen ist. Längere Belichtung lässt das Display mächtiger erscheinen, die Farben aber werden blasser. Die Verwendung eines Stativs ermöglicht es, zwei im Ausschnitt identische Bilder mit unterschiedlichen Belichtungswerten aufzunehmen und im Photoshop so zu einem Bild zu montieren, dass die Farbsättigung der dunkleren Aufnahme erhalten bleibt.

Feuerwerke spenden, wie Neonreklamen, ihr eigenes Licht. Da sich die Lichtstärke schnell ändert, hat es wenig Sinn, nur kurz zu belichten: Der Haupteffekt eines explodierenden Leuchtkörpers liegt auch für das Auge im Verlauf der Leuchtspuren. Ein kurze Verschlusszeit fängt wenig davon ein. Vorausgesetzt, der Himmel ist wirklich schwarz, kommt es selbst bei offener Blende kaum je zu Überbelichtung, aber man kann mehrere Leuchtraketen einfangen. Zwei Faktoren begrenzen die Dauer der Langzeitbelichtung: durchziehende Schmauchwolken und Lichter von Gebäuden im Blickfeld.

Die schönsten Explosionseffekte nimmt man bei Verschlusszeiten zwischen 1/2 und 4 Sek. auf, exakte Werte erhalten Sie durch Messung der Zeitspanne zwischen dem Start und der Explosion. Es besteht kein Grund, die

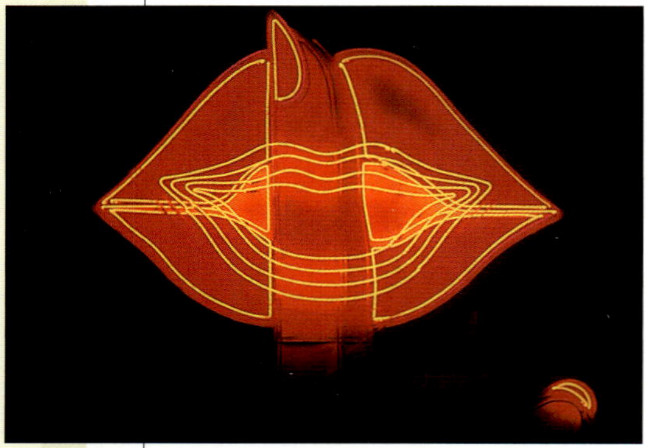

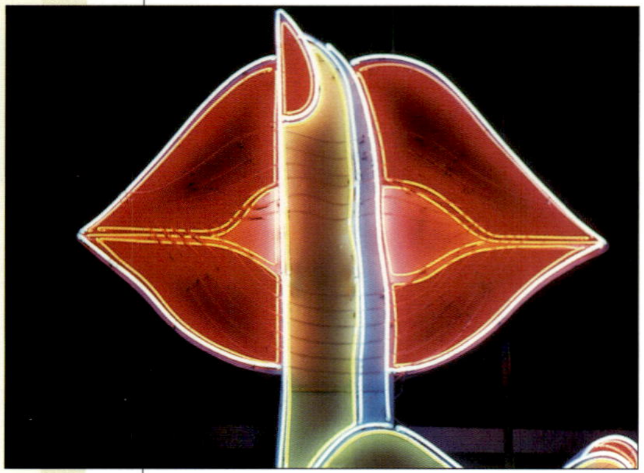

Bildwechsel
Manche Neonreklamen können ihr Aussehen wechseln. Versuchen Sie, verschiedene Momente mit unterschiedlicher Belichtung festzuhalten. Keines der Beispiele ist falsch – sie zeigen nur andere Effekte. Bei kürzerer Belichtung sind die Farben intensiver, Glüheffekte müssen jedoch länger belichtet werden.

Empfindlichkeit zu erhöhen: Blende *f*4 bis *f*5.6 bei ISO 100–200 sind gute Werte. Experimentieren Sie einfach, da mit verschiedenen Belichtungseinstellungen interessante Effekte aufgenommen werden können.

Für eine Aufnahme ähnlich unserem Beispiel, die auch die Umgebung abbildet, arbeiten Sie mit Stativ und wählen bei den ersten Explosionen Bildausschnitt und Brennweite. Beobachten Sie vor Betätigung des Auslösers das Panorama und das Feuerwerk durch den Sucher. Ein mittleres Teleobjektiv eignet sich für Nahaufnahmen einer einzelnen Feuerblume: Lockern Sie den Stativkopf so weit, dass Sie einer aufsteigenden Rakete folgen können, er aber dennoch fixiert, sobald Sie loslassen. Verfolgen Sie die Rakete und drücken Sie den Auslöser im Moment der Explosion.

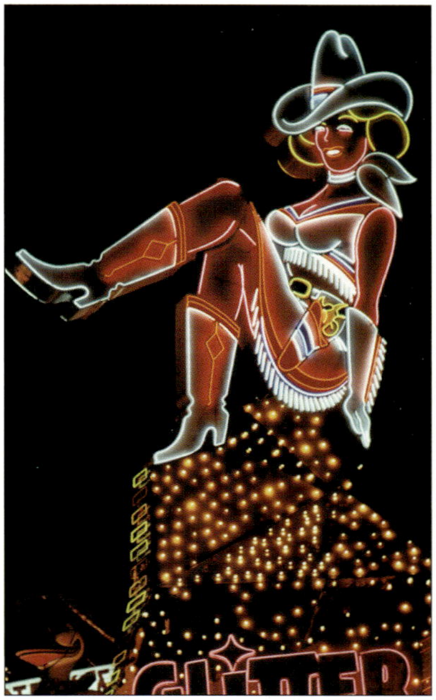

Farbiges Neonlicht
Das Problem des Grünstichs von Neonlicht tritt bei grellfarbigen Werbetafeln wie dieser in den Hintergrund. Der Farbstich ist noch immer vorhanden, und Sie mögen versucht sein, den Weißabgleich entsprechend zu wählen, die kräftigen Farben machen dies aber überflüssig.

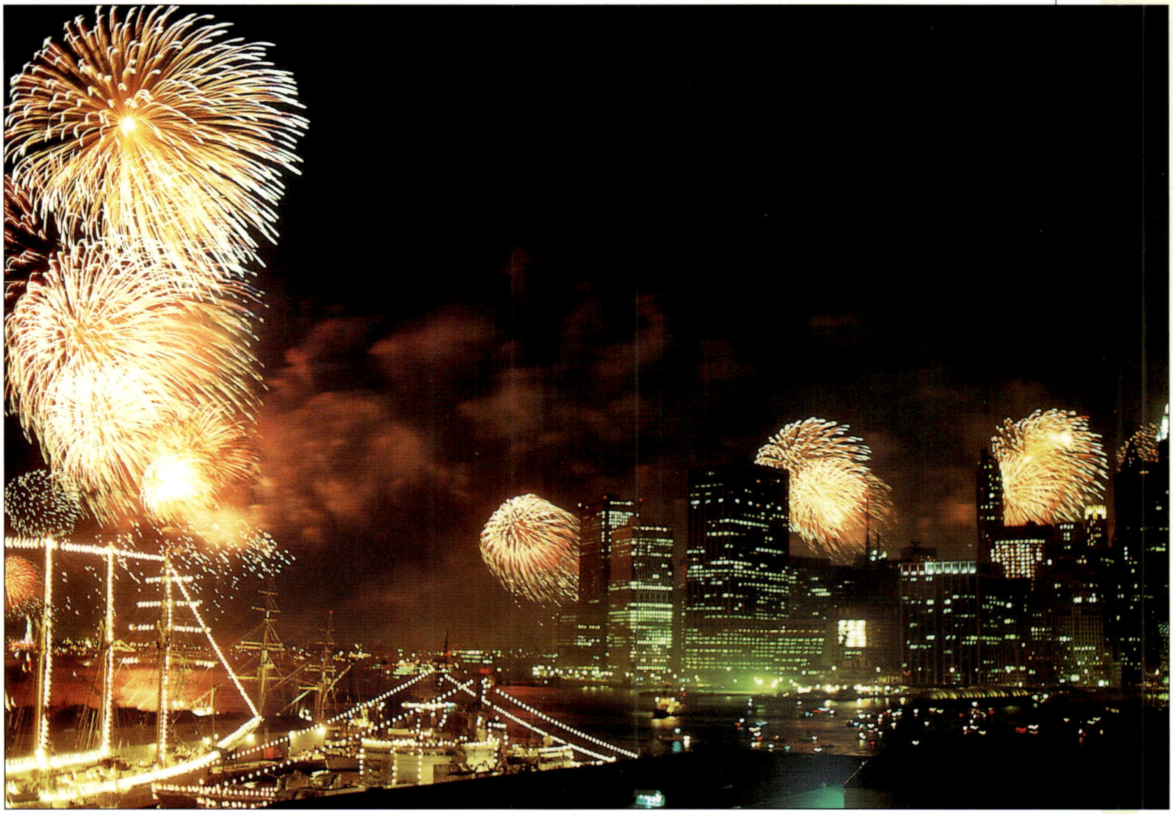

Feuerwerk
Nutzen Sie die ersten Feuerwerkskörper, um Höhe und Postion der Exlposionen einzuschätzen und mit Hilfe des Displays einen Bildausschnitt festzulegen. Variieren Sie die Verschlusszeiten, um einzelne Explosionen und Serien aufnehmen zu können. Die Kamera ist dabei auf einem Stativ montiert. Dieses Bild entstand bei der Feier anlässlich des hundertsten Geburtstags der Freiheitsstautue in New York. Die Brennweite des Objektivs entsprach 35 mm (etwas weiter als Standard), die Blende war *f*2.8, als Empfindlichkeit wählte ich ISO 100.

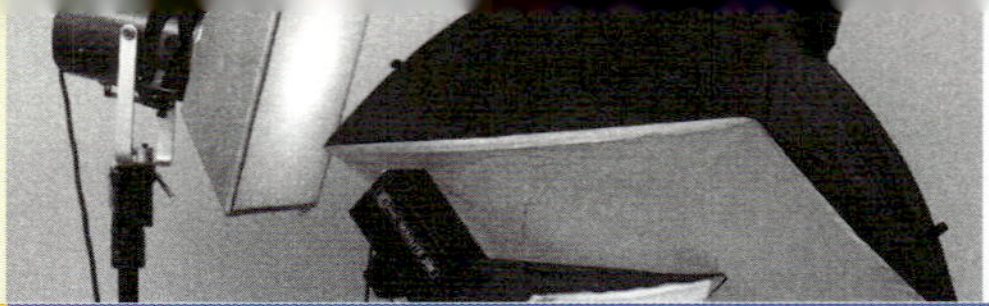
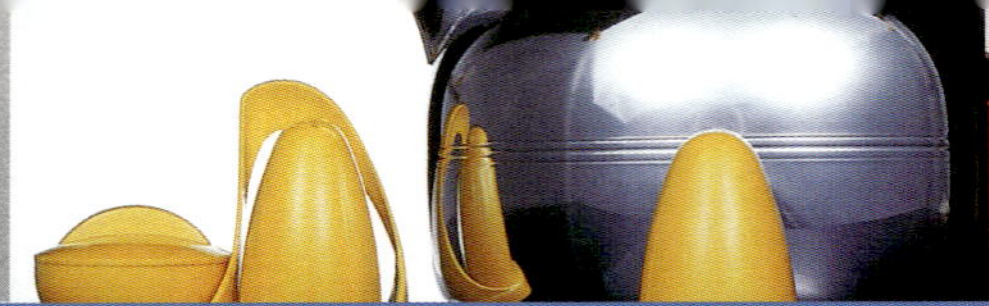
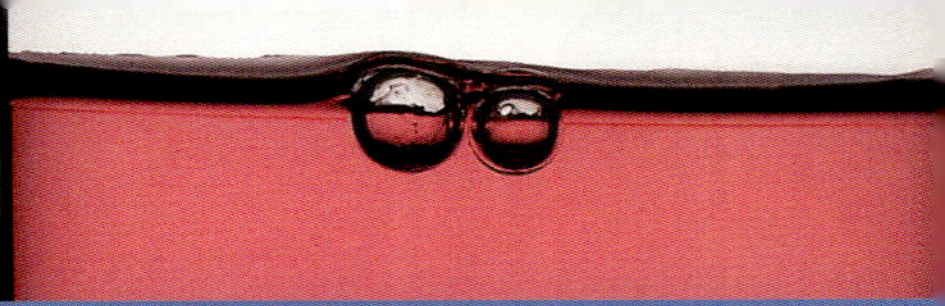
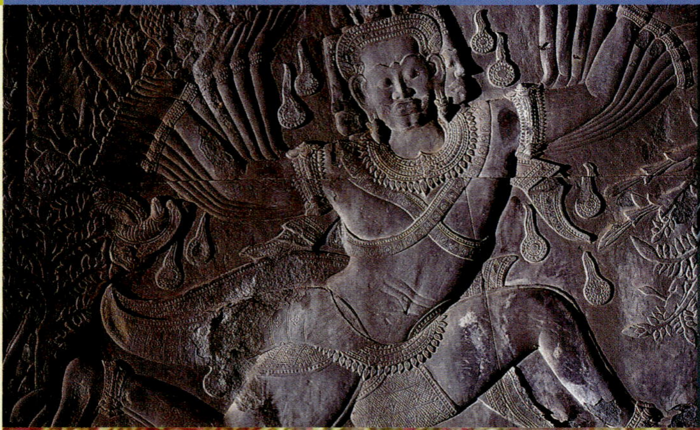
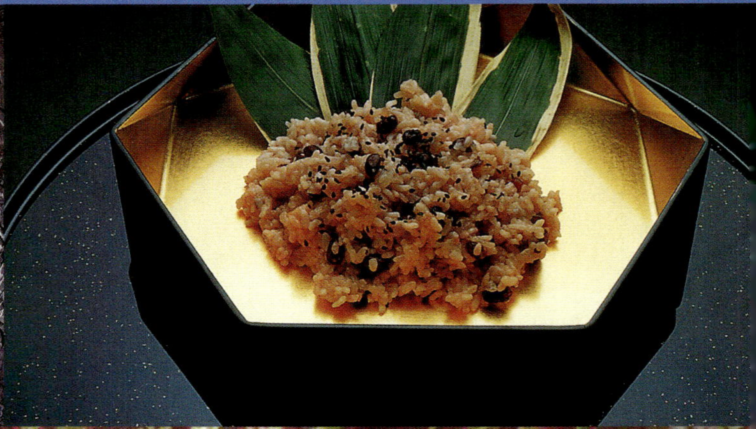
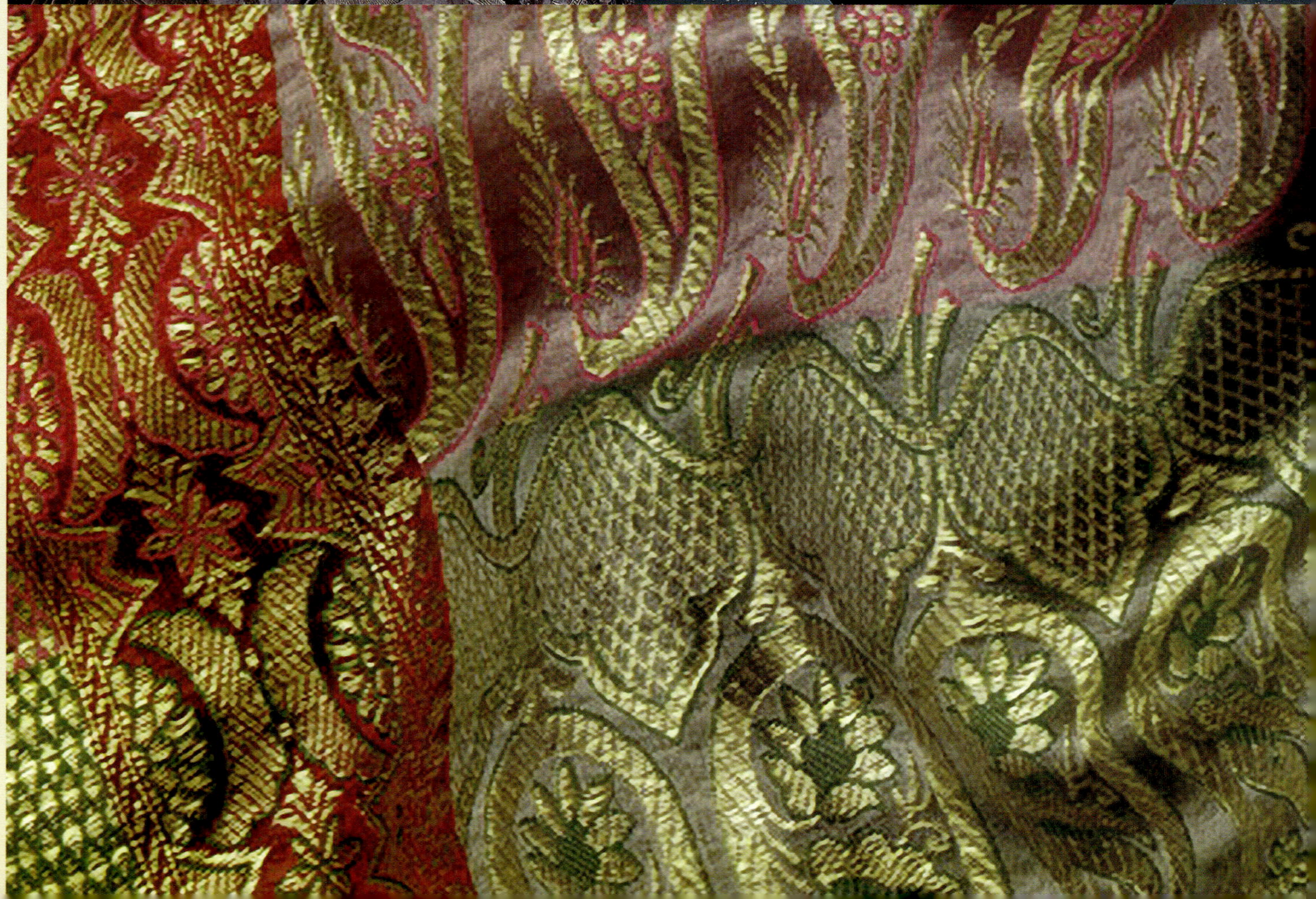

Fotografisches **Licht**

Was fotografisches Licht von allen anderen Lichtquellen unterscheidet, ist der Umstand, dass es speziell für die Arbeit mit Kameras und für ganz bestimmte Aufnahmesituationen entwickelt wurde. Der Blitz auf der Kamera ist dabei das „Mädchen für alles", stößt aber schnell an seine Grenzen, wenn es darum geht, ein sorgfältig arrangiertes Bild nach eigenen Vorstellungen zu kreieren. In der professionellen Fotografie, und ganz besonders in Studios, ist die Beleuchtung eine spezielle, wichtige und leider teure Angelegenheit. Das war immer so, doch mittlerweile verbessern viele Hersteller ihre Produkte, das Angebot wird breiter und kann sich mehr und mehr den verschiedensten Situationen anpassen.

Wenn Sie jede mögliche Beleuchtung für drinnen und draußen haben wollen, werden Sie sicher alle hier besprochenen Fotoleuchten – und die noch viel größere Palette an Zubehör – einsetzen können, doch vor allem aus Kostengründen beschränken sich die meisten Fotografen auf eine Art des Lichts, zumindest am Anfang.

Das gilt in der Digitalfotografie nach wie vor ebenso wie für die Arbeit mit konventionellem Film, dennoch führt die Digitaltechnik zu fließenden, unterschwelligen Veränderungen. Ein Gutteil des Equipments war allein dazu da, die Einschränkungen des Filmmaterials auszugleichen. Das gilt vor allem für hochleistungsfähige Studioblitzanlagen, deren erste, in den 1960er- und 1970er-Jahren entwickelt, vor allem auf hohe Farbtreue und das Einfrieren von Bewegung ausgelegt waren. Doch die Digitaltechnik ist in Bezug auf die Farbe weit flexibler als Film, auch in Bezug auf die Lichtempfindlichkeit: Die Standardeinstellung ist bei weitem feiner als die feinkörnigen Emulsionen traditioneller ISO-50-Filme. Daher sind Präzision und Leistung teurer Studioanlagen einfach nicht nötig: eine Häresie für Puristen, doch für Menschen mit knappem Budget eine gute Nachricht. Man kann so gut wie jede Lichtquelle verwenden – der digitale Sensor, ein Verbindung mit dem exakten Weißabgleich, kommt damit zurecht. Sie müssen zum Beispiel Ihren alten Leuchtkasten zum Sortieren nicht unbedingt einmotten, bauen Sie ihn einfach um zu einer Lichtwanne oder als Hintergrundlicht. Um den Weißabgleich kümmert sich Ihre Kamera.

Betonen möchte ich die Wichtigkeit, die Kontrolle über das Licht zu haben. Das scheint offensichtlich, doch wenn Sie nur einen Pocketblitz gewöhnt sind, kommt die Vielfalt des Materials und die Zeit und Mühe, die kontrollierte Ausleuchtung erfordert, überraschend. Bei der Stillleben-Fotografie, bei Porträts, Innenaufnahmen und unter anderen kontrollierbaren Bedingungen zählen Minimalismus und Bequemlichkeit wenig. Präzises Licht erfordert Zeit und Planung. Das Ziel ist und bleibt ein möglichst zielführender Einsatz aller Lichtrichtungen, von Diffusion, Konzentration und allen anderen Qualitäten des Lichts. Das ist aufwändig und wirft eine neue Klasse von Beleuchtungsfragen auf. Streut man eine Leuchte so, dass es für ein Objekt passt, kann ein zweites im Licht förmlich ertrinken, Haupt- und Hintergrundlicht können (und werden auch oft) in Konflikt geraten – und die beiden sauber zu trennen verlangt oft mehr als einen Geistesblitz im Setzen der Leuchten.

Der Blitz auf der Kamera

Ob im Kameragehäuse eingebaut oder auf den Blitzschuh gesteckt: Einfache Blitzgeräte sollen vor allem dort eine Aufnahme möglich machen, wo anderes brauchbares Licht fehlt.

In der Masse verfügbarer Fotoleuchten ist der Blitz auf der Kamera auf jeden Fall bequem, doch man muss seine Grenzen kennen. Viele Blitzgeräte sind im Gehäuse eingebaut (manche fahren bei Bedarf aus), manche steckt man auf den Blitzschuh der Kamera. Alle gemeinsam sind sie auf Kompaktheit und einfache Bedienung ausgelegt, Qualität und Variation des Lichts sind zweitrangig. Obwohl sich die Geräte vor Ort durchaus bewähren, sind ihre Vorteile weit geringer, als uns die Hersteller glauben machen wollen. Doch die ausgefeilten Methoden zur Belichtungsmessung und -einstellung digitaler Kameras ermöglichen es, diesen Blitz mit dem Umgebungslicht zu kombinieren, um dynamische Effekte zu erzielen.

Leitzahl

Die Leitzahl gibt die Leistung des Blitzes an und hängt vom eingestellten ISO-Wert ab. Sie ist das Produkt von Blendenöffnung (in Blendenschritten) und der Entfernung des Motivs in Metern, Fuß oder beidem. Eine typische Herstellerangabe wäre zum Beispiel „Leitzahl 17/56 bei ISO 200", bezogen auf Meter und Fuß. Dividieren Sie die Leitzahl durch die gewählte Blende, und Sie erhalten die maximale Reichweite des Blitzes. In unserem Beispiel würden bei Blende *f*4 Objekte in bis zu 4 m Entfernung beleuchtet. Wenn Sie das Blitzgerät von der Kamera nehmen und seitlich halten, bedenken Sie, dass die Schatten sehr lang und der Kontrast sehr hoch sein werden, sodass ein Reflektor oder ein zweiter Blitz auf der anderen Seite empfehlenswert wären. Die Hilfe einer zweiten Person, die den Blitz hält, macht die Sache einfacher.

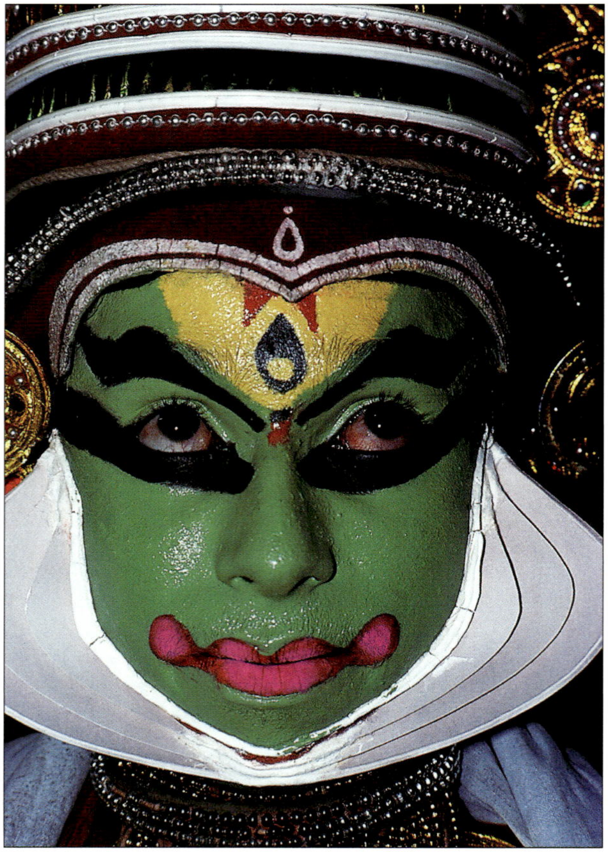

Intensive Farbe
Der entscheidende Vorteil eines tragbaren Blitzes ist, dass damit Aufnahmen in Situationen möglich werden, wo das vorhandene Licht nicht ausreicht. Direktes Anblitzen mit dem Blitz auf der Kamera funktioniert am besten, wenn das Motiv wie hier starke Töne oder Farben aufweist.

Diese Blitzgeräte arbeiten mit einem von Batterien geladenen Kondensator. Im Moment der Auslösung jagt der Kondensator seine geballte Ladung in die Blitzröhre und ionisiert die Gase im Inneren. Die Lichtintensität hängt von der Größe des Kondensators und der verwendeten Spannung ab und wird üblicherweise als Leitzahl angegeben.

Die Grenzen der Blitzausleuchtung entsprechen denen von frontalem Lichteinfall: Das Licht ist beinahe schattenlos und verliert sich proportional zum Abstand von der Kamera. Eine typische Blitzlichtaufnahme zeigt meist das Hauptmotiv flach beleuchtet, vor dunklem Hintergrund. Das Ergebnis ist ein klares, scharfes Bild mit gutem Farbkontrast, das aber wenig von der Umgebung mit einbezieht. Gute Gelegenheiten für den Einsatz des Blitzes sind Nahaufnahmen von farbenfrohen Objekten, die von der frischen Klarheit und den starken Farben dieser Beleuchtungsart profitieren.

Bekannte Probleme

- Die Beleuchtungseinstellung ist nur für eine ganz bestimmte Distanz richtig, da der Lichtabfall innerhalb des Sichtfelds liegt. Hintergründe sind immer dunkel und Hindernisse im Vordergrund überbelichtet.
- In glänzenden, zur Kamera gewandten Oberflächen (Brillengläsern, Fenstern etc.) kommt es oft zu starken Reflexen. Hat man kein Einstelllicht, fehlt jede Vorschau.
- Rot reflektierende Pupillen, vor allem bei längeren Brennweiten (die näher an der Lichtachse liegen) sind ein bekanntes Ärgernis. Der manchmal verfügbare „Vorblitz“ schließt zwar die Pupillen, führt aber zu einer Verzögerung.
- Flaches, schattenloses Licht, dem jede Fülle fehlt.

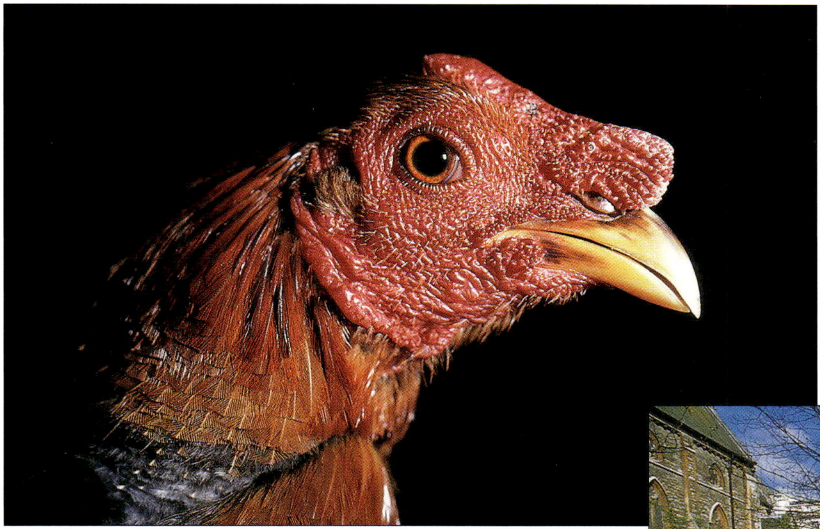

Frisch, scharf und rein
Das kleine Lämpchen tragbarer Blitzgeräte macht zwar jede subtile Ausleuchtung unmöglich, bringt aber Texturen und lebhafte Farben gut zu Geltung. Dieser Vorteil zeigt sich vor allem dann, wenn man den Blitz, wie bei diesem Kampfhahn, von der Kamera nimmt und etwas entfernt seitlich hält. Ein Sync-Kabel übernimmt die Zündung. Der Hintergrund verschwindet wie erwartet im Schwarz, wodurch sich der Kopf des Vogels äußerst prominent darstellt.

Schatten füllen
Erlaubt man der Kamera die Entscheidung über die Balance zwischen Umgebungslicht und Blitz, führt dies meist zu detailreichen, wenn auch etwas unnatürlichen Bildern – wie bei diesem Mann, der sein Boot steuert.

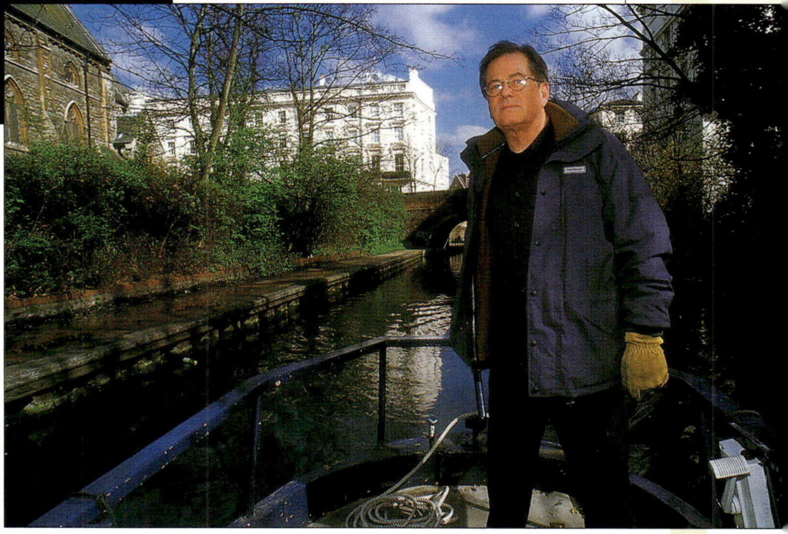

Machen Sie mehr aus dem Blitz

Als Ergänzung des Umgebungslichts, nicht als sein Ersatz, kann der Blitz auf der Kamera interessante und sogar subtile Effekte erzielen. Experimentieren ist mit Digitalkameras leichter denn je.

Während der Blitz auf der Kamera gut als unprätentiöses Licht eingesetzt werden kann, das zumindest irgendein erkennbares Bild ermöglicht, ändert es meist die Umgebung total und lässt den Hintergrund verschwinden. Das umgeht man, indem man zum Beispiel das Licht streut oder das Umgebungslicht durch längere Belichtung mit einbezieht. Etwas Streuung erreicht man mit durchscheinendem Material vor dem Blitzkopf. Dem sind jedoch physikalische Grenzen gesetzt, da sich die Halterung oberhalb des Objektivs befindet. Üblicherweise wird man in Innenräumen gegen die meist niedrige Decke blitzen, sodass das Licht reflektiert und dabei gestreut wird (funktioniert nur bei hellen Decken).

Als Ergänzung zum Umgebungslicht ist der Blitz auf der Kamera aber geradezu unschlagbar. Zum einen als Aufhellblitz, was sich besonders bei Aufnahmen gegen das Licht bewährt, bei denen Objekte, die in die Kamera schauen, oft im Schatten untergehen. Alle Digitalkameras haben dafür eine Voreinstellung, wobei eine kleine Blitzmenge der längeren Belichtung hinzugefügt wird, sodass sich eine ausgewogene Kombination ergibt. Die zweite Möglichkeit ist, den Blitz auf das Ende der Verschlusszeit zu synchronisieren, wobei Belichtung und Blitzleistung ebenfalls ausbalanciert werden. Ist Bewegung im Bild, weil sich das Motiv bewegt oder die Kamera, wird sich diese als leuchtende Spur abzeichnen, die wie festgefroren endet.

Manuelle Balance
Wenn Zeit genug ist, eine Aufnahme zu planen, ist die manuelle Einstellung im Allgemeinen der Automatik der Kamera vorzuziehen. In dem buddhistischen Kloster in Japan waren die züngelnden Flammen das Hauptmotiv, der Blitz sollte nur den Mönch sichtbar machen. Die Automatik hätte die Szene im Licht ertränkt.

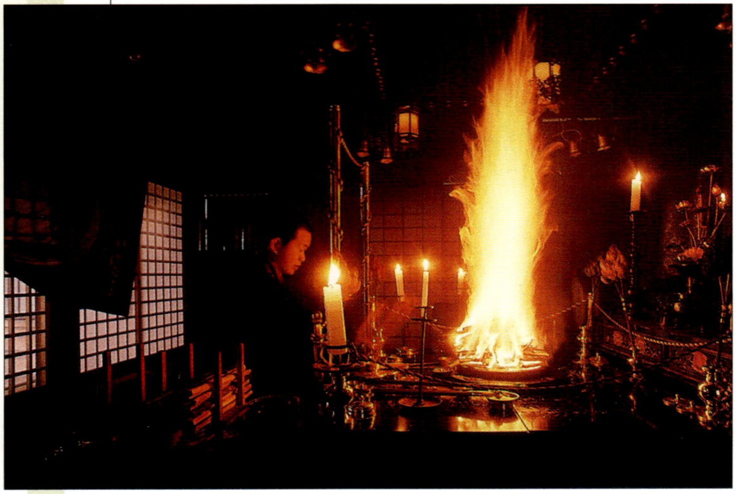

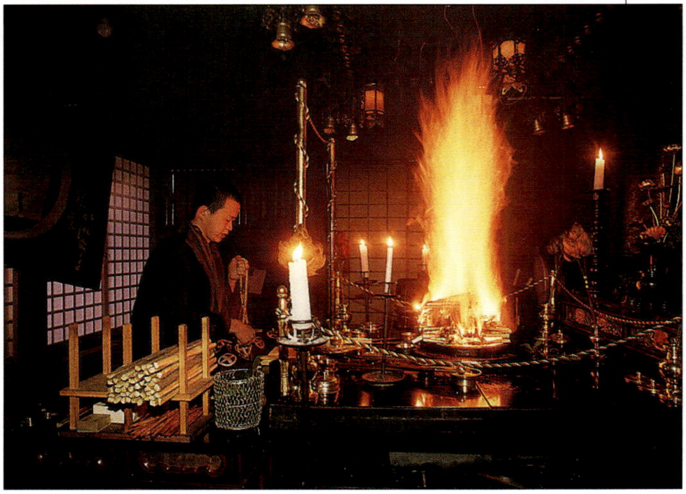

Reflektiertes Blitzlicht

Die Technik funktioniert nur bei Geräten mit beweglichem Kopf und erfordert eine weiße oder helle Fläche in der Nähe der Kamera. Meist handelt es sich dabei um die Zimmerdecke, und die meisten Blitzgeräte sind darauf eingerichtet, nach oben gerichtet zu werden. Dadurch wird das Licht gestreut und seine Richtung geändert. Die Lichtintensität ist natürlich erwartungsgemäß weit geringer.

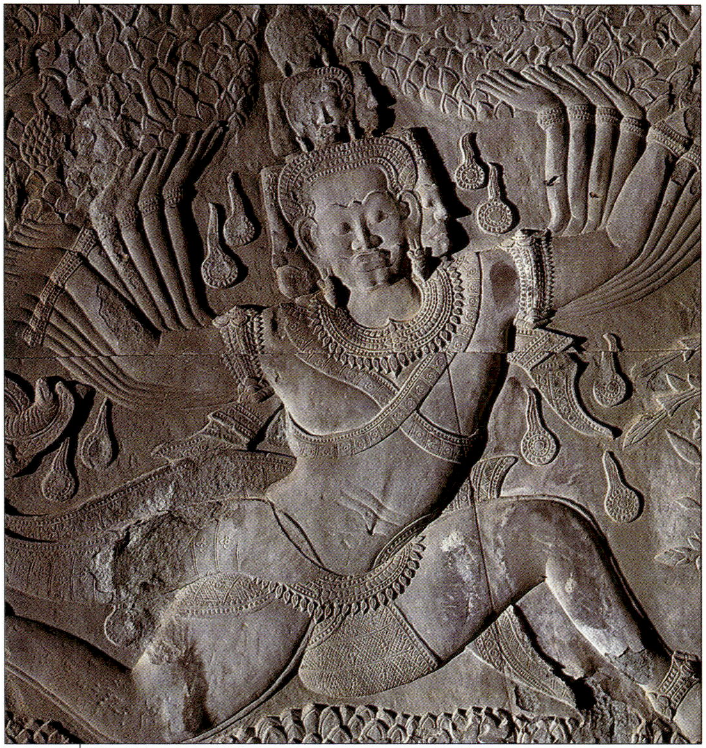

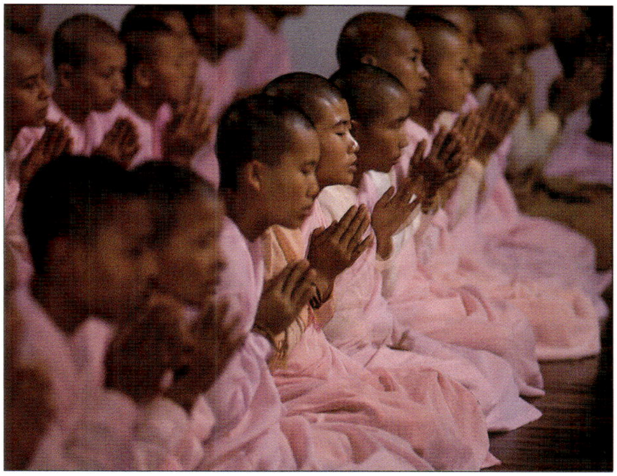

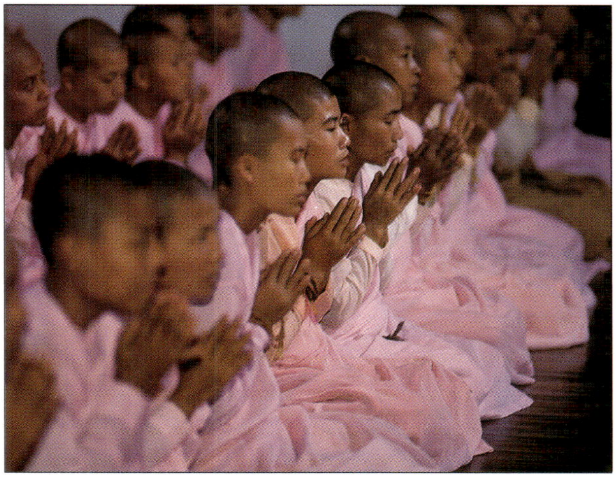

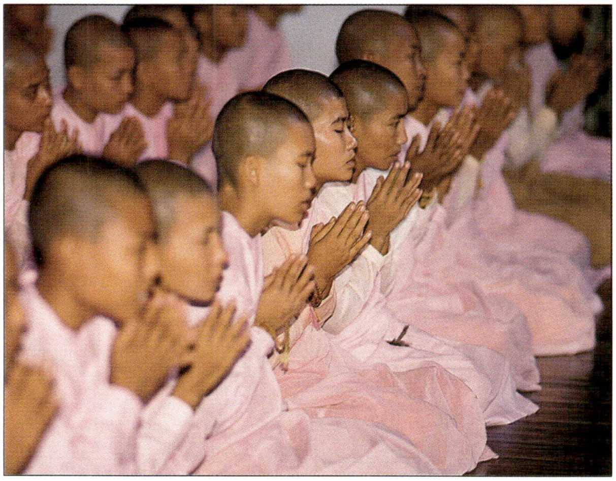

Seitenlicht für Textur

Um dieses Sandstein-Basrelief in Angkor Wat effektiv zu beleuchten, musste der Lichtwinkel stimmen – die Oberfläche nur eben streifen, um die feine Meißelung zu unterstreichen. Ein tragbarer Blitz wurde mittels 2-m-Sync-Kabel mit der Kamera synchronisiert.

Den Effekt beurteilen

Die Bildsequenz der Mönche in Andacht zeigt die Füllung durch Blitzlicht in unterschiedlichem Ausmaß – von gar nicht (oben) bis voll (unten). In Situationen wie dieser ist die „richtige" Balance reine Geschmackssache und liegt zwischen dem natürlichen Effekt des vorhandenen Lichts und der farbenfrohen Schärfe des Blitzlichts.

Studioblitz

Unabhängige Blitzgeräte machen absolute Lichtkontrolle möglich: eine breite Auswahl an Zubehör und keinerlei Probleme mit sich bewegenden Objekten.

Die Grenzen des Kamerablitzes, sein frontales, hartes Licht, lassen nicht eben Begeisterung aufkommen – mit das Letzte, was man verwenden würde, um kontrolliertes Licht zu setzen. Glühlampen wiederum kann man kaum mit Tageslicht kombinieren und ihre Hitze schränkt die Verwendung von Zubehör stark ein. Macht man sich schon die Mühe, Licht zu planen und gezielt einzusetzen, erzielt man weit mehr Effekte mit

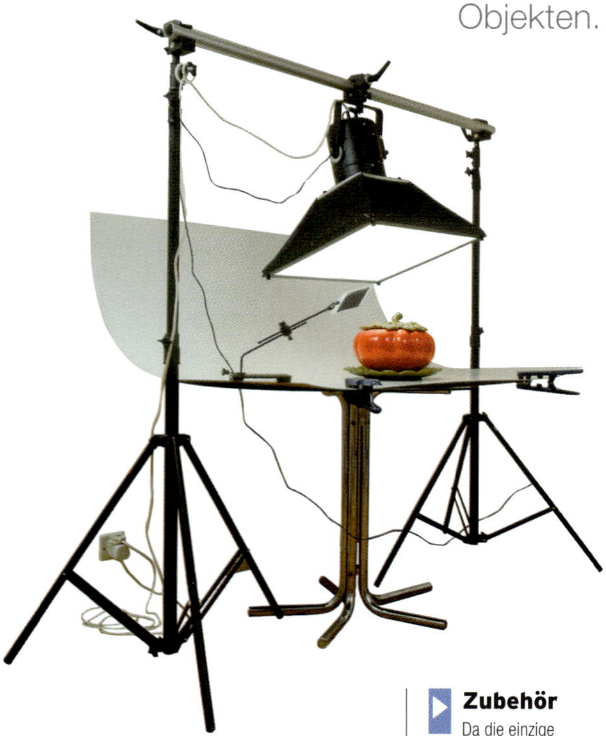

Basisaufbau für Stillleben

Die Möglichkeiten der Lichtaufbauten im Studio sind unendlich, und ein Großteil des Vergnügens bei der Studioarbeit besteht im Experimentieren und Entwickeln eigener, eleganter Lösungen. Hier ein einfacher Anfangsaufbau für etwa handgroße Objekte: Eine Leuchte mit wannengleichem Vorsatz wird überkopf angebracht, die Unterlage besteht aus weißem, flexiblem Material (zum Beispiel Formica), das nach hinten oben gewölbt wird und einen horizontlosen, von hell nach dunkel verlaufenden Hintergrund ergibt.

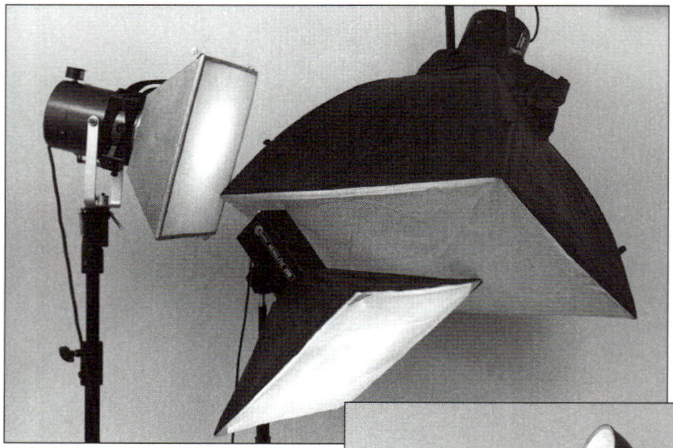

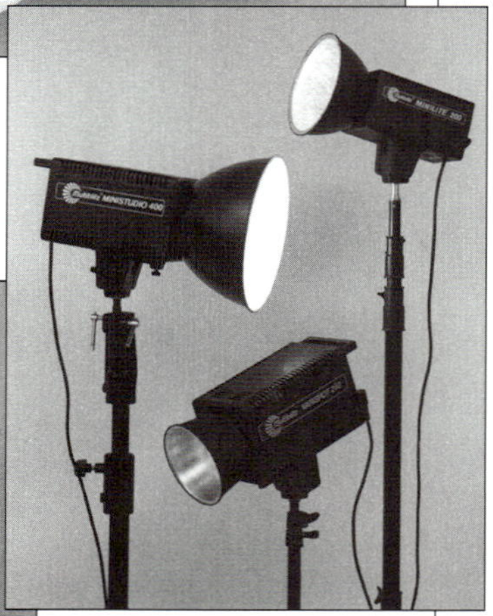

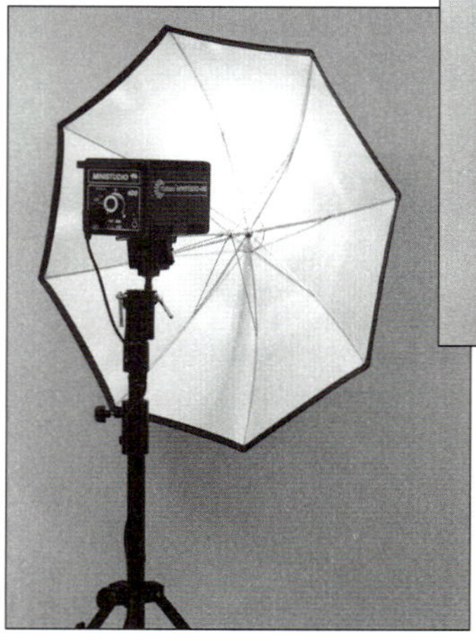

Zubehör

Da die einzige Wärmequelle das schwache Einstelllicht ist, können Blitzgeräte mit einer Reihe von Vorsätzen und Zubehörteilen ausgestattet werden. Die Lichtwannen oben rechts umschließen die Leuchte und sorgen für diffuses, gerichtetes Licht. Ganz rechts sehen Sie die Standard-Reflektoren und daneben einen Schirm, besonders nützlich für Porträts.

mächtigen, externen Blitzgeräten. Es gibt zwei Arten: tragbare Hochleistungsgeräte mit integrierter Stromversorgung und Einheiten mit externer Stromversorgung, die in Studios verwendet werden. Beide können mit einer Reihe von Vorsätzen ausgestattet werden, und diese – Diffuser, Reflektoren und Spots – sind es, die die Qualität des Lichts beeinflussen.

Die Ausleuchtung einer kontrollierten Umgebung ist die Essenz der Studioarbeit. Die Digitaltechnik eröffnet dabei eine neue Dimension. Viele Modelle, vor allem im gehobenen Amateurbereich, lassen sich vom Computer aus steuern. Ist die Kamera erst auf dem Stativ und das Licht eingerichtet, macht man es sich vor dem Laptop gemütlich und nimmt mit Keyboard und Maus auf.

Tricks zur Blitzsynchronisation

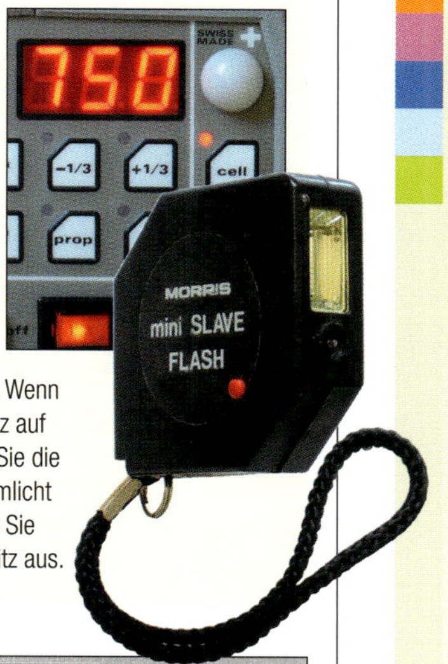

Zwar kann man weit mehr Digitalkameras mit externen Blitzgeräten synchrosnisieren als zur Zeit des Films, doch bei weitem nicht alle. Glücklicherweise gibt es Tricks, probieren Sie einfach, welcher bei Ihrer Kamera funktioniert. Am einfachsten benutzt man den Kamerablitz zum Auslösen des Studioblitzes. Alle besseren Geräte haben entsprechende Sensoren, wie dieser Elinchrom, um Kabelsalat zu vermeiden. Wenn möglich setzen Sie den eingebauten Blitz auf minimale Leistung, wenn nicht, passen Sie die Verschlusszeit an: Drehen Sie alles Raumlicht ab, öffnen Sie den Verschluss und lösen Sie den Blitz manuell oder mit einem Hilfsblitz aus.

Blitzbelichtungsmesser

Bei diesen großen Geräten ist ein Blitzbelichtungsmesser erforderlich. Die genauesten Ergebnisse liefert die Messung mit Hilfe einer milchig-weißen Kuppel über dem Sensor, den man in Richtung zur Kamera hält. So wird das einfallende Licht und nicht das Objekt gemessen. Bei Nahaufnahmen bewährt sich ein flexibler Verlängerungsarm.

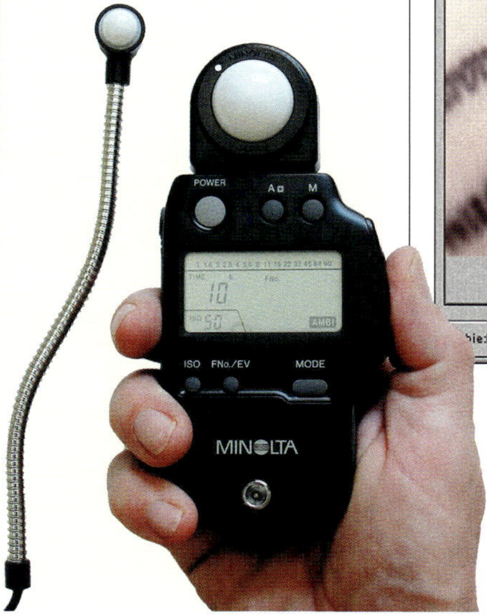

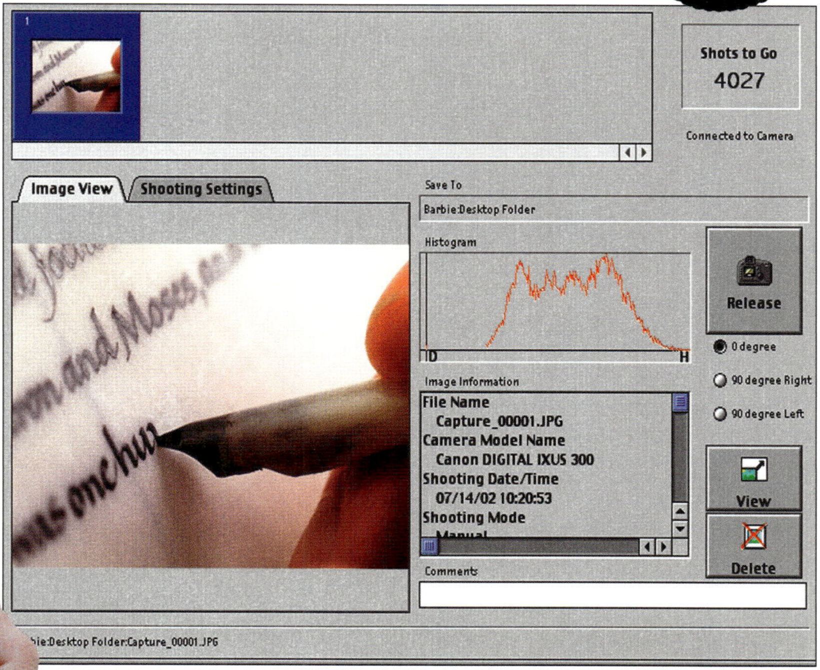

Aufnehmen mit dem Computer Viele Digitalkameras können direkt an den Computer angeschlossen werden (über USB oder besser, weil schneller, Firewire). Der Vorteil liegt in der großen Anzeige, die eine exakte Bildkontrolle ermöglicht, das Histogramm ist das entscheidende Werkzeug. Über die mitgelieferte Software können alle Kamerafunktionen ferngesteuert werden.

Blitzzubehör im Studio

Mit seiner uneingeschränkten Menge an Energie erzeugt ein Studioblitz Licht, das gestreut, reflektiert und in alle möglichen Richtungen gelenkt werden kann und dennoch stark genug ist, um ausreichend Schärfentiefe zu erhalten.

Ein Blitz mit externer Stromversorgung arbeitet wie folgt: Da das Stromnetz Wechselstrom mit relativ niedriger Voltzahl liefert, besteht der erste Teil der elektrischen Einheit aus einem Wandler mit angeschlossenem Gleichrichter (bzw. mehr als einem bei mächtigeren Einheiten). Der Transformator erhöht die Spannung und der Gleichrichter wandelt den Wechsel- in Gleichstrom um. Der so erzeugte Gleichstrom mit hoher Voltzahl lädt einen Kondensator auf, der die Ladung speichert. Auf Kommando gibt der Kondensator seine Ladung in die Blitzröhre ab.

Berücksichtigt man die mögliche extrem hohe Leistung einer einzigen Blitzröhre – die praktisch augenblicklich wieder verfügbar ist –, wundert es kaum, dass diese Geräte zur Standardausstattung eines Studios zählen. Die Leistung wird in Wattsekunden oder Joule angegeben und liegt in der Regel bei 200 bis 1000 Joule. Um die Leistung der Kondensatoren voll ausnützen zu können, sind die Blitzröhren weit größer als beim normalen Aufsteckblitz. Anstatt kurz und gerade ist die Form bei Lampen mittlerer Leistung rund, Hochleistungsgeräte haben manchmal spiralförmige Blitzröhren. Aufgrund der hohen Leistung und der größeren Röhre leuchtet ein Studioblitz auch länger als der Kamerablitz – manchmal sogar ein paar Hundertstelsekunden.

Lampenköpfe

Diese Lampenköpfe brauchen Strom aus einem separaten Akku-Generator. Das bedeutet, dass man sich auf ein bestimmtes Blitzsystem festlegt. Die Vorteile sind Verlässlichkeit auf lange Zeit und beste Abstimmung.

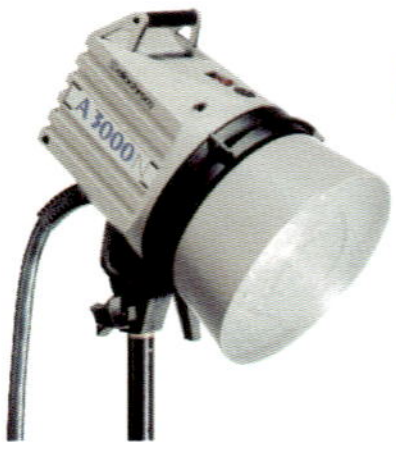

Elinchrom A300N

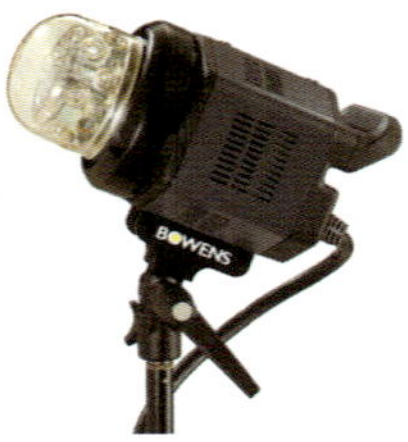

Bowens Esprit Lampenkopf

Kompaktblitz

Kompaktblitzgeräte (MonoBlocs) haben Steuerung und Stromversorgung eingebaut. Dadurch eignen sie sich ideal als flexible, leicht zu transportierende Lichtquelle.

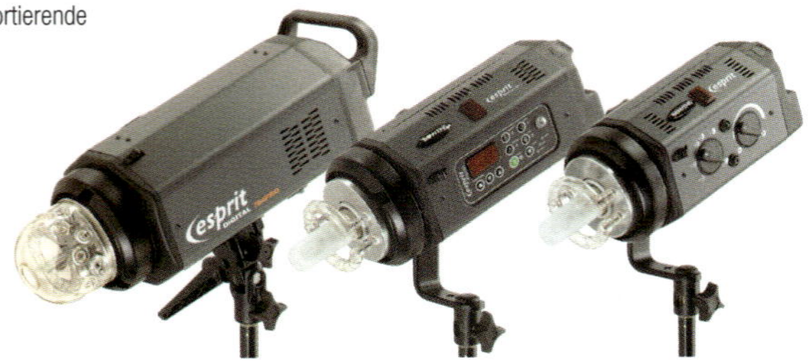

Bowens Kompaktblitzserie „Esprit“

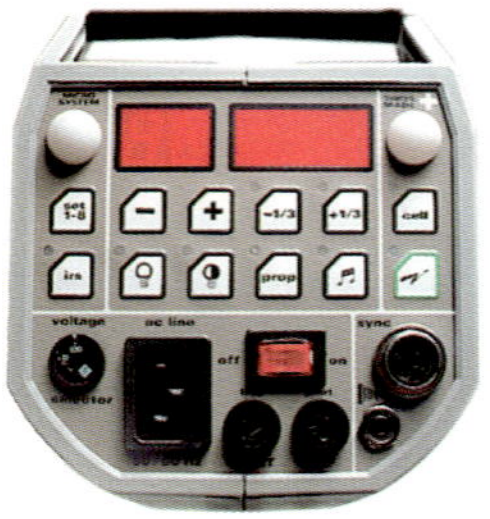

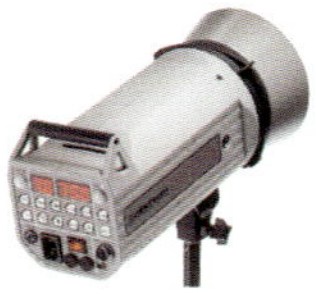

Kompaktblitz-Steuerung

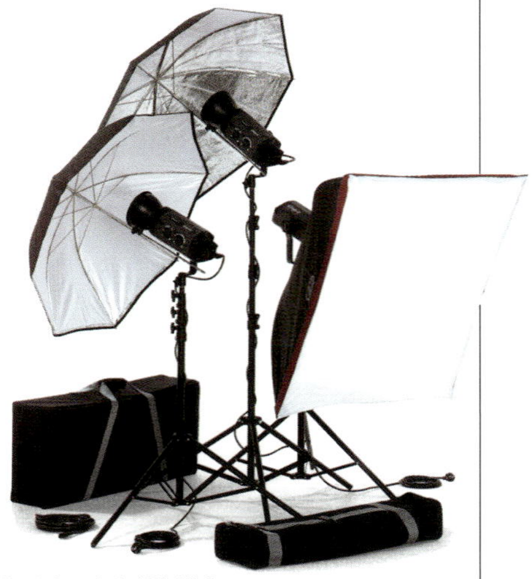

Esprit-Set mit drei Blitzköpfen

Am Schauplatz #1
Bei der Auswahl eines Studioblitzgeräts berücksichtigen Sie, ob Sie die Geräte eventuell zu externen Locations mitnehmen müssen. Wenn ja, sollten sie kompakt und realtiv leicht sein, wie dieser Kompaktblitz mit zusammenklappbarer Softbox. Ein Oberlicht ist meist extrem nützlich, braucht aber eine eigene Aufhängung – hier haben wir aus zwei Stativen und einer Stange eine Halterung gebaut.

Am Schauplatz #2
Der Wert eines tragbaren Blitzgeräts liegt vor allem darin, dass auch bei unzureichenden Lichtverhältnissen Aufnahmen möglich sind. Direkt auf der Kamera montiert bringt er dann beste Ergebnisse, wenn das Motiv, so wie hier, starke Farben und Kontraste aufweist.

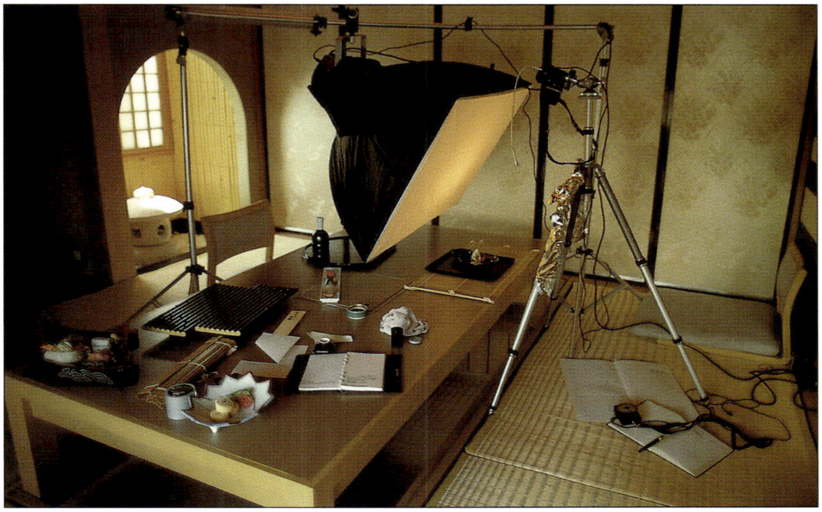

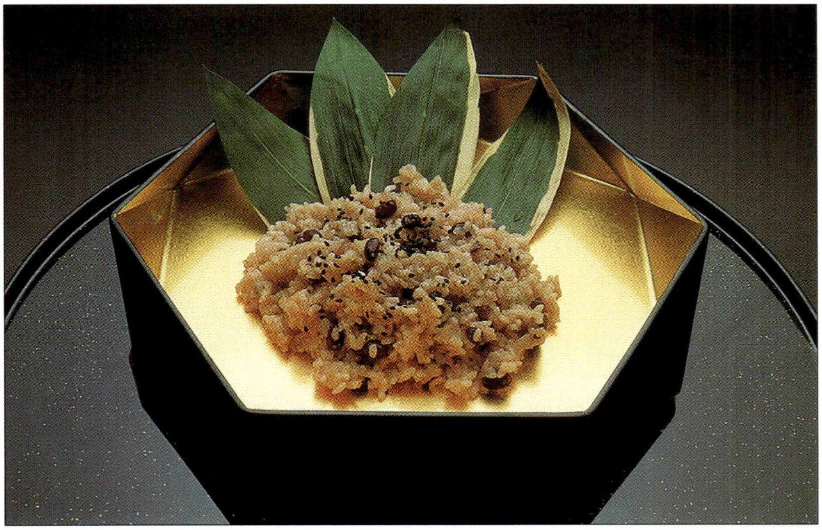

Wie bei Kameras und anderem Equipment gibt es auch hier viele konkurrierende Systeme, die selten kompatibel sind: Lampenköpfe, Anschlusskabel und Akku-Generatoren passen für gewöhnlich nur für Geräte des jeweiligen Herstellers. Vor dem Kauf sollte man daher das Angebot genau vergleichen und den eigenen, auch zukünftigen Bedarf prüfen. Vielleicht brauchen Sie mehrere identische Lampen oder ein Set spezieller Leuchten - eine als Hauptlicht für Stillleben, andere für den Hintergrund und so weiter. Darüber hinaus werden, falls Sie vorhaben, im Studio, zu Hause und an diversen Schauplätzen zu fotografieren, Gewicht und Transportierbarkeit entscheidend.

Akku-Generatoren
Mit Blitzköpfen und separatem Generator kann man entweder einer Leuchte volle Kraft zukommen lassen oder die Leistung auf mehrere verteilen.

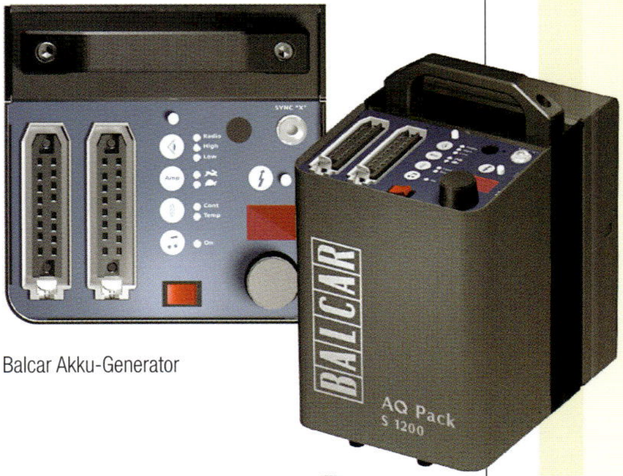

Balcar Akku-Generator

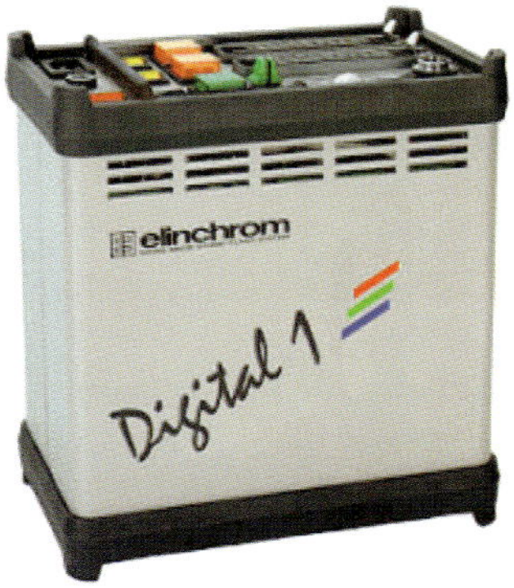

Elinchrom Ranger Akku-Generator

Dauerlicht

Dauerlichtlampen, egal ob Halogen- oder modernes, flickerfreies Kaltlicht, haben gegenüber einem Blitz den Vorteil, dass man nach dem Augenschein ausleuchten kann, obwohl sie Bewegungen nicht so effektiv stoppen.

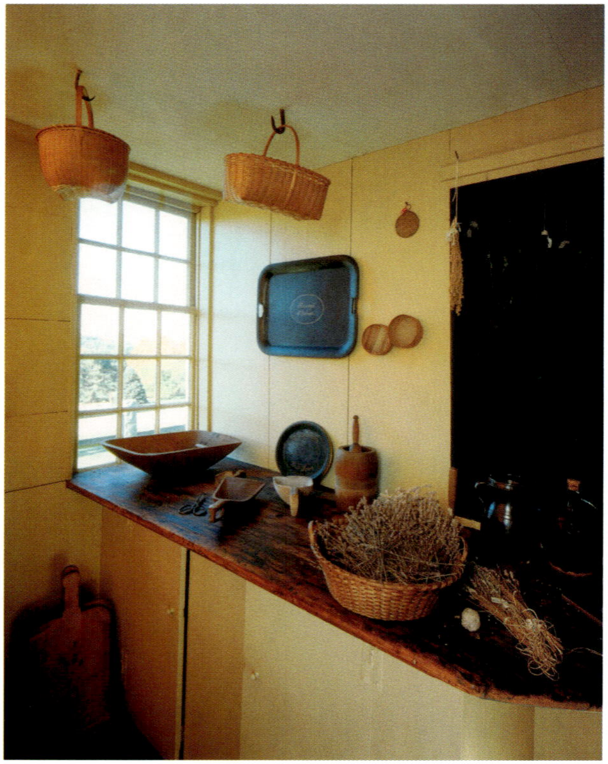

Fülllicht für Innenräume
Innenaufnahmen gegen ein Fenster brauchen irgendeine Art von Fülllicht, einfach, um den Kontrast auszugleichen. Fenster sind oft ein wichtiges Bildelement, wie in diesem Haus in Los Angeles aus den 1930er-Jahren. Zur Füllung der Schatten sind von hinter der Kamera auf Wände oder Decke gerichtete Leuchten äußerst effizient.

Dauerlichtlampen sind fast immer Glühlampen, die dadurch Licht erzeugen, dass ein Wolfram-Glühfaden in einem versiegelten Behälter (im Fall von Glühbirnen aus Glas, bei den leuchtstärkeren Halogenlampen aus einem quarzähnlichen Material) kontrolliert erwärmt wird *(siehe Seite 80–81)*. Spezielle Fotoleuchten haben eine hohe Leistung, und fast jedes Modell ist auf 3200 K Farbtemperatur abgestimmt. Es gibt auch Leuchtmittel mit blau beschichtetem Glas, deren Farbtemperatur annähernd Tageslicht entspricht. Diese sind aber eher für die Verwendung bei Mischlicht gedacht, in Kombination mit Tageslicht, als für die reine Studioarbeit.

Die effizienteren Versionen der Dauerlichtlampen sind Halogenstrahler, die zwar ebenfalls auf Basis eines Glühfadens leuchten, der jedoch, von Halogengas umgeben, weit höhere Temperaturen erreicht. Als Folge davon bleiben Lichtleistung und Farbtemperatur die gesamte Lebensdauer des Leuchtmittels über unverändert, die im übrigen länger währt als bei herkömmlichen Glühlampen. Auch sind sie bei gleicher Wattzahl kleiner. Ihre Leistung reicht von 200 bis 10000 Watt, die stärksten sind allerdings für den Film gedacht, Fotoleuchten enden normalerweise bei 2000 Watt. Die Lichtleistung entspricht einer neuen Glühlampe derselben Wattzahl.

Eine neuere Entwicklung und besonders interessant für die Digitalfotografie, wo der Weißabgleich der Kamera Unterschiede in der Farbtemperatur leicht kompensieren kann, sind Hochleistungslampen mit fluoreszierendem Licht. Die verwendeten Leuchtstoffröhren sind flickerfrei, auf eine Farbtemperatur von 5400 K oder 3200 K abgestimmt, erzeugen weniger Hitze und sind kostengünstiger im Betrieb (allerdings recht teuer in der Anschaffung).

Dauerlicht gegen Blitz

Glühlampen: Vorteile
- ☐ Man fotografiert, was man sieht
- ☐ Gut für große, statische Objekte – einfach länger belichten
- ☐ Einfache Konstruktion, daher haltbar und zuverlässig
- ☐ Einfache Konstruktion, daher haltbar und zuverlässig
- ☐ Leicht zu beherrschen
- ☐ Zeigen auf Wunsch Bewegungsunschärfen
- ☐ Manche Geräte sehr klein und tragbar

Glühlampen: Nachteile
- ☐ Nicht hell genug, um schnelle Bewegung einzufrieren
- ☐ Heiß, kann daher mit einigen Diffusern nicht ausgerüstet werden, und gefährlich für manche Objekte
- ☐ Braucht bei der Mischung mit Tageslicht Blaufilter

Hochleistungs-Leuchtstofflampen: Vorteile
- ☐ Man fotografiert, was man sieht
- ☐ Gut für große, statische Objekte – einfach länger belichten
- ☐ Einfache Konstruktion, daher haltbar und zuverlässig
- ☐ Leicht zu beherrschen
- ☐ Zeigen auf Wunsch Bewegungsunschärfen
- ☐ Geringe Betriebskosten
- ☐ Kalt – keines der Hitzeprobleme der Halogenstrahler

Hochleistungs-Leuchtstofflampen: Nachteile
- ☐ Nicht hell genug, um schnelle Bewegung einzufrieren
- ☐ Sperrig
- ☐ Hohe Anschaffungskosten

Blitz: Vorteile
- ☐ Stoppt jede Bewegung
- ☐ Kalt, schnell einsatzbereit
- ☐ Tageslicht-Charakter, gut zu mischen

Blitz: Nachteile
- ☐ Keine Vorschau bei kleinen Geräten, Einstellicht notwendig, wenn es relativ dunkel ist
- ☐ Belichtung durch Leistung begrenzt, darüber braucht es mehrere Einheiten
- ☐ Komplizierte Technik

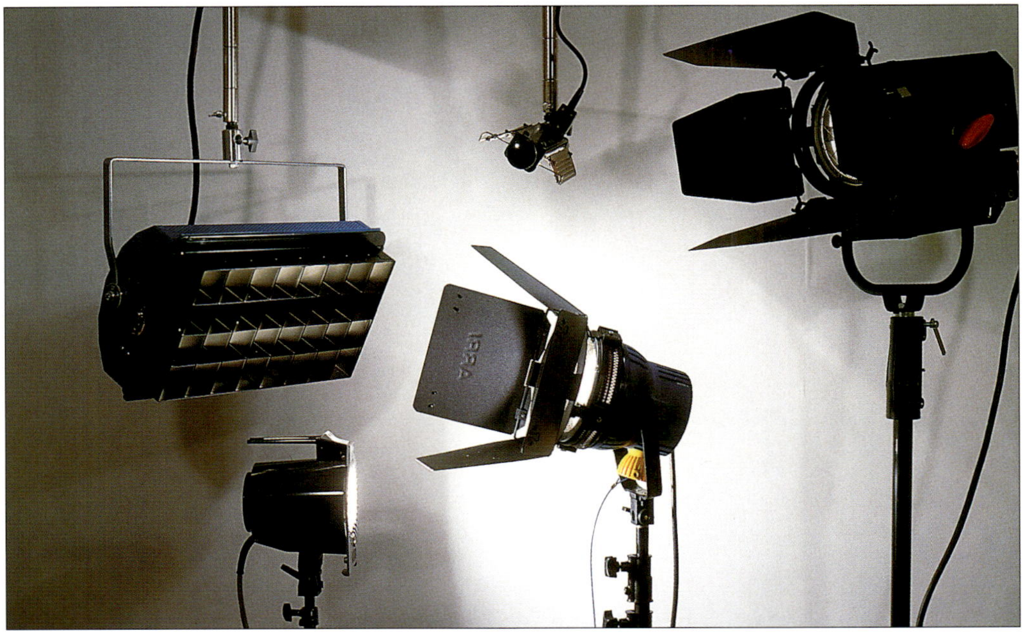

Typen von Dauerlichtlampen

Im Uhrzeigersinn von oben links:
Ballancroft 2500 Watt Northlight mit Wabengitter oder „Eierkarton“;
Lee-Lowell 800 Watt Totalite mit Torblenden;
Rank-Strand 1000 Watt Polaris Handscheinwerfer;
800 Watt Arrilite;
Hedler 2000 Watt Videolux.

Dauerlicht abstimmen

Ebenso wie Blitzlicht kann auch Dauerlicht mit verschiedenem Zubehör modifiziert werden; dieses muss jedoch hitzebeständig sein und darf die Leuchte nie ganz einschließen.

Jede Studioleuchte hat hinter der Lampe irgendeine Art von Reflektor, um das gesamte Licht auszunützen (und so die Lichtausbeute zu erhöhen) und auch um den Lichtkegel zu kontrollieren. Je tiefer und stärker gewölbt der Reflektor, desto konzentrierter ist der Lichtstrahl. Da es schwieriger ist, einen schmalen Lichtkegel zu verbreitern, als einen breiten zu bündeln, strahlen die meisten Universalleuchten in einem Winkel von 45° bis 90°. Stärker gebündeltes Licht dient einem speziellen Zweck.

Bei vielen Gehäusen kann man den Lichtkegel verstellen, indem man die Lampe im Reflektor vor- oder zurücksetzt bzw. die Reflektortore einrichtet. Torblenden an manchen Leuchten haben eine andere Funktion: Sie schneiden den Lichtstrahl ab, anstatt ihn zu bündeln. Die Lichtkegel der meisten Gehäuse zeigen von innen nach außen einen deutlichen Abfall; selbst die besten Reflektoren können die hohe Lichtkonzentration um den Glühfaden nicht ausgleichen. In der Konstruktion versucht man, diesen Lichtabfall durch Gitter zu verringen. Bei großer Reflektorfläche ergibt sich dabei ein gewisser Grad an Streuung. Noch weicher, wenn auch schwächer wird das Licht, wenn der Reflektor weiß und nicht silber beschichtet ist.

Sind Kunstlichtlampen die einzige Lichtquelle, stellen Sie den Weißabgleich der Kamera auf 3200 K „Kunstlicht". Doch die Leuchten werden oft vor Ort, in Innenräumen und in Verbindung mit dem vorhandenen Licht, sei es Tageslicht oder Leuchtstoffröhren, eingesetzt. In solchen Fällen nimmt man für gewöhnlich Filter, um die Farbtemperatur zu korrigieren bzw. die Farbe den Leuchtstoffröhren anzupassen. Man könnte auch die Techniken zur Korrektur von Mischlicht in der Nachbearbeitung anwenden *(siehe Seite 86–87)*, doch die beste Zeit dafür ist immer noch die Aufnahme selbst.

Die gebräuchlichsten Filter sind blau, zur Anpassung an Tageslicht. 1/1 Blau hat einen Mired-Wert von -131, 1/2 Blau von -68 und 1/4 Blau von -49. Die Filter sind entweder aus hitzebeständigem Gel (eigentlich: Plastikfolie), Glas oder dichroitisch. Dichroitische Filter sind teilverspiegelt und werfen den Rotanteil zurück, nur blaue Wellenlängen kommen durch; sie sind nicht immer konsistent und sollten idealerweise mit einem Messgerät für die Farbtemperatur ausgemessen werden.

Lampenposition

Verändert man die Position der Lampe im Reflektor, ändert sich die Streuung der Lichtstrahlen. So weit hinten wie möglich angebracht, ist der Lichtkegel relativ begrenzt; weiter vorn ist das Licht weniger eingeschlossen, der Lichtkegel wird breiter.

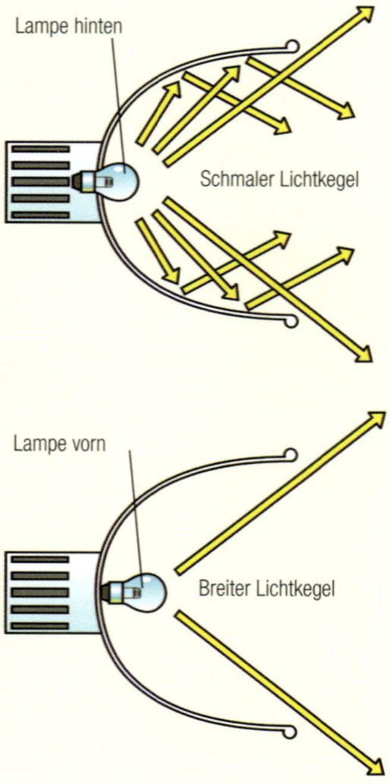

Reflektorwinkel

Manche Studioleuchten mit fixer Lampenposition erlauben eine präzise Einstellung des Lichtkegels mit Hilfe von klappbaren Reflektortoren. Sie gehören zum Beispiel zur Grundausstattung des Lee-Lowell Totalite.

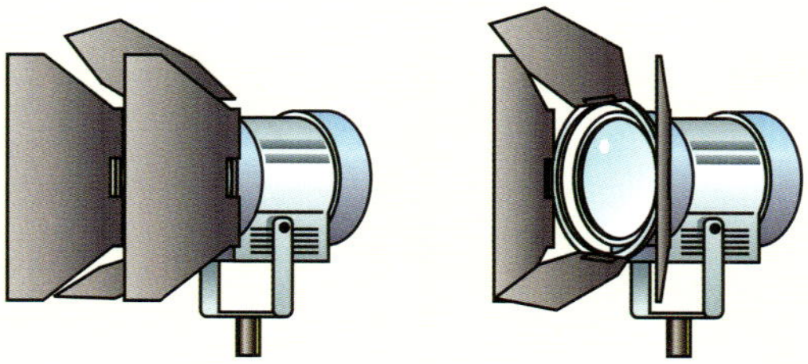

Geschlossen Offen

Filter

Es ist oft praktischer, einzelne Lichtquellen zu filtern, als entsprechende Objektivfilter anzubringen. Es gibt verschiedene Befestigungsarten, doch vermeiden Sie es, die Leuchte einzuschließen, damit sie nicht überhitzt. Ein Universal-Filterhalter wird meist vor der Lampe angebracht. Verwenden Sie mit Halogenstrahlern nur speziell dafür hergestellte Filter aus nicht-brennbarem Material.

Filter

Diese Auswahl von Filtern, die man vor einer Lichtquelle anbringt, sollen entweder die Farbtemperatur anpassen oder die Intensität einzelner Leuchten mindern.

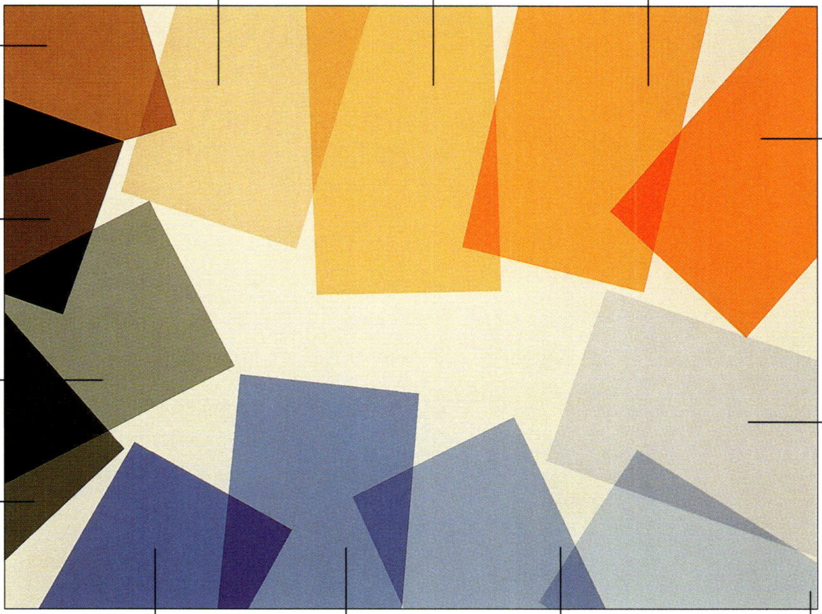

1/8 CTO wandelt 5500 K zu 4900 K, für geringe Warmverschiebung. Mired-Wert +20; 92% transparent.

1/4 CTO wandelt 5500 K zu 4500 K, oder 4000 K zu 3200 K, für leichte Korrektur oder wenn das Tageslicht warm ist. Mired-Wert +42; 81% transparent.

1/2 CTO wandelt 5500 K zu 3800 K, oder 4500 K zu 3200K, für teilweise Korrektur oder wenn das Tageslicht ziemlich warm ist. Mired-Wert +81; 73% Transparenz.

85N3 kombiniert die Wirkung der Filter 85 und N3. Mired-WErt +131; 33% Transparenz.

85N6 kombiniert die Wirkung der Filter 85 und N6. Mired-Wert +131; 17% Transparenz.

N3, ein Neutraldichtefilter, reduziert die Lichtintensität um 1 Blendenschritt. 50% Transparenz.

N6, ein Neutraldichtefilter, reduziert die Lichtintensität um 2 Blendenschritte. 25% Transparenz.

85 wird über Fenstern oder Blitzlampen verwendet, wandelt 5500 K zu 3200 K, die Standard-Tageslichtkorrektur bei Typ B-Filmen zur Anpassung an Fotoleuchten.Mired-Wert +131; 58% Transparenz.

1/8 Blau, wandelt 3200 K zu 3300 K. Verwendung wie 1/2 Blau, links. Mired-Wert -12; 81% Transparenz.

Blau, der Standard-Korrekturfilter von Kunst- (3200 K) zu Tageslicht (5500 K). Gebräuchlich zur Anpassung von Fotoleuchten an Tageslicht-Film. Mired-Wert -131; 36% Transparenz.

1/2 Blau für die Teilkorrektur von 3200 K auf 4100 K, zum Ausgleich von Spannungsschwankungen oder zur Angleichung normaler Haushaltslampen an Studiolicht. Mired-Wert -68; 52% Transparenz.

1/3 Blau für die Teilkorrektur von 3200 K auf 3800K. Verwendung wie 1/2 Blau, links. Mired-Wert -49; 64% Transparenz.

1/4 Blau wandelt 3200 K zu 3500K. Verwendung wie 1/2 Blau, links. Mired-Wert -30; 74% Transparenz.

Befestigungen und Stative

Die Möglichkeit, eine Leuchte genau an der richtigen Stelle zu positionieren, ist für effektives Lichtdesign ebenso wichtig wie die augenscheinlicheren Fragen von Richtung und Streuung, besonders bei Oberlicht. Wie mächtig oder effektiv ein Strahler oder Blitz auch sein mag, sein Gebrauchswert orientiert sich immer daran, wie leicht und sicher er dort angebracht werden kann, wo man ihn haben will.

Einige wenige, besonders ausgefeilte Leuchten haben ihr eigenes Befestigungssystem, die große Masse braucht Hilfe. Die erste und wichtigste Funktion jeder Befestigung muss es sein, die Leuchte und alles zur Modifikation des Lichts benötigte Zubehör an der richtigen Position zu halten. Das beste Beleuchtungssystem wird nutzlos, wenn Sie allein aufgrund der Tatsache, dass das Licht nicht aus jener Richtung kommt, die Sie sich vorstellen, Kompromisse machen müssen. Manche Lichtwinkel sind schwierig, besonders mit zusätzlichen, großen Diffusern, doch wenn es das Foto verlangt, müssen Sie einen Weg zur Befestigung finden.

Außer der Möglichkeit, das Licht aus der richtigen Richtung und Höhe zu richten, muss das Stativ Ihrer Wahl auch anderen Ansprüchen gerecht werden. Es muss sicher und fest stehen, je schwerer und größer eine Leuchte ist, desto wichtiger wird dieser Punkt. Die Leuchten selbst machen kaum je Probleme, auf einem entsprechend dimensionierten Stativ schon gar nicht.

Die meisten in der Stillleben-Fotografie verwendeten Leuchten haben entweder ein Gewinde oder einen Sockel, in jedem Fall mit einem Durchmesser von 16 mm. Dasselbe gilt für die meisten Stative. Die Gewinde passen in die Sockel und notfalls gibt es Adapter, sollten die Durchmesser nicht passen. Einige schwere Kunstlichtleuchten, die man jedoch in der Stillleben-Fotografie kaum je verwendet, haben 29-mm-Gewinde und manche Hersteller haben ihre eigenen, proprietären Befestigungssysteme entwickelt.

Umkippen kann eine solche Konstruktion, wenn Stativ oder Halterung zu klein oder leichtgewichtig für die Leuchte sind, wenn sich durch schwere Lampenvorsätze der Schwerpunkt verschiebt oder wenn das Licht über einen bestimmten Winkel hinaus aufgehängt, geneigt oder nach oben auskragend befestigt wird. Testen Sie die Stabilität, stoßen Sie die Konstruktion leicht an und drücken Sie aus verschiedenen Richtungen sanft dagegen. Man kann die Befestigung mit Draht, Nägeln, Zwingen und Ähnlichem sichern und die Leuchte an einem stabilen Träger (meist Decke oder Wand) festmachen, falls der Aufbau doch einmal versagen sollte.

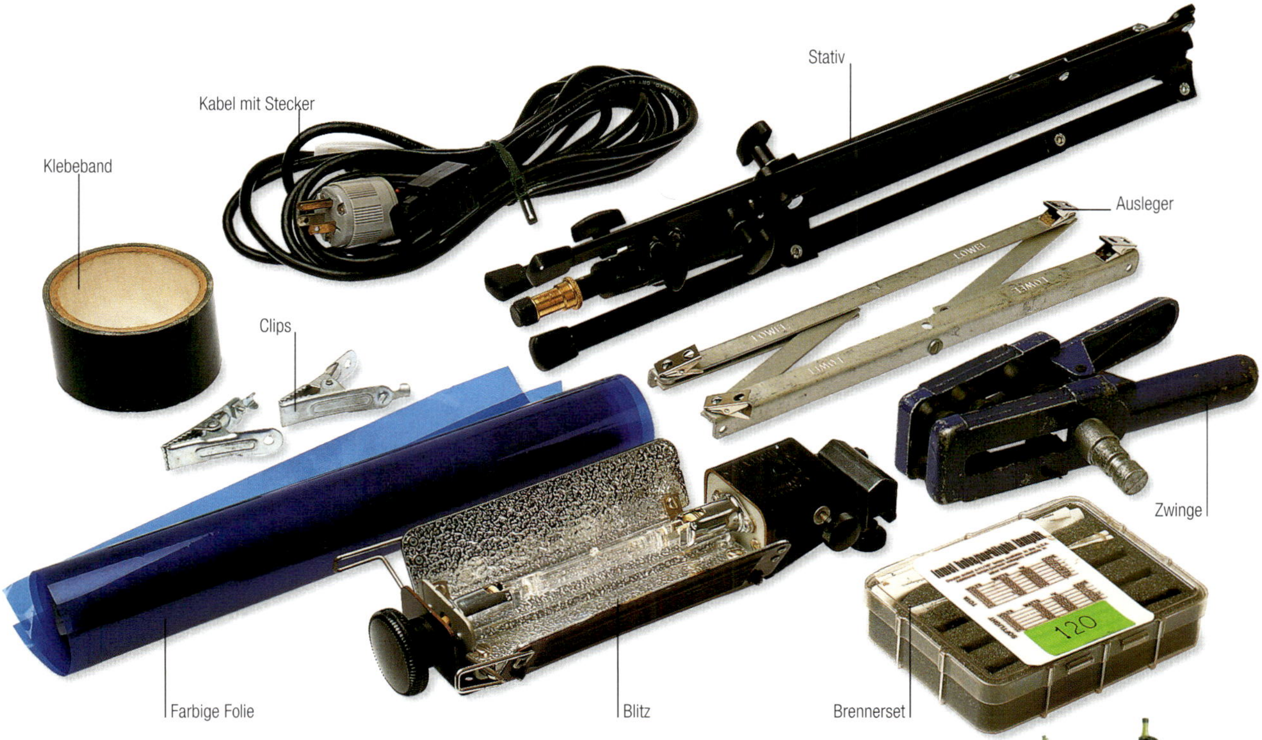

Zubehörsatz

Wenn Sie Ihre Beleuchtungsausrüstung auch vor Ort verwenden, ist ein „Erste-Hilfe-Set" wie das oben gezeigte nicht nur einfach eine gute Idee – es ist eine Notwendigkeit. Klebeband, Clips, Zwingen, Verlängerungen und Ausleger, Reserve-Stative und Reservekabel braucht man eher früher als später, um die Ausrüstung zu sichern, bei Bedarf etwas zu befestigen und notfalls ein Desaster zu verhindern.

Photon Beard Stative

Durchwegs mit 16-mm-Gewinde reicht die Bandbreite dieser Stative von kompakten Geräten mit einer Tragkraft von 4 kg und der Maximalhöhe von 2,4 m bis zur schweren Ausführung mit 12 kg Tragkraft und einer Höhe von 3 m.

Stativtasche

Selbst schwere Stative lassen sich erstaunlich klein zusammenpacken, und wenn Sie Ihr Equipment des Öfteren transportieren, ist eine Stativtasche keine dumme Investition. Alternativ gibt es weiche oder harte Koffer, die bis zu vier Stative samt Lampenköpfen aufnehmen.

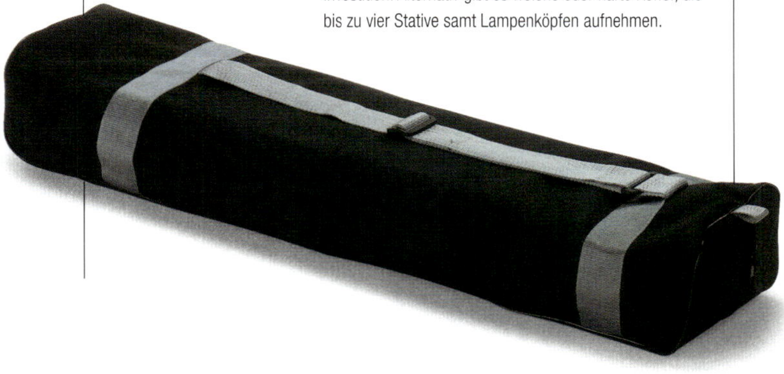

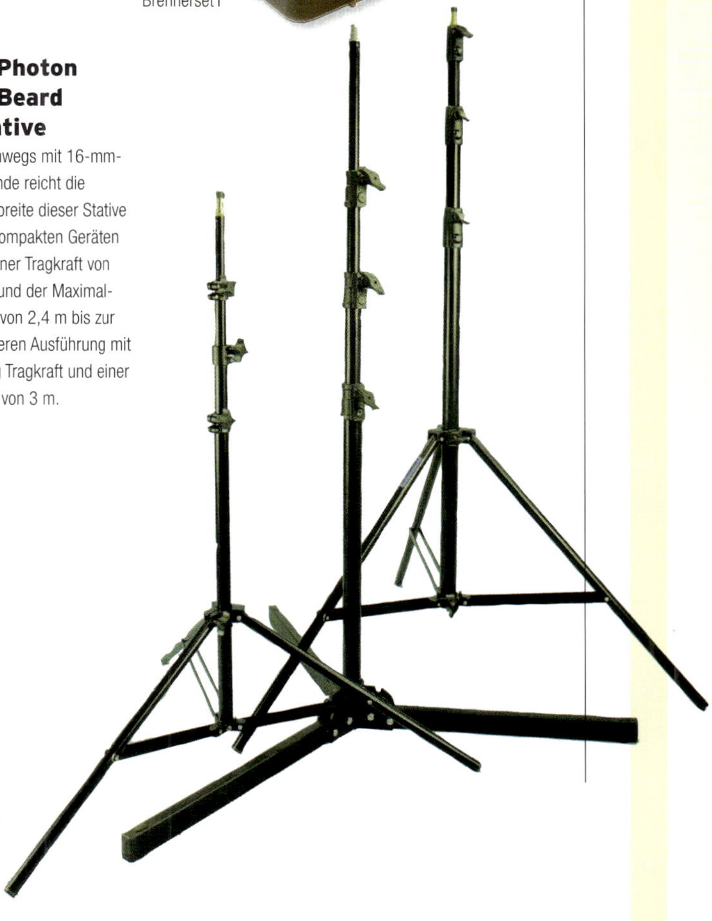

Überstrahlung verhindern

Das Objektiv vor jedem Lichteinfall zu schützen, der nicht Teil des Bildes ist, ist ein kritischer Punkt jedes Lichtaufbaus, hebt die Bildqualität aber beträchtlich.

Bei Lichtdesign im Studio setzt man gern eine Vielzahl von Lampen und Vorsätzen ein, manche davon knapp außerhalb des Bildrands. Blendenflecke und Überstrahlung werden geradezu herausgefordert, vor allem, wenn man das Licht in letzter Minute korrigiert und den Effekt nicht sorgfältig durch den Sucher überprüft. Überstrahlung tritt oft an den Bildrändern und -ecken auf und ist leider manchmal erst in der Vergrößerung zu sehen.

Überstrahlung vermeidet man im Prinzip dadurch, dass man die Linse abschattet. Präziser ausgedrückt: Alles Licht, das die Linse nicht aus dem Bereich des eigentlichen Bildes erreicht, kann Überstrahlung verursachen. Daher ist die ideale Lösung, die Lichtquellen bis zum Bildrand zu maskieren. Ausgefeilte, professionelle Lichtblenden haben genau diese Aufgabe; entweder kann man Sie aus- bzw. einziehen, oder sie haben verstellbare Tore, die man so kippt, dass nur der eigentliche Bildbereich beleuchtet wird.

Es gibt drei Stellen, von denen aus man die Linse abschatten kann: am Objektiv selbst bzw. knapp davor, zwischen Kamera und Licht mit größeren Blenden, so genannten „Fahnen" aus schwarzem Karton oder anderem Material auf Stativen und an jeder einzelnen Leuchte. Manche Gehäuse haben Blendentore – bewegliche Klappen, die den Lichtstrahl seitlich abblenden. An anderen kann man einfache Fahnen an Gelenkarmen befestigen.

Objektivblenden
Die drei gebräuchlichsten Lichtblenden sind (von links nach rechts): die Standardblende, auf die Brennweite abgestimmt, mit Gewinde oder Bajonett, ein verstellbares Balgenkompendium, das sich der Brennweite anpasst, und eine einfache schwarze Fahne, vor die Linse geklemmt.

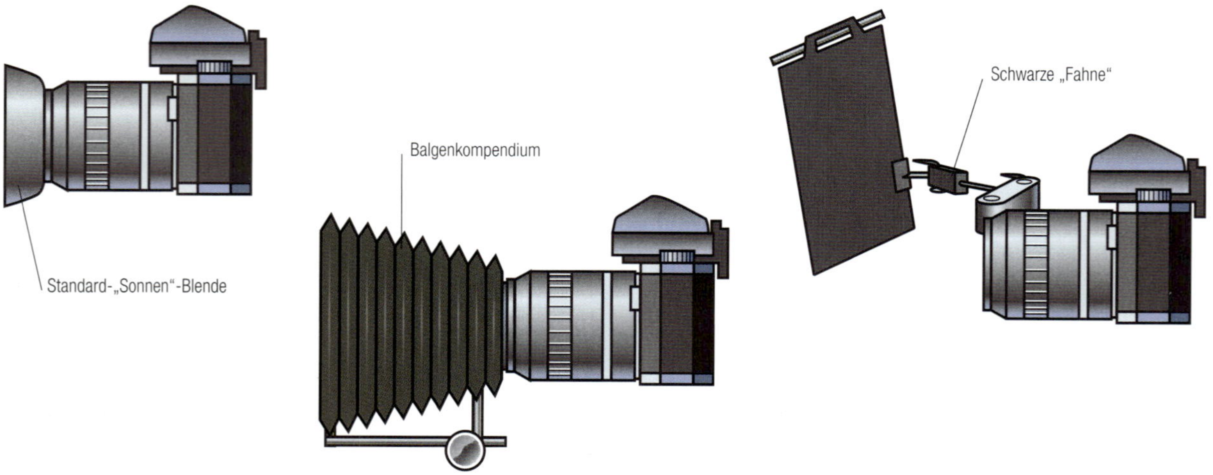

Die wichtigste Maßnahme ist, Streulicht von direkten Lichtquellen abzuschatten. Dazu sieht man von vorn auf die Kamera und bewegt die Maske so weit, dass kein Licht mehr auf die Frontlinse fällt und sie der Schatten knapp bedeckt. Jede weitere Einstellung hängt von der Ausleuchtung ab. Gibt es starke Reflexionen von Wänden oder hellen Oberflächen, geht man einen Schritt weiter, indem man die Blenden bewegt, bis sie am Rand im Sucher auftauchen, und sie dann wieder eine Spur aus dem Sichtfeld schiebt.

Ein Spezialfall von Überstrahlung tritt in der Stillleben-Fotografie, und zwar speziell bei breit gestreutem Oberlicht auf, wenn die Unterlage selbst sehr hell ist. Die helle Fläche rund um das eigentliche Bild erzeugt eine Art von Streulicht, das nicht gleich ins Auge springt, ein Bild aber dennoch nachhaltig ruiniert. Die einzige Lösung besteht darin, diese Oberfläche selbst mit schwarzem Papier oder Karton zu maskieren.

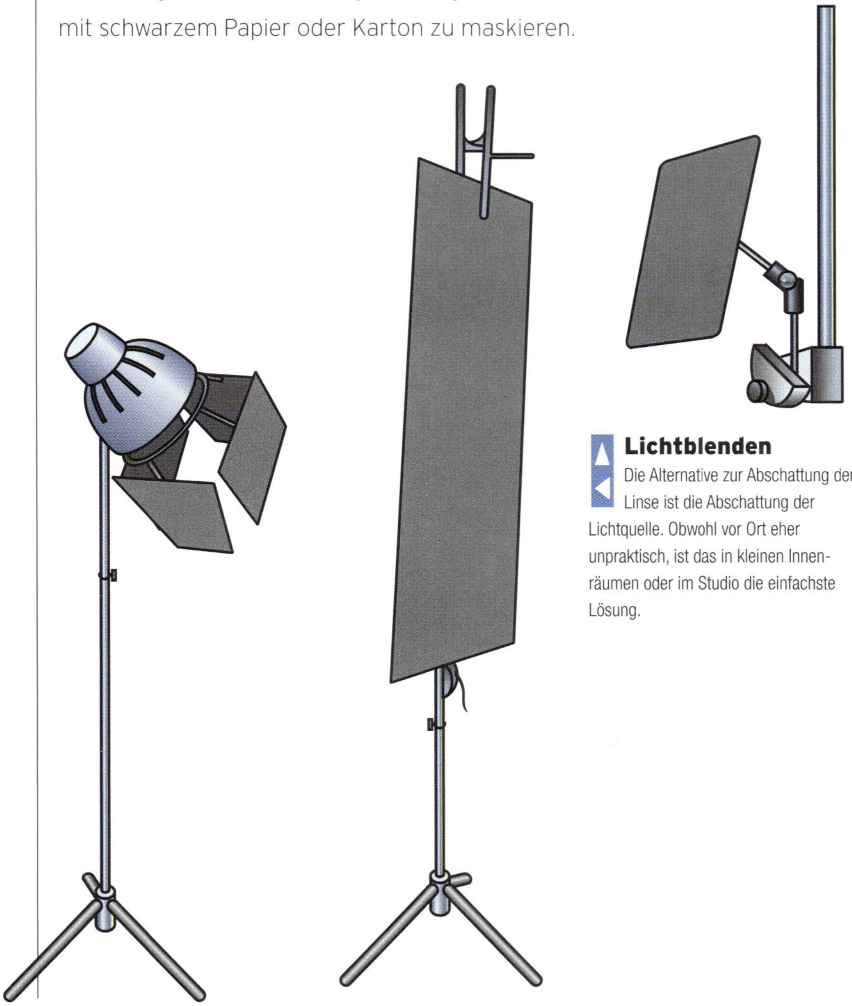

Lichtblenden

Die Alternative zur Abschattung der Linse ist die Abschattung der Lichtquelle. Obwohl vor Ort eher unpraktisch, ist das in kleinen Innenräumen oder im Studio die einfachste Lösung.

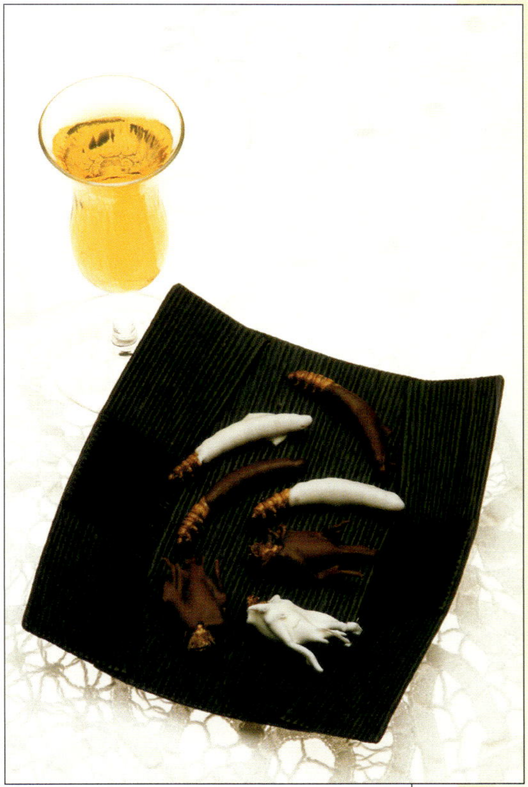

Ein strahlender Hintergrund

Sogar ein weißer Hintergrund kann, wenn er überstrahlt, ein Bild zerstören. Wenn die Kamera in Position ist, maskieren Sie das Licht bis zum Bildrand mit schwarzem Papier oder Tuch. Kontrollieren Sie den Effekt durch den Sucher, denn die Position der schwarzen Fahnen hängt von der Brennweite des Objektivs (und damit seinem Sichtwinkel) ab.

Diffusion

Das Licht einer Lampe zu streuen ist die grundlegendste aller Beleuchtungstechniken. Das weiche Licht ist gleichmäßiger und mindert harte Schatten.

Ein Licht wird diffus, wenn es von durchscheinendem Material gestreut wird, mit dem wichtigen Effekt, dass sich die Fläche der Lichtquelle vergrößert. Stellen Sie sich die bloße Lampe, egal ob Blitz oder Dauerlicht, als unkorrigierte Lichtquelle vor, klein und intensiv. Ohne Linse oder eine Vorrichtung zur Bündelung wird der Lichtstrahl in der Mitte extrem hell sein und nach außen hin schnell abfallen. Der Lichtkegel kann auch, abhängig von der Konstruktion des Gehäuses und des Reflektors, von unregelmäßiger Form sein. Sie erkennen dies, wenn Sie die Lampe aus kurzer Entfernung gerade gegen eine weiße Wand richten und ein wenig zurücktreten, um den Lichtkegel zu betrachten.

Bringt man eine durchscheinende Folie vor der Lampe an, wird in der Praxis diese Folie - der Diffuser - zur Lichtquelle. Ein Test: Richten Sie eine auf einem Stativ befestigte Leuchte horizontal aus. Von vorn gesehen ist das Licht klein und intensiv, daher wirft es harte, akzentuierte Schatten. Nun nehmen Sie ein Stück durchscheindendes Acryl, ähnlich jenem Material, das man für Leuchtkästen verwendet, und halten es vor die Lampe. Stehen Sie sehr nahe oder ist das Stück sehr groß, sehen Sie ein helles Zentrum, das zum Rand hin langsam dunkler wird: Es sieht genau so aus wie die auf die weiße Wand gerichtete Lampe. Bewegen Sie sich mit der Platte von der Lampe weg, bis sie gleichmäßig hell aussieht. So funktioniert effiziente Streuung, die Acrylplatte ist nun selbst die Lichtquelle.

Der Bereich des Lichts ist größer, daher haben die Schatten weiche Kanten und sind überall weniger tief. Eine vielleicht unerwünschte Nebenwirkung ist, dass die Lichtstärke sinkt, und zwar mehr oder weniger proportional zum Grad der Streuung. Je dicker die Streufolie ist, desto mehr Licht wird absorbiert. Hebt man den Grad der Streuung, indem man die Streufolie von der Lampe weg bewegt, sinkt die Lichtstärke aufgrund der Enfernung zur Lichtquelle.

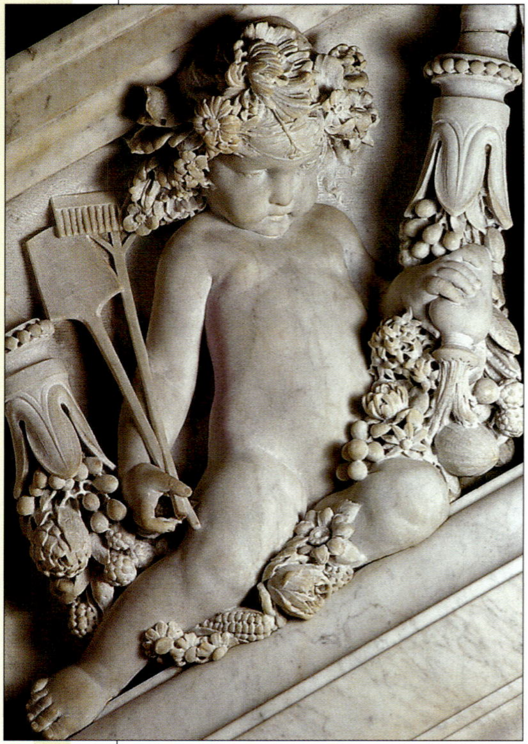

Modellierender Effekt
Obwohl das Licht in dieser Aufnahme stark gerichtet ist, ist es weich genug, um den Schatten die Tiefe und Kantenschärfe zu nehmen und gleichzeitig Lichtspitzen zu mildern. Motive mit ausgeprägtem Relief und feinen Details, wie diese Marmorputte in der Kongressbibliothek in Washington, erhalten durch diffuses Licht ein stärkeres Gefühl der Form.

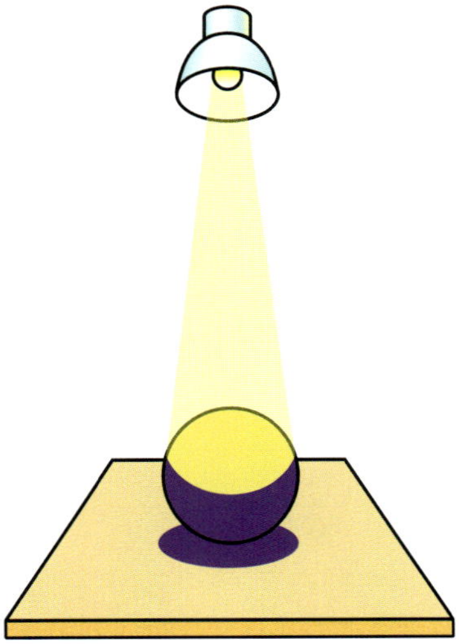

Diffusion & Schatten 1

Der grundlegende Unterschied zwischen „nacktem“ und gestreutem Licht ist die Wirkung der Schatten. Schatten einer baren Lichtquelle sind scharfkantig, da die Lichtquelle klein ist, fast ein Punkt. Zusätzlich sind die Schatten dicht und undurchdringlich und treten nicht nur an der Unterseite des Objekts, sondern auch darunter, auf der Unterlage auf.

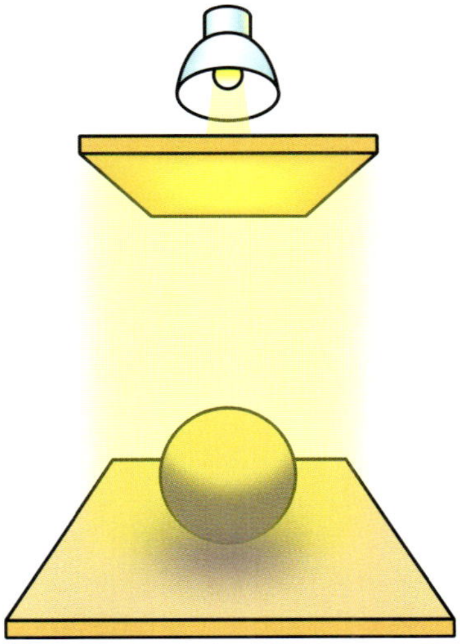

Diffusion & Schatten 2

Ein Diffuser zwischen Lichtquelle und Objekt macht im Endeffekt die Lichtquelle größer, da letzten Endes die streuende Oberfläche zur Lichtquelle wird. Durch die Größe erreicht ein wenig Licht auch die Schattenregionen, weicht die Kanten auf und und nimmt den Schatten ihre Dichte.

Diffusion & Schatten 3

Aus der Nähe betrachtet sind die Schatten unterschiedlich dicht, von ganz schwach an den Rändern bis zu ziemlich stark direkt unter dem Objekt. Tatsächlich ist nur ein ganz kleiner Kreis in der Mitte unter der Kugel gänzlich vor dem diffusen Licht geschützt.

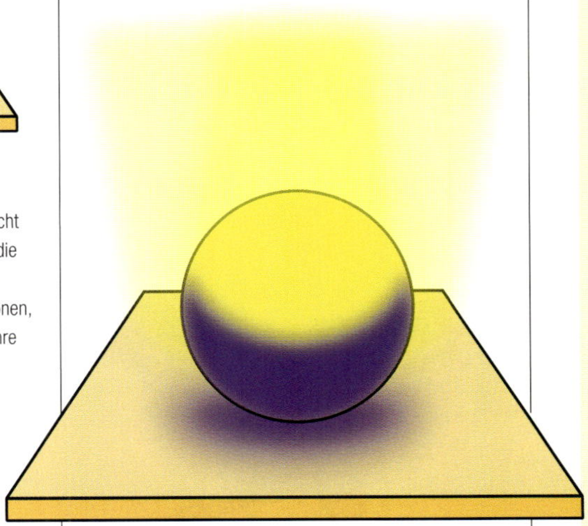

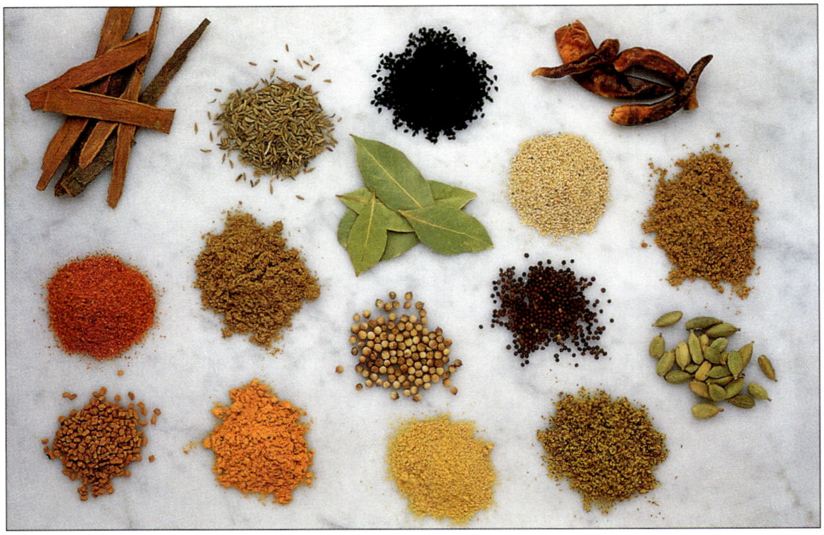

Extreme Streuung

Das Licht für diese Sammlung von Gewürzen musste so gut wie schattenlos sein, um alles klar zu zeigen, dennoch sollten die Samen anhand einiger Lichtspitzen unterscheidbar sein. Der Aufbau bestand aus einem großen Diffuser aus kurzer Distanz, sodass die Lichtquelle über das Bild hinaus reichte, unterstützt von Silberreflektoren an jeder Seite zur zusätzlichen Aufhellung der Schatten.

Diffusion kontrollieren

Der Grad der Diffusion hängt von der Transparenz des Materials, seiner Entfernung zur Lichtquelle und der relativen Größe des Diffusers zum Objekt ab.

Drei Faktoren bestimmen den Grad der Diffusion, was auch bedeutet, dass Sie die Diffusion auf drei Arten beeinflussen können: erstens durch die Dicke des Streumaterials (zwei dünne Folien wirken wie eine dicke), wobei in jedem Abstand zur Lichtquelle ein Diffuser optimaler Dicke jeden Lichtabfall vom Zentrum weg absorbiert. Das Material muss also gerade so dick sein, dass es den Effekt einer gleichmäßig hellen Fläche erzeugt, von Rand zu Rand. Ist der Diffuser zu dünn, ist das Licht in der Mitte heller und zu den Ecken hin dunkler - konsequenterweise wird die Lichtfläche ein wenig kleiner. Zeigt das streuende Material jene gleichmäßig helle Fläche, ist es sinnlos, dickere Folie zu verwenden - dadurch sinkt nur die Lichtintensität, der Diffusionsgrad steigt nicht weiter.

Der zweite Faktor ist die Entfernung zwischen Lichtquelle und Diffuser. Je größer diese Distanz ist, desto größer ist der Lichtkegel und desto weniger auffällig ist der Lichtabfall vom Zentrum zum Rand. Dadurch steigt die Fläche des diffusen Lichts, und ist die Fläche bereits gleichmäßig hell, hat es keinen Sinn mehr, den Abstand noch zu vergrößern.

Wenden wir uns nun von der Lichtquelle dem Objekt zu. Der Diffusionsgrad des darauf fallenden Lichts hängt vom dritten Faktor ab: seiner Größe. Je größer die Lichtfläche aus der Sicht des Objekts erscheint, desto breiter ist das Licht gestreut. Versetzen Sie sich selbst in die Lage eines solchen Objekts unter einer typischen Lichtwanne. Ist das helle Rechteck klein oder weit weg, nimmt es nur einen kleinen Teil des „Himmels" ein und das Licht wird relativ scharfkantige, tiefe Schatten werfen. Wird es durch ein größeres Rechteck ersetzt oder näher gerückt, nimmt es einen größeren Teil Ihres Blickfelds ein. Das Licht erreicht Sie aus verschiedenen Richtungen, wodurch die Schatten an Schärfe und Dichte verlieren.

Ausschlaggebend ist also die relative Größe, das Verhältnis zwischen der Größe des Objekts, der Größe der Lichtfläche und ihrem Abstand zueinander. Am einfachsten kombiniert man diese Faktoren in einer Messung, indem man den Blick aus der Sicht des Objekts unter Berücksichtigung seiner Größe auf die Lichtquelle richtet. Solange sie ebenso groß oder größer als das Objekt erscheint, ist das Licht diffus.

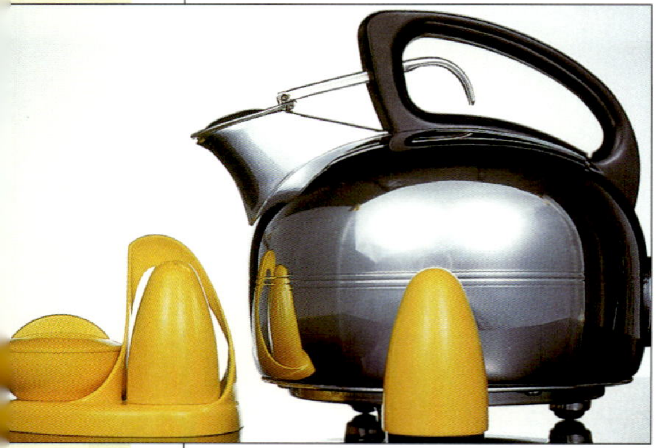

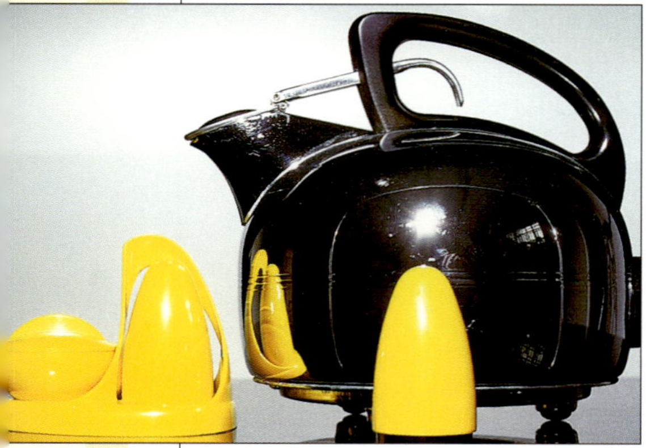

Ein Lichtzelt
Der höchste Grad an Diffusion ist erreicht, wenn das Licht das Objekt von allen sichtbaren Seiten umgibt, wobei „sichtbar" bedeutsam ist: Gegenlicht hat in diesem Fall keinerlei Wirkung. Dafür muss die Streufolie so geformt sein, dass sie das Objekt umschließt. Vergleichen Sie diese Studioversion mit der natürlichen Streuung unter bedecktem Himmel *(siehe Seite 56–57)*.

Größeres diffuses Licht

Eine großflächige Lichtquelle (in Relation zum Objekt) ergibt gute Streuung, gemessen aus der Sicht direkt unterhalb des Objekts.

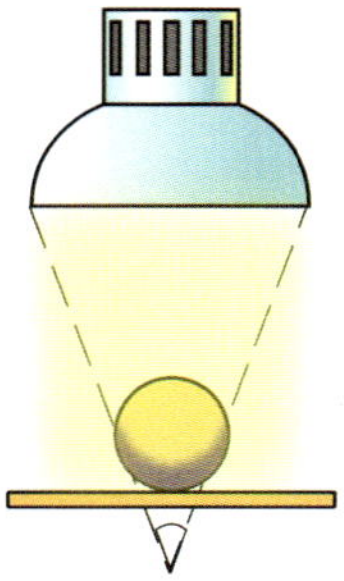

Größeres Objekt

Das Licht von oben hat bei einem größeren Objekt geringere Streuwirkung (der Winkel wird spitzer). Auch ist der Arbeitsraum eingeschränkt, in diesem Fall bis zur Unbrauchbarkeit.

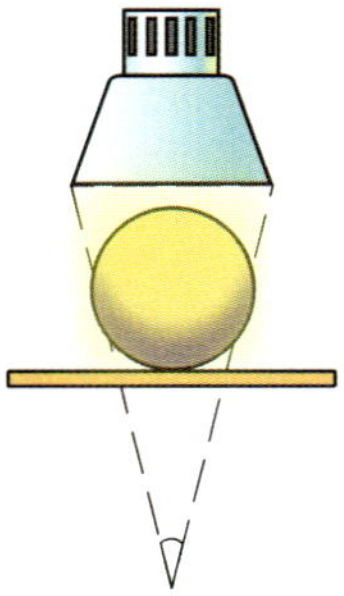

Kleineres diffuses Licht

Eine kleinere Lichtquelle, näher am Objekt, ergibt denselben Winkel wie oben, erreicht daher denselben Grad an Diffusion. Allerdings kann es in der Praxis zu Problemen kommen, einerseits in Bezug auf den Arbeitsraum zwischen Licht und Objekt, andererseits durch Überstrahlung.

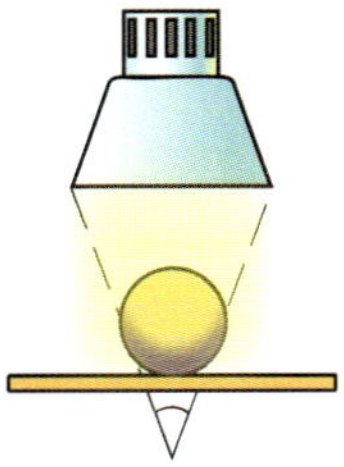

Kleineres Objekt

Dieselbe Lichtquelle hat bei einem kleinen Objekt größere Streuwirkung. Wie die Beispiele zeigen, ist allein die relative Größe von Licht und Motiv relevant.

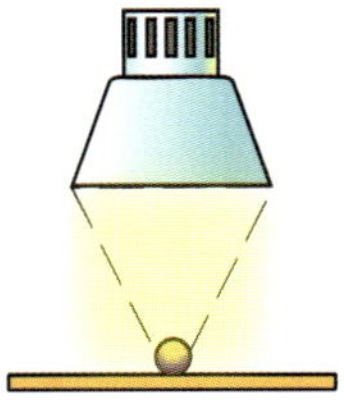

Möglichkeiten der Diffusion

Die Streuung, 1, ändert sich: 2, durch einen dickeren Diffuser, der gleichmäßigeres Licht erzeugt; 3, indem man die Lichtquelle weiter weg bewegt für ein ähnliches Ergebnis ; 4, mit einer größeren Streufolie, wodurch die Lichtquelle größer wird; und 5, indem man die Streufolie näher zum Objekt rückt, wodurch sich das Größenverhältnis ändert.

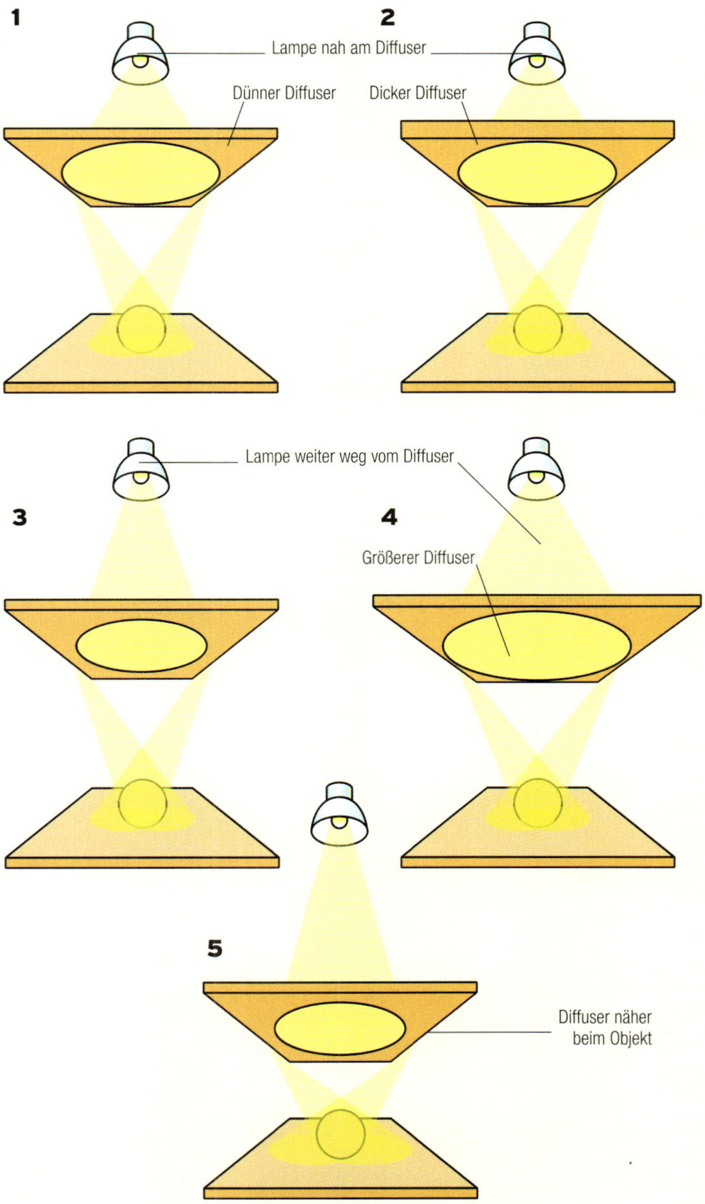

Streuende Materialien

Jedes durchscheinende Material kann zum Diffuser werden und gibt durch seine Dicke, Eigenschaft und Textur dem Licht eine spezielle Qualität.

Diffusionsmaterial hat verschiedene Qualitäten, die nicht auf den ersten Blick erkennbar sind. Eine davon ist die Textur, offensichtlich in Geweben, Netzen und Wellplastik. Bis zu einem gewissen Grad wird dadurch die Diffusion verstärkt, da das Licht in alle Richtungen gestreut wird. Wenn aber auch nur ein kleiner Teil des Objekts eine hoch reflektierende Oberfläche aufweist - poliertes Holz, Metall oder eine Flüssigkeit-, kann es sein, dass das diffuse Licht selbst gespiegelt wird. In diesem Fall wird die Textur des Materials sichtbar und kann das Bild ruinieren. Eine weitere Eigenschaft ist die Form des Diffusers. Auch sie wird wichtig, wenn man ihre Reflexion sehen kann, sogar in matten Objekten. Das kann dann der Fall sein, wenn das diffuse Licht nur einen Teil der Szene erleuchtet. Zwar ist der Lichtabfall sanft und verlaufend, wenn das Licht allerdings präzise gesetzt wird und einer Linie folgen soll, muss der Diffuser die passende Form haben. Die einfachste, unaufdringlichste Form ist ein Rechteck, wie man es oft in der Stillleben-Fotografie findet. Porträts brauchen weniger exakte Lichtsetzung, hier sind Schirme üblich.

Eng mit der Form verbunden ist der Grad des Streulichts an den Kanten. Der Abstand zwischen Diffuser und Lampe lässt direktes Licht entschwinden, worauf es von jeder hellen Fläche reflektiert wird, einschließlich der Zimmerdecke, den Wänden und Teilen der Ausrüstung. Eine Methode ist, den Lichtstrahl mit Blendentoren oder Fahnen so exakt wie möglich auf den Diffuser zu begrenzen, eine andere, effizientere, das Licht völig einzuschließen: Softboxen oder Lichtwannen sind vor allem in der Stillleben-Fotografie äußerst beliebt. Es gibt sie in verschiedenen Designs, alle ähneln einer Schachtel. Idealerweise haben Sie im Inneren eine Vorrichtung, um das Licht zu richten, sodass die durchscheinende Frontseite gleichmäßig beleuchtet

Auf neutrale Farbe testen

Obwohl man mit Sicherheit davon ausgehen kann, dass die Farbtemperatur der ursprünglichen Lichtquelle, so es sich um eine Fotolampe handelt, abgestimmt ist, gibt es keine Garantie, dass das Streumaterial nicht einen Farbstich verursacht. Praktisch sind so gut wie alle Materialien neutral: Sieht ein Diffuser weiß aus, wird er das Licht höchstwahrscheinlich durchlassen, ohne die Wellenlänge zu verändern. Dennoch kann es nicht schaden, ein Material zu testen. Wählen Sie dafür eine fixe Einstellung für den Weißabgleich, nicht die Automatik.

Wenn der Diffuser einen Unterschied macht, ist dieser klein. Im Detail überprüft man das mit einer Graukarte. Machen Sie eine Aufnahme ohne Diffuser und je eine für jedes Material Ihrer Wahl. Dann stellen Sie den Weißabgleich mit der Feinabstimmung der Kamera ein (falls vorhanden) oder wählen die passende Vorgabe.

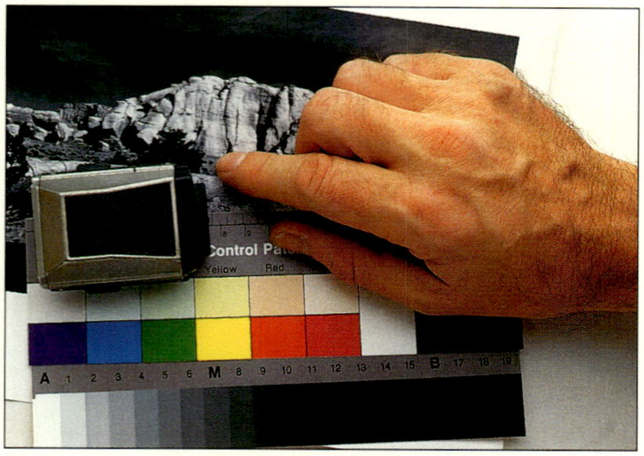

wird. Meist sind diese Vorrichtungen aus hellem Metall oder weiß und wirken als Reflektoren.

Allerdings kann man eine Lampe nur dann auf diese Art einschließen, wenn die Hitzeentwicklung gering ist - eine gute Gelegenheit, Blitz und Dauerlicht im Bezug auf Diffusion gegeneinander abzuwägen *(siehe Seite 110-111)*. Vor allem starke Halogenstrahler produzieren nicht wenig Hitze, und die Mehrzahl aller Diffusionsfolien, wenn nicht als hitzefest gekennzeichnet, wird sich in ihrer Nähe wellen oder verfärben. Vorsätze, die eine Lampe ganz umschließen, führen zu einem Wärmestau und können nur dann sicher mit Glühlampen verwendet werden, wenn diese einen eingebauten Ventilator oder Lüfter haben. Die Vorteile des kalten Blitzlichts liegen, was Diffusion betrifft, daher auf der Hand.

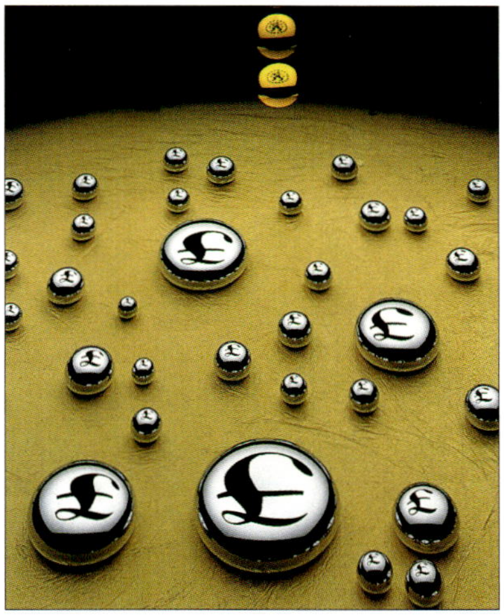

Saubere Textur
Stark spiegelnde Objekte, wie diese Quecksilbertropfen, enttarnen jedwede Textur des Streumaterials.

Streuende Materialien

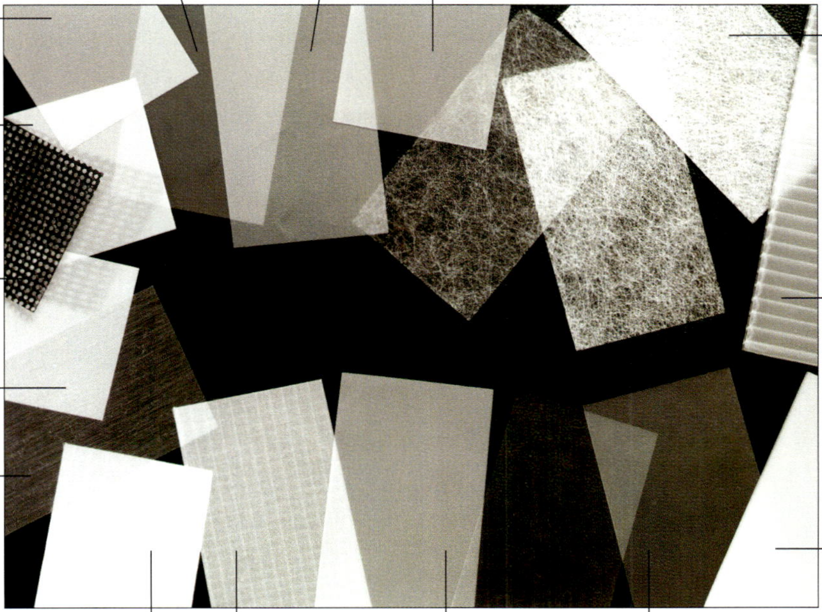

Reflektoren

Richtet man ein Studiolicht vom Motiv weg gegen eine große, helle Oberfläche, erhält man auf einfachem Weg stark diffuses Licht. In kleinen Studios muss man allerdings aufpassen, dass dieser Effekt nicht unbeabsichtigt auftritt.

Von einer hellen Fläche reflektiertes Licht ist in erster Linie eine Alternative zur Diffusion. Die Effekte sind ähnlich, sowohl vom Prinzip her (die Fläche des Lichts wird vergrößert) als auch in der Wirkung bei der Reduktion der Schatten und der Minderung des Kontrasts. Obwohl es schwierig ist, das reflektierte Licht ebenso präzise zu kontrollieren wie diffuses Licht, wodurch es sich für Stillleben wenig eignet, kann es eine effektive und einfache Methode zur Beleuchtung sein. Passende helle Flächen findet man so gut wie überall, und man kann die bloße Fotoleuchte ohne Vorsatz verwenden. Die Stärke des reflektierten Lichts ist die starke Streuung; es ist extrem weich, fast schattenlos. Wertvoll wird es dann, wenn man nur die Lichtstärke anheben will, um eine kleinere Blende oder kürzere Verschlusszeit zu erreichen, ohne eine neue Lichtquelle einzuführen.

Im Basisaufbau für die Beleuchtung durch Reflexion wird die Lichtquelle einfach vom Objekt weg auf eine weiße Fläche gerichtet. Es gibt dabei bei der Kontrolle des Lichts verschiedene potenzielle Probleme: Die Silhouette der Lampe und des Stativs ist zu sehen; der Lichtstrahl ist nicht gleichmäßig und nicht klar abgegrenzt; um die Richtung des Lichteinfalls zu ändern, müssen sowohl die Lichtquelle als auch der Reflektor bewegt werden (was bei einer Mauer zum Beispiel kaum möglich sein wird). Positiv ist anzumerken, dass reflektiertes Licht Platz spart, denn indem das Licht zurückgeworfen wird, teilt sich der Weg des Lichts in die Hälfte.

Um die speziell in der Stillleben-Fotografie notwendige absolute Kontrolle über das Licht zu behalten, gehen manche Fotografen so weit, Wände und Decke des Studios schwarz zu streichen, um jede unerwünschte Reflexion gänzlich auszuschließen, andere wählen ein neutrales Grau. Je kleiner das Studio, umso wichtiger wird dieser Punkt. In einem großen Studio ist der Raum um das Set meist groß genug, sodass sich Streulicht verliert.

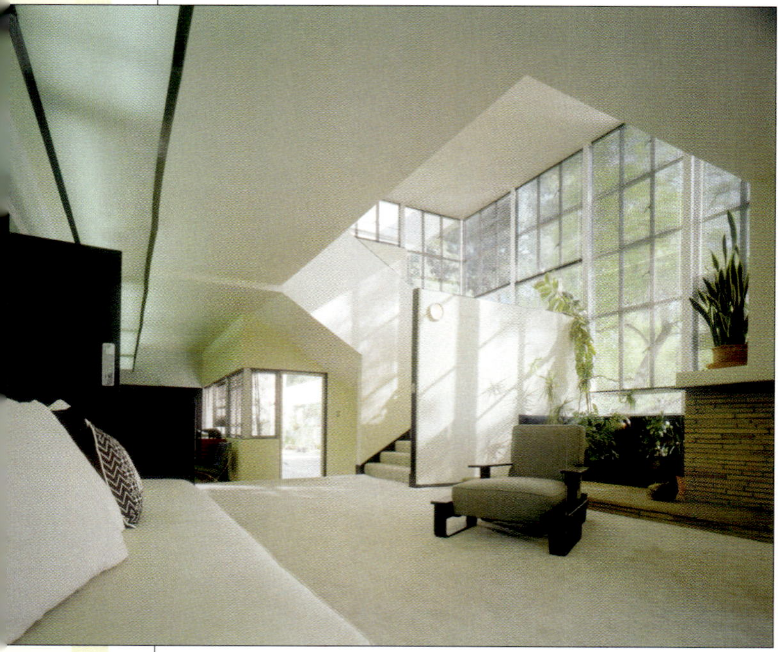

Reflektiertes Fenster
Reflektiertes Licht kann die Raumhelligkeit, wenn Tageslicht durch ein Fenster dringt, anheben. Hier wurde ein 100-Watt-Halogenstrahler mit blauem Gelfilter *(siehe Seite 104)* hinter der Kamera nach oben und hinten gerichtet, um schattenloses, helles Licht zu erzeugen.

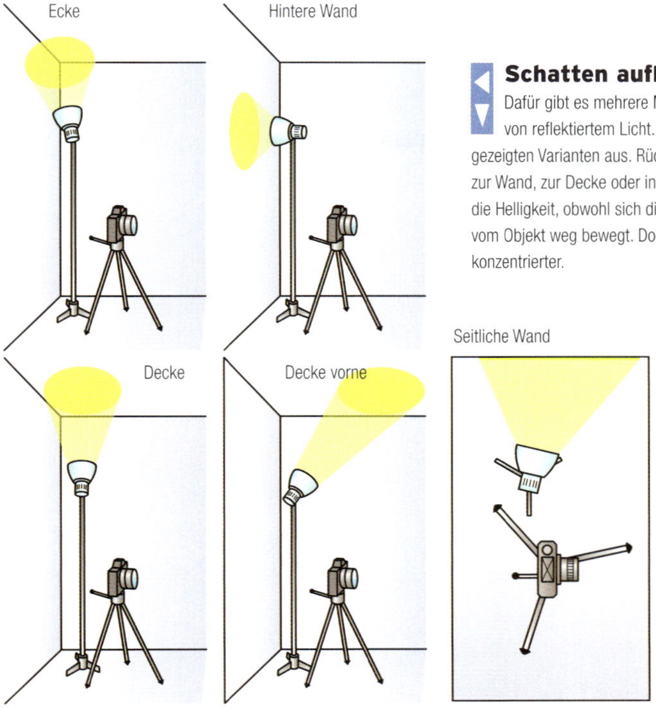

Schatten aufhellen

Dafür gibt es mehrere Möglichkeiten mit Hilfe von reflektiertem Licht. Probieren Sie die hier gezeigten Varianten aus. Rückt man das Licht näher zur Wand, zur Decke oder in die Ecke, erhöht sich die Helligkeit, obwohl sich die Lichtquelle eigentlich vom Objekt weg bewegt. Doch die Reflexion wird konzentrierter.

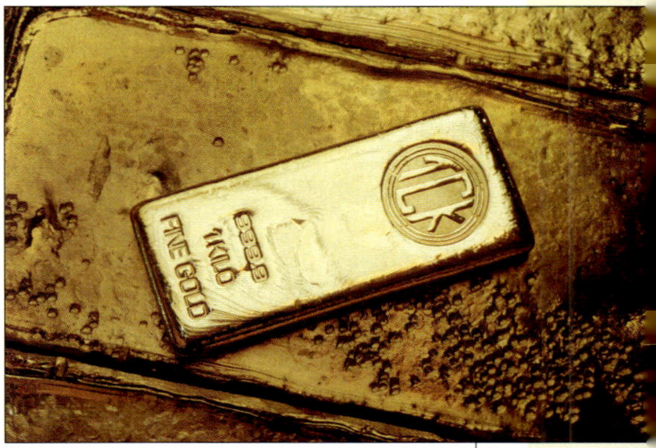

Frontale Reflexion

In der Stillleben- und Nahfotografie ist ein diffuses Hauptlicht von oben die Standard-Ausleuchtung, wie auch hier bei diesem spiegelnden Goldbarren. Dadurch laufen aber die nach vorn schauenden Flächen Gefahr, zu dunkel zu werden. Das Problem ließ sich durch kleine Spiegel, die knapp unterhalb des Bildrands vor der Kamera platziert wurden, leicht lösen.

Reflektierende Materialien

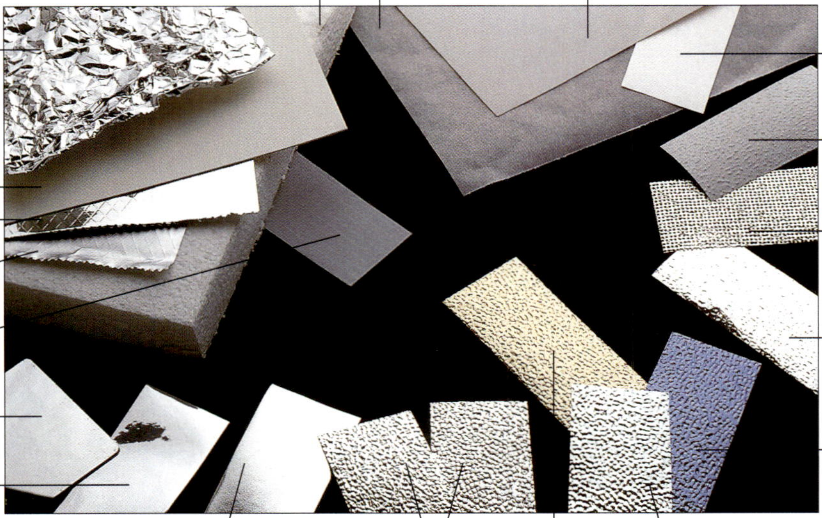

Bündelung

Im Gegensatz zu Reflexion und Diffusion ist die Bündelung des Lichts eine Technik zur präzisen Begrenzung des Lichts auf einen Bereich, der hohe Kontrast ergibt oft dramatische Effekte.

Obwohl Diffusion die Lichtfläche vergrößert, ist Bündelung nicht ihr genaues Gegenteil. Ein Diffuser streut das Licht, doch das würde auch bei einer bloßen Lampe ohne dem Reflektor dahinter passieren. Bündelung ist vor allem an jenem Licht interessiert, das direkt auf das Objekt fällt - an seiner Größe, Form und der Schärfe der Kanten.

Licht kann an verschiedenen Punkten des Strahls gebündelt werden: durch eine entsprechende Form des Reflektors hinter der Lampe; durch eine Fokussierlinse; durch seitliches Abschatten des Lichts; indem man es nahe am Objekt maskiert (einschließlich der Platzierung eines schwarzen Kartons mit Ausschnitt für das Objektiv vor der Linse). Die bei weitem effizienteste Methode ist die Linse, das Arbeitsprinzip von Spots und Luminaires. Dadurch erhält man einen scharf abgegrenzten Lichtkreis auf dem Objekt, dessen Größe (und Form) variabel ist. Obwohl es Spotvorsätze für Blitzgeräte gibt, sind die Konstruktionen für Dauerlicht einfacher, da man den Effekt mit dem Auge einschätzen kann. Das Einstelllicht des Blitzgeräts ist für gewöhnlich in einer etwas anderen Position und hat eine andere Form als die Blitzröhre, daher wird sich ein Fokussieren des Einstelllichts nicht immer gleichermaßen auf den Blitz auswirken.

Extreme Bündelung wird in der Studiofotografie nicht oft benötigt, obwohl sie für Streiflicht-Effekte, zum Beispiel als Spitzlicht auf dem Haar in einem Porträt, nützlich ist. Für gewöhnlich bündelt man eine Lampe mit Hilfe

Starke Bündelung
Snootvorsätze und Linsen erzeugen streng begrenzte Lichtkegel. Dieser Bowens Esprit Universal-Spot bündelt das Licht eines Blitzgeräts. Bei einem Linsensystem an einem Strahler kann man den Effekt besser abschätzen.

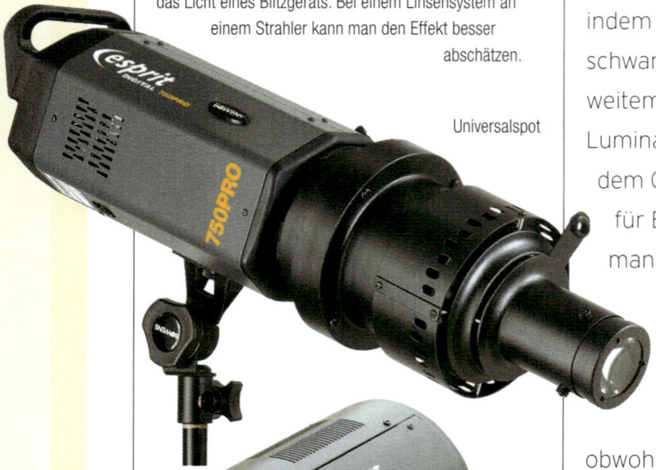

Universalspot

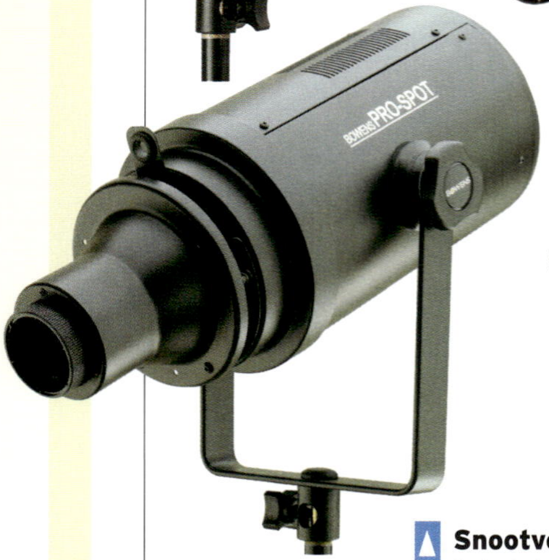

Pro-Spot

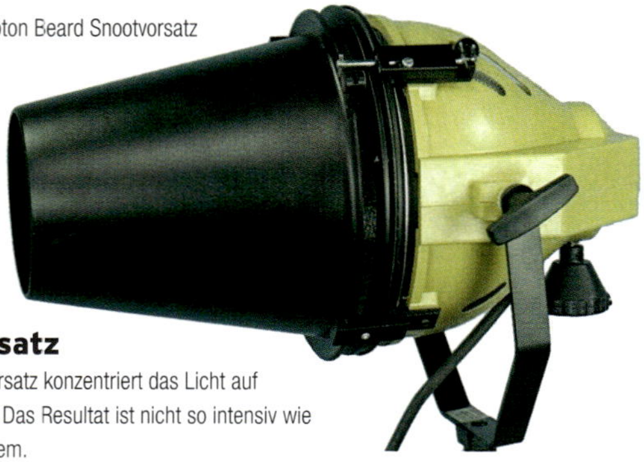
Photon Beard Snootvorsatz

Snootvorsatz
Der konische Vorsatz konzentriert das Licht auf einen engeren Kegel. Das Resultat ist nicht so intensiv wie bei einem Linsensystem.

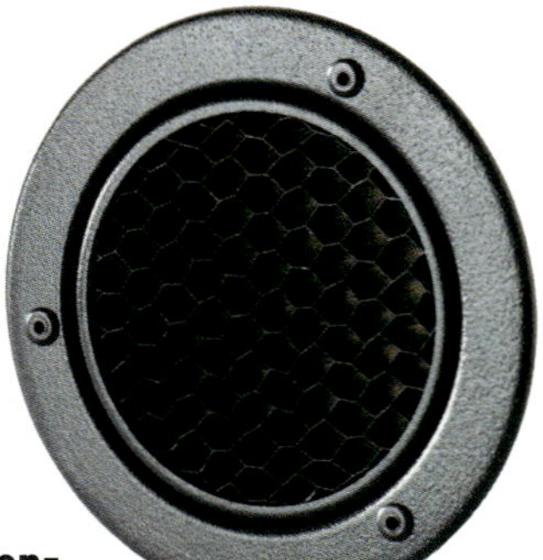

Wabengitter
Das Wabengitter ermöglicht noch mehr Kontrolle über Qualität und Intensität des gebündelten Lichts.

ihres Reflektors. Dadurch entsteht ein anderer Effekt der Lichtkonzentration. Außer in jenen Gehäusen (meist Glühlampen), in denen man die relative Position von Lampe und Reflektor verändert, um den Lichtkegel zu beeinflussen, erzeugen Reflektoren das, was als normaler Kegel angesehen wird: etwa um die 60° bis 90°. Das ist gebündeltes Licht, zusätzliche Reflektorvorsätze konzentrieren das Licht weiter, am effektivsten ein Parabolspiegel.

Außer den Reflektoren arbeiten die anderen Methoden zur Begrenzung des Lichtkegels subtraktiv – indem sie das Licht an den Rändern abschatten und nur die Mitte übrig lassen –, wodurch sich die Lichtintensität verringert. Direkt an der Lampe montiert man unter anderem Snootvorsätze und alle Arten von Masken, wie Fahnen oder Blendentore. Andere Masken, etwa schwarzen Karton, verwendet man näher am Objekt – je näher, desto exakter die Begrenzung des Lichts.

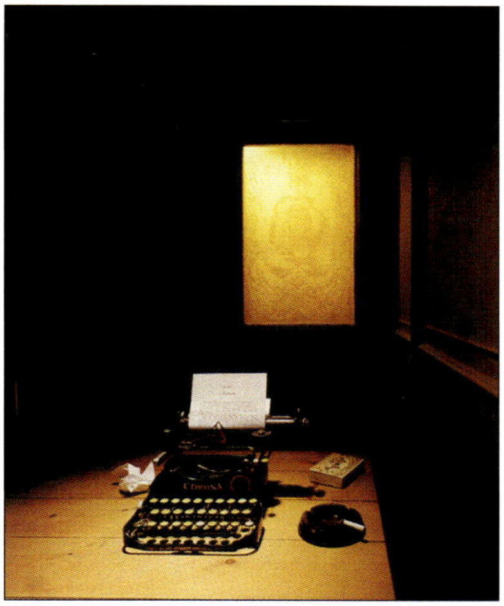

Hohe Konzentration
Für den stärksten Spotlight-Effekt muss die mit Hilfe der auf der Seite gegenüber gezeigten Vorsätze gebündelte Lichtquelle im Allgemeinen in einiger Enfernung vom Objekt angebracht werden. Um den Tisch und die Schreibmaschine aus der Umgebung herauszulösen, haben wir einen 400-Joule-Blitz mit Snoot an einem Deckenbalken befestigt.

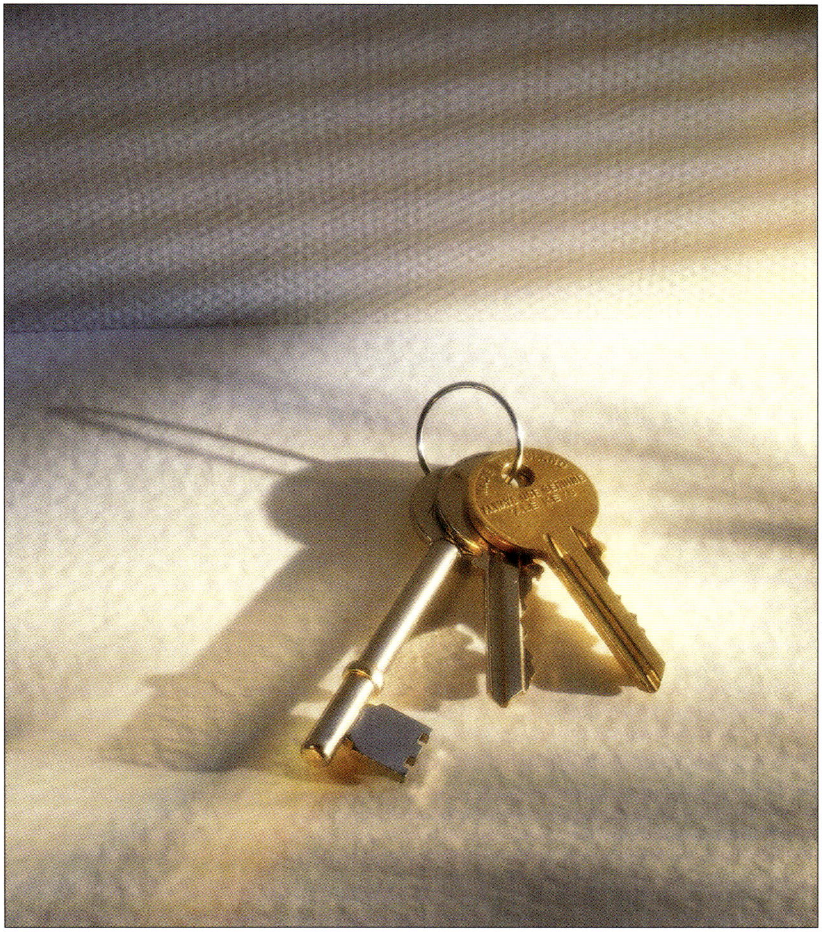

Gerichteter Spot
Ein Linsensystem als Spot in spitzem Winkel von rechts und etwas oberhalb der Kamera lässt diesen Schlüssel und einen akzentuierten, kontrollierbaren Schatten auf das geprägte Papier werfen. Diese Schatten und die Schatten anderer, gezielt zwischen dem Licht und den Schlüsseln platzierter Objekte lassen ein kaum mehr als durchschnittliches Motiv höchst interessant erscheinen.

Form modellieren

Seitenlicht in all seinen Varianten, diffus für weiche Schatten, vermittelt den besten Eindruck von der Rundung der Formen und der Tiefe eines Objekts.

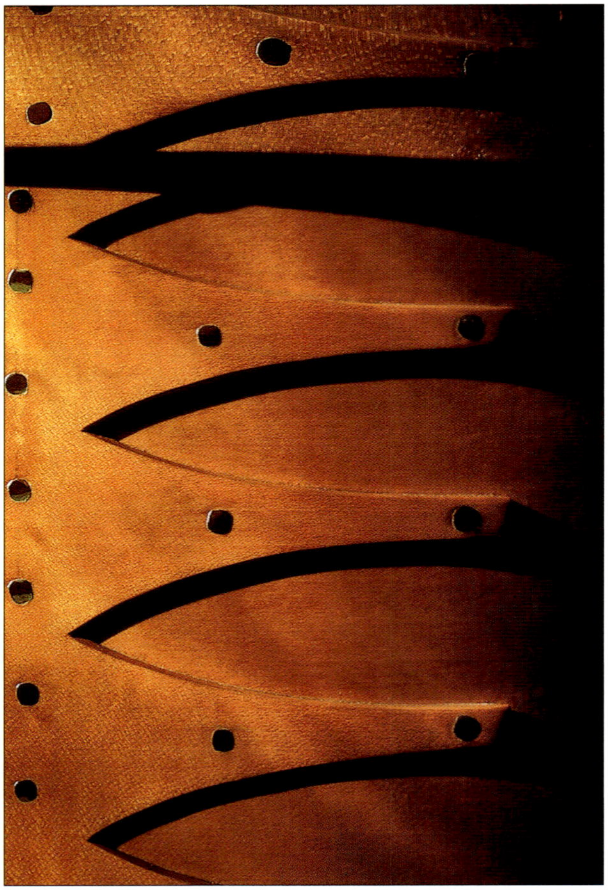

Tiefe durch hohen Kontrast
Eine Technik, die sich für feine Details eignet, wie in dieser Nahaufnahme einer Shaker-Truhe mit Schwalbenschwanz-Relief, benützt hartes Licht aus spitzem Winkel – in diesem Fall Sonnenlicht ohne jeden Reflektor. Der Effekt ist grafisch und eindrucksvoll.

Eine der großen Herausforderungen aller zweidimensionalen Künste, der Malerei ebenso wie der Fotografie, ist die Vermittlung der dreidimensionalen Gestalt und des Volumens eines Objekts. Dabei gilt es immer, eine Art von Illusion zu erzeugen, denn Form ist im Wesentlichen die Essenz aus Volumen und Substanz. Im Gegensatz dazu ist die Kontur einfach abzubilden, da dies eine grafische Eigenschaft ist, die sogar in Silhouetten mit nur zwei Farbtönen wirkt. Form als plastische Qualität braucht hingegen eine Beleuchtung, die Rundung und Tiefe betont - ein sehr realistischer Ansatz. Diese Art der Beleuchtung mündet unweigerlich in „abbildender" Fotografie.

Die Techniken zur Darstellung der Form basieren auf einer Modulation von Licht und Schatten. Das bedingt direktes Licht, das akzentuierte Schatten wirft und aus einem Winkel auftrifft, in dem sich Hell und Dunkel die Waage halten. Starkes Vorder- oder Gegenlicht ist nicht sehr geeignet. Bei ersterem sind die Schatten, bei letzterem die hellen Bereiche zu klein. Jede Art von Seitenlicht erzeugt eine weit ausgewogenere Verteilung.

Zwei Dinge gilt es zu beachten, setzt man Licht und Schatten auf diese Art ein: Zum einen sollte sich die Oberfläche des Objekts von einer Seite zur anderen verdunkeln; das allein schon erzeugt den Eindruck von Fülle und Volumen. Zum anderen sind die Schattenregionen selbst sehr interessant. Ihre Lage und Form aus der Sicht der Kamera liefern detaillierte Informationen über das Relief. Beide Faktoren gleichzeitig kann man auf drei Arten ändern: durch den Einfallswinkel des Lichts, die Stärke des Kontrasts und den Grad der Diffusion. Doch hängt auch viel vom Objekt selbst ab. Am besten übt man mit einem einzelnen, runden Gegenstand, etwa einem Topf, und nur einer Lichtquelle und macht eine Reihe von Aufnahmen, wie in der Sequenz auf der Seite gegenüber.

Licht etwas von vorn

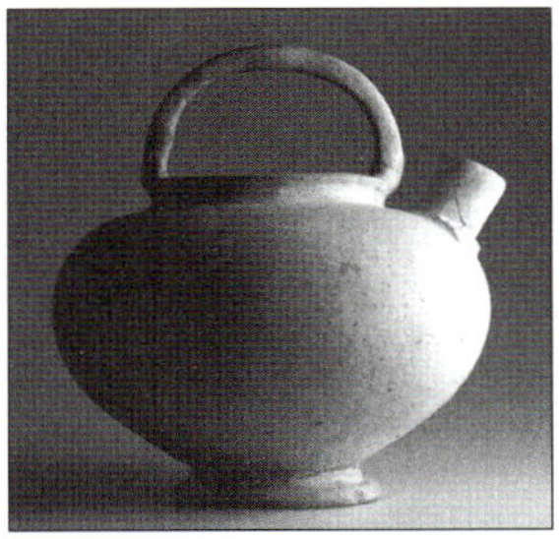

Moderat gestreut, ohne Reflektor

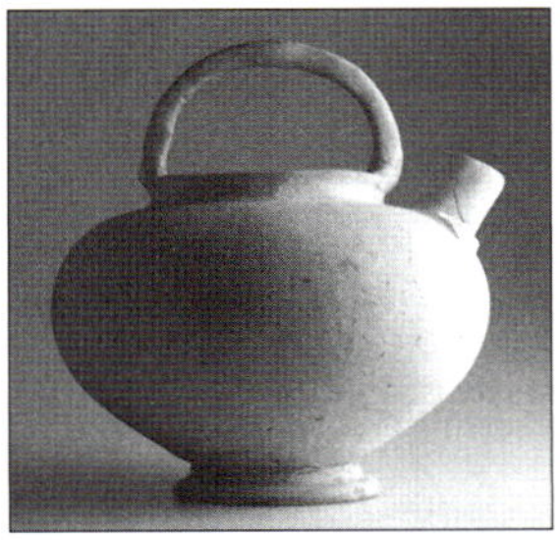

Stark gestreut, ohne Reflektor

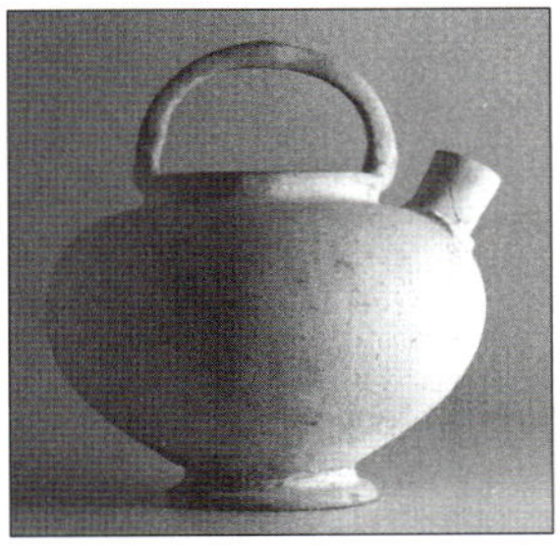

Stark gestreut, mit Reflektor

Licht etwas von hinten

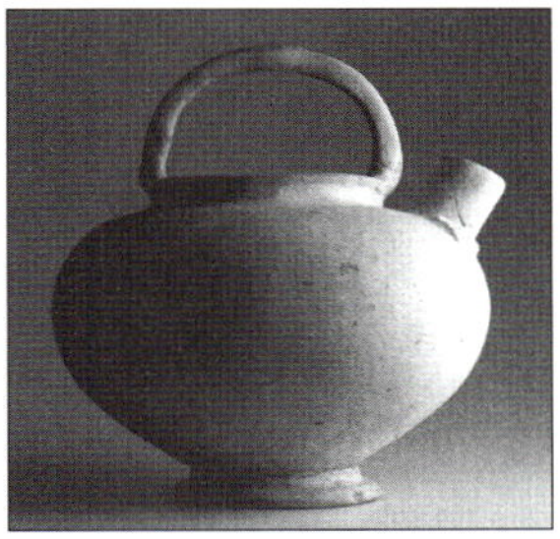

Moderat gestreut, ohne Reflektor

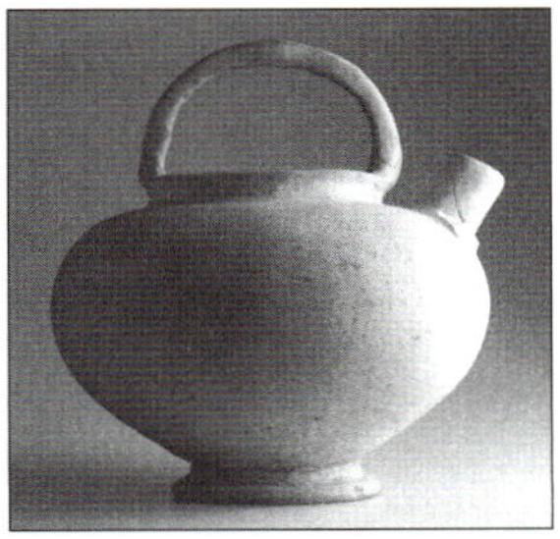

Stark gestreut, ohne Reflektor

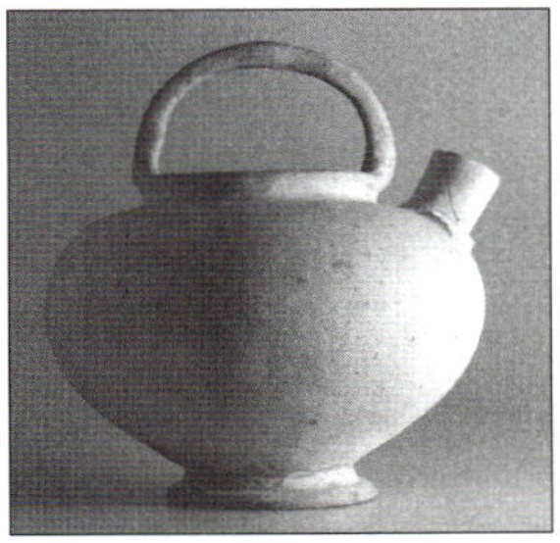

Stark gestreut, mit Reflektor

Einfach nur Volumen

Kleine Änderungen am Licht haben zarte, aber umso wertvollere Auswirkungen auf die Art, wie die Form eines Objekts im Bild dargestellt wird. Ein Topf aus präkolumbianischer Zeit ist unser Studienobjekt; in den linken drei Bildern kommt das Licht schräg von vorn, in den rechten Aufnahmen schräg von hinten.

Das Licht variieren

Drei Hauptfaktoren beeinflussen die Modellierung. Modellierung, nichts anderes als die Darstellung von Form und Relief, ergibt sich durch das Licht. Die Grafik zeigt die drei Variablen des Lichts: Einfallswinkel, Diffusion und Aufhellen der Schatten.

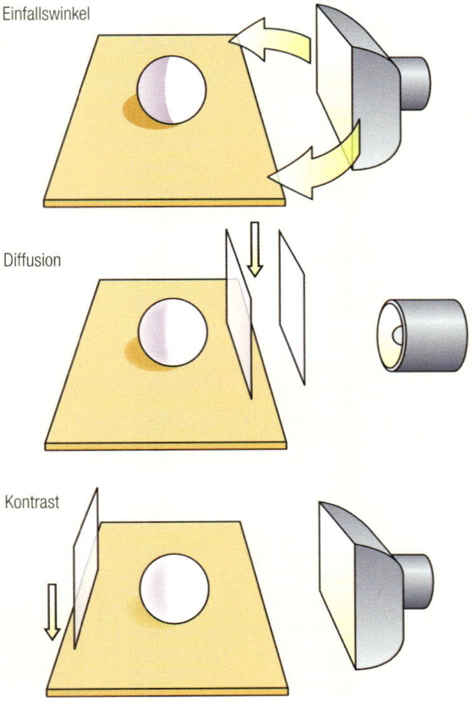

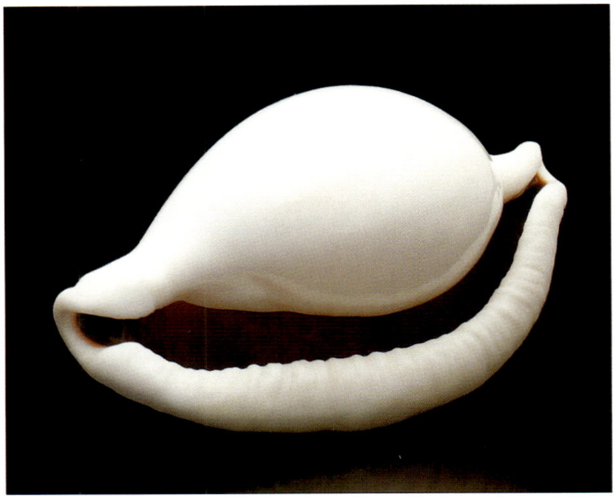

Sanfte Modulation

Die reflektierende Oberfläche der Kaurimuschel und die tiefen Schatten in ihrem Inneren verlangen ausgefeiltere Methoden der Modellierung – ein stark diffuses Oberlicht und Reflektoren von vorne. So enthüllen sich die sanften Kurven der Muschel ohne störende Lichtspitzen.

Transparenz enthüllen

Von allen möglichen Eigenschaften eines Objekts erfordert Transparenz die größte Sorgfalt. Ihre Darstellung gelingt nur unter verschiedenen Arten von Gegenlicht, doch wird sie immer unterdrückt und undurchsichtig werden.

Ein transparentes Objekt verzerrt seinen Hintergrund. Daher erfordert die Ausleuchtung dieses Hintergrunds besondere Sorgfalt, und die gebräuchlichste Methode, transparente Objekte zu fotografieren, macht diesen Hintergrund selbst zur Lichtquelle. Das erfordert in fast allen Situationen irgendeine Art von Gegenlicht. Das ist zwar keine Vorschrift, doch es gibt kaum einen anderen Weg, die Transparenz des Objekts zu zeigen und das Bild gleichzeitig durchschaubar und einfach zu halten. Wenn das transparente Objekt ein bildbestimmendes Element ist, braucht es abwechslungsreicheres Licht, das durch den Gegenstand hindurchscheint. Die augenscheinlichste

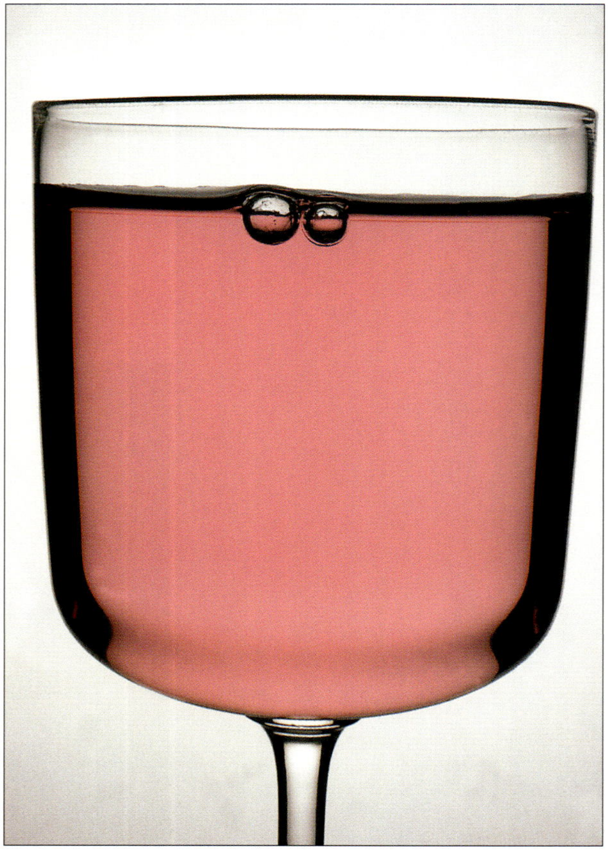

Kanten schwärzen
Gleichmäßiges Gegenlicht erzeugt eine saubere Darstellung und unterstreicht die Farbe der Flüssigkeit, doch die Ränder des Glases müssen klar definiert werden, damit sie nicht einfach im Hintergrund aufgehen. Die vielfach erprobte Lösung ist die Platzierung von schwarzem Karton seitlich, knapp außerhalb des Bildes.

und sauberste Technik ist, es zu durchleuchten. Für diesen Zweck sollte die Lichtquelle breit und gleichmäßig sein – eine Softbox hinter dem Objekt ist ideal.

Objekte, die völlig durchsichtig sind, wie Glasflaschen oder -krüge, werfen ein weiteres Problem auf: das des klar erkennbaren Bildes. Die Kanten eines Objekts definieren seine Kontur, doch bei transparenten Objekten können diese Kanten leicht verschwimmen. Um den Umriss etwa einer Flasche oder eines Glases herauszuarbeiten, maskieren Sie das Gegenlicht so weit wie möglich. Die Maske muss hinter dem Objekt sein. Sie können schwarzen Karton oder Fahnen verwenden oder die Lichtquelle einfach weiter nach hinten rücken.

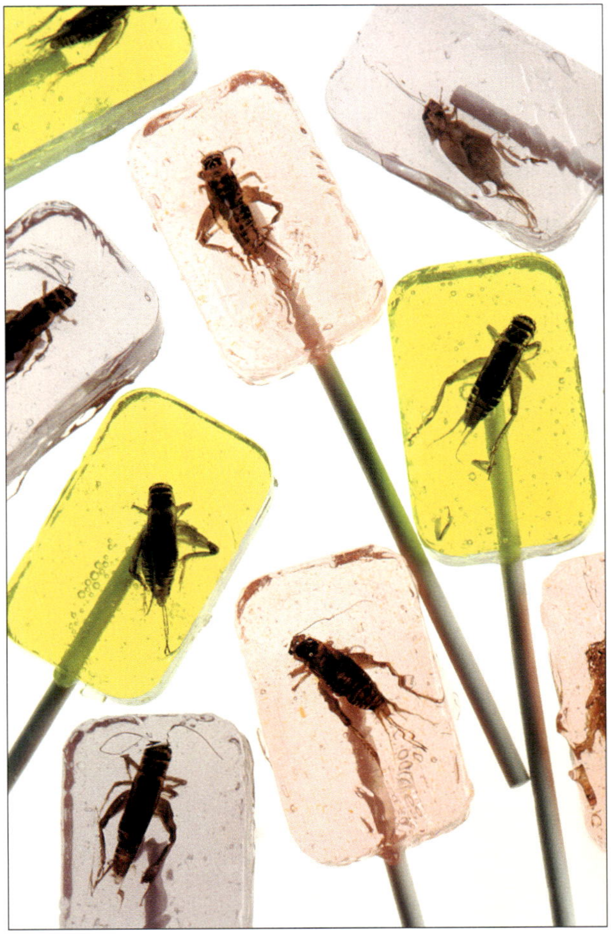

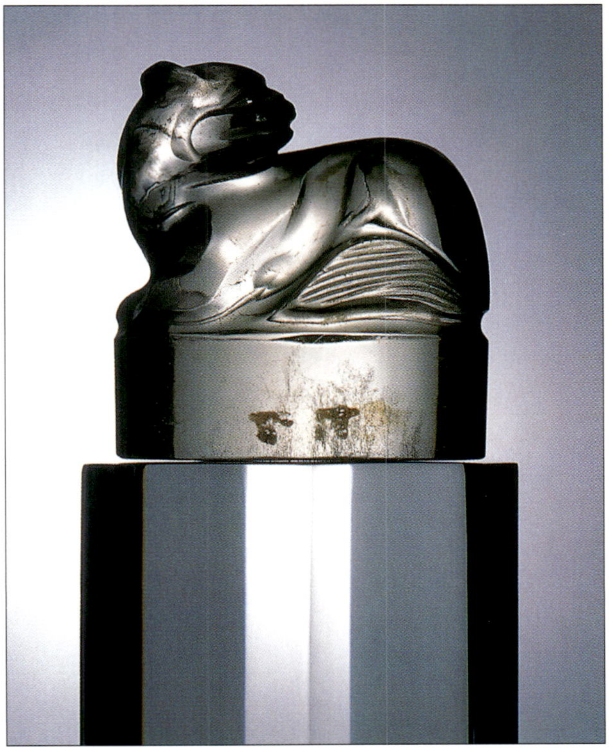

Lichter abstufen

Um den facettierten Sockel und die Modellierung des kristallenen Löwen zu unterstreichen, wird schwarzer Karton verwendet. Das Licht wird nicht ganz diffus, sondern durch die Platzierung nahe der Streufolie abgestuft.

Gegenlichtfarben

Ein perfektes, unkompliziertes Motiv für Gegenlicht – Grillenlollies. Die Farben kommen schön heraus, die Silhouetten der eingegossenen Grillen sind deutlich gezeichnet. Unregelmäßigkeiten in der Zuckermasse sorgen für Textur.

Belichtungsberechnung

Die Einstellung der Belichtung bei Gegenlicht erfordert Sorgfalt, ist aber nicht besonders schwer. Bei einer breiten Lichtquelle behandeln Sie den Hintergrund als Lichtspitze. Dadurch ergeben sich zwei recht einfache Methoden der Messung. Entweder man misst direkt mit Hilfe der TTL-Messung der Kamera oder eines manuellen Belichtungsmessers, den man auf das Objekt hält und der das reflektierte Licht misst. Der Wert wird dann 2 bis 2 1/2 Schritte heller sein als normal, korrigieren Sie einfach entsprechend. Die zweite Methode ist, mit dem Belichtungsmesser, diesmal mit Diffuserkappe, das Gegenlicht direkt anzumessen. Dieser Wert kommt etwa 1/2 Blendenschritt an eine gute Belichtungseinstellung heran.

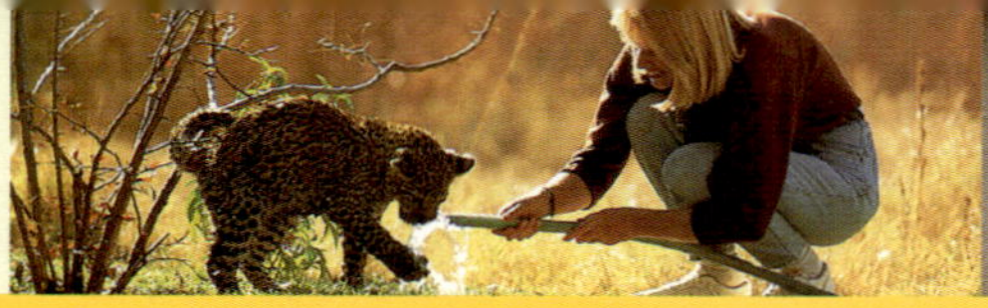
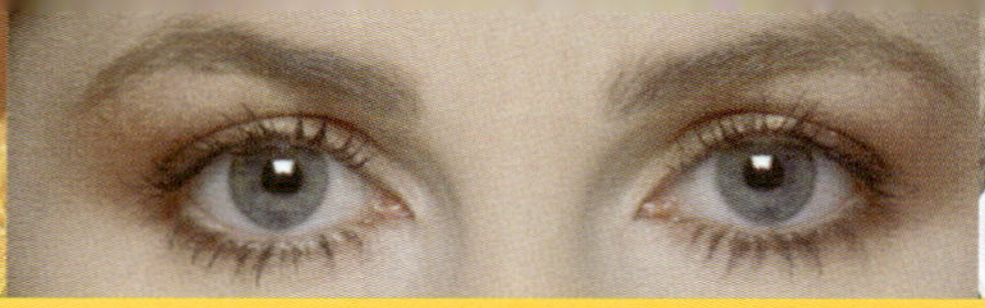
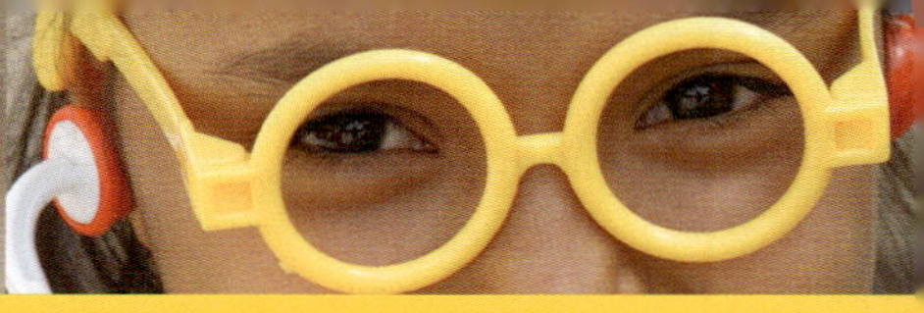
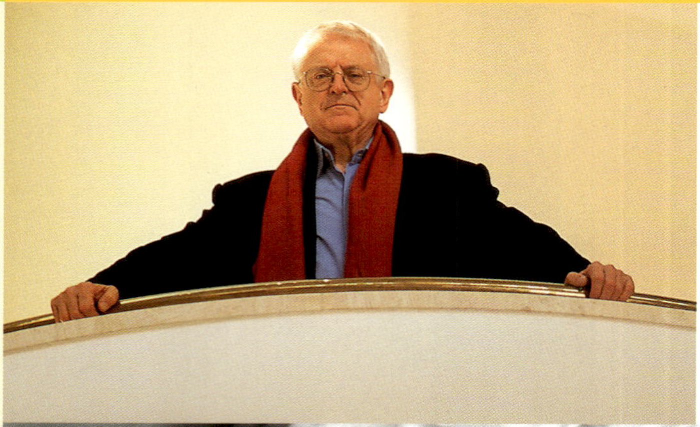
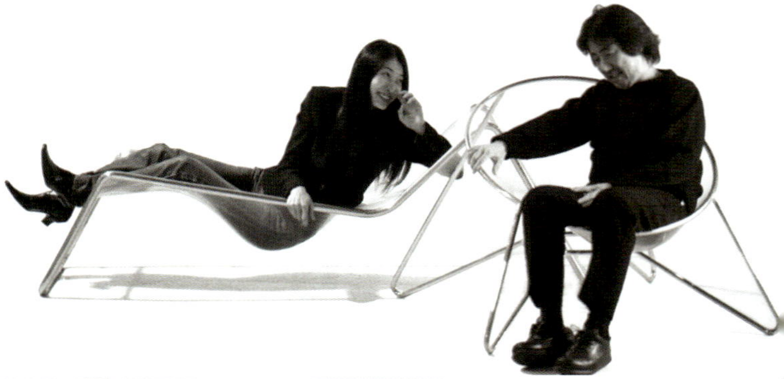
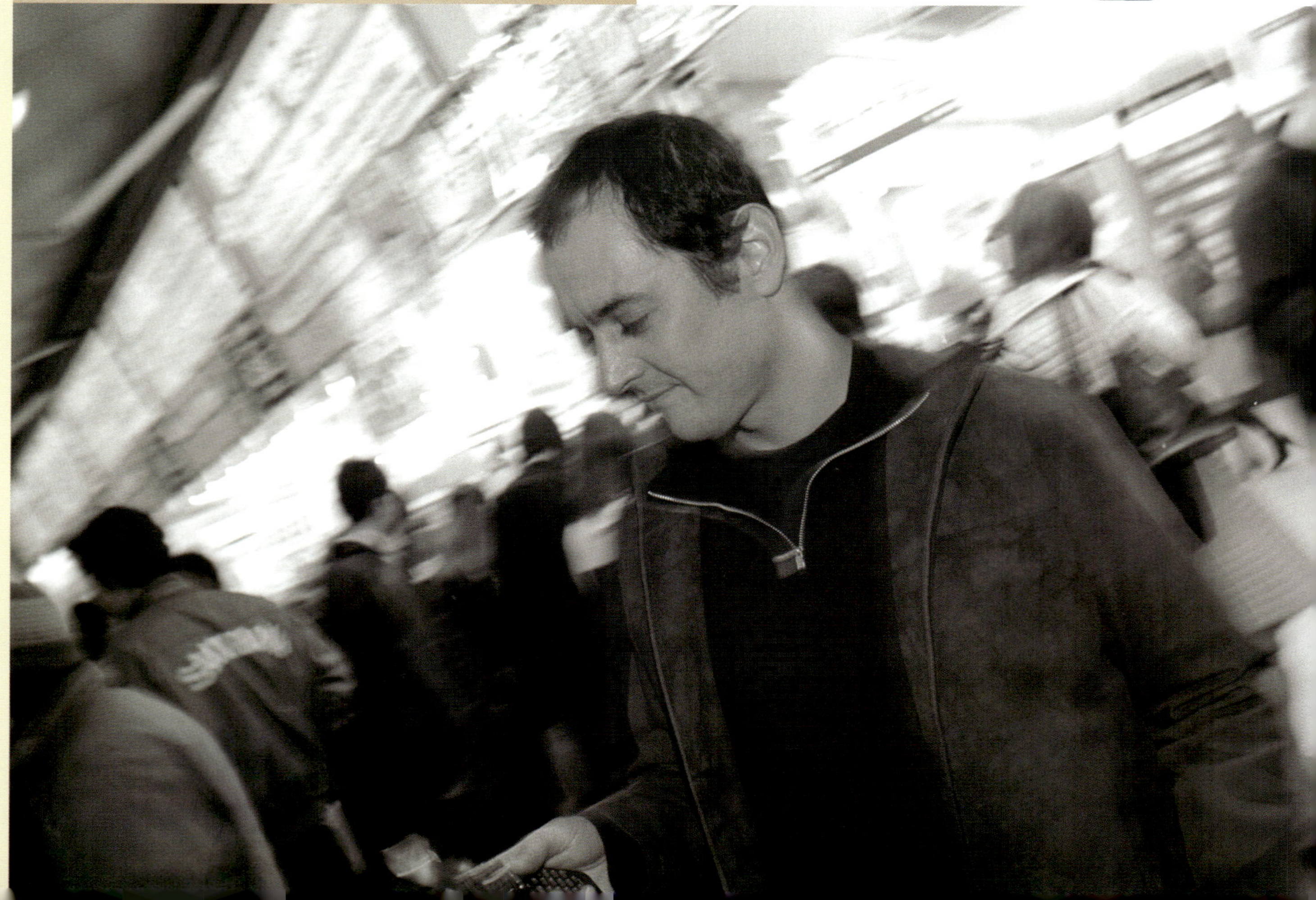

Menschen **in Pose**

Wenn wir von Porträtfotos sprechen, haben wir normalerweise dies im Hinterkopf: eine sitzende Person, in einer bestimmten Pose und im richtigen Licht, die durch das Objektiv der Kamera den Betrachter ansieht. Ein solches Foto hat fast immer die Aussage: „Seht her, so sehe ich aus und so bin ich." Diese Art der Darstellung steht in der langen Tradition der Porträtmalerei und in gewissem Sinne sind heutige Porträtfotografen die modernen Nachfolger früherer Porträtmaler.

Solchen gestellten Porträts geht immer eine Absprache zwischen dem Fotografen und dem Modell voraus. Wie wir später noch sehen werden, gibt es auch andere, weniger arrangierte Methoden. Hier wollen wir uns aber mit Situationen beschäftigen, in denen eine Person sich bewusst fotografieren lässt. Wird ein professioneller Fotograf für seine Fähigkeit bezahlt, ein gutes Porträt zu schaffen, dann ist auch der finanzielle Aspekt Bestandteil der vorausgehenden Absprache.

Das Ziel der Porträtfotografie ist es, dass die zu porträtierende Person gut wieder zu erkennen ist. Das Problem liegt aber darin, wer dies entscheidet. Wer fotografiert wird, möchte fast immer möglichst vorteilhaft aussehen. Allerdings ist dies ein subjektiver Begriff, den jedes Modell individuell definiert. „Gut aussehen" kann Attraktivität, sozialen Status, aber auch Macht bedeuten. Die meisten Menschen haben ein idealisiertes Bild von sich selbst, zudem werden viele Porträtfotos für einen bestimmten Verwendungszweck aufgenommen. Für den Jahresbericht einer Firma wird der Vorstandsvorsitzende seriös, verlässlich und fähig aussehen wollen. Ein Schauspieler möchte sich mit einem Porträt vielleicht für eine spezielle Rolle bewerben, während ein Politiker seinen Stammwählern ein bestimmtes Image präsentieren will.

Trotz vorheriger Absprache können die Ansichten von Fotograf und Modell über die beste Umsetzung der gewünschten Bildaussage weit auseinander gehen. Der Fotografierte ist normalerweise nicht mit den verschiedenen Techniken vertraut. Deshalb ist es Sache des Fotografen, auf freundliche Weise die Führung zu übernehmen. Bei Fotos für Zeitschriften und Magazine möchte der Fotograf meist noch einen weiteren Aspekt der Persönlichkeit des Modells herausarbeiten. Das muss dem eigentlichen Zweck keineswegs widersprechen und bedeutet auch nicht, dass der Fotografierte dabei im schlechten Licht erscheinen soll (obwohl auch das immer wieder vorkommt). Meist soll das Bild schlicht zu einem Artikel passen und die Gründe illustrieren, aus denen über die abgebildete Person berichtet wird. Darüber hinaus setzen gute Fotografen gerne ihre Kreativität ein, um nicht nur gute, sondern auch ausgefallene Bilder zu erzeugen, die man gerne ansieht.

Ob solche Porträts nun relativ kurzfristig abgesprochen oder Wochen im Voraus geplant wurden, gestellt sind sie in jedem Fall. Und es ist Sache des Fotografen, durch geeignete Vorbereitungen den Erfolg sicher zu stellen. Als Fotograf sind Sie hier der Dirigent und es kommt auf Ihre Fähigkeit an, mit Menschen umzugehen. Auf den folgenden Seiten finden Sie Techniken, die Ihnen dabei helfen können.

Gesichter lesen

Die Aufgabe des Fotografen ist es, den Gesichtsausdruck eines Menschen – ob lebhaft, entspannt oder rätselhaft – einzufangen.

Wenn man hundert Fotografen fragen würde, was das wichtigste Element eines Porträts ist, würde man wahrscheinlich immer die gleiche Antwort bekommen: „Die Augen." Unseren Gesichtsausdruck bestimmen aber nicht die Augen allein. Es setzt sich aus ganz verschiedenen Zügen unseres Gesichts zusammen und ist zudem abhängig vom Blickwinkel des Betrachters. Schon von Kindesbeinen an lernen wir, in den Gesichtern anderer Menschen zu lesen. Ein guter Fotograf besitzt eine ausgeprägte Fähigkeit, bestimmte Gesichtsausdrücke zu erkennen, und muss zudem in der Lage sein, die Menschen zu diesen Gesichtsausdrücken zu ermuntern.

Manche Fotografen arbeiten gezielt auf eine bestimmte Mimik hin, andere beobachten lieber und halten einen zufällig auftretenden Gesichtsausdruck fest. Jede dieser Methoden hat ihre Berechtigung und ihre Vorzüge, und bei beiden muss der Fotograf einen guten Kontakt zu seinem Modell herstellen (siehe Textkasten gegenüber). Erst wenn eine Vertrauensbasis entsteht, wird man mit ausdrucksstarken Bildern belohnt.

Auch ohne Kamera in der Hand kann man die Gesichter von Menschen oder die Porträts anderer Fotografen studieren. So lernt man, aus welchen Elementen sich ein offener, gut lesbarer Gesichtsausdruck zusammensetzt. Das Studium von Gesichtern ist eine Lebensaufgabe.

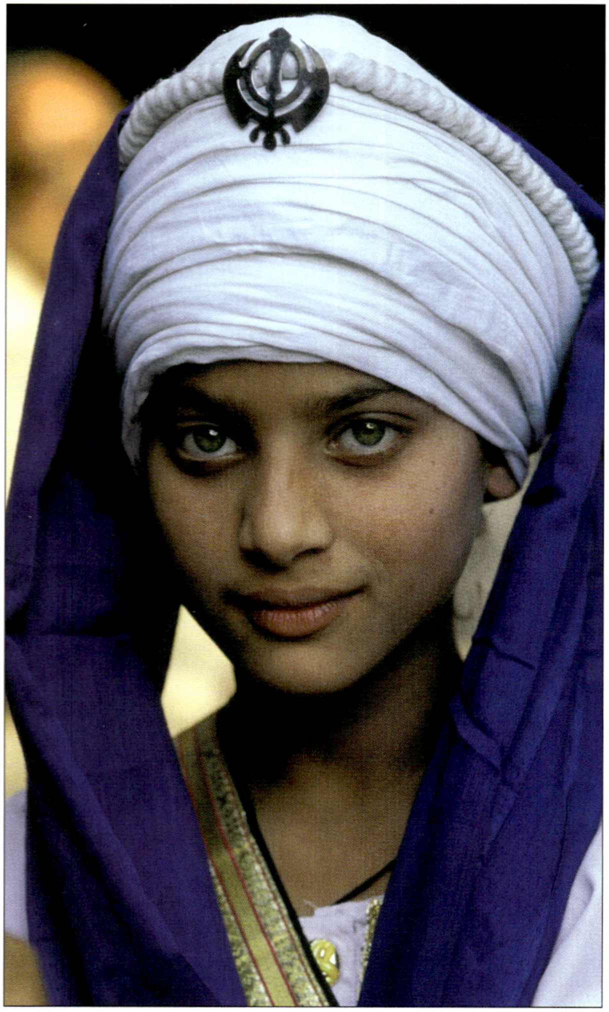

Sikh-Mädchen
Ein junges Sikh-Mädchen bei einer Prozession in Amritsar, der Hauptstadt von Punjab, in der der goldene Tempel steht. Ihre auffallend grünen Augen wurden durch das tiefblaue Tuch betont, ihre Züge waren klar, ihr Blick offen, sie zeigte weder Scheu noch Befangenheit. Ich bin froh, dass ich den Moment dieser Gelegenheitsaufnahme nicht verpasst habe.

Vertrauen

Ein Fotograf muss vom ersten Moment an eine Beziehung zu seinem Gegenüber aufbauen. Ist das Modell ein Freund oder Verwandter, kann man an das bestehende Verhältnis anknüpfen, doch in den meisten Fällen kennen sich Porträtfotograf und Modell vorher nicht. Daher muss der Fotograf zunächst eine Vertrauensbasis schaffen. Eine der einfachsten Methoden ist eine entspannte Unterhaltung über unverfängliche Themen. Manche Fotografen gehen auf Konfrontationskurs, andere wieder flirten mit ihren Modellen. Solche Vorgehensweisen bergen aber in Bezug auf das Porträtergebnis immer gewisse Risiken. Das Vertrauensverhältnis zwischen Fotograf und Modell ist ungemein wichtig. Schließlich müssen beide miteinander kommunizieren können – sei es über Sprache, Gesten oder auch Augenkontakt – damit ein gutes Bild entstehen kann. Weil der Fotograf ständig durch den Kamerasucher schaut, ist fortgesetzter Blickkontakt kaum aufrecht zu erhalten. Umso wichtiger ist also der ständige Kontakt zum Modell über Gesten oder ein Gespräch. Außerdem sollte der Fotograf den Blickkontakt suchen und so das Vertrauen stärken, sobald er das Auge vom Sucher nimmt. Ein Stativ ist hier sehr hilfreich: Hat man die Kamera einmal richtig ausgerichtet, muss man nicht mehr fortwährend durch den Sucher sehen, sondern kann das Modell direkt ansprechen.

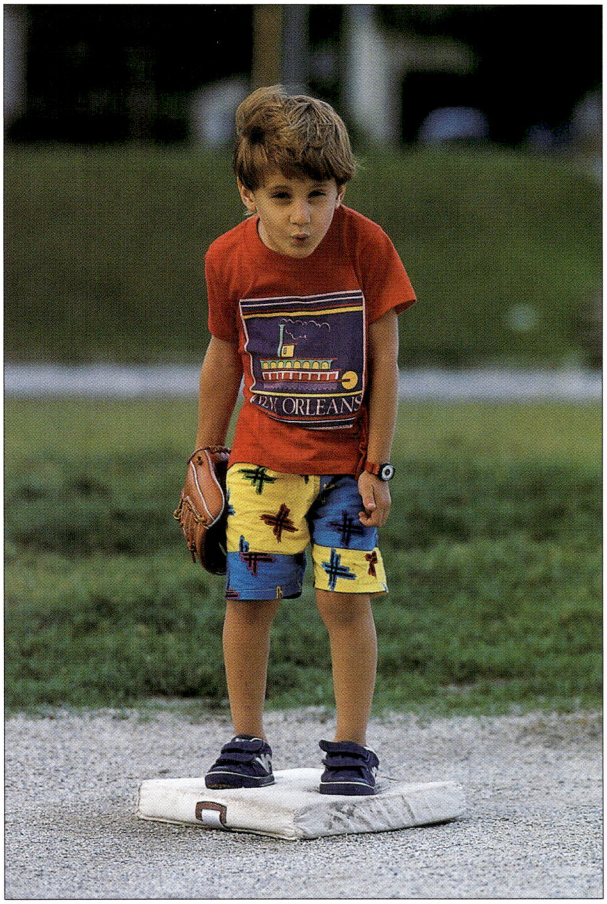

Fänger
Dieser kleine Baseballspieler in einem Park in Toronto ist entsetzt, als ein Gegenspieler zum Homerun ansetzt.

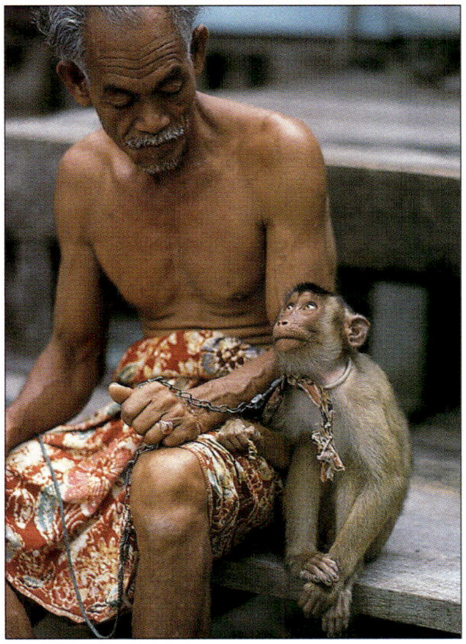

Makake und Mensch
Im Auftrag einer Zeitschrift fotografierte ich an der Ostküste der malaiischen Halbinsel Affen, die dazu abgerichtet werden, Kokosnüsse zu sammeln. In einer Pause setzte sich einer der jungen Affen neben seinen Besitzer. Der Blickkontakt war nur kurz, sprach aber für tiefe Zuneigung, obwohl der Affe eher Arbeitstier als Haustier war.

Paschtunen
Im Nordwesten Pakistans leben die Paschtunen, ein stolzer Kriegerstamm. Als die Männer vom Gebet kamen, bat ich jeden einzelnen, für ein einfaches Porträt gerade in die Kamera zu sehen. Dieser Mann hob seinen Kopf an und drehte ihn leicht zur Seite. Sein stolzer, distanzierter Gesichtsausdruck faszinierte mich.

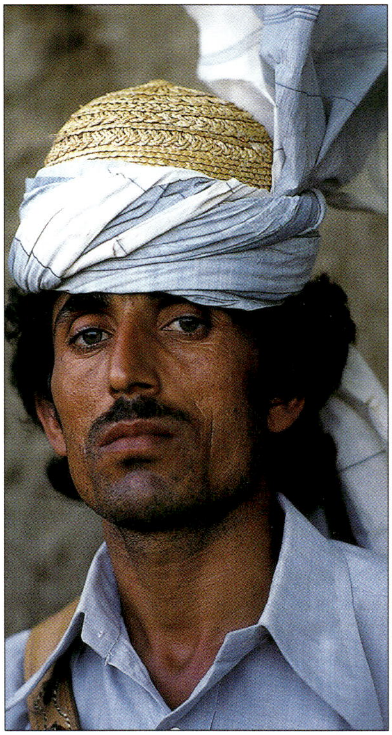

Vorbereitung

Eine Porträtsitzung lässt sich mit einer Live-Aufführung vergleichen: Bei beiden hängt Erfolg oder Misserfolg maßgeblich von gründlicher Vorbereitung und Planung ab.

Nicht umsonst heißt eine Redensart: „Gut geplant ist halb gewonnen." Jeder Porträtfotograf sollte sie zu seinem Mantra machen. Ebenso wichtig sind die Leitfragen jedes guten Journalisten: „Wer, wann, wo, was und warum?" Mit diesen Fragen sind alle Bereiche einer guten Vorbereitung abgedeckt.

Wer? Normalerweise kennt man zumindest Name, Alter und Geschlecht des Modells oder der Modelle. Daraus lassen sich schon einige Technik-Entscheidungen ableiten.

Wann? Tageszeit und Jahreszeit erlauben relativ genaue Rückschlüsse auf die Lichtverhältnisse – wie stark das Licht sein wird, aus welcher Richtung es kommt und ob man zusätzliche Lichtquellen benötigen wird. Das „Wann" kann auch Antwort auf einen bestimmten Anlass für das Foto geben, wie beispielsweise ein Jubiläum oder eine Familienfeier.

Wo? Vom Ort der Sitzung hängt ab, ob und wie viel zusätzliches Licht benötigt wird. Ebenso legt der Ort die möglichen Bildhintergründe fest, die großen Einfluss auf die Ausstrahlung des Porträts haben können.

Was? Es geht weniger um das Modell als um die Umstände. In welchem Rahmen finden die Aufnahmen statt? Auch dies beeinflusst die Art des Porträts, die von sehr formell über entspannt bis fast schnappschussartig reichen kann.

Füllhorn
Für das Titelbild eines Buches über asiatische Küche brauchten wir einen tropischen Strand und eine Fülle asiatischer Lebensmittel. Ich verwendete einen Aufhellscheinwerfer mit blauer Folie und wählte eine Verschlusszeit von 1/15 Sek., um die unvermeidlichen Fliegen unsichtbar zu machen.

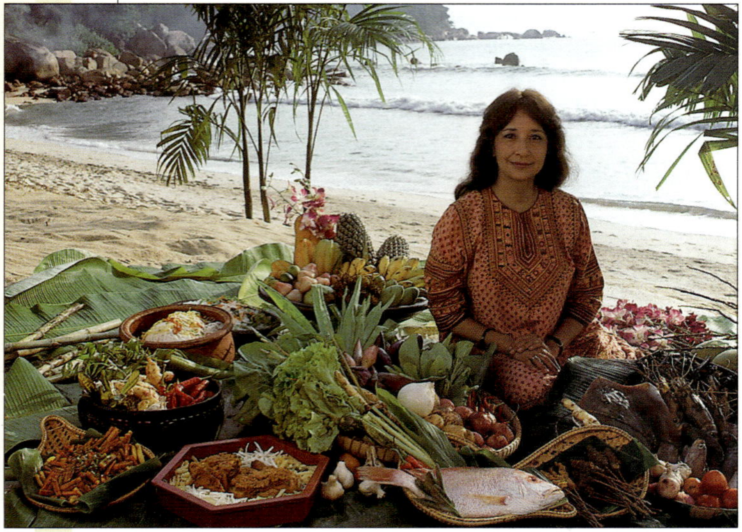

Wichtige Listen

Listen sind immer ein praktisches Hilfsmittel, wenn man sich auf eine Porträtsitzung vorbereitet. Hier einige Beispiele:

Ausrüstung Auf diese Liste schreiben Sie alle erforderlichen Ausrüstungsteile, von der Tasche, in der Sie alles transportieren, bis hin zur Überprüfung aller Akkus.

Zeitplan Planen Sie den Ablauf mit allen wichtigen Schritten und schätzen Sie die Zeit, die Sie dafür benötigen.

Bildliste Eine Liste der Bilder, die Sie machen möchten, hierarchisch geordnet von wichtig bis wünschenswert.

Personen Die Beteiligten, ihre Telefonnummern und Adressen.

Je öfter Sie Porträtaufnahmen machen, desto individueller werden Ihre Listen ausfallen. Wer sich gut vorbereitet, überlässt wenig dem Zufall. Und was man auf Papier gebannt hat, vergisst man so schnell nicht.

Warum? Hier geht es um den Zweck des Porträts. Benötigt das Modell es für private oder berufliche Zecke, oder soll es beispielsweise in einer Zeitschrift veröffentlicht werden? Der Verwendungszweck gibt meist schon eine bestimmte Richtung für das Porträt vor.

Die große Frage, nämlich „Wie?", ergibt sich meist aus diesen fünf Fragen. Sie entscheidet, welche Ausrüstung nötig ist und ob man eventuell auf Erfahrungen aus ähnlichen Situationen zurückgreifen kann. Es kann auch hilfreich sein, einmal die Herangehensweise anderer Fotografen an ähnliche Porträts zu studieren. Falls möglich, sollte man sich die Örtlichkeit vorher einmal ansehen und die Gelegenheit gleich für ein paar Probeaufnahmen nutzen.

Damit ist ein Großteil der Planung bereits erledigt. Vorsichtshalber sollten Sie noch durchspielen, was schief gehen könnte – schlechtes Wetter, Verspätungen, ausfallende Technik – und versuchen, sich für alle Eventualitäten zu wappnen. Nach umfassender Vorbereitung darf der Fotograf sich guten Gewissens auf das konzentrieren, was er am besten kann – ausdrucksvolle Bilder zu schießen.

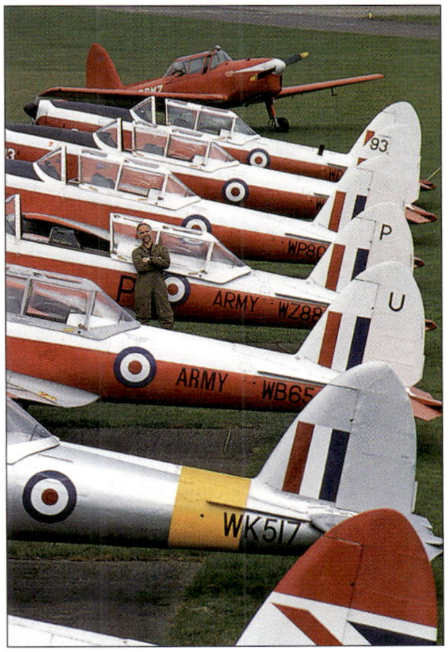

Flieger-verein
Das Modell war Pilot in einem Sportflug-Club, der mehrere dieser alten Armeemaschinen besaß. Ich wollte möglichst viele der schönen Flugzeuge mit im Bild haben, darum bat ich am Vortag darum, sie nebeneinander aufzustellen. So erhielt ich diesen Blick aus dem Kontrollturm.

Das Büro
Der Termin mit diesem Unternehmer in Hongkong kam kurzfristig zu Stande, was mir kaum Zeit zur Vorbereitung ließ. Wegen des großen runden Fensters und der vielen Dekorationsstücke im Raum entschied ich mich für diesen Blickwinkel. Während auf üblichen Bürofotos die porträtierte Person hinter dem Schreibtisch sitzt, platzierte ich mein Modell bewusst davor.

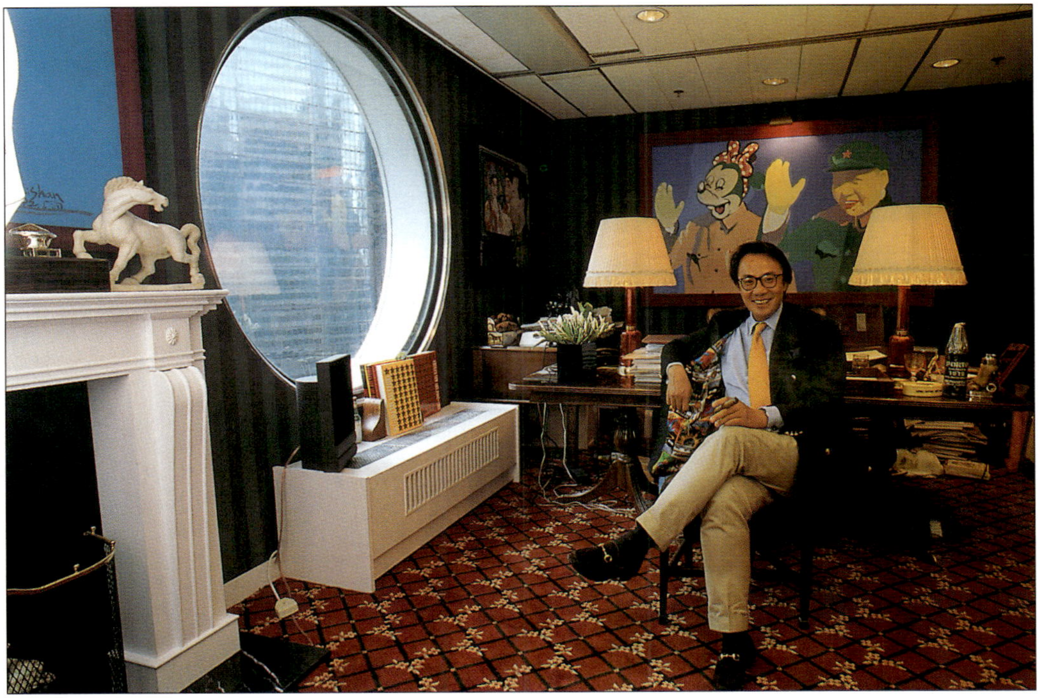

In Szene setzen

Der Ort, an dem Sie fotografieren, kann wesentlich mehr bieten als nur einen weißen Hintergrund. Der Hintergrund wiederum ist oft ein sehr wichtiger Teil des Porträts.

Bisher haben wir uns mit dem Gesicht und seinem Ausdruck befasst. Meist beherrscht er ein Porträt und zieht die Aufmerksamkeit auf sich. Ein Porträtfoto muss sich aber nicht immer nur auf das Gesicht oder die Person beschränken. Manchmal ist es sinnvoll, die Umgebung etwas stärker einzubeziehen oder dem Hintergrund sogar die Führungsrolle zu überlassen.

Nur bei einem reinen Studio-Porträt ist der Hintergrund eine einfarbige, gleichmäßige Fläche *(siehe Seite 160–161)*, bei allen anderen Aufnahmen befindet sich das Modell in einer Umgebung mit erkennbaren Merkmalen. Und da der Hintergrund auch seine eigene Geschichte erzählen kann, entstehen manchmal sehr überzeugende Porträts, wenn man ihn mit einbezieht.

Um das zu erreichen, muss man zwangsläufig weiter zurücktreten oder ein Weitwinkelobjektiv *(siehe Seite 182–183)* verwenden – wodurch das Modell automatisch im Bildrahmen weniger Platz einnimmt. In den hier gezeigten Beispielen übernahm der Hintergrund im Lauf des Fototermins eine immer aktivere Rolle. Das muss nicht grundsätzlich schlecht sein, denn auch die Porträtfotografie lebt von Abwechslung und Originalität.

Wer den Hintergrund integrieren will, muss natürlich auch ihm einige Vorbereitungszeit widmen. Soll der Hintergrund im endgültigen Bild perfekt erscheinen, muss man etwas mehr Zeit, Mühe und Kosten einkalkulieren.

Chipmunk-Pilot
Der Besitzer dieses Chipmunk-Schulflugzeugs flog seine Maschine auch selbst. Für einen Bericht im *Air and Space Magazine* sollte ich ihn und drei weitere Piloten porträtieren. Jeder der Piloten sollte individuell dargestellt werden, dennoch sollte jedes Foto ein Flugzeug zeigen. Es lag nahe, ein Foto während des Fluges im Cockpit aufzunehmen, doch verlangten diese Fotos gute Vorbereitung und außerdem interessantes Wetter. Mehrere Tage verfolgten wir die Wettervorhersagen und entschieden uns schließlich für einen Nachmittag mit wechselhaftem Wetter und Sonne. Der Pilot steuerte vom hinteren Sitz aus. Ich saß vorne und benutzte ein 20-mm-Weitwinkelobjektiv, um so viel Hintergrund wie möglich mit einzuschließen.

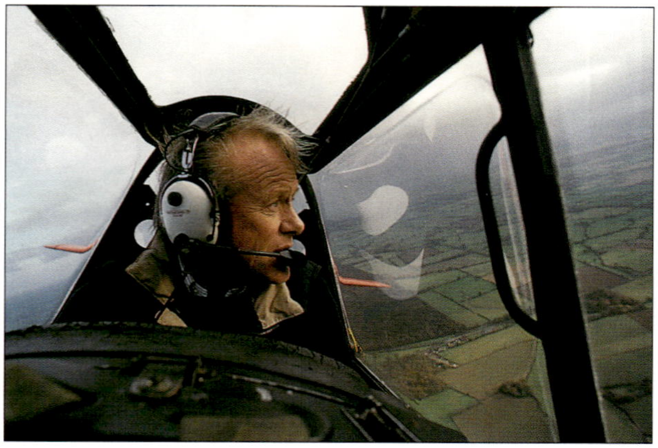

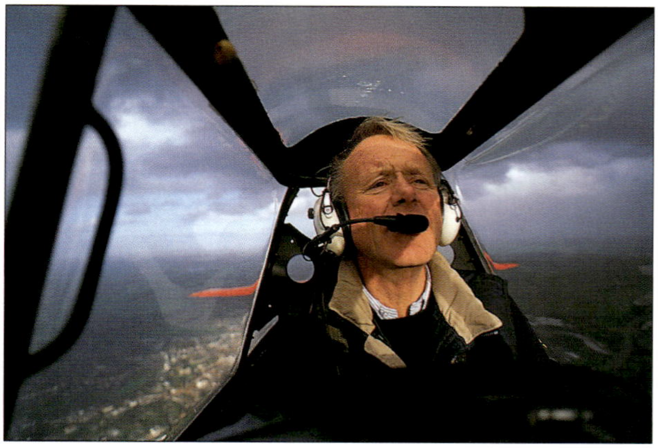

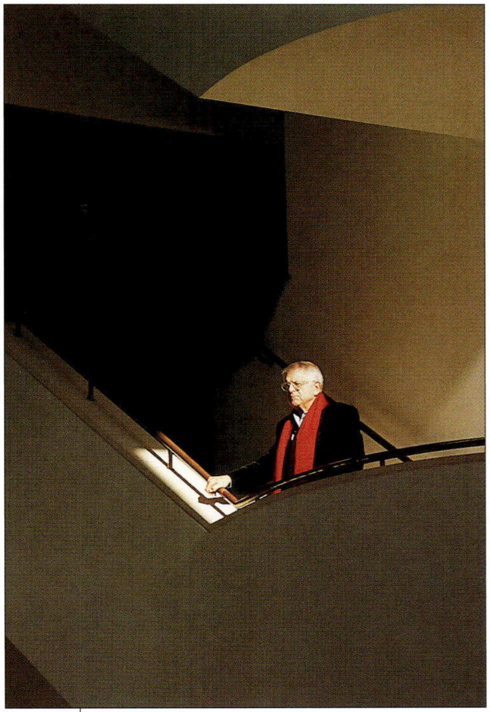

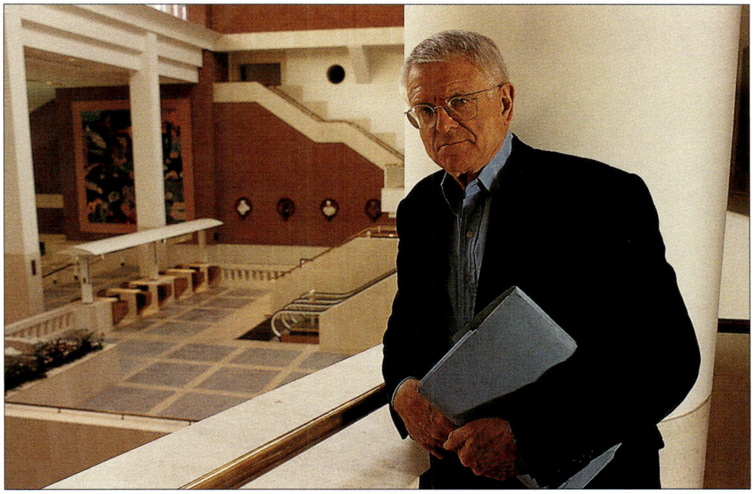

Der Architekt und sein Werk Der Auftrag für eine Fotoserie der neuen British Library beinhaltete auch ein Porträt des Architekten, Sir Collin St. John Wilson. Es schien mir logisch, Erbauer und Werk zu kombinieren. Ich probierte drei verschiedene Blickwinkel aus, wobei der Architekt seine Position kaum wechselte. Bei einem Bild (links) suchte ich nach einer Perspektive, die stark grafisch Elemente beinhalten würde, und hielt die Person relativ klein. Beim zweiten Bild (oben) benutzte ich ein Weitwinkelobjektiv, stellte den Architekten in den Vordergrund und wählte als Hintergrund einen weiten Blick durch das Innere des Gebäudes. Das dritte Bild (unten) konzentriert sich ausschließlich auf die Person, ein weißer Treppenaufgang bildet den abstrakten Hintergrund.

Checkliste für den Aufnahmeort

- ☐ Muss aufgeräumt werden? Achten Sie auf Dinge auf dem Boden, offensichtliche Unordnung, offene Schubladen, offene Türen usw.
- ☐ Müssen Oberflächen gereinigt werden? Achten Sie auf Staub (fällt bei flachem Aufnahmewinkel stark ins Auge), Griffspuren an Fenstern, Krümel oder Staubflocken auf dem Teppich.
- ☐ Zieht ein Element des Hintergrundes viel Aufmerksamkeit auf sich? Achten Sie auf stark kontrastierende Farben, Bilder (auf Postern, Fotografien, Gemälden) und Schriftzüge (auf Postern, Büchern, Schildern). Unterstützt dieses Element das eigentliche Motiv oder lenkt es ab?
- ☐ Gibt es glänzende oder spiegelnde Oberflächen, in denen sich Fotograf, Kamera, Ausrüstung, Lampen u. ä. spiegeln?
- ☐ Muss der Aufnahmeort verändert werden? Benötigen Sie Requisiten, ähnlich wie an einem Film-Set? Was wird benötigt? Wo und wie schnell kann man es besorgen? Welche Kosten fallen für Kauf oder Miete an? Manchmal ist eine bestimmte Requisite genau das i-Tüpfelchen, das ein Bild perfekt macht.
- ☐ Wird zusätzliche Beleuchtung benötigt und wenn ja, welche? Sind genügend Stromanschlüsse vorhanden? Gibt es eine Möglichkeit, ohne zusätzliches Licht auszukommen?

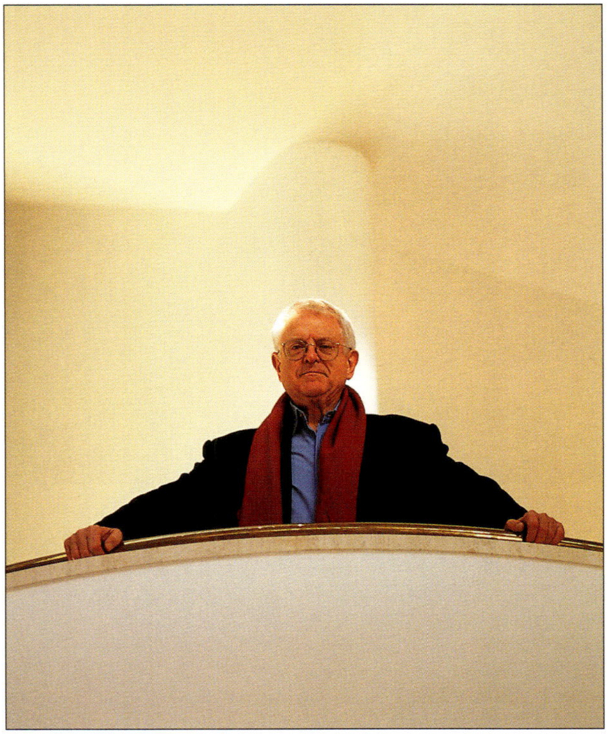

Porträt im Kontext

Diese Art von Porträt lässt sich zwischen Reportagefoto und Studio-Porträt einordnen. Es zeigt das Modell in seinem Lebensumfeld, bei der Arbeit oder einer anderen Aktivität.

Sehr wirkungsvoll lässt sich ein Porträt in Szene setzen, wenn man das Modell im Kontext einer normalen Lebenssituation zeigt – sei es zu Hause, bei der Arbeit oder einer anderen normalen Beschäftigung. Ein solches Bild erzählt eine kleine Geschichte und vermittelt dadurch wesentlich mehr Informationen über die Person als ein Studio-Porträt. Zeitschriften verwenden diese Art

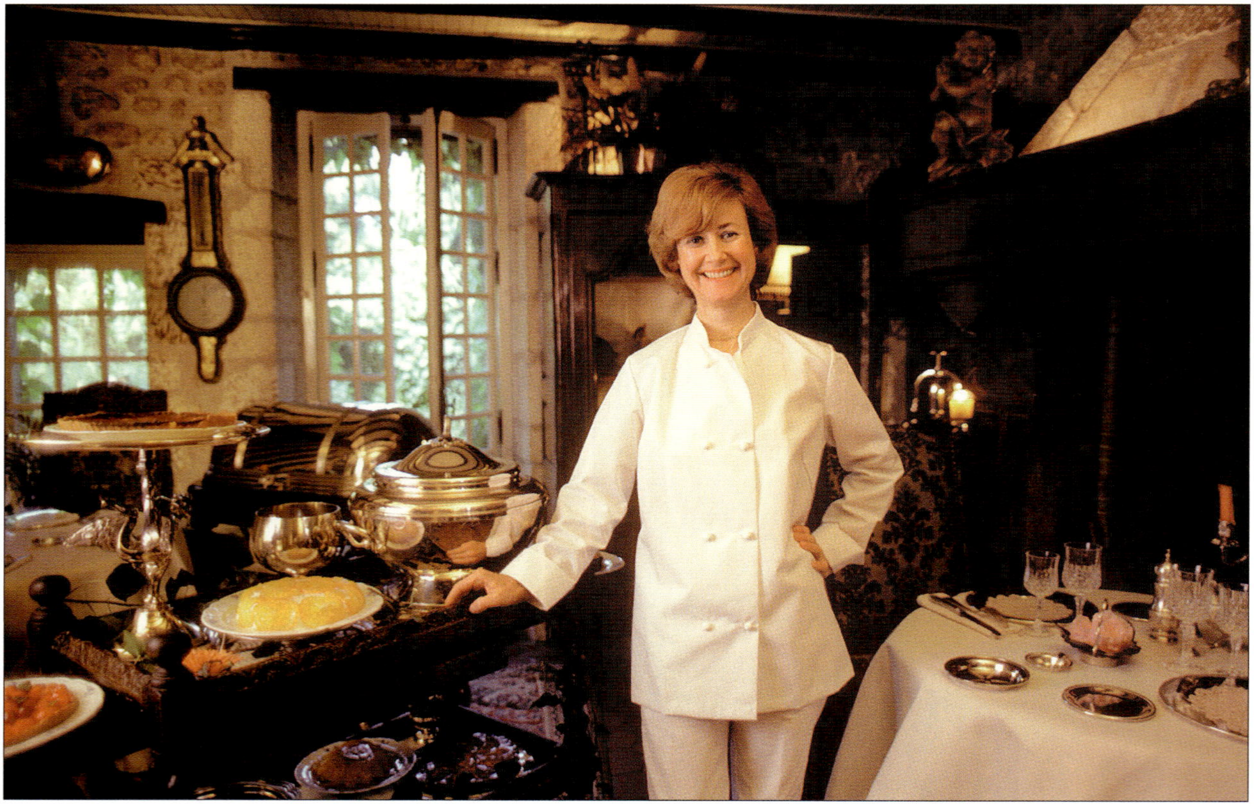

Küchenchefin
Die freundliche Küchenchefin eines berühmten Restaurants in der Dordogne fühlte sich in ihrem Restaurant am wohlsten. Das Foto entstand nur wenige Minuten vor dem Mittagstisch. Zur Ausleuchtung verwendete ich einen einfachen Studioscheinwerfer mit Streuschirm und einen Blaufilter, um den Kontrast zwischen Tageslicht und Innenbeleuchtung auszugleichen.

von Porträt gerne, um ein Interview oder einen Artikel zu begleiten, der einen Aspekt im Leben der abgebildeten Person besonders beleuchtet. In gewisser Weise nähern wir uns hier also dem Fotojournalismus.

Ein wichtiger Aspekt ist natürlich der passende Kontext – also die Frage, in welcher Umgebung und mit welchen Requisiten man das Modell zeigt. Manchmal sind bereits alle wichtigen Requisiten vor Ort, manchmal müssen sie erst besorgt werden. In beiden Fällen muss man sich genügend Zeit nehmen, die Szene zu vorzubereiten. Für Objektivwahl und Brennweite gibt es keine festen Regeln, doch in vielen Fällen lohnt sich der Einsatz eines Weitwinkelobjektivs, um möglichst viele Kontext-Elemente zu erfassen.

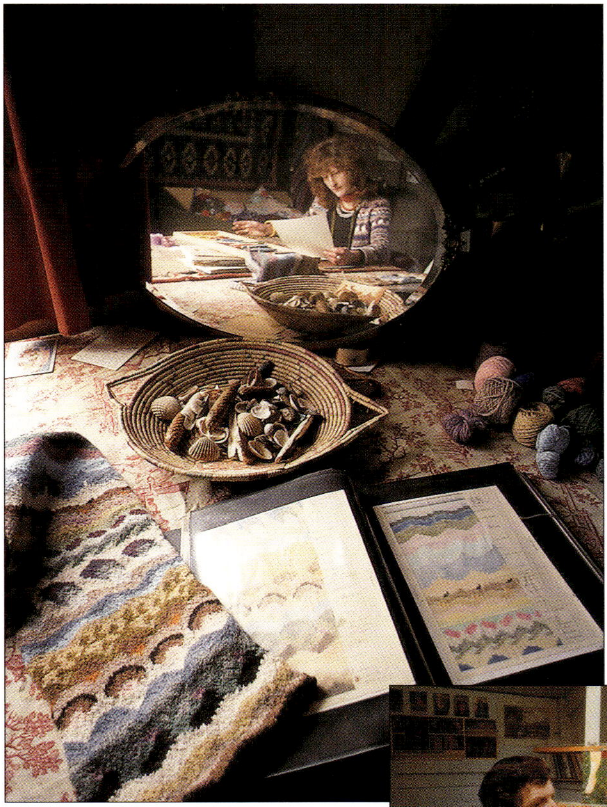

Formen der Natur
Dieses Porträt zeigt eine Textildesignerin bei der Arbeit, die sich für ihre Strickmuster von Muscheln und anderen Formen aus der Natur inspirieren lässt. Mit einem 20-mm-Weitwinkelobjektiv konnte ich viele ihrer Arbeitsmaterialien – Entwurfszeichnungen, Wolle und Muscheln – in den Bildrahmen mit aufnehmen. Um diese Requisiten mit dem Modell in Beziehung zu setzen, zeigte ich es verkleinert im Spiegel.

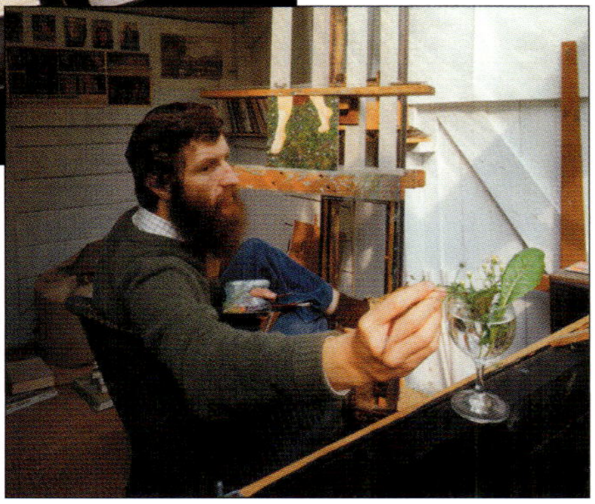

Malerporträt
Dieser Maler hatte eine eher zurückhaltende Persönlichkeit, war aber sehr entspannt, wenn er arbeitete. Um die akribische Detailgenauigkeit des Malers zu verdeutlichen, platzierte ich ein Glas mit Wildblumen, die er gerade malte, im Vordergrund. Das Tageslicht im Atelier reichte für diese Weitwinkelaufnahme aus.

Bessere Porträts

Objektiv Mit einem Teleobjektiv fallen die Proportionen von Porträts, die nur Kopf und Schultern erfassen, am schmeichelhaftesten aus. Ist nur ein Weitwinkelobjektiv zur Hand, treten Sie weiter zurück und setzen Sie die Person in einen Kontext.

Tiefe Wählen Sie für Nahaufnahmen eine weite Blende – maximal zwei Blendeinstellungen kleiner als die größte Blende, um die Person vom Hintergrund zu lösen. Ziehen Sie auf die Augen scharf.

Licht Das Hauptlicht sollte möglichst gestreut sein und von schräg oben auf das Gesicht des Modells fallen. Am besten eignet sich dafür ein Fotoscheinwerfer mit Schirm. Durch ein Fenster fallendes (gestreutes) Tageslicht kann aber auch ausreichen. Platzieren Sie auf der Seite des Gesichts, die vom Hauptlicht abgewandt ist, eine Aufhellwand (beispielsweise eine weiße Pappe oder Aluminiumfolie).

Pose Hier gibt es keine festen Regeln. Meist wirken Porträts aber interessanter, wenn sich das Modell leicht zur Kamera neigt. Dazu kann es hilfreich sein, wenn sich das Modell aufstützen kann (beispielsweise auf einen Tisch). Am besten fotografiert man aus einem leicht seitlichen Blickwinkel, wobei das Modell das Gesicht der Kamera zuwendet.

Vertrauen Menschen lassen sich am besten fotografieren, wenn sie entspannt sind. Um ihnen dies zu erleichtern, sollte man sich zwanglos unterhalten und ihnen vermitteln, dass man weiß, was man tut. Wenn das Gesicht sich verspannt, bitten Sie die Person, kurz in eine andere Richtung zu sehen und sich dann wieder der Kamera zuzuwenden.

Bildmaterial Machen Sie so viele Bilder wie möglich. Es kostet Sie nichts und hilft einem nervösen Modell, sich zu entspannen und sich weniger auf seinen Gesichtsausdruck zu konzentrieren.

Gewohnte Umgebung

In ihrer gewohnten Umgebung sind Menschen entspannter und eher sie selbst. Das macht die Porträtarbeit einfacher, solange man sich an die Rolle des Gastes hält.

Wenn man sich in das Haus eines Modells begibt, muss man zwei widersprüchliche Rollen erfüllen: die des tonangebenden Fotografen und die des Gastes. Für beide Rollen ist es hilfreich, Interesse am Zuhause der Person zu zeigen. Normalerweise fühlt sich das Modell dadurch geschmeichelt, das Eis ist gebrochen und ein Gespräch entwickelt sich. Das Gesprächsthema ist dabei nebensächlich – es kann ein Bild sein oder die Farbe eines Teppichs. Wichtig ist, dass Sie sich als guter Gast präsentieren. So tritt Ihre Rolle als Fotograf in den Hintergrund und beide Parteien können sich aufeinander einstellen.

Im Idealfall können Sie zwischen mehreren Räumen wählen, doch die meisten Menschen haben eine bestimmte Vorstellung, wo sie gerne fotografiert werden möchten. Der Raum sollte die Stimmung des Bildes unterstützen, darf sie aber nicht dominieren. Scheint Ihnen ein Raum gänzlich ungeeignet, können Sie immer technische Schwierigkeiten als Argument benutzen, um diesen Rahmen abzulehnen. Möchte das Modell im Arbeitszimmer fotografiert werden, Sie halten aber das Wohnzimmer für geeigneter, führen Sie beispielsweise das Licht als Problem an. Die beste Lösung besteht allerdings oft darin, Aufnahmen in mehreren Räumen sowie im Garten zu machen.

Ein wichtiger Faktor für die Raumwahl sind die Lichtverhältnisse. Das Tageslicht alleine reicht selten aus, sofern man das Modell nicht direkt am Fenster platziert. Daher benötigt man häufig Blitzlicht und andere Lichtquellen (*siehe Seite 154–159*). Stellen Sie sicher, dass Sie genügend Stromkabel dabei haben und fragen Sie um Erlaubnis, bevor Sie Ihre Ausrüstung anschließen.

10 wichtige Punkte

- ☐ Stellen Sie sicher, dass der Hintergrund zur Person passt. Das Ziel ist, den Menschen in seinem Heim zu präsentieren.
- ☐ Achten Sie darauf, dass Sie genügend Platz für Scheinwerfer und Aufheller haben.
- ☐ Stellen Sie sicher, dass der Gastgeber mit der Ordnung (bzw. Unordnung) des Raumes einverstanden ist, in dem die Aufnahmen stattfinden.
- ☐ Suchen Sie den Ort mit Bedacht aus. In ihrem Lieblingssessel sinken Menschen gerne zusammen und wirken unvorteilhaft. Daher ist dies meist nicht die Ideallösung.
- ☐ Achten Sie auf die direkte Umgebung. Die meisten Wohnungen sind für fotografische Zwecke zu überladen. Leicht wirken Muster, Pflanzen oder Lampen, als wüchsen sie aus einem Körperteil des Modells heraus.
- ☐ Vergessen Sie nie, dass Sie Gast sind. Fragen Sie um Erlaubnis, ehe Sie etwas verändern oder umstellen.
- ☐ Platzieren Sie das Modell nicht zu nahe vor einer Wand, da dies die Beleuchtungsmöglichkeiten einschränkt.
- ☐ Vermeiden Sie eine niedrige oder erhöhte Kameraposition. Meist ist es am besten, wenn die Kamera auf Höhe des Modells ist.
- ☐ Überprüfen Sie, ob es Spiegelungen auf Glas-, Metall- oder anderen glatten Oberflächen gibt.

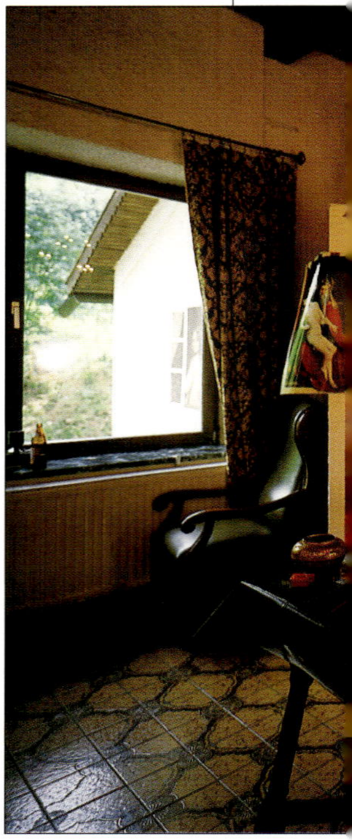

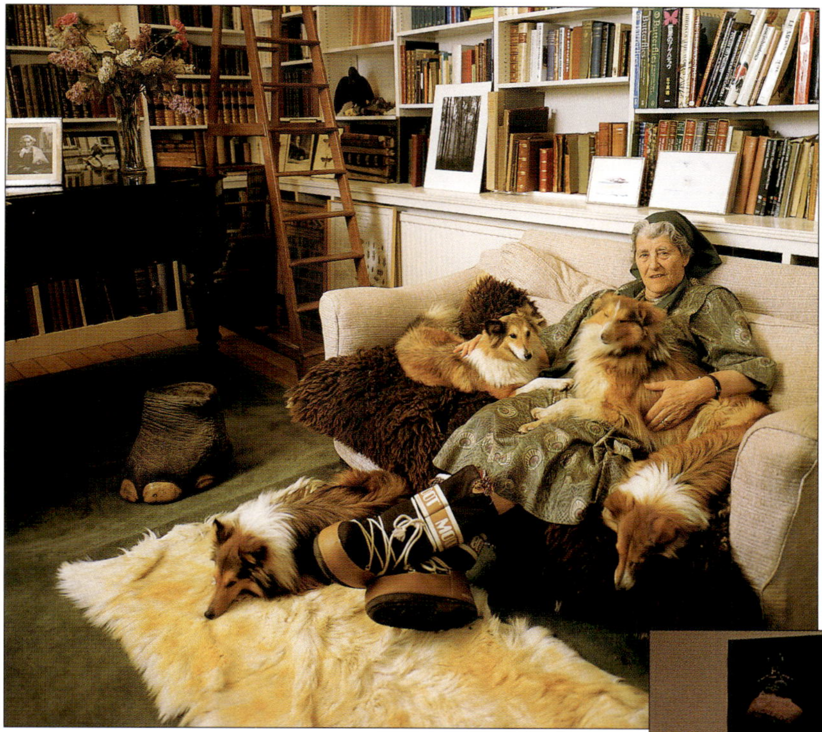

Naturforscherin

Nach mehreren Porträtfotos bei der Arbeit mit dem Mikroskop und verschiedenen Insekten fühlte sich die berühmte Entomologin Dr. Miriam Rotschild in ihrer Modellrolle unwohl. Ich überredete sie, es sich mit ihren Hunden auf dem Sofa gemütlich zu machen. Die Hunde lenkten sie ab und so konnte sie sich entspannen.

Das Haus der Parfums

Der Besitzer einer berühmten französischen Parfumfabrik hat das Glück, nicht nur Erbe des Familienbetriebs zu sein, sondern auch ein ausgeprägtes Talent zum Kreieren neuer Duftmischungen zu besitzen. Er ist, was man in diesen Kreisen eine „Nase" nennt. Daher lag es nahe, ihn in seinem Labor zu fotografieren, in dem er sich am wohlsten fühlte und begeistert seine Kunst demonstrierte und erklärte.

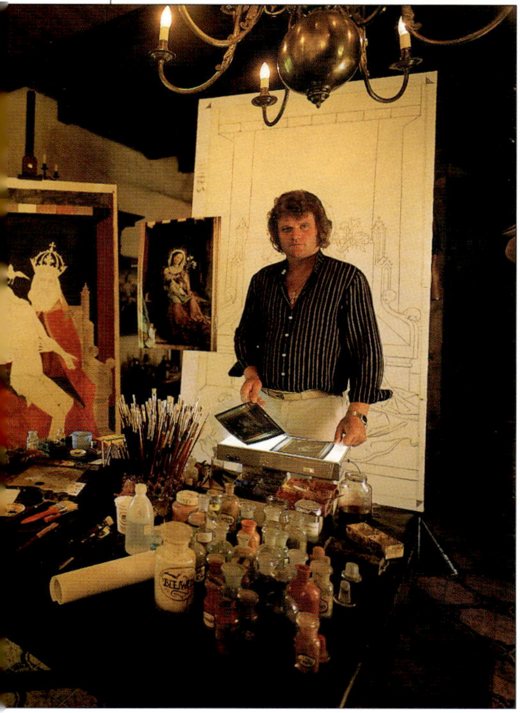

Restaurator

Dieser deutsche Maler hat sich darauf spezialisiert, beschädigte Gemälde zu restaurieren und notfalls zu kopieren. Er war am entspanntesten, als er in seinem Studio in einem kleinen bayrischen Dorf seine Techniken erläutern konnte. Die große, helle Leinwand, auf der sich nur eine zarte Risszeichnung befand, bot sich als Hintergrund an.

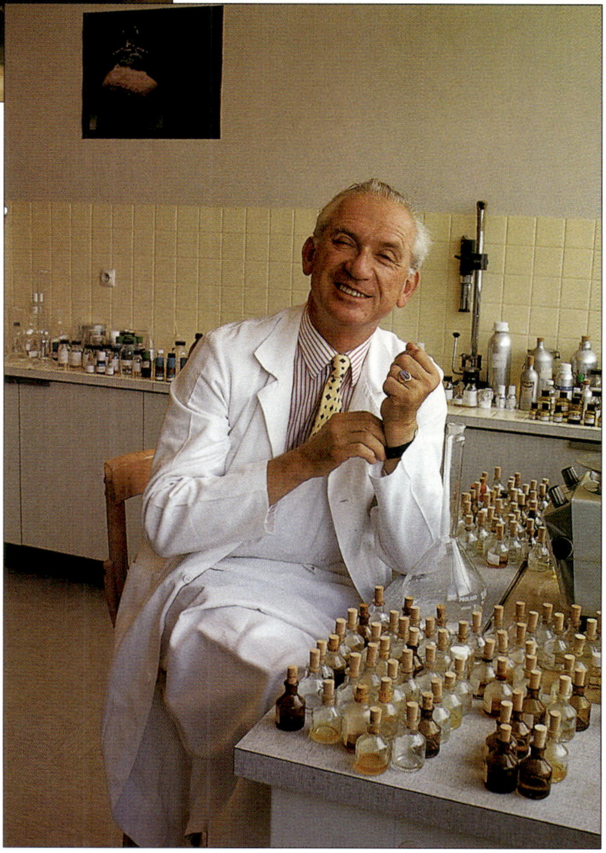

Modell in Aktion

Wenn man das Modell beschäftigt, vergisst es schnell die Kamera. So kann der Fotograf sich entspannt der Beobachtung widmen.

Auch wenn man das Modell nicht unbedingt in einem bestimmten Umfeld oder Kontext präsentieren will, ist es sehr sinnvoll, ihm eine Beschäftigung zu geben. Dabei gewinnt man wichtige Anhaltspunkte für die mögliche Bildkomposition, zudem wird das Modell von der Kamera abgelenkt und ist weniger befangen. Achten Sie genau darauf, ob geeignete Möglichkeiten verfügbar sind. Vielleicht entdecken Sie Hinweise auf ein Hobby oder eine Lieblingsbeschäftigung des Modells. Alternativ versuchen Sie im Gespräch etwas über die Interessen der Person herauszufinden.

Es wird nicht lange dauern, bis das Modell Ihnen etwas zeigt oder etwas in der Hand hält. Das muss gar nichts Aufwändiges sein und auch Sie als Fotograf sollten kein großes Aufheben davon machen. Wichtiger ist, dass Kamera und eventuell Zusatzbeleuchtung einsatzbereit sind. Fotografieren Sie schnell und unauffällig und versuchen Sie, in jeder Einstellung mehrere Aufnahmen zu machen.

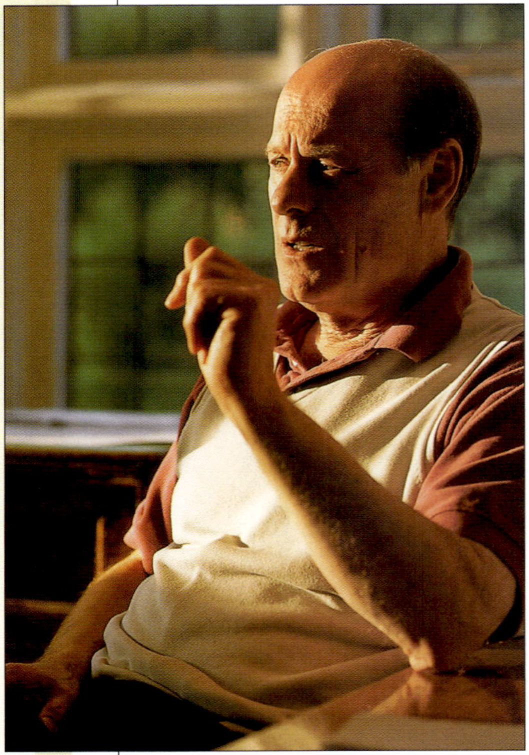

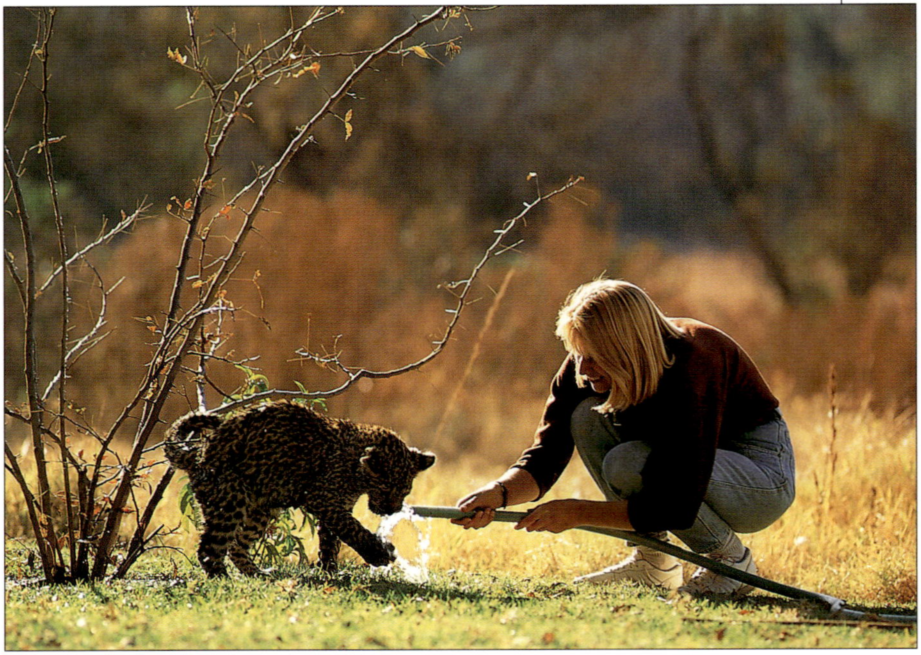

Interview Bei diesem Interview mit einem Kaligrafen und Grafiker wählte ich den Platz am Fenster wegen des besonders schönen Lichts aus. Für dieses Foto entschied ich mich aufgrund der Geste.

Jungtier Diese Frau in Südafrika kümmert sich um verwaiste Tiere. Kleine Tiere sind ideale „Requisiten", da sie die volle Aufmerksamkeit des Modells auf sich ziehen.

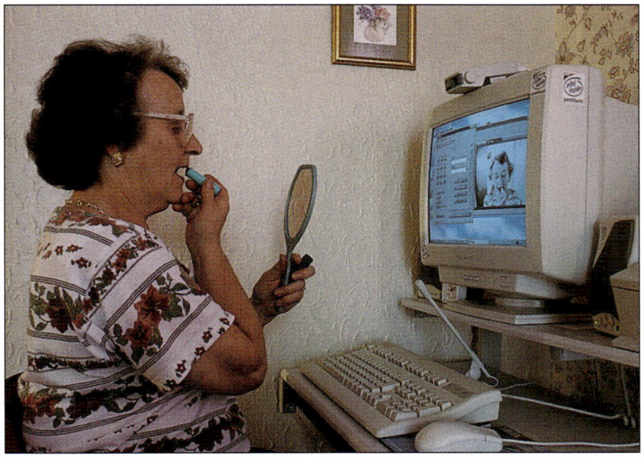

Eine häufig von Zeitschriften verwendete Variante dieses Verfahrens ist das Interview-Porträt, bei dem der professionelle Fotograf den Journalisten zum Interviewtermin begleitet. Durch das Gespräch wird das Modell abgelenkt und legt seine Befangenheit schnell ab. Aber auch in diesen Situationen ist es wichtig, auf die Kameraposition wie die Körperhaltung des Modells zu achten. Bei Aufnahmen während eines Gesprächs sollte die Kamera auf Höhe der Person und seitlich versetzt positioniert werden, damit es nicht aussieht, als würde die Person nur kurz an der Kamera vorbei sehen. Achten Sie auch darauf, dass keine störenden Elemente wie eine Armlehne oder die Knie im Vordergrund sind.

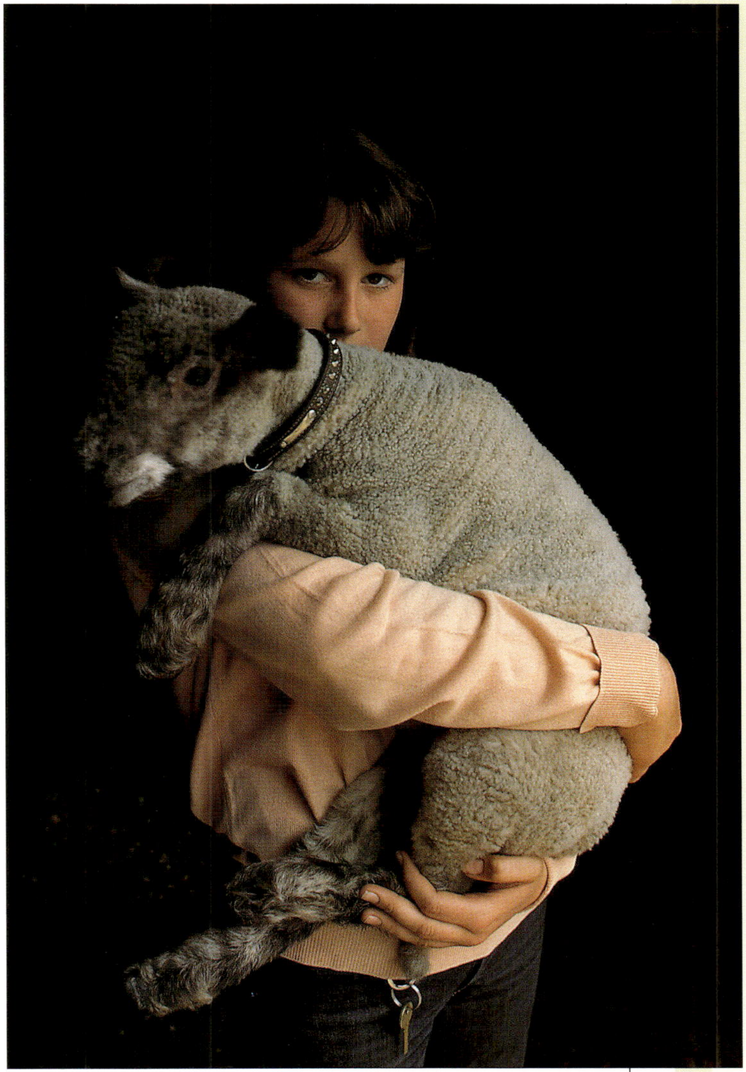

Mimik und Gestik

Ein Gesprächsfoto ist immer eine gute Möglichkeit, um eine entspannte Atmosphäre zu schaffen, hat aber auch seine Nachteile. Man braucht schließlich einen interessanten Gesichtsausdruck für ein Porträt. Ein relativ ausdrucksloses Gesicht mit geöffnetem Mund wirkt aber schnell leer. Beim offenen Mund kommt es also stark auf seine Stellung und die Mimik des gesamten Gesichts an. Daher sollte man möglichst viele Aufnahmen machen, um später die beste auswählen zu können. Auch Gesten können ein Bild sehr beleben. Dabei ist zweierlei zu bedenken: Die Hände dürfen das Gesicht nicht verdecken und die Verschlusszeit muss kurz genug ist, um die Geste einzufrieren.

Internet Diese ältere Dame bereitet sich auf ihre erste Videoverbindung per Computer vor. Zum Schminken nimmt sie den Spiegel zur Hand, obwohl ihr Gesicht auch auf dem Bildschirm zu sehen ist.

Streichelzoo In einem Streichelzoo, in dem Stadtkindern Tiere vom Land näher gebracht werden, hält ein Mädchen ein Lamm, als sei es ihr Haustier. Eine schützende und anrührende Geste.

Objektive und Brennweiten

Objektiv und Brennweite bestimmen den Bildausschnitt und bedingen perspektivische Verzeichnungen. Gesichter werden mit dem Teleobjektiv am schmeichelhaftesten eingefangen.

Alle Objektive können einen verzeichnenden Effekt haben, wenn man sie nicht richtig einsetzt. Manche Verzeichnungen können allerdings auch schmeichelnd wirken, andere können Bildelemente betonen und das Bild beleben. Vor allem in der Porträtfotografie sollte man also wissen, welche Wirkung die verschiedenen Objektive auf das jeweilige Motiv haben.

Es gibt zwei grundsätzliche Methoden für die Objektivwahl, von denen eine für die Porträtfotografie geeigneter ist. In Situationen, in denen nur eine einzige Kameraposition möglich ist, muss man aufgrund der Entfernung zum Modell entscheiden, mit welcher Brennweite des Zoomobjektivs man es am besten aufnehmen kann. Dieser Fall kommt aber eher selten vor. Häufiger entscheidet man sich erst für eine Brennweite, die den gewünschten Effekt ergibt, wählt das entsprechende Objektiv und sucht dann nach einer angemessenen Kameraposition.

Beide Methoden haben ihre Berechtigung, für Porträtaufnahmen sollte man sich aber nach Möglichkeit immer für die zweite Alternative entscheiden. Die meisten Menschen fühlen sich unwohl oder bedrängt, wenn man ihnen mit der Kamera zu nahe kommt. Ein Fotograf sollte diese „Fluchtdistanz“, die von

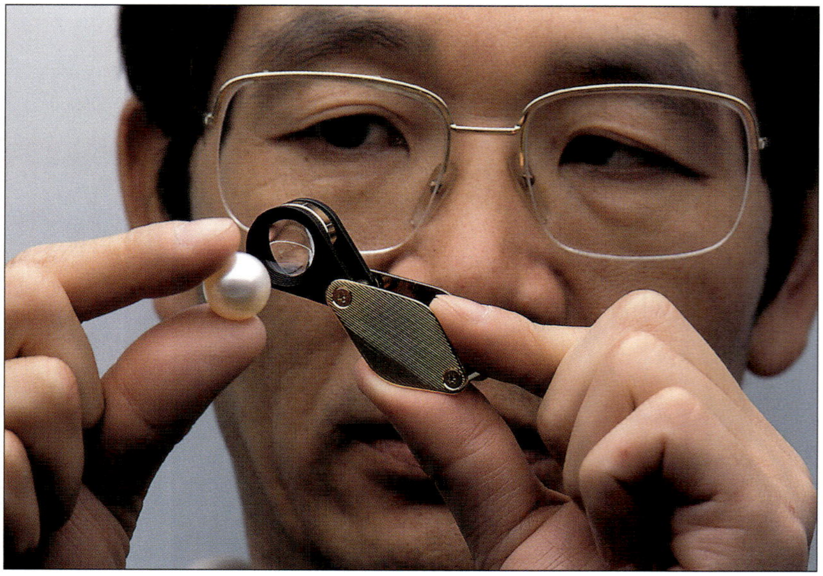

Eine einfache Übung

Sie benötigen ein Zoomobjektiv oder mehrere verschiedene Objektive (mindestens ein Weitwinkel-, ein Normal- und ein mittleres Teleobjektiv, besser mehr), ein Modell, Block und Stift, etwas Klebeband und ein wenig Zeit.

Setzen Sie das Modell auf einen Stuhl und beginnen Sie mit einer Brennweite von ca. 50 mm bzw. dem Normalobjektiv. Suchen Sie eine Position, in der das Gesicht den Bildrahmen ausfüllt, ziehen Sie scharf und machen Sie ein Foto. Nun bitten Sie das Modell, den Kopf etwa 45° nach links zu drehen und fotografieren erneut. Markieren Sie Ihren Standort mit einem Stück Klebeband auf dem Boden, ehe Sie ihn wechseln.

Wiederholen Sie den Vorgang mit den anderen Brennweiten bzw. Objektiven. Probieren Sie auch vorher markierte Positionen mit anderen Objektiven aus.

Vergleichen Sie anschließend Ihre Fotos und achten Sie auf die unterschiedlichen Wirkungen, die die verschiedenen Brennweiten auf das Gesicht haben. Einige Fotos werden gelungen wirken, andere eher amüsant oder skurril. Die Zerreffekte wirken zwar auf jedes Gesicht etwas unterschiedlich, doch auf diese Weise gewinnen Sie eine relativ genaue Vorstellung der unterschiedlichen Verzeichnungen Ihrer Ausrüstung in bestimmten Situationen und Blickwinkeln.

Modell zu Modell variieren kann, immer respektieren und einen Abstand von zwei Metern möglichst nicht unterschreiten. Schon darum eignen sich Teleobjektive mit 85 oder 100 mm Brennweite besonders gut für Porträtfotos. Zudem komprimieren Teleobjektive die Perspektive, was den meisten Gesichtern schmeichelt. Die Verflachung des Bildes lässt Gesichtszüge fast in ihren natürlichen Proportionen erscheinen. Fotografiert man mit kurzer Brennweite aus geringem Abstand, ähnelt die Verzeichnung einer Wölbung der Bildebene, sodass die vorderen Bereiche des Gesichts - vor allem die Nase - vergrößert wirken.

Generell kann man sagen, dass Teleobjektive dem Gesicht schmeicheln, während Weitwinkelobjektive die Bildkomposition dramatischer gestalten. Diese Effekte lassen sich meist noch steigern, wenn man das Modell von oben herab fotografiert oder wenn es an der Kamera vorbei sieht.

Wenn Sie in einer Porträtsitzung erfolgreich das Bild aufgenommen haben, das Sie geplant hatten, probieren Sie zusätzlich weitere Einstellungen mit verschiedenen Objektiven aus. Manchmal ist man überrascht, welch interessante Bilder man mit einem vermeintlich „falschen" Objektiv erzielt.

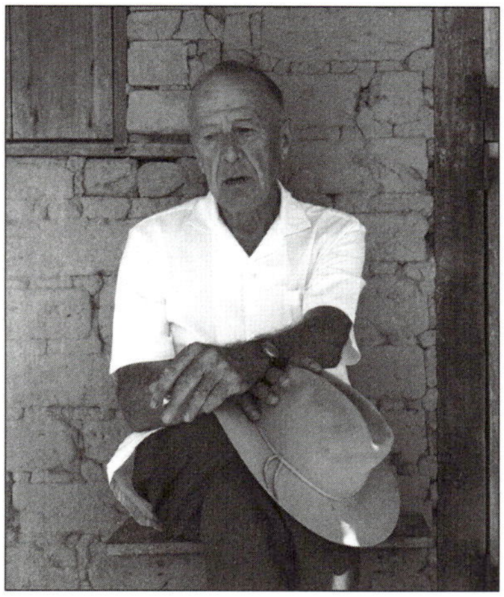

Raum zum Atmen
Lässt man dem Modell genügend Raum zur Entspannung, erhält man die besten Bilder. Eine gute Lösung ist, etwas weiter zurückzutreten und die Person aus leicht erhöhter Position mit dem Zoomobjektiv heran zu holen.

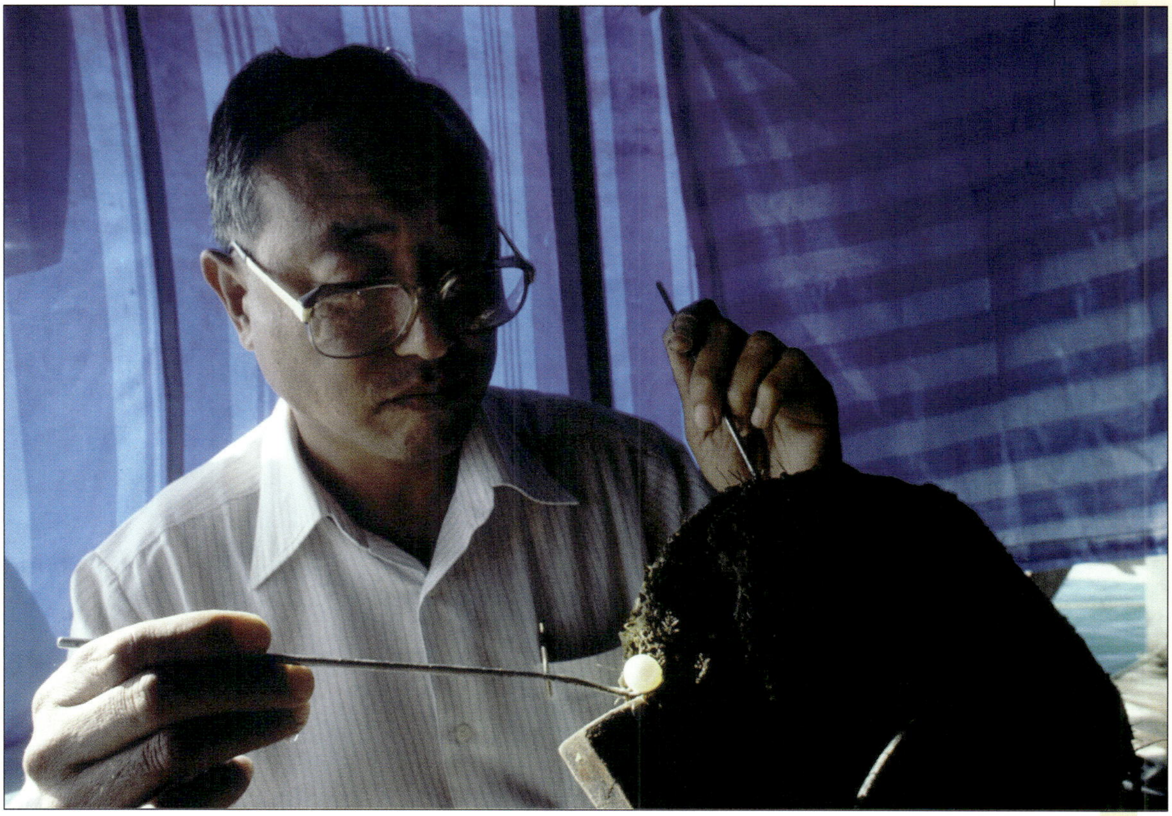

Weite Perspektive
Bei diesem Bild eines Mannes, der eine Perle aus einer Muschel löst, wollte ich das Interesse auf die Perle lenken. Durch die Verwendung eines 22-mm-Weitwinkelobjektivs wirkt die Perle größer.

Kurze Perspektive
Hier ist die perspektivische Verzeichnung genau entgegengesetzt. Bei diesem Mann, der die Perle auf ihre Reinheit untersuchte, sollten Auge, Lupe und Perle das thematische Zentrum des Fotos bilden. Daher wählte ich ein 180-mm-Teleobjektiv, sodass die Bildebenen zusammenrückten.

Brustbild

Das Brustbild hat sich zum typischen Porträtformat entwickelt. Es schließt den Oberkörper mit ein, konzentriert sich aber meist auf Kopf und Schultern.

Über die Jahre hat sich das Brustbild zum „klassischen" Porträt entwickelt. Es verbindet Körperhaltung und Gesichtsausdruck und ist uns durch seine häufige Verwendung in Presse und Fernsehen inzwischen bestens vertraut. Deshalb ist darüber auch schon viel geschrieben worden. Körperhaltung, Gesichtsausdruck und andere Details sind von allen Seiten auf ihre Bedeutung und Aussage hin durchleuchtet worden. Darum beschränke ich mich hier auf einige der wichtigsten Punkte.

Neues ausprobieren

Wenn Sie mit den üblichen Techniken des Brustbildes vertraut sind, können Sie mit Variationen experimentieren.

- Schließen Sie die Hände in Ihre Bildkomposition mit ein – natürliche Gesten sind ein auf die Hände gestütztes Kinn oder Hände, die durch die Haare fahren.
- Das typische Bildformat für Brustbilder ist das Hochformat. Experimentieren Sie einmal mit einem Quer- oder quadratischen Format. Variieren Sie auch die Bildkomposition, indem Sie einen auffälligeren, dominanteren Hindergrund wählen.
- Setzen Sie ein oder zwei einfache Requisiten ein, vielleicht ein Buch oder ein Sportgerät. Solche Gegenstände verleihen dem Bild eine zusätzliche Aussage.
- Verwenden Sie unterschiedliche Objektive und verändern Sie dadurch die Wirkung des Bildes. Vorteilhaft wirkt oft die komprimierte Perspektive eines großen Teleobjektivs (*siehe Seite 186–187*).
- Variieren Sie den Blickwinkel. Von oben herab oder von unten herauf fotografierte Porträts haben oft eine überraschende Wirkung.

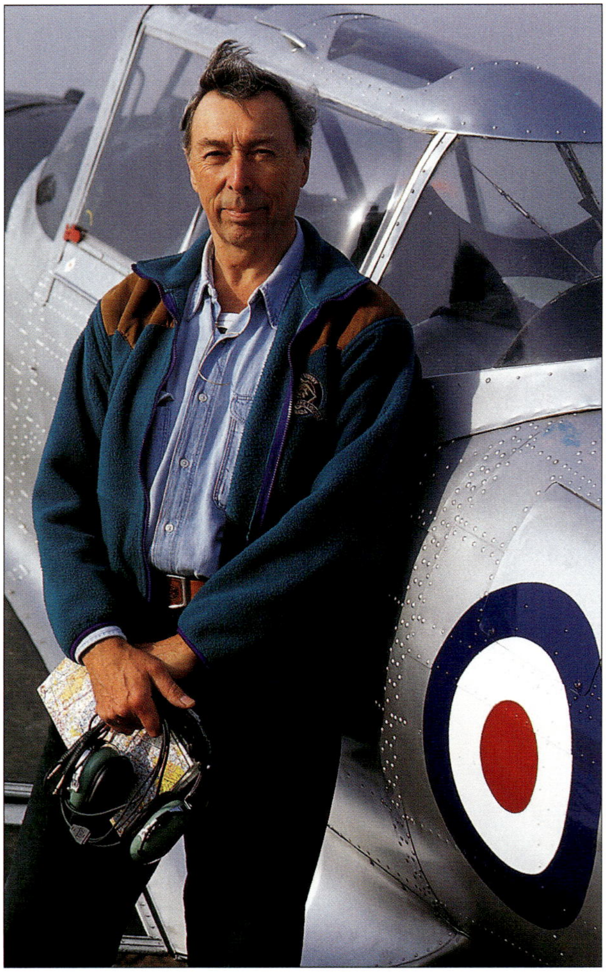

Größerer Bildrahmen
Bei diesem Porträt eines Piloten wählte ich das Flugzeug als Hintergrund. Die Cockpitkanzel ergab eine harmonische Bildkomposition, nur musste ich dabei den Piloten an den Knien abschneiden – normalerweise eine ungünstige Rahmung. Ich löste das Problem, indem ich dem Piloten seine Kopfhörer und eine Flugkarte in die Hand gab, wodurch das Bild sehr natürlich wirkt.

- Stehen die Schultern des Modells parallel zur Kamera, wirkt das Bild oft statisch und formell. Es erinnert zu stark an ein Passbild oder Polizeifoto. Sind die Schultern zu weit gedreht, wirkt das Foto unruhig.
- Auch der Neigungswinkel des Kopfes beeinflusst die Bildwirkung. Eine gerade Kopfhaltung mit Blick in die Kamera wirkt ehrlich und offen. Ist der Kopf zu einer Seite geneigt, kann dies schüchtern wirken. Eine Neigung zur anderen Seite wirkt hingegen oft neugierig.
- Position und Blickwinkel der Kamera sind wichtig. Eine gute Position liegt ein wenig oberhalb der Augenhöhe des Modells.
- Auch die Augenstellung des Modells hat starke Auswirkungen. Es macht einen großen Unterschied, ob das Modell geradeaus oder aus dem Augenwinkel in die Kamera sieht.
- Bei einer solchen Bildkomposition nimmt das Modell einen großen Teil des Bildes ein, darum sind Kleidung und Frisur sehr wichtig.
- Der Hintergrund sollte relativ unauffällig sein - es sei denn, er trägt zur Aussage des Bildes bei.
- Die Einfallsrichtung des Lichtes muss unbedingt beachtet werden. Zu Anfang sollte man das Modell so ausrichten, dass das Licht es frontal trifft.

Diese Liste folgt den üblichen Konventionen für Porträts, und es ist für Anfänger durchaus ratsam, sich daran zu halten. Mit wachsender Erfahrung kann man immer mehr Regeln brechen und Neues ausprobieren. Normalerweise fallen die Regeln der Fotografie in zwei Kategorien: technische Regeln, deren Einhaltung für das Gelingen der Bilder unbedingt erforderlich ist, und kreative Richtlinien, deren Grenzen man mit wachsender Erfahrung immer weiter dehnt. Die Regeln der Porträtfotografie sind eine Mischung aus beidem.

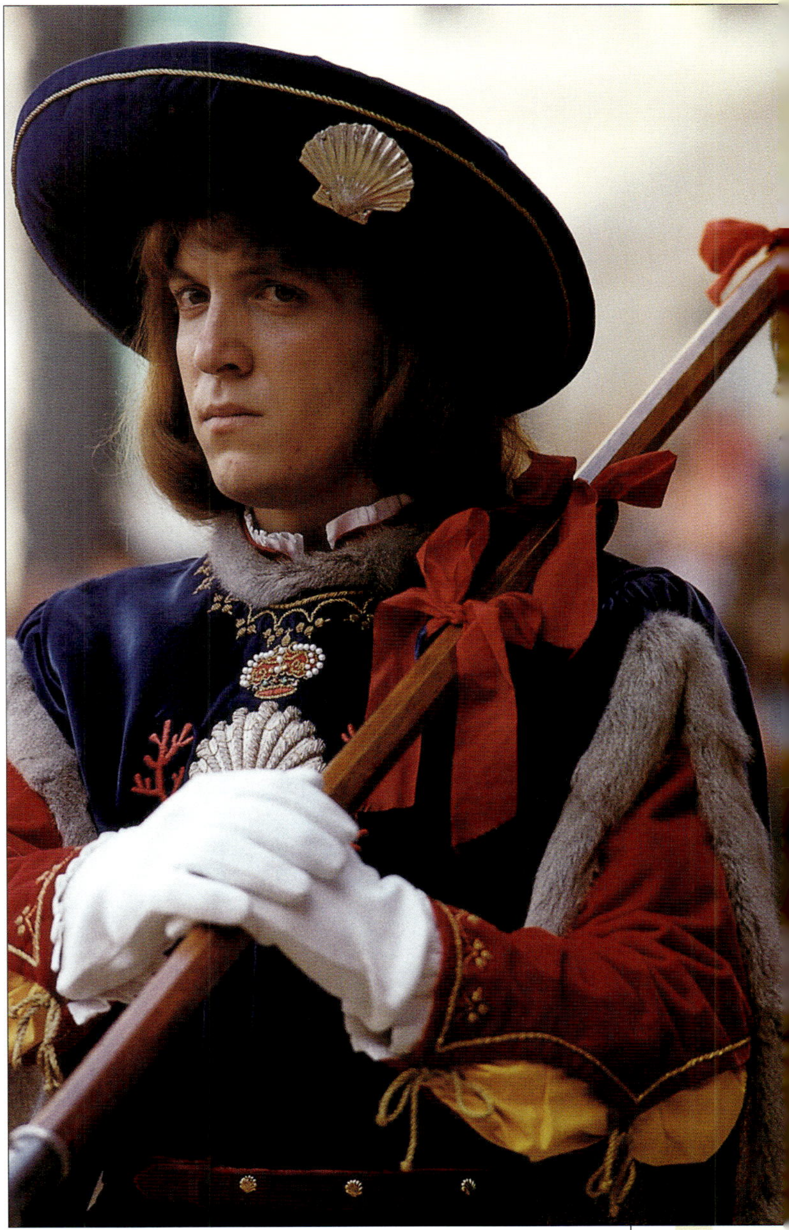

Historische Tracht
Ein Teilnehmer des traditionellen Pferderennens in Siena, dem Palio. Die Haltung seiner Arme und Hände und sein Hut bestimmten sowohl den Bildrahmen als auch die Kameraposition. Oft muss sich also die Kamera nach dem Modell richten.

Ganzkörper-Porträt

Beim Ganzkörper-Porträt gewinnt die Körperhaltung an Bedeutung, während der Gesichtsausdruck zurücktritt.

Mit einem Ganzkörper-Porträt kann man das Modell auf ganz andere Weise präsentieren als aus der Nähe. Durch die größere Distanz werden die Gesichtszüge weniger deutlich, dafür gewinnen Haltung und Körpersprache an Gewicht.

Unerfahrene Fotografen empfinden es oft als schwierig, bei einem Ganzkörper-Porträt das Bildformat harmonisch zu füllen. Dabei begehen viele den Fehler, nur an die aufrecht stehende Körperhaltung zu denken. Ein Ganzkörper-Porträt kann aber ebenso eine liegende, sitzende oder kniende Person zeigen. Für den Anfang ist wahrscheinlich die Bildkomposition mit einem sitzenden Modell am einfachsten. Alle wichtigen Kriterien des Gesichts- oder Brustporträts, etwa Gesichtsausdruck, Kopfhaltung und Augenkontakt, gelten auch für das Ganzkörper-Porträt.

Neben dem Gesichtsausdruck, der Schulterstellung, der Kopfhaltung und der Position des Modells im Bild müssen nun auch Arm- und Beinstellung berücksichtigt werden. Von Kindesbeinen an lernen wir, Gesichtsausdrücke zu interpretieren, ebenso verfügen wir auch über ein intuitives Wissen über die Körpersprache. Ein Fotograf kann dieses Wissen bewusst für die Bildwirkung nutzen. Egal in welcher Pose Sie Ihr Modell präsentieren – die Beine ausgestreckt oder übergeschlagen, die Hände in den Taschen oder auf dem Rücken, die Arme locker

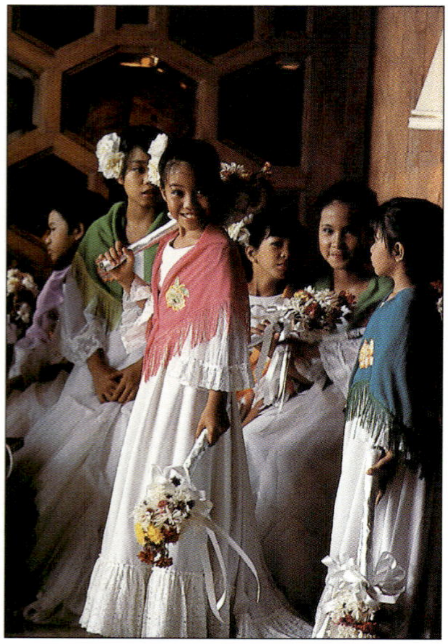

Seitenlicht
Seitlicher Lichteinfall, beispielsweise von einem großen Fenster auf einer Seite eines Raums, kann sehr effektiv sein. Solange das Modell direkt in die Kamera sieht, wie dieses Mädchen auf einer Hochzeit in Manila, benötigt man kein Aufhelllicht.

Körperhaltungen

Ist das Modell unsicher, sollte der Fotograf eine Körperhaltung vorschlagen. Viele Menschen wissen nicht, was sie mit ihren Händen machen sollen. Hier finden Sie einige Anregungen.

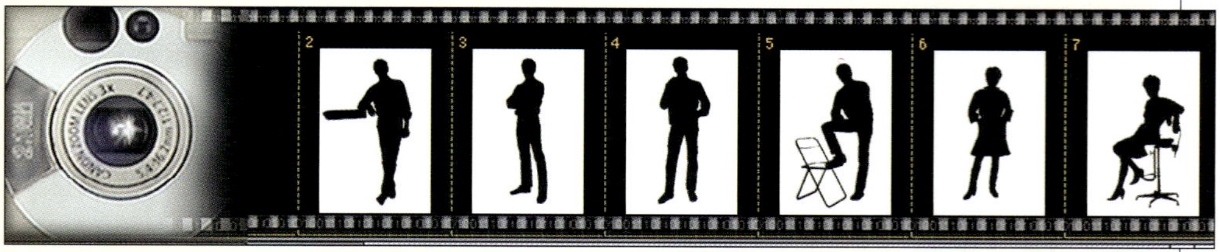

hängend oder verschränkt – Experten weisen jeder Körperhaltung eine bestimmte Bedeutung zu.

Variieren Sie ihr Bild bei einem stehenden Modell, indem Sie es das Gewicht mal auf beide, mal auf nur ein Bein verlagern lassen. Oder bitten Sie das Modell, sich an eine Wand, eine Tür oder einen Pfosten zu lehnen. Ob man sich nun mit den Schultern, mit dem Rücken oder mit den Händen anlehnt, die Haltung wirkt meist recht natürlich. Die Liste der möglichen Körperhaltungen und Variationen ist praktisch unendlich. Anregende Beispiele lassen sich in Zeitschriften und Büchern finden. Manche Körperhaltungen wirken bei Frauen natürlicher, andere bei Männern. Ältere Menschen halten sich anders als jüngere. Ein Notizbuch, in dem man sich bestimmte Posen skizziert, ist eine nützliche Hilfe bei der Vorbereitung auf Porträtaufnahmen.

Die zweite große Herausforderung des Ganzkörper-Porträts ist das Verhältnis von Modell und Hintergrund. Bei Porträts aus kurzer Distanz ist der Hintergrund eher unerheblich und nimmt nur einen kleinen Bildteil ein. Beim Ganzkörper-Porträt sieht man viel mehr Hintergrund, folglich sollte er sorgsam ausgewählt werden. Auch der Vordergrund spielt nun eine Rolle, darum muss vermieden werden, dass sich ablenkende Objekte zwischen der Kamera und dem Modell befinden.

Bei allen Arten von Porträts braucht man Zeit, seinen eigenen Stil zu entwickeln. Für das Fotografieren von Ganzkörper-Porträts gibt es weniger Konventionen und Richtlinien. Das mag Sie anfangs verunsichern, doch bald werden Sie die größere Freiheit schätzen.

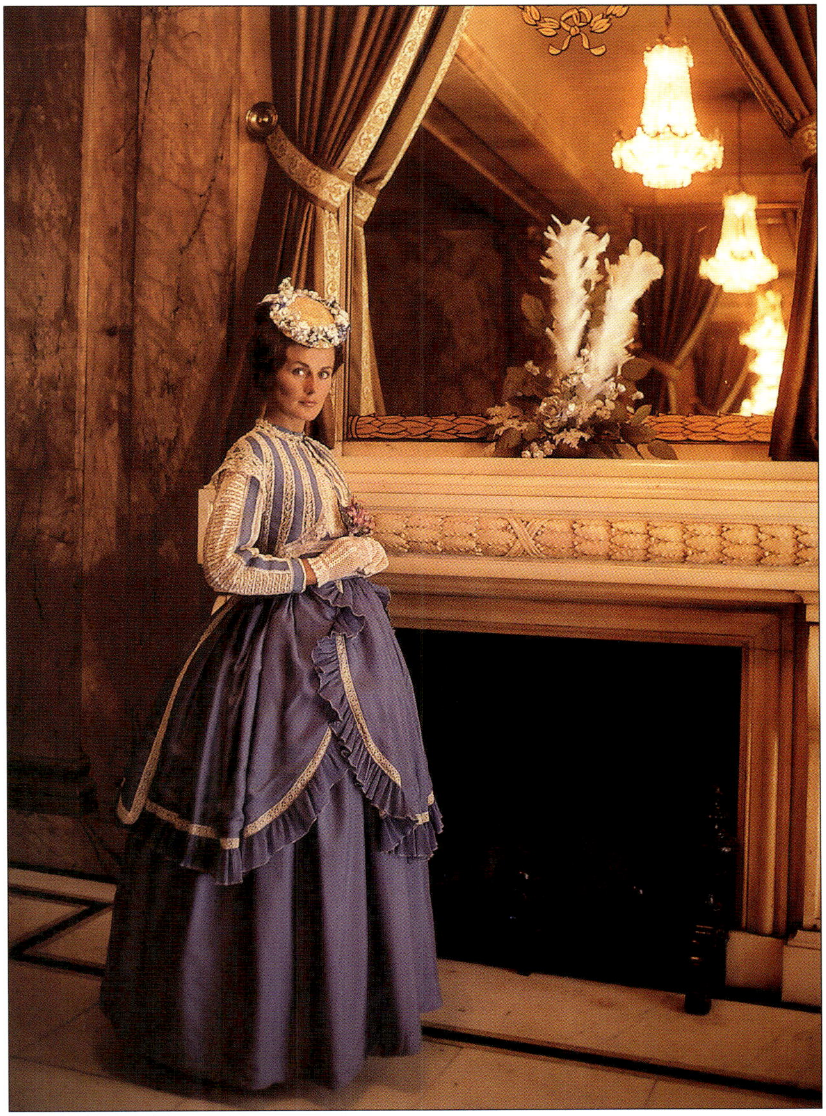

Vergangene Epoche
Oft werden Ganzkörper-Porträts fotografiert, um die Kleidung zu zeigen – sei es in der Modefotografie oder wie bei diesem Bild eines historischen Kostüms. Als stilvollen Rahmen wählte ich das Londoner Cafe Royal mit seinem *fin de siècle*-Dekor.

Das Gesicht

Das reine Gesichtsbild ist die intimste Form des Porträts, verlangt aber auch viel Fingerspitzengefühl bei der Wahl des Objektivs, der Ausleuchtung und der Schärfentiefe.

Für manche Fotografen ist diese Art des Porträts die größte technische Herausforderung, andere wieder bezeichnen es als die intimste und aussagekräftigste Porträtstudie überhaupt. Auf den ersten Blick mag ein solches Bild, das nur das Gesicht zeigt, einfach erscheinen. Schließlich muss man sich kaum um den Hintergrund kümmern. Auch Körpersprache und Kleidung sind unwichtig, da sie im Bild nicht oder kaum zu sehen sind. Auf der anderen Seite verzeiht ein solches Bild aber keinerlei Fehler bei der Bildkomposition, der Schärfe, der Ausleuchtung oder dem Ausdruck des Gesichtes. Denn normalerweise dominiert der Gesichtsausdruck das Bild.

Ein Porträt im Hochformat, das den gesamten Kopf zeigt, ist eine beliebte Lösung, wirkt aber auch leicht langweilig. Andere Formate und Kompositionen können sehr wirkungsvoll sein. Ein Porträt im Querformat mit am oberen Bildrand leicht abgeschnittenem Kopf kann sehr interessant wirken und lenkt die Aufmerksamkeit des Betrachters auf die Augen. Die Augen, ihre Position im Bildrahmen, ihre Blickrichtung und das Licht um die Augen sind mit die wichtigsten Kriterien für den Erfolg eines Bildes.

Bei Fotos aus so geringer Distanz ist – unabhängig vom gewählten Objektiv – die Schärfentiefe von besonderer Bedeutung. Aus dieser kurzen Entfernung erreicht man mit einem 135-mm-Objektiv bei Blende *f*4 eine Schärfentiefe von weniger als 2,5 cm. Selbst bei Blende *f*11 bleibt die Schärfentiefe geringer als 8 cm, was bedeuten kann, dass die Augen scharf sind, die Ohren aber unscharf. Digitalkameras mit kleinerem Kamerasensor leisten bezüglich der Schärfentiefe mehr. Es ist aber immer wichtig, auf die Augen scharf zu ziehen. Falls wegen der geringen Schärfentiefe nur ein Auge scharf eingestellt werden kann, ist die Auswahl eine Frage des Geschmacks. Manche Fotografen vertreten die Meinung, man sollte immer auf das nähere Auge scharf ziehen. Andere halten

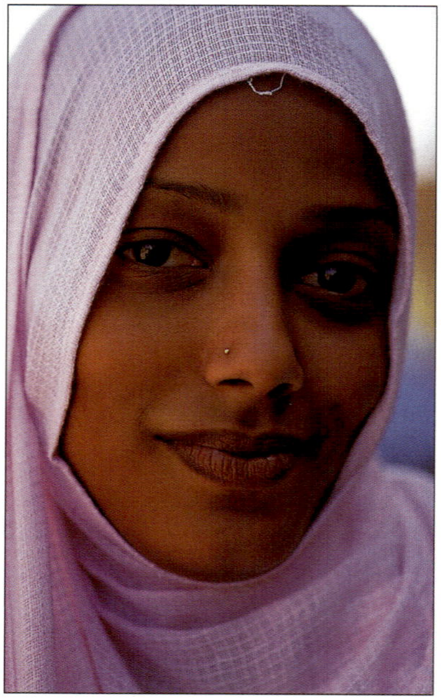

Augenkontakt
Das dominierende Element dieses Bildes ist der direkte Blick in die Kamera. Dieses Bild entstand an einem sonnigen Tag im Schatten. Ich achtete darauf, dass aus dem sonnigen Bereich hinter der Kamera genügend Licht in die Augen reflektiert wurde, sodass sie Glanzlichter zeigten.

Scharfeinstellung überprüfen

Wichtige Bereiche eines Porträts müssen scharf sein – mindestens die Augen. Wenn Sie nur geringe Schärfentiefe erreichen, sollten Sie also auf die Augen scharf ziehen. Auch durch Bewegung entstehende Verwischungen (wie blinzelnde Augenlider) sind unerwünscht, genau wie das Verwackeln der Kamera. Der LCD-Monitor einer Digitalkamera ist zu klein, um das Bild in Vollansicht zu prüfen – besonders, wenn Sie große Bilder mit hoher Auflösung machen. Nutzen Sie daher die Zoom-Funktion Ihrer Kamera in maximaler Vergrößerung, um die Scharfeinstellung zu überprüfen.

es für richtig, auf das besser ausgeleuchtete Auge scharf zu stellen.

Wir wirkungsvoll ein Porträt ist, hängt maßgeblich vom Licht ab. Je näher man an das Gesicht herangeht, desto mehr Gewicht erhalten die Feinheiten der Ausleuchtung – beispielsweise die Glanzlichter der Augen. Ein späteres Kapitel wird sich genauer mit der Ausleuchtung von Porträts befassen. Bedenken Sie aber, dass gerade ein Porträt verrät, wie gut der Fotograf mit Licht umgehen kann.

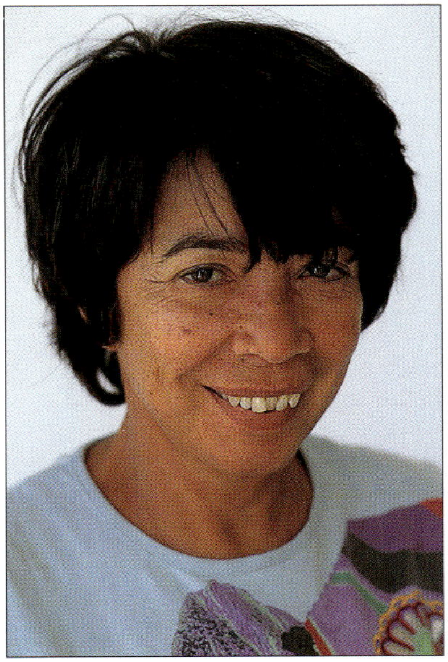

Reflektiertes Licht
Dieses Porträt entstand ebenfalls unter freiem Himmel im Schatten. Es lebt durch das von einer weißen Wand und einem weißen Boden reflektierte Licht.

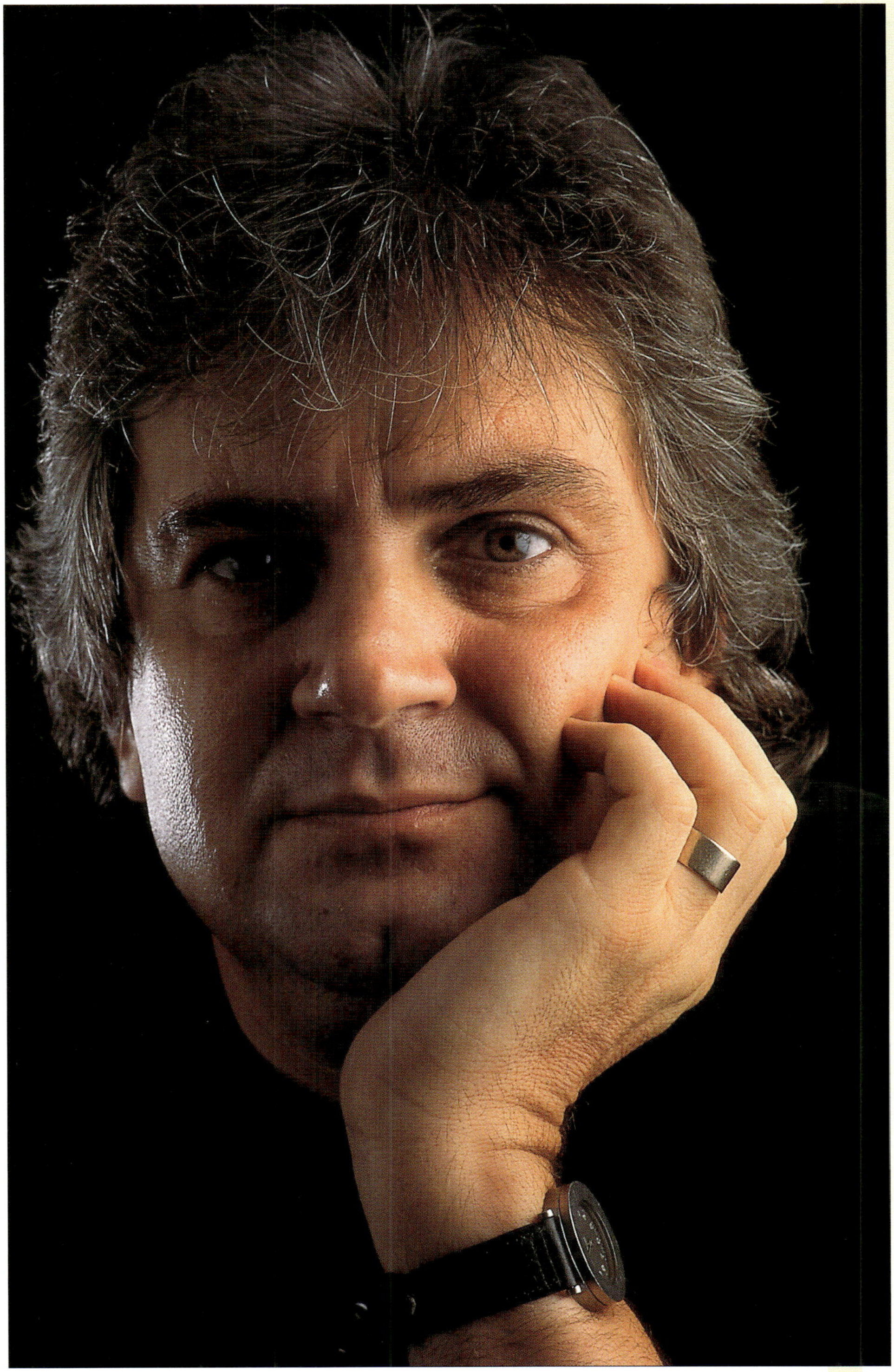

Studio-Porträt
Das auf die Hand gestützte Kinn ist eine klassische Pose. Hier wirkt sie besonders stark, da Kleidung und Hintergrund zu einer schwarzen Fläche verschmelzen.

Ausschnitte

Interessante Ergebnisse erhält man, wenn man nur einen Ausschnitt fotografiert – beispielsweise nur einen Teil des Gesichtes.

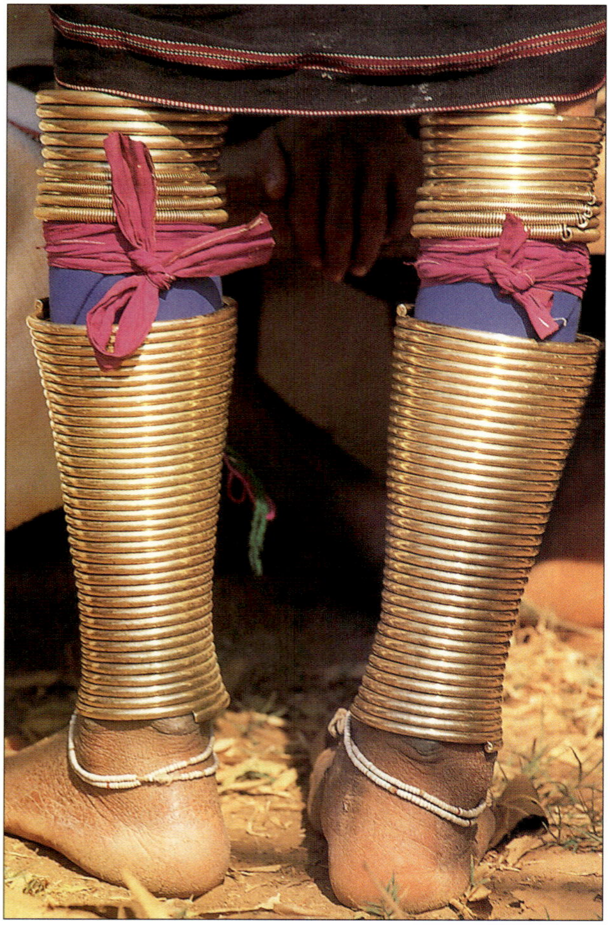

Messingspiralen
Diese Angehörige des Padaung-Stammes im Osten Burmas trägt den traditionellen Beinschmuck aus Messingspiralen. Der außergewöhnliche und attraktive Schmuck ergab ein sehr schönes Detailfoto.

„In der Fotografie kann schon der kleinste Gegenstand ein großartiges Sujet sein", schrieb Henri Cartier-Bresson, einer der größten Fotografen der Welt, „Die kleinsten menschlichen Details können zu Leitmotiven werden." Cartier-Bresson beschrieb mit diesen Worten ein Grundprinzip seiner Fotografie. Eine Methode zur Umsetzung dieses Prinzips besteht darin, besondere Details in Nahaufnahme zu zeigen. Solche Fotos sind aus zweierlei Gründen reizvoll. Erstens sind sie eine willkommene Abwechslung, da sie Dinge in einer anderen Dimension zeigen. Zweitens erhalten solche Fotos eine spezielle Aussage, da sie die Aufmerksamkeit des Betrachters auf Details lenken, die normalerweise übersehen werden.

Detail oder Ausschnitt bedeutet in der Porträtfotografie die Konzentration auf einen Teil des Körpers. Natürlich haben solche Bilder immer auch etwas Intimes, denn sie erzeugen mehr Nähe zwischen Betrachter und Modell, als zwischen Fremden üblich ist. Einerseits besteht das Risiko, dass diese Nähe beim Betrachter Unbehagen auslöst. Andererseits bergen solche Fotos aber auch die Chance, den Betrachter angenehm zu überraschen.

Für Detailaufnahmen sollten Sie ein mittleres Teleobjektiv mit möglichst geringer Minimalentfernung oder ein entsprechendes Zoomobjektiv verwenden. Es gibt auch spezielle Makroobjektive, die sehr gut geeignet sind, doch heutzutage verfügen die meisten Teleobjektive bereits über eine ausreichende Naheinstellung, mit der man ein Auge oder einen Mund Format füllend abbilden kann.

Bei so geringen Entfernungen wird natürlich die Schärfentiefe problematisch. Nur in den seltensten Fällen sind Unschärfen interessante Bildelemente, meist wirkt das Bild durch unscharfe Bereiche fehlerhaft. Wählen Sie also eine möglichst kleine Blende und überprüfen Sie die Schärfe mit der Zoomfunktion des LCD-Monitors.

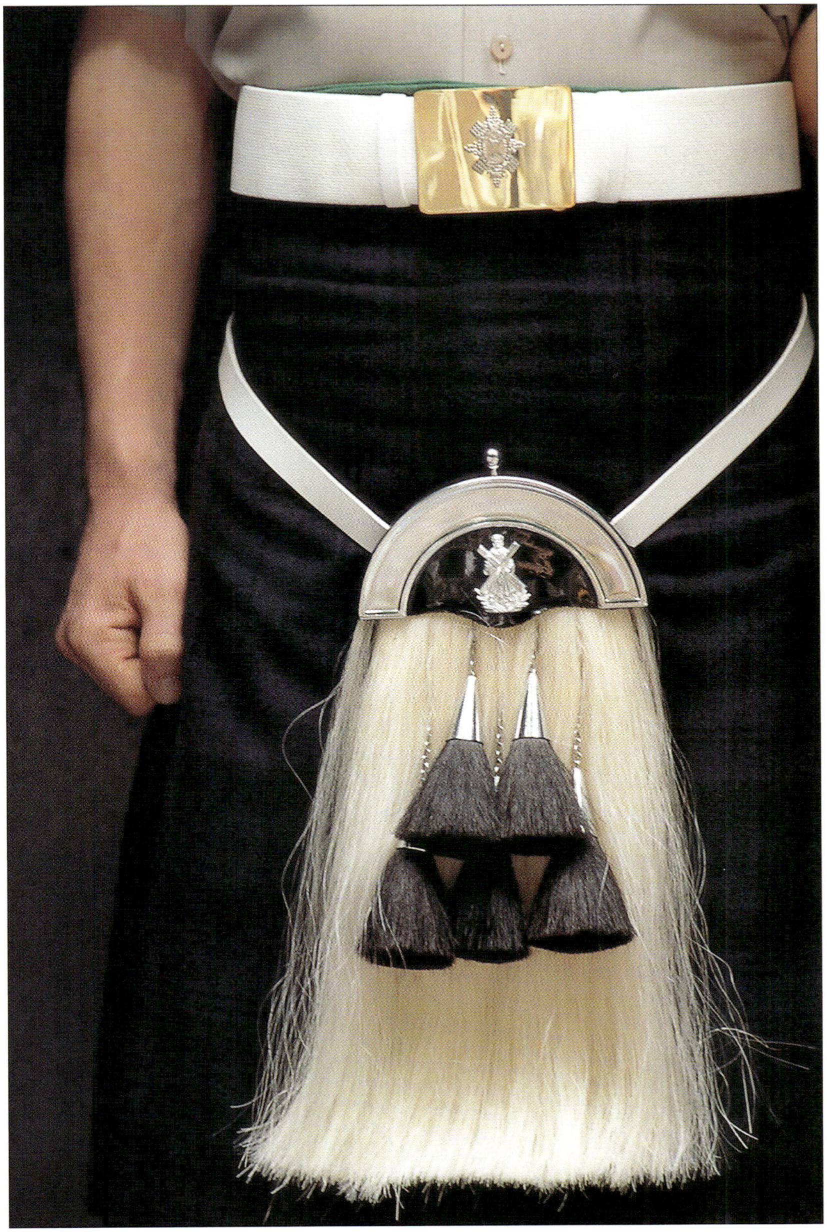

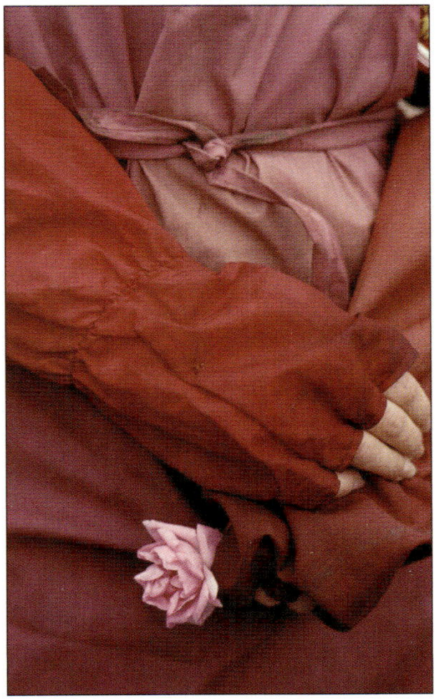

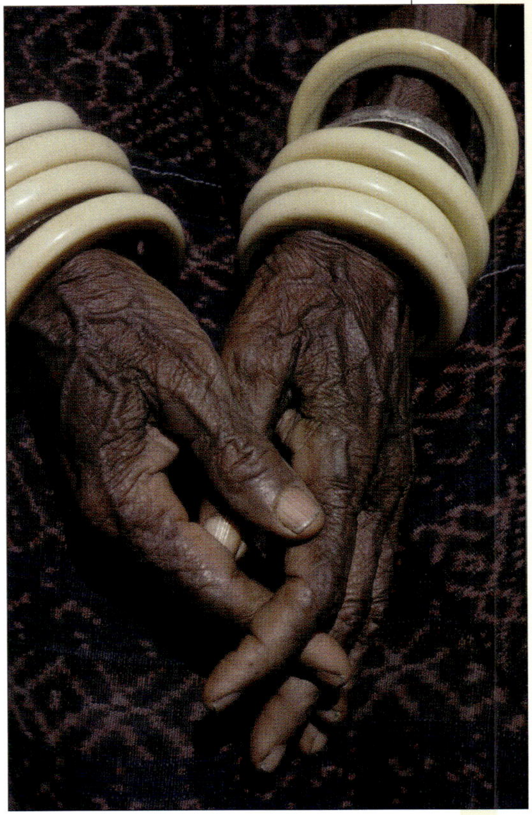

Black Watch
Die schmuckvolle Ausgehuniform eines schottischen Gardisten der Black Watch ergab aus einer tiefen Kameraposition einen wunderbar geometrischen Bildaufbau, bei dem Gürtel, Arm und unterer Rand des Sporran parallel zu den Bildrändern verliefen.

Rosenpflückerin
Ein junges bulgarisches Mädchen mit einer Rose in der Hand ruht sich aus. Durch die rote Jacke wirkt das Bild fast abstrakt und besticht durch seine Einfachheit.

Hände
Das sind Hände einer alten Frau in Indonesien. Ihr violettes Kleid als Hintergrund und die hellen Armreifen aus Elfenbein ergaben ein sehr interessantes Bild.

Zweier- und Dreiergruppen

Bei Aufnahmen von mehr als einer Person muss die besondere Dynamik der Beziehungen bei der Planung der Bildkomposition berücksichtigt werden.

Fotografiert man zwei oder drei Personen gemeinsam, setzt man sie in Beziehung zueinander und bildet gleichzeitig ihre Beziehung untereinander ab. Es können Mutter und Tochter sein, aber auch zwei Boxer kurz vor einem Kampf oder drei Freunde, die sich nach langer Zeit zum ersten Mal wieder treffen. Eine Schwierigkeit ist natürlich, dass praktisch jede denkbare Beziehung bereits auf Foto gebannt wurde und jedes mögliche Arrangement eine Aussage hat – von Schwestern, die einander an der Hand halten, bis zu Boxern, die Rücken an Rücken stehen. Als Fotograf sollte man ein Gespür für die Beziehungen innerhalb einer Gruppe und ihre Dynamik haben, damit man die Personen entsprechend dieser Beziehungen platzieren und sein Bild harmonisch aufbauen kann.

Normalerweise ist es schwierig, zu allen Beteiligten ein gleichermaßen gutes Vertrauensverhältnis aufzubauen, folglich braucht man in diesem Fall besondere Strategien. Weil man auch nicht mit mehreren Personen gleichzeitig Augenkontakt halten kann, sollte man sich die Namen der Modelle einprägen. Wichtig ist auch, dass bei jeder Anweisung deutlich ist, an welche Person sie gerichtet ist oder ob sie der gesamten Gruppe gilt.

Zwei oder drei Personen kann man entweder neben- oder hintereinander platzieren. Wer eine Person in den Vordergrund rücken möchte, sollte diese Entscheidung gut begründen können und eventuelle Fragen der Modelle sehr selbstbewusst beantworten, um eventuellen Eifersüchteleien vorzubeugen. Ein guter Grund ist in solchen Fällen immer die Bildkomposition. Größenunterschiede können weniger auffällig gestaltet werden, indem man eine oder zwei Personen sitzend platziert oder indem man aus einer erhöhten Kameraposition fotografiert. Grundsätzlich gilt: Je mehr man über die beteiligten Personen weiß, desto einfacher ist es, sie zu platzieren und harmonisch zueinander in Beziehung zu setzen.

Auf den meisten Fotos schauen die Personen in die Kamera. Dennoch ist es eine schöne Abwechslung, auch mit der Blickrichtung zu experimentieren. Die Modelle könnten einander beispielsweise ansehen oder gemeinsam einen Punkt hinter oder oberhalb der Kamera fixieren. Natürlich könnte die Blickrichtung aller oder einzelner Personen auch seitlich zum Kamerawinkel verlaufen.

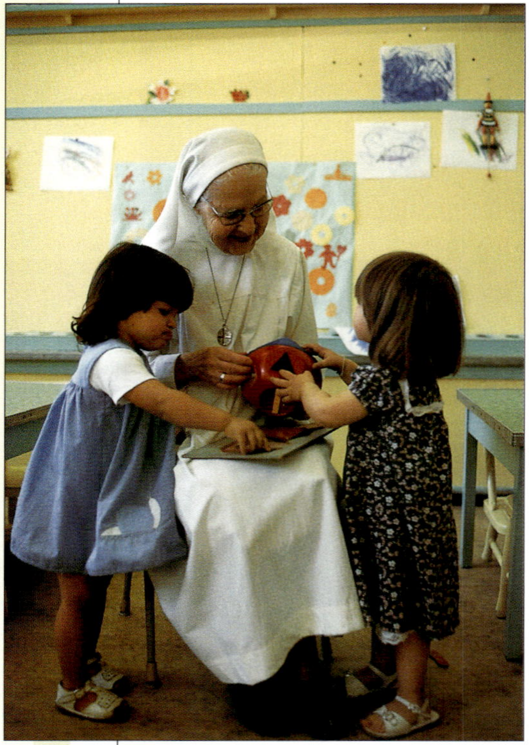

Dreieckige Komposition
Das Dreieck bietet sich als Bildaufbau bei drei Personen geradezu an. Bei diesem Bild aus einem Kindergarten in Montreal wirkt die Komposition besonders stark, da gleich zwei Dreiecksformationen erkennbar sind – die drei Köpfe wie auch der Umriss aller drei Personen ergeben je ein Dreieck.

Bevor Sie beginnen

- ☐ Welche Kleidung werden die Modelle tragen? Es kann hilfreich sein, dem Foto ein Thema zu geben. Denkbar wäre beispielsweise ein Kleidungsstil oder eine Farbkombination.
- ☐ Wo werden Sie fotografieren? Auch der Ort, an dem Sie fotografieren, beeinflusst das Arrangement der Personen. Gibt es beispielsweise Stühle oder Kissen vor Ort?
- ☐ Wie werden Sie das Foto ausleuchten? Überlegen Sie, ob Sie bei natürlichem Licht genügend Schärfentiefe erreichen, um die Personen hintereinander zu platzieren. Bedenken Sie bei Aufnahmen mit dem Blitz, ob er alle Personen gleichmäßig beleuchten kann.

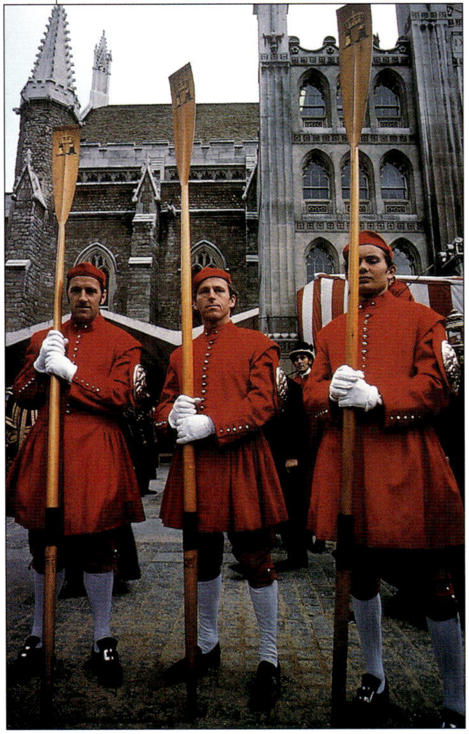

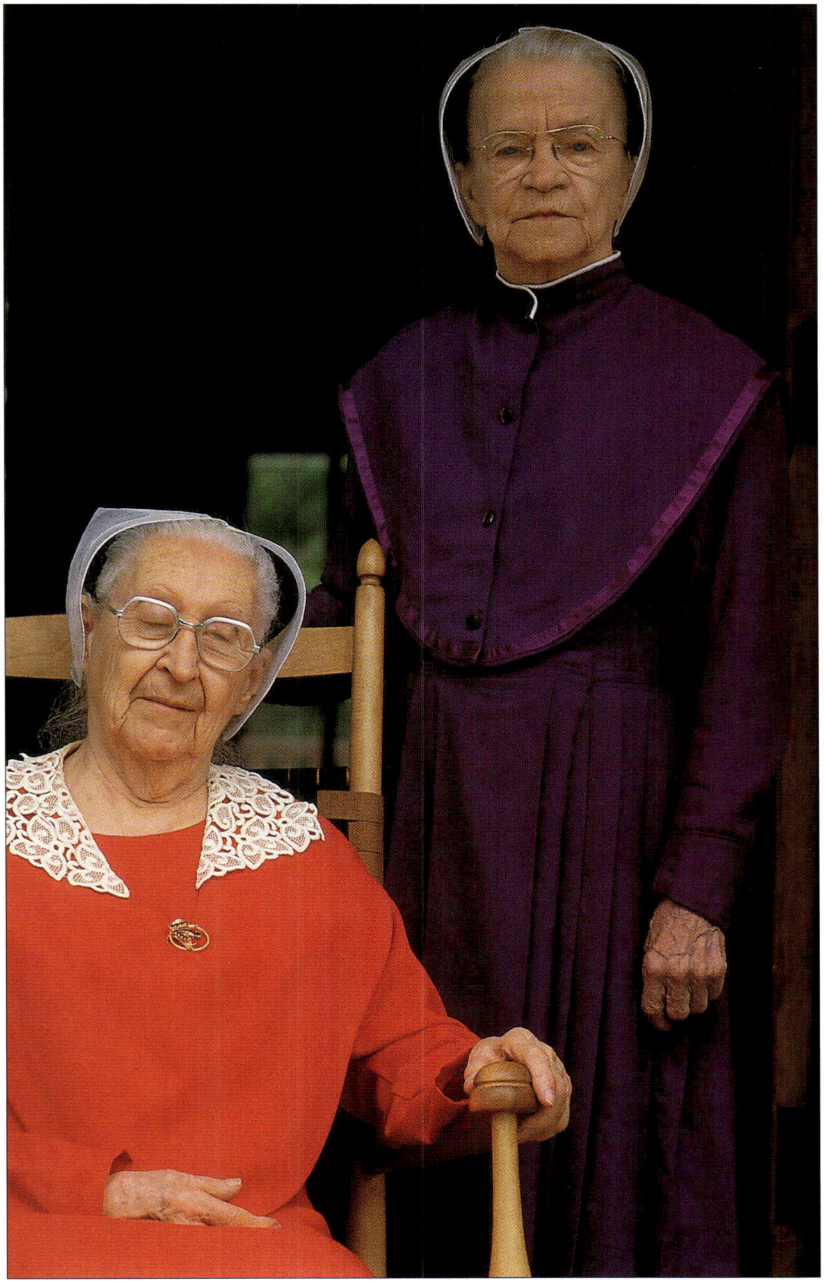

Nebeneinander
Die drei Männer in diesem Bild nehmen dieselbe Stellung und Haltung ein. Die Komposition wirkt durch die starken Vertikalen der aufrechten Haltung und der Ruder sehr überzeugend. Außerdem treten durch die identische Haltung die individuellen Unterschiede deutlicher hervor.

Sitzend und stehend
Höhen- und Größenunterschiede können den Bildaufbau interessant gestalten. Bei diesem Porträt von zwei älteren Damen in einer Shaker-Gemeinde bot sich diese Komposition an, da eine der Damen schlecht stehen konnte und wir sie daher in einen Schaukelstuhl setzten.

Größere Gruppen

Je größer die Gruppe, desto komplizierter kann die Arbeit werden. Sie müssen einerseits alle Mitglieder dirigieren und sollten andererseits die Gruppendynamik nicht stören.

Wir alle kennen die typischen Klassen- oder Hochzeitsfotos, bei denen die Personen sitzend und stehend in zwei oder mehr Reihen angeordnet sind. Auch diese Anordnung ist eine Konvention, der man anfangs ruhig folgen sollte. Es ist hilfreich, bereits im Voraus eine Reihe von Stühlen oder Bänken aufzustellen. So wissen die Beteiligten gleich, was geplant ist geplant ist, und können Ihre Anweisungen besser verstehen und befolgen.

Tipps für Gruppenfotos

- ☐ Sagen Sie der Gruppe, dass der Fototermin schneller und erfolgreicher verlaufen wird, wenn alle kooperieren.
- ☐ Sollen alle in eine Richtung schauen, geben Sie ihnen einen Punkt vor, den sie anvisieren sollen.
- ☐ Gestalten Sie den Fototermin zwanglos.
- ☐ Lockere Gruppenfotos wirken gut, wenn die Kameraposition etwa 30 cm oberhalb der Augenlinie der Personen liegt. Eine kleine Trittleiter ist hier hilfreich.
- ☐ Menschen blinzeln nun einmal. Je größer die Gruppe, desto höher die Wahrscheinlichkeit, dass zumindest eine Person die Augen geschlossen hat. Machen Sie die Beteiligten darauf aufmerksam, dass Sie aus diesem Grund eine größere Zahl von Fotos aufnehmen werden.
- ☐ Das „Rauschen", das bei Digitalkameras in hoher ISO-Einstellung auftritt, ist auf großen Gruppenfotos sehr störend. Wählen Sie daher die Einstellung für die beste Qualität Ihrer Kamera.
- ☐ Große Gruppen verleiten immer dazu, ein Weitwinkelobjektiv zu wählen. Wenn Sie sich dafür entscheiden, bedenken Sie den typischen Verzeichnungseffekt dieser Objektive am Bildrand und treten Sie ein wenig weiter zurück.

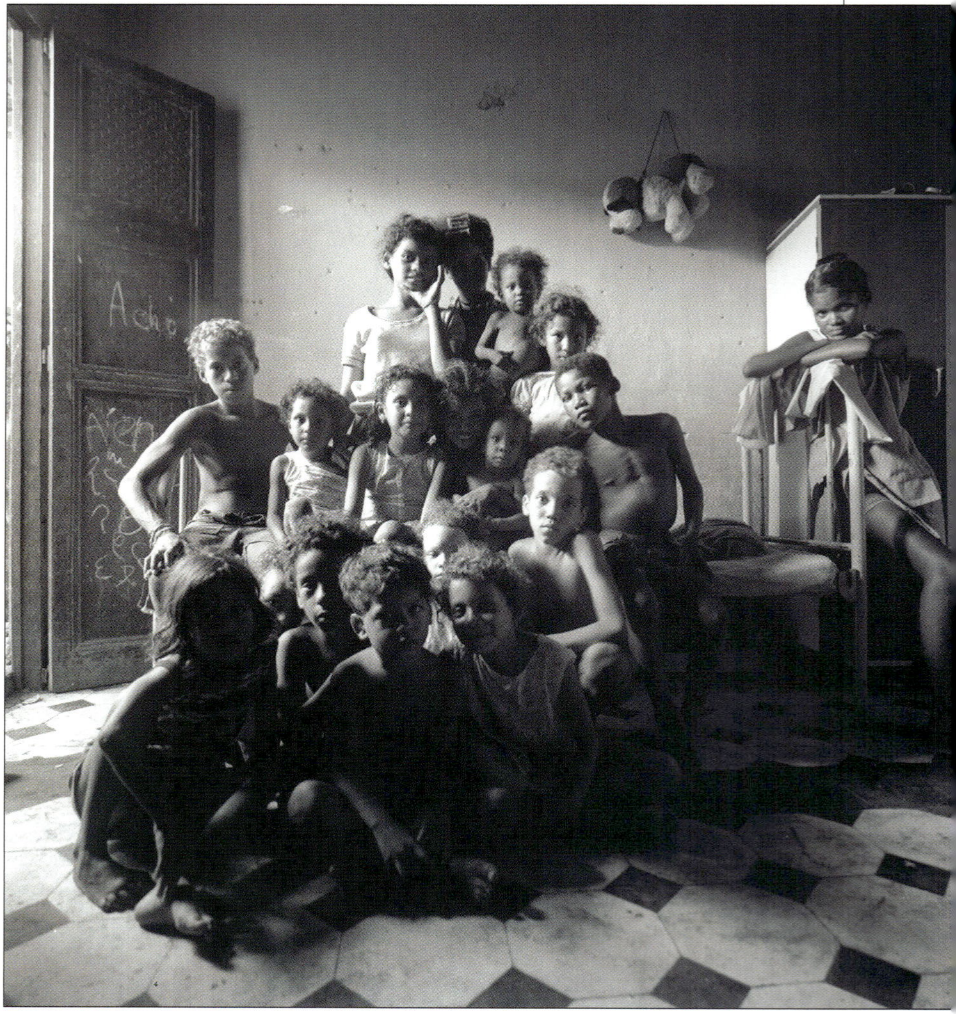

Eine typische Szene vor einem Gruppenfoto: Stellen Sie sich vor, Sie sind vor Ort, Ihre Ausrüstung ist ausgepackt, aufgestellt und getestet. Nun tauchen acht stattliche Herren auf, von denen Sie zuvor nur einen oder zwei getroffen haben. Sie sind guter Laune und treiben ihre Späße. Um in einer solchen Situation die Gruppe unter Kontrolle zu behalten, ist es hilfreich, wenn Sie schon durch Ihre auf dem Stativ eingerichtete Kamera und die aufgestellten Stühle Autorität ausstrahlen. Selbst wenn Sie das Stativ nicht unbedingt benötigen, kann es zunächst dafür sorgen, dass man Sie ernst nimmt. Dann sollten Sie genau darauf achten, ob die Gruppe eine bestimmende Persönlichkeit hat oder andere hierarchische Strukturen aufweist. Platzieren Sie die Personen zügig so, wie Sie es geplant hatten, und lassen Sie keine Diskussion aufkommen. Sie sind der Boss. Bleiben Sie bei Ihren Anweisungen immer höflich und zuvorkommend, aber füllen Sie Ihre Rolle aus und geben Sie als Dirigent den Ton an.

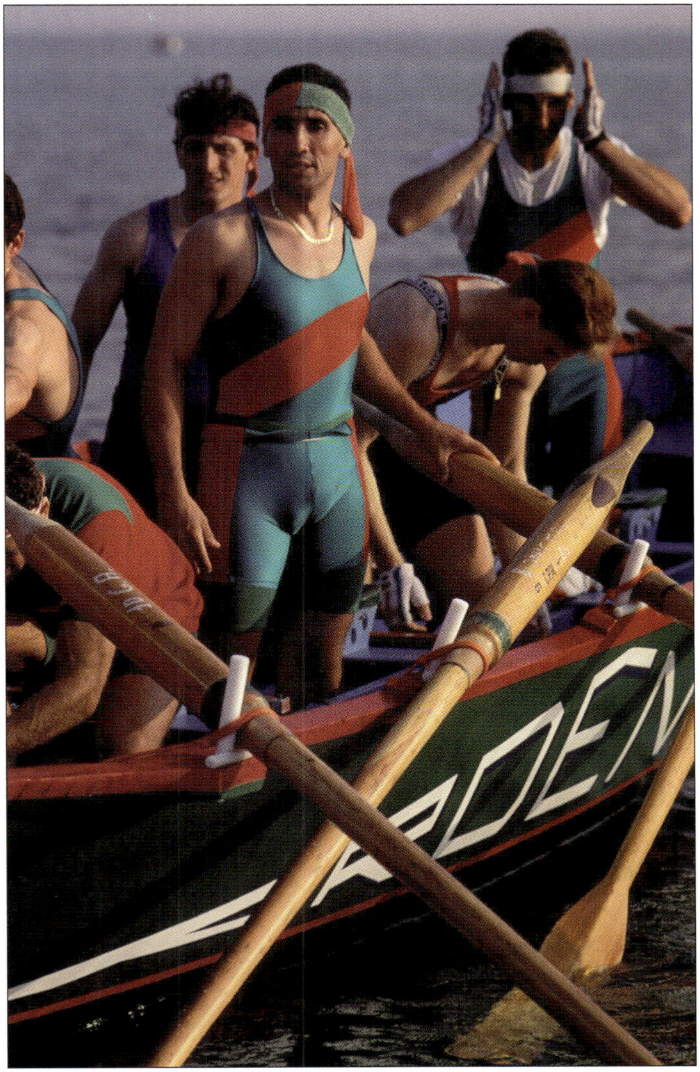

Je weiter Sie sich von einem konventionellen Gruppenaufbau entfernen, desto besser sollten Sie Ihre Komposition vor dem geistigen Auge geplant haben, denn Sie müssen klare Anweisungen geben können. Sobald Sie zögern oder Unsicherheit zeigen, besteht Gefahr, dass die Gruppe aus dem Ruder läuft. Bei großen Gruppen ist es besonders wichtig, zügig und nach Plan zu arbeiten.

Ein wichtiger Punkt dieser Planung ist das Licht. Die Ausleuchtung sollte nach Möglichkeit gleichmäßig sein, direktes Sonnenlicht wirft grundsätzlich Schatten und ist für solche Fotos darum nicht empfehlenswert. Wenn Sie künstliches Licht verwenden, sollten Sie es vorher genau testen. Der Lichtunterschied innerhalb der Szene sollte weniger als eine halbe Blende betragen.

Einheitliche Struktur

Was in Kolumbien mit einem Porträt einer kleinen Gruppe von Kindern begann, endete damit, dass immer mehr ihrer Freunde auch aufs Foto wollten. Mir blieb nichts anderes übrig, als zurückzutreten und die dreieckige Struktur vertikal und horizontal zu erweitern.

Regatta-Team

Dieses Gruppenfoto zeigt das Gewinnerteam bei der Regatta von Livorno in der Toskana. Es war nicht geplant, und da ich wenig Zeit hatte, versuchte ich die kräftigen Farben zu nutzen und den Bildrahmen zu füllen. Die Diagonalen der Ruder hatten die Komposition zusammen.

Unter freiem Himmel

Bei Porträts unter freiem Himmel hat man den Vorteil der Spontaneität. Da aber die Lichtverhältnisse nicht immer ideal für Porträtaufnahmen sind, muss man manchmal improvisieren.

Viele Laien vermuten, strahlendes Sonnenlicht sei der Traum jedes Fotografen und bedeckter Himmel eine Strafe. In der Landschafts- und Architekturfotografie mag dies zutreffen, aber das optimale Licht für Porträts findet man unter freiem Himmel selten. Eine der wichtigsten Fähigkeiten für den Porträtfotografen ist, die Lichtverhältnisse richtig einzuschätzen und die Möglichkeiten zu erkennen, aus ihnen das Beste zu machen.

Bei direkter Mittagssonne ist das Fotografieren schwierig, da die Schatten sehr hart sind, senkrecht fallen und starke Kontraste erzeugen – ausgesprochen schlechte Bedingungen für ein Porträt. Bei solchem Licht sucht der erfahrene Fotograf nach Schatten, und zwar nicht nach dem harten Schatten eines Gebäudes, sondern nach dem weichen Schatten, den beispielsweise ein Baum spendet. Geeignet sind aber auch schattige Orte, in deren Nähe sich reflektierende Flächen wie Sand oder Wasser befinden. Das abstrahlende Licht erhellt so den Schattenbereich und reduziert den Kontrast.

Solche Stellen sind jedoch schwierig zu finden. Daher hat die Fotografie technische Hilfsmittel entwickelt, die diese Lichtverhältnisse simulieren. Es gibt beispielsweise Zelte und Schirme aus halbtransparentem Material, die den gewünschten, diffusen Schatten spenden. Diese Materialien sind nicht preiswert, lassen sich aber mit etwas Improvisationstalent auch ersetzen. Wichtig ist, dass man lernt, mit unterschiedlichen Lichtverhältnissen umzugehen und das Licht so zu beeinflussen, dass es die gewünschte Wirkung erzielt. Die Hauptlichtquelle sollte das Modell dabei immer in einem vorteilhaften Winkel beleuchten. Oft ist es sinnvoll, das Licht mithilfe eines Aufhellers zu reflektieren. Aufheller, die sich meist zum einfacheren Transport zusammenfalten lassen, gibt es in verschiedenen

Helles Sonnenlicht
Ein kleiner Junge in Peking mit der Uniformkappe seines Vaters. Trotz hellen Sonnenlichts gelang dieses Foto aufgrund der kräftigen Farben und des frontalen Lichteinfalls, der keine harten Schatten warf.

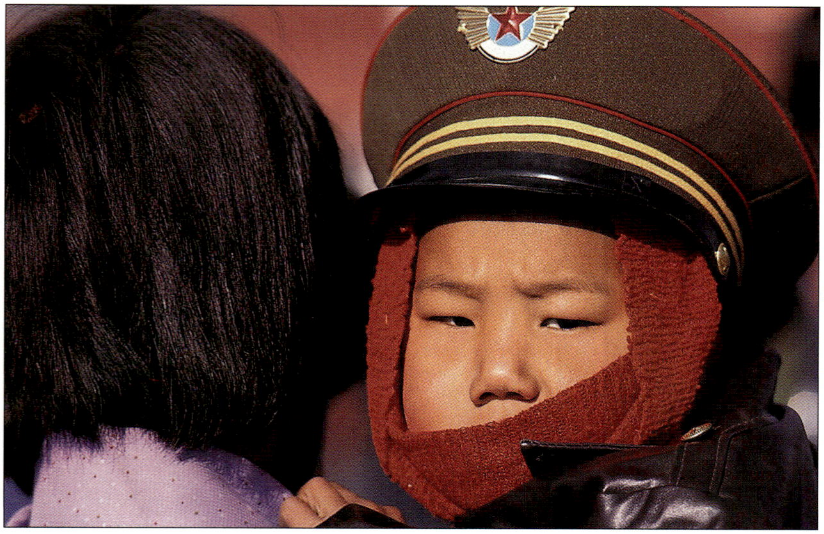

Größen mit weißer, silberner oder goldener Beschichtung. Man kann sie zwar auch selber herstellen, doch wer häufiger Menschen unter freiem Himmel fotografieren möchte, sollte über die Anschaffung einer Aufhellpappe oder Aufhellwand von etwa 180 cm x 120 cm nachdenken. Aber auch mit Aufhellern will eine Sitzung gut geplant sein. Es ist schwierig, sie in Position zu halten und gleichzeitig zu fotografieren, besonders bei Wind.

Milchig-trübes Sonnenlicht, das für die Porträtfotografie ideal ist, findet man nur sehr selten und es ist schon gar nicht planbar. Dennoch gibt es in jeder Region Jahrszeiten, zu denen die Lichtverhältnisse günstiger sind als zu anderen. Grundsätzlich gilt auch für die Porträtfotografie, dass das flach einfallende Licht am frühen Morgen und späten Nachmittag besonders vorteilhaft ist.

Manchmal ist das Licht aber einfach unbrauchbar. An solchen Tagen müssen Sie all Ihr Können aufbieten und alle möglichen Tricks anwenden, um die Lichtqualität mit technischen Mitteln zu verbessern. Mit der Verwendung von Blitzlicht und der transportablen Ausrüstung werden wir uns in späteren Kapiteln dieses Buches noch ausführlicher beschäftigen. Hier soll zunächst der Hinweis genügen, dass man an schlechten Tagen das natürliche Licht durch zusätzliche Lichtquellen unterstützen muss. Natürlich kann man auch schon die Möglichkeiten der digitalen Nachbearbeitung ins Kalkül ziehen.

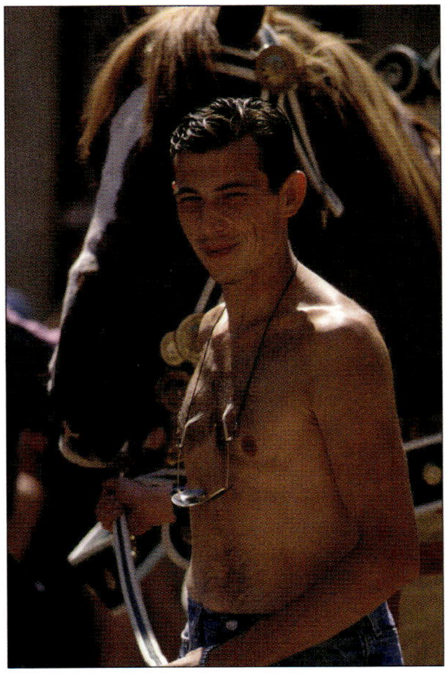

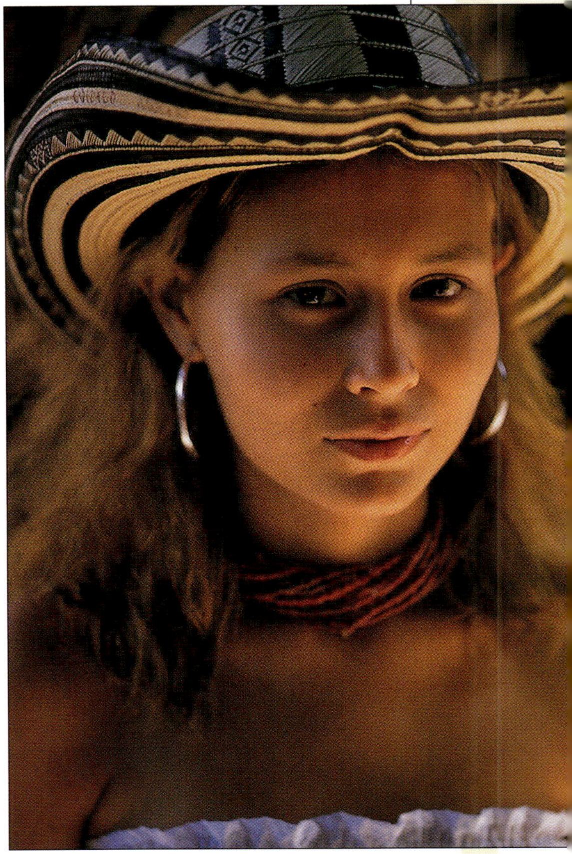

Histogramm und Lichter

Zur Kontrolle der Belichtung ist der LCD-Monitor der Kamera zwar hilfreich, man sollte sich aber nicht vollständig auf ihn verlassen. Einfallendes Licht und unser Blickwinkel beeinträchtigen die Darstellungsqualität des Displays. Je nachdem, aus welchem Blickwinkel Sie auf den Bildschirm sehen, erscheint das Bild beispielsweise heller oder dunkler als es wirklich ist. Wenn Ihre Kamera ein Histogramm und Lichter anzeigen kann, sollten Sie diese Möglichkeiten zur Belichtungskontrolle nutzen. Wie in diesem Beispiel sollte das Histogramm Ihnen für die Farbtöne der Haut mittlere Werte angeben. „Lichter" bedeutet in diesem Zusammenhang sehr helle Pixel.

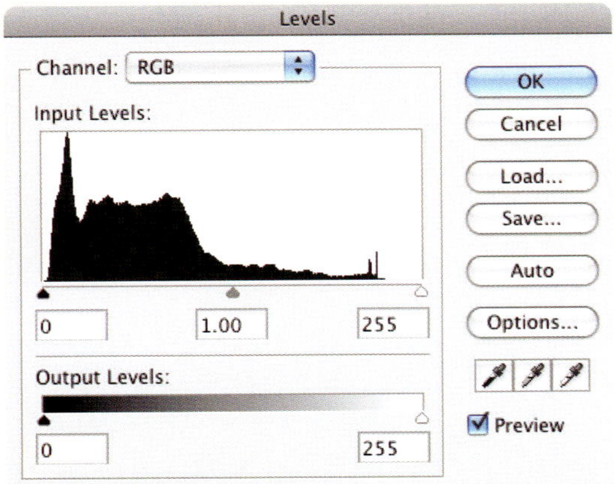

Gegenlicht Der Trainer mit seinem Pferd wurde von hinten von der Nachmittagssonne beschienen. Das Pflaster reflektierte aber genügend Licht und hellte die Schatten ausreichend auf, sodass Mensch und Pferd auch frontal gut erkennbar waren.

Aufhellung An einem sehr hellen Tag mit strahlender Sonne und tiefen Schatten platzierte ich dieses Mädchen im Schatten eines Baumes, um den herum alles in der Sonne lag. Um das Gesicht aufzuhellen, verwendete ich ein großes Stück weißes Papier.

Kamerablitz

Der Kamerablitz sollte zur Ergänzung des vorhandenen Lichts, nicht als Hauptlicht verwendet werden. Frontales Blitzlicht ist selten günstig. Je besser man die Grenzen des Blitzes kennt, desto gezielter kann man ihn einsetzen

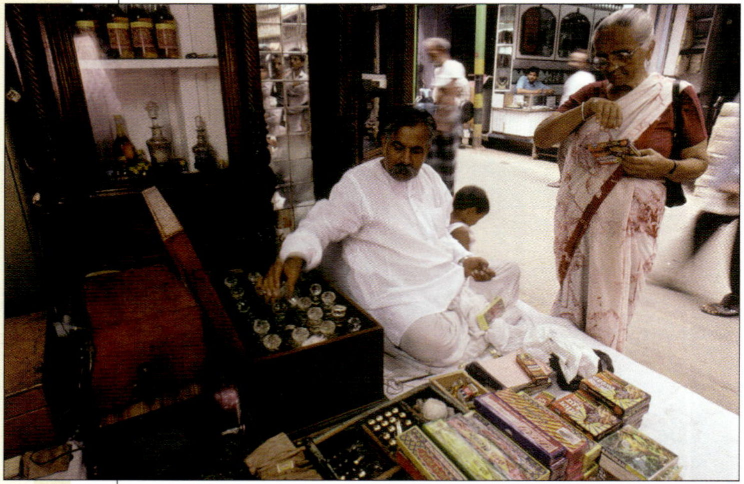

Aufhellblitz
Wie bei vielen indischen Geschäften ist auch die Straßenfront dieser ältesten Parfümerie in Delhi komplett geöffnet. Dies sorgt für Probleme mit dem Kontrast. Da die beiden Personen das Hauptaugenmerk des Bildes sein sollten, stellte ich die Belichtung auf sie ein. Dennoch wollte ich einige Details des Ladeninneren zeigen. Ein niedrig eingestellter Blitz hellte die Schatten auf. Die Stärke des Blitzes hatte ich vorher durch mehrere Versuchsfotos festgelegt.

Mit den heutigen Blitzen für Digitalkameras bekommt man zwar ein korrekt belichtetes Foto, wird aber kaum ein gutes Porträt aufnehmen.

Es gibt zwei Typen von Kamerablitzen. In die erste Gruppe fallen die Blitze, die nur frontal ausleuchten können. Sie sind meist fest in die Kamera eingebaut und haben oft nur eine Reichweite von zwei bis drei Metern. Die zweite Kategorie wird meist auf den Blitzschuh aufgesteckt und verfügt über einen dreh- und/oder schwenkbaren Kopf. Dadurch kann man mit dem Blitz auch gezielt Flächen anstrahlen, die das grelle Licht reflektieren.

Der Kamerablitz ist vor allem geeignet, um das vorhandene Licht zu ergänzen. Ein solcher Aufhellblitz (Fill-in-Flash) kann beispielsweise sinnvoll sein, um bei starkem, gerichtetem Sonnenlicht harte Schatten aufzuhellen. Bei den meisten heutigen Kameras lässt sich für diesen Zweck die Blitzstärke individuell anpassen. Bei Gegenlichtaufnahmen sorgt der Aufhellblitz für eine genügende Ausleuchtung des Vordergrunds und verhindert, dass das Modell nur als Silhouette erscheint. Bei langen Verschlusszeiten, bei denen der Hintergrund verschwimmt, kann der Blitz das Modell „einfrieren". Das zusätzliche Blitzlicht eignet sich auch, um ein sonst flach und matt erscheinendes Bild zu beleben.

Grundsätzlich dient der Kamerablitz also nicht der eigentlichen Ausleuchtung der Szene, sondern wird verwendet, um feine Unterschiede herauszuarbeiten. Damit das gelingt, spielt die Ausgewogenheit von Umgebungslicht und Blitzlicht eine wichtige Rolle. Gegebenenfalls muss man die Blitzstärke mehrfach anpassen. Dies ist mit der Digitalkamera dank des LCD-Bildschirms sehr einfach, da man das Bild sofort kontrollieren kann.

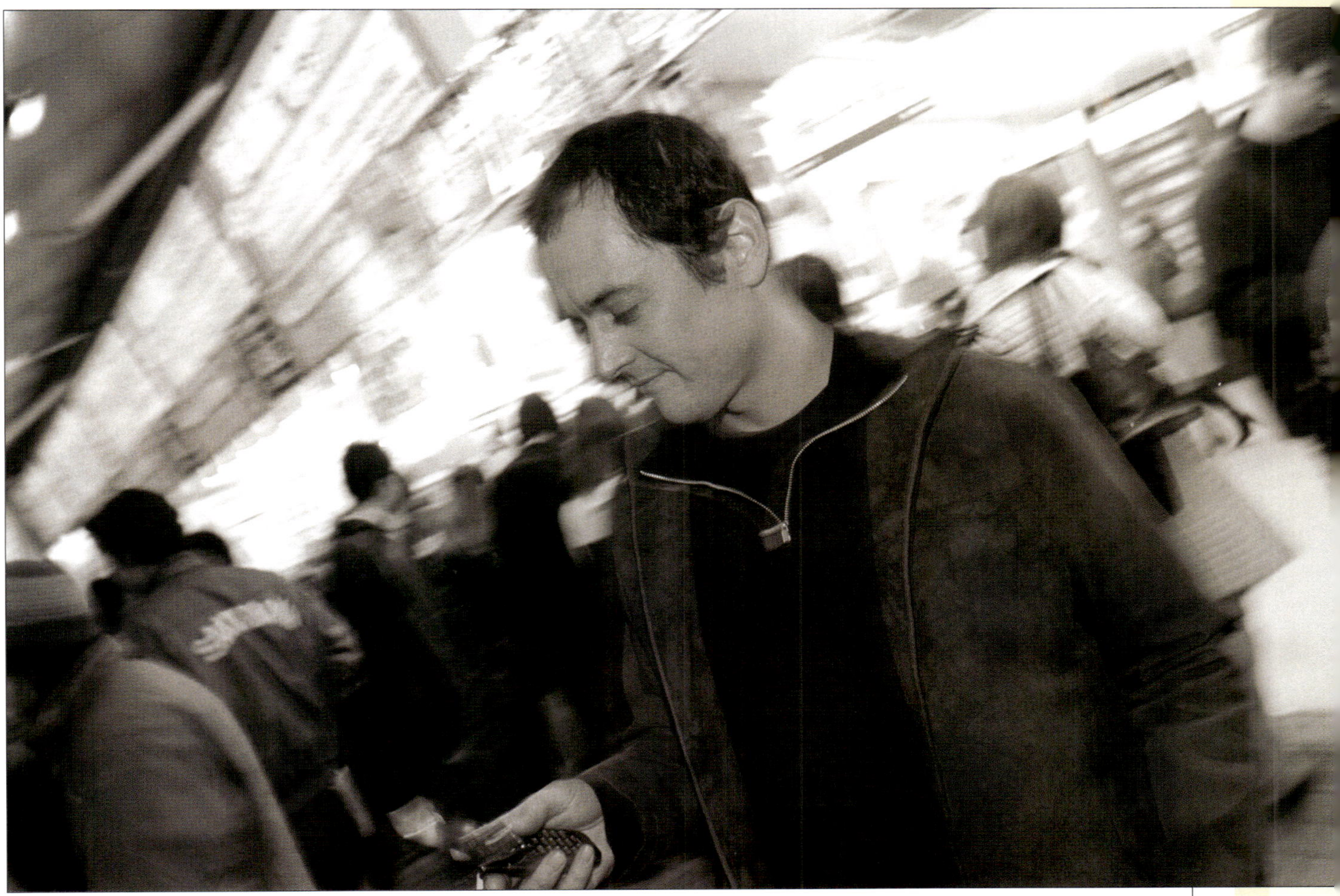

Fill-in-Flash

Aufhellendes Blitzlicht kann Kontraste ausgleichen. Es wird häufig bei hellem Hintergrund und schlecht beleuchtetem Modell im Vordergrund eingesetzt. Man stellt den Blitz so ein, dass er die Schatten im Vordergrund aufhellt, damit Vorder- und Hintergrund korrekt belichtet werden. Würde man in diesem Fall die Belichtung ohne den Blitz auf den Vordergrund einstellen, erhält man einen überbelichteten Hintergrund. Hier ist etwas Fingerspitzengefühl gefragt.

Wenn Sie professionelle Hochzeitsfotografen beobachten, werden Sie feststellen, dass sie fast immer Blitzlicht verwenden. Sie stellen den Blitz meist ein bis zwei Blendeneinstellungen niedriger ein, wodurch Schatten aufgehellt, helle Bereiche aber nicht überbelichtet werden. Modernen Kameras bieten auch hierfür eine Automatik. Um ein besseres Verständnis für die richtige Ausleuchtung zu entwickeln, sollte man auch die manuelle Einstellung des Blitzes trainieren.

Externer Blitz

Bei diesem Porträt eines Bildhauers wollte ich ein wenig des betriebsamen Nachtlebens in Tokios Shibuya-Distrikt einfangen und wählte daher eine lange Verschlusszeit und einen externen Blitz. Die schräge Kamerastellung betont den Kontrast zwischen verwaschenem Hintergrund und Schärfe.

Kamerablitz

In manchen Situationen hat man nur den Kamerablitz mit frontalem Licht zur Verfügung. Er wirkt am besten bei starken Formen und leuchtenden Farben.

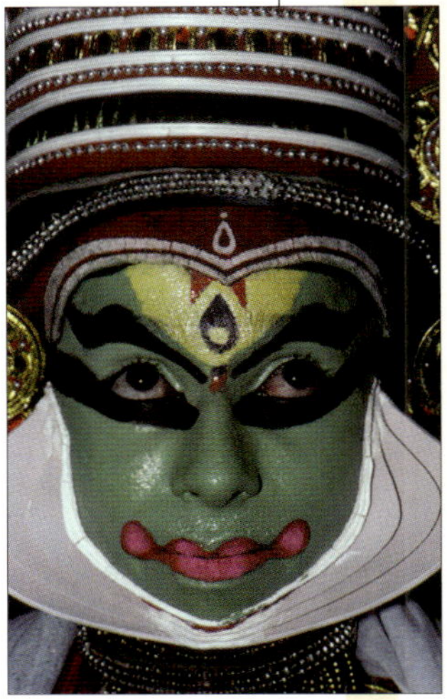

Ausleuchtung des Porträtstudios

Wenn Sie Fotolampen benutzen, sollten Sie einige Grundregeln dieses vielgestaltigen Themas kennen und auf diesem Grundwissen aufbauen.

Professionelle Fotografen müssen ihre Aufnahmen oft gründlich vorbereiten, vor allem, wenn die Aufnahmen im Studio bei künstlichem Licht erfolgen sollen. Solche Aufnahmen sind nicht so locker und zwanglos wie Gelegenheitsaufnahmen, erlauben aber mehr Kreativität und gleichzeitig mehr Kontrolle über die Bedingungen. Die Ausleuchtung ist ein Schlüsselelement der Porträtfotografie. Wenn Sie das Licht von Anfang an kontrolliert gestalten, statt sich auf vorhandenes Licht zu verlassen, werden Sie feststellen, dass ein weicheres Licht den meisten Gesichtern besser bekommt.

Die Form des menschlichen Gesichts diktiert einige Grundregeln der Ausleuchtung. Einer der einfachsten und verlässlichsten Aufbauten besteht aus einer Hauptlichtquelle mit einem Diffusor (meist ein Schirmreflektor), die das Gesicht etwas seitlich von vorne oben beleuchtet. Ein etwas schwächeres zweites Licht hellt die Schatten auf. Zusätzlich kann ein weiter entferntes Spotlight von hinten die Haare oder eine Seite des Gesichts hervorheben. Das Hauptlicht übernimmt die grundlegende Modellierung des Gesichts, das Aufhelllicht reduziert den Kontrast und hellt die Schatten auf. Das „Effekt"-Licht setzt Lichter im Haar oder hellt die Silhouette von Kopf und Schultern auf. Es wird normalerweise so hinter dem Modell aufgestellt, dass es keine Blendreflexe verursacht. Um den Schatten unter dem Kinn aufzuhellen, lässt man das Modell einen einfachen Reflektor halten, etwa eine Pappe, die mit knittriger Alufolie beklebt ist.

Es lohnt sich durchaus, mit unterschiedlichen Anordnungen von Lichtquellen und Reflektoren zu experimentieren.

Ein einfacher Aufbau

Ein typischer Aufbau für ein Brustbild besteht aus einem Reflektorschirm als Hauptlichtquelle sowie einem Aufhelllicht, das von einer weißen Reflektorwand reflektiert wird. Hierfür kommen oft Styroporplatten zur Anwendung. Ein hinter dem Modell angebrachtes Effektlicht wirft von schräg oben einen konzentrierten Lichtstrahl auf eine kleine Fläche. Schließlich wird noch ein Hintergrundlicht auf den Boden gestellt, das schräg aufwärts auf ein Hintergrundpapier von der Rolle gerichtet wird.

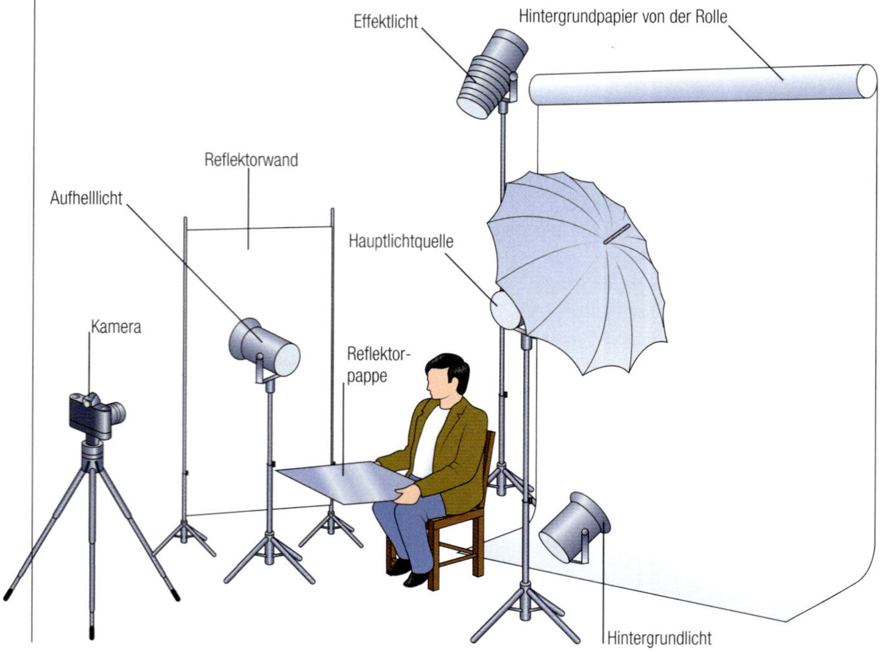

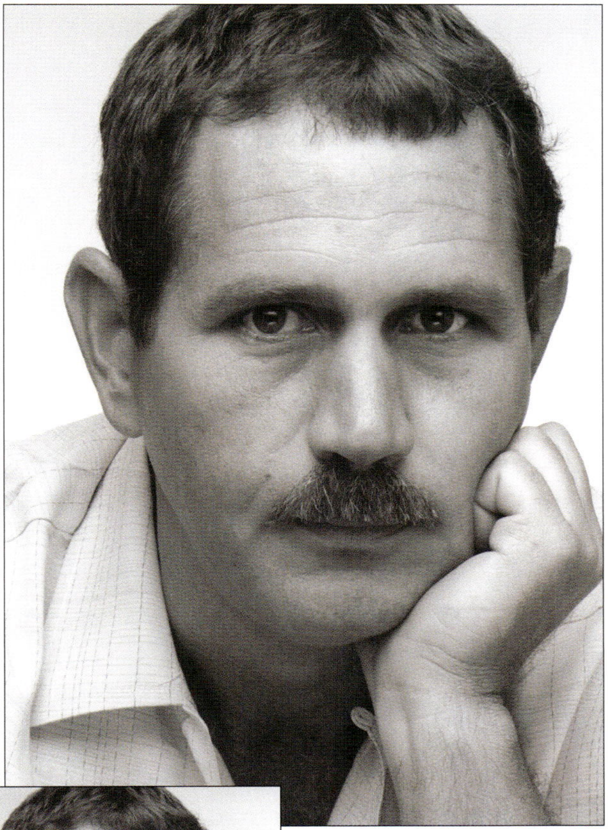

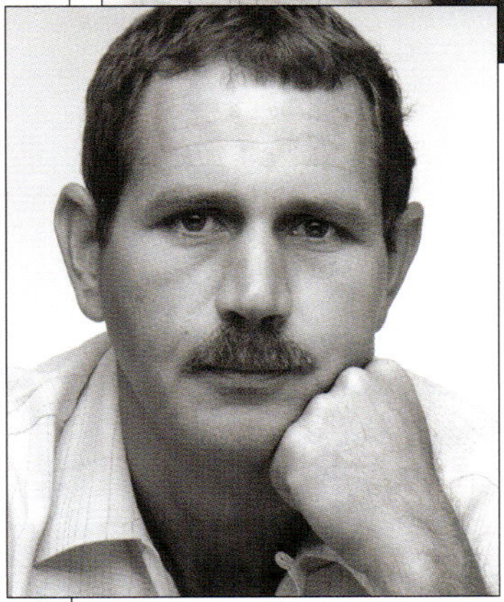

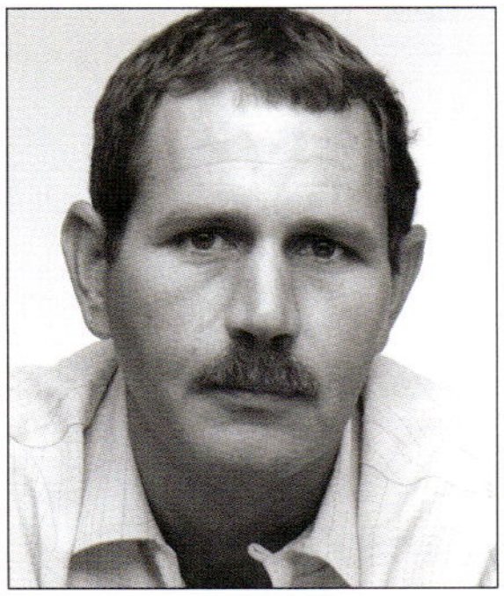

Formatfüllendes Gesicht

Wie bei dem Porträt auf Seite 145 bieten sich verschiedene Posen für eine formatfüllende Gesichtsaufnahme an. Meist kommen dabei eine oder beide Hände ins Spiel. Das Hauptlicht fiel hier von oben/vorne ein, zum Aufhellen der unteren Geschichtspartien und der Augenhöhlen wurde schräg unterhalb des Kopfes ein Folienreflektor eingesetzt.

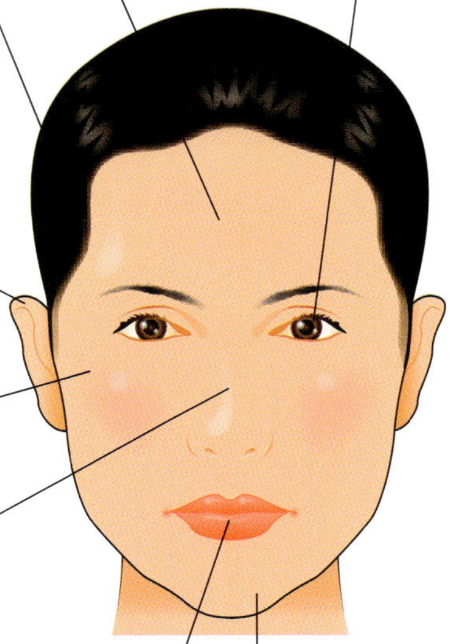

Wie das Gesicht auf Licht reagiert

Die Form des menschlichen Gesichts bestimmt zum großen Teil die Ausleuchtung eines Porträtfotos. Die Methode hängt vom angestrebten Ergebnis ab – beispielsweise eine schmeichelnde Aufnahme oder ein kraftvolles Porträt – aber einige Prinzipien sind allgemein gültig. Das Licht kann verwendet werden, um die besten Merkmale des Gesichts hervorzuheben und die weniger attraktiven zu kaschieren. Solche Entscheidungen müssen von Fall zu Fall getroffen und die Ausleuchtung muss entsprechend aufgebaut und bei Bedarf während der Fotositzung verändert werden.

Weiches Licht

Gesichter wirken meist in weichem Licht am attraktivsten und die Techniken zur Streuung des Lichts sind unerlässliches Fachwissen.

Mehr als jedes andere fotografische Sujet beruhen Porträts auf weichem Licht, weil das menschliche Gesicht mit seiner Landschaft aus Ebenen, Senken und Erhebungen attraktiver wirkt, wenn die Übergänge zwischen Lichtern und Tiefen sanft und fließend modelliert werden. Gelegentlich möchte man Linien und Falten betonen oder einen dramatischen Kontrast erzeugen, aber in der Regel geht es bei der Porträtfotografie aus den auf Seite 125 erläuterten Gründen um Attraktivität.

Technisch gesprochen, erreicht man weiches Licht durch die Vergrößerung der Lichtquelle im Verhältnis zum Motiv. Ein Lichtpunkt wirft auf einem großen Objekt harte Schatten, während eine Lichtquelle von der Größe eines Fensters auf einem nahe davor liegenden Apfel nahezu keinen Schatten erzeugt. Die Diagramme auf der nächsten Seite zeigen, warum das so ist. Die übliche Methode zur Lichtdiffusion ist, das Licht durch eine größere Fläche eines transparenten Materials scheinen zu lassen. Dazu dient eine so genannte Soft-Box, die nahe am Motiv platziert wird.

Eine Alternative ist die Reflexion, bei der das Licht von einer Fläche abprallt, etwa einem Reflektorschirm oder Aufheller, der zur Grundausstattung eines Fotostudios gehört. Von beiden Systemen existieren unzählige Varianten: Sie können Kunststofffolie oder Zeichenpapier zwischen Lichtquelle und Modell hängen, unterschiedlich geformte Soft-Boxen verwenden, den Reflektorschirm mit silbernem oder goldenem Material auskleiden oder das Licht von weißen Stellwänden reflektieren lassen.

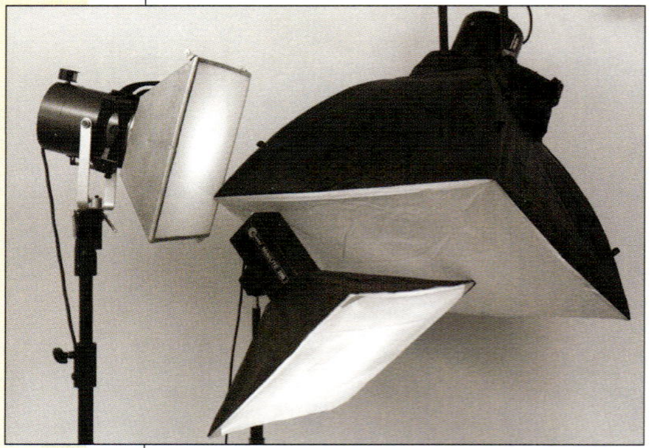

Soft-Boxen
Direkt an die Lichtquelle montierte Soft-Boxen sind eine effektive und beliebte Methode der Lichtstreuung. Der Grad der Streuung lässt sich durch Veränderung der Entfernung der Soft-Box zur Lichtquelle steuern.

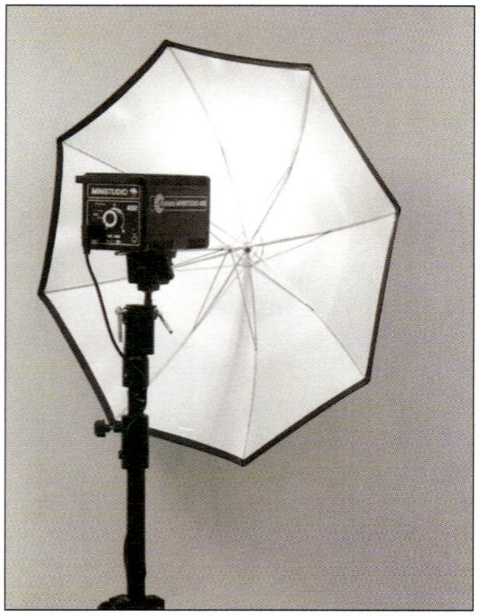

Schirm
Der Reflektorschirm gehört zur Standard-Ausstattung nahezu jedes Porträtfotografen und dient dazu, das Licht durch die Reflexion auf das Motiv weicher zu gestalten oder als Diffusor zwischen Lichtquelle und Motiv zu wirken.

Spotlights

Das Gegenteil zur Streuung oder Diffusion des Lichtes ist die Konzentration intensiven Lichtes auf einen kleinen Bereich, wodurch starke Kontraste entstehen. Spots werden selten als Hauptlichtquelle eingesetzt, sind aber sehr nützlich, um Umrisse und Strukturen wie die Haare des Modells schräg von hinten zu beleuchten. Spots gibt es in Form von Linsen oder auch röhrenförmigen Vorsätzen für Scheinwerfer.

Reflektorschirme aufstellen

Ein Grund für die Beliebtheit des Reflektorschirms ist seine Vielseitigkeit. Durch Veränderung der Stellung und des Abstands zur Lichtquelle lassen sich die verschiedensten Ausleuchtungen realisieren, von starker Streuung bis hin zu konzentrierter Reflexion.

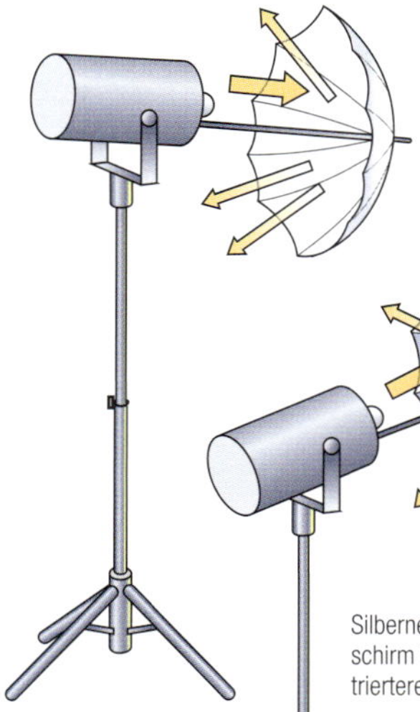

Weißer Reflektorschirm für eine starke Streuung

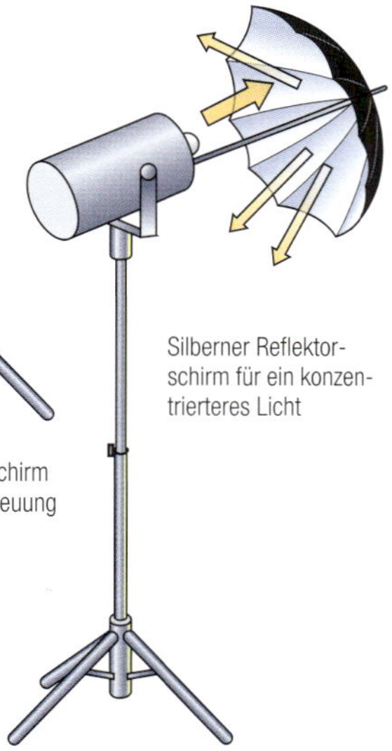

Silberner Reflektorschirm für ein konzentrierteres Licht

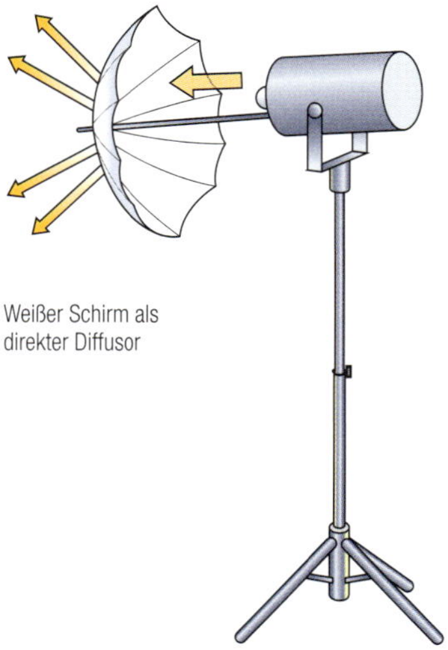

Weißer Schirm als direkter Diffusor

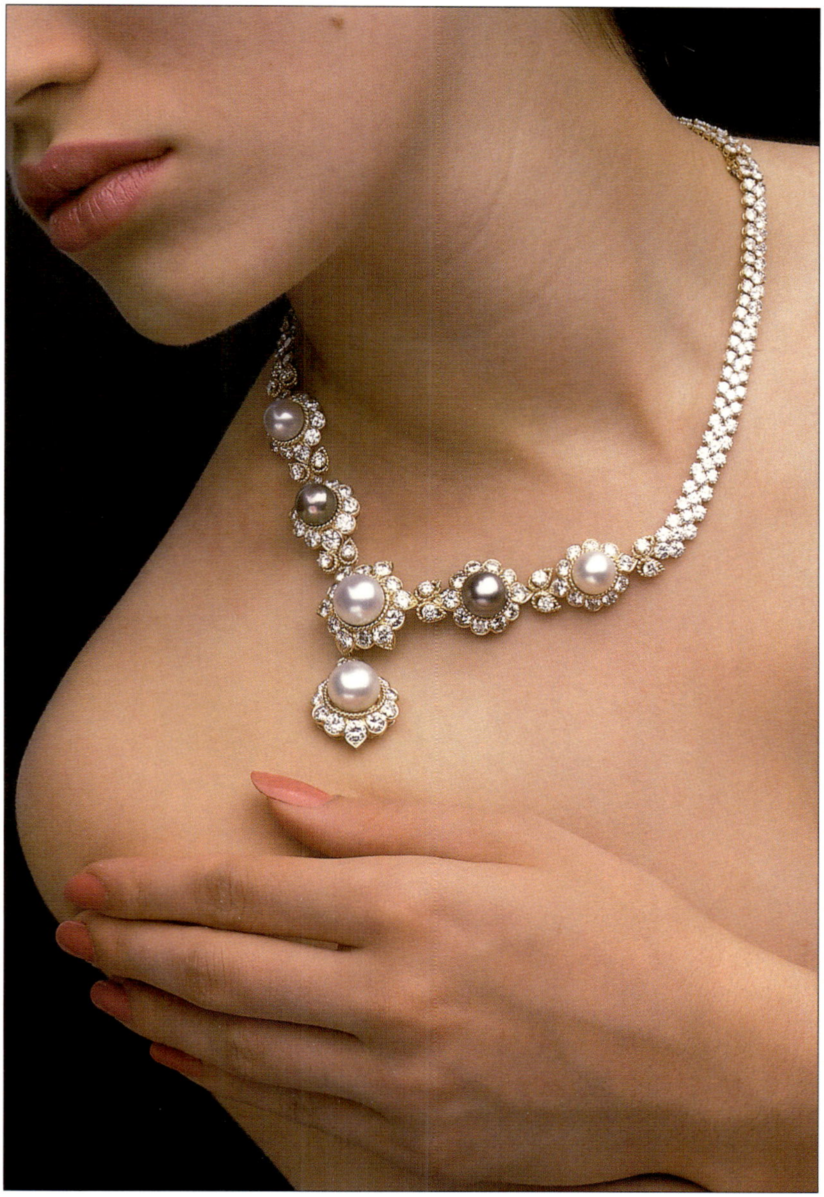

Diffuse Ausleuchtung

Die Streuung einer rechteckigen Lichtwanne sorgte hier für die perfekte Balance der Ausleuchtung. Das gerichtete Licht erzeugt weiche Schatten auf Hals, Schulter und Hand des Modells und setzt gleichzeitig sanfte Lichter auf die Perlen.

Das Porträtstudio

Ein Studio ist im Grunde nicht mehr als ein Raum, in dem sich die Ausleuchtung kontrollieren lässt. Es muss keine teure, topmoderne Arbeitsstätte sein. Sparen Sie Geld, indem Sie Hintergründe selbst herstellen.

Ein professionell ausgestattetes Fotostudio stellt eine beträchtliche Investition dar. Dabei ist eine solche Ausrüstung nicht immer notwendig. Ein professioneller Fotograf, der mit seiner Arbeit seinen Unterhalt verdient, kann natürlich eine solche Anschaffung rechtfertigen, zumal die Studioausstattung auch eine Aussage über seinen Status in der Branche macht. Zudem muss er auf die unterschiedlichen Ansprüche seiner Auftraggeber reagieren. Wird beispielsweise eine Idee oder ein Layout für ein Modefoto verändert, kann eine zusätzliche Ausleuchtung, ein anderer Hintergrund oder mehr Platz nötig sein. Eine Ausrüstung, die flexibles Reagieren erlaubt, ist sicher hilfreich, aber auch teuer.

Wer andererseits niemanden beeindrucken muss und bereit ist, etwas mehr Zeit in Planung und Vorbereitung zu investieren, kann fast jeden Raum in ein Studio verwandeln. Am wichtigsten ist Platz – zwischen der Kamera und dem Modell, zwischen dem Modell und dem Hintergrund und zwischen den Lichtquellen und dem Modell. Wie viel Platz Sie wirklich benötigen, hängt von Ihrem persönlichen Fotostil und der Ausleuchtung ab (*siehe unten*).

Platzbedarf und Abstand

Addieren Sie die Werte aus beiden Tabellen, um die Mindestlänge des Studioraums zu errechnen.

A	Brustbild	Oberkörper	Ganzkörper	Gruppe
50 mm (KB)	1,0 m	1,5 m	3,0 m	4,0 m
100 mm (KB)	2,0 m	3,0 m	6,0 m	8,0 m
150 mm (KB)	3,0 m	4,5 m	9,0 m	12,0 m
200 mm (KB)	4,0 m	6,0 m	12,0 m	16,0 m

B

Schattenfreier Hintergrund: ca. 1,5 m hinter dem Modell
separat ausgeleuchteter Hintergrund: ca. 2 m
Hintergrundlicht für Modell: ca. 2,5 m
von hinten beleuchteter Hintergrund: ca. 3 m

Drei Dinge bestimmen die Länge des Studioraums: Die Objektivbrennweite, der Bildausschnitt und der Abstand zwischen Modell und Hintergrund. Wie wir auf den Seiten 138–139 gesehen haben, gibt eine längere Brennweite die Gesichtsproportionen attraktiver wieder, erfordert aber mehr Abstand. Weil ein zu großer Abstand die Kommunikation mit dem Modell erschwert, wäre ein nahe liegender Kompromiss eine Brennweite zwischen 100 mm und 150 mm. Am häufigsten wird man Brustaufnahmen machen – das bedeutet einen Abstand von etwa 2 m zum Modell. Da Sie auch noch einen Hintergrund in Form von Rollenpapier oder einer gestrichenen Wand brauchen, sollte das Modell etwa zwei Meter vor diesem Hintergrund platziert werden, um keinen Schatten zu werfen.

Das Porträtstudio
Für einen effizient genutzten Raum und ausreichend Platz für verschiedene Aufbauten ist eine präzise Organisation notwendig. Bürofläche (unten links) ist nicht unbedingt nötig, aber ein Umkleide- und Schminkbereich (Mitte links) sollte auf jeden Fall vorhanden sein.

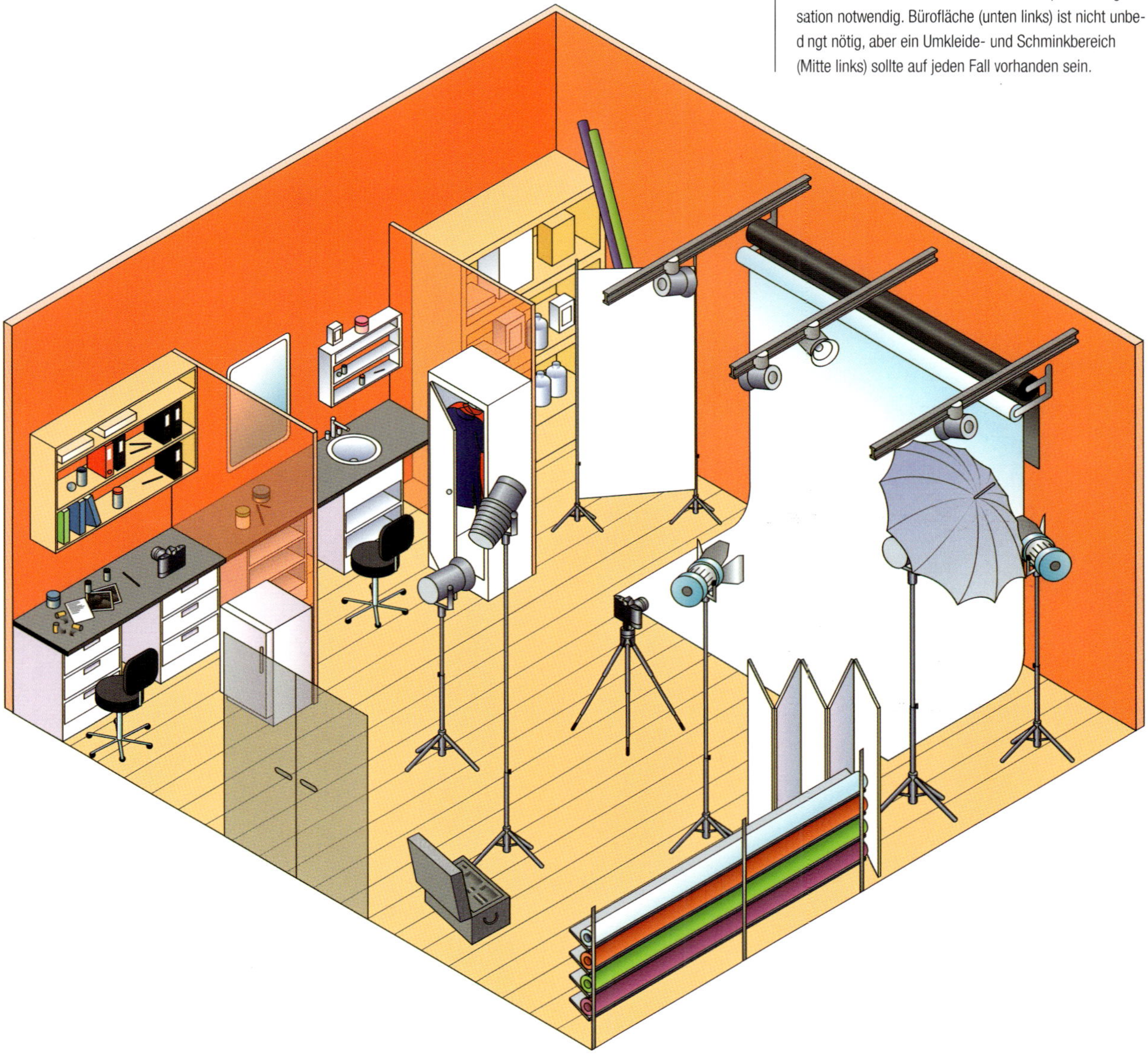

Make-up für die Aufnahme

Das riesige Arsenal der Kosmetik ermöglicht es, manche Merkmale zu betonen, andere zu kaschieren und dabei gleichzeitig ein bestimmtes Image zu erzeugen. Das Make-up für Fotos folgt dabei ganz eigenen Regeln.

Bei Beauty-Aufnahmen sind Make-up und Fotografie untrennbar miteinander verbunden. Make-up und Ausleuchtung gehen dabei Hand in Hand einander. In der Regel muss das Make-up für die Kamera stärker aufgetragen werden als für den Alltag. Wie stark hängt sehr vom Ausleuchtungsstil ab. Ein gut gestreutes Licht erfordert ein kräftigeres Make-up als ein Spotlight.

Wie immer beim Schminken geht es darum, das Positive zu betonen und gleichzeitig die weniger attraktiven Merkmale des Gesichts zu kaschieren. Hohe Wangenknochen werden allgemein in der Beauty-Fotografie geschätzt und gerne betont, indem unterhalb der Jochbeine eine dunklere Grundierung und oberhalb ein Aufheller aufgetragen wird. Nach außen verlängerter Lidschatten rückt nahe zusammenstehende Augen optisch weiter auseinander. Bei professionellen Aufnahmen wird das Make-up gezielt auf die vorgesehenen Ausleuchtung abgestimmt. Wird das Modell frontal von schräg oberhalb der Kamera angestrahlt, entstehen automatisch Lichter auf den oberen Partien von Wangeknochen, Nasenrücken und Stirn. Diese Bereiche sollte also gut abgepudert werden, damit sie nicht glänzen (es sei denn, ein „nasses" Aussehen ist beabsichtigt).

Jedes Gesicht profitiert von anderen Schminktechniken. Die wichtigsten Kriterien bei der

Make-up Reihenfolge

Zunächst wird das Gesicht geschminkt, dann die Augen. Man beginnt mit Aufheller (1) nahe der Nasenwurzel. Dann wird Lidschatten über die Augenwinkel (2) hinaus gezogen. Auf die Oberlidbereiche (3) und unter dem Auge trägt man Lidschatten mit feinem Pinsel (4) auf. Der Auftrag sollte nach außen hin stärker sein. Nun wird Highlighter auf die Oberlider aufgetragen und bis zu den Augenbrauen verwischt (5). Zum Schluss folgt Wimperntusche, die zunächst in den Augenwinkeln (6), dann auf den unteren (7) und oberen Wimpern aufgetragen wird.

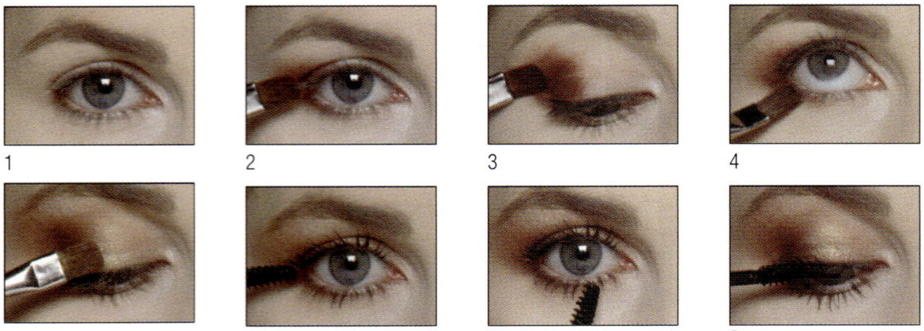

1 2 3 4
5 6 7 8

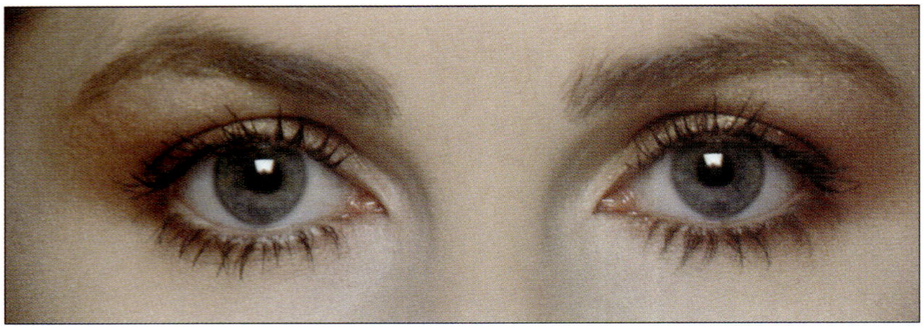

Make-up und Licht

Je diffuser das Licht, desto stärker sollte das Make-up sein. Bei einem starken Spotlight hingegen ist ein leichteres, teilweise sogar blasses Make-up erforderlich (diese Art der Beleuchtung ist in der Beauty-Fotografie aber eher unüblich). Ein Ringblitz am Kameraobjektiv erzeugt ein frontales Licht ganz ohne Schatten und benötigt daher das stärkste Make-up.

Auswahl eines weiblichen Modells für eine Beauty-Aufnahmen sind eine feine Knochenstruktur, gleichmäßige Gesichtskonturen mit einem kleinen Kinn, ein ebenmäßiger Teint, eine gerade Nase und ein relativ weiter Abstand der Augen zueinander. Hautunreinheiten können mit einer gut deckenden Grundierung und weichem Licht kaschiert werden. Grundsätzlich sollte das Foto-Make-up bei exakt der gleichen Beleuchtung aufgetragen werden, die für das Foto verwendet wird.

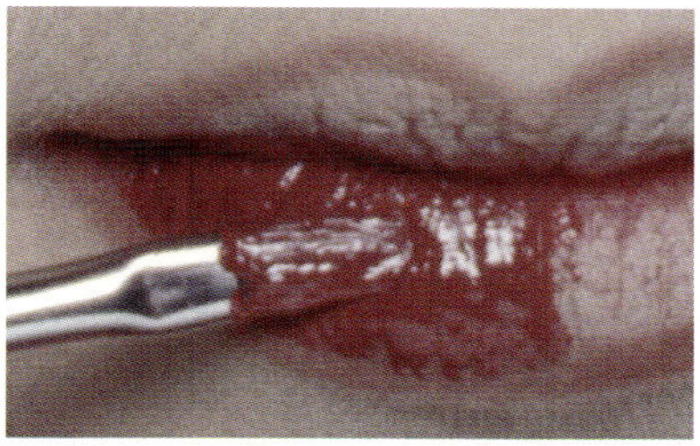

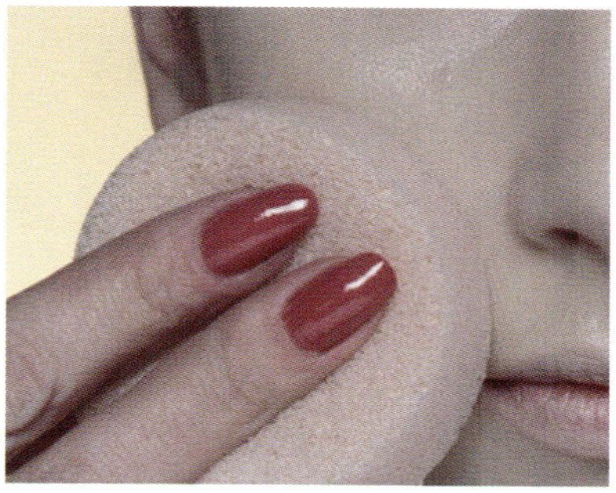

1

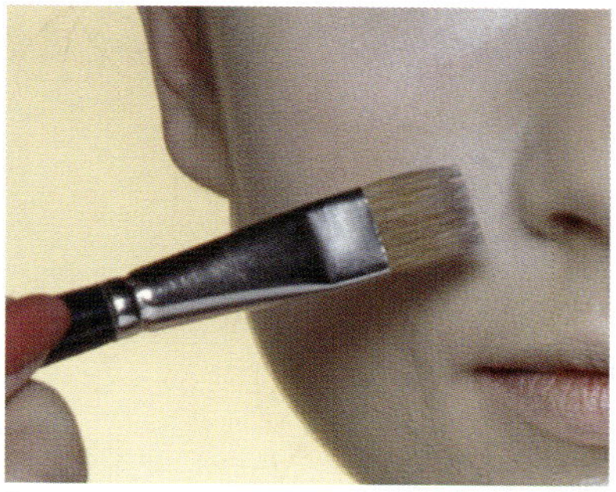

2

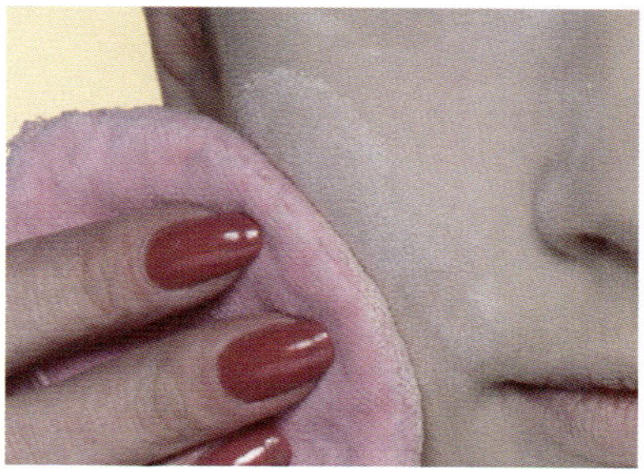

3

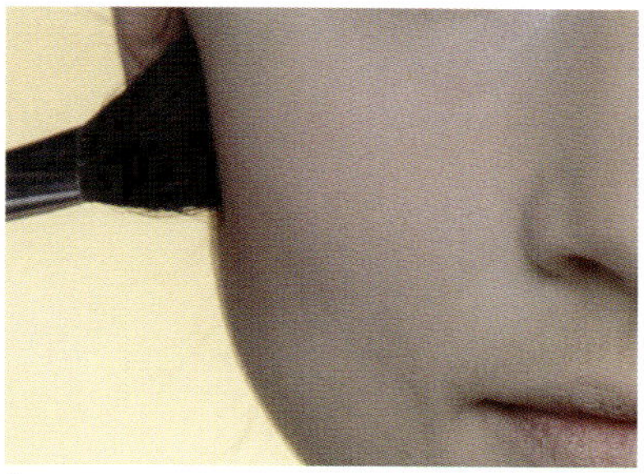

4

Haut

Beim Make-up beginnt man mit einer Feuchtigkeitscreme, danach folgt eine Grundierung (1), die einen einheitlichen Hautton gibt und Unreinheiten abdeckt. Sie wird mit einem Schwämmchen gleichmäßig verteilt. Mit einem Pinsel wird Aufheller (2) in den Schattenbereichen des Gesichts wie unter Augen, Unterlippe und Nasenspitze aufgetragen, wodurch die Gesichtskonturen weicher erscheinen. Die Übergänge werden gut verwischt.

Die Grundierung wird nun mit Puder (3) fixiert. Dabei werden glänzende Stellen, die von der Kamera betont würden, mattiert. Mit einem Pinsel (4) werden dann leichte Schatten gesetzt, um die Gesichtskonturen zu unterstreichen, wie hier unterhalb der Wangenknochen. Zum Schluss wird mit einem Pinsel Lippenstift aufgetragen, um eine gleichmäßige Deckung zu erhalten.

Ausleuchtung für Beauty-Aufnahmen

Starke Schatten sind für Beauty-Aufnahmen ungünstig. Daher verwendet man meist eine leicht veränderte Version der Grundausleuchtung (*siehe Seite 156–157*). Die Positionierung der Lichtquellen ist hierbei ausschlaggebend:

- ☐ oberhalb für natürliches Aussehen
- ☐ Vorderlicht zur Verringerung der Schatten (besonders unter den Augen, den Nasenflügeln und der Unterlippe)
- ☐ symmetrisch, auf einer Achse mit der Kamera, damit das Gesicht einheitlich ausgeleuchtet ist

Die Aufhellung der Schatten erfolgt durch zwei seitlich aufgestellte Reflektorwände sowie einen kleineren weißen oder mit knittriger Alufolie überzogenen Reflektor, den das Modell in den Händen hält. Er hellt Kinn und Nase von unten auf. Die Beleuchtung für Beauty-Aufnahmen ist meist für eine bestimmte Art Make-up ausgelegt. Die einzige Möglichkeit, Make-up und Licht perfekt aufeinander abzustimmen, ist, das Make-up in dieser Beleuchtung aufzutragen.

Set up 1 **Set up 2**

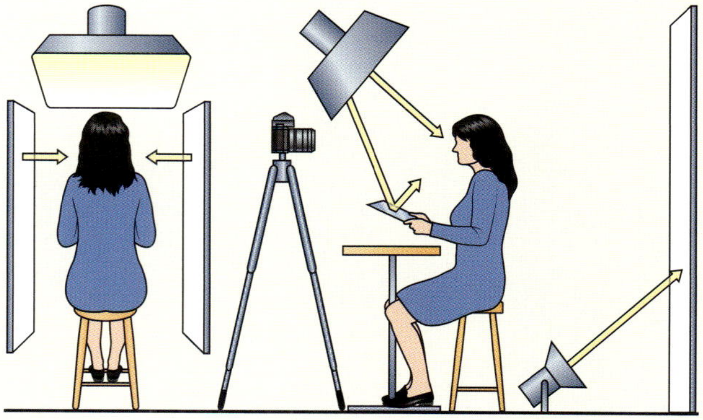

Digitale Retusche

Hier geht es gewissermaßen um das nachträgliche Make-up in der Bildbearbeitung, das sowohl subtile als auch plakative Effekte erlaubt. Es hat Vorteile, statt am Gesicht am fertigen Bild zu arbeiten.

Die Retusche ist inzwischen eine Standardvorgehensweise bei der Bearbeitung von Porträts. In der Beauty- und Modefotografie ist ihr Ziel die absolute Perfektion, bei einfachen Porträtaufnahmen hingegen würde eine solche Idealisierung den Menschen nicht mehr originalgetreu abbilden. Dennoch können leichtere Änderungen, zum Beispiel des Teints, der Augenfarbe oder der Haare, ein Bild verbessern. Man sollte aber vorsichtig vorgehen, da zu starke Retusche zu einem puppenhaften Aussehen führen kann.

Es lohnt sich, die Möglichkeiten der digitalen Retusche schon während des Fotografierens im Hinterkopf zu haben, denn manche kleinen Fehler lassen sich einfacher am Computer ausgleichen als durch andere Beleuchtung oder Make-up. Hat man das Foto dann im Bildbearbeitungsprogramm geöffnet, sollte man es genau betrachten und im Voraus festlegen, welche Änderungen man in welchem Ausmaß vornehmen will. Da die Bildbearbeitung praktisch endlose Möglichkeiten eröffnet, sollte man von Anfang an Grenzen setzen – einerseits, damit das Bild realistisch bleibt, und andererseits, um den Zeitaufwand in Grenzen zu halten. Sehen Sie sich das Bild erst als Ganzes an und betrachten Sie dann die Einzelheiten bei 100% Vergrößerung.

Es gibt zwei Methoden der Retusche. Beide arbeiten mit einem weich aufgefächerten Pinsel, um harte Kanten zu vermeiden (*siehe Checkliste im Textkasten*). Bei der ersten Methode geht es um direkte Eingriffe, um in einem Schritt zum Beispiel einen Fleck, eine Sommersprosse oder einen Pickel zu entfernen. Hier sollen die Farbe und die Textur der umgebenden Hautpartie auf den Fehler übertragen werden, wozu man meist den Kopierstempel verwendet. Dieser Prozedur widmen wir uns auf den folgenden Seiten im Detail.

Bei der zweiten Methode wird die Retusche in zwei Schritte –

Checkliste für die Beauty-Retusche

Teint
Textur (Glattheit)
Farbe
Glanz
Unreinheiten
Falten und Linien

Augen
Helligkeit
Reflexionen
Farbe
Wimpernkonturen
klumpige Wimperntusche
Augenbrauenkonturen
Eyeliner
Lidschatten

Mund
Lippenstiftfarbe
Lip Gloss
Farbe der Zähne
Regelmäßigkeit der Zähne

Nase
unregelmäßige Schatten
Nasenhaare

Kinn
Grübchen
Schatten unter dem Kinn

Haare
Lage
Ausdehnung (kahle Stellen)
Gesichtsbehaarung
Farbe
Lichter

Auswahl und Änderung – aufgeteilt und bietet sich eher für großflächige Farbanpassungen und messbare Effekte an. Auf einer Maskenebene (Maskierungsmodus in Photoshop) überstreichen Sie den zu bearbeitenden Bereich, konvertieren ihn in eine Auswahl und nehmen die Manipulationen mithilfe der Gradationskurven, Ebenen und Farbton-/Sättigung-Regler vor.

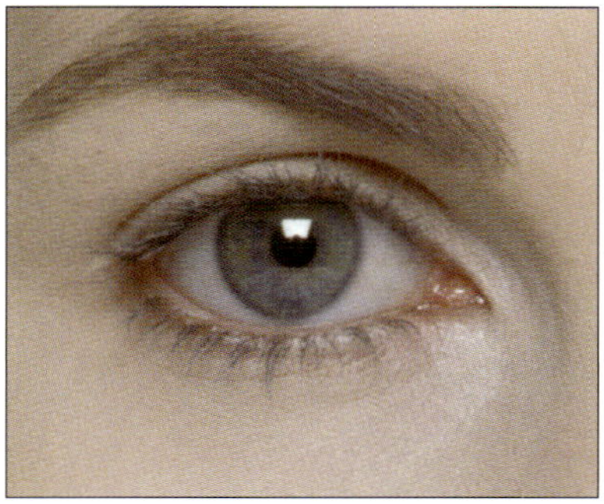

Feine Fältchen

Hier geht es darum, die feinen Fältchen unter den Augen zu entfernen, die trotz Make-up und Ausleuchtung noch sichtbar sind.

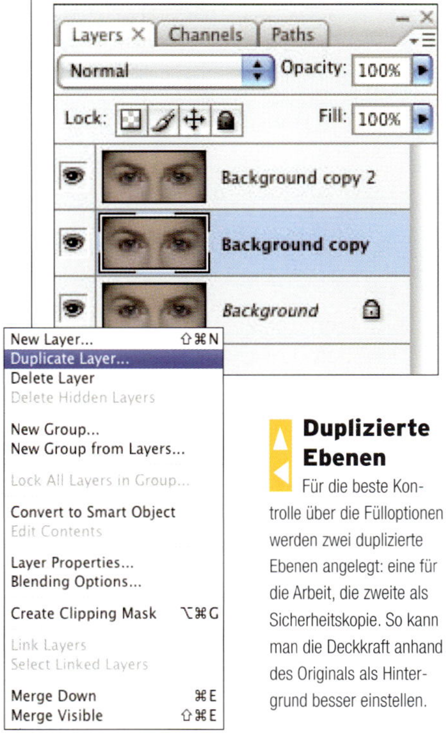

Duplizierte Ebenen

Für die beste Kontrolle über die Fülloptionen werden zwei duplizierte Ebenen angelegt: eine für die Arbeit, die zweite als Sicherheitskopie. So kann man die Deckkraft anhand des Originals als Hintergrund besser einstellen.

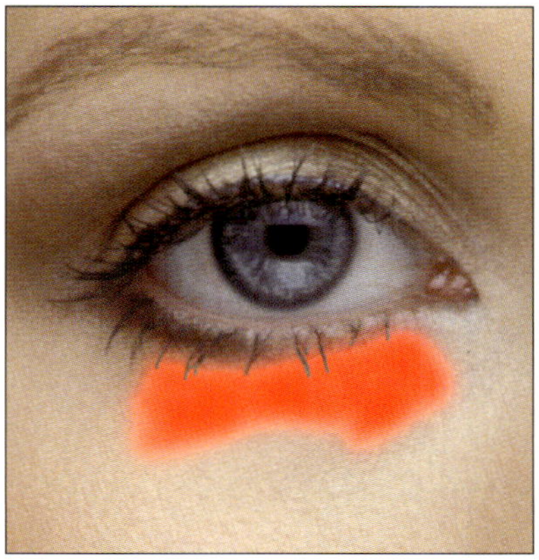

Maske anlegen

Der erste Schritt der Bearbeitung ist das Übermalen der zu bearbeitenden Bereiche in einer Maskenebene, die dann als Auswahl gespeichert wird.

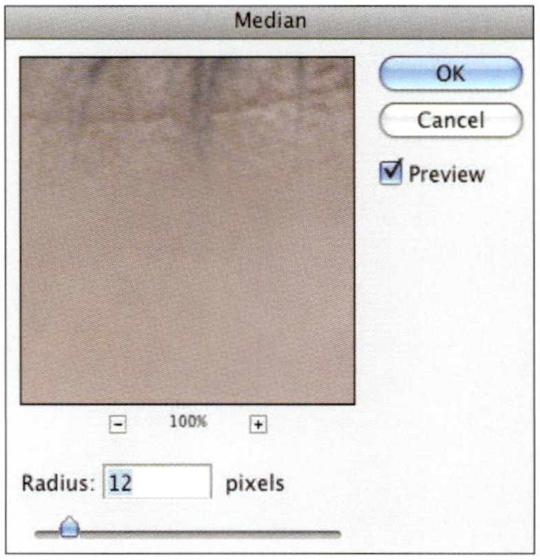

Helligkeit interpolieren

Der Filter „Helligkeit interpolieren" mit großem Radius ersetzt die Fältchen durch die häufigste Pixelfarbe innerhalb dieses Radius.

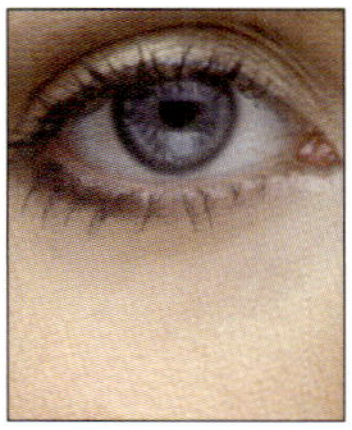

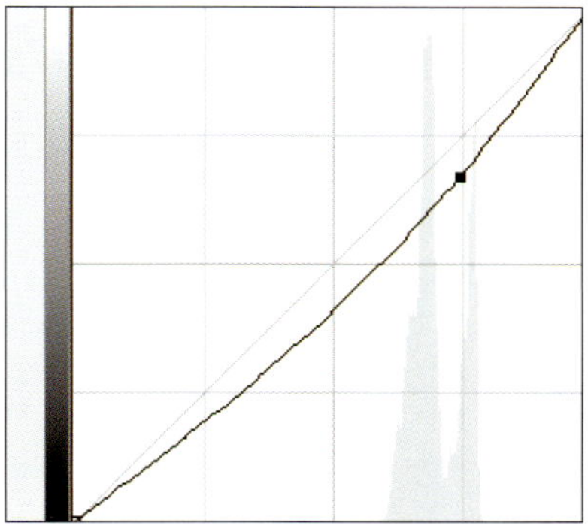

Füllen

Die normale Hauttextur wird mit dem Kopierpinsel auf den gefilterten Bereich angewendet. Kopiert wird aus dem fast fehlerfreien Bereich oberhalb des Wangenknochens. Der retuschierte Bereich wird dann ins Original eingeblendet, indem zuerst die Ebenenhelligkeit mit der Gradationskurve abgedunkelt und dann die Transparenz auf 67 % reduziert wird.

Abschluss

Nun sind die Fältchen fast verschwunden, die Textur wirkt dennoch realistisch. Die Transparenzeinstellung der Retusche-Ebene ist Geschmackssache.

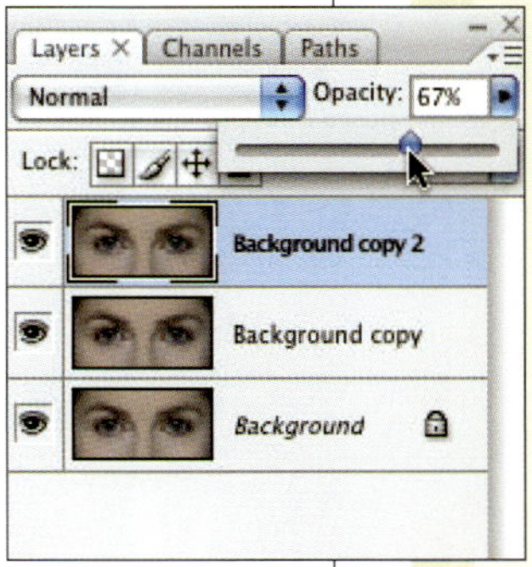

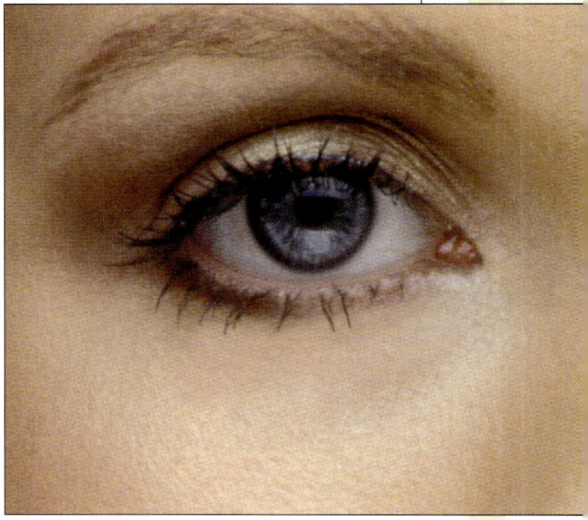

Pinselretusche

Da die Werkzeuge der Bildbearbeitung echten Malwerkzeugen nachgebildet wurden, steht und fällt eine wirksame Retusche mit viel Übung und Geschick.

Früher war die Retusche in der Porträtfotografie eine wirkliche Kunst. Ein guter Retuscheur, war eigentlich ein Maler im traditionellen Sinn, indem er Pigmente und Farben mit einer Vielzahl an Kamelhaarpinseln, Schwämmen, Tupfern und manchmal mit einer Airbrush auf Abzüge auftrug. So ist es kein Zufall, dass die Werkzeuge dieser Künstler in der Bildbearbeitung digital nachgestellt werden. Der große Vorteil der digitalen Retusche besteht aber darin, dass man Fehler einfach rückgängig machen kann. Das macht das erforderliche Können nicht geringer, erleichtert aber das Lernen und Üben. Außerdem entfallen eventuelle Probleme durch chemische Reaktionen zwischen Retuschefarbe und Oberfläche des Abzugs – bei der digitalen Retusche gibt es keine Texturen oder Farbnasen.

Die Retusche von Porträts ist besonders anspruchsvoll. Das liegt einerseits daran, dass die Hautschattierungen so subtil sind. Andererseits achten wir als Betrachter gewohnheitsmäßig sehr genau auf die Details eines Gesichts – die meisten Menschen werden eine unschöne Stelle im Gesicht des anderen sofort bemerken. Bei der Retusche geht es darum, diese Fehler zu entfernen und die Hauttextur perfekt aussehen zu lassen, ohne dass man es sieht.

Pinselgrößen

Das typische Gesicht hat eine sehr große Bandbreite unterschiedlicher Texturen, von offenen Hautflächen (schwacher Kontrast, wenig Details) bis zu sehr feinen Strukturen wie den Wimpern. Variieren Sie den Pinseldurchmesser entsprechend dem Detail. Der tatsächliche Durchmesser hängt von der Bildgröße ab – hier finden Sie Empfehlungen für ein hochauflösendes 50 MB RGB-Foto.

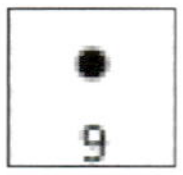

Fältchen
Einige Fältchen erfordern einen feinen Pinsel und eine ruhige Hand.

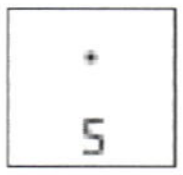

Wimpern
Wählen Sie für feinste Details die dünnste Pinseleinstellung.

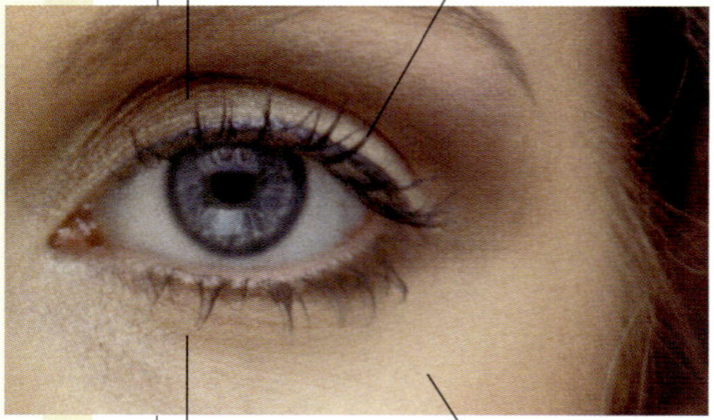

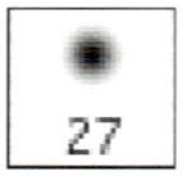

Hautdetails
Verwenden Sie für größere Flächen einen mittleren Pinsel mit weicher Kante.

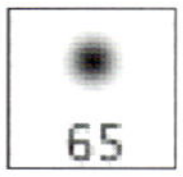

Große Hautflächen
Flächen mit wenig Textur und Farbdetail können mit breiteren Strichen retuschiert werden.

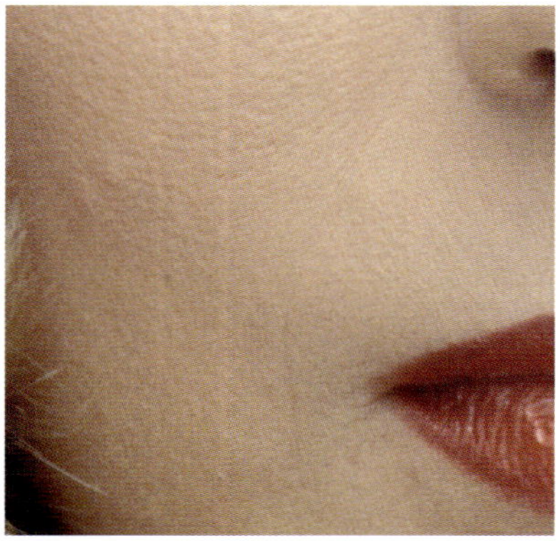

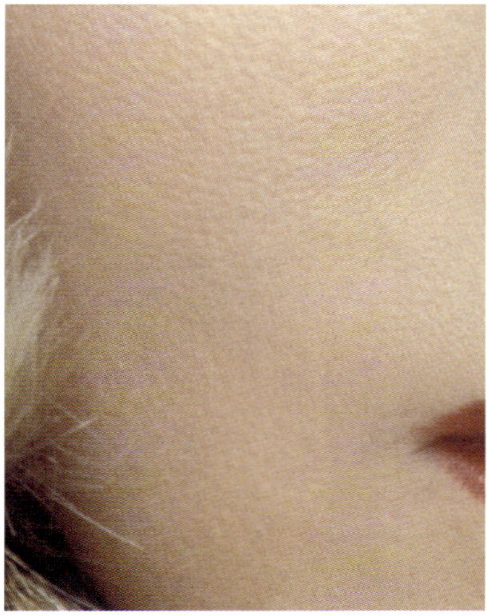

Retusche in zwei Durchgängen

Die Übung bei dieser Nahaufnahme besteht darin, einen nur als kleine Erhebung erkennbaren Leberfleck zu entfernen. Die Technik ist, zunächst die Lichter auf dem Leberfleck mit einem Kopierpinsel abzudunkeln und dann seine Tiefen mit dem gleichen Pinsel aufzuhellen.

Weil die Bearbeitungswerkzeuge echten Pinseln, Stiften, Airbrushes usw. nachempfunden sind, vergisst man leicht, dass die typischen Beschränkungen dieser Werkzeuge bei ihren digitalen Gegenstücken nicht existieren. Je vertrauter man mit einem Bildverarbeitungsprogramm wird, desto eher entwickelt man seine individuellen Techniken. Nichtsdestotrotz gilt es zunächst, eine flüssige, natürliche Pinseltechnik als Grundfertigkeit zu entwickeln, und je mehr Sie diese üben, desto überzeugender werden Ihre Retuschen wirken. Beginnen Sie mit einfachen Übungen auf einer leeren Arbeitsfläche und konzentrieren Sie sich auf verschiedene Stricharten, von kurzen bis hin zu langen und von dünnen bis hin zu breiten Pinselstrichen. Wenn Sie ein Grafiktablett mit Stift (siehe unten) verwenden, üben Sie die Techniken auch mit unterschiedlichem Druck. Im nächsten Schritt sollten Sie an Kopien von Fotos aus Ihrem Archiv mit der Bearbeitung von Hauttönen experimentieren.

Volle Kontrolle mit Grafiktablett

Will man die Retuschewerkzeuge eines Bearbeitungsprogramms vollständig ausreizen, benötigt man ein Grafiktablett mit druckempfindlichem Stift. Der Arbeitsbereich des Tabletts entspricht dem auf dem Bildschirm, die Spitze des Stifts bewegt den Cursor. Die Einstellungen lassen sich so konfigurieren, dass ein stärkerer Druck auf das Tablett das Werkzeug pinselähnlicher arbeiten lässt, indem zum Beispiel mehr „Tinte" fließt. Ein Grafiktablett ist ein unerlässliches Werkzeug für alle, die ernsthaft mit digitalen Bildern arbeiten wollen.

Grafiktablett
Die Maus bietet keine ausreichende Auflösung für die professionelle Retusche. Ein Grafiktablett ermöglicht eine wesentlich bessere Kontrolle der Bearbeitungswerkzeuge.

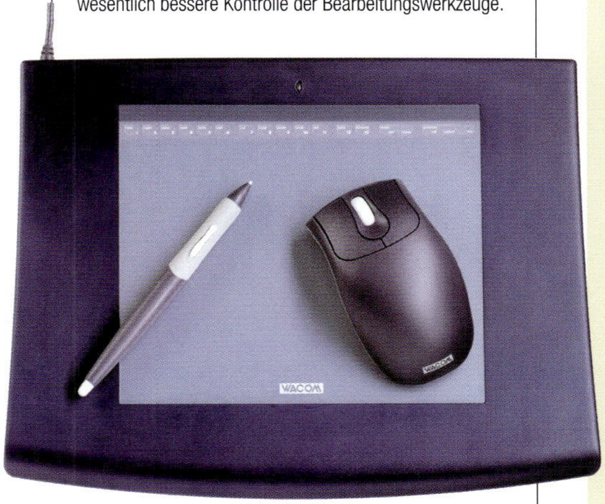

Kopier-Variationen

Weiche Kante Die Kante sollte für den Teint weich und für Details wie Augen oder Wimpern härter sein.

Deckkraft 100% Deckkraft beim Kopieren ersetzt vollständig und ist der Standard. Wirkt der Effekt zu plakativ, arbeiten Sie in mehreren Gängen mit reduzierter Deckkraft. Konturen können dabei allerdings an Definition verlieren.

Farbe Wenn Sie den Tonwert nicht verändern wollen, beschränken Sie das Kopierwerkzeug auf einen Wert wie Farbton oder Sättigung.

Zwei Durchgänge Zu Retusche einer ausgeprägten Textur wie tiefen Poren oder Erhebungen könnte man zunächst die Randschatten mit einer Kopie aus einem glatten Bereich „aufhellen" und dann mit dem gleichen Pinsel die Lichter abdunkeln. Dieses zweistufige Vorgehen ermöglicht eine genauere Kontrolle.

Ausrichtung Beim ausgerichteten Kopieren bleiben die Distanz und die relative Richtung zwischen Quelle und Ziel immer gleich, sodass eine natürliche Wirkung erzielt wird. Stehen aber nur kleine Flächen als Quelle zur Verfügung, ist es oft günstiger, nicht ausgerichtet zu arbeiten, sodass die Quelle gleich bleibt. Dabei kann allerdings ein erkennbares Muster entstehen.

Digitale Manipulation

Jenseits der Retusche liegt die Manipulation. Ihr Einsatz ist umstritten, doch ihre Möglichkeiten werden nur durch die Fantasie des Fotografen und die Zustimmung des Modells begrenzt.

Verbesserungen in der Nachbearbeitung sind nicht auf kosmetische Korrekturen von Textur und Farbe beschränkt. Dank der digitalen Arbeitsweise sind die Möglichkeiten der Veränderung so umfassend, dass jeder Digitalfotograf sich selbst fragen muss, wie weit er gehen will. Wie bereits gezeigt, endet die digitale Fotografie nicht mit der Aufnahme. Zumindest in Farbe, Ton, Schärfe usw. müssen viele Bilder noch aufbereitet werden. Darüber hinaus kennt die Bildbearbeitung aber keine technischen Grenzen.

Indem Sie nicht nur die Farben und Tonwerte der Pixel, sondern ganze Pixelgruppen selbst verschieben, können Sie nachträglich auch die Gesichtsform und damit Aussehen und Ausdruck eines Menschen verändern. Höhere Wangenknochen, größere Augen, schlankere Hüften? Das alles ist machbar, und so überrascht es wohl kaum, dass solche Praktiken in der Public Relations- und Prominentenfotografie inzwischen durchaus üblich sind. Zugegebenermaßen besteht kaum ein Unterschied zwischen Botox-Spritzen zur „Verschönerung"

Ausnutzung der Symmetrie

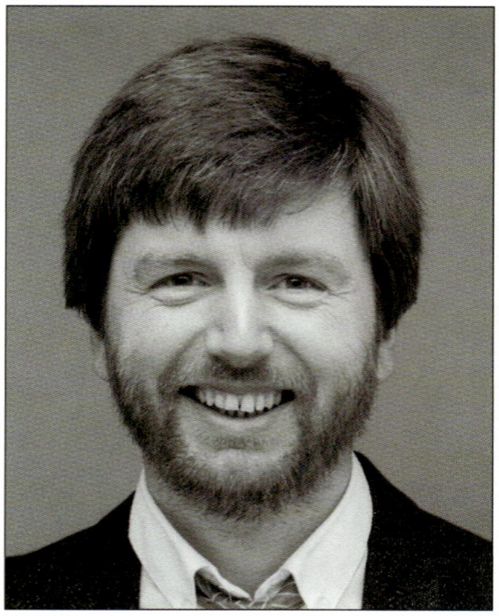

Ausgangspunkt
Das Originalbild, frontal, weich ausgeleuchtet und unretuschiert.

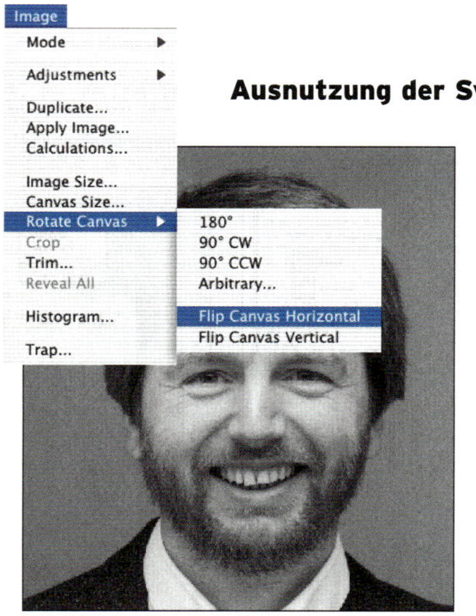

Duplizieren und spiegeln
Die Gesichtshälften sind prinzipiell symmetrisch, doch es gibt individuelle Unterschiede. Bei einer neuen Zusammensetzung beider Hälften wird eine duplizierte Ebene horizontal gespiegelt (Menü Datei – Transformieren).

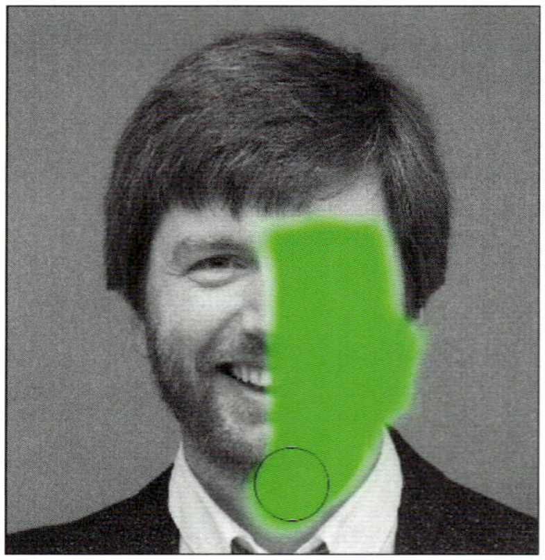

Eine Seite auswählen
Wir konzentrieren uns auf die Hauptelemente (Auge, Nase, Mund) und wählen eine Seite als Maske. Die weichen Kanten der Auswahl liegen vorwiegend auf offenen Hautbereichen, was das Überblenden erleichtert.

des Gesichts und der preiswerteren Anwendung eines Verzerrungswerkzeugs in Photoshop zum gleichen Zweck. Beides sind künstliche Tricks.

Im Prinzip geht es hier um Verzerrung mithilfe von verschiedenen Werkzeugen und Arbeitstechniken, die mal mehr, mal weniger technisches Können erfordern. Mit Verzerrungswerkzeugen kann man intuitiv aus der freien Hand arbeiten. Der Einstieg ist leicht, aber für die Feinheiten braucht man etwas Übung. Als Faustregel gilt: Ein im Vergleich zum Bild großer Pinsel und eine geringe Deckung ergeben natürlicher wirkende Resultate. Es braucht nur wenig, um einen Gesichtsausdruck zu ändern – sei es nun in der Realität oder durch Pixelverschiebung im Computer.

In unserem Beispiel haben wir Versetzungsmatrizen verwendet, weil sie Kontrolle und Wiederholbarkeit bieten. Eine Versetzungsmatrix ist eine Richtlinie, die der Software sagt, um wie viel die Pixel verschoben werden sollen: Mittelgrau = keine Verschiebung, Schwarz = maximale Verschiebung (in Photoshop 128 Pixel in jede Richtung). Ausdrücke sind kompliziert und subtil, deshalb muss man immer experimentieren. Mit Versetzungsmatrizen ist dies bei aller Mühe möglich und es lohnt sich immer, verschiedene Einstellungen auszuprobieren und zu sehen, wie sich der Ausdruck – und damit die Stimmung des Modells – verändert.

Änderung der Blickrichtung

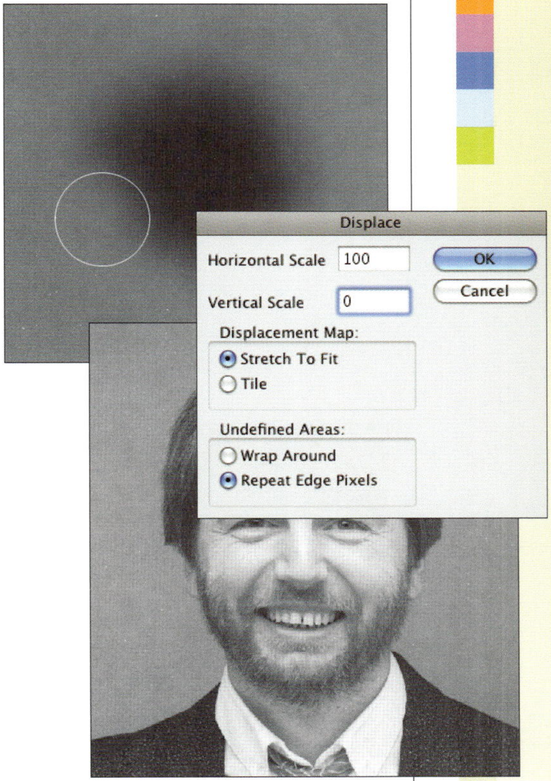

Moderate Horizontalverschiebung
Über der Gesichtsmitte wird ein großer, diffuser Kreisbereich retuschiert, sodass der linke Umriss des Gesichts relativ unberührt bleibt, während der Rest nach links verschoben wird (positive horizontale Versetzung).

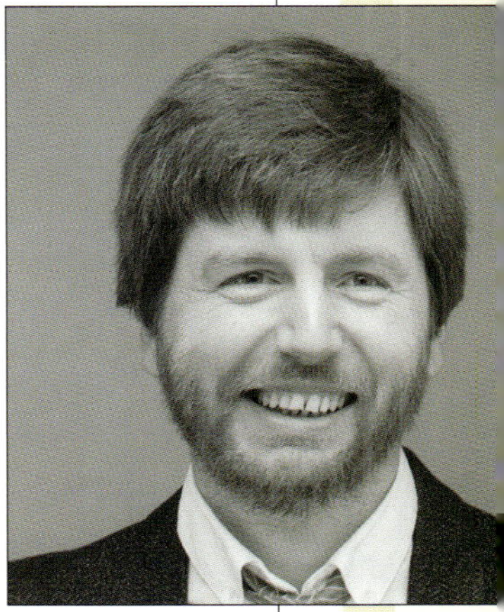

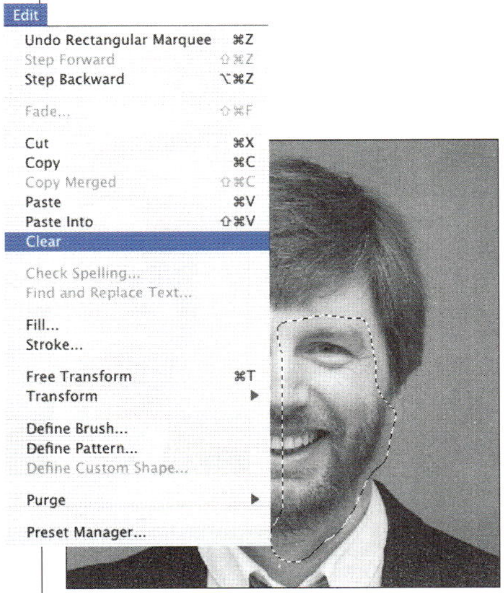

Die Auswahl löschen
Der ausgewählte Bereich in der oberen Ebene wurde gelöscht und hinterlässt ein Loch mit weicher Kante, durch das das darunter liegende Originalbild – und damit eine Kombination zweier identischer Hälften – sichtbar ist.

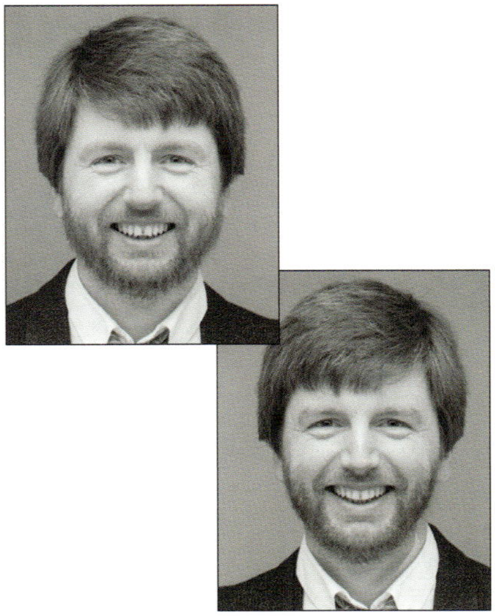

Die gegenüber liegende Hälfte montieren
Durch Freistellen einer Hälfte des Duplikats und Überlagerung des gespiegelten Bildes werden die gegenüber liegenden Hälften montiert – eine auffallend andere Symmetrie.

Indirekter Blick
Die progressive Versetzung der Pixel nach rechts bewirkt, dass die Augen scheinbar rechts am Betrachter vorbei schauen. Verstärkt wird der Effekt durch die generelle Verschiebung des Gesichts nach rechts.

Veränderung des Hintergrundes

Um Menschen digital aus ihrer Umgebung herauszulösen, muss man sehr akkurat arbeiten – besonders bei den Haaren. Das Verfahren ermöglicht volle Kontrolle über den Hintergrund, bis hin zum kompletten Austausch.

Der Austausch des Hintergrundes ist ein tief gehender Eingriff, der aber in der Werbefotografie täglich vorgenommen wird. Der einleuchtende Vorteil ist, dass man Zeit und Geld sparen kann, indem man immer am gleichen Ort fotografiert und dann einen exotischen oder fotografisch unberechenbaren Hintergrund digital einfügt. Weniger umfassende Eingriffe betreffen das Aufbereiten eines existierenden Hintergrundes oder das Entfernen unerwünschter Elemente. Wenn Sie sich an diese Arbeiten wagen, müssen Sie Zeit und Übung investieren, um glaubwürdige Resultate zu erhalten.

Der wichtigste Schritt ist das Anlegen einer möglichst exakten Auswahlkante. Dafür ist die menschliche Gestalt, vor allem wegen der Haare, eines der schwierigsten Subjekte. Es gibt mehrere Techniken für das Anlegen einer Auswahl in einem Bearbeitungsprogramm wie Photoshop, die alle ihre Vor- und Nachteile haben. In Fällen, in denen die Eigenschaften der Auswahlkante

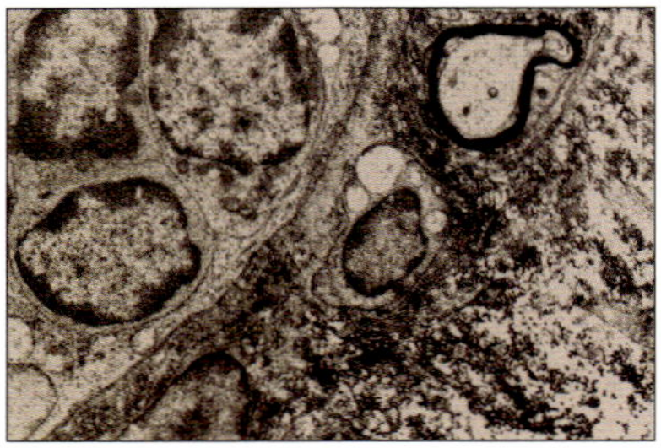

Interaktive Überlagerung
Das typische Arbeitswerkzeug dieser Immunologin ist ein Elektronenmikroskop. Um sie und ihre Arbeit in einem Foto zu vereinigen, wurde das Mikroskopbild auf

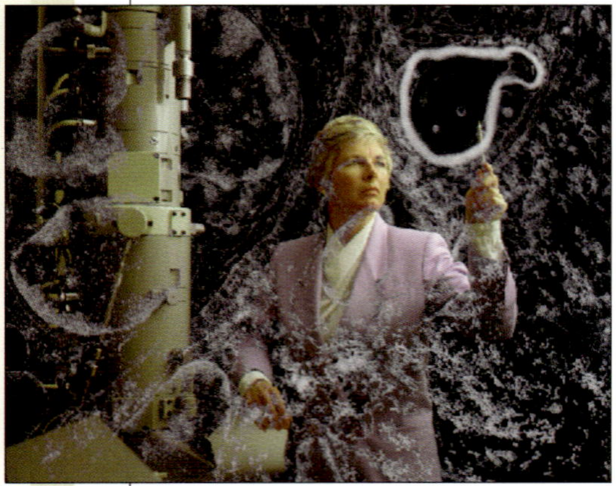

eine Ebene kopiert und so abgeblendet, dass es wie eine Projektion wirkt – eine Art virtueller Bildschirm, auf den die Frau zeigt. Die Ebene mit schwarzem Hintergrund und dem Mikroskopbild der Nervenfasern wurde

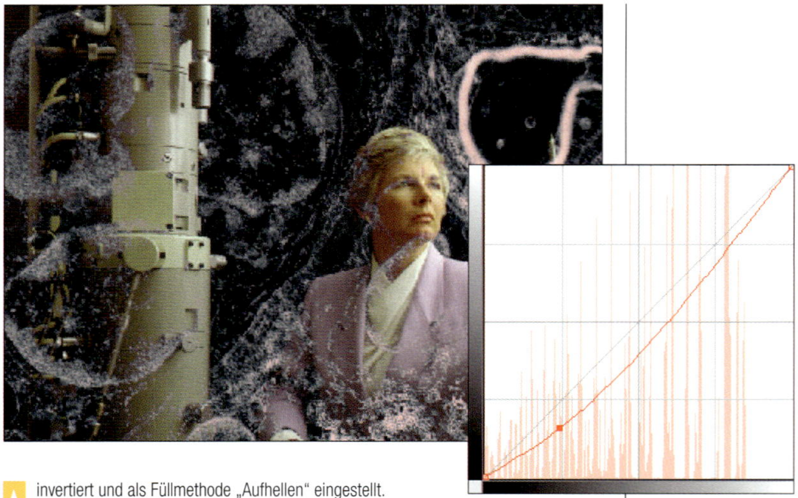

invertiert und als Füllmethode „Aufhellen" eingestellt. Da Bilder von Elektronenmikroskopen monochrom sind, erhielt die ursprünglich farblose Ebene eine leichte Tonwertanpassung.

von einem Bereich zum anderen variieren, kombinieren Sie am besten zwei oder mehrere dieser Techniken. Dazu zählen Pfade (gut für saubere Umrisse, aber nutzlos bei stark unregelmäßigen Details), Lasso-Werkzeug, Maskierung und intelligente Auswahlwerkzeuge wie der Zauberstab in Photoshop. Die intelligente Auswahl ist ein halbautomatischer Vorgang, bei dem man in einen Bereich der Figur oder des Hintergrundes klickt und die Software nach weiteren ähnlichen Pixeln sucht. Der Grad der Ähnlichkeit hängt von den Einstellungen des Werkzeugs ab. Dies ist besonders hilfreich, wenn es einen deutlichen Kontrast zwischen Figur und Hintergrund gibt, vor allem, wenn Tonwert und Farbe des Hintergrundes relativ gleichmäßig sind.

Die größte Arbeit bei Ausschneiden machen fast immer die Haare, sofern sie nicht absolut glatt und ohne vorwitzige Strähnen am Kopf anliegen. Die oben genannten konventionellen Auswahltechniken bieten drei Möglichkeiten. Erstens könnte man die Auswahllinie mit weicher Kante anzulegen. Diese schnelle, aber wenig präzise Methode ist nur sinnvoll, wenn die Figur im Vergleich zum restlichen Bild klein ist und wenig sichtbares Detail aufweist. Zweitens könnte man das Haar neu anlegen, um die feinen Strähnen zu eliminieren, was aber meist künstlich aussieht. Drittens könnte man das Bild auf 100% oder 200% vergrößern und sich langsam und mühselig am Umriss entlang arbeiten.

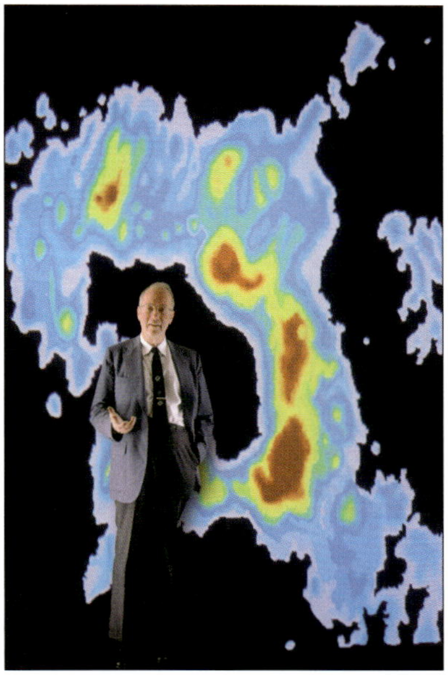

Zentrum der Galaxis
Das Modell des Fotos ist ein Nobelpreisträger, der sich mit der Erforschung des galaktischen Zentrum beschäftigt. Hintergrund ist die Satellitenaufnahme eines schwarzen Lochs, vor die ich den freigestellten, skalierten Professor mit realistisch wirkendem Schlagschatten montierte.

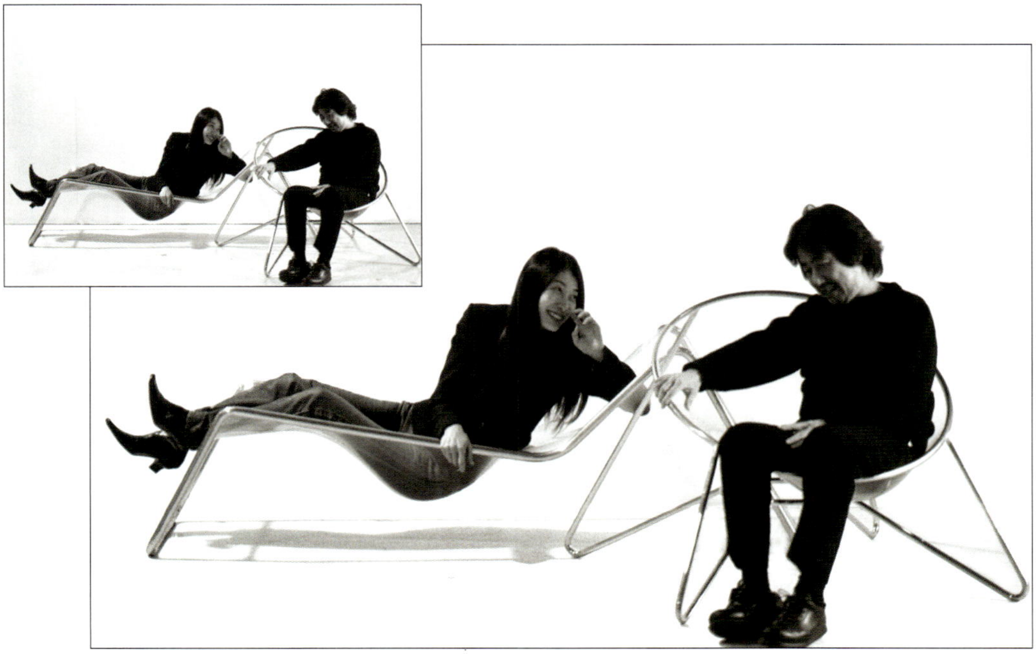

Säubern
Zwei Tokioter Designer mit von ihnen entworfenen Möbeln aus transparenter, elastischer Folie. Die Art der Möbel machte einen weißen Hintergrund sinnvoll, aber der Aufnahmeort – das Atelier der Designer – war alles andere als ideal. Im Wissen, dass ich die beiden schwarz gekleideten Figuren und die Möbel später digital freistellen konnte, machte ich die Aufnahmen dennoch vor Ort.

Effektvolle Ausleuchtung

Die meisten Porträts zeigen ein vorteilhaftes, originalgetreues Abbild des jeweiligen Menschen oder seiner Tätigkeit. Manchmal aber soll ein Porträt dramatisch oder ungewöhnlich wirken, oder grafische Qualitäten besitzen.

Meist dauert es Jahre, bis man die Feinheiten einer guten Porträtausleuchtung beherrscht. Wirklich wahrgenommen wird die Lichtqualität aber meistens nur, wenn sie von den Konventionen abweicht. Jeder, der sich schon einmal eine Taschenlampe unter das Kinn gehalten hat, um jemanden zu erschrecken, weiß um das Potenzial von Licht für bestimmte Effekte. Als Fotograf kann man mit fünf Eigenschaften des Lichts spielen.

Menge Bei der Anzahl der Lichtquellen gibt es nach oben oder unten keine Beschränkung. Auch der Grad der gewollten Über- oder Unterbelichtung hat keine Grenzen.

Qualität Das Licht bzw. die Lichtquellen können hart oder weich sein. Wenn es weniger um die Konventionen der Porträtfotografie als um kreative Freiheit geht, können Sie mit beiden Extremen der Lichtqualität beliebig experimentieren.

Richtung Die oben erwähnte Taschenlampe ist ein schönes Beispiel für Horror-Beleuchtung. Will man einen bestimmten Effekt erzielen, kann man alle nur erdenklichen Lichtrichtungen austesten, um effektvolle Bilder zu kreieren. Nach oben gerichtetes Licht erscheint immer ungewöhnlich.

Farbe Bei vielen Ausleuchtungsmethoden werden Farbfilter vor die Lichtquellen gesetzt. Eine Mischung von ausgefallenen Farben und weißem Licht kann Fotos sehr interessant gestalten, wenn das Motiv den Einsatz des Lichts rechtfertigt.

Lichtquelle Am häufigsten verwendet man einen Blitz, um Fotografien eine bestimmte Atmosphäre oder Stimmung zu verleihen. Die Mischung von Blitzlicht und Umgebungslicht bietet unendliche künstlerische Möglichkeiten.

Durch Experimentieren mit diesen fünf Lichteigenschaften lassen sich unzählige unterschiedliche Effekte erzielen. Man kann sich auf eine Eigenschaft konzentrieren oder mehrere kombinieren. Dabei sollte man aber den alten Leitsatz „weniger ist mehr" immer im Hinterkopf behalten. Außergewöhnliche Effekte ergeben sich beispielsweise auch, indem man eine eher konventionelle Ausleuchtung des Gesichtes mit einer ungewöhnlichen Ausleuchtung des Hintergrundes oder des Körpers kombiniert.

Soll die Ausleuchtung einen dramatischen Effekt haben, muss man ungewollten Lichteinfall und Reflektionen vermeiden. Daher sind viele Fotostudios

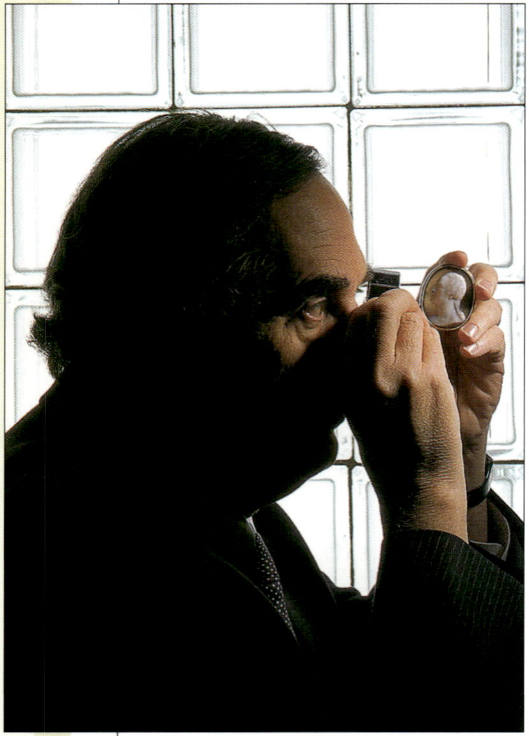

Schmuckjäger
Dieser New Yorker Schmuckhändler und -sammler hat sich auf die Suche nach besonderen Preziosen spezialisiert. Er war mit einem Zeitschriftenartikel einverstanden, wollte aber auf dem zugehörigen Porträt nicht deutlich zu erkennen sein. Die Lösung war eine Gegenlichtaufnahme und ein gezielter Spot auf seine Augen. Durch die Position der Hände lag der untere Teil des Gesichts im Schatten.

entweder so groß, dass sich in der Nähe des zu fotografierenden Objektes keine reflektierenden Oberflächen befinden, oder sie sind fast komplett in mattem Schwarz gestrichen. Auch für den Hobbyfotografen ist es sinnvoll, sich schwarze Pappen, Stellwände oder Stoffe zuzulegen, die Licht absorbieren (Baumwollsamt absorbiert Licht am besten). Sie werden verwendet wie die weißen, silbernen oder goldenen Reflektoren, allerdings für den gegenteiligen Effekt: als „Subtraktoren", die Licht schlucken.

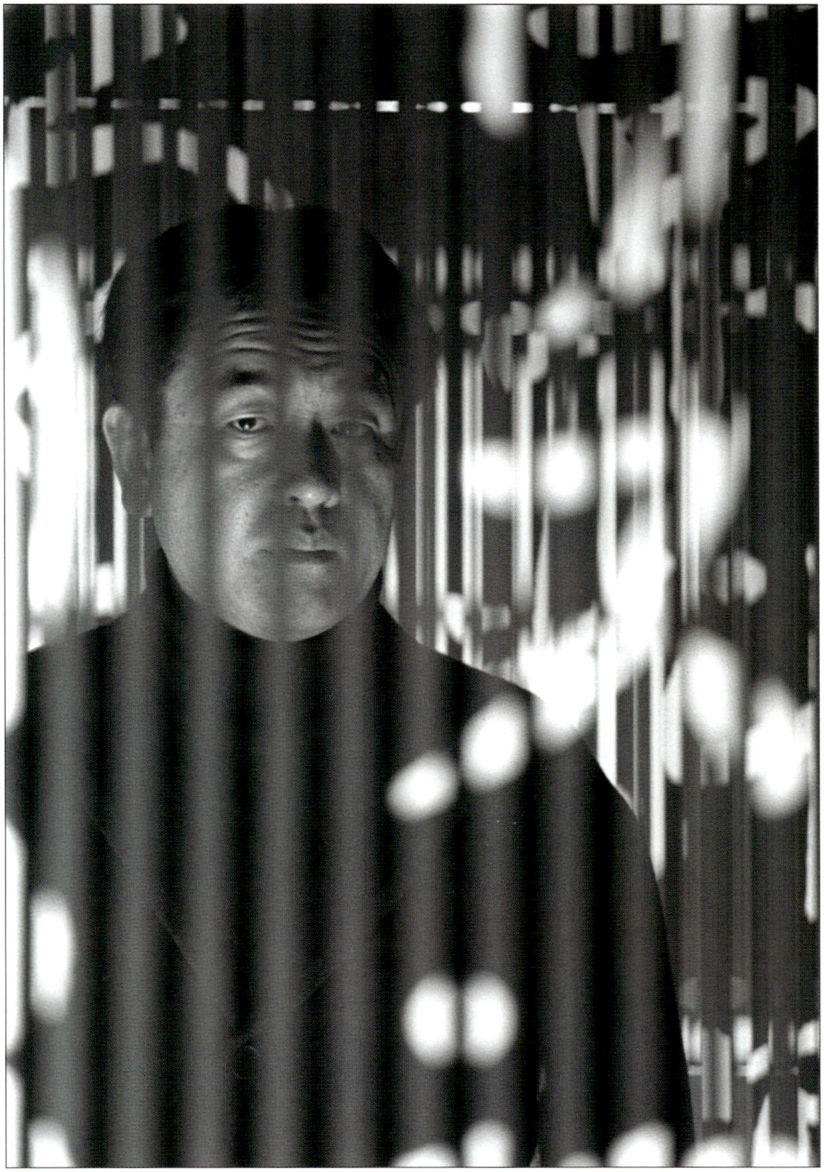

Architekt
Der bekannte japanische Architekt Kengo Kuma hatte für ein Haus eine Außenverkleidung aus Lamellen mit von unten beleuchteten Schriftzeichen entworfen. Die Beleuchtung von unten ist in der Porträtfotografie ungewöhnlich, kann aber auch sehr stimmungsvoll wirken.

Kinder

Kinder reagieren auf eine Kamera vollkommen anders als Erwachsene. Wenn man sich darauf einstellt, kann man herrliche Kinderfotos schießen.

Kindern wird nachgesagt, sie hätten eine kürzere Konzentrationsspanne, was ich aus meiner Erfahrung als Fotograf nicht ganz bestätigen kann. Kinder zeigen nur deutlicher, wenn sie gelangweilt sind – also müssen wir als Fotografen Strategien entwickeln, ihre Aufmerksamkeit zu fesseln. Das Interesse von Kindern so lange zu bannen, dass man gute Fotos von ihnen machen kann, ist eine Kunst für sich. Spezialisierte Kinderfotografen legen sich oft Spielsachen wie Handpuppen oder Stofftiere zu, um die Kinder zu unterhalten. Ist das Kind durch eine Person oder einen Gegenstand abgelenkt, hat man oft genügend Zeit, um seine Aufnahme vorzubereiten.

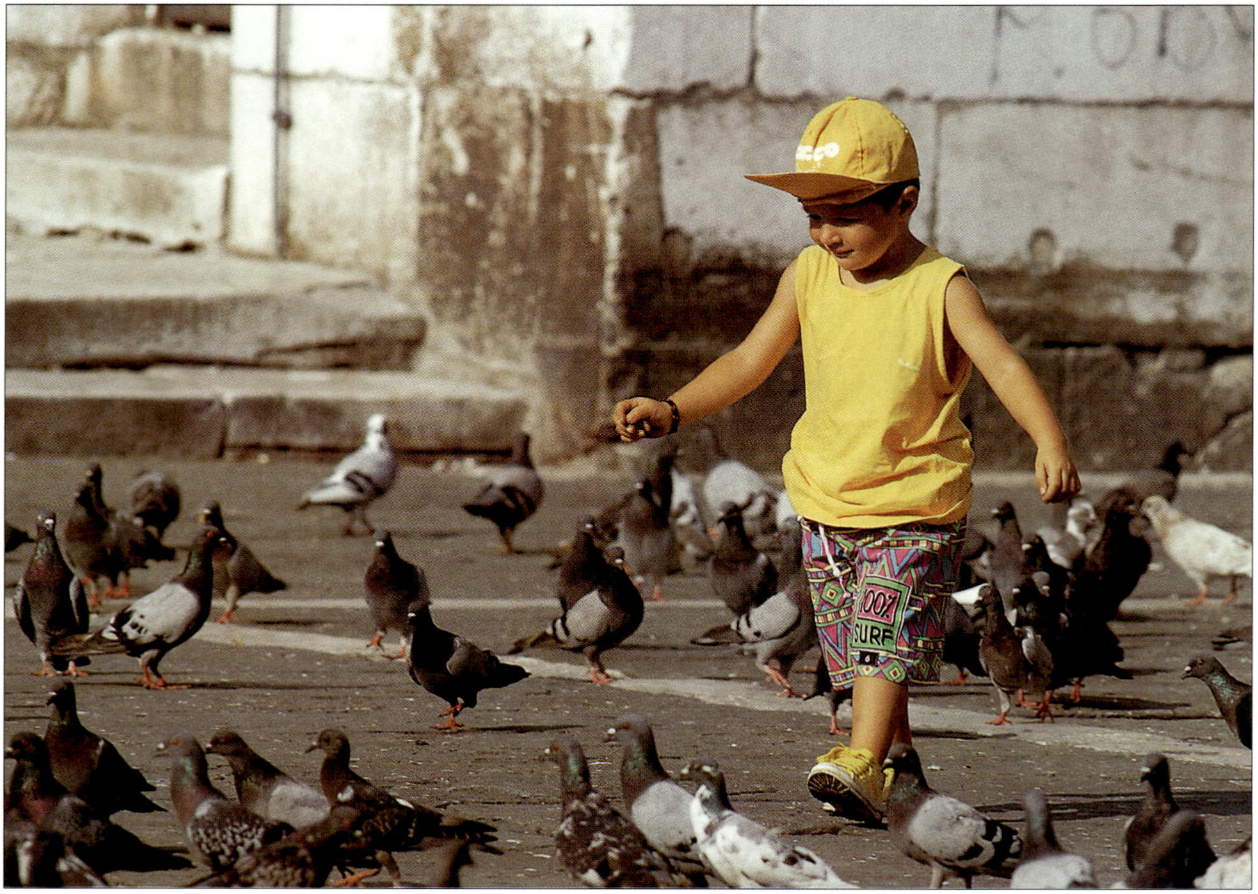

Faszination
Dieser Junge war so von den Tauben fasziniert, dass er sich von seinem Vater löste, durch die Mengen von Tauben marschierte und nichts anderes mehr wahrnahm. Sein Gesichtsausdruck zeigt deutlich, wie gefesselt er war.

Heutzutage wissen Kinder normalerweise, dass die Kamera hinten einen Bildschirm hat und möchten nach jedem Bild sehen, was man aufgenommen hat. Damit die Kinder nicht ständig hin und her laufen, muss man klare Regeln aufstellen, wann sie wie viele Fotos sehen dürfen. Um sie bei Laune zu halten, sollte man ihnen aber genügend Bilder zeigen. Da jedes Kind anders reagiert, muss das „wie oft" und „wie viel" individuell festgelegt werden, was manchmal etwas Verhandlungsgeschick verlangt.

Tipp

Auch beim Fotografieren von Kindern ist die beste Kameraposition ungefähr auf Augenhöhe, wenngleich das für den Fotografen bedeutet, viel Zeit auf den Knien zu verbringen.

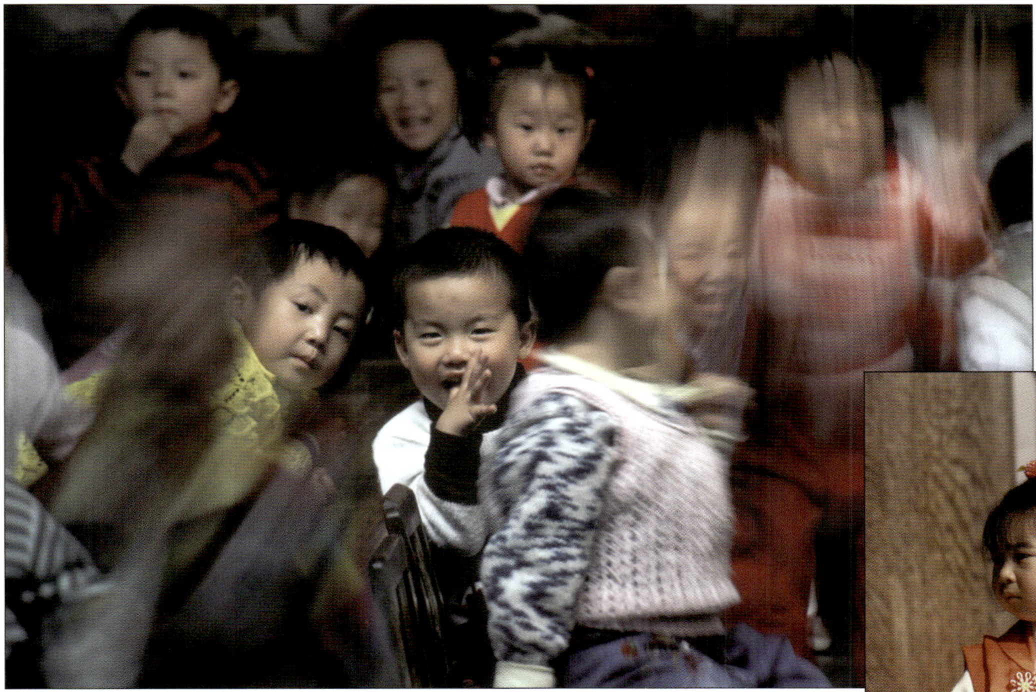

Große Pause
Pause in einer japanischen Dorfschule. Um das Durcheinander einzufangen, verwendete die Fotografin eine lange Verschlusszeit (1/2 Sek.) und konzentrierte sich auf die beiden Kinder, die sich mehr für sie interessierten als ihre Klassenkameraden.

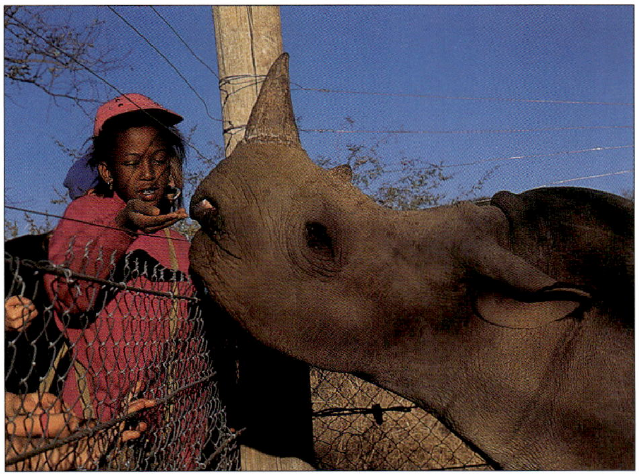

Nashorn
In einem privaten Wildtierreservat in Südafrika veranstalten die Besitzer Schulausflüge, bei denen Stadtkinder Wildtiere wie dieses Nashorn kennen lernen können.

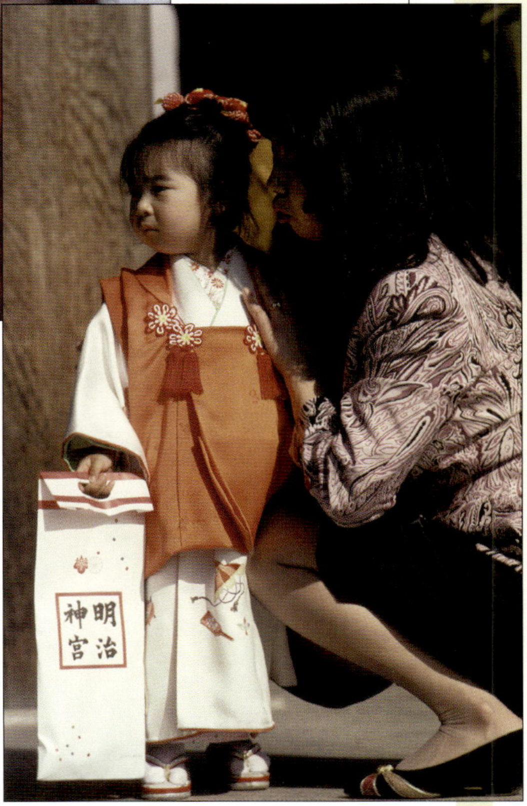

Kindertag
In Japan gibt es einen Kinder-Festtag, bei dem die Kleinen in traditionelle Gewänder gekleidet und zu einem Schrein geführt werden.

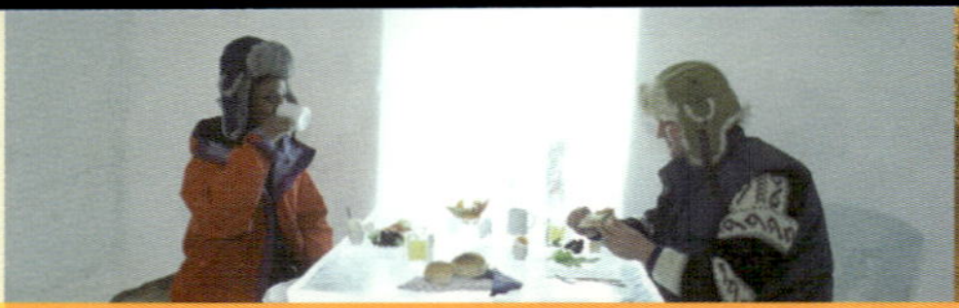

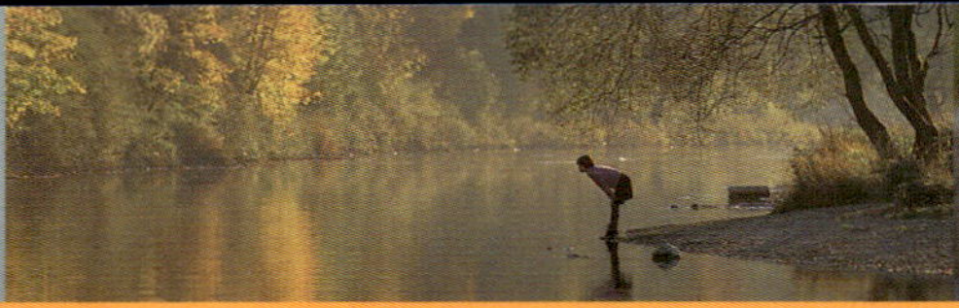

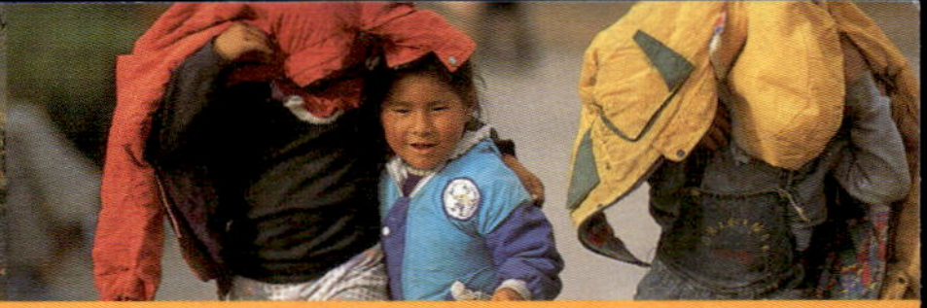

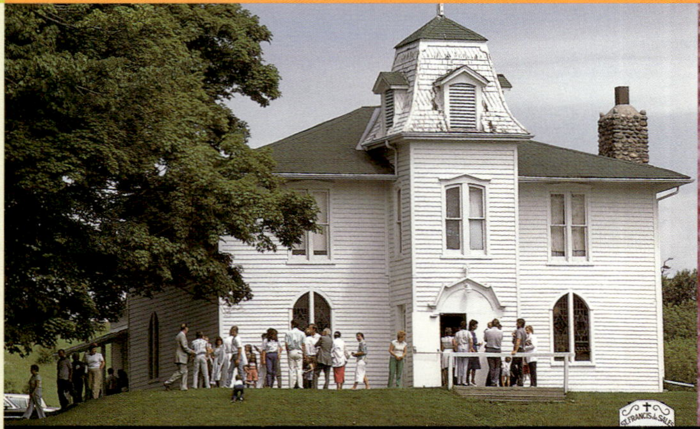

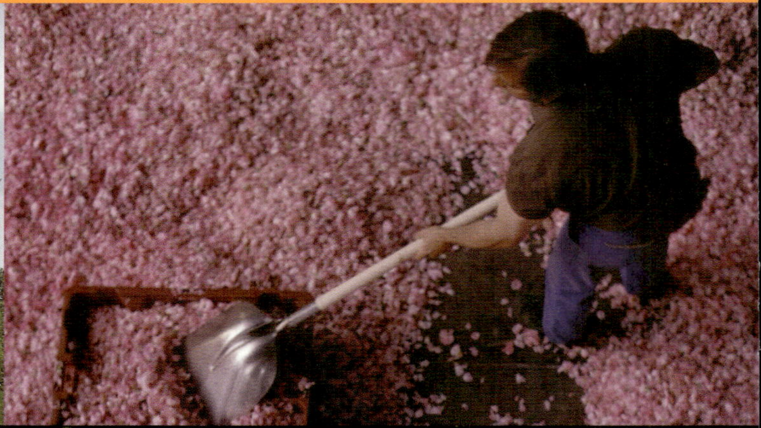

Alltag

Die Ansichten darüber, was ein Porträt ist und wie es auszusehen hat, ändern sich ständig. Darauf hat auch die Digitalfotografie ihren Einfluss. Die Veränderung hängt stark mit den technischen Verbesserungen zusammen – konventionell an Kameras, Linsen und Filmen, nun auch an Kamerasensoren und digitaler Bildbearbeitung – die das Erstellen von guten Fotos erleichtern. Erstaunlich ist, in welchem Maße durch die veränderte Technik unsere Sichtweise beeinflusst wird. Jetzt, da es viel einfacher ist, unter verschiedensten Umständen gute Fotos zu machen, wird auch ein lockererer, freierer Porträtstil akzeptiert.

Menschen bewegen sich nun einmal, sie sind keine statischen Objekte. Daher ist eine Kamera ideal, mit der man schnell und flexibel reagieren kann. In den frühen Tagen der Fotografie waren die Aufnahmemedien wie Daguerreotypien oder Glasscheiben extrem lichtunempfindlich. Um genügend Licht zu haben, mussten die Leute entweder sehr lange posieren oder es waren pyrotechnisch anmutende Blitzsalven von Nöten (manchmal dauerten die Sitzungen so lange, dass im Bild nicht sichtbare Kopfstützen aufgestellt wurden).

Seitdem hat die Fotografie einen langen Weg der ständigen Verbesserungen hinter sich gebracht. Die Fotografen mussten sich immer mit verschiedenen Unwägbarkeiten auseinandersetzen, etwa bezüglich des Lichts, der Verschlusszeit, der Schärfentiefe oder der Farbechtheit. Der steife Charakter früherer Porträtaufnahmen geht vor allem auf diese Unwägbarkeiten zurück, denn nur wer still saß und den Instruktionen des Fotografen folgte, konnte mit einem scharfen und guten Foto rechnen.

Schon die ersten 35-mm-Kameras waren so klein, leicht und schnell, dass man unbemerkt sehr gute und scharfe Fotos von Menschen aufnehmen konnte. Die Digitalkameras haben das Spektrum der Möglichkeiten nun noch einmal stark erweitert, da sie sehr flexibel reagieren und man das Resultat sofort betrachten kann. Mit dieser Technik sind Hauttöne, Licht und Verschlusszeit kaum noch ein Problem.

Der große Vorteil der Digitalfotografie liegt aber in der Vielfalt an Bearbeitungsmöglichkeiten. Kamerasensoren sind zwar grundsätzlich nicht so empfindlich wie Filme, doch ist dies kein Nachteil. Ihre Signale können verstärkt werden, indem man eine höhere Empfindlichkeit einstellt – so kann man mit einer Digitalkamera inzwischen Fotos machen, die früher undenkbar gewesen wären. Hoch empfindliche Farbfilme haben einige Schwächen, etwa verwaschene Töne in den Schatten und flaches Korn, die erhebliche Einbußen in der Bildqualität nach sich ziehen können. Nimmt man dagegen ein Digitalbild mit hoher Empfindlichkeit auf, muss man bestenfalls mit Bildrauschen rechnen, das sich aber in der Bildbearbeitung beseitigen lässt.

Da man Menschen heute praktisch in allen Lebenslagen und unter verschiedensten Bedingungen ohne große Vorbereitungen fotografieren kann, bleibt die Frage, was ein Porträt definiert. Wir sind heute weder auf ein Studio noch auf ein sehr formelles Arrangement angewiesen, sondern fotografieren praktisch unbemerkt. Dadurch ist die Porträtfotografie so einfach und variantenreich wie nie zuvor geworden.

Spontane Fotos

Verzichtet man auf aufwändige Vorbereitungen, Beleuchtung und Kameraeinstellungen, verhalten sich Menschen wesentlich natürlicher und unbefangener.

Bilder wie diese machen oft den Eindruck, als seien sie ohne fotografische Techniken entstanden, und zwar im positiven Sinne: So sind sie gedacht. Sie halten ohne künstlerische Ambitionen Spontanes und Natürliches fest und lassen keine Einmischung des Fotografen erkennen. Es gibt keine fotografische Ausrüstung, keine zusätzliche Beleuchtung, keine gestellten Posen – zumindest auf den ersten Blick.

Aber natürlich verstecken sich auch hinter diesen Fotos, genau wie hinter Studioporträts, gewisse Techniken. Der Unterschied ist, dass sie hier vollkommen hinter den Inhalt des Bildes zurücktreten. Sie erwecken den Eindruck, als sei der Fotograf nur zufällig da gewesen und hätte den Menschen in dieser Haltung oder bei dieser Tätigkeit überrascht.

Solche Fälle kommen natürlich vor. Manchmal bereitet der Fotograf die Szene auch vor und bringt die Aktion in Gang, zieht sich dann aber auf einen diskreten Beobachtungsposten zurück. Diese Art der Fotografie verlangt ein gesundes Vertrauen in die eigenen Fähigkeiten. Man muss vor allem schnell über Bildkomposition, Blickwinkel und Fokus entscheiden können – doch diese Fähigkeit lässt sich leicht trainieren. Mit der Digitalkamera muss man nicht einmal befürchten, Filmmaterial zu verschwenden, denn misslungene Bilder kann man kurzerhand löschen.

Überprüfen Sie zunächst, ob Hintergrund und Licht zum Motiv passen. Suchen Sie eventuell eine andere Kameraposition. Kontrollieren Sie dann die wichtigsten Kameraeinstellungen: Empfindlichkeit, Weißabgleich, Belichtung und Blende.

Spontane Reaktion
In einer kleinen Schlosserei in Athen wartete ich, bis die Schweißer fertig waren. als sie beide aufsahen, grinste einer breit. Zum Abdrücken hatte ich genau eine Sekunde.

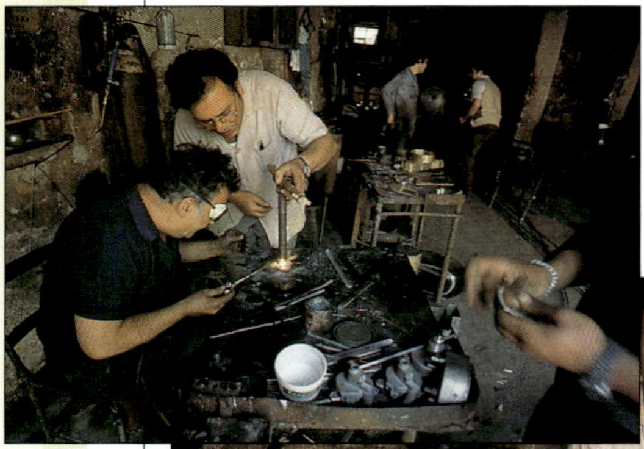

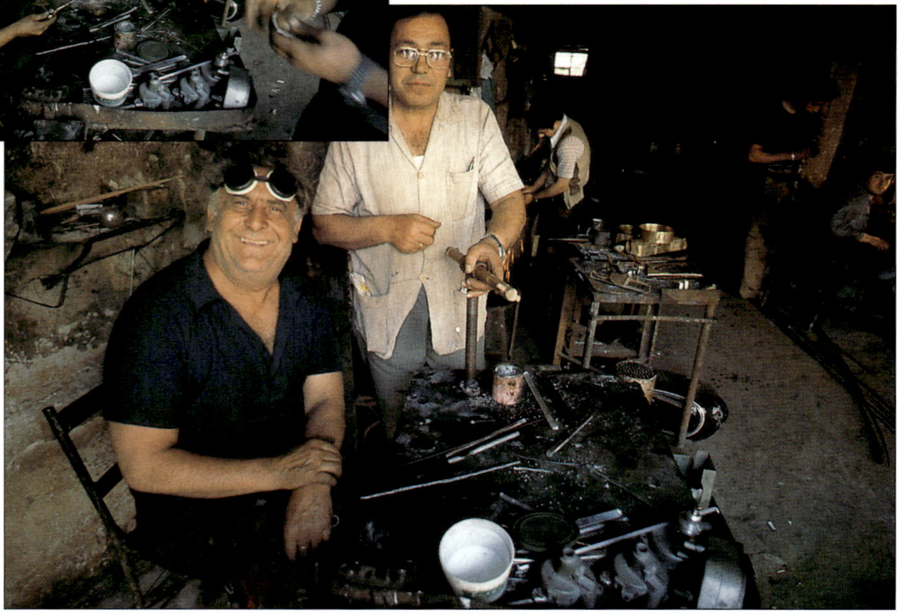

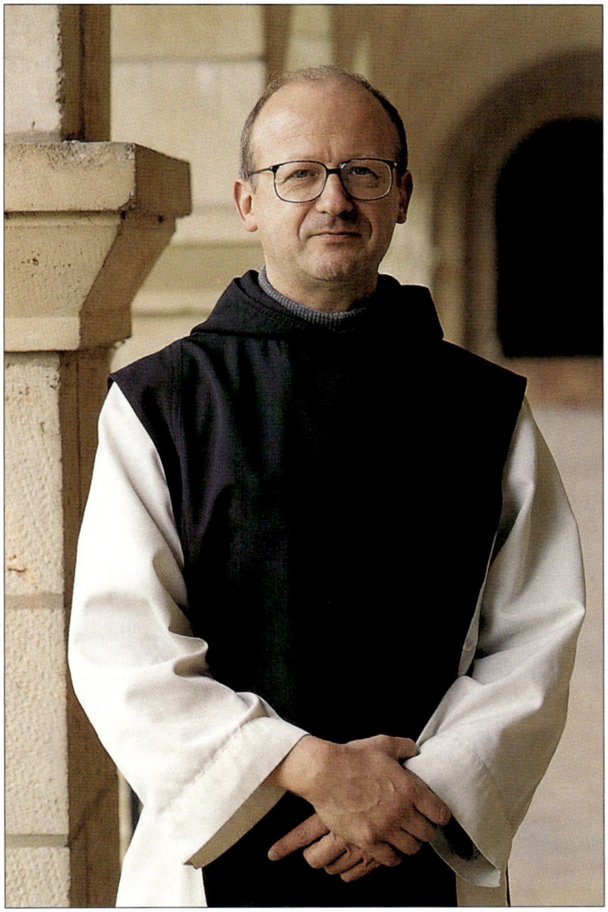

Checkliste der Vorbereitungen

- ☐ **Licht** Ist es gleichmäßig oder ungleichmäßig (z. B. Sonnenlicht und Schatten).
- ☐ **Weißabgleich** Passen Sie den Weißabgleich der Szenerie an.
- ☐ **Lichtmenge** Genügt das Licht für eine vernünftige Belichtungszeit (etwa 1/100 Sek.) bei großer Blende (etwa f2.8)? Anderenfalls passen Sie die ISO-Einstellung an.
- ☐ **Hintergrund** Ist der Hintergrund einheitlich oder wird er unscharf sein, wenn Sie auf das Modell scharf ziehen? Gibt es helle Bereiche, vor denen das Modell als Silhouette erscheinen wird?
- ☐ **Brennweite** Überlegen Sie sich, welche Brennweite Sie benötigen werden.

Trappistenmönch
Dieses Foto ist in seinem Stil so schlicht und einfach wie das Leben der Trappistenmönche in einem Kloster im belgischen Orval, das für sein Bier berühmt ist. Pater Lode, der für die Brauerei verantwortlich ist, steht ruhig im Kreuzgang des 1000 Jahre alten Gemäuers.

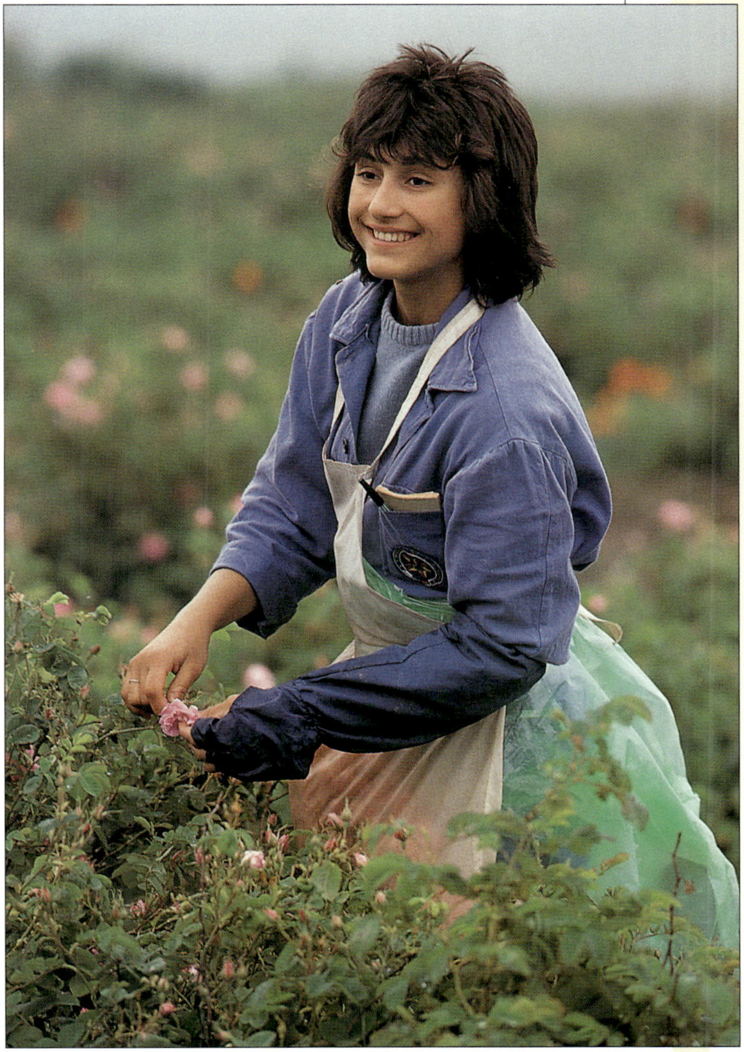

Ernte
Im Tal der Rosen in der Nähe der bulgarischen Stadt Kazanluk ernten Schüler der neunten Klasse einer örtlichen Schule die wertvollsten Rosen der Welt. Es sind Damaszenerrosen, deren hervorragendes Öl für die Parfumgewinnung verwendet wird. Eines der Mädchen hält kurz inne, um sich mit einer Freundin zu unterhalten.

Auf der Straße

Nehmen Sie Ihr Modell mit hinaus auf die Straße und stellen Sie es in den Kontext der Umgebung. So wird das Porträt zu einer modernen Version des klassischen Reportage-Stils.

Für die Reportagefotografie ist die Straße ein großes Spielfeld menschlicher Aktivitäten. Die Straßenfotografie, wie sie heute genannt wird, ist inzwischen ein sehr beliebtes Genre. Man begibt sich mit einem Minimum an Ausrüstung nach draußen, erkundet zu Fuß die Umgebung und fotografiert das Leben auf der Straße: Menschen in Straßencafés, auf Märkten oder in Parks. Geplant wird dabei nichts, man verlässt sich ganz auf seine Beobachtungsgabe, sein Gespür für eine gute Szene und auf das Glück, in alltäglichen Situationen interessante Motive zu finden. Generalthema dieser Fotografie ist das Leben in der Stadt, das weltweit sehr viele Ähnlichkeiten aufweist, auch wenn sich die Menschen überall unterscheiden.

Der Erfolg hängt von drei Faktoren ab: Man sollte unauffällig sein, ein Gespür für ein interessantes Bild haben und schnell reagieren. Diese Techniken, die man für das unbemerkte Fotografieren verwendet, können aber auch für eine Art freien Porträtstil verwendet werden. Nehmen Sie Ihr Modell zur

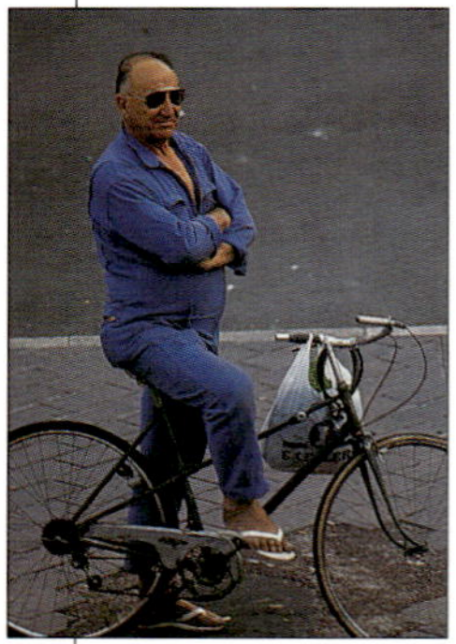

Markt in Nizza
Auf einem Wochenmarkt in Nizza nahm einer der Käufer diese wunderbare Pose ein, als er mit einem der Verkäufer ein Schwätzchen hielt. Auf einem erhöht liegenden Weg hatte ich mit einem mittleren Teleobjektiv genau auf eine solche Gelegenheit gewartet.

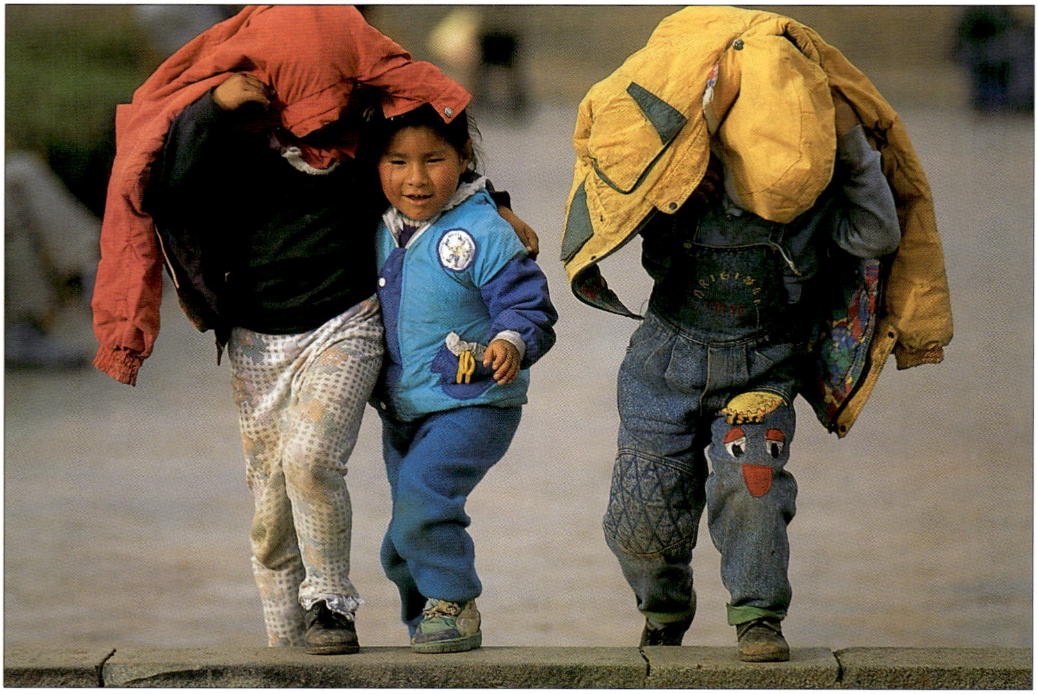

Cuzco
Drei peruanische Kinder erklimmen eine Treppe zum Rand der Straße, die sie überqueren wollen. Als die Kinder die Treppe heraufkamen, hatte ich einige Sekunden, dieses Foto vorzubereiten.

Abwechslung mit nach draußen und fordern Sie es auf, einen Spaziergang oder Schaufensterbummel zu machen, einen Kaffee trinken zu gehen oder zu tun, was immer sich spontan ergibt.

Kleiden Sie sich unauffällig und verzichten Sie auf eine große Ausrüstung. Schlendern Sie umher. Wenn man gute Fotos vorausahnen will, muss man seine Umgebung aufmerksam beobachten. Denken Sie an die richtige Brennweite (siehe Textkasten), damit Sie schnell reagieren können, denn durch die ständige Bewegung von Menschen und Verkehr auf der Straße ist der Blick meist nur für einen kurzen Moment frei.

Um in Sekundenbruchteilen reagieren zu können, müssen Sie sich natürlich auf die Automatiken Ihrer Kamera verlassen: Autofokus, Belichtungsautomatik, Mehrfeld-/Spotmessung und Weißabgleich-Automatik.

Tipp

Wenn Sie einmal mehr Ausrüstung benötigen und nicht auffallen wollen, verpacken Sie Objektive und Zubehör in einer unscheinbaren, preiswerten Schultertasche, die mehrere Innenfächer für Ihre Utensilien hat, aber nicht nach Fotozubehör aussieht. So sind Sie in einer Menschenmenge bestens getarnt.

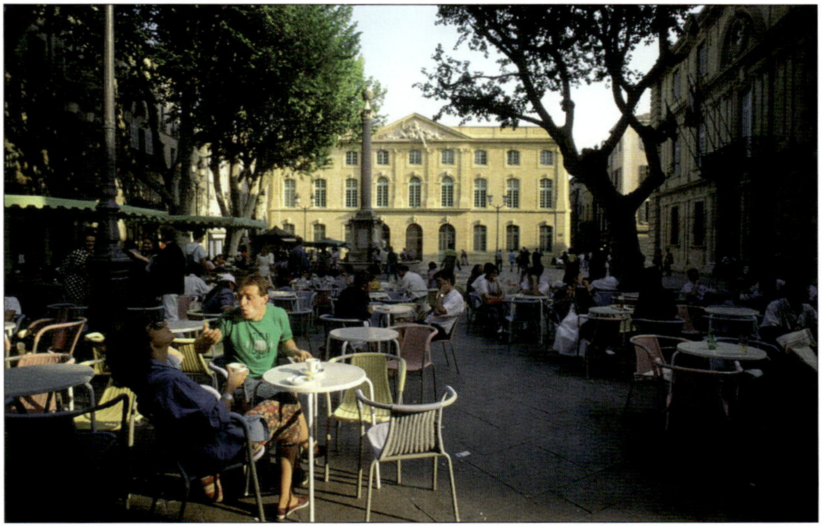

Café am Morgen
In Aix-en-Provence nehmen die Tische der umliegenden Cafés fast den gesamten Platz ein. Ich wählte ein Weitwinkelobjektiv (20 mm). Dieser Moment, in dem der eine Mann am Tisch links auffällig gestikulierte, während sein Freund sich zurücklehnte und in den Himmel sah, war perfekt.

Brennweite und Entfernung

Mache Sie sich gründlich mit den verschiedenen Kombinationen von Brennweite und Porträttyp vertraut. Dadurch gewinnen Sie bei Objektivwahl oder Einstellung der Zoom-Brennweite die Schnelligkeit, die oft über den Erfolg eines Fotos entscheidet.

	20 mm	35 mm	50 mm	100 mm	150 mm	200 mm	400 mm
Stehendes Modell/ Querformat	1,50 m	3,00 m	4,00 m	8,00 m	12,00 m	16,00 m	32,00 m
Stehendes Modell/ Hochformat	1,00 m	2,00 m	3,00 m	6,00 m	9,00 m	12,00 m	24,00 m
zwei Personen/ Hochformat	1,50 m	3,00 m	4,00 m	8,00 m	12,00 m	16,00 m	32,00 m
Kopf und Schultern/ Hochformat	ne	ne	1,00 m	2,00 m	3,00 m	4,00 m	8,00 m
Kopf/ Hochformat	ne	ne	0,75 m	1,50 m	2,00 m	3,00 m	6,00 m

[ne – nicht empfehlenswert]

Weitwinkelobjektiv

Wenn man Verzeichnungen beim Weitwinkelobjektiv vermeiden kann, leistet dieses Objektiv zwei Dinge: Es bindet das Modell deutlich in seine Umgebung ein und zieht den Betrachter ins Geschehen hinein.

Ob man nun Wechselobjektive verwendet oder ein Zoom-Objektiv: Die Wahl der Brennweite hat Einfluss auf die fotografische Herangehensweise und auch auf die Wirkung des fertigen Bildes. Da jedes Objektiv einen spezifischen Bildausschnitt erfasst, bewirkt ein Objektivwechsel eine Vergrößerung oder Verkleinerung des möglichen Bildrahmens. Der Vorteil von Zoom-Objektiven liegt natürlich darin, dass der Fotograf zur Änderung des Bildausschnitts seinen Standort nicht verändern muss, also wesentlich schneller reagieren kann.

Besonders in Umgebungen, in denen sich viele Menschen bewegen, muss man aber noch mehr bedenken. Wie die Beispielfotos auf dieser Seite zeigen, fängt ein Weitwinkelobjektiv einen großen Teil der unmittelbaren Umgebung ein. Soll dabei das Modell groß im Bild erscheinen, fotografiert man automatisch aus relativ kurzer Distanz. Dadurch wird jedoch leicht die Aufmerksamkeit von unbeteiligten Passanten geweckt, die dann häufig ins Bild laufen und in die Kamera starren. Um das zu verhindern, sollte man die Kamera nur kurz zum Fotografieren anheben und dann sofort wieder sinken lassen.

Der Wert des Weitwinkels für die Porträtfotografie liegt genau in dieser Kombination aus kurzer Distanz und der Einbeziehung der Umgebung. Die Fotos wirken sehr unmittelbar und ziehen den Betrachter praktisch ins Bild hinein. Weil spürbar ist, dass der Fotograf sich mitten im Geschehen befindet, nennt man diesen Stil gelegentlich „subjektive Kamera".

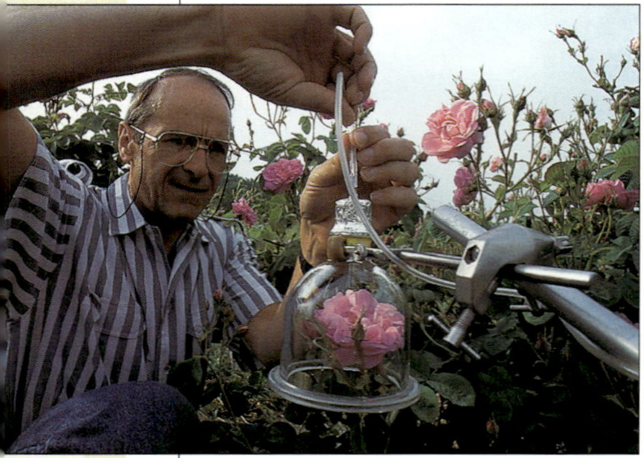

Durchgehende Schärfe
Ein Wissenschaftler in der Nähe von Grasse in Südfrankreich installiert ein Gerät, mit dem man den Duft von Rosen analysieren kann. Um die Rose so nah wie möglich an die Kamera heranzuholen und gleichzeitig auch den Mann und den Hintergrund scharf abzubilden, wurde ein 20-mm-Weitwinkelobjektiv mit Blende *f*22 für maximale Schärfentiefe verwendet.

Seitlich versetzt anvisieren

Bei Aufnahmen in der Öffentlichkeit wird ein Fotograf oft recht schnell bemerkt, sodass er manchmal nur eine Chance hat, einen natürlichen Gesichtsausdruck zu erhaschen. Wenn man den Moment verpasst, bleibt meist keine andere Wahl sich ein anderes Motiv zu suchen. Mit dem Weitwinkelobjektiv bietet sich hingegen eine Bildkomposition, bei der das Motiv nicht zentral positioniert ist, sondern an einer Seite. Durch die Kamerahaltung wird dem ahnungslosen Modell suggeriert, der Fotograf visiere ein anderes Motiv an. Es bleibt unverkrampft und es bietet sich oft die Möglichkeit, gleich mehrere gute Fotos hintereinander aufzunehmen.

Fotografieren ohne hinzusehen

Mit dem Weitwinkelobjektiv ist eine kritische Auswahl des Bildausschnittes nicht unbedingt notwendig. Mit etwas Übung kann man ein Gespür dafür entwickeln, was im Bildrahmen auftauchen wird. Dann kann man die Kamera etwas tiefer halten und fotografieren, ohne durch den Sucher blicken zu müssen. Allerdings sollte man die Autofokus-Funktion der Kamera einschalten. Solche Fotos „aus der Hüfte" bleiben oft völlig unbemerkt. Die Bildkomposition mag manchmal nicht ganz gelungen sein, aber das ist weniger wichtig als ein gelungenes und außergewöhnliches Motiv.

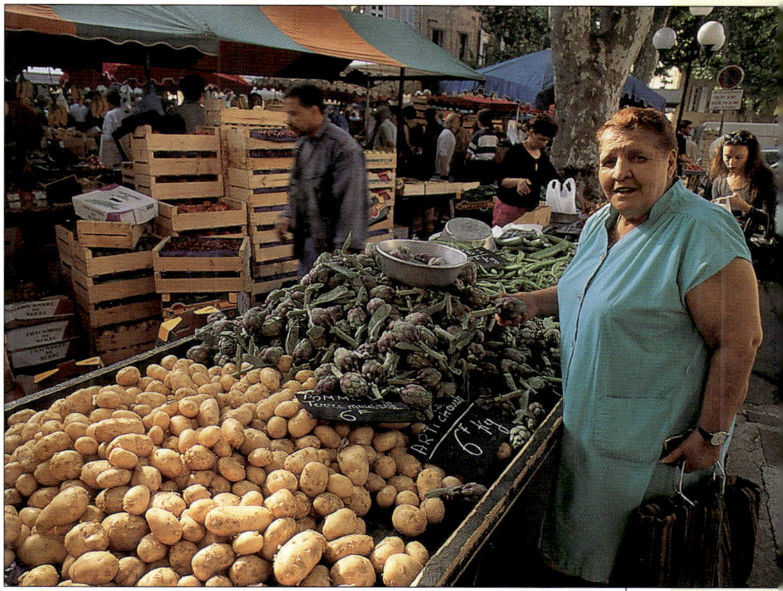

Morgendlicher Markt
Auch dieses Foto zeigt eine Nah-Fern-Komposition. Blende und Bildaufbau dieser Marktszene wurden so abgestimmt, dass der Stand im Vordergrund einen großen Teil des Bildrahmens einnimmt, ohne in der Entfernung an Schärfentiefe zu verlieren. Die Käuferin im rechten Bildteil verdeutlicht die Szenerie.

Nah und Fern

„Nah-Fern-Komposition" ist ein Begriff, den der Landschaftsfotograf Ansel Adams geprägt hat. Er beschreibt die bewusste Nutzung der perspektivischen Wirkung eines Weitwinkelobjektivs, das nahe Objekte viel größer erscheinen lässt als entfernte Elemente.

Brennweite als Kennzeichen

Über die langen Jahre, in denen der 35-mm-Film der Standard der Fotografie war, haben wir uns daran gewöhnt, die Qualitäten einer Fotografie auch über die verwendete Brennweite zu definieren. So spricht man von Weitwinkel-, extremen Weitwinkel- und Tele-Aufnahmen usw. 35 mm bezeichnet dabei einen leicht erweiterten Bildwinkel, 20 mm einen stark erweiterten Bildwinkel mit Verzeichnung. Streng genommen beziehen sich diese Angaben natürlich nur auf das 35-mm-Kleinbildformat (KB) mit der Bildgröße von 24 x 36 mm. Da die Kamerasensoren der meisten Digitalkameras aber kleiner sind, sind auch die entsprechenden Brennweiten kleiner. Die Kennzeichnung bestimmter Bildwinkel anhand von Brennweiten hat sich jedoch allgemein eingebürgert. Man benutzt also weiterhin die früheren mm-Werte, meint aber im Grunde „Kleinbild-äquivalente Brennweite" (manchmal durch die Abkürzung KB gekennzeichnet). Dieses System wird auch in diesem Buch verwendet.

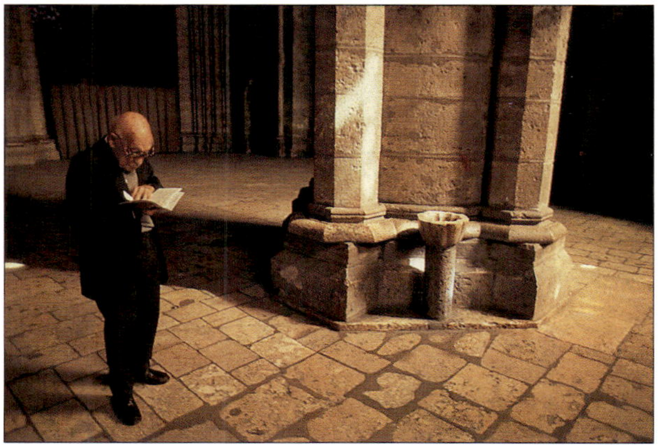

Seitlich versetzt
Ein alter Mann steht in der mittelalterlichen Kathedrale von Chartres und liest in seinem Reiseführer. Um die stille Atmosphäre dieses gewaltigen Raums einzufangen, visierte ich die Säule an und postierte den Mann so fast am linken Bildrand.

Mittleres Teleobjektiv

Längere Brennweiten eignen sich für Porträts über größere Distanz, etwa über eine Straße hinweg. Das Modell kann sich frei bewegen und fühlt sich nicht von der Kamera bedrängt.

Während Fotografien mit einem Weitwinkelobjektiv Fotograf und Betrachter förmlich in das Geschehen hineinziehen, suggerieren längere Brennweiten größere Distanz zum Motiv – der Betrachter ist kaum in die Szene involviert. In der Porträtfotografie hat es natürlich besondere Vorteile, wenn der Fotograf mit einer langen Brennweite etwas mehr Abstand halten kann und dadurch unbemerkt bleibt oder das Modell sich nicht beengt fühlt. Teleobjektive werden aber nicht nur wegen ihrer Unaufdringlichkeit verwendet. Entscheidend für die Wahl des Objektives ist, genau wie beim Weitwinkelobjektiv, häufig auch ihre spezifische perspektivische Wirkung.

Die Brennweite von 50 mm (KB) gilt allgemein als Normalbrennweite (*siehe auch Textkasten Seite 181*). Objektive mit deutlich längeren Brennweiten (etwa ab 80 mm aufwärts) bezeichnet man als Teleobjektive. Je länger die Brennweite, desto deutlicher sind die hier beschriebenen Charakteristiken einer Tele-Aufnahme. Der engere Blickwinkel grenzt die Umgebung weitgehend aus dem Bildrahmen aus. Und steht das Modell in einigem Abstand zum Hintergrund, kommt zusätzlich die geringe Schärfe zum Tragen: Je länger die Brennweite, desto geringer ist die Schärfentiefe. Wenn man also auf eine Person in einer Menge scharf zieht, sind alle Personen, vor oder hinter dieser Person unscharf. Durch die Wahl einer kleineren Blende lässt sich der Schärfebereich vergrößern, jedoch selten vollständig – und nur um den Preis einer längeren Verschlusszeit und einer höheren Empfindlichkeit. Dieses Charakteristikum von Teleobjektiven muss jedoch kein Nachteil sein, denn die so genannte selektive Schärfe lässt sich sehr effektvoll einsetzen, um eine Person oder ein Objekt optisch aus seiner Umgebung herauszuheben.

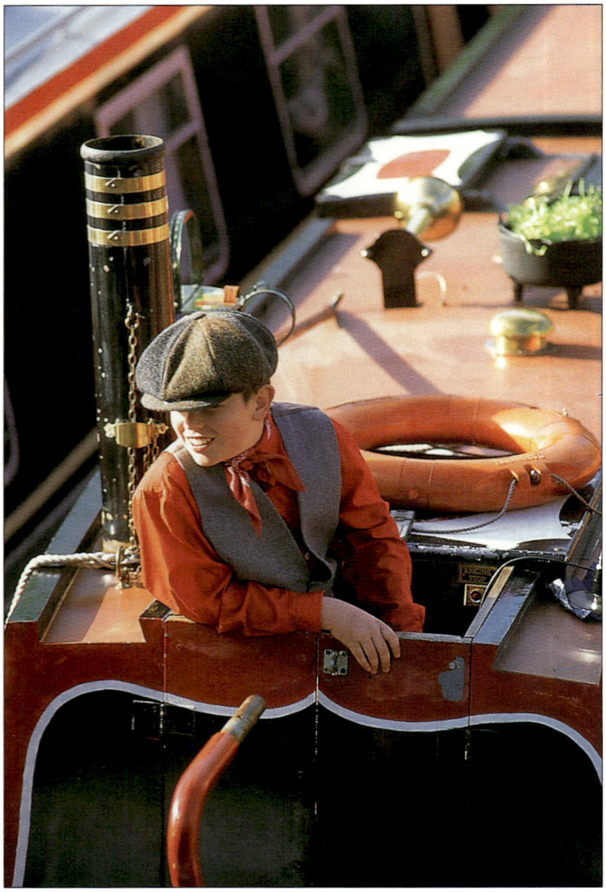

Sinnvolle Distanz
In einem 180-mm-Objektiv erhält man dieses Bild aus ca. 10 m Entfernung und kann unbemerkt bleiben. Die Aufnahme entstand von einer Fußgängerbrücke aus.

Durch die geringere Schärfentiefe konzentriert eine Tele-Aufnahme die Aufmerksamkeit auf das Modell und blendet Ablenkendes in der Umgebung aus. So hat ein Teleobjektiv praktisch die gegenteilige Wirkung eines Weitwinkelobjektivs. Die Entscheidung für die eine oder andere Objektivart wird also stark davon abhängen, welchen Bildstil man für sein Motiv bevorzugt. Die Beispiele auf diesen Seiten zeigen, dass Porträts mit einem Teleobjektiv distanzierter wirken als Weitwinkel-Aufnahmen.

Verschlusszeit und Verwacklung

Lange Brennweiten vergrößern aber nicht nur den Bildgegenstand, sondern auch die Gefahr des Verwackelns. Ein häufiger Fehler ist, eine größere Brennweite zu wählen, ohne die Verschlusszeit zu verändern. Als Faustregel gilt, dass man als längste Belichtungszeit zum sicheren Fotografieren aus den Hand den Kehrwert der Brennweite annehmen sollte. Das bedeutet, dass eine Belichtungszeit von 1/50 Sek. mit einem Normalobjektiv (50 mm KB) unproblematisch ist, während man bei einem 200-mm-Objektiv jedoch mindestens 1/200 Sek. wählen sollte.

Was ist „Normal"?

Weitwinkel- und Teleobjektive haben Charakteristiken, die sich an den Fotos leicht erkennen lassen. Je weiter man sich von einer „mittleren Brennweite" entfernt, desto deutlicher werden sie. Diese „mittlere" oder „Normalbrennweite" zeigt nun logischerweise abgebildete Objekte perspektivisch so, wie wir sie mit dem bloßen Auge sehen. Man kann das an seiner eigenen Kamera testen, indem man Bildschirm und Motiv gleichzeitig betrachtet. Sind die Objekte in Größe und Perspektive gleich, hat man eine „normale Brennweite", also ein Normalobjektiv. So findet man beispielsweise auch die Normalbrennweite seines Zoom-Objektivs. Technisch gesprochen entspricht die Normalbrennweite der Diagonale des Kamerasensors.

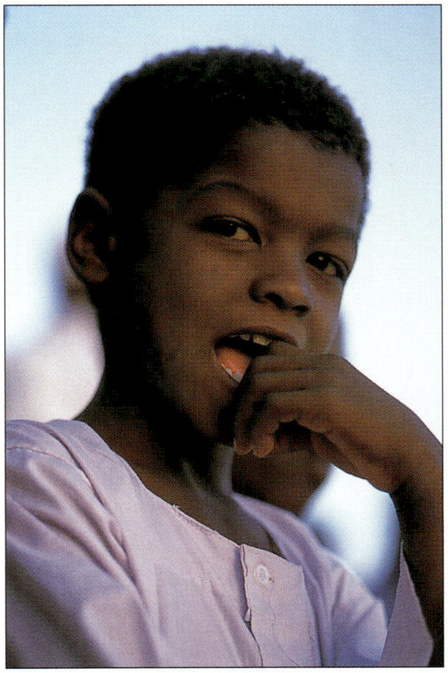

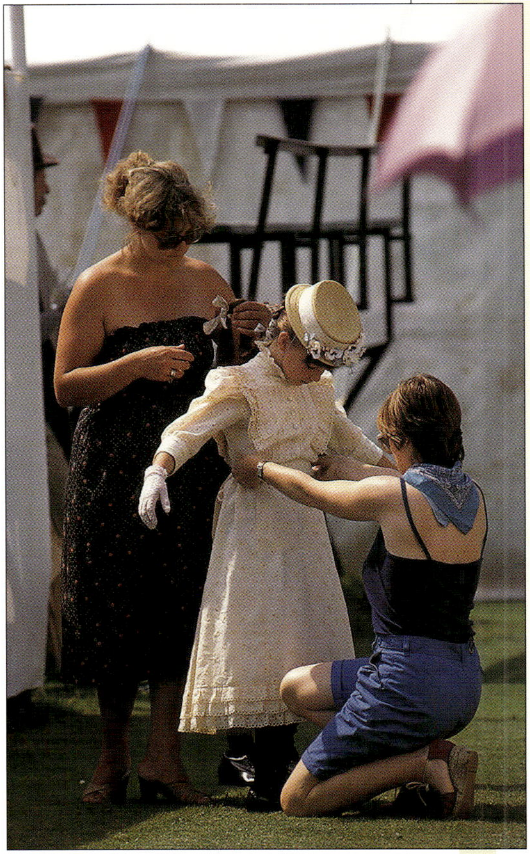

Schwerpunkt Augen
Die Aufnahme entstand bei Sonnenuntergang mit einem 150-mm-Objektiv und einer Blende von *f*2.8 – was eine geringe Schärfentiefe ergab. Aus einer Entfernung von weniger als 2 m wurde auf die Augen des Jungen scharf gezogen, wobei der obere Schärfebereich gewählt wurde.

Komprimierte Perspektive
Eine Anprobe bei einer Fernsehproduktion für einen Historienfilm. Die Szene ist sehr natürlich, wirkt im Bild aber noch überzeugender, da die Figuren durch die Perspektive des Teleobjektivs näher zusammenrücken.

Lange Teleobjektive

Aufnahmen mit einem starken Teleobjektiv wirken sehr objektiv, weil die räumlich Distanz des Fotografen zum Motiv im Bildausdruck spürbar ist. Die komprimierte Perspektive solcher Fotos trägt zu diesem Eindruck bei.

Mit jedem Teleobjektiv entsteht zwischen Bildgegenstand und Betrachter eine deutliche Distanz. Je größer die Brennweite, desto stärker wird dieser Effekt – im Extremfall ist er mit dem Blick durch ein Fernglas vergleichbar. Für mich beginnen lange Teleobjektive dort, wo die Bilder etwas enthüllen, das dem bloßen Auge verborgen wäre. Die Sichtweise unserer Augen unterscheidet sich von der Optik einer Kamera, weil die Augen schnell zwischen einem sehr weiten Blickwinkel und der Konzentration auf eine sehr begrenzte Szene umschalten können. Die Reichweite starker Teleobjektive ab etwa 300 mm aufwärts ist aber viel länger und kann oft überraschende Details zeigen.

Bei so langen Brennweiten werden die typischen Charakteristika von Teleobjektiven fast übertrieben deutlich – aber auch die Probleme. In der Öffentlichkeit schaffen sie die Möglichkeit, Menschen völlig unbemerkt aufzunehmen, da man aus sehr großer Distanz fotografieren kann. Bei einem

Gefüllter Bildrahmen

Das Sujet waren Überbleibsel ländlichen Dorflebens im Herzen Athens. Ein 400-mm-Objektiv komprimierte die Perspektive und sorgt dafür, dass der Straßenzug das Bild füllte. (Bei kürzerer Brennweite wären auch ein Teil Himmel und andere Gebäude im Bild gewesen). Dann brauchte ich nur noch auf einen geeigneten Passanten zu warten – eine alte Frau, die mit ihren Katzen spazieren ging.

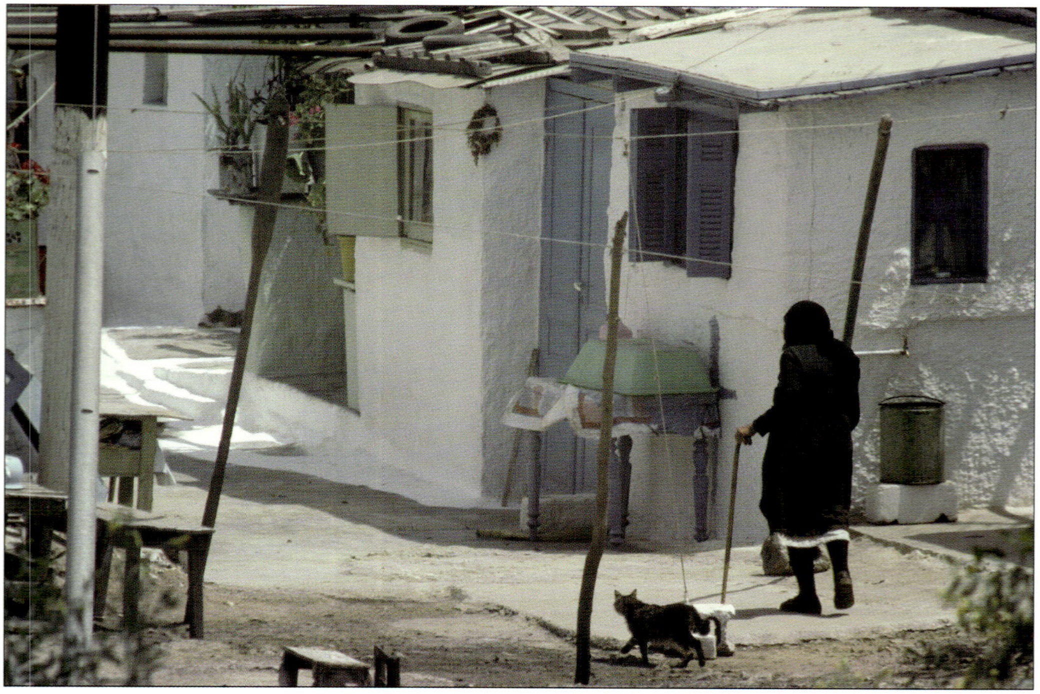

Kamerasensor von 24 x 16 mm Größe kann man mit einer Brennweite von 400 mm aus 8 m Entfernung ein formatfüllendes Kopfporträt fotografieren. Da man bei diesen langen Objektiven fast immer mit maximaler Blende fotografiert, ist der Hintergrund normalerweise vollkommen verschwommen, also unscharf.

Größerer Effekt durch kleineren Sensor

Heute sind die meisten Kamerasensoren der Digitalkameras kleiner als das frühere 35-mm-Kleinbildformat. Wechselobjektive für Spiegelreflexkameras sind in der Regel genau für dieses Format gebaut. Da der digitale Sensor nun einen kleineren Bereich des scharfen Bildes verwendet, erhält man eine stärkere Vergrößerung, wodurch ein 300-mm-Objektiv bei einer Sensorgröße von 16 x 24 mm den Effekt eines 450-mm-Kleinbildobjektivs hat.

Warum heißt es Tele?

Als „Tele“ bezeichnen wir umgangssprachlich Aufnahmen, die charakteristisch einen vergrößert abgebildeten Bildgegenstand und eine komprimierte Perspektive aufweisen. Eigentlich bezeichnet der Begriff die Konstruktion von Teleobjektiven. Bei gleicher Bauweise wie der des Normalobjektivs würde bei einem 400-mm-Objektiv der Abstand vom optischen Zentrum zur Kamerarückwand (wo der Kamerasensor sitzt) tatsächlich 400 mm betragen. Durch die Kombination mehrerer Linsen im Inneren des Objektivs wird der Strahlengang des Lichtes „gefaltet“, was eine kleinere und handlichere Bauweise erlaubt.

Zoomraten und Vergrößerung

Kamerahersteller verwenden den Doppelpunkt (:) sowohl zur Angabe der Zoom- als auch der Vergrößerungskapazität einer Kamera, was eventuell verwirrend sein kann. Die Angabe Zoom 1:2 beschreibt eine Verdopplung der Brennweite. Dies kann die Spanne von 35 mm auf 70 mm bezeichnen, ebenso aber auch von 100 mm auf 200 mm. Die Vergrößerung dagegen verwendet als Bezugsgröße immer die Brennweite des Normalobjektivs, also 50 mm. Ein 400-mm-Objektiv liefert demnach eine achtfache Vergrößerung (1:8).

Weil man mit einem Teleobjektiv meist aus großem Abstand fotografiert, laufen einem schnell Passanten ins Bild. Am besten hält man beide Augen offen und fotografiert von einem Sitzplatz aus.

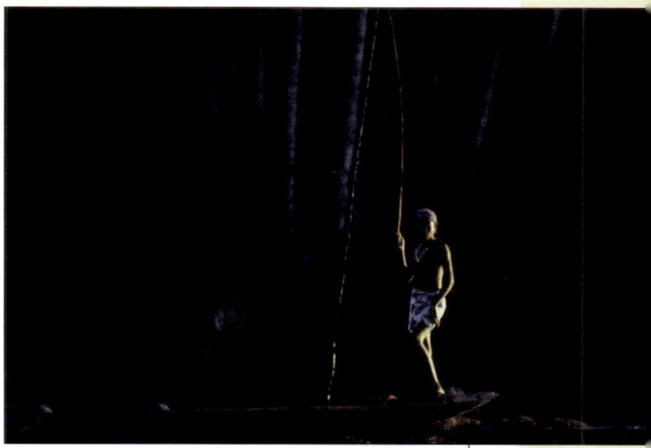

▲ **Hervorgehobene Person**
Die untergehende Sonne fällt auf ein Mädchen in Surinam, das vom Boot aus fischt. Das Bild wurde aus 100 m Entfernung mit einem 400-mm-Objektiv aufgenommen. Der im tiefen Schatten liegende Wald erscheint groß, was die Aufmerksamkeit auf das Mädchen lenkt.

▼ **Sikh-Garde**
Beim Fotografieren mit langem Teleobjektiv und großer Blende verschwimmt durch die geringe Schärfentiefe Vorder- und Hintergrund. Einzelne Personen lassen sich gut hervorheben – wie auf diesem Bild einer Parade in der indischen Stadt Amritsar.

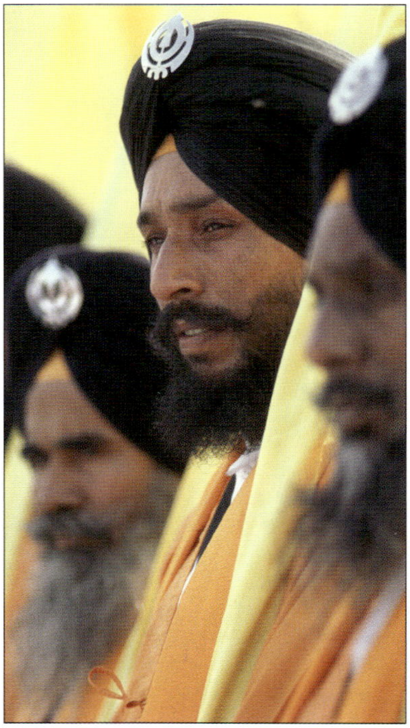

Arbeit als Sujet

Die tägliche Arbeitsroutine verleiht einem Porträt eine besondere Gewichtung. Durch die bewusste Konzentration auf Merkmale der Tätigkeit wirken solche Porträts oft sehr informativ.

Nicht jede Arbeit hat in optischer Hinsicht etwas zu bieten – das beweist die Flut langweiliger Bilder von Menschen bei Geschäftsbesprechungen oder bei der Arbeit am Computer. Andererseits können Tätigkeiten, die körperlichen Einsatz oder handwerkliche Fähigkeiten erfordern, sehr interessant sein und als eigenes Sujet dienen, statt nur den Hintergrund für ein Porträt zu liefern. Solche Porträts nähern sich oft dem Genre der Reportagefotografie an. Das gilt vor allem, wenn das Modell seine Arbeit konzentriert fortsetzt, statt sie für die Aufnahmen zu unterbrechen.

Solche Bilder wirken zwar oft wie spontane Schnappschüsse, sind tatsächlich jedoch weit davon entfernt. Wenn man eine Arbeit in ihrer natürlichen Abfolge fotografieren will, sollte man ihren üblichen Ablauf gut kennen. Sonst kann es leicht vorkommen, dass man eine Szene arrangiert und vielleicht Requisiten hinzufügt, um dann hinterher zu erfahren, dass dieser Aufbau für jeden, der mit dem Beruf vertraut ist, unlogisch erscheinen muss. Manche Menschen sind zurückhaltend und intervenieren nicht, wenn der Fotograf solche logischen Fehler macht. Schon darum sollte man zunächst genau beobachten und die Menschen bitten, ihren Arbeitsablauf zu erläutern. Diese Vorbereitung gibt dem Fotografen zugleich Zeit, um eine geeignete Kameraposition zu finden.

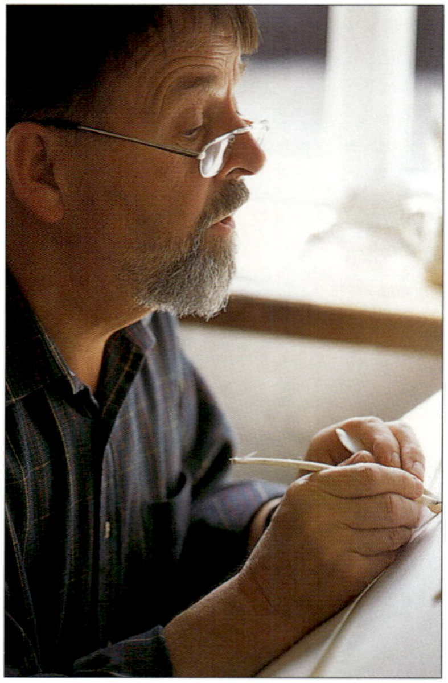

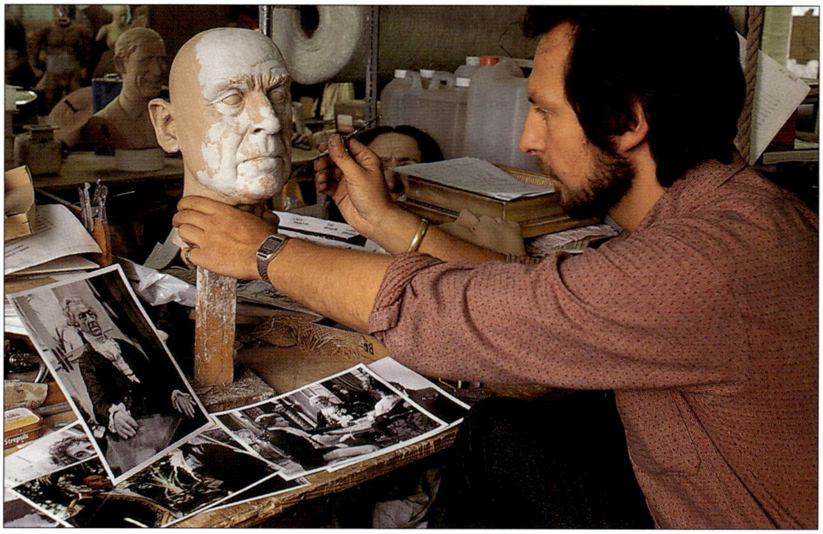

Schreiber Dieser Schreiber arbeitet mit einem traditionellen Gänsekiel auf handgefertigtem Pergament an einer Handschrift des Neuen Testaments. Seine Hände und das Gesicht mit dem Ausdruck extremer Konzentration zeigen die Intensität seiner gewissenhaften Arbeit.

Modellieren In einer Kostümbildnerei arbeitet ein Modellmacher an einem Kopf für eine Ausstellung mit Mode früherer Jahrhunderte. Der Kopf allein ist schon sehr beeindruckend und fesselt die Aufmerksamkeit. Die Vorlagen im Vordergrund hingegen geben einen weiteren Kontext und erklären die Tätigkeit.

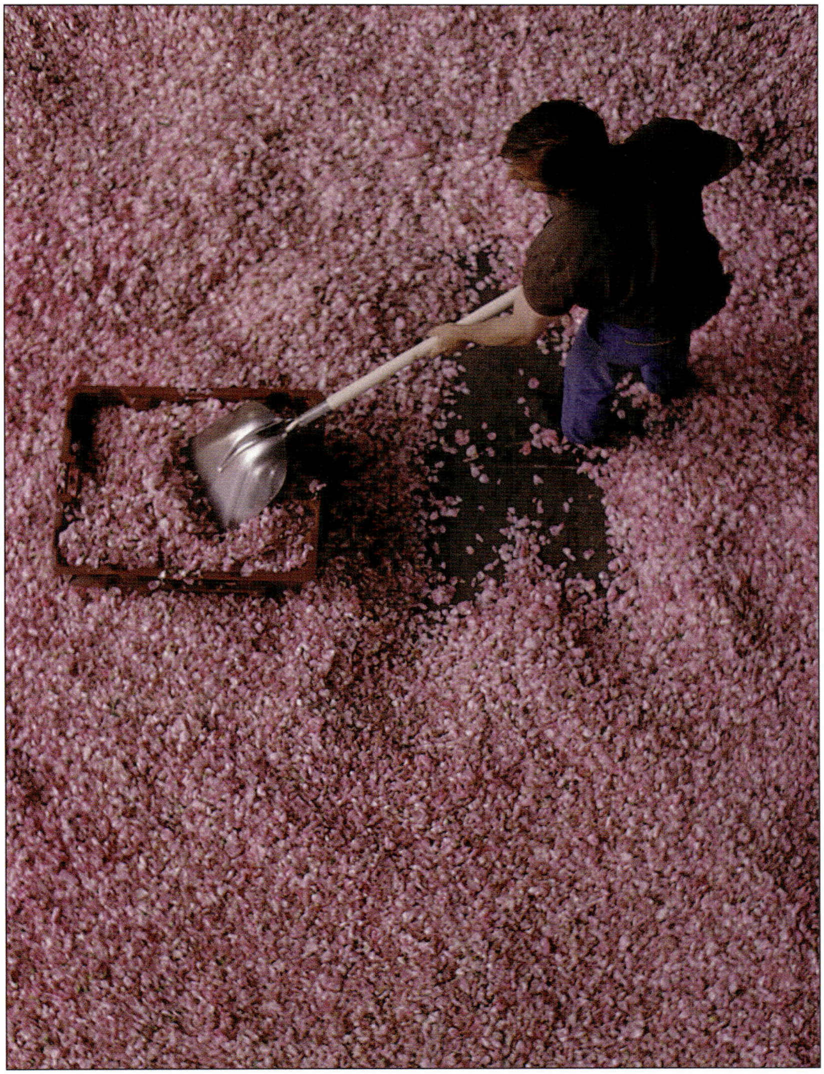

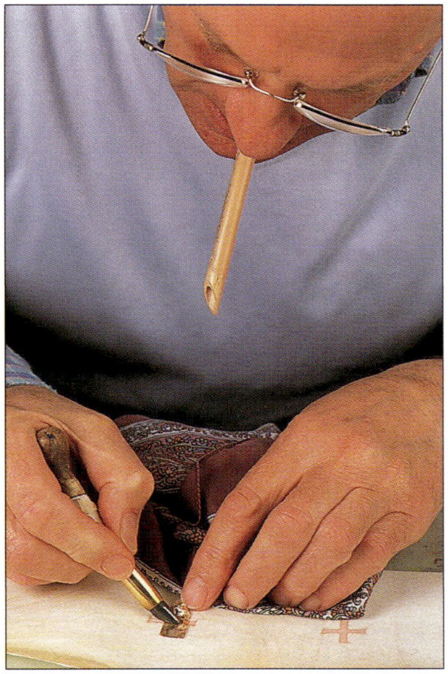

◀ Rosenblätter
Während der jährlichen Rosenernte werden im Lager eines Parfumherstellers Wagenladungen von Rosenblütenblättern angeliefert, die dann in Behälter gefüllt und zur Destillieranlage gebracht werden. Ich hatte die Halle vorher ausgekundschaftet und fand einen erhöhten Steg, von dem ich aus der Vogelperspektive fotografieren konnte.

▲ Blattgold
Im gleichen Scriptorium wie der Schreiber (gegenüber links) arbeitete dieser Mann an der Vergoldung der Titelseite, indem er hauchdünnes Blattgold auf das Pergament aufbrachte. Auch er zeigt höchste Konzentration.

Man kann jederzeit fragen, ob man Stühle oder Möbel verrücken darf, die im Weg sind. Arbeitsgerät oder Maschinen dagegen sollten an ihrem Platz bleiben.

Hat der Fotograf den Ablauf der Arbeit verstanden und möchte beispielsweise mit einer langen Belichtungszeit fotografieren, kann er leichter einschätzen, in welcher Position sein Modell problemlos etwas länger als normal verharren könnte. Konzentriert sich ein Bild auf die Hände, ist eine ausreichende Schärfentiefe oft nur mit einer kleinen Blende und einer lange Belichtung zu erreichen. Wählt man alternativ eine höhere ISO-Einstellung (Lichtempfindlichkeit), muss man mit leichtem Bildrauschen rechnen.

Hauttöne und Weißabgleich

Um Hauttöne bei unterschiedlichen Lichtverhältnissen wie Sonnenschein, Schatten, Wolken und Zwielicht natürlich einzufangen, sollte man Weißabgleich und Histogramm nutzen.

Der riesige Nuancenreichtum der menschlichen Hautfarben fällt uns im täglichen Leben kaum auf, wenngleich wir meist unsere eigene Hautfarbe als „Normalwert" betrachten. Zunächst aber einige Gedanken über Gedächtnisfarben.

Das Konzept der Gedächtnisfarben ist überaus wichtig, um zu verstehen, was Farbe eigentlich ist, und welch großen Teil die subjektive Wahrnehmung bei der Definition von Farben spielt. Farben existieren nur, weil das menschliche Auge verschiedene Wellenlängen des Lichts wahrnehmen kann und das Gehirn sie interpretiert. Der Mensch kann einige Farben besser unterscheiden als andere. Je wichtiger eine Farbe für unseren Alltag ist, desto vertrauter ist sie uns. Daher werden uns vertraute Farben auch Gedächtnisfarben genannt. Sobald wir einer Gedächtnisfarbe begegnen, wissen wir sofort, ob sie genau so aussieht, wie sie aussehen sollte.

Aber warum sollten Farben anders aussehen? Bei Fotos ergeben sich „falsche Farben" oft durch Farbverschiebungen oder falsche Belichtung. Vor allem neutrale Farben, darunter unterschiedliche Grautöne und verschiedene Hauttöne, sind markante Gedächtnisfarben. Noch ehe das Auge Details erkennt, analysiert es ein Foto darauf, ob die Farbe stimmig ist. Ist das Bild vielleicht zu

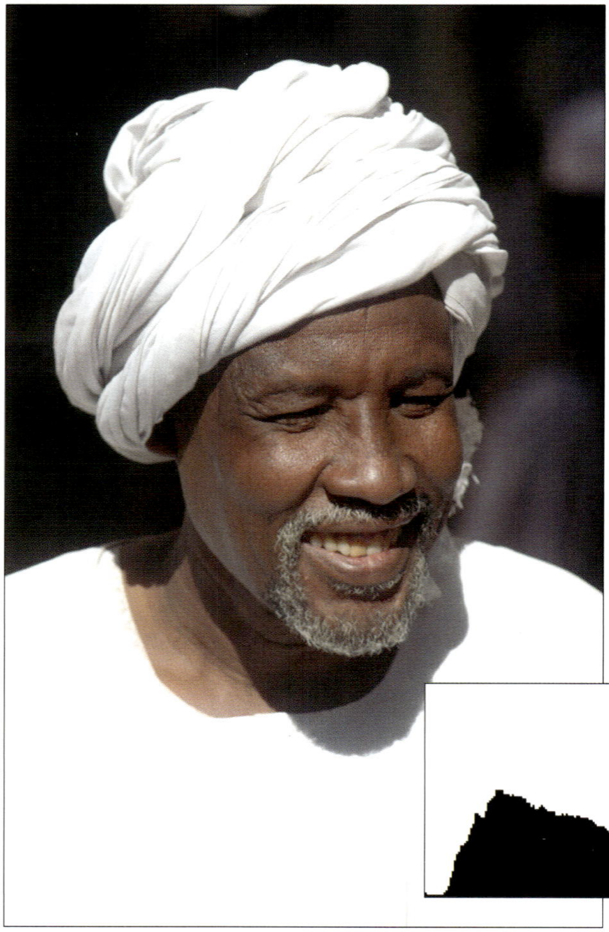

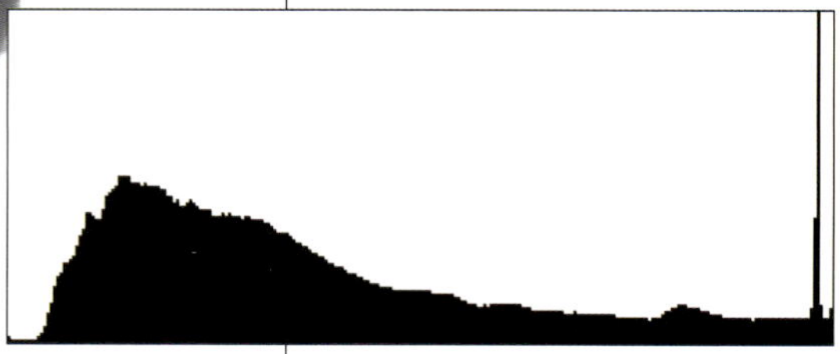

Belichtung für dunkle Haut

Mit der Belichtungsautomatik fällt dunkle Haut gewöhnlich zu hell aus. Überprüfen Sie die Lichter am besten sofort nach einer Aufnahme im Kamera-Histogramm.

rot, hat es einen Grün- oder Blaustich? Diese kritische Betrachtungsweise wenden wir aber nur bei Bildern an, nicht bei realen Objekten. Wird beispielsweise der Hautton eines Gesichtes durch farbiges Licht verfälscht, passt unser Gehirn die Farbwahrnehmung der Gedächtnisfarbe an.

Weil folglich die Farbwahrnehmung äußerst subjektiv ist und es für Gedächtnisfarben auch keine Messmethoden gibt, sollte sich ein Fotograf auf sein Gefühl verlassen und die Farbe am LCD-Bildschirm der Kamera überprüfen.

Wenn die Zeit ausreicht, nehmen Sie zunächst ein Testbild auf und kontrollieren Sie die Farbbalance. Passen Sie dann bei Bedarf den Weißabgleich an. Ist die Zeit zu knapp, verwenden Sie die Automatik oder eine der Voreinstellungen und nehmen Sie die Feinabstimmung in der Bildbearbeitung vor. Wichtig ist vor allem die richtige Belichtung, da sie sich auf die Farbsättigung auswirkt. Bei Unterbelichtung wirken die feinen Nuancen heller Haut viel zu intensiv. Bei Überbelichtung zeigt dunklere Haut Lichter, mit denen man nicht gerechnet hat.

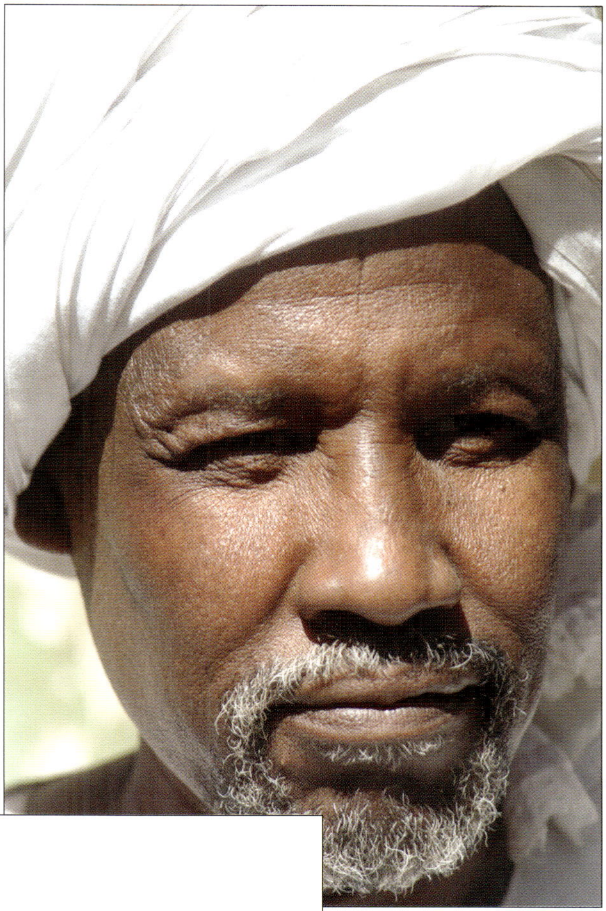

Tonwerte testen

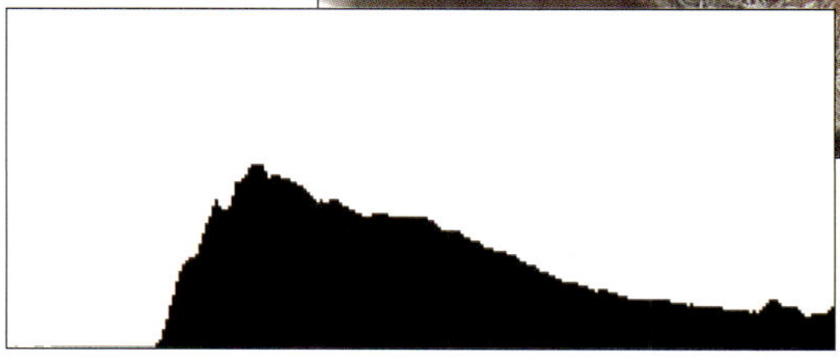

Steht reichlich Vorbereitungszeit zur Verfügung, fahren Sie mit einer langen Brennweite ganz nah an die Haut heran und schließen Sie Hintergrund und Kleidung aus. Alternativ verwenden Sie die Spotmessung. Das Ergebnis ist ein Durchschnittswert, den Sie dann in Relation zur tatsächlichen Hautfarbe setzen müssen – er wird bei dunkler Haut zu dunkel sein, bei heller skandinavischer Haut dagegen zu hell.

Belichtung für dunkle Haut
Um das Problem sofort mit „Bordmitteln" zu beheben, reduzieren Sie die Belichtung um 1/2 bis 1 1/2 Blenden. Alternativ können Sie die Tonwertkontrolle von Photoshop verwenden, um die Schatten zu intensivieren und die Lichter abzudämpfen.

Spotmessung

Bei einer Kopfaufnahme ist das Ergebnis einer Spotmessung exakter als das einer Mehrfeldmessung, solange man den Messbereich im Zentrum des Bildfeldes auf einen Hautton richtet.

Der richtige Moment

Gesichtsausdruck, Bewegung und Gesten der Menschen ändern sich und bieten immer neue Motive. Den richtigen Moment zu finden ist eine Frage von schneller Urteilskraft und Reaktion.

Bei der ungestellten, unbemerkten oder Reportagefotografie sind Szene und Menschen vor der Kamera ständig in Aktion ohne dass der Fotograf sich einmischt. Natürlich ergeben sich dabei Momente, die bessere Fotos liefern als andere, weil sie interessanter, ungewöhnlicher, dynamischer oder grafischer wirken. Und genau diese Qualitäten machen den Unterschied zwischen einem durchschnittlichen Bild und einem interessanten Foto.

Der berühmte Fotograf Henri Cartier-Bresson hat den Begriff des „entscheidenden Augenblicks" geprägt und beschrieb damit diese wesentliche Qualität eines Fotos. In seinem 1952 erschienenen Buch gleichen Titels beschrieb er diesen magischen Moment als „das innerhalb des Bruchteils einer Sekunde gleichzeitige Erkennen der Signifikanz des Geschehens und der genauen Organisation der Formen, die diesem Geschehen den passenden Ausdruck verleihen."

Zwar behaupten manche Autoren, das Prinzip sei in der modernen Fotografie überholt, doch die Realität zeigt, dass sich bis heute professionelle Fotografen daran halten, auch wenn sie es in andere Worte fassen. Andere Fotografen haben versucht, diesem Prinzip die Idee der einfachen „in-between moments", der Zwischenmomente, entgegenzusetzen, jedoch mit wenig bleibendem Erfolg.

Es kommt – wie meistens – letztlich auf die Sichtweise des Betrachters an. Momentaufnahmen verlangen zweierlei: erstens, den richtigen Moment zu erkennen und zweitens, ihn im Bild festzuhalten. Die beiden Schritte müssen sich nicht zwangsläufig immer in der gleichen Reihenfolge vollziehen. Manchmal fotografiert man auch sehr gezielt, bis man sich sicher ist, das Motiv so zu haben, wie man es möchte. Manchmal aber fotografiert man eher drauf los und wählt das gelungenste Bild erst später aus.

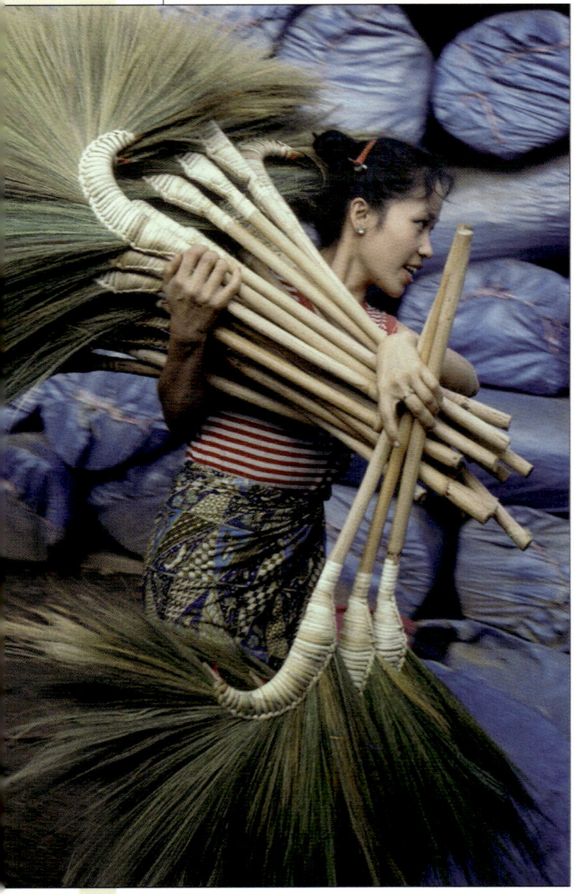

Schnelle Reaktion

Als ich in einer Besenfabrik in Thailand Vorbereitungen für Aufnahmen traf, wollte dieses Mädchen mit einem großen Bündel Besen schnell hinter mir vorbeihuschen. Ich hatte keine Zeit für Kameraeinstellungen, der Moment genügte gerade für ein einziges Bild. Ich drehte mich schnell um und drückte einfach ab. Glücklicherweise reichte die Verschlusszeit von 1/100 Sek. gerade eben aus.

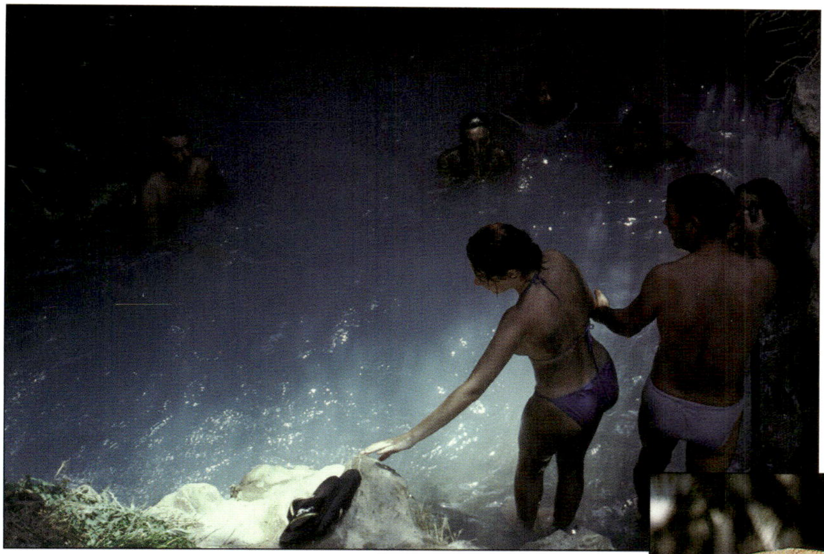

Geste

Badende in einer heißen Quelle in der Toskana an einem Sonntagnachmittag. Der Chiaroscuro-Effekt (Helldunkel) des Lichts und die Farbe des Wassers ergaben interessante Voraussetzungen für ein Bild, aber es fehlte noch etwas. Ich wartete, ohne genau zu wissen, worauf. Dann streckte die Frau ihren Arm aus und der Mann hielt sie fest.

Form und Bewegung

Zur Enthüllung einer Statue in Ho Chi Minh Stadt in Vietnam waren diese Mädchen in traditionelle *ao dai* gekleidet. Während alles auf den Beginn der Zeremonie wartete, nahm ich mit einem Teleobjektiv mehrere Bilder auf, darunter das kleine Foto links. Als plötzlich zwei der Mädchen ihre Hüte hoben, um ihre Gesichter zu beschatten, ergab sich ein verblüffend anderes Motiv, das stark von Formen und der Bewegung der Kleider lebte.

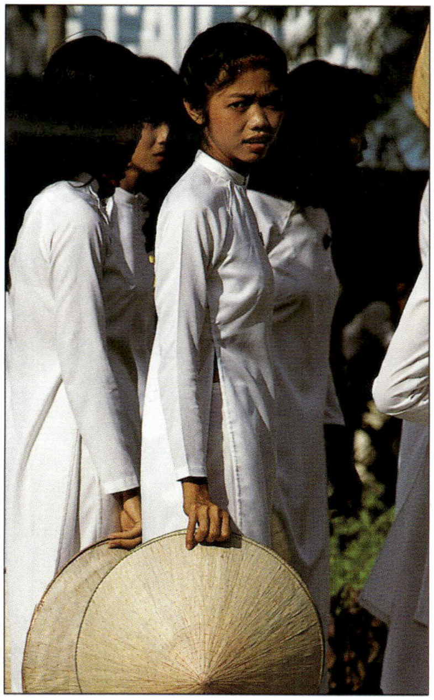

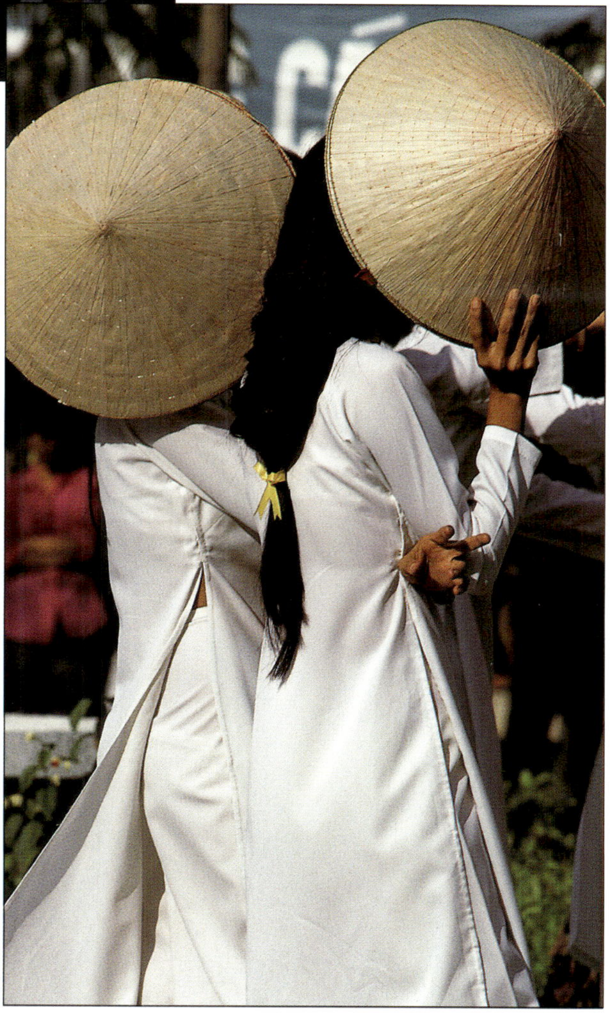

Voraussicht

Um den besten Moment für den Druck auf den Auslöser zu finden, hilft etwas Voraussicht enorm. Beobachtung erleichtert oft die Einschätzung, was ein Modell wahrscheinlich gleich tun wird.

Wie wir auf den vorigen Seiten gesehen haben, benötigt man zwei wertvolle Fertigkeiten, um den entscheidenden Augenblick im Bild festzuhalten. Ersten muss man den Augenblick überhaupt erkennen, zweitens muss man schnell reagieren. Vor allem die schnelle Reaktion fällt leichter, wenn man eine gute Vorstellung von den ablaufenden Ereignissen hat. So kann man auch vorausahnen, was im nächsten Moment geschehen wird. Es kann sich dabei um ganz einfache Vorgänge handeln – jemand könnte sich beispielsweise umdrehen, nach etwas greifen oder fortgehen.

Im Grunde geht es bei alldem hauptsächlich um eine scharfe Beobachtungsgabe, gesunden Menschenverstand und eine hohe Aufmerksamkeit und Konzentration, denn man sollte immer auch die Umgebung der Modelle im Auge behalten, um die verschiedenen Handlungsmöglichkeiten abschätzen zu können. Stellen Sie sich vor, Sie möchten unbemerkt einen Passanten fotografieren, der sich nähert. Nun gilt es vorauszuahnen, in welche Richtung er gehen wird. Wird er vielleicht an der nächsten Ecke abbiegen, ein Geschäft betreten oder über die Straße gehen? Daneben muss ein Fotograf die optische Wirkung der Handlung auf das spätere Bildresultat einschätzen können. Beim Beispiel des Passanten sollte man sich also fragen, wo er am besten zur Geltung kommt: als Silhouette vor einer hellen Wand, von einem Türrahmen umrahmt oder vielleicht, wenn er an eine sonnige Stelle gelangt? In solchen Fällen bestimmt immer die individuelle Situation, ob Sie fotografieren, wann Sie fotografieren und welche Brennweite und Kameraeinstellung Sie benötigen. Auch die hier zur Verdeutlichung des Prinzips gezeigten Beispiele waren situationsgebunden.

Zuckerrohrverkäufer
Bei diesem Foto musste ich abwarten, was passieren würde. Ich sah einen einzelnen Jungen, der am Straßenrand stand, um Zuckerrohr zu verkaufen. Bald wurde klar, dass er einen Partner hatte, der bald auftauchen würde. Die Interaktion zwischen den beiden war vorhersehbar.

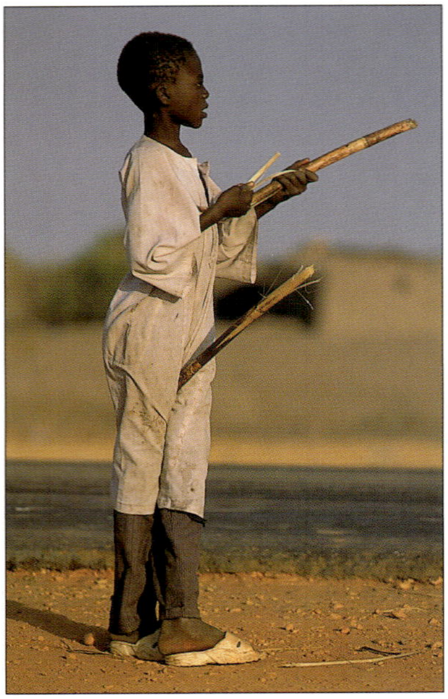

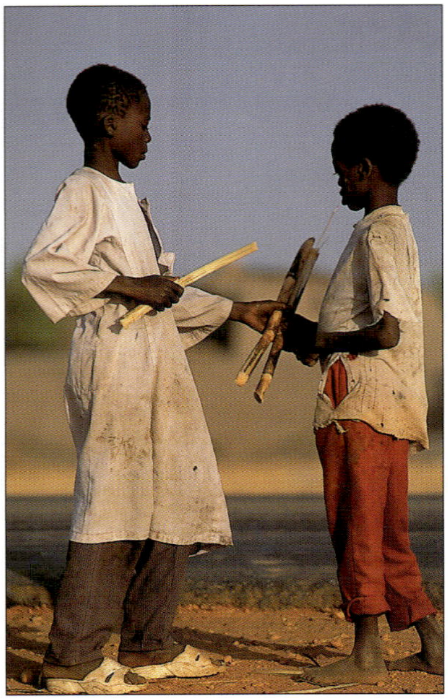

Passant #1

Diese Holzbrücke im Wald des heiligsten Shinto-Schreins Japans, dem Ise-Schrein, war für sich allein genommen kein besonders reizvolles Motiv. Ich hatte aber einen sonnigen Streifen auf der Brücke entdeckt und erkannt, dass dieser sich mit einem Passanten für ein reizvolles Motiv eignen könnte. Einige Personen überquerten die Brücke, doch dann tauchte eine Figur auf, die das Bild perfekt ergänzte – ein Shinto-Priester in einem weißen Gewand. Während ich wartete, dass er die sonnige Stelle erreichte, überprüfte ich die Belichtung.

Passant #2

Im Gegensatz zum ersten Bild wäre diese Tür einer alten Moschee in Indien auch ohne den Passanten ein schönes Motiv. Die menschliche Figur verdeutlicht jedoch in diesem Fall die imposante Größe der Tür. Es war zu erwarten, dass mehrere Menschen kommen und gehen würden. Ich musste nur noch die beste Kameraposition finden (ein seitlicher Blick auf den offenen Türflügel) und entscheiden, welche Person ich im Bild haben wollte (das Kriterium war die traditionelle Kleidung).

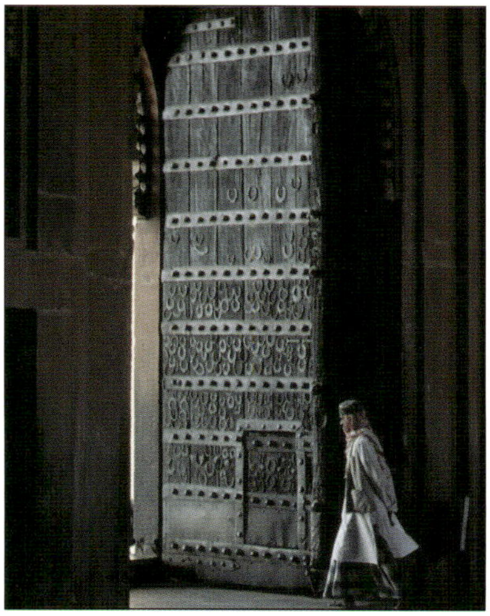

Die Person im Bild

Wie viel Raum man einer Person im Bild gibt und wo man sie platziert, hängt stark von der Beziehung der Person zum Bildrahmen einerseits und zur Umgebung andererseits ab.

Bei den gestellten Porträts in Kapitel 1 und auch bei der Straßenfotografie haben wir gesehen, dass sich die Position einer Person im Bildrahmen vor allem bei einer dichten Bildkomposition fast von selbst ergibt. Eine Aufnahme einer einzelnen Person aus kurzer Distanz verlangt normalerweise nach einem Hochformat. Dabei spielt es keine Rolle, ob man mit dem 2:3 Format der früheren 35-mm-Kameras und heutiger digitalen Profikameras arbeitet, oder mit dem „flacheren" 3:4 Format anderer Digitalkameras.

Interessanter wird die Frage, wenn man eine weitere Perspektive wählt, bei der die Person nicht mehr den größten Teil des Bildfeldes einnimmt. Jetzt müssen nicht nur Person und Hintergrund visuell zueinander passen, sondern es sollte auch die Position der Person innerhalb des Bildfeldes mit Bedacht gewählt werden. Die Bildmitte ist nicht immer die beste Position. In diesem Fall gewinnt der Aufbau des Bildes an Bedeutung.

Natürlich ist die Mittelposition immer eine sichere Wahl, daher aber auch nicht besonders interessant. Ein symmetrischer und auf die Bildmitte konzentrierter Bildaufbau kann sehr unbefriedigend sein, weil er vorhersehbar und statisch wirkt. Stellen Sie sich einen Kopf im Profil im Hochformat vor. Es ist unvermeidlich, dass der Kopf nicht das gesamte Bildfeld einnehmen kann, irgendwo herrscht also Leere. Zudem sieht er entweder nach rechts oder links, also verläuft die Augenlinie auch so – eine gedachte Linie, die der Blickrichtung der Augen folgt. Sie bildet einen Vektor innerhalb des Bildes. Interessanter wirkt eine solche Profilaufnahme beispielsweise, wenn der Kopf seitlich der Mitte positioniert wird, sodass der freie Bildbereich vor ihm liegt.

Platziert man eine Person so am Bildrand, dass sie auf die Szenerie schaut, gibt man dem Betrachter eine Blickrichtung vor.

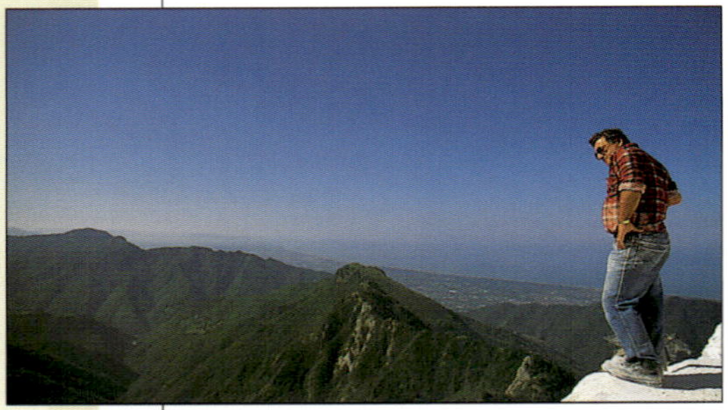

Seitlich versetzt
Bei beiden Bildern – oben ein Blick von den Marmorbrüchen in Carrara auf die Küste der Toskana und unten über eine Tempelstadt in Südindien – wurden die Personen am Rand des Bildrahmens platziert und blicken ins Bild. Sie lenken die Aufmerksamkeit des Betrachters auf die vor ihnen liegende Szenerie.

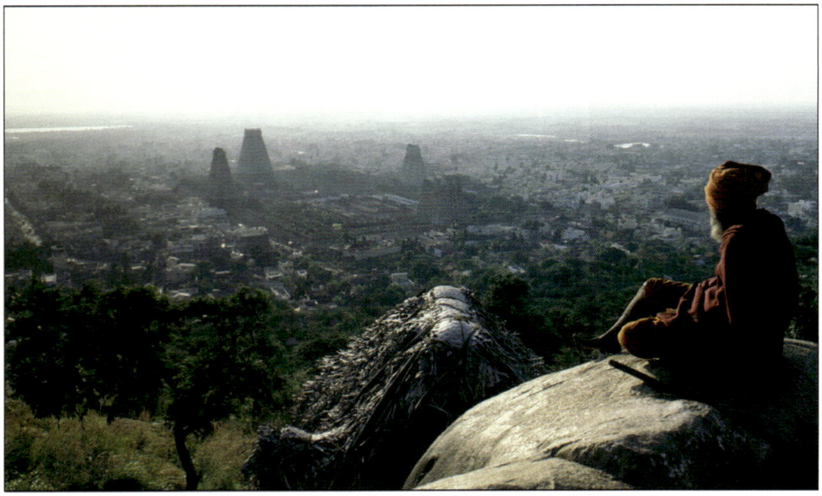

Der Geometrie gefolgt

Auch diese Bild entstand beim Palio in Siena (*siehe Seite 141*), nur die Behandlung des Themas ist vollkommen anders. Diesmal folgt der Bildaufbau vollkommen der Geometrie der Szene, der diagonal gehaltenen Fahnenstange und dem runden Hut des Fahnenträgers.

Megalithen

Das Modell, ein Wissenschafter, schlug diese Megalithen in Whiltshire als Hintergrund vor. Mit dem Weitwinkelobjektiv war es möglich, die Landschaft eindrucksvoll zu integrieren. Der logische Standort war für das Modell neben einem der Steine, leger angelehnt.

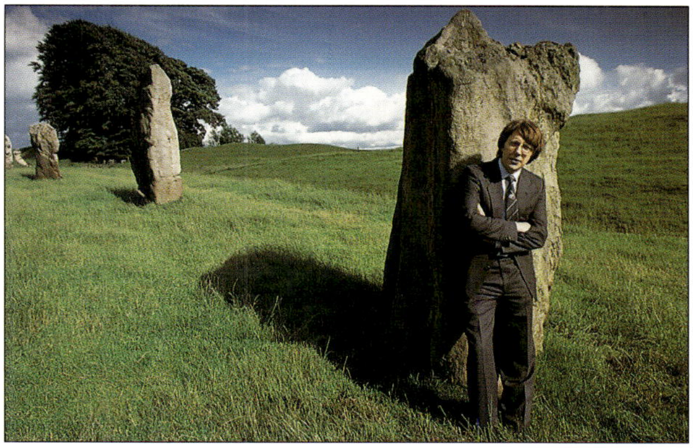

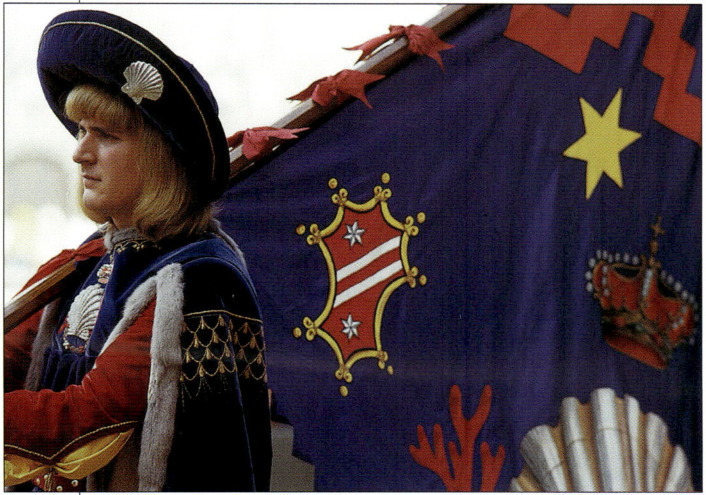

Ein stolzer Hotelier

Diese Aufnahme des erfolgreichen Besitzers des Eishotels in Nordschweden entstand für eine Zeitschriftenreportage. Das Hotel ist vollständig aus Eis gebaut und bei Touristen sehr beliebt. Der Hotelier ließ sich nicht lange bitten, also platzierte ich ihn einfach ein wenig seitlich vor seiner großartigen Erfindung.

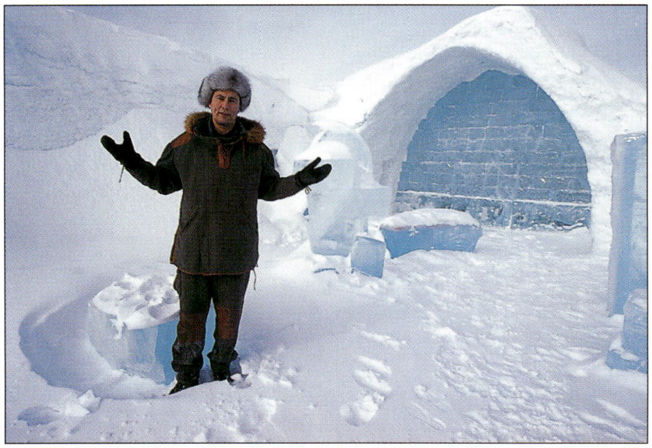

Überblick

Diese Diagramme zeigen die wichtigsten Standard-Bildformate bei Porträts. Je weniger ein Modell den Bildrahmen ausfüllt, desto mehr Freihat hat der Fotograf bei der Platzierung – in der Mitte, leicht seitlich versetzt oder ganz an einem Rand.

Hochformat

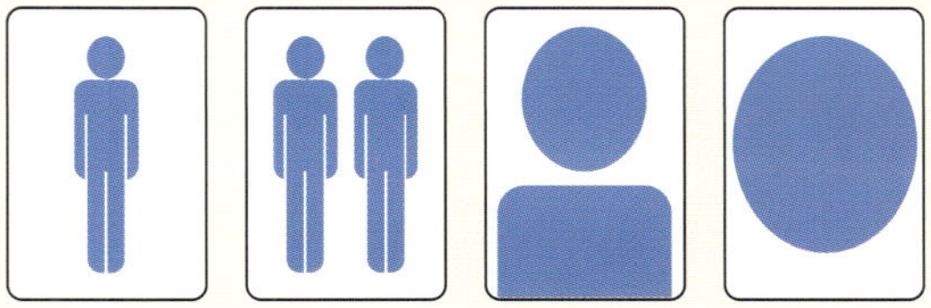

Einzelperson Ganzkörper | zwei Personen Ganzkörper | Kopf und Schultern | Gesicht

Querformat

liegende Person | sitzende Person Knie angewinkelt | Kopf im Profil

Natürlich kann man sein Modell auch immer sinnvoll in die Umgebung einfügen. Ist eine ausgeprägte Diagonale vorhanden, sollten Sie sich überlegen, wie Sie das Modell damit in Verbindung bringen können. Torbögen und ähnliche Elemente drängen sich als natürliche Rahmen förmlich auf. Am wichtigsten ist es jedoch, sich nicht auf eine einzige Bildkomposition zu versteifen, sondern den Blick immer für andere Variationen offen zu halten.

Ein Auge für das Ungewöhnliche

Auf dieser Welt gibt es unterschiedliche Kulturen, Gebräuche, Traditionen und Gesellschaften. Doch überall findet man Menschen, die sich von der Allgemeinheit abheben und überraschende Motive bieten.

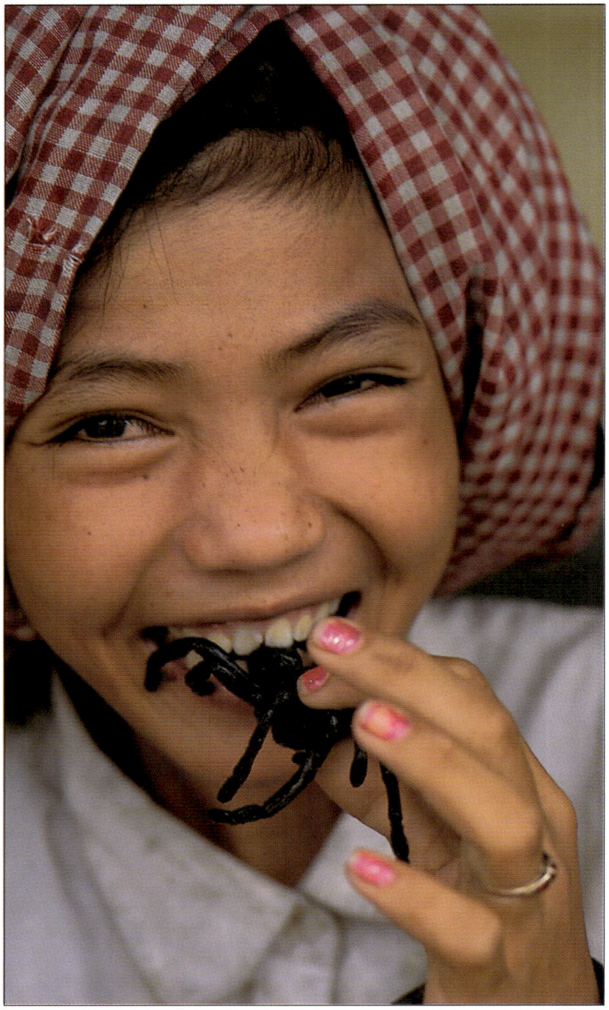

Der Überraschungseffekt spielt in der Fotografie immer eine wichtige Rolle – vielleicht sogar mehr als in anderen bildenden Künsten. Das mag daran liegen, dass sich die Fotografie vorwiegend mit der Abbildung des realen Lebens beschäftig und weniger mit Darstellung innerer Vorgänge. Und da Originalität ein Qualitätsmerkmal für Fotografen und ihre Arbeit ist, streben sie danach, entweder durch die Wahl der Motive oder durch die Art ihrer Darstellung ständig etwas Neues zu bieten. Das Unerwartete, das Frische und das Ungewöhnliche werden daher heute unterschwellig von Fotos erwartet.

Das gilt für Fotos von Menschen ebenso wie für jedes andere Genre der Fotografie. Natürlich muss man beim Motiv Mensch immer Diskretion bewahren und bestimmte Regeln beachten. Zudem bestimmt die subjektive Interpretation, ob etwas ungewöhnlich ist. Dabei geht es nicht immer nur um Angenehmes oder Geschmackvolles. Und genauso wie generelle Unterschiede zwischen den Kulturen existieren, gibt es auch unterschiedliche Beurteilungen für ungewöhnliches Verhalten. Daher ist der Fotograf immer auf der sicheren Seite, wenn er sich auf das offensichtlich Ungewöhnliche konzentriert und dabei eher Lustiges zeigt als die unangenehmen Seiten des Lebens.

Natürlich spielt auch der Geschmack des Betrachters eine Rolle. Und selbst bei aller Sorgfalt in Motivauswahl und Technik wird es immer Menschen geben, denen ein Bild weniger zusagt als Ihnen selbst. Zum Glück haben die meisten Menschen an den Ungewöhnlichkeiten des Lebens jedoch ihre Freude. Und wenn Sie einen Sinn für Komik haben, sollten Sie Ihre Augen immer offen halten, denn die Absurdität oder das Ungewöhnliche einer Situation macht sie zu einer seltenen Gelegenheit. Man muss solche Gelegenheiten suchen. Teilweise gehört auch etwas Vorbereitung dazu.

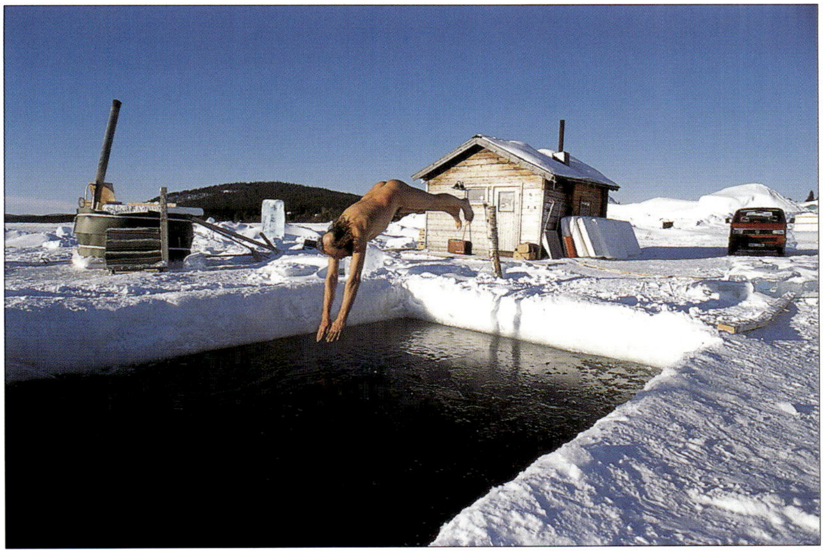

Kurze Erfrischung

Die Skandinavier schwören auf die belebende Wirkung eines kalten Bades nach der Sauna, doch die Lappen sind da noch etwas extremer. Das dick gefrorene Eis eines Flusses wurde für ein Schwimmbecken aufgehackt. Dies schien der richtige Moment für ein Foto – als es für den Schwimmer kein Zurück mehr gab.

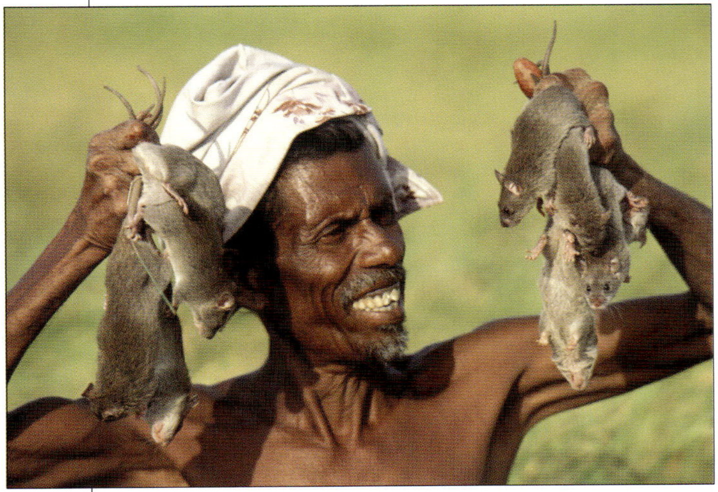

Rattenfänger

Die Irula, eine Stammesgruppe in der Nähe von Madras im Süden Indiens, haben sich auf das Fangen von Ratten spezialisiert, die in Reisfeldern leben und pro Jahr etwa ein Drittel der Reisernte des Landes vernichten. Durch ein Förderprogramm werden sie nun für ihre Arbeit bezahlt. Ein Teil der Ratten wird an örtliche Schlangenfarmen verkauft.

Frostiges Frühstück

In der Nähe des kühlen Schwimmbeckens (o.l.) wurde ein Hotel aus Eis errichtet. Nach einer Nacht auf einem Eisblock (in einem Schlafsack), können sich die Gäste ihr Frühstück auf dem Zimmer servieren lassen. Die Raumtemperatur beträgt gerade einmal 5°C.

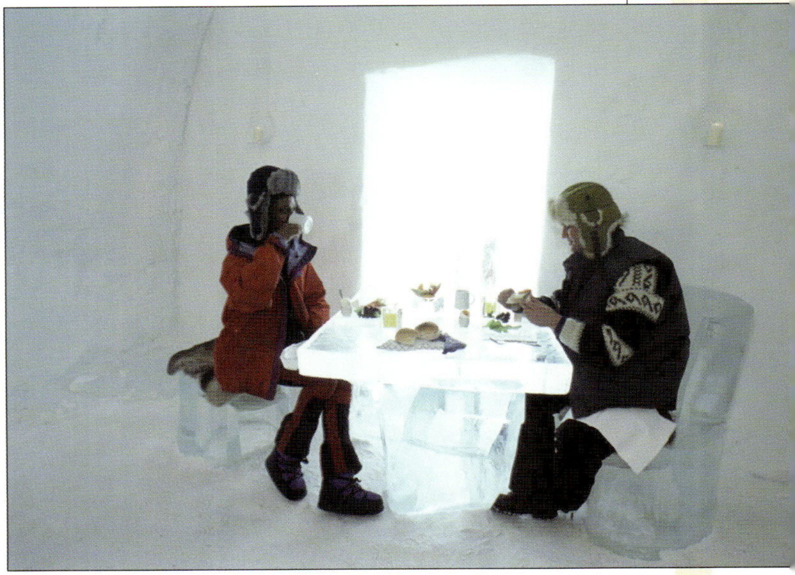

Spinnensnack

Die kulinarische Spezialität einer kleinen Stadt in Kambodscha sind frittierte Vogelspinnen, die vom Straßenrand aus an Vorbeifahrende verkauft werden. Ihr Geschmack erinnert an Krabben, ist jedoch weniger fischig. Diese lokale Spezialität wird wohl kaum zum Exportschlager werden. Eine der Verkäuferinnen biss nur zu gerne für ein Foto in eine der arachniden Köstlichkeiten.

Intime Augenblicke

Ein diskreter Beobachter kann mit der Kamera einen Augenblick einfangen, in dem Menschen vollkommen in Gedanken versunken sind oder nur Augen für ihr Gegenüber haben.

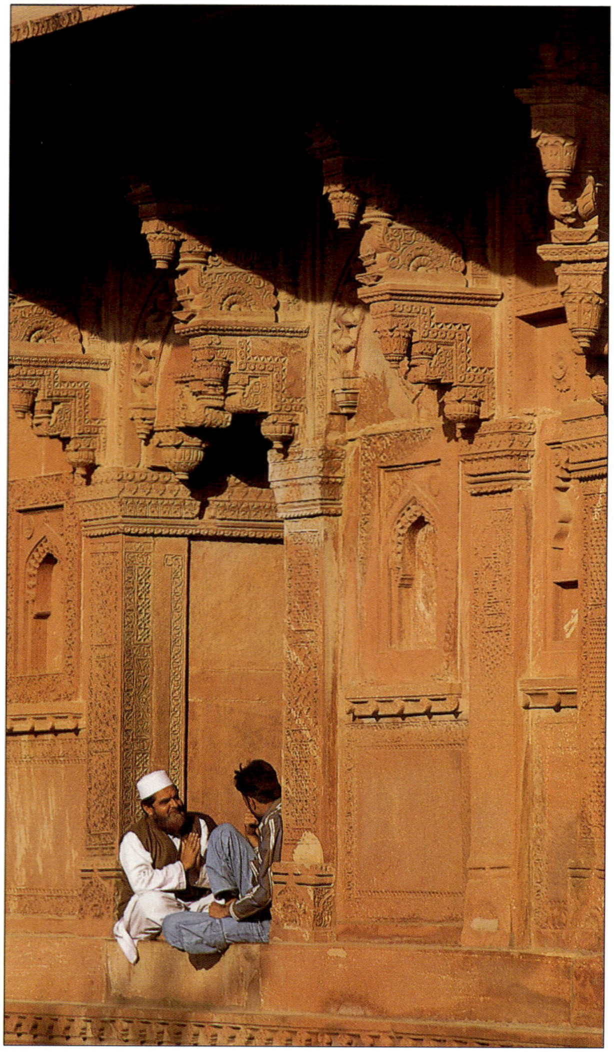

Die Grenze zwischen dem gestellten Porträt und der unbemerkten Aufnahme ist sehr schmal. Das mag zunächst überraschen. Was aber ist eine unbemerkte Aufnahme? Normalerweise meinen wir damit Bilder von Menschen, die sich nicht bewusst sind, dass sie fotografiert werden. Unterschwellig gehen wir davon aus, dass die Kamera versteckt ist. Das trifft in manchen Fällen zu, ist aber keine feste Bedingung.

Unbemerkt - aber nicht versteckt - ist die Kamera häufig bei Bildern von Menschen, die vollkommen gedankenverloren oder in ein Gespräch vertieft sind und den Fotografen überhaupt nicht wahrnehmen. Aufnahmen, die solche intimen Momente einfangen, transportieren viel Atmosphäre und Emotionen. Der Betrachter wird zum Zeugen einer ganz privaten Situation, er lässt sich eher in das Bild hineinziehen und fühlt sich stärker angesprochen als von Bildern regungsloser Gesichter.

Diese Augenblicke sind aber auch schwieriger zu fotografieren. Erstens findet man sie seltener, zweitens müssen die fotografierten Personen die Welt um sich herum völlig vergessen, damit sie die Kamera nicht bemerken. Selbst wenn man eine solche Szene vor einem

Fatehpur Sikri

In der verlassenen indischen Stadt Fatehpur Sikri, die im 16. Jahrhundert erbaut wurde, saßen zwei Männer ins Gespräch vertieft in einer Fensternische. Abgesehen von schlendernden Touristen sind die einmaligen Sandsteinmonumente oft menschenleer. Diese Situation war eine Ausnahme und daher ein schönes Motiv.

Tadsch Mahal

Ein indisches Paar in einer Nische des Tadsch Mahal (daher die nackten Füße, denn alle Besucher müssen ihre Schuhe ausziehen). Sie interessierten sich mehr für sich selbst als für das Monument. Solch intime Momente sind an touristisch stark frequentierten Orten – wie in diesen beiden Beispielen – sehr selten und deshalb umso wertvoller.

bestimmten Hintergrund arrangiert hat, muss man seinen Modellen genügend Gelegenheit, Zeit und Raum geben, damit sie sich entspannen und die Anwesenheit des Fotografen vergessen können. Weil es in solchen Fällen sinnvoll ist, auf Distanz zu gehen und sich außerhalb des direkten Blickfeldes der Modelle zu positionieren, ist für diese Art von Aufnahmen ein Teleobjektiv ideal. Ein Fotograf in nächster Nähe, der immer wieder die Kamera ans Auge hebt, wenn sich die Situation interessant entwickelt, stört nur die Entwicklung einer privaten Atmosphäre.

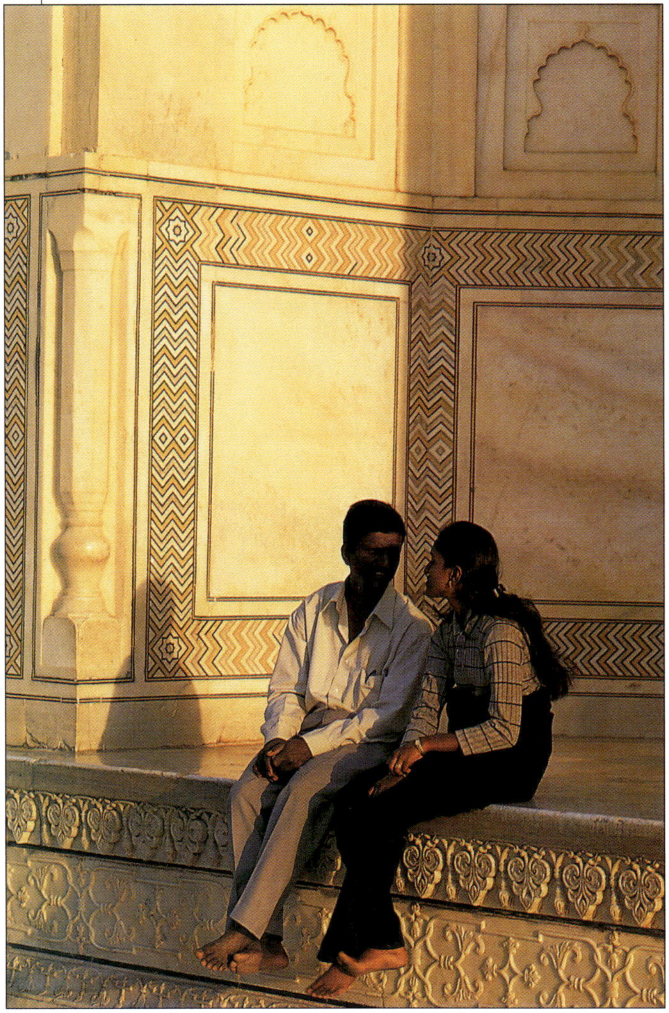

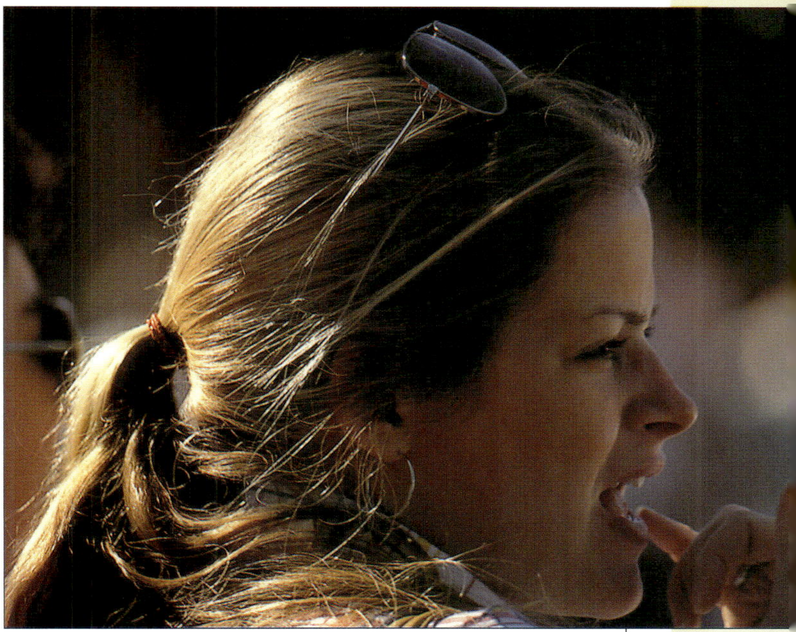

Nachdenklich
Das Haar dieses Mädchens strahlt im Sonnenlicht, während sie sich für einen Moment in ihren Gedanken verliert.

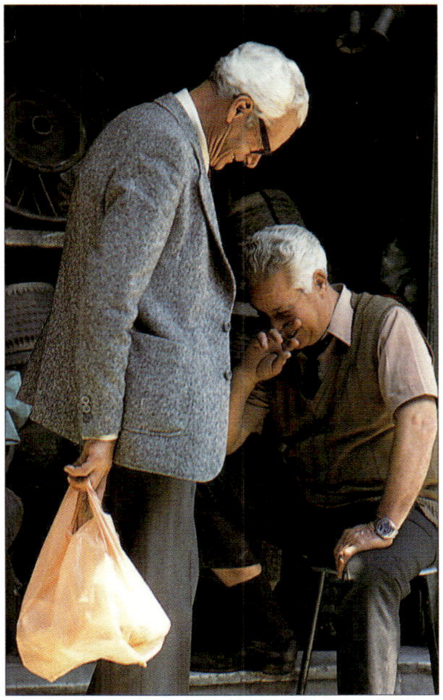

Witz unter vier Augen
Diese beiden Männer, von denen einer gerade seinen Einkauf erledigt hat, teilen einen erheiternden, sehr privaten Augenblick.

Stadtszenen

In den Städten spielt sich das Leben auf sehr engem Raum ab. Wer hier mit der Kamera auf Motivjagd geht, findet überall das seltsame Zusammenspiel von starker Nähe und Anonymität.

Städte bieten immer reichlich Gelegenheit für Porträtfotos. Und damit sind nicht nur jene Porträts gemeint, bei denen Menschen quasi das lebendige Beiwerk für Bauwerke und Stadtlandschaften bilden. Besonders öffentliche Plätze im Innenstadtbereich eigenen sich oft auch hervorragend für geplante, gestellte Porträts.

Jede Stadt hat ihren eigenen Charakter. Wenn wir an bestimmte Städte denken, assoziieren wir spontan Bilder, selbst wenn diese oft klischeehaft sind. Denken wir an Rom, sehen wir die Spanische Treppe, bei Paris denken wir an den Eiffelturm und bei Sydney an das Opernhaus. Aber auch das alltägliche Leben einer Stadt prägt ihren Charakter

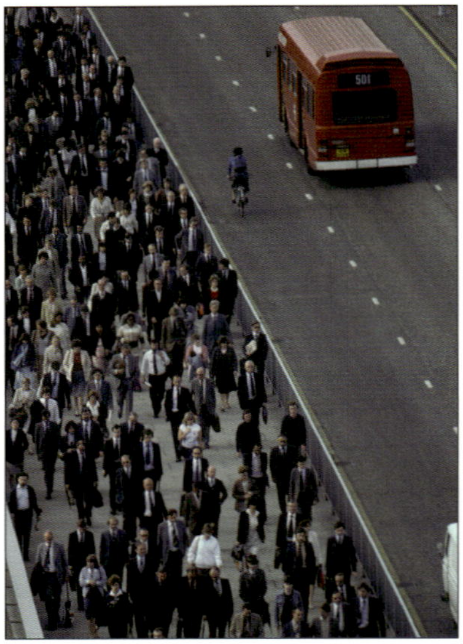

Rushhour Während des Berufsverkehrs strömen Tausende auf dem Weg zur Arbeit über die London Bridge. Für solche Fotos ist es wichtig, einen geeigneten Kamerastandort zu finden.

Parkbank Auch öffentliche Parks sind ein Spiegel des Stadtlebens. Hier entspannen sich zwei Athener am Nachmittag.

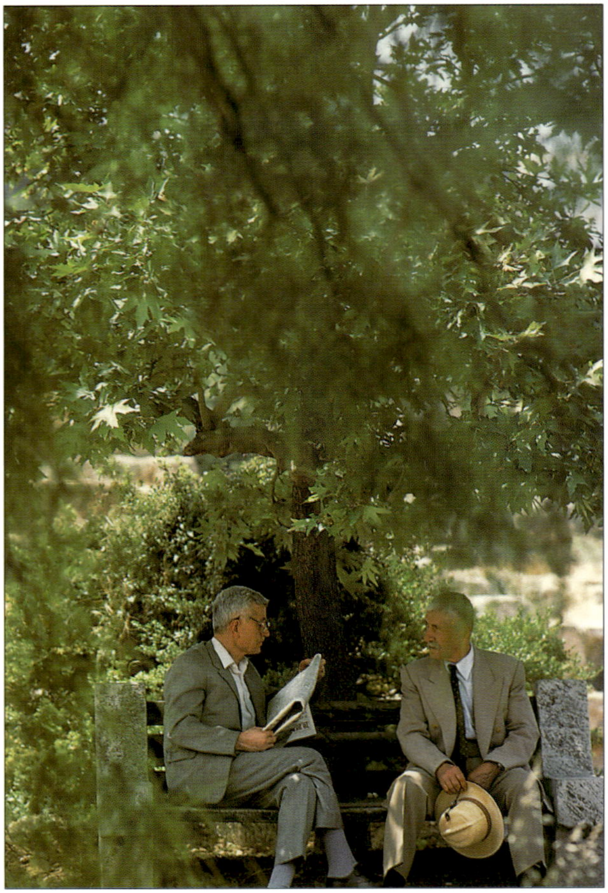

Gute Gelegenheit

- ☐ Einkaufsstraßen und Fußgängerzonen der Innenstadt
- ☐ Vergnügungsviertel
- ☐ Banken- und Versicherungsviertel
- ☐ Parks und Freizeitbereiche
- ☐ Brücken
- ☐ Bahnhöfe, besonders im Berufsverkehr
- ☐ Straßencafés
- ☐ historische Viertel, historischer Stadtkern
- ☐ Märkte (Fisch-, Wochen-, Antiquitäten- und Flohmärkte)
- ☐ Plätze
- ☐ Feste, Prozessionen, Paraden

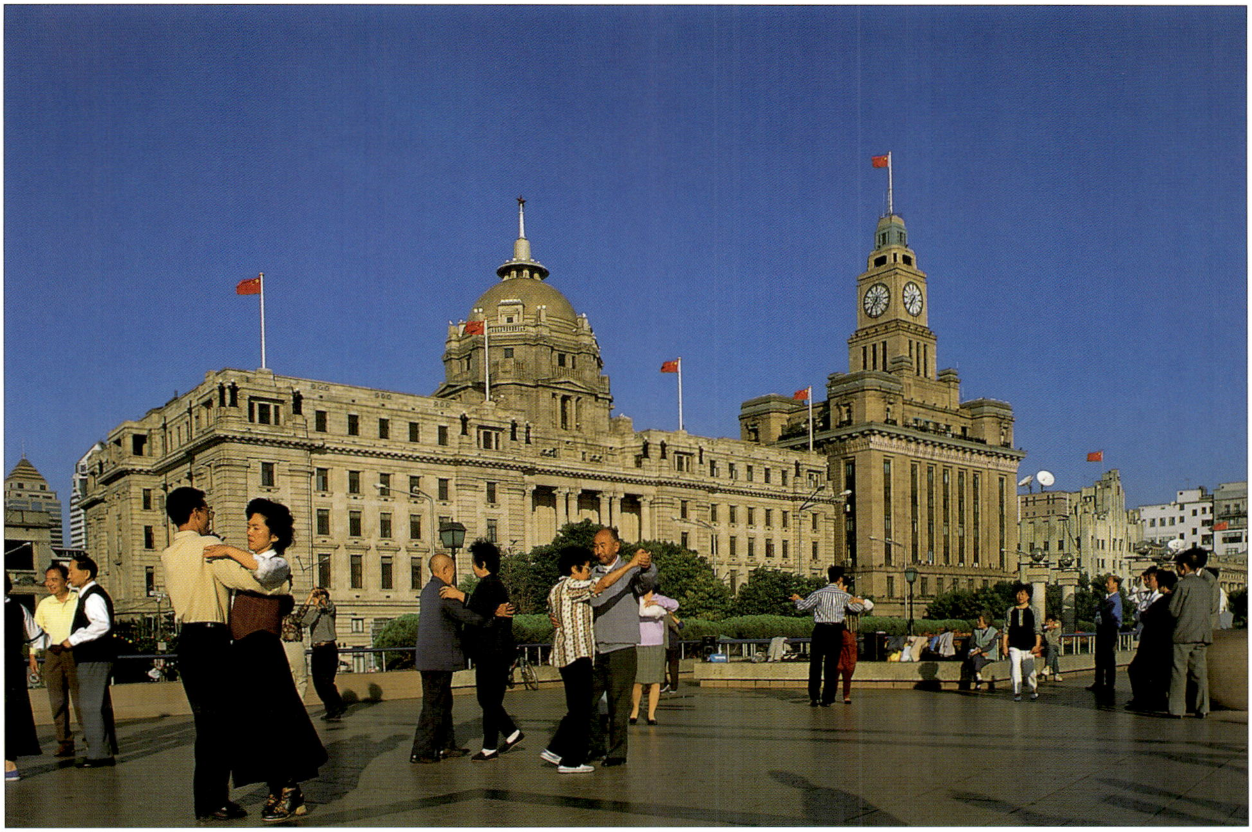

und unterscheidet sie von anderen Städten. Um ein fotografisches Porträt einer Stadt zu erhalten, sind Bilder der Bewohner ungemein wichtig. Beobachten Sie das Straßenleben, Sitten und Bräuche. Finden Sie heraus, was diese Stadt kennzeichnet und von anderen abhebt.

Will man in einer Stadt erfolgreich fotografieren, sollte man bestimmte Bereiche und ihre Zeitrhythmen beobachten (siehe Textkästen). So unterschiedlich Städte sein mögen, fast alle haben bestimmte Viertel oder Bereiche, in denen sich berechenbare Aktivitäten wie das Berufsleben, der Einkauf oder das Freizeitvergnügen konzentrieren. Ebenso gibt es in allen Städten Berufsverkehr, wenn auch zu unterschiedlichen Zeiten (in Tokio ist er früh morgens am dichtesten, in Madrid am späten Vormittag). Spezielle Punkte der Stadt sind zu diesen Zeiten besonders stark bevölkert – in London die London Bridge, in New York die Grand Central Station und in Hongkong die Star Ferry.

Dennoch ist dieses Gedränge von Anonymität geprägt, was Fotografen entgegenkommt, denn im hektischen Gewimmel einer Stadt fällt er nicht auf.

Tanzunterricht
An der Uferpromenade in Shanghai finden morgens Tanzstunden statt – für Fremde ein ungewöhnlicher, aber anrührender Anblick. Die *Art déco*-Gebäude bilden eine schöne Kulisse. Solche Ungewöhnlichkeiten sind es, nach denen der Stadtfotograf Ausschau hält, um eine Stadt zu charakterisieren. Dabei bietet sich die Gelegenheit, Menschen und Stadtansichten zu kombinieren.

Arbeit, Erholung, Freizeit

- **Arbeit** morgendlicher und abendlicher Berufsverkehr, Mittagszeit, Arbeitsbereiche
- **Erholung** Straßencafés, Restaurants
- **Freizeit** Bars, Vergnügungsviertel, Freizeitparks

Kleinstadtleben

Kleine Städte sind weniger hektisch und überfüllt. Hier spielen Nachbarschaft und Gemeinschaftssinn eine größere Rolle als in der Großstadt.

Das Leben kleiner Städte folgt oft einer deutlichen Regelmäßigkeit, die etwas Verlässliches vermittelt und sich auch in einem langsameren Lebensrhythmus widerspiegelt. Ältere Kleinstädte bemühen sich zudem häufig um die Erhaltung ihres historischen Ortskerns.

In kleinen Städten ist das Leben meist weniger anonym. Ein Fotograf kann sich also schlecht in der Menge verstecken. Andererseits kommt man hier schneller mit Menschen ins Gespräch. Zwar gibt es weniger Orte, an denen die Menschen zusammenkommen, dafür sind sie aber meist schneller und einfacher zu erreichen. Oft liegt alles – Arbeit, Einkaufsviertel und Vergnügen – in nur einem Bereich.

Viele kleine Städte sind dort entstanden, wo sich früher Handelswege kreuzten. Anfangs waren sie nicht mehr als Marktflecken, die das umliegende Land mit Waren versorgten. Dies waren die Handelszentren der Landbevölkerung. In vielen finden heute noch regelmäßig Märkte statt, deren Termine man erfragen sollte. Darüber hinaus ist der Charakter vieler dieser kleinen Städte nicht nur durch ihre Geschichte, sondern meist auch durch die Dominanz eines bestimmten Wirtschaftszweigs bestimmt – so gibt es Bergbaustädte, Seebäder, kleine Fischereihäfen, Kurorte, Skiorte usw. Anhand dieser Eigenschaften lässt sich das Leben in Kleinstädten charakterisieren.

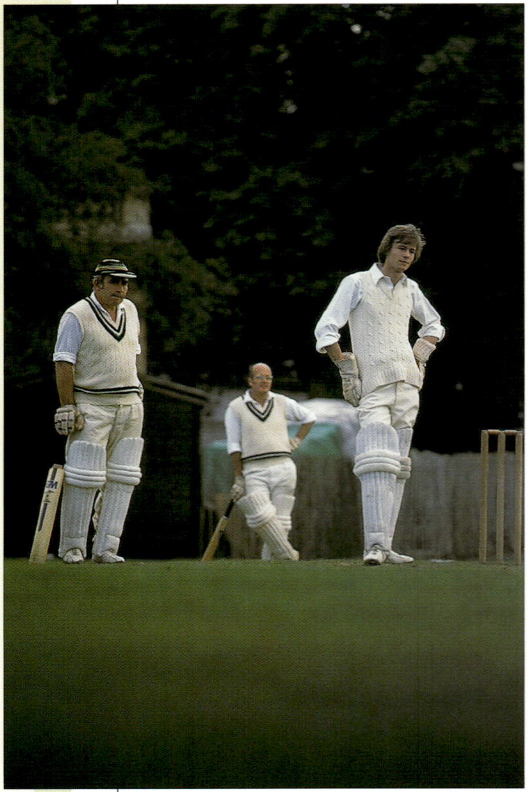

Dorfanger Cricket ist ein pittoresker Teil des dörflichen Lebens in England. Mit einem Teleobjektiv konnten drei Spieler in einem Bild vereinigt werden.

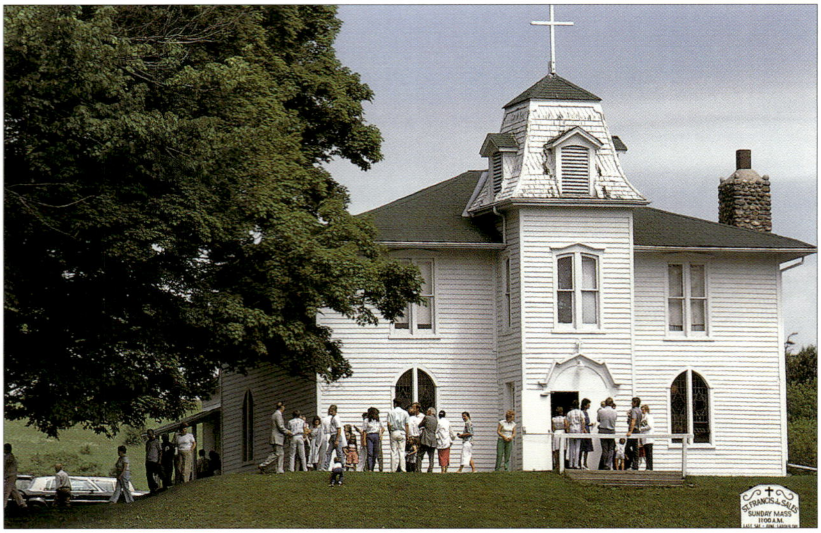

Sonntagmorgen Sonntags nach der Messe in einer Kleinstadt in Ontario – ein typischer Zeitpunkt, an dem sich Menschen in Kleinstädten versammeln.

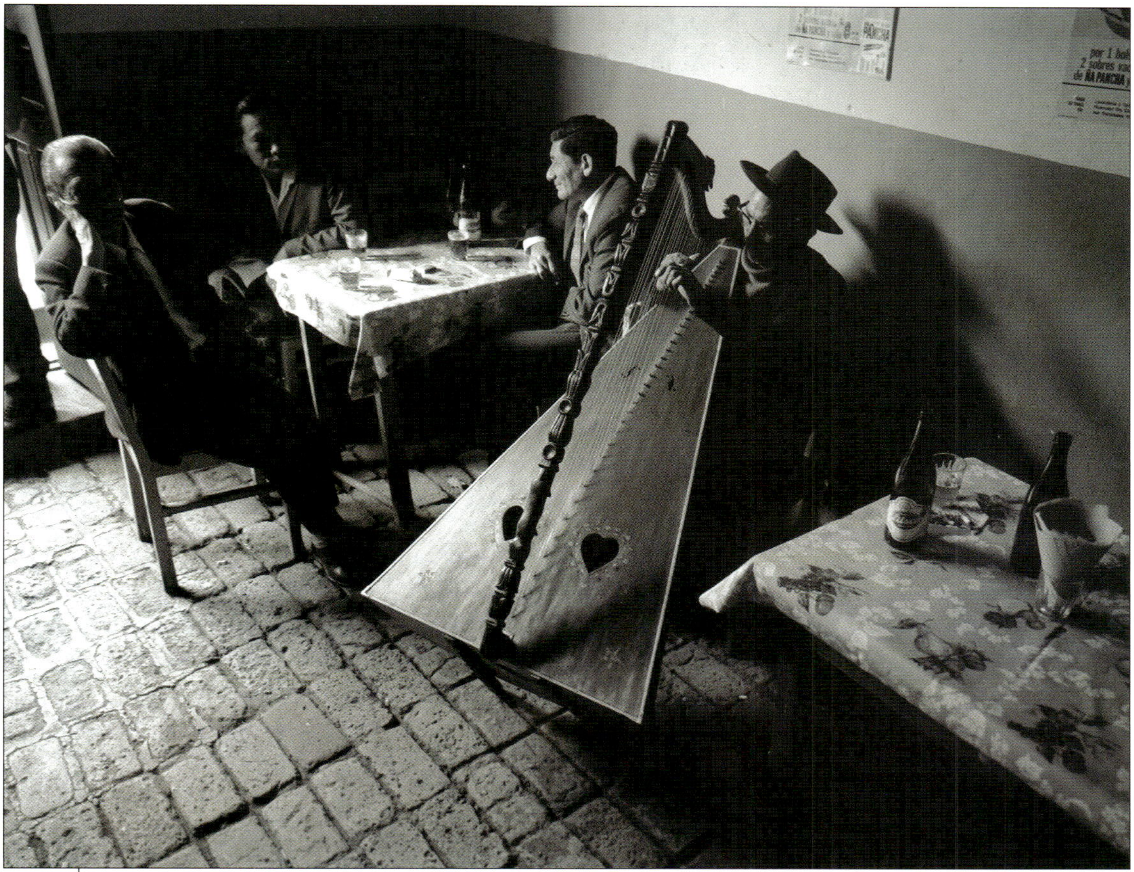

Peruanisches Café

In einem Bergdorf in den Anden spielt ein alter Stammgast des Cafés auf einer großen Harfe – zu seinem eigenen Vergnügen und gleichzeitig zur Unterhaltung der Gäste.

Der Gastwirt

Der Besitzer eines Lokals in Belgien, der 't Brugs Beetje, schüttet ein Glas Bier ein – eines von über 400 Bieren, die er auf Lager hat.

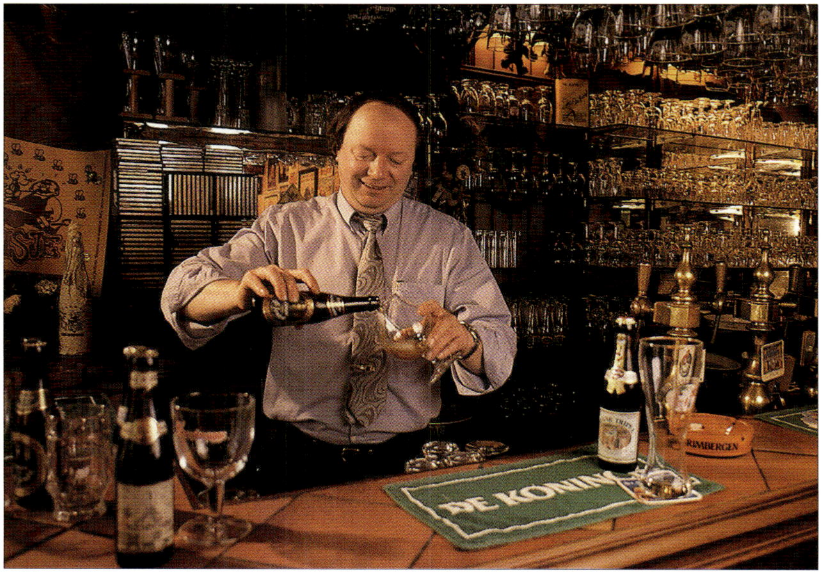

Ein Modell begleiten

Statt einen Menschen in vorbestimmter Situation zu fotografieren, kann man ihn bei verschiedenen Tätigkeiten begleiten. Eine zusammenhängende Fotoserie sagt mehr als ein Einzelporträt.

Der Porträtfotograf ist meist auf der Suche nach „dem besten Foto". Fast alle bisherigen Kapitel haben sich daher mit den Techniken und Strategien beschäftigt, mit denen man dieses eine Foto erhält. Man könnte aber auch eine Collage von Bildern zusammenstellen, die einen Menschen bei verschiedenen Aktivitäten und unterschiedlichen Situationen zeigt. Bei dieser Art der Fotografie geht es weniger um vorbereitete Posen sondern um das natürliche Verhalten, das der Fotograf beobachtet und festhält. Denn die Fotos wirken umso überzeugender, wenn das Modell mit seiner Umwelt in Beziehung tritt und der Fotograf eine Geschichte erzählen kann.

Es geht also um Reportagefotografie, die sich gleichermaßen mit dem Handeln eines Menschen wie mit seiner Erscheinung auseinandersetzt. Mit diesem Gebiet der Fotografie werden wir uns am Ende dieses Buches im Kapitel über Bildessays *(siehe Seite 224–225)* noch genauer befassen. Hier soll aber der Effekt genauer betrachtet werden, der erzielt werden kann, wenn man mehrere Fotos nebeneinander präsentiert.

Die wichtigsten Eigenschaften solcher Bildgruppen sind Abwechslung und Kohärenz. Diese beiden Eigenschaften scheinen sich zunächst zu wider-

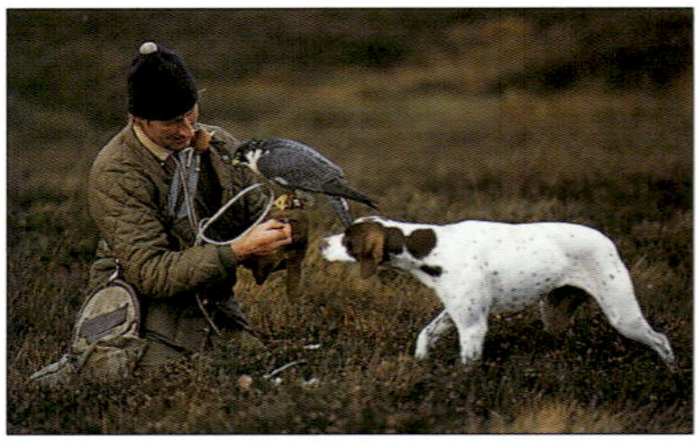

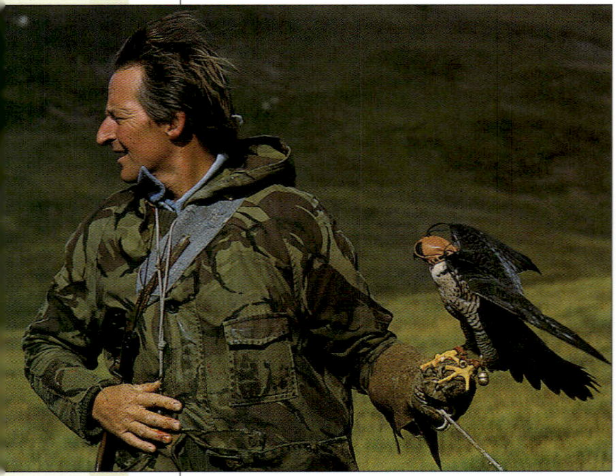

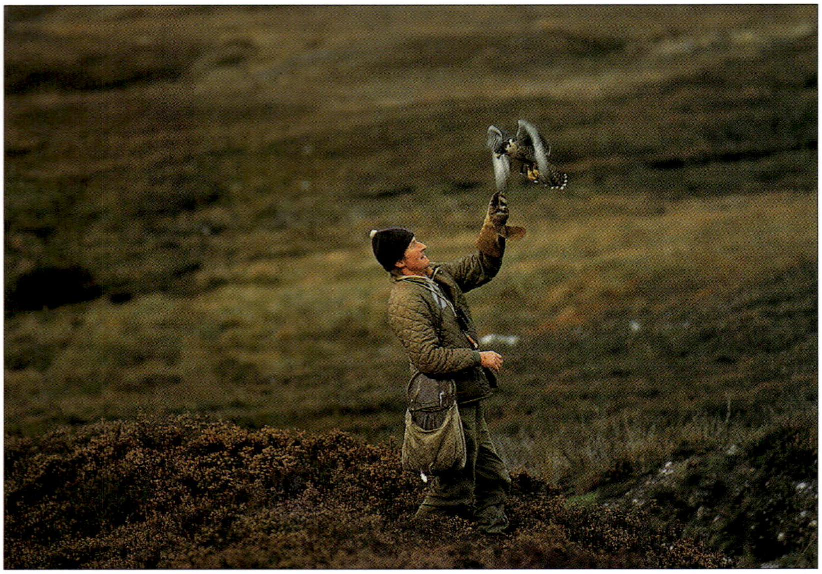

Vorbereitung
Bis zum Flug trägt der Wanderfalke eine Haube. Der Falkner kontrolliert die Riemen, die an den Beinen des Vogels befestigt sind, während sein Hund seinen Falknerhandschuh beschnüffelt, auf dem noch Blut des letzten Beutetiers ist. Die Aufgabe des Hundes ist es, ein Moorhuhn aufzuspüren und es zu stellen. Sobald der Falke in der Luft ist, scheucht er das Huhn auf.

sprechen. Dies bedeutet aber schlicht, dass die Bilder optisch unterschiedlich sein und gleichzeitig eine zusammenhängende Geschichte erzählen sollen. Gute Themen hierfür sind ein Tag im Leben eines Menschen, ein Projekt oder ein Hobby. So zusammenhängend konzipiert, sagt eine Bildserie mehr über einen Menschen aus als ein Einzelporträt.

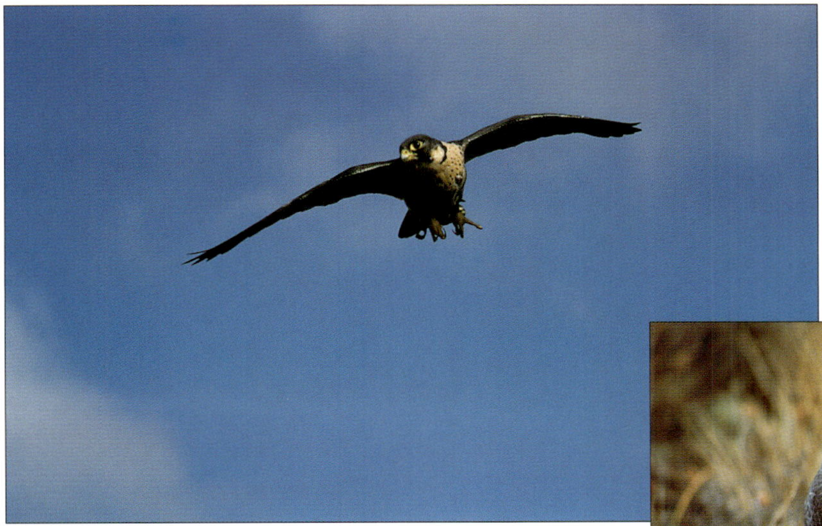

Ausschau nach Beute
Der Falke ist in der Luft und bereit zuzuschlagen. Er kreist und sucht dabei den Boden nach den Bewegungen eines Moorhuhns ab, während der Hund versucht, ein Moorhuhn aus dem Heidekraut aufzuscheuchen.

Der Fang
Sobald das Beutetier seine Deckung verlässt, stößt der Falke hinab und schlägt es in der Luft. Wenn der Falkner seinen Vogel erreicht, hat er mit der Mahlzeit begonnen.

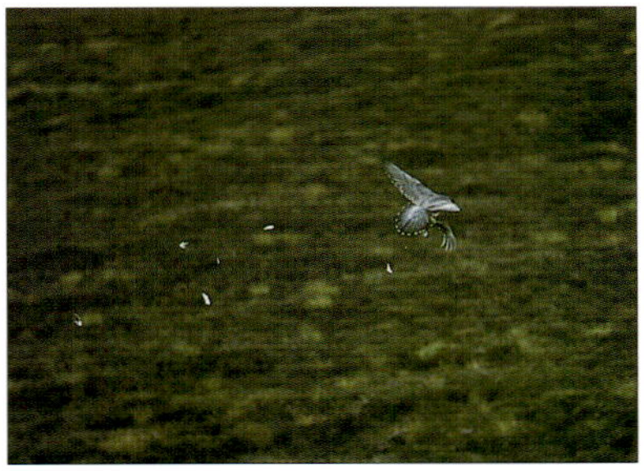

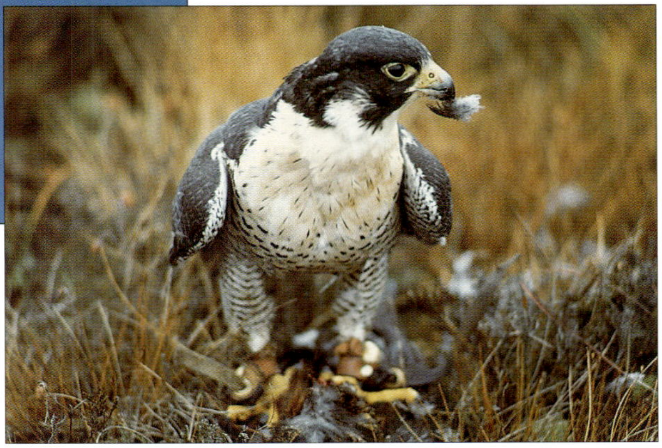

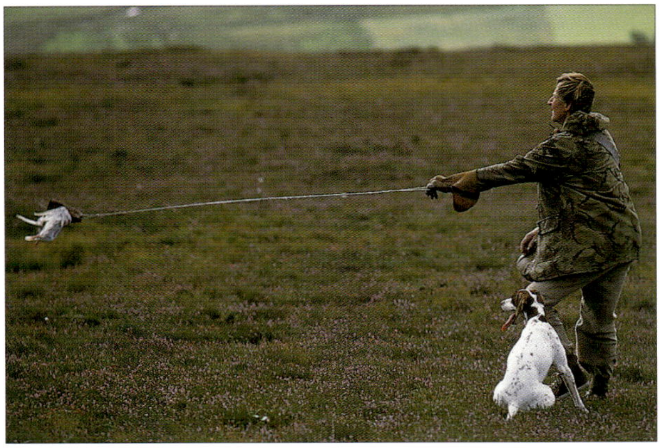

Die Rückkehr
Manchmal muss der Falkner seinen Falken mit Fleisch zurücklocken. Er bindet es an ein Seil, das er durch die Luft schwingt. Während der Jagd muss der Falke hungrig bleiben, sonst passiert es, dass er davonfliegt und einen oder zwei Tage auf einer Felsspitze bleibt. Nachdem der Vogel zurückgelockt wurde, gehen Mensch und Vogel langsam nach Hause.

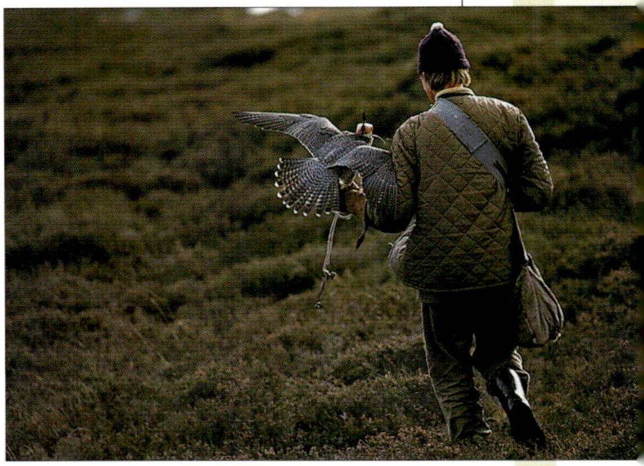

Feste und Feiern

Feste und Feiern bieten dem Fotografen viele Gelegenheiten für Porträts, ob als „offizieller" Fotograf geladen oder einfach nur als Gast mit Kamera beteiligt.

Will man mehrere gute Fotos schießen, sollte man sich über Zielsetzung und Motive im Vorwege Gedanken machen. Dennoch entwickelt jedes Fest seine eigene Dynamik. Daher muss man als Fotograf flexibel sein und sich auch auf Unvorhergesehenes schnell einstellen können. Besuchen Sie den Veranstaltungsort nach Möglichkeit einmal im Voraus, um die Lichtverhältnisse auszukundschaften. Ist die Beleuchtung eines Raumes beispielsweise relativ gleichmäßig und hell, können Sie mit der ISO-Einstellung die Empfindlichkeit der Kamera einfach erhöhen und ohne Blitz fotografieren. Alternativ verwenden Sie einen Aufhell- oder Hintergrundblitz.

Grundsätzlich gibt es bei Festen und Feiern zwei Herangehensweisen. Man kann sich als unauffälliger Beobachter im Hintergrund halten - oder offen auf die Menschen zugehen und sie zur Mitarbeit auffordern. Für welche Herangehensweise Sie sich entscheiden, hängt auch von der Art der Feierlichkeit ab. Viele formellere Anlässe haben eine Art Protokoll. Kindergeburtstage sind hingegen von Natur aus sehr zwanglos. Bei solchen Veranstaltungen kann man eine gute Mischung aus unauffällig beobachteten und posierten Porträts erzielen. Vergessen Sie aber nie, vorher die Zustimmung des Gastgebers zu erbitten.

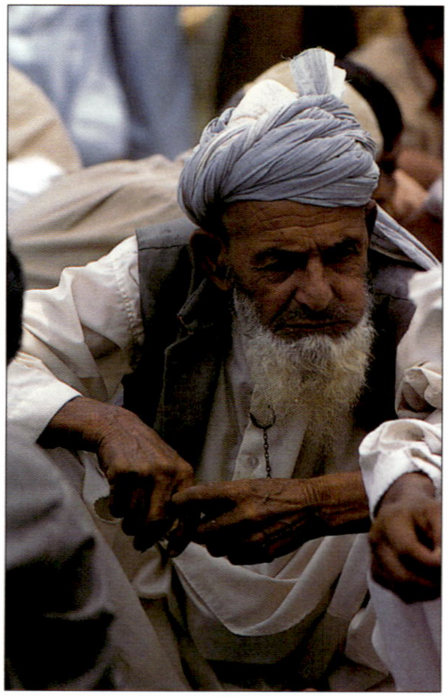

Fest der Paschtunen
Die Schlachtung eines Wasserbüffels ist in einem Paschtunen-Dorf im Nordwesten Pakistans Anlass für ein Fest. Freunde und Verwandte werden eingeladen und man tauscht Neuigkeiten aus – für den Fotografen eine ideale Gelegenheit für Porträts.

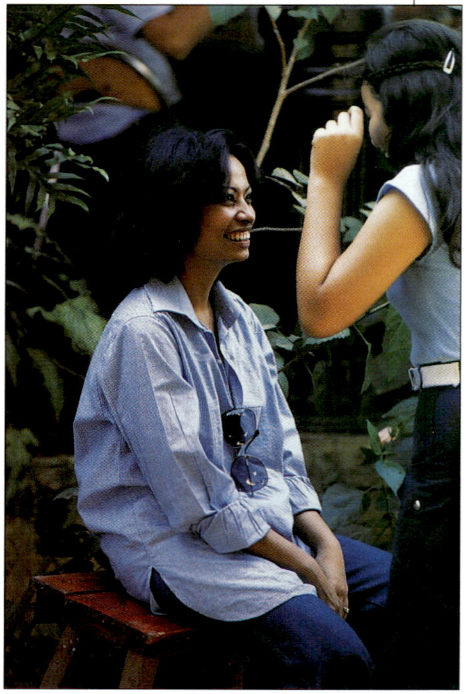

Entspannter Augenblick
Bei Parties entspannen sich die Menschen, unterhalten sich, machen Witze und schenken einem Menschen mit einer Kamera normalerweise keine Aufmerksamkeit. Hält man zudem eine gewisse Distanz, findet man mit einem mittleren Teleobjektiv viele lohnende Motive.

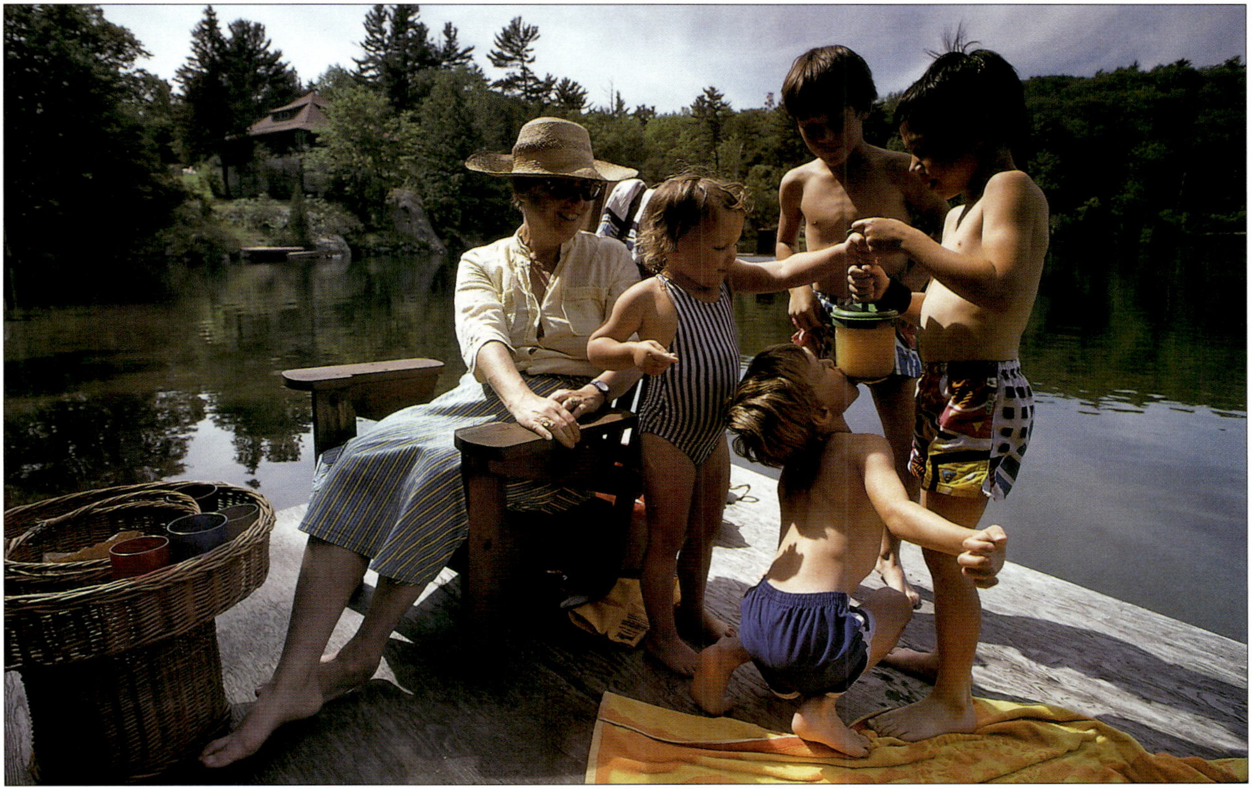

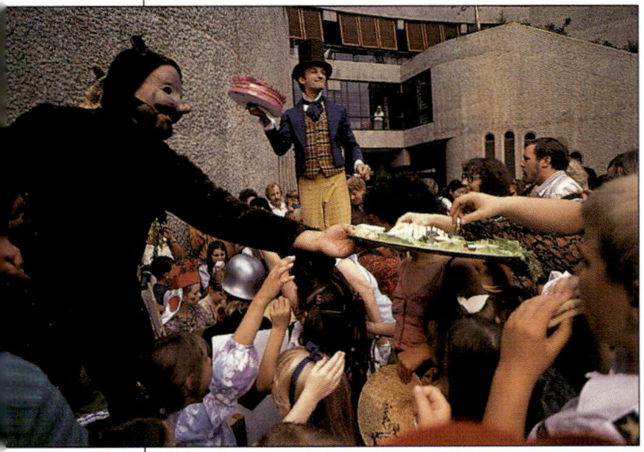

Ferienhaus

Ferienidyll an einem See in der Nähe von Ottawa. Die Kinder schlecken ein selbst gemachtes Wassereis, die Großmutter sieht ihnen zu.

Die Teegesellschaft des Hutmachers

Dieses Kinderfest mit einem Thema aus *Alice im Wunderland* wurde von einer Gemeinde organisiert und die Organisatoren waren als Figuren aus der Geschichte verkleidet. Mit einem Weitwinkelobjektiv fotografiert, fühlt sich der Betrachter mitten ins Geschehen versetzt, was auch als „subjektive Kamera" bezeichnet wird.

Sieben Tipps für Party-Fotografen

- ☐ Bei größeren Gesellschaften kann es für unbemerkte Fotos sinnvoll sein, sich einen erhöhten Standort zu suchen und mit einem Teleobjektiv einzelne Menschen anzuvisieren.
- ☐ Wenn Sie Scheinwerfer oder Blitzlichter aufstellen, sorgen Sie dafür, dass niemand über ihre Kabel fallen kann. Verlegen Sie sie am besten unter Teppichen oder kleben Sie sie fest, damit auch verschüttete Getränke ihnen nichts anhaben können.
- ☐ Falls Sie auf einer Party umhergehen und fotografieren, halten Sie Ihre Ausrüstung so klein wie möglich. Wenn man dauernd Gäste mit seiner Ausrüstung anrempelt, fühlen sie sich schnell belästigt.
- ☐ Bei Gesellschaften, bei denen gegessen und getrunken wird, sollte man nicht fotografieren, während jemand gerade den Mund voll oder ein Glas am Mund hat.
- ☐ Wenn es einen Ehrengast gibt, sollten Sie ihn so häufig wie möglich und auf jeden Fall auch gemeinsam mit dem Gastgeber fotografieren.
- ☐ Wenn Sie die Anwesenden nicht genau kennen, bitten Sie den Gastgeber oder die Organisatoren, Sie auf die wichtigen Gäste hinzuweisen.
- ☐ Wenn Sie als Gast anwesend sind und nicht als offizieller Fotograf, vergessen Sie nicht, sich auch zu amüsieren.

Hochzeiten und Jubiläen

Es ist ein riesiger Unterschied, ob man Hochzeitsfotograf oder Fotograf auf einer Hochzeit ist. Hochzeitsfotografie ist eine professionelle Spezialrichtung. Nimmt man aber einfach die Kamera zur Hochzeit eines Freundes mit, hat man eine ganz andere Aufgabe.

Viele Menschen, die zu einer Hochzeit eine Kamera mitgebracht haben, stehen irgendwann neben dem offiziellen Fotografen und fotografieren mit, wenn er ein Bild arrangiert hat. Natürlich ist dies eine verlockende Situation, stellt aber keinerlei kreative Herausforderung dar. Ein professioneller Hochzeitsfotograf hat ein bestimmtes Konzept und gibt entsprechende Anweisungen. Als Gast mit Kamera haben Sie aber die Gelegenheit, viel freiere und teilweise auch viel intimere Fotos aufzunehmen. Und solche Fotos rufen bei den Betrachtern genau so viele schöne Erinnerungen an diesen besonderen Tag hervor wie die eher formellen Bilder des Profis. Ein Fotograf, der nicht darauf achten muss, jeden zu einem posierten Foto aufzufordern, kann frei umherwandern und dabei jene unbeobachteten Momente festhalten, in denen die Menschen sich entspannen.

Andere Länder – andere Sitten. Oftmals gehen der Hochzeit viele verschiedene „Rituale" voraus und so bieten sich auch schon vor dem großen Tag gute Gelegenheiten für „Hochzeitsfotos". So gibt es in vielen Kulturen eine Art von Abschiedsfest für die Braut, bei der sie von Freundinnen und weiblichen Verwandten Geschenke erhält, ehe die Damen gemeinsam einen schönen Abend ohne Männer verbringen. In anderen Kulturen wieder gibt es Feiern für den

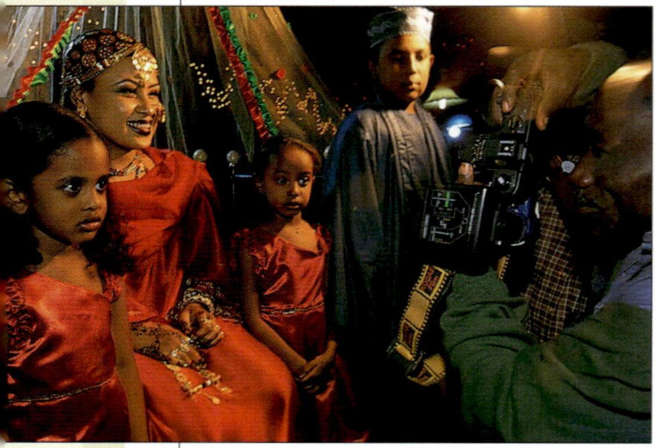

Hochzeitsfoto
Bei einer muslimischen Hochzeitsfeier wurde der offizielle Fotograf gleichzeitig zum Motiv, als er am Vorabend ein Foto der Braut aufnahm. Das Raumlicht und ein Aufhellblitz lieferten nach Weißabgleich die nötige Beleuchtung.

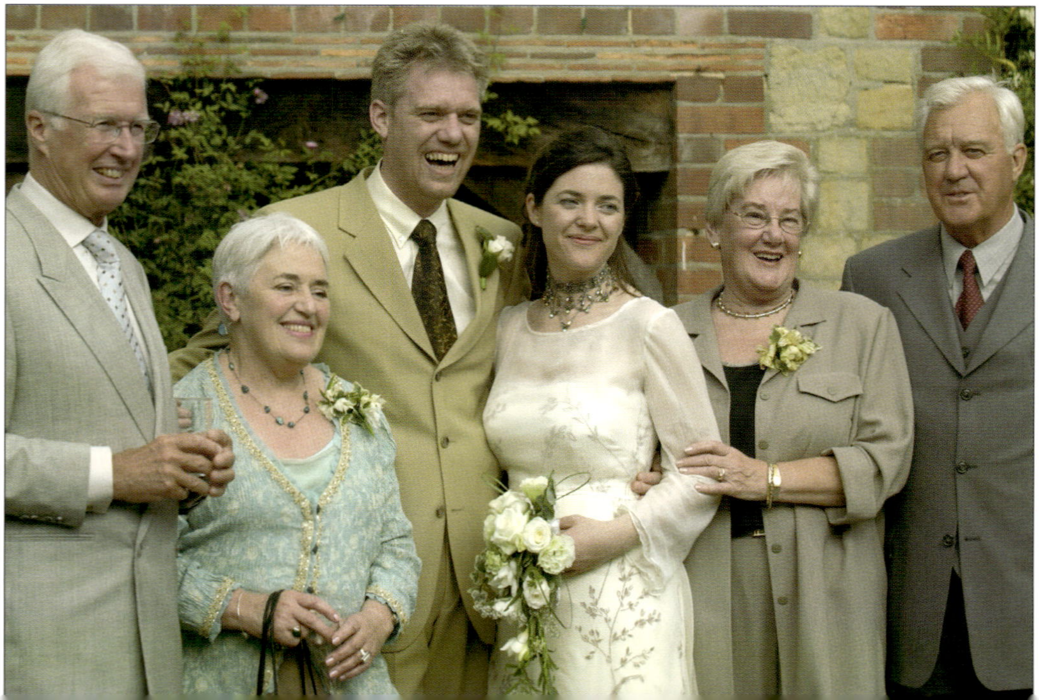

Gruppenfoto
Während der offizielle Fotograf sein Gruppenfoto arrangiert, kann man einen Moment der Vorbereitung fotografieren.

Bräutigam, um den Abschied vom Junggesellenleben gebührend zu genießen. Solche Anlässe geben oft schöne Motive her und halten Erinnerungen wach.

Aber auch am Hochzeitstag bieten sich neben der offiziellen Feier während der letzten Vorbereitungen oder der Wartezeit sehr interessante Motive. Solche Aufnahmen sollten Sie jedoch nicht ohne Einverständnis der Beteiligten machen. Sie könnten beispielsweise eine Fotoserie über den ganzen Tag strecken, die den Ablauf wie eine Geschichte erzählt.

Jubiläen

Die meisten Menschen hoffen auf nur eine Hochzeit, aber viele Hochzeitstage. Der Jahrestag einer Hochzeit ist immer ein fröhlicher Anlass und ein Fest für jeden Fotografen. Die Art und Weise, wie dieser Tag begangen und gefeiert wird, ist allerdings überall unterschiedlich. Für solche Jubiläen wird seltener ein offizieller Fotograf engagiert als für Hochzeiten. Stattdessen wird meist ein Freund oder Verwandter gebeten, den Tag im Bild festzuhalten. Weil solche Jubiläumsfeiern oft zwangloser ablaufen, wird man ihrer Atmosphäre mit spontanen Momentaufnahmen besser gerecht als mit arrangierten Fotos.

Einen guten Ausgangspunkt kann man finden, wenn man sich die Hochzeitsfotos noch einmal ansieht und die schönsten sozusagen als Referenz nimmt. Es kann sehr interessant sein, Gruppenfotos nach fünf, zehn oder zwanzig Jahren zum Vergleich noch einmal nachzustellen, wenn ein Großteil der Gäste auch beim Jubiläum anwesend ist. Eine schöne Geste ist auch, vor der Feier ein Porträt des Ehepaars zu fotografieren, das das Paar dann ihren Gästen als Andenken schenken kann.

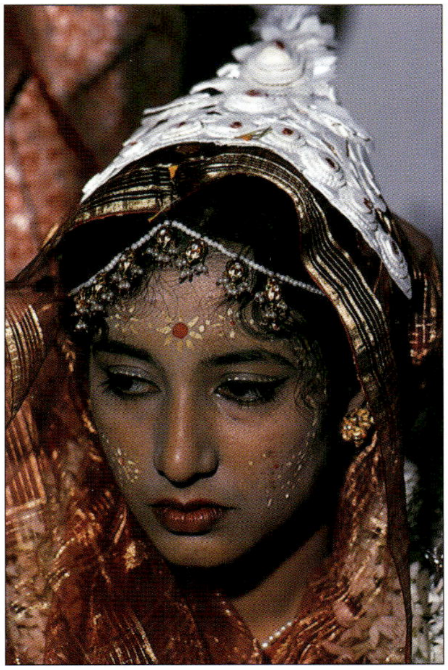

Braut in Kalkutta
Die Kleidung ist bei Hochzeiten immer wichtig. Diese Hindu-Braut trug einen sehr schmuckvollen, bunten Sari und war traditionell geschminkt. Die kräftigen Farben erlaubten den Einsatz eines Blitzes, der für Porträtfotos eher selten verwendet wird.

Foto-Vorführung

Vergessen Sie nicht, den Ehrengästen schon im Verlauf des Tages einige Bilder auf dem Monitor der Kamera zu zeigen. Da sich die meisten Digitalkameras an einen Fernseher anschließen lassen, könnte man sogar an einem entspannten Punkt des Tages eine kleine Foto-Vorführung einplanen und die Gäste direkt an den Bildern teilhaben lassen.

Gelungene Hochzeitsfotos

Bei einer Hochzeit werden hunderte von Bildern fotografiert. Viele zeigen aber nur leichte Variationen ein und desselben Motivs. Gehen Sie einen anderen Weg:

- ☐ **Detail im Hintergrund** Wer sich nur auf das Hochzeitspaar und den formellen Teil konzentriert, übersieht familiäre Momente, die sich im Hintergrund abspielen. Halten Sie danach Ausschau.
- ☐ **Warten** Bei jeder Hochzeit vergeht viel Zeit mit Warten. Nutzen Sie diese Zeit, um jene Menschen in unbeobachteten Momenten zu fotografieren, die sich im Hintergrund halten.
- ☐ **Planung** Machen Sie sich im Voraus Gedanken, welche Bilder Sie fotografieren möchten und wann. Bleiben Sie dabei aber flexibel.
- ☐ **Menschen** Es ist gut die Hauptpersonen zu kennen. Sie können sie im Verlauf des Tages porträtieren und ihre Stimmungen einfangen.

Auf Hochzeiten sollte man diskret auftreten. Nutzen Sie Ihre Gelegenheiten, respektieren Sie die Privatsphäre und seien Sie nicht aufdringlich.

Übergangsrituale

Rund um die Welt gibt es bestimmte Tage oder Schritte im Leben eines Menschen, die gefeiert oder betrauert werden. Solche Feierlichkeiten bieten fast immer Gelegenheiten für Fotos, die die Beteiligten als Erinnerungen an diesen Tag schätzen.

Hochzeiten sind sicherlich die beliebtesten Familienfestlichkeiten, wenn es um Erinnerungsfotos geht. Daneben gibt es jedoch viele andere Feiern, die interessante Motive liefern. Daher sind die Menschen bei den meisten Feiern auch für Erinnerungsfotos sehr dankbar. Geburten, das Erwachsenwerden und Beerdigungen sind mit Ritualen verbunden. Solche Rituale sind es wert, festgehalten zu werden. Die Fotografie ist dafür ein ausgezeichnetes Medium.

Viele Zeremonien haben auch einen sozialen Wert. In Gemeinschaften, die noch stark von Traditionen geprägt sind, sind Anzahl und Aufwand der Zeremonien oft besonders groß. Man kann es auf eine einfache Formel bringen: Je ländlicher und weniger industrialisiert eine Kultur ist, desto zahlreicher sind ihre Riten. Daher sollte man auf Reisen immer nach besonderen Feierlichkeiten Ausschau halten. Sie bieten die Gelegenheit, auf kleinem Raum und in kurzer Zeit eine Vielzahl von Aktivitäten und Gesichtsausdrücken zu fotografieren. Wenn Sie sich nach solchen Gelegenheiten umhören, werden Sie erstaunt feststellen, dass Sie auch als Fremder oft willkommen ist.

Natürlich sollte man zuerst höflich um die Erlaubnis zum Fotografieren bitten. Besonders religiöse Feiern finden oft nicht im eigenen Heim statt, und es kann Vorschriften geben, die es zu beachten gilt. Falls ein Mönch oder Priester eine Zeremonie durchführt, sollte auch er um Erlaubnis gebeten werden. Schon aus Gründen von Respekt und Höflichkeit gebietet dies sich – ein Blitzlicht kann eventuell stören. Nach Möglichkeit sollte man lieber die Einstellmöglichkeiten seiner Digitalkamera nutzen und auf den Blitz verzichten. Eine hohe ISO-Einstellung ermöglicht es, auch bei relativ schlechten Lichtverhältnissen in Räumen gute Fotos zu machen.

Wie bei allen geplanten Feierlichkeiten sollten Sie so früh wie möglich vor Ort sein. So haben Sie Zeit, sich über den Ablauf zu informieren. Dies gilt umso mehr für Zeremonien fremder Kulturen, mit deren Sitten und Gebräuchen Sie nicht vertraut sind. Wenn ein lokaler Fotograf anwesend ist, kann er Ihnen sicherlich über viele Aspekte genaueste Auskunft geben.

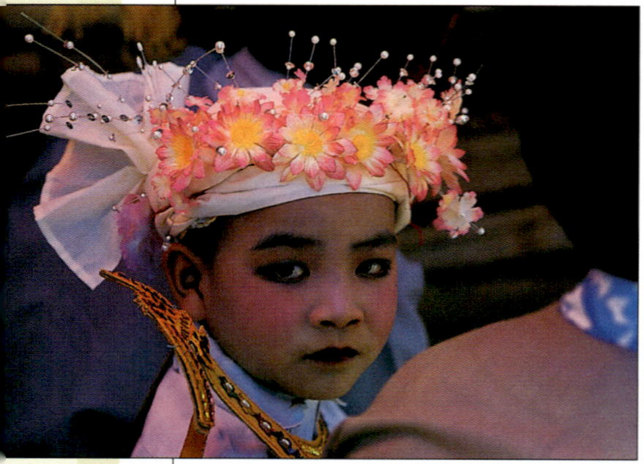

Shan-Ordination
Die wichtigste Zeremonie im Leben eines männlichen Shan, die im Nordosten Burmas und im Nordwesten Thailands leben, ist *Shin Pyu*, die Aufnahme in einen buddhistischen Orden. Im Gedenken daran, dass Buddha zunächst ein Prinz war, bevor er sich von weltlichen Dingen lossagte, werden die Jungen vor der Zeremonie in prächtige Gewänder gekleidet und geschminkt.

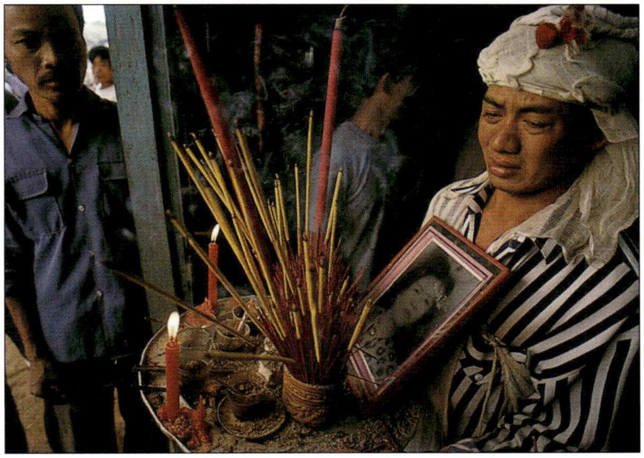

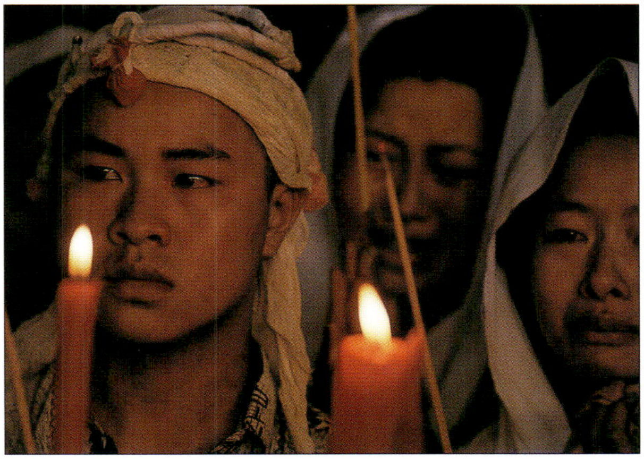

Vietnamesisches Begräbnis

Begräbnisse sind für den Fotografen schwierige Situationen, da nicht gefeiert, sondern getrauert wird. Bei solchen Anlässen ist es höflicher, durch einen Freund oder Verwandten eine Fotoerlaubnis einzuholen, als selbst vorzusprechen.

Trauer und Respekt

Es ist eine schwierige Gradwanderung, die Emotionen festzuhalten, ohne die Gefühle der Trauernden zu verletzen oder sie in ihrer Trauer zu stören. Andererseits freuen sich viele Menschen über den Respekt, den man ihren Toten mit guten Bildern erweist.

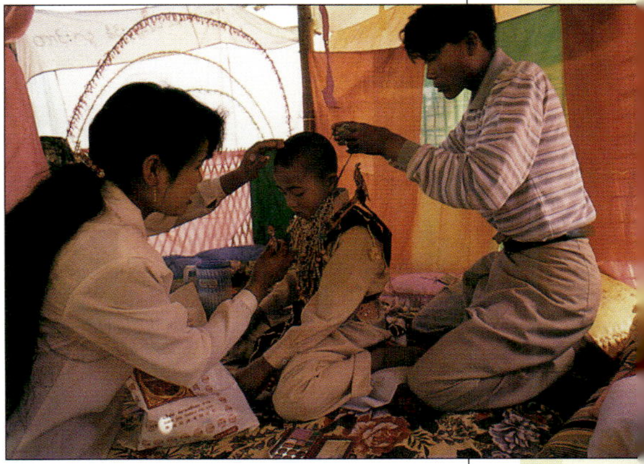

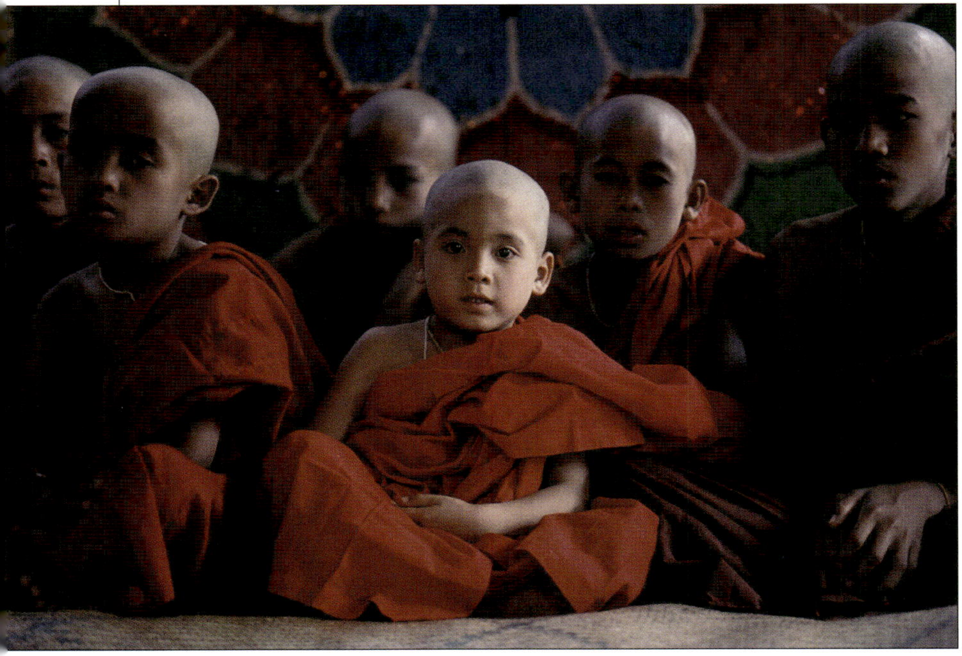

Mönche

Im Verlauf der *Shin Pyu* Zeremonie (gegenüber) werden die Köpfe der Jungen geschoren. Danach tauschen sie ihre prachtvollen Gewänder gegen die roten Roben der Mönche.

Vorbereitung

Die meisten Jungen verbringen nur wenige Wochen während der Regenzeit – die Wochen der buddhistischen Fastenzeit – im Kloster und kehren danach zu ihren Familien zurück.

Paraden

Paraden, Umzüge und andere öffentliche Veranstaltungen bieten abwechslungsreiche, farbenfrohe Fotomotive. Hier zählt der richtige Kamerastandpunkt und ein Gespür für den entscheidenden Augenblick. Gründliche Planung kann dabei helfen.

Bei organisierten Großveranstaltungen wird es für den Fotografen nie einen Mangel an Motiven geben. Eines der größten Probleme ist hier, wie man sich in den Menschenmassen fortbewegen kann. Viele solcher Veranstaltungen verlaufen nach einem starren Schema. Das macht es möglich, schon im Vorhinein einen guten Kamerastandort auszukundschaften. Rechnen Sie aber damit, dass es bestimmte Einschränkungen gibt.

Wenn Sie genügend Zeit haben, besorgen Sie sich auch frühzeitig einen Zeitplan oder die Route der Veranstaltung. Anhand eines solchen Plans kann man sehr einfach gute Aussichtspunkte finden. Bei beliebten Großveranstaltungen sind die besten Standpunkte meist schon für die Medien reserviert. Trotzdem findet man fast immer noch einen Ort, an dem man einen relativ freien Blick hat. Man sollte sich auch nicht scheuen zu fragen, ob man vielleicht den Pressebereich betreten darf. Auch wenn man keinen Presseausweis hat oder professioneller Fotograf ist, wird man manchmal eingelassen.

Balkone und Hausdächer sind durch ihre erhöhte Lage immer ein guter Standort. Zudem bieten sie meist genug Platz und Ruhe, verschiedene Perspektiven mit unterschiedlichen Objektiven auszuprobieren. Auch ein nur leicht erhöhter Standort kann sehr hilfreich sein, besonders wenn sich große Menschenmengen versammeln. Von dieser erhöhten Position aus kann man leichter über die Köpfe hinweg fotografieren.

Wer sich für einen festen Standort entscheidet, sollte eine möglichst umfangreiche Ausrüstung dabei haben. Für Aufnahmen mit langen Objektiven kann ein Stativ hilfreich sein. Wer sich andererseits in der Menge bewegen möchte, sollte seine Ausrüstung so klein wie möglich halten. Nehmen Sie viele Speicherkarten mit, eventuell sogar zwei Kameras, denn solche Feste verleiten dazu, sehr viel zu fotografieren. So geht Ihnen kein Bild verloren, nur weil eine Speicherkarte voll ist.

Die meisten Feste drehen sich um eine oder zwei Hauptattraktionen, die zeitlich berechenbar sind. Diese Momente gilt es natürlich festzuhalten, doch sollte man dabei andere Gelegenheiten nicht aus dem Auge verlieren. Denn am Rand solcher Veranstaltungen gibt es viel Unvorhergesehenes zu sehen.

Tipp

Den besten Blick auf eine Parade hat man meist von vorne und mit einem Teleobjektiv. Gute Positionen sind Straßenbiegungen und Verkehrsinseln.

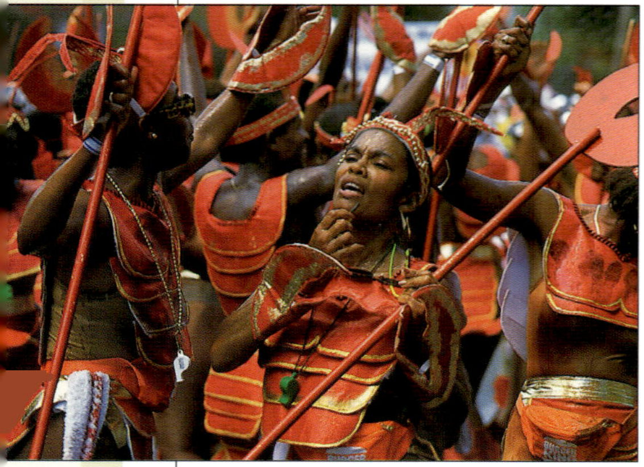

Karneval #1
Mit einem mittleren Teleobjektiv ist das gesamte Bild mit den strahlend roten Kostümen dieser Teilnehmer der Karnevalsfeier im jamaikanischen Kingston gefüllt. Tänzer und Musikgruppen gehen in einem Zug. Immer wieder tun sich Lücken auf, die man nutzen kann, um nah an die Teilnehmer heranzukommen.

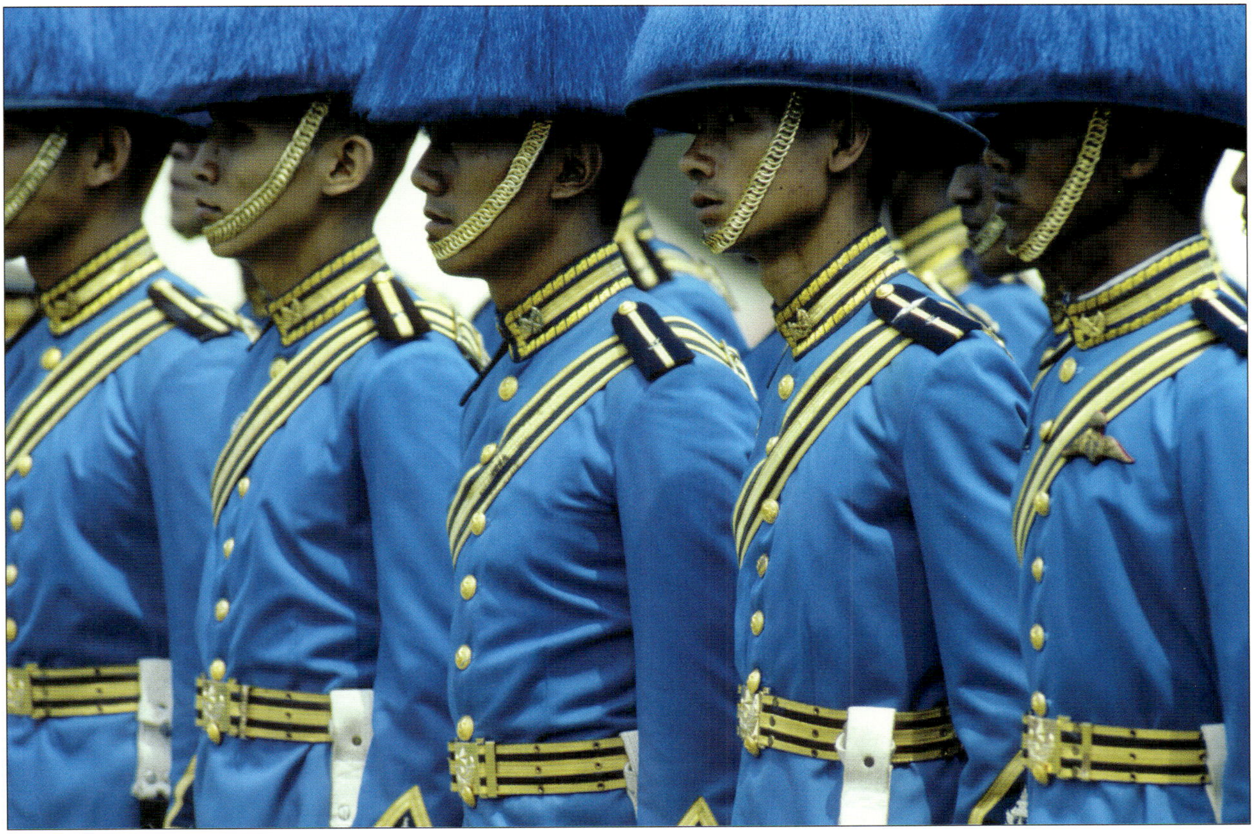

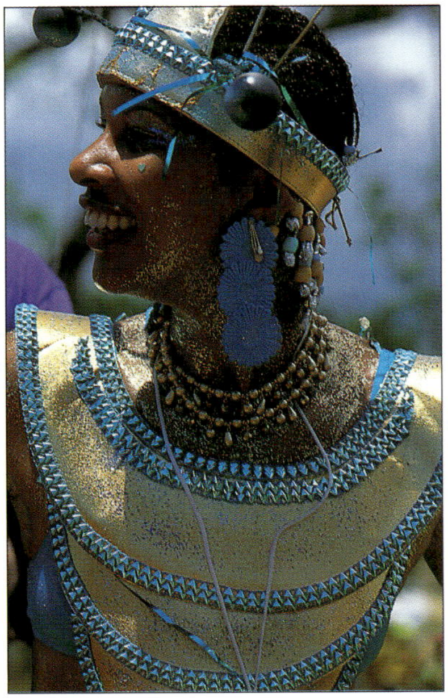

Karneval #2

Kurz vor Beginn macht sich diese bunt kostümierte Tänzerin für die Parade bereit. Nicht nur während einer Parade, sondern auch bei der Aufstellung oder den Vorbereitungen kann man interessante Porträts fotografieren. Hierbei kann ein mittleres oder großes Teleobjektiv hilfreich sein.

Militärordnung

Die exakten Reihen dieser thailändischen Soldaten wurden mit einem großen Teleobjektiv (400 mm KB) festgehalten. Sie geben dem Betrachter eine Richtung und einen Rhythmus vor, denn das Auge gleitet zwischen den Gesichtern und den grafischen Linien des Uniformschmucks hin und her.

Tipp

Einige spezialisierte Eventfotografen haben immer eine kleine, leichte Trittleiter dabei, um sich in jeder Situation einen freien Blick über die Menge zu verschaffen.

Hinter den Kulissen

Als Fotograf erhält man oft leichter Zugang zu Proben und Vorbereitungen und bekommt Dinge zu sehen, die dem Publikum verborgen bleiben. Diese Szenen sind oft interessanter als das eigentliche Ereignis.

Normalerweise liegt natürlich die Veranstaltung selbst im Zentrum des Interesses. Aber auch der gesamte Bereich hinter den Kulissen kann ein lohnendes Sujet sein. Die meisten Großveranstaltungen sind so perfekt durchgeplant, dass die Bilder, die bei dem Ereignis selbst entstehen, fast vorhersehbar sind, zumal alle Fotografen mehr oder weniger dasselbe fotografieren. Der Blick hinter die Kulissen kann Einblicke gewähren, die mehr Originalität vermitteln und Einsichten in die viele Arbeit geben, die die Beteiligten in das Ereignis investieren. Bei vielen Großereignissen geht das Publikum so sehr mit, dass Gesichtsausdruck, Mimik und Gestik der Zuschauer interessantere Motive ergeben können als das Ereignis selbst.

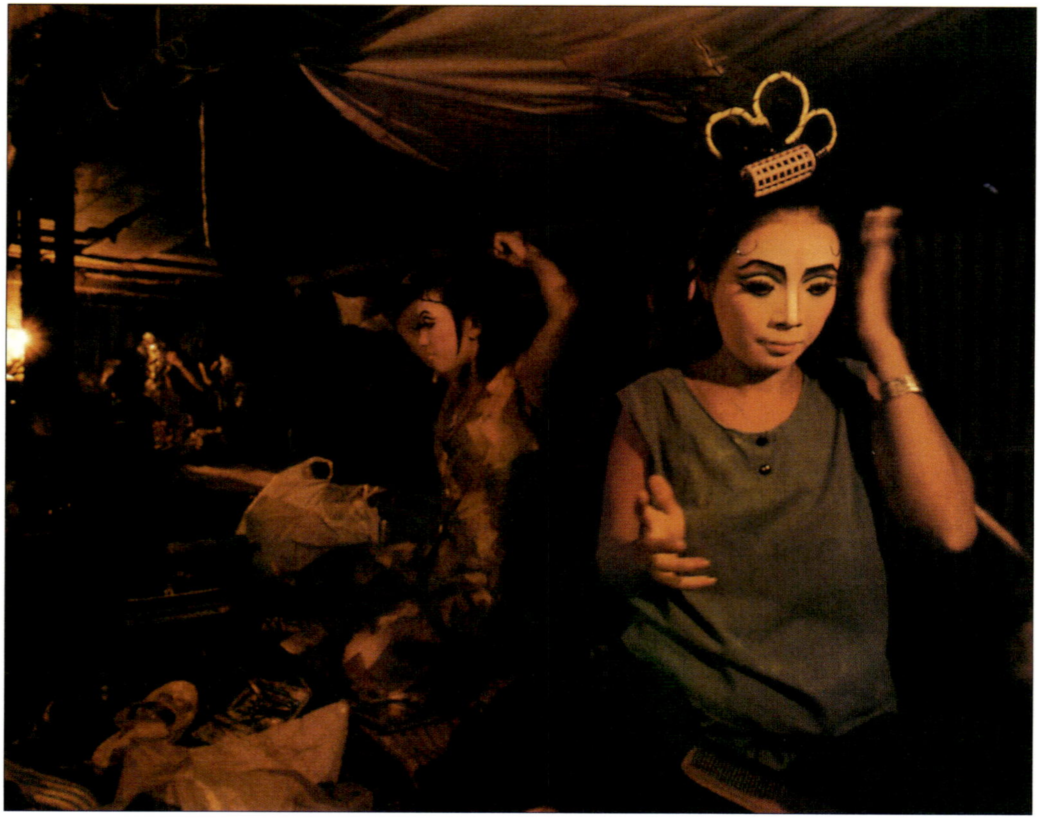

Vietnamesische Oper
Diese Wanderoper hatte ihre Bühne in einer Provinzstadt im Süden Vietnams aufgeschlagen. Die Bedingungen waren nicht gerade ideal, Maske und Kostümwechsel mussten in einem sehr beengten Raum direkt unter der Bühne stattfinden. Der Raum war mit ein paar Lampen und Kerzen nur spärlich beleuchtet, die Szene vermittelte aber deutlich die intensive, konzentrierte Atmosphäre.

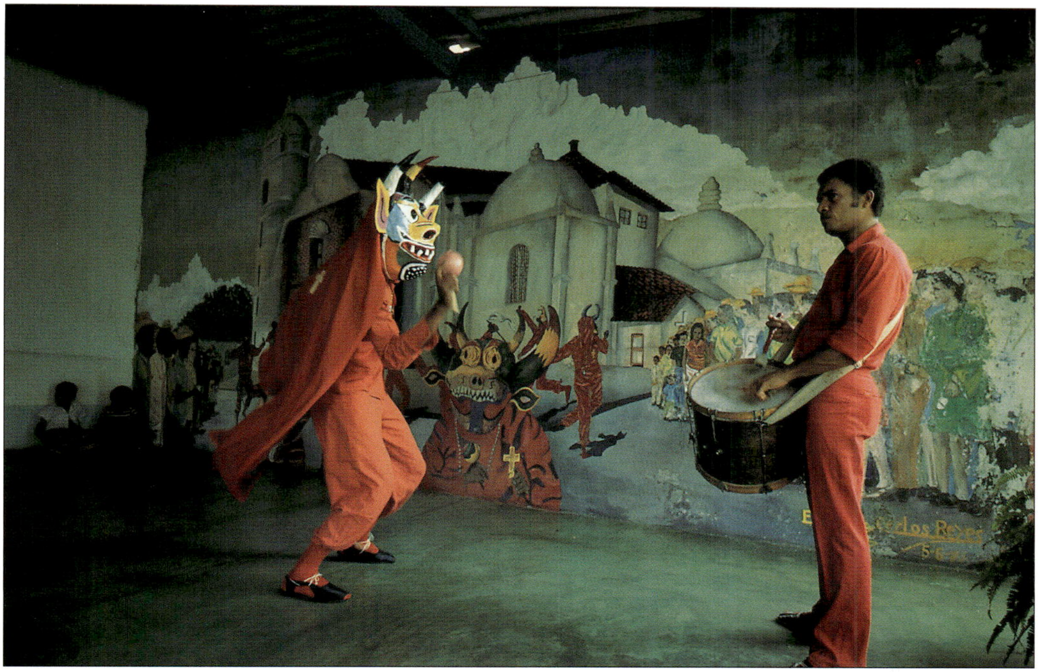

Fronleichnam

Diese Szene zeigt eine Probe für eine sehr ungewöhnliche Veranstaltung: die Fronleichnamsfeierlichkeiten in einem kleinen Ort in Venezuela. Bei der religiösen Feier stehen rot gekleidete Tänzer – so genannte Teufelstänzer – im Zentrum des Geschehens. Das Ereignis selbst lieferte mehrere interessante Bilder, doch diese Probe eines einzelnen Tänzers mit einem Trommler in einem Raum, dessen Wandbemalung ebenfalls das Ereignis zeigt, strahlte etwas Besonderes aus.

Kutschprobe

Am Tag vor der großen Parade des Lord Mayor präsentierte sich auf einer verregneten Straße in London ein interessantes Bild. Noch vor Beginn des Berufsverkehrs fuhr die Kutsche zur Probe die genaue Strecke der Parade ab. Als sie an einem Fußgängerüberweg hielt, waren die einzigen Zuschauer ein paar verdutzte Putzfrauen auf dem Weg nach Hause.

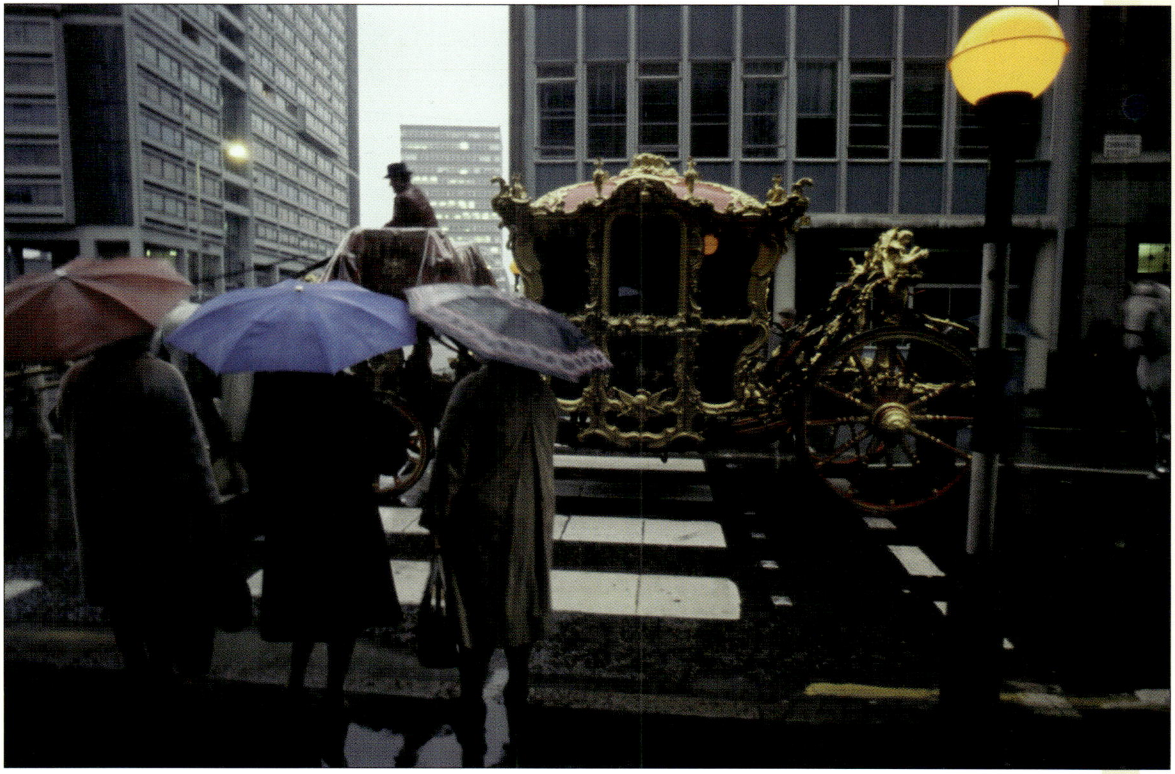

Sportveranstaltungen

Bei Sport denken wir an Sportler in Aktion, an Veranstaltungen wie Weltmeisterschaften oder Olympische Spiele. Manchmal sind es aber nicht Sportler, die das interessanteste Motiv liefern, sondern kleine Begebenheiten am Rand.

Leider darf man als nicht-professioneller Fotograf ohne Presseausweis zu den meisten Sportveranstaltungen heute keine Kamera mehr mitnehmen. Die meisten großen Sportclubs sind auf die Fotorechte ihrer Stars bedacht und geben nur bestimmtes Bildmaterial frei.

Daher ist es für den Hobbyfotografen schwer, eine Genehmigung zu erlangen. In den unteren Ligen und im Hobbysportbereich findet man hingegen endlos viele Gelegenheiten, sein fotografisches Können zu testen.

Die Welt des Sports bietet eine unendliche Vielfalt unterschiedlicher „Menschen-Motive". Jede Sportart hat ihre eigene Dynamik und konfrontiert den Fotografen mit speziellen Schwierigkeiten. Einige Prinzipien gelten jedoch für die gesamte Sportfotografie. So lohnt es sich auch schon bei der kleinsten Sportveranstaltung, die Atmosphäre einzufangen. Eltern, die ihre Kinder begeistert anfeuern, oder kleine Fußballer auf der Auswechselbank, die ihren Kameraden gebannt und aufgeregt zusehen, sind hervorragende Porträtmotive. Mit einem Teleobjektiv kann man sie ungestört und unbemerkt fotografieren. Schöne Motive sind auch Golfer, die sich bereits am frühen Morgen auf die erste Runde begeben, oder schlammverschmierte Mountainbiker kurz nach dem Rennen. Natürlich fällt das Fotografieren einer Sportart umso leichter, wenn man mit ihren Regeln und Gesetzmäßigkeiten vertraut ist. So kann man den Verlauf einer Veranstaltung besser einschätzen.

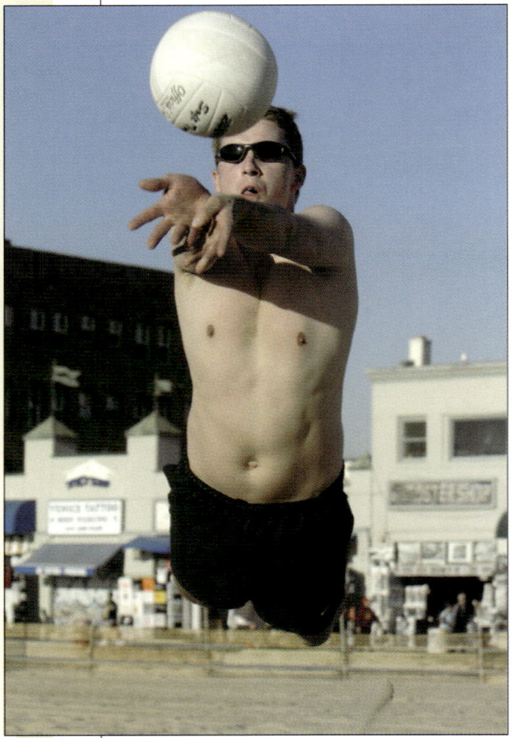

▲ **In der Luft** Auch der Amateursport liefert interessante Motive. Der Fotograf Martin Gisborne bewies bei diesem Foto schnelle Reaktion und bannte den Volleyballer im Flug.

▶ **Tempo** Dieser Fahrer bei der Tour de France wäre mit einer Geschwindigkeit von 56 km/h an der Kamera vorbeigeschossen. Eine 1/250 Sek. Belichtungszeit fror die Bewegung ein.

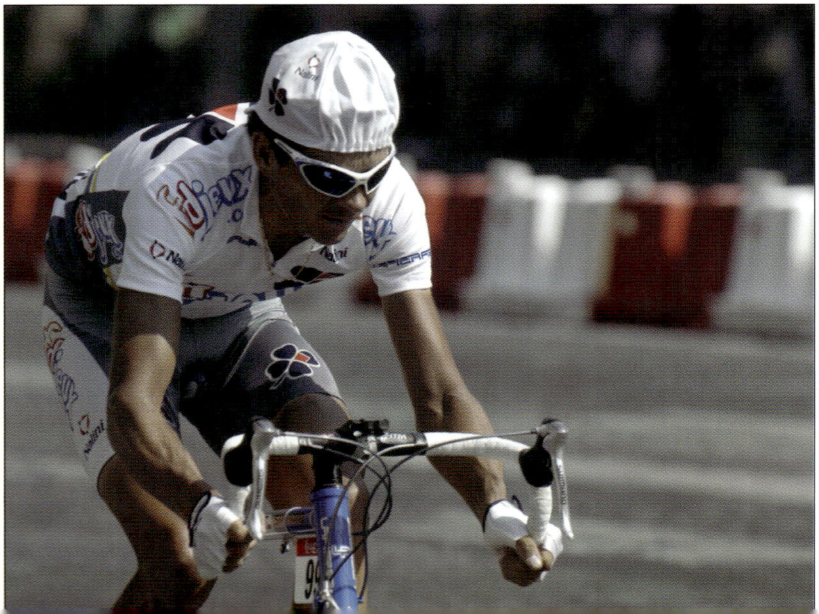

Zur Vorbereitung gehört zunächst, dass man Ort und Zeit einer Veranstaltung herausfindet, um eine Fotoerlaubnis bittet und sich nach möglichen Beschränkungen erkundigt. So kann man Probleme im Vorfeld verhindern und findet heraus, ob feste Standorte für Fotografen vorgesehen sind. Die Wahl der Ausrüstung bestimmt größtenteils, welche Bildausschnitte man fotografieren kann und wie nah man an die Sportler heran muss. Bedenken Sie auch, dass Blitzlicht bei den meisten Sportveranstaltungen verboten ist, da es die Sportler ablenken und stören kann. Für die meisten Sportarten braucht man ein schnelles und langes Teleobjektiv, mit dem man nah an die Sportler heranfahren kann. Je genauer das Bild die Aktion zeigt, desto besser. Ein Tele- oder Zoomobjektiv erlaubt, die Handlung sehr nah einzufangen, ohne seinen Standort ständig zu wechseln. Zur Sportfotografie gehört mehr Übung als zu den meisten anderen Sujets. Erst durch reichlich Übung lernt man vorherzusehen, was im nächsten Moment geschehen wird. Daher kann man gar nicht genug Zeit mit seiner Kamera auf dem Sportplatz oder in der Arena verbringen. Ein gutes Training sind Amateurturniere oder Trainingseinheiten, denn der nächste Spielzug oder die nächste Aktion sind hier meist schwerer vorherzusehen als in den Profiligen.

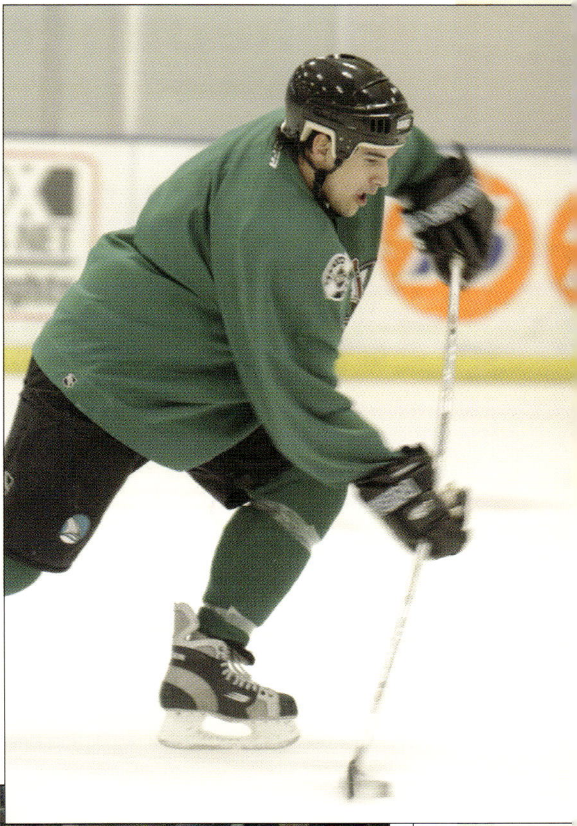

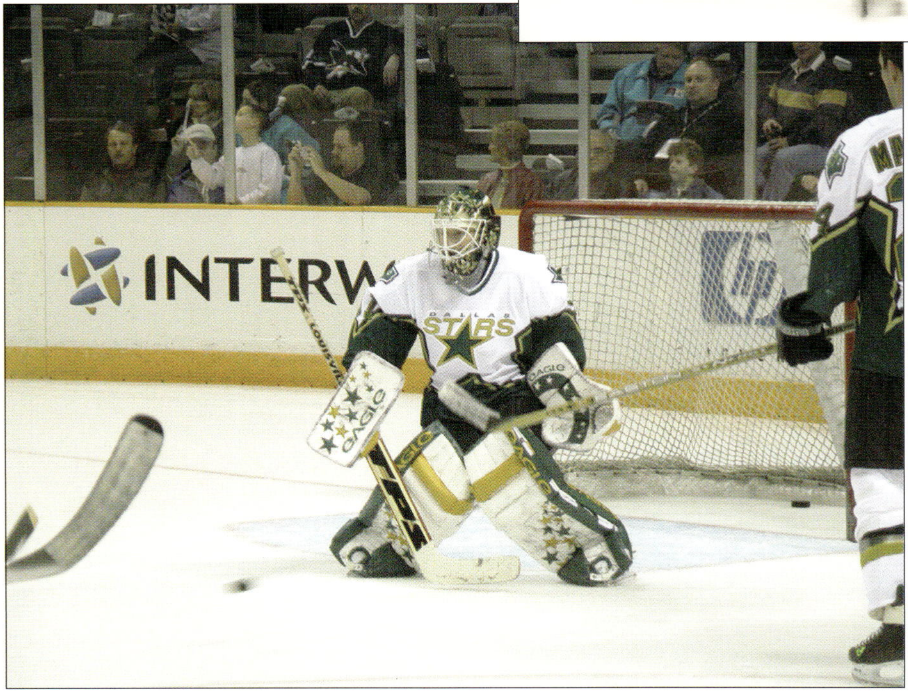

Unschärfe als Effekt
Bei längeren Verschlusszeiten entstehen dort Unschärfen, wo sich etwas schnell bewegt. Der Rest des Bildes bleibt jedoch scharf. Das obere Bild des Spielers Jonathan Cheechoo bei einem Spiel der San Jose Sharks wurde mit einer Belichtung von 1/180 Sek. aufgenommen. Beim Abschuss blieb sein Kopf statisch, während sich seine Hände schnell bewegten. Ähnliches zeigt das Bild (unten) des Torhüters. Er selbst ist statisch, aber der Puck bewegt sich mit hoher Geschwindigkeit. Die Unschärfe der bewegten Bildteile verleiht den Bildern Dynamik.

Höhepunkte

Für jede Sportart finden sich klassische Motive. Vom Torwart in der Luft bis zum Golfer beim Abschlag birgt jede Sportart ihre zentralen Momente, die zu Ereignissen im Bild werden.

Ein Nachteil von Digitalkameras ist ihre Verschlussverzögerung. Zwischen dem Drücken des Auslösers und der tatsächlichen Aufnahme des Bildes vergeht eine geringe Zeitspanne. Um diesen Sekundenbruchteil einkalkulieren zu können, ist viel Praxistraining und eine gute Vertrautheit mit der eigenen Kamera nötig.

Darüber hinaus sollte man sich in der Sportart, die man fotografieren möchte, gut auskennen. Einen Anhaltspunkt für gekonnte Bildkompositionen und beliebte Blickwinkel der jeweiligen Sportart findet man in Sportzeitschriften. Viele Sportarten haben einen klaren Höhepunkt, einen Moment, auf den es ankommt und den es mit dem ersten Foto zu erwischen gilt. Andere Sportarten dehnen sich über einen längeren Zeitraum aus und bieten mehrere Gelegenheiten, gute Fotos zu schießen. Hier einige Beispiele:

Hochspringer Die Überquerung der Latte dauert nur den Bruchteil einer Sekunde. Sie ist der eigentliche Höhepunkt. Sie können schon im Voraus auf die Latte scharf ziehen und Ihre Bildkomposition aufbauen. Bedenken Sie aber, dass jeder Springer nur wenige Versuche hat. So bleiben auch dem Fotografen nur wenige Versuche.

Baseball Pitcher (Werfer) Man kennt die Position des Werfers und weiß, wo er seinen Vorderfuß beim Wurf positionieren muss. Also kann man auf die Abwurfstelle scharf ziehen und die Bildkomposition festlegen. Jeder Werfer kommt während eines Spiels mehrfach an die Reihe, es ergeben sich also viele Gelegenheiten für ein gutes Foto.

Schwimmer Nur beim Absprung stehen die Schwimmer still, danach sind sie konstant in Bewegung. Man kann am Beckenrand mitgehen und währenddessen scharf ziehen, oder auf einen bestimmte Punkt auf der Schwimmstrecke scharf ziehen und warten, bis die Schwimmer ihn erreichen. Die meisten Schwimmwettbewerbe gehen über mehrere Bahnen, also kann man mehrere Gelegenheiten nutzen. Sehr eindrucksvolle Fotos entstehen, wenn man vom Ende der Bahn aus frontale Bilder schießt, wenn die Schwimmer sich nähern, oder wenn ein Schmetterlingsschwimmer aus dem Wasser schießt.

Fußballspieler Bei Fußball ist es praktisch unmöglich, einen bestimmten Punkt vorher anzuvisieren. Die Spieler bewegen sich in alle Richtungen, laufen

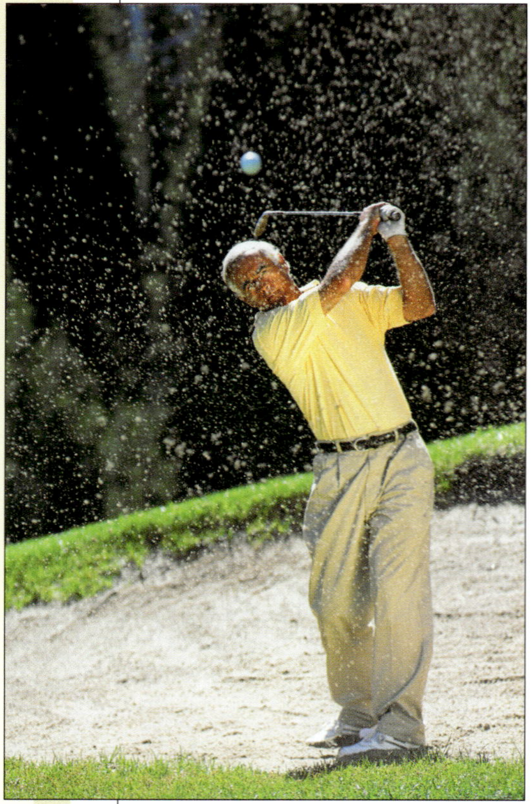

Kräftiger Schlag
Golf zählt zu den Sportarten, die sich einfach fotografieren lassen. Der Abschlag, der Putt und der Schlag aus dem Bunker sind Höhepunkte. Die Haltung des Spielers ist eher statisch, weshalb man absehen kann, was passiert. Dennoch gehört Glück dazu, da man meist vom relativ weit entfernten Zuschauerbereich aus fotografieren muss.

ins Blickfeld, verstellen den Blick und bewegen sich dann in eine vollkommen unerwartete Richtung. Die Spielzeit ist aber sehr lang, wodurch man sehr viele Möglichkeiten hat, ein wirklich ausdrucksstarkes Bild zu fotografieren. Folgen Sie am besten mit einem Zoomobjektiv dem Ball und zoomen Sie so nah wie möglich an die Spieler heran.

Die Kameraposition ist bei der Sportfotografie von entscheidender Bedeutung. Frontalaufnahmen sind in den meisten Sportarten sehr eindrucksvoll, machen das Scharfstellen aber umso schwerer. Beobachten Sie, welche Kamerapositionen die professionellen Fotografen einnehmen. So erhalten Sie gute Anhaltspunkte, welche Blickwinkel am effektivsten wirken.

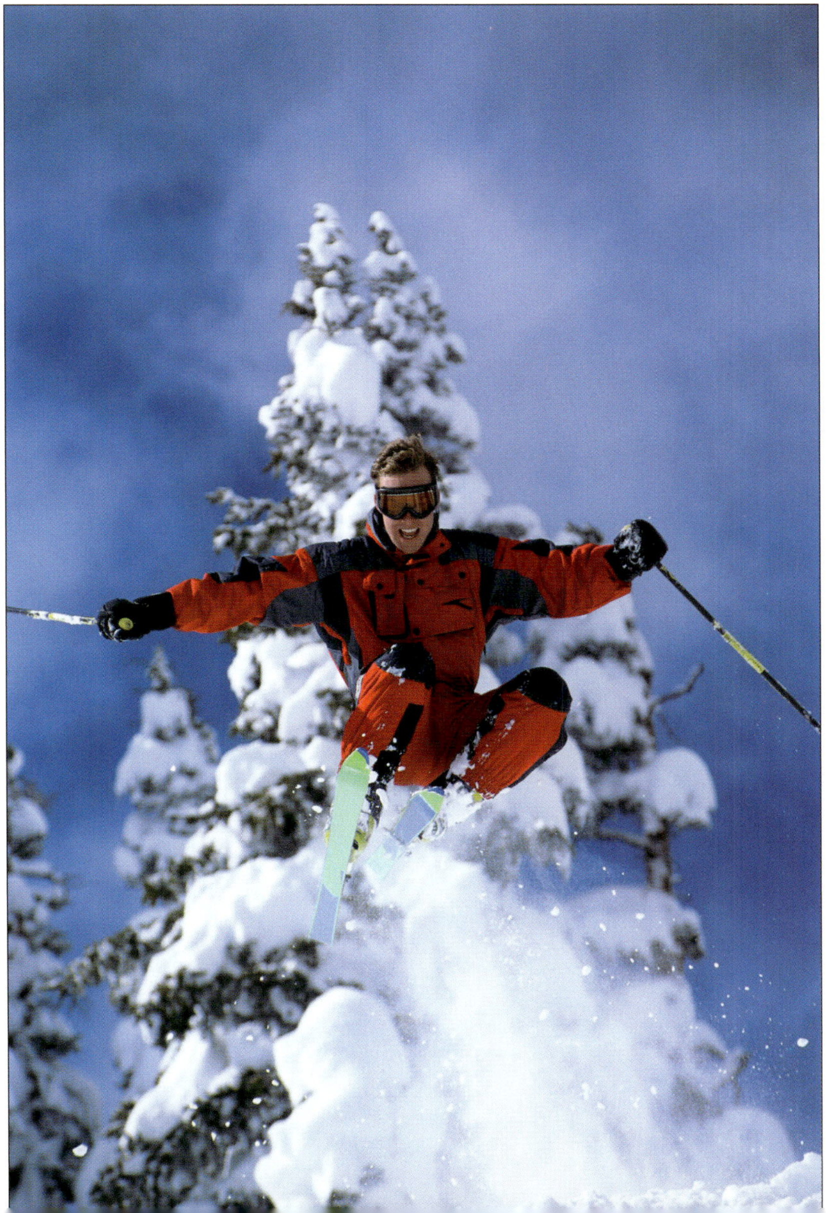

Vorsicht

Bei fast jeder Sportart gibt es Momente, in denen auf keinen Fall fotografiert werden darf. Hier eine erläuternde Geschichte: Die Fotoausrüstung eines Amateurfotografen landete bei einem Golfturnier in einem See, nachdem der aufgebrachte Caddie sie ihm abgenommen hatte. Dieser hatte im falschen Moment während des Abschlags fotografiert, woraufhin der Schlag des Golfers vollkommen daneben ging. Bei Sportarten, die hohe Konzentration und Ruhe erfordern, kann das Geräusch auch der leisesten Kamera oder ein Blitz im falschen Moment alles ruinieren. Wenn Sie nicht sicher sind, ob Blitzlicht erlaubt ist, stellen Sie den Blitz lieber ab.

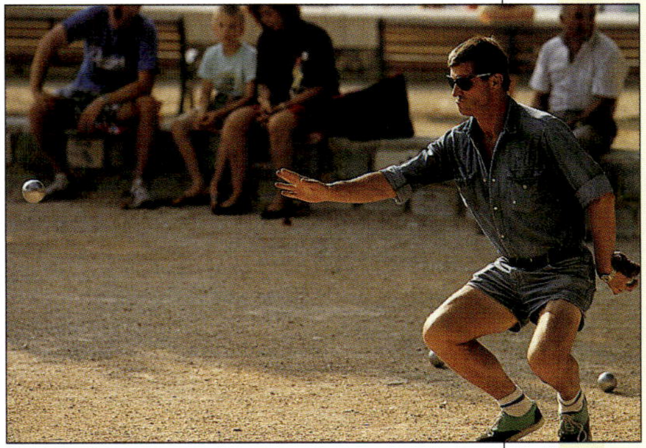

Skifahren Die besten Fotos entstehen, wenn die Skifahrer in Schussfahrt sind oder – wie bei diesem Bild – durch die Luft fliegen. Das Problem ist meist, nahe genug heranzukommen, ohne die Skifahrer zu behindern. Das Foto entstand mit einem langen Objektiv und kurzer Belichtungszeit von einem Aussichtspunkt in sicherer Entfernung. Sonnenschein und reflektierender Schnee gaben das perfekte Licht.

Boules Ein Boulespieler in einer Kleinstadt in der Provence. Der eingefangene Moment zeigt die Kugel in der Luft und den Spieler noch in Abwurfposition. Ich brauchte einige Versuche, um den richtigen Kamerastandort zu finden und Geschwindigkeit und Flugbahn der Kugel vorausahnen zu können. Die benötigte Verschlusszeit lag mit 1/250 Sek. nicht allzu hoch.

Unschärfe als Effekt

Manchmal kann ein Bild viel ausdrucksstärker wirken, wenn es statt Details eher die Dynamik einer Bewegung zeigt. Bei dieser Technik muss man jedoch mit Überraschungen rechnen und sollte die Bilder sofort kontrollieren.

Eine zweite Technik, Menschen in Bewegung zu fotografieren, kann sehr effektiv sein, wenn sie selten eingesetzt wird. Normalerweise wird von einem Porträtfoto ein gewisser Wiedererkennungswert der Person erwartet, weshalb es einen gewissen Grad an Schärfe benötigt. Gezielt eingesetzte Unschärfen (Verwischungen), die bei langen Belichtungszeiten durch Bewegung entstehen, können jedoch überzeugende Effekte erzielen. Früher – bei Porträts mit Filmen geringer Empfindlichkeit, die lange Belichtungen erforderten – war dies ein ungeliebter Nebeneffekt, der als Fehler galt. Heute verwendet man ihn gezielt als Stilmittel, um Dynamik und Geschwindigkeit einer Bewegung zu vermitteln. Mit einer Digitalkamera ist der Effekt gut zu kontrollieren.

Statt durch minimale Belichtung wird nun durch eine bewusst lang gewählte Verschlusszeit die Bewegung als deutliche Verwischung festgehalten. Um die Dynamik der Bewegung ausdrucksstark im Bild zu bannen, muss die Verwischung deutlich erkennbar sein. Bei Verschlusszeiten, die nur leichte Unschärfen ergeben, wirkt das Bild wie ungeschickt verwackelt. Deshalb ist die sofortige Bildüberprüfung auf dem Display der Digitalkamera so hilfreich. Beginnen Sie mit einem Testfoto mit Belichtungsautomatik und einer Belichtung, die länger als 1/8 Sek. ist. Kontrollieren Sie das Ergebnis auf dem Display. Welche Verschlusszeit am besten wirkt, ist eine Frage des persönlichen Geschmacks. Falls nötig, verändern Sie auch die ISO-Einstellung der Kamera. Wird die Kamera ruhig gehalten (z. B. mit einem Stativ), entstehen die Unschärfen eindeutig durch die

Stierkampf
Zum Einfrieren der Bewegungen bei einem Stierkampf hätte die Belichtung mit einem mittleren Teleobjektiv bei 1/250 Sek. gelegen. Um aber die Dynamik der Bewegung durch eine gezielte Unschärfe festzuhalten, wurde für diese Szene eine Belichtung von 1/2 Sek. gewählt.

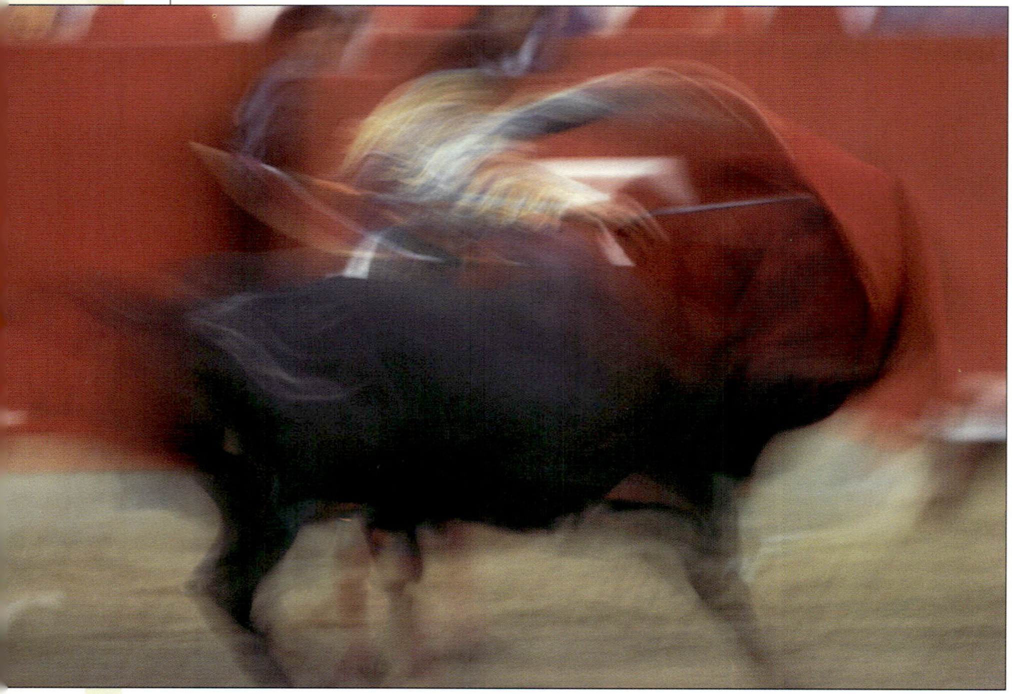

Bewegungen der Menschen im Bild. Der Hintergrund dieser Bilder bleibt scharf, wodurch ein dynamischer Effekt entsteht.

Eine weitere Möglichkeit ist, eine Person als unbewegliches Zentrum des Bildes zu wählen, während sich die Menschen in der Umgebung bewegen. Auch hier ist der Kontrast zwischen Schärfe und Unschärfe sehr prägnant. Wird die Kamera während der Belichtung bewegt, verwischt das gesamte Bildfeld. Dies ist eigentlich ein Fehler. Wird die Bewegung aber kontrolliert und langsam ausgeführt, kann ein außergewöhnlicher, fast impressionistischer Effekt entstehen.

Unterstützung durch Blitz

Ein langsamer synchroner Blitz kann eine Verwischung unterstützen, da er einen Teil des Bildes scharf hervorhebt. Probieren Sie mehrere Einstellungen des synchronisierten Blitzes aus und stellen Sie mit + oder - eine minimale Zeitverzögerung ein. Manche Spiegelreflexkameras bieten zusätzlich zwei unterschiedliche Synchronisationsmodi an. Einmal wird der Blitz direkt bei Beginn der Belichtung ausgelöst, einmal erst kurz vor Ende der Belichtung.

Schwenk

Ein Schwenk ist eine weitere Variante der Bewegungsunschärfe. Hierbei verfolgt der Fotograf eine Person, die sich an ihm vorbei bewegt, mit der Kamera und wählt eine Verschlusszeit, die die Person gerade noch scharf abbildet. Als Resultat erhält man einen unscharfen, verwischten Hintergrund, der ein Gefühl der Geschwindigkeit und der Bewegungsrichtung vermittelt. Gleichzeitig setzt sich die Person im Vordergrund deutlicher vom Hintergrund ab – ein ähnlicher Effekt wie beim selektiven Fokus mit Teleobjektiv (*siehe Seite 185*).

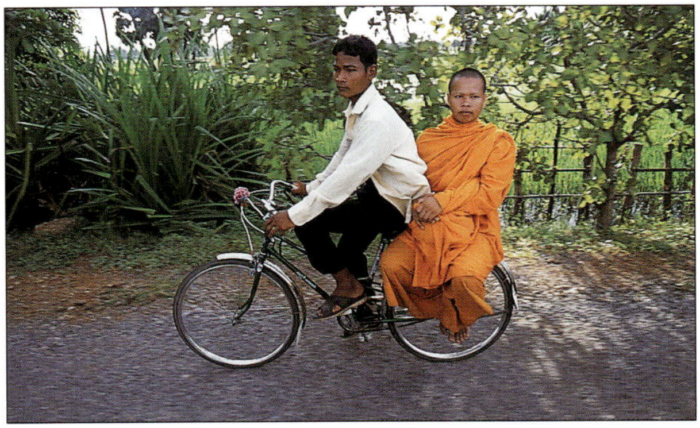

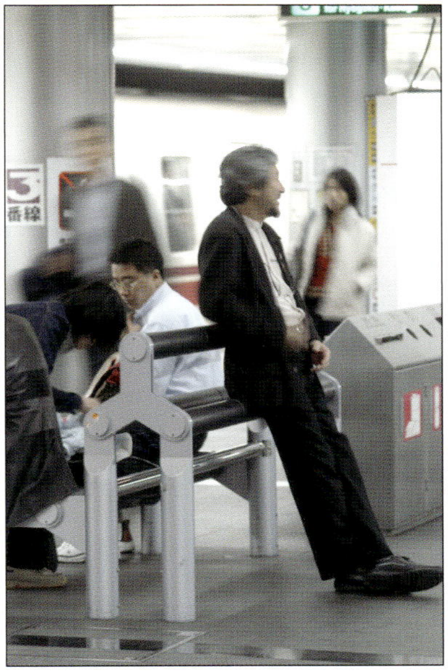

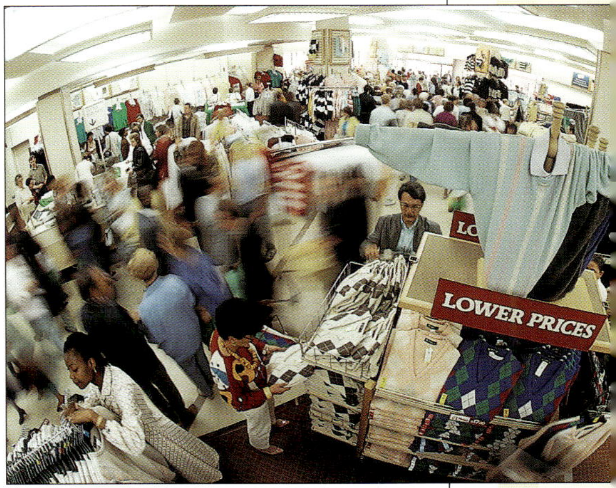

Mönch auf dem Fahrrad
Dieses Bild eines Mönchs auf dem Fahrrad, entstand in Kambodscha. Es wurde aus einem fahrenden Auto durch das offene Fester aufgenommen. Durch eine Verschlusszeit von 1/30 Sek. verwischte der Hintergrund aufgrund der Bewegung, während die Personen scharf blieben.

Architekt
Das Porträt eines japanischen Architekten entstand in einer neuen U-Bahn-Station, die er entworfen hatte. Um ihn hervorzuheben, wurde er gebeten, sich ruhig an eine der Stehhilfen zu lehnen. Mit einer Belichtung von 1 Sek. verschwamm die Umgebung, nur er blieb scharf.

Kaufrausch
Das Motiv war das Haupthaus der Kette *Marks & Spencer* – eines der betriebsamsten Warenhäuser der Welt. Um dies zu verdeutlichen, wurde eine Belichtung von 2 Sek. gewählt. So verschwammen jene Kunden, die sich bewegten, während die still stehenden erkennbar sind.

Bildessay

In der großen Tradition des Bildjournalismus erzählt man eine Geschichte anhand von Bildern. So wird durch eine Bild-Sequenz ein Einblick in das Leben eines Menschen gegeben.

Eine der größten Errungenschaften des Zeitschriftenwesens ist der Bildessay. Seine Erfindung wird normalerweise dem Life Magazine zugeschrieben, stammt aber de facto aus den 1930er-Jahren. Der künstlerische Leiter der Zeitschrift *Weekly Illustrated*, Stephan Lorant, war der erste, der eine Gruppe von Bildern so anordnete, das ein großes Foto durch mehrere kleine Bilder weiter erläutert wurde und sie eine Einheit bildeten.

Damals war das eine ganz neue Art, Fotografien zu präsentieren. Diese Art der Zusammenstellung führte ein narratives Element ein und ermöglichte die Gegenüberstellung mehrerer Bilder zu einer Person oder einem Thema. In Kombination mit Porträtartikeln entstand in der Folge ein Typ von Zeitschriftenartikeln, der bis heute Bestand hat.

Dem Fotografen eröffnet das Format des Bildessays eine ganz andere Herangehensweise. Er wird dazu ermuntert, während der gesamten Fotoarbeit an einem Thema immer auch die Möglichkeiten der Gegenüberstellung verschiedener Bilder und den Verlauf der Handlung im Auge zu behalten – welche Bilder sich gegenseitig verstärken könnten, welche Kontraste am besten wirken. Dabei ähnelt die Arbeit des Fotografen dann sehr der Arbeit des Dokumentarfilmers, denn sie beide arbeiten an einer Geschichte.

Obwohl der Bildessay eng mit der Welt der Zeitschriften verbunden ist, kann er auch von Hobbyfotografen sehr wirkungsvoll eingesetzt werden. So eignet sich diese Art der Präsentation hervorragend für Fotoalben, für die Gruppierung von Fotos auf dem Bildschirm für den späteren Ausdruck auf einem gemeinsamen Blatt Papier, für Bildgeschichten auf einer Webseite oder für die Organisation von Bildern für eine digitale Dia-Show.

Nur wenige Bildessays kommen ohne Bildunterschriften aus, aber dafür sind sie auch eigentlich nicht gedacht. Schließlich sollen die Fotos nicht nach den Kriterien von Kunstgalerien zusammengestellt werden, sondern eine Geschichte erzählen. Der Bildessay ist eine Form der Reportage. Die Geschichte dieser Reportage zieht sich wie ein roter Faden durch die Bilder, die sie illustrieren und verdeutlichen.

Elemente des Bildessays

- ☐ Thema
- ☐ Erzählfluss
- ☐ Bildunterschriften
- ☐ Groß vs. Klein
- ☐ Gegensätze
- ☐ Visuelle Abwechslung

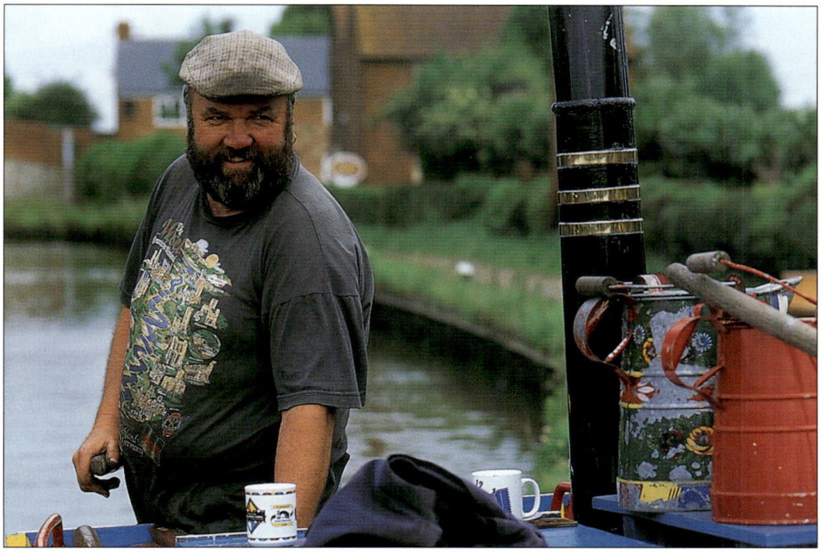

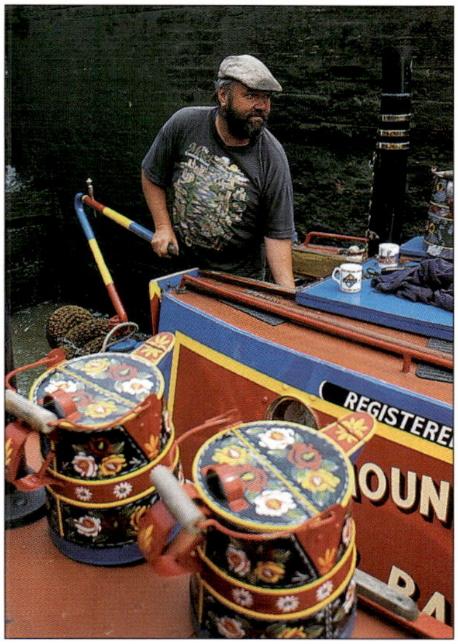

Arbeitsalltag auf dem Kanal

Großbritanniens Kanäle waren einst wichtige Verkehrswege, die die industrielle Revolution erst ermöglichten. Heute wird das Kanalnetz nur deshalb noch gepflegt, damit es zu Freizeitzwecken genutzt werden kann. Die meisten Besitzer von Narrowboats, wie die schmalen Lastkähne genannt werden, nutzen die Boote heute als schwimmende Ferienhäuser. Einer der wenigen Menschen, die bis heute ihren Lebensunterhalt mit der Frachtschiffart verdienen, ist Ivor Batchelor. Er transportiert Brennstoffe und benötigt für seine Arbeit ein Mobiltelefon – und viel Humor.

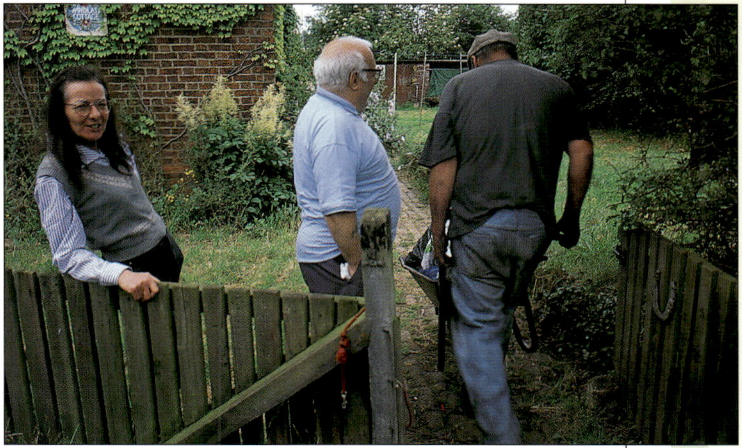

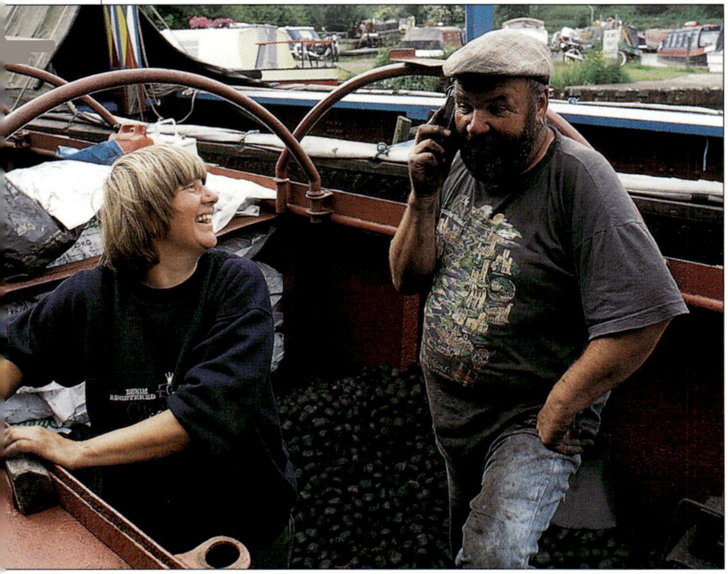

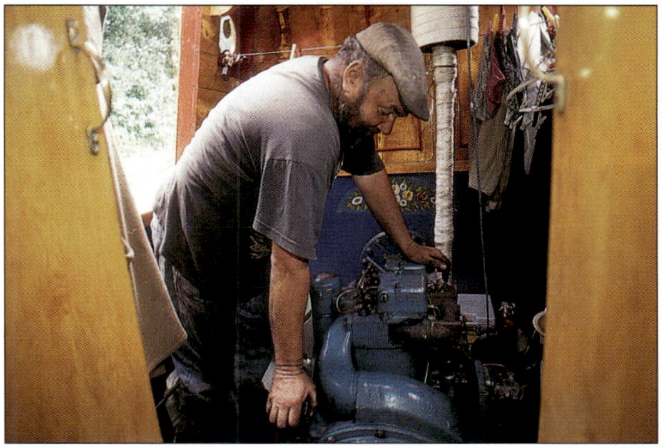

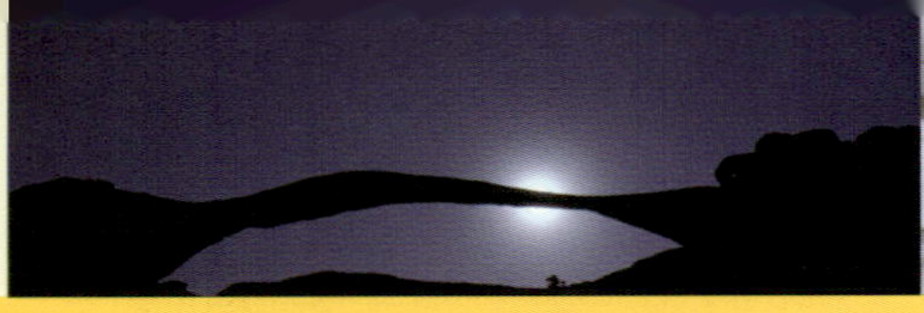
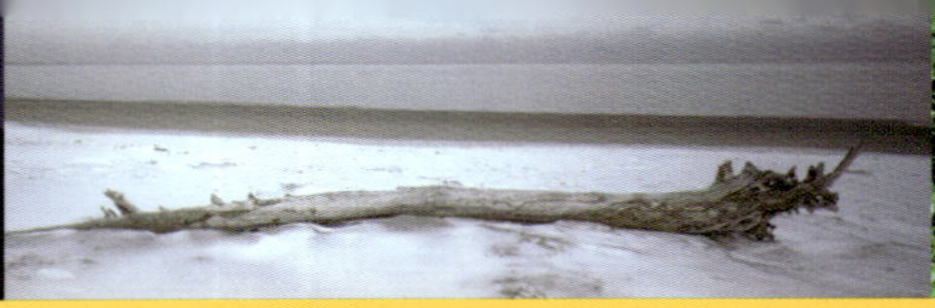
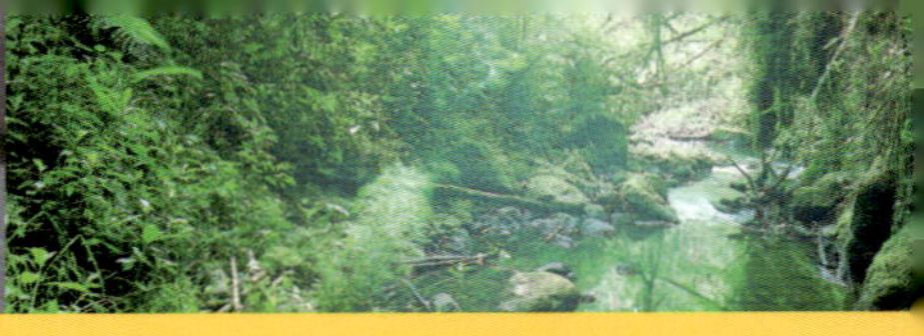
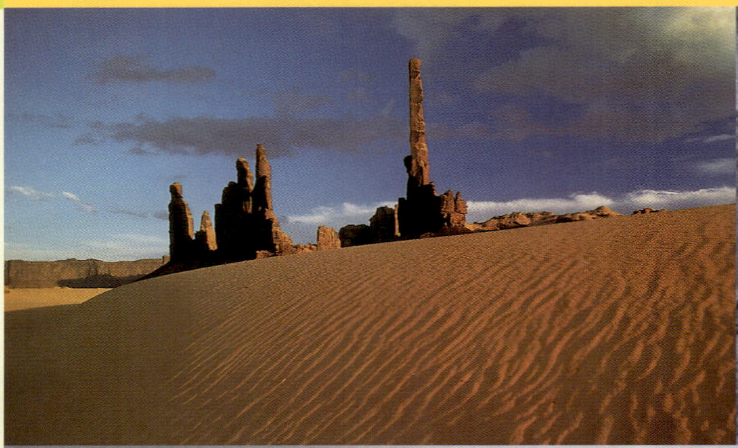
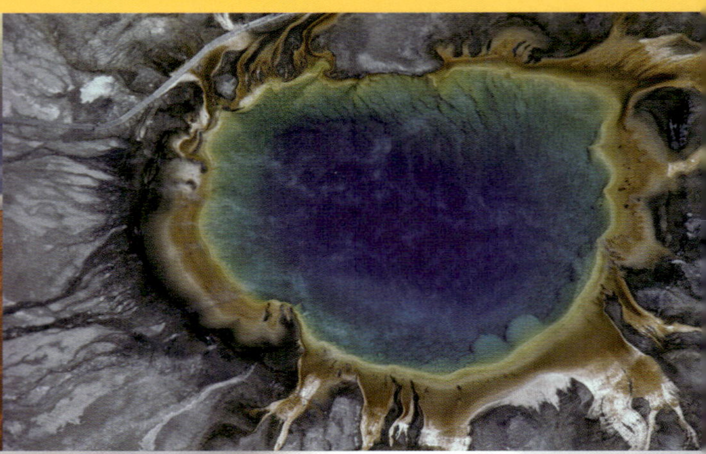
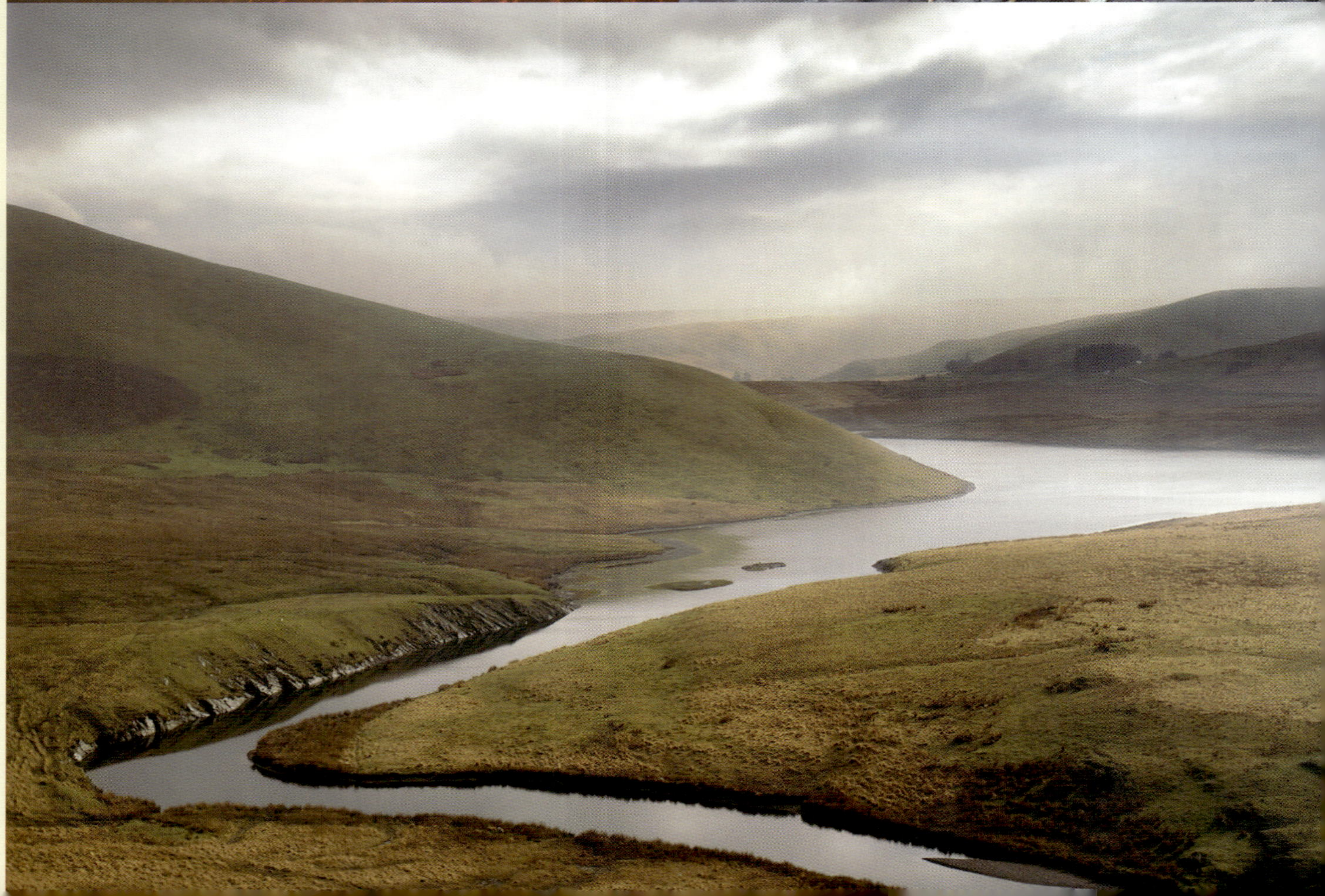

Naturlandschaften

Landschaften beschwören Bilder herauf. Für sich allein betrachtet sind Berge, Seen, Täler und Wälder einfach geografische Elemente. Erst durch ihre Kombination und ihre Wechselbeziehungen ergeben sie eine Landschaft – etwas, das wir gerne ansehen, und eventuell in einem Bild festhalten möchten.

Um ein gutes Landschaftsfoto zu machen, muss man die Komplexität der Landschaft erfassen. Die meisten Landschaften vermitteln eine Vielfalt an Eindrücken, von der Art des Lichtes über das Gefühl der Weite bis hin zu den feinen Strukturen von Pflanzen oder Felsen. Ansel Adams, einer der bekanntesten amerikanischen Landschaftsfotografen, bezeichnete dies als „die größte Herausforderung für einen Fotografen – und oft seine größte Enttäuschung". Adams beschrieb den Kern des Problems folgendermaßen: „Fast ohne Ausnahme gilt, dass ein Objekt mit zunehmender Entfernung immer schwieriger zu kontrollieren und zu organisieren ist."

Landschaften sind naturgemäß weit von der Kamera entfernt und lassen sich nicht umarrangieren. Daher versucht der erfahrene Landschaftsfotograf zunächst zu verstehen, was eine bestimmte Landschaft so ansprechend und einzigartig macht. Normalerweise ist es eine Kombination verschiedener Faktoren, beispielsweise der Wind, Geräusche, der Geruch des Meeres auf einer Klippe oder dahinjagende Wolken. Für den Fotografen besteht die größte Herausforderung darin, mit dem visuellen Medium des Fotos auch die nicht-visuellen Eindrücke einzufangen. Um also das Rauschen von Blättern an einem stürmischen Tag zu vermitteln, muss der Fotograf einen Blickwinkel und einen Bildausschnitt finden, der Äste und den Himmel zeigt. Dabei kann er das Bild durch die Wahl der Blickrichtung, durch die Bildkomposition und durch Warten auf das richtige Wetter und das optimale Licht beeinflussen.

Das facettenreiche Genre der Landschaftsfotografie lässt sich in drei Hauptkategorien einteilen. Erstens die gegenständliche Landschaftsfotografie – eine realistische Wiedergabe; zweitens die impressionistische Fotografie, bei der Details ausgeblendet werden, um eine bestimmte Stimmung zu unterstreichen; und drittens eine abstraktere und grafischere Abbildung, die ebenfalls auf ausgewählte Details verzichtet. Viele Landschaftsfotografien zeigen Merkmale aller drei Kategorien, das Schwergewicht liegt jedoch auf den gegenständlichen Aufnahmen, da die Kamera nun einmal am besten dafür geeignet ist, die Realität wiederzugeben. Die impressionistischen und abstrakten Ansätze sind in technischer Hinsicht aufwändiger und es besteht immer die Gefahr, dass solche Bilder gekünstelt wirken.

Die Landschaftsfotografie knüpft an die lange Tradition der Landschaftsmalerei an und die Maler haben im Laufe der Geschichte das Spektrum der darstellerischen Möglichkeiten ausgelotet, und nahezu ausgeschöpft. Dennoch bemühen sich viele Fotografen Neuland zu betreten, und die Erwartungen an den innovativen Charakter der Fotografie sind hoch. Dabei ist es gar nicht unbedingt erforderlich, unkonventionelle oder innovative Bilder aufzunehmen. Der Ausdruck der persönlichen Freude an einer Landschaft zählt!

Eine lange Tradition

„Ich lasse meine Augen gerne auf eindeutigen Formen ruhen. Und könnte man Landschaften kaufen wie die Sammelbilder meiner Jugendzeit, schwarzweiß für einen Penny und koloriert für zwei, so würde ich jederzeit zwei Penny investieren.“ Robert Louis Stevenson

Digitale Landschaftsfotografie folgt einer Tradition, die auf das 15. Jahrhundert zurückgeht: die Idee, eine Landschaftsansicht als eigenständigen Gegenstand der Kunst zu betrachten. Bis dahin hatte Landschaft nur als Hintergrund für Personen und Ereignisse gedient. Dass sie auch als eigenes Sujet gefeiert werden könnte, war revolutionär für die Malerei. Landschaften gewannen als Motive in der Malerei allmählich an Bedeutung, obwohl die Landschaftsmalerei erst im 19. Jahrhundert endgültig als eigenständiges Genre anerkannt war, wofür viele berühmte Maler wie etwa Caspar David Friedrich, J. M. W. Turner und John Constable bürgen können.

Dann trat die Fotografie auf den Plan und brachte ihre ganz eigene Dynamik ein. Zunächst ging es den Fotografen um das Dokumentieren ausgefallener Orte. Dies geschah überall auf der Welt, doch weil die Entwicklung der Fotografie mit der Erschließung des „Wilden Westens“ zusammenfiel, war die Wildnisfotografie eher ein amerikanisches Phänomen. Als sich Carleton Wat-

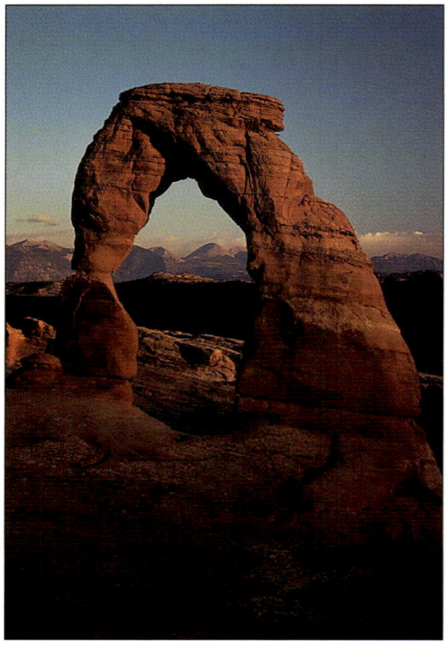

Bogen Landschaftsfotos können die natürliche Schönheit einer Umgebung einfangen, wie dieses Bild des Delicate Arch im Arches National Park in Utah zeigt.

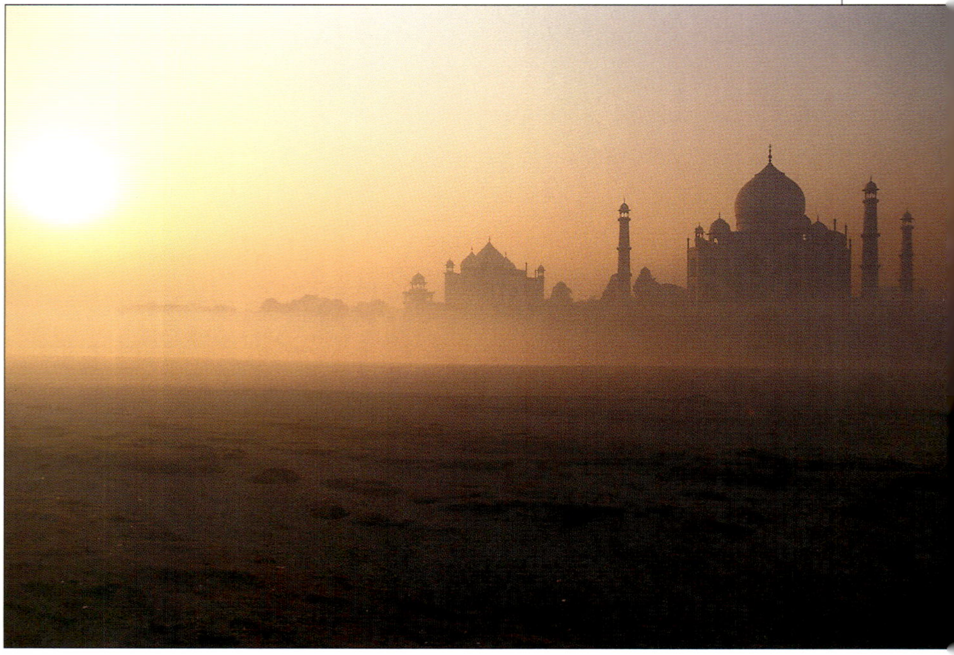

Tadsch Mahal Manche Sehenswürdigkeiten wie der Tadsch Mahal sind so oft fotografiert worden, dass es wichtig ist, seinen eigenen Blickwinkel zu finden – in diesem Fall vom gegenüberliegenden Ufer des Flusses Jumna.

kins, William Henry Jackson, Timothy O'Sullivan und andere frühe Fotografen auf den Weg nach Westen machten, waren sie Endecker im doppelten Sinn. Sie entdeckten neue Orte, aber sie erprobten gleichzeitig auch die Möglichkeiten der Kamera, die damals noch eine neue Erfindung war.

Durch diese Neugier auf die technischen und optischen Möglichkeiten der Kamera brachte die Fotografie eine weitere Dynamik in die Landschaftsabbildung. Seit Alfred Stieglitz und Edward Weston betrachten es viele Fotografen bis heute als die grundlegendste Arbeitsweise, eine Landschaft mit der Kamera zu entdecken und sich von all den Überraschungen leiten zu lassen, die sie birgt. Diese Herangehensweise macht die Landschaftsfotografie zum kreativen Akt: Sie verwendet die Landschaft als Material, aus dem der Fotograf Bilder in seinem ganz persönlichen Stil erschafft.

Obwohl zwischen Landschaftsmalerei und digitaler Fotografie Welten zu liegen scheinen, so können wir doch sehr viel aus der langen Tradition lernen. Wichtig ist beispielsweise die Erkenntnis, dass ein Landschaftsbild eine Philosophie ausdrücken kann, dass hinter jedem Bild eine Intention steht. Gerade dieser Aspekt wird leicht übersehen, zumal Fotos schnell und einfach aufzunehmen sind und sich digital vielfältig manipulieren lassen.

Der eigentliche Reiz der Landschaftsfotografie liegt aber darin, dass sie dem Fotografen die Freiheit bietet, die Schönheiten der Natur und ihrer Farben zu entdecken und festzuhalten. Die digitale Bildbearbeitung eröffnet Fotografen neue Möglichkeiten des Umgangs mit Farbe, denn mit ihrer Hilfe lassen sich Farben ganz gezielt bearbeiten und verändern. So kann man durch die Farben einen bestimmten Stil definieren, etwa zarte und ungesättigte Töne, vielleicht auch nahezu monochrom oder strahlend und voller Kontrast. Diese Art der Fotografie mag zeitlich weit von der Landschaftsmalerei entfernt sein, aber was die künstlerische Freiheit angeht, so liegen beide nah beieinander.

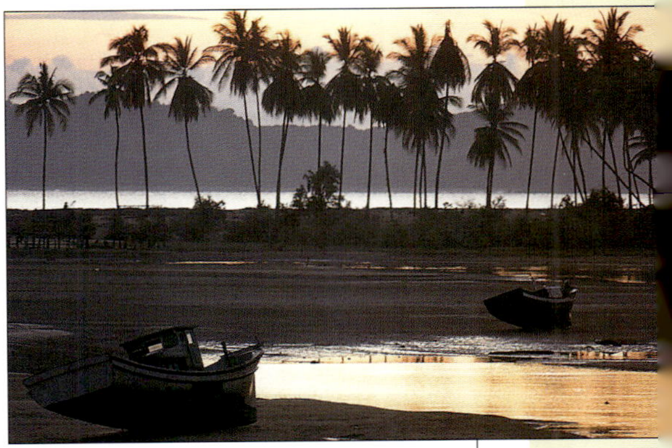

Flussmündung
Die Tageszeit ist wichtig für ein perfektes Landschaftsfoto. Hier unterstreicht die Morgendämmerung die Schönheit der malaysischen Szenerie.

Toronto
Urbane Regionen können ebenso eindrucksvoll sein wie Naturlandschaften, wie dieses Bild des Zentrums von Toronto im Morgengrauen zeigt.

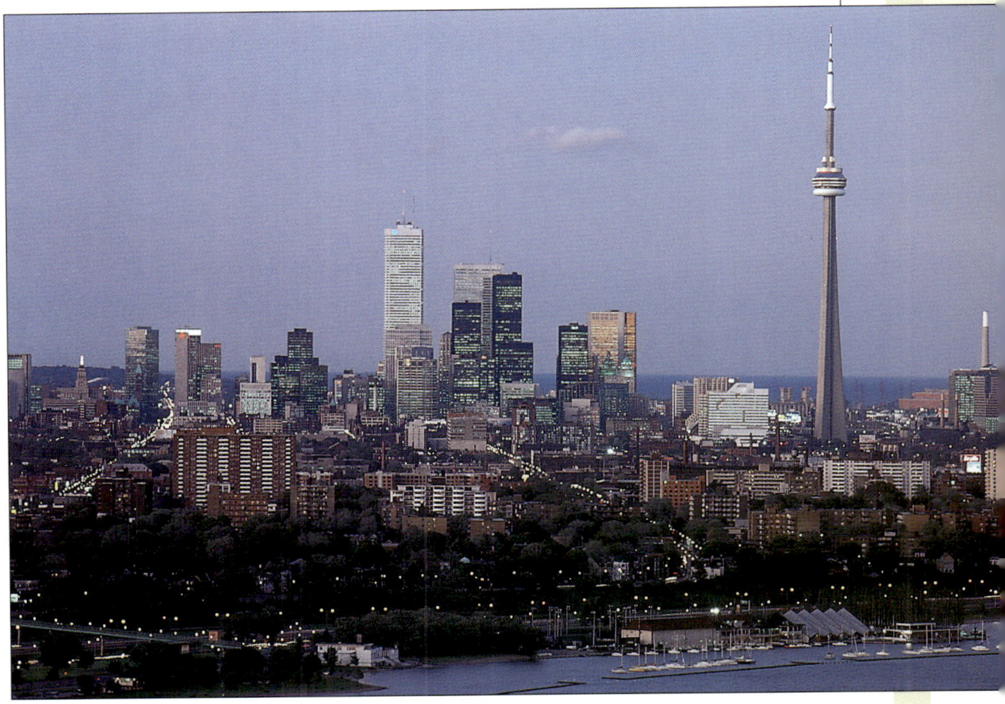

Bildkomposition

Unter Bildkomposition oder Bildaufbau versteht man in der Fotografie – also auch in der Landschaftsfotografie – die Anordnung der zu fotografierenden Elemente innerhalb des Bildrahmens.

Landschaft ist nun einmal Natur und daher häufig unstrukturiert. Daher ist das Hauptziel eines Landschaftsfotografen, optisch ein wenig Ordnung in die Szenerie vor ihm zu bringen. Edward Weston, einer der bekannten amerikanischen Fotografen der sachlichen Tradition, hielt Landschaften anfänglich für ungeeignete Fotomotive und bezeichnete sie als generell „zu roh und ungeordnet". Später jedoch wurde er ein meisterhafter Landschaftsfotograf. Seine Aussage spiegelt das eigentliche Problem jedoch präzise wieder. Wie die meisten Fotografen wollte auch Weston grafisch ausdrucksstarke Bilder produzieren, doch eine Landschaft lässt sich nicht wie ein Stillleben umarrangieren.

Ändern kann man allerdings den Blickwinkel - durch einen Standortwechsel. Die Suche nach einer guten Kameraposition mag so offensichtlich erscheinen, dass man sie nicht für erwähnenswert hält. In der Praxis nehmen viele Menschen ein Motiv aber genau aus der Position auf, in der sie es entdeckt haben. Das geschieht nicht grundsätzlich aus Bequemlichkeit. In der Fotografie geht es schließlich meist darum, einen erlebten Moment aufs Bild

Minimalistisch
Die Kombination von Schnee und dichten Wolken an einem Wintertag in Massachusetts ergab eine fast abstrakte Szenerie mit vertauschten Tonwerten. Dennoch hatte ich das Gefühl, dass etwas Materielles, Greifbares fehlte, um die Komposition zusammenzuhalten. So lief ich am Strand entlang, bis ich dieses lange Stück Treibholz fand. Der Baumstamm setzt sich deutlich gegen den Schnee ab. Er liegt etwas neben der Mittelachse und führt so das Auge nach links durch das Bild.

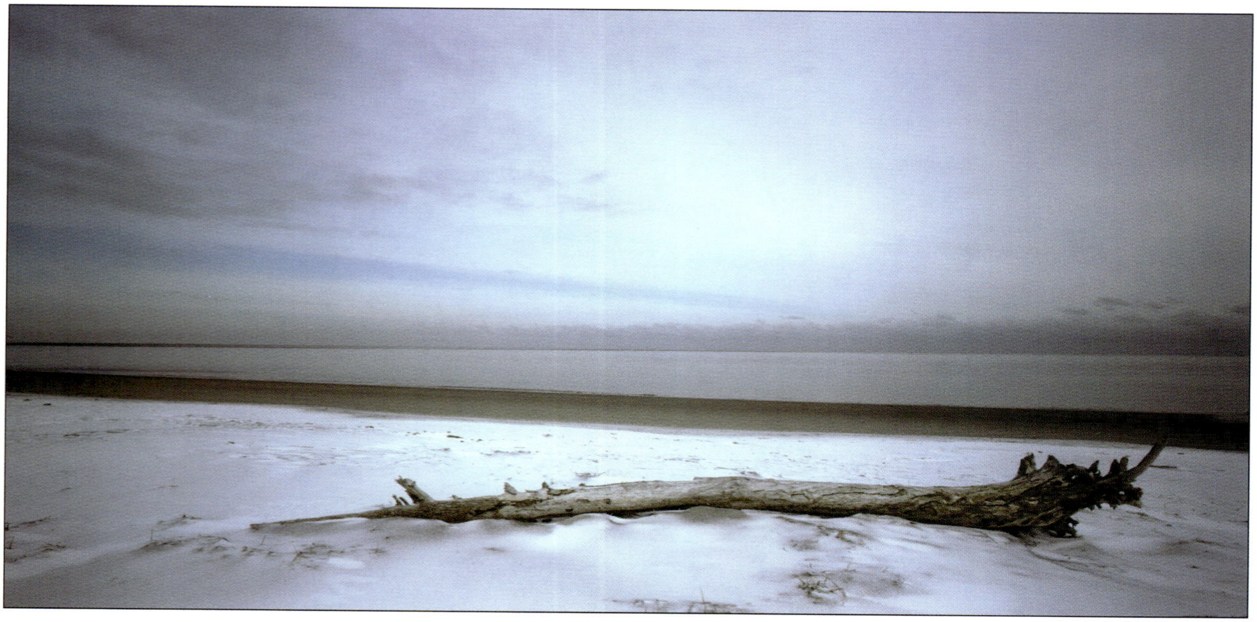

zu bannen. Wenn man jedoch die Zeit hat, sollte man sie nutzen und versuchen, den besten Blickwinkel für ein Motiv zu finden. Durch einen radikaleren Standortwechsel kann sich manchmal eine Sicht ergeben, die man sich nicht hätte vorstellen können. Mit etwas Erfahrung kann man Aussichten, die sich aus bestimmten Kamerapositionen ergeben, bis zu einem gewissen Grad vorausahnen. Dennoch ist es immer besser, verschiedene Standorte mit der Kamera in der Hand auszuprobieren. Glücklicherweise sind Landschaften vergleichsweise „geduldige" Motive.

Beim Ausprobieren verschiedener Positionen sollte man immer die unterschiedlichen Brennweiten und Objektive im Hinterkopf behalten, denn die Wahl des Blickwinkels ist untrennbar mit der Wahl des Objektivs verbunden. Bei ungewöhnlichen Blickwinkeln – etwa von unten herauf oder von oben herab – sind die Effekte von Weitwinkel und Tele völlig anders als bei waagerechtem Blick. Probiert man mit einem Weitwinkelobjektiv verschiedene Blickwinkel aus, verändert sich die Perspektive deutlicher als mit jedem anderen Objektiv.

Plastische vs. konturenarme Landschaft

Zweifellos bieten trockene Landstriche, Küstengebiete und Bergregionen mit starken Konturen eine plastischere Szenerie. Üppig grüne Vegetation dagegen zeigt oft verwaschene Konturen und relativ ungeordnete Formen. Plastizität ist zwar kein grundsätzliches Idealziel der Landschaftsfotografie, doch erleichtern konturenstarke Motive eine ausdrucksstarke Bildkomposition.

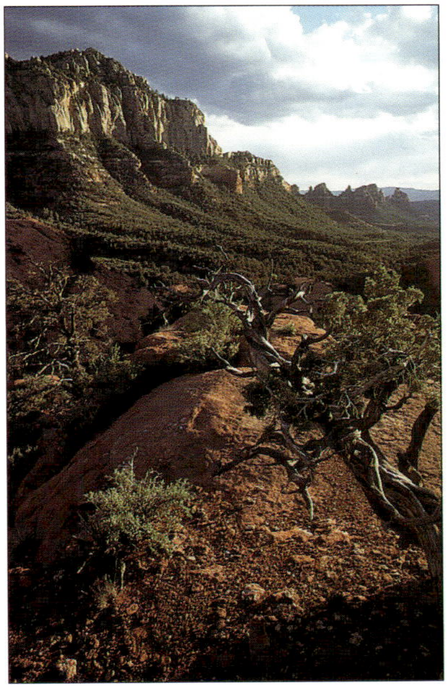

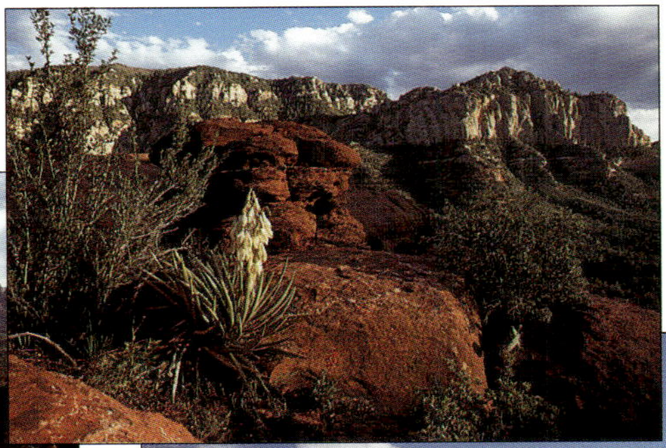

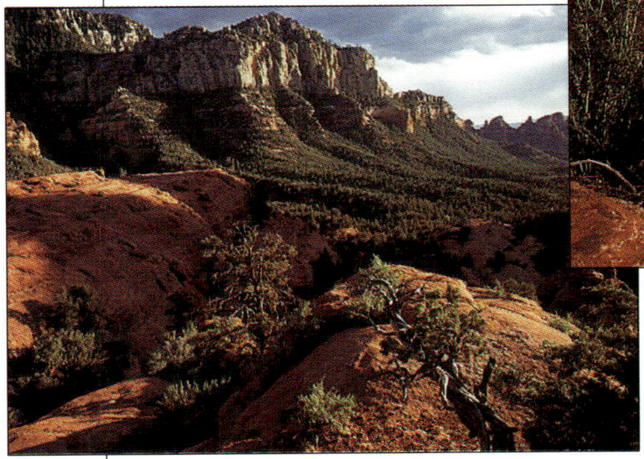

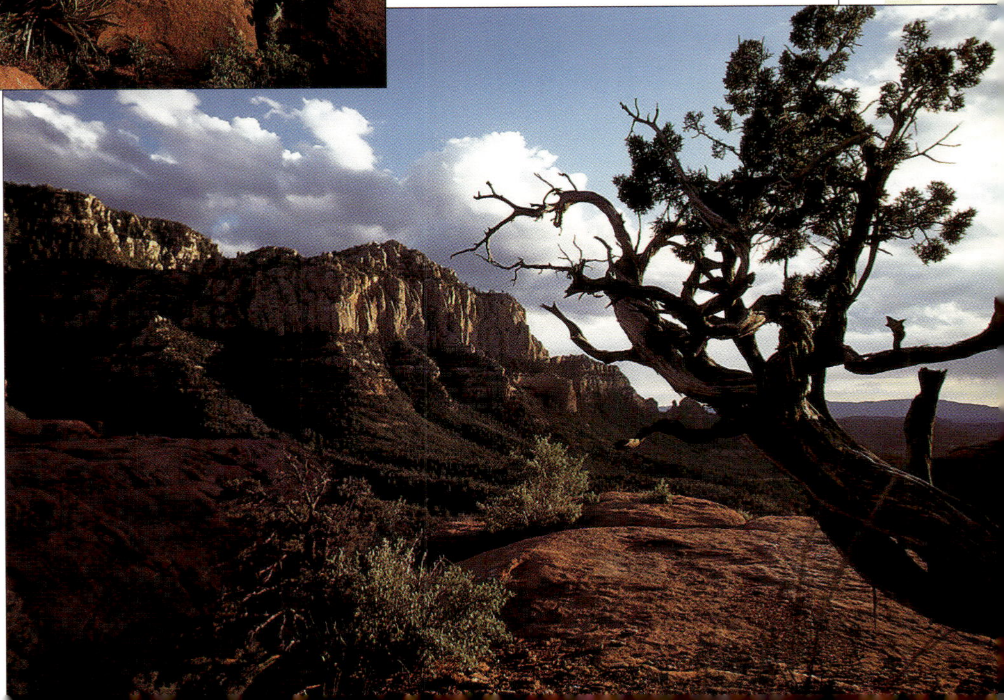

Einen Vordergrund finden

Bei dieser Bildsequenz, einem Blick über den Bear Wallow Canyon in Arizona, war das Licht am Spätnachmittag genau richtig für die schroffen Steilhänge im Hintergrund. Mit dem Weitwinkelobjektiv fehlte mir ein geeignetes Motiv für den Vordergrund als kompositorisches Gegengewicht. Die oben abgebildeten Fotos entstanden, als ich in beide Richtungen etwa 100 m weit über die Felsen kletterte. Die gelungenste Komposition ist in meinen Augen das Foto rechts.

Personen für den Größenvergleich

Mit oder ohne Menschen? Nicht immer hat man die Wahl, doch manchmal kann das Einbeziehen von Personen ein Motiv drastisch verändern und ein zusätzliches Spannungsverhältnis aufbauen.

Einige der bisher betrachteten Techniken haben den Nebeneffekt, dass sie die Proportionen einer Landschaft verdeutlichen. Das gilt besonders für die charakteristischen Eigenschaften von Weitwinkel und Tele. Wenn Sie tief in die Hocke gehen, um kleine Blumen als Vordergrund für eine Bergkette am Horizont zu wählen, zeigt dies dem Betrachter die Größenverhältnisse und die Perspektive. Genauso ist das Heranholen eines weit entfernten Baumes mit dem Teleobjektiv ein erkennbares Zeichen. Natürlich schreibt keine Regel vor, dass Fotografien einfach verständlich sein müssen. Auf Seite 268–269 werden Stilrichtungen vorgestellt, die Landschaften bewusst aus ihrem Kontext herauslösen. Dennoch ist die nachvollziehbare Darstellung einer Szenerie ein sehr beliebter Ansatz, zu dessen wichtigen Qualitäten auch erkennbare Größenverhältnisse zählen.

Aber auch aus anderen Gründen werden Personen in Bilder integriert, beispielsweise um stellvertretend für den Betrachter einen menschlichen Bezug zur Landschaft herzustellen. Er kann sich mit der fotografierten Person identifizieren. Aus genau diesem Grund waren Personen ein wichtiger Bestandteil der klassischen und romantischen Landschaftsmalerei. Sie wurden meist im Vordergrund abgebildet, als würden sie in die Ferne blicken. So luden sie den Betrachter dazu ein, den Ausblick mit ihnen gemeinsam zu genießen. Ein weiterer Grund für das Abbilden von Personen besteht darin, vom Menschen geschaffenen Elementen einer Landschaft, etwa einer sich dahinschlängelnden Straße, einen belebten Charakter zu geben. Ein vorbeifahrender Radfahrer oder ein Auto runden ein solches Bild oft erst ab.

Man muss sich aber auch darüber Gedanken machen, wie groß eine oder mehrere Personen in Relation zur Landschaft abgebildet werden sollten. Stellen Sie sich vor, jemand geht einen Pfad entlang auf Sie zu. Je größer er erscheint, umso mehr dominiert er die Szene. Dann wandelt sich das Bild von der „Landschaft mit Person" zur „Person mit Landschaft im Hintergrund". In solchen Situationen ist es gut, einfach ein Bild nach dem anderen zu schießen und später zu entscheiden, in welchem Bild die Relation am besten wirkt. Grundsätzlich wirkt eine Landschaft um so größer und imposanter, je kleiner die Person abgebildet ist.

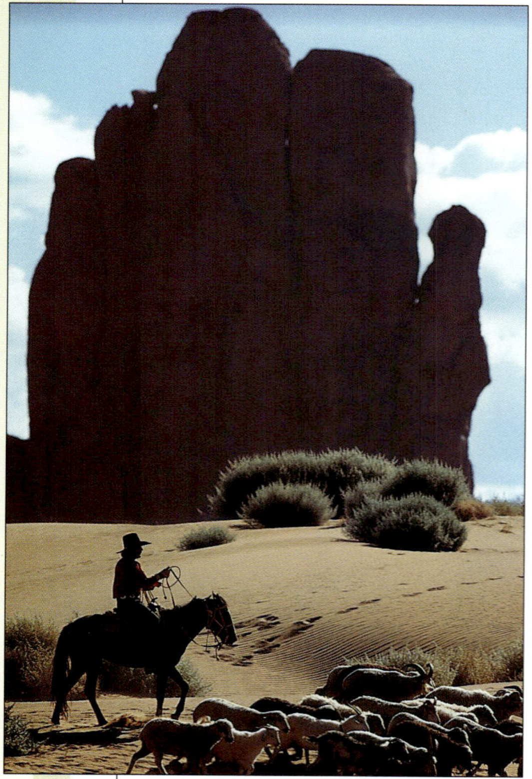

Monument Valley
Diese Plateaulandschaft mit aufragenden Felsmonumenten ist ein Paradies für Wüstenfotografen. Als plötzlich dieser Schafhirte mit seiner Herde auftauchte, bot sich mir eine einmalige Gelegenheit. Ich konnte diese Landschaft, die normalerweise ohne Menschen abgebildet wird, aus einer anderen Sicht darstellen. Das Foto wurde später zum Titelbild eines Reiseführers.

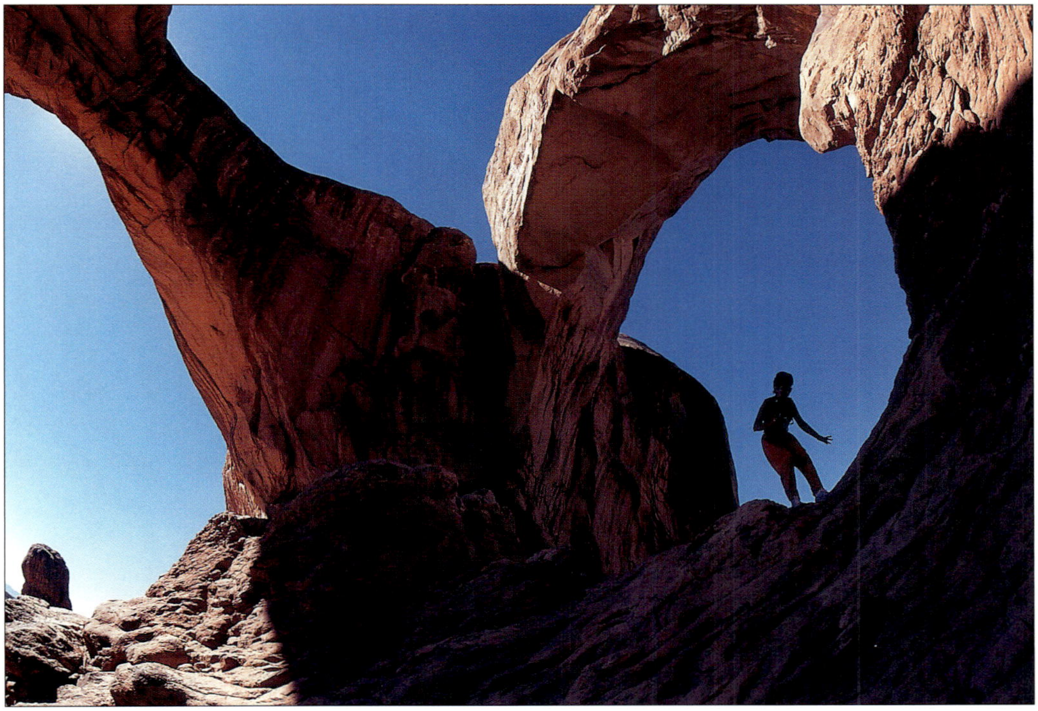

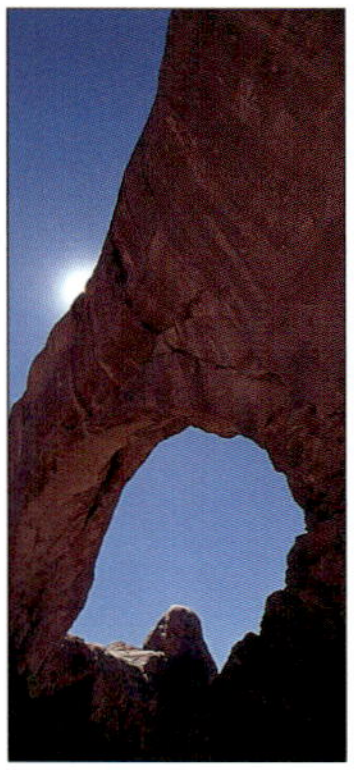

Bögen

Der Arches National Park ist berühmt für seine durch Wind und Wasser geformten Sandsteinformationen. Links werden die Größenverhältnisse durch die menschliche Silhouette deutlich, das obere Bild hat grafische Qualitäten.

Fahrradfahrer

Diese sich sanft durch die Landschaft schlängelnde Straße im kanadischen New Brunswick, die im Abendlicht glänzte, verlangte regelrecht nach einem Foto mit einem Teleobjektiv. Aber irgendetwas fehlte. Ich wartete. Als ein einsamer Fahrradfahrer vorbeikam, drückte ich ab. Er verdeutlicht die Proportionen der Landschaft und verleiht dem Bild gleichzeitig einen Sinn.

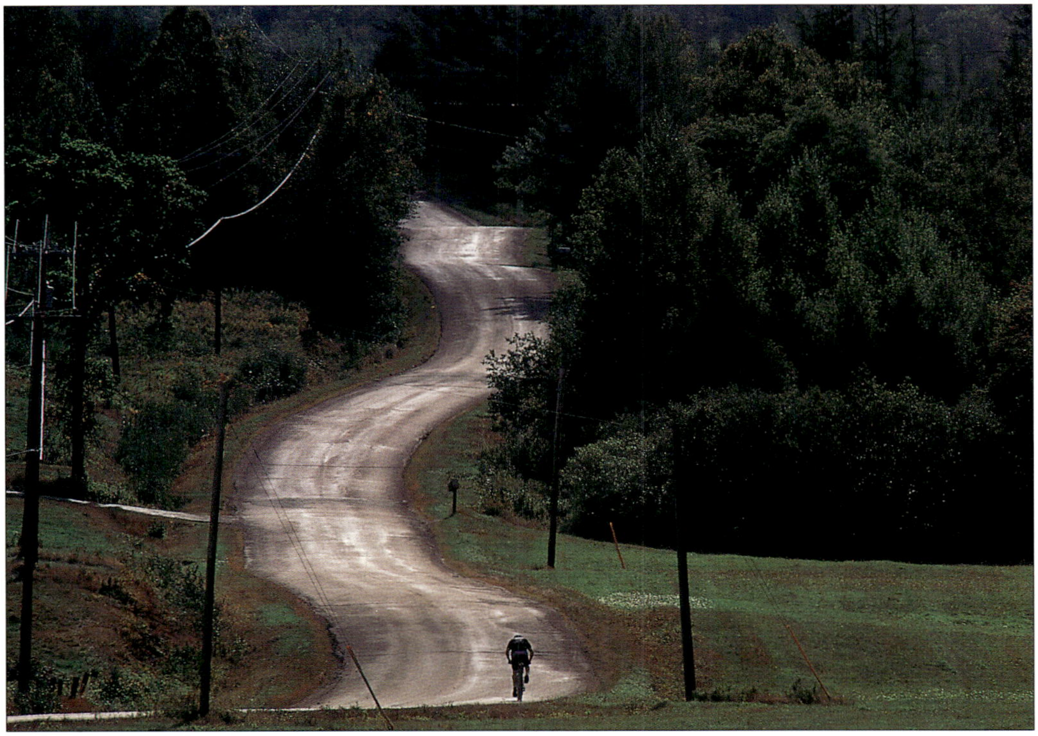

Aussichtspunkte

Menschen verschaffen sich gerne von einem hoch gelegenen Punkt einen Überblick. Für die Kamera bietet ein solcher Standort eine große Motivauswahl – weit mehr als nur den Überblick.

Hoch gelegene Aussichtspunkte haben einen besonderen Stellenwert in der Fotografie. Sie bieten einen weiten Blick über die Landschaft und die Gelegenheit Details auszuwählen. Gerade an einem hoch gelegenen Aussichtspunkt kann man hervorragend mit Weitwinkel- und Teleobjektiven experimentieren.

Meist sind Aussichtspunkte räumlich sehr begrenzte Orte, von denen aus man einen weiten Blick über die Landschaft hat. Ebenso selbstverständlich ist, dass es sich um lohnende Ausblicke handelt, auch wenn die Weite des Blicks und die Intensität des Eindrucks stark variieren. Anscheinend haben aber alle Menschen das Verlangen, in die Ferne zu blicken, darum sind gute Aussichtspunkte oft in Reiseführern und auf Landkarten vermerkt.

Für alle, die es nicht stört, einen Ausblick so zu fotografieren, wie es viele andere schon vorher getan haben, ist solch ein Hinweis wertvoll. Meist sind Aussichtspunkte topografisch begrenzt. Durch ihre Lage und die umliegende Vegetation - vor allem Bäume - bieten sie nur wenig Auswahl bezüglich der Kameraposition und folglich nur geringe Variationsmöglichkeiten für die

Paradise Valley
Die Straße, die sich an Washingtons Mount Rainer bis zur Schneegrenze bergauf windet, verläuft in Schleifen und Serpentinen hauptsächlich durch den dichten Kiefernwald, der dem Fotografen die Sicht verstellt. Nur an den talwärtigen Kurven bieten sich mehr oder weniger gute Gelegenheiten für ein Foto. Ich fuhr langsam bergan und fand schließlich eine Stelle mit gutem Weitblick. Hier waren alle Voraussetzungen für ein Landschaftspanorama vorhanden: Bäume im Vordergrund, in mittlerer Entfernung ein abfallender Berghang und im Hintergrund der klare Blick auf zwei Bergketten – insgesamt ein Motiv mit guter Kontinuität.

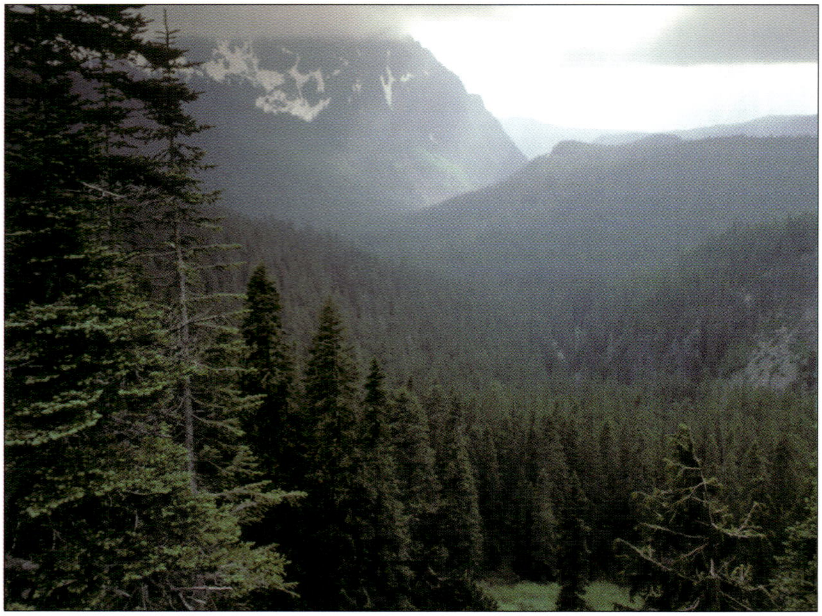

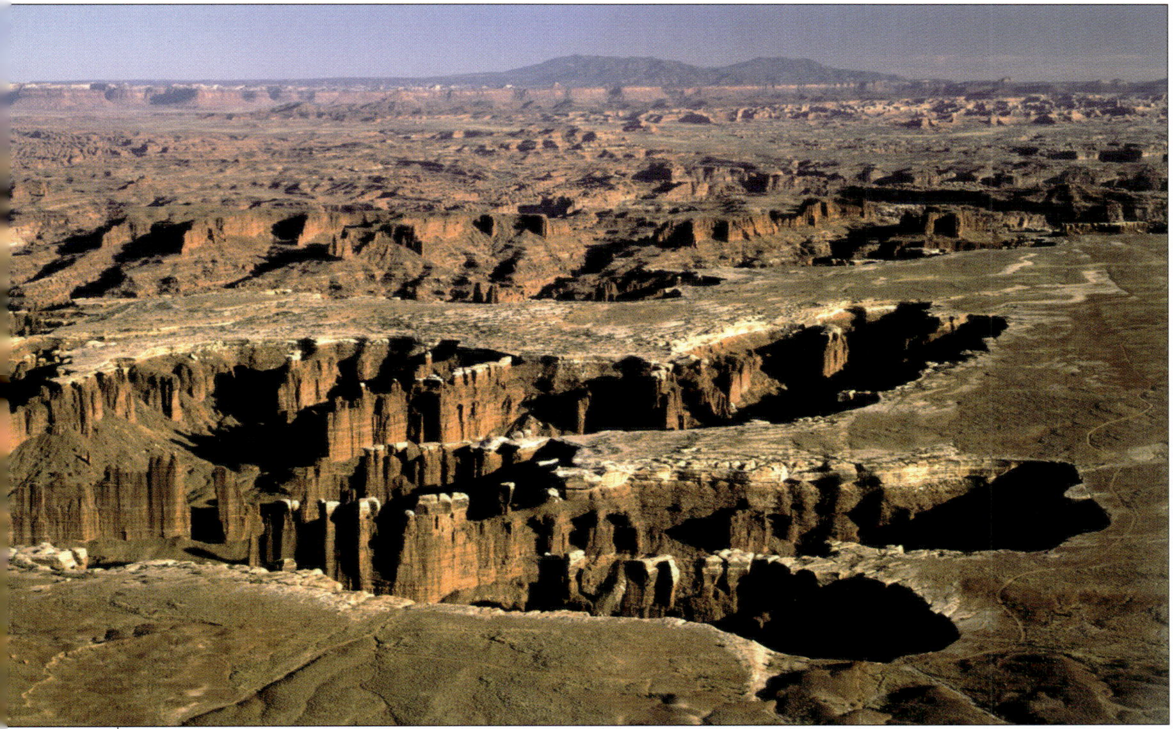

Variation eines Motivs

An praktisch jedem Aussichtspunkt bietet sich die Möglichkeit, mit der Brennweite zu experimentieren oder den Bildausschnitt zu bestimmen. Diese beiden Beispielfotos entstanden im Canyonlands National Park in Utah. Das Landschaftspanorama (links) bot sich für ein Weitwinkelobjektiv an, doch daneben gab es viele Details, die ich mit dem Teleobjektiv erkunden konnte. Eins dieser Details ist eine für diese Landschaft typische Felsformation (unten), die durch die unterschiedlich schnelle Erosion zweier Gesteinsschichten entstanden ist.

Bildkomposition. Man kann aber mit unterschiedlichen Brennweiten experimentieren, die Lage des Horizonts verändern oder ihn ganz aus dem Bild verbannen. Ansel Adams beschreibt den Aussichtspunkt zu seinem wohl berühmtesten Bild, *Clearing Winter Storm*, das er 1940 in Yosemite aufnahm: „An dieser Stelle kann man sich nicht mehr als 30 m nach links bewegen, denn dann stößt man an den Rand einer fast senkrecht abfallenden Steilwand. Geht man dieselbe Strecke nach rechts, wird einem die Sicht entweder durch eine Reihe von Bäumen versperrt, oder man landet an einem sehr ungünstigen Standort mitten auf der Straße. Bewegt man sich nach vorne, erwartet einen die Gefahr in Form eines steilen Berghangs. Bewegt man die Kamera nach hinten, geraten die Promenade und eine Schutzwand ins Blickfeld. Daher war die Kameraposition von vornherein festgelegt ..."

Ausgesprochen wichtige Faktoren für die Individualität eines Fotos sind dagegen Licht und Himmel. Extreme Wetterlagen können zu ganz außergewöhnlichen Bildern führen. Bei einem Himmel voller Sturmwolken beispielsweise wird kein Bild dem anderen gleichen. Es mag verführerisch sein, bei Sonnenauf- oder -untergang und klarem Wetter zu fotografieren, aber dann ist es schwieriger, ein ausgefallenes Foto zu schießen.

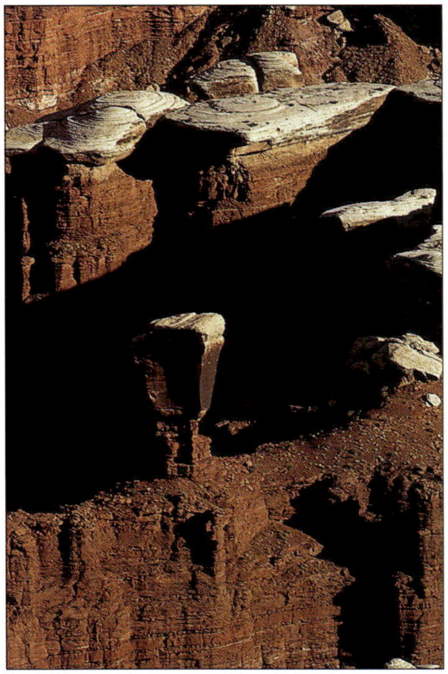

Der passende Rahmen

Die Form des Kamerasuchers ist nicht das einzige Bildformat, das dem Fotografen zur Verfügung steht. Viele Landschaftsaufnahmen gewinnen, wenn man ein anderes Format wählt.

Einer der weniger offensichtlichen Vorzüge der digitalen Fotografie ist, dass sie Variationen des Bildformats zulässt. Die Tragweite dieses Aspekts ist bei weitem noch nicht allen Fotografen bewusst. Dabei bietet die Möglichkeit der freien Formatwahl eine immense kreative Freiheit. In der Landschaftsfotografie ist das bedeutender als bei jedem anderen Sujet. Motive, die unter einem uninteressanten Himmel oder Vordergrund leiden, können davon erheblich profitieren. Zudem erweitert es die Möglichkeiten der Bildkomposition, wenn man Teile des Bildes durch die Wahl eines anderen Formates einfach abschneiden kann. Vordergründig scheint das Bildformat bei Digitalkameras genauso festgelegt wie bei allen Kameras. Worin besteht also der Unterschied? Sofern man gespeicherte Fotos nicht sofort ausdruckt, endet die digitale Fotografie nicht mit Aufnahme. Normalerweise liegt aber zwischen Fotografieren und Drucken der Zwischenschritt der digitalen Bildbearbeitung, die dem Fotografen viele Schneidewerkzeuge zur Verfügung stellt. Und da der Computer so viele Möglichkeiten eröffnet, sollte man sich bei jedem Bild genau überlegen, wie man es beschneidet. Damit nähert sich die digitale Fotografie wieder an die Zeit der alten Schwarz-Weiß-Fotografie an, als die Arbeit in der Dunkelkammer allgemein als eigenständiger, kreativer Schritt galt. Erst durch die schnell und effizient arbeitenden Fotolabore gaben die meisten Fotografen Entwicklung und Druck aus der Hand.

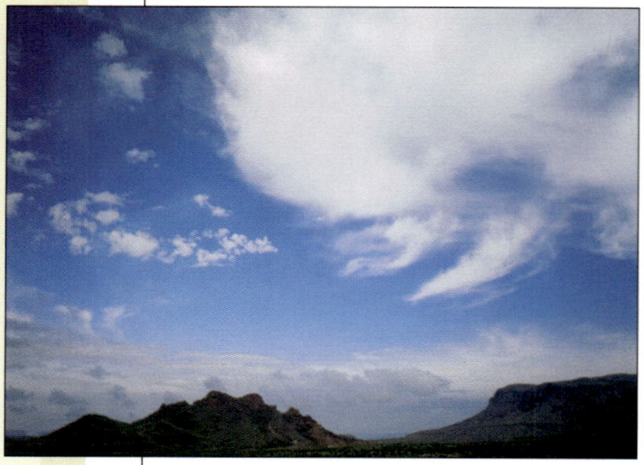

Tiefer Horizont, weiter Himmel
Von diesem Aussichtspunkt im Big Bend National Park in Texas gab es wenig Interessantes im Vordergrund. Nur der Himmel mit den unterschiedlichen Wolken war reizvoll.

Die unterschiedlichen Bildformate

Für jedes Motiv gibt es ein passendes Bildformat, auch persönliche Vorlieben spielen eine Rolle. Durch Beschneiden bieten die Standardformate eine Reihe weiterer Möglichkeiten.

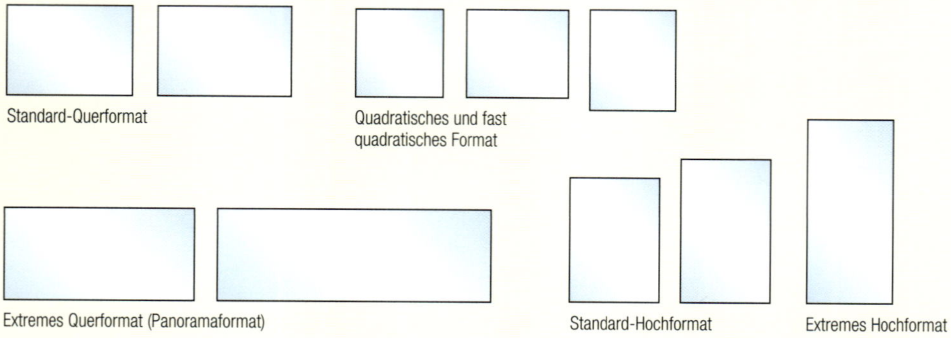

Jetzt aber kann man jedes Bild als Einzelstück bewerten. Die meisten Kamerasensoren – und damit auch Sucher und LCD-Displays – bieten ein Seitenverhältnis von 4:3. Wesentlich seltener findet man das für 35-mm-Film typische Seitenverhältnis 3:2. Natürlich kann praktisch jedes Motiv in einem der Standardformate optisch ansprechend abgebildet werden. Eine der Herausforderungen der Fotografie besteht ja gerade darin, mit dem Raum auszukommen, den der Sucher bietet. Dennoch sollte man sich nicht auf das Format beschränken, das die Kamera vorgibt. Das nachträgliche Beschneiden hat zwei Auswirkungen. Erstens lässt sich die Bildkomposition nachträglich verbessern. Zweitens kann man schon beim Fotografieren einkalkulieren, wie das Bild später beschnitten werden soll.

Die Möglichkeit der feinen Nachbearbeitung sollte genutzt werden. Man schneidet beispielsweise ein Stück des Bildes ab, um einen störend ins Bild ragenden Zweig zu entfernen. Zuerst muss man sich aber erst einmal für eines der grundlegenden Formate entscheiden, wie sie in der Übersicht gegenüber aufgeführt sind. Die meisten Bilder werden im Querformat aufgenommen. Das mag daran liegen, dass die meisten Kameras im Querformat am besten in der Hand liegen. Allerdings könnte man auch argumentieren, dass sie so konstruiert sind, weil die meisten Menschen im Querformat fotografieren. Das Querformat entspricht schließlich unserem natürlichen Sehen am ehesten. Ebenso sind die meisten Landschaften horizontal ausgerichtet und lassen sich am besten im Querformat abbilden.

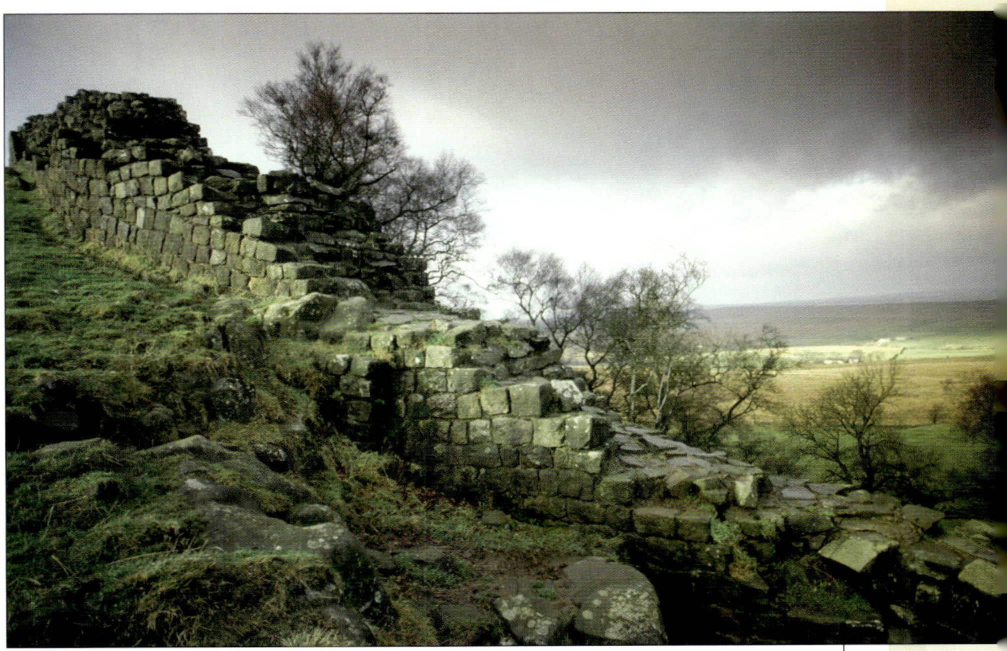

▲ Bildfüllend
Der Hadrianswall wurde von den Römern quer durch ganz Britannien gebaut. An einem Hügel konnte ich ihn so aufnehmen, dass er als Diagonale das gesamte Querformat füllte. Die dunklen Wolken in der oberen rechten Ecke bilden in der Bildkomposition ein gutes Gegengewicht.

▼ Beschnittenes Querformat
Dieses Bild entstand in einem Hochmoor in Wales. Von einem leicht erhöhten Standort aus breitete sich die Landschaft weit aus und verlangte nach einem schlichten und breiten Bildaufbau. Starkes Beschneiden der Ober- und Unterkante des Bildes betont die Weite.

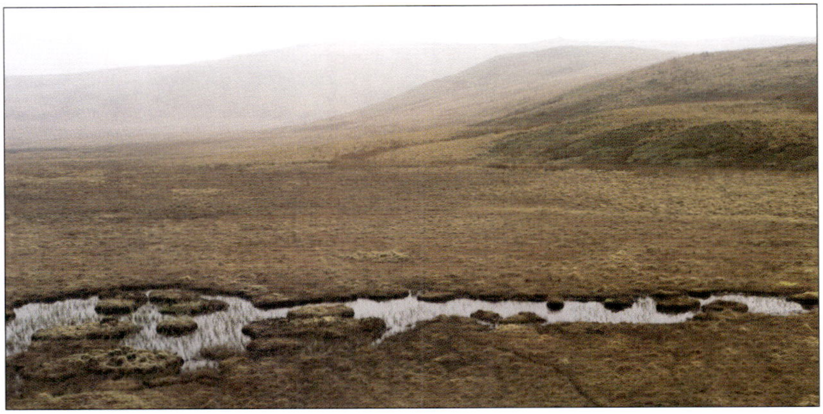

Andere Bildformate

Auch hochformatige und quadratische Bildformate spielen eine Rolle in der Landschaftsfotografie. Nachträgliches Beschneiden des Bildes verbessert oft die Wirkung eines Motivs.

Natürlich kann jede Kamera auch ins Hochformat gedreht werden. Zugunsten der Abwechslung sollte man also das Hochformat nicht vernachlässigen. In der Landschaftsfotografie ist das Hochformat bei Aufnahmen mit dem Teleobjektiv oder bei Perspektiven aus großer Höhe (siehe Bild links) am ausdrucksstärksten. Durch die Komprimierung der Perspektive mit einem Teleobjektiv kann ein Landschaftsfoto im Hochformat schon deshalb interessant sein, weil es die Landschaftsmerkmale hintereinander gestaffelt zeigt – was wir sonst selten wahrnehmen.

Weitwinkelobjektive eignen sich viel weniger für das Hochformat. Da gute Weitwinkelobjektive mindestens einen Bildwinkel von 80° abbilden, macht der Himmel fast immer einen großen Teil des Bildes aus. Da aber ein Himmel leider nur selten wirklich interessant ist, lohnt sich ein solches Foto nur, wenn sich ein sehr auffälliges Motiv im Vordergrund befindet.

Eine weitere Möglichkeit für die Verwendung des Hochformats besteht bei Bildern, deren Hauptmotiv relativ klein ist. Hochformatige Bilder sind für uns etwas schwieriger zu erfassen und das Auge tendiert zur unteren Bildhälfte. Daher bietet sich der untere Bildbereich für die Positionierung kleinerer Motive an. Natürlich eignet sich das Hochformat ausgezeichnet für hohe und schlanke Motive, etwa Bäume. Bei sehr hohen Motiven ist manchmal auch das Beschneiden des Bildes zu einem extremen Hochformat sinnvoll. Das ist ungewohnt und birgt so einen gewissen Überraschungseffekt.

Das quadratische Format geht auf die Mittelformatkameras zurück und wirkt auf den ersten Blick wie ein Zwischending zwischen Quer- und Hochformat. Es hat einen ganz eigenen, allerdings eher strengen und formalen Charakter und eignet es sich hauptsächlich für symmetrische Motive oder grafisch aufgebaute, minimalistische Bilder *(siehe Seite 268–269)*. Solche Bilder können eine angenehme Abwechslung zu den Standardformaten darstellen, wirken aber leicht fad, wenn man zu viele von ihnen hintereinander betrachtet. Muster und Oberflächenstrukturen kommen im quadratischen Format ausnehmend gut zur Geltung, weil sie keine bevorzugte Ausrichtung haben. Natürlich ist das quadratische Format für alle Motive perfekt geeignet, die es gut ausfüllen, beispielsweise ein weit ausladender, einzeln stehender Baum.

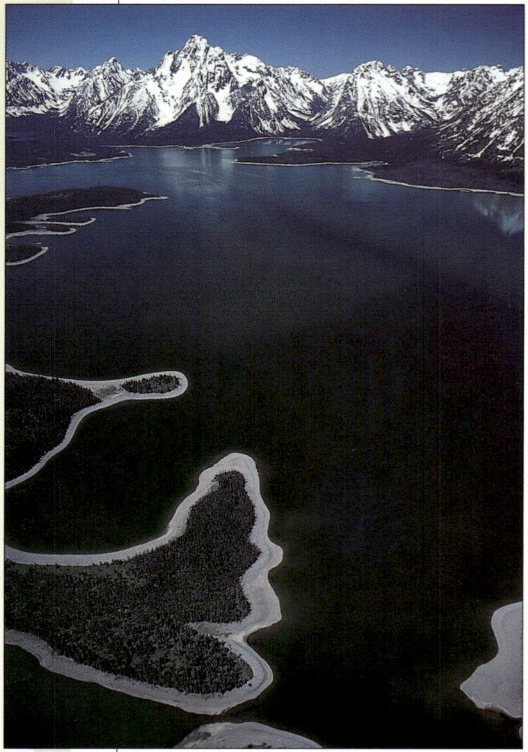

Luftaufnahme im Hochformat

Landschaftsaufnahmen im Hochformat benötigen einen Blickfang im Vordergrund. Bei dieser Aufnahme des Jackson Lake und der Grand Tetons in Wyoming, mit einem 20-mm (KB)-Objektiv, bildete die interessante Küstenlinie ein schönes Gegengewicht zu den Bergen. Je näher das Flugzeug dem See kam, desto eher wurde ein Hochformat dem Motiv gerecht.

Riesenfarn

Das quadratische Format eignet sich hervorragend für dieses Bild eines großen Baumfarns an einem Berghang, da es keine spezifische Ausrichtung hat. Thema dieses Bildes sind die sich ähnelnden Farbtöne und Oberflächenstrukturen, die das Bild vollständig ausfüllen.

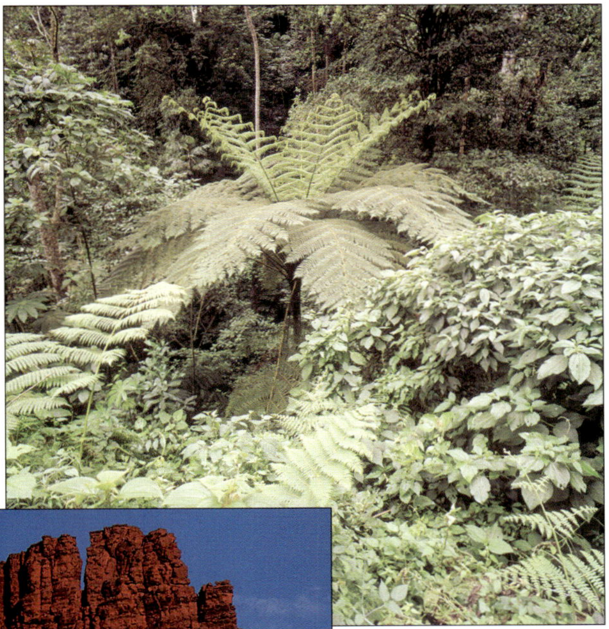

Beschneiden/Erweitern

Für nachträgliche Veränderungen des Bildformates verwendet man das Schneidewerkzeug eines Bildbearbeitungsprogramms, das intuitives Arbeiten ermöglicht. Alternativ kann man die Bildgröße im Programm verändern. Eine weitere Möglichkeit besteht darin, mehrere überlappende Fotos aufzunehmen und später zusammenzufügen *(siehe Seite 242–243)*

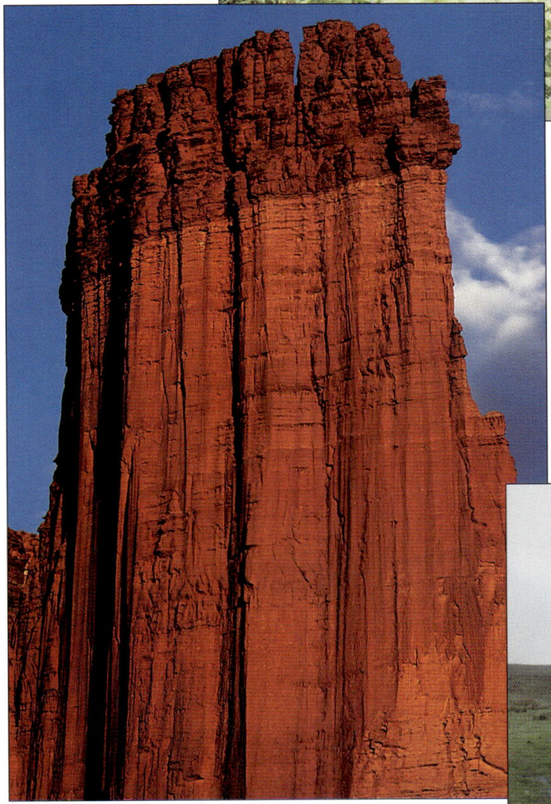

Spiegelreflex-Format

Die Proportionen dieses Sandsteinfelsens kommen dem für digitale Spiegelreflexkameras typischen Seitenverhältnis von 2:3 sehr nahe, wodurch er den Bildrahmen fast perfekt ausfüllt. Die Aufnahme betont den Farbkontrast zwischen Felsen und Himmel.

Mesa Lila

Auch dieser einzeln stehende Stein aus der Bronzezeit (Wales) ist ein perfektes Motiv für ein Hochformatbild. Im Querformat wäre dies eher eine Landschaftsaufnahme mit dem Stein als Akzent im Vordergrund.

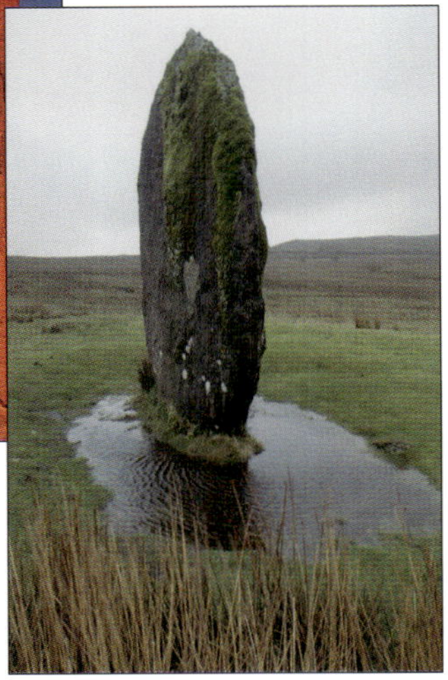

Extremes Hochformat

Eine riesige Douglas-Fichte in einer sehr engen Schlucht ist eine der fantastischen Sehenswürdigkeiten des Bryce Canyon National Park in Utah. Nur von einem Standort aus kann man den Baum im Ganzen sehen. Die Ausrichtung verlangt nach extremem Hochformat.

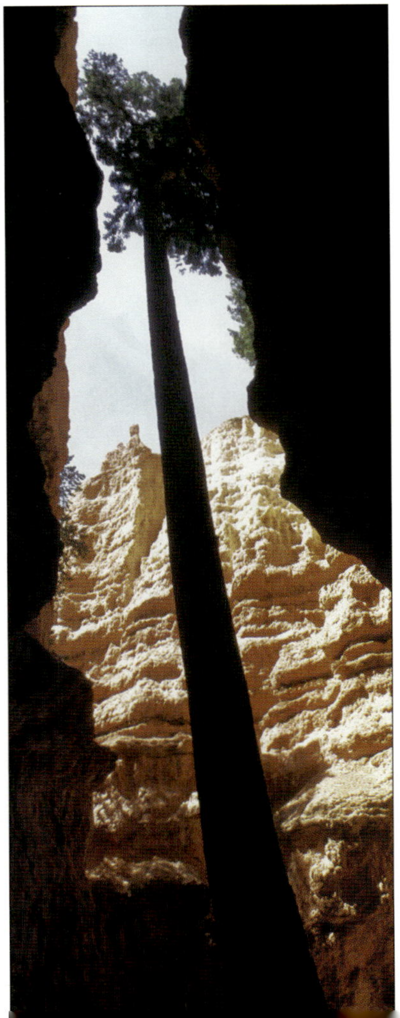

Panoramen

Obwohl Panoramaaufnahmen durch ihr extremes Querformat manchmal übertrieben wirken, bilden sie in der Landschaftsfotografie wegen ihrer langen Tradition eine besondere Kategorie.

Eine exakte Definition für das Panoramaformat gibt es nicht. Normalerweise bezeichnet man Fotos, die mindestens doppelt so breit wie hoch sind - also ein Seitenverhältnis von 1:2 oder mehr aufweisen - als Panoramaaufnahmen. Die Dynamik solcher Bilder unterscheidet sich erheblich von der des normalen Querformats bei Digitalkameras. Das Panoramaformat ist jedoch ideal für die Landschaftsfotografie, da es der Art und Weise entspricht, wie wir visuelle Eindrücke wahrnehmen. Wir erfassen eine Ansicht nicht mit einem Blick. Vielmehr überfliegen unsere Augen ein Terrain, nehmen Details wahr und setzen dann den Gesamteindruck zu einem Bild zusammen. Für das menschliche Auge ist die Seitwärtsbewegung am natürlichsten. Tatsächlich nehmen wir Landschaften meist als horizontale Bilder wahr, gegliedert durch einen deutlich definierten Horizont und andere Linien, die in der Ferne zusammenlaufen, etwa Berge oder Hügelketten. Den oberen Teil des Himmels, der in unserem Sichtfeld liegt, ignorieren wir weitgehend.

Detailfreude

In starker Vergrößerung und aus der Nähe betrachtet ziehen Panoramen den Betrachter förmlich in das Bild hinein. Durch die große Reproduktion (idealerweise größer als unten abgebildet) wird das Auge eingeladen, die Details einer Landschaft zu erkunden, die nicht einmal auffällige oder hervorstechende Merkmale enthalten muss. Bei diesem Bild unterstreicht das Licht nach einem abendlichen Gewitter die Feinheiten der Felder und Hügel.

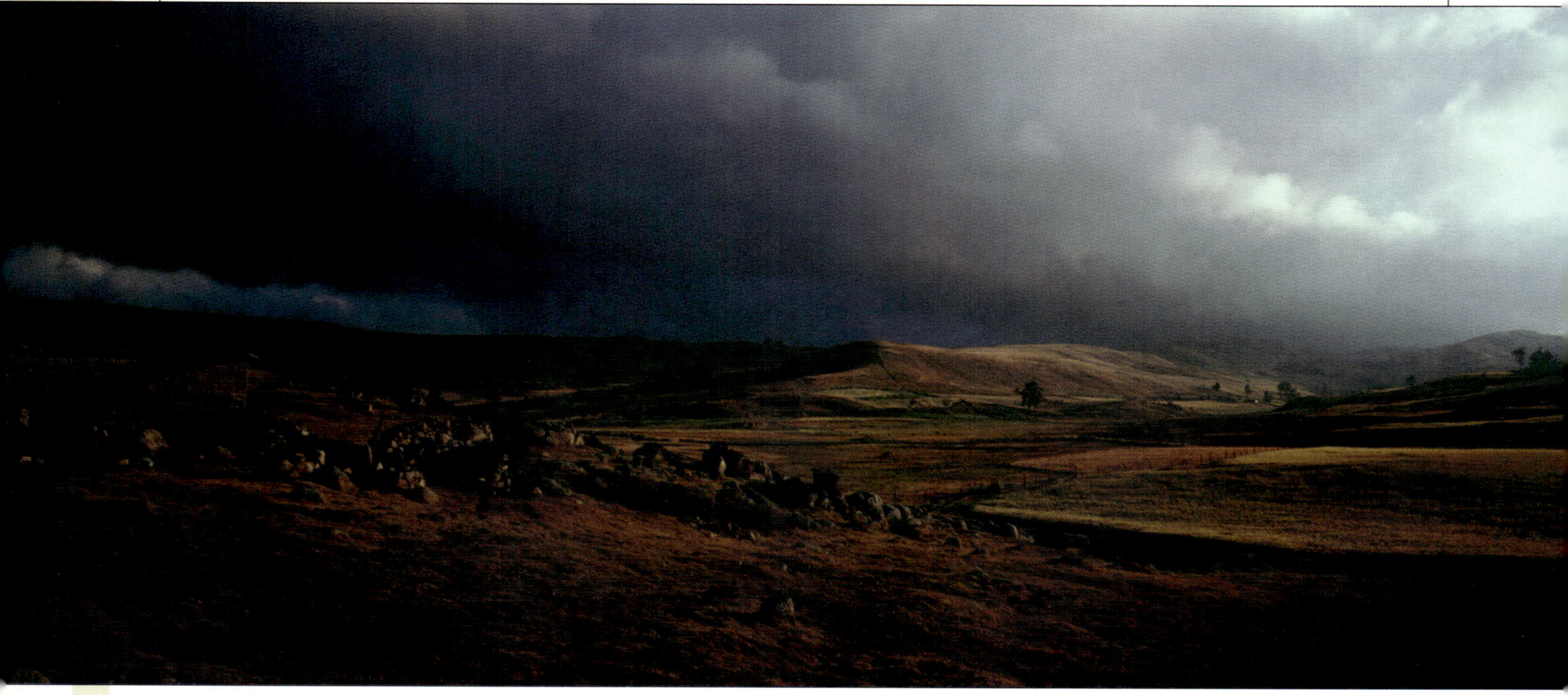

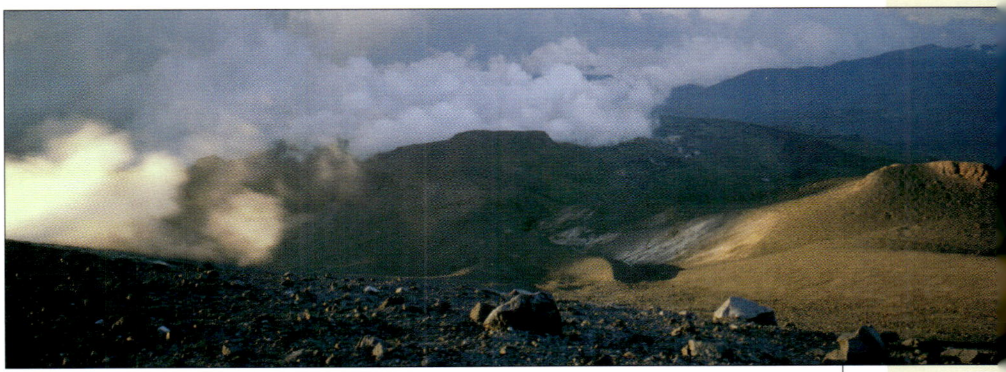

Panoramafotos wirken am authentischsten, wenn sie stark vergrößert sind und von Nahem betrachtet werden können, darum spielt auch die Präsentation solcher Bilder eine wichtige Rolle. Ideal für solche Zwecke wäre ein großes Format. (Die wachsende Beliebtheit von Großfernsehern mit Breitbildformat ist ein weiterer Hinweis darauf, wie angenehm die meisten Menschen dieses Bildformat empfinden.)

Bilder im extremen Querformat, zum Beispiel mit einem Seitenverhältnis von 1:4, haben eine Besonderheit. Betrachtet man sie aus angenehmer Entfernung, kann man nicht das gesamte Bild sehen. Die Seitenränder liegen außerhalb unseres Gesichtsfeldes, genau wie beim Betrachten einer Landschaft in der Natur. Dadurch wirken solche Bilder – zumindest in der Theorie – realistischer, denn der Betrachtungsprozess verlangsamt sich, das Interesse an der Erkundung des Bildes hält länger an.

Die Digitalfotografie ist zweifellos das perfekte Mittel zur Herstellung von Landschaftspanoramen. Zu Zeiten der konventionellen Fotografie auf Film gab es nur zwei Möglichkeiten. Entweder konnte man das Negativ oder Dia oben und unten beschneiden, wodurch man aber bei stärkerer Vergrößerung Einbußen in der Schärfe hinnehmen musste. Oder man verwendete eine spezielle und sehr teure Panoramakamera mit extrabreitem Filmstreifen. Solche Kameratypen werden heute noch produziert. Die digitale Fototechnik aber macht es möglich, eine Serie einander überlappender Einzelfotos aufzunehmen und diese zu einem Panorama zusammenzusetzen. Mit der Entwicklung ausgezeichneter Spezialsoftware für diesen Zweck (so genannte Stitching-Software) ist dieses Verfahren recht unkompliziert geworden. Viele Kamerahersteller integrieren diese Software sogar in ihr mitgeliefertes Software-Paket, was für die Beliebtheit von zusammengesetzten Panoramen spricht, die wir auf den folgenden Seiten näher besprechen werden.

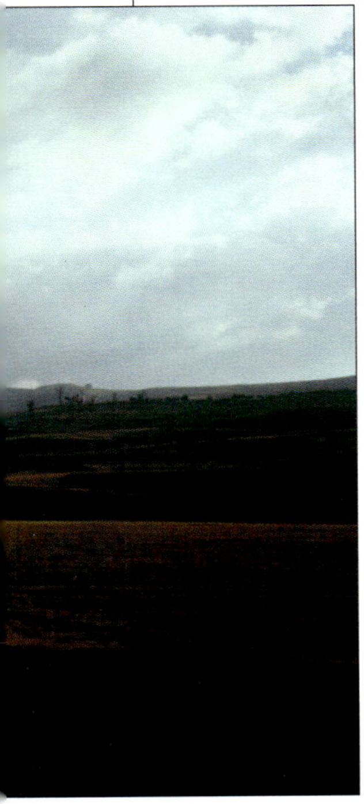

Horizontale Augenbewegung
Die Bildkomposition von Landschaftspanoramen im extremen Querformat wirkt oft gelungener, wenn bestimmte Elemente das Auge von einer Seite zur anderen durch das Bild führen. Dieses Bild wurde am späten Nachmittag kurz unterhalb der Spitze eines Vulkans in den Anden aufgenommen. Das Terrain fällt vom linken Vordergrund zum rechten Hintergrund hin ab und wird teilweise durch die Wolken abgegrenzt. Eine Gaswolke des Vulkans zieht den Berghang herunter (leicht verschwommen wegen der langen Belichtungszeit bei schwindendem Licht) und verstärkt den Eindruck einer vorgegebenen Richtung.

Stitching und Mosaike

Programme, mit denen man Einzelbilder zu weiten Landschaftspanoramen zusammenfügen kann, sind sehr praktisch und gehören heute zum Grundrepertoire der digitalen Fotografie.

Panoramen haben eine lange Tradition in der Landschaftsabbildung. Durch die digitale Fotografie sind sie zu neuer Blüte gelangt. Stitching-Software ist ein ausgezeichnetes Beispiel, wie Technologie kreative Prozesse unterstützt. Es ist sehr einfach geworden, überlappende Einzelfotos nahtlos zu einem einzigen Bild zusammenzufügen. Bei vielen Digitalkameras ist ein Stitching-Programm bereits im Software-Paket enthalten, die Qualität der Programme differiert aber. Die Unterschiede in der Benutzerfreundlichkeit sind erheblich, so erfordern die besseren Programme nahezu keine Vorkenntnisse. Und nur eine Software, die sich einfach und schnell bedienen lässt, ist ein wirklich praktisches Hilfsmittel.

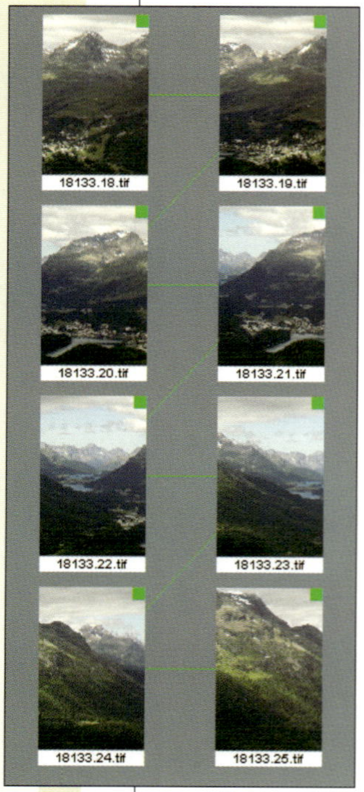

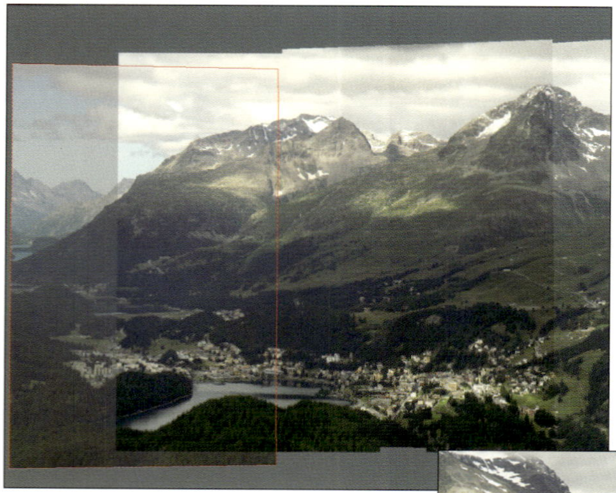

Stitcher

Die hier gezeigte Sequenz wurde mit dem Programm Stitcher 3.5 von RealViz schnell und einfach zusammengesetzt. Den Blick von einem Berg in den Schweizer Alpen habe ich mit einem 160-mm-Objektiv ohne Stativ aufgenommen. Die Einzelbilder habe ich in relativ schneller Folge von rechts nach links und mit einer Überlappung von etwa 40% fotografiert. Wegen des Teleobjektivs trat dabei keine Verzerrung auf. Der einzige Nachteil war ein geringfügiger Verlust in der Höhe des Fotos, da die Sequenz durch das Fotografieren ohne Stativ etwas unregelmäßig geriet.

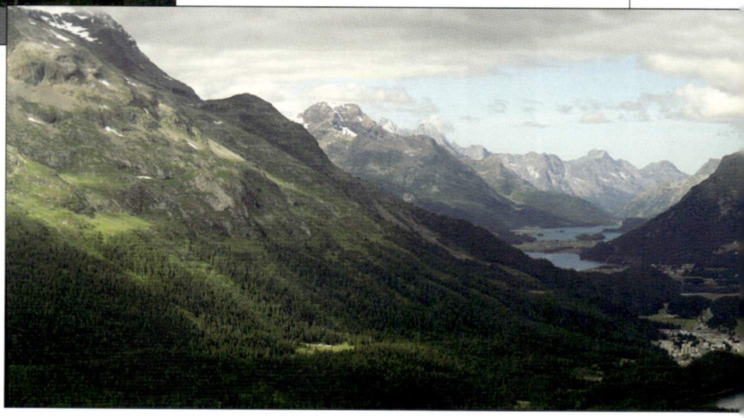

Stitching und Mosaike

1. Laden und Einsetzen der Bilder mit Drag-and-Drop.
2. Viele automatisierte Funktionen.
3. Aus der Hand fotografierte Sequenzen können verarbeitet werden.
4. Brennweite und Verzerrungen werden erkannt.
5. Das Dateiformat, mit dem Sie normalerweise aufnehmen, kann bearbeitet werden.
6. Manuelle Stitching-Funktion.
7. Plane Ausgabe sowie zylindrische und andere Formate.

Stitching-Programme eignen sich auch zum Erzeugen zylindrischer und sphärischer Bilder, das Hauptanwendungsgebiet für den Hobbyfotografen ist aber das Zusammensetzen von Einzelfotos zu einem Panorama. Stitching-Programme orientieren sich an identischen Merkmalen in nebeneinander liegenden Bildrahmen. Das Resultat fällt umso besser aus, je mehr Information sie bekommen. Eine 50-prozentige Überlappung ist daher ein gutes Maß. Am einfachsten ist es, die Einzelbilder in einer langsamen, seitlichen Schwenkbewegung der Kamera aufzunehmen (siehe Abb. gegenüber). Dabei sollte man sich jeweils ein auffälliges Bildelement an einer Seite merken, das in der nächsten Aufnahme zur Bildmitte wird. Idealerweise wird die Kamera um eine feste Achse gedreht. Ganz so penibel muss man heute nicht mehr sein, sofern man nicht aus sehr geringer Entfernung mit einem extremen Weitwinkelobjektiv fotografiert. Während der anschließenden Bildbearbeitung gleicht die Software Ton- und Farbwerte ab. Daher sollte die Belichtungszeit bei allen Bildern gleich sein – also manuell und nicht automatisch eingestellt werden.

Eine weitere Anwendungsmöglichkeit der Software ist der Aufbau eines größeren Bildes aus kleineren Einzelfotos. Dieses Verfahren bietet sich etwa an, um Bilder zu erstellen, deren Auflösung höher ist als die der Kamera. Man wählt einfach eine längere Brennweite und fotografiert das gewünschte Motiv in mehreren Einzelbildern. Außerdem lässt sich auf diese Weise ein bestimmter Blick, der für den Bildausschnitt eigentlich zu groß wäre, mit der jeweils benötigten Anzahl von Einzelbildern abdecken und später am Computer zu einem Gesamtbild zusammensetzen. Dies sind die wichtigen Anwendungen für realistische Fotos. Daneben gibt es natürlich auch andere, kreative Ansätze, etwa die Komposition eines Mosaiks. Hier geht es nicht um nahtlose Übergänge, sondern um Effekte im Stil des Kubismus.

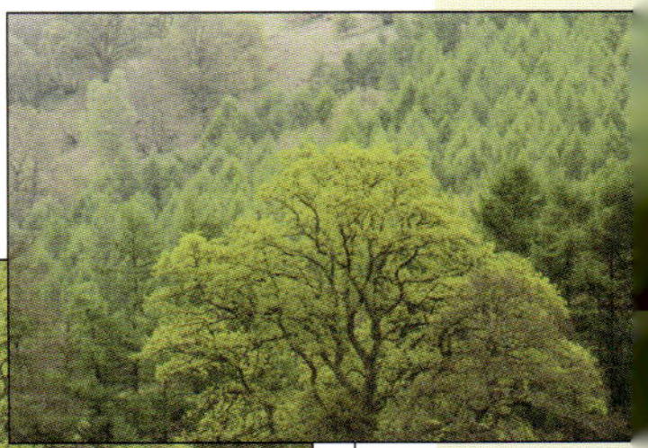

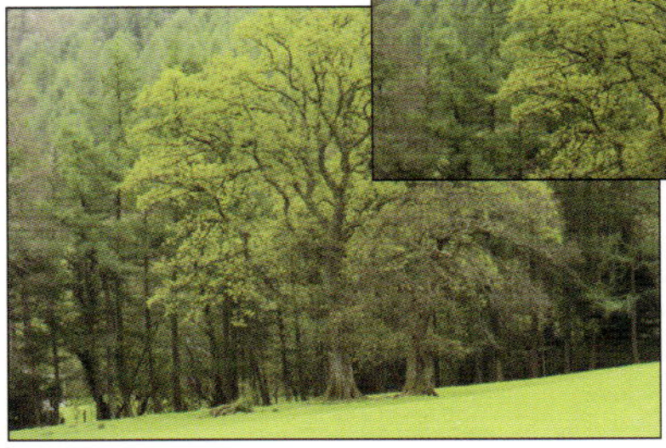

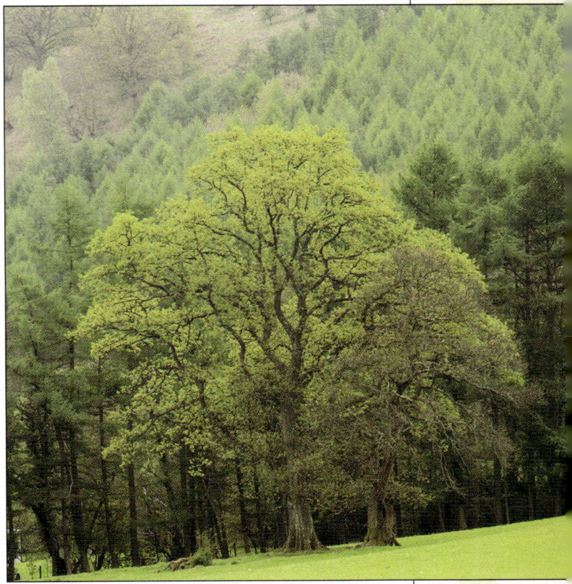

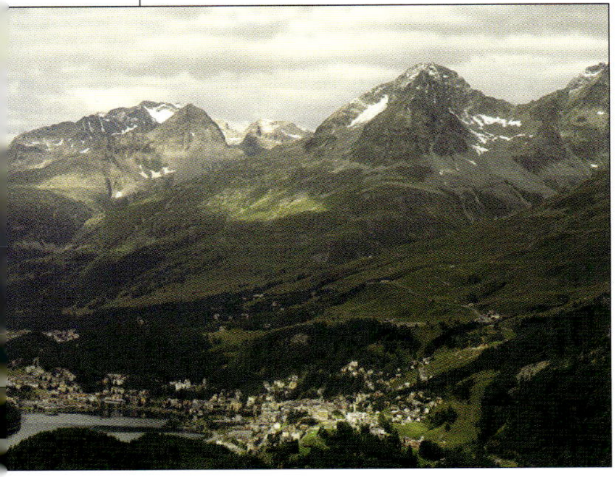

Aufnahme einer Panoramasequenz

Wählen Sie einen guten Standort und fotografieren Sie die gesamte Sequenz von dort aus. Führen Sie, ohne zu fotografieren, die Schwenkbewegung der Kamera in einem Zug von links nach rechts oder von rechts nach links aus, um die Anzahl der erforderlichen Einzelfotos abschätzen zu können. Denken Sie dabei an die Überlappung. Suchen Sie in jedem Bild ein Detail am unteren Außenrand, das sie im nächsten Bild in der Mitte des unteren Randes platzieren. Damit die Bilder zusammenpassen, wählen Sie manuell eine Belichtung, die ein möglichst großes Spektrum an Tonwerten erlaubt. Um Gegenlicht zu vermeiden, stellt man sich am besten so, dass die Sonne verdeckt wird, z. B. durch einen Baum.

Höhere Auflösung Bei dieser Aufnahme konnte ich einfach nicht weit genug zurückgehen, um den Baum mit einem 270-mm-Objektiv ganz aufs Bild zu bekommen. Daher entschied ich mich für zwei überlappende Fotos und erhielt gleichzeitig eine höhere Auflösung. Ein Stitching-Programm verschmolz die beiden Bilder.

Interaktive Landschaften

Panoramen laden den Betrachter dazu ein, das Bild zu erkunden und Details zu entdecken. Am intensivsten ist die Wirkung jedoch, wenn solche Bilder großformatig präsentiert werden.

Beim Betrachten einer interessanten Landschaft versuchen wir zunächst, diese als Ganzes zu erfassen. Die Augen schweifen und gewinnen dabei einen Eindruck der Größenverhältnisse, der zahlreichen Details und der Proportionen von Vorder- und Hintergrund. Darin liegt der Reiz von Aussichtspunkten: Sie bieten einen weiten Blick voller Details.

Ein Foto, das einen überzeugenden Eindruck einer Landschaft vermitteln soll, muss sorgfältig geplant werden. In der natürlichen Landschaft setzen unsere Augen ein Bild aus den Informationen zusammen, die sie beim Schweifen und beim Erfassen der Details sammeln. Soll ein Panoramafoto diesen Effekt erzielen, muss es sehr groß präsentiert werden. Nur so wird der Betrachter auch bei normaler Entfernung gezwungen, den Blick schweifen zu lassen, um das Bild von Rand zu Rand zu erfassen.

Extreme Querformate, wie die hier abgebildeten, geben den Augen die Möglichkeit, im Bild umherzuwandern. Steht man nahe genug vor dem Bild, entdeckt man immer neue Details, auch wenn dies in wenigen Sekunden geschieht. Solche Fotos wirken intensiver als normale Aufnahmen, weil wir ihre Betrachtung als aktiven Prozess empfinden. In ähnlicher Weise vermitteln auch Spezialkinos mit extrem breiter Leinwand dem Betrachter die Illusion, mitten im Geschehen zu stehen. Dennoch braucht man beim Fotografieren eines Panoramas nicht zu versuchen, alle Eindrücke zu erfassen. Der Bildrahmen lässt sich mit einem Storyboard vergleichen, bei dem an verschiedenen Stellen Unterschiedliches passiert. Die Wirkung bleibt sogar erhalten, wenn man das Bild optisch in fensterähnliche Felder gliedert.

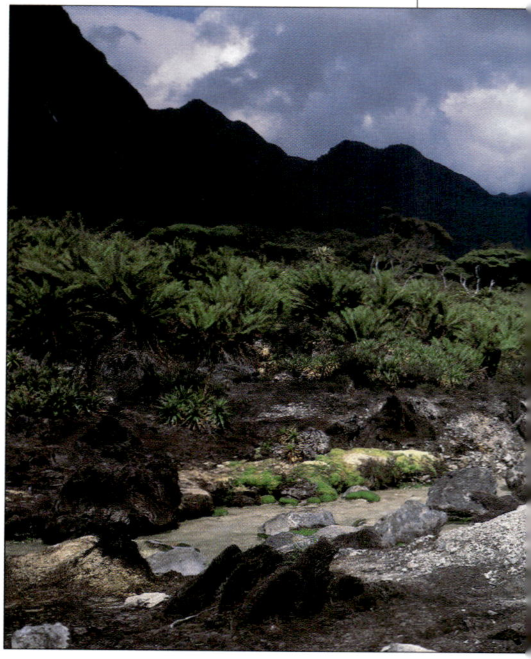

Andenlandschaft
Das extreme Querformat entspricht den menschlichen Sehgewohnheiten, darum eignet es sich gut zum Komponieren von Landschaftspanoramen. Bei diesem Bild liegt der Hauptfokus auf dem pastellig gefärbten Fluss. Die Vegetation ringsherum tritt aber nicht in den Hintergrund, sondern unterstützt die Wirkung der Szenerie.

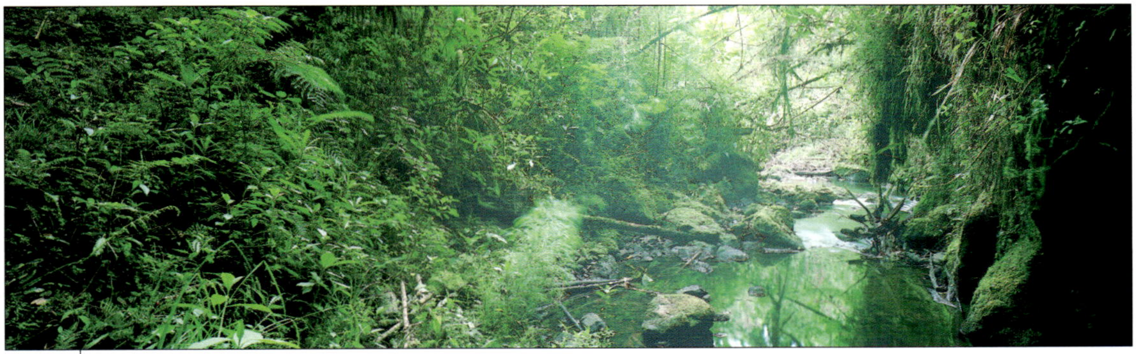

Regenwald

Den Regenwaldausschnitt habe ich bewusst ohne Horizont und offene Landschaft gewählt. Durch die Integration eines breiten Streifens wild wuchernder Pflanzen am linken Rand wirkt das Foto, als dehne sich der Regenwald endlos um den Betrachter aus.

Sonnenuntergang

Dieses minimalistische Panorama habe ich am späten Abend auf den schottischen Hebriden bei klarem Himmel aufgenommen. Als die Sonne gerade die Hügel berührte, verschwanden alle Details und übrig blieb ein schmales horizontales Band. Das Panoramaformat war hier optimal.

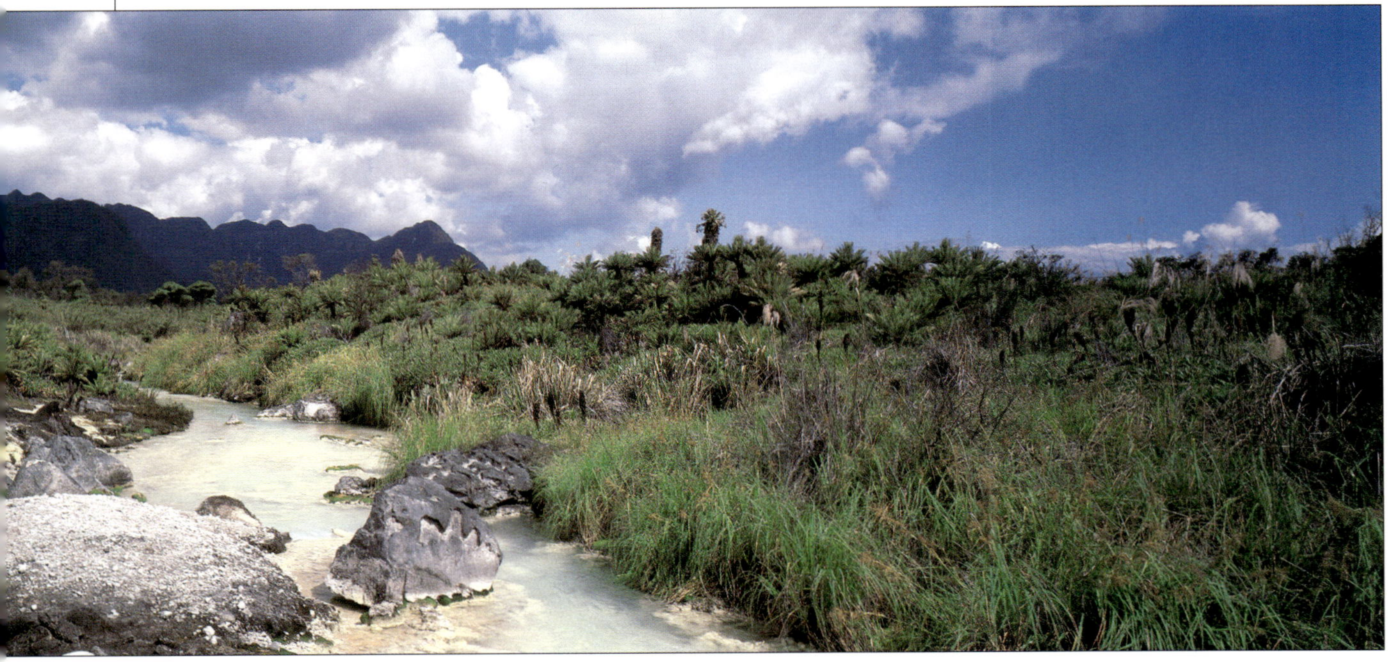

Natürliche Rahmen

Obwohl die Grenze zum Klischee schmal ist, können überhängende Äste und andere natürliche Rahmen die Bildkomposition aufwerten – wenn man sie sparsam einsetzt.

Manchmal findet man natürliche Bildelemente, die sich als Rahmen innerhalb eines Fotos anbieten. Das können so offensichtliche Dinge wie ein Torbogen oder ein ausladender Ast sein. Andere Elemente sind weniger offensichtlich und ergeben sich nur aus der gewählten Kameraposition. Wie andere fotografische Kunstgriffe zeigt auch dieser nur seine volle Wirkung, wenn er selten eingesetzt wird. Greift man zu oft auf dieses Stilmittel zurück, wird es vorhersehbar und zum Klischee.

Bei einer stimmigen Komposition hingegen wird das Bild durch ein solches Element erst abgerundet. Das liegt zum Teil daran, dass der natürliche Rahmen ein Teil der Szenerie ist und kein willkürlich hinzugefügtes Element, wie der rechteckige Sucherrahmen der Kamera. Umschließt ein natürlicher Rahmen eine Szenerie, erhält die Bildkomposition einen formellen Charakter. Zwangloser und üblicher ist die entgegengesetzte Herangehensweise, bei der die einzelnen Motivelemente sich ausbreiten und bis über den Rand des Bildformates hinausragen. Die Rahmung hingegen gibt die Blickrichtung deutlich vor und bündelt die Aufmerksamkeit auf das Zentralmotiv. Gleichzeitig bildet ein solcher natürlicher Rahmen auch einen definierten Vordergrund. In Kombination mit der Szenerie im Hintergrund verleiht er dem Bild so Tiefe, wodurch die Augen des Betrachters ebenfalls in das Bild hineingezogen werden. Es entsteht der Eindruck, als blicke man durch den Rahmen von einer Szene in die nächste.

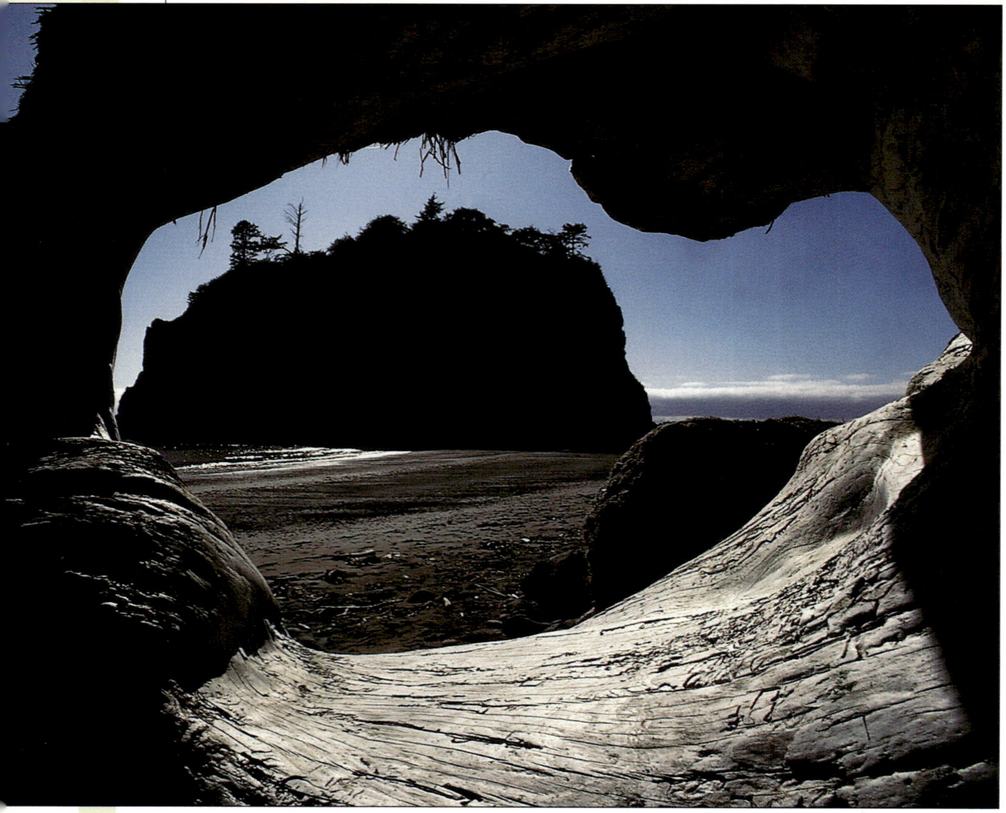

Fensters zum Strand

Ein glücklicher Zufall: Das Treibholz an einem Strand im US-Bundesstaat Washington bildete nicht nur ein Fenster mit Blick auf eine Felseninsel in der Bucht, sondern spiegelte gleichzeitig ihre Form wieder. Durch die Kombination aus Brennweite und Kameraposition entsteht ein genau definierter Rahmen.

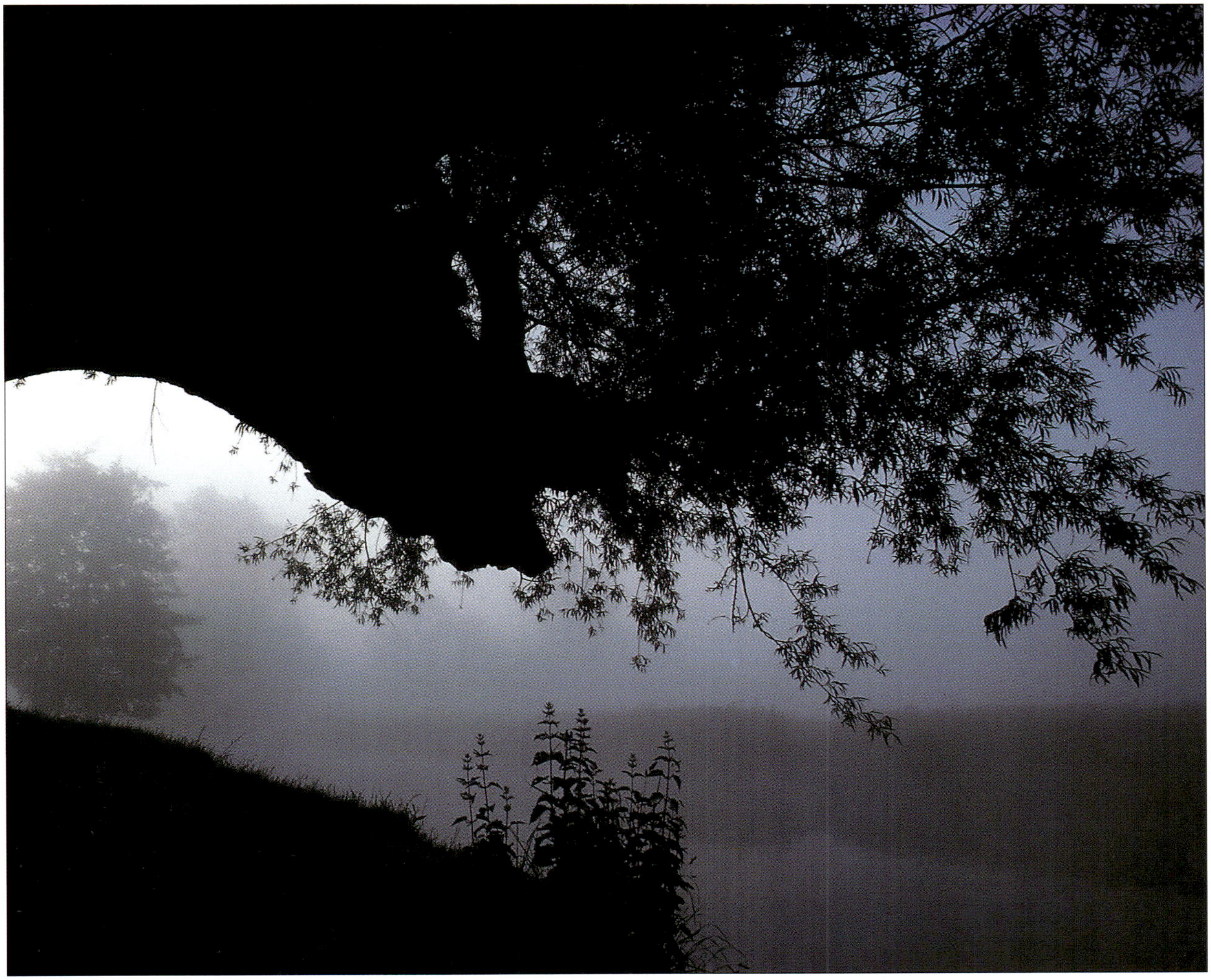

Bäume und Äste gehören zu den beliebtesten natürlichen Rahmen. Gut geeignet sind aber auch Felsbögen, Höhleneingänge, offene Türen oder Lücken in Zäunen. Eine reizvolle grafische Wirkung entsteht, wenn der Rahmen selbst im Schatten liegt, die Szene dahinter aber im hellen Licht. Hat der Rahmen eine interessante Struktur – wie ein Baumstamm mit auffälliger Rinde oder ein verwittertes altes Tor – verstärkt dies den Ausdruck des Bildes. Experimentieren Sie auch mit der Relation zwischen dem natürlichen Rahmen und der Bildbegrenzung durch den Sucher. Je größer der Abstand zwischen Bildbegrenzung und natürlichem Rahmen, desto geringer ist die strukturierende Wirkung. Bleibt zwischen beiden Rahmen nur ein schmaler Streifen, kann allein dieser schon eine interessante Form ergeben.

Überhängende Äste
Im Morgennebel am Ufer des Flusses Stour im Osten Englands präsentierten mir Eichen, Weiden und andere Bäume eine große Auswahl an schönen Silhouetten. Der Schwung dieses herabhängenden, dicken Astes bot sich als natürlicher Rahmen geradezu an. Wieder waren die Wahl der Brennweite und der Kameraposition entscheidend, um den Blick auf den hinten stehenden Baum im Nebel freizugeben.

Blickfang

Ein Ansatz der klassischen Landschaftsfotografie ist die Hervorhebung eines bestimmten Motivelements, sodass es die Bildkomposition beherrscht.

Ein wesentliches Anliegen der Landschaftsfotografie besteht darin, den Unterschied zwischen Abbildung und Betrachtung der natürlichen Szene zu betonen und zu würdigen. Der gewählte Bildausschnitt bestimmt den Blick und damit die Wahrnehmung. Statt die Augen wandern zu lassen, hier und da Details zu erfassen, dann weiter zu schweifen und allmählich einen Gesamteindruck aufzubauen, wird der Blick durch ein Foto kanalisiert und konzentriert. Dabei ist es nun ganz natürlich, dass das Auge nach Referenzpunkten sucht, die dem Bild einen Sinn geben.

Ansel Adams, der viel über seine Arbeitsmethoden geschrieben hat, war der Ansicht, dass „man in der Landschaftsfotografie das Bild von allem Überflüssigen befreien muss." Mit anderen Worten: Entscheide dich, worum es bei einem Bild geht, konzentriere dich auf ein oder zwei Elemente und komponiere das Bild so, dass sie herausstechen. Es gibt auch andere Wege, ein Landschaftsbild aufzubauen, doch ist es gewiss sinnvoll, sich zunächst auf ein dominantes Element zu konzentrieren.

Ein einzelner Blickfang lässt dem Fotografen viele Freiheiten. Man kann um ihn herumwandern, näher herangehen oder ihn durch Verwendung eines Teleobjektivs vergrößern. Die Beispiele links zeigen, wie die Kameraperspektive den Bildausdruck verändern kann. Füllt das Element das Bild, ist die visuelle Wirkung meist sehr stark, ist es hingegen klein und isoliert, verschmilzt es stärker mit seiner Umgebung. Entscheiden Sie zunächst, für welche Herangehensweise sich das gewählte Motiv am besten eignet. Füllt das Element das Bildformat aus, sind mehr Details zu erkennen, während überflüssige oder ablenkende Umgebungsbereiche ausgeblendet werden. In manchen Fällen ist die Umgebung aber wich-

Auf den Punkt gebracht
Das Sujet ist hier ein Wasserfall im Wald. Von weitem ergab sich eine attraktive Perspektive, dennoch hatte der Blick nichts wirklich Originelles. Also suchte ich eine weniger offensichtliche Perspektive. Mit einem Objektiv mit längerer Brennweite konnte ich das Wasser formatfüllend ins Bild setzen und die Äste im Vordergrund fokussieren. Der Wasserfall ist durch die lange Belichtungszeit verschwommen, aber er ist als Teilmotiv klar zu erkennen.

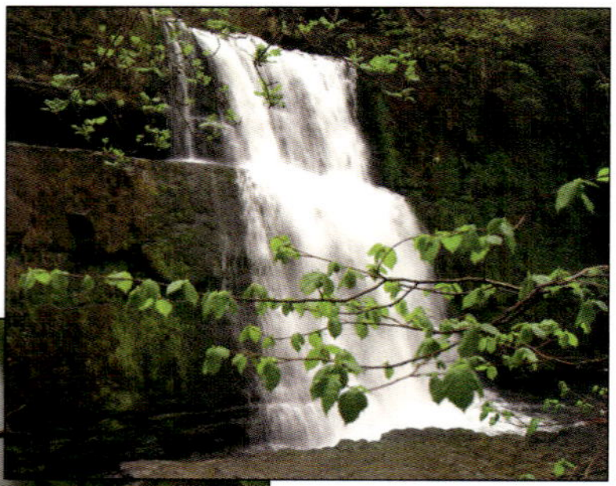

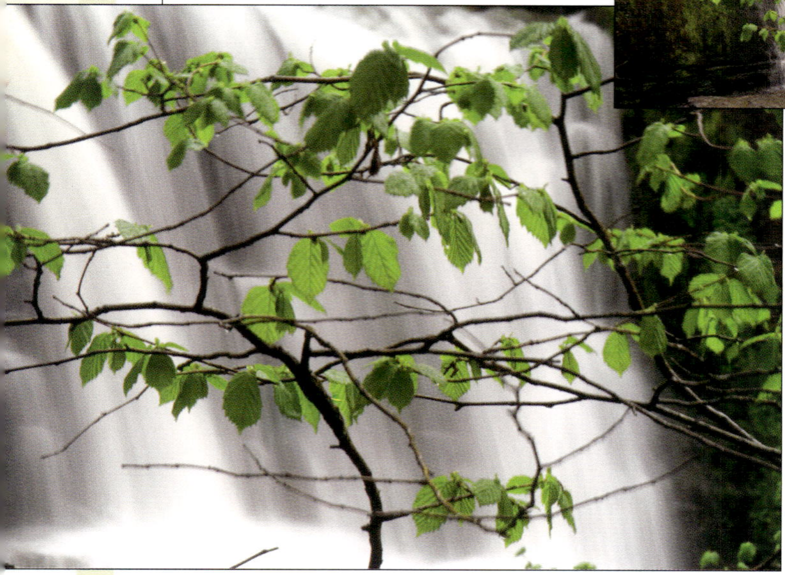

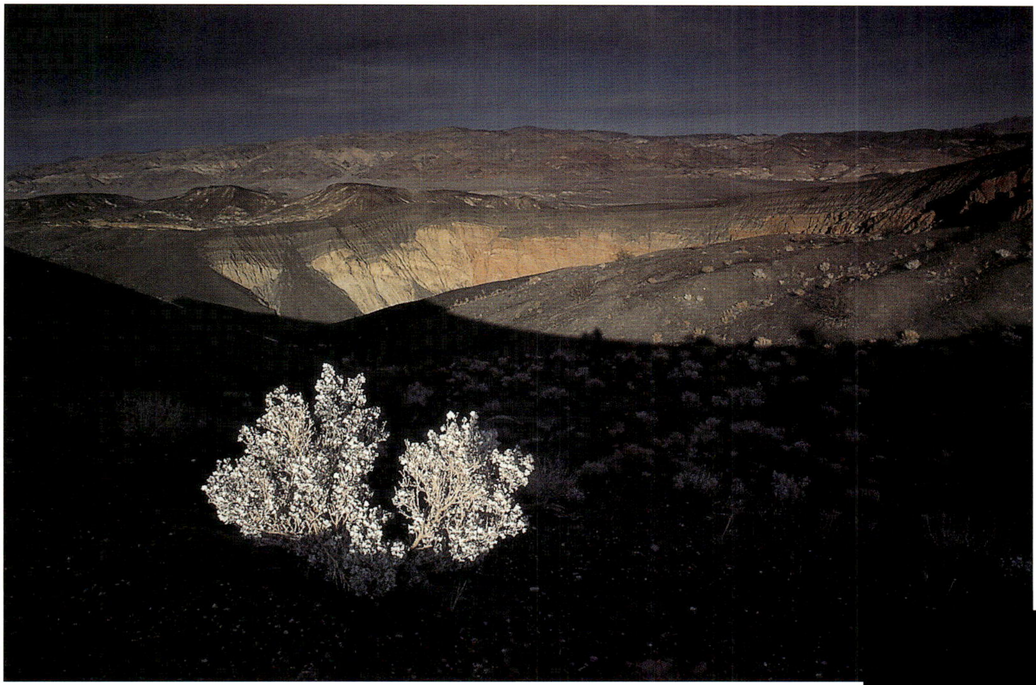

tig, etwa weil sie relevante Informationen liefert, das Motiv in einen Kontext stellt oder einfach den Bildaufbau bereichert.

Soll der Hintergrund integriert werden, kann man das Motiv fast beliebig im Bildrahmen positionieren. Die unterschiedlichen Positionen verleihen dem Bild nur eine andere Aussage. Nehmen wir beispielsweise einen Baum, der alleine auf einer Klippe an der Küste steht. Er ist etwas schief gewachsen und fast alle Äste verlaufen mit dem Wind. Dies ist ein klassisches Motiv, das implizit Bewegung und eine bestimmte Richtung ausdrückt. Rückt man dieses Motiv an den rechten oder linken Rand des Bildes, verstärkt sich dieser Eindruck von Bewegung. Sie ist entweder nach außen oder innen gerichtet, je nachdem, für welchen Rand man sich entscheidet. Positioniert man nun in einer Ecke des Bildes eine kleine Person, spielt der Hintergrund eine ganz andere Rolle. Gestalten Sie Ihr Bild nie zu offensichtlich. Ein Motiv genau in der Mitte des Bildes wirkt meist langweilig. Und je näher Sie Ihrem Motiv sind, desto weniger Möglichkeiten haben Sie, die Motivposition im Bild zu verändern. Probieren Sie einen näheren oder weiter entfernten Standort aus oder verändern Sie die Brennweite. Generell hat ein formatfüllendes Motiv mit kleinem Hintergrundanteil eine stärkere Wirkung auf den Betrachter. Das bedeutet aber nicht zwangsläufig, dass ein solches Bild besser ist.

Das Licht bestimmt den Fokus

Später Nachmittag am Ubehebe-Krater im Death Valley. Die schwarze Vulkanerde bildet einen herrlichen Kontrast zu nahezu allen Elementen der Umgebung. Als die sinkende Sonne gerade den Kraterrand berührte, ließ sie einen einsamen Busch silbrig leuchten. Ein absoluter Glücksfall. Ich musste nur noch das richtige Objektiv und einen geeigneten Standort finden, an dem ich das Motiv vor einem noch im Sonnenlicht liegenden Hintergrund absetzen konnte – dem gegenüberliegenden Rand des Kraters. Anschließend suchte ich nach einem gegensätzlichen Blick und fotografierte die Silhouette des Baumes aus dem Krater heraus. Auch dieses Bild ist sehr interessant, allerdings detailärmer und weniger eindrucksvoll.

Der Horizont

Ein Merkmal der Landschaftsfotografie ist die Horizontlinie als Motivelement – und die kompositorische Freiheit, ihre Platzierung zu bestimmen.

Bei Landschaftsmotiven wie bei anderen weiten Blicken sorgt der Horizont für seine ganz eigene Unterteilung des Bildformats. Je stärker der Kontrast zwischen Himmel und Erde, desto deutlicher durchschneidet der Horizont das Foto. Verläuft er nahe der Ober- oder Unterkante des Bildes, oder ist die Landschaft karg, beherrscht er leicht die Bildkomposition.

Je nach Szenerie kann man die Horizontlinie fast überall im Bild positionieren, von nahe der Oberkante bis kurz über der Unterkante. Die konventionelle Lösung ist eine ungefähre Dreiteilung der Bildhöhe, wobei zwei Drittel von dem interessanteren Element eingenommen werden - entweder Himmel oder Landschaft. Meist entscheiden wir dabei intuitiv richtig, weil sich eine stimmige Position für den Horizont schon aus der Szenerie ergibt. Wenn Sie unsicher sind, fotografieren Sie einfach mehrere Varianten und entscheiden später. Die extremen Positionen - sehr weit oben oder unten - können eindrucksvoller wirken, müssen aber gerechtfertigt sein. Liegt der Horizont sehr niedrig, tritt der Himmel dominant in den Vordergrund. Dies ist bei markanten Wolkenformationen oder bei einem Bild, das Weite verkörpern soll, eine gute Wahl.

Liegt die Horizontlinie nahe der Bildoberkante, könnte man meinen, die Aufmerksamkeit werde zu stark vom Himmel weggelenkt. Dennoch ist meist das Gegenteil der Fall. Da diese Position wirklich sehr ausgefallen ist, zieht sie die Aufmerksamkeit des Betrachters gerade auf diesen schmalen Himmelsstreifen. Sturmwolken lassen sich auf diese Weise sehr effektiv in Szene setzen.

Horizont am Bildrand
Über die Position des Horizontes im Bild muss im Einzelfall entschieden werden. Diesen Blick aus Höhe des Wasserspiegels auf Kalksteininseln in der thailändischen Phangnga-Bucht fotografierte ich vom Boot aus. Unterhalb der Horizontlinie gab es nur ein paar Reflexionen. Weiter oben tat sich viel mehr, daher die eher ungewöhnliche Position der Horizontlinie direkt am unteren Rand.

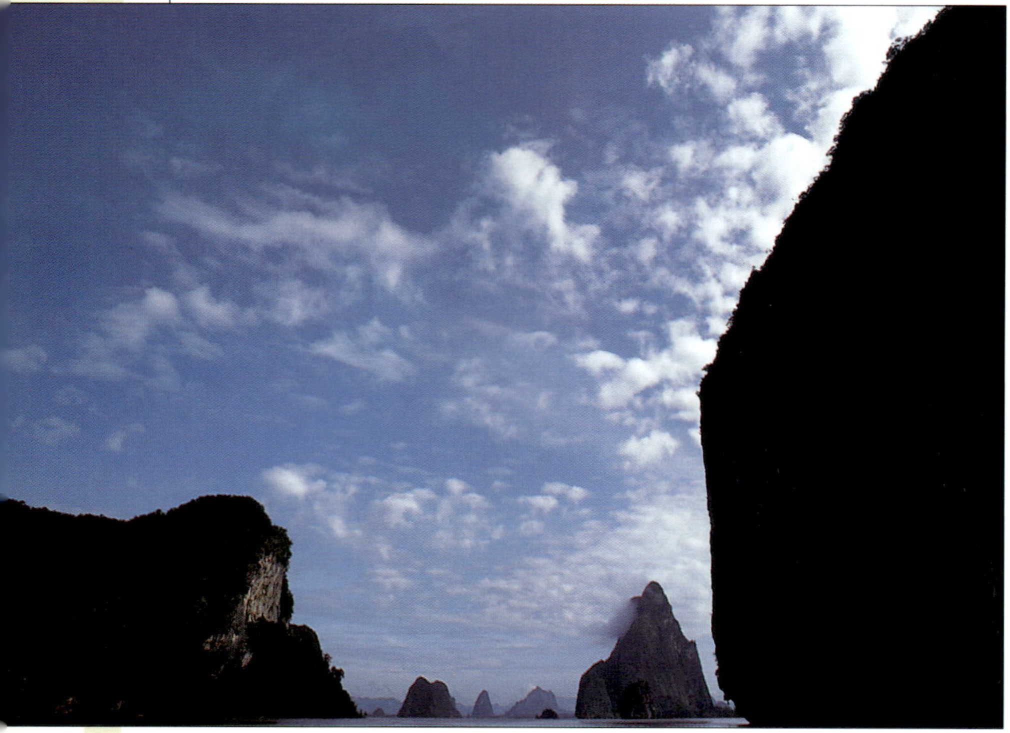

Sie sollten den Horizont auf jeden Fall waagerecht im Bild positionieren. Ein schiefer Horizont fällt fast immer störend ins Auge. Einige Digitalkameras bieten die Menüoption, im Display ein Gitternetz anzuzeigen – die Entsprechung einer Gitternetz-Einstellscheibe für Spiegelreflexkameras. Damit lässt sich der Horizont ausrichten. Man kann den Horizont aber auch später im Bildbearbeitungsprogramm korrigieren, indem man das Bild leicht dreht.

Darüber hinaus können Sie die Horizontlinie auch durchbrechen, indem Sie den Standort wechseln und so einen Teil des Vordergrunds stärker in den Blick rücken. Durch eine tiefere Kameraposition kann beispielsweise ein Felsen oder eine Pflanze im Bild aufragen und so den grafischen Effekt eines unterbrochenen Horizonts verstärken.

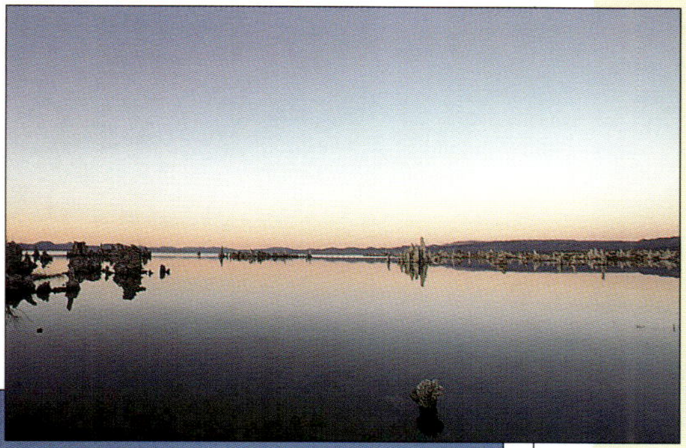

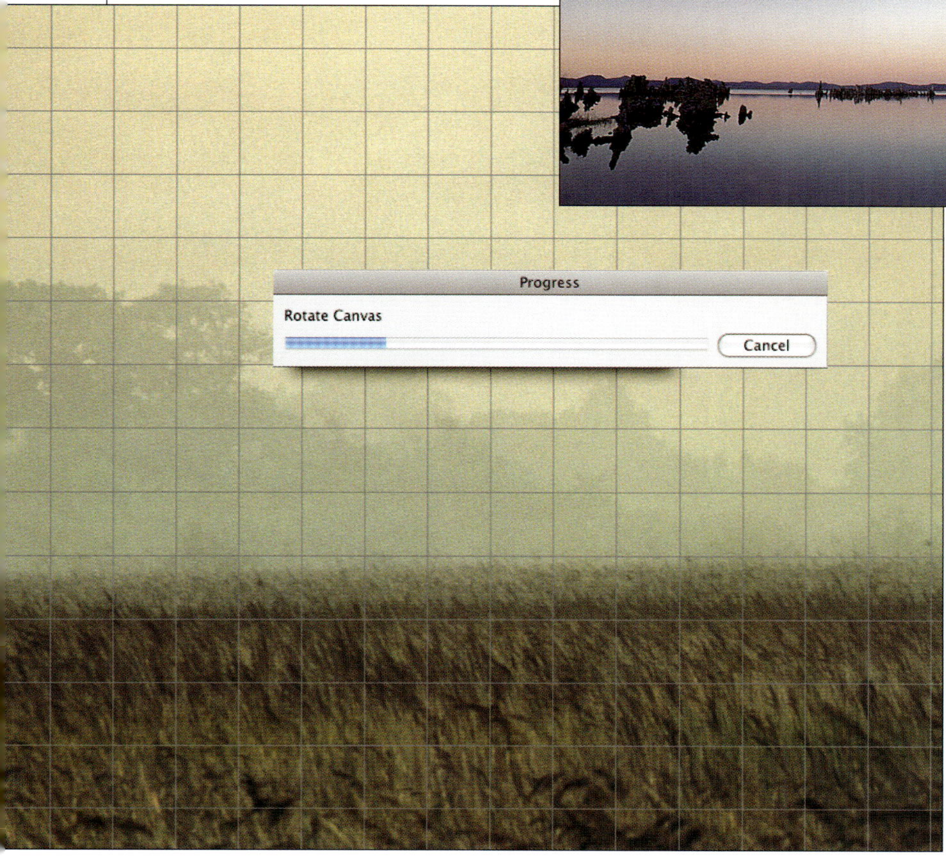

Der Mono-See

Es gibt keine grundsätzlich richtige oder falsche Positionierung des Horizonts, sie muss nur innerhalb des Bildes Sinn machen. Dieser Blick über den Mono-See entstand an einem vollkommen windstillen Abend. Bei der fast minimalistisch schlichten Szene mit der Reflexion des Himmels im Wasser ergaben beide Horizontpositionen – einmal im unteren Drittel und einmal genau in der Mitte – ein stimmiges Bild. Die Mittelposition unterstreicht dabei stärker die spiegelglatte Wasserfläche.

Den Horizont ausrichten

Ist der Horizont beim Fotografieren einmal etwas verrutscht, können Sie ihn nachträglich mit dem Rotationswerkzeug eines Bildbearbeitungsprogramms gerade rücken. Blenden Sie als Hilfe ein Gitternetz ein.

Helle Himmel

Bei Aufnahmen von Landschaft mit Himmel kann es zu starken Kontrasten und Helligkeitsunterschieden kommen. Korrekturen sind sofort oder später bei der digitalen Bearbeitung möglich.

Der Horizont ist Bestandteil der meisten Landschaftsfotos, und so ergibt sich eine klare Trennung zwischen Himmel und Land, die ungünstige Helligkeitsunterschiede mit sich bringen kann. Die Tragweite dieses Problems hängt von der Aufnahmetechnik und vom Wetter ab. Ist der Himmel wesentlich heller als das Land, wird bei einer normalen Aufnahme keiner der beide Bildbereiche adäquat wiedergegeben. Extremste Lichtbedingungen herrschen bei bedecktem, hellem Himmel mit geschlossener, aber nicht besonders dichter Wolkendecke.

Bei der Beurteilung der Lichtverhältnisse spielen auch kreative Aspekte eine Rolle. Statt den Kontrast als Problem zu betrachten, könnte man die helle, obere Bildhälfte aber auch als kompositorisches Element einsetzen, um einem Foto mehr Tiefe zu verleihen. Viele der traditionellen Schwarzweiß-Landschaftsfotografen verwendeten Blaufilter, um den Eindruck von Dunst zu verstärken und die Sicht herabzusetzen.

Es gibt verschiedene Möglichkeiten, das Problem des Helligkeitsunterschieds zwischen Himmel und Land zu lösen. Eine traditionelle Methode zum subtilen Abdunkeln des Himmels ist die Verwendung eines Verlauffilters. Solche Filter können allerdings nur in Kombination mit Normal- und Weitwinkelobjektiven verwendet werden. Am besten wirken sie bei einer sehr deutlichen Horizontlinie,

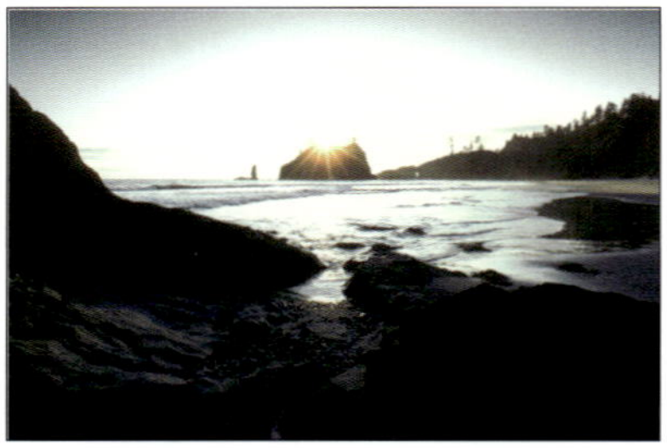

Belichtung für den Vordergrund

Bei dieser Aufnahme in den Sonnenuntergang hinein stimmt die Belichtung für das Land im Vordergrund, der Himmel ist jedoch vollkommen überbelichtet.

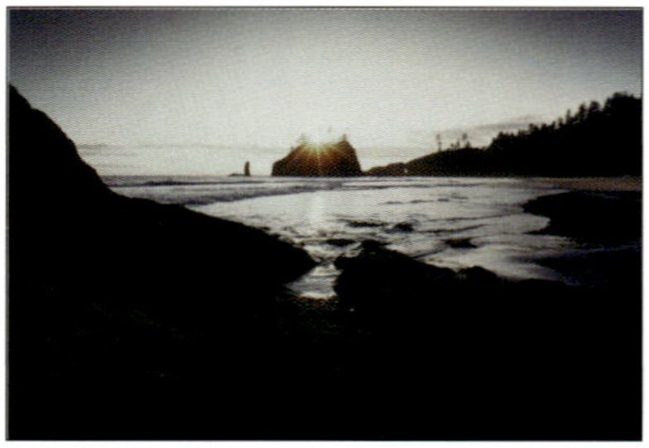

Belichtung für den Himmel

Bei kürzerer Belichtung wird der Himmel besser wiedergegeben, besonders um den Lichthof der Sonne herum. Der Vordergrund ist jetzt allerdings viel zu dunkel.

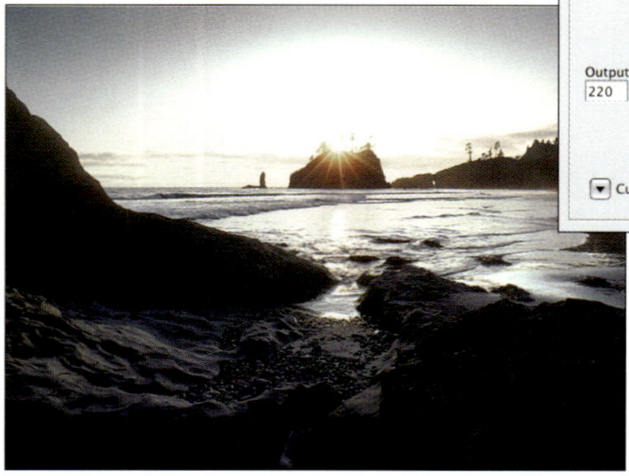

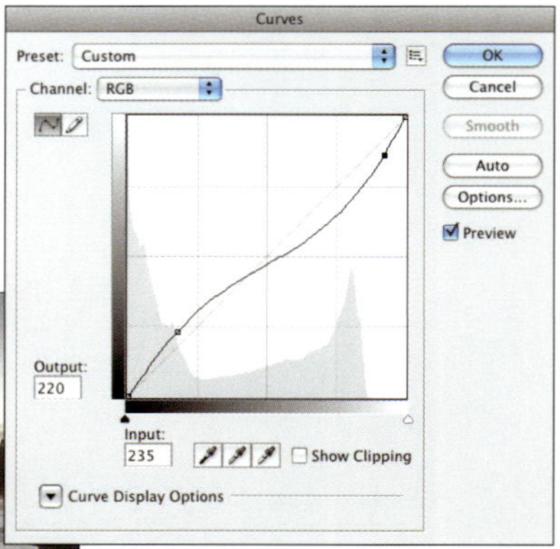

Kontrastkorrektur

Die umgedrehte S-Kurve vermindert den Kontrast, dabei gehen jedoch Details in den Schatten- und Lichtbereichen der Skala verloren.

weil sie auch Objekte abdunkeln, die über den Horizont ragen, etwa ein Baum oder Felsen. Die gebräuchlichsten Dichten für Verlauffilter sind ND 0,3 (reduziert die Helligkeit um eine Blende) und ND 0,6 (reduziert um zwei Blenden). Es gibt zwar auch digitale Verlauffilter, aber sie verändern nur den visuellen Eindruck des Bildes. Details des Himmels, die bei der Belichtung verloren gegangen sind, lassen sich später nicht wieder herstellen.

Die mitgelieferte Software mancher Kameras bietet eine Möglichkeit zum Tonwertabgleich. Auch eine Verminderung des Kontrasts kann hilfreich sein. Um alle Bildbereiche adäquat wiedergeben zu können, kombiniert man am besten zwei unterschiedlich belichtete Fotos in einem Bearbeitungsprogramm. Dabei wird ein Bild mit optimaler Belichtung für den Himmel in eine Ebene gelegt, ein zweites mit adäquater Belichtung für die Landmasse auf eine Ebene darüber. Nun können Sie auf der oberen Ebene den Himmel mit dem Radierwerkzeug entfernen.

Für zwei Belichtungsvarianten kann man zwei Bilder aus derselben Position schießen. Im RAW-Format reicht ein einziges Bild, denn dieses Dateiformat bietet einen Belichtungsspielraum von mindestens zwei Blenden. So kann man mit der zur Kamera gehörigen Software oder mit dem RAW-Plug-in von Photoshop zwei unterschiedlich belichtete Varianten eines Bildes erstellen.

Blendreflexe

Bei sehr hellem Himmel kommt es häufig zu Blendreflexen, die das Bild stark beeinträchtigen können. Preiswerte Objektive und Zoom-Objektive mit vielen Linsen sind besonders blendanfällig. Um dies zu verhindern, versehen einige Hersteller ihre Linsen mit einer hauchdünnen Beschichtung. Es gilt: Je besser das Objektiv, desto weniger Blendreflexe. Bei hellem Himmel verschlechtern Blendreflexe die Detailauflösung und die Sättigung. Dies lässt sich später digital nachbearbeiten, indem man den Schwarzpunkt im dunkelsten Teil des Bildes setzt und die Sättigung in der Farbton-/Sättigungskontrolle erhöht.

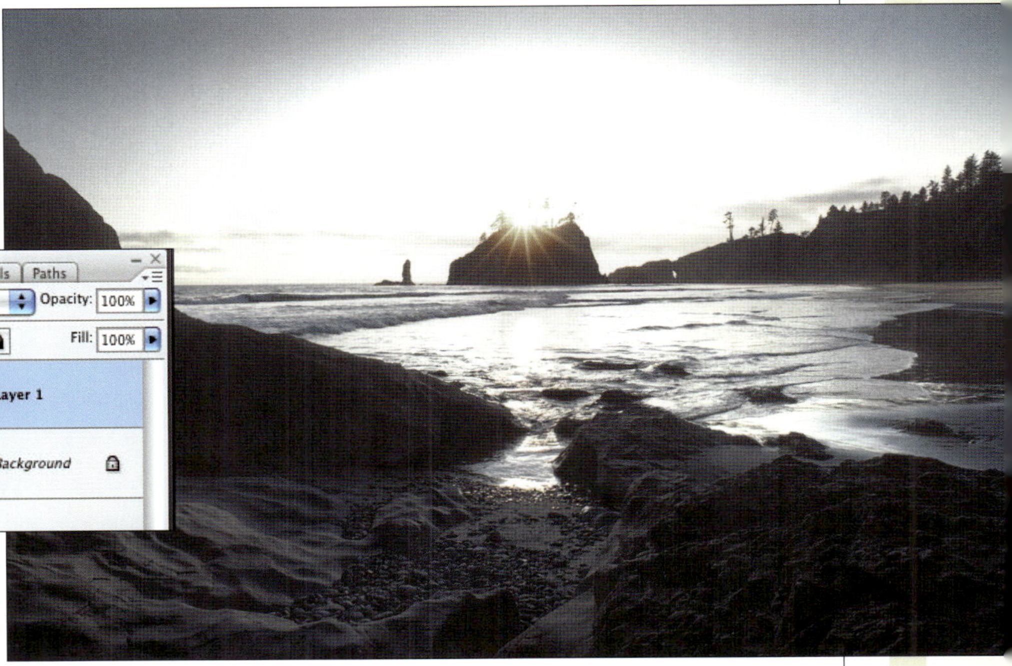

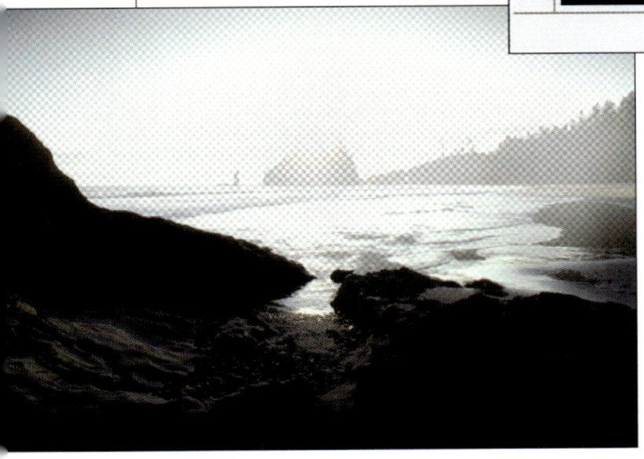

Ebenen erstellen
Legt man ein Bild mit optimal belichtetem Vordergrund auf eine Ebene über einem Bild mit korrekt belichtetem Himmel, kann der Himmel in der oberen Ebene ausradiert werden. Dabei habe ich die Felsen links vorne durch eine Auswahlmaske geschützt.

Ruby Beach
Das fertige Bild besteht aus zwei verschiedenen Hälften. Im Tiff- oder JPEG-Format benötigt man zwei unterschiedlich belichtete Bilder. Im RAW-Format reicht ein Bild aus, das auf dem Computer mit zwei verschiedenen Belichtungseinstellungen geöffnet wird.

Goldenes Licht

Die beste Tageszeit für romantische Landschaftsbilder ist die erste Stunde nach Sonnenaufgang oder die letzte vor Sonnenuntergang – dann herrscht das schmeichelhafteste Licht.

Bilder, die Schönheit idealisieren und eine spezielle Stimmung hervorrufen, haben eine lange Tradition in der Fotografie. Für solche Aufnahmen ist das Licht der alles entscheidende Faktor. Natürlich spielen auch Motiv und Bildkomposition eine Rolle, doch meist ist es ein ganz besonderes Licht, das Fotografen motiviert, sich auf die Suche nach dem idealen Standort zu begeben, um dieses Licht einzufangen.

Diese Art der Fotografie ist eine moderne Version der romantischen Malerei, beispielhaft vertreten durch die Hudson River School: Eindrucksvolle Himmel und warme Sonnenstrahlen, die sich über das Land ergießen und von tiefen Schatten durchbrochen werden. Diese Schule der amerikanischen Malerei folgte der Tradition der Europäischen Romantischen Landschaftsmalerei, die das Gewicht auf Stimmung und Wirkung des Lichts legte. Ihre bevorzugte Tageszeit war der späte Nachmittag mit seinen langen Schatten und dem warmen, weichen Sonnenlicht. Durch die Erfindung des Kodachrome-Farbfilms mit seinen satten Farben fand die Fotografie den Anschluss an diese romantische Tradition. Und auch Fotografen wie Ernst Haas und Jay Maisel wählten gern den späten Nachmittag mit seinem warmen Licht und den intensiven, theatralischen Farben für stimmungsvolle und ausdrucksstarke Bilder. Die digitale Bildbearbeitung erlaubt eine genaue Einstellung von Farbbalance, Kontrast und Farbsättigung und vergrößert damit das kreative Potenzial der digitalen Fotografie. Allerdings verleitet dieser große Bearbeitungsspielraum leicht dazu, Farbeindrücke zu übertreiben und extreme Effekte auszuprobieren. Die erfolgreichsten Bilder entstehen meist durch einen gemäßigten Einsatz dieser Mittel.

Galen Rowell, ein Meister der modernen dramatischen Landschaftsfotografie, nannte diese kurze Zeit des farbenprächtigen Tageslichts die „goldene Stunde". Das

Bryce Canyon
Die Spitzen dieser Felsformationen erstrahlen im Sonnenlicht, während der westliche Abhang bereits lange vor Sonnenuntergang in den Schatten fällt.

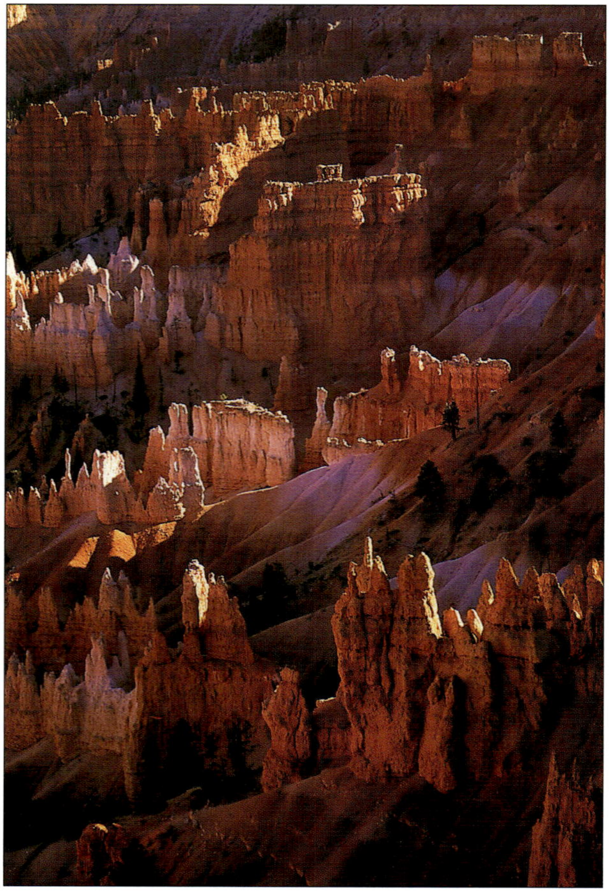

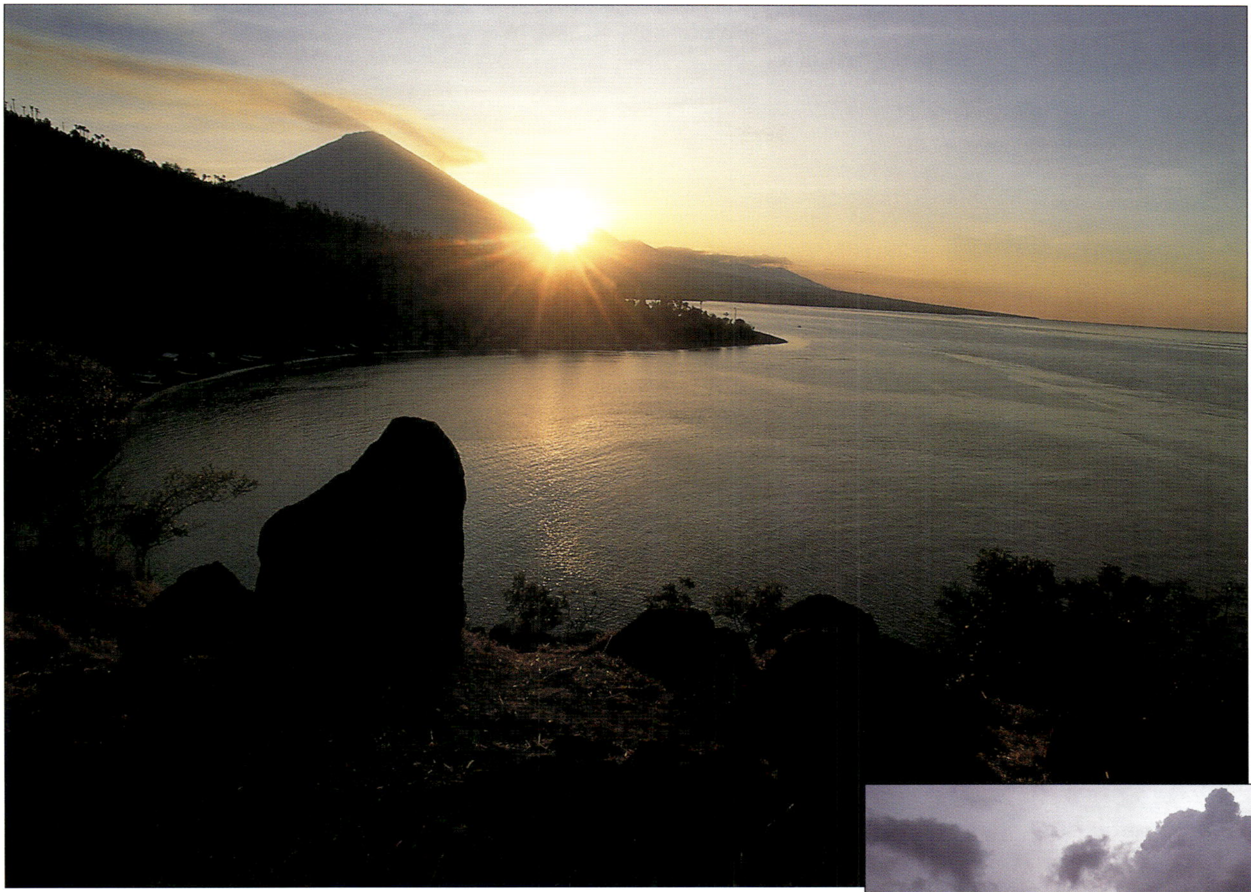

Sonnenlicht wird wärmer (es enthält mehr Rottöne), gleichzeitig zeigen Schatten und Himmel kühlere Blautöne. Den meisten Menschen gefallen solche Bilder auf Anhieb, es sei denn, sie beschäftigen sich intensiver mit Fotografie und haben ähnliche Aufnahmen schon allzu oft gesehen. Die starke emotionale Reaktion auf das warme Licht hat komplexe, kulturelle Hintergründe, die mit dem Idealismus der Romantik verknüpft sind.

Wie die nächsten Seiten zeigen werden, gibt es praktische und kreative Gründe für die Beliebtheit des Lichts am frühen Morgen und späten Nachmittag. Steht die Sonne hinter der Kamera, erhält man eine intensive Farbsättigung. Fotografiert man gegen die Sonne, erscheinen scharf umrissene Silhouetten.

Ostküste Balis
Dieser Blick in den Sonnenuntergang an der Ostküste der Insel Bali wird durch zwei Bildelemente interessant: zum einen die markante Silhouette des größten Vulkans der Insel, des Gunung Agung; zum anderen die aus ihm aufsteigende Rauchfahne, die im schwindenden Sonnenlicht zart schimmert.

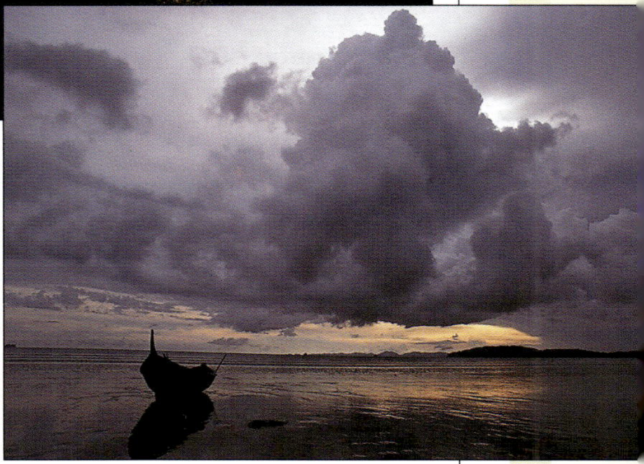

Tropischer Sturm
Am Ende der Hitzeperiode bauen sich in den Tropen im Laufe des Nachmittags aufgrund der heißen Luftmassen, die von der Erde aufsteigen, oft Stürme auf. So komplexe Wolkenstrukturen, wie dieses Bild vom Golf von Thailand zeigt, sind zwar unvorhersehbar, aber immer wieder ein lohnendes Motiv.

Fallstudie: **Ein Sommermorgen**

Das goldene Licht, von dem wir auf Seite 254–255 sprachen, hängt teils von der Tageszeit, teils aber auch vom Wetter ab. Hier sehen wir das Dedham Vale in Ostengland im Juni. Die Niederungen am Ufer des Flusses Stour liegen im Sommer häufig unter dem Frühnebel, der das Licht weich macht. Die Sonne geht um 4.40 Uhr auf, sodass ich eine gute Stunde lang das sanfte, warme Licht genießen und die Szenerie in Ruhe ausloten konnte.

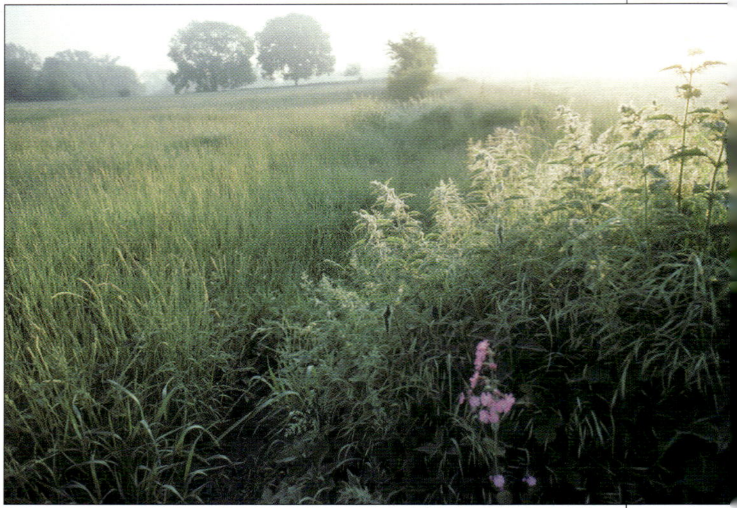

Wiese im Dedham Vale
Der Morgentau auf der Auwiese fängt das Sonnenlicht ein und malt eine glitzernde Aura um die Blütenstände.

Fluss im Frühnebel
Die Ufer des Stour. Die Äste eines umgestürzten Baumes verdecken bei dieser Gegenlichtaufnahme die Sonnenscheibe.

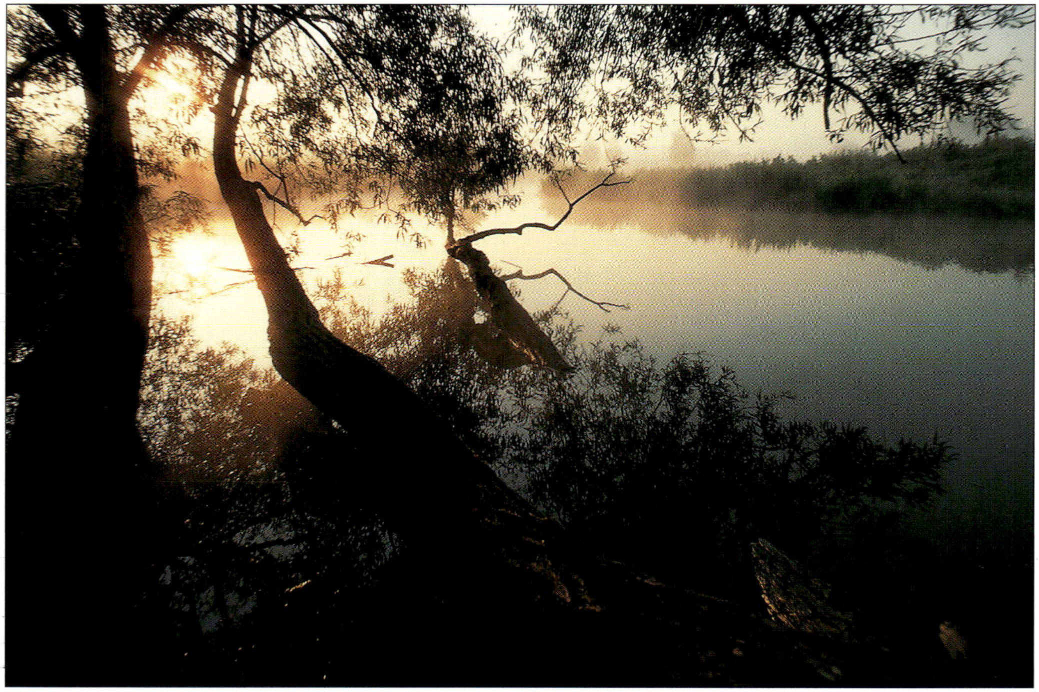

Ente auf dem Wasser

Die Ente und ihr Küken bilden einen visuell wie fotografisch schönen Blickfang in dieser frühmorgendlichen Aufnahme. Außerdem sorgen sie für eine äußerst willkommene Bewegung in dieser ansonsten stillen Szene.

Köcherfliege

Eine Köcherfliege wärmt sich auf einem Halm. Das Bild erhält durch die Reflexe des Morgenlichts im Tau Charakter und Definition. Diese Fliegen ernähren sich von Pflanzensaft und Nektar und sind daher häufig auf Halmen wie diesem zu entdecken.

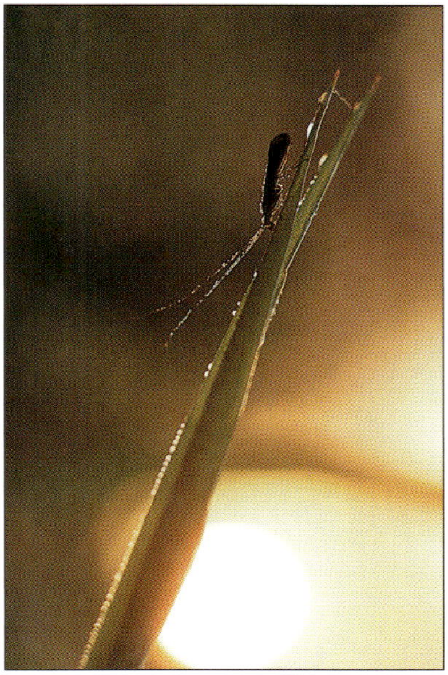

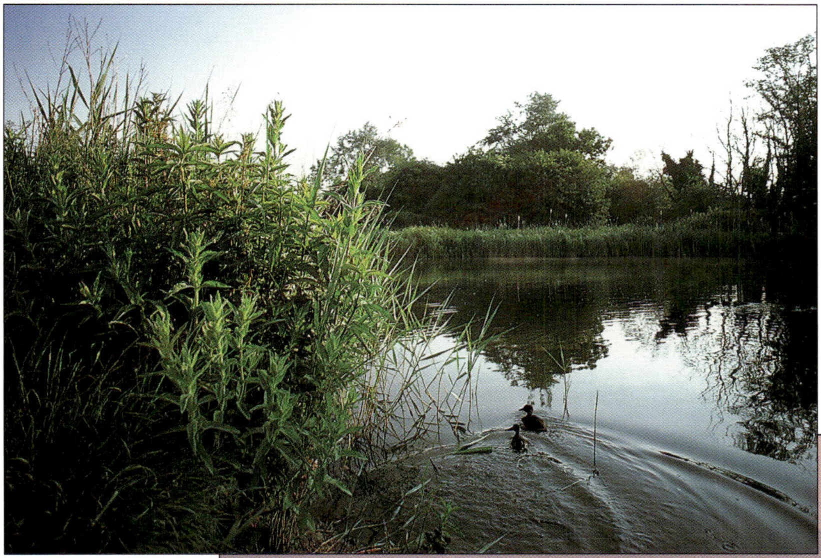

Bäume im Frühnebel

Der Nebel steigt langsam die Talhänge empor. In diesem Licht entsteht der Eindruck, Bäume und Hecken seien in getrennten Ebenen geschichtet.

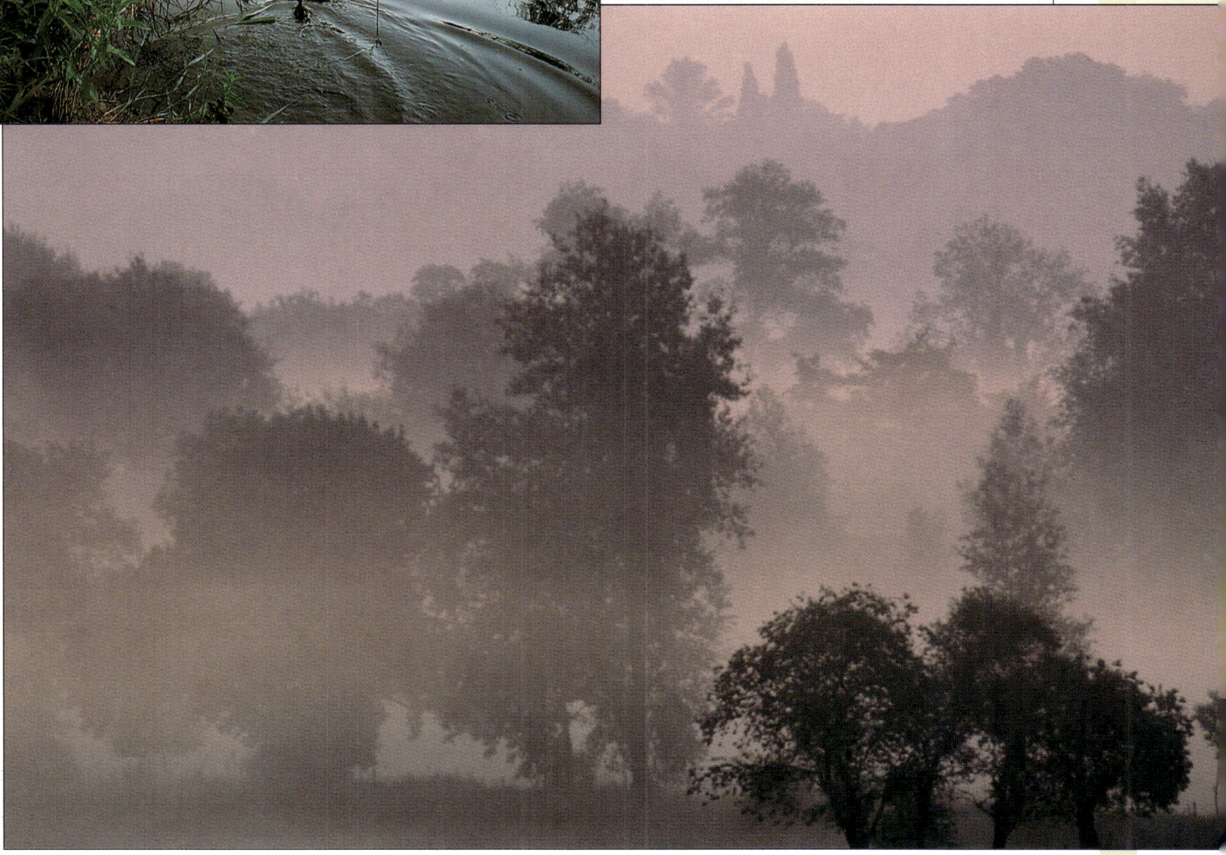

Sonnenaufgang, Sonnenuntergang

Viel zu oft wirken Fotos von Sonnenauf- und -untergängen klischeehaft. Dabei können mit etwas Sorgfalt und Fantasie sehr originelle und ausdrucksstarke Bilder entstehen.

Für die Fotografie haben die ein bis zwei Stunden um Sonnenauf- und -untergang ganze besondere Qualitäten. Bei klarem Himmel ist das Spiel des Lichts meist faszinierend variantenreich und sehr malerisch. Einerseits riskiert man, ein abgedroschenes Klischee zu bedienen, da diese Motive schon so oft und so zuckersüß aufbereitet wurden, andererseits finden viele Menschen sie genau darum attraktiv. Je mehr Sonnenauf- und -untergänge man fotografiert, desto kritischer wird man. Dann muss die Sonne etwas Besonderes zum Bild beitragen.

Für Fotografen bieten diese kurzen Momente außerdem eine unglaubliche Vielfalt von Lichteffekten. Die Szene verändert sich von Minute zu Minute und auch die Unvorhersehbarkeit hat ihren Reiz. Bei tief stehender Sonne hat man oft die Wahl zwischen Seiten-, Gegen- oder Rückenlicht. Ein Weitwinkelobjektiv nimmt den Himmel in seiner ganzen Weite auf, während ein Teleobjektiv Details von Farben, Silhouetten oder Reflexionen einfängt.

Für jede Szenerie gibt es die perfekten Momente zum Fotografieren, grundsätzliche Unterschiede zwischen Sonnenaufgang und Sonnenuntergang bestehen jedoch nicht, und nur anhand des Fotos wird man den Unterschied nicht erkennen können. Zumindest im Sommer ist der Sonnenuntergang meist die bessere Zeit zum Fotografieren, aber zu dieser Zeit werden auch mehr Menschen unterwegs sein, die Sie nicht unbedingt im Bild haben wollen. Der Sonnenaufgang belohnt Frühaufsteher (normalerweise) mit einer friedlichen und menschenleeren Natur.

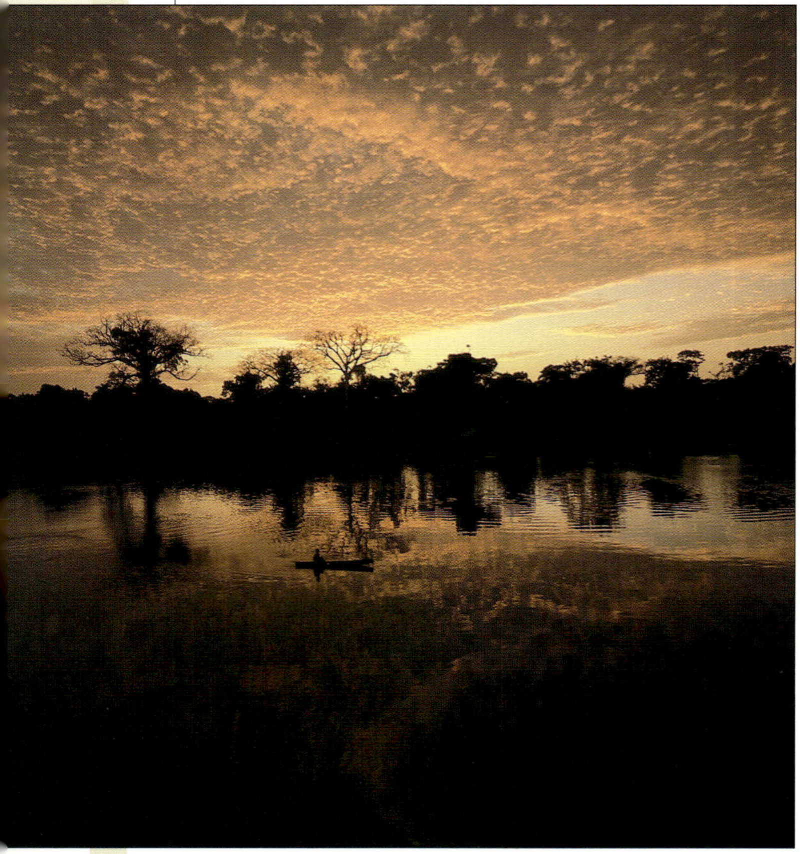

Sonnenaufgang am Amazonas
Früher Morgen am Estrello de Breves, einer Gruppe kleiner Kanäle am Unterlauf des Flusses. Das Timing war wichtig, um die optimale Kombination aus Sonne und Wolken einzufangen – und den einsamem Kanufahrer. Das dichte und ungewöhnliche Wolkenbild macht den Reiz dieses Fotos aus.

Wolken sind recht unkalkulierbar, dennoch können sie eine Aufnahme von einem Sonnenauf- oder -untergang entweder verderben oder enorm aufwerten. Ein bedeckter Himmel wirkt meist fade, während Licht, das durch eine ungleichmäßige Wolkendecke dringt, die Landschaft interessant modelliert. Warten Sie unbedingt die Dämmerung nach dem Sonnenuntergang ab. Nichts ist frustrierender als mit bereits gepackter Fotoausrüstung den Heimweg anzutreten und dann am Himmel noch ein faszinierendes Farbenspiel zu erleben. Wer am frühen Morgen fotografieren will, sollte aus den gleichen Gründen mindestens eine halbe Stunde vor Sonnenaufgang mit einsatzbereiter Ausrüstung zur Stelle sein.

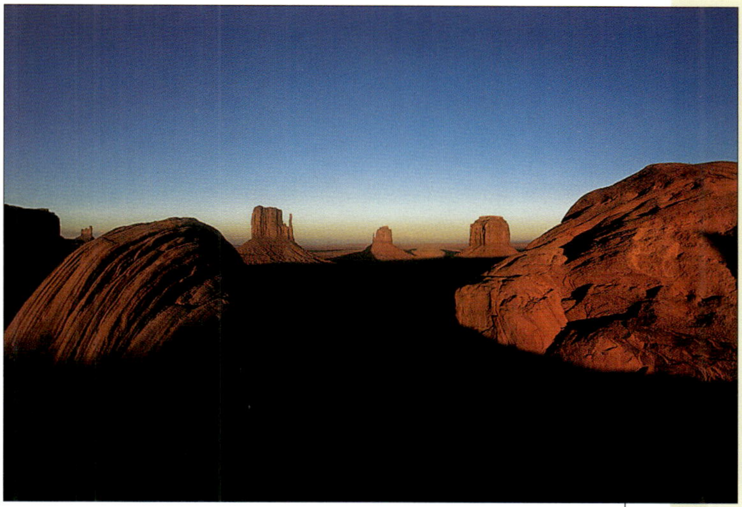

Mitten Buttes

Ein Blick ins für seine Symmetrie berühmte Monument Valley. Der klare Wüstenhimmel bewahrte die Intensität des Sonnenlichts bis zum letzten Augenblick des Untergangs, und das satte Rot nahm währenddessen beständig zu.

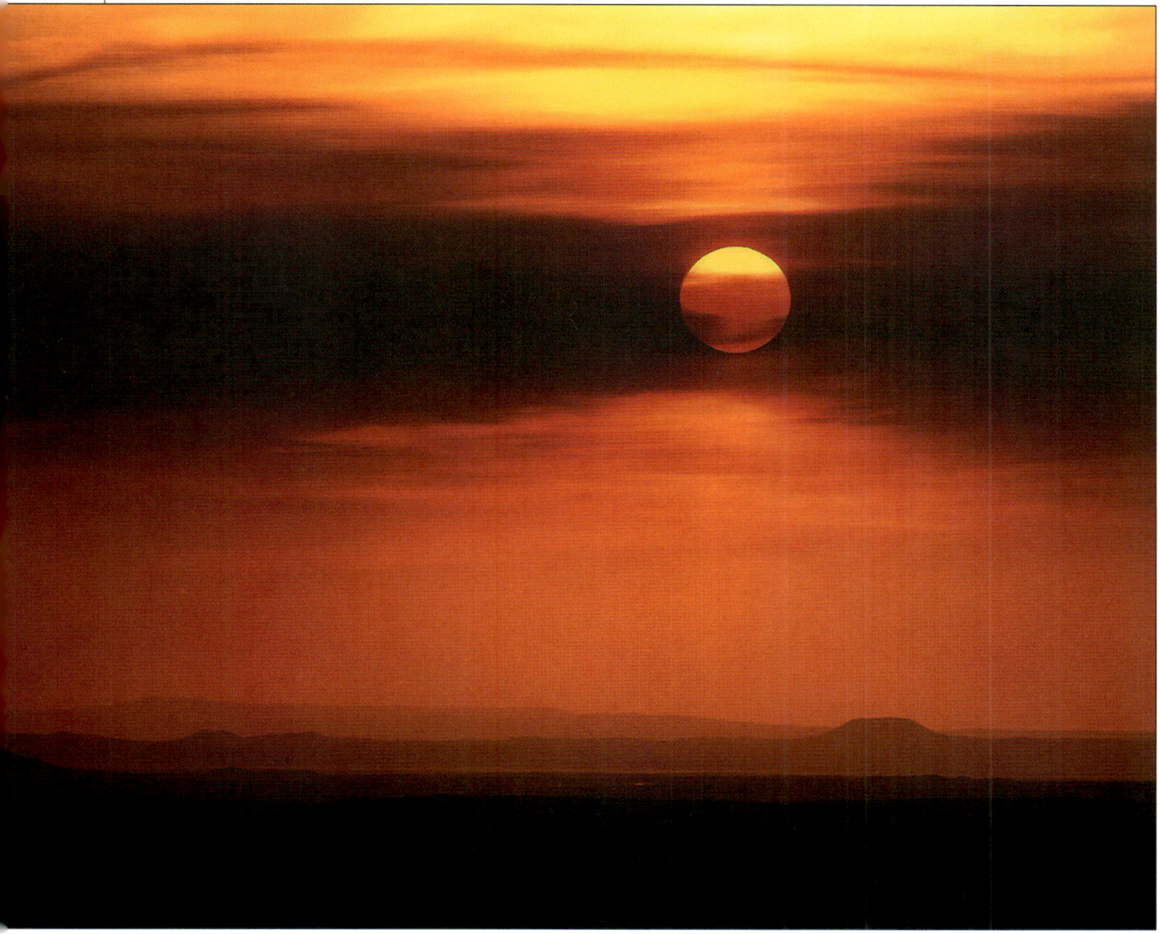

In die Sonne

Teleaufnahmen (hier 500 mm) der Sonnenscheibe dicht über dem Horizont sind so beliebt, dass sie leicht klischeehaft wirken können. Lohnend werden solche Aufnahmen, wenn der Himmel weitere Attraktionen außer der Sonne bietet – wie hier das schleierhafte Wolkenband.

Zwielicht

Nach Sonnenuntergang und kurz vor Sonnenaufgang kann der Himmel bemerkenswerte Veränderungen durchlaufen, die eine sanfte, geradezu magische Atmosphäre erzeugen.

Das Zwielicht ist die kurze Zeitspanne, in der die Sonne hinter dem Horizont steht, den Himmel aber noch (oder schon) erleuchtet. Dauer und Farbenspiel dieser Phase hängen von der Jahreszeit und dem Breitengrad ab. Das Sommerzwielicht in Europa und im Norden der USA kann einige Stunden anhalten, im Hochsommer des äußersten Norden sogar die ganze Nacht. In den Tropen dauert der Zauber kaum eine Stunde.

Bei vorwiegend klarem Himmel verändern sich die Farbschattierungen über dem Horizont auffallend. Wie bei Sonnenauf- und -untergängen ist die Wirkung häufig unvorhersagbar, doch gelegentlich erlebt man intensive Himmelsfarben. Bei klarem Wetter entwickelt sich die typische Färbung des Lichts über dem Horizont von Orange über Gelb bis hin zu tiefem Blau. Manchmal ahnt man sogar eine Spur von Grün dazwischen. Die Reflexion des Himmels im Wasser kann der Bildkomposition eine schöne Symmetrie verleihen.

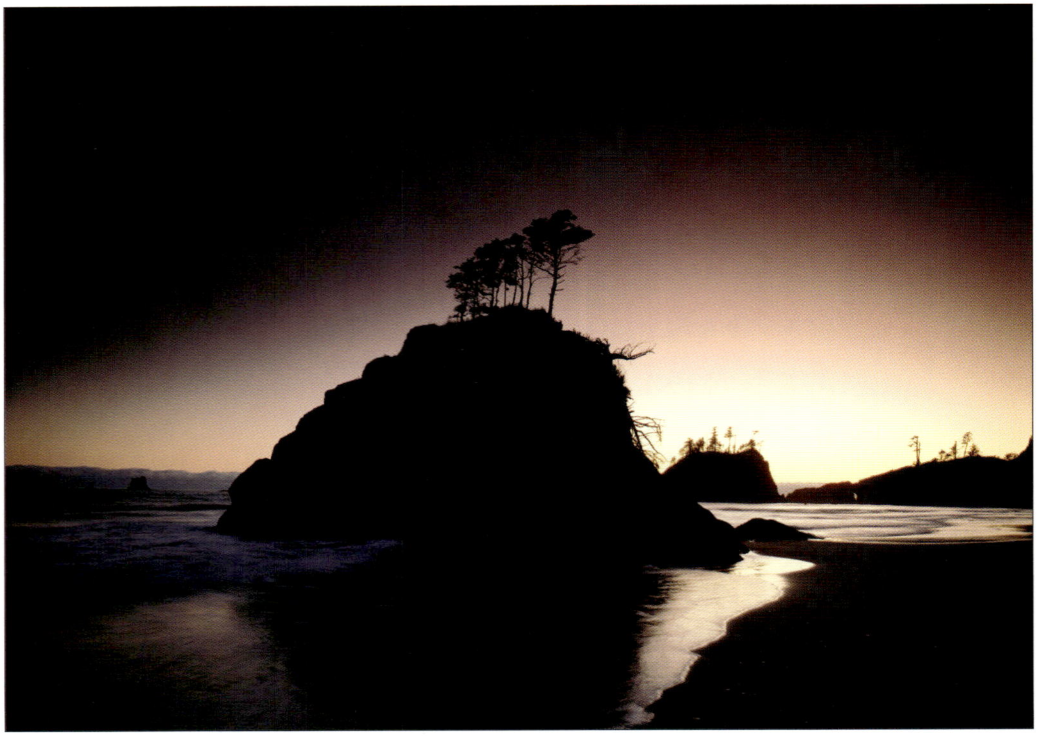

Ausdrucksvolle Silhouetten

Weil Fotos im Zwielicht fast immer gegen das Licht aufgenommen werden, geht die Detailzeichnung in den Schattenbereichen verloren. Daher braucht man deutlich unterscheidbare Formen, die einem Bild einen Zusammenhang verleihen. Die beiden verwitterten kleinen Inseln im Olympic National Park an der Küste von Washington kontrastieren hier mit den Lichtreflexen auf dem Wasser. Vergleichen Sie dieses Bild mit denen auf den Seiten 246 und 252–253, die früher am Tag am gleichen Strand gemacht wurden.

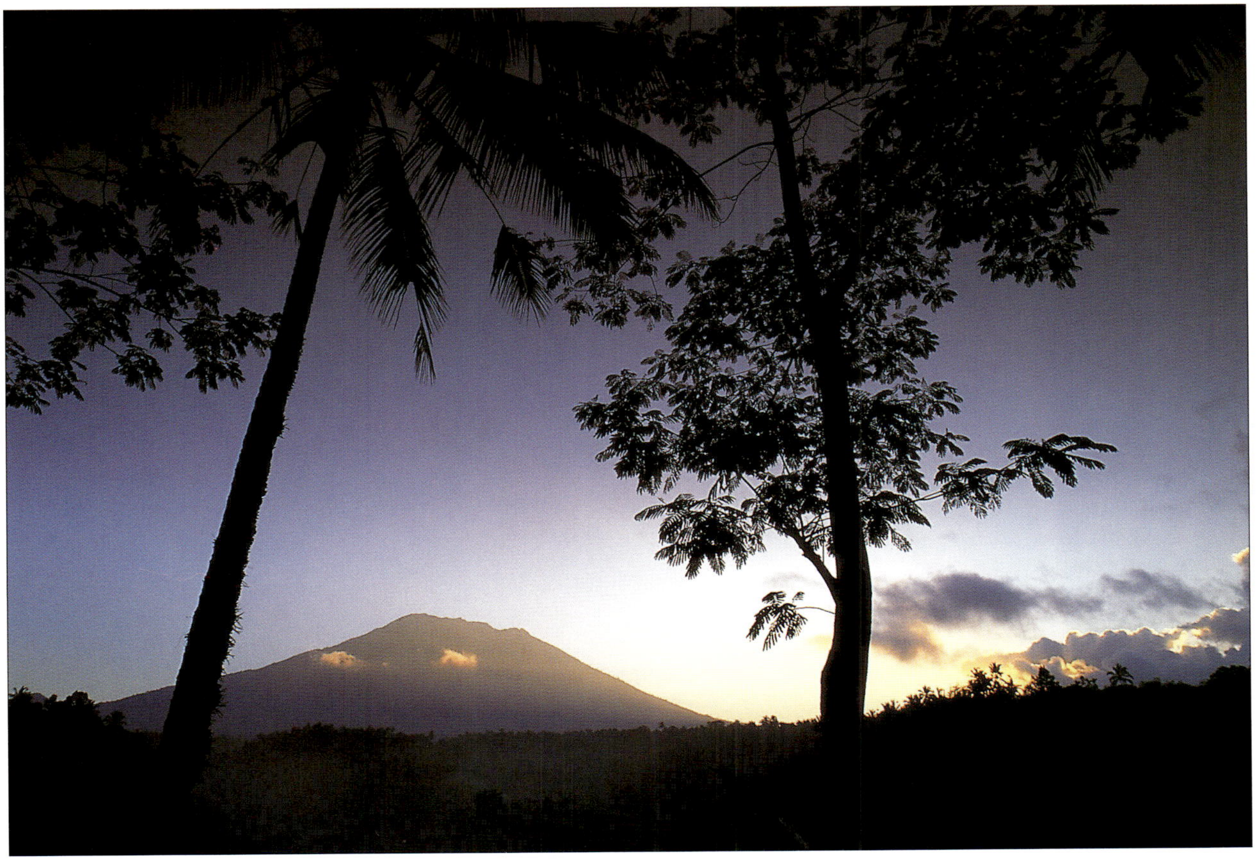

Hohe Wolken werden im Zwielicht manchmal ganz plötzlich für kurze Zeit hell angestrahlt. Es lohnt sich, nach einem Sonnenuntergang noch ein wenig abzuwarten. Die seltenen Gelegenheiten, bei denen hohe Wolkenbahnen plötzlich in Rot oder Orange aufleuchten, entschädigen für viele Versuche.

Um die feinen Abstufungen von Farben und Licht in ihrer vollen Bandbreite zu erfassen, sollten Sie ein Weitwinkelobjektiv benutzen. Für detaillierte Silhouetten am Horizont ist ein Teleobjektiv gut geeignet. In beiden Fällen sollten Sie mehrere Fotos mit unterschiedlicher Belichtung aufnehmen. Eine längere Belichtungszeit fängt mehr vom erleuchteten Himmel ein, jedoch in blasseren Farben, während eine kürzere Belichtung ein schmaleres Band des erleuchteten Himmels mit intensiveren Farbtönen zeigt. Wenn Sie aus der Hand fotografieren, wählen Sie eine höhere Empfindlichkeit. Mit einem Stativ können Sie mit der niedrigsten ISO-Einstellung der Kamera arbeiten. Im weichen Zwielicht lassen sich sehr schmeichelhafte Detail- und Nahaufnahmen fotografieren, allerdings hat das Licht auch eine deutliche Einfallrichtung.

Gunung Agung
Dies ist der heilige Vulkan Gunung Agung auf Bali kurz vor Sonnenaufgang. Ich habe den ganzen Tag nach unterschiedlichen Perspektiven dieses Berges gesucht – dies war die erste, die letzte finden Sie auf Seite 255. Das Problem bei Zwielichtaufnahmen an unvertrauten Orten besteht darin, dass man die Entwicklung des Lichts erraten muss. Farben und Wolken um den Vulkan herum waren der Grund für die Aufnahme, wenngleich es wesentlich bessere Standorte gegeben hätte. Diese Stimmung hielt sich nur wenige Minuten, und ich habe die Bäume im Vordergrund so gut für die Komposition genutzt, wie ich konnte.

Dramatik

Zu den völlig unvorhersehbaren Sujets zählen Landschaftsaufnahmen, die mit wildem Wetter und Licht die kraftvolle und elementare Seite der Natur zeigen.

Konventionelle Landschaftsbilder strahlen eher Ruhe und Frieden aus, aber mit etwas Aufwand und Glück kann man auch Aufregung und Überraschung in einem Bild vermitteln. Das Geheimnis besteht darin, drohende Wetterbedingungen, etwa einen aufziehenden Sturm, zu nutzen. Die Darstellung dramatischer Landschaften knüpft an die Malerei der Romantik und deren Konzept des Erhabenen an: Bilder, die Ehrfurcht angesichts der mächtigen, ungezügelten Natur einflößten. Zu den berühmtesten Vertretern dieser Richtung zählt der englische Künstler J. M. W. Turner, einer der originellsten Landschaftsmaler schlechthin. Die wirbelnden Farben und Lichter seiner Bilder wirken nahezu abstrakt und vermitteln gerade dadurch die Kraft und Schönheit der Natur sehr intensiv. Eines seiner berühmtesten Bilder ist *Snow Storm*:

Durchbruch
Die wandernden Muster der Sturmwolken und ihre Wirkung auf das Sonnenlicht sind im Detail unberechenbar, bieten aber oftmals Stoff für spektakuläre Bilder. Dieses Foto zeigt einen Sturm über dem Golf von Thailand.

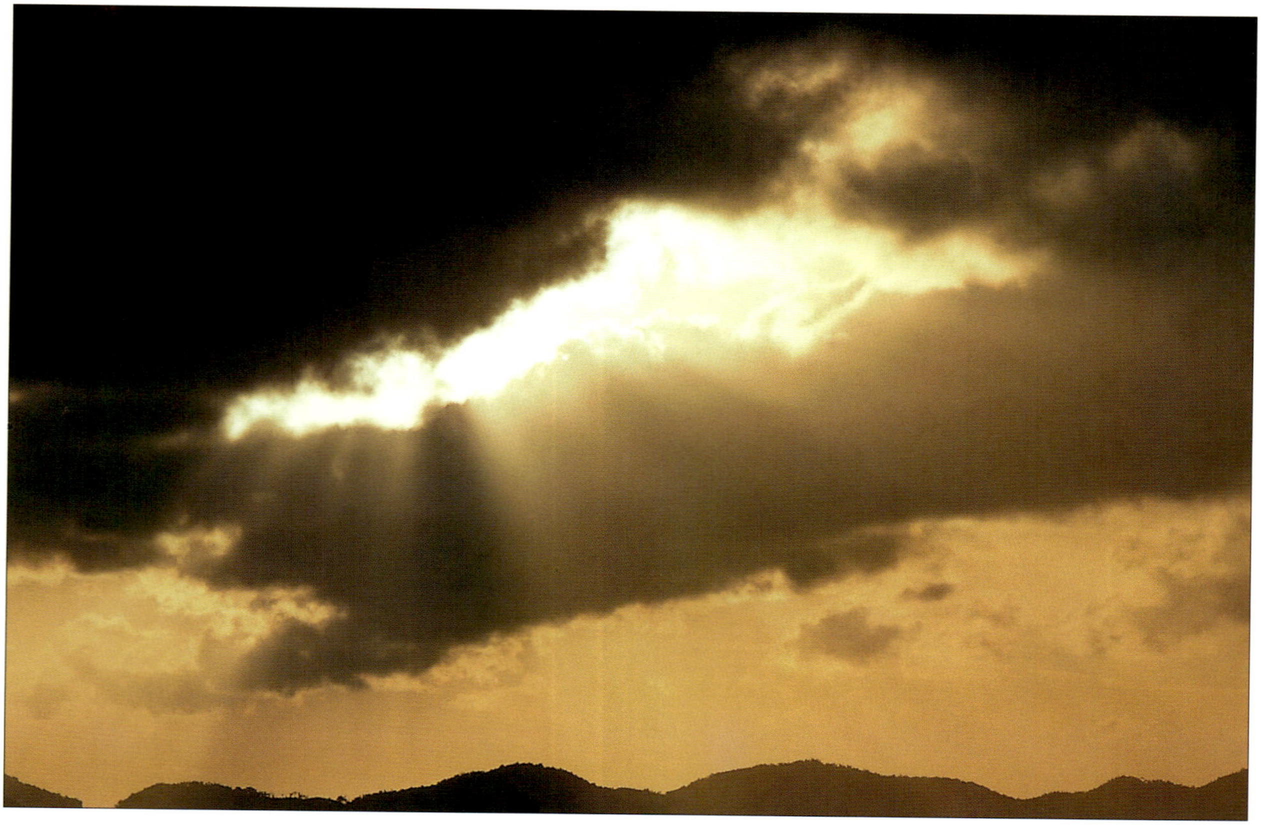

Steam Boat off a Harbour's Mouth, 1842. Dieses Bild war, wie die meisten seiner Werke, umstritten. Turner hielt dem unmissverständlich entgegen, es sei nicht sein Anliegen, gefällige Bilder zu malen. Zu diesem Gemälde erklärte er, dass er diesen Sturm erlebt habe und dass es eine „Furcht einflößende Erfahrung" gewesen sei. Er fuhr fort: „Es steht niemandem an, dieses Bild wirklich zu mögen!"

Für so dramatische Momentaufnahmen muss man das finden, was Galen Rowell „die dynamische Landschaft" nannte: extreme Orte und Wetterbedingungen. Rowells Spezialität waren Berge, die von beidem mehr als genug zu bieten haben. Bei der gezielten Suche nach dem, was die meisten Menschen schlechtes Wetter nennen würden, ist die unberechenbarste Variable das Licht, das Ansel Adams für „den Protagonisten des Dramas" hielt. Starke Winde und peitschender Regen oder Schneeregen können eine Szene vollständig verändern, besonders, wenn man ihre Auswirkungen zeigen kann, etwa durch sich biegende Bäume oder aufgewühlte Wellen. Allerdings sorgt ein Sturm allein noch nicht für ein gutes Bild - es sind die Pausen, die oft die aufregendsten Bedingungen liefern. Für den Fotografen bedeutet das, flexibel zu sein und schnell auf Veränderungen zu reagieren. Je häufiger Sie sich solchen Bedingungen aussetzen, desto wahrscheinlicher werden Sie von den Wechsellaunen des Wetters profitieren können.

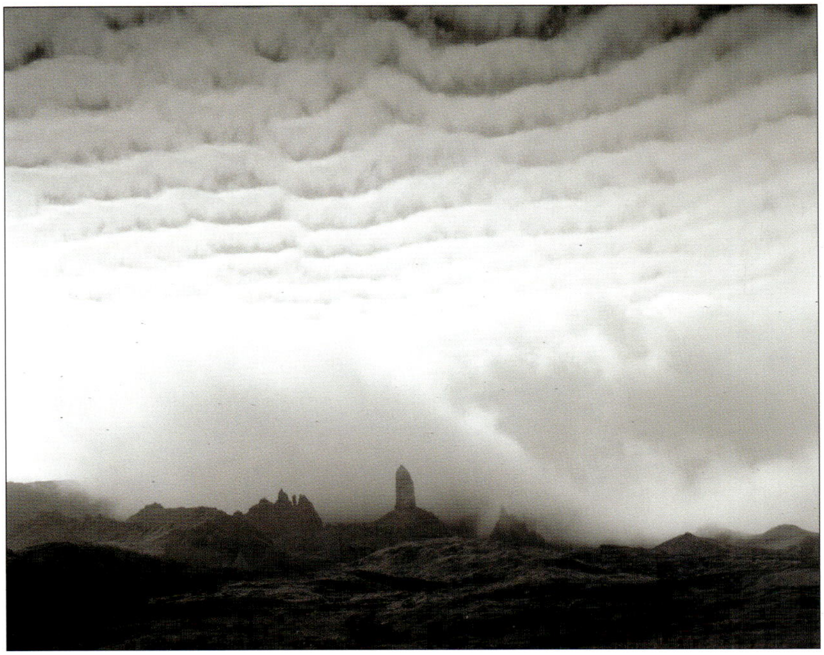

Regenbögen

Regenbögen zählen zu den unberechenbarsten Wetterphänomenen. Um den vollen Bogen sehen zu können, ist eine Kombination von Regen, dem Licht der tief stehenden Sonne und möglichst dunklen Wolken im Hintergrund nötig. Regenbögen werden sichtbar, wenn die Sonne hinter dem Beobachter steht. Sie sind am farbigsten, wenn die Sonne dicht über dem Horizont steht. Wegen der romantischen Assoziationen, die man mit ihnen verbindet, sind sie ein traditionelles Element dramatischer Landschaften. Siehe auch Seite 272–278.

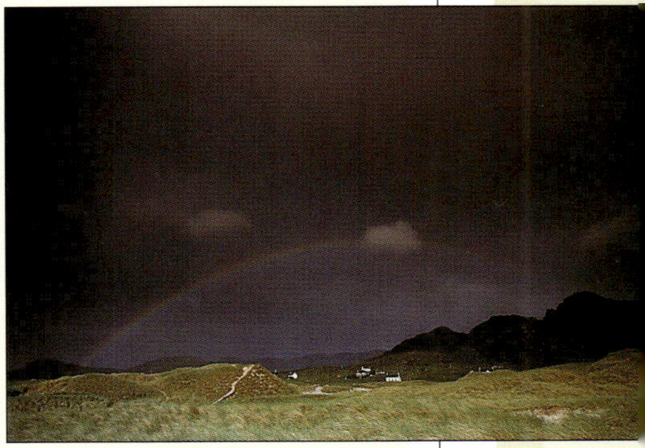

The Storr
Die Wahrscheinlichkeit eines dramatischen Landschaftsbildes ist am höchsten, wenn zwei Elemente zusammentreffen: auffällige Landformationen und ein wilder Himmel. Die spektakuläre, düstere Landschaft bei Quiraing auf der schottischen Isle of Skye besteht aus zerklüfteten Klippen und erstarrten Lavaströmen. Hier erhebt sich eine gigantische Säule, The Storr genannt, aus dem Morgennebel unter dicht gestaffelten Wolkenbändern. Der Ausdruck in Schwarzweiß verstärkt die bedrohliche Stimmung der Szene.

Das Ungewöhnliche

Ein Hauptanliegen der Fotografie ist es, ungewöhnliche Ansichten zu präsentieren und neue Möglichkeiten aufzuzeigen, unsere Umwelt zu betrachten. Das gilt für Landschaften ebenso wie für jedes andere Sujet.

Das Exotische und Ungewöhnliche lässt sich im freien Gelände und in Landschaftsformen selbst finden, aber auch in der Art ihrer Darstellung. Eigentümliche Bodenformationen wird man eher in der unberührten Wildnis finden als in Kulturlandschaften mit Rasen und Bäumen. Berge, Wüsten, Meeresküsten, Schnee- und Eislandschaften sind immer lohnende Ziele für die Suche nach Extremen. Die Jagd nach exotischen Orten kann mühselig und zeitaufwändig sein, aber die Resultate lohnen meist den Aufwand voll und ganz. Der größte Teil der Welt ist uns bereits bekannt, entweder durch eigene Reisen oder durch die Massenmedien. Aber es gibt immer noch einige verblüffend leicht zugängliche Orte, die kaum ein Mensch kennt. In Nordamerika existieren viele spektakuläre Landschaften in bequemer Nähe zu gut ausgebauten Highways. Beispiele sind der Arches National Park oder auch das Death Valley. Die dicht besiedelten Regionen Europas verfügen natürlich nur über wenige unbekannte Landschaften, aber Island und Nordskandinavien bieten sie in Hülle und Fülle. Jeder Teil der Welt hat Ungewöhnliches zu bieten, und Reiseführer und Fernsehdokumentationen haben noch längst nicht alle Ziele vorgestellt.

Bogen Form und Proportionen dieser lang gestreckten Felsbrücke im Arches National Park in Utah sind schon bei konventionellen Lichtverhältnissen beeindruckend. Mir ist es allerdings gelungen, dem Bild ein zusätzliches Element der Abstraktion zu verleihen, indem ich die Sonne hinter dem Bogen stehend aufnahm und die Aufnahme zusätzlich unterbelichtete.

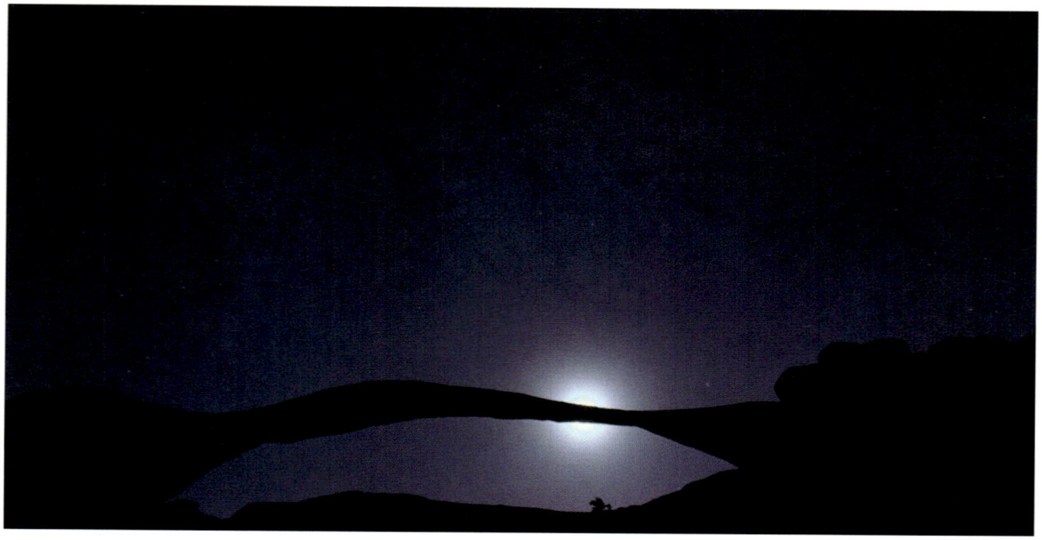

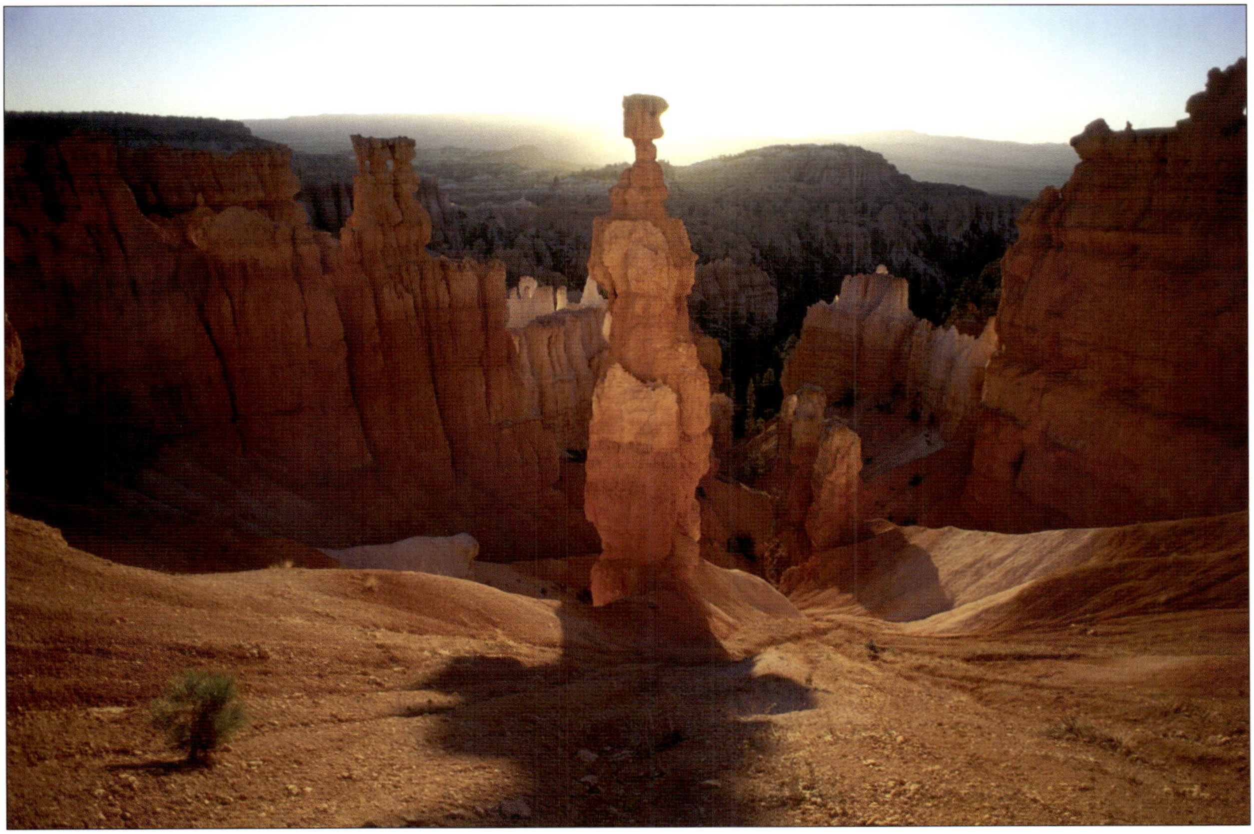

Suche nach dem Ungewöhnlichen

Wer in vertrauten Landschaften fotografiert, sollte durch Individualismus in Stil und Herangehensweise versuchen, ungewöhnliche Aufnahmen zu schaffen. Allerdings ist es eine echte Herausforderung, eine frische und unverbrauchte Ansicht eines altvertrauten Motivs zu finden. Denkbar wäre, die Landschaft auf ihre grundlegenden grafischen Elemente zu reduzieren und so einen eher abstrakten als natürlichen Blick zu kreieren. Um das grafische Potenzial einer Landschaft zu entdecken, gibt es eine Reihe hilfreicher Techniken.

1 Warten Sie auf das Licht. Silhouetten im Zwielicht oder vor tief stehender Sonne können Felsen, Bäume und andere Objekte zu einfachen Formen reduzieren.
2 Extreme Weitwinkel- oder lange Teleobjektive schaffen ungewohnte Perspektiven.
3 Verändern Sie je nach Kontrastverhältnis den Farbtonabgleich, um Formen und Muster zu betonen.
4 Experimentieren Sie mit dem Weißabgleich oder der Tonkorrektur.
5 Experimentieren Sie mit bewusster Unter- oder Überbelichtung, vor allem bei kontrastreichen Lichtverhältnissen, etwa bei direktem Gegenlicht. Sie könnten auch die grafischen Möglichkeiten von Silhouetten oder die Reflexionen auf glatten Oberflächen ausnutzen.
6 Denkbar ist auch, die oben genannten Parameter bei der Bildbearbeitung ins Extreme zu verändern. Das Angebot an Effektfiltern ist ebenfalls groß, allerdings sollte man bei der Auswahl kritisch sein.

Thor's Hammer

Die Hoodoo, eine seltsame Formation von Felssäulen, sind durch Erosion entstanden. Sie sind eine der Attraktionen des Bryce Canyon in Utah. Eines der auffälligsten Gebilde ist dieser Gigant, der wegen seines auffälligen Kopfsteins Thor's Hammer heißt. Ich hatte am Nachmittag zuvor nach einem guten Blickwinkel gesucht und den Punkt gefunden, an dem die aufgehende Sonne genau hinter dem „Hammer" stehen würde. Die hinter der Kamera aufragenden Steilwände reflektieren die Sonne und erzeugen dieses warme Licht.

Der kritische Blick

Landschaftsfotografie zeigt nicht immer nur Schönheit. Sie kann auch Aussagen darüber treffen, wie wir unsere Umwelt nutzen oder missbrauchen.

Naturlandschaften erzeugen ein gewisses Gefühl der Wehmut, weil die naturbelassenen Gebiete der Welt im Rückgang begriffen sind und unseren Schutz benötigen. Unverstellte Blicke auf den Horizont ohne Spuren menschlicher Existenz sind selten geworden und werden zunehmend mit Antennenmasten und Windkraftanlagen verbaut. Wie wir bereits gesehen haben, ist die Naturfotografie ein uramerikanisches Phänomen. Da das Land immer noch spektakuläre Naturlandschaften besitzt, fallen Beispiele visueller Verschmutzung wie Werbetafeln, Wohnwagenparks und neben der Straße entsorgter Müll besonders stark ins Auge.

Die meisten Fotografen ignorieren diese Zerstörung der Landschaft und fahren einfach vorbei. Andererseits verlangt solche Verschandelung aber geradezu nach Dokumentation. Häufig verdeutlichen kritische Fotografen die schlechten Gewohnheiten der Menschen, indem sie Positives (die Schönheit der Natur) und Negatives (Zerstörung durch den Menschen) gegenüberstellen. Ebenso wie beim Fotografieren unberührter Landschaften *(siehe Seite 230–231)* kommen auch hier Weitwinkel- und Teleobjektiv zum Einsatz. Denkbar sind aber auch weniger strikte Interpretationen solcher Bilddokumente. Das verlassene Autowrack an einem Wüsten-Highway kann natürlich als wild abgestellter Schrott betrachtet werden, andererseits ist es aber auch eine – ich wage es kaum zu sagen – fast nostalgische Reminiszenz der amerikanischen Autokultur, die Erinnerungen an die große Zeit der Route 66 heraufbeschwört. Eine verlassene Mine aus dem 19. Jahrhundert wird von den meisten Menschen heute als pittoreske und erhaltenswerte historische Anlage betrachtet (und viele dieser Bergwerke stehen heute unter Schutz). Im Prinzip unterscheiden sie sich aber kaum von unseren modernen Tagebauen oder Brandrodungsgebieten. Was heute als Zerstörung der Natur gilt, kann morgen schon mit historisch verklärtem Blick betrachtet werden.

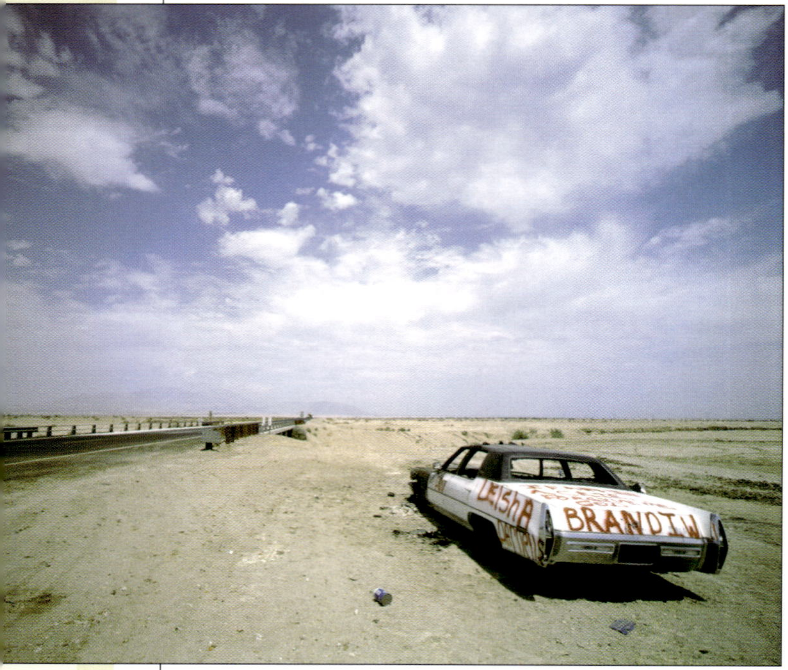

Salton City
Verlassene Fahrzeuge sind ein fast unvermeidbares Merkmal der endlosen Straßen durch unbewohntes Gebiet im amerikanischen Westen. Manchmal können sie vor dem Hintergrund der offenen Landschaft ein seltsam schönes Motiv darstellen – eine Betrachtungsweise, die allerdings nicht jeder teilt.

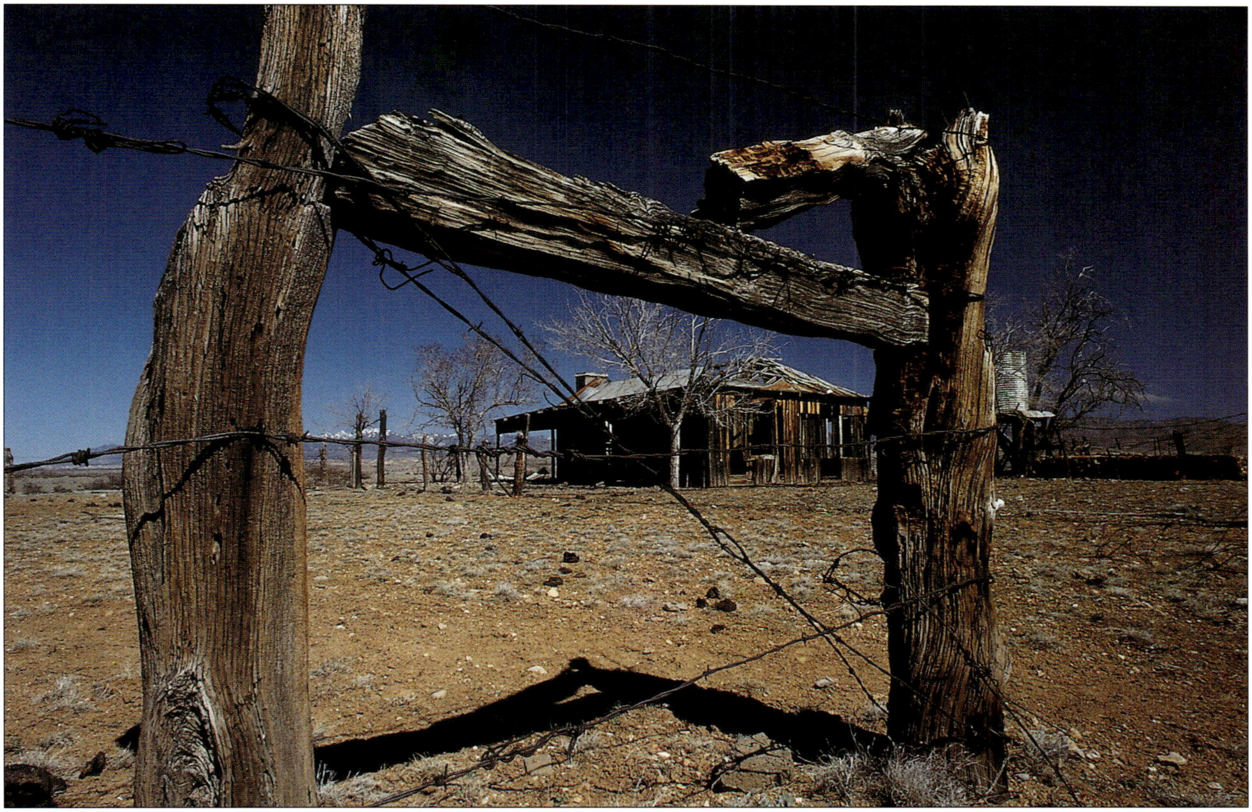

Zerstörung der Landschaft gehört heute zur Realität, und wenn die Fotografie diese Realität ehrlich dokumentieren will, muss sie auch Negatives darstellen – mit kühl-objektivem Blick oder mit einer Botschaft, wie es der Fotograf Robert Adams praktiziert.

Der amerikanische Fotografiekritiker und Konservator John Szarkowski vertritt die Ansicht, die Schönheit der Natur sei für junge Fotografen kein reizvolles Sujet mehr, da dieses Gebiet von so vielen Fotografen bereits umfassend behandelt wurde. Er sagte: „... wir sollten dazu übergehen, uns respektvoll dem zu widmen, was von der Natur geblieben ist, selbst wenn es schon vom Menschen gezeichnet und missbraucht wurde. Wir sollten darauf vertrauen, dass aus der wachsenden Aufmerksamkeit mehr Liebe für die Natur erwächst, und aus dieser Liebe kompetentere Maßnahmen zu ihrer Erhaltung. Vielleicht lernen wir dadurch allmählich, nicht nur auf der Erde zu leben, sondern mit ihr."

▲ Enttäuschte Hoffnung
Verfallene Minen und Farmen sind nostalgische und historische Motive in den wilden Weiten des amerikanischen Westens, wie diese Farm in New Mexico.

▼ Stromleitungen
Eine allgegenwärtige Form „visueller Verschmutzung" sind Überlandleitungen. Hier aber durchschneiden ihre Formen eine im Nebel liegende Landschaft mit erstaunlicher Eleganz.

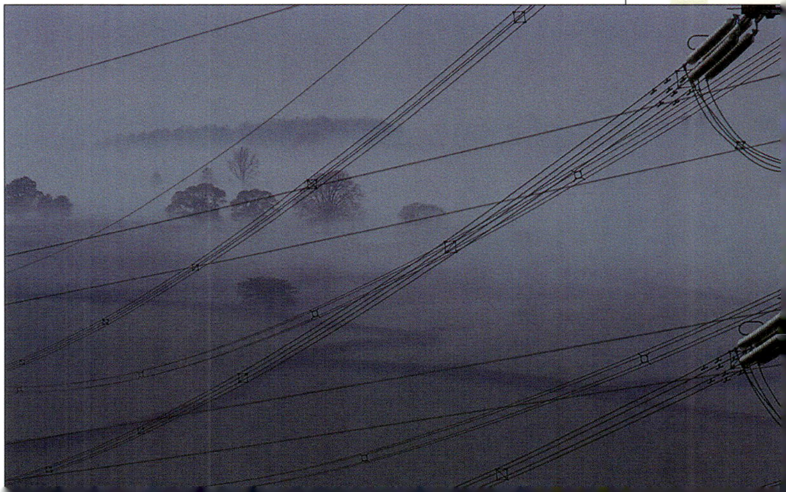

Der minimalistische Blick

Fotos mit sehr reduziertem Bildinhalt besitzen ihre ganz eigene visuelle Sprache. Statt um Details und konventionelle Motive geht es hier eher um die subtile Erforschung von Ton und Farbe.

Löst man sich von der herkömmlichen Vorstellung, dass ein Foto aus Hauptmotiv sowie Vordergrund, mittlerer Ebene und Hintergrund bestehen muss, eröffnen sich Möglichkeiten für eine ganz andere Form der Fotografie. Und treibt man die Abstraktion hin zu extremer Vereinfachung von Tönen, Formen und Linien, ist man beim Minimalismus angelangt. Solche Bilder sind nicht jedermanns Geschmack, doch sie haben trotzdem durchaus ihren Wert und ihre Berechtigung.

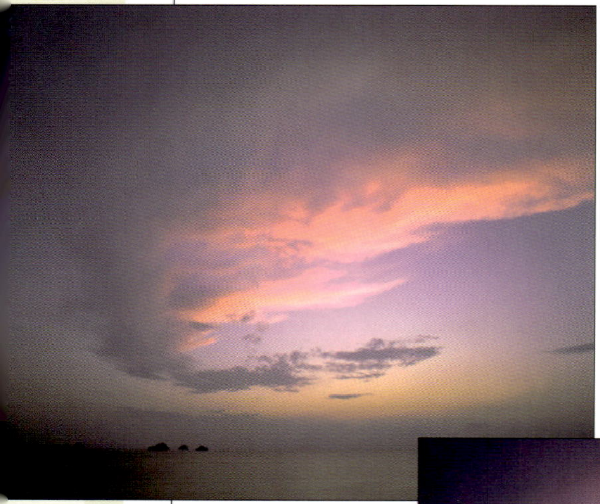

Es existieren mehrere Stufen hin zum minimalistischen Bild, doch immer geht es darum, den Blick vom Offensichtlichen abzuwenden. So machte der amerikanische Fotograf Frederick Sommer in den 1930er- und 1940er-Jahren eine Reihe von merkmallosen Aufnahmen von der Wüste Arizonas – nicht einfach grafisch wirkende Dünen, sondern von Gestrüpp bewachsene Hügelflanken in blassem Licht und ohne einen Horizont.

In einer gewissen Weise wird die Kamera unter Ausblendung aller anderen Dinge auf einen Hintergrund gerichtet. Tatsächlich sind es die Distanz, die Offenheit und die Abwesenheit von Merkmalen, die das wirkliche Sujet dieser Art von Fotos ausmachen. Das Motto dieses minimalistischen Stils lautet „weniger ist mehr". Der Fotohistoriker John Szarkowski nannte dies die „nominale Subjektmaterie", bei der das Subjekt selbst weniger Bedeutung hat als die Grafik des Bildes. Ein weiteres Argument der Minimalisten lautet, dass solche anscheinend merkmallosen Bilder den Betrachter ermutigen, sorgfältiger auf Einzelheiten zu achten. Die meisten Fotografien enthalten eine Fülle von Details, bis hinunter zur Ebene der Texturen, die aber bei Bildern mit beherrschenden Motiven ignoriert werden.

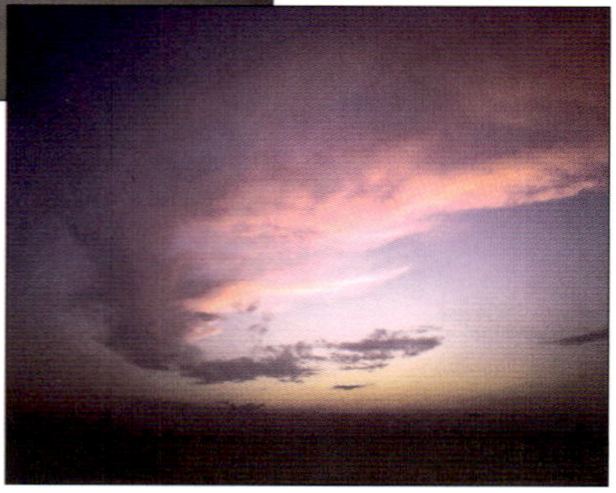

Samui Island
Der einzige Fixpunkt in dieser nebeligen Komposition aus Rosa-, Grau- und Blautönen ist eine winzige Gruppe ferner Inseln. Um den minimalistischen Eindruck zu verstärken, wurde der Himmel in der Nachbearbeitung selektiv abgedunkelt, sodass die Töne gleichmäßiger über das Bild verteilt wirken.

Meereslandschaften bieten dem minimalistischen Fotografen die meisten Möglichkeiten, solange man so offensichtliche Vordergründe wie die Küste meidet und sich stattdessen auf das Spiel von Licht und Farben konzentriert. Der Anblick eines solchen Bildes vermittelt uns tatsächlich unsere visuelle und gefühlsmäßige Erfahrung des Meeres: eine unfassbare Ausbreitung, Merkmallosigkeit, Weite und Distanz, die unseren Orientierungssinn verwirrt.

Im wirklichen Leben wenden wir uns wahrscheinlich bald ab, weil wir von dem Mangel an interessanten Merkmalen gelangweilt sind. Dabei gelten solche Anblicke als Antithese zur organisierten, detaillierten, traditionellen Landschaft. Zu Vertretern dieser Schule zählen der Amerikaner Joel Meyerowitz und – noch extremer – die Japaner Ikko Warahara und Hiroshi Sugimoto.

Eine andere minimalistische Methode zur Erforschung einer Landschaft ist die Langzeitbelichtung zur Darstellung der verstreichenden Zeit. Das Verschwimmen aller sich bewegenden Formen, etwa Blätter im Wind, über den Himmel ziehende Wolken und vor allem fließendes Wasser, ist eine weitere Möglichkeit zur Reduzierung eines Bildes. Details verlieren an Bedeutung, fototypische Effekte treten an ihre Stelle. Wenn man Wasser mit langer Belichtungszeit fotografiert, verändert sich sein Erscheinungsbild je nach Fließeigenschaft und Belichtungsdauer. Bei einer relativ langen Belichtung (z. B. 1/8 oder 1/15 Sekunde bei einem schnell fließenden Strom) wirkt das Wasser wie fließende Seide, bei sehr langer Belichtung verwandelt es sich in einen Nebel. So kann auch eine Felsenküste wie von Bodennebel bedeckt wirken.

▲ Winterküste

Der trostlose Anblick der winterlichen Küste von Massachusetts wirkt durch das lastende Grau des Himmels und die kraftlos durchscheinende Sonne sehr eigenwillig.

▼ Nebel und Weichheit

Diese mit einem langen Teleobjektiv (600 mm) aufgenommene Marschlandschaft wirkt, durch einen digitalen Verlauffilter verstärkt, geradezu impressionistisch.

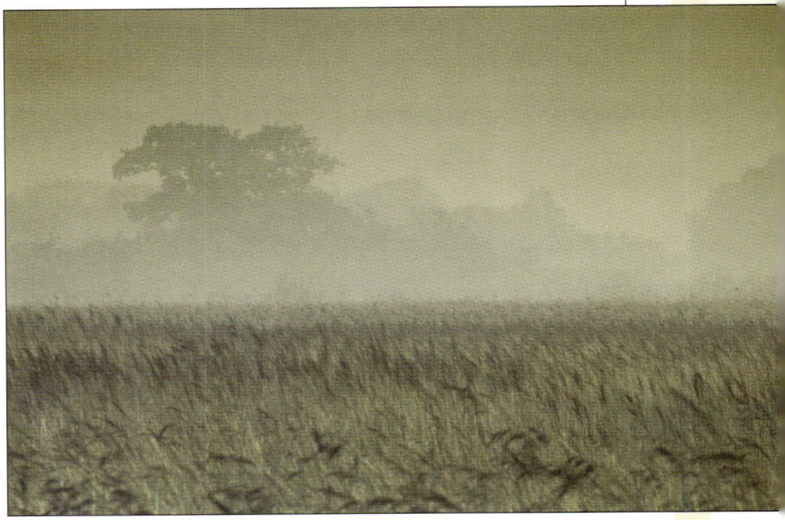

Himmelslandschaften

In der konventionellen Fotografie dienen Wolkenformationen eher als Accessoire, dabei besitzen sie oft genügend Charakter, um als eigenes Sujet gelten zu dürfen.

Die Welt über der Horizontlinie wird entweder zugunsten der Motivelemente auf dem Boden ignoriert oder als Gegengewicht in der Komposition herangezogen. Allerdings können Himmelslandschaften ebenso unterschiedlich interessant und fotogen sein wie Bodenlandschaften. Graue Himmel sind immer langweilig, aber zu anderen Zeiten kann man etwas wirklich Spektakuläres sehen. In diesen Momenten sollte man die Landschaft einmal getrost ignorieren und die Kamera nach oben richten.

Das Fundament ist dabei natürlich der Horizont, den Sie als schmalen Streifen nahe am unteren Bildrand platzieren sollten, um das Himmelsbild zu erden. Dadurch erhält es einen Kontext, und der starke Kontrast in den Proportionen von Land und Luft verstärkt den Eindruck, dass der Himmel tatsächlich einen offenen, grenzenlosen Raum beherrscht. Für ein lohnendes Foto muss der Himmel etwas Besonderes zu bieten haben, aber es ist schwer vorherzusagen, wann und wo dies eintritt. Viele der wichtigen Bedingungen, die wir bereits auf den vorhergehenden Seiten im Rahmen anderer Aspekte der Landschaftsfotografie betrachtet haben, schließen auch pittoreske Himmelslandschaften mit ein. Früh und spät am Tag verändert sich der Himmel wahrscheinlich am schnellsten, was schlicht mit dem sich verändernden Licht zu tun hat, und das Zwielicht ist in diesem Fall von besonderem Wert. Bei relativ klarem Wetter liegt das Land für einen kurzen Zeitraum vor dem Sonnenaufgang und nach dem Sonnenuntergang vollständig im Schatten, wäh-

Polarisationsfilter

Eine der offensichtlichsten Wirkungen eines Polfilters ist die Art, wie er den Himmel verdunkelt. Der Polfilter unterdrückt polarisiertes Licht, indem er nur eine Schwingungsebene durchlässt. Im Freien entsteht polarisiertes Licht beispielsweise durch Reflexionen auf winzigen Schwebeteilchen in der Atmosphäre. Die Wirkung ist am stärksten im rechten Winkel zur Sonne. Man kann den Effekt des Filters steuern, indem man ihn in seiner Fassung dreht.

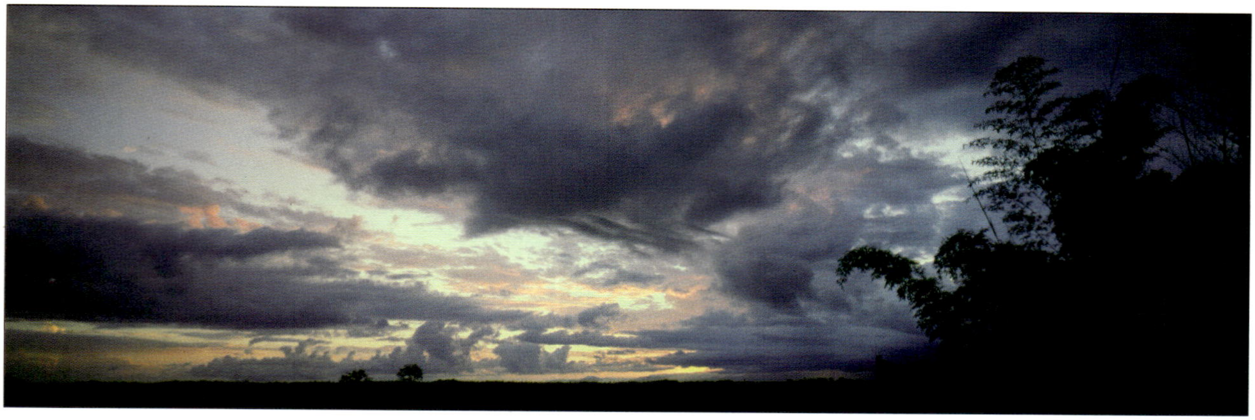

Himmelspanorama
Das Panoramaformat eignet sich hervorragend für die unteren Himmelsregionen, weil sich durch den spitzen Winkel zwischen Blickrichtung und Wolkenbändern eine vertikale Komprimierung ergibt.

Umgedrehter Verlauffilter

Normalerweise soll ein Verlauffilter in der Landschaftsfotografie den Himmel stufenlos abdunkeln, um ihn an die dunkleren Töne des Bodens anzugleichen. Fotografiert man aber oberhalb des Horizonts mit einem Weitwinkelobjektiv, verdunkelt sich der Himmel nach oben hin von selbst und ein um 180° gedrehter Verlauffilter sorgt für eine gleichmäßig über das Bild verteilte Helligkeit. Alternativ können Sie den Himmel auch in der Nachbearbeitung progressiv abdunkeln.

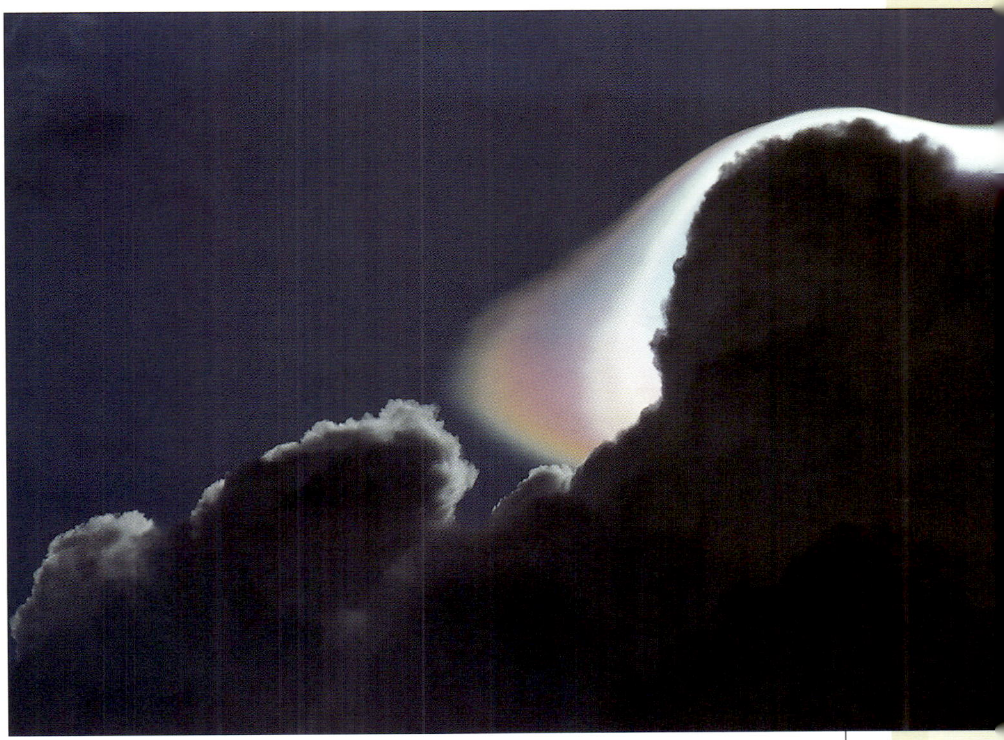

rend das Licht die Wolken am Himmel anstrahlt. Am besten verwendet man für Himmelslandschaften ein Weitwinkelobjektiv, um dem menschlichen Sichtfeld nahe zu kommen. Wenn der Himmel zumindest teilweise unbewölkt ist, kann ein Weitwinkelobjektiv auch die Abstufung der Farbtöne einfangen. Diese ist fast immer in den oberen Regionen dunkler als dicht über dem Horizont, wo die höhere Konzentration von Staub, Dunst und Luftverschmutzung Farben und Töne dämpft. Unter Umständen lohnt sich der Einsatz eines Polarisationsfilters (kurz: Polfilter), um das Licht abzudunkeln und die Farbsättigung zu erhöhen. In Kombination mit einem extremen Weitwinkel kann er jedoch ein störendes, dunkles Band quer über das Bild zeichnen, weil die Polarisation im rechten Winkel zur Sonneneinstrahlung am stärksten ist.

Verwenden Sie ein Normalobjektiv oder ein Teleobjektiv mittlerer Brennweite, um einzelne Wolken oder Formationen zu isolieren. Alfred Stieglitz, einer der Begründer der amerikanischen Fotografie, entdeckte in Wolken Bilder, die „meiner fundamentalen Lebenserfahrung, meiner grundlegendsten Lebensphilosophie entsprechen." Er benutzte Wolken als nahezu abstraktes Motiv zur Vermittlung einer sehr persönlichen Vision.

▲ Aura Bestimmte „himmlische Elemente" können eigenständige Motive abgeben, wie diese Aufnahme einer bunten Aura hinter einer dichten Cumuluswolke zeigt.

▼ Meer und Himmel Eine ungehinderte, weite Sicht und eine gerade, ungebrochene Horizontlinie machen das Meer zu einem der besten Orte für Himmelslandschaften.

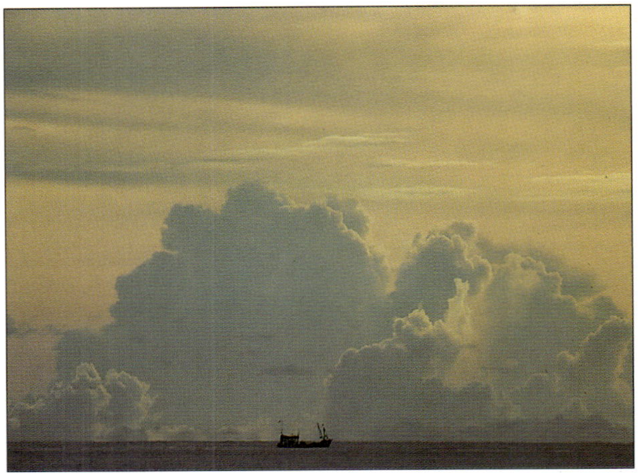

Das Wetter

Strahlende Sonne oder ein klarer Himmel klingen oft wie das perfekte Rezept für einen Fotoausflug, aber Wetterphänomene und Wolkenbilder machen Licht und Himmel interessanter.

Auch wenn das Licht an einem sonnigen Tag für Fotografen angenehm und unkompliziert ist, bieten leichte Kumuluswolken, eine geschlossene Wolkendecke, dichter Morgennebel im Tal oder dünner Hochnebel Besonderes. Wichtig ist die Wirkung von Wolken auf die Lichtqualität. Die Wolkendecke zeichnet die Schatten weicher und kann im Extremfall an einem bedeckten Tag das Licht vollständig verflachen. Wenn Ihre Kamera Farbtöne kompensieren kann, hilft hier eine höhere Kontrasteinstellung. Es ist schwierig, solche Lichtverhältnisse interessant darzustellen. Experimentieren Sie mit dem Weißabgleich der Kamera, um diesen leichten Blaustich wärmer zu gestalten. Eine zerrissene Wolkendecke wirft manchmal einen Flickenteppich aus Licht und Schatten auf eine Landschaft, der ein sehr attraktives Bild ergeben kann. Große, weiße Wolkengebirge wirken mitunter wie riesige Reflektoren.

Wolken beeinflussen selbstverständlich das Licht, aber sie können bei einer weiten Landschaftsaufnahme auch den Blick selbst verändern. Wenn die Wolken deutlich umrissen sind und gut mit dem Rest des Himmels kontrastieren, dürfen sie durchaus einen größeren Teil des Fotos einnehmen. Manchmal eignen sie sich sogar als eigenständiges Motiv, wobei jedoch ein schmaler Landstreifen das Bild nach unten hin abschließen sollte *(siehe Seite 270–271)*.

Regen Fallender Regen ist schwierig im Bild festzuhalten, ausgenommen die seltenen Fälle, in denen gleichzeitig die Sonne für Seiten- oder Gegenlicht

Gewitterlicht
Die Sonne bricht durch die dicke Decke aus Gewitterwolken über der Moorlandschaft bei Ipswich, Massachusetts. Hier wird das Wetter selbst zum Motiv.

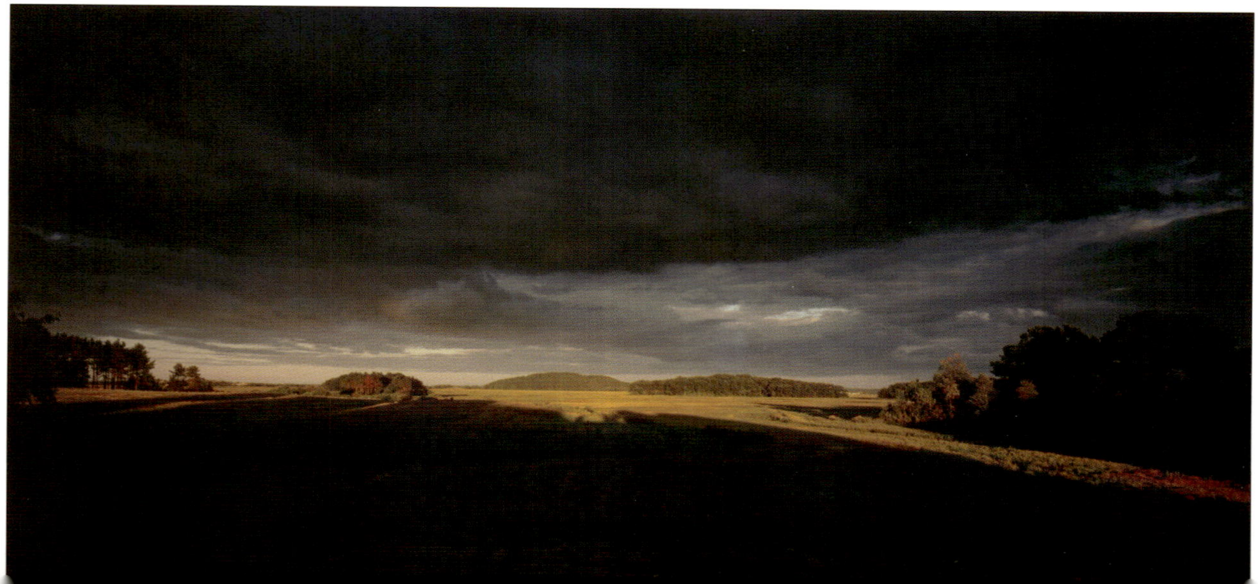

sorgt. Regen sieht aus einiger Entfernung wie Nebel aus. Um den Regenfall zu verdeutlichen, müssen Sie seine Wirkung zeigen – Wellen in einer Pfütze oder Tropfen auf einem Autodach. Bei seltenen Gelegenheiten kann man einen Regenbogen sehen, sobald die Sonne durchbricht. Da ein Regenbogen ein optisches Phänomen ist, scheint er den Bewegungen des Betrachters zu folgen. Das eröffnet Wahlmöglichkeiten für den Hintergrund. Um den ganzen Regenbogen zu erfassen, brauchen Sie ein Weitwinkelobjektiv. Erscheint er zu schwach im Bild, können Sie nachträglich noch die Sättigung erhöhen.

Nebel Wie lange Nebel sich hält, lässt sich kaum vorhersagen. Darum sollte man jede Gelegenheit ergreifen, seine wunderbare Atmosphäre zu nutzen. Besonders gute Bedingungen herrschen am frühen Morgen, wenn der Nebel gerade dünn genug ist, dass das Sonnenlicht hindurch scheinen kann. Richten Sie sich zur Sonne hin aus, um Silhouetten von Bäumen und anderen Landschaftsmerkmalen im Vordergrund einzufangen.

Blitz Das größte Problem ist die Unberechenbarkeit von Blitzen, aber solange Sie nachts oder am Abend fotografieren, können Sie den Verschluss offen lassen, bis ein oder mehrere Blitze aufgenommen sind. Ein Weitwinkelobjektiv erhöht die Chance, einen Blitz im Bild einzufangen. Die Belichtungszeit ist unproblematisch, aber als Faustregel sollten Sie bei einer Empfindlichkeit von ISO 200 die Blende *f*5.6 für entfernte Blitze (über 16 km) und die Blende *f*8 für Blitze in 3–16 km Entfernung verwenden. Gehen die Blitze noch näher nieder, empfiehlt sich Blende *f*16 – im Freien sollten Sie sich dann allerdings nicht mehr aufhalten. Blitze treten normalerweise in Serien auf, sodass Sie meist genug Zeit haben, das Ergebnis der ersten Aufnahme auf dem LCD-Monitor zu überprüfen.

Bedrohlicher Himmel
Gewitterwolken türmen sich spätnachmittags im Osten über einem Tal in Nordthailand auf und kontrastieren mit dem Sonnenlicht, das ein verlassenes Kloster und einige Reisfelder zum Leuchten bringt.

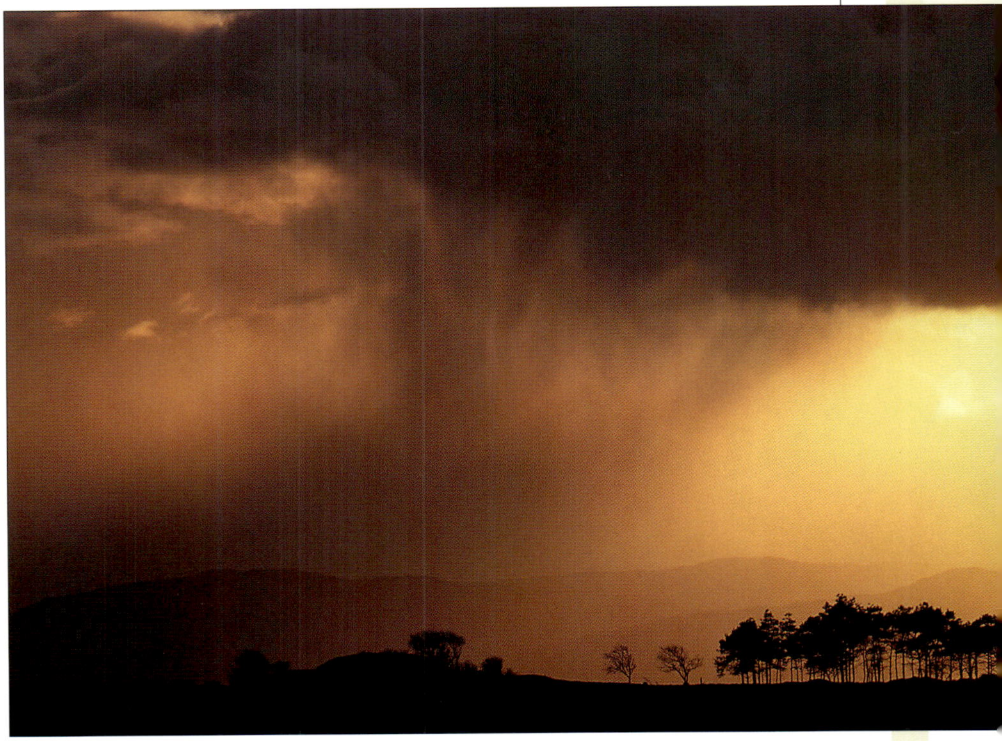

Regen
Im Gegenlicht der Abendsonne treiben Regenschwaden über die dunstigen Hügel und Buchten einer schottischen Hebrideninsel.

Die Farbe des Lichts

Digitalkameras können alle Farbvariationen des Tageslichts korrigieren und angleichen. Man muss diese Möglichkeiten nur richtig zu nutzen wissen.

Farbtemperaturskala

12 000 K	Lichter Schatten bei klarem Himmel in großer Höhe
10 000 K	
9000 K	Lichter Schatten bei außergewöhnlich klarem Himmel
8000 K	Lichter Schatten bei durchschnittlich blauem Himmel
7000 K	
6000 K	Bedeckter Himmel Elektronischer Blitz (typisch 5400 K)
5000 K	Sommerliche Mittagssonne in mittleren Breiten
4000 K	Eine bis zwei Stunden von Sonnenauf- oder -untergang entfernt
3000 K	Farbstarker Sonnenauf- oder -untergang
2000 K	Eine rot auf- oder untergehende Sonne

Die Farbe des Lichts verändert sich im Lauf des Tages, besonders bei klarem Himmel. Wenn die Sonne auf- oder untergeht, kann ihr Licht orangefarben oder rötlich sein, während es mittags bei höchstem Sonnenstand weiß oder „normal" wirkt. Im Schatten wirkt das Licht bei klarem Himmel bläulich, was allerdings unsere Augen weniger stark wahrnehmen als ein Farbfilm. Je nach Wetterlage kann auch das Zwielicht einen Blaustich aufweisen.

Die Farbskala, die das Tageslicht durchläuft, ist als Bandbreite der Farbtemperatur bekannt. Dahinter steht das Prinzip, dass die meisten Lichtquellen auf Wärme (d. h. Glut) beruhen und ihre Farbe von ihrer Temperatur abhängt. Die Reihenfolge der Farben ist, von warm bis sehr heiß: Rot, Orange, Gelb, Weiß und schließlich Blau. Ob untergehende Sonne oder Tischlampe, jedes Licht hat eine exakte Farbe, deren Temperatur in Kelvin (K) gemessen wird. Der Nullwert der Kelvin-Skala entspricht dem absoluten Nullpunkt. So hat eine orangefarbig brennende Kerze eine Farbtemperatur von rund 2000 K, während das Licht der Mittagssonne etwa 5500 K und der lichte Schatten unter blauem Himmel 8000 K oder mehr hat. Achtung: In der Alltagssprache verbinden wir Blau mit Kälte und Rot mit Hitze, während sich beim optischen „Aufwärmen" einer Szene die Farbtemperatur senkt.

Die Farbtemperatur des Tageslichts verändert sich durch seine Brechung in der Atmosphäre. Steht die Sonne tief am Himmel, dringt sie in flachem Winkel durch die Atmosphäre. Dabei streuen die Moleküle in der Luft die kürzeren blaueren Lichtwellen stärker als andere Wellenlängen, das Licht wird rötlich. Betrachtet man den klaren Himmel, sieht man nur diese gestreuten, blauen Wellenlängen. In gewissem Sinn wird das neutrale „weiße" Licht also in zwei Hauptkomponenten aufgetrennt. Was früher ein eher undurchsichtiger Aspekt der Farbfilmfotografie war, ist heute den meisten Fotografen schon deshalb vertraut, weil ihre Digitalkameras im Menü des „Weißabgleichs" Möglichkeiten zur Regulierung der Farbtemperatur bieten.

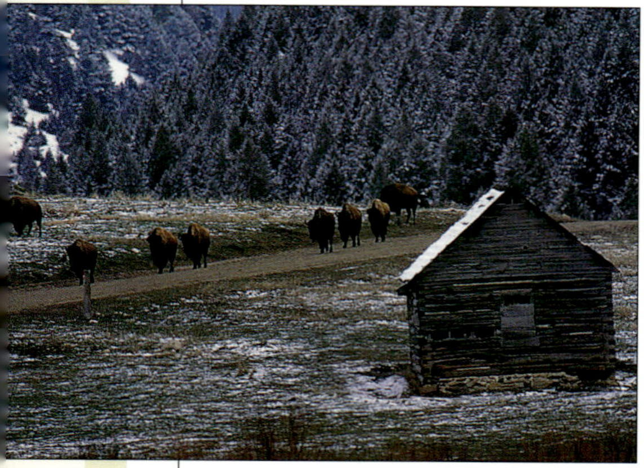

Kühl und bewölkt
Die Sonne wirft ein leicht bläuliches Licht auf eine ziehende Herde Bisons in Montana. Der dünne Schnee reflektiert diese Farbverfälschung.

Tonwertkorrektur

Eine weitere Funktion mancher Kameras ist die Tonwertkorrektur, die die Einstellung des Kontrasts für eine Aufnahme ermöglicht. Die Kamera wird in der Regel Einstellungen für normalen Kontrast, für hohen/mehr Kontrast, für niedrigen/weniger Kontrast und eine Automatik bieten, bei der der Prozessor der Kamera den Kontrast einschätzt und optimiert. Diese manuelle oder automatische Einstellung ist das Äquivalent zum Setzen von Tiefe und Weißpunkt bei der Bildbearbeitung und sollte am besten bei der Aufnahme vorgenommen werden. Wenn Sie im RAW-Format fotografieren, bleibt der Zeitpunkt Ihnen überlassen.

Ist ein stärkerer oder schwächerer Kontrast bewusst erwünscht, darf nur eine geringfügige Korrektur vorgenommen werden – ein Beispiel ist das Bild auf Seite 253, dessen Wirkung gerade auf seiner Kontrastarmut beruht.

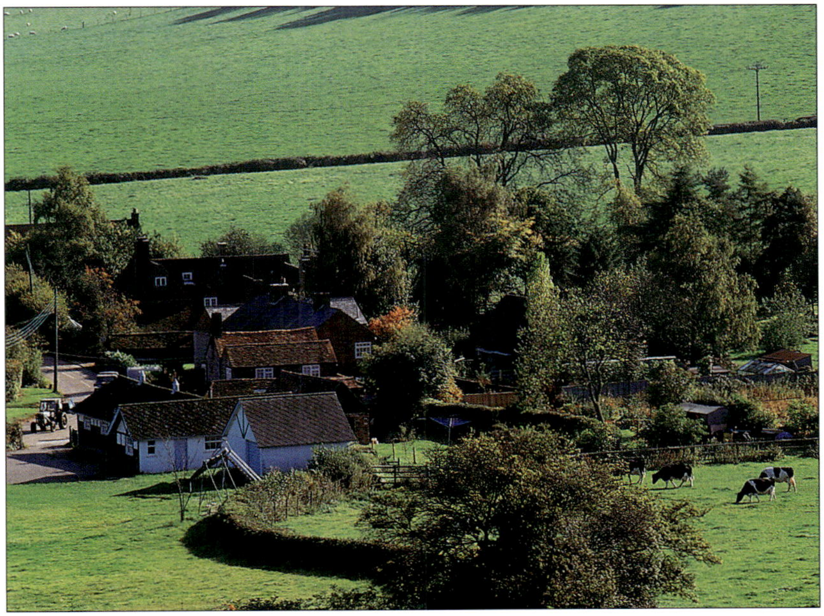

Weißes Licht Die Wahrnehmung des menschlichen Auges für Farben oder deren Fehlen orientiert sich am Mittagslicht. Die Farbe des Sonnenlichts auf diesen Feldern im englischen Surrey liegt knapp unter 5000 K. Achten Sie auf den leichten Blaustich der Hauswände im Schatten.

Keine Überkorrekturen Die Farben ins Neutrale hinein zu optimieren, ist nicht immer angemessen. Bei Aufnahmen bei tief stehender Sonne, wie hier im Capitol Reef National Park in Utah, erwarten wir warme Töne. Ein Weißabgleich für „Tageslicht" ist meist besser als die „Auto"-Einstellung.

Die bloße Existenz dieser Korrekturmöglichkeit ist aber noch kein Grund, von ihr besessen zu sein. In den meisten Fällen sind die Farbabweichungen gering und werden das Bild kaum ruinieren, zumal in der Nachbearbeitung Korrekturen leicht möglich sind. Wenn Sie im RAW-Format fotografieren, spielt die Einstellung des Weißabgleichs gar keine Rolle mehr, da Sie diese später noch auswählen können. Nutzen Sie den Weißabgleich, wenn Sie die Zeit dazu haben, aber verschwenden Sie keine Zeit damit. Aufpassen sollten Sie nur bei Sonnenauf- und -untergang. Bei Verwendung des automatischen Weißabgleichs wird das rötliche Licht zu Weiß hin korrigiert - und das ist hier nicht erwünscht.

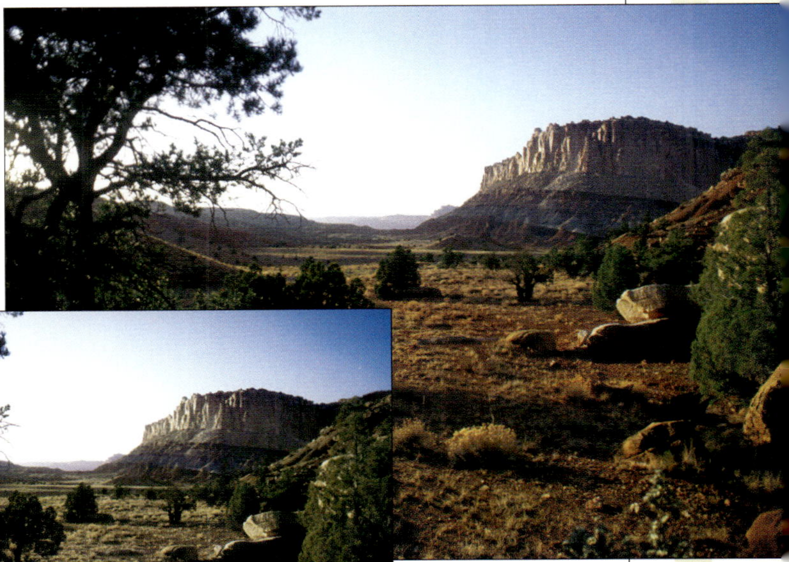

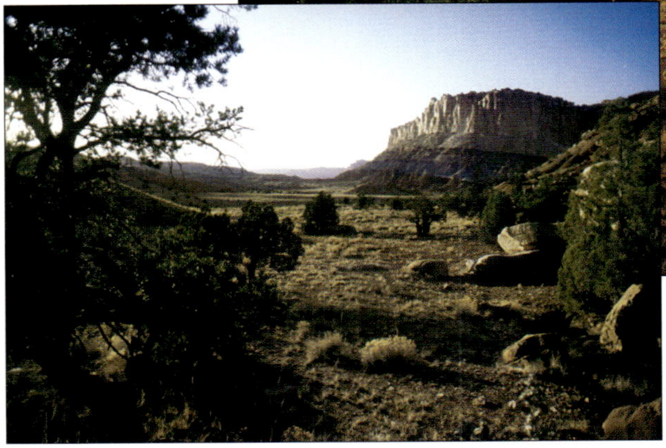

Luftaufnahmen

Eine Stunde Flug über ein schönes Gebiet ist zwar nicht billig, kann aber eine gute Investition in hinreißende Bilder aus ungewöhnlicher Sicht sein.

Die Fotografie aus der Luft verhilft Landschaften zu einer neuen Perspektive. Sie bringt ihre eigenen Sujets und Stilelemente mit, besonders, wenn man senkrecht nach unten fotografiert. Das Erkennen von Bodenmustern bleibt der Luftaufnahme vorbehalten.

Der wichtigste Unterschied zwischen einem durchschnittlichen und einem guten Luftbild ist das Licht. Dabei ist direkter Sonnenschein fast immer besser als ein bedeckter Himmel. Der Kontrast ist dann stärker und die Helligkeit erlaubt kürzere Verschlusszeiten. Allerdings erzeugt eine hoch stehende Mittagssonne eine eher flache Ausleuchtung, die umso stärker ausfällt, wenn man senkrecht nach unten

Farben aus der Luft
Algen und mineralische Ablagerungen verleihen der Grand Prismatic Spring im Yellowstone National Park ein hinreißendes Farbenspiel. Der perfekte Kandidat für einen senkrechten Schuss mit einem mittleren Teleobjektiv.

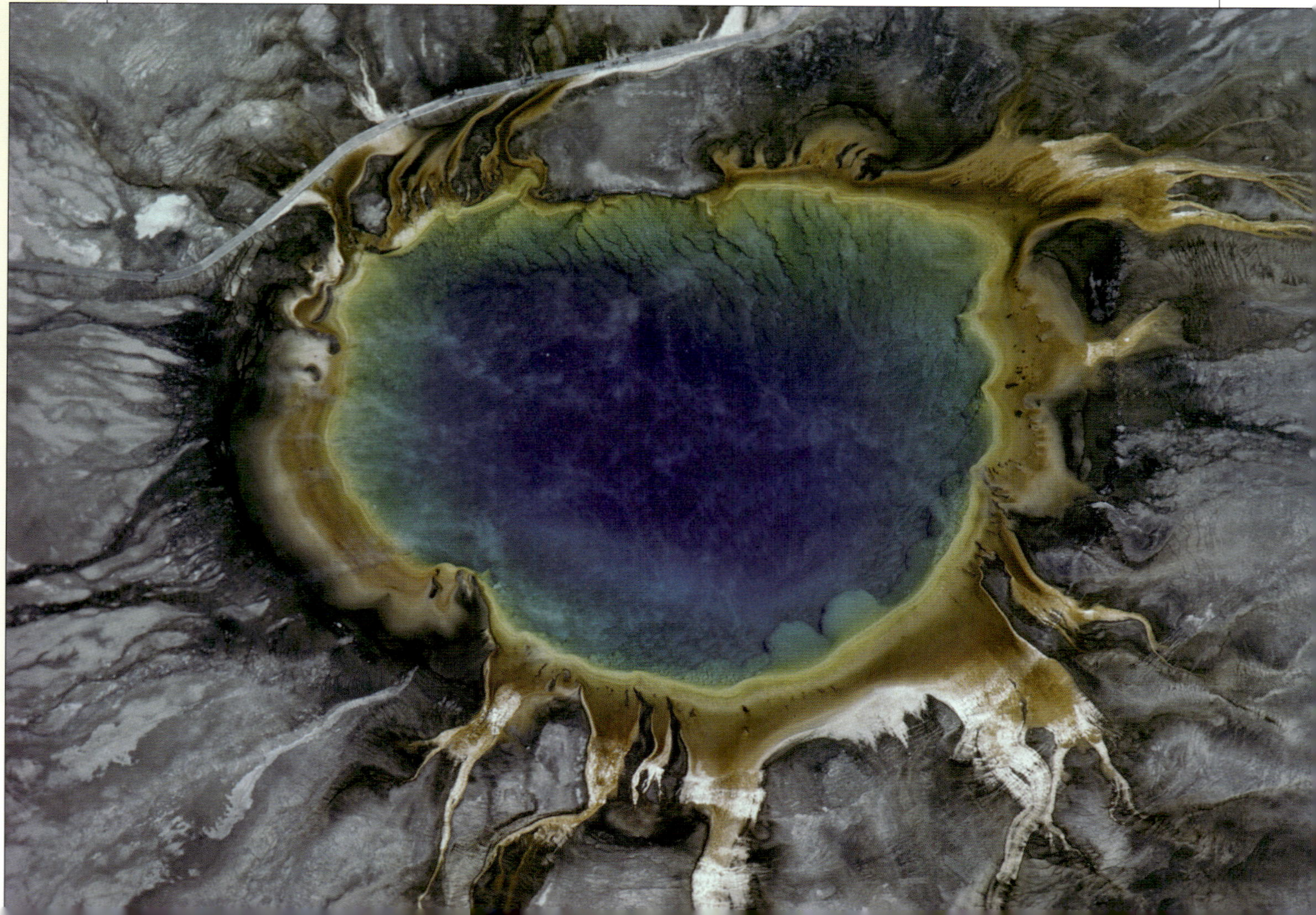

fotografiert. Wesentlich attraktiver ist dagegen eine tief stehende Sonne, die längere Schatten wirft und für Kontur und Ausdruckskraft sorgt. Ein typisches Problem der Luftbildfotografie ist Dunst. Die einfachste Lösung besteht darin, niedrig zu fliegen - in etwa 300 m Höhe - und ein Weitwinkelobjektiv zu verwenden. Auch ein UV-Filter kann den Kontrast verstärken und Atmosphärendunst durchdringen.

Der Geradeausflug erlaubt meist nur Aufnahmen im stumpfen Winkel schräg nach unten, was für entfernte Motive ausreicht. Für nähere, grafischer ausgerichtete Aufnahmen ist in der Regel ein spitzerer Winkel besser, wobei der direkt senkrechte Schuss manchmal die besten Resultate zeitigt. Mit einem Flugzeug bieten sich drei Möglichkeiten, dies zu erreichen. Der Pilot fliegt eine enge Kurve, wodurch Ihnen unter Umständen nur wenige Sekunden zum Abdrücken bleiben. Er kann das Flugzeug aber auch seitlich an das Motiv heransteuern und die Motordrehzahl reduzieren, um die Vibrationen zu mindern. Die dritte Alternative ist ein Kreisflug mit kleinem Radius.

Unterschiedliche Brennweiten liefern ganz verschiedene Bilder - am Boden wie in der Luft. Weitwinkelobjektive (28 mm oder weniger) eignen sich gut für Überblicke mit geringer Auswirkung von Dunst (siehe oben). Ein Normalobjektiv mit 50 mm Brennweite ist für die meisten Motive geeignet, während ein mittleres Teleobjektiv kleinere Motive wie Vögel im Flug erfassen kann. Verwenden Sie eine weit offene Blende und eine möglichst kurze Verschlusszeit (mind. 1/250 Sek.), um Verwackelungen zu vermeiden. Die Vibrationen des Flugzeugs machen das manuelle Scharfstellen schwierig (verwenden Sie besser den Autofokus), schränken aber die Verwendung langer Brennweiten ein.

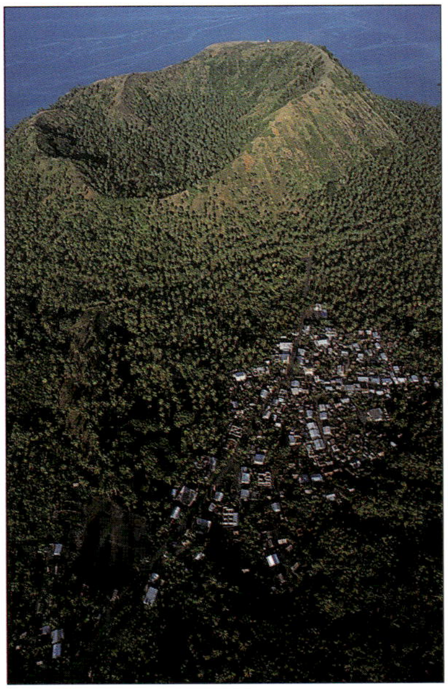

Komoren Dieser Vulkankrater an der Küste einer Komoreninsel in der Straße von Mosambik wurde aus etwa 300 m Höhe aufgenommen. Diese Höhe garantiert hohen Kontrast und gute Sättigung.

Isolation Eine leere Straße, so selten befahren, dass sie auf einem kurzen Stück von Flugsand verschüttet ist. Daneben ein einsames Haus im Hopi-Navajo-Reservat in Arizona.

Fotografieren in der Luft

- ☐ Entgehen Sie Vibrationen, indem Sie Arme und Kamera nicht an der Karosserie abstützen und eine schnelle Verschlusszeit (1/50 Sek. oder weniger) verwenden.
- ☐ Lehnen Sie sich nicht aus dem Flugzeug: Abgesehen von der offensichtlichen Gefahr kann Ihnen der Fahrtwind die Kamera aus den Händen reißen.
- ☐ Reduzieren Sie Störungen durch Dunst, indem Sie einen UV- oder Polarisationsfilter verwenden und im Tiefflug eher ein Weitwinkelobjektiv benutzen, statt aus mittlerer oder großer Höhe mit langer Brennweite zu arbeiten.
- ☐ Bei Weitwinkel- und Normalobjektiven können Sie den Fokus auf Unendlich stellen, aber bei langen Brennweiten ist mehr Sorgfalt geboten, vor allem da die Vibrationen des Flugzeugs das Scharfstellen erschweren.

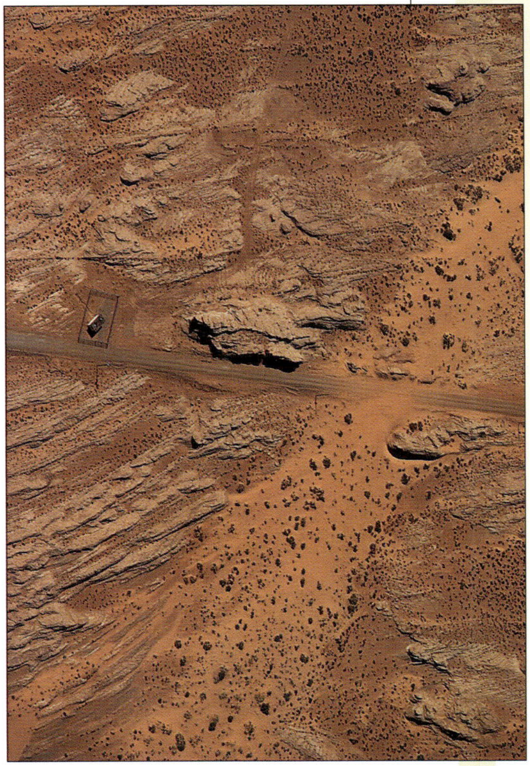

Vorbereitungen für den Flug

Sparen Sie Zeit und Geld, indem Sie sich gründlich vorbereiten und auf die verschiedenen Bedingungen mit unterschiedlichem Fluggerät – Starrflügler, Hubschrauber oder Ballon – einstellen.

Flugzeit ist teuer, deshalb spart die Zeit, die Sie in die Planung, die Einweisung des Piloten und die Vorbereitung von Flugzeug und Kamera investieren, Geld. Zudem gewinnen Sie mehr Zeit zum Fotografieren. Erledigen Sie möglichst viel bereits am Boden.

- ☐ Zeichnen Sie die Flugstrecke auf einer Karte ein, möglichst mit genau definierten Zielpunkten.
- ☐ Informieren Sie sich bei Pilot und Flugplatzpersonal nach den zu erwartenden Wetterbedingungen. Ideal sind in der Regel eine vergleichsweise tief stehende Sonne, klare Sicht und möglichst wenige Wolken. Je nach Wetter sind der frühe Morgen oder der späte Nachmittag die besten Zeiten.
- ☐ Bereiten Sie eine Liste von interessanten Motiven vor, und sprechen Sie sie mit dem Piloten ab, der Ihnen wahrscheinlich einige Tipps geben kann. Planen Sie Weitwinkelübersichten der gesamten Gegend und Detailaufnahmen von Landmarken wie Wasserfällen oder Seen ein.
- ☐ Informieren Sie den Piloten darüber, was Sie aus welchen Winkeln fotografieren wollen (siehe rechts).
- ☐ Öffnen Sie alle Fenster und Luken, fotografieren Sie nie durch Glas oder Kunststoff hindurch. Wenn es gar nicht anders geht, Sie das Objektiv so nah an das Glas wie möglich, und schirmen Sie Reflexionen mit einem dunklen Tuch oder mit der Hand ab. Fotografieren Sie nicht, wenn Sonnenlicht auf das Fenster fällt, da es dann zu Blendreflexen kommt und Kratzer sichtbar werden.
- ☐ Verstauen Sie Ihre Ausrüstung sicher, aber trotzdem leicht erreichbar.

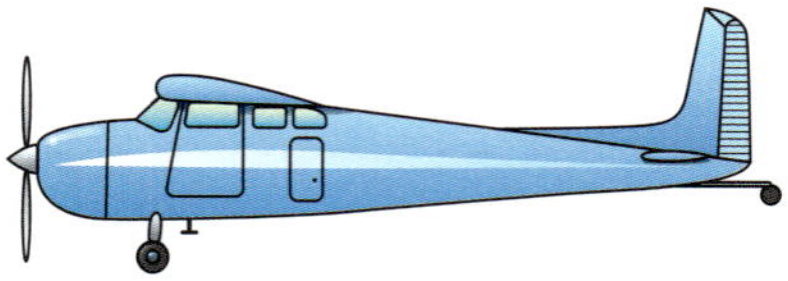

Hochdecker
Für Luftaufnahmen ist ein einmotoriges Flugzeug wie diese Cessna wahrscheinlich die beste Wahl. Die Flugzeit ist relativ preiswert, das Flugzeug ist sehr manövrierfähig, und die Sicht wird kaum eingeschränkt. Ideal sind Flugzeugtypen mit einziehbarem Fahrwerk.

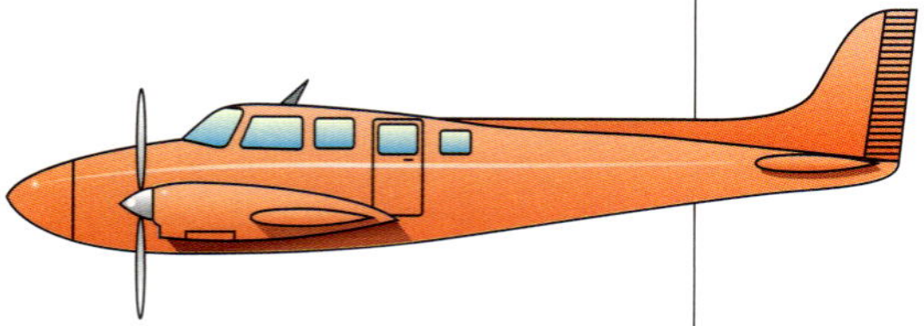

Tiefdecker
Die meisten Piloten bevorzugen größere Tiefdecker. Ihr Vorteil ist die höhere Geschwindigkeit (hilfreich, wenn der Flugplatz weiter vom Motiv entfernt ist), ihr Nachteil ist die eingeschränkte Sicht nach unten. Unter Umständen ist die hintere Frachtluke der einzige – wenn auch sehr beengte – Platz mit uneingeschränkter Sicht.

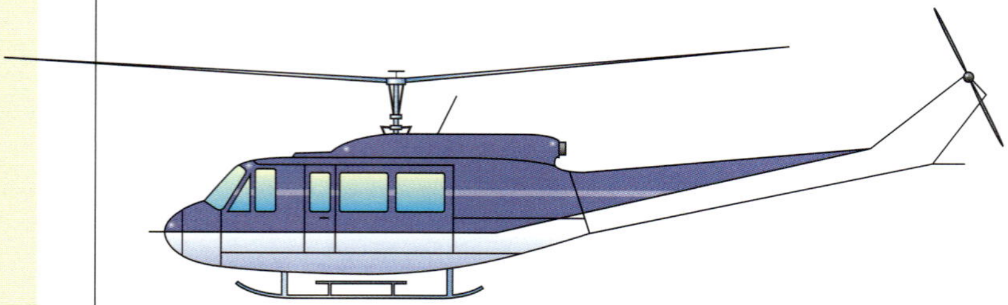

Hubschrauber
Hubschrauber sind zwar in der Miete die teuersten Luftfahrzeuge, aber besonders die großen Modelle bieten die Vorzüge hoher Geschwindigkeit, durch die man das Zielgebiet schnell erreicht, guter Manövrierfähigkei und nahezu uneingeschränkter Bodensicht. Leichte, zweisitzige Hubschrauber besitzen meist eine kuppelförmige Kanzel und abnehmbare Türen. Alle Hubschrauber vibrieren im Schwebeflug stark, was sich bei langsamem Vorwärtsflug leicht bessert. Achten Sie darauf, die Rotorblätter nicht ins Bild zu bekommen.

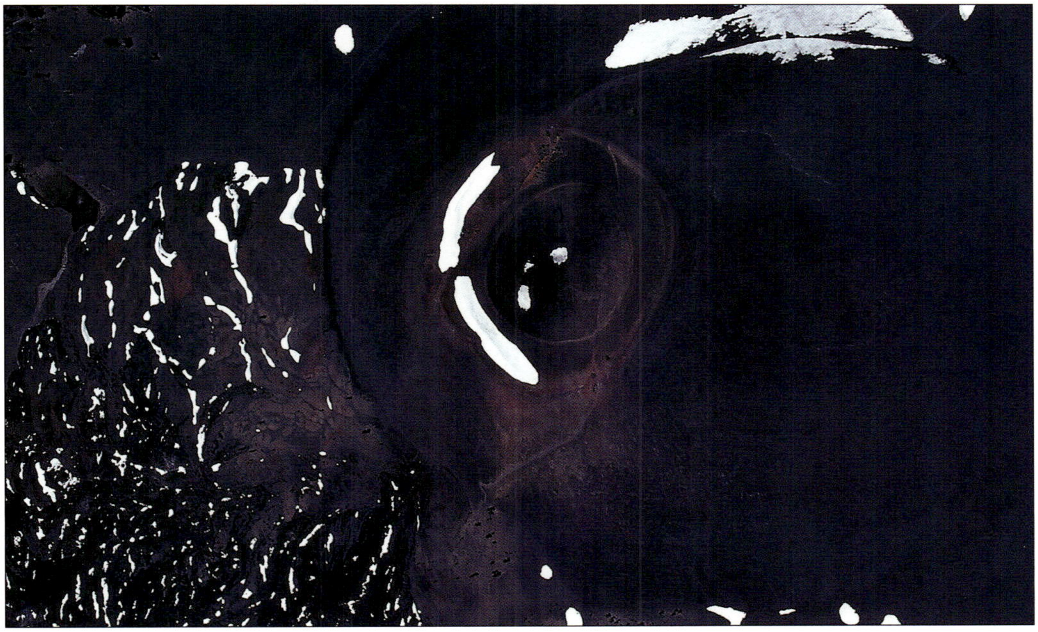

Kehren
Wenn das Flugzeug eine Kehre fliegt, kann man nahezu vertikale Aufnahmen machen, wie dieses Bild eines vulkanischen Aschenkegels im kalifornischen Lassen National Park.

Blickwinkel aus der Luft

Geradeausflug
Bei normaler Fluglage kann man nur schräg im stumpfen Winkel nach unten fotografieren, was für Übersichten und Panoramen akzeptabel ist, nicht aber für nahe oder grafische Aufnahmen. Je kürzer die Brennweite, desto eingeschränkter ist der Winkel. Zusätzlich schränken Flügelspitzen und Räder die freie Sicht ein.

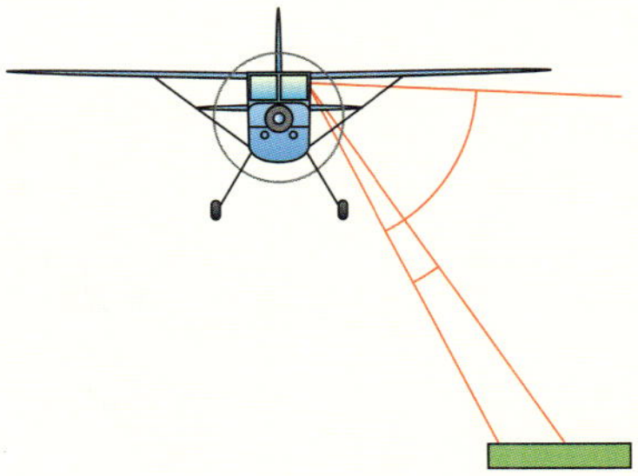

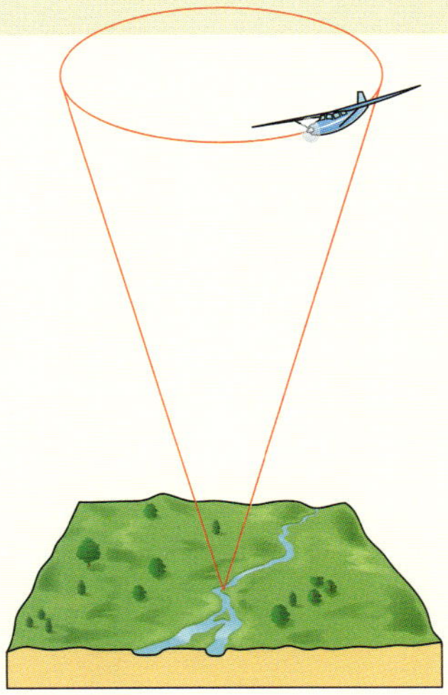

Schrägflug
Gute Möglichkeiten für die Bildkomposition und Nahaufnahmen bietet ein steiler, vielleicht sogar senkrechter Blickwinkel. Da das Flugzeug dafür in Schräglage und damit in eine Kurve gelegt werden muss, bleiben unter Umständen nur wenige Sekunden für die Aufnahme. Denkbar ist, das Motiv seitlich anzufliegen und dabei die Drehzahl zu senken, um die Vibrationen zu reduzieren. Als Alternative bietet sich das Kreisen über dem Motiv an. Für Aufnahmen mit Horizont und Himmel muss das Flugzeug in der Regel in die andere Richtung gekippt werden.

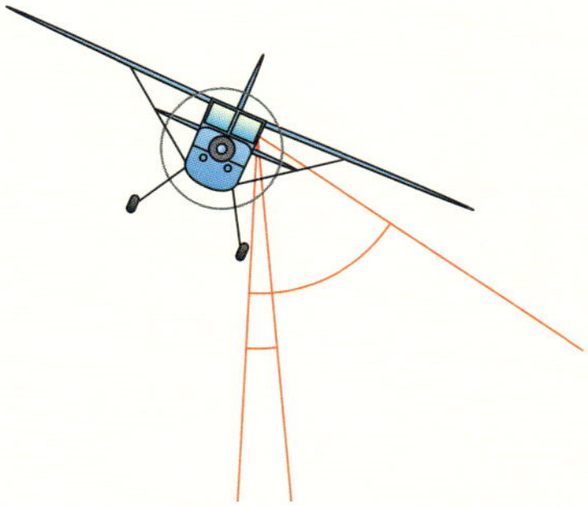

Kreisen über dem Motiv
Für eine Serie nahezu senkrechter Aufnahmen von einem Einzelmotiv empfiehlt sich ein enger Kreisflug. In der Praxis ist es allerdings nicht immer einfach, das Motiv genau in der Mitte des Kreises zu halten, weil das Flugzeug selbst die Sicht auf das Motiv behindert. Sprechen Sie die Möglichkeiten vor dem Start mit dem Piloten ab.

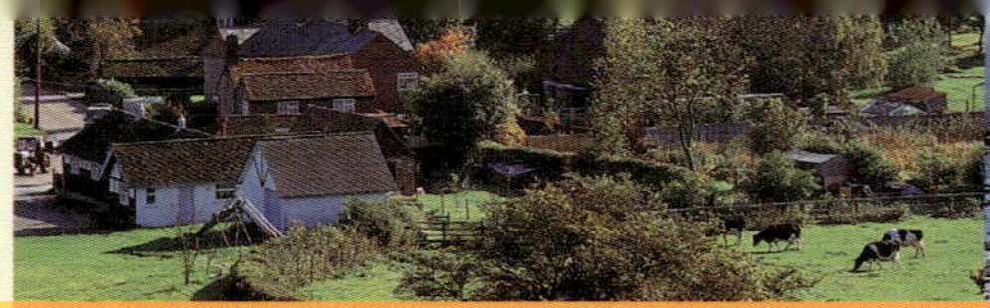
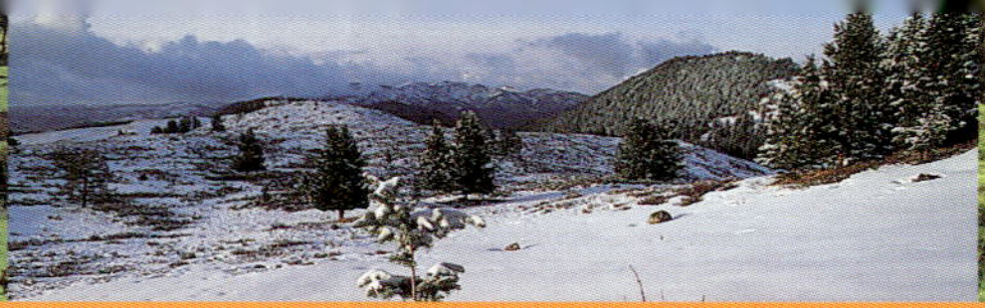
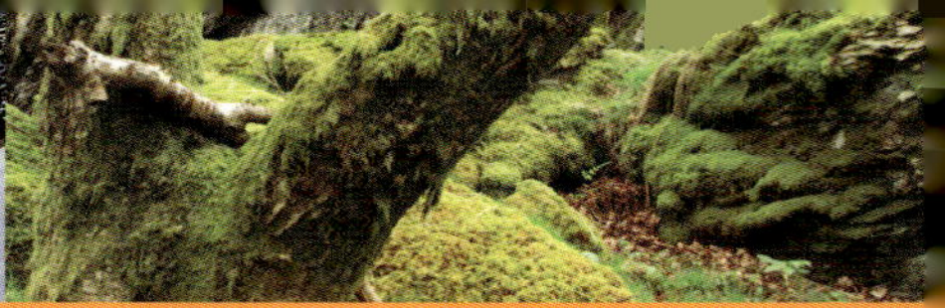
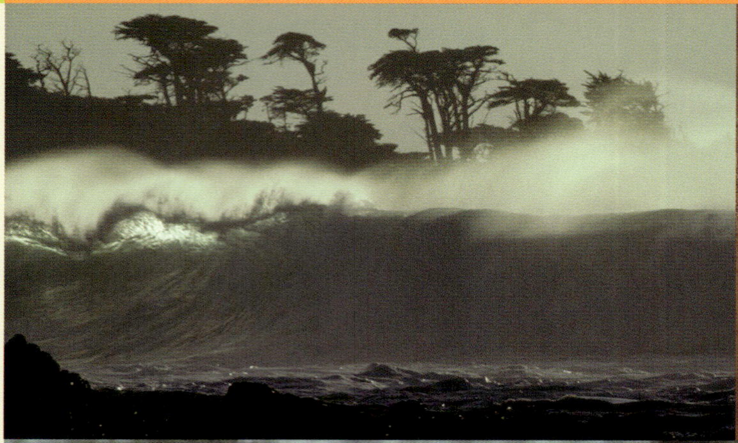
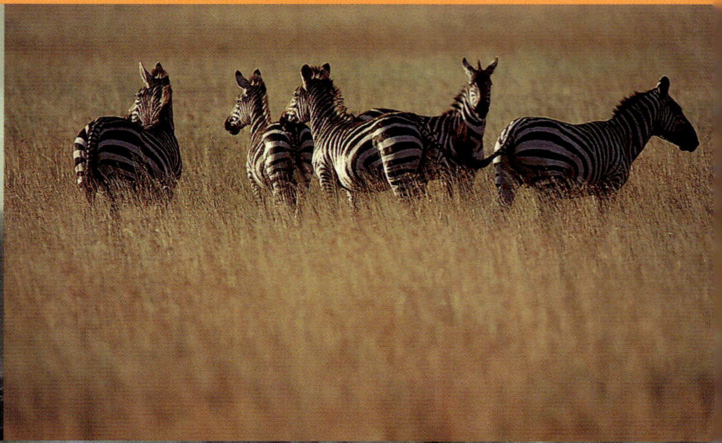
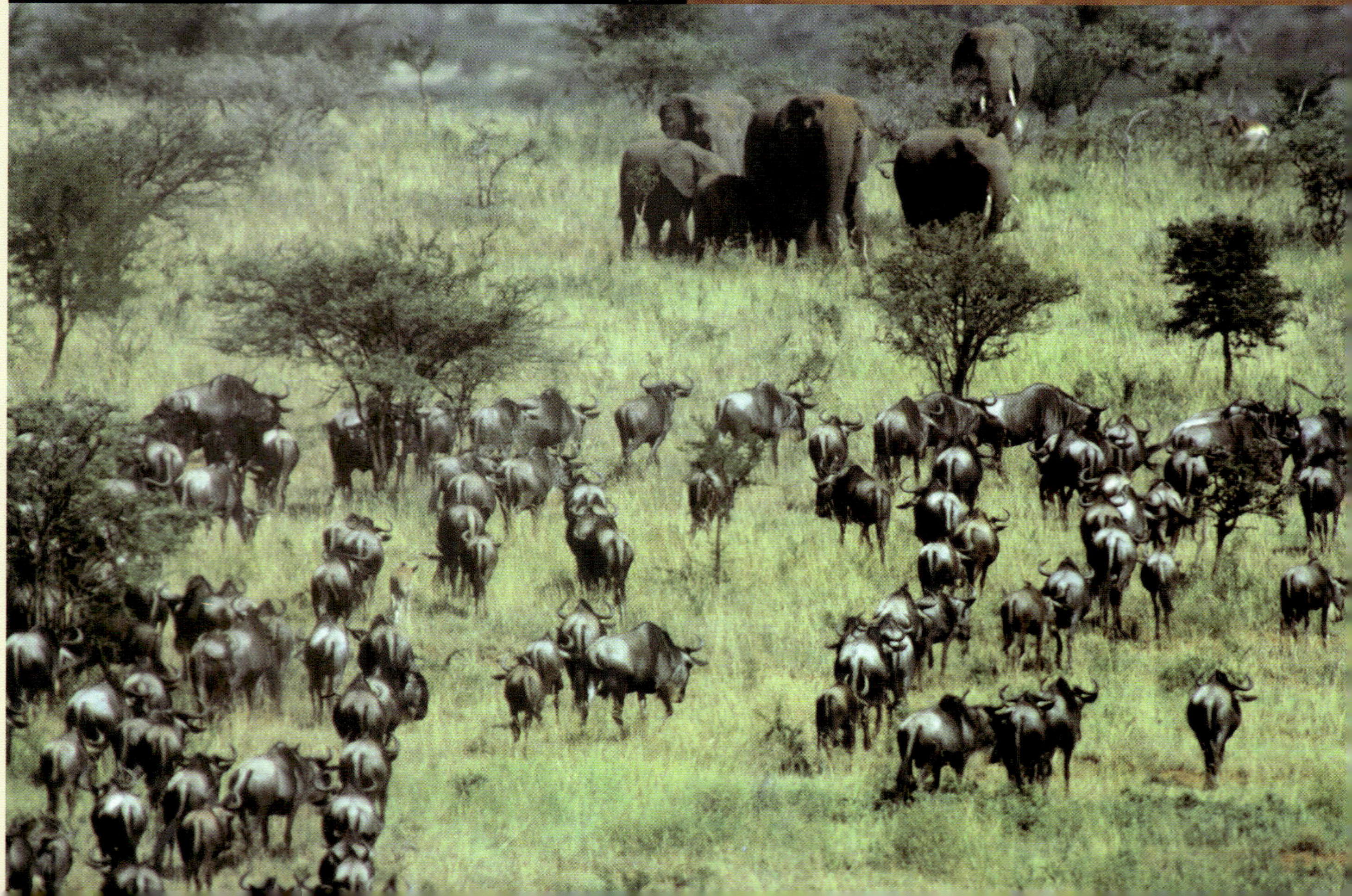

Wildtiere und Lebensräume

Wildtiere sind eines der anspruchsvollsten und zugleich faszinierendsten Themen der Naturfotografie. Durch Umweltverschmutzung, Abholzung von Wäldern, fortschreitende Besiedelung und Jagd sind viele Arten selten geworden, doch immerhin wird inzwischen für den Erhalt der verbleibenden Spezies mehr getan. Ironischerweise ist heute oftmals der Tourismus eine Triebfeder für den Artenschutz. Immer mehr Regionen der Welt sind vom Tourismus abhängig, und so sind wild lebende Tiere in Schutzgebieten zu einem wichtigen Wirtschaftsfaktor geworden – im Yellowstone Park oder den Everglades in den Vereinigten Staaten ebenso wie im afrikanischen Rift-Tal.

Natürlich profitieren die Naturfotografen ebenfalls von dieser Entwicklung. Auch in der Wildtierfotografie bietet die Digitalfotografie einige Vorteile. Ein Großteil dieser Fotografie besteht aus Warten. Dazwischen gibt es immer wieder kurze Phasen, in denen man hektisch Bilder schießt und gegen die Zeit, Verschlusszeiten der Kamera und das Licht kämpft. Die unmittelbare Bildanzeige auf dem LCD-Monitor bietet sich beispielsweise an, um aus einem Unterstand heraus die Szenerie schon einmal probeweise aufzunehmen, ehe überhaupt ein Tier auftaucht. Außerdem sind Digitalkameras äußerst flexibel. Wechselt man beim Verfolgen eines Tieres vom Licht in den Schatten, kann man bei Bedarf von einer Filmempfindlichkeit zur anderen umschalten. Darüber hinaus kann man digitale Bilder natürlich nachbearbeiten und so Fehler bei der Belichtung, der Farbbalance oder anderen Bildeigenschaften beheben.

Beim Fotografieren von Wildtieren dringt man in deren Lebensraum ein. Jeder Lebensraum ist ein komplexes System aus vielen voneinander abhängenden Elementen. Er beherbergt bestimmte Populationen von Tieren und Pflanzen, die sich unter spezifischen geologischen und klimatischen Bedingungen entwickelt haben. Daher macht es keinen Sinn, Wildtiere getrennt von ihrem Lebensraum zu betrachten. Dies gilt besonders für die Fotografie, und daher werden wir uns in diesem Kapitel mit den zwölf wichtigsten Lebensräumen beschäftigen.

Das Verständnis der Funktionsweise eines Lebensraums erleichtert die Planung der Fotos erheblich. Heute geht es nicht mehr nur darum, ein Tier aufs Bild zu bannen. Einem Verhaltensbiologen zufolge besteht das Ziel anspruchsvoller Wildtierfotografen darin, „die Abläufe in der Natur so gut wie möglich zu porträtieren, anstatt reine Tier- oder Pflanzenporträts aufzunehmen." Durch die ständigen Fortschritte der Verhaltensbiologie wird folglich die Wildtierfotografie für professionelle Fotografen immer schwieriger. Und so ist eine Wildtierreportage, wenn sie wirklich etwas Besonderes sein will, heute mit umfangreichen Recherchen und viel Zeitaufwand verbunden. Dazu kommt, dass häufig gleichzeitig gefilmt wird. Für den Amateur hingegen waren die Bedingungen niemals besser. Immer mehr Regionen mit wild lebenden Tieren sind für Besucher zugänglich, die Reisepreise sinken, Digitalkameras und Software zur Nachbearbeitung machen es leicht, auch unter weniger guten Bedingungen gelungene Fotos aufzunehmen.

Tiere in freier Natur

Ein Tierbild muss nicht unbedingt ein Exemplar in Großaufnahme zeigen. Eine Gruppe von Tieren aus der Ferne kann eine Szenerie gut wiedergeben und die Tiere in einen Zusammenhang stellen.

Der Schlüssel zu den meisten guten Wildtieraufnahmen ist, so nah wie möglich an die Tiere heranzukommen, und darin besteht gleichzeitig die große Herausforderung. Übersichtsaufnahmen oder Fotos, die eine Gruppe von Tieren in ihrem Habitat zeigen, erlauben eine größere Distanz. Solche Bilder können sehr eindrucksvoll sein, außerdem bieten sie sich an, wenn die Landschaft nicht genügend Schutz bietet, um sich den Tieren zu nähern. Manchmal konzentriert man sich so sehr darauf, sich für eine Nahaufnahme langsam und vorsichtig an die Tiere heranzupirschen, dass man vollkommen vergisst, wenigstens ein Foto zu schießen, das die Tiere in ihrem natürlichen Lebensraum zeigt.

Bei solchen Aufnahmen ist vor allem die Bildkomposition wichtig; besonders bei ungünstigem Blickwinkel. Kommt man nahe genug heran oder hat man ein ausreichend großes Objektiv, um zumindest zwei Drittel des Bildes mit einem oder mehreren Tieren zu füllen, ist die kompositorische Freiheit

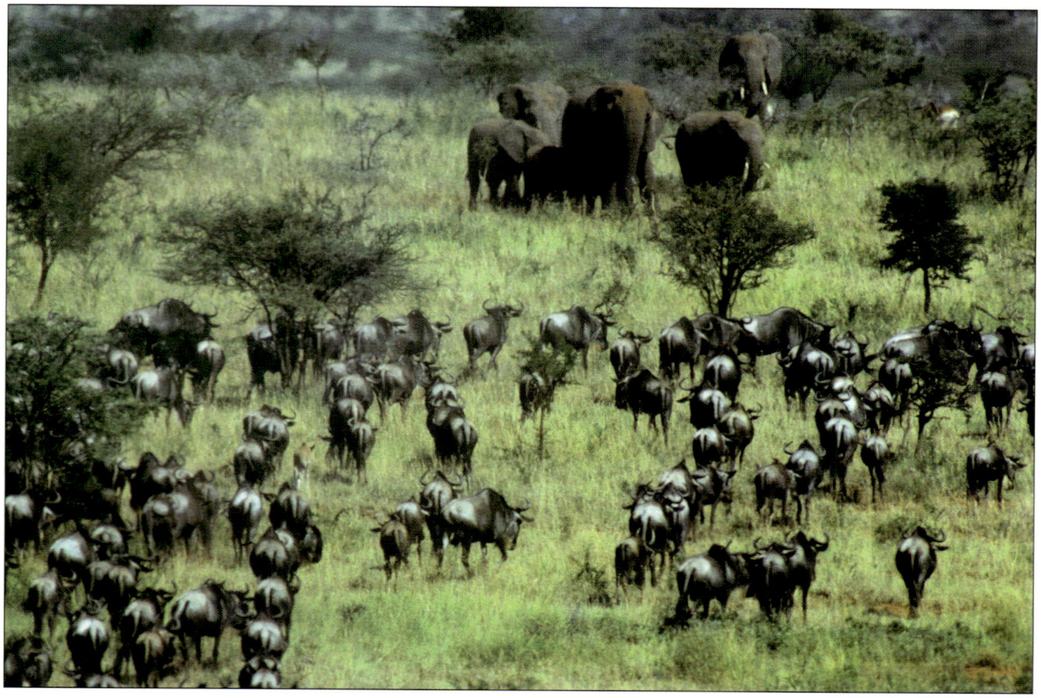

Wanderung der Gnus
Bei der Wanderung der Gnus in der afrikanischen Serengeti stoßen große Herden in einem relativ engen Landkorridor aufeinander. In diesem Bild läuft eine Gnuherde einen mit Akazien bestandenen Hang hinauf und trifft auf eine kleine Gruppe von Elefanten. Durch ein 900-mm-Objektiv wirkt diese Szene komprimiert.

eher gering. Erscheint ein Tier auf dem Bild aber kleiner, ist seine Positionierung um so wichtiger. Die logischste Bildposition – in der Mitte – ist meist die uninteressanteste. Sie betont häufig nur die Leere um das Motiv herum und lässt einen relativ großen Vordergrundbereich unscharf. Ausgewogener ist eine versetzte Bildposition, die etwa ein Drittel der Bildbreite vom rechten oder linken Rand liegt und besonders gut wirkt, wenn das Tier in Richtung Kamera blickt. Ein solches Bild wirkt ausgewogener und lässt das Tier nicht so klein erscheinen.

Bei Fotos mit dem Teleobjektiv ist die Schärfentiefe meist etwas schwach. Positioniert man das Tier im unteren Drittel, wird ein Teil des unscharfen Vordergrunds abgeschnitten, gleichzeitig wird die Umgebung stärker betont: Es ist eher ein Porträt eines Tieres in seiner Umgebung als ein reines Tierporträt. Ein weiterer kompositorischer Kunstgriff ist ein zusätzlicher Blickfang nahe dem Bildrand, durch den Bildelemente in Beziehung zueinander gesetzt werden, etwa das Tier und seine Nahrungsquelle. Grundsätzlich lenkt eine dezentrale Bildposition des Hauptmotivs die Aufmerksamkeit auf den Bildaufbau und regt zu genauerer Betrachtung an.

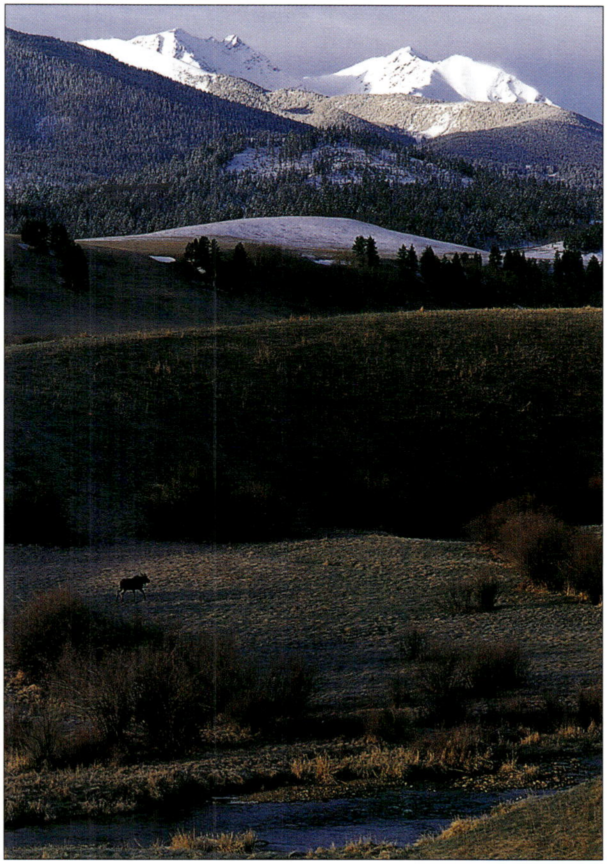

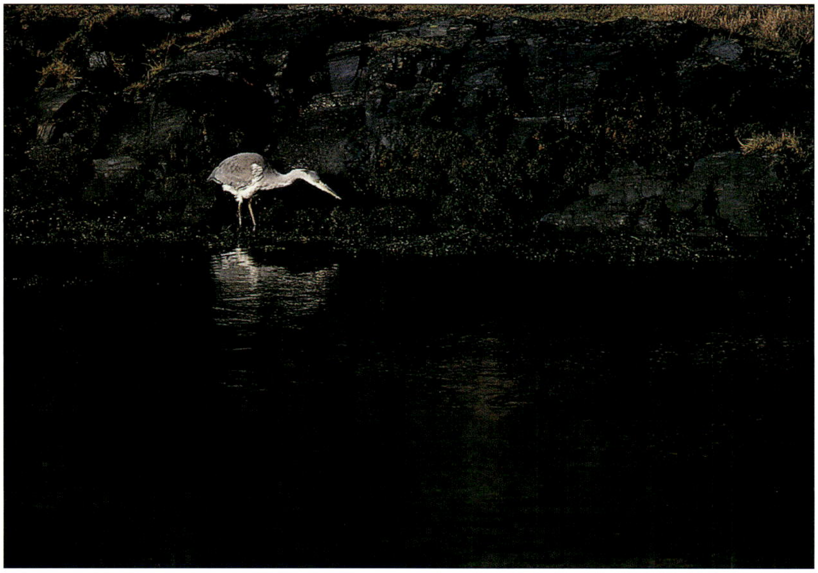

Am Ufer Da Reiher ein recht häufiges Motiv sind, wollte ich das Tier lieber bei der Nahrungssuche am felsigen Ufer eines schottischen Lochs zeigen, statt es formatfüllend ins Bild zu setzen. Ich positionierte den Vogel so, dass in seiner Blickrichtung der größere Bildteil vor ihm lag.

Figur im Verhältnis Dieser Elch, der an einem Frühlingstag eine Wiese in Montana überquert, verleiht der Landschaft Dynamik und verdeutlicht die Größenverhältnisse. Bei diesem Bild ist die Größe des Abzugs wichtig. Das Auge erfasst das Tier erst auf den zweiten Blick, was das Bild interessant macht – sofern es groß genug ist, um erkannt zu werden.

Das Verhalten von Tieren

Fotos, die das Verhalten von Tieren zeigen, sind oftmals interessanter als statische Porträts, erfordern aber auch mehr Hintergrundwissen. Wissen hilft jedoch auch dabei, sie aufzuspüren.

Die meisten Tiere zeigen spezifische und vorhersehbare Verhaltensweisen, die oftmals an bestimmte Plätze, Tages- oder Jahreszeiten gebunden sind. Wer diese typischen Verhaltensweisen kennt, hat es leichter, die Tiere auch zu finden. Zu den allgemeinen Verhaltensweisen gehören Fressen, Trinken, Revierkämpfe, Balz, Nestbau, Paarung, Geburt, Fütterung der Jungen, Verjagen von Feinden, Flucht, Begrüßung und Wanderung.

Die beste Hilfe beim Aufspüren wild lebender Tiere ist ein erfahrener Wildhüter oder ortskundiger Führer. Bei manchen Tierarten ist das dann genau so einfach wie der Besuch einer Sehenswürdigkeit zur richtigen Tageszeit. Es geht einfach nichts über gute Kenntnis einer bestimmten Umgebung. Ist man jedoch auf sich selbst gestellt, sollte man sich grundsätzlich zwei Fragen stellen: Erstens: Welches sind die typischen Verhaltensmuster der Tierart, die ich suche? Und zweitens: Welche Besonderheiten hat die Region, in der ich mich bewege? Vorbereitende Recherchen dienen dann als erste Grobinformation, anschließend kann das Wissen Ortsansässiger dabei helfen, die eigenen Vorstellungen in die Tat umzusetzen.

Viele Tiere, vor allem Säugetiere und Vögel, sind früh morgens und am späten Nachmittag am aktivsten. In Kolonien lebende Tiere, darunter einige

Bison im Frühling
Eine Bisonmutter kurz nach der Geburt ihres Jungen, in einem Schneesturm in Montana. Da ich wusste, wann die Kalbungssaison ist, konnte ich dieses Foto gut planen.

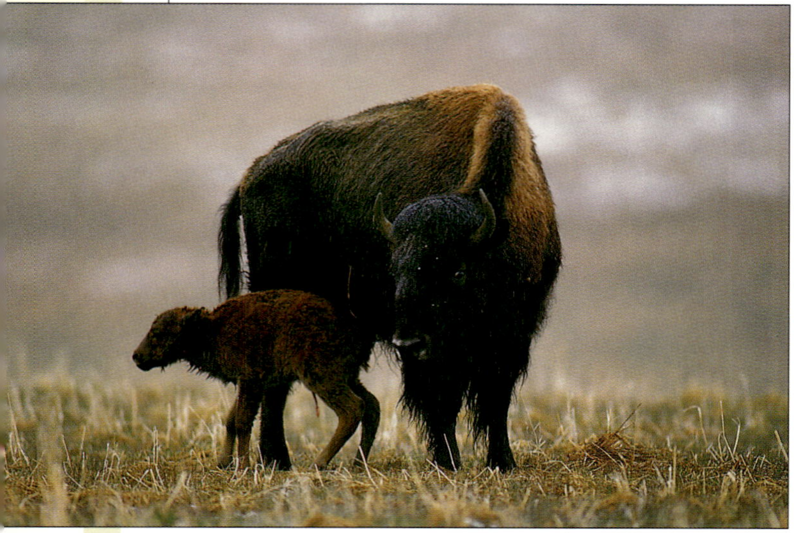

Verhaltensmuster und Versammlungsorte

Wanderung
Saisonbedingte Verhaltensweisen sind für den Fotografen sehr hilfreich, besonders, wenn sie so spektakulär sind wie die große Wildtierwanderung in der Serengeti *(siehe Seite 282)*.

Nahrungssuche
Oftmals ist es einfacher, Tiere am Ort ihrer Nahrungssuche zu entdecken, als ihren Schlupfwinkel aufzuspüren. Im Yala-Schutzgebiet auf Sri Lanka suchen die Buntstorche am frühen Morgen in den Feuchtgebieten nach Nahrung *(Bild Seite 287)*.

Wasserlöcher
In der afrikanischen Savanne und anderen Gebieten treten lange Trockenphasen auf, in denen Wasser sehr knapp wird. Daher sind Wasserlöcher ideale Orte zur Beobachtung von Wildtieren.

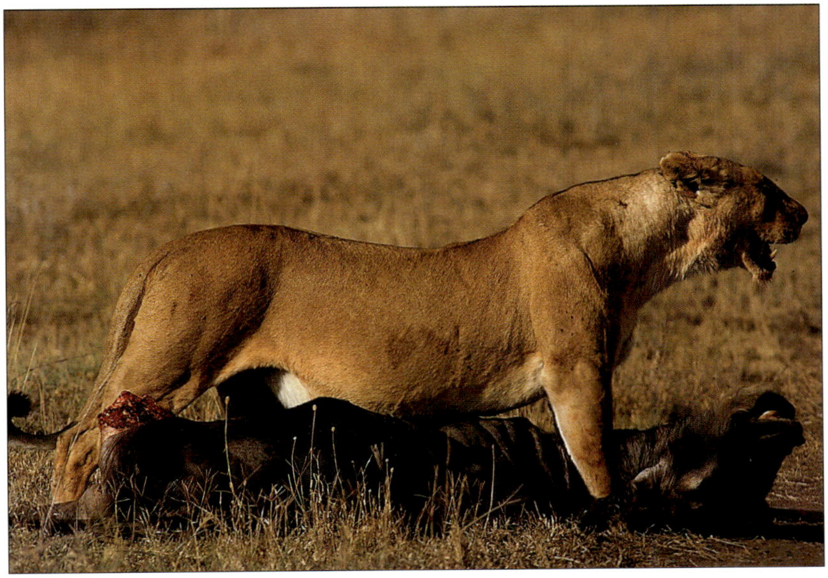

Löwe mit Beute
Beutegreifer folgen einem festen Rhythmus aus Jagd und Ruhe. Nachdem diese Löwin ihre Beute erlegt und sich satt gefressen hatte, schleppte sie den Kadaver zu ihrem Rudel. Wir hatten sie schon von Weitem vom Jeep aus entdeckt. Sie schenkte uns jedoch keinerlei Beachtung, sondern konzentrierte sich vollkommen auf den Transport des schweren Tierkörpers.

Ngorongoro
Jeden Februar versammeln sich Tausende Flamingos am Magadi-See im Ngorongoro-Krater in Afrika. Die Wanderwege aller ziehenden Tiere sind relativ vorhersehbar, was dem Fotografen die Planung erleichtert.

Storcharten und Seevögel, verlassen zur Nahrungssuche die Kolonie in mehr oder weniger regelmäßigen Abständen und kehren zum Füttern zurück. Viele kleine Säugetiere sind hingegen nachts oder nur bei Sonnenauf- und -untergang aktiv. Sie sind schwierig zu fotografieren.

Viele Tiere sind Wander- bzw. Zugtiere. Der Ortswechsel bietet oft die Gelegenheit für wunderbare Aufnahmen von großen Tiergruppen, beispielsweise die Wanderung riesiger Gnuherden durch die Serengeti, der Flug der Wildgänse auf ihrer Route über Nordamerika oder ziehende Watvögel über Nordwesteuropa. Viele Tiere bilden Kolonien vor allem zur Fortpflanzung, daher bietet sich diese Zeit für Beobachtung und Fotografie an. Seevögel, Seehunde und Seelöwen sind hierfür hervorragende Beispiele.

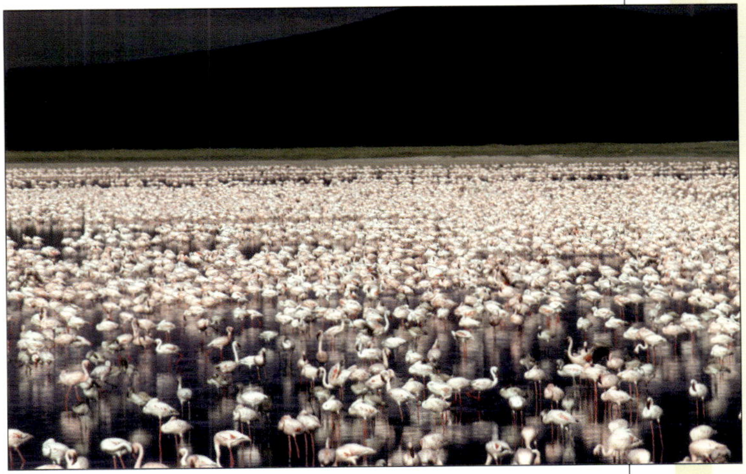

Beutegreifer, die nie so zahlreich sind wie ihre Beutetiere, sind oftmals sehr schwierig ausfindig zu machen, zumal die überlebenswichtigen Fähigkeiten des Anschleichens und der Tarnung bei ihnen extrem gut ausgeprägt sind. Hilfreich ist es oft, die Beutetiere gut zu beobachten, denn wenn diese nervös sind, ist wahrscheinlich auch ein Beutegreifer in der Nähe. Pirscht sich beispielsweise ein jagender Leopard an, stoßen viele Großwildarten Warnrufe aus. Ebenso warnen viele Affen vor heranschleichenden Tigern. Man kann aber auch nach frischen Spuren oder frischem Kot Ausschau halten.

Informationsquellen

- ☐ Internet
- ☐ Artikel in Zeitschriften und Reiseführern
- ☐ Organisationen vor Ort, z. B. Tierschutzorganisationen, Nationalparkverwaltungen und Naturschutzvereine
- ☐ Vor Ort: Parkwächter, Wildhüter und Führer sind meist Naturschützer mit bester Ortskenntnis.

Die Pirsch

Drei Faktoren bestimmen den Erfolg der Wildtierfotografie: das Aufspüren der Tiere, das behutsame Anpirschen und das Finden einer geeigneten Stelle zum unbemerkten Fotografieren.

Ob man nun Menschen oder wild lebende Tiere unerkannt fotografieren möchte – bei beiden sind Anpirschen, Reaktionsschnelligkeit und Vorsicht die entscheidenden Faktoren. Man sollte auch mit seiner Kamera gut vertraut sein, damit man keine Zeit bei der Einstellung verliert. Zur Pirsch gehört sowohl das Wissen, wo man ein Tier findet, als auch die Fähigkeit, sich anzuschleichen. Daher sollte man das Verhalten der entsprechenden Tierart vorher studieren. Tierarten, die bei Sonnenauf- und -untergang aktiv sind, muss man bei sehr schwachem Licht fotografieren. Das Verhalten von Tieren wird aber auch oft vom Wetter bestimmt. Ein heraufziehender Sturm macht Tiere nervös. Bei Regen suchen die meisten nach Schutz. Für die eigene Tarnung sind Hochdruckgebiete von Vorteil, da sich durch den Luftdruck Gerüche schneller verflüchtigen. Bei feuchtem Wetter können Tiere fremde Gerüche leichter auszumachen.

Es gibt verschiedene Techniken, sich unauffällig zu bewegen, von denen viele den Tieren selbst abgeschaut sind. Dies sind die wichtigsten Methoden:

- ☐ Tragen Sie Kleidung in gedeckten Farben oder besser noch Tarnkleidung. Vermeiden Sie alles, was im Sonnenlicht glänzen könnte. Hände und Gesicht sind meist hell und weithin sichtbar. Sie lassen sich leicht mit Erde oder Schlamm tarnen.

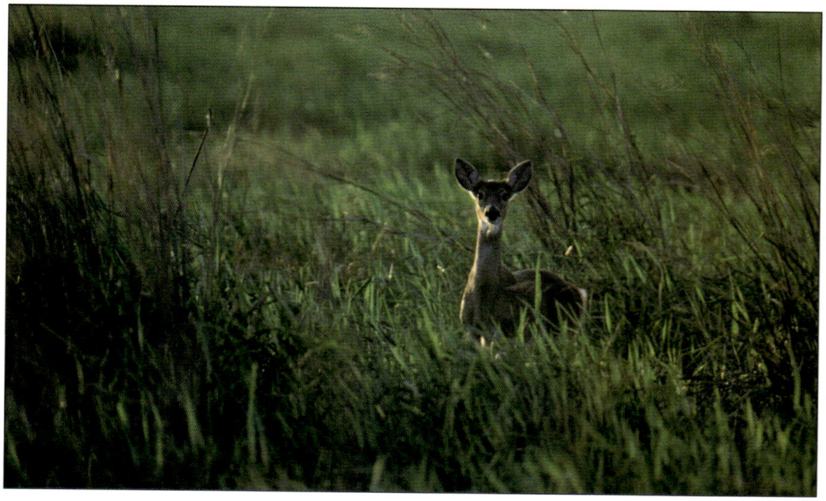

Wie Tiere wahrnehmen

Was Menschen als gute Tarnung erscheint, ist für manche Tiere vollkommen ungeeignet.

Vögel Die meisten Vögel sehen besser als wir, besonders was die Detailerkennung aus der Entfernung angeht. Ein Habicht sieht beispielsweise acht Mal schärfer als ein Mensch. Die meisten Tierarten haben zudem ein sehr weites Gesichtsfeld – manche Enten sogar bis zu 360°. Vögel reagieren auf kein anderes visuelles Signal so stark wie auf Bewegung. Auch ihr Gehör ist meist sehr gut, es arbeitet allerdings im Flug weniger effektiv. Allerdings können die meisten Vögel nicht sonderlich gut riechen – ausgenommen die flugunfähigen Arten.

Säugetiere Da die aktiven Zeiten der meisten Säugetiere am frühen Morgen und späten Nachmittag liegen, ist ihre Sehfähigkeit oft weniger gut ausgeprägt. Säugetiere, die jagen oder vor Beutegreifern flüchten müssen, etwa Katzen oder Wild, bilden jedoch eine Ausnahme. Ebenso verfügen sie meist über ein ausgezeichnetes Gehör – normalerweise zu erkennen an den großen Ohren. Ihr Geruchssinn kann extrem stark ausgeprägt sein, seine Bedeutung ist für uns Menschen oft schwer verständlich. Für die meisten Säugetiere ist die Nase das wichtigste Sinnesorgan.

- ☐ Dämpfen Sie Ihren Körpergeruch durch dicke Kleidung und bewegen Sie sich möglichst wenig. Bewegen Sie sich immer gegen den Wind auf Tiere zu und verzichten Sie auf Deo oder Parfum.
- ☐ Gehen Sie möglichst so: Vermeiden Sie überflüssige Bewegungen des Oberkörpers und der Arme. Rollen Sie die Füße beim Gehen ab, und treten Sie nicht auf raschelndes Laub oder Zweige.
- ☐ Wenn Sie aus Versehen ein lautes Geräusch machen, bleiben Sie mehrere Minuten reglos stehen.
- ☐ Versuchen Sie sich immer in Deckung zu bewegen und meiden Sie offenes Gelände. Suchen Sie Schatten statt Sonne und vermeiden Sie es, als deutliche Silhouette erkennbar zu sein.
- ☐ Auf den letzten Metern der Annäherung an ein Tier sollten Sie sich nahe am Boden bewegen, und das auch nur dann, wenn das Tier gerade beschäftigt ist. Bewegen Sie sich in gerader Linie auf das Tier zu, denn so fällt es ihm schwerer zu erkennen, ob Sie sich überhaupt bewegen. Wenn das Tier Sie bemerkt, schauen Sie zu Boden. Vermeiden Sie Blickkontakt.

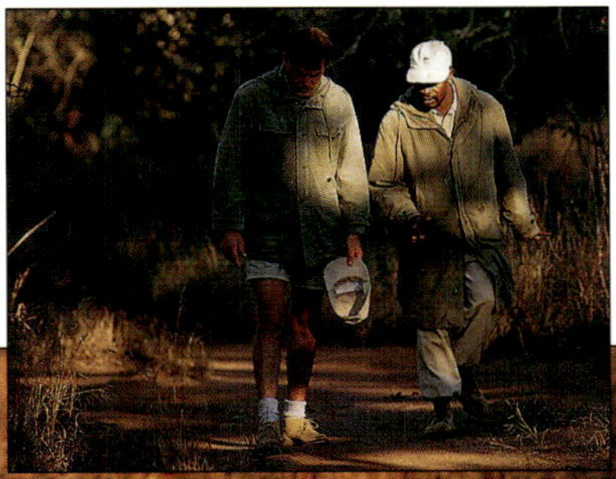

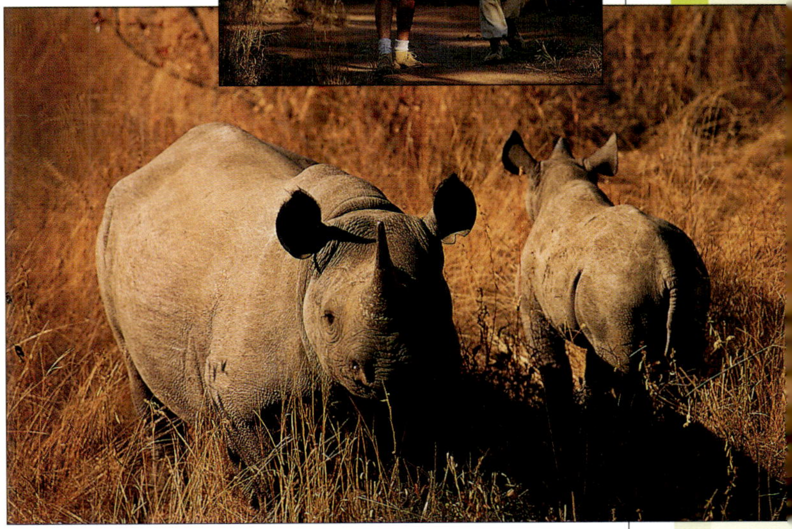

Nashörner aufspüren
Bei gefährlichen Tieren wie dieser Spitzmaulnashornkuh mit ihrem Kalb ist professionelle Hilfe unerlässlich. Mir standen in diesem Fall Park Ranger des South Africa Wildlife Reserve zur Seite. Der Fährtenleser erkannte, dass die Kuh gleich einen Scheinangriff starten würde, und so flüchteten wir auf einen Baum, von dem aus dieses Bild entstand.

Scheue Tiere
Wenn sie nicht an Beobachter oder regelmäßige Fütterungen gewöhnt sind, lassen die meisten Wildarten Menschen nur bis auf eine gewisse Distanz herankommen. Dies ist ihre Fluchtdistanz, innerhalb derer sie sich sicher fühlen. Bei diesem Weißwedelhirsch betrug der Sicherheitsabstand etwa 14 m. Sein wachsamer Blick zeigt, dass er in wenigen Sekunden das Weite suchen wird.

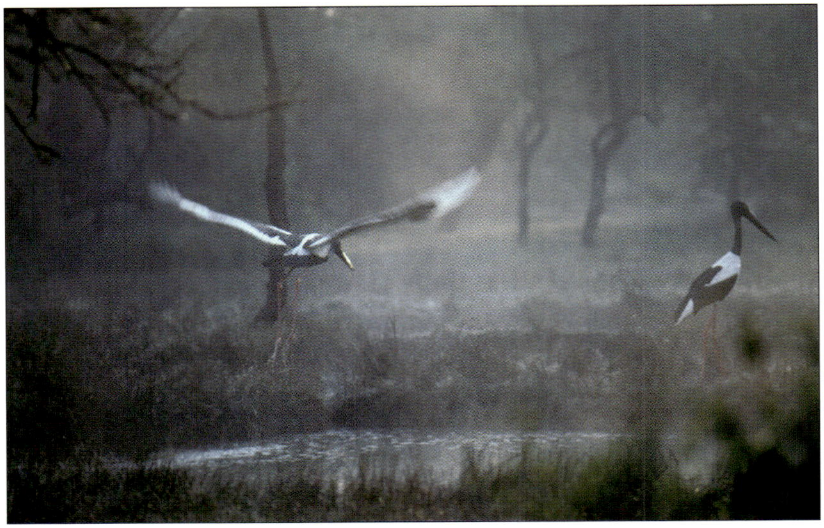

Bäume als Schutz
Für den Fotografen sind die baumbestandenen Ränder von Feuchtgebieten oft günstiger als weite Seen oder Schilfbereiche. In diesem Vogelschutzgebiet auf Sri Lanka boten schon die wenigen Akazien ausreichend Schutz.

Unterstände

Als Alternative zur Pirsch können Unterstände dienen. Ein getarnter Ansitz, der meist innerhalb des Reviers eines Tieres errichtet wird, ermöglicht eine Beobachtung über einen längeren Zeitraum aus kurzer Distanz.

Tragbarer Unterstand

Diese Zeltkonstruktion mit Aluminiumrahmen ist größer als die meisten Unterstände, die zur Beobachtung von Wildtieren verwendet werden. Sie bietet reichlich Raum für die Ausrüstung, ist einfach zu transportieren und lässt sich praktisch an jedem Ort (zumindest am Boden) aufstellen. Darüber hinaus lässt sie sich einfach versetzen, wodurch man langsam näher an die Tiere heranrücken kann.

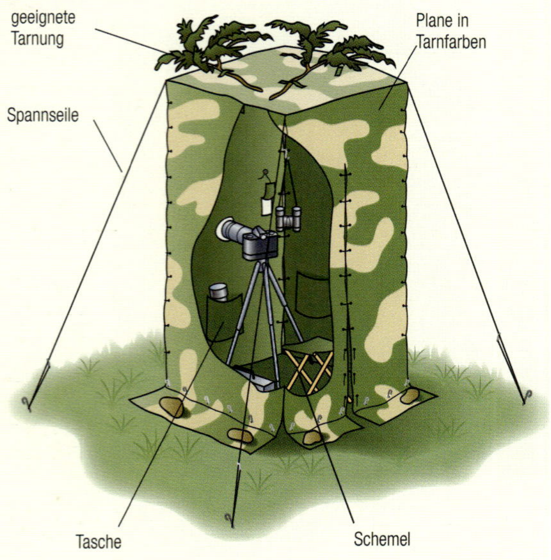

Je nach Tierart, dem Lebensraum und den Bedingungen vor Ort muss ein Unterstand unterschiedliche Anforderungen erfüllen. In vielen Tierschutzgebieten gibt es feste Unterstände, an die sich die Tiere schon gewöhnt haben. Viele Fotografen bauen aber ihre eigenen Unterstände vorübergehend in der Nähe eines Nestes oder eines Futterplatzes auf. Oftmals ist es auch möglich, sich aus natürlichen Materialien eine Art primitiven Sichtschutz zu errichten.

Bei der Auswahl des Standortes kommt es vor allem darauf an, dass man uneingeschränkte Sicht auf den Versammlungsplatz der Tiere hat. Geeignete Orte sind beispielsweise Nester und Höhlen, aber auch Futterplätze, Wasserstellen und Badeplätze. Meiden Sie offenes Gelände wie Weideland oder Standorte, an denen sich der Unterstand vor dem Himmel als Silhouette abzeichnet. Günstig ist ein Unterstand vor dichter Vegetation, etwa am Rand einer Lichtung. Berücksichtigen Sie auch die Lichtverhältnisse zur aktiven Tageszeit des Tieres. Wenn Sie beim Fotografieren am frühen Morgen von der aufgehenden Sonne geblendet werden, steht der Unterstand falsch. Sichern Sie den Unterstand gegen Wind.

Bei vielen wild lebenden Tieren mit festem Territorium wird es nötig sein, sie langsam an den Unterstand zu gewöhnen und ihn zu einer Zeit zu bauen, zu der man die Tiere nicht stört. Um die Tiere nicht zu verschrecken, sollte man den Unterstand auch nicht gleich am ersten Tag ganz nah heranbringen. Normalerweise werden Unterstände erst in größerer Entfernung aufgebaut und dann über einen längeren Zeitraum langsam näher an die Tiere herangebracht. Am besten bewegt man seinen Unterstand zu Zeiten, an denen die Tiere sich an einem anderen Ort aufhalten. Bei Nestern oder Höhlen wartet man, bis die Tiere auf Nahrungssuche sind.

Fester Unterstand mit Lockfunktion

Bei festen Unterständen oder solchen, die zumindest eine Saison lang bestehen, ist es möglich, Tiere durch das regelmäßige Auslegen von Ködern (Nahrung oder Wasser) anzulocken und zum regelmäßigen Besuch anzuregen. Wenn sich die Tiere nach einiger Zeit an den Unterstand gewöhnt haben, kann der Beobachter sich sogar manchmal blicken lassen. Das Anbieten von Nahrung oder Wasser sollte jedoch vorsichtig gehandhabt werden, da es das natürliche Verhalten der Tiere verändern kann.

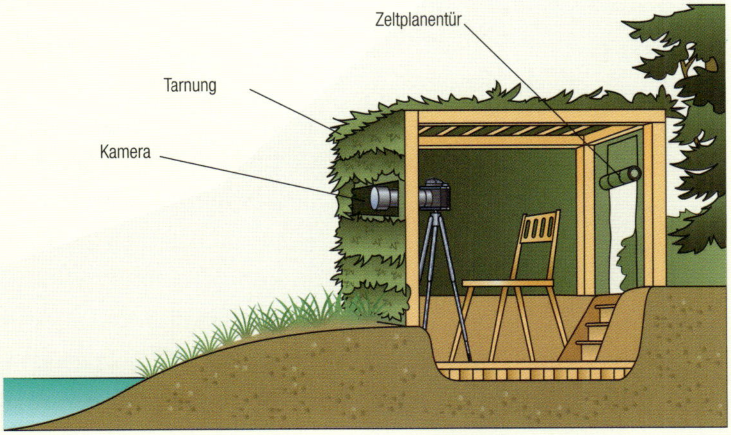

Der Unterstand

Auch im besten Unterstand gelten bestimmte Verhaltensregeln:

- ☐ Seien Sie leise.
- ☐ Vermeiden Sie Bewegungen des Unterstands.
- ☐ Bewegen Sie Kamera und Objektiv so langsam und selten wie möglich.
- ☐ Verwenden Sie Stativ und Drahtauslöser gegen Verwackeln.
- ☐ Benutzen Sie nie Deo oder Parfum.
- ☐ Gehen Sie mit dem Auge nie zu nah an das Guckloch, es könnte von außen sichtbar sein.
- ☐ Wenn der Unterstand nicht genutzt wird, lassen Sie den Boden einer Glasflasche als Objektiversatz aus dem Guckloch ragen.
- ☐ Betreten Sie den Unterstand unauffällig, wenn die Tiere nicht zugegen sind. Sie können die Tiere aber auch täuschen, indem Sie jemanden mitnehmen, der nach kurzer Zeit den Unterstand wieder verlässt und die Tiere glauben macht, der Unterstand sei verlassen.

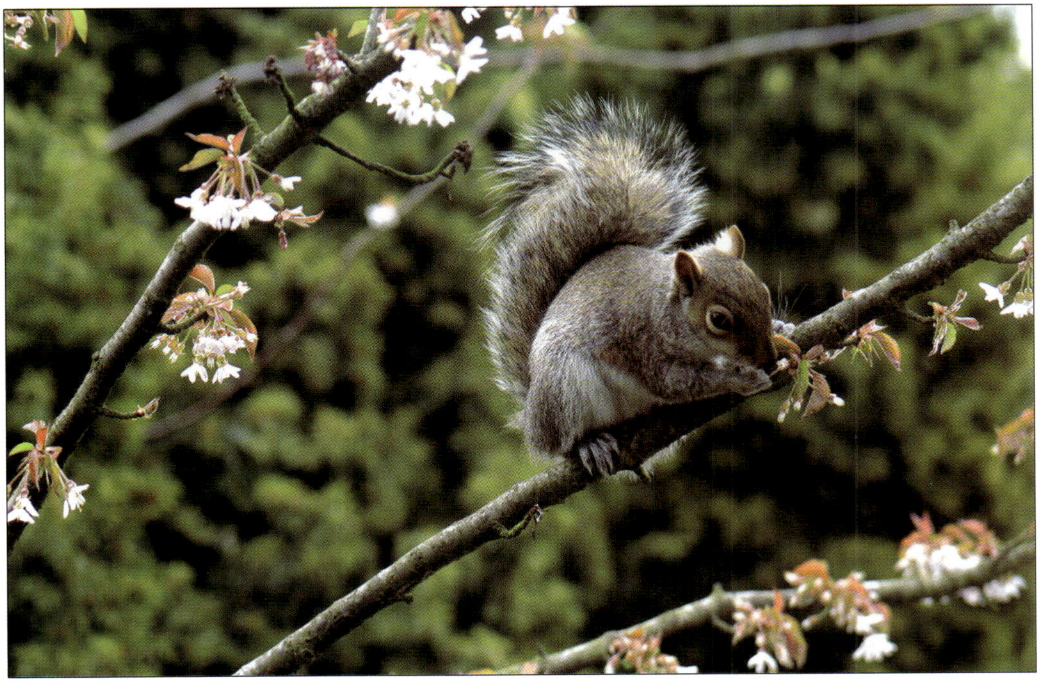

Grauhörnchen

Dieses Bild habe ich aus nur 2 m Entfernung aufgenommen. Wir waren nur durch eine Glasscheibe getrennt, dennoch hat mich das Grauhörnchen nicht bemerkt. Ich fotografierte von einem Fenster im Obergeschoss, und obwohl es drinnen dunkler war als draußen, war ich deutlich sichtbar. Die meisten Tiere verbinden Bedrohung mit ihnen vertrauten Bedingungen. Da ich hinter Glas stand, erkannte mich das Tier zunächst nicht als Lebewesen. Als ich aber aus Versehen das Glas mit dem Objektiv berührte, verschwand das Grauhörnchen.

Fotografieren aus dem Fahrzeug

Viele Schutzgebiete können nur mit Fahrzeugen besucht werden. Sofern man nicht durch eine Scheibe fotografieren muss, ist ein Auto der perfekte „fahrbare Unterstand".

Für die meisten Tiere stellt ein Auto trotz seiner Lautstärke eine geringere Bedrohung dar als ein Mensch zu Fuß. In häufig befahrenen Regionen haben sich die wild lebenden Tiere bereits an Autos gewöhnt. Die Tiere lassen die Wagen erstaunlich nahe an sich heran. Obwohl die Fahrzeuge normalerweise nur auf Straßen oder Wegen fahren dürfen, sind sie perfekte mobile Unterstände.

Das ideale Fahrzeug sollte geländegängig sein und viel Bodenfreiheit besitzen, da die Wege in Schutzgebieten oft unbefestigt sind. Es sollte relativ hoch sein, um die niedrige Vegetation zu überblicken, und genügend Platz zum Ausbreiten der Ausrüstung bieten. Darüber hinaus sollten sich die Fenster rundum vollständig öffnen lassen. Einige Safarifahrzeuge lassen sich oben öffnen. Die zusätzliche Höhe ist vorteilhaft, so genießt man einen besseren Rundblick als durch die Fenster. In Wildparks sind allradgetriebene Fahrzeuge Standard und bieten die besten Voraussetzungen für den Wildtierfotografen, wenn sie nicht gerade überfüllt sind. Auf einigen Safaris werden kleine Busse eingesetzt, die weniger gute Bedingungen bieten. Steht jedoch kein anderes Fahrzeug zur Verfügung, sollte man versuchen, den Sitz direkt neben dem Fahrer zu ergattern oder zumindest ein Fenster zu erwischen, das sich öffnen lässt.

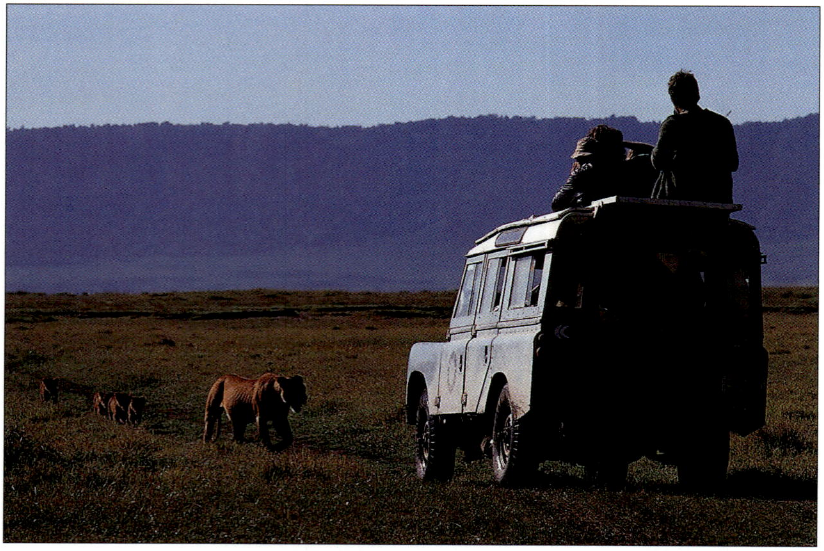

Nqorongoro-Krater
Bei den meisten Safarifahrzeugen kann man, wie hier, aus dem offenen Dach heraus fotografieren. Der Standort ist höher und man genießt eine bessere Rundumsicht. Dieser Platz ist günstiger als jedes Seitenfenster.

Fahrzeuge, die stehen oder sich langsam bewegen, beunruhigen Wildtiere am wenigsten. Anfahren, stehen bleiben oder deutliche Änderungen der Motorgeräusche können sie allerdings vertreiben. Wenn man sich Tieren nähert, ist es besser, mit ausgeschaltetem Motor langsam in den Stand auszurollen. Versuchen Sie möglichst frühzeitig, einen günstigen Standort zum Fotografieren zu entdecken, um die Tiere nicht durch unnötiges Rangieren zu verunsichern. In häufig besuchten Reservaten, in denen die Tiere an Fahrzeuge gewöhnt sind, sind solche Vorsichtsmaßnahmen meist nicht notwendig.

Verlassen Sie das Fahrzeug nie, denn außerhalb des Fahrzeugs stellen Sie für die Tiere sofort eine Bedrohung dar. Außerdem ist der Fensterrahmen meist die beste Unterlage für ein langes Objektiv. Legen Sie ein dickes Tuch unter, damit das Objektiv nicht verkratzt. Stellen Sie beim Fotografieren den Motor aus und bewegen Sie sich im Wagen so wenig wie möglich, damit das Bild nicht verwackelt. Falls möglich, dunkeln Sie den Innenraum ab. So sind Sie für das Tier nicht als Silhouette vor dem hinter Ihnen liegenden Fenster erkennbar.

Wildhunde
Dieses Rudel Wildhunde habe ich im Mikumi Nationalpark in Tansania aus einer Entfernung von ca. 20 m – mit einem 600-mm-Teleobjektiv fotografiert – aus dem Seitenfenster eines Allradwagens. Sie zeigten sich vollkommen unbeeindruckt und es war, als würde ich aus einem gut getarnten Unterstand fotografieren.

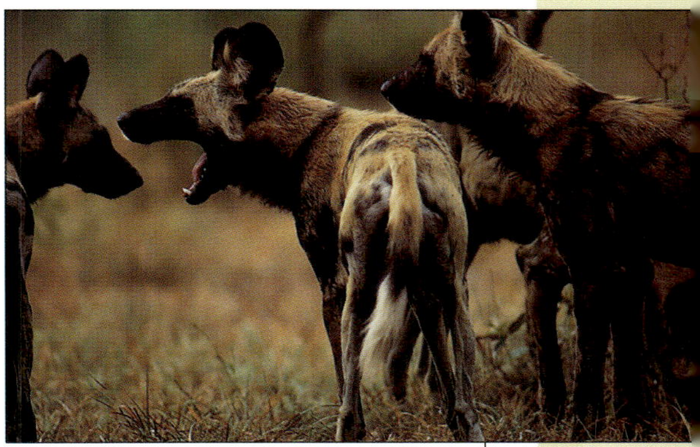

Mit dem Wagen verschmelzen
Große Raubtiere wie diese Löwin sollte man schon um der eigenen Sicherheit willen nur aus einem Fahrzeug – hier aus dem offenen Wagenverdeck heraus – fotografieren.

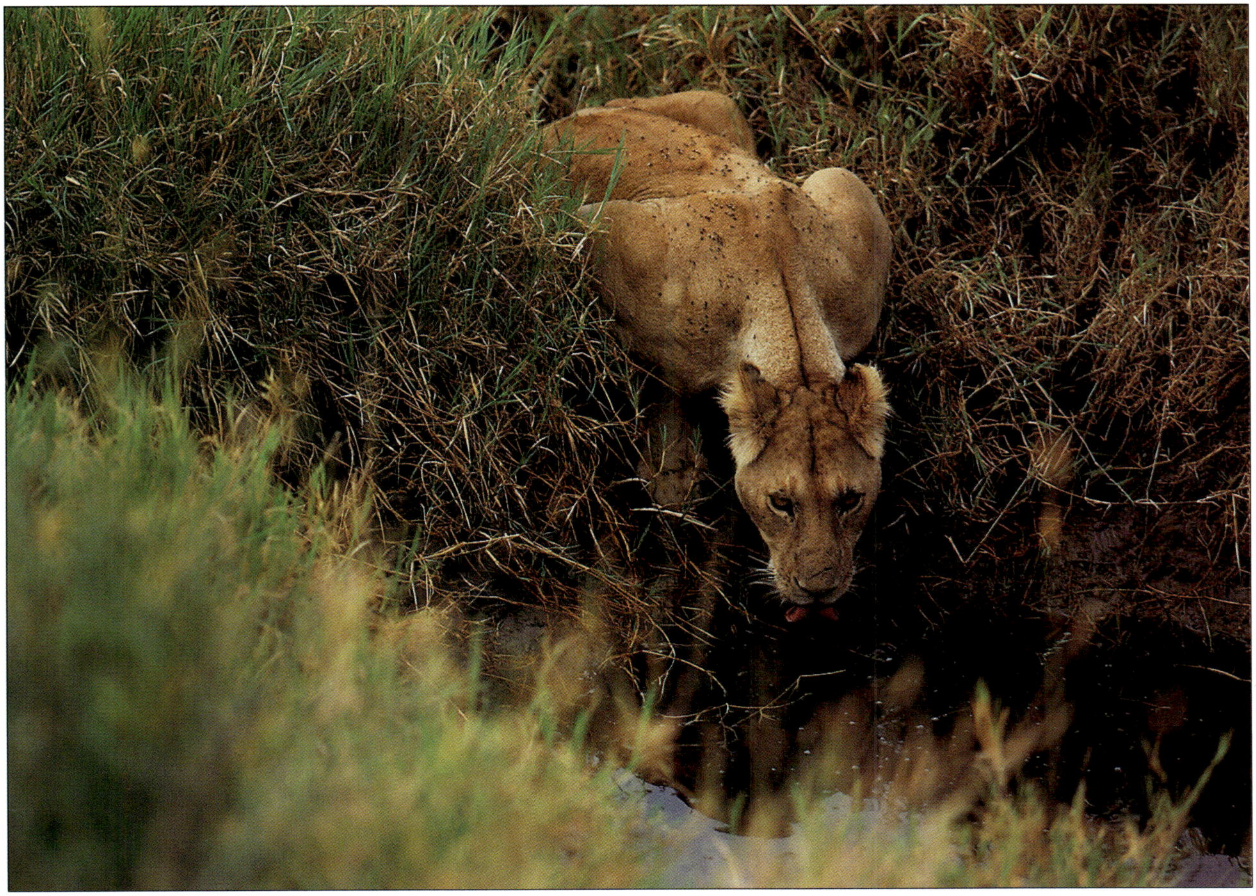

Vögel

Am einfachsten sind große Vögel oder Vogelkolonien zu fotografieren. Dennoch benötigt man für ein wirklich lohnendes Foto meist ein großes Teleobjektiv.

Vögel im Flug sind ein wunderbar dynamisches Motiv, aber sehr schwer zu fotografieren. Dies ist weniger ein künstlerisches Problem als eine Frage der Technik, und es verlangt viel Übung. Es gibt drei grundsätzliche Probleme: Unschärfe, falsche Belichtungszeit und ein für das Bildformat zu kleines Motiv. Glücklicherweise helfen uns Digitalkameras bei der Lösung. Sie bieten kontinuierlichen Autofokus (und manche sogar Prädiktionsautofokus, der Bewegungen vorausberechnet). Man kann später am Computer die Helligkeit nachbearbeiten (am besten möglich im RAW-Format) und das Motiv vergrößern.

Einen Vogel im Flug zu fotografieren, lohnt sich nur, wenn man ihn relativ groß ins Bild bekommt und den Flügelschlag einfrieren kann. Große Vögel wie Reiher und Störche sind schon wegen ihrer Körpergröße und ihres vergleichsweise langsamen Fluges dafür geeignet. Als Faustregel kann man sich merken, dass ein Vogel von Flügelspitze zu Flügelspitze zumindest die Hälfte des Bildrahmens füllen sollte. Zwar lässt sich das Motiv später durch digitale

Belichtung

Fotografiert man Vögel im Flug, beeinflusst der Himmel, der meist eine beherrschende Bildkomponente ist, die Belichtungsmessung. Ist der Himmel wesentlich heller als der Vogel, ist das Risiko der Unterbelichtung groß. Ist der Himmel deutlich dunkler (z. B. bei einem weißen Vogel vor dunkelblauem Himmel), muss man mit Überbelichtung rechnen. Wenn man im RAW-Format fotografiert, kann man dies in der Nachbearbeitung teilweise ausgleichen. Dennoch ist es besser, die Belichtung schon bei der Aufnahme anzupassen. Dazu stellt man auf manuelle Belichtung um und misst zunächst die Belichtung für ein Motiv am Boden oder einen anderen Vogel. Wer reichlich Erfahrung hat, kann sich bei der Einstellung seiner Kamera auch auf sein Gefühl verlassen. Die Belichtungskorrektur hat etwa eine Bandbreite von zwei Blendenstufen nach oben für einen hellen, bewölkten Himmel oder bis zu einer Stufe nach unten für einen tiefblauen Himmel.

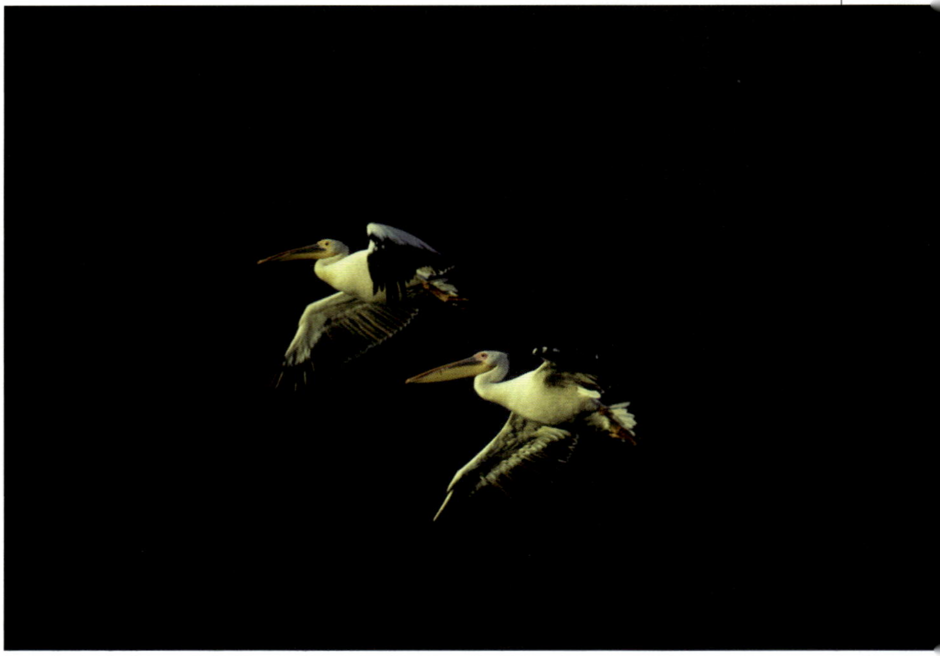

Im Flug
In der späten Nachmittagssonne fliegen diese beiden Pelikane vor dem Hintergrund aufziehender Sturmwolken über den Manyara-See in Tansania. Große Vögel wie diese fliegen recht langsam, und während sie in Sichtweite vorbeiflogen, änderte sich die Distanz kaum. Selbst mit meinem 600-mm-Objektiv konnte der kontinuierliche Autofokus der Kamera die kleinen Differenzen gut ausgleichen.

Interpolation vergrößern, doch nimmt mit zunehmender Vergrößerung die Bildschärfe ab. Nur wenige digitale Kompaktkameras bieten genügend Schärfentiefe für solch ein Foto. Bei einer digitalen Spiegelreflexkamera kann man ein Teleobjektiv - 500 mm oder mehr - verwenden.

Wenn Sie keine gezielte Bewegungsunschärfe anstreben, sollten Sie die kleinstmögliche Verschlusszeit wählen - mindestens 1/250 Sek. - und die Filmempfindlichkeit entsprechend einstellen. Beim Fotografieren von Vögeln liegt die Kameraposition meist unterhalb des Vogels. Grundsätzlich gilt, je höher die Kameraposition, desto besser. Nistende Vögel bieten eine hervorragende Gelegenheit für gute Bilder, da sich das Muster ihrer Flugbahnen regelmäßig wiederholt. Noch besser ist eine ganze Nistkolonie.

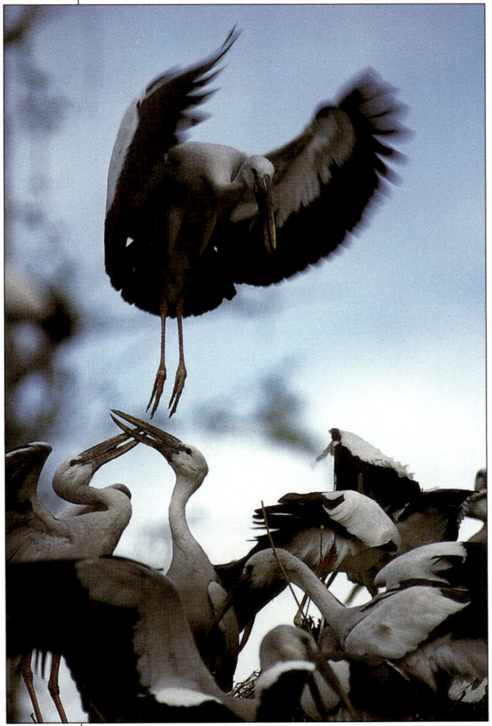

Nistkolonie
Saisonale Nistkolonien, wie diese Kolonie von Klaffschnabel-Störchen, bieten Gelegenheit für außergewöhnliche Fotos.

Hohe Empfindlichkeit
Eine Hindurake im Regen als Nahaufnahme mit einem 600-mm-Teleobjektiv.

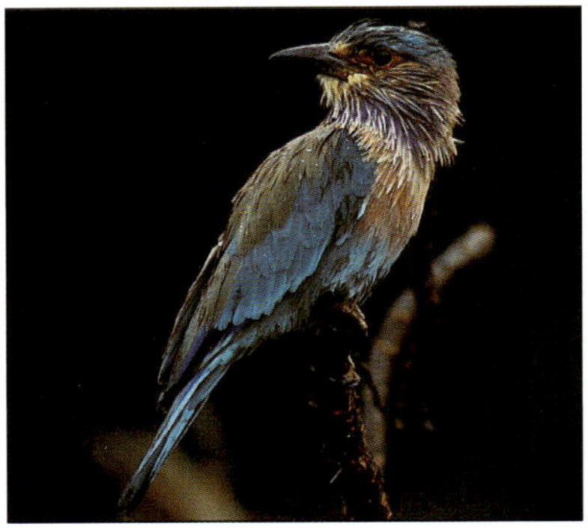

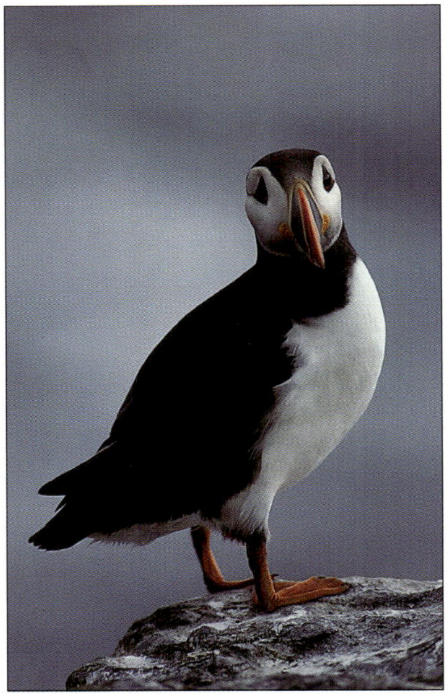

Bildschärfe

Gute Vogelaufnahmen stehen und fallen mit der Bildschärfe. Leider bietet der Himmel bei Vögeln im Flug keinen Anhaltspunkt, anhand dessen man abschätzen kann, wie schnell sich das Tier auf die Kamera zu bewegt. Bei Teleobjektiven ist dies Problem durch die lange Brennweite besonders gravierend. Die Autofokus-Funktion der Kamera sollte dem gewachsen sein. Reagiert sie aber zu langsam, helfen die folgenden Tipps beim manuellen Ausgleich:

Scharf ziehen
Versuchen Sie den Vogel kontinuierlich scharf zu ziehen, indem Sie den Schärfering gleichmäßig bis zur kürzesten Entfernungseinstellung drehen, um die Bewegung des Vogels nachzuvollziehen.

Schrittweise scharf stellen
Bei dieser Methode stellt man die Schärfe schrittweise ein und fotografiert das Tier beim Herannahen mehrfach. Nach jedem Foto wählt man eine neue Distanzeinstellung und wartet ab. Diese Methode ist meist einfacher und erfolgreicher als das kontinuierliche Scharfziehen mit der Bewegung.

Fixe Scharfeinstellung
Diese Technik bietet nur eine optimale Gelegenheit für ein Foto. Die Schärfe wird auf einen bestimmten Punkt der Flugbahn des Vogels voreingestellt, dann verfolgt man ihn im Sucher, ohne den Schärfering weiter zu verändern. Es ist relativ einfach den Moment vorauszusehen, in dem das Motiv im Bild scharf erscheinen wird. Wenn Sie keinen Referenzpunkt am Himmel für die Scharfeinstellung finden, stellen Sie erst auf den Vogel scharf und wechseln Sie dann schnell auf eine kürzere Distanz.

Papageitaucher
Dieses formatfüllende Bild eines einzelnen Papageitauchers habe ich in einer Kolonie auf einer Insel vor der Nordostküste Englands aufgenommen. Einige Arten lassen Menschen nah an sich heran. Um ihre Furchtlosigkeit gegenüber dem Menschen zu bewahren, wird der Besuch solcher Kolonien strengstens überwacht.

Unter Wasser

Durch spezielle Gehäuse kann man auch unter Wasser fotografieren. Dort auftretende Farbverschiebungen lassen sich mit der Digitalkamera ausgleichen.

Unterwasserfotografie ist ein hoch spezialisiertes Gebiet, und die erforderlichen Tauchtechniken - ob für das Schnorcheln oder das Gerätetauchen - müssen erst erlernt werden. Schließlich bergen gerade Riffe und andere Tauchreviere verschiedene Gefahren in Form von Strömungen, scharfen Felsen und manchmal recht angriffslustigen Bewohnern.

Wasser absorbiert Licht, daher wird es mit zunehmender Tiefe immer dunkler. Zuerst absorbiert das Wasser die Wellenlänge des roten Lichts, daher erscheint das Wasser nach unten hin immer blauer. Man kann zwar den Lichtverlust eine Weile über das Weißabgleichmenü der Kamera auffangen, doch wird das Resultat niemals die Sättigung und den Kontrast aufweisen, die eine Blitzaufnahme bietet. Will man statt eines Details eine ganze Szene fotografieren, muss man mit dem natürlichen Licht arbeiten, doch auch diese Fotos gewinnen, wenn man für den Vordergrund zusätzlich einen Blitz verwendet. Schon ab einer Tiefe von etwa 1 m kommt man ohne Blitz nicht mehr aus. Die meisten Unterwasser-Blitzgeräte werden so angebracht, dass sie über und seitlich der Kamera stehen. Dadurch werden einige der typischen Probleme der Unterwasserfotografie vermieden, etwa Reflexe auf Schwebstoffen im Wasser, die aussehen wie fallender Schnee.

Der höhere Lichtbrechungsfaktor des Wassers beeinflusst natürlich auch die Wirkung der Objektive (siehe Textkasten gegenüber). Grundsätzlich wirken die Objektive, als hätten sie eine längere Brennweite. Verwendet man ein Unterwassergehäuse mit gewölbtem Bullauge (Domglas), kann dies die Größen- und Entfernungsunterschiede ausgleichen. Dennoch bleibt der Blickwinkel unter Wasser enger als an Land. Daraus ergibt sich der Nebeneffekt, dass sich ein normales Objektiv nicht mehr auf Unendlich einstellen lässt, was man jedoch mit einer vorgesetzten Makrolinse oder bei Spiegelreflexkameras durch einen dünnen Zwischenring ausgleichen kann. Domgläser gleichen die Verzeichnung und die schlechte Auflösung am Bildrand aus und sind daher wesentlich geeigneter als flache Gläser.

Gehäuse

Es gibt inzwischen eine relativ große Auswahl an Unterwassergehäusen, die sich in zwei Typen unterteilen lassen: Gehäuse, die flexibel für mehrere Kameras einsetzbar sind, und solche, die für einen bestimmten Kameratyp gebaut werden. Natürlich haben hochwertige Gehäuse, die auch für große Tiefen geeignet sind, einen stattlichen Preis.

Blitz
In praktisch jeder Wassertiefe ist der Blitz für Nahaufnahmen unerlässlich, besonders bei bewegten Motiven. Dieses Bild einer Porzellanschnecke zeigt deutlich, wie der Blitz Farbintensität und Kontrast verbessert.

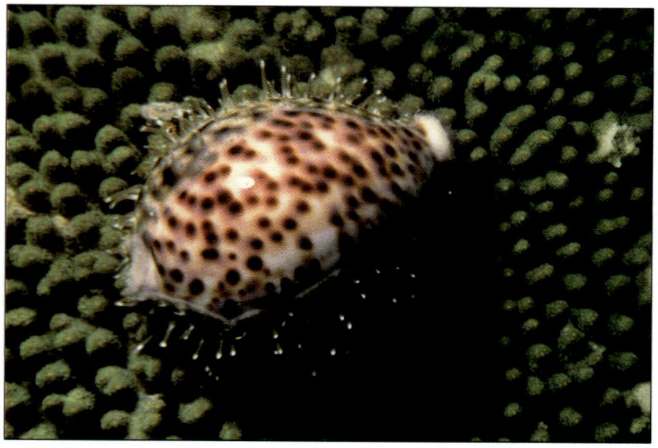

Nahe der Oberfläche

Dicht unter der Oberfläche können Sie bei klarem Wasser und Sonnenschein auch ohne Blitz fotografieren. Dabei ist aber die Einstellung des Weißabgleichs wichtig. Dieses Bilderpaar zeigt den Unterschied zwischen der Einstellung „Sonne“ (großes Bild) und der Grundeinstellung „Auto“ (kleines Bild rechts).

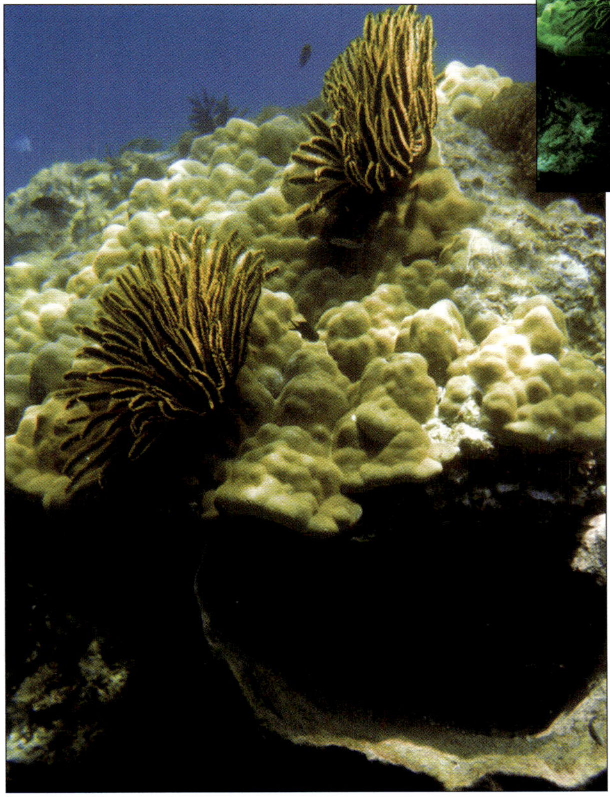

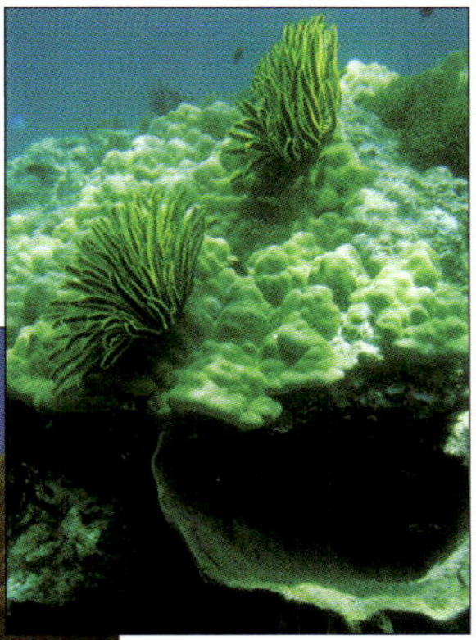

Objektive unter Wasser

Weil Wasser dichter ist als Luft, wirkt es selbst wie eine Linse. Dadurch unterscheiden sich Unterwasserbilder auf drei Arten von Bildern an Land:

1. Objekte erscheinen näher. Die Distanz verringert sich optisch etwa um ein Viertel.
2. Objekte wirken um etwa ein Drittel größer als sie in Wirklichkeit sind.
3. Der Blickwinkel des Objektivs verengt sich etwa um ein Viertel.

Farbkorrektur durch Filter

Wassertiefe	Filter
1,5–4,5 m	CC20 Rot
4,5–6 m	CC30 Rot
6–7,5 m	CC40 Rot
7,5–9 m	CC50 Rot

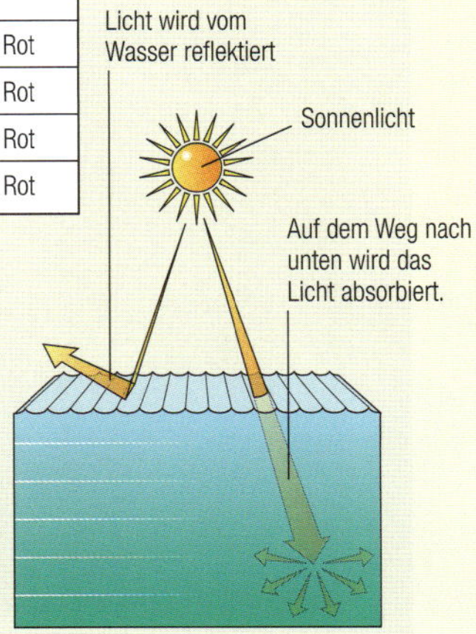

Kamerapflege

Unterwasserfotografie strapaziert die Ausrüstung. Sand, Steinchen und Salzkristalle können das Kameragehäuse undicht werden lassen, wenn man es nicht regelmäßig reinigt. Folgen Sie diesen Tipps:

- ☐ Testen Sie ein neues Gehäuse auf Dichtigkeit, indem Sie es ohne Kamera in einem Eimer unter Wasser tauchen und auf aufsteigende Blasen achten. Dann testen Sie es leer in der vom Hersteller angegebenen Maximaltiefe. Nach dem Auftauchen überprüfen Sie, ob Wasser ins Gehäuse eingedrungen ist.
- ☐ Trocknen Sie vor einem Filmwechsel zwischen den Tauchgängen das Kameragehäuse, Ihre Hände und Haare gut ab. Lassen Sie das Gehäuse nach einem Tauchgang an Bord oder an Land nicht in praller Sonne liegen. Das wasserdichte Gehäuse erhitzt sich sehr schnell, wodurch Objektiv und Sensor beschädigt werden können.
- ☐ Am Ende des Tauchtages lässt man das Gehäuse mindestens 30 Minuten in Süßwasser liegen, um alle Salzrückstände aufzulösen. Anschließend spült man es gründlich aus und trocknet es ab. Erst dann wird das Gehäuse geöffnet und die Kamera herausgenommen. Anschließend die Dichtungsringe herausnehmen und in klares Wasser legen, alle Kanten und Ritzen des Gehäuses mit einem feuchten Tuch oder Wattestäbchen reinigen. Zum erneuten Einsetzen werden die Dichtungsringe leicht eingefettet. Zu viel Fett kann aber zu undichten Stellen führen und Sand oder Steinchen sammeln. Abschließend wird das Gehäuse wieder zusammengesetzt und das Glas mit einer Kappe geschützt.

Wald

Wälder in gemäßigten Klimazonen bieten eine große Pflanzen- und Tiervielfalt. Man sollte sich aber auf unterschiedlichste Lichtverhältnisse und eingeschränkte Blickwinkel einstellen.

Wälder bieten viele Gelegenheiten für Fotografen, denn auf geringem Raum findet man hier verschiedenste Lebensräume, die durch die unterschiedlichen Vegetationshöhen geprägt sind. Ganz oben befindet sich ein dünnes Gitternetz aus Ästen. Dort wachsen die meisten Blätter, um das Sonnenlicht einzufangen. Weiter unten bietet die Rinde der Baumstämme eine weitere Nahrungsquelle. Näher am Boden wachsen Sträucher. Auf dem Waldboden finden sich Unterholz und alle abgestorbenen Pflanzenteile aus den oberen Regionen. Aufgrund dieser verschiedenen Ebenen mit ihren besonderen Charakteristika gibt es im Wald weniger Nahrungskonkurrenz zwischen den Tieren als etwa im offenen Grasland.

Wer keine Nahaufnahmen plant, sollte in einem Wald erst einmal eine Lichtung finden und das Motiv vereinfachen. Die Masse an Baumstämmen und Ästen kann

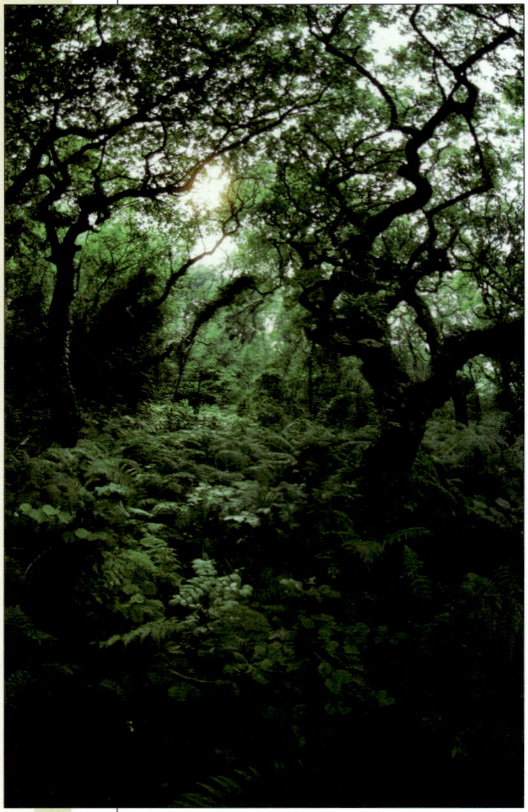

Schwaches Sonnenlicht
Für einen weiten Blick sind eine niedrig stehende Sonne oder ein diesiger Tag besser als strahlender Sonnenschein. Bei einer Gegenlichtaufnahme muss man die Position der Sonne mit Bedacht wählen. Ist sie teilweise durch einen Ast verdeckt, kann man ihren Lichthof ins Bild integrieren, ohne allzu viele Blendreflexe zu riskieren.

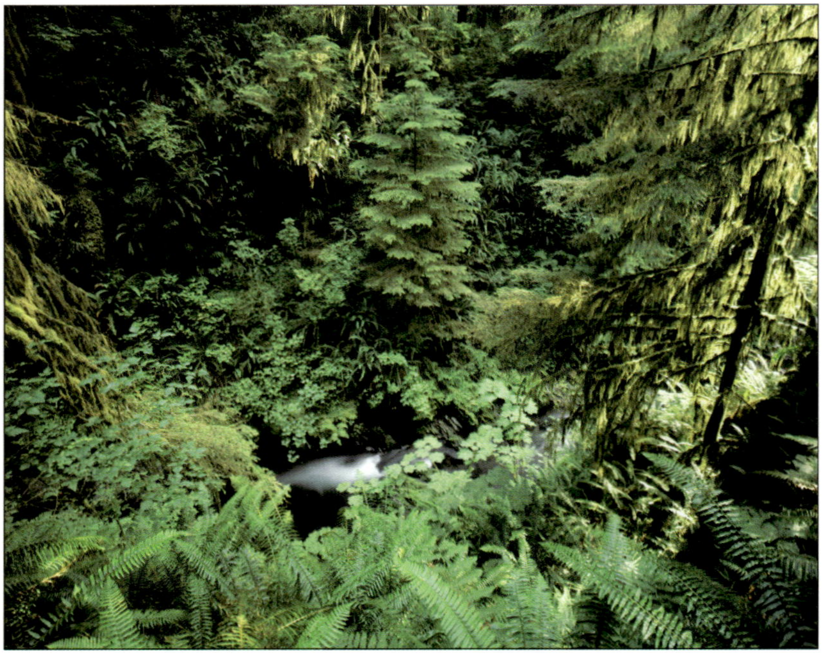

Regenwald
Der Wald im Olympic National Park im Staat Washington ist ein seltenes Beispiel für Regenwald in gemäßigtem Klima. Das Foto zeigt die Dichte der üppigen Vegetation, da es aus dem Schatten heraus fotografiert wurde und die Pflanzen den Bildrahmen ausfüllen.

sehr verwirrend sein und bei Aufnahmen aus mittlerer Entfernung leicht den Blick verstellen. Das Gehölz bietet zwar Deckung, behindert aber gleichzeitig die Sicht. Weil der freie Blick im Wald wichtig ist, halten Sie nach Lichtungen, Bächen, Teichen und Flussufern Ausschau. Hilfreich sind auch Nebel oder Dunst, die das Blickfeld in verschiedene Bereiche einteilen. Ein Standort auf einem Berg oder Hügel kann ebenfalls einige Vorteile bieten.

Bei relativ lockerem Baumbestand und bei Objektiven mit einer langen Brennweite können Probleme mit der Schärfentiefe auftreten. Selbst bei kleiner Blende muss man gewisse Unschärfen oft in Kauf nehmen. Ein Stativ reduziert diese Schwierigkeiten. Fotografiert man allerdings Tiere, kann eine geringe Schärfentiefe bei offener Blende sehr gut aussehen, da sie die Vegetation im Vorder- und Mittelgrund gut herausstellt.

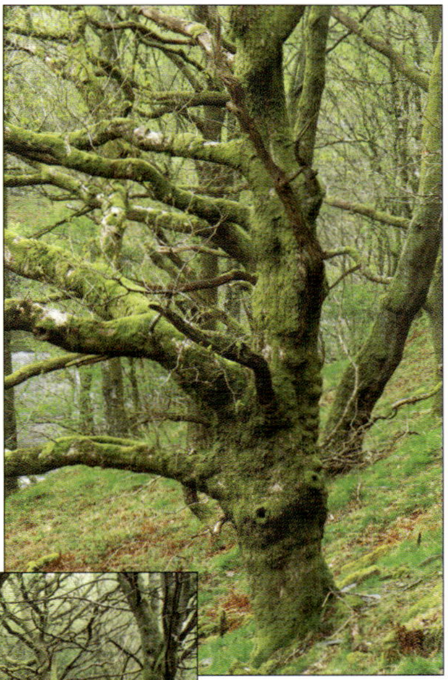

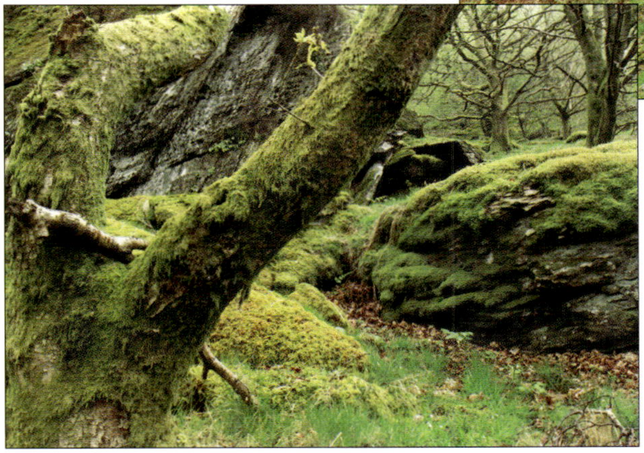

Es gibt so viele unterschiedliche Lebensräume in gemäßigten Waldgebieten, dass es unmöglich ist, bestimmte Lichtverhältnisse vorauszuahnen. Solange die Bäume Blätter tragen, ist es im Wald recht dunkel. Die Tierfotografie wird dadurch erschwert, aber auch hier helfen ein Stativ oder eine sehr hohe Empfindlichkeitseinstellung. In einem hohen, alten Buchenwald erreicht selbst an einem sonnigen Tag so wenig Licht den Boden, dass man bei einer Einstellung von ISO 100 und einer Blende von *f*2.8 eine Belichtungszeit von 1/50 Sek. oder länger benötigt. Dringt die Sonne dagegen durch ein lockeres, dünnes Laubdach, kann der Kontrast an einem Sommertag sehr hoch sein. Solche „Sonnenflecken" auf dem Waldboden können sehr interessante Bilder liefern, wenn sie beispielsweise auf ein Büschel von Blauglöckchen oder ein aus dem Dickicht tretendes Reh fallen. Sind sie dagegen nur helle Flecke in der Landschaft, lassen sie das Bild höchstens unruhig wirken. Manchmal erfordern die Lichtverhältnisse bis zu sechs unterschiedliche Blendeneinstellungen. Blumen und andere kleine Motive lassen sich leicht beschatten, doch bei weiten Blicken ist es meist besser, den späten Nachmittag oder frühen Morgen abzuwarten, wenn das schräg einfallende Licht die Bäume von der Seite beleuchtet. Leicht bewölkte Tage mit diesigem Sonnenlicht sind für das Fotografieren im Wald ideal.

Alte Eichen
Diese Bilder entstanden in einem alten Eichenwald in einem walisischen Naturschutzgebiet. Es war recht dunkel, doch mit einem Stativ und einem 150-mm-Objektiv wählte ich Blende *f*22 und eine Belichtung von 1 Sek. und erhielt eine ausgezeichnete Schärfentiefe.

Grasland

Gute Sichtverhältnisse, weite Blicke und klares Licht sind charakteristisch für Grasland. In einigen Schutzgebieten findet man noch eine große Artenvielfalt, die Gelegenheit zu einzigartigen Wildtierfotos bietet.

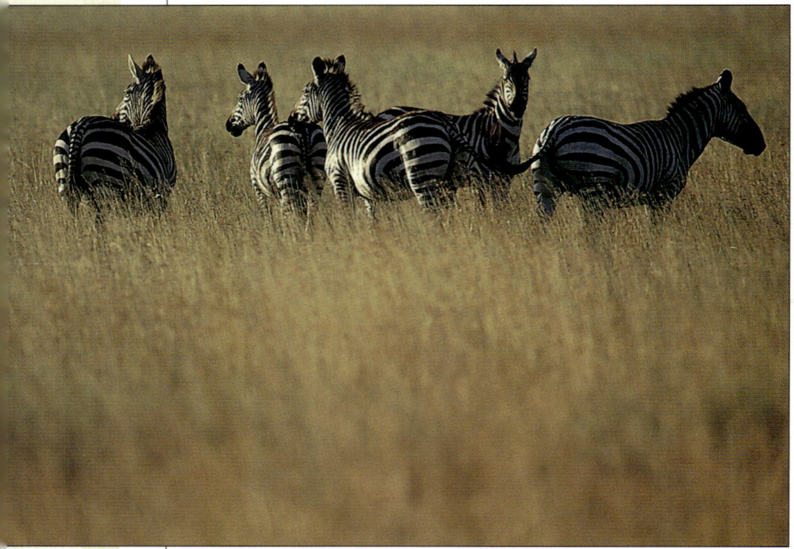

Wegen der geringen Höhenunterschiede werden Motive im Grasland fast immer vom vollen Sonnenlicht beschienen. Obwohl die Sonnenintensität dadurch natürlich nicht stärker wird, ist der Kontrast hier oft sehr schwach, da mehr Licht von der Luft reflektiert wird. An wolkigen Tagen sind praktisch keine Schatten zu sehen. Nirgends an Land sind die Lichtverhältnisse so konstant wie auf großen Ebenen, und da der Horizont praktisch gerade verläuft, reicht das Licht länger zum Fotografieren aus. Dieses Licht, das besonders bei hoch stehender Sonne in alle Richtungen gleich wirkt, hat aber auch etwas Monotones. Bei bedecktem Himmel ist das Licht recht fade und weite Blicke wirken leicht langweilig, obwohl der Himmel immer noch viel heller ist als das Land (teilweise mit Unterschieden von bis zu fünf Blenden, *siehe Seite 252–253*). Für den Fotografen sind daher der frühe Morgen und der späte Nachmittag die besten Zeiten. Glücklicherweise sind zu diesen Tageszeiten auch die meisten Tiere aktiv.

Die Savannen Afrikas sind archetypische tropische Graslandschaften und zu Recht berühmt für ihren Artenreichtum, Will man Tiere in freier Wildbahn fotografieren, gibt es nichts, was mit einer Safari in Afrika vergleichbar wäre. Im offenen Grasland sind Tiere meist einfacher aufzuspüren als in anderen Lebensräumen, denn es ist kaum Vegetation als Sichtschutz vorhanden. Gleichzeitig bieten hohes Gras oder Baumgruppen auch

Horizontlinie

Manchmal kann eine Bildkomposition gewinnen, wenn man den Bildausschnitt unter die Horizontlinie verlegt. Bei diesem Bild ist das in der späten Nachmittagssonne leuchtende Gras im Vordergrund durch die Verwendung eines großen Teleobjektivs (600 mm) zu einem Farbschleier verschwommen.

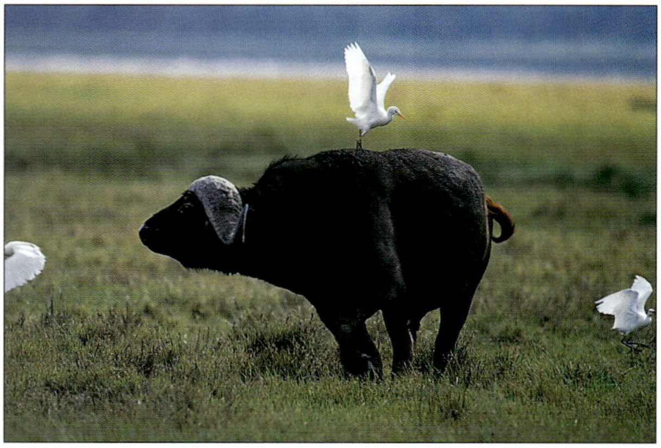

Büffel

Im afrikanischen Rift-Tal versucht ein Kuhreiher auf dem Rücken eines riesigen Büffels zu landen. Savannen-Büffel sind sehr launisch und gefährlich, darum fotografiert man sie am besten aus größerer Entfernung.

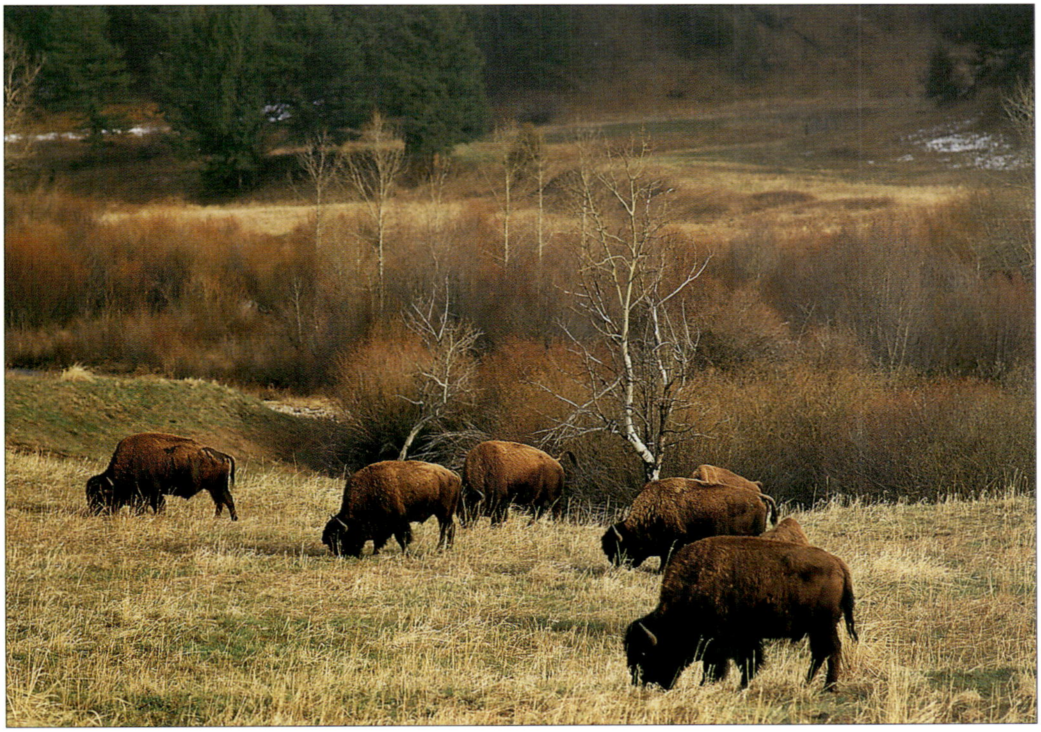

Bisonherde
Fotografiert man von einer Anhöhe, kann man die Horizontlinie sehr hoch im Bild platzieren oder ganz ausschließen. Dieses Bild zeigt den Blick von einem Hügel auf eine Bisonherde.

größeren Tieren Deckung, was die Beutegreifer nutzen. Zum Fotografieren ist darum ein hoher Standort von Vorteil, etwa vom Dach eines Geländefahrzeugs *(siehe Seite 290–291)*.

Flüsse und Wasserlöcher bieten Wasser und gleichzeitig Schutz durch Gehölz. Sie sind ideal zum Fotografieren und haben vor allem spätnachmittags viele Besucher. Aber auch große Beutegreifer, die wie Leoparden ihrer Beute eher auflauern als sie zu hetzen, streifen oft in der Nähe solcher Tränken umher. Frühmorgens und am späten Nachmittag sind die meisten Tiere der Savanne aktiv, die restliche Zeit des Tages ruhen oder grasen sie. Durch die weite Sicht sind sie aber den ganzen Tag hindurch einfach auszumachen.

Eine gelungene Bildkomposition ist im Gasland etwas schwieriger. Um die Weite einzufangen, kann man mit einem Weitwinkelobjektiv arbeiten und bei interessanten Wolkenformationen die Horizontlinie vergleichsweise tief platzieren. Da man vom Boden aus meist nur den Vordergrund und mittlere Entfernungen erkennen kann, ist jede Erhebung willkommen. Schon vom Dach eines Fahrzeugs aus ist der Blick deutlich besser. Findet man einen noch höheren Standort, kann man sogar Tiere fotografieren, ohne den Horizont ins Bild nehmen zu müssen.

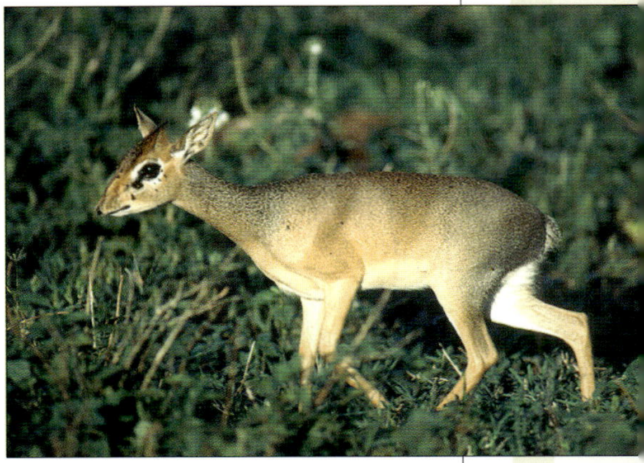

Dik-Dik
Das Zwergrüssel-Dik-Dik ist eine der kleinsten Antilopen, nicht größer als ein Hase. Es lebt an den bewaldeten Rändern der Savanne in Ost- und Südafrika und trägt seinen Namen wegen des seltsamen Pfiffs, den es bei Gefahr durch die Nase ausstößt.

Küstengebiete

An der Grenze zwischen Meer und Land entstehen durch den Kontrast zwischen den beiden Elementen sowie durch die Kräfte von Ebbe und Flut vielfältige, ständig wechselnde Motive.

Küstenstreifen können flach und schlammig sein, aus hohen Klippen oder langen Stränden mit Sand, Korallen oder Kieseln bestehen. Von spiegelglatt bis stürmisch aufgewühlt reichen die Varianten des Meers. Gerade diese Vielfalt macht den Reiz der Küste aus. Die Lichtintensität ist meist hoch und wird durch Reflexionen auf dem Wasser, der Gischt oder dem Sand noch gesteigert. Also Vorsicht mit der automatischen Belichtung bei Bildern, auf denen von hinten beleuchtete Wassermassen einen großen Bildanteil einnehmen. Kontrollieren Sie zunächst das Display Ihrer Kamera und vor allem das Histogramm. Passen Sie die Belichtung an und erwägen Sie eine Kontrastreduzierung, falls Ihre Kamera einen Tonwertausgleich bietet.

An windigen Tagen tritt besonders an felsigen Küsten und bei starkem Seegang viel Gischt auf, die auf weite Distanz wie Dunst wirkt. Weil die UV-Streuung diesen Eindruck noch erhöht, empfiehlt sich ein UV-Filter, der das Objektiv zusätzlich vor Salzablagerungen schützt. Wasserspiegelungen können positive und negative Effekte haben. Eine Gegenlichtaufnahme kann den

Gezeitentümpel

Zum Fotografieren von Kleinlebewesen in Gezeitentümpeln kann man die üblichen Techniken für Nahaufnahmen verwenden, sollte aber Wasserspiegelung vermeiden. Bei direktem Licht, ob nun Sonnen- oder Blitzlicht, fällt das Bild wesentlich klarer aus als bei indirektem Licht. Positionieren Sie die Kamera so, dass kein Licht vom Wasser auf die Linse reflektiert wird. Manchmal erscheint das Wasser durch die Reflexion des Himmels zu blau. Ein Polarisationsfilter korrigiert dies, lässt aber auch weniger Licht durch. In solchen Fällen sollte man das Wasser besser mit einer schwarzen Pappe oder einem Kleidungsstück beschatten.

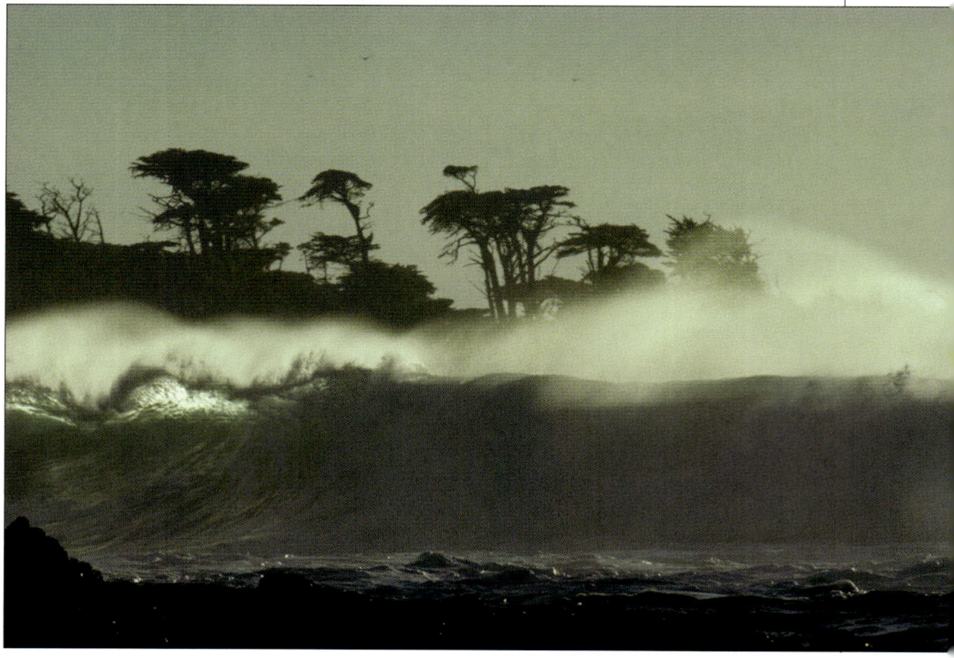

Monterey
Das Licht der Nachmittagssonne scheint von hinten durch den Kamm einer brechenden Welle. Den Hintergrund bildet die Küste von Monterey in Kalifornien.

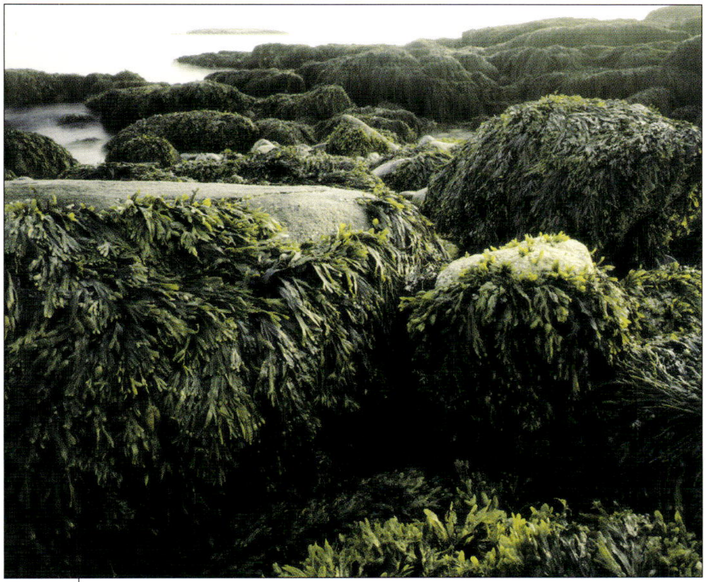

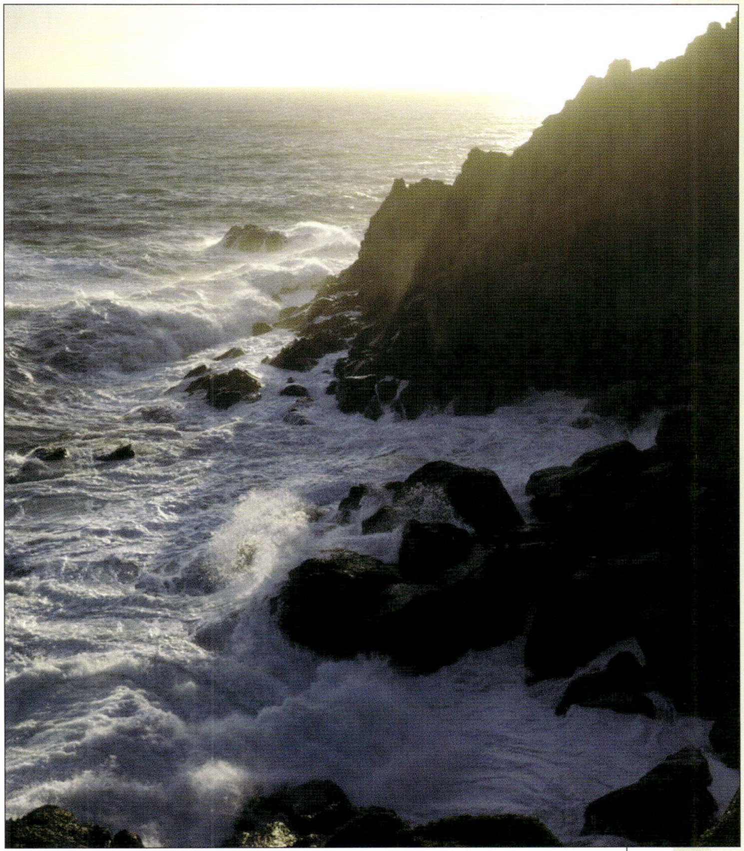

Seetang
Dieses Bild zeigt mit Seetang bedeckte Felsbrocken am Ocean Point in der Nähe von Boothbay Harbour in Maine. Durch die Konzentration auf den Seetang unterscheidet sich dieses Bild sehr stark von den üblichen Küstenbildern mit dramatischen Wellen oder perfekten Stränden.

Klippen
Im Gegenlicht treten Wellen, Wasser und Gischt deutlicher hervor. Bei diesem Foto betont das Licht zusätzlich die Silhouette der Felsen.

starken Kontrast zwischen hell reflektierendem Wasser und dunklen Felsen betonen, wohingegen Wellen besser hervortreten, wenn das Licht sie von hinten trifft. Ist das Wasser in Küstennähe jedoch spiegelglatt, sind Reflexionen besonders dann störend, wenn man auch Details unter Wasser abbilden möchte. Verwenden Sie in diesem Fall einen Polarisationsfilter und probieren Sie mehrere Blickwinkel und Stellungen des Filters aus.

An manchen Felsenküsten gibt es Vogel- oder Seehundkolonien, deren Standorte man bei Einheimischen erfragen kann. Solche Kolonien bieten meist gute Gelegenheiten für Gruppenfotos. Die Tiere gründen ihre Kolonien bewusst an Stellen, die vom Land aus schwer zugänglich sind. Für gute Nahaufnahmen benötigt man also ein langes Teleobjektiv. Eine ideale Kameraposition ist ein hoher Standort direkt gegenüber der Klippe oder Insel mit der Kolonie. Die verborgene Lage der meisten Kolonien hat aber auch den Vorteil, dass sich die Tiere dort sicher fühlen. Es ist daher bei einem guten Ausblick nicht notwendig, sich zu tarnen.

Tropische Strände

Viele, wenn auch nicht alle tropischen Strände sind von weißem Sand und Palmen gesäumt und vermitteln eine ganz bestimmte Atmosphäre. Heller Muschelsand reflektiert sehr viel Licht. Wo der Strand sanft in klares Wasser abfällt, hat es oft eine tiefe Blau- oder Grünfärbung. Mit leichter Unterbelichtung werden solche Ansichten meist besonders stimmungsvoll: Der Himmel wirkt dunkler, die Farbe des Wassers intensiver und das Bild gewinnt eine grafische Qualität. Halten Sie sich entweder an die Angabe des Belichtungsmessers oder versuchen Sie eine dunklere Einstellung. Verlauf- oder Polarisationsfilter können den Effekt noch verstärken.

Feuchtgebiete

Flache, wasserreiche Gebiete bieten wenig landschaftlich interessante Motive, sind aber der Lebensraum unzähliger und oft auch größerer Vogelarten, die recht einfach zu fotografieren sind.

Feuchtgebiete sind meist flach und weit und teilen daher einige der Charakteristiken von Grasland. Die Lichtintensität ist sehr hoch und es gibt wenige Erhebungen oder hohe Bäume, die das attraktive Licht am frühen Morgen oder späten Abend blockieren könnten. Das Einerlei aus Schilf oder Marschgras führt allerdings, besonders vom Wasser aus gesehen, schnell zu langweiligen Landschaftsfotos, die letztlich nur durch interessante Reflexionen auf dem Wasser lebendiger gestaltet werden können. Feuchtgebiete sind aber nicht nur hell, weil sie flach sind, sondern auch weil das Licht zusätzlich von der Wasseroberfläche reflektiert wird. Daher ist es zu den aktivsten Zeiten der Tiere am frühen Morgen und späten Nachmittag meist auch noch hell genug, um ein langes Teleobjektiv mit entsprechender Verschlusszeit zu verwenden.

Schräg einfallendes, direktes Sonnenlicht ergibt in Feuchtgebieten besonders stimmungsvolle Motive, da es Gräsern und feinen Kräuselwellen auf dem Wasser Struktur verleiht. Seitliches Licht eignet sich besonders für Nahaufnahmen von Vögeln. Reflexionen im Wasser sind bei direktem Licht intensiver und können klar umrissene Silhouetten ergeben. Die Lichtverhältnisse an bedeckten Tagen oder bei hoch stehender Sonne sind schon komplizierter. Dagegen ist das Licht in den Waldgebieten der Everglades oder in Mangrovenwäldern ähnlich wie in Laubwäldern an Land.

Das Wasser, der sumpfige Untergrund und die verwobene Vegetation, die vielen Tieren Schutz bietet, erschweren gleichzeitig dem Fotografen die Pirsch. Auf Deichen oder anderen Erhöhungen kann man es zu Fuß probieren, erreicht aber auf diese Weise nur die Ränder von Seen und Marschen, die wenig Deckung bieten. Watet man durchs Wasser, ist man laut und langsam. Solche Unternehmungen lohnen sich meist nur bei Vogelkolonien, die sich aufgrund der großen Tierzahl vor Eindringlingen sicher fühlen. An tief eingeschnittenen Küsten, in Flussmündungen und Sumpfgebieten ist ein Boot die beste und oft auch einzige Möglichkeit, sich den Tieren zu nähern. Als Standort für die Kamera ist ein Boot allerdings nicht ideal. Genaues Manövrieren ist schwierig, weshalb man es besser einem Geübten überlässt. Auf Flüssen ist es oft einfacher, sich flussabwärts treiben zu lassen, als mit Motor-

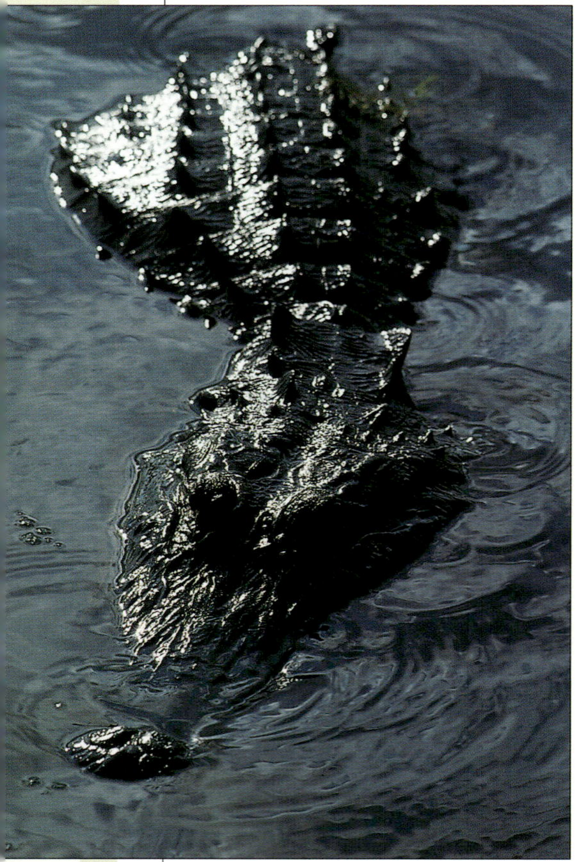

Alligator
Eine leicht erhöhte Kameraposition vorausgesetzt, sind Krokodile und Alligatoren recht kooperative Motive. Dieser Alligator unter einer Brücke über den Fluss Myakka in Florida zeigt keinerlei Furcht.

kraft flussaufwärts zu fahren. Seien Sie auf auffliegende Vögel vorbereitet, wenn Sie eine Flussbiegung umrunden. Vögel entdecken einen Eindringling schon aus großer Entfernung und fliegen auf oder tauchen ab, sobald er sich nähert. Halten Sie die Kamera entweder in der Hand oder auf einem stabilen, gepolsterten Untergrund bereit. Wenn möglich, schalten Sie den Bootsmotor vor dem Fotografieren ab, um Vibrationen zu vermeiden. Im flachen Wasser von Marschen ist ein Stakkahn meist die beste Wahl, da Staken leiser ist als Rudern.

Einige Tierarten wie Enten und Gänse lassen sich nur von einem Unterstand aus gut fotografieren. Viele Feuchtregionen mit großen Vogelpopulationen sind heute Schutzgebiete und häufig mit festen, von den Schutzorganisationen bereitgestellten Unterständen ausgestattet. Da sie aber auch von vielen Vogelfreunden genutzt werden, versichert man sich am besten im Voraus, ob noch ein Unterstand frei ist. So bekommt man relativ viele Vögel zu Gesicht *(für Tipps zu Unterständen siehe Seite 288–289)*.

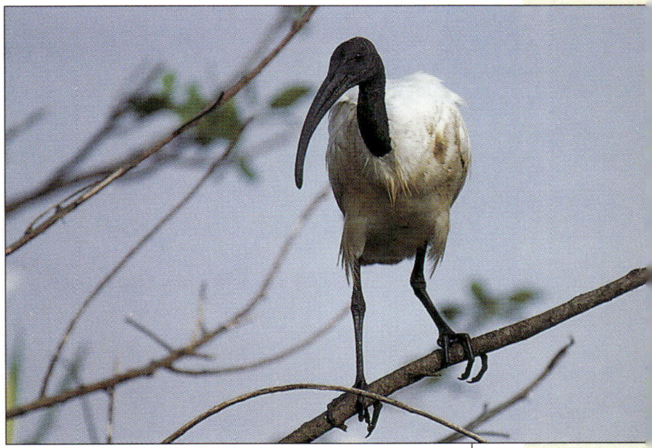

▲ Fotos aus dem Boot
Entdeckt man vom Boot aus einen Vogel, sollte man nicht zögern; er kann jeden Moment auffliegen.

▼ Mangroven in Florida
Eine kleine Gruppe Flamingos rundet diese Luftaufnahme eines Mangrovensumpfs ab.

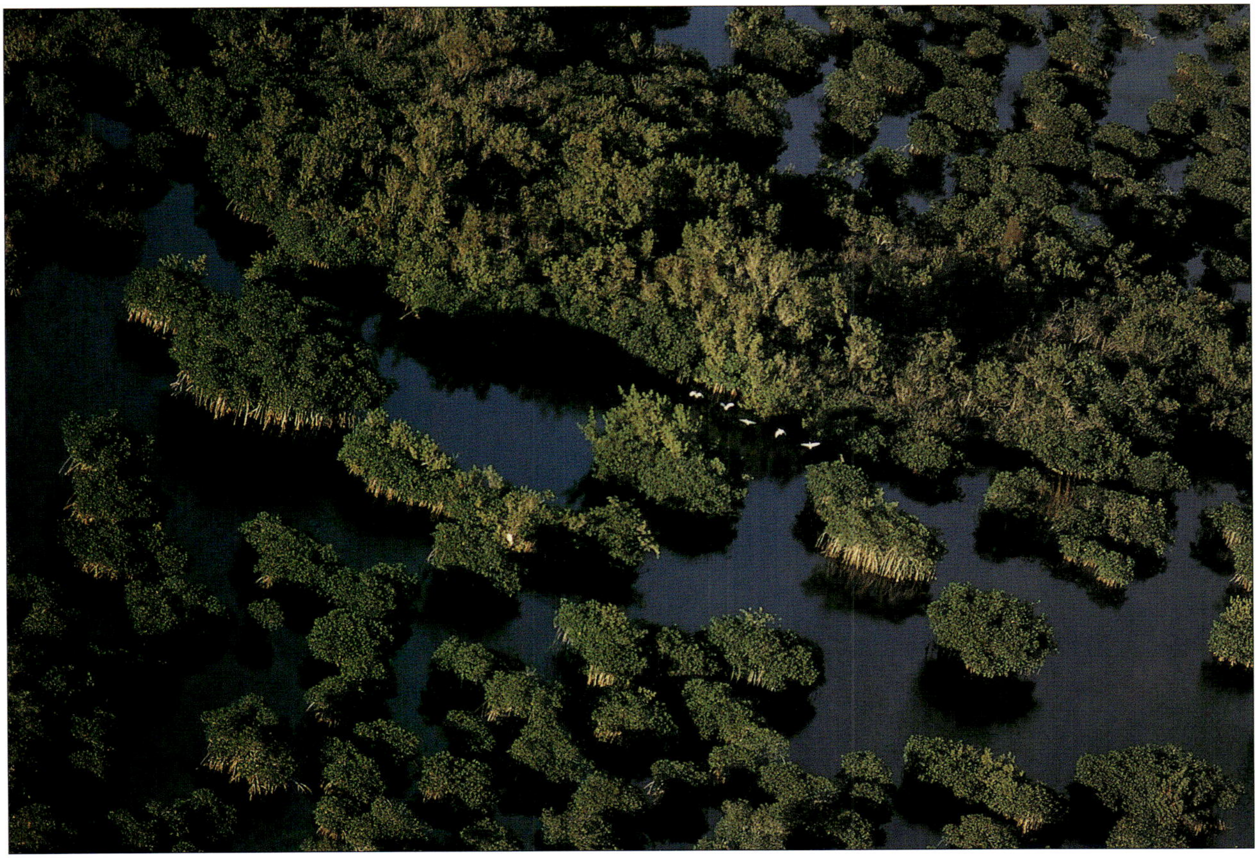

Berge

Keine andere Landschaft ist so spektakulär wie die Bergwelt. Zerklüftetes Terrain, überwältigende Aussichten und ständig wechselndes Licht bieten der Kamera unzählige Motive.

Bei klarem Wetter hat das Licht in den Bergen eine besondere Intensität. Der Himmel ist intensiver blau, die Schatten sind tiefer und der Kontrast im Sonnenlicht ist oftmals extrem. Wegen der dünnen Höhenluft ist auch die UV-Strahlung stärker. Wer diesen Aspekt nicht bedenkt, muss mit ungewöhnlichen Effekten rechnen, da der Kamerasensor für UV-Strahlen empfindlicher ist als das menschliche Auge. Besonders bei der Verwendung von Teleobjektiven weisen Bilder von Berglandschaften in der Ferne oft einen Blaustich auf. Dieser blaue Schimmer kann einem Bild vorteilhafte Tiefe verleihen, andererseits aber auch die Sichtweite verringern. Um dies schon beim Fotografieren auszuschließen, verwenden Sie einen starken (gelblichen) UV-Filter und vermeiden Sie Gegenlichtauf-

Dünne Luft
Die Sicht in den Bergen ist so erstaunlich klar, da die Atmosphäre bei 5000 m nur noch halb so dicht ist wie auf NN. Dies wird sogar bei Aufnahmen mit dem Teleobjektiv deutlich, wie hier auf der Nordseite des Kailash in Tibet.

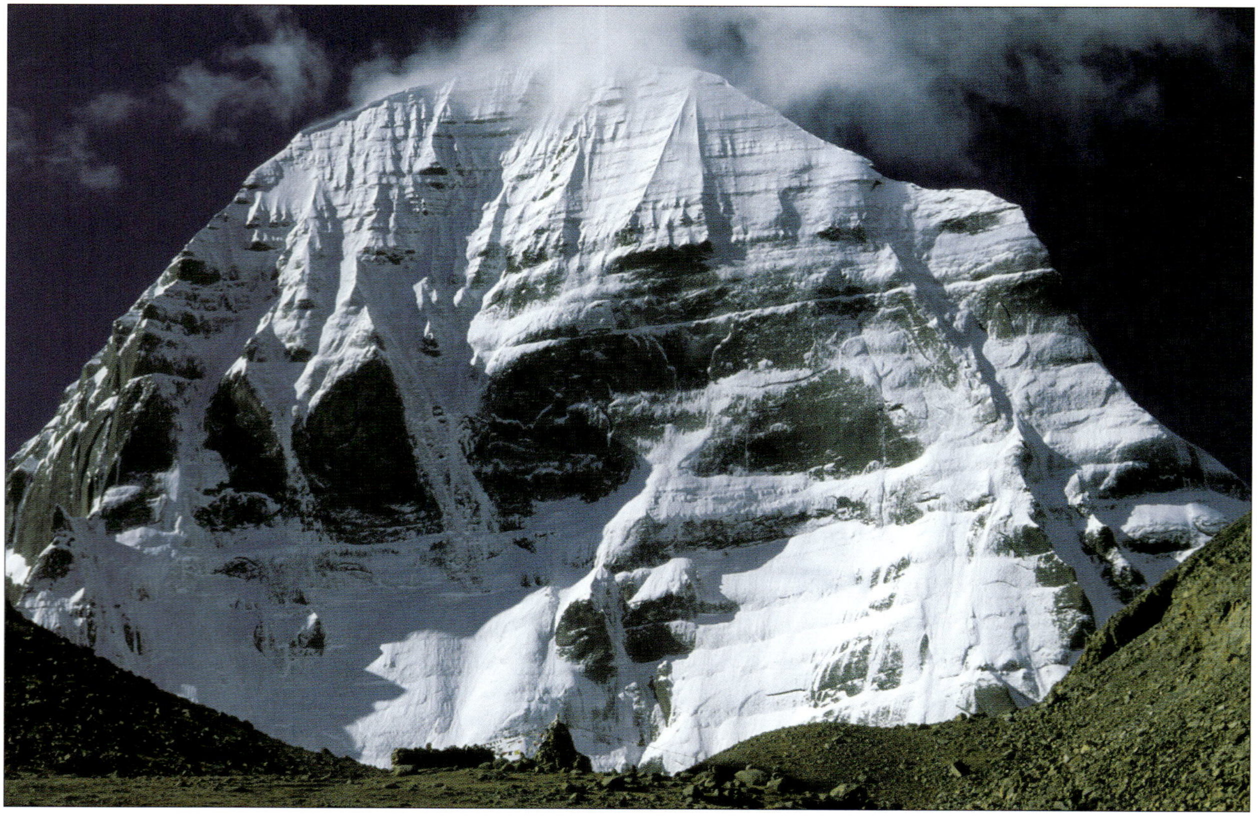

nahmen. Reduzieren Sie bei der Bildbearbeitung die Sättigung der Blautöne. Bergregionen sind meist durch spezifische Witterungsbedingungen gekennzeichnet, zudem wechselt das Wetter sehr schnell. Daher sollte man jede Gelegenheit für ein Foto nutzen und nicht auf bessere Lichtverhältnisse warten. Halten Sie in großen Höhen auch nach tief hängenden Wolken Ausschau. Bergspitzen, die wie Inseln aus den Wolken aufragen, sind einzigartige Motive.

Die vielen vertikalen Linien im Gebirge bieten zahlreiche Möglichkeiten der Bildkomposition. Einen guten Eindruck von der tatsächlichen Höhe erhält man sowohl aus weiter Entfernung als auch in der Nähe eines Gipfels. Daher entstehen die spektakulärsten Bilder, wenn man sich aus der Ferne einem Berg nähert oder wenn man den Gipfel fast erreicht hat.

Teleobjektive komprimieren die Bilder der Vorgebirge und Bergrücken in einer Art, die den Maßstab der Gipfel und Plateaus in der Entfernung betont. Dies funktioniert überraschenderweise häufig genauso gut im Hoch- wie im Querformat.

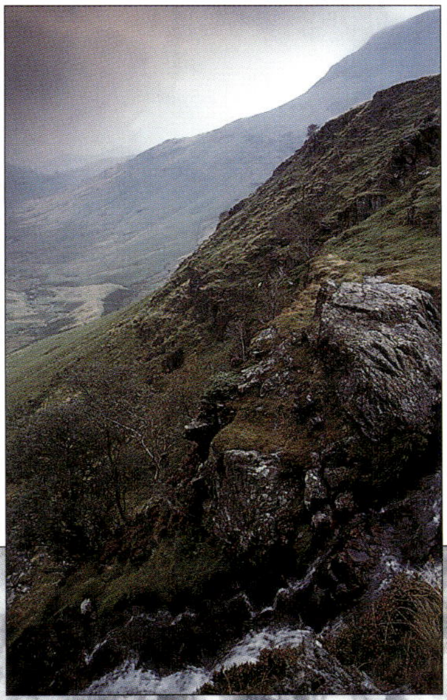

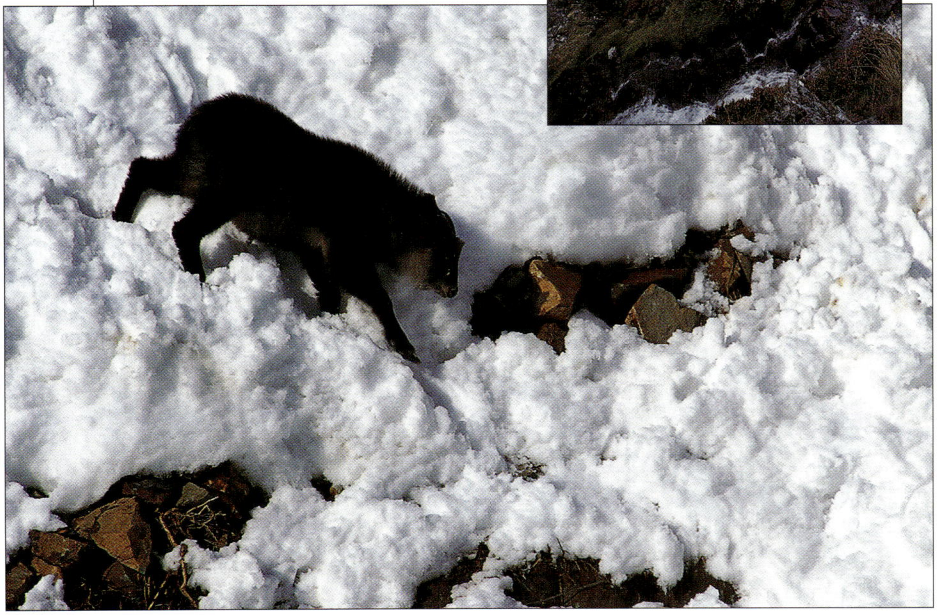

Kamerapflege

Kamera und Objektive sollten durch gepolsterte Taschen vor allem gut vor Schlägen und Kratzern geschützt werden. Ein Kamerarucksack ist in den Bergen ideal. Normale Schultertaschen eignen sich meist nur für leicht bergiges Gelände mit guten Wegen. Wenn Sie die Kamera griffbereit am Gurt um den Hals tragen, sollte sie mit einem zweiten Gurt am Körper gesichert werden, damit sie beim Klettern nicht hin und her schwingt. Packen Sie genügend Akkus zum Wechseln ein und vergewissern Sie sich, dass sie geladen sind.

Hochformat Berge und Hügellandschaften bieten reichlich Gelegenheit für Hochformatbilder. Besonders bei abwärts gerichtetem Aufnahmewinkel findet man häufig viele interessante Details für einen passenden Vordergrund.

Serau Viele der großen Bergtiere ziehen auf der Suche nach Nahrung umher, wie dieser Serau (eine Wollhaargemse) in den Bergen der japanischen Präfektur Nagano. Ihr gutes Sehvermögen macht es schwierig, sich unbemerkt anzupirschen.

Kleidung

Die Fortbewegung in den Bergen ist meist anstrengend, daher ist es sinnvoll, bei der Fotoausrüstung auf das Gewicht zu achten. Die Kleidung sollte Schutz gegen Wind und Regen bieten und sich schnell wechselndem Wetter anpassen lassen. Ein wind- und wasserdichter Parka über mehreren wärmenden Kleidungsschichten ist ideal. Bei strenger Witterung benötigt man zusätzlich Daunenjacke, Thermounterwäsche, Schneehose, Socken zum Wechseln, Daunenhandschuhe mit Seidenfutter und Wollmütze. Je nach Terrain sind entweder leichte Wanderstiefel oder Kletterstiefel mit entsprechender Sohle erforderlich.

Eis und Schnee

Extreme Witterung und eine strahlend weiße Landschaft machen Eis und Schnee zur Herausforderung. Hinreißende Szenerien und faszinierende Tiere entschädigen jedoch für die Mühe.

Wenngleich äußere Bedingungen wie Wetter und Gelände das Fotografieren oft erschweren, bieten Schneelandschaften dem Landschaftsfotografen eine interessante Abwechslung zur üblichen Tonwertverteilung zwischen Himmel und Land. Der Schnee reflektiert das Licht, folglich sind die Kontrastwerte hier geringer. Gleichzeitig liefert er bei Detailaufnahmen einen weißen Hintergrund, vor dem sich die Silhouetten von Bäumen, Felsen und Tieren mit dunklem Fell kontrastreich abheben. Eine verschneite Landschaft wirkt zudem oft schlichter und dadurch grafischer.

Die Belichtung von Schneefotos ist etwas diffizil, denn bei Automatikeinstellung interpretiert die Kamera Weiß als Mittelton – das Foto wird unterbelichtet. Um die feine Oberflächenstruktur des Schnees zu erhalten, stellt man die Belichtung entweder manuell oder über den Weißabgleich der Automatik um ein bis zwei Stufen heller ein. Da Schnee eben nur fast weiß ist (mit Werten zwischen 230 und 245 auf der 256-stufigen Skala), muss man sehr exakt belichten, damit seine Leuchtkraft und Textur erhalten bleiben. Am besten arbeitet man mit Belichtungsreihen. Da Schnee stark reflektiert, spiegelt er auch die Farben seiner Umgebung und besonders das Blau des Himmels. An sonnigen Tagen sind Schatten im Schnee fast immer blau, was aber nur problematisch ist, wenn der interessanteste Teil des Bildes im Schatten liegt. In der Bildbearbeitung kann man dies über die Farbton-/Sättigung-Anpassung ausgleichen, indem man nur die Blautöne auswählt und ihre Sättigung herabsetzt.

Je nach Kältegrad muss die Ausrüstung besonders geschützt werden. Zwischen 0°C und -18°C sollte man die üblichen Vorkehrungen treffen, damit die Ausrüstung trocken und warm gehalten wird. Unterhalb von

Akkus und Kälte

Da digitale Kameras auf ihre Elektronik angewiesen sind, werden sie von extremen Wetterverhältnissen stärker beeinflusst als mechanische Kameras. Kälte greift Akkus gleich auf zweierlei Weise an. Einerseits verlieren sie ihre Ladung bei tiefen Temperaturen wesentlich schneller, andererseits arbeiten sie aber effektiver, da der elektrische Widerstand bei Kälte geringer ist. Man muss also bei Kälte den Kamera-Akku häufiger wechseln. Ein vermeintlich leerer Akku lässt sich aber durch Wärme oftmals schon wieder beleben.

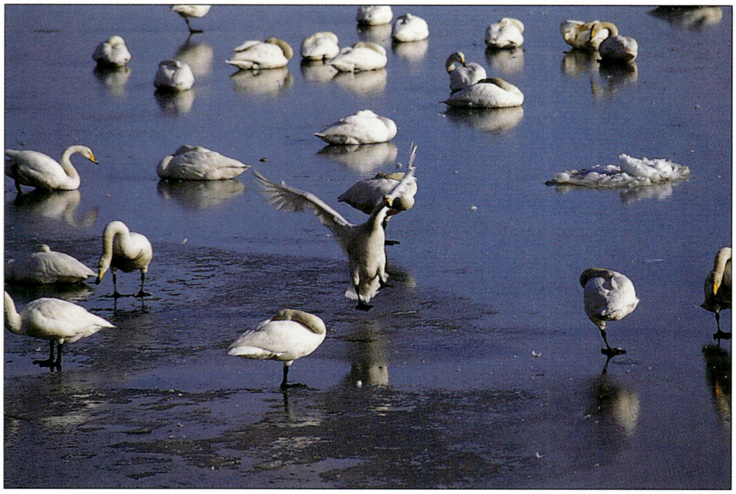

Schwäne auf dem Eis
Im Oktober landen Schwäne aus Sibirien in Abashiri an der Nordküste der japanischen Insel Hokkaido. Im Januar beginnt auch hier der Winter und das Ochotskische Meer friert in Küstennähe zu.

-18°C können Materialien ihre Eigenschaften verändern. Kunststoff wird beispielsweise brüchig, Metall kann schmerzhaft an der Haut kleben bleiben und einige Schmiermittel verharzen, sodass bewegliche Teile schwergängig oder unbeweglich werden. Diese Risiken nehmen zu, je länger die Materialien der Kälte ausgesetzt sind. In sehr kalten Regionen wird Kondensation zum Problem, sobald man seine kalte Ausrüstung in einen beheizten Raum bringt. Risikofaktoren sind auch Schnee, der auf noch warmem Material erst schmilzt und dann gefriert, sowie Atem, der auf Glas oder Metall kondensiert dann gefriert.

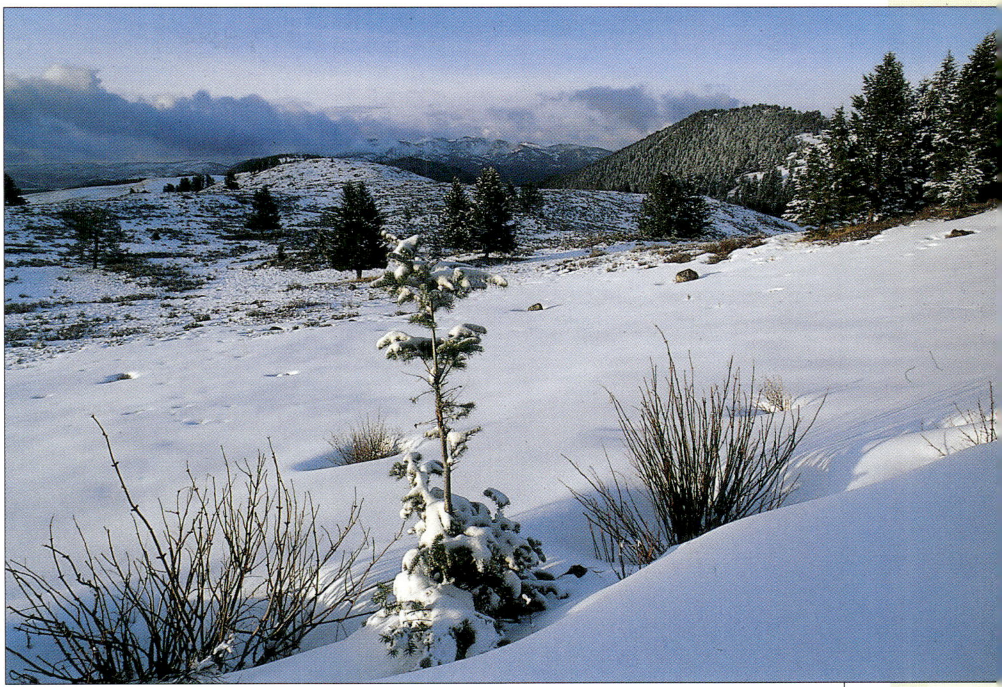

Daher sollte die Kamera den kalten Temperaturen nur zum Fotografieren ausgesetzt werden. Die restliche Zeit wird sie gut isoliert und gepolstert in einer wasserdichten Hülle aufbewahrt oder in mehrere Stoffschichten eingehüllt. Die Fototasche sollte so konstruiert sein, dass kein Schnee eindringt, und der Schulterriemen wird möglichst an der Jacke befestigt, damit er nicht abrutscht. Vor der Brust trägt man die Kamera am besten unter der Jacke.

Wenn Sie vom Kalten ins Warme wechseln, lassen Sie die Kamera entweder in einem kühlen Raum oder verpacken Sie sie zusammen mit mehreren Silica-Kissen in einer stabilen Kunststofftasche. Drücken Sie soviel Luft wie möglich aus der Tasche, damit sich Kondenswasser auf der Tasche und nicht auf der Kamera bildet. Beim Wechsel in die Kälte sollte die Ausrüstung erst auf Außentemperatur abkühlen, bevor sie mit Schnee in Kontakt kommt. Sonst schmilzt er und gefriert in den Gehäusespalten, was durch Ausdehnung zu Schäden führt. Atmen Sie nicht zu nahe über Ihrer Ausrüstung aus. Batterien und Akkus sollten nach Möglichkeit in einer separaten Tasche nah am Körper getragen werden. Werden sie kalt, haben sie eine wesentlich geringere Leistung und müssen öfter gewechselt und aufgeladen werden. Man kann die Ausrüstung auch warm halten, indem man sie mit mehreren Handwärmern in gepolsterte Taschen verpackt.

▲ Frischer Schnee
Das Fotografieren frischer Schneeverwehungen verlangt etwas Vorbereitung, besonders wenn man mit dem Weitwinkelobjektiv arbeitet, um nahe Vordergrunddetails zu erfassen. Fußspuren können das Bild ruinieren.

▼ Kraniche
Kraniche im japanischen Schutzgebiet nahe Tsurui. Wie bei vielen Schneebewohnern ist das Gefieder der Kraniche teilweise weiß. Die Belichtung ist nicht gerade einfach, wenn Weiß weiß erscheinen und sich das Gefieder dennoch vom Schnee abheben soll.

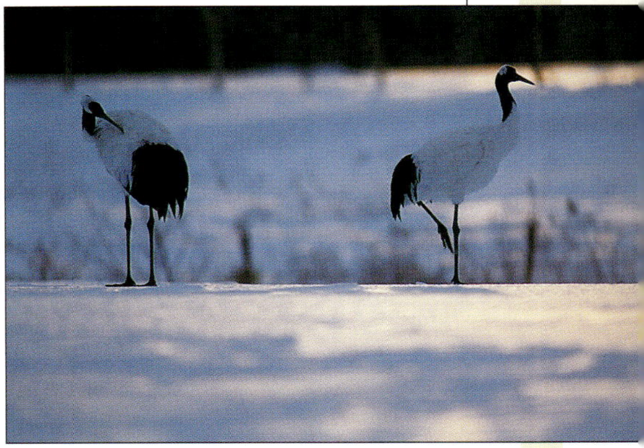

Wüsten

Trockenzonen eröffnen weite Ausblicke. Ihre teils vollkommen vegetationslosen Landstriche mit wunderbaren Sandmustern und Gesteinsformationen haben grafische Qualitäten.

Je trockener eine Wüste ist, desto weniger Pflanzen und umso unwirklicher die Szenerie. In extremen Wüstengebieten wie dem Death Valley, der Namib und Teilen der Sahara bietet die kahle Landschaft faszinierendes Motivmaterial mit grafischen Elementen. Diese Landschaften sind schon deshalb interessant, weil sie sich von allen anderen Lebensräumen drastisch unterscheiden. Darüber hinaus bieten sie die seltene Gelegenheit, fast geometrische Bilder aufzubauen. Wo man kein Gras, keinen Strauch und keinen Baum findet, sind Form und Struktur von Sand und Felsen faszinierende Motive.

Reine Wüsten haben drei topografische Bereiche: Der Wüstenboden besteht aus Fels und Steinen, von denen der Wind winzige Partikel abreißt. Dünen bilden sich auf der windabgewandten Seite von Felsen und Hügeln, wo der Wind an Geschwindigkeit verliert und einen Teil des mitgeführten Sandes ablädt. Die Dünen wiederum verlangsamen den Wind, der wieder Sand ablädt, wodurch sie sich immer weiter auftürmen. Felsige Hochplateaus ragen meist steil aus dem flachen Wüstenland auf und sind stark zerklüftet. Abfließendes Wasser nach plötzlichen Gewittern, das Sandgebläse des Windes und Risse durch starke Temperaturschwankungen hinterlassen ihre Spuren.

Trotzdem sind die meisten Wüsten keine unbelebten Mondlandschaften. Viele verfügen über widerstandsfähige Vegetation aus Sträuchern, Gräsern und Kakteen. Die meisten Pflanzen sind zwar nicht sehr spektakulär, doch einige, etwa der säulenförmige Saguaro-Kaktus, haben so beeindruckende Formen, dass sie ein reizvolles grafisches Bildelement liefern.

Weil es fast nie regnet, sind die Lichtverhältnisse in Wüsten sehr berechenbar. Wie in fast allen Landschaften betont die tief stehende Sonne Formen und Strukturen, etwa die Wellen des Sandes oder zerklüftete Felsen. Aber auch die Mittagssonne hat ihre Vorzüge. Sie eignet sich für weite Blicke oder im Schatten liegende Motive in den Bergen. Das vom Sand und den Felsen reflektierte Licht kann Strukturen von Sandsteinformationen hervorheben. Während der Tageshitze kann Dunst den Kontrast im Hintergrund verringern. Die vom Boden aufsteigende Hitze verursacht häufig ein Flimmern, das besonders bei Verwendung eines Teleobjektivs auffällt. Hier schaffen UV- und Polarisationsfilter Abhilfe.

Kamerapflege

Besonders die empfindlichen elektronischen Teile vertragen die extremen Wüstenbedingungen schlecht. Meiden Sie die direkte Sonne und schlecht belüftete Räume wie das Innere des Wagens. Müssen Sie ihre Ausrüstung einmal der Sonne aussetzen, decken Sie alles mit einem weißen Tuch oder reflektierendem Material ab. Wenn Sie die Kamera nicht benutzen, sollte sie gut verschlossen in einem Kamerakoffer aufgehoben werden (Koffer aus reflektierendem Material, wetterfestem Metall oder in hellen Farben bieten den besten Schutz vor Hitze).

Trägt der Wind relativ wenig Sand und Staub mit sich, versiegeln Sie alle Fugen und Ritzen der Ausrüstung mit Klebeband. Wird aber viel Sand und Staub aufgewirbelt, sollten Sie die Kamera sorgfältig in einem Kunststoffbeutel verstauen. Droht eventuell ein Sandsturm, sind spezielle Kamerabeutel für die Unterwasserfotografie ein sinnvoller Schutz. Nehmen Sie die Schutzkappe nur zum Fotografieren vom Objektiv. Falls das Objektiv ein Schraubgewinde besitzt, setzen Sie einen UV-Filter auf. Entfernen Sie Sand und Staub häufig mit dem Balgenpinsel.

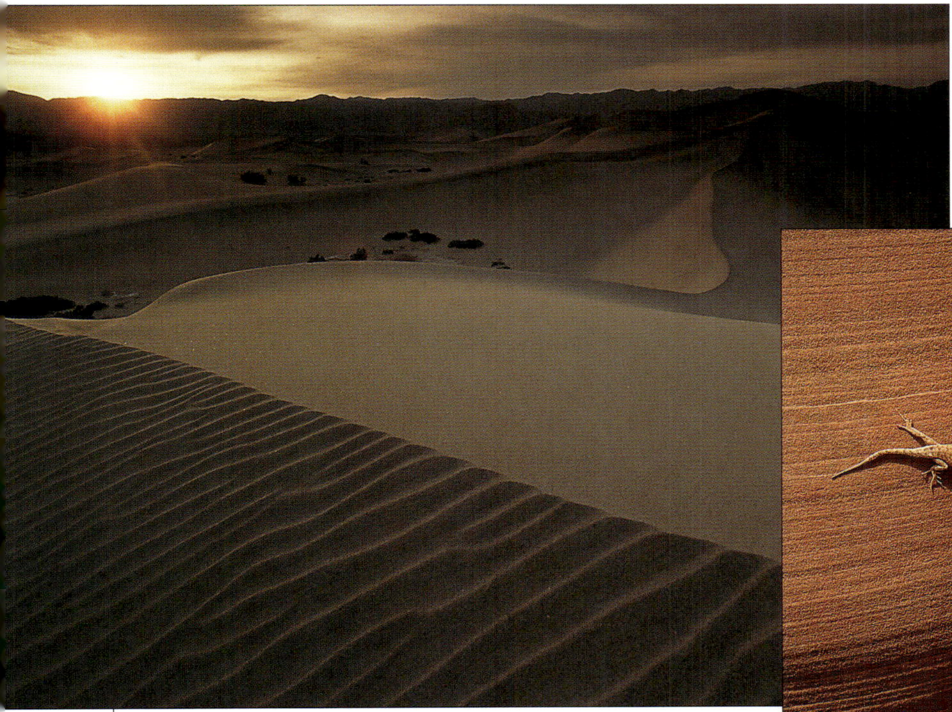

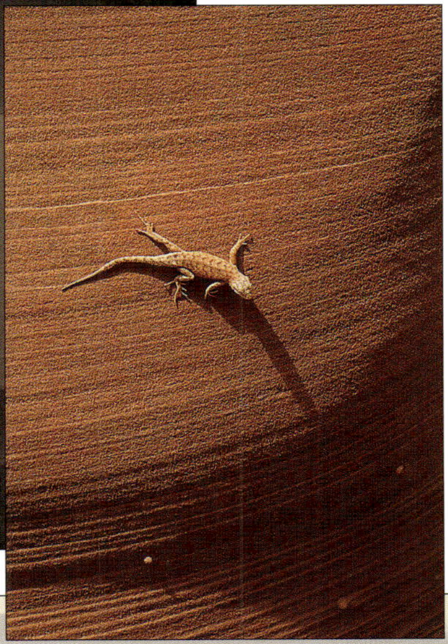

Sanddünen
Sanddünen haben sehr plastische Formen und ändern mit wechselndem Licht ihr Aussehen. In diesem Bild betont die niedrig stehende Sonne im kalifornischen Death Valley die Wellenstruktur auf einer Dünenflanke. Solchen Motiven sollten Sie sich mit Bedacht nähern – sonst riskieren Sie Ihre eigenen Fußspuren im Bild.

Sandsteinwände
Eine Eidechse auf einer Canyonwand in Arizona in der Nähe des Lake Powell. Das reflektierte Licht einer Felswand unterstreicht die feinen Strukturen des Sandsteins.

Orgelpfeifenkakteen
In Halbwüsten wachsen spezialisierte Pflanzen wie der hohe Orgelpfeifenkaktus. Im Organ Pipe National Monument fin det man unzählige dieser sonst sehr seltenen Pflanzen.

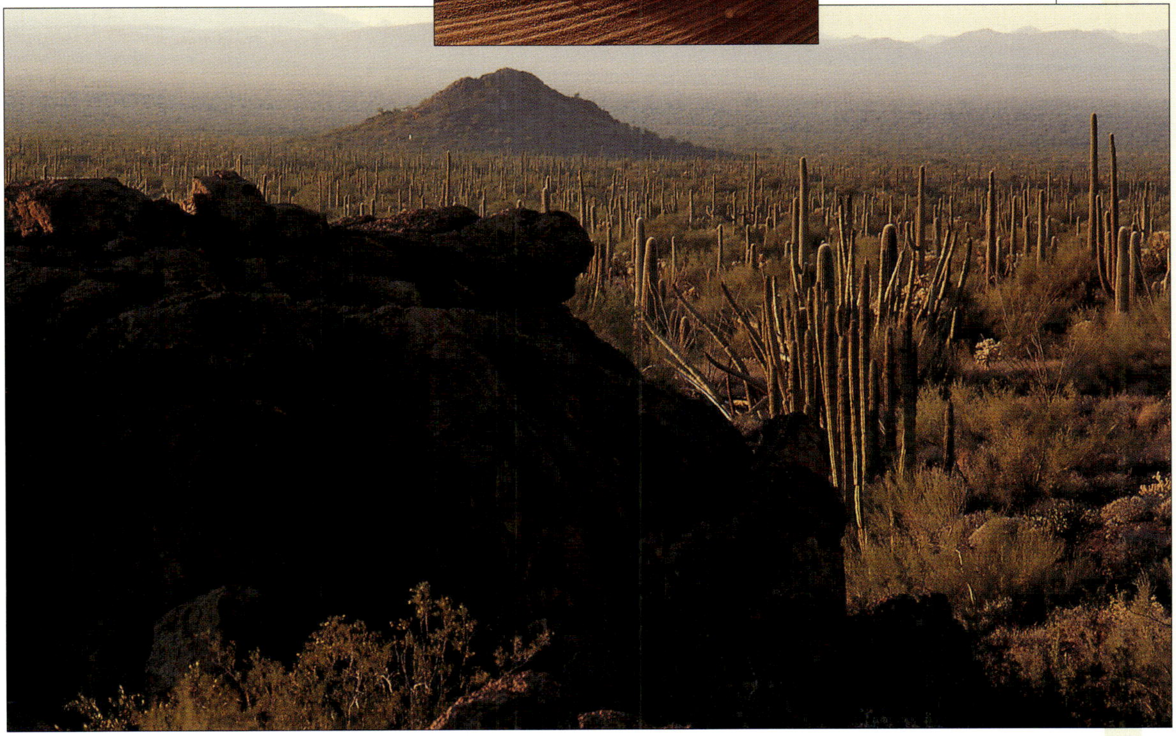

Vulkane und Geysire

In Regionen mit vulkanischen Aktivitäten sind die Naturphänomene unberechenbar und teils gefährlich, machen aber die sonst eher beschauliche Landschaftsfotografie spannend.

Vulkane, Geysire, heiße Quellen, Fumarolen und brodelnder Schlamm sind nicht nur Naturphänomene, sondern auch unsere nächste Quelle zum Verständnis der Ereignisse im Inneren der Erde. Gerade ihre Unberechenbarkeit macht diese Phänomene zu einem interessanten Sujet.

Heftige vulkanische Aktivitäten äußern sich in Ausbrüchen und Lavaströmen. Vulkane sind komplexe und individuelle Gebilde, deren Aussehen hauptsächlich von der Zusammensetzung der Lava abhängt. Einige Lava spuckende Vulkane, wie der Krater Halemaumau des Vulkans Kilauea auf Hawaii (Big Island), enthalten nur wenig Quarz. Daher sind ihre Ausbrüche mit großen Lavaströmen relativ lautlos. Man fotografiert sie am besten aus sicherer Entfernung und bei Sonnenuntergang: Dann ist das Glühen der Lava deutlich sichtbar, aber das schwindende Licht lässt auch die Umgebung noch erkennen. Der Vesuv und andere Vulkane mit sehr saurer Lava enthalten viel Quarz und produzieren zähflüssige Lava, die schnell erhärtet. Erstarrt sie bereits im Vulkanschlot, entsteht ein Pfropf, der bei steigendem Gasdruck mit heftigen Explosionen abgesprengt wird. Solche Vulkane haben meist die Form eines spitzen Kegels, während andere wesentlich flacher sind und größere Flächen bedecken.

Da Eruptionen unvorhersagbar und gefährlich sind, sollte man sich immer vor Ort informieren, bevor man sich einem Vulkan nähert. Aber

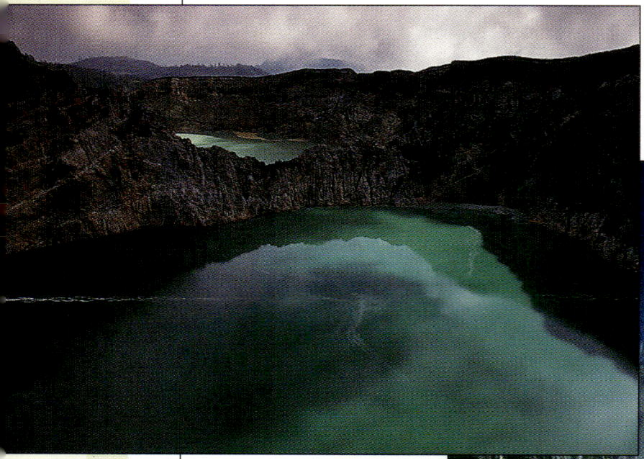

Kelimutu Zwei der drei mit Wasser gefüllten Gipfelkrater des Vulkans Kelimutu auf der indonesischen Insel Flores. Die unterschiedlichen Farben entstehen durch gelöste Mineralien.

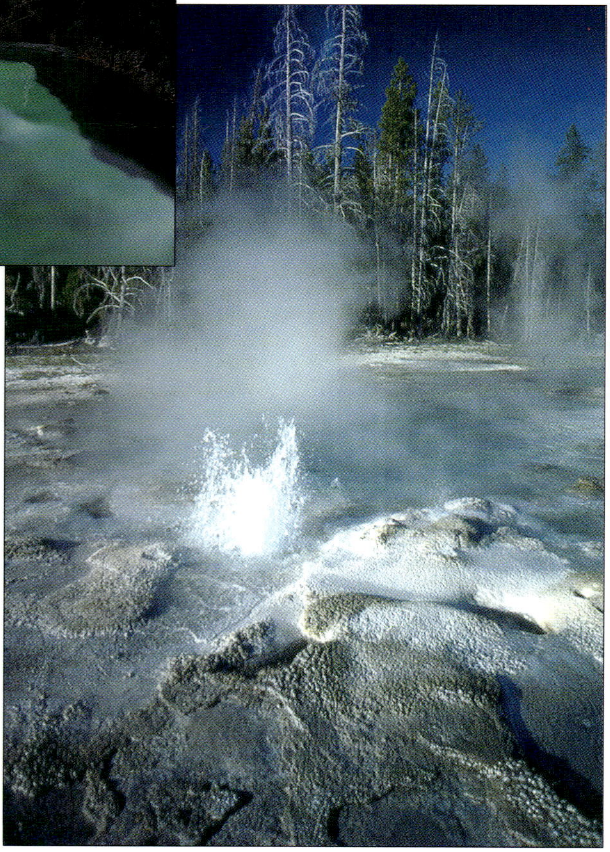

Geysir Der Spasmodic Geyser im Yellowstone Nationalpark macht seinem Namen alle Ehre. Er ist eher unberechenbar und spuckt aus unterschiedlichen Öffnungen.

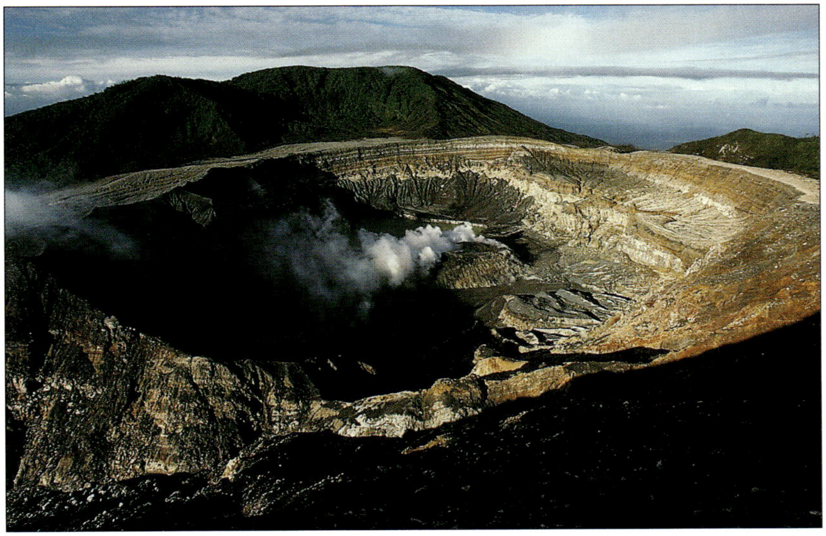

Der Vulkan Poás
Dampf und ätzende Gase wie Schwefeldioxid entströmen den Fumarolen im Zentrum des Kraters des Vulkans Poás in Costa Rica. Erst nach drei Tagen verzogen sich die dichten Wolken und gaben den Blick in den Krater frei.

Heißer Schlamm
Am Black Dragon's Cauldron im Yellowstone Park, der 1948 auftauchte, entweichen Gase aus brodelndem, heißem Schlamm.

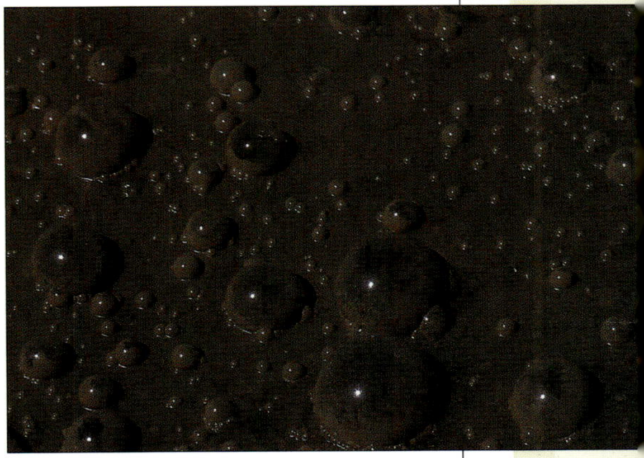

auch während ihrer ruhigeren Phasen zeigen Vulkane faszinierende Aktivitäten. Noch Jahrhunderte nach einem Ausbruch sind Vulkankrater und -hänge von Fumarolen übersäht – Kaminen, aus denen ständig Dampf aufsteigt.

Heiße Quellen und Geysire

An heißen Quellen steigt lauwarmes bis kochendes Wasser aus tiefen, heißen Erdschichten an die Erdoberfläche. Es enthält viele gelöste Mineralien, vor allem Quarz. Aufgrund des hohen Mineralgehalts und im Wasser lebender Algen haben die Quellen oft eine intensive Färbung, die von Türkis über Blau, Rot, Orange bis hin zu Gelb reichen kann. Manchmal lagert sich der Quarz rund um die Quelle ab und bildet Krusten oder sogar Terrassen.

Geysire sind den Quellen sehr ähnlich, stoßen aber in relativ regelmäßigen Abständen hohe Wasserfontänen aus. Ein tiefer Kanal verbindet den Geysir mit heißen Erdschichten. Das Wasser im Kanal wird erhitzt, kann aber wegen des starken Drucks nicht kochen, sondern steigt durch Konvektion auf. Je höher das Wasser steigt, desto geringer wird der Druck und es beginnt schnell zu kochen. Der entstehende Dampf drückt den oberen Teil der Wassersäule impulsartig in die Luft. Geysire „spucken" oft bis zu 30 m hoch, der Weltrekord liegt sogar bei 300 m. In Nationalparks und bekannten Geysir-Regionen findet man häufig Informationen, in welchen Intervallen die Geysire spucken. Sie folgen einem relativ regelmäßigen Zeitrhythmus und unterscheiden sich von heißen Quellen nur durch den hohen Druck im Schacht.

Kamerapflege

Vulkane und ihre nähere Umgebung weisen extreme Bedingungen auf. Hitze ist hier natürlich ein Problem, doch Sie werden sich ihr ohnehin nicht so lange aussetzen, dass die Kamera Schaden nimmt. Gefährlicher sind feine Gesteinspartikel in der Luft, darum sollten Sie Ihre Kamera häufig reinigen. Vulkanische Gase enthalten viel Schwefeldioxyd. In Kombination mit Wasserdampf entsteht daraus sehr aggressive Schwefelsäure. Wenn Sie einer Fumarole so nah sind, dass Sie husten müssen, ist auch die Kamera in Gefahr. Ein weiches Kunststoffgehäuse, wie es für Unterwasseraufnahmen verwendet wird, ist ein praktischer Schutz.

Höhlen

Unterirdische Landschaften haben eine geheimnisvolle Atmosphäre. Wer dort fotografieren will, braucht viel Erfahrung und Kreativität beim Einsatz indirekten Blitzlichts.

Wasser, steile Felswände und undurchdringliche Dunkelheit bringen nicht nur für den Fotografen Probleme mit sich. Wie das Tauchen erfordert auch die Erforschung von Höhlen viel Erfahrung und sollte nicht leichtfertig angegangen werden. Höhlen bergen viele Gefahren, daher muss die persönliche Sicherheit immer Vorrang vor einem guten Foto haben.

Die größten Probleme bei der Höhlenfotografie sind geringe Bewegungsfreiheit und absolute Dunkelheit. Spiegelreflexkameras sind hier unpraktisch, da das Scharfstellen im fahlen Licht einer Taschenlampe fast unmöglich ist. Eine Sucherkamera mit LCD-Display ist leichter zu bedienen.

Die unregelmäßigen Formen eignen sich gut für Übersichtsaufnahmen mit einem Weitwinkelobjektiv. Lediglich bei aufwärts gerichteten Aufnahmen von Stalaktiten und Stalagmiten können unerwünschte perspektivische Verzerrungen entstehen. Teleobjektive eignen sich für Detailaufnahmen; für die Kleinstlebewesen in Höhlen benötigt man ein Makroobjektiv.

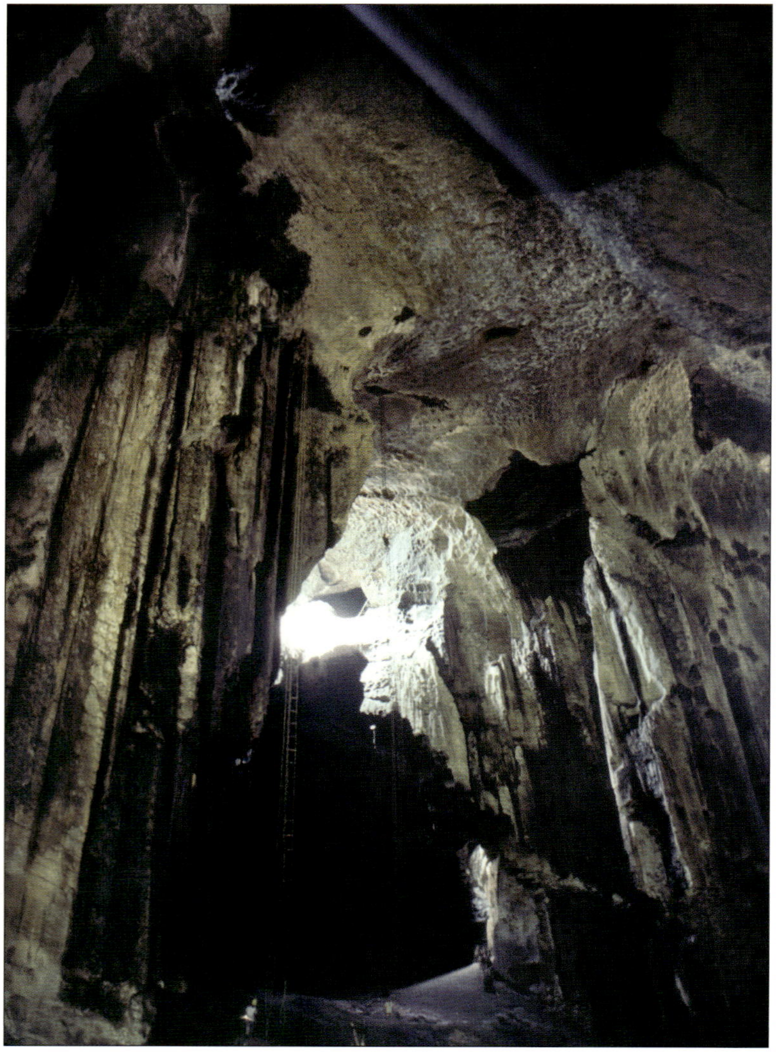

Mensch zum Größenvergleich Im unteren Bereich der Gomantong-Höhlen in Sabah auf Borneo werden Vogelnester für eine berühmte chinesische Suppe gesammelt. Nur die winzig wirkende Gestalt eines Sammlers gibt in diesem Bild einen Hinweis auf das riesige Ausmaß der Kalksteinhöhle.

Am schwierigsten ist es, die Größenverhältnisse in Höhlen einzufangen, daher kann es sinnvoll sein, eine Person ins Bild zu bringen. Wenn ein wenig Tageslicht einfällt, verwenden Sie ein Stativ und eine lange Belichtungszeit. Allerdings ist natürliches Licht in Höhlen die Ausnahme – meist ist man auf Blitzlicht angewiesen.

In großen Höhlen macht es wenig Sinn, den integrierten Blitz zu verwenden, er ist zu schwach. Zudem fällt das Licht des eingebauten Blitzes zu sehr nach vorn. Daher ist es vor allem in großen Räumen mit vielen Vorder- und Hintergrundelementen besser, einen separaten Blitz zu verwenden, den eine andere Person nacheinander auf verschiedene entfernte Bereiche richten kann. Befestigen Sie die Kamera auf einem Stativ und öffnen Sie den Verschluss in der „B"-Einstellung. Achten Sie darauf, dass der Blitzkopf nicht im Bild ist. Die mit Blitzlicht erhellten Bereiche sollten sich nicht überschneiden.

Zum Thema Lebewesen: Troglodyten (Höhlengarnelen, Fische, Salamander und einige Pilze) sind die eigentlichen Bewohner der Dunkelheit. Troglophile (u. a. Käfer und Spinnen) sind Randbewohner, die sich hauptsächlich im Bereich des Höhleneingangs aufhalten. Trogloxene nennt man Besucher von Höhlen, etwa Fledermäuse, die sie als Rückzugsort nutzen oder zum Nisten aufsuchen.

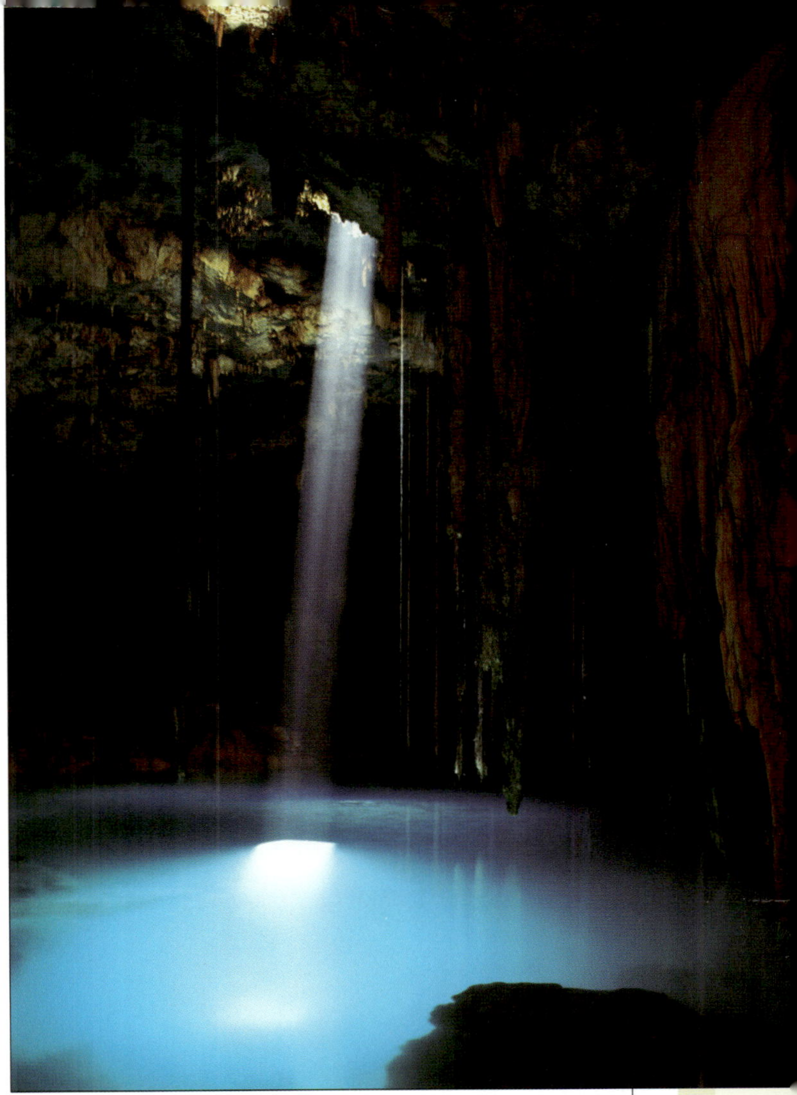

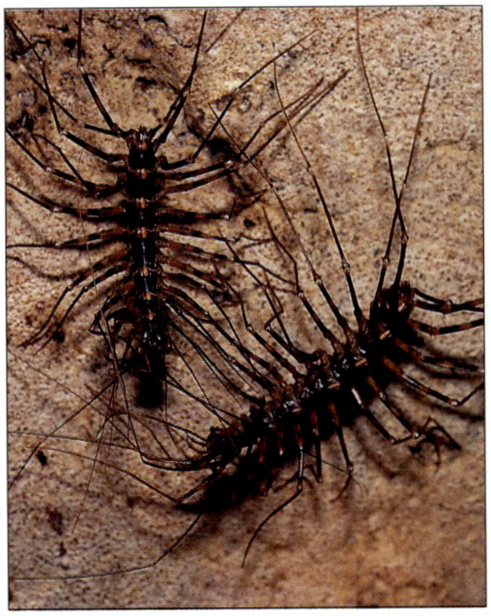

Dzitnup
Die Cenote de Dzitnup auf der mexikanischen Halbinsel Yucatán. Cenotes sind natürliche unterirdische Wasserreservoirs im Kalkgestein und dienten den Mayas als Haupttrinkwasserquelle. Durch einige Recherchen fand ich heraus, dass die Sonne mittags durch ein kleines Loch in der Kalksteindecke auf das Wasser fallen würde.

Höhlentiere
Diese Hundertfüßer sind troglophile Höhlenbewohner der Gomantong-Höhlen und leben im Halbdunkel. Zum Fotografieren von Tieren benötigt man immer ein Blitzlicht.

Kamerapflege

In Höhlen kommt es häufig zu Wasser- und Stoßschäden. Ein stabiler, wasserdichter Kamerakoffer mit ausreichend Polsterung ist darum unerlässlich. In der Dunkelheit ist außerdem besondere Vorsicht geboten. Holen Sie Kamera und Objektive nur zum Fotografieren aus dem Koffer, da die hohe Luftfeuchtigkeit schnell kondensiert. Trocknungsmittel wie Silica-Gel können Feuchtigkeit im Kamerakoffer absorbieren. Bedenken Sie, dass auch Niedervolt-Blitzgeräte bei Feuchtigkeit gefährlich sein können.

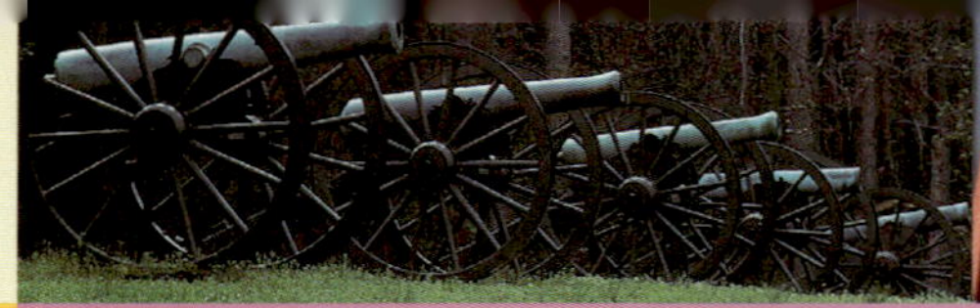
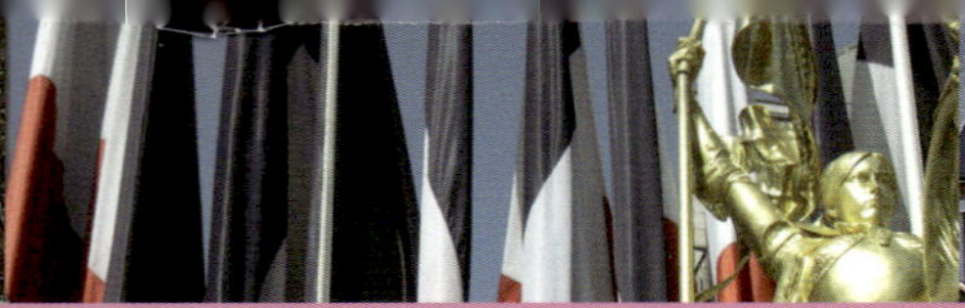
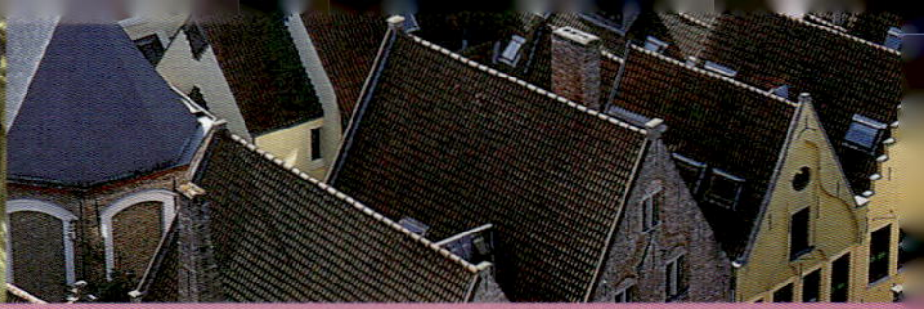
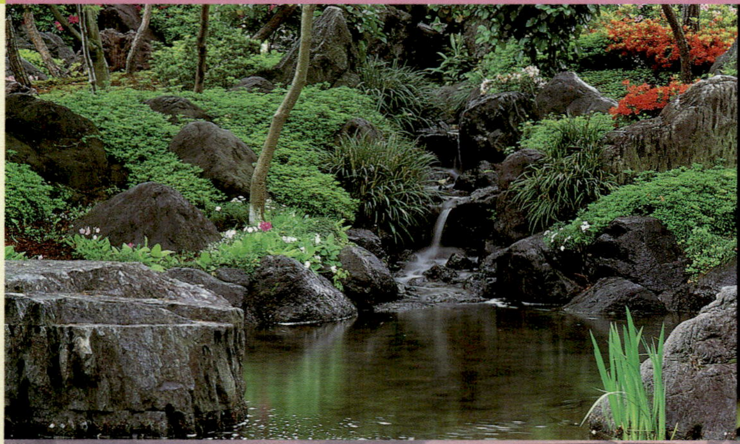
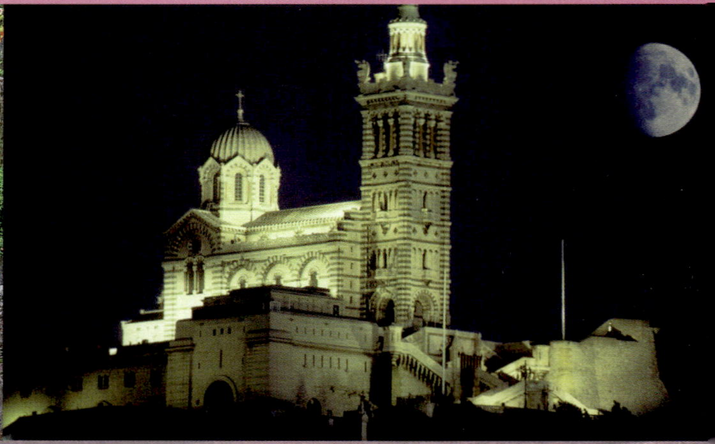
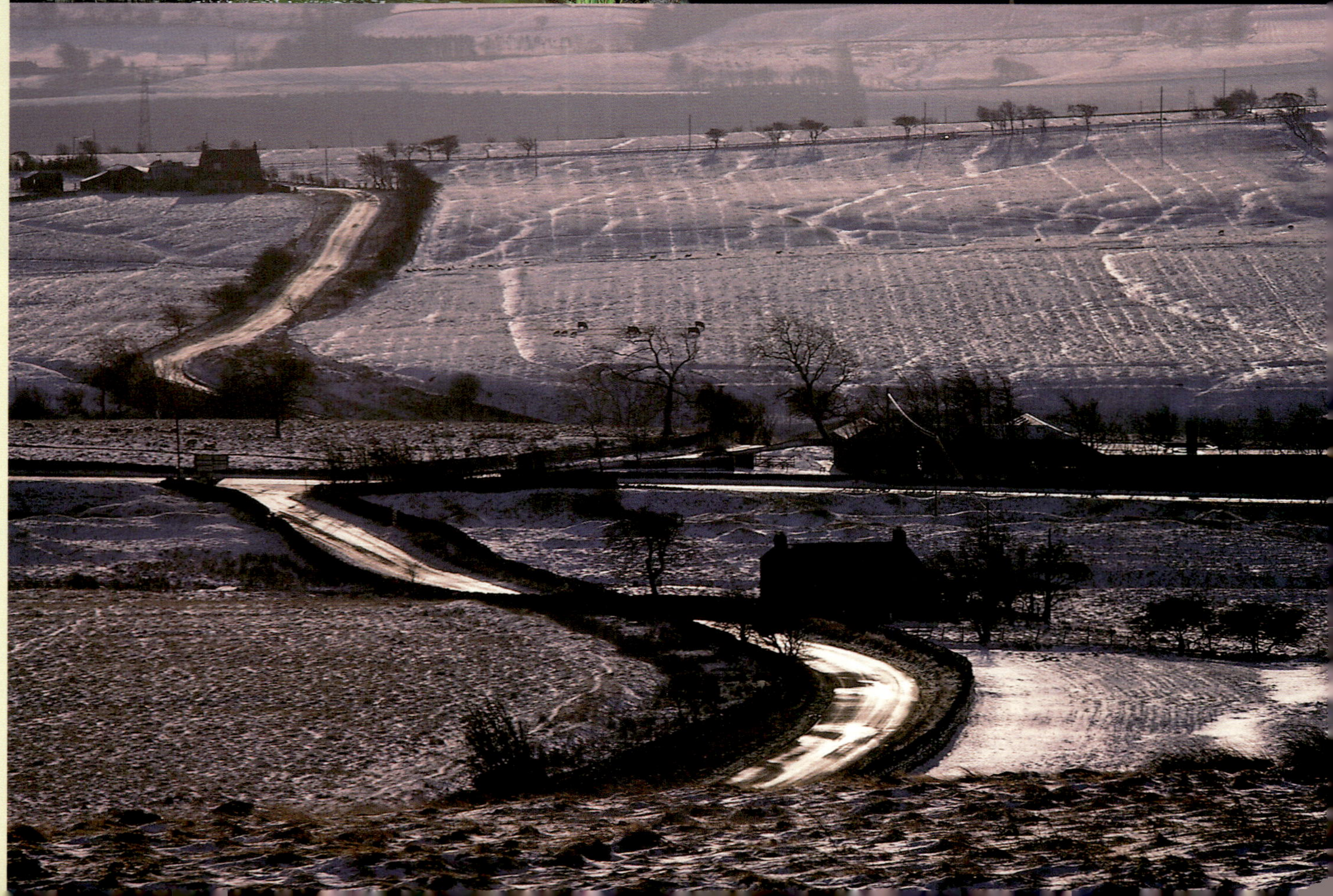

Kulturlandschaften

In verschiedenen Epochen und Kulturen haben sich die Ansichten darüber, was eigentlich eine Landschaft ausmacht, kontinuierlich geändert. Früher fanden die unterschiedlichen Vorstellungen ihren Ausdruck in der Malerei. In der heutigen Welt beeinflusst der Mensch seine Umwelt stärker als je zuvor und die Idealvorstellungen von Landschaft sind folglich auch für die Fotografie von größter Bedeutung. Die Naturlandschaften, mit denen wir uns im ersten Kapitel dieses Buches beschäftigt haben, sind heute selten geworden und müssen geschützt und bewahrt werden. Die wenigen, die uns in den westlichen Industrienationen geblieben sind, stehen daher zum größten Teil unter Naturschutz.

Die allgemeine Definition von Landschaftsfotografie umfasst aber alle denkbaren Arten von Landschaft – also auch die vom Menschen geprägten Kulturlandschaften. In der englischsprachigen Welt war einer der größten Agitatoren gegen den Eingriff des Menschen in die Natur der amerikanische Schriftsteller Henry David Thoreau (1817–1862). Bis heute gilt er Naturschützern als Vorbild. Eine ältere Sichtweise betrachtet den Menschen hingegen nicht als Zerstörer der Natur, sondern als einen Teil von ihr. Diese harmonische Vorstellung findet beispielsweise Ausdruck in den idyllischen Bildern des Landschaftsmalers John Constable. Sie zeigen Heuwagen, Kühe, Schäfer und in der Entfernung aufragende Kathedralen unter weitem Himmel. Er schrieb einmal: „... alte verrottete Holzplanken, moderige Pfosten und Mauerwerk, solche Dinge liebe ich (...) Es gibt nichts Hässliches. Ich habe noch nie in meinem Leben ein hässliches Ding gesehen. Wie immer ein Gegenstand aussehen mag – Licht, Schatten und Perspektive machen aus ihm etwas Schönes."

Eine ähnliche Auffassung findet man in den Bildern der Norfolk Broads des britischen Fotografen Peter Henry aus den 1880er-Jahren. Sein Stil ist anders als der Constables, aber auch seine Bilder zeigen eine ländliche Welt mit viel Platz und Ruhe. Wenige dieser ruhigen, ländlichen Regionen sind uns geblieben und sie verdienen es, bewahrt zu werden. Die eigentlichen Beispiele der modernen Realität sind allerdings die urbanen Landschaften der Städte und Vororte.

In diesen Gebieten hat der Mensch seine ganz eigenen Landschaften errichtet, die ebenso mit der Kamera erforscht werden können. Auch sie bieten viel Schönes, wenngleich Schönheit nicht zwingend das Anliegen eines Fotos sein muss. Wenn es in der Fotografie von Naturlandschaften um Urwüchsigkeit, Wildheit und Bewahrenswertes geht, so geht es bei Kulturlandschaften um Realismus, Geschichte und Veränderung. Eines von Edward Westons bekanntesten Bildern trägt den Titel *Quaker State Oil, Arizona. 1941*. Damals fuhr er mit dem Auto durch Arizona. Bis zu dieser Zeit hatte er sich hauptsächlich auf die Naturfotografie konzentriert. Auf dem Weg durch die Wüste entdeckte er plötzlich eine Werbetafel, die Motorenöl anpries. Seine spontane Reaktion war: „Landschaftsverschandelung". Dann aber ließ er seinen Fahrer zurücksetzen mit den Worten: „Das Schild gehört dazu!" Und genau darum geht es in diesem Kapitel: Die Schilder, Straßen, Menschen und Gebäude, die alle ein Teil der Kulturlandschaft sind.

Stadtlandschaften

In Städten kann man nicht nur Menschen fotografieren. Auch Städte haben ihren charakteristischen Reiz und können als eigenständiges Sujet gelten.

Grundsätzlich sind Stadt- und Naturlandschaften einander sehr ähnlich. Der wesentliche Unterschied besteht darin, dass Städte von den Aktivitäten des Menschen geprägt sind. Daher offenbart jedes Bild einer urbanen Landschaft, ob es nun Menschen zeigt oder nicht, etwas über das Verhältnis des Menschen zu seiner Umgebung. Die Architekturfotografie und das verdeckte Fotografieren von Menschen *(siehe Seite 322–329)* sind spezifische Ansätze, die in der Fotografie von Städtelandschaften teilweise aufgegriffen werden.

In Städten ist die Suche nach einem geeigneten Standort für weite Blicke meist schwieriger als in der Natur. Die gelungensten Übersichtaufnahmen entstehen meist aus einiger Entfernung und einer erhöhten Kameraposition. Genau diese Kombination ist schwer zu finden. Hohe Gebäude eignen sich natürlich als Standort, doch moderne Sicherheitsbestimmungen verbieten in der Regel den Zugang zum Dach, und die Fenster von Hochhäusern können

Die Skyline
Das auf ehemaligem Marschland errichtete neue Stadtviertel Pudong mit seinen steil aufragenden Hochhäusern prägt Shanghais neues Gesicht. Skylines wirken als Silhouetten im Gegenlicht früh morgens oder spät nachmittags oft am eindrucksvollsten – möglichst von einer erhöhten Position aus fotografiert.

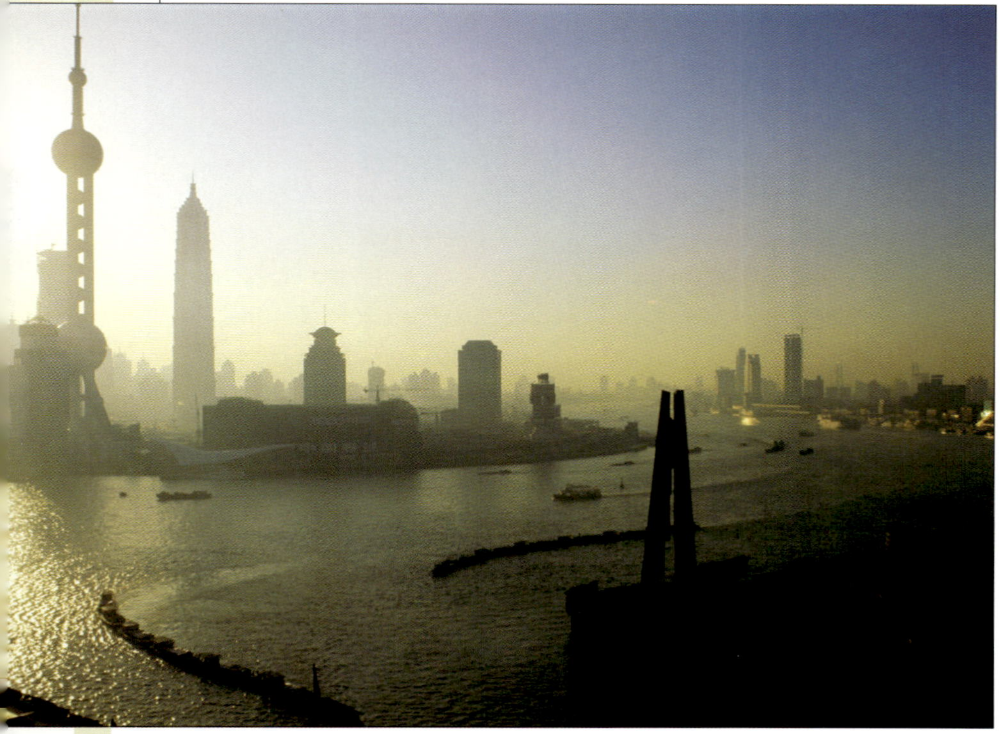

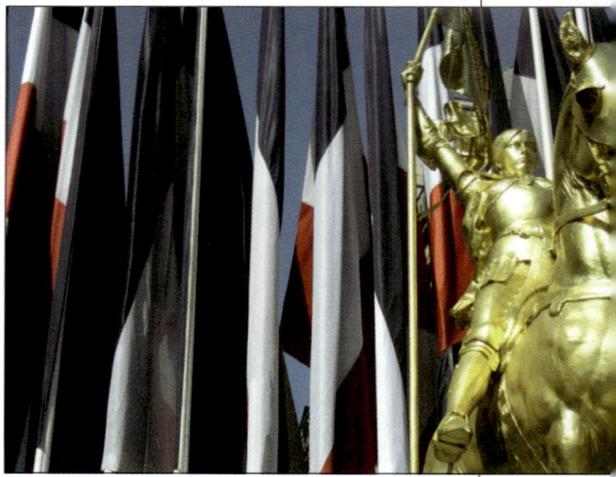

Nationale Kultur
Eine Reihe riesiger französischer Nationalflaggen flattern am Nationalfeiertag hinter der Statue der Jeanne d'Arc auf dem Place de la Concorde in Paris im Wind.

meist nicht geöffnet werden. Suchen Sie daher auch nach unbebauten Flächen oder Gewässern wie Parks oder einem gegenüberliegenden Flussufer *(siehe auch Seite 318–319)*.

Neben Übersichtaufnahmen bieten Städte aber eine schier endlose Auswahl an möglichen Blicken, beispielsweise die folgenden:

- ☐ ein Luftbild des Gesamtaufbaus der Stadt
- ☐ berühmte Sehenswürdigkeiten
- ☐ einfache Wohngebiete und Vororte
- ☐ die Kehrseite des Stadtlebens; ein kritischer Blick
- ☐ eine Herausarbeitung der grafischen Qualitäten der Architektur, besonders in Industriegebieten
- ☐ eine Gegenüberstellung von Mensch und Stadtlandschaft, um ihr Verhältnis zueinander zu verdeutlichen
- ☐ Stadtleben: Reportage über die Menschen einer Stadt
- ☐ bewusstes Ausschließen von Menschen, um eine bedrückende Leere zu suggerieren
- ☐ Detailaufnahmen, die eine Stadt und ihre Menschen charakterisieren
- ☐ grafische Details wie Schilder, Schaufenster, Straßenkunst, Graffiti usw.

Diese Liste enthält nur einige Anregungen ohne Anspruch auf Vollständigkeit. Eine Stadt bietet so viele unterschiedliche Motive, dass jeder sich frei entscheiden kann, ob er einen bestimmten Blickwinkel wählt oder von allem ein wenig nimmt.

Parks und öffentliche Gärten verdienen hingegen eine separate Erwähnung, da sie einerseits ein Teil der Stadt sind und sich andererseits von ihr abheben. Fast jede Stadt kann mit mindestens einem Park aufwarten. Viele dieser Anlagen gehen auf die Bestrebungen des 19. Jahrhunderts zurück, die grauen Städte etwas grüner zu machen. Fotografisch können Parks auf ganz unterschiedliche Weise dargestellt werden: als Kontrast zur umliegenden Stadt, als Beispiele künstlerischer Landschaftsgestaltung, als Heimat unterschiedlicher Blumen und Bäume oder als Ort, an dem man Menschen beobachten kann.

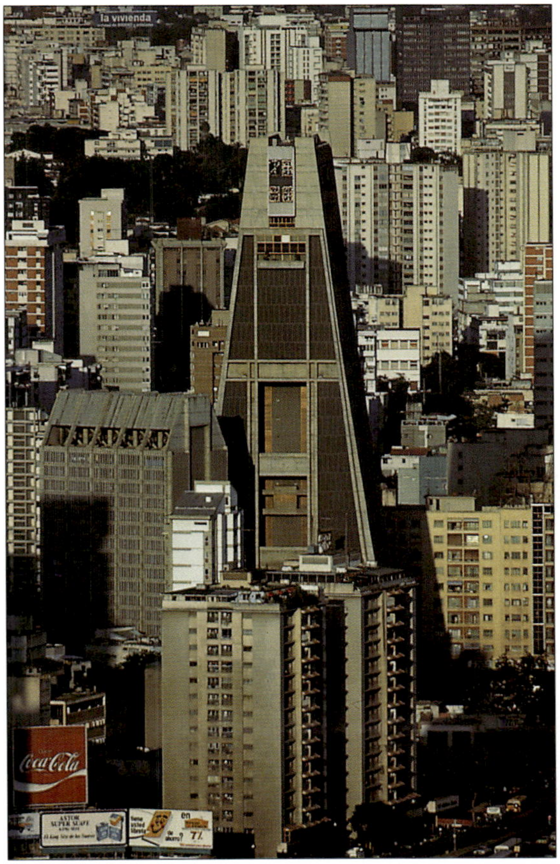

▲ Tele-Blick
Das Teleobjektiv (400 mm) verdichtet die Perspektive und lässt die Gebäude zusammenrücken, sodass Caracas dicht gedrängt erscheint.

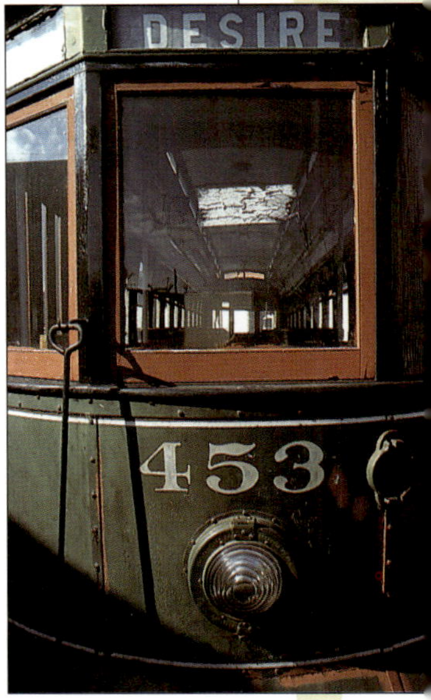

▶ Sprechende Details
Auch mit Details kann man eine Stadt charakterisieren, wenn sie aussagekräftig und einzigartig sind. Dieser alte Straßenbahnwagon namens „Desire“ fährt zur „Endstation Sehnsucht“ – und die gibt es nur in New Orleans.

Stadtansichten

Aussichtspunkte sind in der Stadtfotografie genau so wertvoll wie in der Landschaftsfotografie, weil sie einen guten Überblick über die Stadt oder einen Bereich bieten.

Mit nur wenigen Ausnahmen wie etwa Rom oder San Francisco sind die meisten Städte auf relativ flachem Gelände erbaut, was Übersichtaufnahmen erleichtert. Im Gegensatz zu freien Landschaften ist der Zugang zu guten Aussichtspunkten in Städten aber oft beschränkt, denn moderne Sicherheitsbestimmungen verbieten meist das Betreten von Dächern.

Durch die ständig wachsende Zahl hoch aufragender Gebäude werden die Städte zudem dichter, freie Ausblicke werden immer seltener. Von Bergen oder Hügeln am Stadtrand oder – wie in Athen – von einem einzelnen Berg im Stadtgebiet bieten sich gleich mehrere gute Aussichtsplätze. Leider findet man solche Gegebenheiten selten, doch lassen sich sehr schöne Stadtaufnahmen von erhöhten Standorten in einiger Distanz zur Stadt mit einem Teleobjektiv fotografieren. Die folgenden Tipps können hilfreich sein, doch sollten Sie immer bedenken, dass gute Standorte selten sind und daher wahrscheinlich schon häufig von Fotografen genutzt wurden.

- Halten Sie Ausschau nach bekannten Aussichtspunkten, die oft auch in Reiseführern beschrieben sind. Einige öffentliche oder Bürogebäude haben im obersten Stockwerk Aussichtsplattformen oder Restaurants. Oft ist eine Fotoerlaubnis erforderlich.
- Erhöhte Standorte wie Hügel oder Berge.
- Offenes, unbebautes Gelände wie Parks oder Gewässer, die freie Sicht gewähren.

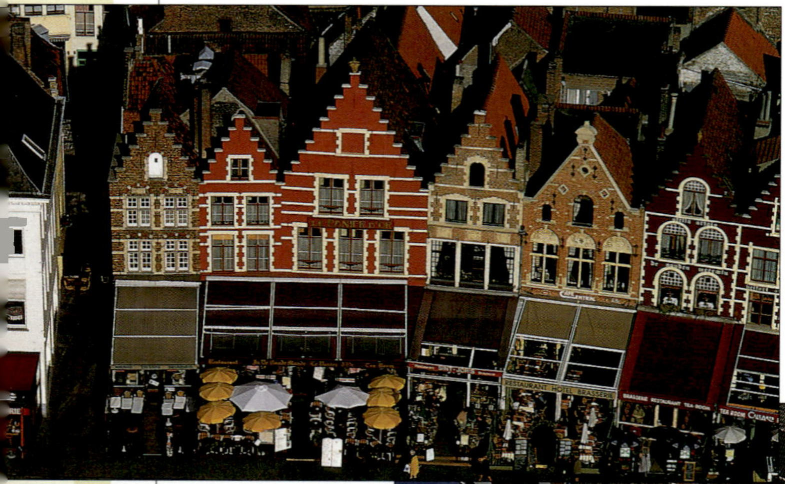

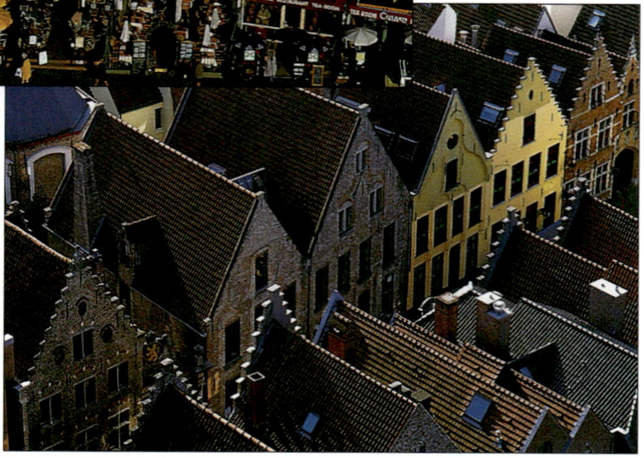

Blick von oben
In den meisten Städten gibt es erhöhte Standorte, die Touristen zugänglich sind. Im belgischen Brügge steht beispielsweise ein 88 m hoher mittelalterlicher Turm, der gleich mehrere gute Ausblicke bietet.

Machen Sie sich im Vorfeld Gedanken über die Lichtverhältnisse, die Ihrem Bild die gewünschte Wirkung verleihen. Das schräg einfallende Licht der tief stehenden Sonne ist attraktiver als das senkrechte Mittagslicht. Bei Mittagssonne hat man in Städten meist stärkere Kontraste als in der Natur, da hohe Gebäude lange und dunkle Schatten werfen. Sehr reizvolle Motive bieten Städte bei Nacht und während der Abenddämmerung, wenn das Tageslicht gerade noch ausreicht, um die Umrisse von Gebäuden zu erkennen. Durch die Fülle an Motiven und die Abwechslung von Enge und Weite findet sich für jedes Licht ein attraktiver Blickwinkel. Unter Umständen muss man nur auf das richtige Licht warten.

Beleuchtete Städte

Während der Abenddämmerung sind Städte meist stärker erleuchtet als am frühen Morgen. Besonders im Winter sind Büros und Geschäfte noch weit nach Sonnenuntergang belebt. Unterschiedliche Beleuchtungen wie Straßenlaternen, Neonreklamen oder Scheinwerfer an Sehenswürdigkeiten werden zu verschiedenen Zeiten eingeschaltet. Ein Erkundungsgang am Vorabend der geplanten Fototour zeigt, wann die Beleuchtung am hellsten ist.

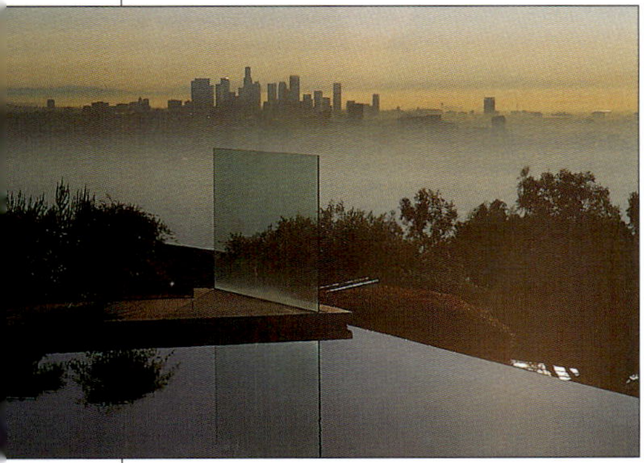

Aus der Ferne
Von einem Hotel in den Hollywood Hills gesehen, erhebt sich das Zentrum von Los Angeles wie eine Insel aus dem Smog. Das Bild bietet zwar keine Details, dafür aber umso mehr Atmosphäre.

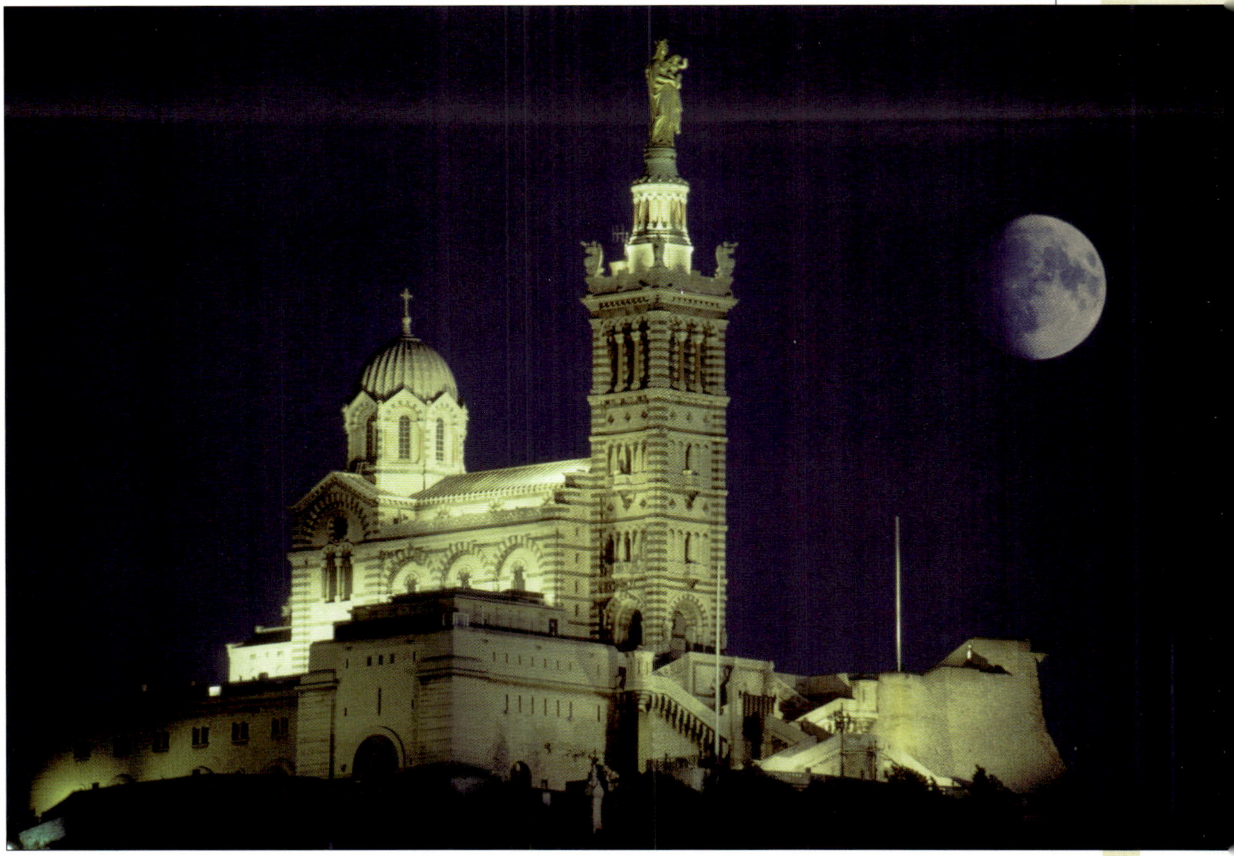

Im Dämmerlicht
In der Dämmerung, wenn der Himmel noch eine erkennbare Farbe hat, ergeben sich oft schönere Aufnahmen als im Dunkeln. Besonders eindrucksvoll wirken angestrahlte Gebäude, wie hier die Basilika Notre Dame de la Garde vom Hafen von Marseille aus.

Stadtmobiliar und Straßenkunst

Historische, dekorative und manchmal kauzige Elemente sind ein Sujet für sich – ob anerkannte Kunstwerke, die als Symbol für eine Stadt gelten, oder eher umstrittene Kunstformen wie Graffiti.

Die meisten festen Installationen in Städten sind Gebrauchsgegenstände, was ihren Reiz aber nicht schmälern muss. Ihre Attraktivität hängt von Alter und Form ab, aber auch davon, wie typisch sie für die Stadt sind. Einige haben sich einfach entwickelt, ohne Planung und Entwurf. Andere sind unauffällig, doch manche, darunter die Jugendstil-Metroeingäge in Paris, sind museumswürdig. Natürlich hängt ihr Werk auch von der Sichtweise des Betrachters ab, etwa die roten Telefonzellen in England, die inzwischen größtenteils ersetzt wurden. Offenbar lagen sie den Touristen mehr am Herzen als den Engländern selbst. Was zur Möblierung einer Stadt zählt, ist nicht genau definiert und wird auch in keinem Reiseführer erwähnt. Dennoch prägt sie das Bild einer Stadt und muss nur entdeckt werden.

Auffälliger sind die grafischen Elemente einer Stadt: Werbeplakate, Straßenschilder, offiziell in Auftrag gegebene Fassadenkunstwerke oder illegale Graffiti. Werbung wechselt ständig und folgt der Mode. Will man also ein zeitloses Bild fotografieren, sollte man Werbeplakaten aus dem Weg gehen. Ein freier Fotograf, der die Chance haben möchte, seine Bilder zumindest ein paar Jahre lang mehrfach verkaufen zu können, wird immer Blickwinkel bevorzugen, die keine Reklamewände oder Schaufenster zeigen und so das Foto einer bestimmten Zeit zuordnen. Andererseits kann Werbung ein Bild auch verstärken und in manchen Fällen, wie dem Marlborough Man an Hollywoods Sunset Boulevard, sogar zu einem historischen Zeugnis werden.

Selbst Schilder mit Straßen- oder Gebäudenamen oder Hinweisen können kulturellen Wert haben. In Indien beispielsweise werden die meisten Reklametafeln noch heute von Hand gemalt, was ihnen einen

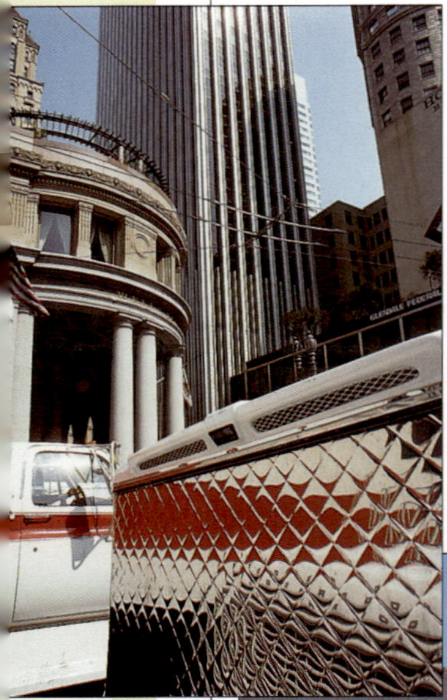

Spiegelungen
In der blanken Seitenwand eines Transporters spiegelt sich der Verkehr von San Francisco. Das Bild wurde mit einem Weitwinkelobjektiv aufgenommen.

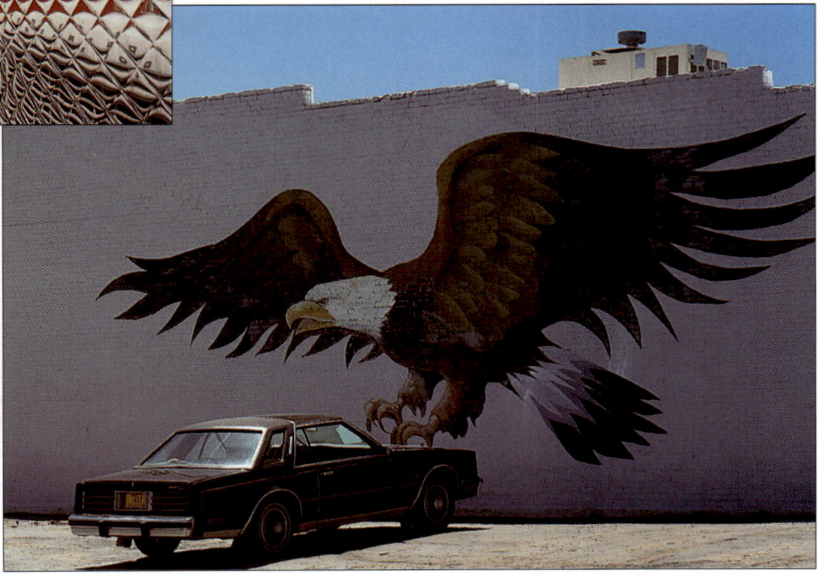

Zufall
Große Fassadenmalereien bekommen manchmal vom Zufall eine ganz neue Aussage verliehen.

sympathischen Charakter gibt. Schriftzeichen fremder Sprachen können interessante Formen haben, etwa die elegant geschwungenen Schriften des Kambodschanischen oder des Thailändischen. Andere asiatische Schriftzeichen besitzen ausgeprägt grafische Qualitäten.

Natürlich gehören zu diesem Themenbereich auch die eigentlichen Kunstwerke, die permanenten wie die kurzlebigen, die überall im öffentlichen Raum zu finden sind. Seit 1906 sind beispielsweise die Skulpturen des Künstlers Gustav Vigeland in Oslos Frognerparken eine berühmte Sehenswürdigkeit der Stadt. Auch größere Firmen zeigen sich durch Kunstwerke vor ihren Gebäuden gern kulturbeflissen und selbst Bauzäune oder Planen an großen Baustellen dienen gelegentlich als „Leinwand" für Malereien oder interessante Muster. Die Möglichkeiten sind endlos. Neben all diesen offiziellen Bildwerken sind in nahezu allen Städten heute Graffiti zu finden, die häufig auch als Mittel der Meinungsäußerung eingesetzt werden.

Seil-Skulpturen
Auf immer mehr öffentlichen Plätzen wird Kunst – meist in Form von Skulpturen – aufgestellt. Sie belebt die ansonsten oft tristen Orte und setzt interessante optische Akzente.

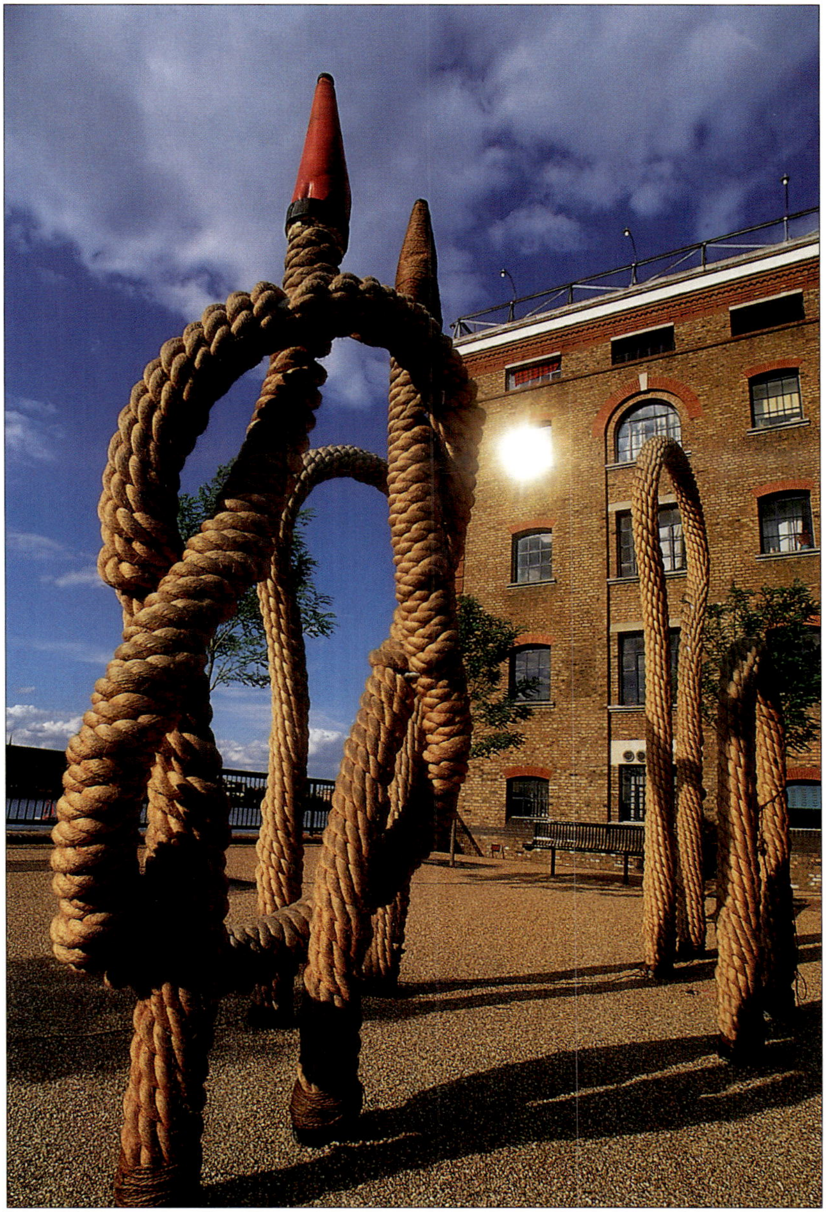

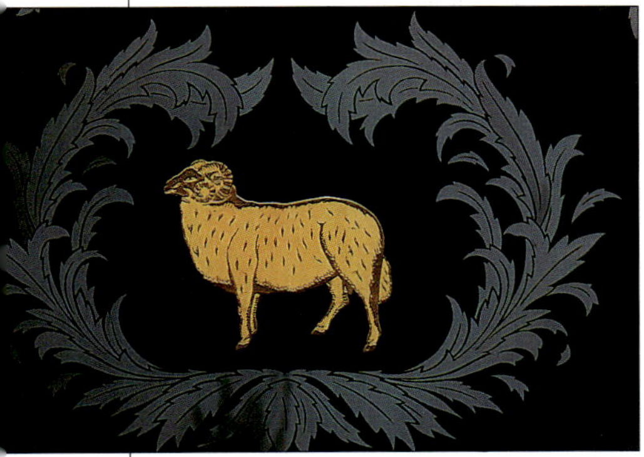

Pub-Schild
Die Namen englischer Pubs aus dem späten 19. und frühen 20. Jahrhundert sind oft bildhaft auf Schildern und Fenstern angebracht. Dieser Pub im Osten Londons trägt den Namen „The Ram" (Der Widder).

Imposante vs. schlichte Gebäude

Im Spannungsfeld zwischen Dokumentation und Interpretation lässt die Architekturfotografie dem Fotografen viel Spielraum. Die Ausleuchtung lässt sich digital aber noch nachbessern.

Im Idealfall ist Architektur eine Kunstform und verdient deshalb die Aufmerksamkeit und Interpretation der Fotografie. Wer ein interessantes Gebäude fotografieren will, sollte sich zuerst etwas Zeit nehmen, seine Form und seinen Zweck genauer zu studieren. Was war wohl die Absicht des Architekten? sollte das Gebäude imposant wirken, die Grundstücksfläche optimal ausnutzen, einen bestimmten Eindruck erwecken oder sich in die Umgebung einfügen? Orientiert sich der Grundriss an einer besonders schönen Aussicht? hat es eine bestimmte Eigenart, ein auffälliges Element? Solche Fragen helfen dabei, das Gebäude optimal ins Bild zu setzen.

Architekturfotografie ist meist zugleich auch Interpretation, indem sie den Entwurf eines Gebäudes oder seine Zweckmäßigkeit würdigt.

Leben in den Südstaaten
The Cottage (1790er-Jahre) in West Feliciana, Lousiana, ist im Stil der Plantagenhäuser der Südstaaten errichtet. Aus diesem Blickwinkel mit dem Baum im Vordergrund wirkt es besonders vorteilhaft.

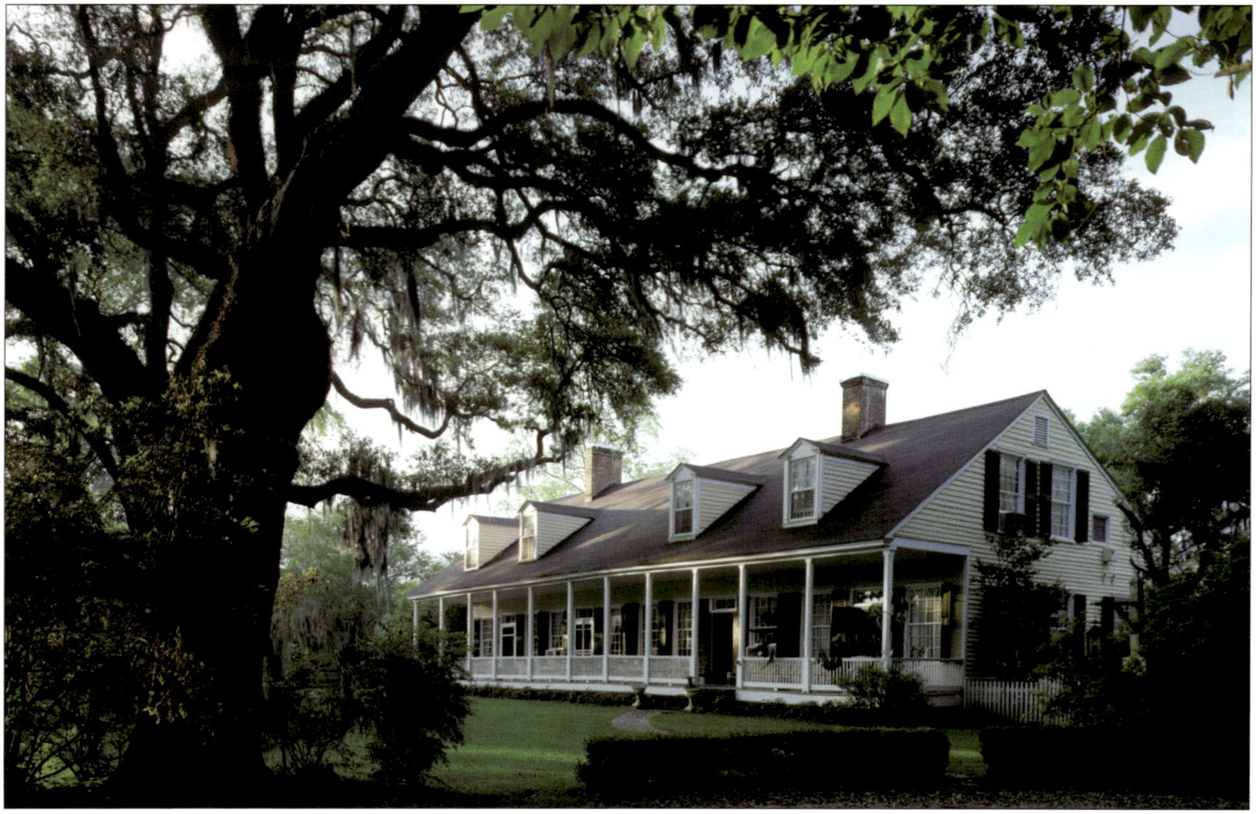

Bevor Sie ein Gebäude fotografieren, nehmen Sie sich die Zeit, es von allen Seiten genauer zu betrachten. Stellen Sie sich dabei folgende Fragen:

1. Was war die Absicht des Architekten? Sollte das Gebäude imposant wirken, die Grundstücksfläche optimal ausnutzen, einen bestimmten Eindruck erwecken oder sich baulich in die Umgebung einfügen?
2. Welche Rolle spielt die Aussicht für den Entwurf des Gebäudes?
3. Wirkt das Gebäude besser allein oder mit Umfeld?
4. Hat es eine Eigenart, ein auffälliges Element?

Diese Fragen werden Ihnen helfen zu entscheiden, wie Sie Ihr Bild gestalten möchten; welches Licht, welcher Filter, welches Objektiv und welcher Blickwinkel angemessen sind. Manche Gebäude lassen – beispielsweise aufgrund eingeschränkter Sicht – nur einen Blickwinkel zu. Bei anderen sind mehrere Aufnahmen notwendig. Suchen Sie auch nach Details, die dabei helfen können, Maßstab und Proportionen zu verdeutlichen *(siehe auch Seite 328–329)*.

Die Architekturfotografie verfolgt grundsätzlich zwei Ziele, die sich nicht unbedingt widersprechen müssen. Erstens geht es darum, ein Gebäude mit seinen Besonderheiten so gut wie möglich zu dokumentieren. Für eine dokumentierende Darstellung, die beispielsweise für Kunsthistoriker interessant ist, stellt man sich die oben genannten Fragen und macht sich mit der Geschichte des Gebäudes und der Epoche seiner Entstehung vertraut. Zweitens streben Architekturfotos oft an, ein Gebäude so gut wie möglich aussehen zu lassen, es in gewisser Weise zu „verschönern". Natürlich kann ein Fotograf das Gebäude selbst nicht verändern, er kann aber alles Störende ausblenden (Mülltonnen, Schilder oder geparkte Autos). Auch Blickwinkel und Licht entscheiden darüber, wie vorteilhaft ein Gebäude ins Bild gesetzt wird. Auf den nächsten Seiten wird deutlich, dass diese beiden Faktoren oft eng miteinander verbunden. Vor allem professionelle Fotografen möchten mit ihren Bildern natürlich auch sich selbst und ihr Können darstellen. Wenn allerdings durch zu große künstlerische Freiheit die Klarheit der Abbildung leidet, kommt es häufig zu Meinungsverschiedenheiten zwischen professionellen Fotografen und ihren Auftraggebern. All dies spricht dafür, mehrere verschiedenartige Aufnahmen eines Gebäudes zu machen.

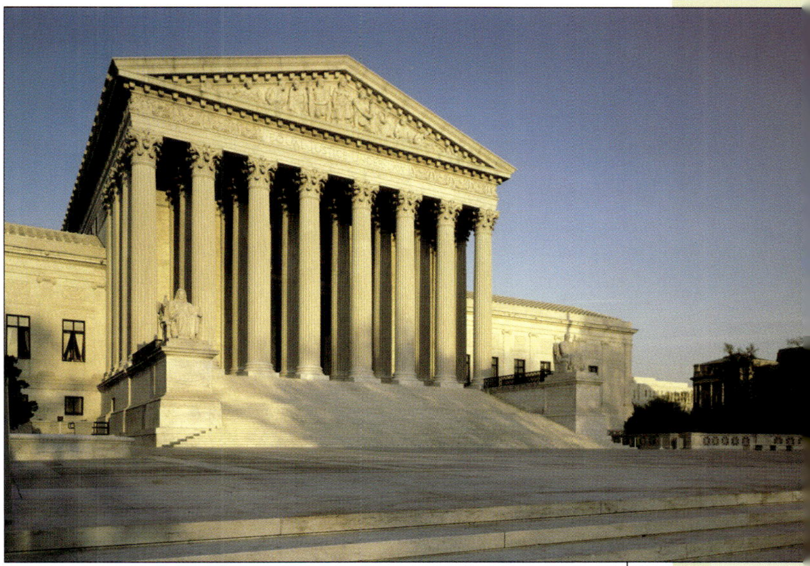

▲ Oberster Gerichtshof
Beim Bau des US Supreme Court (1935) entschied man sich bewusst für den Stil eines griechischen Tempels mit einem Porticus und dorischen Säulen. Das Weitwinkel-Foto bringt seine stattliche Größe gut zur Geltung.

▼ Isländisches Haus
In Reykjavik sieht man bescheidene Behausungen mit Fassaden aus Wellblech mit leuchtend bunten Anstrichen. Der Bildausschnitt betont die lebhaften Farben.

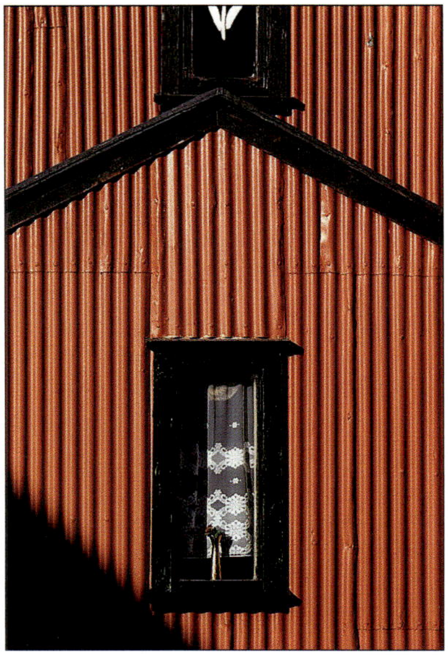

Stürzende Linien

Die meisten Gebäude haben senkrechte Wände. Die Konvention verlangt, dass sie auch auf einem Foto senkrecht erscheinen, obwohl es nicht der perspektivischen Verjüngung entspricht.

Stürzende Linien sind ein ganz normaler perspektivischer Effekt. Wir sind uns dieser Verzerrung nicht bewusst, solange wir uns innerhalb der dreidimensionalen Realität befinden. Erst in zweidimensionalen Abbildungen, die wir von außen betrachten, nehmen wir perspektivische Verzerrungen wahr. Solange der Effekt der Perspektive den Blick in Richtung des Horizonts lenkt, empfinden wir ihn dennoch nicht als störend.

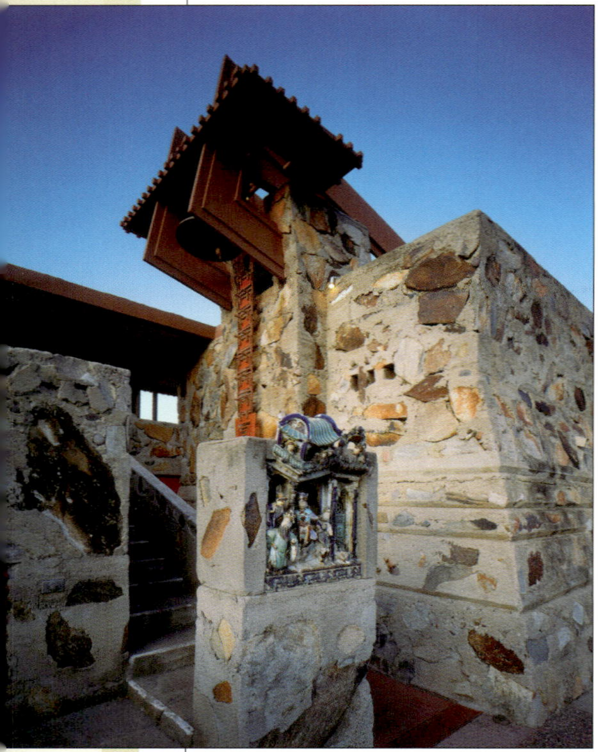

Vertikale Verschiebung
Bei Spiegelreflexkameras begradigt ein Shift-Objektiv stürzende Linien. Oder mit Weitwinkelobjektiv arbeiten und den Vordergrund unten abschneiden.

Blickfang im Vordergrund
Ein Blickfang im Vordergrund harmonisiert den Bildaufbau, so wie dieser Grabstein auf einem englischen Friedhof.

Bei einem nach oben gerichteten Blick, der in der Architekturfotografie häufiger vorkommt, weckt die perspektivische Verzerrung viel häufiger Befremden. Die vertikalen Linien scheinen oben aufeinander zuzulaufen, was uns schlichtweg falsch erscheint. Setzt man die Perspektive in fast übertriebener Weise als Stilmittel ein, wie bei dem mit einem großen Weitwinkelobjektiv fotografierten Bild gegenüber, kann ein gelungenes Bild entstehen. In den meisten anderen Fällen wirken stürzende Linien jedoch eher störend. Ist das Gebäude nur Hintergrund für ein anderes Motiv, fällt es dem Betrachter nicht auf. Ist das Gebäude selbst das Motiv, sollte der Fotograf die Verzerrung beheben.

Will man ein Gebäude aus kurzer Distanz vollständig aufs Bild bannen, muss man die Kamera schräg aufwärts richten. Die Gesetze der Optik verlangen aber, dass die Bildebene der Kamera (also der Sensor) parallel zur Fassadenfläche stehen muss, wenn man stürzende Linien vermeiden will. Es gibt verschiedene Möglichkeiten, wie man dies erreichen kann:

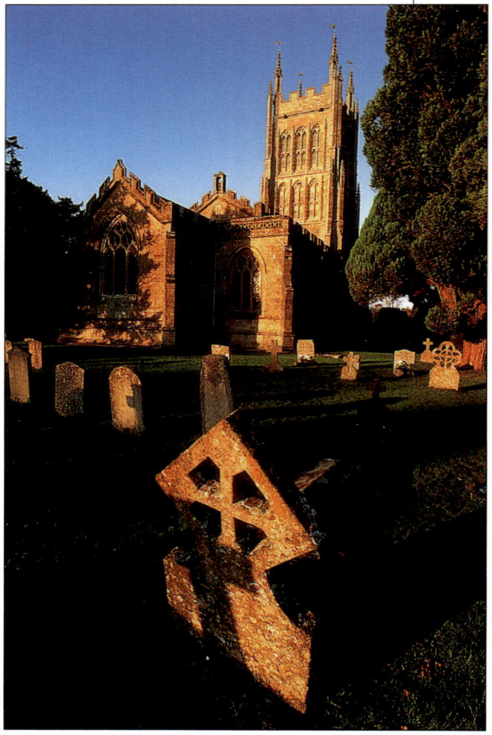

- Suchen Sie einen erhöhten Standort, beispielsweise ein mittleres Stockwerk im Gebäude gegenüber. Dann richten Sie die Kamera horizontal aus und finden Sie die richtige Brennweite und das passende Objektiv. Weil auch der Blick aus einem anderen Gebäude nicht unseren vertrauten Sehgewohnheiten entspricht, sollte man diese Alternative nicht zu häufig wählen.
- Verwenden Sie ein Weitwinkelobjektiv und richten Sie die Kamera horizontal aus, damit die Seiten des Gebäudes senkrecht bleiben. Dann gehen Sie rückwärts, bis das Motiv vollständig ins Bild passt. Schneiden Sie später den unerwünschten Vordergrund ab. Diese Methode ist einfach, verringert jedoch Größe und Auflösung des Bildes.
- Gehen Sie wie im vorherigen Punkt vor. Wählen Sie einen Vordergrund, der zum Motiv passt, vielleicht Blumenbeete oder einen Brunnen. So wirkt der Bildaufbau harmonisch.
- Richten Sie die Kamera weit genug schräg aufwärts, um das Motiv komplett zu erfassen. Korrigieren Sie die stürzenden Linien später in der Bildbearbeitung *(siehe Seite 326–327)*.
- Eine ideale Lösung bietet die Verwendung eines Shift-Objektivs, das allerdings recht teuer ist. Es erfasst mehr Umgebung, als durch den Sucher der Kamera zu sehen ist, und projiziert einen Bildkreis, der wesentlich größer ist als der Sensor. Mit Hilfe von Justierschrauben wird der vordere Teil des Objektivs mit der Linse nach oben verschoben. Dies projiziert den oberen Teil des Bildes in den Bildrahmen. Dadurch können Sie die Kamera horizontal ausrichten und dennoch den oberen Teil des Motivs erfassen.

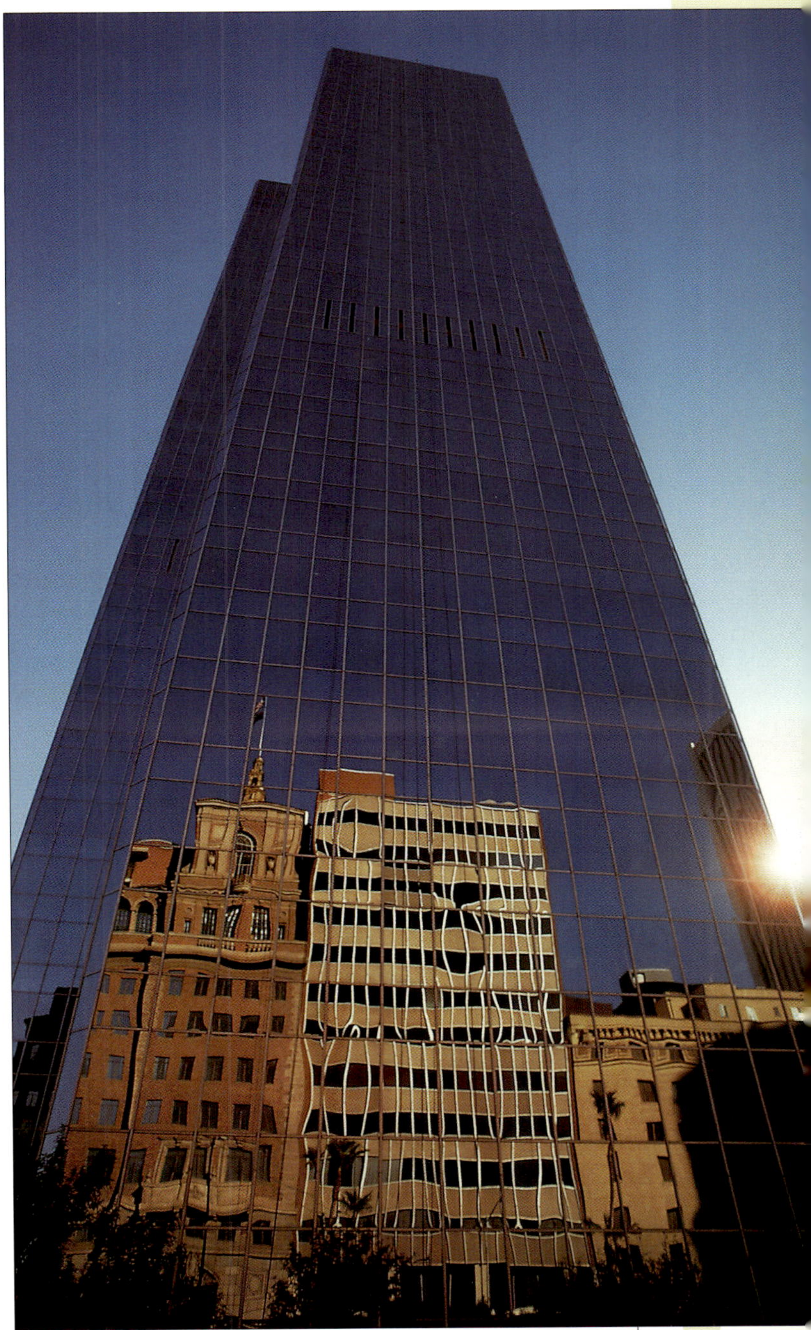

Stilmittel stürzende Linien
Als Mittel der Bildkomposition können stürzende Linien durchaus ihre Berechtigung haben und dem Bild grafische Qualität verleihen.

Digitale Lösungen

Die Bildbearbeitung ermöglicht die Lösung typischer Probleme der Architekturfotografie, die durch Licht und Farbe, Verzerrungen und Hindernisse aufgeworfen werden.

Probleme bei der Architekturfotografie haben fast immer mit dem Abbildungsmaßstab zu tun. Wären die Motive handlicher, könnte man sie problemlos den fotografischen Bedürfnissen anpassen. Hier erlauben die digitalen Arbeitstechniken Korrekturmöglichkeiten, die weit über die Mittel der Kamera hinausgehen. Ihre wahrscheinlich nützlichste Rolle spielen sie bei der perspektivischen Verzeichnung – den so genannten stürzenden Linien. Aber sie ermöglichen auch die Manipulation von Farbe und Helligkeit. Ein Polarisationsfilter etwa verstärkt den Kontrast zwischen einem blauen Himmel und einem hellen Gebäude. Eine Alternative wäre die Anpassung der Blautöne durch Verändern von Farbton/Sättigung in der Bildbearbeitung. Noch hilfreicher ist es, störende Objekte wie parkende Autos, Gerüste und Oberleitungen kurzerhand zu entfernen. Hierfür stehen die Kopierstempel-Werkzeuge und die Funktionen Ausschneiden und Einfügen zur Verfügung. Wer ganz akkurat sein will, fotografiert die verdeckten Teile des Gebäudes

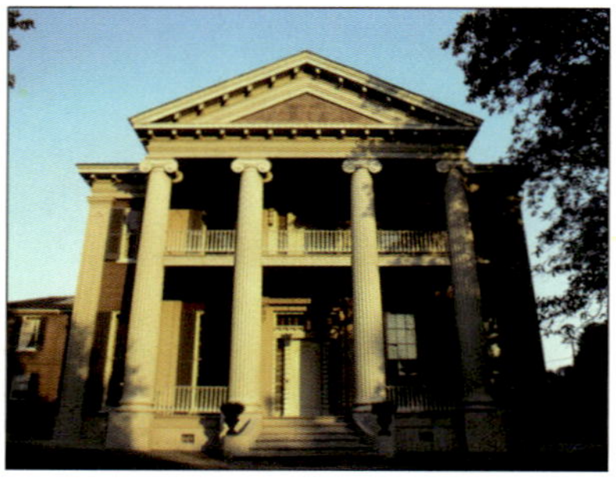

Perspektivkorrektur

Die Bildbearbeitung bietet ein einfaches Werkzeug zur Perspektivkorrektur. Dabei handelt es sich um eine Art Verzerrungsfilter mit einer rechteckigen Auswahl, deren eines Ende symmetrisch verschoben wird. Da hier eine beträchtliche Interpolation stattfindet, zieht man aus Qualitätsgründen lieber die unteren Ecken nach innen als die oberen nach außen. Beim anschließend notwendigen Beschneiden geht natürlich ein großer Teil der Ränder verloren. Das abgebildete Gebäude ist ein altes Herrenhaus namens Magnolia Hall in Natchez, Mississippi.

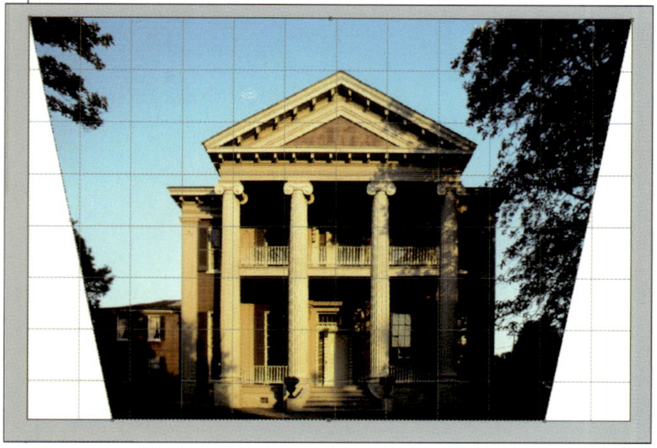

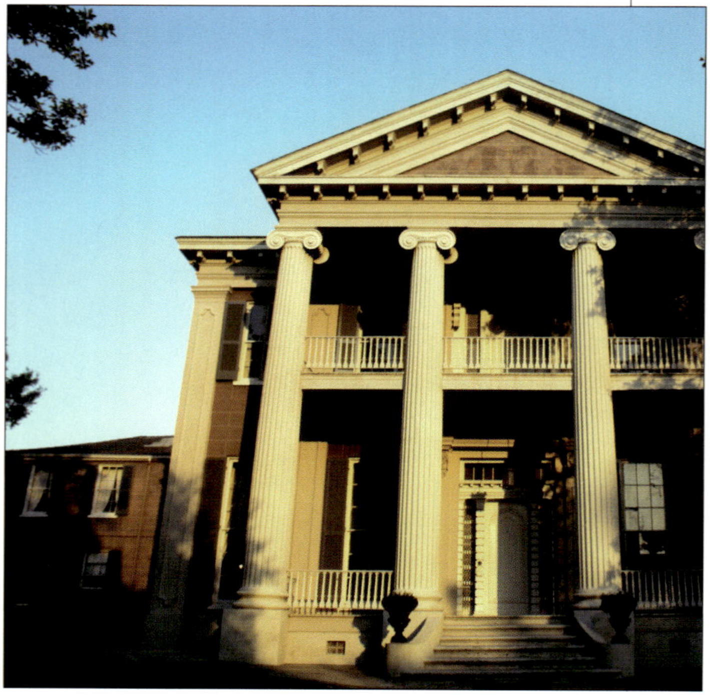

von einer seitlich versetzten Position oder in größerem Maßstab von der Rückseite des störenden Objekts aus. Danach wird der Ausschnitt skaliert und über dem unerwünschten Objekt eingefügt.

Auch die Korrektur der Perspektive ist mit der entsprechenden Funktion des Bildbearbeitungsprogramms oder einem Plug-in eines Fremdherstellers problemlos möglich. Vor der Anwendung des Werkzeugs sollte man das Raster zur Kontrolle der senkrechten Linien einblenden. Um den Verlust der Bildqualität zu begrenzen, empfiehlt es sich den unteren Teil des Bildes zu komprimieren anstatt den oberen zu dehnen. Abschließend wird das Bild beschnitten. Trotz der Korrektur wirken solcherart überarbeitete Bilder meist etwas gestaucht.

Es gibt keine perfekte Lösung für perspektivische Verzeichnung, weil sich unsere Wahrnehmung eher an einer naturgemäß hypothetischen Idealvorstellung orientiert als an der Realität. Ein Gebäudefoto mit nachträglich begradigten Senkrechten empfinden wir als „richtig", dennoch ist es mit einem korrekten architektonischen Aufriss nicht zu vergleichen. Vor der Bearbeitung zeigt das Foto die Ansicht der Front vom Boden aus, was bedeutet, dass der größte Teil des Bauwerks, also die oberen Stockwerke und das Dach, nicht sichtbar ist.

Es mögen Gründe dafür sprechen, die Proportionen einer Fassade denen des Originals anzugleichen, statt denen, die jemand sieht, wenn er am Gebäude emporblickt. Man kann diese Gründe aber auch in Zweifel ziehen, denn die Mehrzahl der Gebäude ist eher für die Betrachtung aus der Nähe entworfen. Jedenfalls gibt es eine digitale Bearbeitungsmethode, die den oberen Teil eines Bildes progressiv streckt (oder den unteren progressiv komprimiert, je nach Vorgehensweise). Hierzu kommt eine abgestufte Versetzungsmatrix zum Einsatz, bei der ein senkrechter Verlauf von Grau (keine Versetzung) bis Schwarz (maximale Versetzung) auf das Bild angewendet wird.

Versetzungsmatrix für progressive Korrektur

Eine Versetzungsmatrix ist ein Grauverlauf und kann sehr viel kleiner sein als das Bild, auf das sie angewendet wird. Um den oberen Teil eines Gebäudes progressiv zu dehnen, legen Sie einen Verlauf von Grau nach Schwarz an und wenden die Versetzung senkrecht nach oben an. Experimentieren Sie mit den Einstellungen.

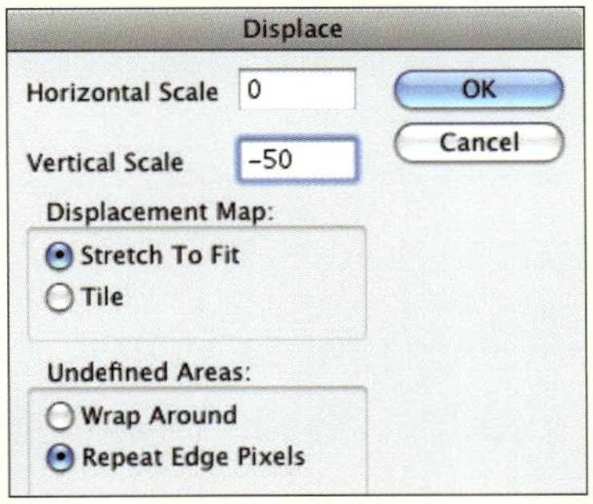

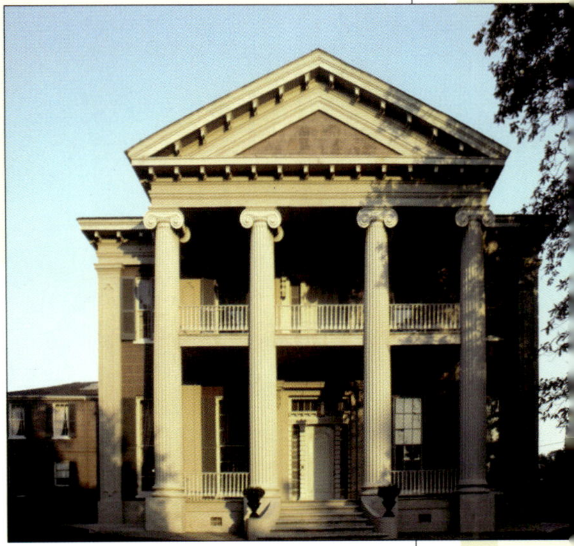

Architektonische Details

Die größte Herausforderung ist die Gesamtansicht eines Gebäudes. Aber auch Details von Konstruktion und Dekoration bieten interessante Motive, die jedoch andere Techniken verlangen.

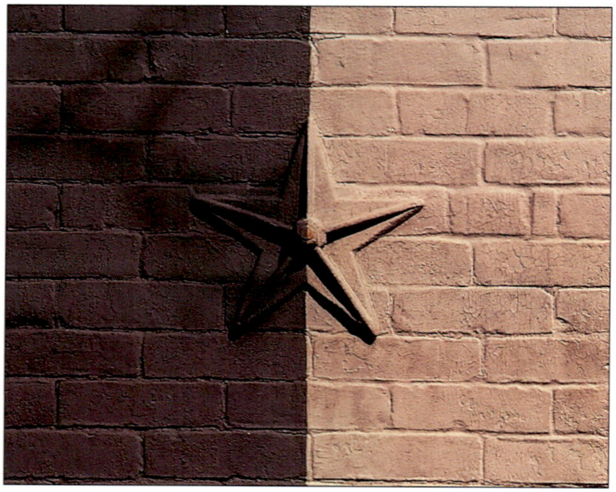

In vielen Bereichen der Fotografie erschließen Detailansichten erfrischend neue Perspektiven. Für viele Profifotografen ist das Umstellen auf Details eine Selbstverständlichkeit geworden. In der Fotografie von Gebäuden haben Detailaufnahmen aber noch eine wesentlich wichtigere Funktion. Architektonische Details, sei es in der Konstruktion oder in der Verzierung, sind ein fester Bestandteil eines Gebäudeporträts. Die professionelle Beschreibung eines Architektenauftrags enthält in den meisten Fällen eine Liste sehr detaillierter Anweisungen. Dazu zählen zum Beispiel die Säulenordnung einer klassischen Fassade, ein Architrav, der Mauerwerksverbund oder auch eine Kreuzblume.

Während das Fotografieren einer Gesamtansicht in Bezug auf Lichteinfall, Blickwinkel und Sichtbehinderungen eher mühsam sein kann, ist das Aufnehmen von Details fast eine Erholung. Im ersten Schritt legt man fest, welche Details man fotografieren will. Man kann sie prinzipiell in zwei Kategorien einteilen: die architektonisch notwendigen und die vorwiegend dekorativen, die einfach interessant aussehen. Für die erste Gruppe be-

Georgetown Diese Detailaufnahme aus dem historischen Washingtoner Viertel Georgetown zeigt einen gusseisernen Maueranker in Sternform. Da der Anker genau zwischen zwei benachbarten Reihenhäusern sitzt, ist er in zwei unterschiedlichen Fassadenfarben gestrichen.

Viktorianisches Hotel Die Fassade eines alten Hafenhotels im westaustralischen Fremantle erzählt von seiner Geschichte als Gästeunterkunft, die eine große Reederei für die Passagiere ihrer Linienschiffe bereitstellte.

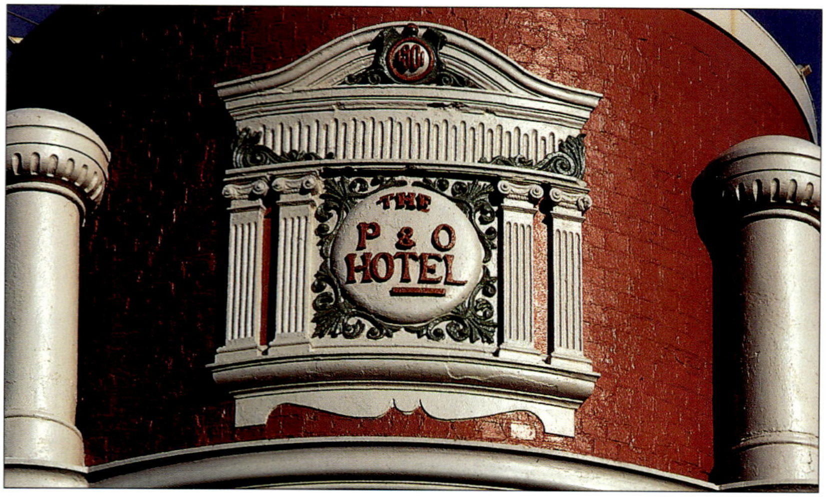

nötigt man eine Liste aus einem Architekturführer oder – bei Auftragsarbeiten – vom Kunden. Architektur und ihre Geschichte sind hoch spezialisierte Themen und wer sich nicht selbst sehr gut auskennt, sollte sich lieber auf Expertenwissen verlassen. Unwichtige, aber attraktive Details rechtfertigen sich von selbst und die Auswahl hängt stark von den eigenen Vorlieben ab – zum Beispiel das Muster eines Schattens auf einer Wand oder die Textur einer Holzverschalung. Hier hat man die freie Wahl.

Nach der Motivauswahl folgen fotografische Überlegungen. Für die meisten Detailfotos bietet sich ein Teleobjektiv an. Details im Erdgeschoss sind kein Problem, man kann sie normalerweise mit jeder Brennweite aufnehmen, aber für Elemente in den oberen Stockwerken muss man entweder hinaufklettern – was selten möglich ist – oder sie mit einer langen Brennweite vergrößern. Je länger ein Teleobjektiv ist (das gilt natürlich nur für Spiegelreflexkameras), desto weniger stark muss es aufwärts gekippt werden und desto geringer fällt die perspektivische Verzerrung aus. Ideal ist es natürlich, wenn sich senkrechte Linien ganz vermeiden lassen.

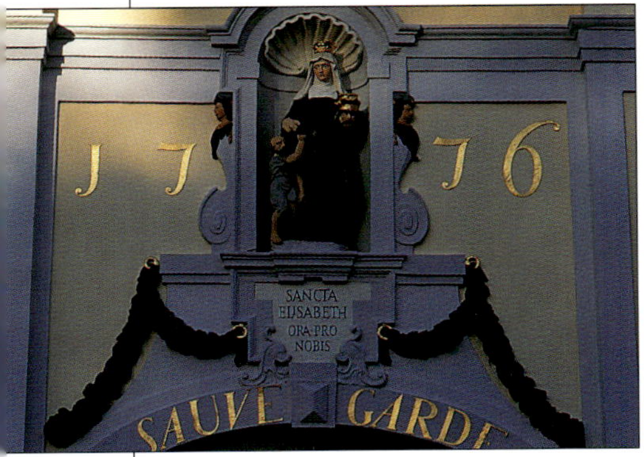

Tor zum Konvent
Diese Aufnahme zeigt den gut erhaltenen Eingang des Konvents Begijnhof im belgischen Brügge im Licht des frühen Morgens.

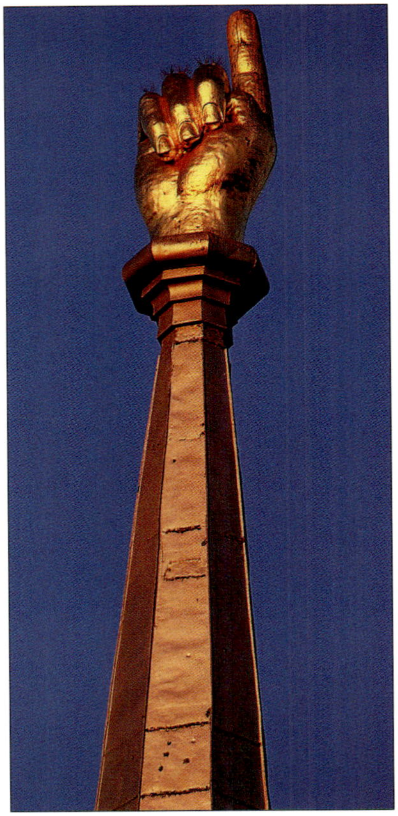

Der Finger Gottes
Ein auffälliger Kirchturm der First Presbyterian Church, die 1859 in Port Gibson, Mississippi, gebaut wurde. Fotografiert mit einem 400-mm-Teleobjektiv.

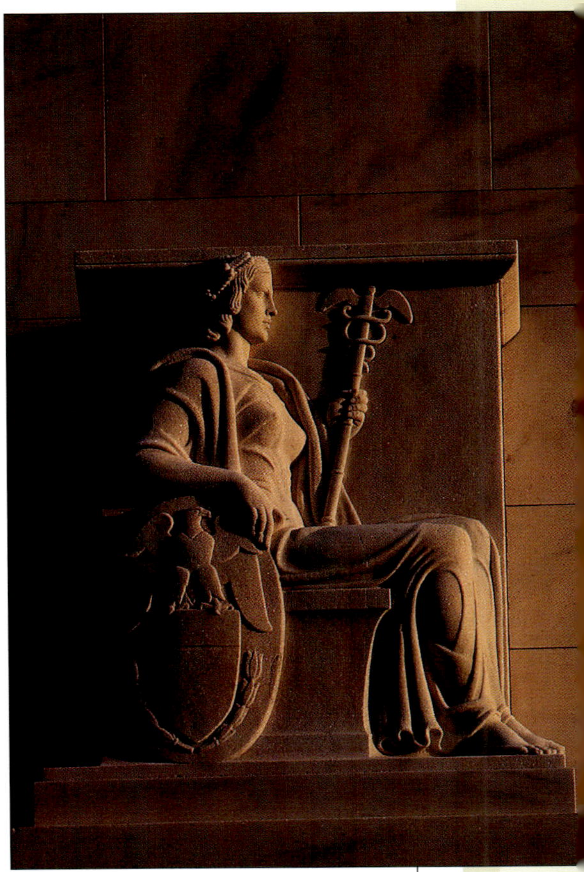

Abendschatten
Das abendliche Sonnenlicht zeichnet dieses Relief am Giebel des Federal Reserve Building in Washington DC attraktiv nach. Die Figur blickt in die Sonne und hebt sich einige Minuten lang stark von der Mauer ab. Der Ort wurde einen Tag zuvor ausgesucht, um den idealen Zeitpunkt zu ermitteln.

Gärten

Gärten sind Kunstlandschaften in überschaubarem Maßstab, deren Anlage meist eine bestimmte Wirkung erzielen soll. Will man ihnen fotografisch gerecht werden, muss man zuerst die Hintergründe ihrer Gestaltung verstehen.

Gärten variieren abhängig von der Zeit ihrer Anlage sowie der Persönlichkeit des Designers, aber fast alle wollen einen Aspekt der Natur in die vom Menschen geschaffene Welt übertragen. In manchen Gärten ist die Struktur der Anlage das entscheidende Merkmal, in anderen die Pflanzenzusammenstellung. Wie bei der Architektur hängt auch bei der Gartenfotografie der Erfolg vom Wissen um die einzelnen Elemente und die Motivation der Gestaltung ab.

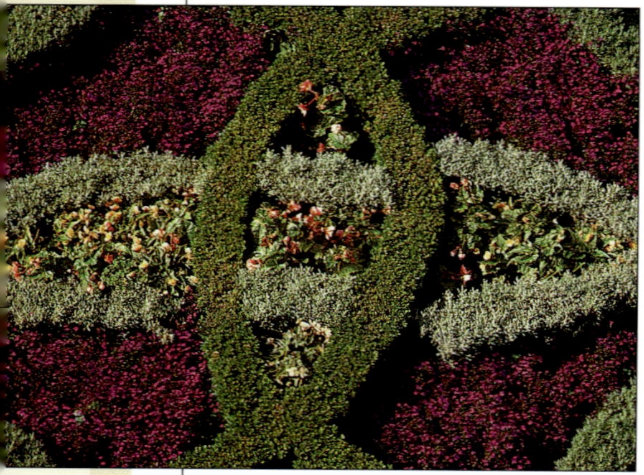

Englische Gartenkunst
Ein kleines, präzises und sehr dekoratives Detail der Tudor Gardens bei Hampton Court nahe London. In visueller Hinsicht haben Gärten auf verschiedenen Ebenen etwas zu bieten, oft findet man auch Motive für Nahaufnahmen.

Im Westen unterscheidet man hauptsächlich zwischen dem formalen, streng geometrisch angelegten Garten, wie dem von Fontainebleau, der die Zähmung der wilden Natur symbolisiert, und dem eher zwanglosen Garten im englischen Stil, der die Natur nachbildet und den Besucher auf gewundenen Pfaden zur Entdeckungsreise einlädt. In formalen Gärten gibt es immer einige speziell eingerichtete Aussichtspunkte, von denen aus man die Anlage bewundern kann, und dies sind meist gleichzeitig die besten Kamerastandorte. Ein naturnaher Garten dagegen lässt dem Fotografen größere Möglichkeiten zur Interpretation.

Viele asiatische Gärten folgen gänzlich anderen Prinzipien. Die Chinesen zum Beispiel haben das Konzept des geliehenen Blicks entwickelt, bei dem ein Teil der Landschaft außerhalb des Gartens durch optische Täuschungen, Suggestionen und perspektivische Tricks mit einbezogen wird. Auch in Japan geht es darum, den Blickwinkel zu kontrollieren. Im fernöstlichen Lustgarten wird der Besucher von Bild zu Bild geleitet und findet dazwischen immer wieder kleine Überraschungen. Ein weiteres wichtiges Merkmal der chinesischen und japanischen Gärten ist die Bedeutung von Felsen, die als Merkmal mit eigenem Geist angesehen werden. In einem Zen-Garten kann auf Pflanzen sogar ganz verzichtet werden. An ihrer Stelle symbolisieren Felsen, Sand und Kiesel buddhistisch inspirierte Landschaften.

Auch die Bepflanzung selbst ist von großer Bedeutung für die Fotografie. Einige botanische Kenntnisse sind für Gartenfotografen sinnvoll. Sie sollten wichtige oder seltene Pflanzen identifizieren können, die schönsten Exemplare in einem Garten kennen und auch wissen, in welchem Monat sie am attraktivsten aussehen. Viele Gärten sind so angelegt, dass sie sich mit den

Jahreszeiten verändern. Wetter und Licht sind ebenso wichtig wie bei anderen Landschaftsfotos. Der frühe Morgen ist ideal zum Fotografieren, weil viele Blüten dann am frischesten wirken.

Auch die Größe von Gartenanlagen spielt für die Fotografie eine Rolle. Bei Terrassen, Balkons und anderen Gärten im Miniaturformat kommt es vor allem darauf an, die richtige Kameraposition zu finden, um - fast immer mit einem Weitwinkelobjektiv - so viel wie möglich im Bild zu erfassen. Am anderen Ende der Skala stehen die Meisterwerke der Landschaftsarchitektur einiger englischer Landsitze mit umgeleiteten Flüssen, aufgeschütteten Hügeln und angelegten Wäldern. In der Philosophie von Landschaftsgärtnern wie Capability Brown und Humphry Repton waren bestimmte Aussichtspunkte unverzichtbar und es wäre geradezu sträflich, diese mit der Kamera zu ignorieren.

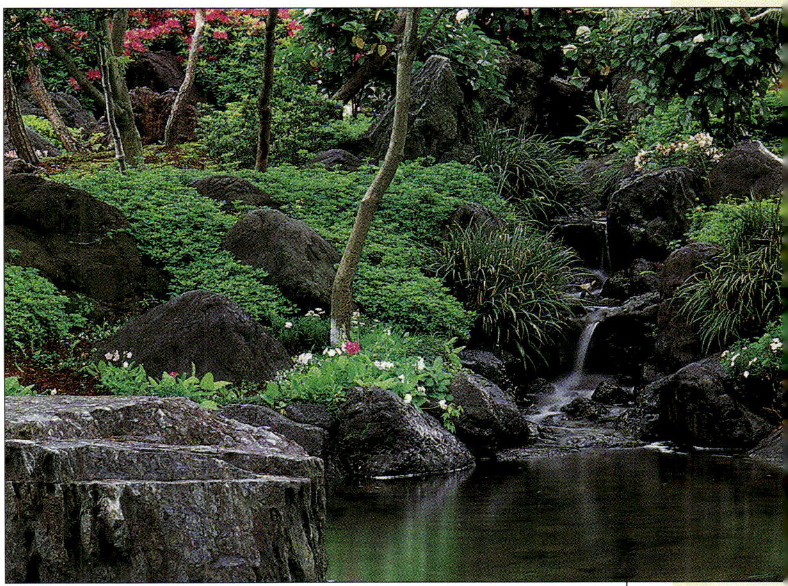

Japan Dieser japanische Garten zeigt farbenfrohe Blumen neben traditionellen grünen Bodendeckern und sorgfältig platzierten Felsen.

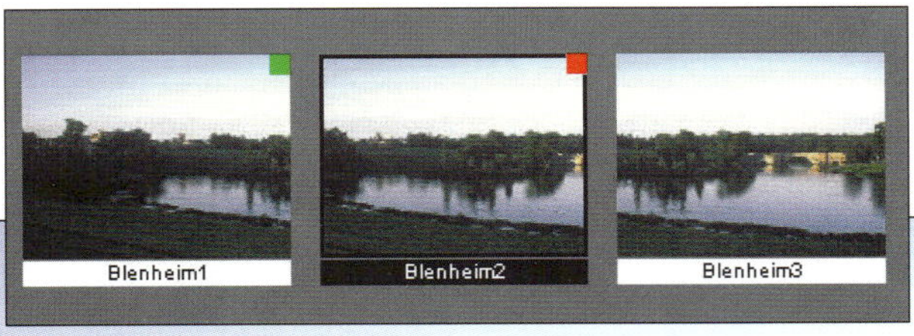

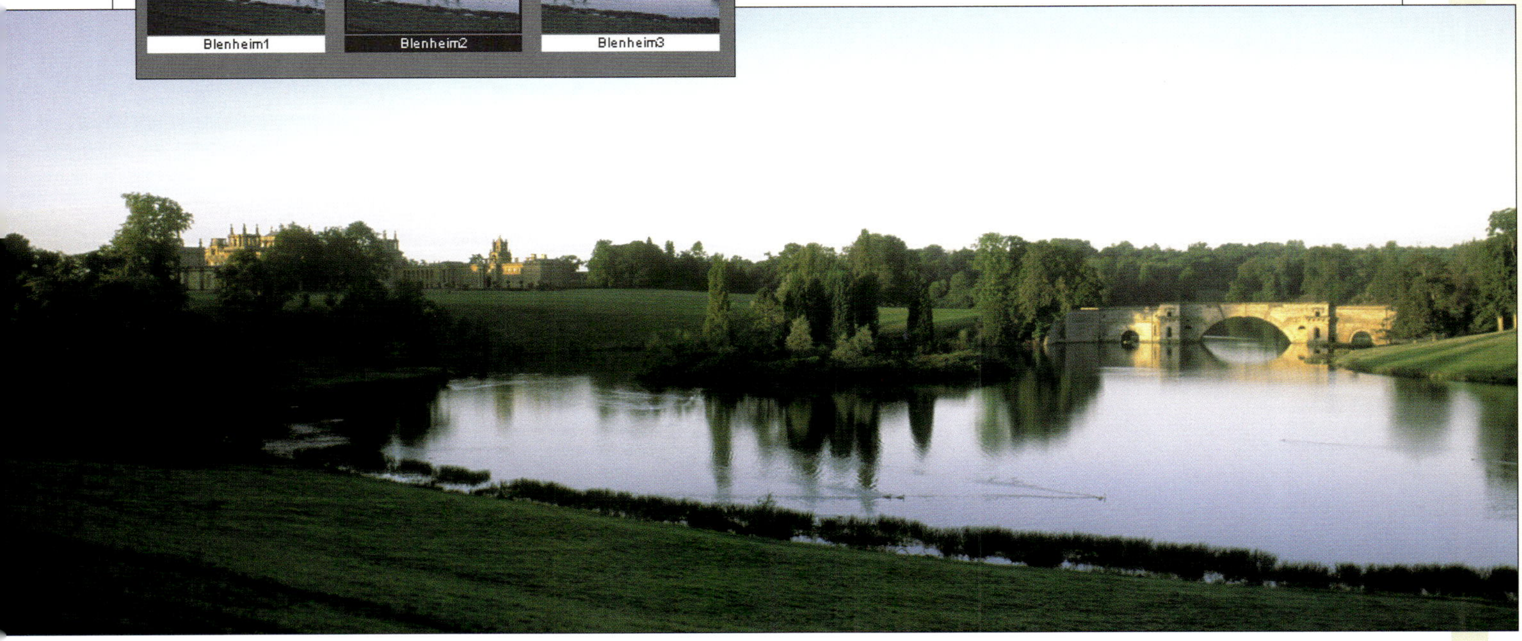

Der „schönste Blick" Der erste Anblick des Blenheim Palace in England von der Zufahrt aus ist ein Triumph der Landschaftsarchitektur des 18. Jahrhunderts. Um alle Elemente in einem breiten Panorama zu erfassen, wurde eine Serie aus drei Fotos aufgenommen und mit einer Stitching-Software zusammengefügt.

Fallstudie: **Japanische Gärten**

Diese Bilder entstanden für ein Buch über moderne japanische Gärten. Dies war eine Premiere, denn bislang hatte sich die Literatur auf die traditionelle japanische Gartenkultur konzentriert. Weil infolgedessen umfangreiche Recherchen notwendig waren, besuchten wir jeden Garten zusammen mit dem Architekten, der uns seine Prinzipien erläuterte. Die Fotos betonen die modernen Elemente. Es war deutlich zu erkennen, dass die Designer sich auf ihre Kenntnis der langen japanischen Gartentradition bezogen und gleichzeitig Wege suchten, deren Grenzen zu sprengen.

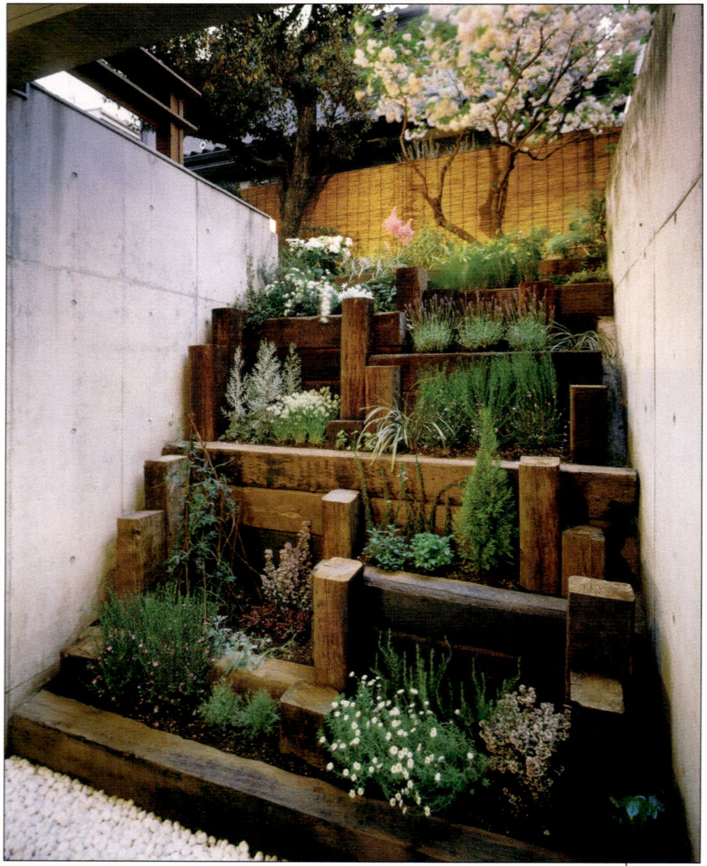

Architektonische Pflanzung
Dieses moderne Haus und sein Garten zeigen eine augenfällige Konfrontation der Stahl- und Glaskonstruktion mit der architektonischen Pflanzung von präzise in Form geschnittenem Bambus.

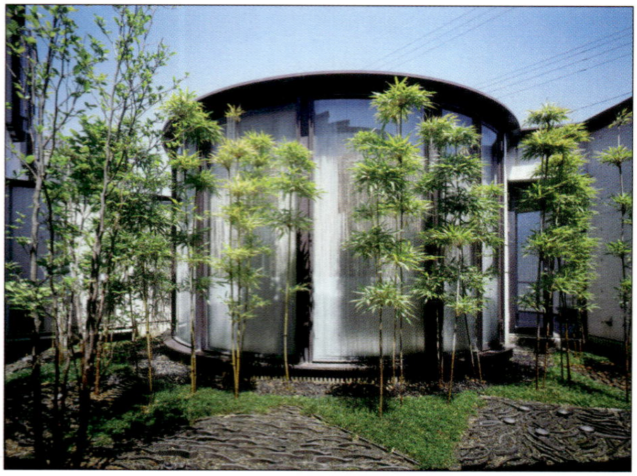

Stufengarten
Hier wurde ein eng begrenzter Raum zwischen Souterrain und Garten innovativ genutzt. Alte Eisenbahnschwellen dienten zur Anlage der Terrassen, die zu jeder Jahreszeit anders bepflanzt werden. Dieses Bild entstand im Frühjahr, als die Komposition von einem Kirschbaum in voller Blüte gekrönt wurde.

Moderne Teezeremonie

Das Teezimmer hat eine lange Tradition in japanischen Häusern von ausreichender Größe. Diese moderne Version öffnet sich zu einer Miniaturlandschaft mit Wasser, Kieseln und Felsen, die raffiniert mit dem Edelstahlpfeiler kontrastiert.

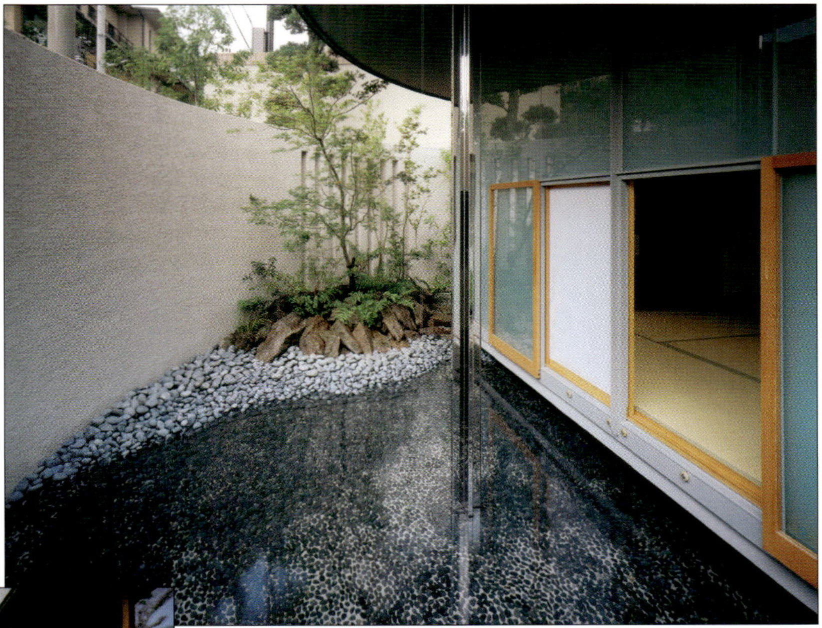

Steingarten

Dieses Bild zeigt einen sehr strengen, aber variablen kleinen Garten aus schwarzen Kieseln und einer alten steinernen Pferdetränke mit einer einzelnen Pflanze (die jahreszeitlich ausgetauscht wird). Der Bereich kann geflutet werden, sodass die größeren Steine im Vordergrund zu einer Insel werden.

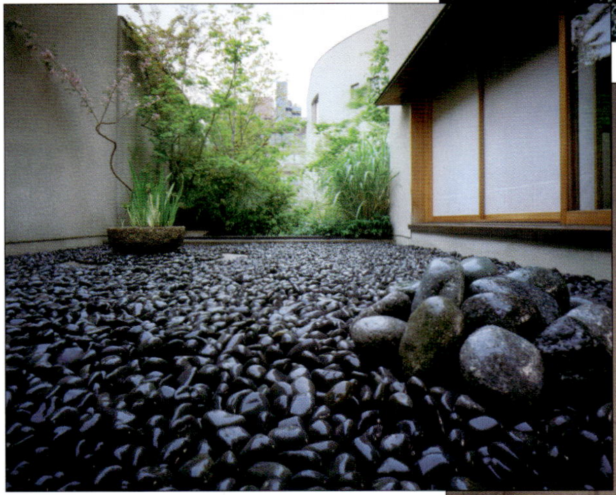

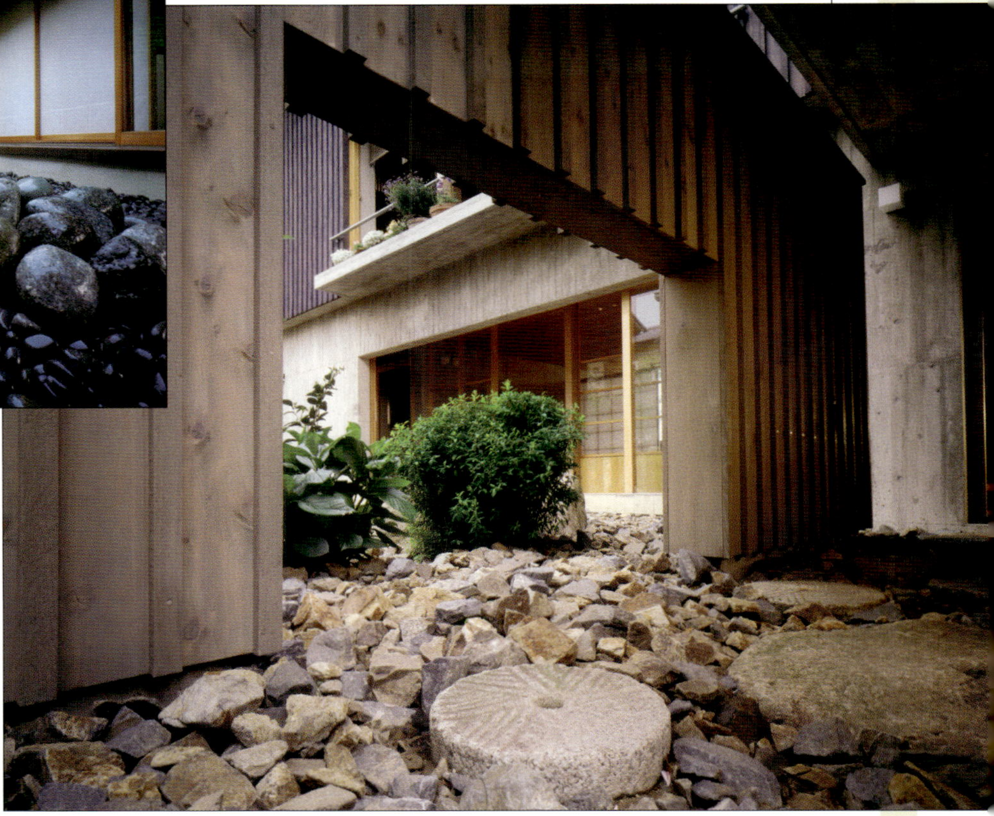

Zeitgenössischer Stein

Einer der Einflüsse des Zen-Buddhismus auf die japanische Gartenkunst ist die Konstruktion ganzer Gärten aus verschieden großen Steinen, die Miniaturlandschaften darstellen. Diese moderne Version bedient sich großer Bruchsteine und eines hölzernen „Tors", das den Besucher einlädt, sich zu bücken und in den dahinter liegenden Bereich zu schauen.

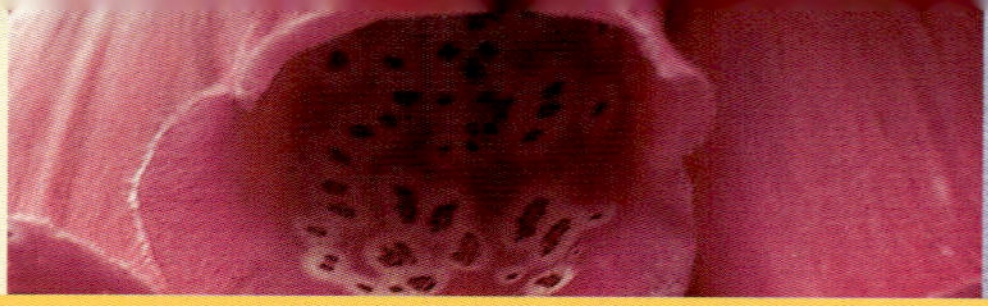
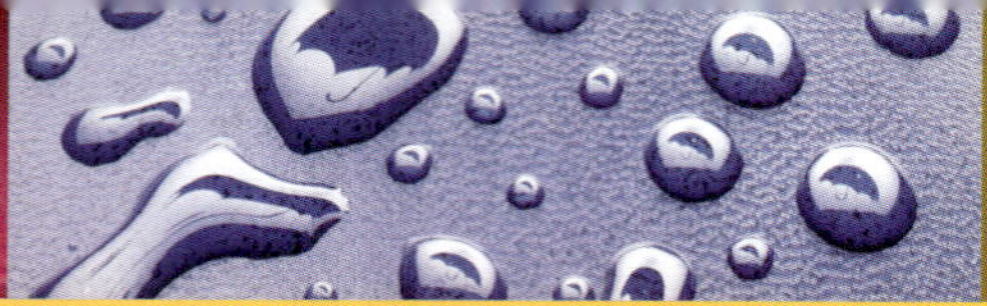
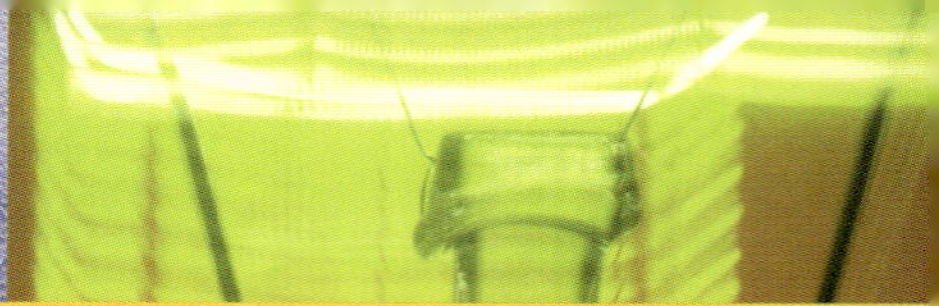
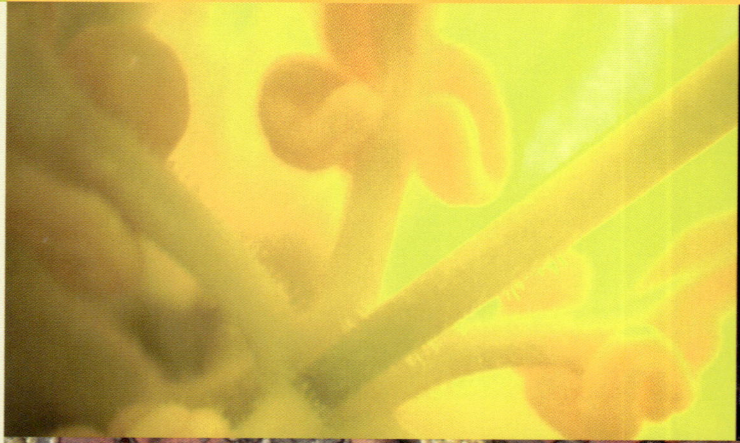
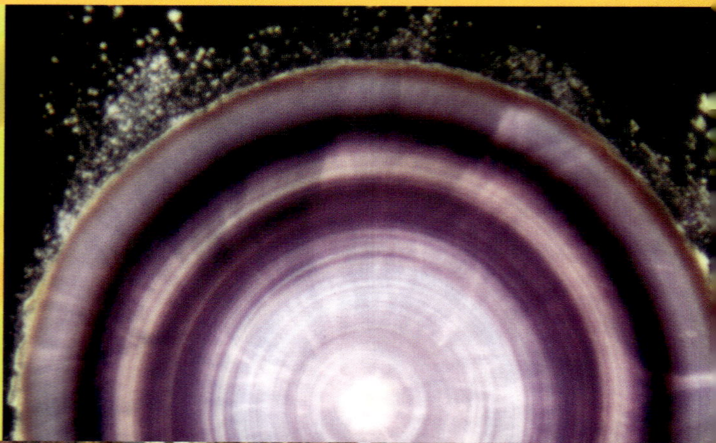
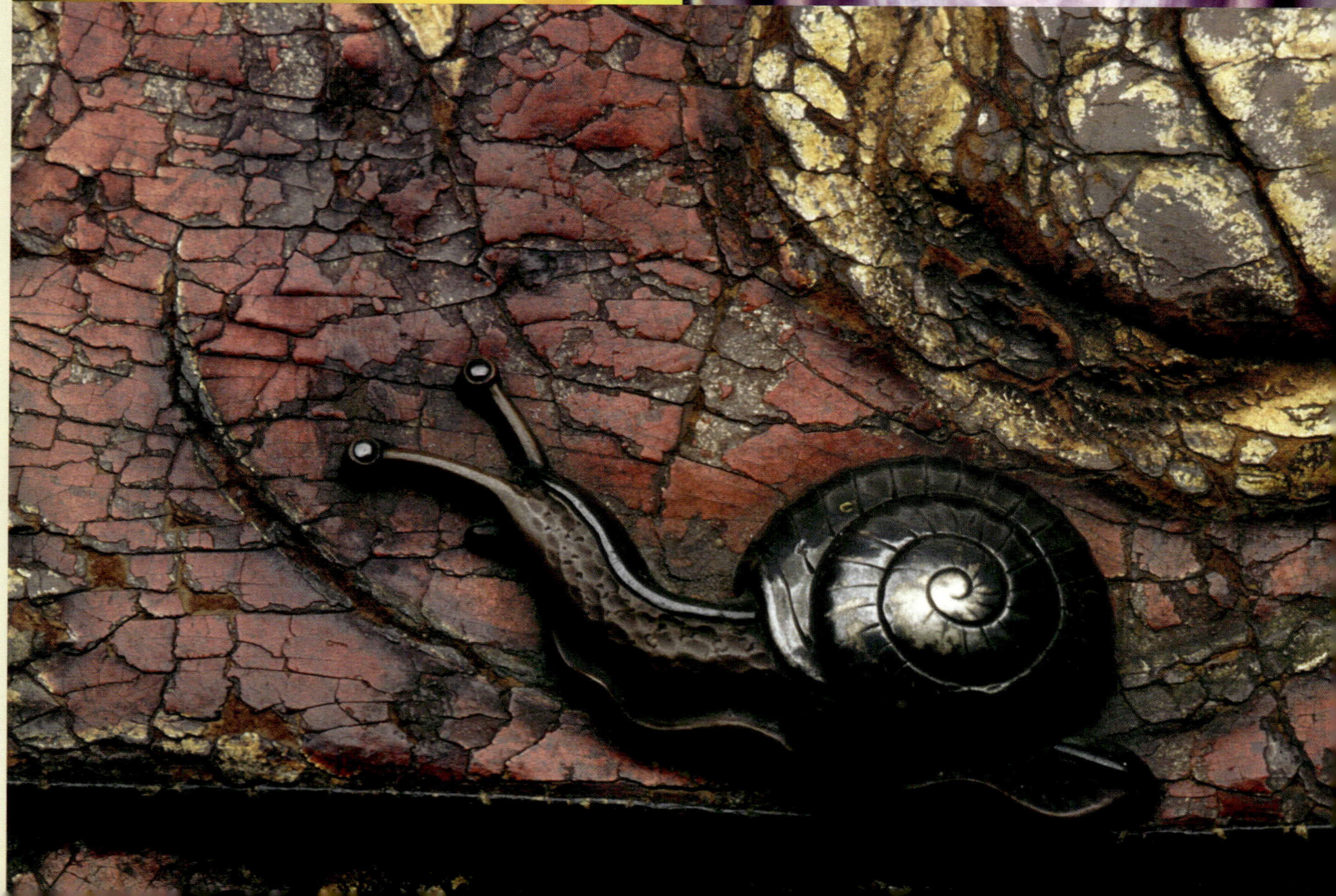

Eine andere **Welt**

Viele Fotografen sind überrascht, dass in der Nahfotografie alles ganz anders ist – für das Auge und für die Linse. Auch wenn man scheinbar nur „etwas näher rangehen" muss, erfordern Nahaufnahmen einen grundlegend anderen Umgang mit der Kamera, sowohl in technischer als auch in gestalterischer Hinsicht.

Zuerst die praktischen Unterschiede: Objektive arbeiten, je nach Bauart, auf die Distanz am besten, für die sie die meisten Menschen einsetzen. Als logische Folge sind sie für den Nahbereich beschränkt geeignet. Die „perfekte Linse" gibt es nicht, alle leiden unter mehr oder weniger groben Abbildungsfehlern, die zu Kompromissen zwingen, und bis vor kurzem galten Nahlinsen als fotografisches Spezialwerkzeug. Da man keine Objektive produzieren konnte, die auch im Nahbereich einwandfrei arbeiteten, kamen Makroobjektive auf den Markt.

Spiegelreflexkameras (SLR) mit Wechseloptik machten diese Lösung praktikabel, auch in der Digitalfotografie. Wenn Sie eine digitale SLR verwenden, bürgt eine Makrolinse in den meisten der hier beschriebenen Fällen und Vergrößerungen für optimale Bildqualität. Ein weiterer Vorteil digitaler SLRs: Der Sensor ist kleiner als beim 35-mm-Film. Daher wird nur das Zentrum der Linse verwendet, in dem fast keine Aberrationen auftreten, vor allem sphärische Aberration, die sich bei Nahaufnahmen besonders nachteilig auswirkt. Doch auch wenn Sie eine Digitalkamera mit fixem Objektiv Ihr eigen nennen, müssen Sie nicht verzweifeln. Die Hersteller tragen der steigenden Popularität dieses Zweigs der Fotografie Rechnung, moderne Zoomobjektive tun sich durch ausgefeiltes Linsendesign hervor. Bis auf simpelste Modelle finden Sie auf jeder Kamera eine Makroeinstellung.

Für gelungene Nahaufnahmen ist etwas technisches Wissen unvermeidbar, wenn Sie diese Welt gründlich erforschen wollen. Die Digitaltechnik macht die Aufgabe weit einfacher als zur Zeit des Fotofilms, Sie sehen sofort, was Sie aufgenommen haben, und können das Ergebnis unmittelbar beurteilen. Doch es schadet nie, wenn man weiß, was man zu erwarten hat. Daher beginne ich dieses Buch mit der Technik. Der Schwerpunkt liegt auf der Frage der Schärfe – wo sie liegt, wie man sie maximiert und wie und warum man sie gezielt begrenzt.

In der Fotografie kann die Technik die Kreativität anregen, das gilt umso mehr für Nahaufnahmen. Die geringe Tiefenschärfe hängt wie ein Damokles-Schwert über uns, sie reicht nicht an Aufnahmen auf „normale" Distanz heran. Das wird leicht als Einschränkung missverstanden, und tatsächlich gibt es Situationen, in denen „alles scharf" sein muss. Viel öfter aber wird die gezielte Schärfe zu einem Element der Bildgestaltung in dieser Miniaturwelt und eröffnet neue Wege der Bildkomposition und Abstraktion. Unsere Augen können auch jene Dinge klar erkennen, die etwas außerhalb der direkten Sichtlinie liegen, die Kamera aber „sieht" die leichte Unschärfe, ein Charakteristikum jeder Nahaufnahme.

Das alles spricht dafür, im Nahbereich auf die Kamera zu „hören". Je mehr Sie sich in diese Welt vertiefen, desto mehr werden Sie sich auf Kamera und Linse verlassen, die Ihnen sagen, was Sache ist.

Der Grad der Vergrößerung

Es hat sich als nützlich erwiesen, die Fotografie kleiner Objekte, abhängig von der Vergrößerung, in drei Bereiche zu unterteilen, von denen jeder andere Ansprüche an Technik und Linse stellt.

Wir alle haben eine Vorstellung von „nahe", wenn auch sehr unpräzise, und meinen damit meist in Reichweite unserer Arme oder darunter. Wenn Sie sich auf die Art konzentrieren, wie Ihre Augen auf so kurze Entfernung scharf sehen, werden Sie einen Unterschied feststellen (und wenn wir älter werden, ist es genau diese Nahsicht, die am meisten leidet). Auch Kameralinsen müssen in diesem Bereich, wie wir noch sehen werden, etwas anders arbeiten. Daher gibt es gute Gründe, zwischen der Abbildung naher Gegenstände und echten Nahaufnahmen zu unterscheiden.

Als erstes wollen wir die Begriffe klären. Man kann den Grad der Nähe zum Objekt auf zwei Arten beschreiben – mit dem „Vergrößerungsfaktor" oder dem „Abbildungsmaßstab". Beide Ausdrücke sind üblich und meinen dasselbe. Es gibt verschiedene Schreibweisen, ich verwende die gebräuchlichste, „2 x" für den Vergrößerungsfaktor und „2:1" für den Abbildungsmaßstab. Für den Nahbereich existiert keine exakte Grenze , die meisten Fotografen und Hersteller setzen sie bei einer Vergrößerung von 0,1 bis 0,15 (Abbildungsmaßstab 1:10 bis 1:7) an. Darunter ist es „normale" Fotografie.

Fotografieren im Nahbereich bewegt sich etwa zwischen 0,1 x und 1,0 x; in anderen Worten, von dort, wo das Bild ein Zehntel der Größe des Objekts hat, bis dorthin, wo Bild und Objekt gleich groß sind, der „Lebensgröße" (1:10 bis 1:1). In der Praxis erweist sich der Maßstab 1:7 als jener Punkt, an dem die kleinste signifikante Belichtungskorrektur (1/3 Blende) notwendig wird, um die Distanz zwischen Linse und Film auszugleichen. Früher war diese Berechnung essenziell, in Zeiten moderner Belichtungsautomatik und digitaler Vorschaubilder gleicht die Kamera den Umstand, dass weniger Licht den Sensor erreicht, im Allgemeinen aus. Der Makro-Bereich erstreckt sich von 1,0 x bis 20 x (Maßstab 1:1 bis etwa 1:20). Dann machen die optischen Bedingungen den Einsatz eines Mikroskops notwendig. Anmerkung: Da das Wort „Makro" so gebräuchlich ist (auch ich verwende es), wird es oft gleich gesetzt mit „Fotomakrografie", was das genaue Gegenteil, nämlich das (ziemlich übliche) Fotografieren sehr großer Gegenstände bedeutet. Fotomikrografie hingegen ist Fotografie mit Hilfe eines Mikroskops, eine in ihren Grundzügen überraschend einfach zu beherrschende Technik.

Von normal bis makro

Die gegenüberliegende Seite zeigt eine Bildsequenz, die sich einer Blüte Schritt für Schritt nähert. Sie veranschaulicht den Bereich von Entfernung und Vergrößerung, den man üblicherweise als Nahaufnahme bezeichnet, bis hin zur lebensgroßen Abbildung. Noch stärkere Vergrößerung erreicht man nur mit spezieller Technik und, für gewöhnlich, mit einer Spiegelreflex-Kamera.

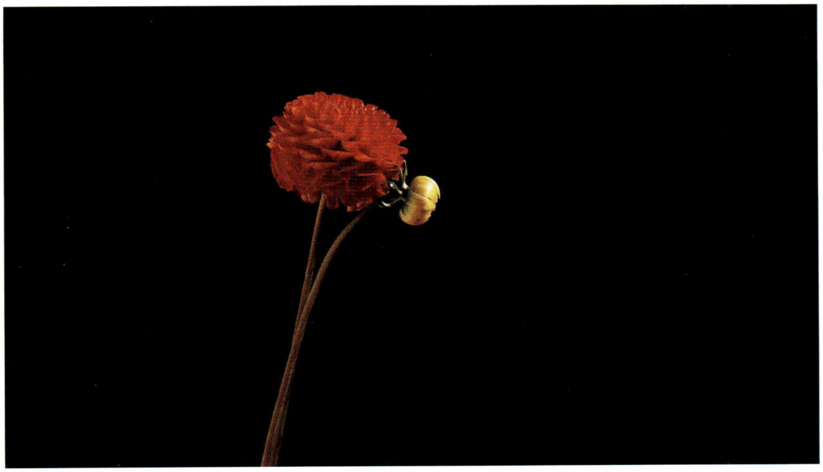

Terminologie

Der Abbildungsmaßstab beschreibt das Verhältnis zwischen der Größe des Bildes und des Objekts. Erscheint zum Beispiel ein 32 mm großes Objekt auf dem Sensor 8 mm groß, ist der Abbildungsmaßstab 1:4 (32 mm dividiert durch 8 mm).
Mit dem Vergrößerungsfaktor drücken wir die gleiche Sache anders herum aus: Die Größe des Objekts wird durch die Größe des Bildes dividiert. In unserem Fall wäre der Vergrößerungsfaktor also 0.25 x oder, als Bruch, ¼.

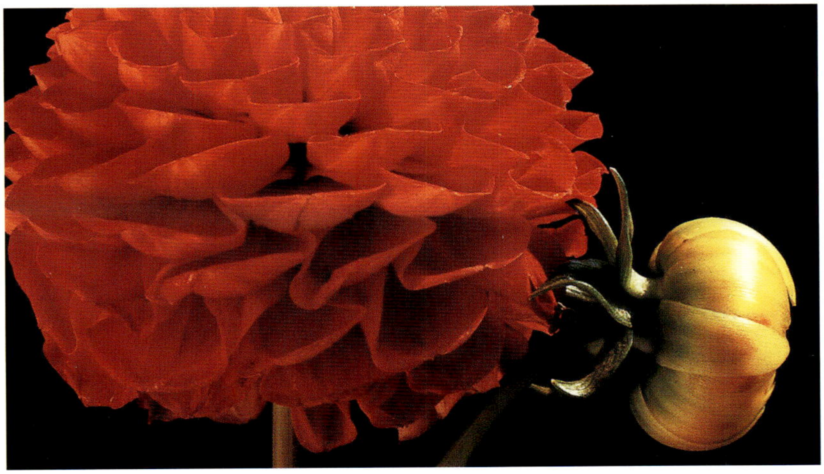

Beginnender Nahbereich
Das obere Bild weist einen Vergrößerungsfaktor von 0,1 x auf, Abbildungsmaßstab 1:10. Bei solch einer leichten Nahaufnahme liefert jede normale Linse ohne spezielle Eigenschaften oder Hilfsmittel ein scharfes Bild.

Beinahe Makro
Vergrößerungsfaktor 0,5 x, Abbildungsmaßstab 1:2. Diese Vergrößerung, bei der das Bild halb so groß ist wie das abgebildete Objekt, erreichen Sie mit den meisten Makroobjektiven ohne Zwischenringe oder Zusatzlinsen.

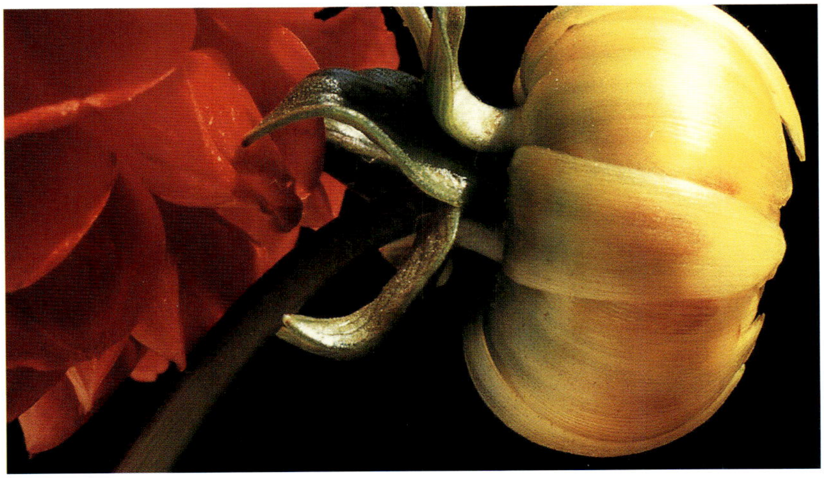

Lebensgroß
Vergrößerungsfaktor 1,0 x, Maßstab 1:1. Um ein Objekt in natürlicher Größe abzubilden, brauchen Sie für eine Kamera mit Fixoptik üblicherweise eine Nahlinse, bei einer SLR kann ein Distanzring verwendet werden.

Optische Grundlagen

Kameraobjektive, die für den Einsatz auf größere Entfernungen entwickelt wurden, arbeiten im Nahbereich in einigen entscheidenden Punkten anders.

Der effektivste Weg, ein Bild zu vergrößern, ist, die Linse nach vorne, vom Sensor weg zu bewegen. Tatsächlich arbeitet der Fokus der meisten Objektive auf diese Weise. Um ein Objekt in einer Entfernung von 1 m bis unendlich scharf zu stellen, müssen die optischen Elemente keinen weiten Weg zurücklegen. Anders bei Nahaufnahmen. Der Grund dafür liegt im Verhältnis der beiden Strahlen zwischen der Linse (genauer: der „Linsenhalbierenden") und dem Objekt auf der einen und dem Sensor auf der anderen Seite *(siehe Kasten)*. Ist ein Objekt weiter als die zehnfache Brennweite entfernt, ändern sich die Bildstrahlen nur geringfügig. Wird diese Distanz unterschritten, werden die Bildstrahlen deutlich länger. Bei einem Abbildungsmaßstab von 1:1, wenn das Bild auf dem Sensor genauso groß ist wie das Original, sind beide Strahlen gleich lang.

Das bringt für die Hersteller einige Probleme, denn die meisten Linsen arbeiten am besten, wenn sich das Motiv in einiger Entfernung befindet

Schärfentiefe

Unter Schärfentiefe versteht man jenen Bereich vor der Kamera, beiderseits der von der Linse scharf gestellten Ebene, der ebenfalls scharf erscheint. Die Betonung liegt hier auf „erscheint", denn Schärfentiefe ist nicht objektiv zu messen. Vor und hinter dem fokussierten Objekt gibt es immer eine Übergangszone zwischen gestochen scharf und eindeutig unscharf. Um diesen Bereich berechnen zu können, muss man messen, wie das menschliche Auge Schärfe erkennt. Dies geschieht mit Hilfe des Unschärfekreises, dem größten Kreis, den das Auge nur als Punkt wahrnimmt, denn selbst ein Punkt hat eine gewisse Größe, sodass es Sinn macht, ihn als kleinen Kreis zu betrachten: Denken Sie nur, wie sich ein winziger Lichtpunkt, etwa ein Sonnenreflex auf einem Regentropfen, sofort in einen deutlich sichtbaren Kreis verwandetl, wenn die Szenerie unscharf im Hintergrund liegt.

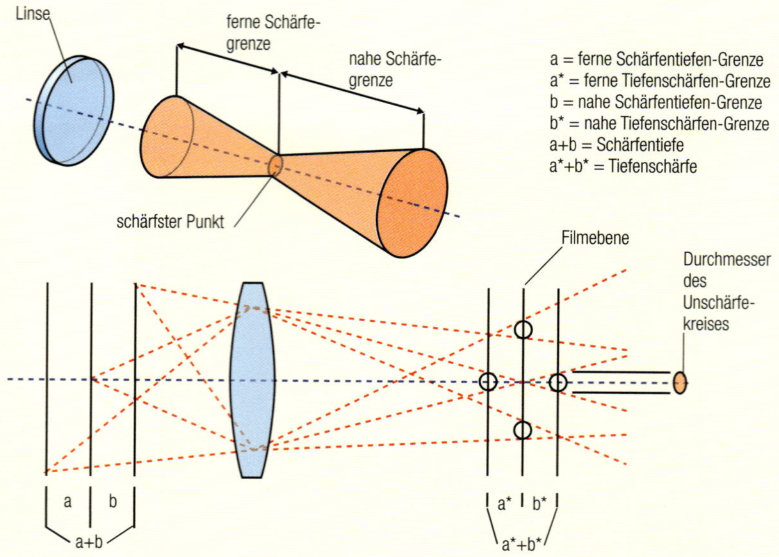

(lange Objektstrahlen), und weniger gut auf kurze Distanzen. Es muss ein Weg gefunden werden, die Glaselemente innerhalb des Objektivs mechanisch zu verschieben. Darunter leidet die Schärfe, Abbildungsfehler werden deutlicher. Modernes Linsendesign leistet auf diesem Gebiet bereits wahre Wunder, allerdings noch nicht auf extrem kurze Entfernungen. Digitalkameras mit Fixoptik haben meist eine „Makrofunktion", mit deren Hilfe man ein nahes Objekt zumindest scharf abbilden kann. Die Qualität dieser Nahaufnahme hängt allerdings stark vom Linsendesign ab. Das Zauberwort „makro" allein lässt noch nicht darauf schließen, dass das Objektiv auch tatsächlich Ihren Anforderungen gerecht wird. Spezielle Makroobjektive sind zwar erhältlich, bleiben aber Kameras mit Wechselobjektiven, also SLRs, vorbehalten.

Für Kameras mit Fixoptik gibt es eine einfache Methode, einen gewissen Vergrößerungsfaktor zu erreichen – zusätzliche Nah- oder Vorsatzlinsen. Diese einfachen Sammellinsen werden wie ein Filter vor dem Kameraobjektiv angebracht und erreichen einen Abbildungsmaßstab von bis zu 1:5. Darüber würde die Bildqualität leiden. Ihr Vorteil ist ihre einfache Handhabung. Nahlinsen sind in verschiedenen Stärken erhältlich, wobei die Leistung in Dioptrien angegeben wird. Eine Linse mit A+1 Dioptrie hat eine Brennweite von 1 m, wodurch sich der schärfste Punkt von unendlich auf 1 m verlagert. Eine Linse mit A+2 Dioptrien hat eine Brennweite von 0,5 m (schärfster Punkt bei 0,5 m), und so weiter. Man kann die Linsen additiv kombinieren (A+1 mit A+2 entspricht A+3), bei mehr als zwei Linsen beginnt die Bildqualität allerdings zu leiden. Setzen Sie dabei die stärkere Linse immer zuerst auf. Mit so genannten Split-Diopter-Linsen kann man mehrere Schärfeebenen in einem Bild erzielen, also z. B. ein sehr nahes Objekt vor einem scharfen Hintergrund abbilden, ohne dass man abblenden muss.

Strahlen

Eine Kameralinse erzeugt für jeden Punkt des Motivs einen ebenso scharfen Punkt auf dem Sensor, der imaginären Bildebene. In der normalen Fotografie, auf dem Bild des Fingerhuts unten links (aufgenommen mit 105 mm Objektiv aus 4 m Entfernung), sind die Strahlen des Objekts viel länger als jene des Bildes, Unschärfen fallen weniger auf. Ist das Objekt jedoch sehr nahe, wie im Bild rechts bzw. dem Diagramm, gleicht sich die Länge der beiden Strahlen an, die Schärfentiefe wird geringer.

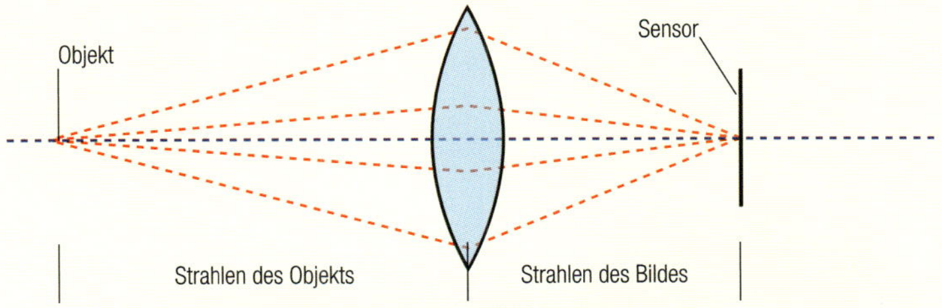

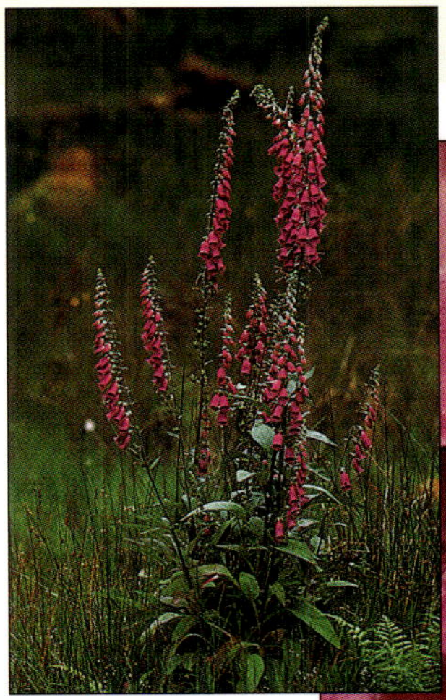

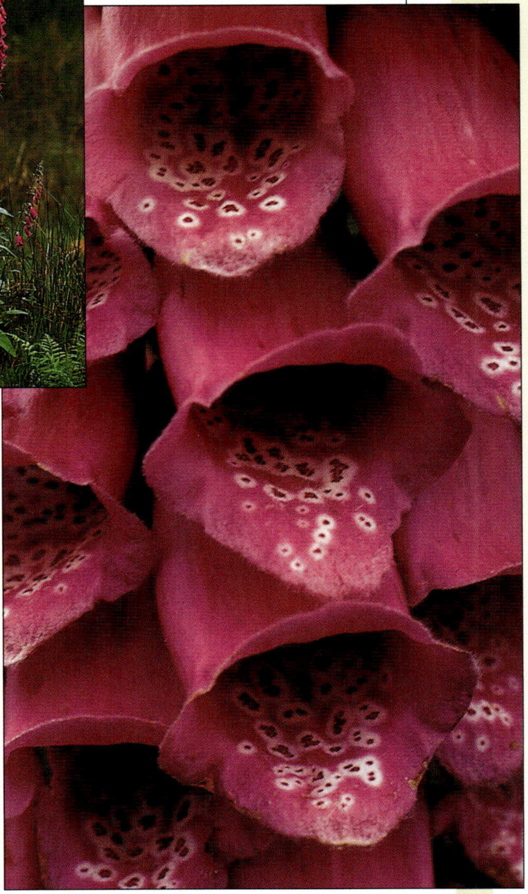

SLR-Techniken

Wechselobjektive eröffnen der Spiegelreflexkamera die gesamte Bandbreite der Nahfotografie, wobei die digitale Technik die traditionellen Probleme mit einem Schlag beseitigt.

Fotografieren im Nahbereich ist ein Gebiet, in dem Objektive eine große Rolle spielen. SLRs haben durch die Möglichkeit des Einsatzes verschiedener Objektive und anderen Zubehörs einen klaren Vorteil, wenn es gilt, Objekte stark zu vergrößern. Wie wir gesehen haben, muss die Linse – oder einzelne Linsenelemente – verschoben werden. Besitzen Sie also eine SLR und wollen sich die Welt der Nahaufnahmen erschließen, ist ein Makroobjektiv die Ausstattung Ihrer Wahl. Ein Makroobjektiv ist speziell auf den Nahbereich abgestimmt und kann zusätzlich bis auf unendlich scharfstellen. In der Praxis gibt es – außer dem Preis – keinen Grund, sich nicht von vornherein dafür zu entscheiden, da die Auflösung auf größere Distanz gegenüber einem „normalen" Objektiv keine sichtbaren Mängel zeigt.

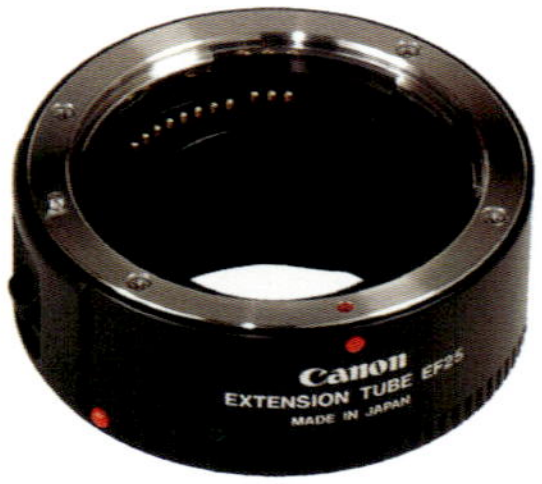

Zwischenringe

Die für Nahaufnahmen nötige Vergrößerung erreicht man durch Vergrößern des Abstands zwischen Linse und Film – am simpelsten mittels Zwischenring oder Balgen zwischen Objektiv und Kamerakörper. Erhöht man die Brennweite (den Abstand zwischen Film und Linse bei Fokus auf unendlich) um die Hälfte, ergibt sich ein Abbildungsmaßstab von 1:2, eine Verdopplung ergibt 1:1 usw. *(siehe Tabelle)*. Gute Zwischenringe und Balgengeräte verbinden die Blendeneinstellung des Objektivs mit dem Verschluss und der TTL-Messung, die Belichtungsautomatik, wenn vorhanden, kann nach wie vor eingesetzt werden. Man kann die Ringe auch kombinieren.

Referenztabelle

Zwischenringe, Abbildungsmaßstäbe und Vergrößerungsfaktor

	50-mm-Objektiv		100-mm-Objektiv		200-mm-Objektiv	
Verlängerung (mm)	Abbildungsmaßstab	Vergrößerungsfaktor	Abbildungsmaßstab	Vergrößerungsfaktor	Abbildungsmaßstab	Vergrößerungsfaktor
5	1:10	0,1 x	1:20	0,05 x	1:40	0,025 x
10	1:5	0,2 x	1:10	0,1 x	1:20	0,05 x
15	1:3,3	0,3 x	1:7	0,15 x	1:13	0,075 x
20	1:2,6	0,4 x	1:5	0,2 x	1:10	0,1 x
25	1:2	0,5 x	1:4	0,25 x	1:8	0,125 x
30	1:1,7	0,6 x	1:3,3	0,3 x	1:7	0,15 x
35	1:14	0,7 x	1:2,8	0,35 x	1:6	0,175 x
40	1:12	0,8 x	1:2,5	0,4 x	1:5	0,2 x
45	1:11	0,9 x	1:2,2	0,45 x	1:4,4	0,225 x
50	1:1	1 x	1:2	0,5 x	1:4	0,25 x
55	1,1:1	1,1 x	1:1,8	0,55 x	1:3,6	0,275 x
60	1,2:1	1,2 x	1:1,7	0,6 x	1:3,3	0,3 x
70	1,4:1	1,4 x	1:1,4	0,7 x	1:2,8	0,35 x
80	1,6:1	1,6 x	1:1,2	0,8 x	1:2,5	0,4 x
90	1,8:1	1,8 x	1:1,1	0,9 x	1:2,2	0,45 x
100	2:1	2 x	1:1	1 x	1:2	0,5 x
110	2,2:1	2,2 x	1,1:1	1,1 x	1:1,8	0,55 x
120	2,4:1	2,4 x	1,2:1	1,2 x	1:1,7	0,6 x
130	2,6:1	2,6 x	1,3:1	1,3 x	1:1,5	0,65 x
140	2,8:1	2,8 x	1,4:1	1,4 x	1:1,4	0,7 x
150	3:1	3 x	1,5:1	1,5 x	1:1,3	0,75 x

Einige Hersteller bieten Makroobjektive mit verschiedenen Brennweiten an, von Normal bis Tele. Der Vorteil einer längeren Brennweite liegt im größeren Aufnahmeabstand, man erreicht die gleiche Vergrößerung aus größerer Entfernung. So kann man auch Insekten oder andere kleine Tierchen „ablichten", ohne sie zu verscheuchen. Wenn Sie sich Ihrem Motiv nicht bis auf wenige Zentimeter nähern können, wählen Sie ein Tele-Makroobjektiv. Dagegen spricht einzig, dass, wenn Sie mit dem Objektiv auch ein Balgengerät verwenden wollen, dessen Vergrößerungsfaktor geringer ist.

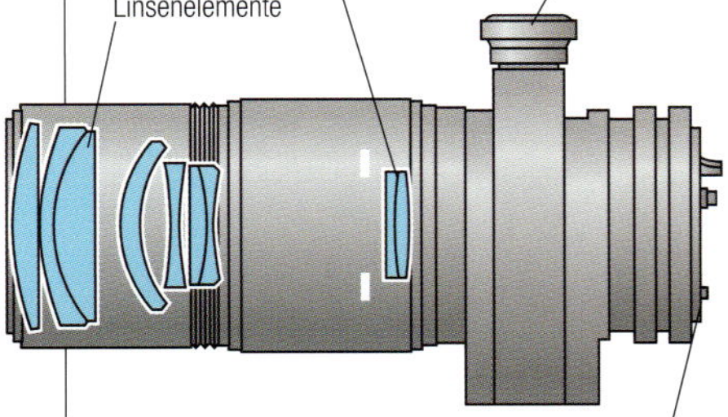

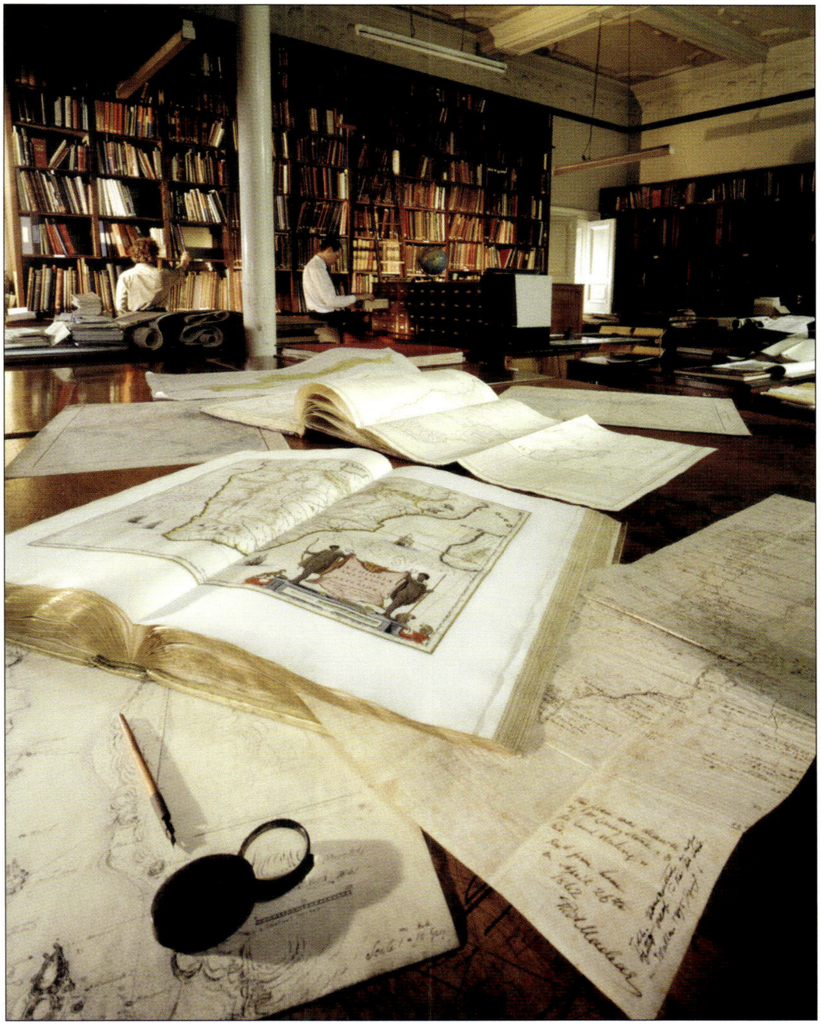

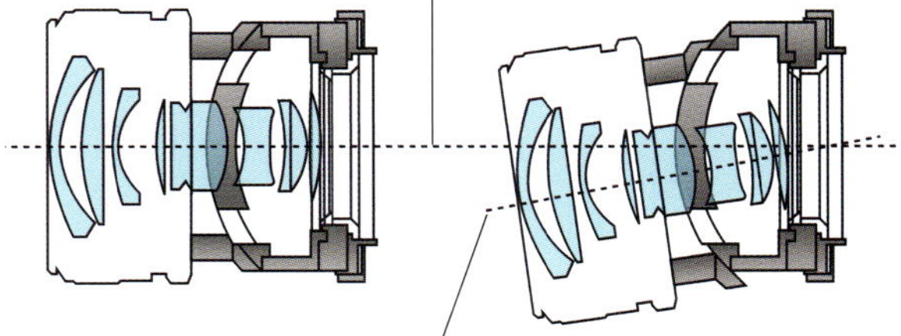

Tele-Makroobjektiv

Das Design dieser Spezialobjektive für Nahaufnahmen zeichnet sich durch einen besonderen Scharfstellmechanismus aus, der Aberrationen verhindert; hier, indem nur die ersten beiden Linsengruppen bewegt werden.

Tilt-Objektiv

„Tilten" bezeichnet eine Spezialtechnik, um einen nahen Vordergrund und einen entfernten Hintergrund gleichmäßig scharf abzubilden. Ein Schwenk der Linsenelemente nach unten *(s. Abb.)* richtet die optische Achse, die normalerweise horizontal verläuft, an wichtigen Bildteilen aus. Die Schärfentiefe ändert sich nicht.

Schärfentiefe

Dieses Bild, aufgenommen mit einem Tilt-Objektiv, zeigt nicht nur die kartografischen Texte im Vordergrund scharf, sondern auch die Regale am anderen Ende des Raums.

Echte Makroaufnahmen

Vergrößerungen über die natürliche Größe sind das alleinige Reich digitaler SLR-Kameras und werfen technische Fragen der Schärfe und Linsenaberrationen auf.

Lichtverlust

Im Makrobereich sind die Linsenelemente weiter vom Sensor enfernt, wodurch ein größeres Bild entsteht, jedoch weniger Licht den Sensor erreicht. Die Blendenwerte (*f*) sind nicht mehr korrekt, eine Belichtungskorrektur wird nötig. TTL-Messung und das Display können helfen, aber es ist gut zu wissen, was auf einen zukommt.

Die Tabelle zeigt den Lichtverlust abhängig vom Vergrößerungsfaktor:
A = Abbildungsmaßstab
V = Vergrößerungsfaktor
B = Belichtungskorrektur
F = Belichtungskorrektur in Blendenschritten
X = Verringerung des Blitzabstands
X ist eine Alternative zu F

A	V	B	F	X
1:10	0,1 x	1,2	/	1,1
1:5	0,2 x	1,4	/	1,2
1:3,3	0,3 x	1,7	/	1,3
1:2,5	0,4 x	2	1	1,4
1:2	0,5 x	2,3	1/	1,5
1:1,7	0,6 x	2,6	1/	1,6
1:1,4	0,7 x	2,9	1/	1,7
1:1,2	0,8 x	3,2	1/	1,8
1:1,1	0,9 x	3,6	1/	1,9
1:1	1 x	4	2	2
1,2:1	1,2 x	4,8	2/	2,2
1,4:1	1,4 x	5,8	2/	2,5
1,6:1	1,6 x	6,8	2/	2,7
1,8:1	1,8 x	7,8	3	2,8
2:1	2 x	9	3/	3
2,2:1	2,2 x	10,2	3/	3,2
2,4:1	2,4 x	11,6	3/	3,5
2,6:1	2,6 x	13	3/	3,7
2,8:1	2,8 x	14,4	3/	3,8
3:1	3 x	16	4	4

Die meisten als „Makrolinsen" angebotenen Objektive bieten einen Vergrößerungsfaktor von 1 x – die natürliche Größe, Abbildungsmaßstab 1:1 –, was für die Ansprüche der meisten, auch der gehobenen Amateurfotografen, mehr als ausreicht. Wie wir aber auf Seite 336-337 gesehen haben, beginnt „echte" Makrofotografie erst etwa in diesem Bereich und endet dort, wo der Einsatz eines Mikrosokops erforderlich wird. Für dieses hochspezialisierte Gebiet muss die Optik sehr weit ausgezogen werden, dadurch wird es zur Domäne der SLRs. Digitale SLRs sind sogar wunderbar für „echte Makroaufnahmen" geeignet, da man durch die sofortige Bilddarstellung die kniffligen Fragen von Kontrast, Farbe und sogar Schärfe leichter in den Griff bekommt. Auch kann man die meisten digitalen SLRs direkt mit dem Computer verbinden, dank der exzellenten Darstellung auf dem Monitor können Sie die Szene gut überblicken.

Unser Hauptaugenmerk gilt der Schärfe. Auf Makrodistanz, wo die Bildstrahlen immer länger sind als die Objektstrahlen *(siehe Seite 338-339)*, wird die Schärfe von einigen Phänomenen beeinträchtigt. Eines davon, das sich hier stärker bemerkbar macht als bei normaler Fotografie, ist die Diffraktion. Diffraktion tritt immer dann auf, wenn eine scharfe, harte (also undurchsichtige) Kante den Weg des Lichts blockiert. Dadurch weicht das Licht von seinem geraden Weg ab, wird leicht gestreut und verursacht Unschärfen. Und diese harten Kanten findet man leider im Inneren des Objektivs, entlang des Blendenverschlusses. Schwierig wird die Sache im Nahbereich dadurch, dass Diffraktion bei kleinen Blenden, die für ausreichend Schärfentiefe nötig sind, und auch mit steigender Vergrößerung zunimmt.

Noch komplizierter wird das Ganze dadurch, dass Abblenden andere Abbildungsfehler, wie sphärische und chromatische Aberration, Koma und Feldkrümmung reduziert, da ein kleinerer Teil der Linse, die Mitte, für die Abbildung benutzt wird. Die Grafik zeigt, dass sich die Kurven an einem Punkt überschneiden, der optimale Blendenwert liegt irgendwo zwischen weit offen und ganz geschlossen. Welcher Wert das ist, hängt vom Objektiv ab; wie gut die Aberrationen durch Glas und Bauweise korrigiert wurden; auch davon, was Ihnen, dem Fotografen, wichtig ist. Die leichte Weichzeichnung durch Diffraktion fällt bei Nahaufnahmen nur wenig ins Gewicht.

Ein weiterer auffälliger Fehler ist die sphärische Aberration durch die Krümmung der Linse. Jene Lichtstrahlen, die durch die stärker gebogenen Linsenränder einfallen, treffen sich näher an der Linse als jene Strahlen, die durch die Mitte gehen *(siehe Grafik)*. Abblenden verringert diesen Effekt, da die kleinere Blendenöffnung die Linsenränder ausblendet. Andererseits wird der Fehler umso deutlicher, je näher das Motiv und je größer der Abstand zwischen Linse und Sensor ist – er steigt also mit dem Vergrößerungsfaktor.

Optimale Blende

Diffraktion ist, im Gegensatz zu allen anderen gängigen Abbildungsfehlern, der einzige, der mit verkleinerter Blendenöffnung zunimmt. Leider ist dieser Effekt aber auch deutlich sichtbar und erfordert unsere Aufmerksamkeit.

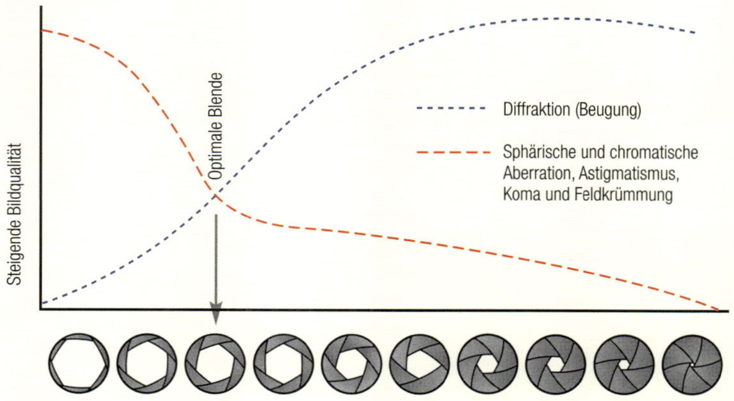

Sphärische Aberration

Die typische Form einer Linse führt dazu, dass der Winkel, in welchem das Licht an den Rändern gebrochen und reflektiert wird, von jenem in der Mitte abweicht. Als Folge davon wird jeder scharfe Bildpunkt leicht verzerrt, was zu Schärfeverlust führt. Abblenden verringert das Problem.

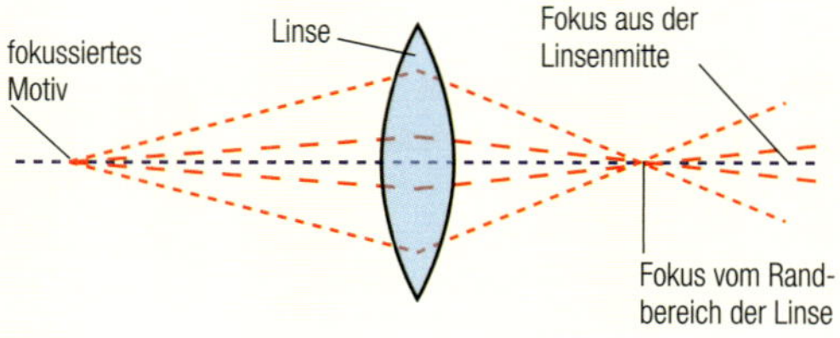

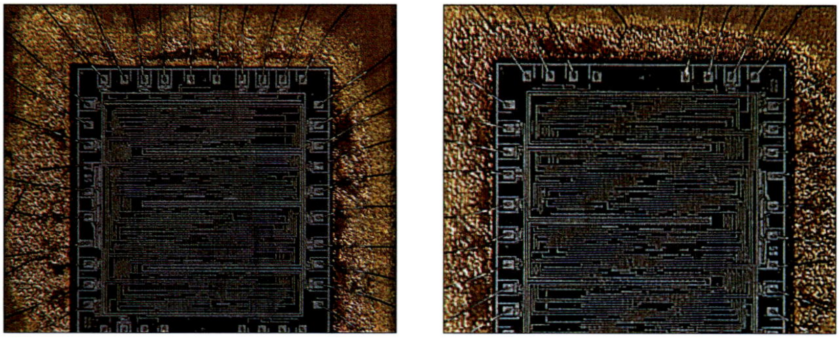

Diffraktion
Diese Bilder zeigen den sichtbaren Schärfeverlust durch Diffraktion bei einem Vergrößerungsfaktor von 4 x zwischen einem Blendenwert von *ƒ*11 (links) und *ƒ*27 (rechts).

Strategien für mehr Schärfentiefe

Nicht nur die Blende, auch Ihre Fantasie lässt Sie das Beste aus der geringen Schärfentiefe bei Nahaufnahmen herausholen.

Je näher die Kamera am Objekt ist, desto geringer die Schärfentiefe, ein Charakteristikum jeder Nahaufnahme, wie wir auf Seite 338–339 gesehen haben. Manche Motive, etwa Insekten, wollen „von Kopf bis Fuß" scharf abgebildet werden, sodass es gilt, die Schärfentiefe so weit wie möglich auszudehnen. Andere, ganz besonders Objekte vor stark strukturiertem Hintergrund (etwa Blumen im Freien) profitieren eher von geringer Schärfentiefe, sie werden so grafisch von ihrer Umgebung getrennt.

Es gibt drei Möglichkeiten, die Schärfentiefe bei Nahaufnahmen zu erhöhen – zwei einfache und eine spezielle. Am offensichtlichsten ist die Wahl der kleinstmöglichen Blende. Obwohl dadurch das Gesamtbild ein wenig an Qualität einbüßt, ist das Ergebnis ein durchwegs schärferes Bild. Allerdings erfordern kleine Blenden längere Belichtungszeiten, die Bewegungen von Kamera oder Objekt (selbst Blätter im schwachen Wind) werfen neue Probleme auf. Das Aufblenden bis zum Maximum gilt nicht gerade als die eleganteste aller Techniken, manchmal darf gar nicht alles gestochen scharf sein. Ein unschätzbarer Vorteil geringer Schärfentiefe ist die optische Trennung von Motiv und Hintergrund *(siehe Folgeseiten)*. Vergrößern Sie also die Schärfentiefe nur soweit wie unbedingt nötig.

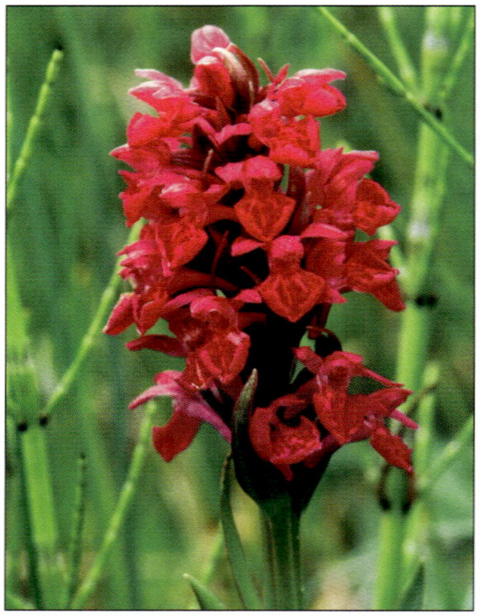

▲ Gerade tief genug
Die schottische Sumpforchidee steht etwas abseits der sie umgebenden Gräser. Wir brauchen daher eine Einstellung für die Schärfentiefe, die einzig die Blätter und den Stängel umfasst, nicht mehr. In diesem Fall experimentieren Sie mit verschiedenen Werten, bis Sie die Einstellung gefunden haben, in der das Motiv scharf zu erkennen ist und der Hintergrund in Unschärfe verschwimmt.

▶ Seitenansicht
Ein Weg, mit wenig Schärfentiefe auszukommen, ist es, das Objekt von seiner flachsten Seite aufzunehmen. Die Libelle hielt still, für die Aufnahme reichte ein Schärfentiefenbereich von 5 mm (200-mm-Makroobjektiv, Blende *f*11, Objektabstand 76 cm). Das Insekt ließ sich durch die Kamera (auf Stativ, Verschlusszeit von 1/4 Sek.) nicht stören, und so konnte ich in Ruhe die beste Aufnahmeposition suchen.

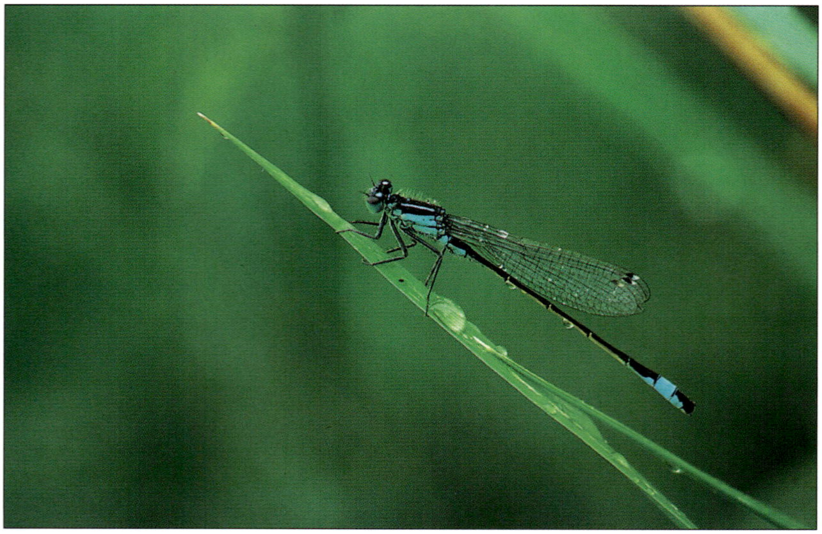

Alternativ könnten Sie Ihren Standpunkt wechseln und sich die Form Ihres Objekts zunutze machen. Die meisten Dinge sind von einer Seite betrachtet kürzer als von der anderen. Wenn Sie ein langes, flaches Objekt anstatt von vorne von der Seite aufnehmen, wird es für die Kamera weniger tief. Das funktioniert selbstverständlich nicht immer. Doch wenn es die Situation erlaubt und die Bildkomposition dadurch nicht zerstört wird, halten Sie die Enfernung zwischen Anfang und Ende des Motivs möglichst klein. Bewegen Sie die Kamera, oder – wenn möglich – rearrangieren Sie die Szene, indem Sie zum Beispiel ein Blütenblatt zurechtrücken.

Die Lösung für Spezialisten im Nahbereich stellt die Verwendung eines Balgengeräts mit Tiltfunktion dar. Bei einem guten Balgengerät kann man die Standart des Objektivs leicht neigen („tilten"), sodass sich auch die Objektivebene neigt, wie bei dem Tiltobjektiv auf Seite 341. Reckt sich ein Blatt also der Kamera entgegen, wird der Objektivwinkel verändert und die Objektivebene am Blatt ausgerichtet. So kommt man zu einem scharfen Bild, ohne die Schärfentiefe zu erhöhen.

Das Scheimpflug-Prinzip

Diese Technik ist in der Studiofotografie mit großformatigen Kameras weit verbreitet (ein Balgengerät für den Nahbereich entspricht ziemlich genau einer Großformatkamera). Die Grafik zeigt die Funktion: Schwenkt man die Linse, verläuft die Objektivebene nicht mehr rechtwinklig zum Sensor, sondern schräg, Objektiv- und Schärfeebene schneiden sich in einem Punkt. Nun kann man die Filmebene ebenfalls auf diesen Punkt fokussieren und das ganze Objekt scharf abbilden – egal, in welchem Winkel es steht.

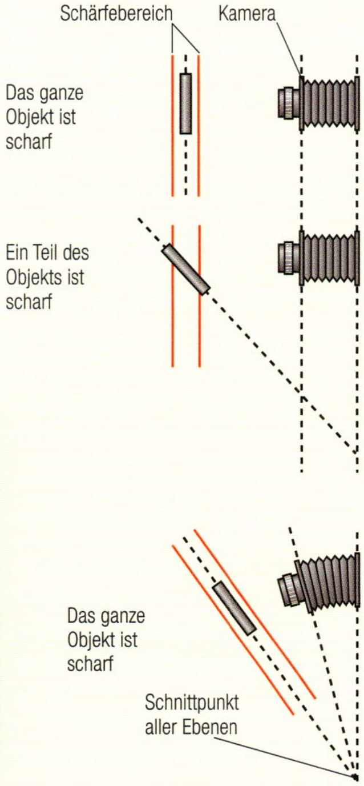

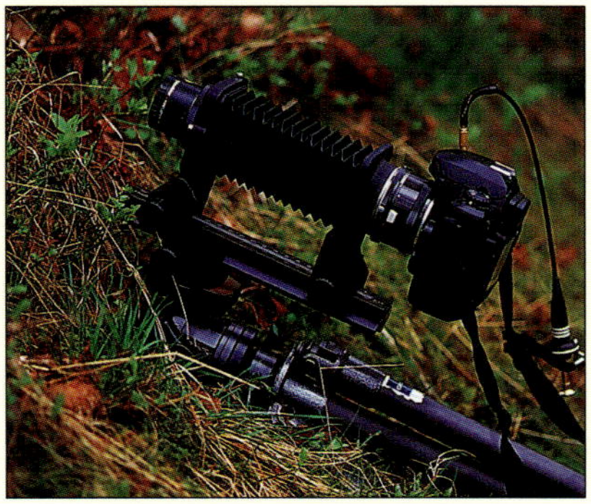

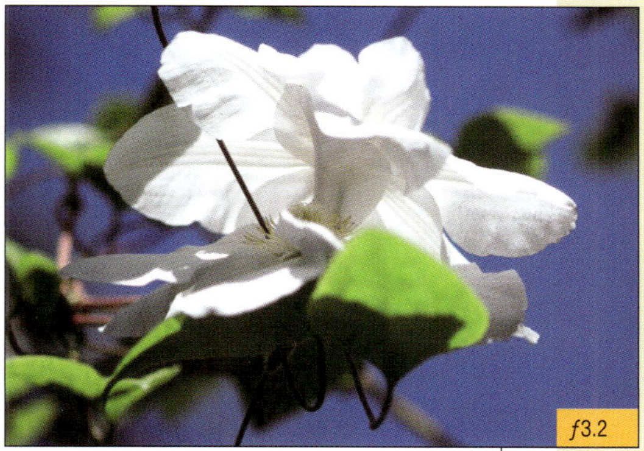

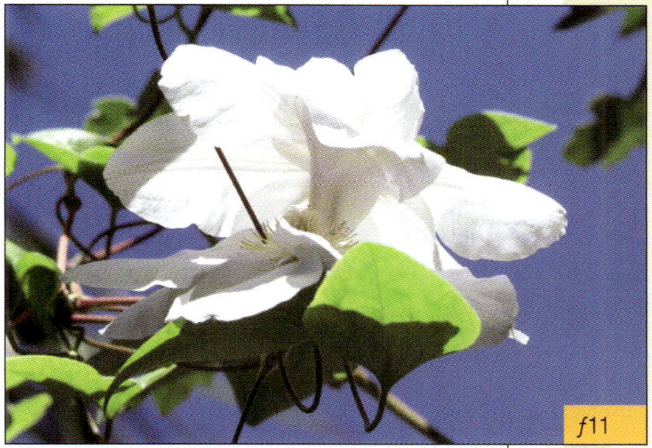

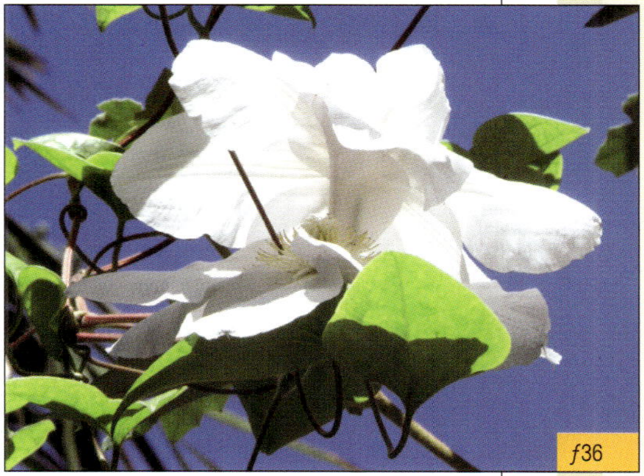

Kontrollierte Schärfentiefe
Die Änderung von Blende und Verschlusszeit ergeben in dieser Aufnahme einer weißen Klematis drei unterschiedliche Schärfentiefebereiche. Die geringe Schärfentiefe bei offener Blende (*f*3.2) hebt zwar die Blüte hervor, doch einige Blütenblätter sind unscharf. Bei Blende *f*11 wird fast die ganze Blüte scharf, der Hintergrund tritt zurück. Die kleinste Blende (*f*36) zeichnet den Hintergrund zu scharf, er lenkt vom Motiv ab.

Geringe Schärfentiefe kreativ nutzen

Das Zusammenspiel von scharfen und unscharfen Bildteilen ist typisch für Nahaufnahmen – ein Gestaltungselement, das es auszuloten und zu genießen gilt.

Anstatt die geringe Schärfentiefe bei Nahaufnahmen als Problem anzusehen, nehmen Sie sie als gegeben hin. In jeder dreidimensionalen Szene auf kleinem Raum wird immer irgendetwas nicht ganz scharf sein. Das gilt auch dann, wenn wir Gegenstände auf diese Distanz mit freiem Auge betrachten, doch bemerken wir es normalerweise nicht. Im Zusammenspiel zwischen Auge und Gehirn baut die Erinnerung ein scharfes Abbild auf, während unsere Augen den Fokus rasch ändern, wir „scannen" die Szene quasi Stück für Stück. Konzentrieren Sie sich auf ein einziges Detail: Sie bemerken, wie anderes verschwimmt, doch sofort, wenn wir den Blickwinkel ändern, springt es uns klar ins Auge. In einem Foto – und nur dort – können wir auch auf den weichen, unscharfen Bereichen verweilen. Als Fotograf können Sie daher mehr tun, als ein Objekt einfach abzubilden: Sie setzen es in Szene.

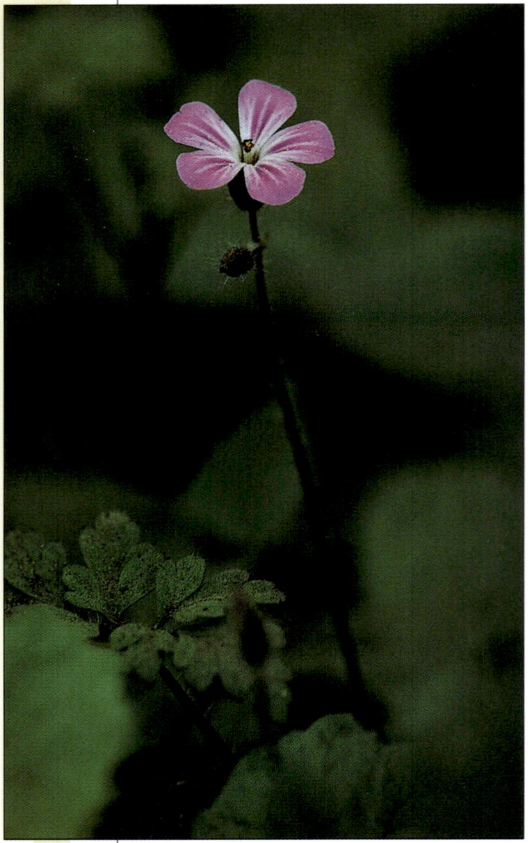

Kontrast durch Schärfe
Eine kleine rosa Geranie im dunklen Wald. Diese Aufnahme wird erst interessant durch den Kontrast zwischen hellen Blütenblättern und dunklem Huntergrund – ein Kontrast, den die geringe Tiefenschärfe noch verstärkt. Die Blume erregt unsere Aufmerksamkeit nicht nur durch ihre Farbe, sondern auch durch ihre scharfe Zeichnung.

Das natürliche Ziel jedes Fotografen ist es, eine Situation so scharf und detailreich wie möglich aufzuzeichnen – das gilt auch für Nahaufnahmen. Doch das ist nicht die einzige Herangehensweise, um zu interessanten Bildern zu gelangen, Unschärfe an sich kann attraktiv sein. Sie sorgt für Abstraktion, grafische Elemente können losgelöst von ihrer Herkunft eingesetzt werden. In erster Linie gilt dies für Farben, die in weicher Unschärfe ineinander fließen, sich mischen und wie gesprayt wirken. Die Farbverläufe sind ein Bild für sich oder bilden den Hintergrund für das scharfe Objekt.

In jedem Fall sind Nahaufnahmen eine ideale Spielwiese für kreative Experimente, dies aus zwei Gründen. Zum einen ist es nicht besonders schwer, unter den optischen Bedingungen der Makrofotografie Unschärfen zu erzeugen *(siehe Seite 338–339)*. Ein winziger Dreh am Scharfstellring lässt bei einem Abbildungsmaßstab von 1:4 ein eben noch scharfes Detail zu völliger Unkenntlichkeit verschwimmen. Zum anderen hat die kleinste Bewegung von Fotograf oder Kamera drastische Auswirkungen auf das Bild.

Wenn Sie mit Abstraktion, Farben und Verläufen spielen wollen, reicht es, die Kamera ein wenig vor, zurück oder seitwärts zu bewegen und das Ergebnis durch den Sucher oder am LCD-Monitor zu betrachten, während Sie mit Hilfe der Blende die Schärfentiefe verändern.

Caladium

Der Reiz dieser Aufnahme liegt in den verschiedenen Magentatönen. Durch das Gegenlicht verstärkt, gehen helle und dunkle Töne ineinander über. Der exakte Schärfepunkt war hier weniger wichtig als die Farbkomposition. Die geschwungenen Linien der Blattadern und der unscharfe Stängel im Vordergrund verleihen dem Bild Struktur und Halt.

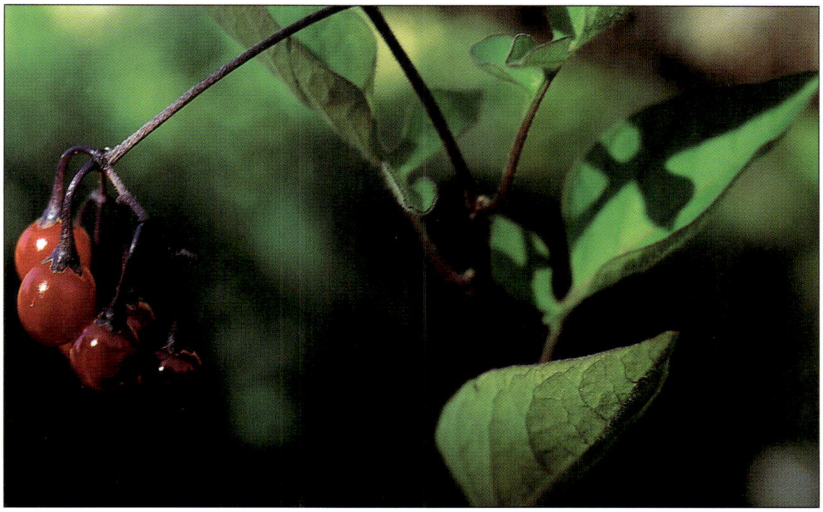

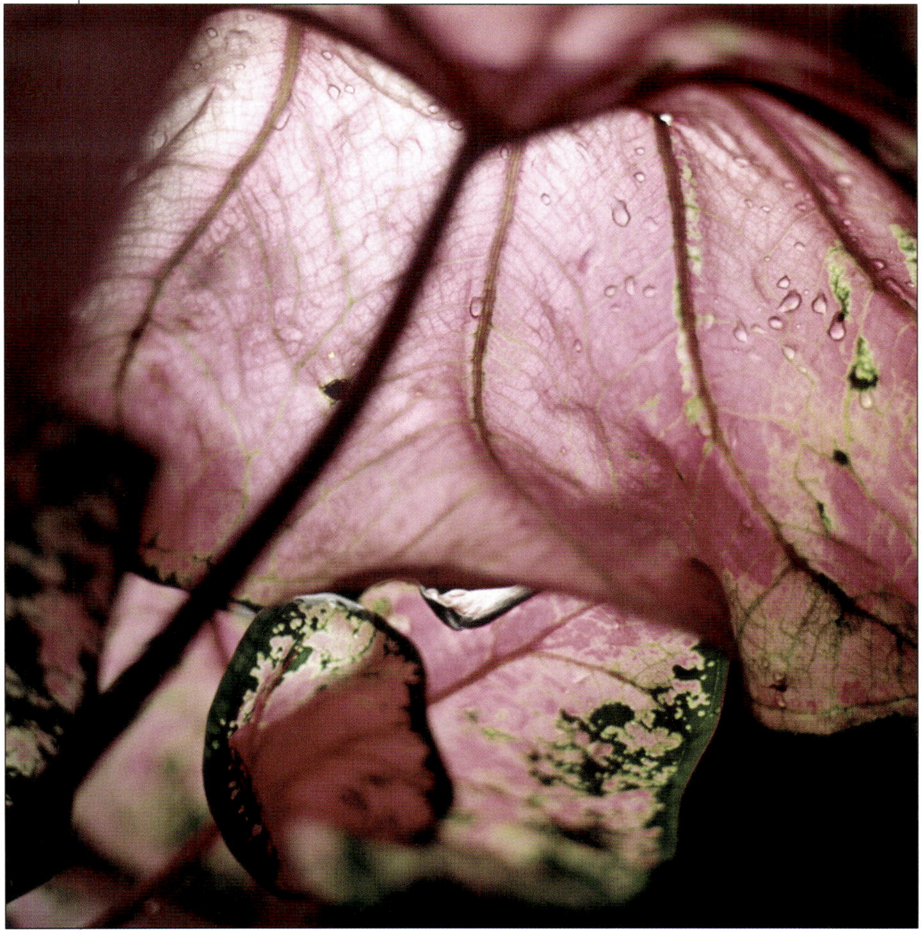

Der Hintergrund tritt zurück

Die Beeren, von einem Sonnenstrahl mit funkelnden Reflexen geschmückt, sind das wichtigste und daher schärfste Element dieses Bildes. Die Anordnung der Blätter und Zweige ergab einen natürlichen Bildaufbau, in dem die Beeren an den linken Rand rückten. Geringe Schärfentiefe war entscheidend, um die Komposition vom grünen Hintergrund zu trennen, der Kamerastandpunkt war sorgfältig gewählt, die Beeren sind exakt vor einem dunklen Hintergrund platziert.

Zusammengesetzte Schärfe

Eine der großen Errungenschaften digitaler Bildbearbeitung, die Arbeit mit Ebenen, führt zu einer spektakulären Lösung, um die Tiefenschärfe nach Belieben auszudehnen, sogar bei kleinsten Objekten.

Bewegt man den Schärfering vor und zurück, um die beste Position zu finden, ergibt sich eine verblüffende – digitale – Methode zur Vergrößerung der Schärfentiefe. Könnte man diese Sequenz der Schärfeverlagerung aufnehmen und kombinieren, hätte man ein von vorne bis hinten scharfes Bild. Die Tiefenschärfe wäre nicht höher, das ist ein rein optischer Effekt, doch der Gesamteindruck wäre ähnlich. Und tatsächlich eröffnet sich uns so ein praktikabler Weg zu einem scharfen Bild, wie es anders nicht zu erreichen ist. Die Schärfentiefe auf Makrodistanzen ist und bleibt gering, daher kann man tiefe Objekte, selbst bei kleinster Blende, nie zur Gänze scharf abbilden.

Die Technik erfordert eine Reihe von Aufnahmen, jedesmal mit anderer Schärfeebene. In einem Bildbearbeitungsprogramm werden die Einzelbilder als Ebenen zusammengefügt und die unscharfen Bereiche mit weichem Radierpinsel entfernt. Wurde die Sequenz gut geplant und ausgeführt, enthält das fertige Bild eine Folge scharfer Zonen, die sich nahtlos aneinanderreihen – an sich nicht besonders schwer, aber arbeitsaufwändig. Das beste und schärfste Ergebnis erhalten Sie, wenn Sie nicht ganz aufblenden, um Diffraktion zu vermeiden *(siehe Seite 342-343)*. Finden Sie die optimale Blende für

Tibetanische Ringe
Die beiden Goldringe wurden in insgesamt vier Schärfeebenen, von ganz vorne bis hinten, aufgenommen. Die Bilder wurden in der Größe exakt angeglichen, die jeweils unscharfen Bildteile mit dem Airbrush-Werkzeug und einer weichen, großen Spitze vorsichtig entfernt. Hier zeigen wir das Bild, um die Technik zu verdeutlichen, in der Praxis scheint die untere Ebene durch.

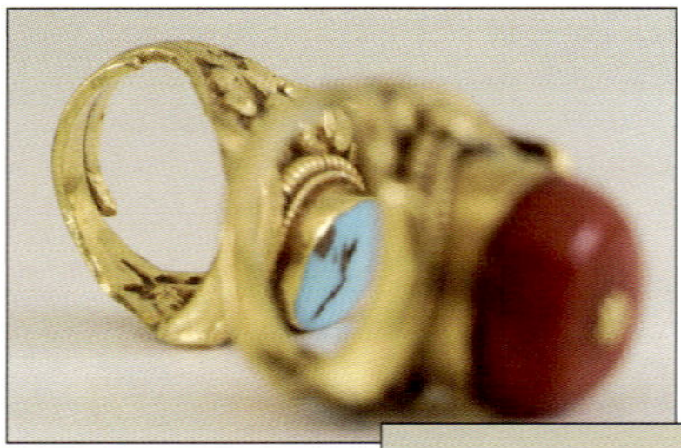

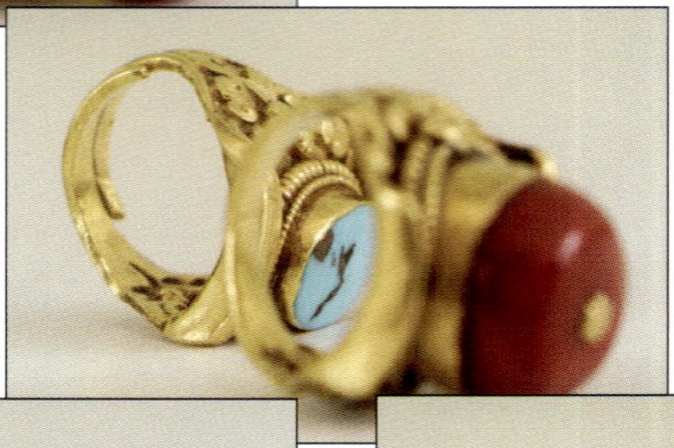

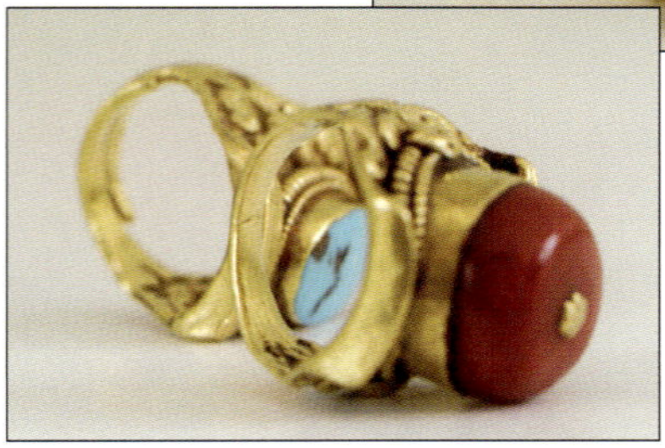

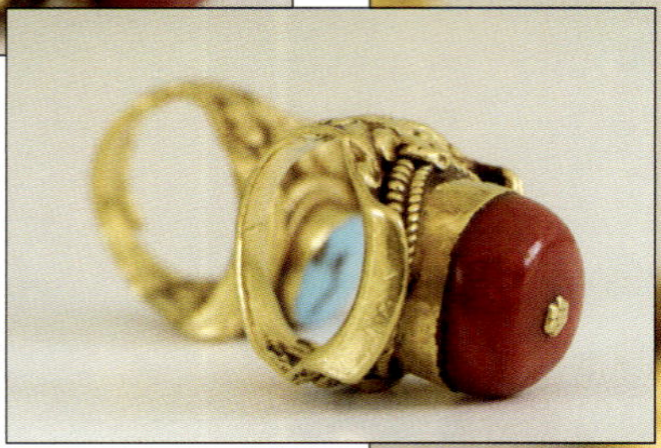

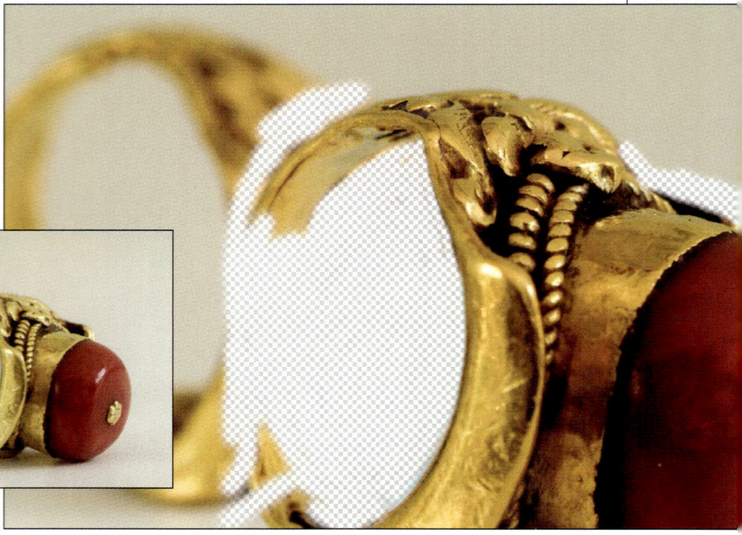

Ihr Objektiv; meist liegt sie zwei bis drei Stufen über dem kleinsten Wert. Die Schärfentiefe der Einzelaufnahmen wird dann sehr gering sein, Sie brauchen also mehr Ebenen. Wie viele, hängt von der Tiefe des Objekts und vom Vergrößerungsfaktor ab: 20 Bilder sind keine Seltenheit.

Sie können für die Sequenz entweder die Schärfe an der Kamera verstellen (wobei Sie manuell fokussieren) oder die Kamera bzw. das Objekt Stück für Stück nach vorne oder hinten bewegen. Noch einfacher wird die Sache, wenn Sie an Ihrer SLR ein Balgengerät verwenden *(siehe Seite 345)*, dann brauchen Sie nur an der unteren Stellschraube zu drehen. In jedem Fall aber werden Sie die Größe einer oder mehrerer Ebenen anpassen müssen.

Das Erfolgsgeheimnis liegt in sorgfältiger Planung, die Sequenz darf keine Lücken aufweisen. Sicherer ist es, das eine oder andere Bild zu viel zu schießen, als unscharfe Streifen zu riskieren. Üben Sie in einem kleinen Bereich und ändern Sie die Schärfe nur wenig. Machen Sie zwei oder drei Aufnahmen und öffnen Sie sie in einem Bildbearbeitungsprogramm, das Ebenen erlaubt, von vorne nach hinten geordnet. Überprüfen Sie in jeder Ebene, wo die Schärfezone endet und entfernen Sie die Unschärfen in der obersten Ebene. Die scharfe Zone der Ebene darunter wird langsam sichtbar. Das bleibt reine Handarbeit, man kann es nicht automatisieren, da andere Bildeigenschaften die Schärfe beeinflussen. Zum Beispiel kann ein weicher Bereich zwar scharf, aber ohne Konturen sein. Arbeiten Sie langsam, Strich für Strich, bis ein Pinselstrich mehr Unschärfe denn Schärfe zutage fördert.

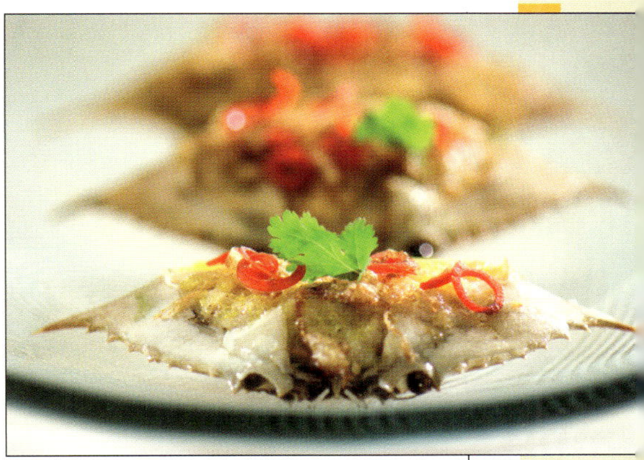

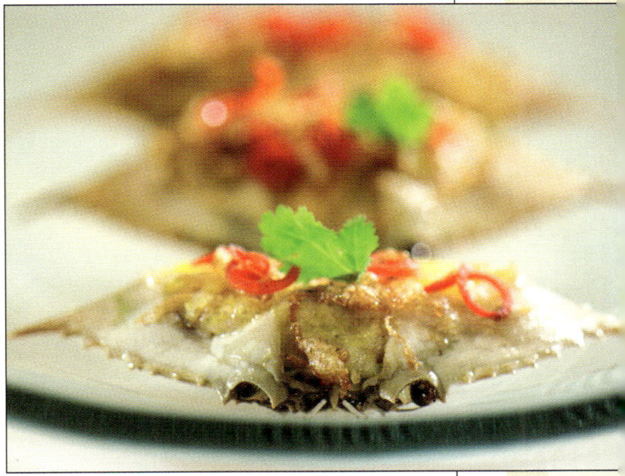

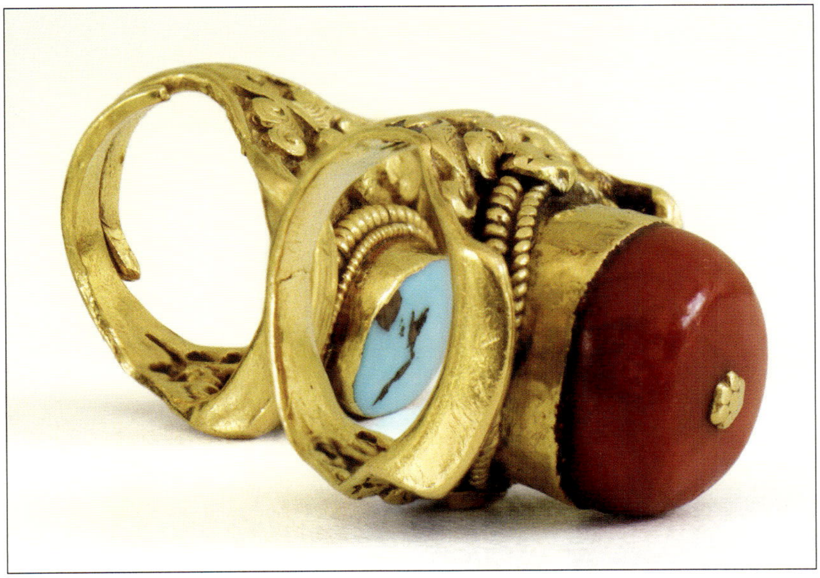

Das fertige Bild
Die fertige Bildmontage, auf eine Ebene reduziert. Nur die benötigten Teile sind scharf. Nicht gezeigt haben wir hier, dass die einzelnen Bilder etwas in der Größe angepasst werden müssen, da sich durch die Verlagerung der Schärfe das Größenverhältnis geringfügig ändert – bewahren sie die einzelnen Ebenen auf.

Krabben
Dieses Bild eines thailändischen Krabbengerichts erforderte sehr selektives Fokussieren. Die Schärfe sollte auf den Augen liegen, doch auch das Korianderblatt wollte Beachtung. Mehr Tiefenschärfe hätte den Eindruck des Bildes zerstört, daher wurden zwei Aufnahmen kombiniert. Die Kamera auf dem Stativ wurde dazwischen nicht bewegt. Die Schwierigkeit lag in der leichten Größenänderung durch die Schärfeverlagerung, eine Ebene musste angepasst werden.

Fallstudie: **Treten Sie näher ...**

Um zu verdeutlichen, wie sich Vergrößerung sowohl auf das Motiv als auch auf dessen Wahrnehmung auswirkt, zeigen diese Bildpaare die „Normalansicht“ – das erste, was an einem Motiv auffällt – und ein kleines, doch umso bestechenderes Detail. Das ist eine spezielle Herangehensweise an die Nahfotografie: Man überprüft eine Szene nicht darauf, ob sie als Ganzes ein Bild ergibt, sondern sucht völlig andere Bilder darin.

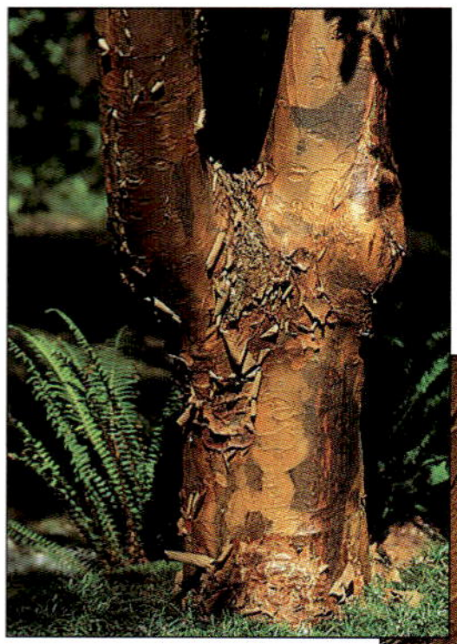

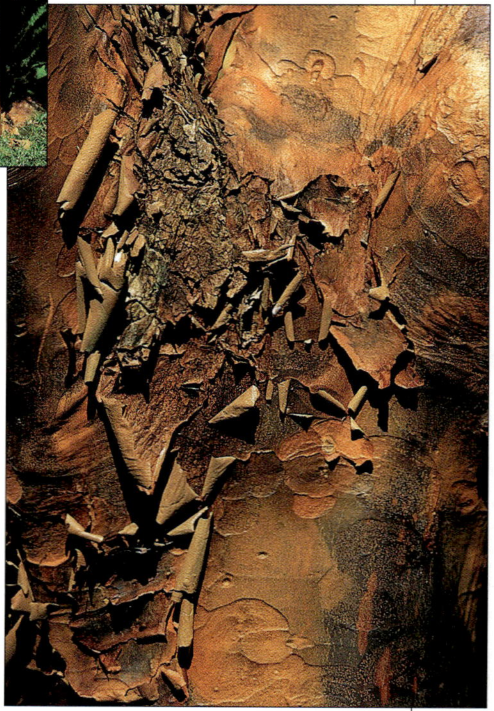

Kontext
Die Nahaufnahme des Teebaums lenkt die Aufmerksamkeit auf die seltsame Rinde und erklärt den englischen Namen Paper Bark (Papier-Rinde).

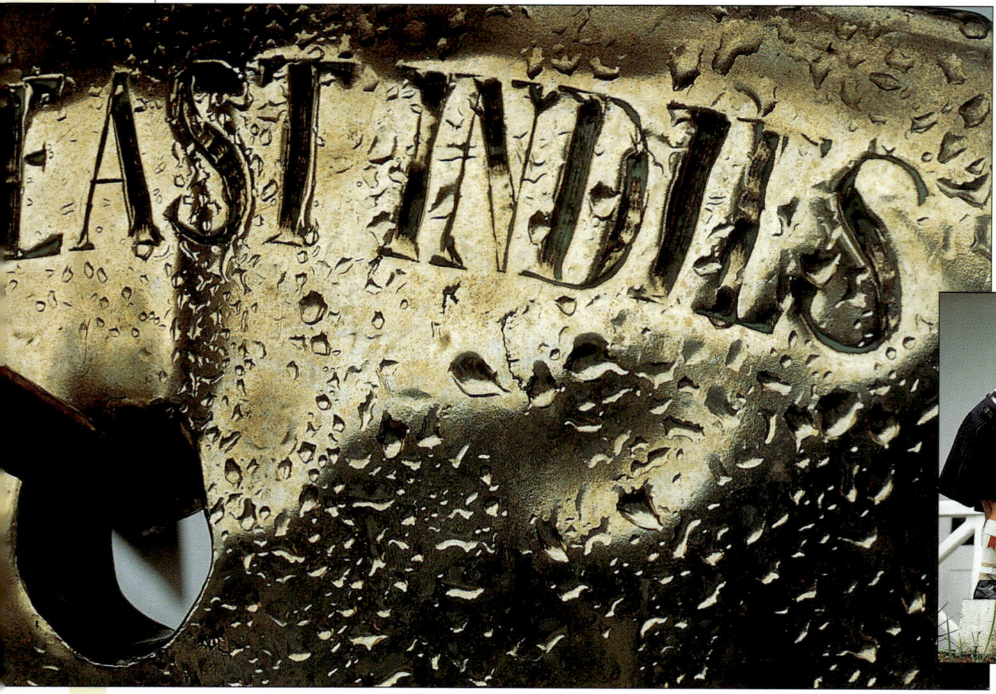

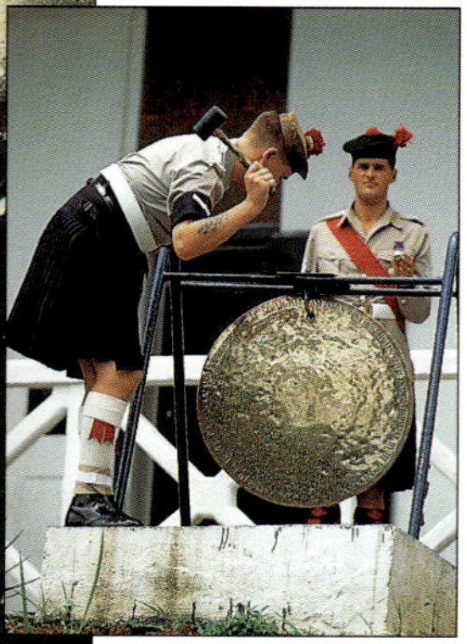

Geschichte im Detail
In der Kaserne des schottischen Regiments „The Black Watch“ befindet sich der Regimentsgong. Aus der Distanz bleibt die Herkunft des Bronzegongs verborgen: Er wurde während des Indienaufstands erbeutet. Wassertropfen aus einer Dusche verleihen der glänzenden Oberfläche Struktur.

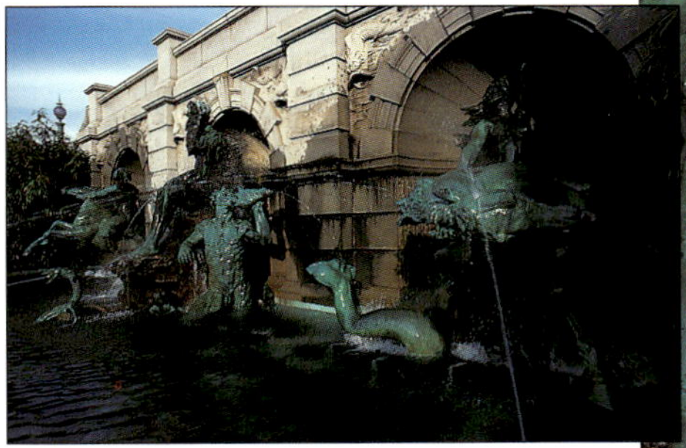

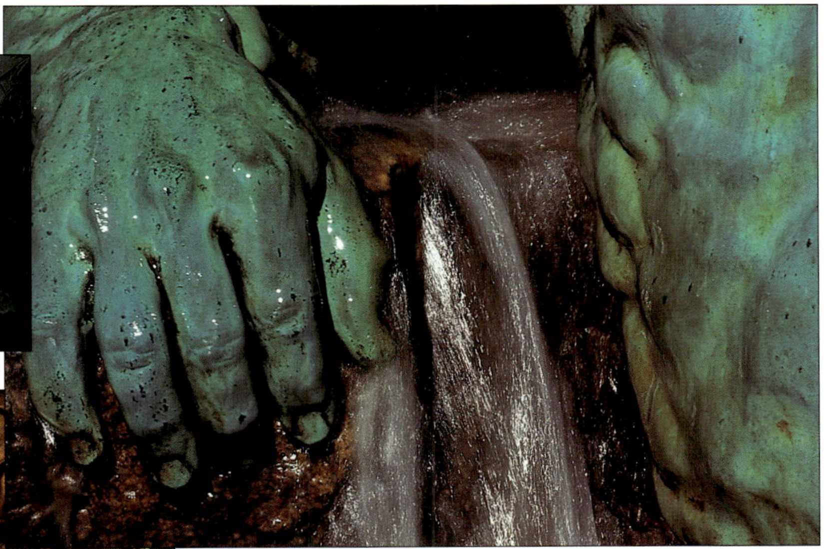

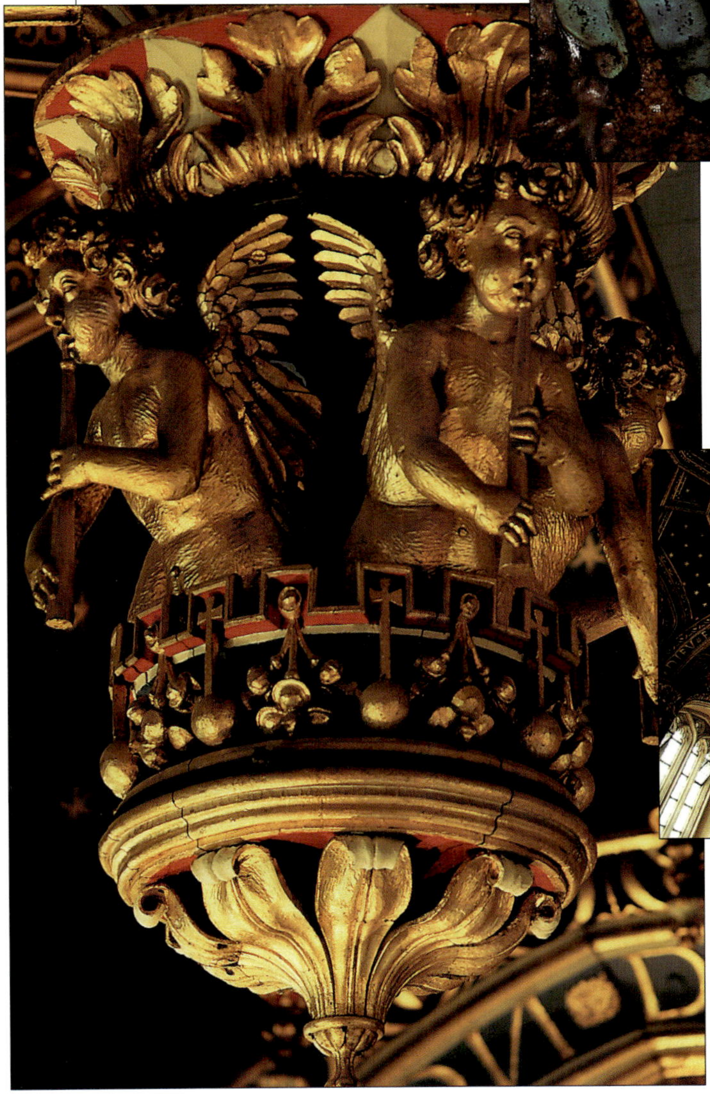

Wasser auf einer Skulptur

Die Gesamtansicht der Brunnen am Fuß der Kongressbibliothek in Washington DC zeigt die architektonische Größe und die Anordnung der Bronzestatuen. Auch das fließende Wasser mit seiner Bewegung, den Reflexen und der glänzenden Patina versprach attraktive Details. Verschiedene Verschlusszeiten wurden ausprobiert, um die Bewegung des Wassers durch Unschärfe zu unterstreichen.

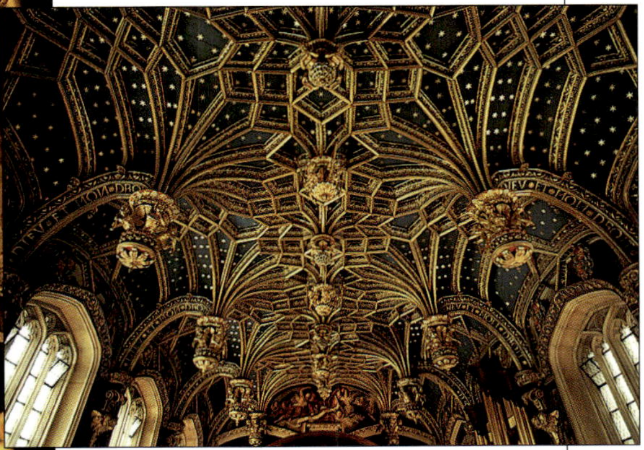

Brennweite verlängern

Die Weitwinkelaufnahme, von einem Balkon aus mit einem 20-mm-EFL-Objektiv fotografiert, zeigt die gesamte vergoldete Tudor-Decke im Schloss Hampton Court. Man erkennt den Detailreichtum, hat aber keine Möglichkeit, näher heranzugehen. Der Wechsel zu einem 400-mm-EFL-Teleobjektiv war die logische Alternative und offenbarte Details der exquisiten Schnitzereien.

Spiegelungen und Schatten

Nutzen Sie weniger offensichtliche Erscheinungsformen der Objekte für interessante, unverkennbare Bilder.

Ein weiteres Charakteristikum von Nahaufnahmen ist, dass Schatten weit auffälliger zutage treten als auf normalen Distanzen. Die Ursache dafür ist nicht auf den ersten Blick ersichtlich. Je näher man an die Dinge herangeht, desto deutlicher werden ihre Unterschiede. Stellen Sie sich vor, Sie blicken von einem Aussichtsturm auf eine Landschaft. Sogar in hügeligem Gelände erweckt die Szene einen gleichförmigen Eindruck. Die längsten Schatten treten, vorausgesetzt die Sonne scheint, morgens und abends auf, und selbst dann sind es nur die weithin sichtbaren Objekte, eine Felsenklippe oder hohe Bäume, die starke Schatten werfen. Mit anderen Worten, je weiter entfernt wir sind, desto weniger fallen Einzelheiten ins Gewicht. Ähnlich bei Spiegelungen: Nur große Wasserflächen – Seen oder das Meer – spiegeln andere Objekte, und zwar nur bei Windstille.

Auf geringe Distanz ändert sich das dramatisch. Schatten ragen hoch auf und Spiegelungen, wenn Sie sie in die Aufnahme integrieren, können zu einem dominanten Bildelement werden. Mit etwas Fantasie bietet sich so eine exzellente Methode, Aufbau und Inhalt unserer Bilder faszinierend zu gestalten. Spiegelungen und Schatten haben denselben Ursprung – den Einfall des Lichts. In einem Bild können sie auf ein Objekt verweisen, anstatt es direkt zu

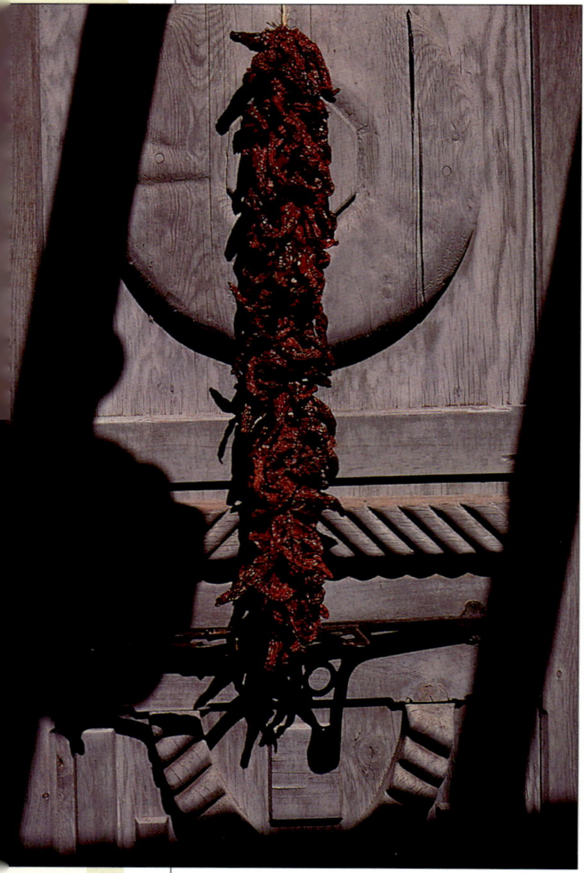

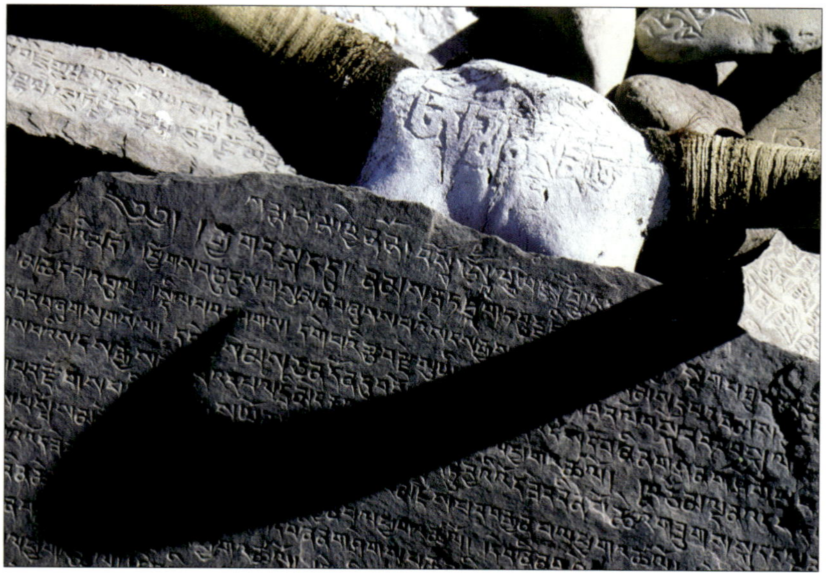

Chilis in der Sonne
Scharfe, rote Chilischoten trocknen in der heißen Sonne von New Mexico. Intensives Sonnenlicht und eine klare Luft sind ideale Bedingungen für scharfe, konturierte Schatten.

Yakhorn
Das Horn eines Yak-Schädels, eingekeilt zwischen tibetanischen Gebetsplatten, wirft einen elegant geschwungenen Schatten auf die in Stein gemeißelten Worte Buddhas.

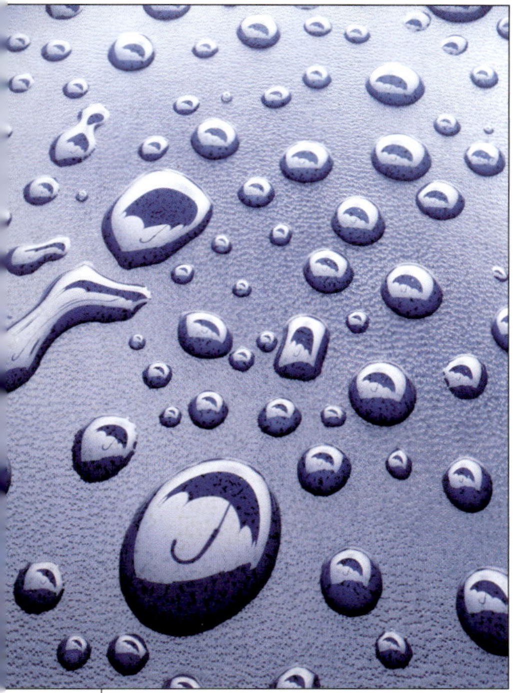

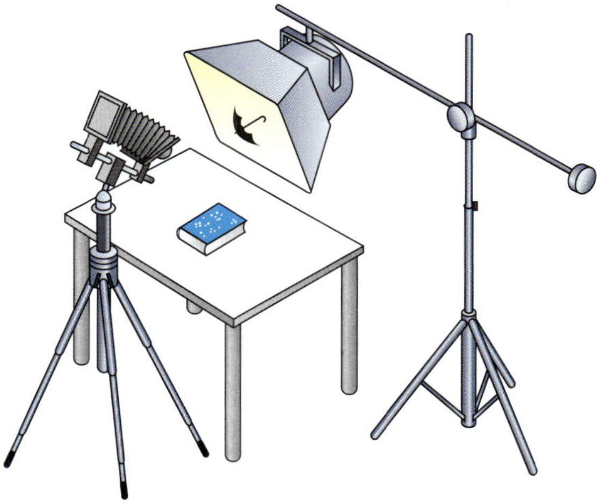

Regenschirm-Tropfen
Die Silhouette eines Regenschirms in den Tropfen einzufangen, wäre mit einem echten Schirm zu kompliziert. Wir haben eine Tageslicht-Lampe in kurzer Entfernung postiert und mit einem kleinen Scherenschnitt dekoriert. Statt Wasser, das schnell wegtrocknet, wurde Glyzerin mit einer Pipette auf den Hintergrund (ein Buch) geträufelt.

Der Schatten eines Vogels
Der ausgestopfte Vogel in seinem Glaszylinder, ein Relikt aus vikorianischer Zeit, ist auch als bloßer Schatten an der Wand eines alten englischen Landhauses gut zu erkennen – und ergibt ein interessanteres Bild als der direkte Blick auf das Objekt selbst.

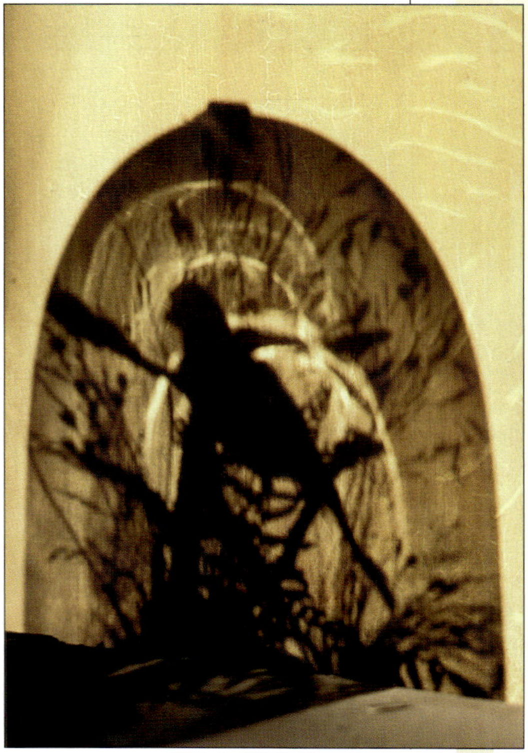

zeigen, und diese ungewöhnliche Sichtweise kann Ausdruck sowohl inhaltlichen als auch grafischen Ideenreichtums sein. Wie bei allen Anspielungen gilt es auch hier, die Balance zwischen dem Offensichtlichen und dem nicht mehr Erkennbaren zu finden. Schatten erzielen die größte Wirkung, wenn sie dem Gegenstand eine neue Qualität verleihen, wie im Bild des viktorianischen Vogels. In diesem Fall gibt die Verzerrung durch den Glaszylinder einer ansonsten banalen Kontur eine neue optische Dimension. Andererseits, wenn Sie sich nur auf den Schatten verlassen, kann die Übung leicht schiefgehen, sollte der Gegenstand nicht oder, noch schlechter, nicht eindeutig zu erkennen sein. In der Aufnahme der tibetanischen Gebetsplatten war der Schädel des Yaks einer der heiligen Gegenstände. Schon für sich selbst interessant, erhielt das Motiv zusätzliche Faszination durch den ungewöhnlichen und eleganten, klaren Schatten des Horns.

Spiegelungen in Wasser oder auf glänzenden Oberflächen haben zwar andere Ursachen, bieten der Bildgestaltung jedoch ebenso aufregende Möglichkeiten. Sie sind weniger deutlich als das reale Objekt und sorgen für einen Überraschungseffekt. Wie Schatten können sie als Blickfang einem Motiv mehr oder eine ganz andere Bedeutung verleihen, wie in dem Stillleben mit den kleinen Regenschirmen in den Wassertropfen.

Blitz

Ein Blitz hilft, Beleuchtungsprobleme bei Nahaufnahmen zu lösen, einige eingebauten Blitze erreichen aber nahe positionierte Objekte nicht.

Aus vielerlei Gründen brauchen Nahaufnahmen mehr Licht als normale Fotos. Oft stehen kleine Objekte im Schatten von größeren, auch die der Kamera, wenn sie nur wenige Zentimeter weit entfernt ist. Außerdem gelangt durch die Entfernung zur Linse weniger Licht auf den Sensor *(siehe Seite 342)*. Zum Dritten vergrößert sich mit dem Gegenstand auch seine sichtbare Geschwindigkeit – die leichte Brise, die einen Grashalm liebkost, wird im Sucher des Makroobjektivs zu einem wilden Orkan. Statt die ISO-Zahl, und damit das Bildrauschen, zu erhöhen, kann man einen Blitz verwenden.

Blitze und Blitzgeräte haben in der Nahfotografie eine spezielle Funktion. Auf diese Distanzen reicht ihre Leuchtkraft meist aus, um die ganze Szenerie auszuleuchten. Bei „normalen" Aufnahmen, etwa einer Personengruppe in einem Raum, wird der auf der Kamera montierte Blitz nur die Menschen, nicht den Hintergrund erreichen. Je näher man herangeht, desto mehr „wächst" der Blitz. Der streng abgezirkelte Lichtkegel eines Pocketblitzes gewinnt bei kleinen Objekten auf kurze Distanz an Wirkung. Reflektor und Glas selbst kleiner Geräte sind mindestens ebenso groß wie zum Beispiel ein Insekt, sodass bei einem Vergrößerungsfaktor von 0,5 x oder 1,0 x die ganze Szene gleichmäßig und gut ausgeleuchtet ist.

Allerdings befindet sich der eingebaute Kamerablitz für Makroaufnahmen nicht gerade in der besten Position. Er zielt nach vorne, ausgezeichnet in fast allen Fällen, doch wenn sich das Motiv nur wenige Zentimeter vor der Linse befindet, wird es von dem Lichtstrahl oft nur am oberen Rand gestreift. Die Belichtungsautomatik versucht, dies auszugleichen, und wird entweder die Blende vergrößern oder die Blitzstärke erhöhen, in beiden Fällen wird die Blitzenergie vergeudet. Noch störender ist ein Umstand, der bei manchen Kameras

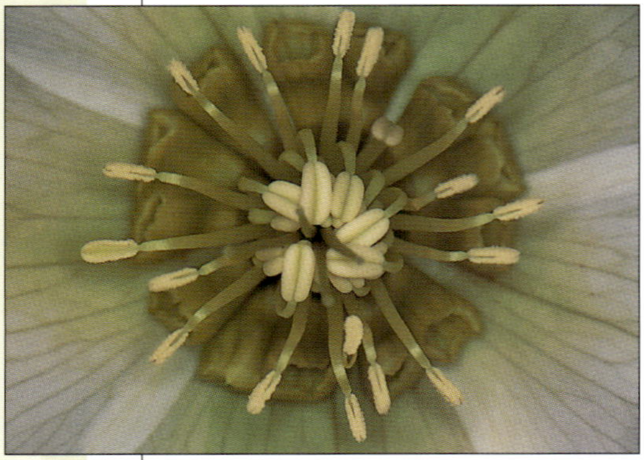

Ringblitz
Eine Art Blitzgerät, speziell für Nahaufnahmen hergestellt, ist der Ringblitz: Eine runde Blitzröhre umschließt den Vorderteil des Objektivs und sorgt für schattenfreie Ausleuchtung.

Berechnungen

Unter normalen Umständen wird sich die Belichtungsautomatik um alles kümmern, doch als zusätzliche Sicherheit oder wenn Sie mit manueller Einstellung arbeiten oder den Blitz von der Kamera getrennt verwenden, wird die Belichtungszeit und Blitzentfernung wie folgt berechnet:

1. Verlängerung der Belichtungszeit = $\frac{(\text{Objektivbrennweite} + \text{Verlängerung})^2}{(\text{Objektivbrennweite})}$

2. Verlängerung der Belichtungszeit = $(1 + \text{Vergrößerungsfaktor})^2$

3. Blitzabstand = $\frac{\text{Filmempfindlichkeit (ISO)}}{\text{Blendenwert x (Vergrößerungsfaktor + 1)}}$

4. Blendenwert = $\frac{\text{Filmempfindlichkeit (ISO)}}{\text{Blitzabstand x (Vergrößerungsfaktor + 1)}}$

im Makromodus auftritt, dass nämlich die verlängerte Optik in den Blitzlichtkegel ragt und selbst einen störenden, halbkreisförmigen Schatten im Bild verursacht. Testen Sie die Leistung Ihres Kamerablitzes auf die geringste Entfernung, auf die Sie ihn einsetzen wollen.

Die meisten Kameras mit Fixoptik haben keine Möglichkeit, einen externen Blitz zu synchronisieren, SLRs erlauben das sehr wohl. In diesem Fall lohnt sich das Experimentieren. Beschneidet das Objektiv den Blitzkegel, kann man ein externes Blitzgerät seitlich aufstellen und mit einem Sync-Kabel (in manchen Blitzgeräten eingebaut) mit dem Sync-Anschluss der Kamera verbinden. Sie brauchen keine sündteure Blitzanlage, ein kleiner Pocketblitz (Leitzahl 40 ist mehr als genug), nah am Objekt, reicht völlig aus. Finden Sie die beste Kombination von Position, Blende und Belichtung durch Versuch und Irrtum heraus, überprüfen Sie das Ergebnis auf dem LCD-Monitor. Mehr über spezielle Blitzgeräte für die Makrofotografie erfahren Sie auf den Seiten 414–415. Zur Abwechslung kann ein von der Kamera abseits positionierter Blitz die Sonne zumindest zum Teil ersetzen, besonders, wenn Sie das Licht zusätzlich streuen. Dafür verwendet man entweder einen Streuschirm aus Plastik oder einfach ein Taschentuch.

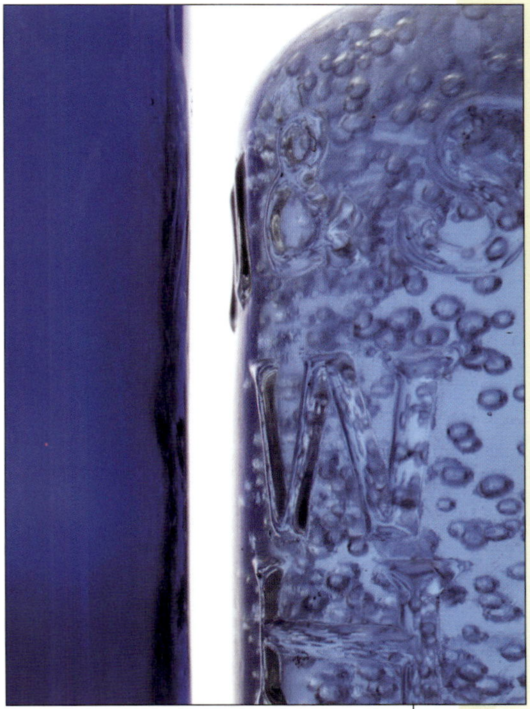

Gefrorene Bewegung

In der Nahaufnahme scheinen sich die Dinge schneller zu bewegen. Um Luftblasen in einer Getränkeflasche „einzufrieren“, war der Einsatz eines Blitzes notwendig. In diesem Fall „feuert“ eine getrennte Einheit, mit einem Sync-Kabel mit dem Sync-Anschluss der SLR-Kamera verbunden, durch durchscheinende Plastikfolie hinter der Flasche.

Sonnenlicht simulieren

In manchen Situationen kann man mit einem Pocketblitz das Sonnenlicht imitieren – entweder wenn das natürliche Licht nicht ausreicht oder wenn ein leichter Wind bei langen Verschlusszeiten Bewegungsunschärfen verursachen könnte. Ein kleiner Zusatzblitz hat immer nur eine geringe Reichweite, die Beleuchtung von vorne wirkt unnatürlich. Den besten Weg sehen Sie hier: Der Blitz sorgt für etwas Aufhellung des Hintergrunds und gibt Licht von oben. In Aufnahme [1] isoliert ein Strahl der Mittagssonne die Löwenzahnblüte auf der Waldlichtung. In Aufnahme [2], rechts, sorgt ein kleiner Blitz, darüber und etwas nach hinten versetzt, für eine gute Imitation. Verwenden Sie ein Blitzstativ, falls es zu kompliziert ist, den Blitz während der Aufnahme in der Hand zu halten. Sie können die Kamera auch auf ein Stativ stellen und den Blitz halten.

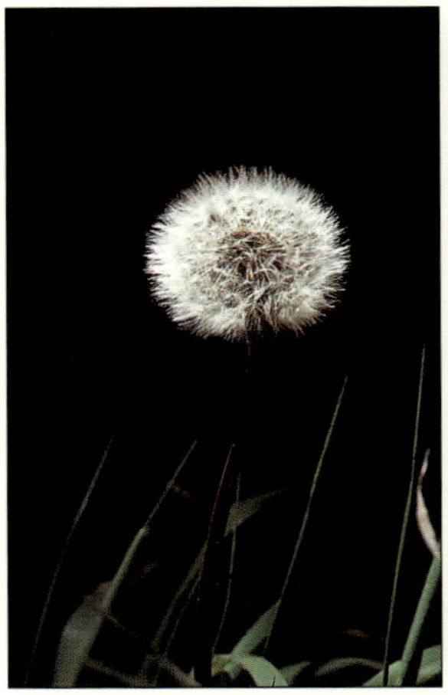

[1] Sonnenlicht, 1/60 Sek. bei Blende $f11$

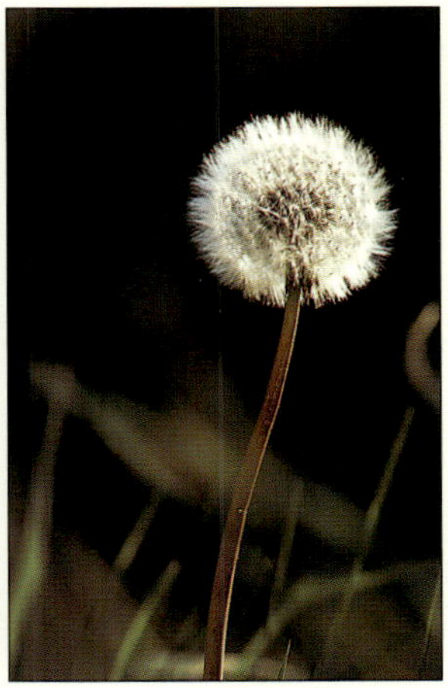

[2] Blitz, Blende $f27$, Filmempfindlichkeit ISO 80, Blitzentfernung 1 m.

Fotografieren mit dem Scanner

Mit seiner eingebauten, schatten- und reflexfreien Beleuchtung und der hohen Auflösung kann ein einfacher Desktop-Scanner Objekte in außerordentlicher Qualität abbilden.

Stellen Sie sich einen Flachbettscanner, heute aus dem Büroalltag ebenso wenig wegzudenken wie früher ein Faxgerät, einmal als Reprokamera vor. Sicher, das Ding ist schwer, behäbig und zeigt immer nach oben, aber wenn Sie einen haben, könnte er bei ganz speziellen Aufnahmen die teuerste Digitalkamera in den Schatten stellen. Scanner haben Qualitäten, die nicht von der Hand zu weisen sind, allen voran die hohe Auflösung. Selbst ein Durchschnittsgerät übetrifft jede Kamera, weil Scanner im Maßstab 1:1 abbilden, während Fotos immer vergrößert werden müssen.

Analog zur herkömmlichen Fototechnik entsprechen Scanner wohl den Ultra-Großformat-Kameras mit riesigen 200 x 250-mm- oder 275 x 350-mm-Platten – genau das, was man früher für Stillleben oder Reproduktionen höchster Qualität verwendet hat. Erfüllt Ihr Objekt einige Voraussetzungen, versuchen Sie, es zu scannen anstatt zu fotografieren – das Ergebnis könnte besser sein. Die Voraussetzungen: Das Objekt ist klein genug und passt auf den Scanner; es hält still; es ist flach (oder kann, ohne Schaden zu nehmen, etwas flachgedrückt werden). Ein großes Blatt aus dem Garten kommt einem als erstes in den Sinn, und genau das habe ich für eines der Beispiele verwendet. Zwar ist es nicht zwingend, dass der Gegenstand flach ist (wie bei der Nahfotografie im Allgemeinen), doch Scanner haben einen extrem kurzen Schärfentiefebereich, da sie für die Abbildung von Bildern und Schriftstücken optimiert sind. Und selbstverständlich können Sie den Punkt größter Schärfe nicht wählen – er liegt immer auf jenem Teil, der der Glasplatte am nächsten ist. Achten Sie darauf, das Glas nicht zu zerkratzen.

Die Beleuchtung ist ebenfalls fix vorgegeben, entspricht aber überraschend gut den Anforderungen dreidimensionaler Objekte, die zwar frontal beleuchtet werden, jedoch ohne die harten Schatten, die ein Blitz verursacht. Man könnte es mit einem Ringblitz vergleichen – eine Hülle aus Licht ohne ausgeprägten Schattenwurf. Wie der Scan der weißen Orichideen zeigt, verliert sich das Licht sehr schnell und kann einen ungewöhlichen, ganz besonderen Effekt erzielen. Belichtung und Farbe kontrollieren Sie über die Scanner-Software, wobei die manuellen Einstellmöglichkeiten je nach Scanner und Software variieren.

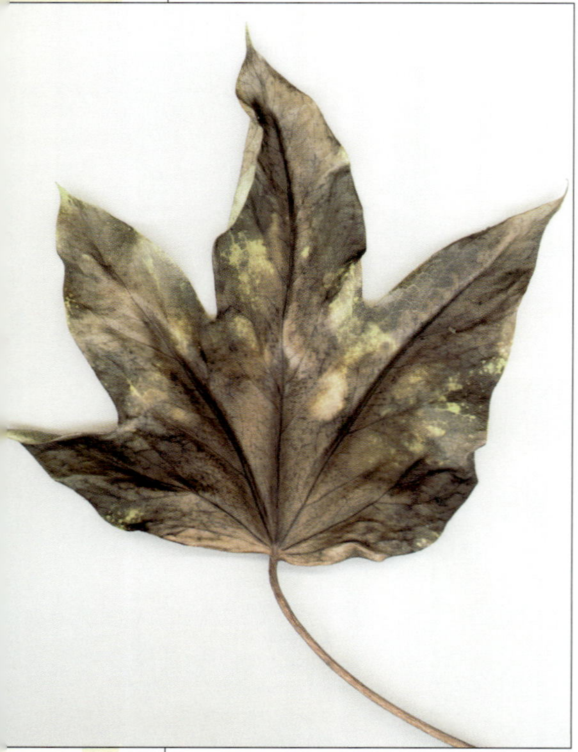

Basisscan
Ein welkes Blatt wird auf die Glasplatte gelegt und der Scannerdeckel mit seiner mattweißen Oberfläche vorsichtig geschlossen. Die – im Fall dieses Canon-Modells sehr unprätentiöse – Scanner-Software wird in der Automatik-Einstellung für Aufsichtsvorlagen belassen. Wir wählten die höchste Auflösung und 48-bit Farbtiefe, Farb- und Tonwertkorrekturen können im Bildbearbeitungsprogramm vorgenommen werden.

Weiß auf Schwarz

Für die weißen Orchideen verwenden wir die gleiche Einstellung wie für das Blatt, doch sollte die Wirkung durch einen schwarzen Hintergrund gesteigert werden. So wurde bei offenem Deckel gescannt und die Blüte vorsichtig mit einem schwarzen Tuch, das das fragile Gebilde nicht zerquetschte, abgedeckt.

Diascan

Dünne, durchscheinende Gebilde wie dieses grüne Blatt können wie Dias behandelt werden, wenn Ihr Scanner eine Durchlichteinheit hat. In dieser Anordnung erzielen wir dadurch eine Art Gegenlichteffekt.

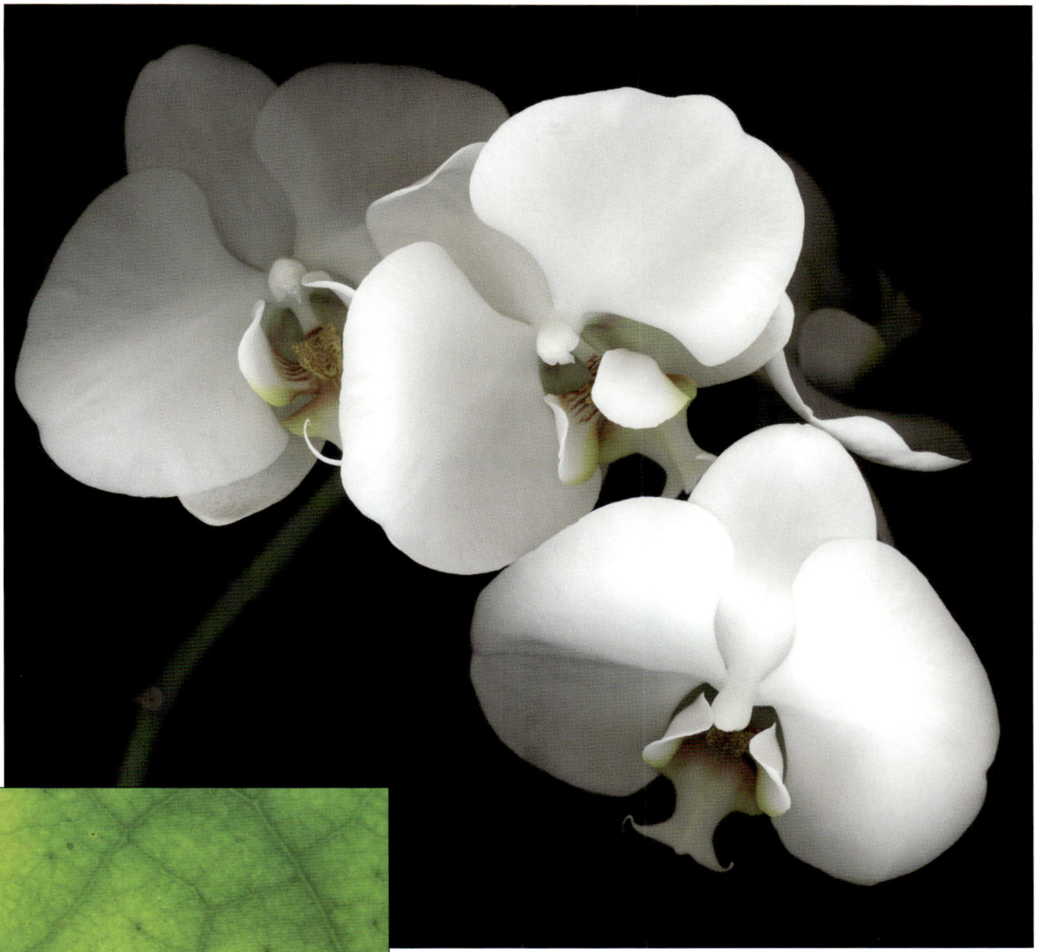

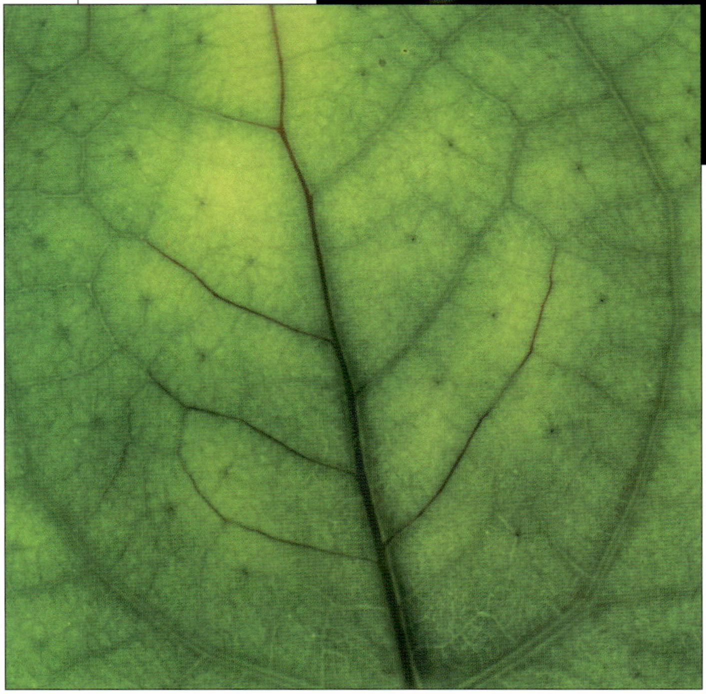

Scanner als Kamera – Pro und Kontra

Vorteile

Hohe Auflösung für flache Objekte
(erzielbare Größe etwa A4 oder A3)
Eingebaute, reflexions- und schattenfreie Beleuchtung
Arbeitet direkt mit dem Computer zusammen
Gute Einstellmöglichkeiten

Nachteile

Geringe Tiefenschärfe, am besten für ganz flache Objekte geeignet
Die Scans brauchen immer irgendeine Art der Abdeckung
Nicht transportierbar
Lange Belichtungszeit

Mikrofotografie

Obwohl die Mikrofotografie an sich ein Spezialgebiet darstellt, ist der Einstieg nicht sehr kostspielig und mit Digitalkameras, die sofort Resultate liefern, leicht zu realisieren.

Für Liebhaber von Natur- und Nahaufnahmen eröffnet sich in der Vielfalt an Erscheinungen und Einblicken, wie man sie unter einem Mikroskop beobachten kann, ein aufregendes, kreatives Betätigungsfeld. Idealerweise sollte in der Mikrofotografie allein das Mikroskop für das Bild verantwortlich sein, da es dafür weit besser gerüstet ist als irgendein Teil der Kamera. Es gilt daher, ein sorgfältig vergrößertes Abbild nicht durch den Einsatz falscher Objektive zu zerstören.

Eine digitale Spiegelreflexkamera ist die beste Wahl für die Mikrofotografie. Die Modelle sind leicht genug, man kann sie mit einem speziellen Adapter direkt am Okular anbringen. Manche Stereomikroskope haben sogar eine eigene vertikale Röhre zur Befestigung der Kamera. Diese trinokulare Mikroskope genannten Geräte können die Bildwiedergabe mittels Prisma entweder auf das Okular oder den Fototubus legen.

Die meisten Digitalkameras haben allerdings ein fixes Objektiv, welches sich weniger gut für die Mikrofotografie eignet. Allerdings ist die Nachfrage bereits so groß, dass eine Vielzahl von Adaptern erhältlich ist. Darunter findet sich für jede Kamera, egal wie einfach, ein geeignetes Modell. Als erstes gilt es also, die Kamera am Mikroskop zu befestigen. Manche Kameras mit Fixoptik, etwa die Nikon Coolpix, haben ein Schraubgewinde an der Vorderseite des Objektivs, mit dessen Hilfe man die Kamera mittels Zwischenring am Okular festschraubt. Wenn Ihrer Kamera ein solches Gewinde fehlt, gibt es zwei Möglichkeiten: Entweder Sie basteln sich selbst eine Hülse, welche das Objektiv auf der einen und das Okular des Mikroskops auf der anderen Seite umschließt, oder Sie verwenden eine Teleskophalterung, die am Stativgewinde an der Unterseite der Kamera befestigt wird.

Dann muss das Bild scharf gestellt werden. Bei einer Kamera mit Fixoptik brauchen Sie zusätzlich zu der Befestigungseinrichtung, mit deren Hilfe die Kamera in das Mikroskop „sehen" kann, eine Vorrichtung, mit der Sie selbst etwas sehen (oft ein Bestandteil der Adapter). Eine Menge Hersteller sind auf Mikroskope und entsprechendes Zubehör spezialisiert, und die beste Herangehensweise ist wahrscheinlich erst einmal ein Blick auf deren Webseiten.

Anschluss
Mittels Adapter (wie sie z. B. Brunel Microscopes in verschiedenen Ausführungen anbietet), wird eine Digitalkamera an einem gewöhnlichen Mikroskop befestigt.

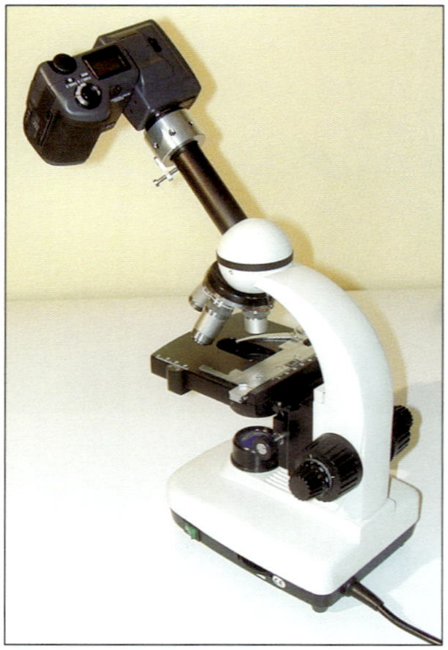

Die Wahl des Mikroskops

Die Wahl des Mikroskops orientiert sich vor allem am geplanten Einsatzzweck. Als Wissenschafter und Forscher wissen Sie das, doch wenn Sie nur einmal, ohne jeden wissenschaftlichen Anspruch, die fotografischen Möglichkeiten ausloten wollen, sind Sie mit einem kostengünstigen monokularen Instrument am besten beraten.

Professionelle Geräte liefern einen Vergrößerungsfaktor von 40 x bis 1000 x, doch lassen sich bei Abbildungsmaßstäben von 1:20 bis 1:40 leichter Aufnahmen mit noch erkennbaren Einzelheiten, etwa Details von Insekten, erzielen. Sie können die Kamera sowohl auf monokularen als auch auf binokularen Mikroskopen befestigen, für maximalen Komfort (und ebensolchen Preis) gibt es auch trinokulare Mikroskope mit einer eigenen, dritten Linse für die Kamera.

Stereomikroskope liefern ein aufrechtes, seitenrichtiges, dreidimensionales Abbild (im Gegensatz zu den gespiegelten Aufnahmen normaler Mikroskope, die auf dem Kopf stehen). Das ist hilfreich, wenn Sie das Präparat manipulieren wollen, hat aber seinen Preis.

Kameraeinstellungen – Checkliste

1 Schalten Sie den Blitz aus.
2 Stellen Sie auf Mehrfeld-Belichtungsmessung, nicht Spot.
3 Wenn Sie mit einer Lampe beleuchten, setzen Sie den Weißabgleich auf Kunstlicht oder Auto.
4 Stellen sie auf Makromodus, wenn vorhanden.
5 Öffnen Sie die Blende ganz, mittels Blendenvorwahl oder manueller Einstellung.
6 Legen Sie Bildausschnitt und Schärfe mittels LCD fest.*
7 Zoomen Sie, bis die Vignettierung (die Schatten an den Bildrändern) möglichst gering ist.*
8 Stellen Sie den Autofocus auf „Nachführen".
9 Verwenden Sie, falls vorhanden, Fernauslöser oder Timer.
10 Berühren Sie während der Belichtung weder die Kamera noch das Mikroskop.

* für Kameras mit Fixoptik, nicht für SLRs

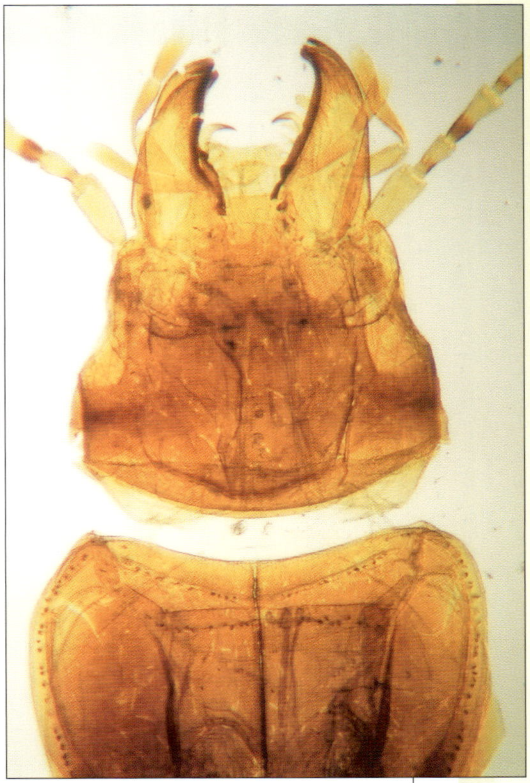

Insekt
Für dieses Foto eines Insektenkopfs verwendeten wir die Standard-Hellfeld-Beleuchtung *(siehe Seite 361)* – im Grunde genommen eine Durchlicht-Aufnahme, doch der Skelettpanzer des Insekts war ausreichend dicht, sodass strukturelle Details sichtbar sind.

Perlenquerschnitt
Die hauchdünne Scheibe einer ungewöhnlich geformten Perle misst an der dicksten Stelle 3,2 mm. Wir sehen sie hier im Dunkelfeld *(siehe Folgeseiten)*.

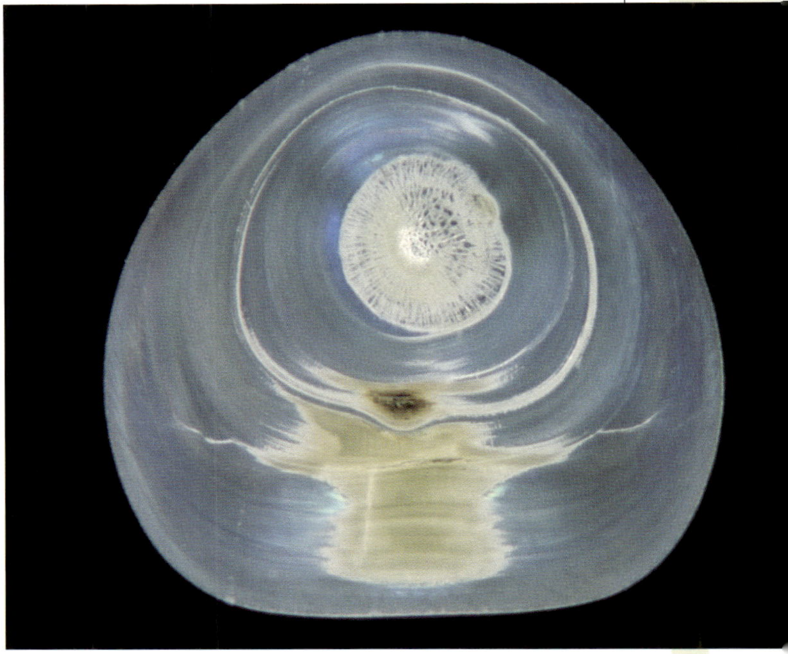

Das Mikroskop

Mikroskope gibt es in allen Preis- und Leistungklassen, vom einfachen Schulmikroskop bis zu hoch spezialisierten Instrumenten: Alle eignen sich zum Fotografieren.

Es überrascht wohl kaum, dass eine hochwertige Mikroskopierausrüstung nicht billig ist, und so ist die Wahl oft ein Kompromiss zwischen Qualität und Preis. Für die Mikrofotografie sind einige Teile des Mikroskops von besonderer Bedeutung, und zwar das Objektiv, das Okular, der Kondensor und der Objekttisch.

Die wichtigste Linse im Mikroskop ist das Objektiv. Seine Leistungsfähigkeit ist eingraviert und liegt meist zwischen 5- und 100-facher Vergrößerung. Das entscheidende Qualitätsmerkmal ist die Fähigkeit zur Detailzeichnung. Dieses Auflösungsvermögen wird als „numerische Apertur", NA, bezeichnet und ist abhängig vom so genannten Öffnungswinkel des Objektivs. Je höher die NA, desto besser die Auflösung. In der Luft beträgt die maximale NA 1,0, doch manche Objektive sind in einen Ölfilm gebettet und haben Werte bis 1,4. Die gebräuchlichsten und preisgünstigsten, so genannten achromatischen Objektive korrigieren Abbildungsfehler nur zum Teil. Die Bilder weisen meist farbige Ränder auf. Apochromatische Linsen sind hoch korrigiert und in Objektiven höchster Qualität zu finden.

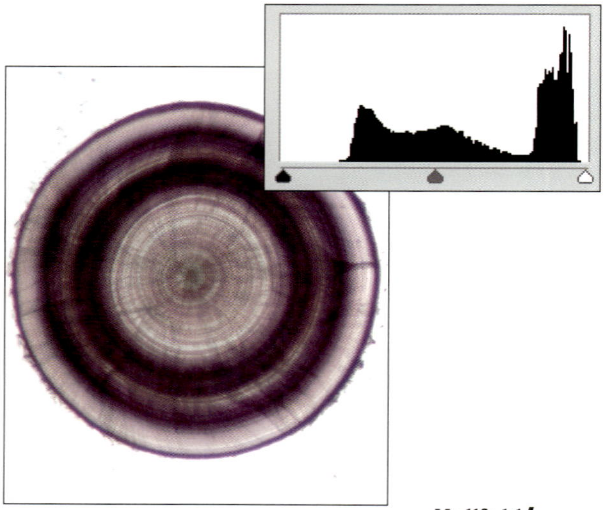

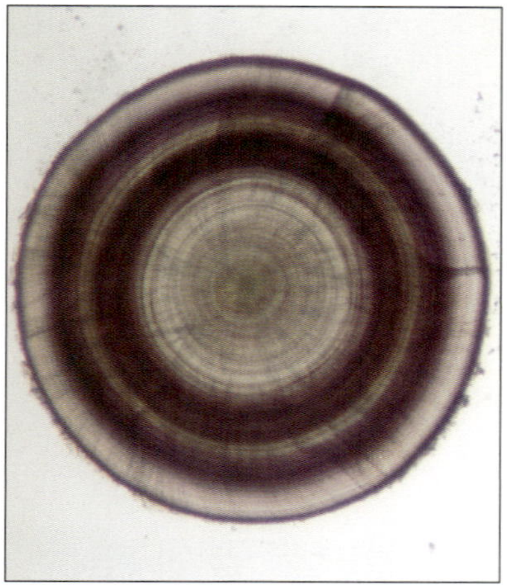

Hellfeld/ Dunkelfeld

Diese Aufnahmen eines Querschnitts durch eine natürliche Perle illustrieren den Unterschied zwischen den gebräuchlichsten Beleuchtungsarten in der Mikroskopie, dem Hellfeld (links) und dem Dunkelfeld (rechts). Beachten Sie, dass das Hellfeld bei unstrukturiertem Hintergrund leicht überstrahlt – korrigiert (unten) durch manuelles Setzen des Schwarz- und Weißpunkts.

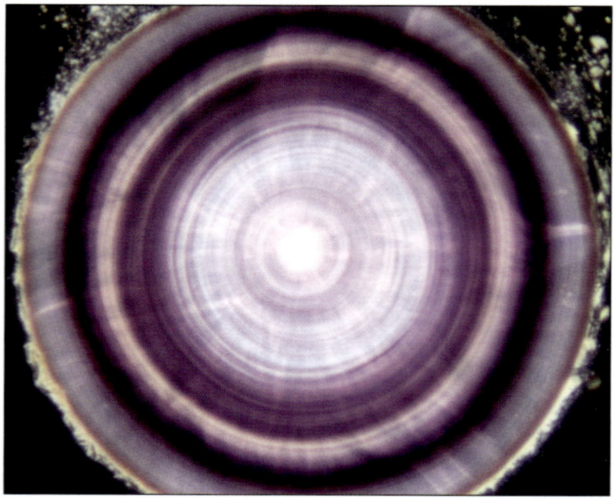

Die zweitwichtigste Linse im Mikroskop ist das Okular. Es vergrößert das ursprüngliche Bild und projiziert es entweder ins Auge oder in die Kamera. Für die Mikrofotografie benötigt man ein „kompensierendes" Okular – es korrigiert einige Mängel des Objektivs. Je besser Okular und Objektiv aufeinander abgestimmt sind, desto besser wird das Bild. Ein weiterer wichtiger optischer Teil ist der Kondensor. Er sitzt unter dem Objekttisch, bündelt das Licht von der Lampe und richtet es auf das Objekt. Von den drei Kondensortypen – Abbé, aplanar und apochromatisch – ist letzterer am besten korrigiert und daher für die Mikrofotografie zu empfehlen. Die letzte wichtige Komponente ist der Objekttisch, auf dem das Präparat präzise ausgerichtet werden muss, um den Bildausschnitt festzulegen. Dies geschieht entweder manuell oder, präziser, mittels Mikrometerantrieb.

Die einfachste Methode, ein Präparat zu beleuchten, ist die Hellfeld-Beleuchtung, wobei, wie der Name vermuten lässt, das Objekt gegen einen hell beleuchteten Hintergrund dargestellt wird. Tatsächlich durchdringt das Licht das Präparat, welches entsprechend dünn und durchsichtig sein muss. Einfache Mikroskope haben einen Spiegel unterhalb des Objekttisches, der das Licht der Lampe aufwärts gegen das Objekt richtet, fortgeschrittenere Modelle eine eingebaute Lichtquelle.

Das Prinzip der Hellfeld-Beleuchtung besteht darin, ein Abbild der Lampe in der Ebene des Präparats zu fokussieren, sodass das Licht auf die Mitte des Objekts trifft und das gesamte Gesichtsfeld gleichmäßig ausfüllt. Daher ist die Lampe ein essenzieller Bestandteil des optischen Systems. Die Standard-Lichtquelle in der Mikrofotografie ist eine Glühbirne, ausgestattet mit einem verstellbaren Kondensor und Blendenring. Für die Farbfotografie eignet sich eine Halogenlampe am besten, da sich ihr Glas nicht mit der Zeit verfärbt und trübt. Möchte man lebendige, sich bewegende Organismen scharf abbilden, reicht dieses Licht allerdings nicht aus, wir empfehlen einen Pocketblitz einzusetzen und eine Glühlampe an derselben Position zum Einrichten und Scharfstellen vor der Aufnahme zu verwenden.

Belichtung und Weißabgleich

Da Mikroskope ein Abblenden nicht zulassen, muss die Belichtung anders geregelt werden. Eine Änderung der Verschlusszeiten ergibt eine schrittweise Einstellung, die Feinjustierung kann entweder durch Verändern der Beleuchtungsquelle oder den Einsatz farbloser Dichtefilter erfolgen. Die Verschlusszeiten für eine typische Hellfeld-Aufnahme bei einer Empfindlichkeit von ISO 200 bewegen sich, als Näherungswert, zwischen 1/15 und 1/250 Sek.

Mikroskoplampen sind im Fall von Glühlampen auf eine Farbtemperatur von 3200 K, bei Tageslicht auf 5500 K justiert. Stellen Sie den Weißabgleich der Kamera entsprechend ein. Zusätzlich kann ein 2B-Filter nötig sein, um störende UV-Strahlen zu absorbieren.

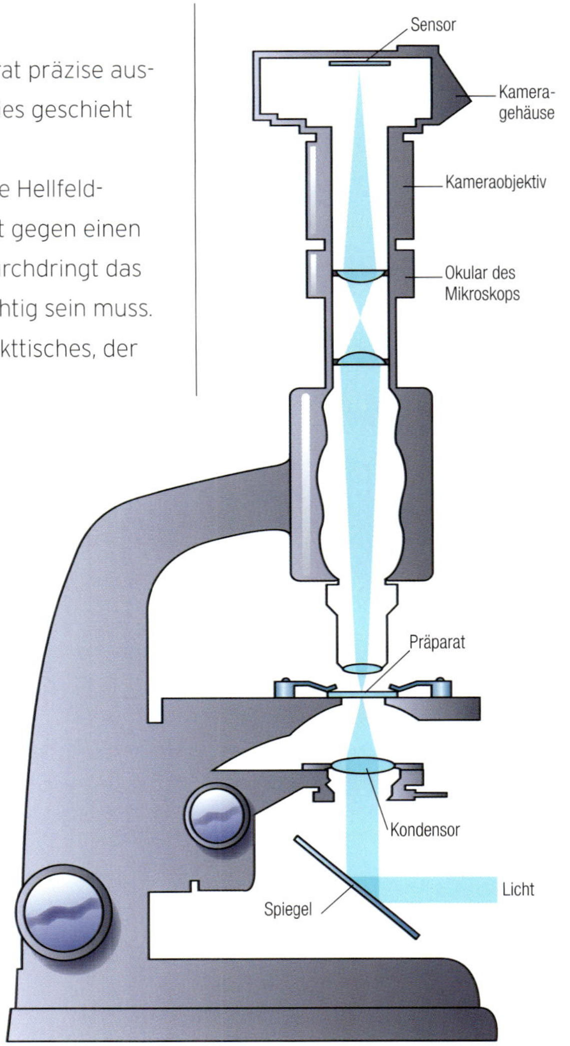

Spezialtechniken

Hauchzarte, transparente Objekte, besonders sich bewegende, lebende Organismen, bedürfen fortgeschrittenerer Techniken zur Verstärkung des Kontrasts.

Im Standard-Hellfeld oder Dunkelfeld kann man, zusammen mit dem Einfärben, die meisten Präparate befriedigend darstellen. Lebende, sich bewegende Organismen brauchen mehr Licht und sehr dünne, durchsichtige Präparate viel mehr Kontrast, um deutlich sichtbar zu sein. Dafür wurden einige spezielle Techniken entwickelt, die jedoch auch spezielle Ausrüstung bis hin zu eigenen Mikroskopen benötigen.

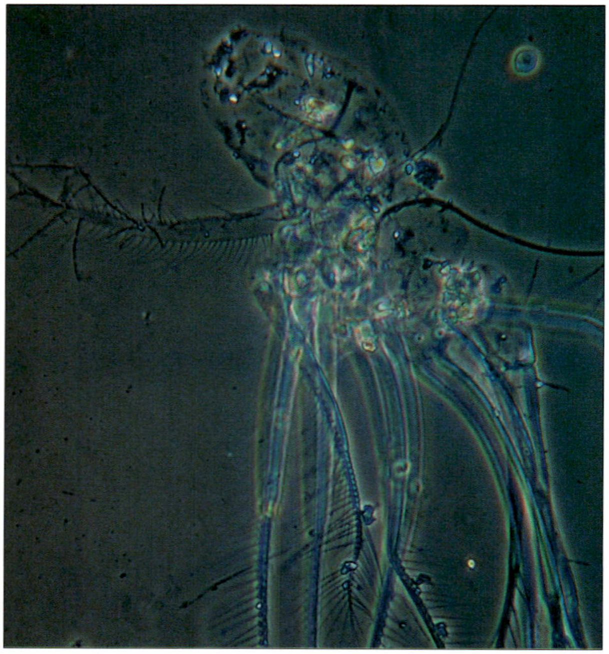

Phasenkontrast
Diese winzige, in Lava gefangene Mücke zeichnet sich dank der Phasenkontrast-Einstellung deutlich ab. Im Hellfeld wären nur einige Flecken in einem sonst leeren Bild zu sehen.

Phasenkontrast

Eine fortgeschrittene Beleuchtungstechnik, mit deren Hilfe man Details durchscheinender Objekte sichtbar macht, ist das Phasenkontrast-Verfahren. Die Methode macht es sich zunutze, dass feine Details im Präparat sowie dessen Ränder das hindurchfallende Licht beugen – das Objekt lässt einen Teil des Lichts direkt durch, ein Teil wird zerstreut. Im Phasenkontrast-Mikroskop wird der direkte Lichtstrahl durch eine spezielle Beschichtung hinter dem Objektiv um ein Viertel seiner Wellenlänge verlangsamt. Treffen sich die beiden Strahlen – der direkte und der gestreute –, sind sie bei der Überlagerung nicht mehr phasengleich, die Höhen und Tiefen der Lichtwellen liegen an leicht unterschiedlichen Stellen. Es gelangt zwar weniger Licht in das Okular, die Strukturdetails des Präparats zeichnen sich jedoch deutlich ab.

Interferenzkontrast

Im Phasenkontrast-Verfahren werden Details durch ein Interferenzmuster zweier Lichtstrahlen, das den Dichteunterschieden im Präparat entspricht, sichtbar gemacht. Andere Verfahren liefern ähnliche Ergebnisse, dabei wird das Licht allerdings nicht vom Objekt, sondern durch das optische System im Mikroskop gesplittet. Das Interferenzkontrast-Mikroskop nach Nomarski verwendet dafür zum Beispiel ein Prisma, um einen Teil des Lichts durch das Objekt (Objektstrahl) und einen Teil am Objekt vorbei (Referenzstrahl) zu leiten.

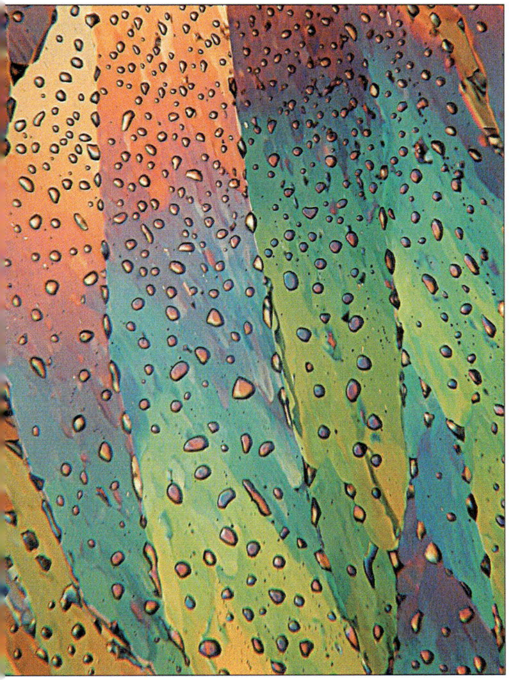

Polarisation

Eine weitere Beleuchtungstechnik, mit deren Hilfe man spektakuläre Resultate erzielt, verwendet zwei Polarisationsfilter. Die Lichtstrahlen treffen immer aus unterschiedlichen Richtungen auf ein Objekt, ein Polarisationsfilter lässt aber nur Licht mit einem bestimmten Einfallswinkel passieren. Platziert man einen zweiten Filter in den polarisierten Lichtstrahl, wird er nur dann Licht durchlassen, wenn er parallel zum ersten Filter ausgerichtet ist. Um 90° gedreht, wird er alles Licht verschlucken. Manche Objekte können ebenfalls Licht polarisieren, zwischen die beiden Filter geschoben, brechen sie das Licht teilweise, das so wieder sichtbar wird. Lebende Kristalle haben diese Eigenschaft, durch die leichten Unterschiede in der Dicke polarisieren sie verschiedene Farben in unterschiedlicher Lichtbrechung. Daraus können bemerkenswerte Farben resultieren.

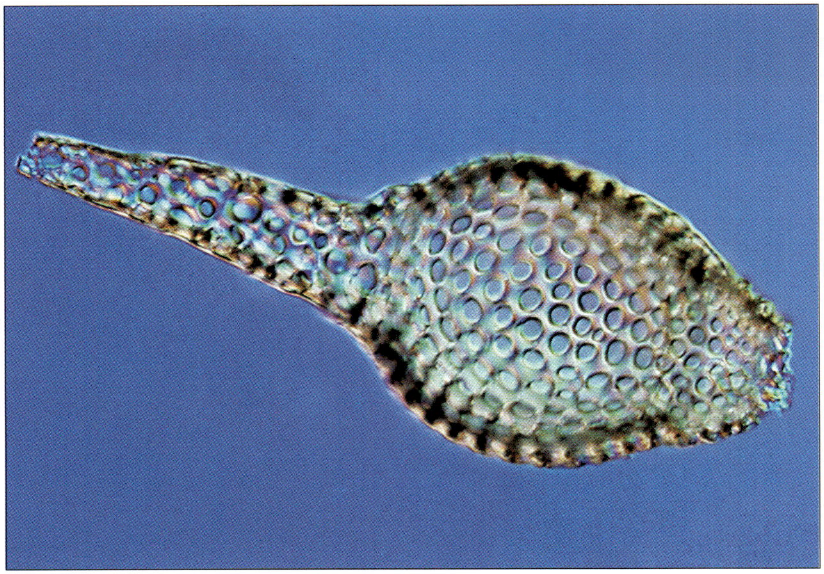

Elektronenmikroskope

Die nicht unbeträchtlichen Probleme in der Mikrofotografie lassen sich fast alle darauf zurückführen, dass Lichtwellen bei starker Vergrößerung zu lang sind. Eine Lösung kann in der Verwendung kurzwelligerer Strahlung liegen. Dadurch wäre eine stärkere Vergrößerung bei höherer Auflösung möglich, vorausgesetzt, die Strahlung kann auf dieselbe Weise gerichtet und kontrolliert werden, wie es bei der Lichtbrechung geschieht. Dieses Prinzip ist im Elektronenmikroskop umgesetzt, ein Instrument, das eine Auflösung im Bereich eines Milliardstel Zentimeters liefert, wodurch die Vergrößerung die Möglichkeiten der besten optischen Mikroskope um mehr als das Tausendfache übertrifft. Obwohl es sich hierbei um hochspezialisierte Laborinstrumente handelt, hat die Elektronenmikroskopie der Mikrofotografie eine neue Dimension eröffnet und kann verblüffend schöne Bilder liefern. Mit Magneten statt Linsen werden Elektronen auf das Präparat gerichtet. Der Elektronenstrahl bricht andere Elektronen aus dem Objekt, die ihrerseits von einem Sensor angezogen und digital dargestellt werden. Eine weitere Verbesserung erreicht man, wenn der Elektronenstrahl über das Präparat bewegt wird. Jeder Punkt der Oberfläche wird einzeln erfasst, wodurch man so ausgezeichnete Tiefenschärfe erzielt, dass das menschliche Auge, speziell bei geringer Vergrößerung, den Maßstab kaum nachvollziehen kann.

Polarisation
Bei diesen auffälligen Wassertropfen handelt es sich um Resorcin in 400-facher Vergrößerung unter polarisiertem Licht. Resorcin ist ein farbloser, kristalliner Feststoff, der zur Behandlung von Hautkrankheiten eingesetzt wird sowie in manchen Farb- und Klebstoffen enthalten ist.

Interferenzkontrast
Das Skelett eines Strahlentierchens wurde durch ein Lichtmikroskop im differenziellen Interferenzkontrast (DIK) mit einem 20-fach-Fluoritobjektiv aufgenommen. Mehr Detailschärfe erhält man durch zusammengesetzte Schärfe *(siehe Seite 348)*.

Glasfaseroptik

Glasfaserbündel, dünn wie ein Haar, übertragen Licht – und Bilder – und erreichen normalerweise unzugängliche Ecken und Spalten.

Winzige Objektive und Glasfaserkabel erlauben Nahaufnahmen aus extrem kurzer Distanz – wenige Millimeter – und aus normalerweise unerreichbaren Blickwinkeln. Endoskope werden in der Medizin zur Untersuchung des Körperinneren sowie in der Mikrochirurgie verwendet. Weniger kostspielig, aber gut für die Fotografie geeignet sind die für industrielle Inspektionen entwickelten Boreskope (starre Sonden, wie hier gezeigt) oder Flexoskope, deren Glasfaserbündel in einer biegsamen Hülle sitzen.

Glasfaserkabel sind in der Datenübertragung weit verbreitet, in der Nahfotografie übertragen sie ein Bild auf direktem, analogem Weg. Sie arbeiten nach dem Prinzip der Totalreflexion. Brechungsindex und Durchmesser der Glasfasern verhindern, dass Licht, welches an einem Ende hineingelangt, entweichen kann, es wird reflektiert. Jede Faser besteht aus einem Kern aus stark lichtbrechendem und einem Mantel aus weniger stark lichtbrechendem Glas. Je kleiner der Faserdurchmesser ist und je dichter die Fasern gebündelt sind (Tausende zusammen), desto höher ist die Auflösung der übertragenen Bilder – ähnlich dem Sensor einer Kamera.

Der Wert der Glasfasern für die Bilderzeugung liegt darin, dass der Durchmesser solcher Kabel nur wenige Millimeter misst, man kann extrem kleine Linsen verwenden. Das Bild dieser Linse wird unverzerrt über das Kabel zu einer weiteren Linse übertragen, welche es vergrößert und in ein Okularteil oder auf den Kamerasensor projiziert. Es gibt keinen Blendenring, doch die Schärfentiefe der kleinen Linse ist extrem

Perlen-Extraktion
Ein Boreskop ist das perfekte Instrument, um den chirurgischen Eingriff abzubilden, bei dem eine Perle aus einer Auster entnommen wird. Um das Tier nicht zu verletzen, wird die Schale nicht ganz geöffnet, der Vorgang kann nur mit einer Miniaturkamera fotografiert werden.

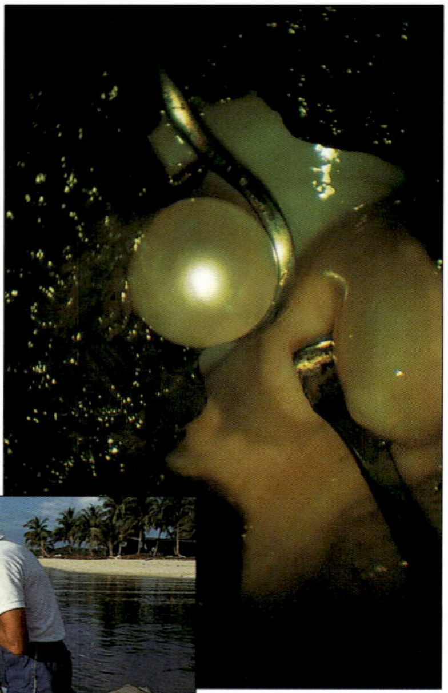

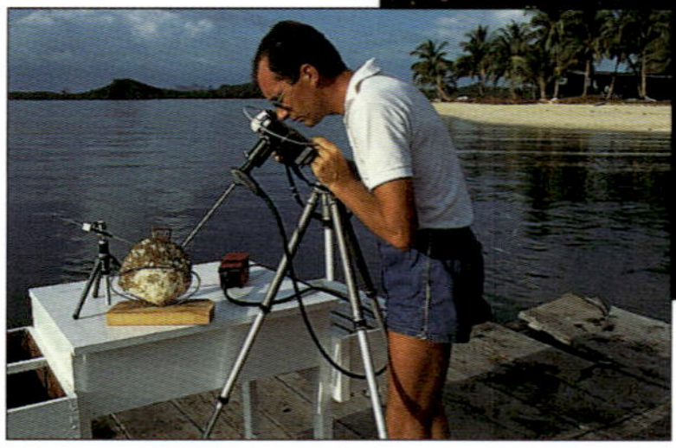

Boreskop
Das Boreskop ist ein starres Endoskop in der Inspektionstechnik und überträgt das Bild von einer winzigen Weitwinkellinse über den Glasfaserkanal zum Okular. Ein Adapter verbindet es mit der SLR.

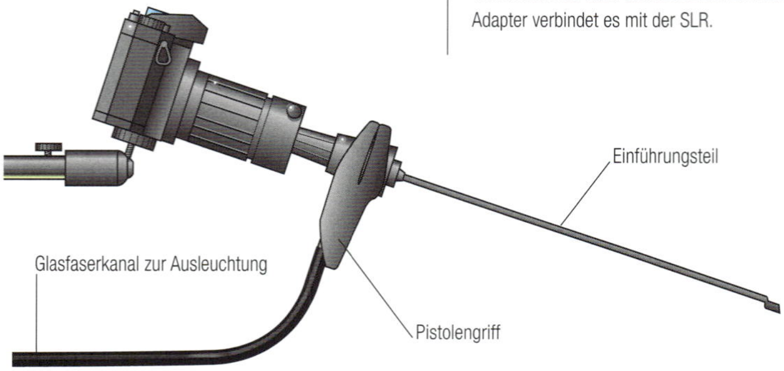

hoch. Da die meisten Endoskope auf sehr eingem Raum-arbeiten müssen, etwa in einem inneren Organ des menschlichen Körpers, wird das Licht ebenfalls entlang des Linsensystems durch ein zweites Glasfaserkabel geleitet. Die Bildqualität ist schlechter als bei normalen Objektiven, aber immerhin sind so Bilder aus Regionen möglich, die mit anderen Mitteln unerreichbar blieben. Auch eröffnen sich uns dadurch Perspektiven, die sonst nur sehr kleinen Wesen vorbehalten bleiben.

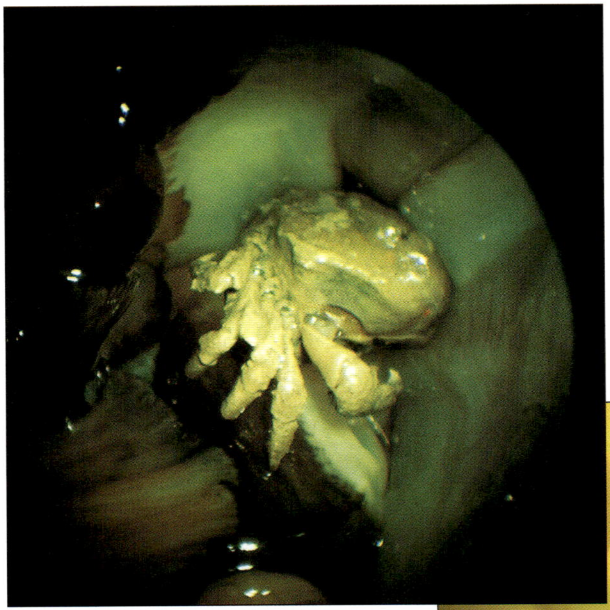

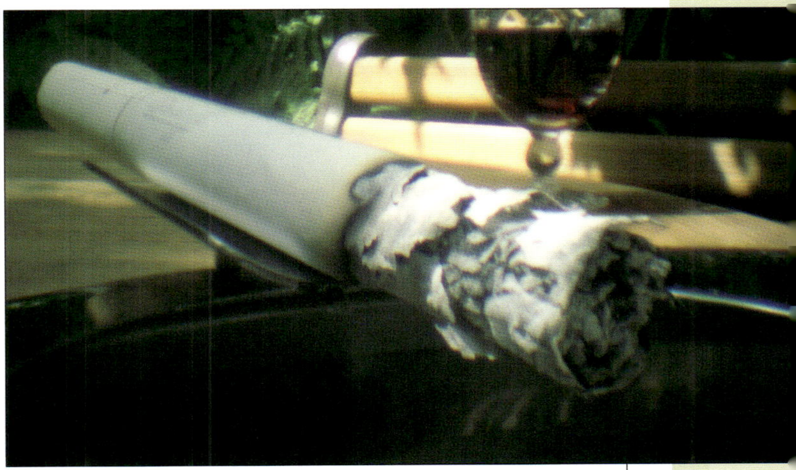

Schärfentiefe
Ein Nebeneffekt der starken Weitwinkeloptik des Boreskops ist der große Schärfentiefebereich, ähnlich einer Lochkamera. Wir machten uns diese Eigenschaft bei der Aufnahme einer brennenden Zigarette von der Spitze der Glut aus zunutze. Die Bildqualität ist allerdings nicht überragend.

Aus 5 mm Entfernung
Ohne Boreskop wäre die Aufnahme dieses kleinen Parasiten, einer Krabbe in einer Auster, nicht möglich gewesen. Die geringe Lichtleistung des Glasfaserkabels und des Sichtkanals erforderte die höchste Filmempfindlichkeit, worunter die Qualität etwas litt.

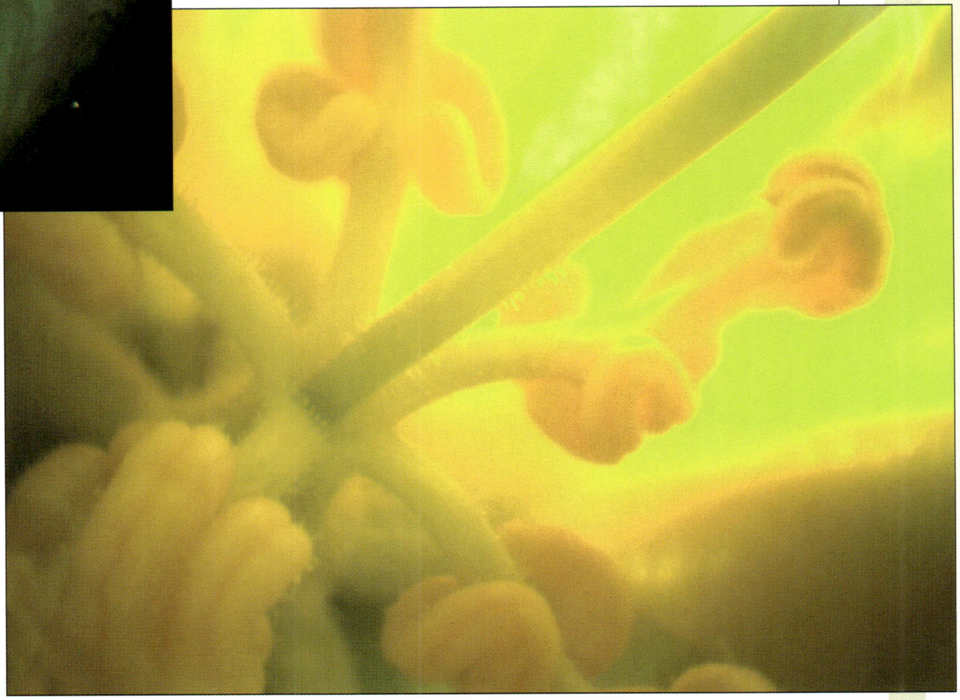

Kalifornische Schönheit
Auch im eigenen Garten ist ein Boreskop ein nützliches Werkzeug. Man kann mit den Augen der Insekten einen Blick in das Innere von Blumen und Pflanzen, wie dieser Fremontodendron californicum *(Flanellstrauch)*, werfen.

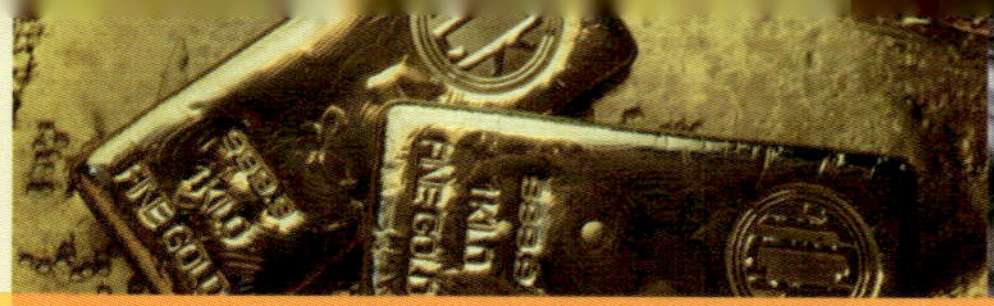
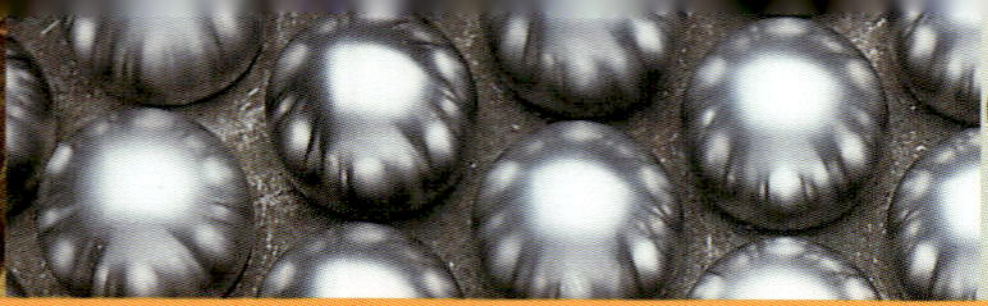
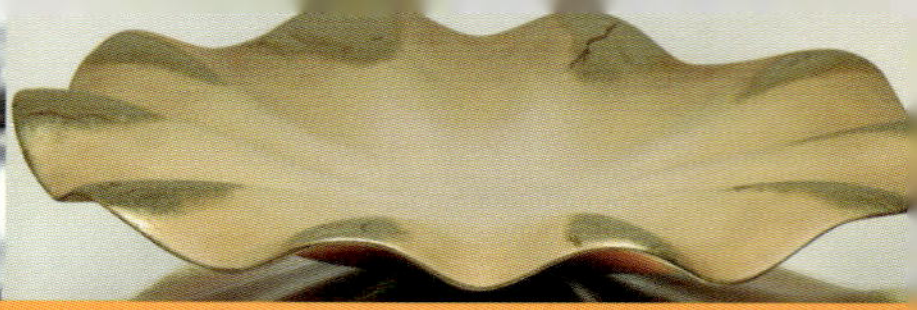
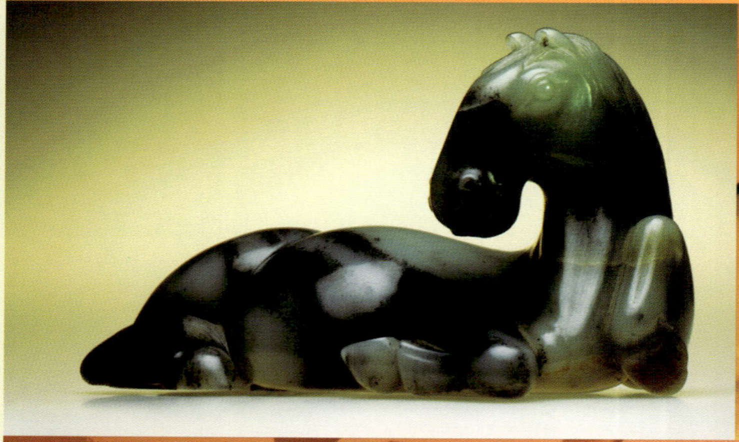
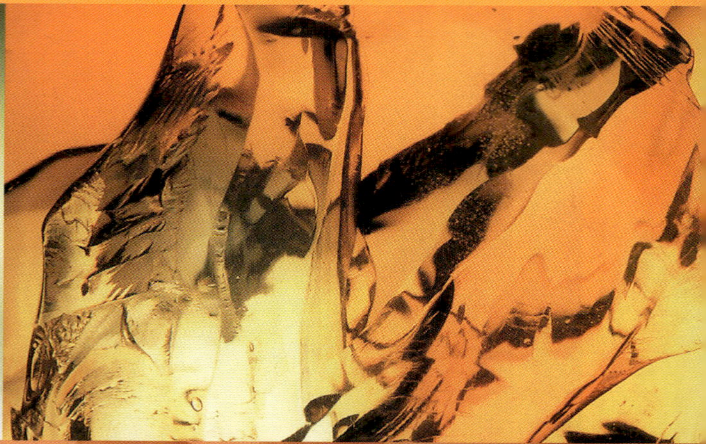
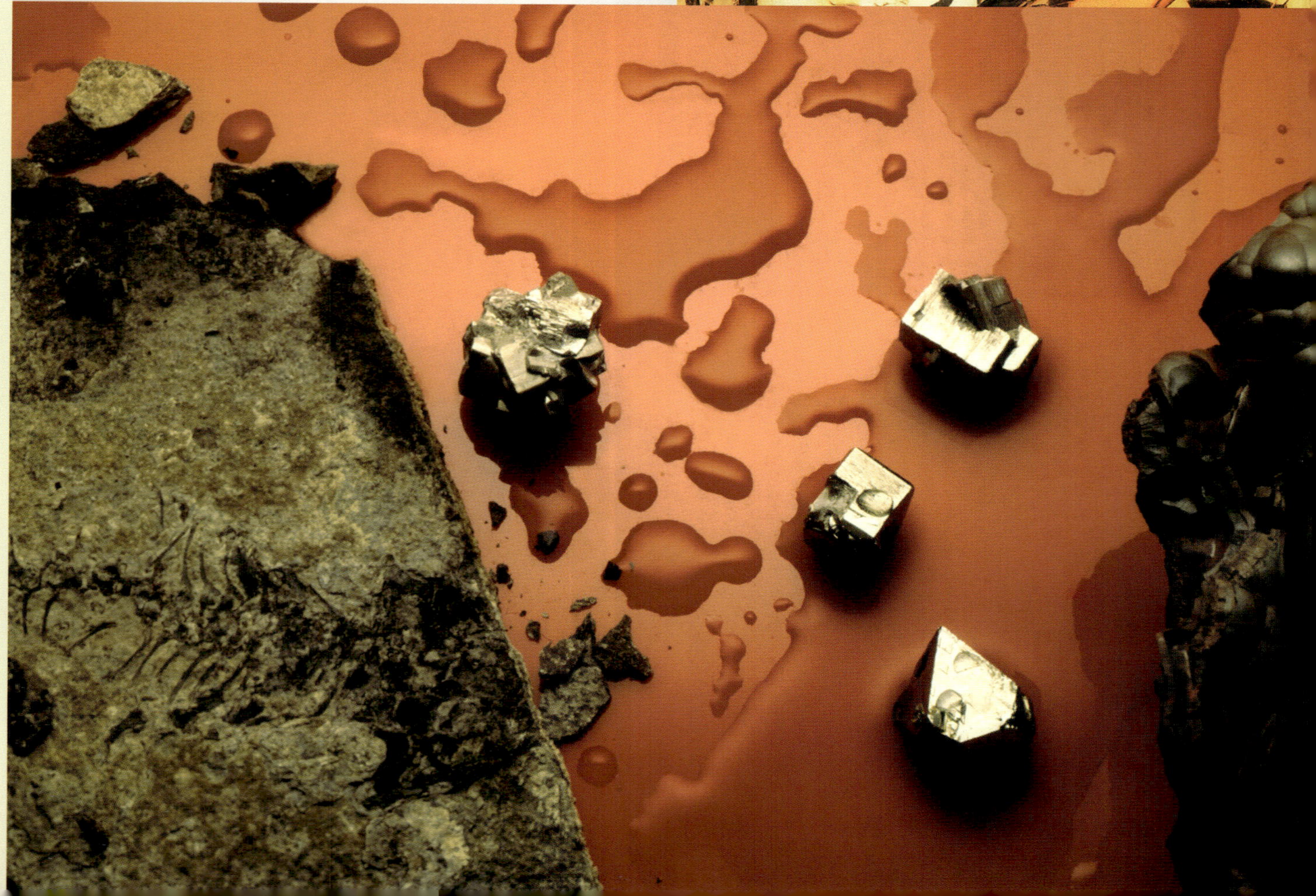

Die Kunst des **Stilllebens**

Stillleben gab es schon drei Jahrhunderte vor dem ersten Foto, doch die Kamera verschafft uns einen originellen und klaren Zugang zu diesem Genre. Ihm zugrunde liegt die Idee, ausgewählte Objekte deutlich abzubilden, wobei das Schwergewicht auf dem Können des Bildgestalters liegt. Tatsächlich galt das Stillleben aufgrund dieser unübersehbaren Betonung der Technik – vor allem in Aufbau und Beleuchtung – lange nicht als „echte" Kunst. In der Malerei betrachtete man es als eine Form der Übung, der Künstler erwarb Fähigkeiten, die er später für bedeutsame Motive – religiöse Themen oder Porträts – einsetzte. Die Darstellung von Dingen um ihrer selbst willen war der Kunst nicht würdig, außer zur Untermalung großartigerer Szenen.

Erst Maler wie der Spanier Juan Sánchez Cotán (1561–1637) und der Franzose Jean-Baptiste-Siméon Chardin (1699–1769) verhalfen dem Stillleben zu Ansehen, und die Fotografie macht sich dies zunutze – wenn auch mit Einschränkungen. Besonders Chardin, der schon zu Lebzeiten für seine Einsicht in die Natur der Dinge und die Fähigkeit, dem Banalen Leben einzuhauchen, gelobt wurde, übte großen Einfluss aus. Sein berühmtes Gemälde *Der Rochen* zeigt einen blutigen, toten Fisch, die Augen dem Betrachter zugewandt. Chardins Zeitgenosse Diderot schrieb: „Der Anblick ist abstoßend, doch ist es das wahre Fleisch des Fisches; sähe man ihn in Natura, man wäre gleichermaßen betroffen."

Wie Chardin drastisch zeigte, ist die Wahl des Objekts zwar wichtig, aber völlig frei. Die Motive sind ungeheuer variantenreich – wie wir anhand der Beispiele auf den folgenden Seiten sehen werden, gibt es keinerlei Regel, worauf wir unsere Aufmerksamkeit zu richten haben.

Speziell der Fotografie erschließt sich eine fast endlose Themenvielfalt, denn ein Foto ist weit weniger aufwändig als ein Gemälde, Motiv und Aufbau können schnell geändert werden. Die Digitaltechnik geht noch einen Schritt weiter, das fertige Bild kann sofort betrachtet werden. Zur Zeit des herkömmlichen Films wurde ein wichtiges Set oft nicht angerührt, bis der Film entwickelt war. Heutzutage ist der Fall erledigt, sobald das Bild am Computer kontrolliert und für in Ordnung befunden worden ist. Zu den praktischen Vorteilen kommt nun auch eine größere Freiheit zu experimenteller Bildgestaltung, wobei die direkte Bildübertragung in den Computer (mit allen besseren Kameras möglich) bei weitem den größten Komfort liefert.

Ein Stillleben verlangt größte Kontrolle, die Aufnahmen werden meist im Studio gemacht, wobei hier „Studio" im weitesten Sinn als Ort zu verstehen ist, an dem alles, besonders aber die Beleuchtung, gut zu kontrollieren ist. Stills sind eine der anspruchsvollsten Arbeiten im Studio, der Standard – stark beeinflusst von Hochglanz-Magazinen und Werbeplakaten – ist extrem hoch.

Professionelle Studios sind für diesen Zweck eingerichtet und ausgerüstet, für den Hausgebrauch sind vor allem zwei Dinge wichtig: Kontrolle des Lichts und Ungestörtheit. Damit wird jeder Ort Ihr Studio. Vergessen Sie nie, dass Improvisation keinesfalls Unprofessionalität bedeutet. Vielmehr ist sie eine Chance zu kreativer Entfaltung.

Die Komposition

Legen Sie sich für den Aufbau eines Stills einen Plan zurecht, sodass die Komposition Schritt für Schritt wächst – bleiben Sie unerwarteten Möglichkeiten gegenüber offen.

Am Anfang Ihres Stilllebens steht ein leerer Raum, den es zu füllen gilt – ähnlich, wie jedes Gemälde mit einer leeren Leinwand beginnt. Für Fotografen, die es gewöhnt sind, lebensnahe Szenen des Alltags oder der Natur abzulichten, ist diese Freiheit ungewohnt – einige fühlen sich dadurch entmutigt. Außer Ihrer Fantasie und dem gewählten Objekt gibt es keinerlei Regeln. Zumindest am Anfang kann es hilfreich sein, sich dem Aufbau eines Stills Schritt für Schritt zu nähern, wie hier beschrieben. Wenn Erfahrung und Selbstvertrauen wachsen, geht dies ganz von selbst.

Die erste Entscheidung, fast zu selbstverständlich, um es zu erwähnen, betrifft die Wahl des Motivs – das kann ein einzelner oder eine Gruppe von Gegenständen sein. Dieser Wahl liegt bereits eine Idee oder ein Thema zugrunde. Sie können ein Ding wegen seiner Form wählen. In diesem Fall konzentrieren Sie sich auf die Darstellung dieser Form, unterstreichen sie durch Position, Kamerawinkel, Beleuchtung und Requisiten. Ein Thema darzustellen, kann eine komplexere, weniger offensichtliche Aufgabe sein, verlieren Sie Ihr Ziel deshalb nicht aus den Augen.

Selbst nach der Festlegung auf das Objekt bleibt die Auswahl von Set, Zusammenstellung, Kameraposition und Beleuchtung so groß, dass es schwer sein kann, weiter voranzukommen. Daher folgen viele Fotografen einem Plan, wobei die Möglichkeiten immer mehr eingeschränkt werden, bis Aufbau, Komposition und Licht perfekt zusammenpassen. In der Stillleben-Fotografie ist das Bild in hohem Maß konstruiert, entwickelt sich aus den rohen Zutaten langsam zum endgültigen Resultat. Die Reihenfolge, in der dies geschieht, spiegelt die Persönlichkeit und den Stil des Fotografen wider.

Der Hintergrund sollte feststehen, bevor Sie die einzelnen Objekte platzieren. Hintergründe variieren von nicht existenten – weißen – bis zu komplexen Blickfängen. Wir widmen diesem Thema einige Seiten, um die Möglichkeiten aufzuzeigen. Vielleicht kann eines unserer Beispiele Ihre Fantasie anregen. Nun wäre es an der Zeit, die Beleuchtung in etwa festzulegen, das gibt Ihnen einen ungefähren Eindruck des Effekts. Sollten Sie dafür nicht von Anfang an ein festgelegtes Konzept haben, versuchen Sie es mit einer einfachen Anordnung. Sie können die Ausleuchtung später immer noch ändern – was Sie mit

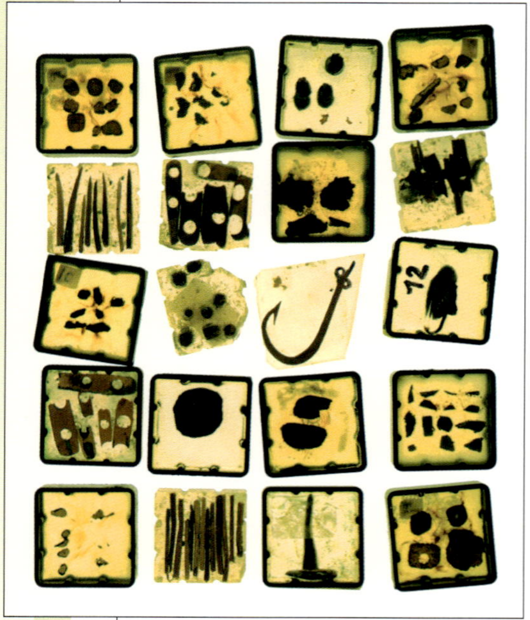

Ähnliche Gegenstände
Kleine archäologische Artefakte, in Kunstharz gegossen, wurden hier in einem Stillleben unter Schwarzlicht angeordnet, um ihre Ähnlichkeit zu betonen – doch ein paar von ihnen wurden absichtlich verschoben, um die Komposition interessanter zu gestalten.

an Sicherheit grenzender Wahrscheinlichkeit auch tun werden, sobald die Komposition endgültig feststeht. Der Erfolg Ihres Bildes steht und fällt mit dem Licht, und zwar so sehr, dass man sich das Licht selbst als Teil des Motivs denken sollte.

Der unterhaltsamste, aber auch manchmal frustrierende Teil der Stillleben-Fotografie ist die sorgfältige Anordnung der einzenen Komponenten. Immer wieder verschiebt man die Gegenstände etwas gegeneinander und kontrolliert das Ergebnis durch den Sucher oder auf dem LCD-Display – ein Prozess, der sich unendlich hinziehen kann. Sobald die Dinge im Großen und Ganzen an ihrem Platz sind, überprüfen Sie nochmals die Details: Überschneiden sich die Ecken zweier Gegenstände; wird etwas verdeckt; ist eine hässliche Lücke entstanden; hebt sich ein Detail schlecht vom Hintergrund ab. Jetzt werden Sie möglicherweise feststellen, dass sich die Teile Ihrer Komposition wie bei einem Puzzle ineinander fügen, bis es nicht mehr besser geht – zumindest in Anbetracht des ursprünglichen Konzepts.

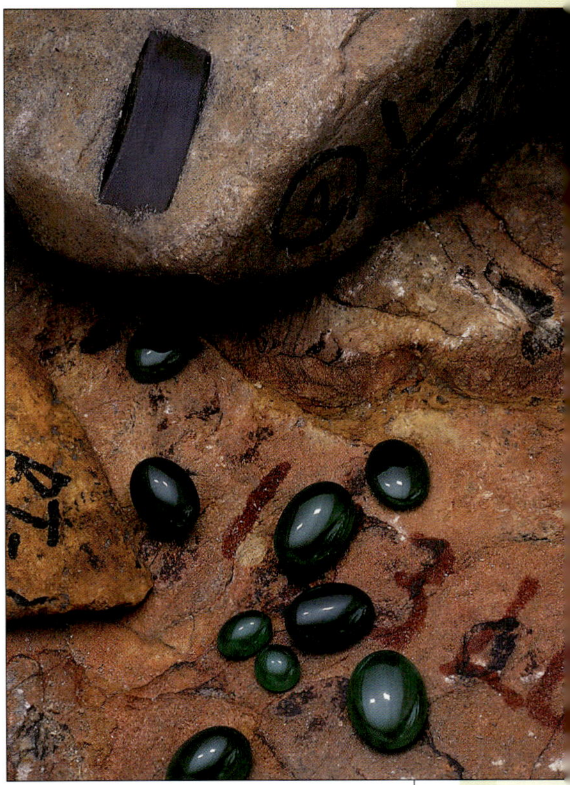

Regelmäßigkeiten vermeiden
Zu den schönsten Momenten bei der spontanen Fotografie im Freien zählt das Auffinden unerwarteter Zusammenhänge und Linien – aus dem Chaos des Alltags tritt plötzlich Ordnung hervor. Im Studio stellt sich das Problem anders herum: Hier gilt es, das Absichtliche in der Anordnung der Objekte zu verschleiern. Jedem ist klar, dass die Jadetropfen auf den Blöcken aus unbearbeitetem Jadegestein in dieser Aufnahme so gelegt und nicht etwa so gefunden wurden. Doch die Anordnung ist unregelmäßig, folgt keiner geometrischen Ordnung. Neun beinahe identische Objekte so zu arrangieren, dass sich keine offensichtliche Form erkennen lässt, erforderte einige Minuten des Experimentierens.

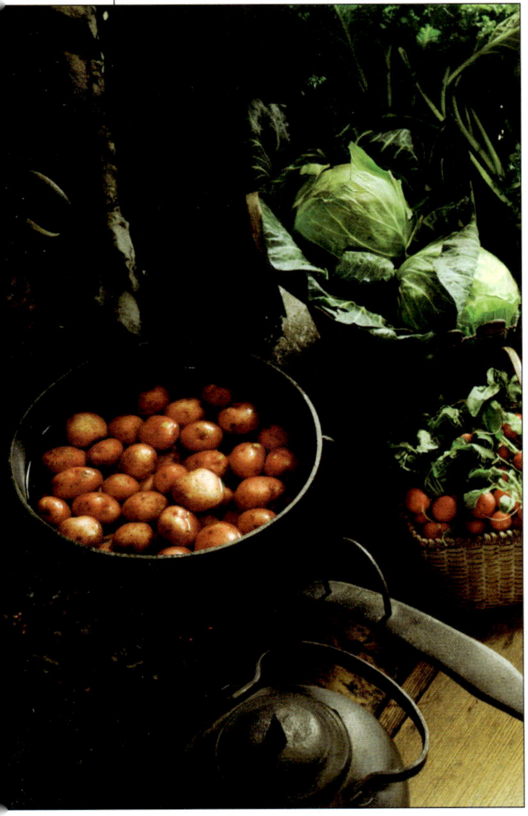

Zufällige Anordnung
Zweck der Aufnahme aus einer Shaker-Küche in Kentucky war, die hauseigenen Produkte zu zeigen, kontrastiert durch Geschirr aus dem 19. Jahrhundert. Im Zentrum steht die Gusseisenpfanne mit Kartoffeln. Wir haben sie gewollt außermittig positioniert, damit das Auge dem Pfannenstiel entlang zu den mit Gemüsen übervollen Körben wandert, die von einem Fenster oben rechts sanftes Licht erhalten. Es gibt absichtlich kaum Leerräume, dennoch wirkt das Bild anheimelnd, nicht chaotisch.

Checkliste Aufbau

Hier ein Beispiel für die Vorgangsweise beim Aufbau eines Stills:

1 Prüfen Sie das Objekt (die Objekte) und überlegen Sie, welche Anforderungen es an Kamerawinkel, Brennweite und Ausleuchtung, aber auch an die Farbe des Hintergrunds und an Requisiten stellt, um gut zur Geltung zu kommen.
2 Besorgen Sie die nötigen Requisiten.
3 Wählen Sie Hintergrund oder Kulisse.
4 Bauen Sie ein erstes, lockeres Arrangement um das Objekt.
5 Probieren Sie einige Beleuchtungsvarianten, bis Sie mit dem Ergebnis zufrieden sind.
6 Richten Sie die Kamera ein.
7 Geben Sie dem Aufbau den letzten Schliff.
8 Kontrollieren Sie die Kamperaposition.
9 Kontrollieren Sie die Ausleuchtung.

Minimalismus

Manchmal erhält man aussagekräftige Aufnahmen, wenn man die Komposition auf das Wesentliche reduziert, anstatt, wie üblich, ein Stillleben aus Requisiten und Beigaben aufzubauen.

Die Möglichkeit, Gegenstände ganz nach Belieben vor der Kamera zu arrangieren, gibt Ihnen große gestalterische Freiheit. Es ist interessant, auf die umgekehrte Art zu arbeiten: Man grenzt das Motiv ein und konzentriert sich auf die „reine" Form, Gestalt, Textur, Farbe und auf den umgebenden Raum. Das ist Minimalismus. Diese Richtung entstand in den 1960er- und 1970er-Jahren und ist durch extreme Schlichtheit von Inhalt und Form (welche oft geometrisch ist) gekennzeichnet. Minimalismus wurde zu einem Designprinzip und hielt auch in die Stillleben-Fotografie Einzug. Die Gründe für seine Popularität unter den Studiofotografen sind leicht zu finden. Zum einen handelt es sich bei der Stillleben-Fotografie primär um den konstruierten Aufbau einer Szene, welcher weit weniger aufwändig wird, je mehr der Fotograf seinen Sinn für Design verfeinert. Der Grundsatz des Minimalismus, „weniger ist mehr", lässt sich im Stillleben, wie es sich durch den Sucher einer Kamera darbietet, ideal umsetzen.

Ein zweiter, dem ersten verwandter Grund liegt darin, dass Fotografen ebenso wie Maler ihren Bildern gerne einen persönlichen Stempel aufdrücken. Allerdings ist dies in der Fotografie weit schwerer umzusetzen, da der Fotograf (abgesehen von digitaler Bearbeitung) nur jene Gegenstände abbilden kann, die sich vor seiner Linse befinden. Indem man eine Szene oder ihre Bestandteile soweit wie möglich reduziert, findet man eine verlässliche Methode, die üblichen Sehgewohnheiten zu unterlaufen. Minimalismus verlangt nach einem rigorosen Ansatz sowohl bei der Wahl der Objekte als auch beim grafischen Bildaufbau. Je weniger Dinge man zeigt, desto bedeutsamer wird ihre Anordnung. Der Betrachter hat kaum Alternativen und wird daher umso kritischer reagieren. Hintergründe und Leerräume müssen entweder akribisch konstruiert oder verblüffend selbstverständlich sein.

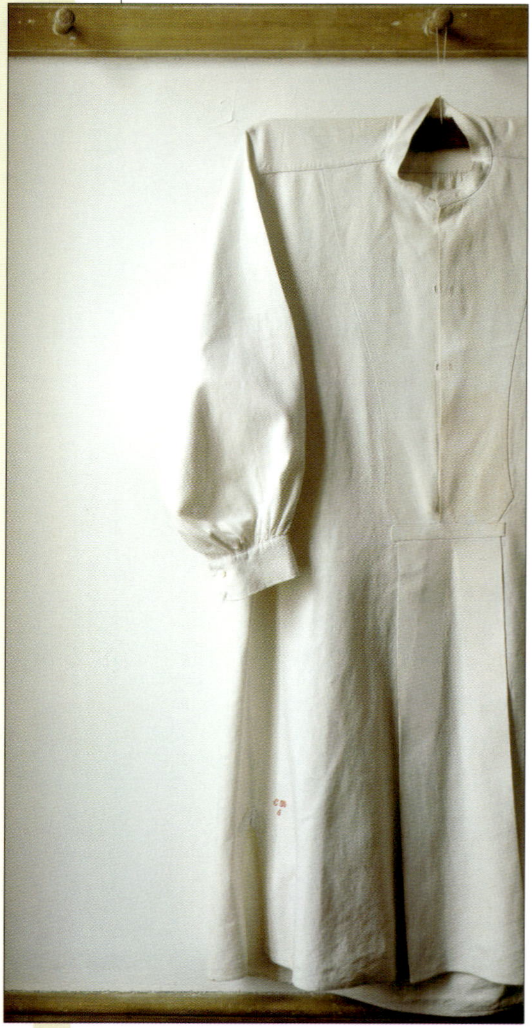

Karge Schlichtheit
Ein absichtlich seitwärts verschobenes Motiv und eine stark beschränkte Palette an Farben und Tönen vermitteln die Grundessenz des einfachen Lebensstils der Shaker. Dieses Leinenhemd aus dem 19. Jahrhundert hing in der Nähe eines Fensters in einem Versammlungshaus der religiösen Sekte in Kentucky. Seine Schlichtheit ist Teil der Lebensauffassung der Shaker. Die offensichtlichste Positionierung – mit dem ganzen Hemd in der Mitte – hätte vielleicht dokumentarischen Wert, doch wir suchten nach Interessanterem. Indem wir das Hemd an den Bildrand rückten, ging nichts an Information verloren (wir sehen nach wie vor, wie seine Ärmel aussehen), die Kargheit kommt jedoch deutlich zum Ausdruck. Der Schatten links hält die Komposition im Gleichgewicht.

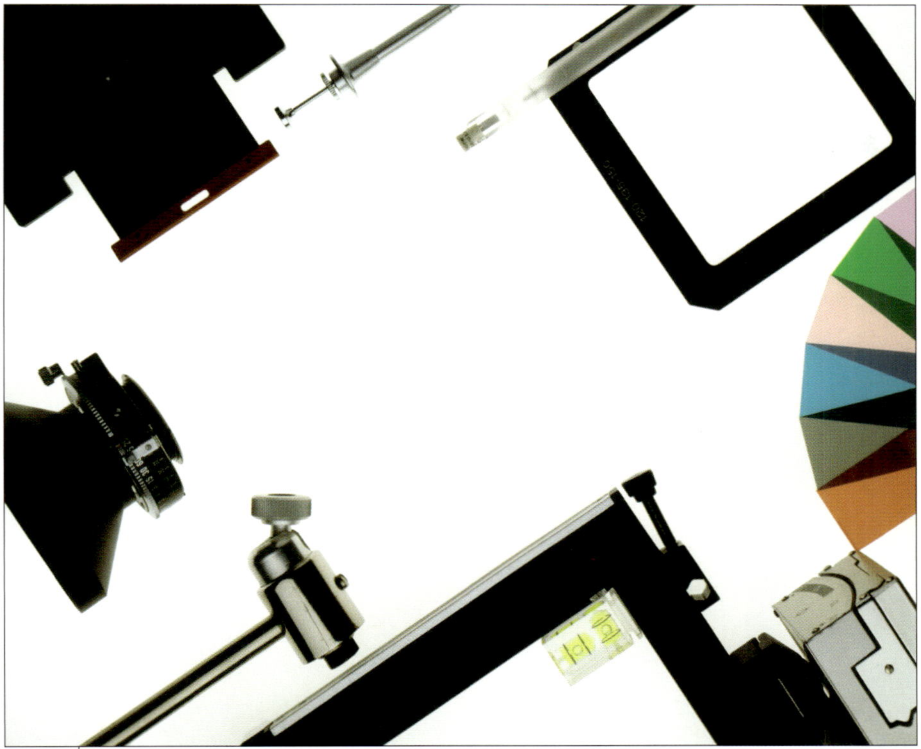

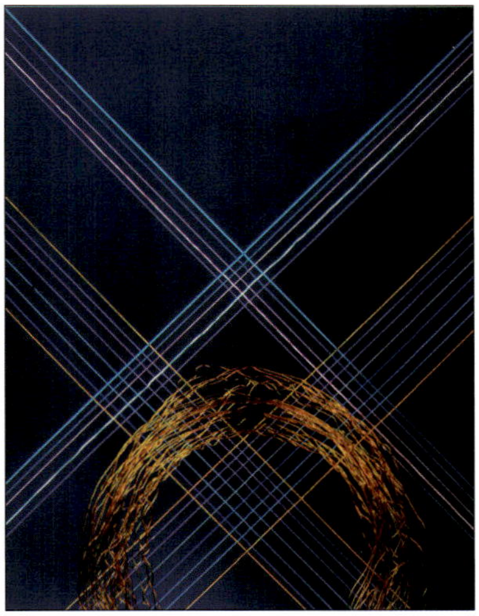

Symmetrie des Formlosen

Kunstfasern waren das Motiv dieses Stilllebens. Ungewebt haben die Rohfasern keinerlei Struktur, sie zeigen nur minimale Farbunterschiede. Die Lösung war, ein geometrisches Muster aus einem Halbkreis mit kontrastierenden Diagonalen zu konstruieren. Den letzten Schliff erhielt die Aufnahme durch polarisiertes Licht, das die Fasern gegen den Hintergrund leuchten ließ.

Konstruktivismus

Diese Aufnahme fotografischer Utensilien zeigt eine sorgfältige Anordnung, gestützt auf diagonale Linien. Jedes Werkzeug ragt nur zum Teil in das Bild, die Mitte bleibt absichtlich leer, keiner der Gegenstände kann die Aufmerksamkeit auf sich konzentrieren. Das Grundthema des Bildes ist vielmehr die abstrakte Anordnung von Diagonalen.

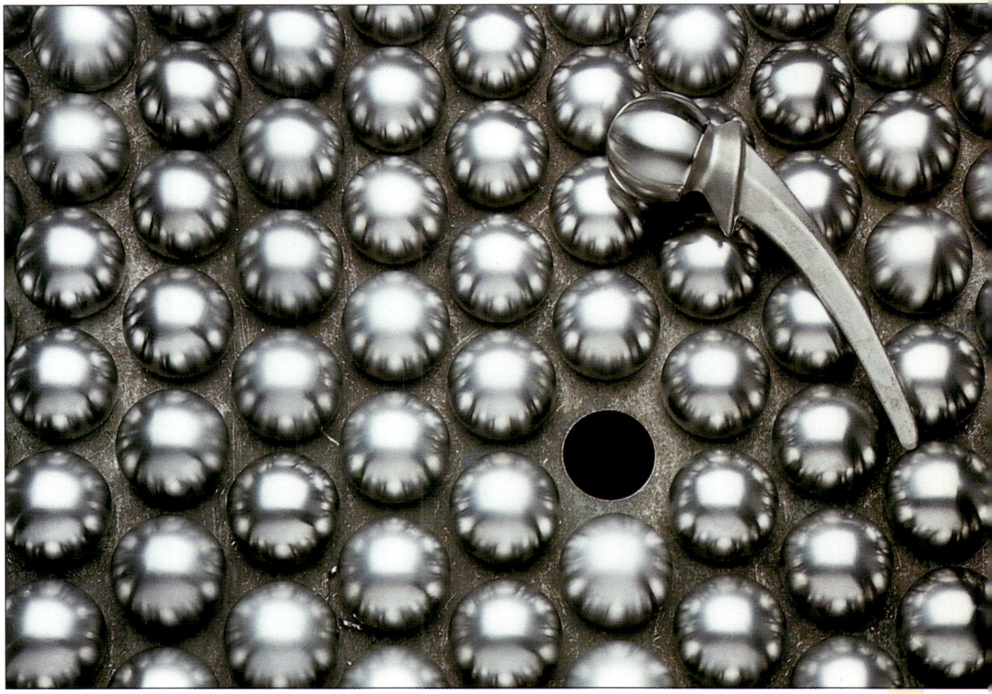

Eine unter Vielen

Dieses Bild zeigt Gelenksprothesen aus Titan, die in großer Stückzahl maschinell gefertigt werden. Die perforierte Metallplatte diente als Stecksystem und bot den idealen Hintergrund, um eines der Glieder ganz genau zu zeigen. Die Bildkomposition bestand allein darin, die Kamera exakt an den Reihen auszurichten und eine Prothese herauszuziehen. Um ein harmonisches Bild zu erzielen, wurden das entstandene Loch und der Nagel aus der Mitte gerückt.

Requisiten, Styling und Kulissen

In manchen Fällen ist der Kontext eines Stills ebenso wichtig wie das Motiv. Die sorgfältige Wahl von Requisiten kann einen zeitlichen Bezug herstellen und die Bildwirkung unterstreichen.

Requisiten sind aus der Stillleben-Fotografie nicht wegzudenken. Sie sind so wichtig, dass in kommerziellen Produktionen – in der Werbung und in gut bezahlter Auftragsarbeit – professionelle Requisiteure beschäftigt werden. Sie tragen die Verantwortung für Wahl und Beschaffung der Requisiten. Requisiten spielen eine untergeordnete Rolle, indem sie das Hauptmotiv entweder verstärken oder konterkarieren, können aber auch selbst zum Motiv werden, wenn die Aufnahme zum Beispiel eine bestimmte Epoche oder Situation illustriert, wie das Bild links. Überall dort, wo sich Fernseh-, Film- oder Fotostudios bzw. Theater befinden, ist ein Requisitenverleih nicht weit. Die meisten haben eine breite Auswahl an Gegenständen – von alltäglich bis ausgefallen –, die man tage- oder wochenweise mieten kann, doch sind diese meist von minderer Qualität. Ihr Einsatzgebiet sind eben Film- und Fernsehproduktionen, nicht Nahaufnahmen, die jedes kleinste Detail enthüllen.

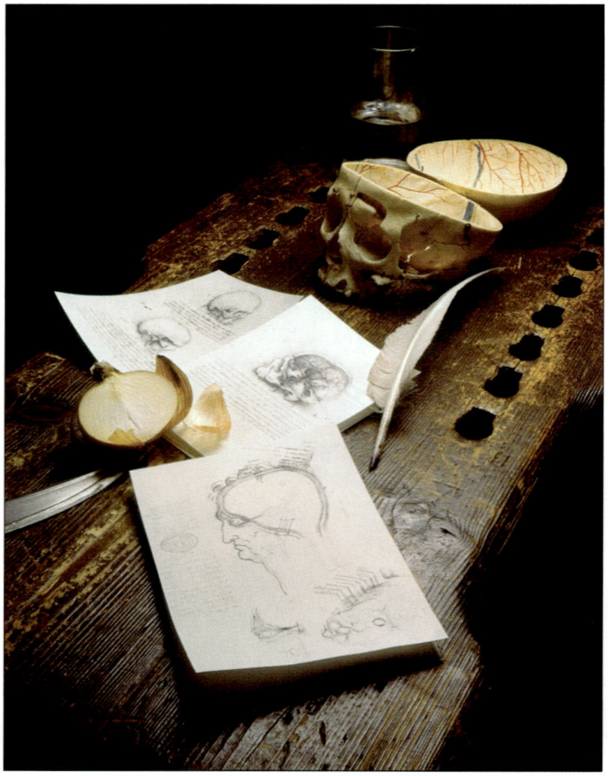

Requisiten auf kleinstem Raum Hier verwendeten wir Requisiten, um Leonardo da Vincis anatomisches Werk zu zeigen. Selbstverständlich wählten wir anatomische Zeichnungen sowie einen Totenschädel. Die Zwiebel soll da Vincis Vergleich zwischen den Schichten einer Zwiebel und den Membranen, die das Gehirn umgeben, illustrieren. Die Zeichnungen wurden auf strukturiertes Papier kopiert, Federkiel und Messer waren ausgeliehen, das Glas wurde extra angefertigt.

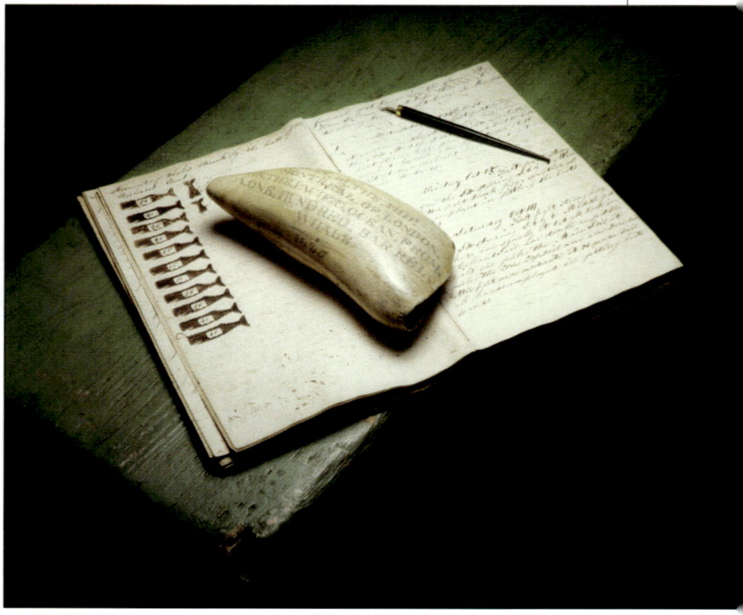

Walfänger Um die Reproaufnahme des Logbuchs aus dem 19. Jahrhundert aufzupeppen und das Buch nicht zu beschädigen, wählten wir nur drei Requisiten: eine Truhe, eine Feder und den Zahn eines Wals.

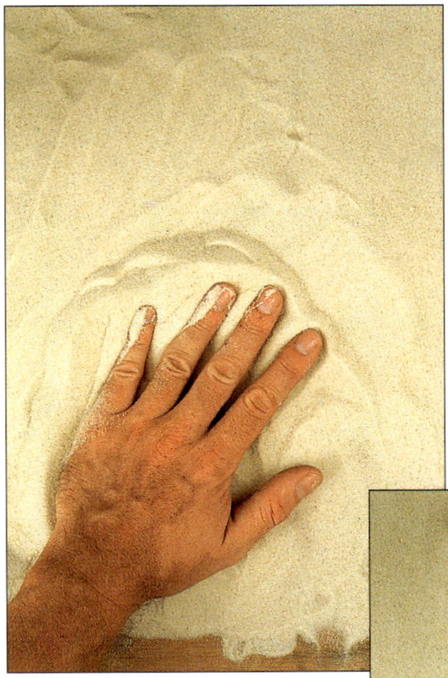

Der Untergrund
Für ein konstruiertes Stillleben zum Thema Strand mussten wir als erstes einen weichen, sandigen Untergrund vorbereiten. Die Kamera wurde oberhalb befestigt, die Szene wurde vertikal von oben aufgenommen.

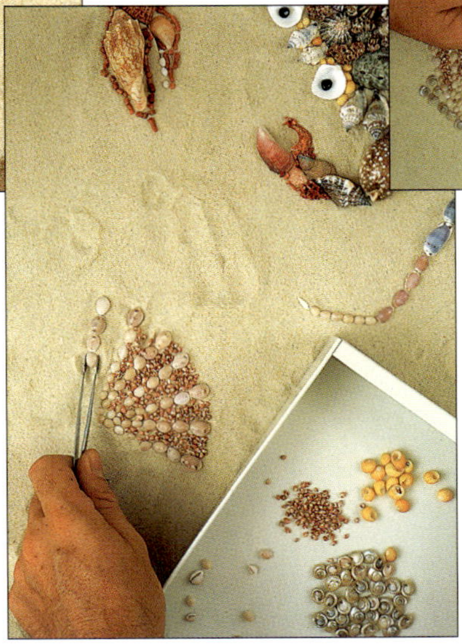

Anordnung
Die Bestandteile der Szene sind Muscheln der verschiedensten Art. Wir haben sie sortiert und mit der Pinzette angeordnet.

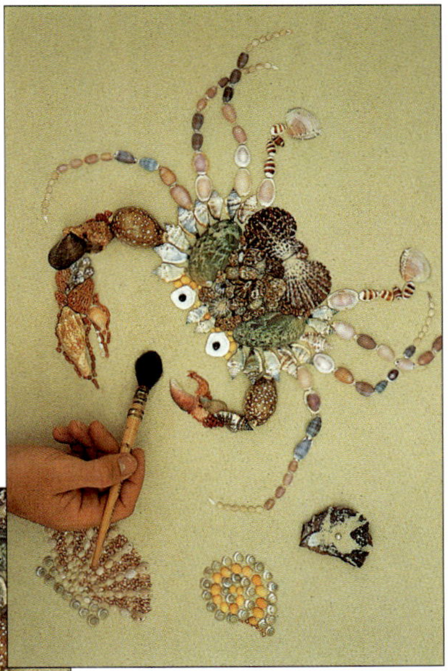

Letzter Schliff
Nach mehr als einer Stunde Arbeit waren die Muscheln an ihrem Platz. Der Sand wurde wieder flachgedrückt und verirrte Körner entfernt.

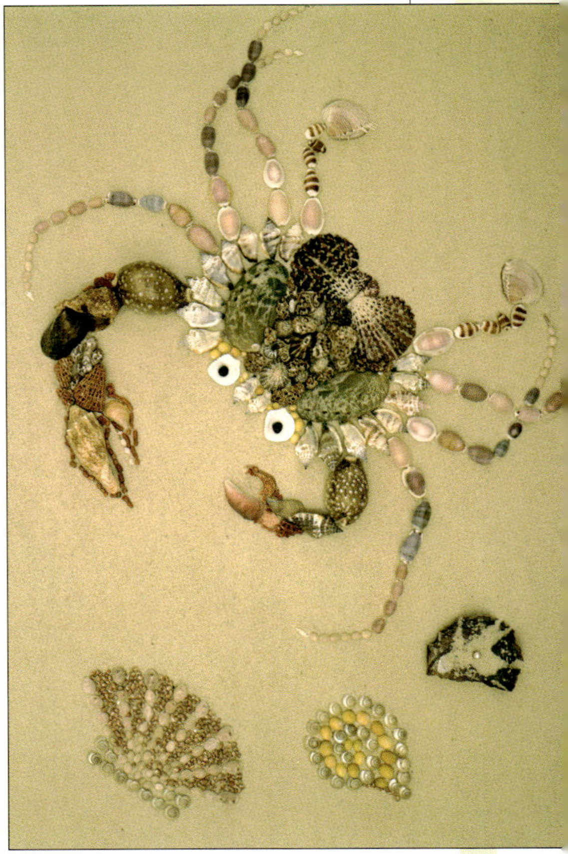

Gestellte Aufnahme
Das Design aus genauest platzierten Muscheln wurde diffus ausgeleuchtet, um Schatten zu minimieren und die Muscheln zu betonen.

Andere gute Quellen für Requisiten sind Antiquitäten- oder Altwarenläden und Straßenmärkte. Manchmal kann man einen Gegenstand auch dort gegen Kaution mieten, dies ist aber nicht die Regel. Die Ware ist meist billig genug, um sie zu kaufen. Viele Fotografen haben ein kleines Lager interessanter und nützlicher Gegenstände. Eine Marmorplatte und ein Hackstock erweisen sich als Requisiten für Lebensmittel ebenso nützlich wie Gläser, Tischwäsche oder ein Decanter, um Gerichte zu präsentieren. Auf anderen Gebieten kann man weniger leicht verallgemeinern, viel hängt auch von Ihrem persönlichen Stil ab. Im eigenen Haushalt wie in den Wohnungen von Freunden findet sich eine respektable Anzahl von Dingen – seien es Erbstücke oder Dekorationen. Vergessen Sie bei der Suche nach geeigneten Gegenständen nie, dass es immer mehrere Möglichkeiten gibt.

Schattenloses Weiß

Soll überhaupt kein Hintergrund vorhanden sein, ist neutrales Weiß gefragt. Durch wohldosiertes Gegenlicht kann man dies bereits bei der Aufnahme erreichen.

Es gibt Situationen, in denen allein der Gegenstand gefragt ist, ohne jeden Hinweis auf seine Umgebung. In diesem Fall lautet die Lösung: weiß - rein und einfach. Ein ebener, weißer Hintergrund gehört zwar zur Basisausstattung, wird der Anforderung in diesem Fall jedoch nicht so ohne weiteres gerecht. Wie hell und reflektierend die Oberfläche des Papiers, des Kartons oder der Folie auch erscheint, immer gibt es irgendwo einen Schatten, der überraschend dunkel sein kann, speziell unter dem Objekt, wenn Sie es von oben beleuchten.

Schattenloses Weiß verlangt Gegenlicht, eine der Schlüsseltechniken in der Stillleben-Fotografie. Das Prinzip ist leicht erklärt: Der Hintergrund muss durchscheinend oder transparent sein und dahinter wird in Richtung von Kamera und Objekt eine Leuchte aufgestellt. Die Praxis kann etwas knifflig sein, da der Hintergrund hell und gleichmäßig ausgeleuchtet werden muss. Das Material des Hintergrunds ist wichtig, es muss glatt sein, darf keine Dellen oder andere sichtbare Defekte aufweisen und muss dick genug sein, um das Licht stark zu streuen, am besten eignet sich milchig weißes Perspex/Plexiglas, das mindestens 3 mm dick sein sollte. Für eine starke Streuung, die das Licht gleichmäßiger verteilt, braucht man Gegenlicht. Es gilt: Je dicker, desto besser – bis zu etwa 8 mm – dabei sinkt aber die Lichtintensität.

Stärkere Streuung erhält man auch, wenn man die Lichtquelle weiter nach hinten verschiebt, wobei die Lichtausbeute selbstverständlich ebenfalls geringer wird. Auch kann

Digitaler Weißpunkt

Selbst wenn der Hintergrund bei der Aufnahme rein weiß aussieht, kann spätere Anpassung nötig werden. Dafür gibt es zwei digitale Methoden: Entweder man setzt über die Tonwertkontrolle den Wert des Hintergrunds auf weiß, oder man wählt ihn aus und löscht ihn.

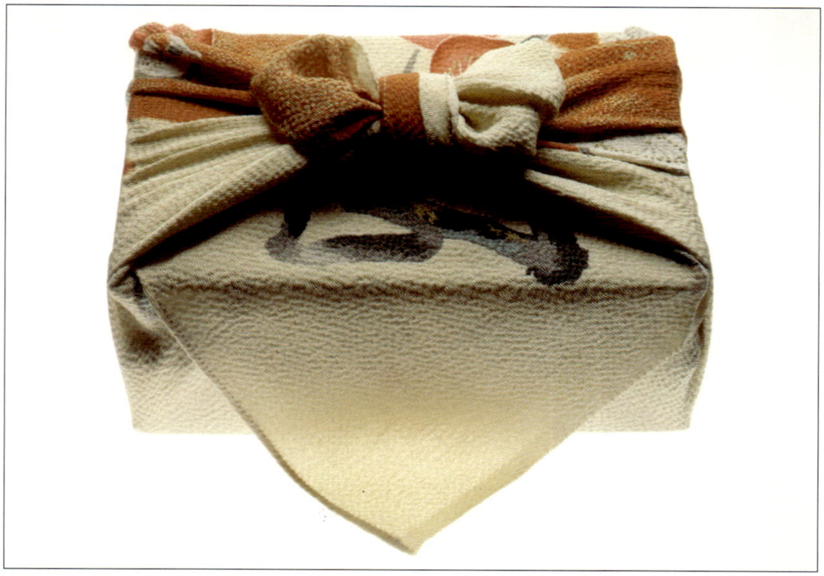

Furoshiki
Hier lässt das Gegenlicht auf einem weißen Tisch als Hintergrund nicht nur das Objekt deutlich hervortreten, sondern unterstreicht Farbe und Transparenz des japanisches Tuchs, in dem man Geschenke verpackt.

man mehr als eine Lichtquelle verwenden, zwei oder drei parallele Striplights nah am Objekt erzeugen ein sehr gleichmäßiges Licht. Das ist auch das Prinzip der Lichtboxen zum Betrachten von Dias. Haben Sie aus früheren Tagen eine übrig, eignet sie sich hervorragend für ein Gegenlicht-Set.

Die Kamera von oben auf das Objekt zu richten, löst das Problem der Schatten auf der Standfläche, doch die Beine des Stativs sind im Bild. Hier schafft ein nützliches Zubehör Abhilfe: Ein horizontaler Arm, der am Stativ befestigt wird. Noch besser, wenn auch um einiges teurer ist ein Hintergrundtisch, der aus einem großen Stück durchscheinendem Perspex/Plexiglas besteht, das S-förmig gebogen und in einer Halterung befestigt ist. Der Aufbau erlaubt die Anbringung einer oder mehrerer Leuchten dahinter. Das Objekt wird auf dem flachen Teil in der Mitte platziert, die Aufwärtskurve sorgt für einen ebenmäßigen Hintergrund, der nach abwärts gebogene Teil vorne erlaubt eine tiefe bis horizontale Kameraposition. Ein zusätzliches Extra ist die sandgestrahlte matte Oberfläche der Plexiglasscheibe zur Reduktion von Reflexen.

1 Das Original: fast weiß
Wie das Histogramm zeigt, ist der Hintergrund dieses alten Holzspielzeugs immer noch 5% von reinem Weiß entfernt.

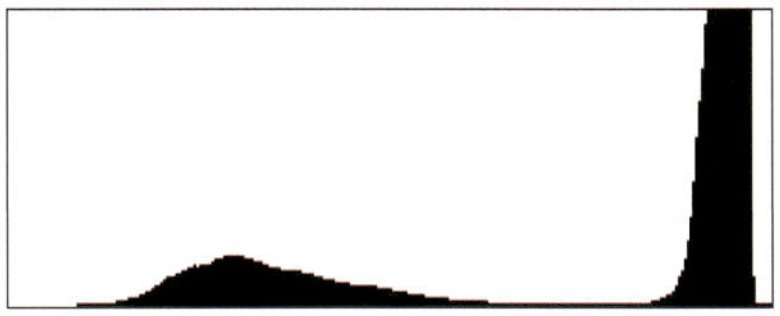

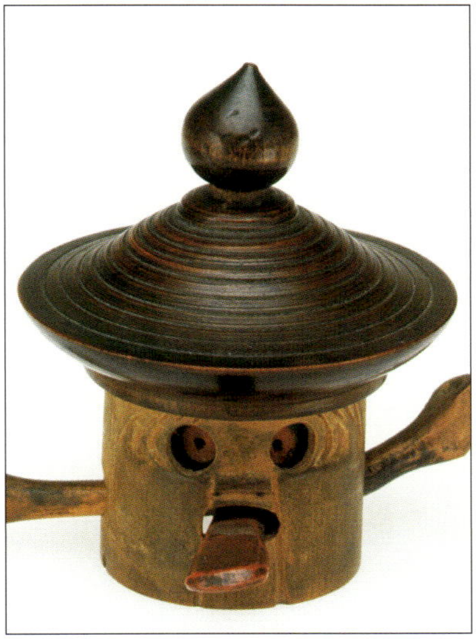

2 Der Weißpunkt
Mit Hilfe der Tonwertkontrolle kann der Wert des Hintergrunds leicht auf Weiß gesetzt werden. In diesem Fall haben wir aber, um minimal druckbare Punkte zu erhalten, den Weißpunkt auf 250 gesetzt.

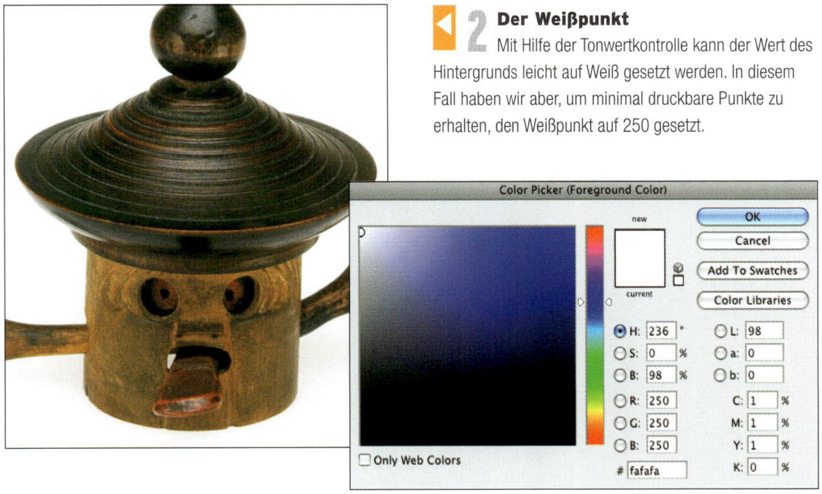

3 Auswählen und Löschen
Als Alternative, die bei Objekten mit klaren Konturen gut funktioniert, könnte man den Hintergrund auch mit dem Zauberstab-Werkzeug auswählen – hier wegen der besseren Deutlichkeit im Maskenmodus gezeigt – und die Auswahl löschen.

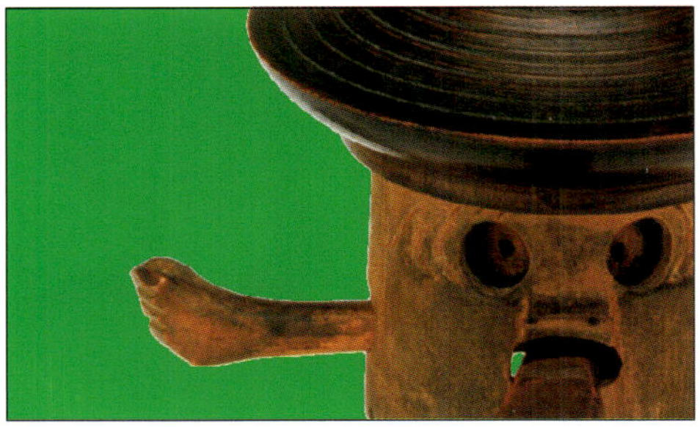

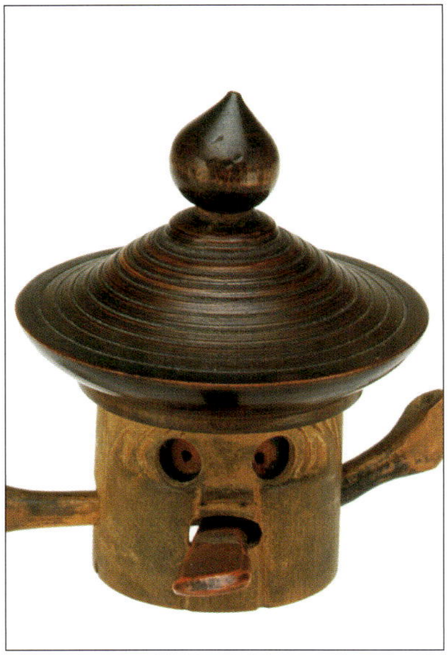

Fallstudie: **Freistellpfade**

Objekte mit klaren, deutlichen Kanten bieten sich zum Freistellen an, in der Geschäftswelt der Webseiten, Magazine und Prospekte herrscht große Nachfrage nach Freistellobjekten. Aus der Sicht der Verleger ergeben sie ein klares Layout. Wenn Sie im Voraus wissen, dass das Objekt freizustellen ist, planen Sie die Aufnahme entsprechend. Den Hintergrund können Sie ignorieren, da man ihn ja nicht sehen wird. Dennoch muss man auf Farbreflexe und Spiegelungen achten, besonders bei Gegenständen mit glänzender Oberfläche und an spitz auf die Objektivachse zulaufenden Kanten. Es wird Ihr Leben später erleichtern, wenn sich die Konturen deutlich abheben; in den meisten Fällen ist Weiß am besten. Im Beispiel auf Seite 377 sollte ein chinesisches Möbelstück in einem Prospekt abgebildet und auch auf einer Website gezeigt werden. Von den verschiedenen Möglichkeiten erwies sich ein Freistellpfad als am geeignetsten.

Gehender Buddha

Selbst wenn bei der Aufnahme keine Möglichkeit besteht, das Objekt nach Ihren Wünschen mit Lampen und Reflektoren auszuleuchten, kann ein Freistellpfad, in eine Auswahl umgeändert, ein unaufgeräumtes Bild in ein klares, sauberes verwandeln. Der Hintergrund kann gelöscht werden.

Die berühmte thailändische Statue des gehenden Buddha, die wir in einem Kloster in Bangkok aus zwei verschiedenen Winkeln aufgenommen haben, ist ein gutes Beispiel.

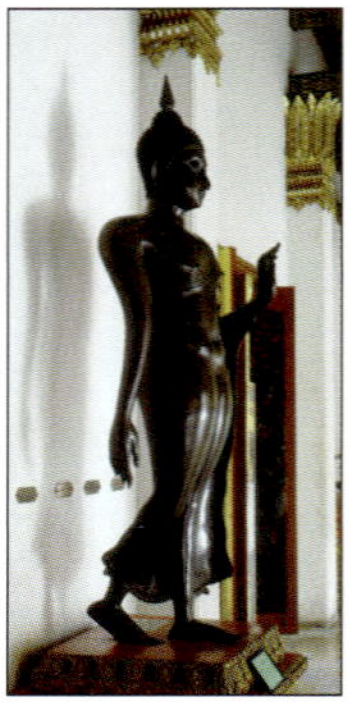

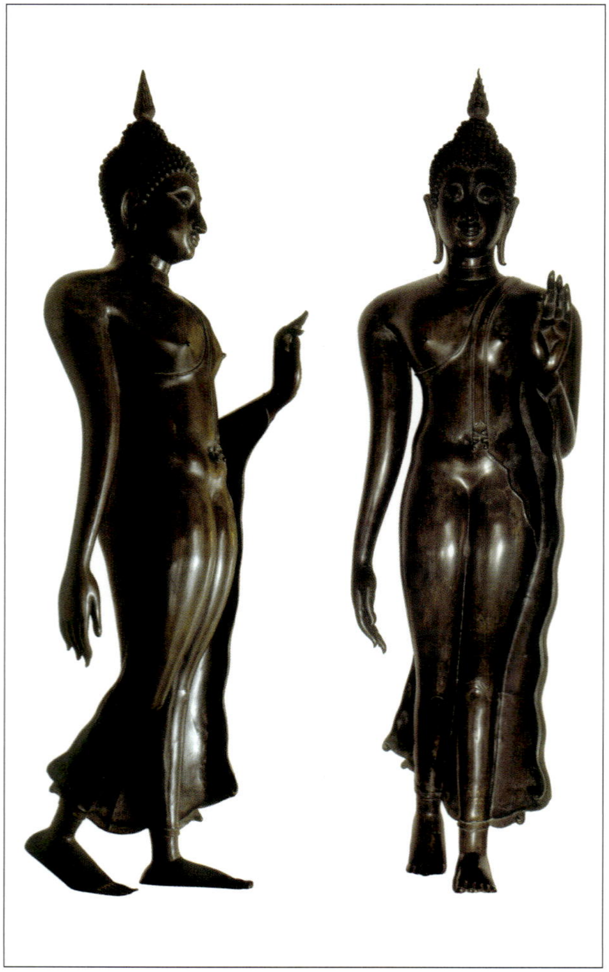

1 Licht-Aufbau

Zur Ausleuchtung verwenden wir große Styroporplatten, um auf die Seiten des Möbels ein gleichmäßiges Licht zu werfen. Ein weißer Schirm sorgt zusätzlich für das Vorderlicht. Der Winkel der Möbel und die Positionierung der größten Styroporplatte ist heikel.

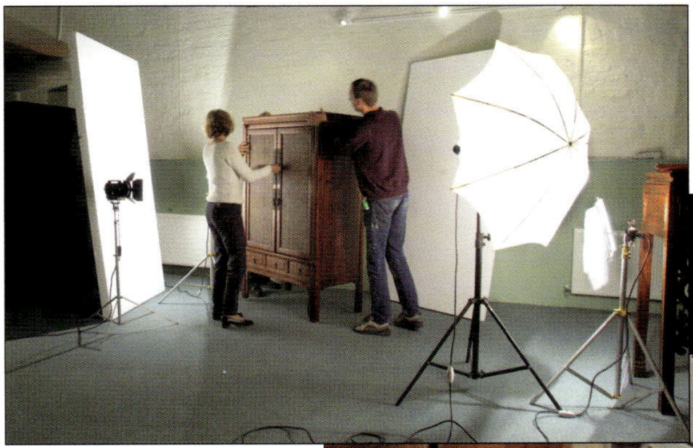

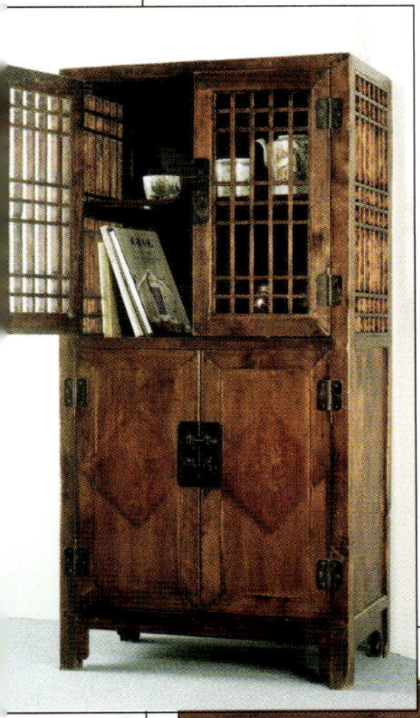

2 Schrank

Leicht angewinkelt zur Kamera, um eine vertraute und informative Ansicht zu zeigen, weist dieser Schrank zwei ebene Flächen auf. Damit alles möglichst echt wirkt, muss eine Seite heller sein: In unserem Aufbau erhält die Vorderseite durch die Styroporplatte an der Seite das meiste Licht.

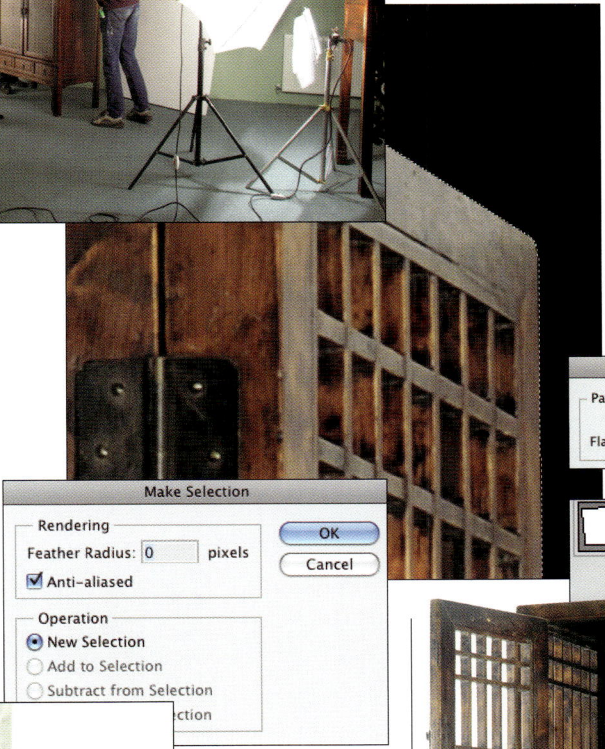

5 Überprüfung gegen Schwarz

Die umgekehrte Auswahl wird vorübergehend mit schwarz (oder einer anderen Farbe) gefüllt, um die Kanten zu kontrollieren. Ist der Pfad zu weit gewählt, ist etwas vom Original-Hintergrund zu sehen.

6 Beschneidungspfad

Zum Abschluss wird der Arbeitspfad in einen Beschneidungspfad umgewandelt, den das Layout-Programm über Postscript interpretiert. Die Kurvennäherung bestimmt die Genauigkeit beim Druck, der Wert hängt vom Drucker ab.

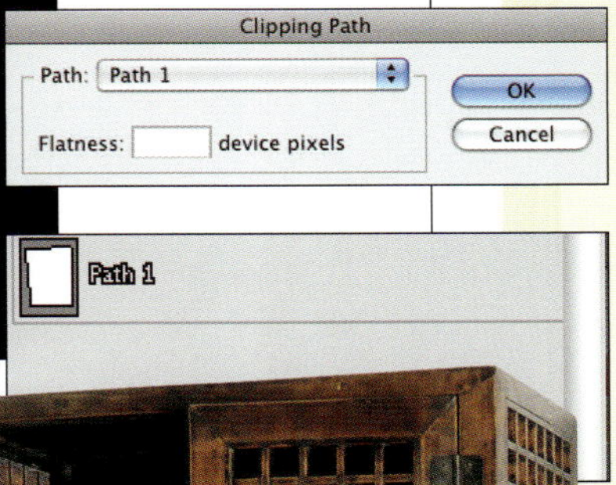

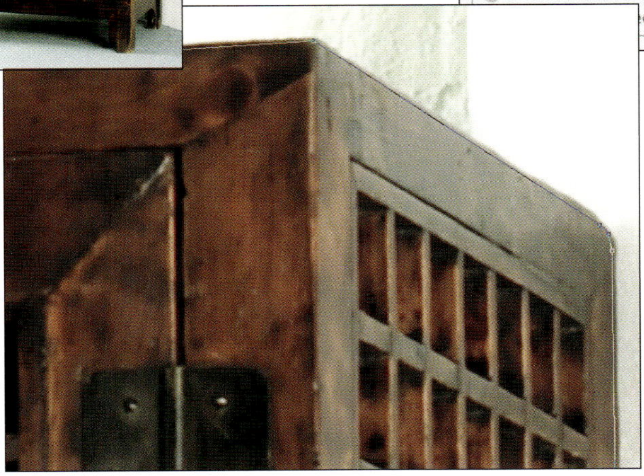

3 Den Pfad zeichnen

Mit 200-prozentiger Vergrößerung zeichnen wir mit dem Zeichenstift-Werkzeug einen Pfad um das Objekt. Wir ziehen die Linien leicht innerhalb der Kanten, das freigestellte Bild kann gegen jeden Hintergrund platziert werden.

4 Auswahl erstellen

Um zu überprüfen, ob wir genau gearbeitet haben, wird aus dem fertigen Pfad eine Auswahl erstellt, die wir anschließend umkehren.

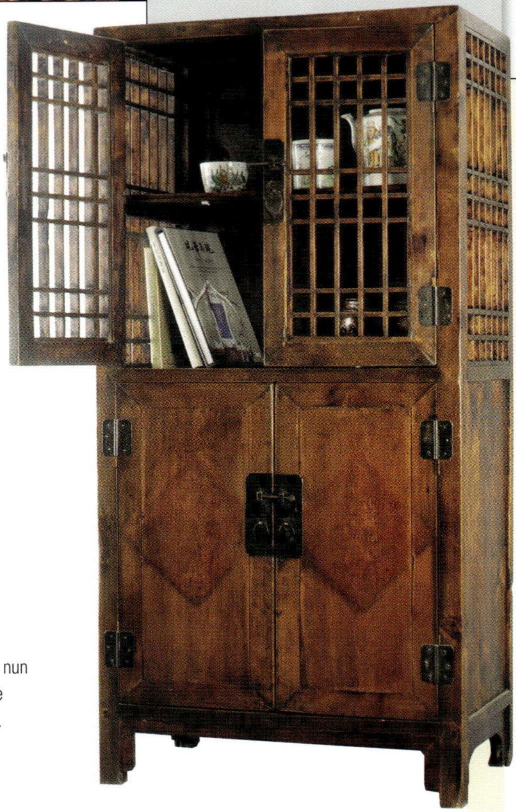

7 Der Schrank

Das fertige Bild kann nun gespeichert und in jede andere Anwendung importiert werden.

Kontrast in Schwarz

Tiefes Schwarz ist mehr als die umgekehrte Alternative zu strahlendem Weiß: Es sorgt bei hellen Objekten für einen satten, starken Kontrast.

Ein schwarzer Hintergrund verleiht einem Bild oft einen besonderen Touch, vor allem, wenn es sich um helle, schimmernde Objekte handelt. Wie beim schon besprochenen Weiß werden die Gegenstände isoliert dargestellt, füllen das gesamte Bild, und nichts vermag die Aufmerksamkeit abzulenken.

Wie aus dem Nichts treten die Gegenstände hervor. In der Wahrnehmungslehre erscheinen helle Farben näher, dunkle weiter entfernt, ein schwarzer Hintergrund verstärkt den dreidimensionalen Eindruck des Stilllebens.

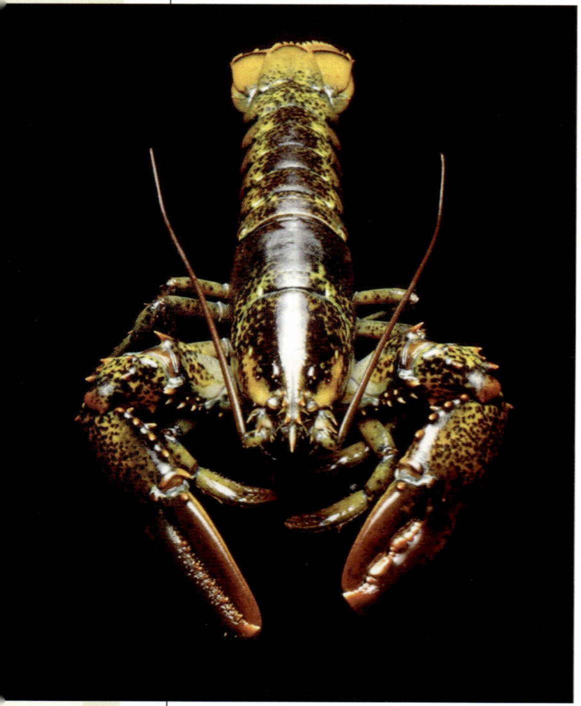

Auch hier wird man nachbearbeiten müssen, doch spart man einiges an Arbeit, wenn man schon bei der Aufnahme für einen dichten schwarzen Hintergrund sorgt. Zwei Faktoren, miteinander kombiniert, stellen dies sicher: Das Material reflektiert so wenig Licht wie möglich, und das Licht wird so gesetzt, dass der Hintergrund im Dunkeln bleibt. Von den erhältlichen Stoffen absorbiert schwarzer Samt das Licht am besten, wobei sich Baumwollsamt weit besser eignet als Kunstfaser. Wenn Sie vorhaben, diese Art Hintergrund des Öfteren zu verwenden, besorgen Sie sich am besten gleich ein paar Meter, die Sie, um Falten zu vermeiden, gerollt, nicht gefaltet aufbewahren. Vor der Verwendung müssen Sie alle Fasern und Staubkörnchen entfernen. Am einfachsten geht dies mit einem Stückchen Klebeband, mit dem Sie leicht über den Stoff streichen.

Damit der Hintergrund dicht und schwarz erscheint, vermeiden Sie, ihn direkt anzuleuchten. Manchmal mag das unmöglich sein, bedingt durch den Einfallswinkel des Lichts und die Position des Objekts direkt auf dem Stoff.

Das Objekt isolieren

Die offensichtlichste Art, einen Hummer abzubilden, wäre, mit Requisiten entweder auf seinen Lebensraum hinzuweisen (Steine, Meer, Sand), oder mit Utensilien, die eine Mahlzeit suggerieren. In diesem Fall wollten wir jedoch das Objekt allein, ohne jeden Bezug. Für die einfache, stark ausgeleuchtete Aufnahme genügte ein einzelnes Oberlicht, mittels Softbox stark gestreut, sowie ein schwarzes Tuch als Hintergrund, das alles Licht absorbierte. Der Aufbau war symmetrisch und kam ohne Reflektoren aus, das Objekt hebt sich übergangslos vom Hintergrund ab.

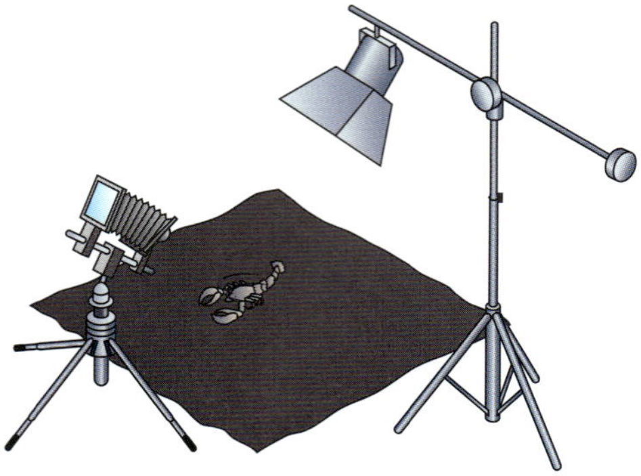

Seitenlicht können Sie mit schwarzem Karton bis zu den unmittelbaren Kanten des Gegenstands abschatten. Noch effektiver ist es, wenn es die Aufnahmesituation erlaubt, Objekt und Hintergrund voneinander zu trennen. Sie können direkt von oben schießen und den Gegenstand etwas erhöht platzieren, wie in dem hier gezeigten Beispiel der Muschel. Jetzt sollte es einfach sein, den Hintergrund im Bildbearbeitungsprogramm durch Setzen des Schwarzpunkts tiefschwarz zu machen.

Beachten Sie, dass sich auch Schwarz wie jede andere Farbe an den Objektkanten spiegelt. Das Ausmaß hängt von der Beschaffenheit der Oberfläche des Gegenstands und dem Winkel zur Kamera ab. Kanten nehmen deswegen so viel vom Hintergrund auf, weil spitze Winkel, wie etwa an den Seiten einer Flasche, am besten reflektieren. Mann kann Objekte relativ leicht digital gegen jede beliebige Hintergrundfarbe freistellen, doch scheint das Bild oft unrealistisch. Auf dem Bildschirmfoto von Seite 377 haben wir das Möbel zur Kontrolle mit einem schwarzen Hintergrund versehen – es überzeugt wenig. Damit Schwarz als Hintergrund richtig wirkt, müssen Sie gegen Schwarz aufnehmen.

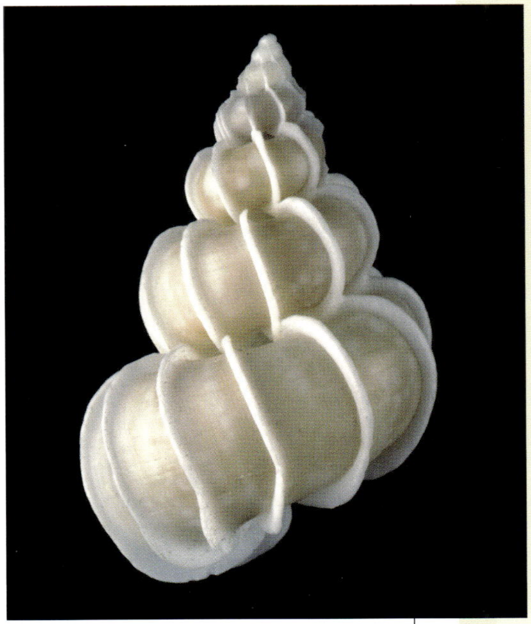

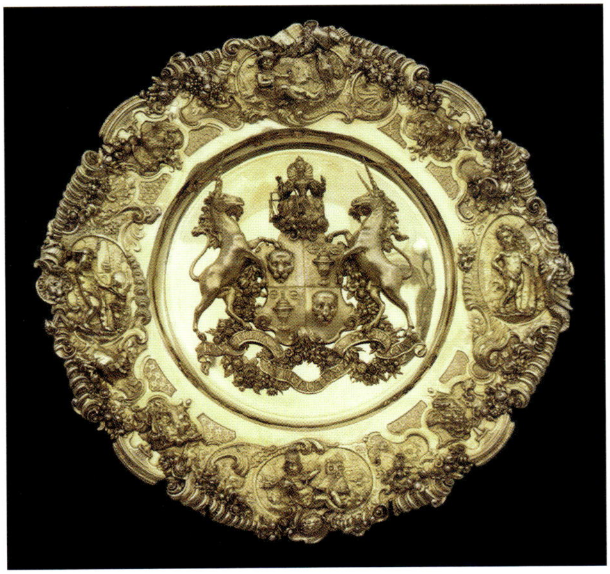

Auswahl füllen
Eine Alternative wäre es, den Hintergrund auszuwählen (hier mit dem Zauberstab) und mit Schwarz zu füllen.

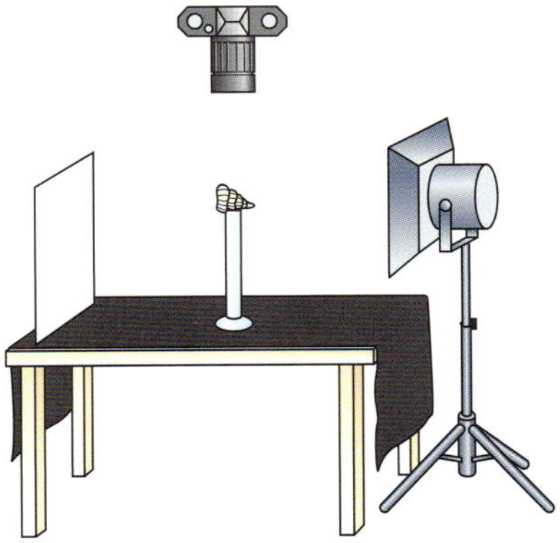

Vom Hintergrund trennen
Eine Möglichkeit, einen dichten, schwarzen Hintergrund ohne Flecken von Staubkörnern oder Fusseln zu erhalten, besteht darin, das Objekt erhöht zu platzieren. Wenn Sie die Leuchte wie in der Skizze anbringen, werden die Fussel kaum beleuchtet.

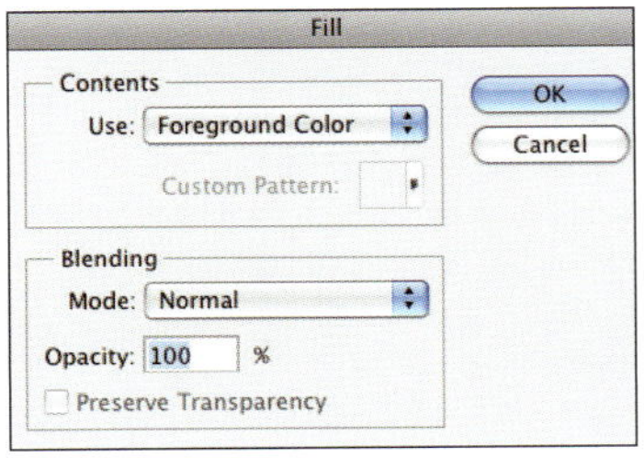

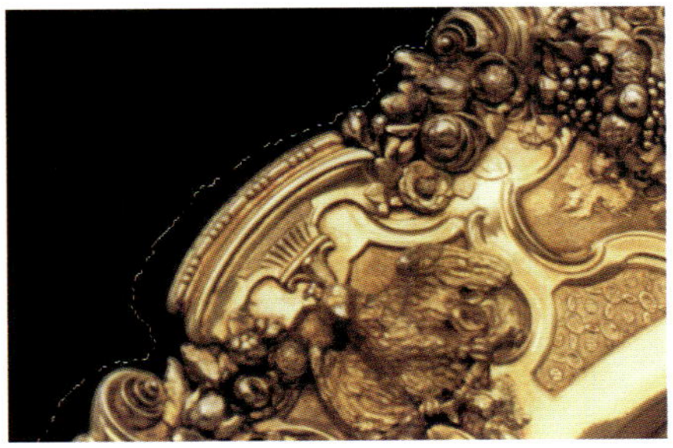

Kulissen und Strukturen

Der richtige Hintergrund ist in der Stillleben-Fotografie ebenso wichtig wie andere Requisiten, ja sogar das Objekt selbst.

Wann immer das Motiv ein einzelner oder eine kleine Zahl von Gegenständen ist, nimmt der Hintergrund oft den größten Teil des Fotos ein. Es gibt drei Arten: glatte Flächen, strukturierte Flächen und echte Kulissen. Glatte Flächen erklären sich selbst: Sie sollen so unaufdringlich wie möglich sein und nur durch ihren Farbton das Motiv zur Geltung bringen. Strukturierte Hintergründe – in verlaufenden oder kontrastierenden Tönen, Texturen, Formen und Farben – bringen manche Eigenschaften des Motivs deutlicher zum Vorschein und werden selbst integraler Bildbestandteil. Letztlich verleihen Kulissen dem Motiv einen inhaltlichen Bezug und lassen das Stillleben natürlicher wirken als eine offensichtliche Studio-Aufnahme.

Viele Räume geben gute Kulissen ab, doch ihr Stil und die Gegenstände, die sie enthalten, müssen die Natur des eigentlichen Bildmotivs widerspiegeln.

Eine Sammlung von Hintergründen

Die Liste ist endlos, meist leistet ein Tisch oder eine Platte oder ein Hintergrund aus einer der folgenden Kategorien gute Dienste:

GLATTE FLÄCHEN

Weiß Möglichst wenig Struktur erhalten Sie bei matt glänzendem oder nicht-reflektierendem Material („Formica" bzw. weißer Samt).
Schwarz Tiefstes Schwarz erreichen Sie mit hochwertigem Baumwoll-Samt *(Seite 378–379)*.
Verläufe Eine Hohlkehle aus weißem, biegsamen Kunststoff, Karton oder Papier, von oben mit Softbox beleuchtet.
Einfärbig Entweder Sie verwenden Formica, Karton oder Papier in der gewünschten Farbe, oder Sie sparen Kosten und färben den Hintergrund mit Farbfiltern, oder später digital.
Digital Entweder Sie machen zwei Fotos, mit und ohne Objekt, oder Sie stellen den Gegenstand im Bildbearbeitungsprogramm frei.
Farbverläufe Wie einfärbig, siehe oben.
Zweifärbig Warum bei einer Farbe bleiben? Die Techniken für einfärbige Hintergründe funktionieren auch bei zwei Farben *(Seite 397)*.
Glas Der Glas-Shot ist ein alter Trick. Stellen Sie das Objekt auf eine flache Glasplatte, die selbst über einem farbigen Untergrund angebracht ist (so weit weg, dass dieser unscharf und strukturlos wird). Beleuchten Sie das Motiv und den Hintergrund (entweder in einem oder separat), wobei Sie darauf achten, dass es keine Reflexe im Glas gibt.
Perspex/Plexiglas Undurchsichtiges, farbiges Perspex birgt eine Vielzahl an Möglichkeiten. Bei direktem Licht ist die Farbsättigung hoch, helle Objekte erzeugen schöne Spiegelungen. Indirekt beleuchtet (wie rechts oben im Beispiel mit der Pistole) ist die Sättigung geringer, Kontrast und Reflexionen jedoch weit höher.
Mylar Dünne, biegsame Polyesterfolie mit spiegelgleicher Oberfläche ergibt ungewöhnliche Verzerrungen in Farbe und Form.

STRUKTURMATERIALIEN

Stoff Textilien haben unzählige verschiedene Strukturen. Man kann sie zusätzlich knittern oder in Falten legen.
Strukturpapier Papier gibt es in einer Vielzahl nicht nur von Mustern und Farben, sondern auch Texturen, etwa Prägepapier. Indirektes oder Gegenlicht verstärken die Wirkung.
Kunststoff verhält sich wie Strukturpapier, ist aber widerstandfähiger, lässt sich besser biegen und hat eine weniger fasrige Textur.
Stein Die raue Oberfläche von Schiefer, Sandstein, Marmor und anderem Stein wird als Kontrast zu feinen, wertvollen Objekten (wie Schmuck) oder zur Verstärkung anderer Naturmaterialien, etwa Lebensmittel, genutzt.
Holz wird ähnlich wie Stein verwendet, die Oberfläche reicht von glatt geschliffen bis zu natürlich rau – möglich sind Fußböden, Schneidbretter, Bauholz, Treibholz.
Leder mit starker, natürlichen Struktur sorgt für einen Hauch von Luxus oder Antiquität.
Wasser entweder als gleichmäßige Textur in einem Behälter oder als Tropfen auf anderem Hintergrund. Der Effekt hängt stark von der Beleuchtung ab.
Schüttgut Große Mengen Sand, Kies oder Stein kann man leicht und gut verteilen.

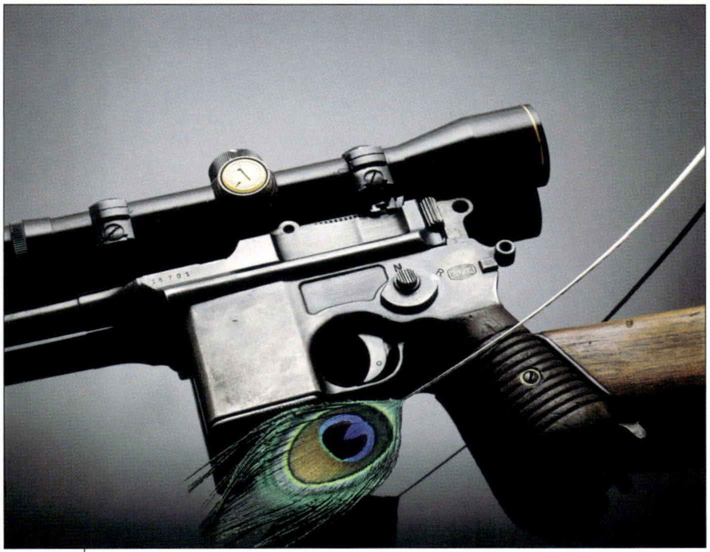

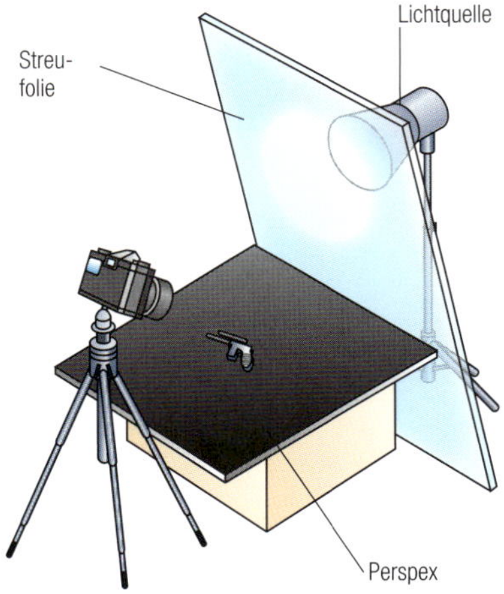

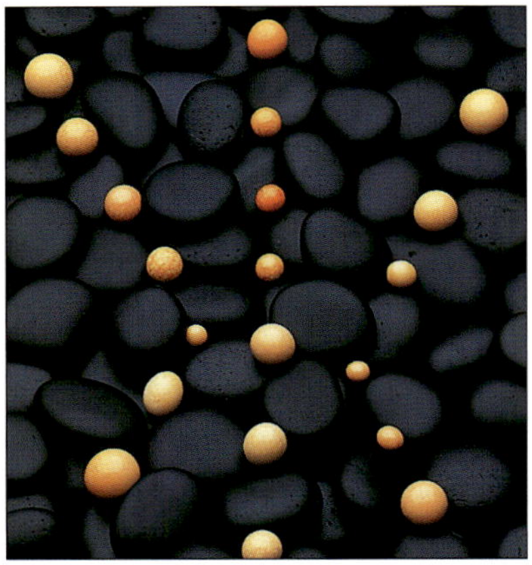

Reflektierendes Plastik

Schwarzes Perpex/Plexiglas ergibt einen sehr sauberen Hintergrund, wenn es so beleuchtet wird, dass es gut reflektiert. Die Tonwerte sind gedämpft und neutral, und wenn man das Set so ausleuchtet, dass die Lichtquelle reflektiert wird, sind Schatten und Spiegelung gut zu kontrollieren. In unserem Beispiel wurde die Lampe nah an einer durchscheinenden Plastikfolie platziert, ein „Lichtfleck“ entstand.

Mehrlinge

Größere Mengen ähnlicher oder gleicher Objekte geben einen ungewöhnlichen, aber leicht zu erzeugenden Hintergrund ab. Kugellager sind eine Möglichkeit, eine andere zeigen wir hier für seltene, orangefarbige Perlen.

Flexible Farbe

Die Digitalfotografie macht es möglich, Motiv und Hintergrund getrennt aufzunehmen und das zweite Bild mit Farben, Mustern oder Strukturen zu verändern. Aufbau und Ausleuchtung sind sehr wichtig, wobei der Hintergrund oft, wie in diesem Beispiel, getrennt zu beleuchten ist. Machen Sie zusätzlich zum kompletten Bild noch eine zweite Aufnahme nur mit dem Hintergrundlicht, ohne die Kamera zu bewegen, die Bilder müssen deckungsgleich sein. Im Bildbearbeitungsprogramm werden die Aufnahmen als Ebenen kombiniert und jede beliebige Farbe und jeder Effekt (in diesem Fall: Multiplizieren) auf den Hintergrund angewandt.

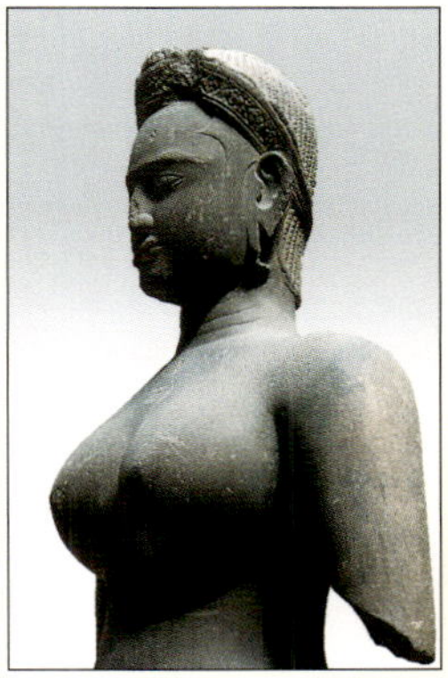

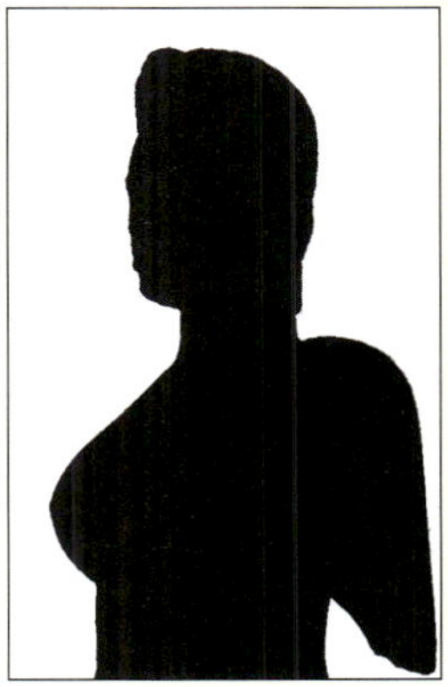

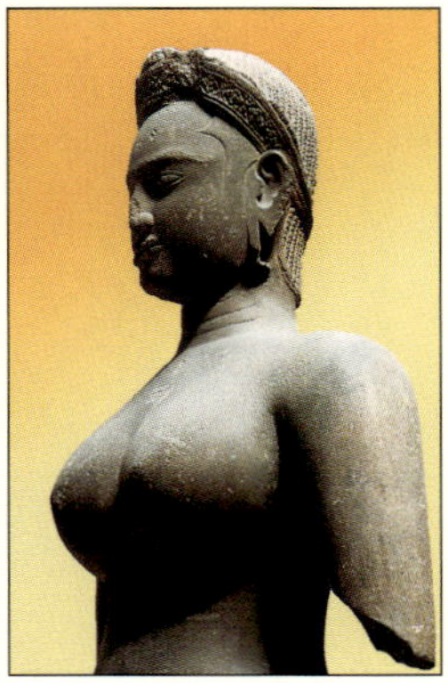

Digitale Hintergründe

Auf digitalem Weg kann man Objekte aus ihrer Umgebung lösen, so eröffnet sich ein Weg, neue Hintergründe zu erstellen und einzufügen.

Das Ersetzen eines Hintergrunds mit einem völlig anderen ist zu einer Schlüsseltechnik in der digitalen Bildbearbeitung geworden. Dazu braucht es in erster Linie ein sorgfältig und glaubwürdig freigestelltes Hauptmotiv. Wozu ist das überhaupt nötig, könnten Sie fragen, wenn man in der Stillleben-Fotografie ohnehin alles kontrollieren, den Original-Hintergrund mit Bedacht wählen und das Set genau einrichten muss. Kurz gesagt, manche Hintergründe, die eine bestimmte Farbe oder Textur haben sollen, sind digital einfacher zu erstellen.

Das einfachste, aber auch überzeugendste Beispiel ist ein mit dem Verlaufswerkzeug des Bildbearbeitungsprogramms hergestellter Farbverlauf. Mit dieser Technik lässt sich der Übergang von einem hellen Vorder- zu einem dunklen Hintergrund leicht imitieren – mit anderen Worten die natürliche Lichtverteilung im Standard-Setaufbau der Stillleben-Fotografie mit Oberlicht und weißer Hohlkehle. Digital erreichen Sie den gleichen Effekt ganz einfach mit einem vertikalen Verlauf von fast Weiß bis fast Schwarz. Sie können zuerst den Verlauf für sich erstellen und das freigestellte Objekt platzieren oder die Objektauswahl umkehren und den Verlauf direkt anwenden. Damit es natürlich wirkt, müssen Sie Schatten hinzufügen, entweder mit dem Airbrush-Werkzeug in der umgekehrten Objektauswahl oder durch eine Kopie des Objekts. Dafür erstellen Sie eine neue Ebene, laden die Objektauswahl und füllen sie mit dunklem Grau. Dann verschieben Sie die Ebene, bis die Kontur unterhalb des Objekts zu sehen ist. Heben Sie die Auswahl auf und wenden Sie einen starken Weichzeichner auf die Schattenebene an. Wenn nötig, passen Sie Helligkeit und Deckkraft an. Es gibt auch Filter von Drittanbietern, die diesen Effekt erzeugen.

Das Wichtigste bei digitalen Hintergründen ist, dass die fotografische Glaubwürdigkeit erhalten bleibt. Künstliche Farben oder Verläufe wirken allzuoft wie Illustrationen, nicht wie „echter" Raum. Ein häufig auftretender Artefakt ist die Streifenbildung („Banding"), der Hintergrund ist in sichtbare

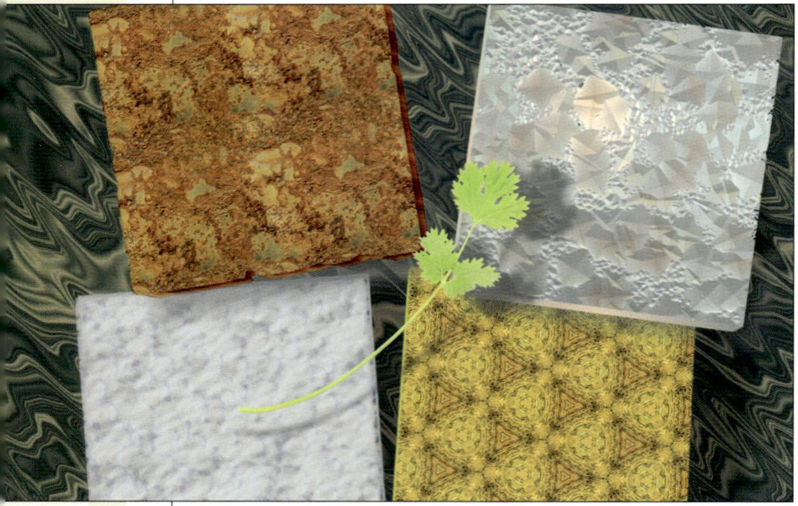

Vielfalt an Texturen
Diese fünf, auf unterschiedliche Art hergestellten digitalen Texturen veranschaulichen die Vielfalt an Möglichkeiten, die Bildbearbeitungsprogramme wie Adobe Photoshop oder Filtersätze wie Terazzo von Xao oder Auto FX DreamSuite eröffnen. Hier haben wir sie zu einem Bild zusammengestellt, das wie eine Fotografie wirkt, mit „künstlichen" Schatten erzielten wir einen dreidimensionalen, pseudo-realistischen Eindruck.

Helligkeitsstufen aufgeteilt. Dies verhindern Sie, indem Sie eine leichte Störung hinzufügen. Als Zusatznutzen ergibt sich dadurch der kaum sichtbare Eindruck der Körnung, die noch immer in hohem Maß mit „echten" Fotos assoziiert wird. Zwar ist das Korn ein unerwünschter Artefakt analogen Filmmaterials – doch der Effekt funktioniert in unserer Wahrnehmung.

Auch komplexe Hintergrundtexturen können digital erstellt werden, die Möglichkeiten sind unendlich und hängen nur von dem Aufwand ab, den Sie treiben wollen. Es gibt Filtersammlungen von Drittanbietern für eine Vielzahl von Effekten – Auto FX DreamSuite, Alien Skin Eye Candy, Furbo Filter, Xaos Tools Paint Alchemy und Terrazzo, um nur einige zu nennen. Wollen Sie noch weiter gehen, können Sie mit einem 3D-Programm überzeugende, dreidimensionale Texturen erstellen.

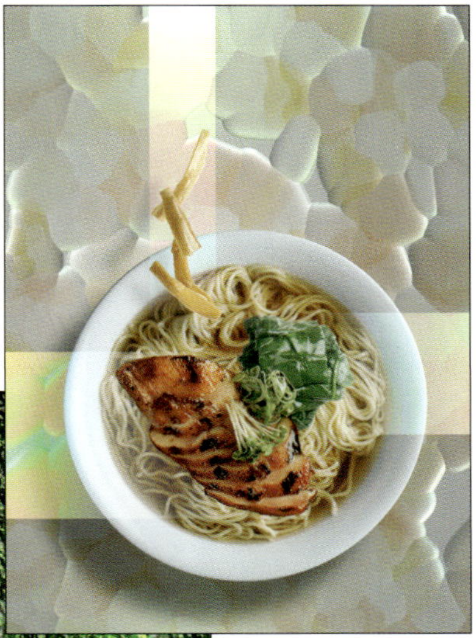

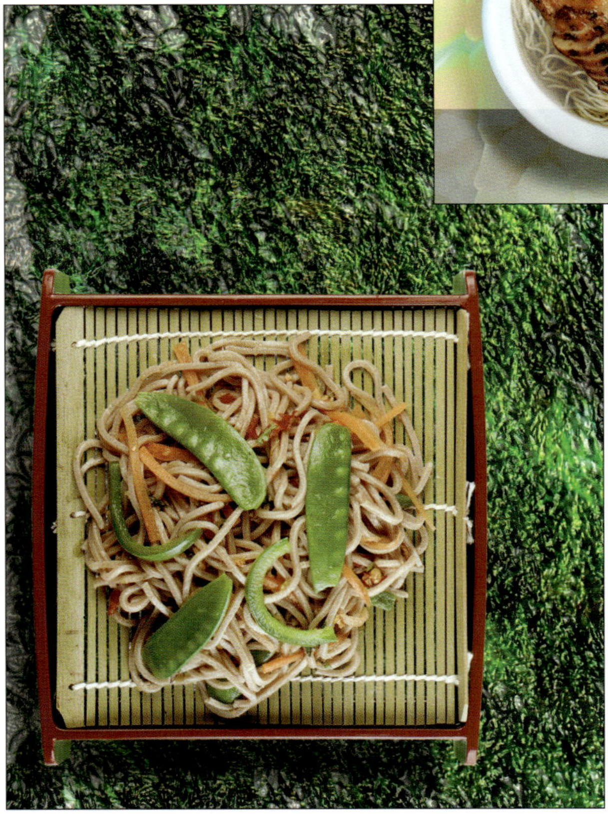

Filter

Filter erzielen mit Hilfe von Zufallsmatrizen und Masken dreidimensionale, unregelmäßige Texturen. Die Balken haben wir durch spezielle Überblendung der Ebene über dem Teller erzeugt.

Digitale Vegetation

Diese vorgefertigte, moosartige Textur wirkt auf besondere Art fremd. Sie ist Teil einer Sammlung organischer Texturen von Xao, „Fresco" genannt.

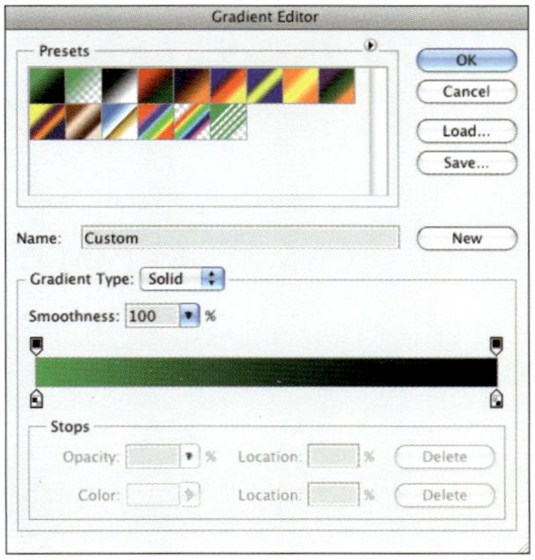

Verlauf und Störung

Einfache Verläufe können Sie in jedem Bildbearbeitungsprogramm leicht erstellen, indem Sie die beiden Farben wählen und den Verlauf ziehen. Hier haben wir noch Störungen hinzugefügt, um den Hintergrund zu strukturieren. Sie können für diesen Zweck aber auch aus einer Vielzahl von mitgelieferten Filtern wählen.

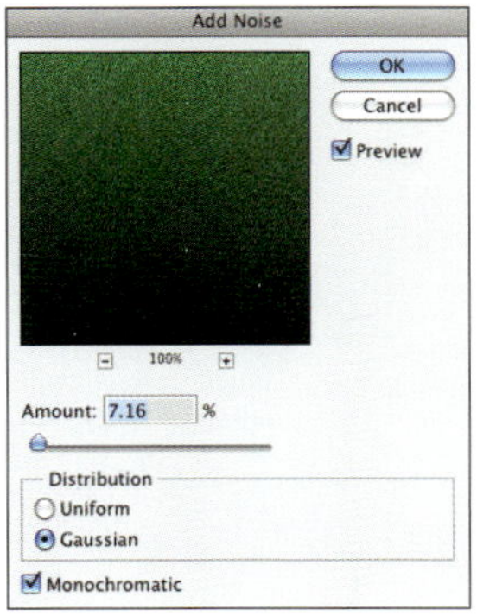

Werkzeuge der Profis

Die oft knifflige Arbeit mit kleinsten Objekten bedarf einer Sammlung geheimnisvoller Spezialwerkzeuge aus entfernten Gebieten wie der Chirurgie oder dem Uhrmacherhandwerk.

Das Wort Präzision ist eine Schwester der Stillleben-Fotografie, absolute Kontrolle aller Umstände – vom Licht über die Oberflächenbeschaffenheit bis zum Zurichten der Objekte – ist gefragt. Spezialisten in der Studioarbeit umgeben sich daher mit Dingen und Werkzeugen und sehr merkwürdigen Gegenständen, wie künstlichen Eiswürfeln oder Luftblasen.

Schraubzwinge, hier mit Zusatzarm und Federklemme, an der ein Spiegel befestigt ist.

Antistatik-Pistole, damit glänzende Oberflächen weniger Staub anziehen.

Miniatur-Gasanzünder für Lebensmittel-Aufnahmen.

Druckluftspray zum Reinigen, kann auch – mit einem Schlauch in Flüssigkeiten eingeleitet – Blasen erzeugen.

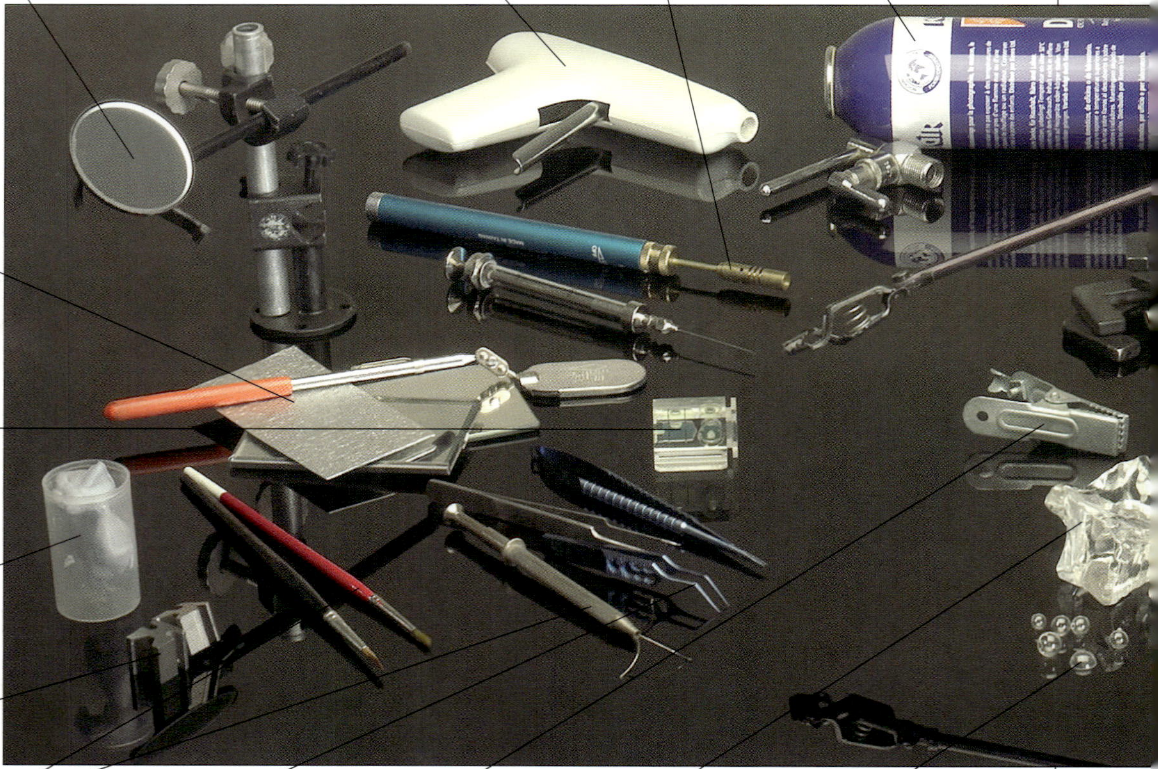

Kleine Spiegel und Metallreflektoren, einschließlich eines Prüfspiegels mit Teleskoparm und verstellbarem Kopf.

Wasserwaage zum Einrichten von ebenen Oberflächen (notwendig zum Fotografieren von Flüssigkeiten in Behältern).

Klebepads – wiederverwendbar, zum Kleben und Befestigen.

Magnete zum Halten oder Aufheben von Gegenständen.

Pinsel zum Reinigen und Verschieben.

Juwelierpinzette zum Aufheben einzelner kleiner Objekte.

Einige spitze Pinzetten zum Platzieren und Entfernen kleiner Objekte.

Gezahnte Klemme.

Zurechtgeschnittenes Acrylglas – imitiert Eiswürfel bei Fotos von Getränken.

Kleine Glaskugeln, um Blasen in Getränken zu imitieren, und Halbkugeln für von oben aufgenommene Bläschen in Getränken.

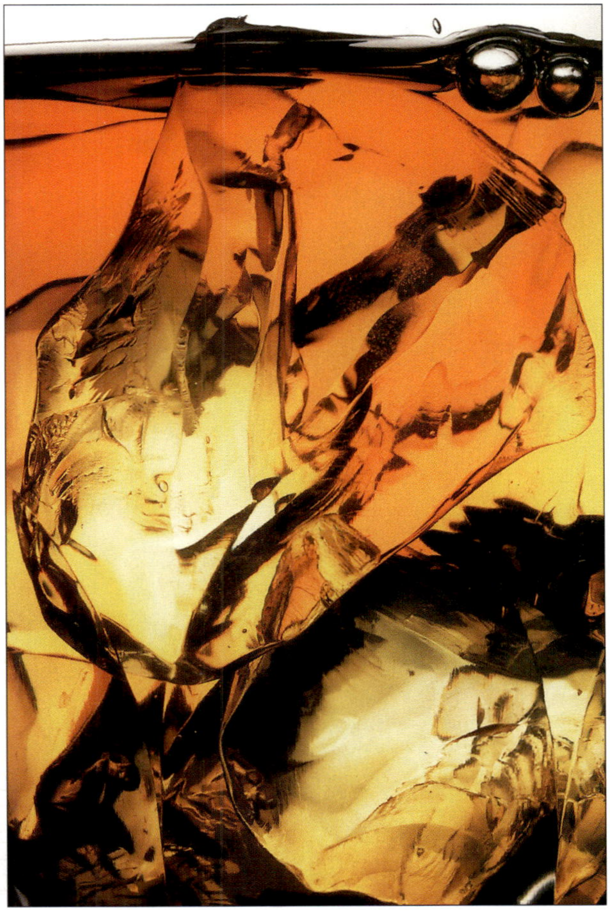

Zwingensortiment, um Spiegel oder andere Dinge außerhalb des Bildes zu befestigen.

Antistatik-Flüssigkeit zur Reduktion der Staubaufnahme.

Plastikschlauch – wird am Druckluftspray befestigt, um in Flüssigkeiten Blasen zu erzeugen.

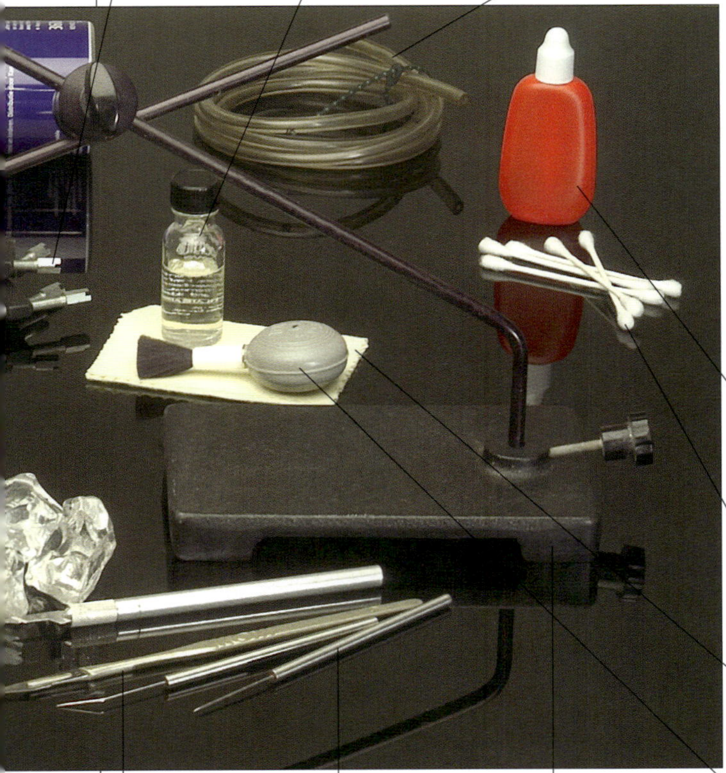

Denaturierter Alkohol zur streifenfreien Reinigung von Oberflächen.

Wattestäbchen zur Reinigung kleinster Ritzen und Spalten.

Wischtuch zur Reinigung.

Skalpell und Stanley-Messer zum Schneiden und Trennen, besonders nützlich für Lebensmittel.

Gerade und gebogene Sonden, um kleine Dinge auf dem Set zu verschieben.

Ständer mit verstellbarem Arm und Federzwinge, um Dinge außerhalb des Bildes zu halten.

Pinsel mit Blasbalg zur Reinigung empfindlicher Bereiche, bei denen Druckluft zu stark wäre.

Geschmolzenes Eis

In dieser Aufnahme haben wir kleine Glaskügelchen und zurechtgeschnittenes Acrylglas verwendet, um ein eisgekühltes Getränk perfekt zu imitieren. Der große Vorteil dieser Materialien liegt darin, dass sie unter den Setlampen nicht schmelzen und immer wieder verwendet werden können.

Lichtzelt

In hochglänzenden Gegenständen mit gebogenen Flächen spiegelt sich oft die gesamte Umgebung, Kamera und Licht eingeschlossen. Man kann sie ganz in streuendes Material hüllen.

Bei völlig runden, reflektierenden Oberflächen ist es unmöglich, erkennbare Spiegelungen ganz zu vermeiden. Auf Seite 374–375 haben wir gezeigt, wie eine einfache, ebene, spiegelnde Fläche mit gleichmäßigem Flächenlicht ausgeleuchtet werden kann. Demzufolge ist die Lösung für Objekte mit komplexeren Formen, sie von allen Seiten mit Licht zu umgeben. Besonders für gebogene Spiegelflächen eignet sich diese Methode hervorragend, sie sind dafür berüchtigt, einen Großteil des Studios um sie herum einzufangen. Idealerweise konstruiert man eine fugenlose, transparente Kuppel um das Objekt und beleuchtet es von außen.

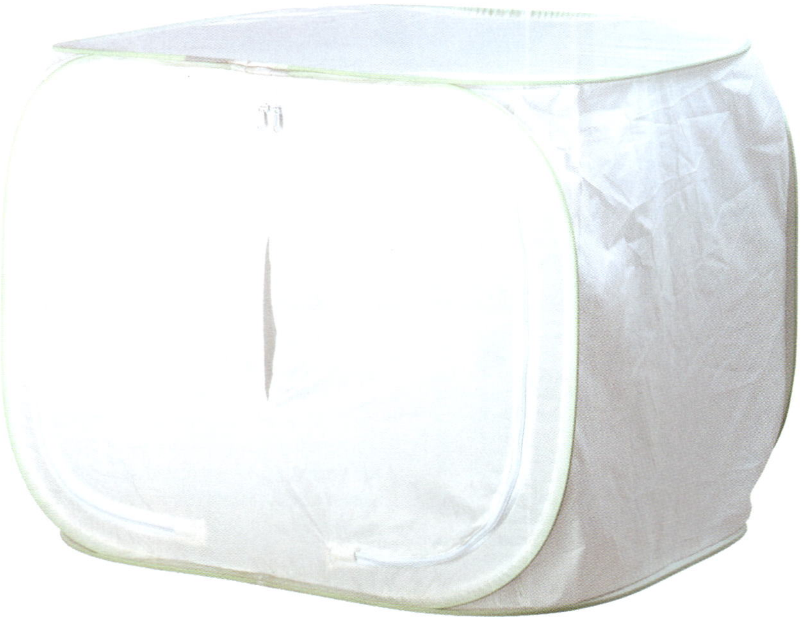

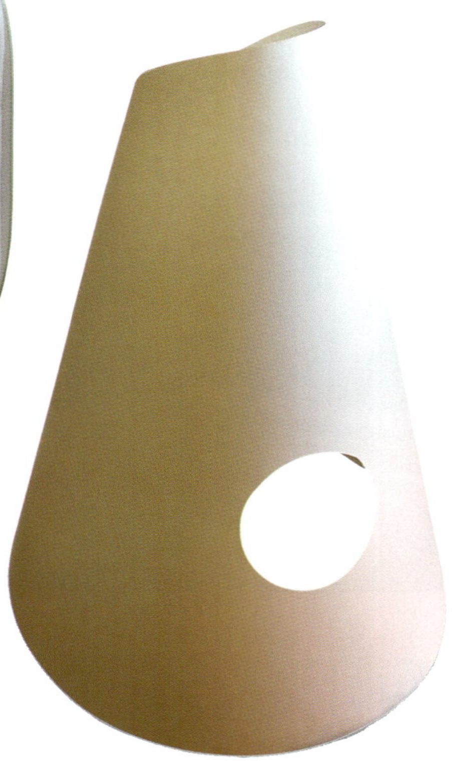

Lichtzelte: gekauft und selbst gebastelt
Handelsübliche Lichtzelte, wie hier abgebildet, sind aus lichtstreuendem Gewebe. Sie werden über das Objekt gestülpt, das Kameraobjektiv schaut durch die kleine seitliche Öffnung. Für den Hausgebrauch reicht ein Stück Transparentpapier, das Sie in Form biegen und mit einem Loch für das Objektiv versehen.

Die praktische Alternative ist fast ebenso effektiv. Für eine gleichmäßige, schattenlose Lichthülle sorgen so genannte Lichtzelte. Dabei handelt es sich um einen durchscheinenden Konus, der sowohl als Diffusor als auch als Reflektor fungiert. Man kann ihn aus jedem farblosen, halbtransparenten Material anfertigen – Papier, Transparentpapier oder Perspex/Plexiglas. Er sollte das gesamte Set an seiner Basis umgeben (aber keinesfalls im Bild zu sehen sein) und am oberen Ende das Objektiv umschließen. Lichtzelte gibt es in den verschiedensten Ausführungen zu kaufen, aber es spricht auch nichts dagegen, sich selbst eines zu bauen – aus Transparentpapier, dünnem weißen Papier oder sogar einem Bettlaken aus Baumwolle. Dies hätte sogar den Vorteil, dass Sie Ihr Lichtzelt in Form und Größe dem Objekt anpassen können. Bauen Sie zuerst die Kamera, das Objekt und den Hintergrund auf und konstruieren Sie dann das Lichtzelt mit den passenden Abmessungen. Kontrollieren Sie den Aufbau durch den Sucher auf Spalten oder Überlappungen, aber bedenken Sie, dass sich Fehler unter Umständen bei der Nachbearbeitung leichter korrigieren lassen, als jetzt alles umzubauen.

Eine oder mehrere Leuchten werden durch das Zelt gerichtet. Experimentieren Sie mit verschiedenen Varianten unterschiedlicher Lichtstärke. Zwei bis drei Leuchten, gleichmäßig verteilt, ergeben meist ein durch und durch diffuses Licht, eine Lampe schafft einen Lichtkreis.

Dennoch bleibt, selbst bei einem perfekten Lichtzelt, ein unlösbares Problem: Die Kameralinse selbst könnte als dunkler Fleck zu sehen sein. Das lässt sich kaum vermeiden, kann aber vielleicht durch ein nichtreflektierendes Objekt verdeckt werden (die Szene muss natürlich wirken). Und als letzter Ausweg bleibt immer noch der Kopierstempel.

Silberbesteck

Drei Versionen eines hochglänzenden, silbernen Löffels, aufgenommen auf schwarzem Samt und von einer einzelnen, leicht gestreuten Lampe beleuchtet – einer große Wanne. Im ersten Bild wurde nichts gegen die Reflexionen im gebogenen Teil des Löffels getan. Für das zweite Bild wurde aus Transparentpapier ein Trichter geformt und mit der oberen Öffnung an das Objektiv geklebt. Den Löffel im dritten Bild haben wird mit handelsüblichem Mattspray besprüht. Dies nur zum Vergleich, ich rate von dieser Methode ab. Die Oberfläche wird zwar matt, aber das Mittel ist klebrig, schwer zu entfernen und gibt der Oberfläche eine sichtbare Struktur, welche sich vor allem in Nahaufnahmen störend bemerkbar macht. Und: Es ändert den Charakter des Objekts völlig.

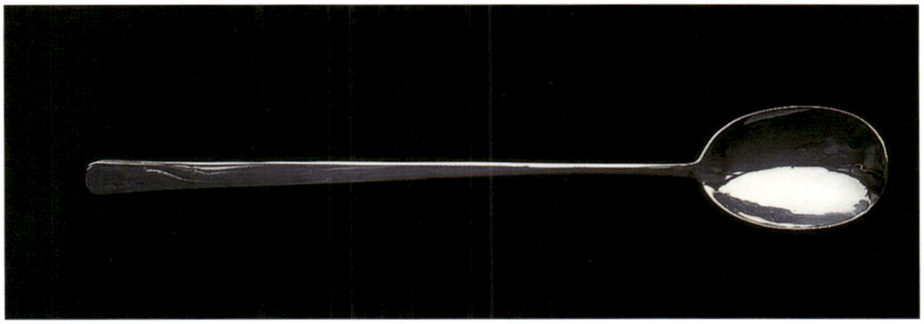

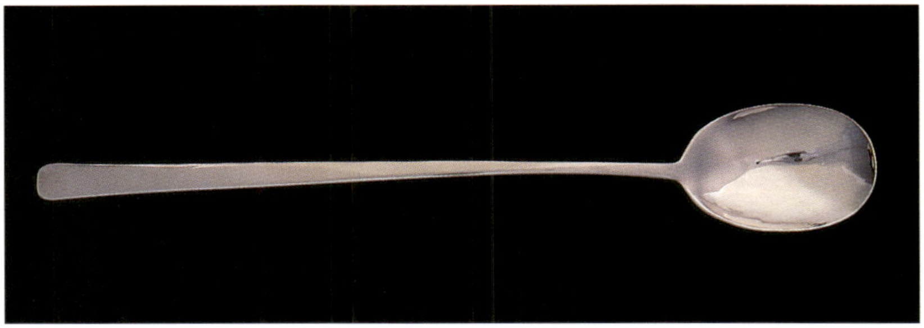

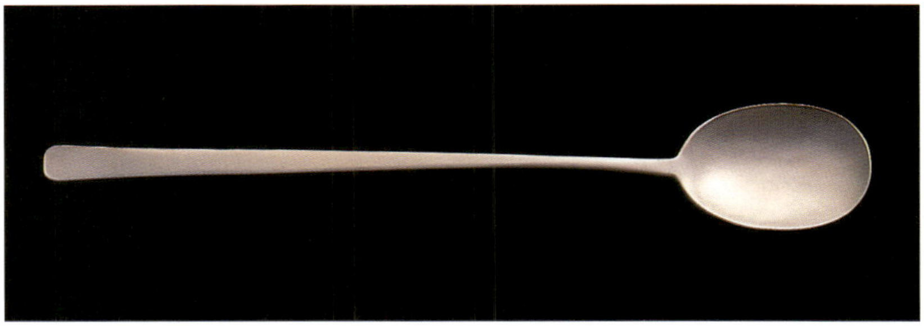

Glas und so weiter

Transparente Materialien zeigen ein faszinierendes Spiel von Reflexion und Verzerrung, man kann es durch die Lichtsetzung beeinflussen.

Glas, klare Kunststoffe und manche Mineralien wie Quarz sind wegen ihres Verhaltens gegenüber Licht aufregende Motive für die Nahfotografie. In der Tat ist die Ausleuchtung der einzige Schlüssel im Umgang mit durchsichtigen Materialien. Viele der Objekte haben glatte Oberflächen, die das Licht ebenso reflektieren wie die besprochenen Spiegel, ihre herausragendste Eigenschaft ist jedoch, dass sie das Licht durchlassen. Wie gut, hängt von Form und Dicke ab. Da man durch sie hindurchsieht, können sie, auf bestimmte Art beleuchtet, fast unsichtbar sein. Doch das ist wahrscheinlich nicht das, was Sie wollen, meist kommt Gegenlicht zum Einsatz.

Die Objekte sind deshalb so interessant für die Nahfotografie, da ihre Form und die dadurch bedingte wechselnde Materialstärke das Licht verschieden bricht. Dadurch ergeben sich Verzerrungen, die man nutzen kann,

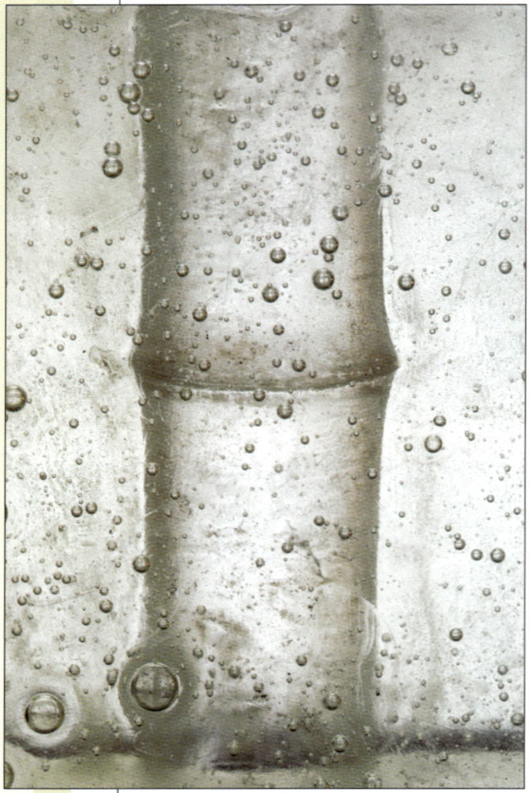

Gegossenes Glas
Die Details eines Bambusstabs sind in diesem Glasblock exakt zu sehen. Der Künstler legte einen Tonabdruck von dem Bambus zusammen mit Glasscherben in den Schmelzofen. Der Block brauchte zum Abkühlen mehr als eine Woche. Die Bläschen sind interessant, doch die Hauptaufgabe war, die innere Struktur zu zeigen. Ungleichmäßiges Gegenlicht durch ein Fenster war die Lösung, die Nähe des dunklen Fensterrahmens betonte die Schatten.

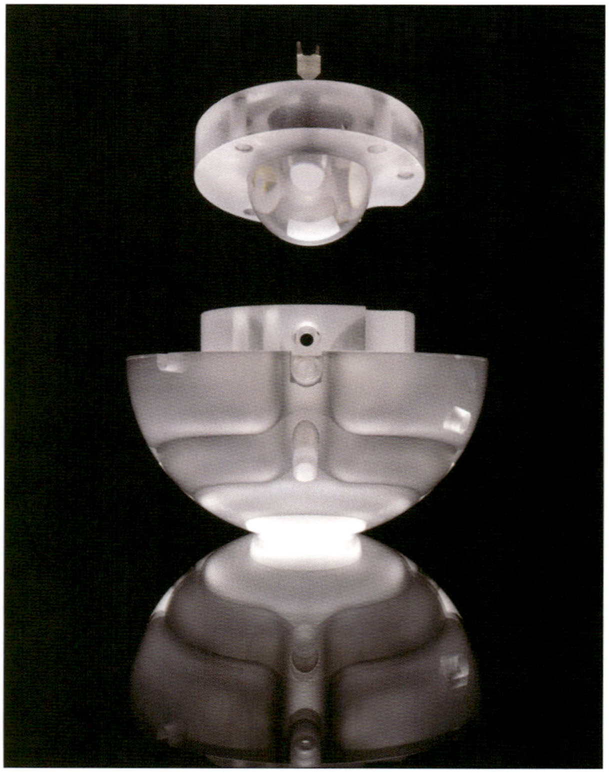

Quarz in Vollendung
Dieses vollendet gearbeitete Objekt aus Quarz war für ein Space-Shuttle Experiment bestimmt und musste extrem behutsam behandelt werden. Man konnte es weder auf etwas stellen, noch an etwas befestigen. Um es in offenem Zustand zu zeigen, wurden zwei Aufnahmen gemacht, von jeder Hälfte eine, und im Modus „Umgekehrt multiplizieren“ als Ebenen überblendet (eine davon 180° gedreht). Durch die geschliffene Oberfläche des Objekts und die starke Lichtbrechung des Kristalls wurde das Licht einer einzelnen, darüber angebrachten Lampe perfekt verteilt, das Objekt scheint von innen zu glühen.

um die innere Struktur sichtbar zu machen – die einzelnen Teile des Glases reflektieren unterschiedliche Anteile des Umgebungslichts, gut zu sehen an dem Glasblock mit der eingegossenen Bambusform. Bei hellem, stark diffusem Gegenlicht wäre die Form fast unsichtbar, doch durch das ungleichmäßige Licht (Tageslicht, das von einer verschneiten Landschaft durch ein Fenster reflektiert wurde) trat sie deutlich zutage.

Ausgehend vom Prinzip, dass große, nicht unbedingt gleichmäßige Lichtflächen die Struktur und Form von Glas am besten herausarbeiten, finden Sie den Effekt, der Ihnen gefällt, am besten durch Versuch und Irrtum. Experimentieren Sie mit dem Kamerawinkel und der Position des Objekts oder der Lichtquelle. Schon kleine Änderungen können große Wirkung haben.

Die Standard-Ausleuchtung, vor allem in der Nahfotografie, ist Gegenlicht. Aber es gibt auch andere Möglichkeiten, wie unser Glaskopf zeigt. Geformte Reflektoren hinter dem gläsernen Objekt sind eine effektive Methode, das Licht umzuleiten. Welches Material sich am besten eignet, hängt stark von anderen Bedingungen ab, möglich wären weißer Karton, ein kleiner Spiegel oder Alufolie. Es mag verblüffen, wie einfach man mit dem Trick die natürliche Lichtbrechung von Glas (noch verstärkt, wenn ein Gefäß zusätzlich mit Flüssigkeit gefüllt ist) für sich nutzen kann. Schneiden oder biegen Sie den Reflektor zurecht und befestigen Sie ihn, wenn nötig mit etwas Abstand, hinter dem Glas.

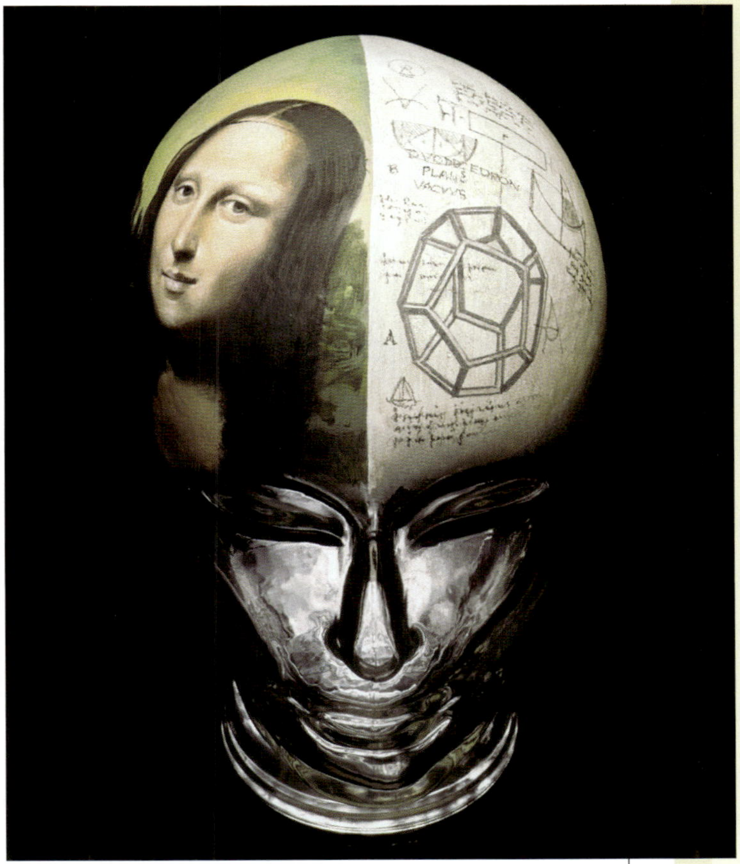

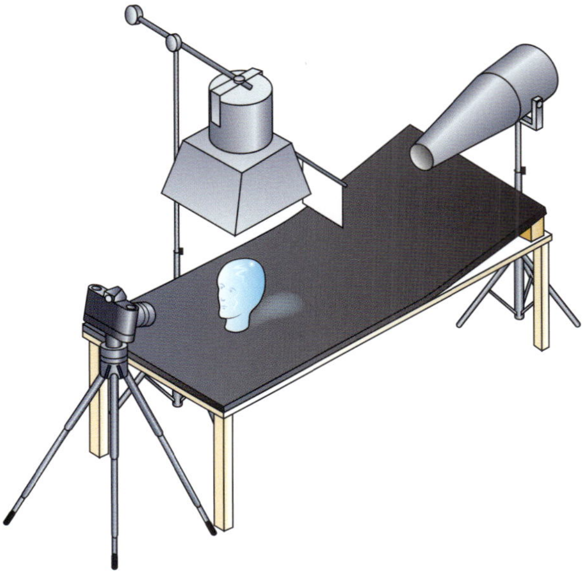

Glas mit reflektiertem Licht beleuchten
Der gläserne Kopf war für das Cover eines Magazins zum Teil bemalt worden. Für den Fotografen ergaben sich zwei Probleme: Die bemalten Flächen mussten reflexfrei beleuchtet werden, und das Glas darunter sollte gut zur Geltung kommen. Das Design des Kopfes, den wir mit einer Softbox beleuchtet haben, bedingte einen relativ steilen Kamerawinkel. Zusätzlich wurde die Stirn mit Mattspray etwas abgedunkelt. Für das Glas bauten wir aus einer weiteren Lampe und zerknitterter Alufolie eine zweite, streng begrenzte Lichtquelle hinter dem Kopf auf. Die Folie, matte Seite nach oben, wurde so zurechtgeschnitten, dass sie im Bild verdeckt war, und ein konzentrierter Lichtstrahl wurde darauf gerichtet. Die Reflexion beleuchtete das durchsichtige Glas.

Edler Schmuck

Colliers, Anhänger, Broschen und Ringe werden hergestellt, um die Blicke auf sich zu ziehen. Ihre Wirkung auf einem Foto hängt vor allem von der Beleuchtung und Präsentation ab.

Es gibt eine enorme Vielfalt an Schmuckstücken, von antik bis modern oder verspielt, doch alle haben eines gemeinsam: Geltungssucht. Je mehr sie die Blicke auf sich ziehen, desto besser. Ein Schmuckstück, das niemandem auffällt, verfehlt seinen Zweck. Stark der Mode unterworfen, trifft Schmuck immer eine Aussage und will die Aufmerksamkeit auf seinen Träger, seine Trägerin lenken. Vor allem aber will es hervorstechen, und dieser Umstand beeinflusst stark die Art, wie Schmuck fotografiert wird. Feinsinn mag bei der Gestaltung des Sets gefragt sein, das fertige Bild muss jedoch genauso eindrucksvoll sein wie das Schmuckstück selbst.

In der Regel wird Schmuck aus teurem Material gefertigt, dies ist der traditionelle Verwendungszweck edler Metalle und Juwelen, wobei ihre Farbe, ihr Funkeln und Leuchten durch die Verarbeitung unterstrichen werden. Diamanten spielen eine führende Rolle in der Juwelierskunst, nicht nur, weil sie selten sind, sondern vor allem wegen ihres „Feuers". Wir werden uns auf den Seiten 424-425 nochmals speziell

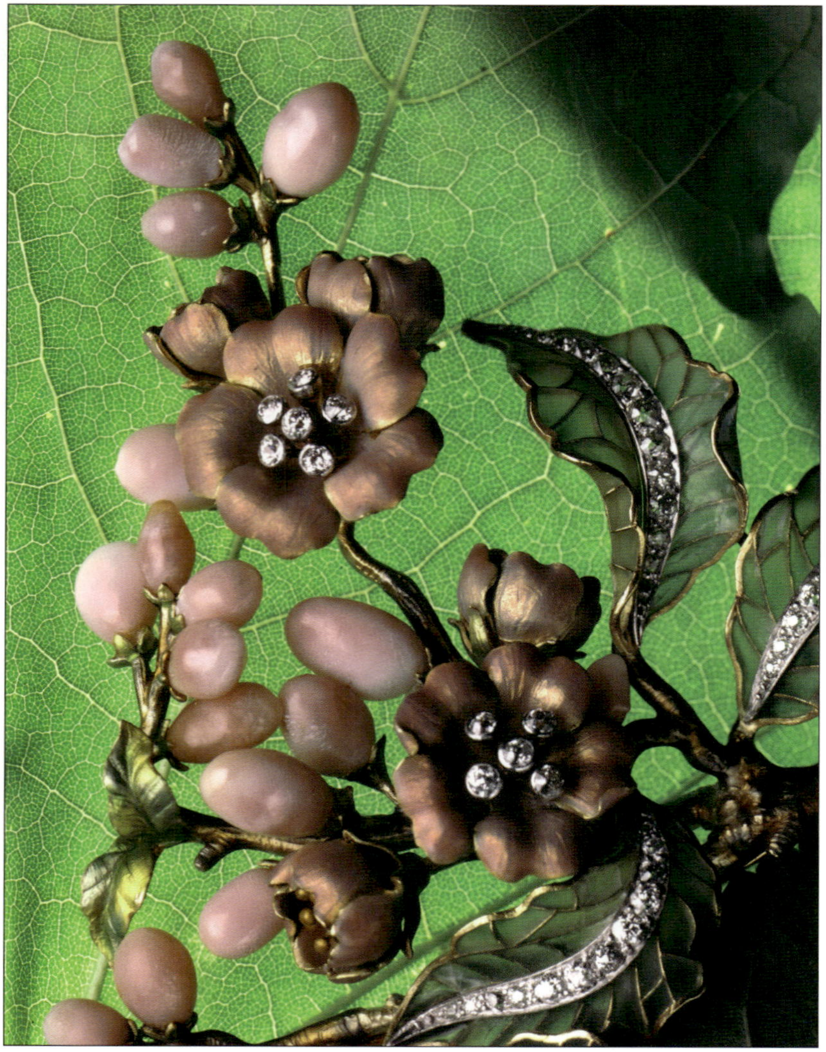

Gelungene Präsentation

Zwei Besonderheiten zeichnen diese Jugendstil-Brosche aus: die ungewöhnlichen rosa Perlen und die exquisit gearbeiteten Details. Die lockere Anordnung verlangte einen Hintergrund. Wir wählten grüne Blätter als Kontrast zu den Perlen und um das Naturthema beizubehalten. Sie wurden mit etwas Abstand angebracht, um Schatten zu vermeiden, und von hinten beleuchtet.

mit Edelsteinen auseinander setzen, und die dort beschriebenen Techniken können auf Schmuck im Allgemeinen angewandt werden. Allerdings werden in den kostbaren Stücken oft unterschiedliche Materialien verarbeitet, die jeweils besondere Anforderungen an die Ausleuchtung stellen, wie die kostbare Spange aus dem 18. Jahrhundert mit dem berühmten grünen Dresden-Diamanten. Das Fotografieren von Schmuck erfordert Einfallsreichtum und Kompromissbereitschaft. Bei jedem hier gezeigten Stück wurde besonderes Augenmerk auf das Licht gelegt, um seinem speziellen Charakter gerecht zu werden – sei es der irisierende Glanz des „elektrifizierten" Titans oder die realistischen Blätter auf der Jugendstil-Brosche.

Diese Geltungssucht diktiert auch die Art, wie ein Schmuckstück präsentiert wird, einschließlich der Wahl des Hintergrunds. Diamanten funkeln auf Schwarz am meisten, schwarzer Samt drängt sich geradezu als Unterlage auf. In der Tat wird die Hutspange nicht nur hier so abgebildet, so wird sie im Grünen Gewölbe in Dresden, wo das Schmuckstück beheimatet ist, präsentiert. Aber auch das Unerwartete, Gegensätzliche, Gewöhnliche, wie rauer Stein oder aufgeschnittene Früchte, gibt einen guten Hintergrund ab. Und zu guter Letzt bietet sich jener Untergrund an, für den der Schmuck geschaffen wurde: Haut.

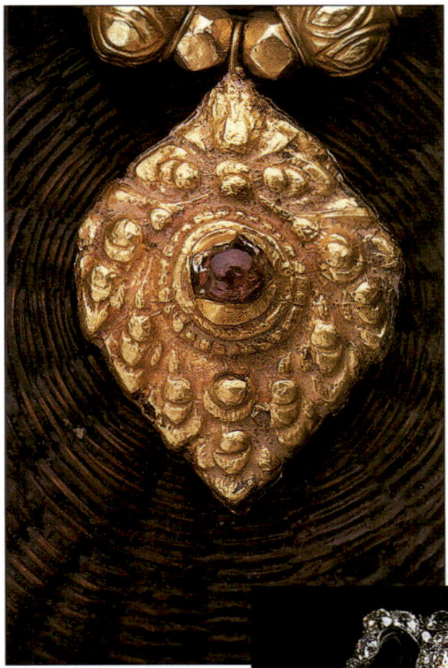

Thai-Anhänger
Der antike Goldanhänger aus Thailand ist mit einem großen Rubin verziert. Unkompliziertes, weiches Licht kam mit der komplexen Gravur am besten zurecht, der Deckel eines alten Weidenkorbs gab einen stilvollen Hintergrund ab. Er war dunkel genug, um das Leuchten des Goldes zu unterstreichen.

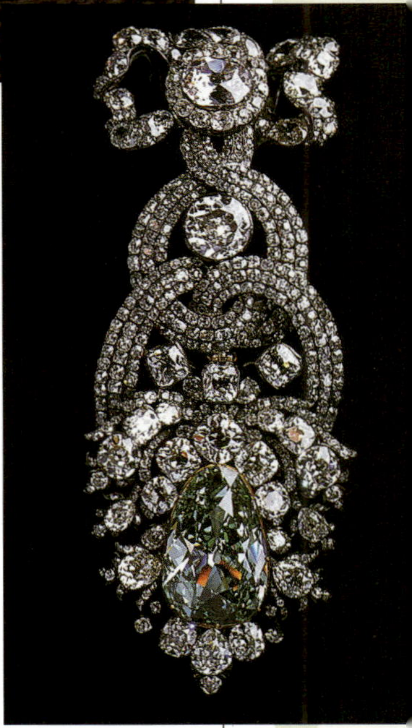

Diamanten
Dieses eindrucksvolle Brilliant-Schmuckstück wird von dem grünen Dresden-Diamanten gekrönt, einem der berühmtesten Steine der Welt. Ein weiches Licht von links wurde zusammen mit rundum aufgestellten weißen Reflektoren als Grundlicht verwendet, um die vielen Facetten der Steine zu modellieren. Ein starker Spot von oben rechts sorgte für das farbige Funkeln.

Brosche aus Titanium
Der Designer dieser Titan-Brosche nützte eine wenig bekannte Eigenschaft des Metalls: Wenn man elektrischen Strom durchleitet, ändert sich die Farbe der Oberfläche – Malerei durch Elektrolyse. Ein sorgfältig eingerichtetes kleines Softlight brachte das Farbspektrum am besten zur Geltung.

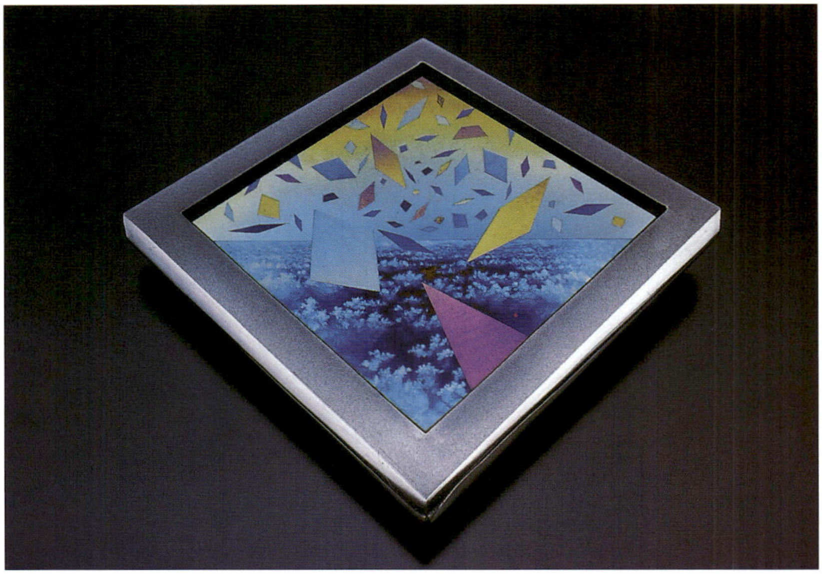

Lebensmittel

Es ist Aufgabe der Lebensmittel-Fotografie, Speisen so appetitlich wie möglich aussehen zu lassen, wobei Licht, Textur und Gesamteindruck zählen.

Lebensmittel-Fotografie ist zu einem höchst spezialisierten Genre der Stillleben-Fotografie geworden. Große Nachfrage herrscht sowohl bei Magazinen und Büchern als auch in der Werbung. So wie ein Schmuckstück, wie wir eben gesehen haben, schön und attraktiv wirken muss, müssen Lebensmittel appetitlich aussehen. Der Erfolg lässt sich einzig daran messen, wie sehr dem Betrachter das Wasser im Mund zusammenläuft. Naturgemäß sehen nicht alle Speisen gleich anregend aus. Genau hier setzen Auge und Erfahrung eines Profis an. Farbige, strukturierte Gerichte sind gut abzubilden, während „formlose Gerichte" wie Eintöpfe, so gut sie auch schmecken, Schwierigkeiten machen. Für die professionelle Food-Fotografie sind daher Fertiggerichte in Dosen oder Päckchen die größte Herausforderung. Hier ist der Schein im wahrsten Sinn des Wortes wichtiger als das Sein.

Wie jedes andere Sujet der Stillleben-Fotografie ist auch die Darstellung von Speisen der Mode unterworfen. Diese wechselt zwar langsam, doch wenn man ein typisches Kochbuch oder Magazin der 1980er-Jahre mit einer modernen Version vergleicht, sieht man deutliche Unterschiede in Präsentation und Lichtsetzung. Doch die Bandbreite hält sich in Grenzen: Geht es ums Essen, sind die Leute konservativ, ein Trend, dem sich die Fotografie anpasst und Speisen in gewohnter, idealisierter Art präsentiert.

Aber auch Authentizität zählt. Es gibt eher wenige Möglichkeiten, ein Gericht so zu präsentieren, dass es dem Rezept entspricht, Genauigkeit ist von Nöten. In der professionellen Lebensmittel-Fotografie werden Fachleute, wie etwa Food-Stylisten, beschäftigt. Sie werden aber ohne deren Hilfe auskommen müssen. Informieren Sie sich daher bei verlässlichen Quellen über das Gericht, und kaufen Sie die besten Zutaten.

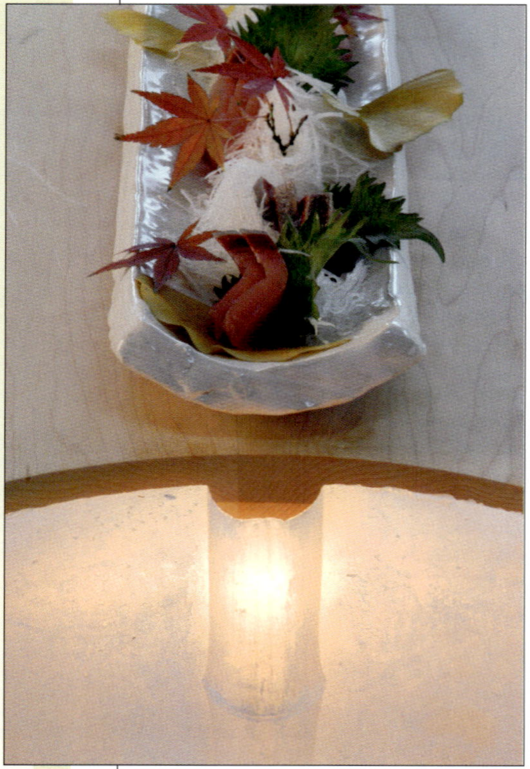

Modernes Japan
Die schlichte Einfachheit vieler japanischer Gerichte, wie Sashimi (roher Fisch), bietet sich für eine Präsentation an. Hier waren ein eigens gefertigter Tisch mit eingearbeiteter Leuchtplatte und eine moderne Keramikplatte die Höhepunkte, denen der Küchenchef mit jungen Ahornblättern einen saisonalen Touch verlieh. Die Kombination der Glühlampen in der Tischplatte mit blauem Zwielicht, das durch die Fenster drang, schuf einen perfekten Farbkontrast, der keiner Verbesserung bedurfte.

Tricks der Profis

Um Gerichte auf Fotos gut aussehen zu lassen, muss man zu Tricks greifen, die über normale Kochkunst hinausgehen. Die Appetitlichkeit der Speisen leidet stark unter der zur Aufnahme nötigen Prozedur: Eis schmilzt, Gemüse wird unter den Studiolampen schnell welk. In den meisten Fällen sind die Speisen bei der Aufnahme nicht ganz gar, sodass sie mehr Körper haben. Andererseits verwendet man oft Ersatzmaterial, zum Beispiel Glycerin statt Wasser, damit die Tropfen nicht verdunsten. In Eintöpfen und Curries versteckt man gern umgedrehte kleine Schüsselchen, damit die Fleischstücke gut sichtbar sind.

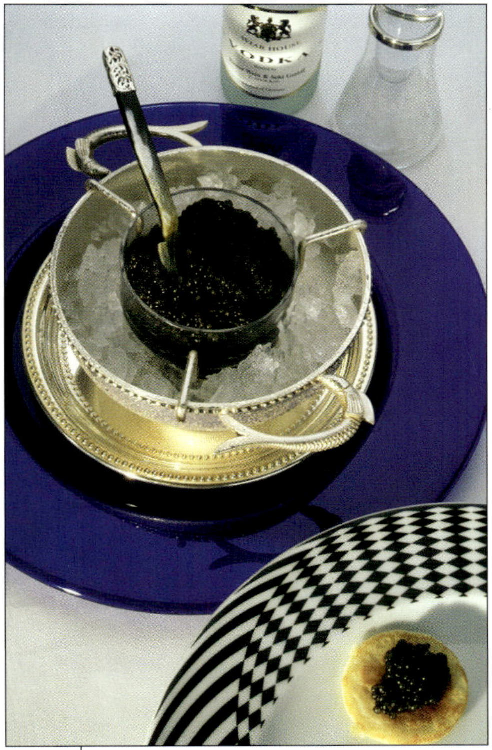

Kaviar

Belugakaviar in seiner luxuriösesten Form, auf traditionelle Art mit Blinis und Wodka serviert. Tischdekoration und Geschirr mussten authentisch sein und waren ein so wichtiger Teil der Aufnahme, dass sie bei einem Spezialgeschäft bestellt wurden: bei The Caviar House in London. In diesem Fall machte es durchaus Sinn, sich auf die Erfahrung eines renommierten Lieferanten zu verlassen.

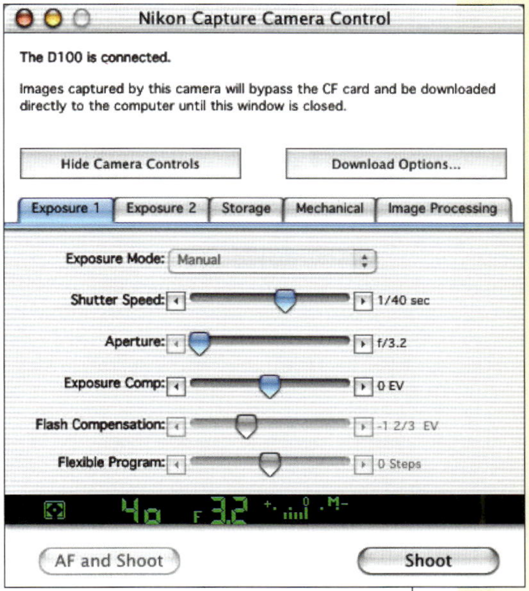

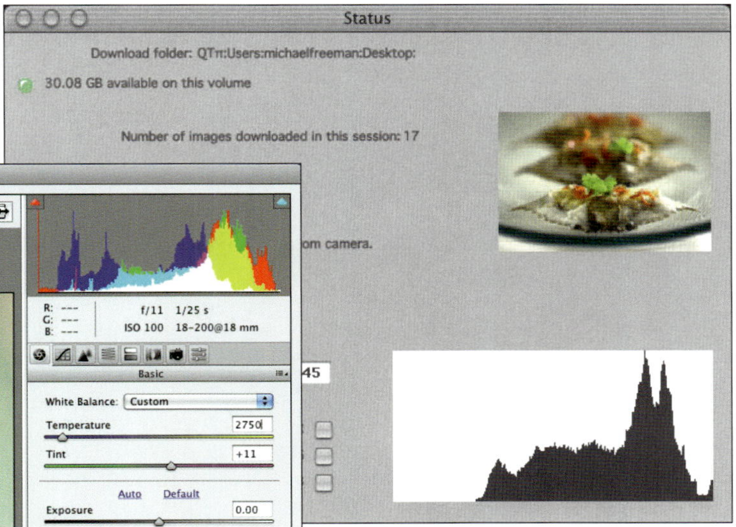

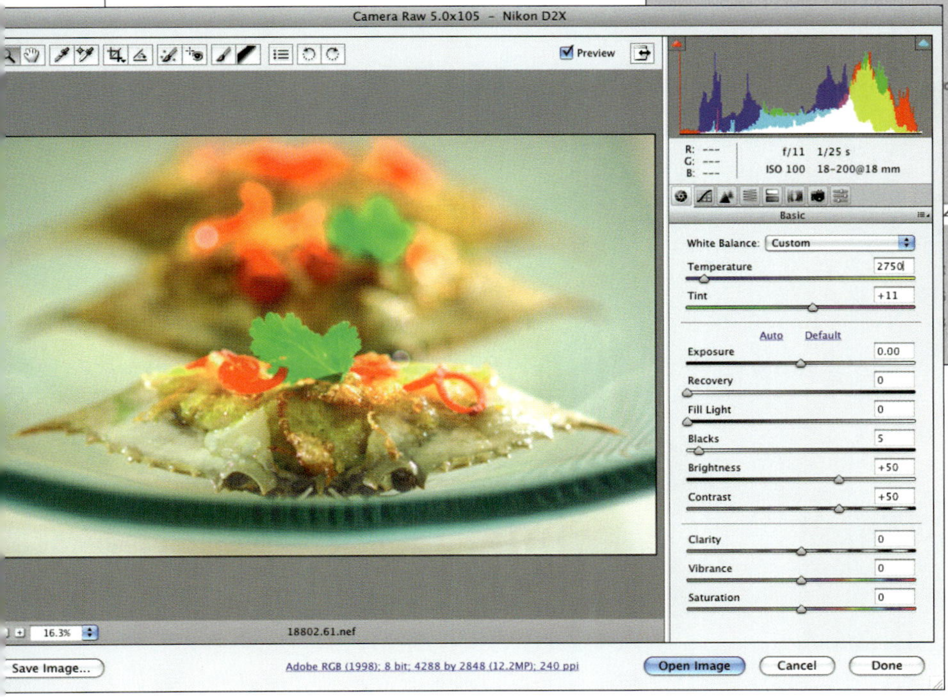

Direkt in den Computer

Eine direkte Verbindung von Kamera und Computer, die sofortige Kontrolle und wenn nötig Korrektur jedes noch so kleinen Details erlaubt, ist wie geschaffen für die Aufnahme von Lebensmitteln. Fertig zubereitete Speisen, wie diese gefüllte Krabbe, sind nur begrenzt haltbar, es kommt äußerst gelegen, wenn man das Foto überprüfen kann, bevor alles welk und geronnen ist. Über Kontrollfelder können alle Kameraeinstellungen per Maus und Keyboard vorgenommen werden.

Flüssigkeiten

Flüssigkeiten bieten in der Nahfotografie ein Spiel von Lichtbrechung, Farbe und Bewegung. Das Licht ist der Schlüssel.

Klare Flüssigkeiten, wie Bier, Wein oder Olivenöl, geben gute Motive für Nahaufnahmen ab, bedürfen aber alle der gleichen sorgfältigen Ausleuchtung wie die auf Seite 388-389 besprochenen transparenten Materialien. Im Allgemeinen wendet man dieselben Techniken an, auch hier ist diffuses Gegenlicht der Standard. Vor Routine sollte man sich hüten. Obwohl breit gestreutes Gegenlicht fast immer zu vorhersagbaren, akzeptablen Ergebnissen führt, wirken solche Bilder leicht schematisch und daher langweilig. Der beste Weg zu neuen Ideen führt über das Experiment. Besonders bei Flüssigkeiten in Behältern (Gläsern oder Flaschen) gibt es eine Unzahl subtiler Effekte, von der Brechung bis zu Verzerrung.

Auf jeden Fall ist Gegenlicht dann keine Option, wenn die Flüssigkeit Teil eines größeren Sets ist, das Objekte mit ganz anderen Ansprüchen an die Ausleuchtung enthält. In diesem Fall kann man die Flüssigkeit durch einen kleinen Reflektor, etwa einen kleinen Spiegel, ein Stück Silberfolie oder weißen Karton, zusätzlich beleuchten. Richten Sie den Reflektor so ein, dass er das Licht durch die Flüssigkeit in die Kamera lenkt. Hat der Reflektor in etwa dieselbe Form wie das Glas oder die Flasche, wird man ihn in der Aufnahme nicht bemerken. Wir haben diese Technik auf Seite 389 beschrieben.

Über diese Transparenz hinaus haben Flüssigkeiten noch eine spezielle Eigenschaft: Sie bewegen sich. Sie fließen, tropfen, formen Blasen und werden so lebendig. Das erfordert bei Nahaufnahmen kurze Verschlusszeiten oder einen Blitz. Während man in freier Natur interessante Zeitlupeneffekte erzielt, etwa die neblige Verschleierung eines Wasserfalls bei langer Verschlusszeit, sind solche Unschärfen in Nahaufnahmen eher irritierend. Bläschen, Spritzer oder Wellen müssen so aufgenommen werden, dass sie eingefroren erscheinen. Ein Blitz ist ideal, doch nur, wenn er dort positioniert werden

Doubles für Eiswürfel und Bläschen

Zwei Dinge wünscht man sich oft für die Aufnahme eines kühlen Drinks: Eis und Bläschen. In beiden Fällen sind die echten Gegenstände schwer zu kontrollieren und nicht von Dauer. In der professionellen Lebensmittel-Fotografie greift man daher oft zu Ersatz: Erhältlich sind Eiswürfel aus Acrylglas und Bläschen aus Glas. Echte Bläschen würden schnell platzen und sich kaum positionieren lassen, daher ist der Ersatz eine brauchbare Alternative. Kleine Glaskügelchen verwendet man für Aufnahmen von der Seite, für Aufnahmen von oben gibt es auch Halbkugeln.

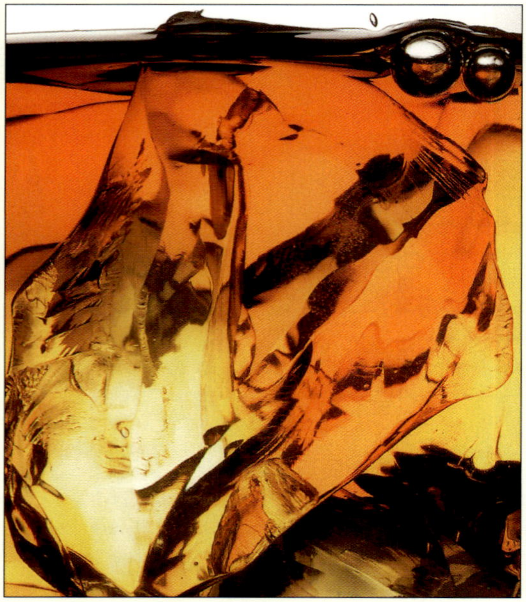

kann, wo das Licht am besten aussieht, das ist fast immer hinter dem Objekt. Nicht alle Kameras synchronisieren einen externen Blitz, in diesem Fall könnte Sonnenlicht (durch eine Streufolie abgeändert) ein geeigneter Ersatz sein.

Wenn Sie selbst die Bewegung in Gang setzen, ist gute Koordination wichtig. Klassisch ist das Eingießen einer Flüssigkeit aus einer Flasche in ein Glas, machen Sie sich auf etliche Versuche gefasst. Der Hals muss sich genau in der richtigen Position für die Bildkomposition und im richtigen Schärfeabstand liegen. Es ist knifflig, das Ausgießen im richtigen Moment zu erwischen. Ist es zu langsam, erscheint es wie ein müdes Tröpfeln, ist es zu schnell, spritzt alles heraus. Zu frühes Abdrücken lässt das Glas leer wirken, zu spät und das Glas wirkt überfüllt. Glücklicherweise wissen wir bei der Digitalfotografie immer gleich, ob es geglückt ist.

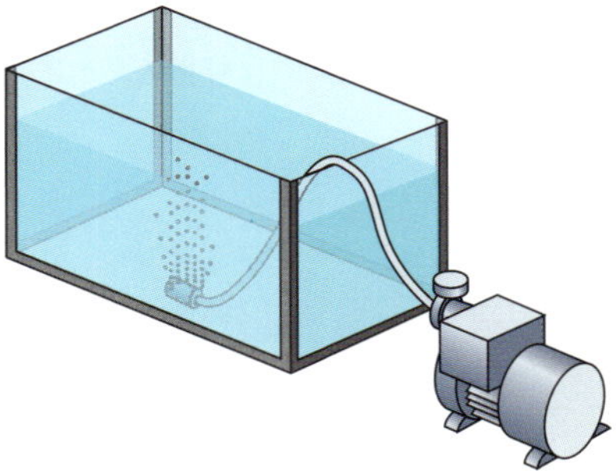

Künstliches Blubbern
Um in der Lebensmittel-Fotografie blubbernde Bläschen zu erzeugen, wie man sie für kochende Flüssigkeiten braucht, ohne sie wirklich zu kochen, oder um ein sprudelndes Getränk wie Champagner zu imitieren, ist Erfindergeist gefragt. Eine Möglichkeit: einen Plastikschlauch an einem Druckluftspray oder einem Kompressor befestigen (das geht einfacher, als wenn Sie selbst blasen). Größe und Verteilung der Blasen kann man z. B. mit einem Schwämmchen beeinflussen. Einige Tropfen Spülmittel, und die Bläschen schwimmen länger an der Oberfläche.

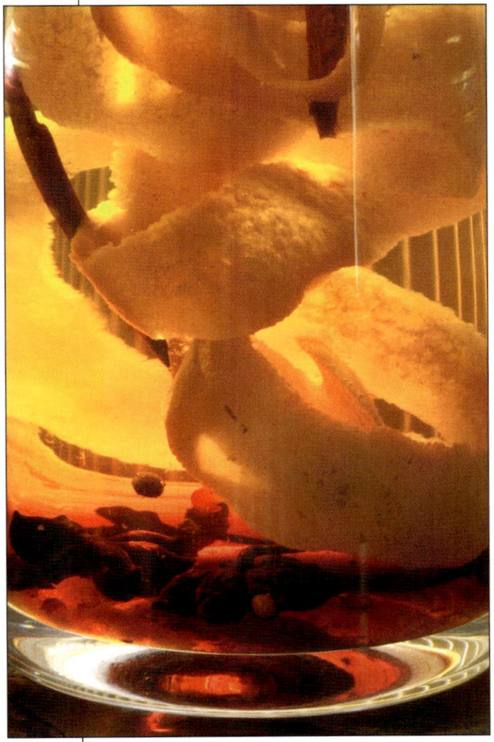

Decanter
Da die interessanten Details dieser Aufnahme eher die Fruchtstücke und nicht die Flüssigkeit waren, wurde ihre Form durch die Ausleuchtung betont. Das meiste Licht kommt von der Seite und wird gerade so stark reflektiert, dass die Form des Dekanters erkennbar wird.

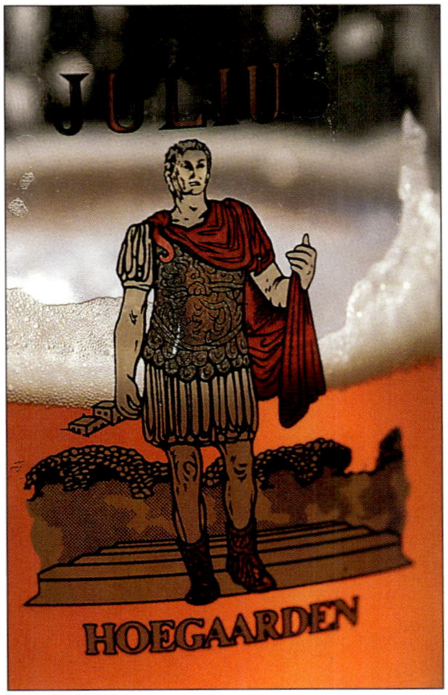

Belgisches Bier
In dieser Aufnahme wollten wir den Betrachtern die lebensnahe Erfahrung eines zur Hälfte leer getrunkenen Bierglases vor Augen führen, absichtlich ohne die Perfektion des frisch Gezapften. Wir haben die Szene von oben rechts mit einer Lampe ausgeleuchtet und hinter das Glas ein kleines Stück Silberfolie gelegt, um das Licht durch das Bier scheinen zu lassen.

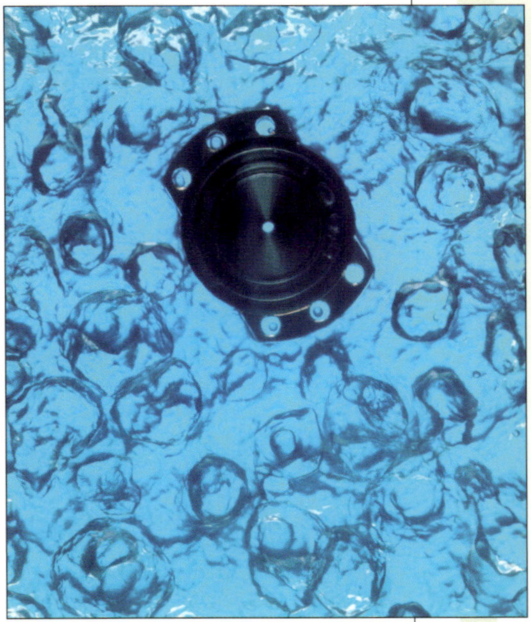

Turbulenzen
Kochende Flüssigkeit erzielt wunderschöne Muster, die am besten im Gegenlicht zur Geltung kommen. Hier trat der Effekt bei Zimmertemperatur auf: Es ist flüssiger Stickstoff, der einen Teil einer wissenschaftlichen Ausrüstung kühlt. Aufgenommen wurde er in einer Glasschüssel, die über einen indirekten Blitz gehängt wurde.

„Foto-Modelle"

Eigens gebaute Modelle sind ein wichtiger Teil professioneller Stillleben-Arbeit, besonders zur Visualisierung von Ideen oder Konzepten ohne real sichtbare Entsprechung.

Modelle haben in der Fotografie ihren festen Platz. Oft werden Sie in exaktem Maßstab hergestellt und einem anderen Gegenstand realer Größe gegenüber gestellt. Das Material oder die Art der Herstellung des Modells kann Teil des Bildes sein, wie bei den Ziegeln oder der Maus. Am allerschwierigsten ist allerdings die Verwendung von Modellen als täuschend echtem Ersatz für den realen Gegenstand, der aus irgendeinem Grund nicht verfügbar ist. Ab einem bestimmten Punkt ist es sinnvoller, das Täuschungsmanöver mit digitalen Mitteln auszuführen, doch Modelle haben nach wie vor ihren eigenen Reiz.

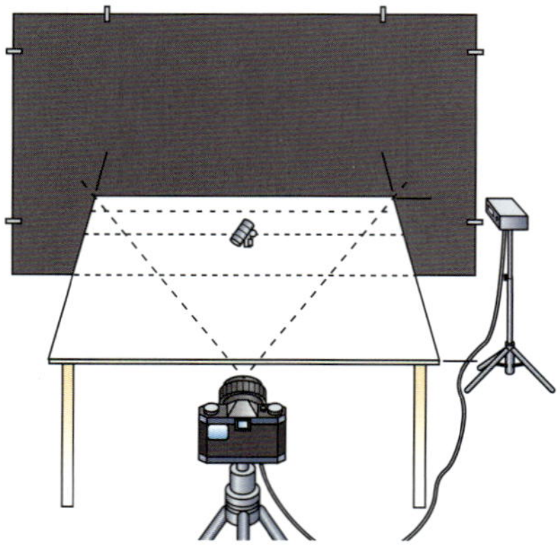

Der Modellbau ist zwar ein Gebiet für Spezialisten, doch für ein Foto braucht es weniger Aufwand. Meist wird das Modell nur von einem Punkt aus gesehen, wenn der Kamerawinkel vorher festgelegt wurde, so wie bei Filmkulissen, muss nur die sichtbare Seite ausgearbeitet werden. Ein weiterer, Zeit sparender Umstand ist die Tatsache, dass Modelle für die Fotografie nur wenige Aufnahmen halten und daher nicht besonders stabil sein müssen.

Ein ganzes Panorama nachstellen

Diese fiktive Mondlandschaft kreierten wir mit Hilfe von fein strukturiertem Material und falscher Perspektive. Die Basis war eine 125 x 100 cm große Platte. Wir legten zuerst den Kamerawinkel fest und befestigten die Kamera. Der Blickwinkel durch das Objektiv sowie die simulierte, vermeintliche Distanz von etwa 3 m vor der Kamera bis unendlich, also dem anderen Ende, wurde auf der Platte eingezeichnet. Aus Tonerdeschmelzzement, gekauft in einem Fachgeschäft für Künstlerbedarf, wurde die Landschaft modelliert. Das Material ist ideal, man kann ihm verschiedene Texturen verleihen, indem man es aufsprüht oder mit Wasser vermischt. Immer wieder wurde durch die Kamera kontrolliert, ob die Illusion der Perspektive auch noch richtig war. Den Hintergrund haben wir mit schwarzem Samt abgehängt und die Erde und die Sterne später digital hinzugefügt. Die Blende war für maximale Schärfentiefe ganz geschlossen (*f*22), ein kleiner Blitz sorgte für harte, tiefe Schatten.

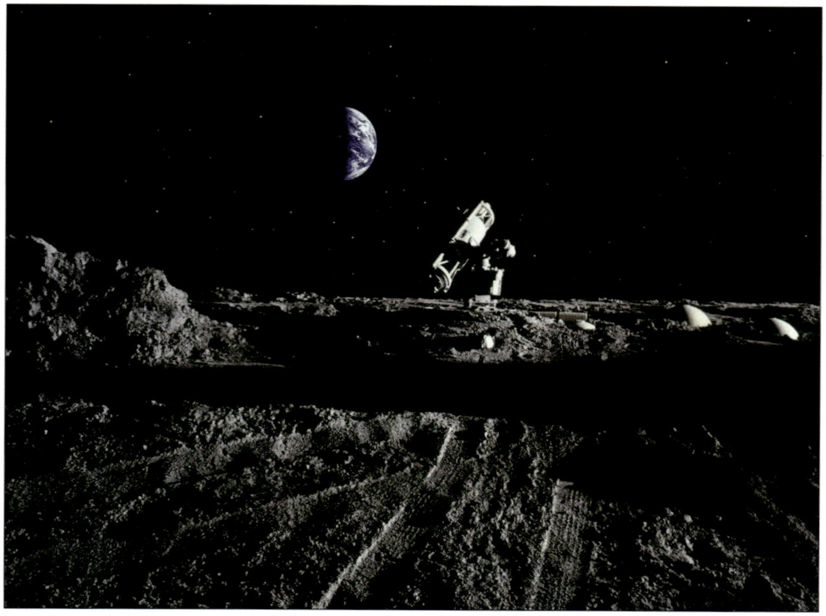

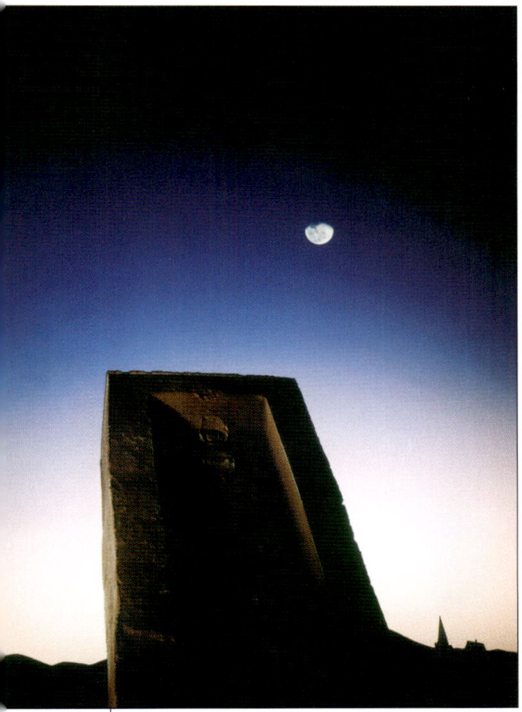

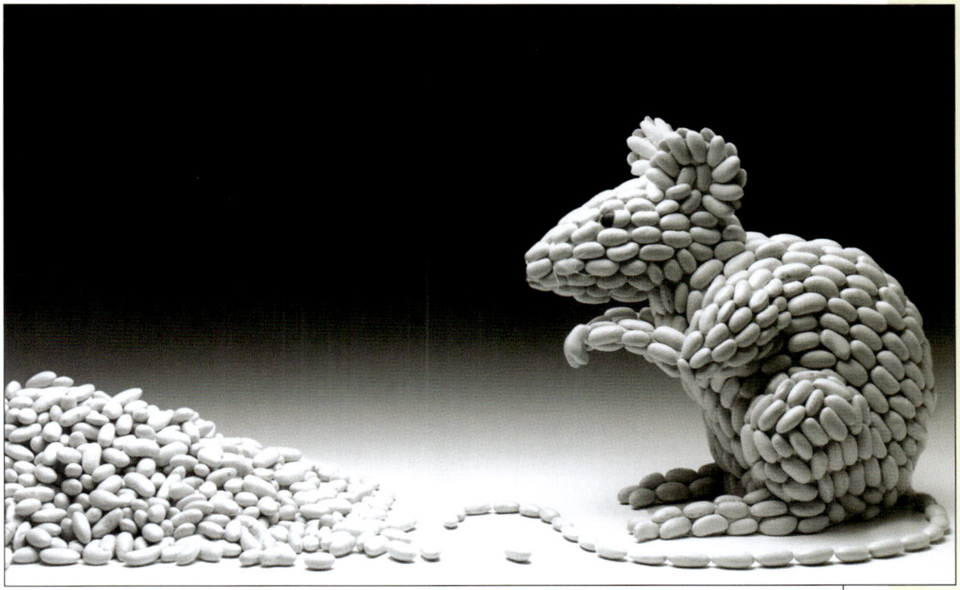

Einfache Materialien

Einfache, billige Materialien können ebenso effektiv sein wie speziell angefertigte Bausätze oder Teile. Ein Zeitschriftenartikel über Hamsterkäufe sollte illustriert werden. Wir nahmen weiße Bohnen als Material, um eine Maus darzustellen, die Futter hortet. Die Grundform der Maus ist aus Modellierknete, die Bohnen wurden einzeln aufgeklebt. Das ganze Modell war in einer Stunde fertig.

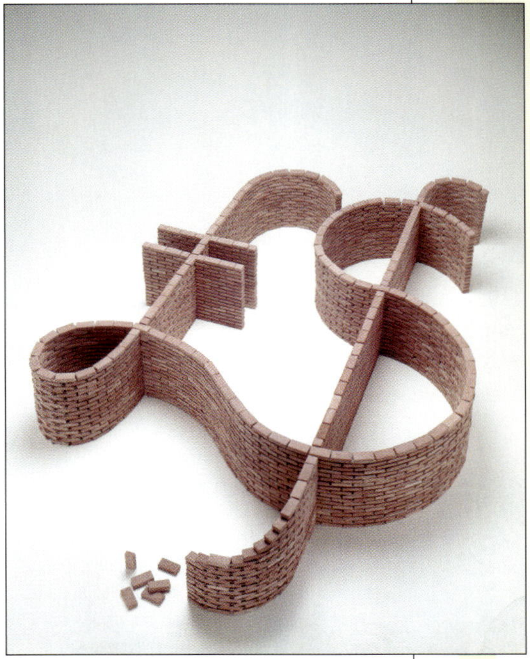

Symbole bauen

Das komplexe Thema dieser Aufnahme war die internationale Finanzwelt im Bauwesen. Um diese Idee zu visualisieren, wurde aus Modellbauziegeln eine Mauer in der Form eines Pfund- und eines Dollarzeichens gebaut – Bauzeit: zehn Stunden.

Perspektive erzwingen

In diesem Bild sieht ein gewöhnlicher Ziegelstein wie ein riesiges Gebäude aus. Ein Weitwinkelobjektiv wurde aus sehr kurzer Entfernung leicht aufwärts gerichtet, absichtlich, um stürzende Linien zu erzeugen. Hätten wir jedoch eine reale Landschaft als Hintergrund gewählt, wäre es nicht möglich gewesen, die ganze Szene scharf abzubilden. Stattdessen bauten wir uns einen künstlichen Abendhimmel mit einem falschen Horizont aus schwarzem Karton, aus dem wir gut erkennbar die Umrisse einer Kirche und eines Hauses schnitten. Den Karton legten wir auf eine durchsichtige Perspex/Plexiglas-Platte, die wir von unten beleuchteten. Mit einem kleinen Pocketblitz setzten wir ein kleines Streiflicht, um die Textur des Ziegels herauszuarbeiten. Dadurch wurde der Eindruck riesiger Dimensionen noch verstärkt, da der kleine Blitz konturierte, harte Schatten erzeugte. Außerdem erhielten aus diesem Winkel der Horizont und der „Himmel" kein Licht. Für den realistischen Abendhimmel klebten wir zwei durchscheinende, farbige Folien unter die Plexiglasplatte – blau für den oberen Himmel und lila für den Bereich nahe des Horizonts. Sie wurden in der Mitte nach unten gebogen, sodass sich ein fließender, natürlicher Übergang ergab. Als letzter Schritt zur perfekten Illusion wurde der Mond digital aus einer anderen Aufnahme hinzugefügt.

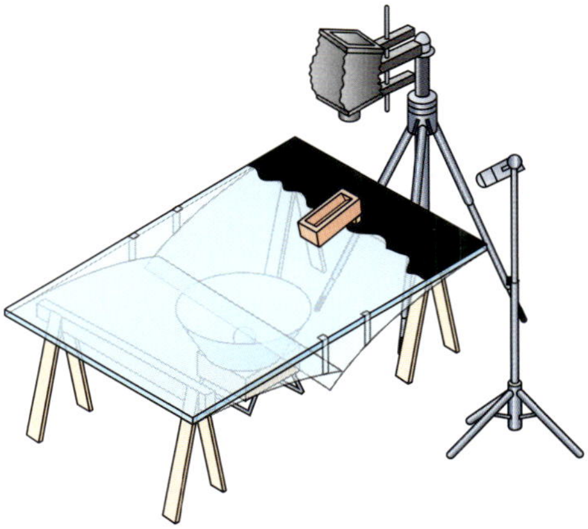

Reprofotografie

Das Fotografieren flacher Bilder, wie Gemälde oder Illustrationen, verlangt höchste technische Präzision, es kommt auf Ausrichtung, Farbe und Kontrast sowie Beleuchtung an.

Reprofotografie kann entweder der Aufzeichnung von Illustrationen oder Dokumenten dienen oder Teil anderer fotografischer Techniken, wie der Fotomontage, sein. Sie stellt absolut keine Anforderungen an die Kreativität, wohl aber an die Technik, und wenn Sie sie brauchen, erspart es Ihnen eine Menge Zeit und Frustration, wenn Sie sich an einige, nachfolgend beschriebene, einfache Vorgangsweisen halten.

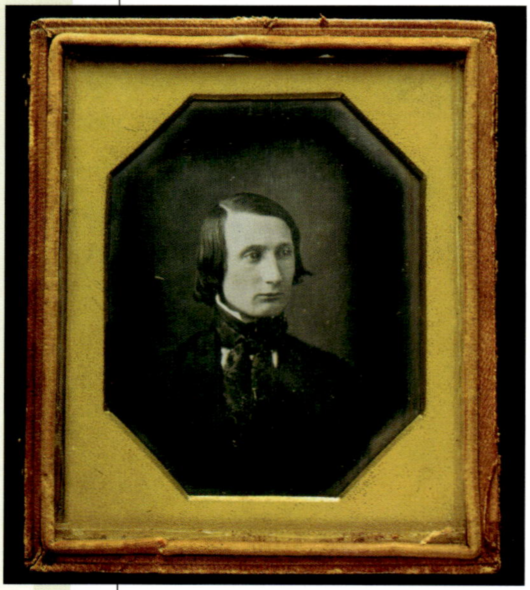

Daguerrotypie
Originale mit reflektierender Oberfläche erfordern besondere Sorgfalt. Der silbrige, spiegelnde Überzug dieser Daguerrotypie ist typisch für diese frühen Beispiele fototechnischer Aufnahmen. Um zu verhindern, dass die Kamera selbst deutlich sichtbar auf dem Porträt prangte, mussten einige Vorkehrungen getroffen werden: Eine lange Brennweite ermöglichte es, die Kamera weit weg von der Lampe aufzustellen; die glänzenden Teile der Kamera wurden mit schwarzem Tuch verhüllt; die Blende war weit offen, sodass die Tiefenschärfe gering war und die Kamera, falls doch noch zum Teil sichtbar, zumindest unscharf würde.

Ausrichtung

Die besten Aufnahmepositionen in der Reprofotografie sind vertikal von oben gegen den Boden oder einen Tisch oder horizontal gegen eine Wand. Bei kleinen Vorlagen eignet sich die Vertikale besser, große Gemälde fotografiert man leichter an ihrem Platz. Ein Reprostativ ist nützlich, wenn Sie diese Arbeit öfter machen, sie können aber auch einen Vergrößerer adaptieren. Für Aufnahmen gegen die Wand reicht ein normales Stativ, bei Aufnahmen gegen Boden oder Tisch ist ein Verlängerungsarm nötig.

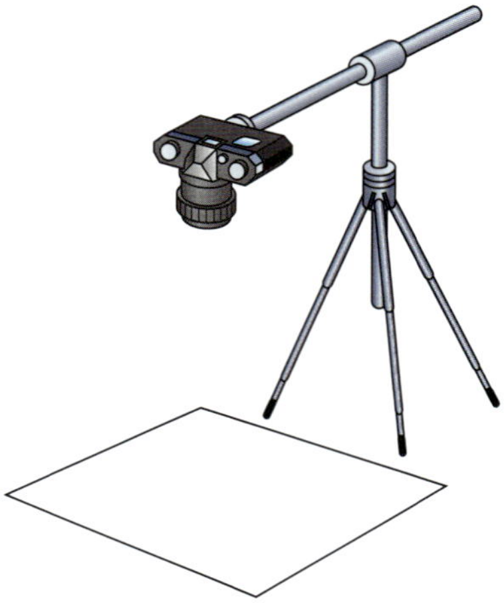

Vertikal kopieren
Die einfachste Methode, eine Illustration flach und eben zu halten, ist, sie auf den Boden zu legen und von oben aufzunehmen. Der Zusatzarm entfernt die Kamera ausreichend vom Stativ. Bleilot oder Wasserwaage helfen, die Kamera über dem Bild zu zentrieren.

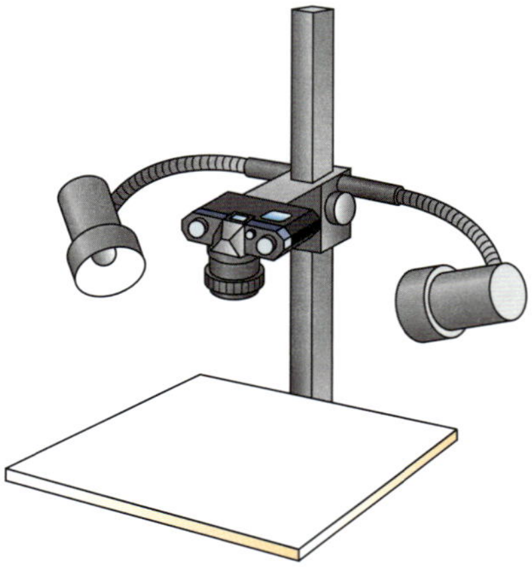

Reprostativ
Wenn die Reprofotografie für Sie zu einer häufigen Übung wird, lohnt es sich, den Aufbau von Kamera und Licht zu standardisieren. Sie könnten sich auch aus einem alten Vergrößerungsapparat ein Reprostativ basteln – eine Art, prä-digitale Ausrüstung zu recyclen!

Die Ausrichtung ist der kritischste Punkt. Selbst kleinste Ungenauigkeit führt zum so genannten Trapezeffekt, das rechteckige Bild wird verzerrt, oft so stark, dass Teile davon nicht mehr scharf sind. Es gibt vier einfache Methoden, Bild und Filmebene exakt parallel auszurichten:

1. Richten Sie, mit Hilfe einer Wasserwaage, Kamera und Original exakt horizontal oder vertikal ein.
2. Können Sie den Winkel des Originals nicht verändern (z.B. bei einem großen Gemälde), messen Sie den Winkel mit einem Neigungsmesser oder Lot und Winkelmesser, und richten Sie die Kamera darauf ein.
3. Wenn Sie bei Ihrer Kamera ein Raster einblenden können (manche Digitalkameras haben diese Option), bringen Sie die Kanten des Originals mit den eingeätzten Linien in Übereinstimmung. Allerdings muss das Original nicht unbedingt immer exakt rechteckig sein.
4. Platzieren Sie einen kleinen Spiegel flach aufliegend in der Mitte des Originals. Stellen Sie manuell auf die Spiegelung des Objektivs im Sucher oder auf dem LCD-Monitor scharf und bewegen Sie die Kamera, bis die Spiegelung der Linse rund und genau in der Mitte ist. Vergessen Sie nicht, vor der Aufnahme die Schärfe wieder umzustellen.

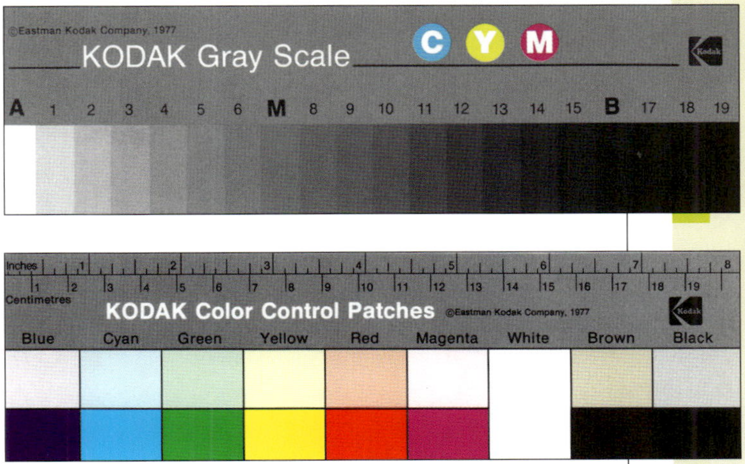

Farbtafel und Graukeil
Einige Hersteller, wie Kodak, liefern standardisierte Farbtafeln und Graukeile. Verwenden Sie diese, wenn die getreue Wiedergabe von Farbe und Kontrast ein wichtiger Faktor ist. Legen Sie die Farbtafel und den Graukeil so, dass sie neben dem eigentlichen Bild noch gut in der Aufnahme sichtbar sind. So erhalten Sie einen unabhängigen Hinweis auf Farbtreue und Kontrast. Die Werte werden dann bei der Nachbearbeitung ausgelesen und gegebenenfalls korrigiert.

Farbe und Kontrast

Wie beim Kopieren und Drucken ist auch bei der Reprofotografie 100-prozentig exakte Wiedergabe unmöglich, manche Farben werden auch durch bestimmtes Filmmaterial verschluckt. Als unabhängiges Kontrollinstrument kann man eine Farbskala mit aufnehmen. Das ist ein akzeptiertes Vorgehen, und wenn das Foto gedruckt werden soll, kann der Drucker anhand der Werte der Skala die Farbe entsprechend korrigieren. Auch können Sie die Werte in einem Bildbearbeitungprogramm messen und die Farbe nachjustieren. Auch der Kontrast ist ein Problem; wenn es Ihre Kamera erlaubt, experimentieren Sie mit der Tonwertkontrolle. Um ein Überstrahlen zu vermeiden, platzieren Sie das Original auf dunklem Hintergrund und verwenden Sie nackte Lampen, außer wenn Reflexe in Bild oder Rahmen Sie zwingen, das Licht zu streuen *(siehe Folgeseiten)*.

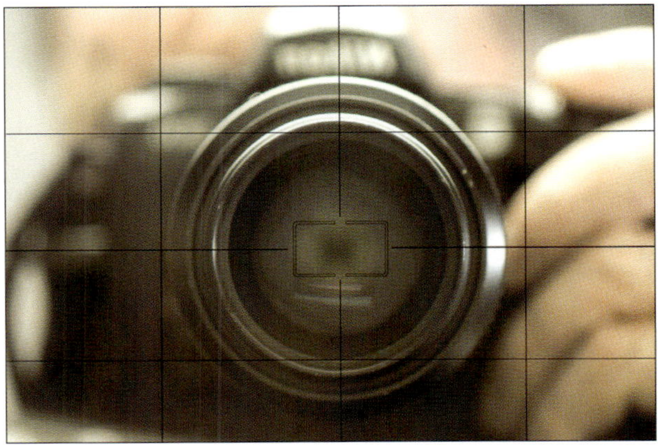

Ausrichten mit Spiegel
Platzieren Sie, wenn möglich, einen kleinen Handspiegel flach auf dem Bild und stellen Sie auf das Spiegelbild der Kamera scharf. Korrigieren Sie Ihre Position, bis die Kameralinse exakt und rund in der Mitte des Suchers oder LCD-Monitors zu sehen ist.

Bilder beleuchten

Ganz im Gegensatz zur Beleuchtung von Gegenständen hat das ideale Licht in der Reprofotografie keinerlei Eigencharakter. Gefragt ist gleichmäßige Helligkeit ohne Schatten oder Reflexe.

Das oberste Prinzip bei der Lichtsetzung in der Reprofotografie ist, die gesamte Fläche gleichmäßig hell zu bekommen, ohne dass eine Ecke „absäuft". Diese Gleichmäßigkeit erreicht man am besten mit vier identischen Lampen, welche in jeder Ecke in der gleichen Entfernung aufgestellt sind. Jede zielt auf die entgegengesetzte Ecke, damit die Mitte nicht zu hell wird. Der weit einfachere Aufbau mit nur zwei Lampen ist meist ebenso effektiv. Sie werden wieder auf die gegenüberliegenden Seiten gerichtet, aber in größerer Entfernung aufgestellt. Sogar eine einzige Lichtquelle bzw. Tageslicht kann reichen, muss aber gestreut und mit einem Reflektor auf der anderen Seite verstärkt werden.

Um die gleichmäßige Ausleuchtung zu kontrollieren, legen Sie ein weißes Blatt Papier auf das Original und halten Sie einen Bleistift senkrecht dagegen. Der Schatten jeder einzelnen Lichtquelle muss gleich lang und gleich stark sein. Alternativ können Sie auch einen Belichtungsmesser mit weißer Plastikkappe zur Messung der Einstrahlung verwenden. Halten Sie ihn nahe des Bildes in Richtung Kamera und messen Sie mehrmals an verschiedenen Stellen einschließlich der Ecken. Die Werte müssen identisch sein. Dann messen Sie von der Mitte aus zu jeder Lampe hin, wobei Sie die andere(n) abschatten. Wieder müssen die Werte gleich sein. Schatten Sie die Kamera selbst immer mit schwarzem Karton oder professionellen Schirmen ab.

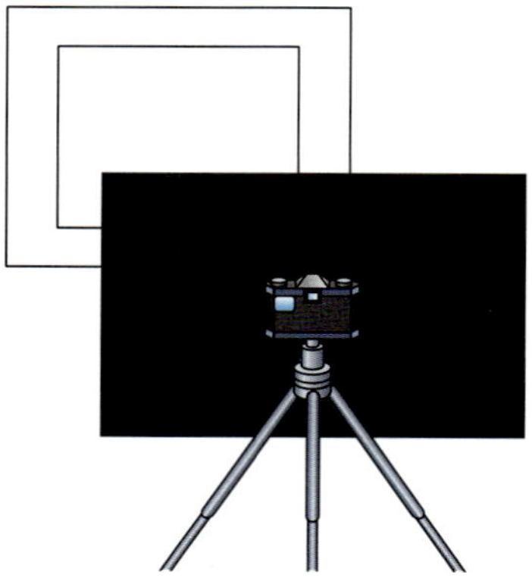

Reflektierende Oberflächen
Bilder hinter Glas oder mit lackierter Oberfläche können zu einem besonderen Problem werden. Unerwünschten Reflexionen wird man am besten Herr, wenn man vor der Kamera schwarzen Karton oder Samt mit einem Loch für das Objektiv anbringt.

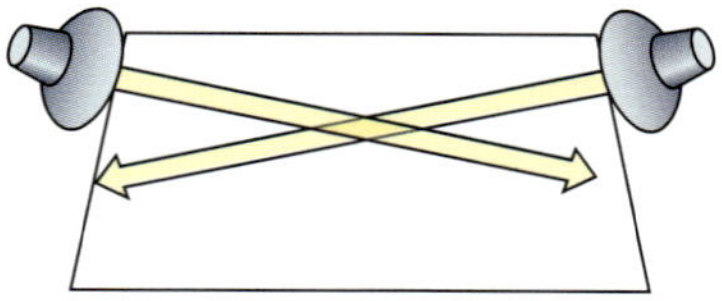

Zwei Lampen
Gute Ergebnisse erzielt man auch, wenn man je eine Lichtquelle links und rechts vom Original anbringt und auf die jeweils gegenüberliegende Seite der Illustration richtet.

Rundum-Beleuchtung
Die ideale Ausleuchtung, mit der man eine völlig gleichmäßige Lichtverteilung erreicht, besteht aus vier identischen Lampen, in jeder Ecke eine. Richten Sie jede Lichtquelle auf die gegenüberliegende Ecke, um die Mitte nicht überzubetonen.

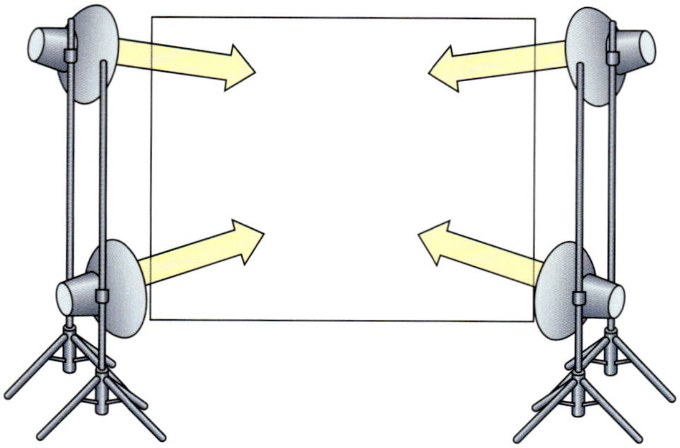

Reflexe können zu unerwarteten Komplikationen führen. Besonders offensichtlich sind sie bei Ölgemälden, doch auch Fotografien und manche Papiere können, vorerst unbemerkt, reflektieren. Selbst auf den ersten Blick matt wirkende Oberflächen können leiden, wodurch die Farben weniger satt erscheinen. Sie vermeiden Reflexe am ehesten, wenn Sie die Lampen, egal wie viele Sie verwenden, in einem Winkel von etwa 45° aufstellen. Eine Position näher an der Kamera führt zu Reflexionen, ein flacherer Winkel zeigt die Textur. Die Gefahr von Reflexionen sinkt weiter, wenn Sie die Kamera etwas entfernt aufstellen und eine mäßig lange Brennweite benutzen. Als ultimative Maßnahme kann man die Lampen mit Polarisationsfolie und die Optik mit einem Polfilter bestücken. Drehen Sie den Filter, bis die Reflexe verschwinden, dennoch können kleine violette Spitzen sichtbar bleiben. Da das Licht durch zwei Polfilter muss, ist die Belichtung um drei Stufen zu erhöhen. Bei Bildern hinter Glas benutzen Sie die gleichen Methoden, decken aber zusätzlich die Kamera mit schwarzem Papier oder Stoff (mit einem Loch für die Linse) ab.

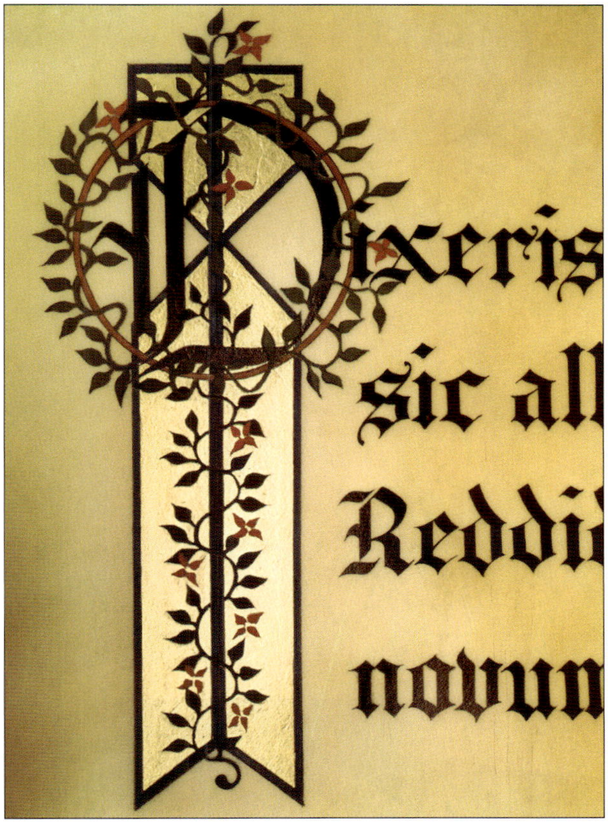

Gold
Um die Reflexionen im Gold der Intarsie zu verhindern, verwendeten wir ebenfalls schwarzen Karton zur Abschattung. Doch selbst dann ist es wichtig, sicherzustellen, dass das reflektierte Licht nicht zu stark ist.

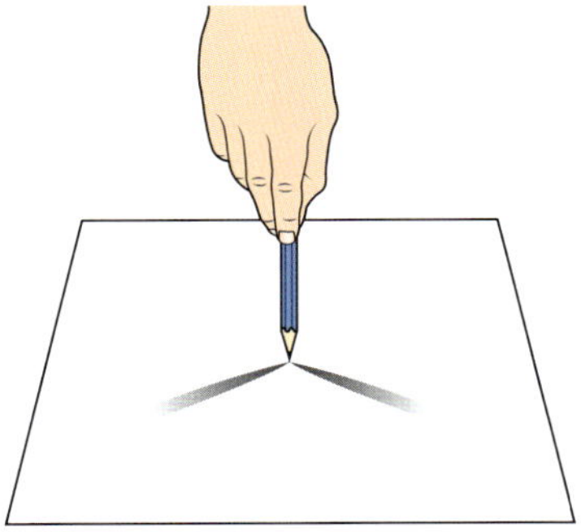

Lichtcheck
Wenn Sie mehr als eine Lichtquelle einsetzen, halten Sie einen Bleistift senkrecht in die Mitte des Bildes. Jeder der Schatten muss gleich lang sein.

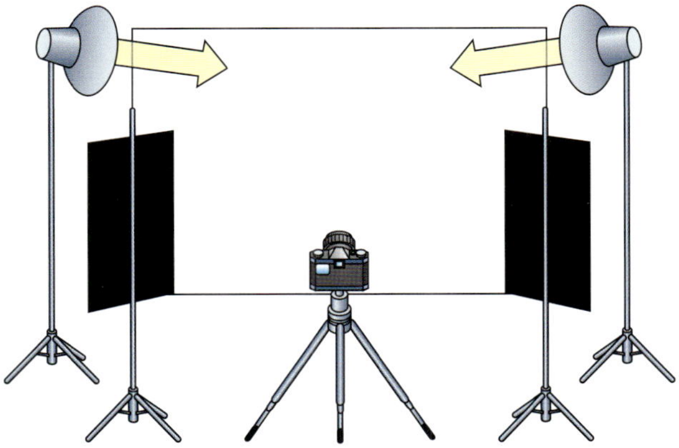

Das Objektiv abschatten
Da es ganz besonders wichtig ist, ein Überstrahlen zu vermeiden, um den vollen Kontrastumfang des Motivs einzufangen, sollten die Lampen kein Licht in Richtung Kamera werfen. Schatten Sie die Kamera mit schwarzem Karton ab.

Münzen und Briefmarken

Spezielle Sammlungen erfordern exakte Dokumentation – wenn damit eine Bilddatenbank aufgebaut wird, sollten Licht und Gesichtswinkel gleich bleiben.

Der Hauptgrund, Münzen zu fotografieren, ist, sie zu dokumentierten: Man muss sie gerade von vorne, deutlich und hell beleuchten (und zwar meist die Vorder- und die Rückseite). Meist sehen die Münzen wie neu aus, die Oberfläche (abhängig vom Metall) glänzt stark, wodurch sich spezielle Beleuchtungsprobleme ergeben. Normalerweise würde man wie bei anderen glänzenden Objekten vorgehen – eine diffuse Lichtquelle so einrichten, dass sie von der gesamten Fläche der Münze reflektiert wird. Das Problem bei Münzen ist allerdings, dass die meisten von ihnen rund sind und jede Verzerrung sofort wahrgenommen wird. Winkelt man die Kamera des Lichts wegen an, wird die Münze gequetscht, schießt man von oben, verdeckt man die Lampe. Ohne Shift-Objektiv kann man nur mit einer langen Brennweite den Winkel möglichst klein halten und Verzerrungen digital ausbessern. Eine Methode der Lichtsetzung, die dieses Problem vermeidet, ist Seitenlicht – von mindestens zwei Seiten –, sodass das erhabene Relief beleuchtet wird, der Grund der Münze aber im Dunkeln bleibt.

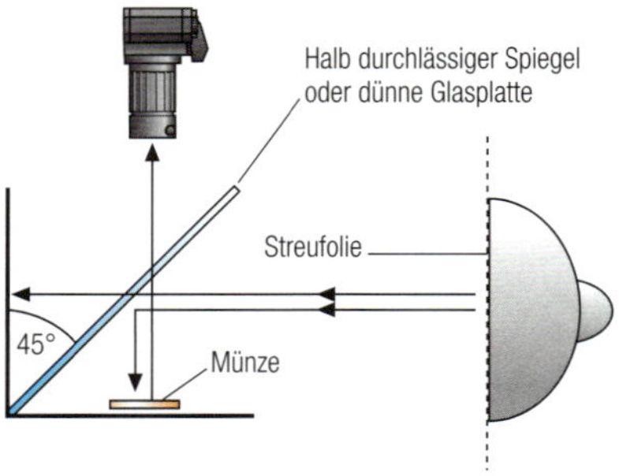

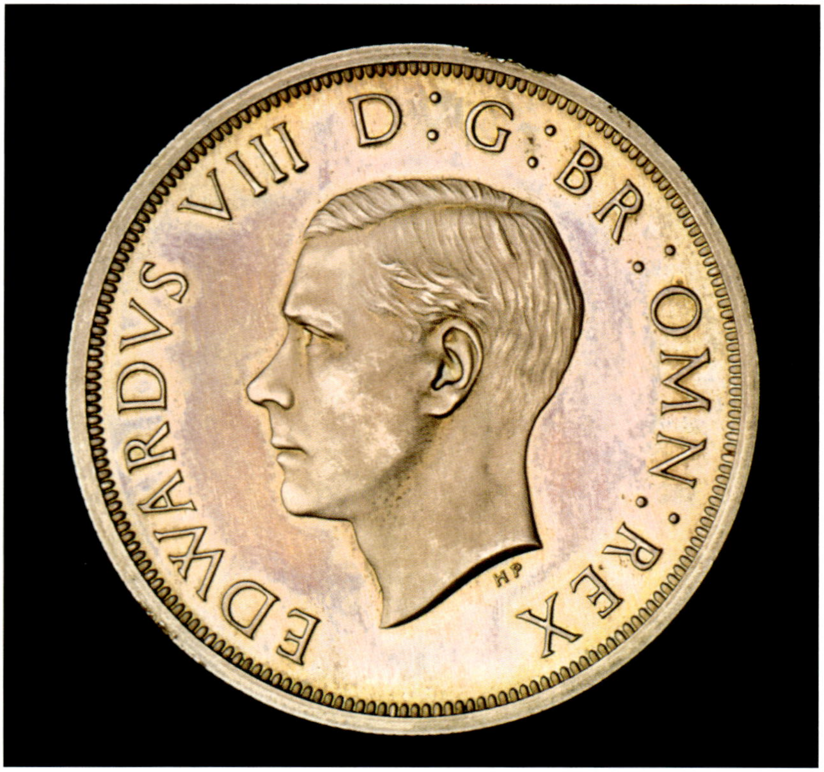

Hellfeld-Axiallicht

In gewissem Sinn ist die Frontalaufnahme einer Münze eine Reproaufnahme. Filmebene und Münze müssen parallel sein, damit die Münze rund ist. Dazu kommen die Probleme reflektierender Oberflächen. Um helles, reflektiertes Licht und perfekte Ausrichtung zu kombinieren, verwendet man Axiallicht – Licht, das aus der Position der Kamera entlang der Objektivachse zu kommen scheint. In Verbindung mit einer speziellen Box, in der sich ein halb durchlässiger Spiegel oder eine dünne Glasplatte befindet, kann man jede Leuchte dafür nehmen. Licht- und Objektivachse werden in rechtem Winkel ausgerichtet, das Glas auf 45°. Ein Teil des Lichts geht direkt durch das Glas und ist damit verloren, ein Teil wird allerdings auf die Münze und von dieser direkt in die Optik reflektiert. Das Innere der Box muss matt schwarz sein, um Reflexe im Glas auszuschließen, die Lampe wird gesoftet.

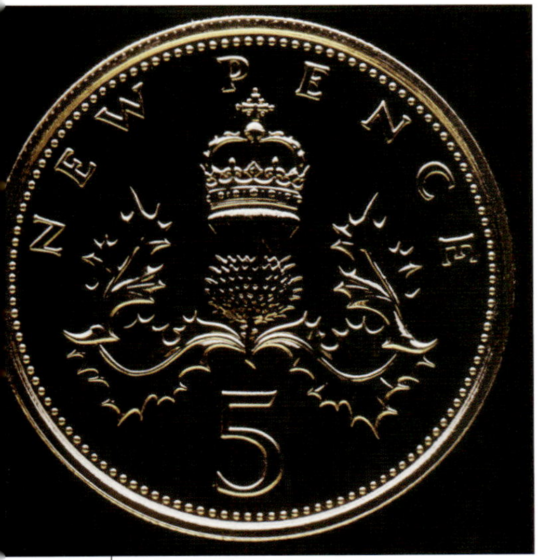

Dunkelfeld mit tiefem Winkel

Eine andere Methode der Beleuchtung, die sich besonders für polierte Platten mit ihrer spiegelgleichen Oberfläche eignet, arbeitet nur das erhabene Relief heraus, der Rest bleibt dunkel. Das Prinzip ist das eines seitlichen Streiflichts, das nur von den höher liegenden Teilen reflektiert wird. Schwarzes Papier wird so an die Vorderseite des Balgengeräts geklebt, dass nur die Linse frei bleibt und sich nichts Helles in der Münze spiegelt. Ein Reflektor gegenüber der Lichtquelle, in diesem Fall Goldfolie, verteilt das Licht gleichmäßig.

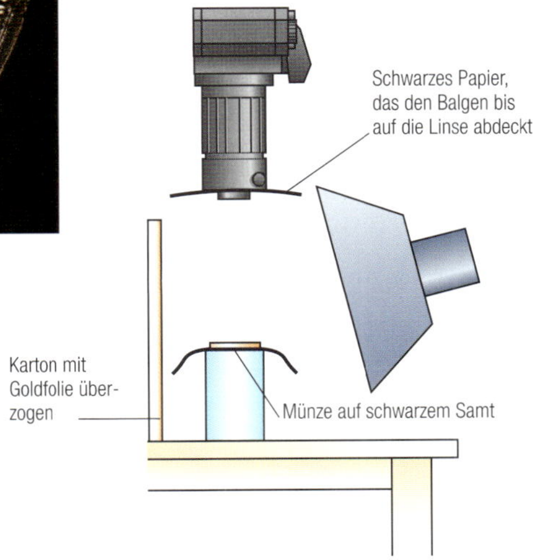

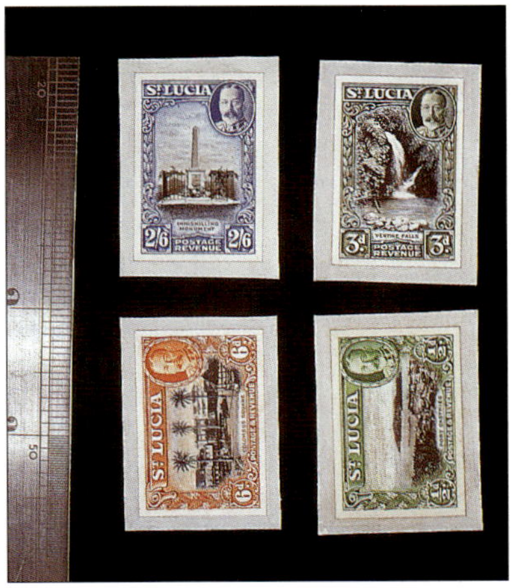

Briefmarken

Auch Markensammlungen verlangen einen dokumentarischen Ansatz, wobei zusätzlich auf die Farbe zu achten ist (wie in der Reprofotografie). Es schadet nicht, ein Lineal mit ins Bild zu bringen, um die exakten Abmessungen zur Hand zu haben. Das ist besonders wichtig, wenn Aufnahmen kombiniert werden müssen, die zu verschiedenen Zeiten gemacht wurden und daher unweigerlich minimale Größendifferenzen aufweisen. Der Hintergrund ist Geschmackssache, wobei Schwarz späteres Freistellen erleichtert. Man kann Marken auch scannen, muss dabei aber auf Reflexe von Spezialbeschichtungen oder Metallfarben achten.

Winkel korrigieren

Dieser Satz extrem seltener Münzen stellte mich vor Probleme, da die Kamera leicht angewinkelt werden musste, damit alle Münzen das diffuse Flächenlicht reflektierten. Die dadurch entstandene Verzerrung korrigierte ich mit dem Perspektiven-Werkzeug in der Nachbearbeitung. Ein perfekter Kreis, den ich in der Ebene darüber gezogen hatte, diente als Vorlage für die Korrektur.

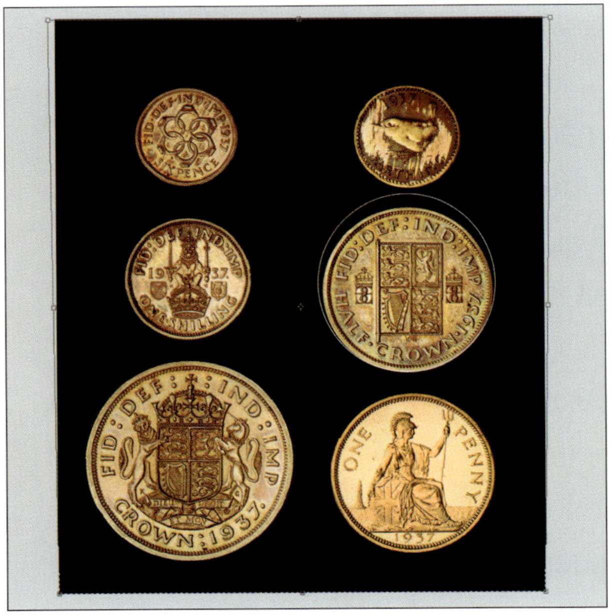

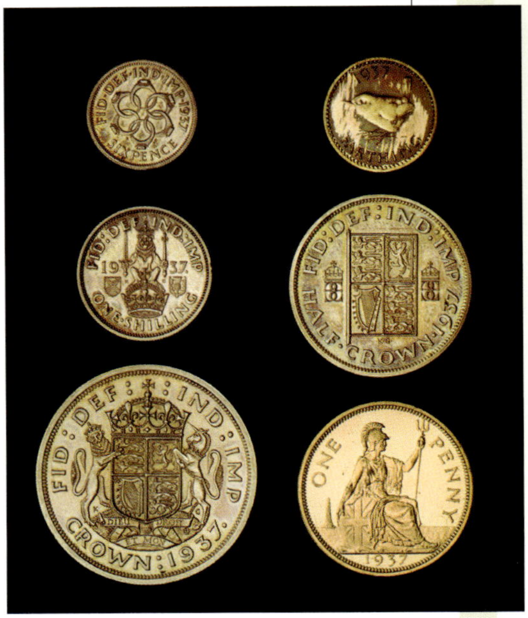

Fallstudie: **Raus aus dem Studio**

Manchmal ist ein Studio trotz all seiner Ausrüstung und Kontrollmöglichkeiten nicht der beste Ort für ein Stillleben. Es ist auf Genauigkeit ausgerichtet, besonders in Bezug auf das Licht, doch manchmal sind andere Qualitäten wichtiger. Die meisten Stillleben-Fotografen haben sich eine bestimmte Arbeitsweise zurechtgelegt und sich mit der nötigen Ausrüstung ausgestattet, sie neigen dazu, jedes Projekt als Studiojob zu betrachten und von Grund auf neu zu komponieren. Doch es gibt nirgendwo eine diesbezügliche Vorschrift. Manchmal ist ein Platz im Freien ebenso gut, wenn nicht noch besser geeignet. So, wie man Motive für Stillleben überall finden kann, kann man sie auch überall aufbauen. Genau das taten wir mit Keramikobjekten, die der Künstler Yukako Shibata in einer teilweise organischen Form konzipiert hatte. Nach einer astreinen Studioaufnahme suchten wir nach neuen Ufern.

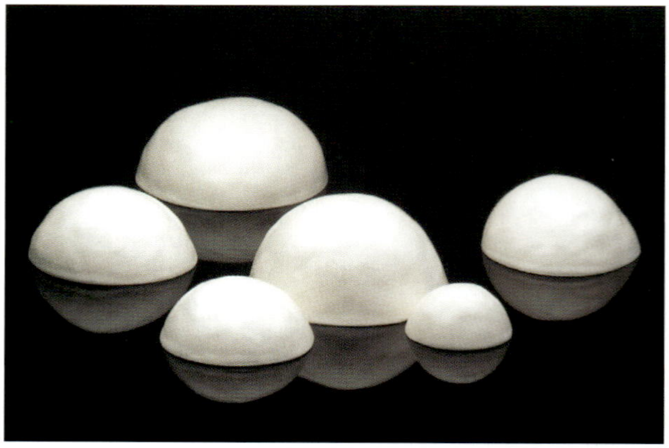

▲ Studio
Die erste Idee war, sich auf die physischen Eigenschaften der Stücke zu konzentrieren: ihre Form, die unterschiedlichen Größen und die Einzelheiten der glasierten, cremefarbigen Oberfläche. Eine schwarze Platte aus Perspex/Plexiglas wurde als Hintergrund gewählt. Das ergab einen starken, klaren Kontrast, das Bild wurde durch die Spiegelungen, die ein tiefer Kamerawinkel enthüllte, zusätzlich interessant. Ein großes Flächenlicht hing tief über der Gruppe und sorgte für gleichmäßige Ausleuchtung. Die großflächigen Reflexe vermittelten einen guten Eindruck von der Glasur.

▼ Gras
Ein wenig erinnerten uns die kleinen Kuppeln an Pilze, also trugen wir sie in den Wald. Wir haben sie selbstverständlich nicht einfach in die Wiese geworfen, sondern alles sorgfältig arrangiert, ganz so, als ob die Grasbüschel rund um organische Objekte aus dem Boden wachsen würden.

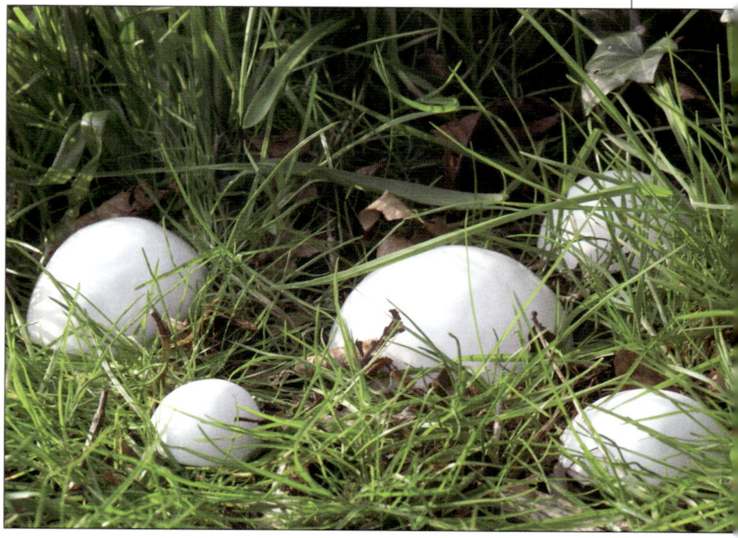

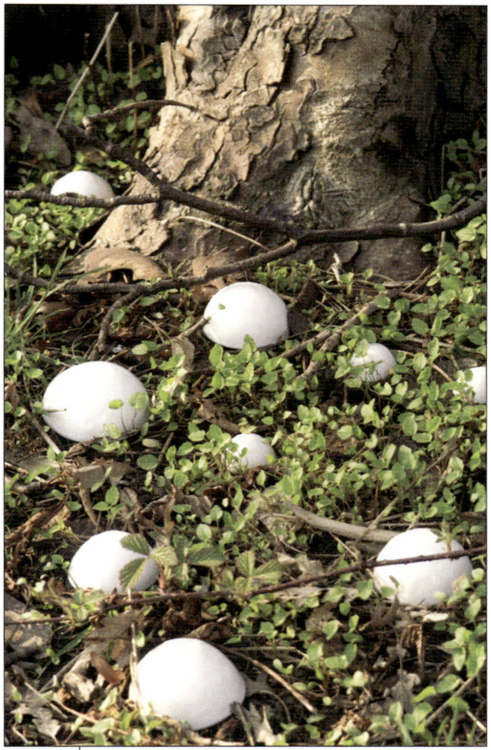

Wurzeln
Als noch besserer Schauplatz gefiel uns bei näherem Hinsehen das Wurzelgeflecht eines Baumes – einerseits, weil sich dadurch ein natürlicher Bildrand ergab, andererseits, weil man in der Natur an solchen Stellen häufig echte Pilze antrifft. Die Kontrolle über die Ausleuchtung haben wir leichten Herzens geopfert, denn das Wetter war schön und uns stand das diesige Sonnenlicht des späten Nachmittags zur Verfügung. Seine sanften, weichen Reflexe unterstrichen umso mehr die glasierte Oberfläche der Keramiken.

Pfütze
Der Schauplatz eignete sich auch gut für ein anderes Werkstück des gleichen Künstlers, eine raffiniert gezeichnete Kugel in der Mitte eines quadratischen Spiegels. Um die spiegelnde Oberfläche am besten zur Geltung zu bringen, wählten wir eine Stelle mit höheren Grasbüscheln und fotografierten gegen die Sonne für hohen Kontrast. So entsteht die Anspielung auf eine kleine Pfütze.

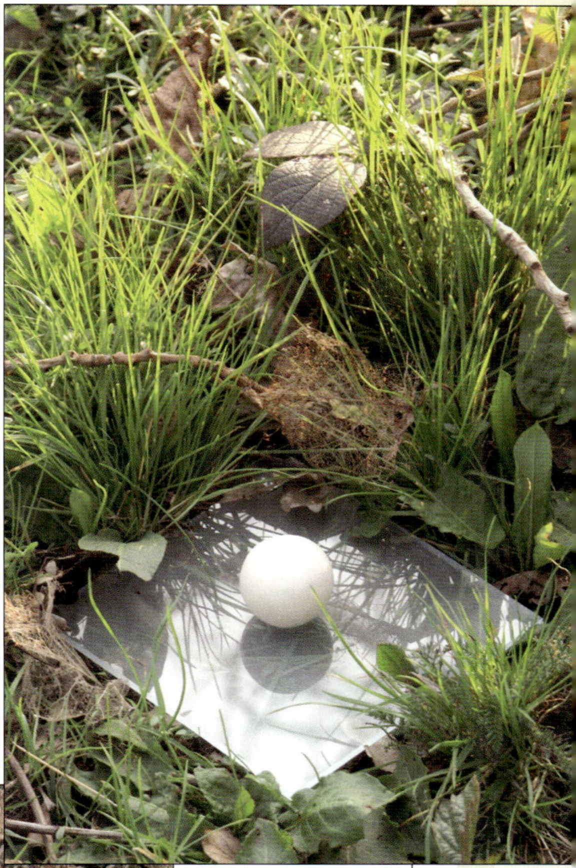

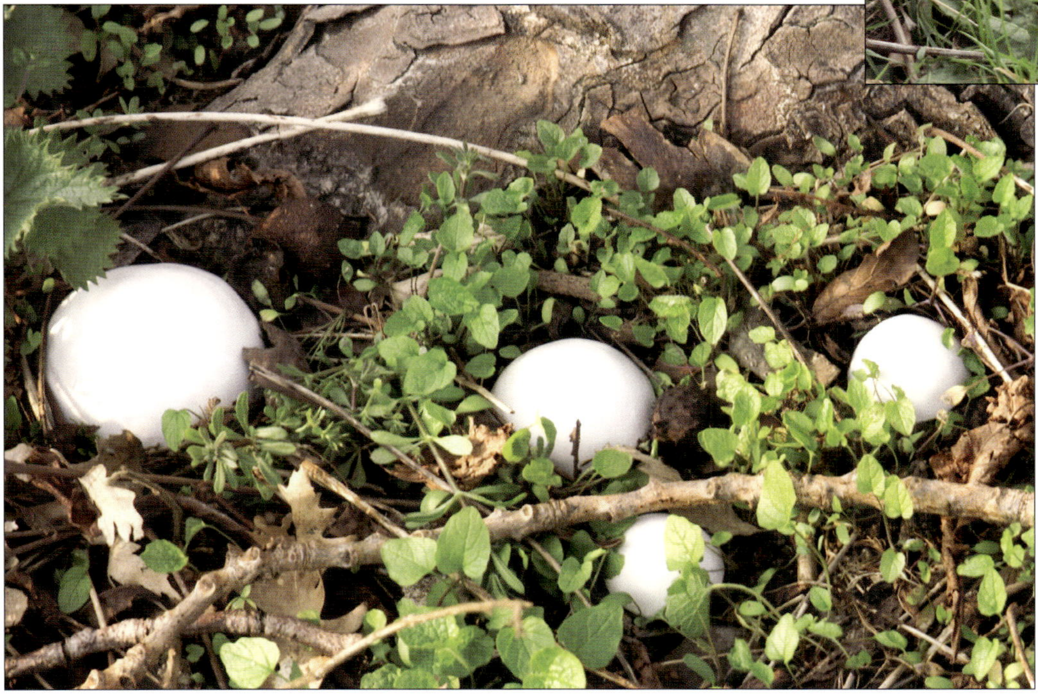

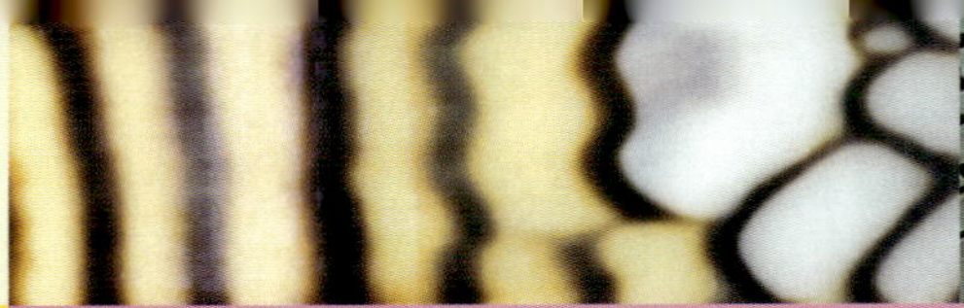
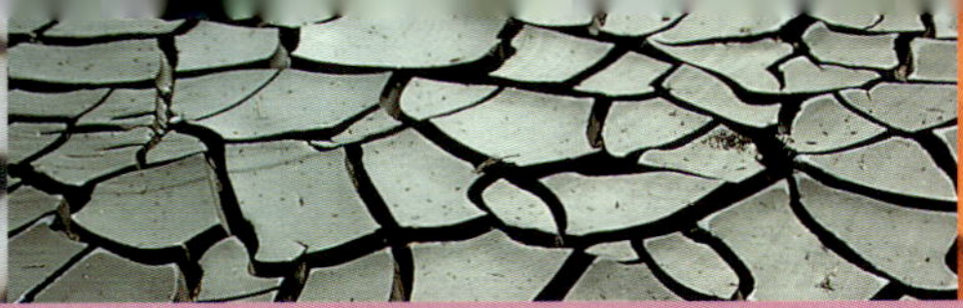
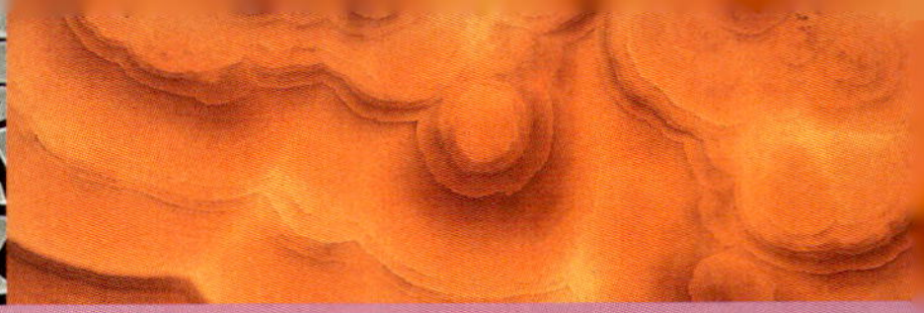
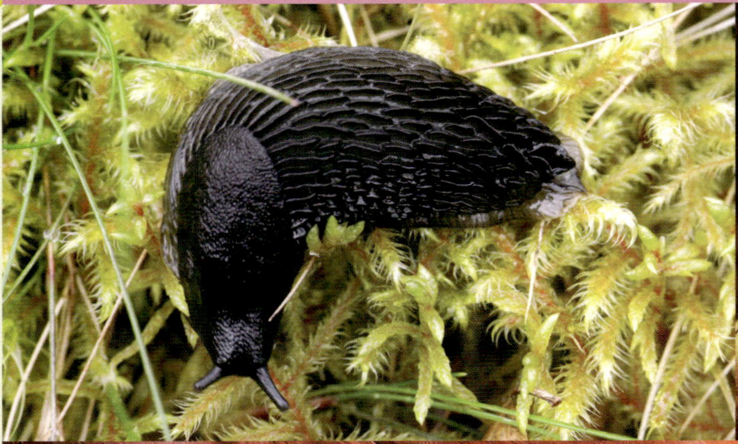
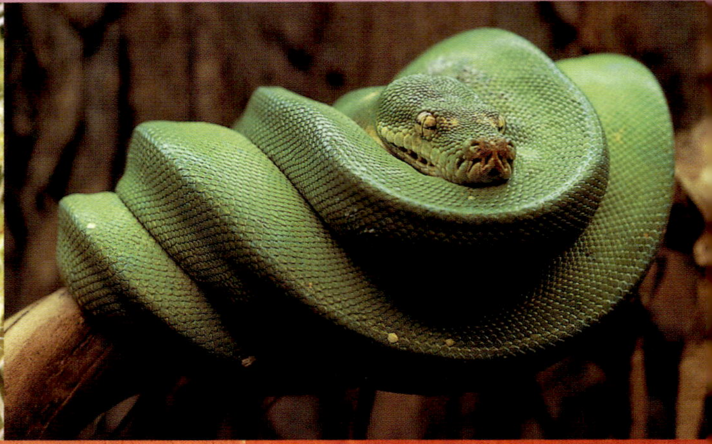
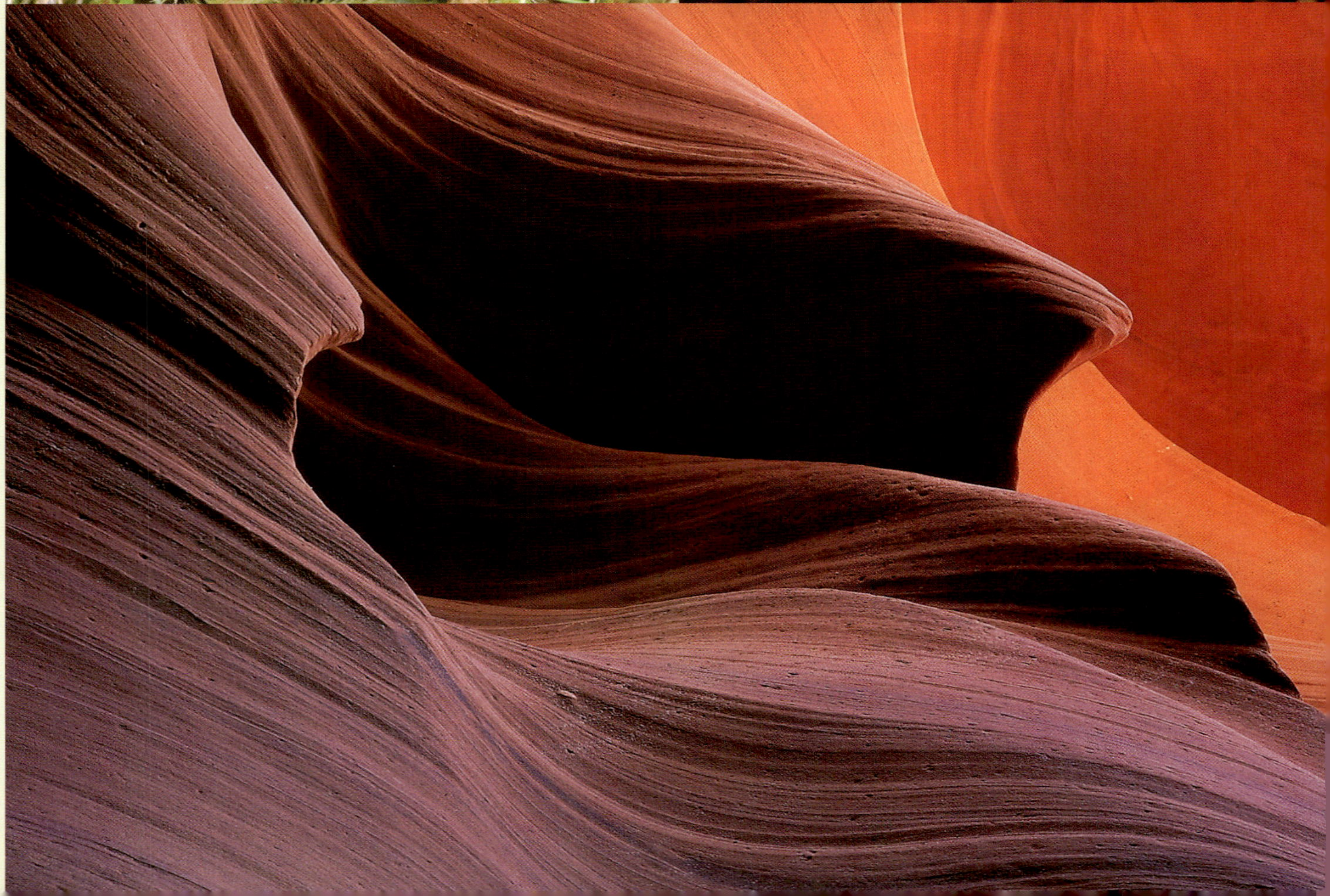

Natur **im Detail**

Natur ist Detail. In einem anderen Kapitel beschäftige ich mich mit der Natur im Großen, der Landschaft, wo nicht nur die Dimensionen andere sind, sondern die einzelnen Teile in ihrer Wechselwirkung gesehen werden – Gebirge erheben sich über Ebenen, Flüsse verbinden sie, Vegetation bedeckt das Land vom Vordergrund bis in die Ferne. Hier wählen wir Details aus. Indem wir nahe heran gehen und den Bildausschnitt verengen, isolieren wir Einzelheiten von der Umgebung.

Der Amerikaner Eliot Porter (1901–1990) hat die Ästhetik der nahen, konzentrierten Sichtweise der Natur wie kein anderer beeinflusst. Er sah die Naturfotografie entweder „zentripetal" oder „zentrifugal". In zentripetalen Aufnahmen arbeiten alle Bildteile gemeinsam auf ein Zentrum des Interesses hin und ziehen die Aufmerksamkeit nach innen, weg vom Kontext der Umgebung. Zentrifugale Fotos sind dynamisch, lenken den Blick zum Rand und ermutigen den Betrachter, darüber hinaus zu blicken und zu überlegen, warum der Fotograf nicht alles zeigt.

Es ist eher der zentrifugale Ansatz, der Fotografie zur Kunst macht. Das Abbild eines Käfers zum Beispiel verlangt uns wenig ab. Wir wollen ihn einfach sehen können, groß im Bild und deutlich erkennbar. Man kann das Bild in Nuancen verbessern, darauf achten, dass der Hintergrund nicht zu verwirrend ist, oder die kleine Kreatur ein wenig aus dem Zentrum rücken, ihr Platz zum Weiterkrabbeln geben, hinein in den Großteil des Bildes, der noch vor ihr liegt. Im Grunde genommen erwartet uns in so einem Bild wenig Überraschendes. Wenn es aber gilt, einen Teil einer ineinandergreifenden Szene auszuwählen, Gräser, Bäume oder Steine mit ihrem Zusammenspiel aus Farben, Schatten und Formen, wird der Bildausschnitt zu einem wichtigen Werkzeug der Kreativität. Ein Bild „gestalten" bedeutet immer, einen Ausschnitt zu finden, dieser wird in der Naturfotografie, wo Nähe ein zentrales Thema ist, umso wichtiger.

Es gibt zwei Ansätze in der Naturfotografie: den dokumentarischen und den ästhetischen. Bei Ersterem steht das Subjekt als solches im Vordergrund, Letzterer konzentriert sich auf dessen optische Qualitäten. Auf den folgenden Seiten habe ich den Blick von beiden Standpunkten aus auf die Natur gerichtet in der Hoffnung, zwei Dinge deutlich zu machen: Ein informatives Bild kann sehr wohl optisch aufregend sein und eine Aufnahme, deren erstes Ziel Ästhetik ist, kann ebenso unsere Einsicht in die Natur vergrößern. Der als Naturalist bekannte Porter schrieb: „Ich fotografiere für die Sache an sich – das Bild –, ohne zu überlegen, was man daraus machen könnte." Dennoch freute er sich, dass seine Bilder zu einem steigenden Umweltbewusstsein beitrugen.

In diesem Kapitel wenden wir uns von konstruierten Stillleben ab und hin zu jenen Details, die uns, oft unerwartet, in freier Natur begegnen. Die Naturfotografie bezieht ihre Inspiration aus den ständigen Überraschungen, die die Natur in diesem kleinen Maßstab bereithält. Die Motive sind vielfältig: Nicht nur im Reich der Pflanzen und Tiere, auch bei Mineralien und Steinen eröffnet sich uns ein weites Feld, das, aus der Nähe betrachtet, nur noch größer erscheint.

Farben und Muster

Die Natur bietet eine aufregende Vielfalt grafischer Eindrücke, aus denen man Bilder zaubern kann, die abstrakt und minimalistisch sind.

Manche Naturaufnahmen ziehen uns in sich hinein, andere machen uns neugierig auf das, was das Bild nicht zeigt *(siehe Seite 406–407)*. Diesen feinen Unterschied gibt es auch bei Nahaufnahmen: Sie können die Natur dokumentieren oder Ausdruck der Ansicht des Künstlers sein. Der dokumentarische Ansatz setzt sich vor allem mit den Fakten auseinander – wie sieht eine bestimmte Spezies aus; wodurch wird sie charakterisiert; wie verhält sie sich, wo wächst sie. Das hindert ein Foto keineswegs daran, auch „schön" zu sein, doch die klare und deutliche Abbildung ist das oberste Ziel. Der zweite Ansatz geht von einer anderen Betrachtungsweise aus, sucht gezielt nach der Schönheit, die die Natur so reichlich bereithält – Schönheit der Farbe, der Kontur, der Form. Die Funktion für das Überleben der Art, die hinter dieser Schönheit steckt, ist für das Bild von untergeordneter Bedeutung.

Die Farbe einer Blume mag für einen Botaniker ebenso vielsagend sein wie das Muster einer Schlangenhaut für den Herpetologen: Sie spielen eine Rolle in der natürlichen Evolution. Doch ganz unabhängig davon sind sie Motive für ansprechende Fotografien. Die Natur liefert Unmengen Material für abstrakte Bilder, ihr Reichtum an Farben und Mustern ist unerschöpflich. In einem gewissen Sinne ist die Natur der Ursprung aller Farben, Formen und

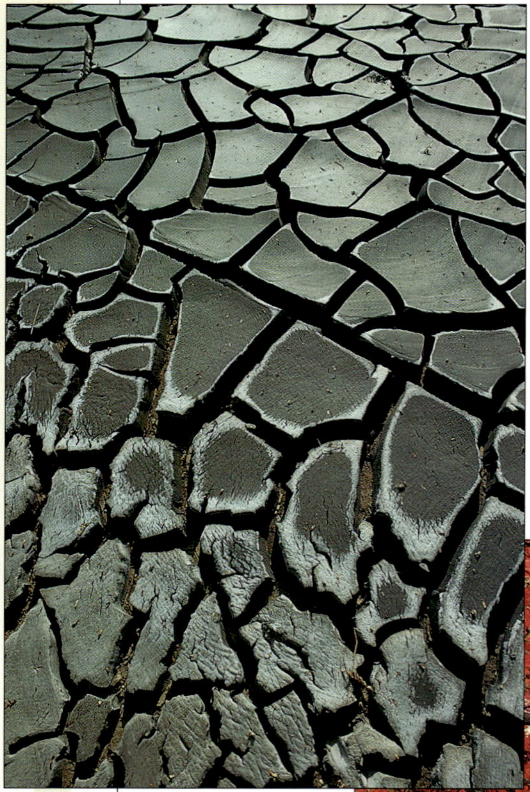

Rissig
Lava, in der Tropensonne festgebacken. Um einen möglichst großen Anteil ins Bild zu bekommen, nahmen wir ein 20-mm-Weitwinkel und kippten die Kamera nach unten.

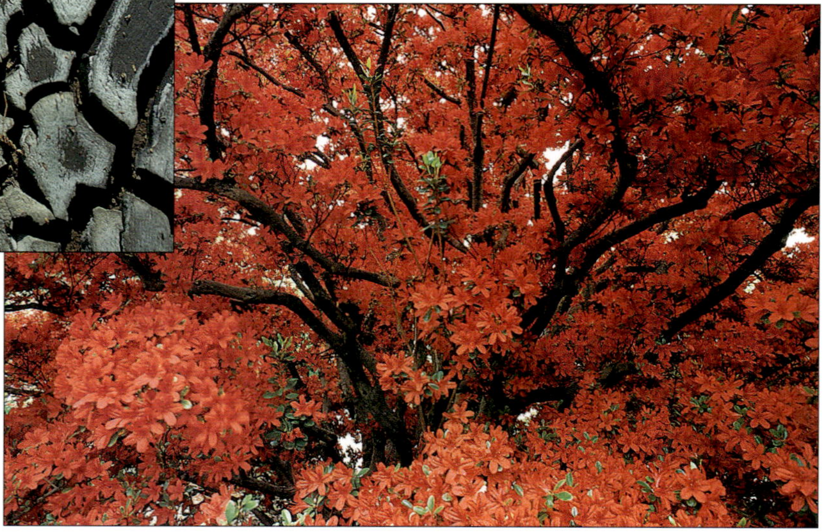

Azalee in voller Blüte
Der große, überwältigende Azaleenbaum, mehr als zwei Jahrhunderte alt, trägt im Sommer ein Meer roter Blüten. Die Aufnahme mit einem Weitwinkelobjektiv aus großer Nähe – fast schon im Baum stehend – fängt ein Maximum der Blütenpracht ein und blendet die Umgebung aus.

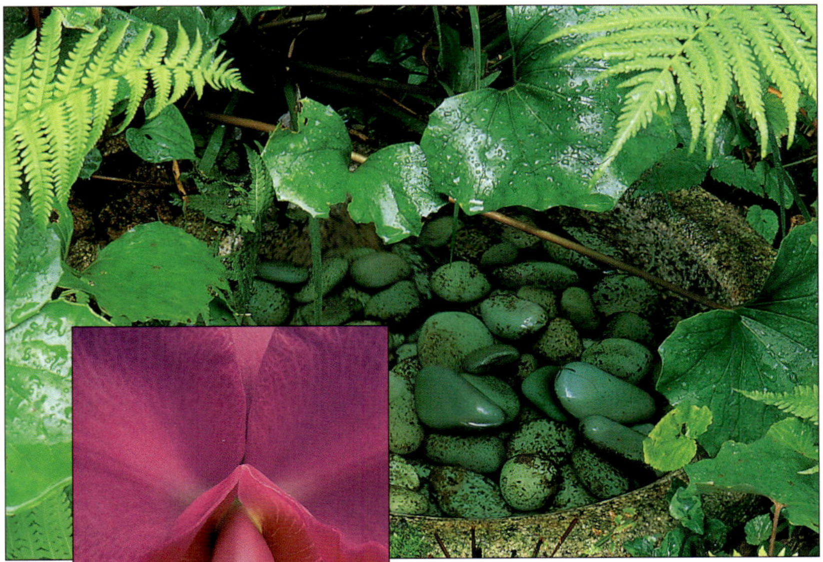

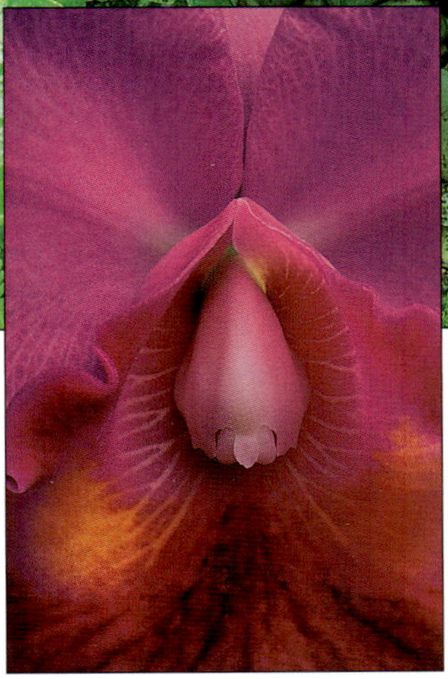

Orchidee
Blüten sind verlässliche Quellen einer schier endlosen Zahl an Farbkombinationen. Ein enger Bildausschnitt schließt die Umgebung aus und regelt das Farbenspiel.

Variationen in Grün
Ein Teich in einem japanischen Shinto-Garten. Die grünen Kiesel wurden absichtlich gewählt, um das Thema „Natürliches Grün" zu erweitern.

Linien der Kunst. Selbst die Pigmente vieler Malfarben gewinnt man aus der Natur. Doch dem Naturfotografen eröffnet sich eine viel breitere Palette an Möglichkeiten als dem Maler, er braucht nur zuzugreifen.

Betrachtet man die Natur vom Standpunkt des Fotografen, nicht des Wissenschaftlers, wird die Nahaufnahme zum wichtigsten aller Werkzeuge. Nur auf diese Art können Sie aus einer Pflanze, einer kleinen Szenerie, einem Tier genau jene grafischen Elemente isolieren, die Sie zeigen wollen. Alle Beispiele auf dieser Seite haben diesen engen Ausschnitt gemeinsam, der einen einzigen visuellen Aspekt aus dem größeren Zusammenhang herauslöst. Welcher Aspekt das ist, bleibt selbstverständlich dem Fotografen überlassen: eine einzige Farbe, ein Farbverlauf, ein Kontrast, ein großflächiges Muster oder nur ein winziges Detail dieses Musters. All dies wird durch den Ausschnitt von anderen Elementen getrennt.

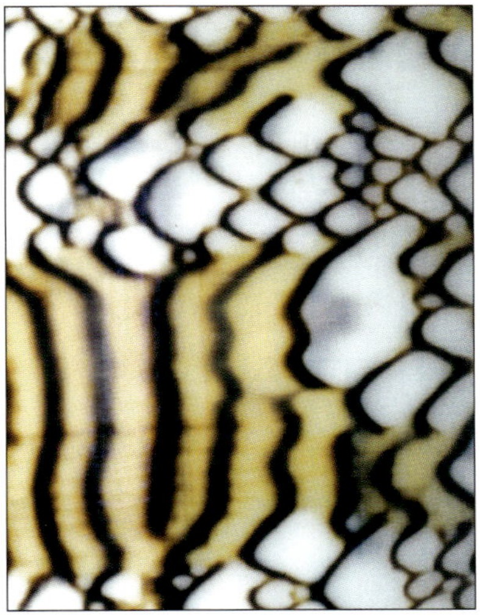

Muschelschale
Wie Blumen liefern auch Muscheln, von der Nähe betrachtet, ungewöhnliche Einblicke. Diese schöne Zeichnung stammt von einer Muschelschale; die ganze Muschel sehen Sie auf Seite 421.

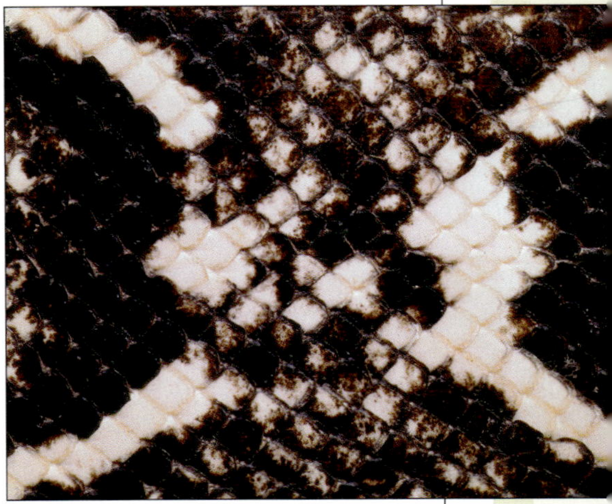

Schlangenhaut
Geht man nahe genug heran, lösen sich Einzelheiten aus dem Kontext des Tieres oder der Pflanze, deren Teil sie sind, und erscheinen neu und ungewöhlich. Die Schlangenhaut erforderte kaum Tiefenschärfe, da sie flach hingelegt und von oben aufgenommen werden konnte. Ein nackter Blitz beleuchtete von einer Seite, ein Kartonreflektor auf der anderen verteilte das Licht gleichmäßig. Das harte Licht arbeitete die Textur der Schlangenhaut schön heraus.

Blumen und Pilze

Sie sind das Grundnahrungsmittel der Naturfotografie; man findet sie leicht, sie laufen nicht weg, und sie sind ab einer bestimmten Vergrößerung immer schön.

Aus der Sicht des Fotografen fallen Blumen und Pilze in ein und dieselbe Kategorie, sie sind in etwa gleich groß und an ähnlichen Stellen zu finden. Einzelporträts sind im Großen und Ganzen Nahaufnahmen und verlangen die auf den Seiten 386-393 beschriebenen Techniken. Da sie sich nicht bewegen, sind sie leichter aufzunehmen als Insekten. Stürzen Sie sich nicht gleich auf das erstbeste Exemplar, das Sie zu Gesicht bekommen, sehen sich um, vielleicht gibt es ein schöneres, in reizvollerer Umgebung.

Die meisten Pflanzen blühen nur einmal im Jahr, wann und wie lange hängt von der Gattung ab. Halten Sie auf Ihren Ausflügen also nicht nur die

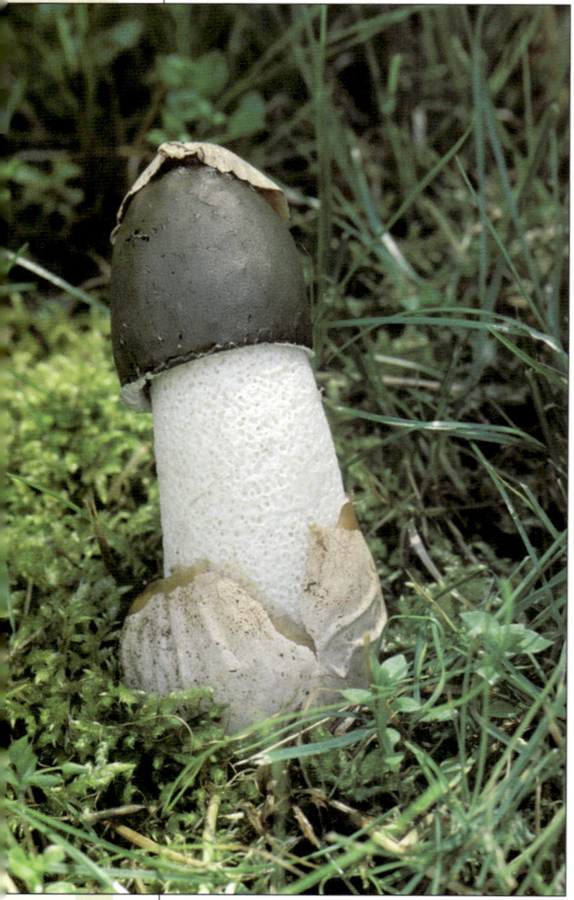

Stinkmorchel
Pilze wie diese Stinkmorchel schießen meist unvermittelt (oft über Nacht) aus dem Boden und verderben schnell. Sie stehen als Motiv nie lange zur Verfügung und sollten fotografiert werden, sobald man sie entdeckt.

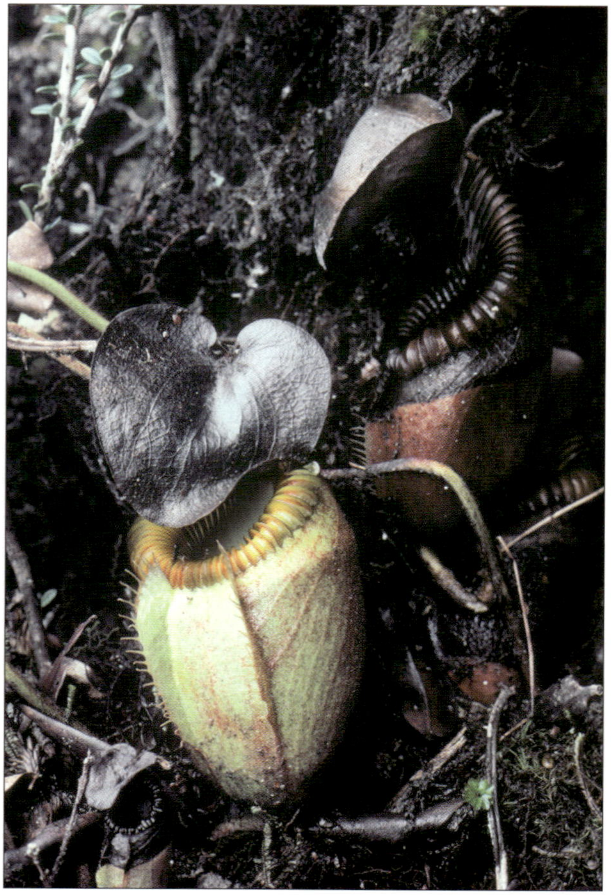

Fleischfresser
Diese fleischfressende Pflanze *(Nepenthes villosa)* fanden wir am Boden versteckt in den Ausläufern des Mount Kinabalu, in Sabah, Malaysia. Ihre bizarre Form mit dem einem Augenlid ähnlichen Deckblatt hat sie als bewährte Methode entwickelt, um Insekten zu fangen, die sie im Inneren der Kanne mit Hilfe einer Flüssigkeit verdaut. Manche Pflanzen, wie diese, welche wir in ca. 2750 m Seehöhe antrafen, haben einen sehr beschränkten Lebensraum. Dadurch lassen sie sich leicht aufspüren, vorausgesetzt, man sucht an der richtigen Stelle.

Augen offen, informieren Sie sich, zum Beispiel anhand eines Pflanzenführers, wann und wo welche Blüten zu erwarten sind.

Der Waldboden enthält durch fallende Blätter reichlich Dünger und ist besonders reich an Vegetation. Auf Lichtungen oder am Waldrand, wo das Sonnenlicht den Boden erreicht, gibt es viele niedrige Pflanzen, und besonders im Frühling und Sommer verwandeln sich lichte Wälder oft in ein Blütenmeer. Am typischsten für den Waldboden aber sind Pilze, die von organischem Abfall leben, den sie in einfachere Verbindungen aufspalten, sodass sich Pflanzen davon ernähren können. Einige der größten und schönsten Waldpilze haben sich darauf spezialisiert, das Lignin aus verrottendem Holz zu verarbeiten. Pilze findet man reichlich im Herbst, wenn der Boden von toten Blättern bedeckt ist.

In tropischen Wäldern erklettern Blumen oft höhere Regionen, sie sind Epiphyten, die sich an Stämmen oder Ästen ranken. Am bekanntesten sind die Orchideen, ihre Blütezeit hängt weniger von der Saison als von der Art ab, im Regenwald gibt es keine ausgeprägten Jahreszeiten. Für Epiphyten in großer Höhe brauchen Sie ein Teleobjektiv und ein Stativ. In der diesen üppigen Wäldern entgegengesetzten Umgebung – der Wüste – sind Blumen selten und erscheinen meist nach Regenfällen und im Frühling, sind dann aber umso auffälliger.

Man kann Blumen und Pilze auf drei Arten fotografieren: formatfüllend als Porträt, einzelne Details in extremer Nahaufnahme oder als Teil einer Landschaft im Kleinen, aus geringer Entfernung. Der Blickwinkel hängt von der Art ab, ein tiefer Kamerawinkel ist oft nützlich, wobei man störende Gräser einfach zur Seite biegt. Die einfachsten Hintergründe sind meist die besten, und je weiter sie vom Motiv entfernt sind, desto unschärfer und unauffälliger werden sie. Ein Teleobjektiv verstärkt den Effekt. Kleine Korrekturen der Kameraposition wirken sich entscheidend auf den Hintergrund aus.

Iris
Eine Möglichkeit, die Darstellung einer einzelnen Blume zu vereinfachen, besteht darin, ein Exemplar zu finden, das etwas abseits wächst. Die offene Blende gibt wenig Tiefenschärfe und löst die Blume aus dem Hintergrund, wie im Fall dieser Gelben Iris *(Iris pseudacorus)* im Regen. Überprüfen Sie auf dem LCD-Monitor diverse Blendeneinstellungen, um die beste Unschärfe für den Hintergrund zu ermitteln.

Sumpf-Orchidee
Feuchtgebiete sind eine wahre Fundgrube für den Naturfotografen, wie man an dieser Sumpforchidee sieht. Die meisten Blumen ragen nicht über das Schilf oder die Gräser hinaus, wodurch sich schnell ein einfacher grüner Hintergrund finden lässt. Bei dieser Aufnahme war der Farbkontrast ein willkommenes Element der Bildgestaltung.

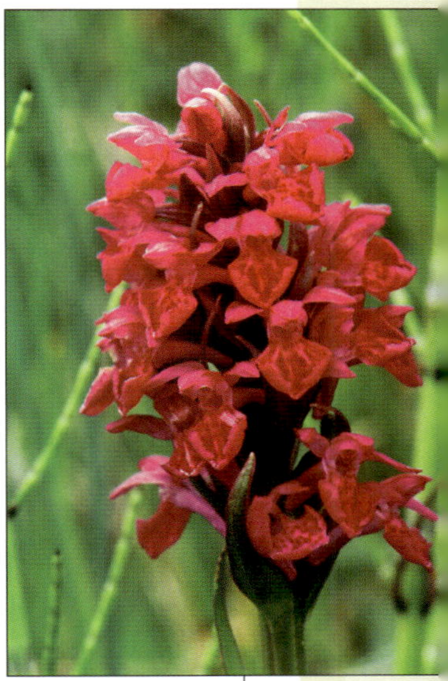

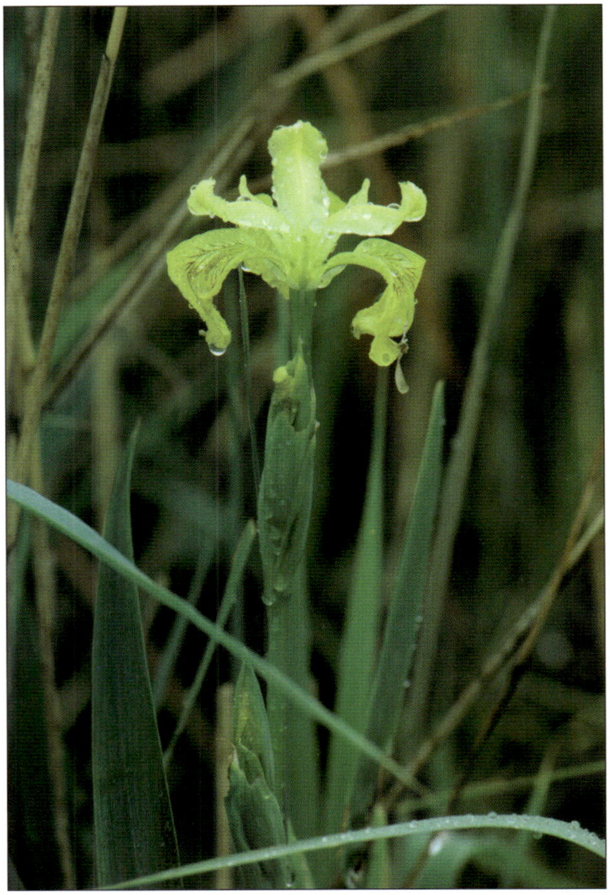

Leben im Kleinen

Der größte Teil der Lebenwesen ist winzig klein, im Alltag bemerken wir sie erst, wenn sie uns stören. Dem Fotografen eröffnet sich im Makrobereich eine Welt voll interessanter Motive.

Wilde Tiere gibt es überall, obwohl die kleinen Kreaturen Riesen wie uns lieber ausweichen, sie verstecken und tarnen sich und, wenn diese Methode versagt, verschwinden sie schnell. Insekten, Spinnen und anderes Getier sind nicht schwer zu finden, meist braucht man sich nur zu bücken und genau hinzusehen, quasi mit einem Makro-Blick, auf kleine Objekte fixiert. Ist man erst einmal mit der Wildnis im Kleinen vertraut, findet man rasch die Schlupfwinkel der winzigen Tierchen – an der Unterseite von Blättern, unter Steinen, in den Ritzen alter Baumstämme, am Ufer von Tümpeln. Jeder Lebensraum hat seine eigenen Bewohner.

Der Wald bietet eine reiche Auswahl an Lebewesen, vor allem in dem losen Material am Boden – Laub, Zweige, abgefallene Früchte, tote Bäume bieten Nahrung und Unterschlupf. Eine Suche hier lohnt sich fast immer. Ameisen, Käfer und flügellose Insekten sind häufig anzutreffende Bewohner. Für Bienen, Schmetterlinge und andere Insekten, die Blüten bestäuben, sind nektarreiche Blumen, wie Löwenmaul oder Geißblatt, vielversprechende Orte. In gemäßigtem Klima trifft man die größte Zahl an Insekten im Hochsommer an, viele sind in der Mittagshitze aktiv. Ausreichende Tiefenschärfe, um das ganze Tierchen scharf abzubilden, ist wahrscheinlich das größte technische Problem. Ein Taschenblitz leistet gute Dienste.

Ab und zu bietet sich auch die Gelegenheit, nur mit Tageslicht zu arbeiten. Nützen Sie diese Chance, denn dadurch ergibt sich eine Vielfalt von unter natürlichen Bedingungen aufgenommenen Bildern, die die vorhersehbare Eintönigkeit der Blitzaufnahmen aufbrechen. Ein solcher Moment ist vielleicht der frühe Morgen, wenn Ihr Motiv noch schlaftrunken ist und mit lan-

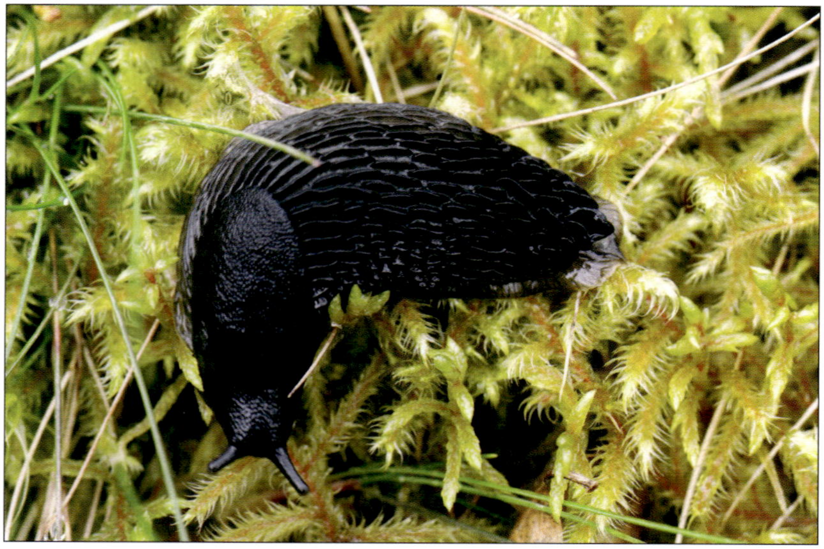

Nacktschnecke
Diese Schnecke, die über regennasses Moos kriecht, war einfach zu fotografieren – der Kontrast zwischen dem Tierchen und dem Grünzeug versprach ein interessantes Bild. Auch hat sie sich langsam bewegt, die Nahaufnahme konnte in aller Ruhe geplant werden. Doch sobald die Kamera in ihre Nähe kam, zog sie ihre Fühler ein und stellte sich tot, und es dauerte lange, bis sie sich wieder sicher genug fühlte, um sich erneut auf den Weg zu machen.

ger Belichtungszeit aufgenommen werden kann. Bei Windstille kann man die Kamera auf einem Stativ befestigen und bis zu einer Sekunde belichten. Durch die Starre kann das Bild leicht ausdruckslos wirken.

Eine weitere Möglichkeit ist, die Silhouette des Motivs gegen die Sonne oder eine reflektierende Fläche abzubilden. Besonders gut gelingt dies bei einer Spinne in ihrem Netz oder mit jedem anderen Insekt, dessen Kontur sich deutlich über ein Blatt oder einen Zweig erhebt. In jedem Fall – lange Belichtungszeit oder Gegenlicht – gilt: Je größer das Insekt ist, desto kleiner kann der Abbildungsmaßstab sein und damit verringert sich das Problem der Schärfe. Viele Insekten kann man auch bei wenig Schärfentiefe erfolgreich fotografieren, wenn man sie von der Seite aufnimmt.

Die meisten Ihrer „Opfer" spüren Sie leicht auf: auf dem Boden, an kühlen, feuchten Orten, in der Rinde oder an der Unterseite von Blättern. Nicht so Schmetterlinge: Oft muss man die flatterhaften Wesen anlocken, indem man Zuckerlösung auf einen Baumstamm träufelt. Die Methode funktioniert auf Lichtungen oder am Waldrand besser als im dichten Gehölz.

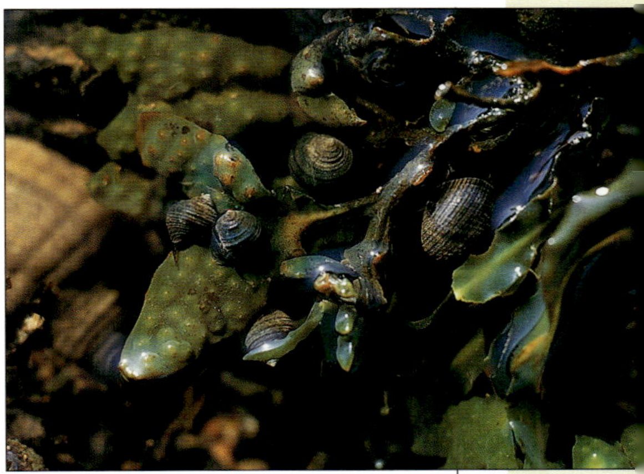

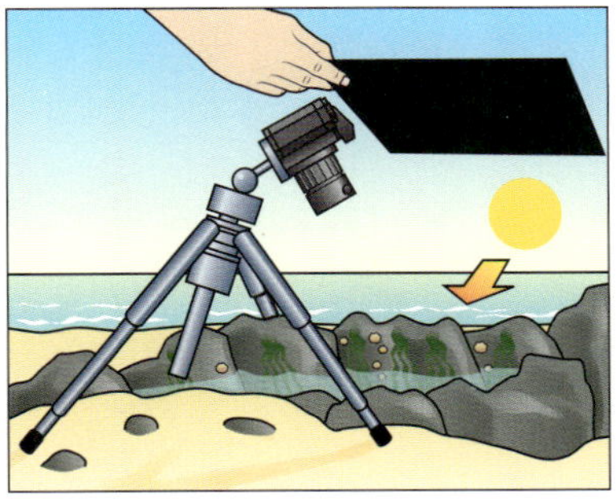

Gezeitentümpel
Die kleinen Pfützen, die die Flut zurücklässt, sind so etwas wie natürliche Aquarien. Anemonen und ein Einsiedlerkrebs in einer verlassenen Muschelschale sind vorübergehend die Bewohner dieses kleinen Tümpels, ein maritimer Mikrokosmos, der die Ebbe zweimal täglich mit nur wenigen Zentimetern Wasser übersteht. Mit der oben gezeigten Methode, dunklem Karton, der die Reflexion des Wassers eindämmt, und bei tief stehender Sonne lassen sich die kleinen Gezeitentümpel recht leicht fotografieren.

Spinnweben
Im morgendlichen Gegenlicht glitzerte das Spinnennetz, der Blick in die Sonne drängte sich auf. Nach der ersten Aufnahme unter den vorgefundenen Bedingungen wollte ich das Bild verbessern und besprühte das Netz mit Wasser.

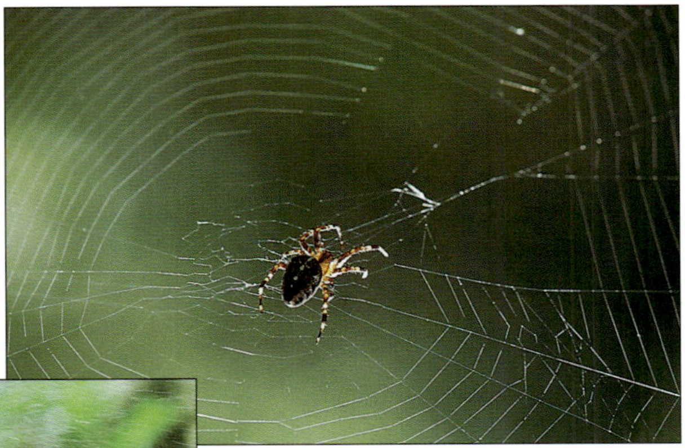

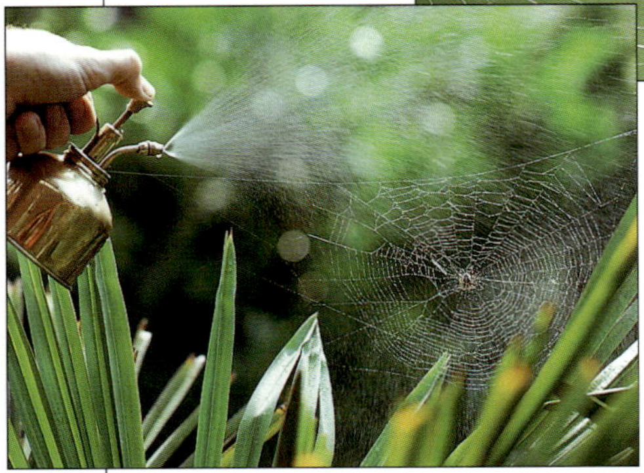

Ein neuer Hintergrund
Der Sprühnebel ahmte den Morgentau täuschend echt nach, die einzelnen Stränge zeichneten sich deutlich unterscheidbar ab. Um den Effekt noch zu verstärken, wurde ein Stück schwarzer Stoff so hinter das Netz gehalten, dass er das Sonnenlicht nicht blockierte.

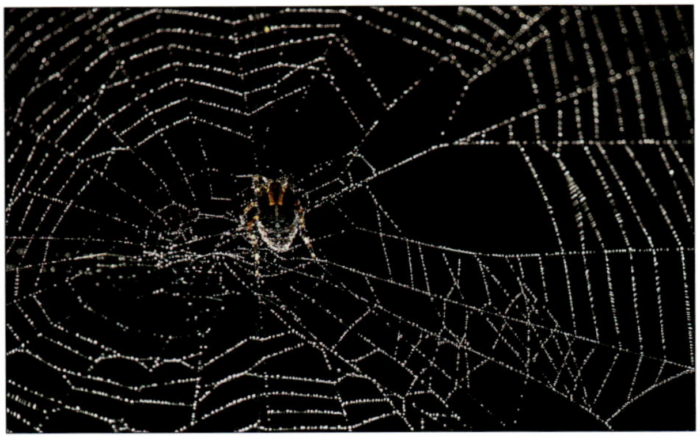

Spezielle Blitzanordnung

Quirlige Motive wie Insekten und anderes Getier müssen geblitzt werden, doch auf kurze Distanz hat der eingebaute Blitz schwere Mängel.

Für die meisten Aufnahmen von Insekten und anderen kleinen Lebenwesen in freier Natur ist ein Blitz unerlässlich. Um zufriedenstellende Tiefenschärfe zu erreichen, damit der Großteil des Bildes scharf ist, muss man die Blende so weit wie möglich schließen. Mit natürlichem Licht allein wäre die Verschlusszeit selbst bei hellstem Tageslicht bei normaler Empfindlichkeit (ISO 100 bis 200) zu lange, um ein Verwackeln ohne Stativ auszuschließen, und auf keinen Fall könnte man die Bewegung des Tiers einfrieren. Für all das nachtaktive Getier führt ohnehin kein Weg an einem Blitz vorbei.

Das Hauptproblem beim eingebauten Blitz ist die Tatsache, dass er fix an der Kamera befestigt und für normale Distanzen ausgelegt ist. Auf kurze Distanz ist das Zentrum des Lichtstrahls zu weit oben, und, schlimmer noch, bei einem Normalobjektiv fängt das Objektivgehäuse selbst einen Teil des Blitzlichts ab und wirft einen Schatten auf das Insekt. Eine Lösung bei SLRs wäre, ein Makroobjektiv mit längerer Brennweite zu verwenden, das beide Probleme reduziert. Doch das ideale Licht ist weit entfernt von dieser flachen Frontalbeleuchtung und muss auch die Schatten aufhellen. Wenn Ihre Kamera mit einem externen Blitzgerät synchronisiert werden kann (nicht alle können

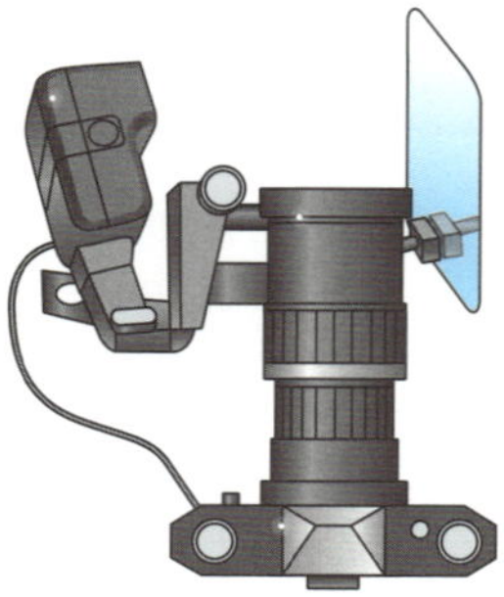

Einzelner Blitz mit Reflektor

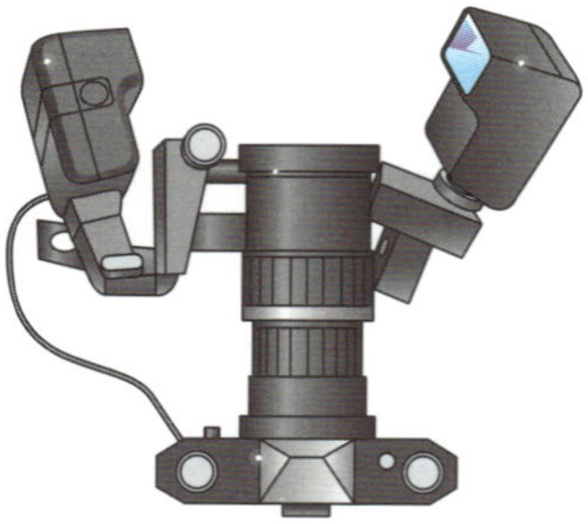

Doppelblitz-Anordnung

SLR-Blitzanordnung für Nahfotografie im Freien

Einzelner Blitz mit Reflektor

In der Basiskonfiguration wird ein einzelner Blitz im Winkel von 45° auf das Motiv gerichtet, ein kleiner Spiegel als Reflektor auf der gegenüberliegenden Seite hellt die Schatten auf. Das Licht wirkt natürlicher, wenn der Blitz etwas von oben kommt. Er muss nah an der Kamera sein, um dunkle Flächen zu vermeiden.

Doppelblitz

Ein kleiner Sklavenblitz auf der anderen Seite des Objektivs ist effektiver als ein Spiegel. Die Synchronisation über Lichtleiterkabel ist sicherer als über den Sync-Kontakt, die Kamera wird entlastet.

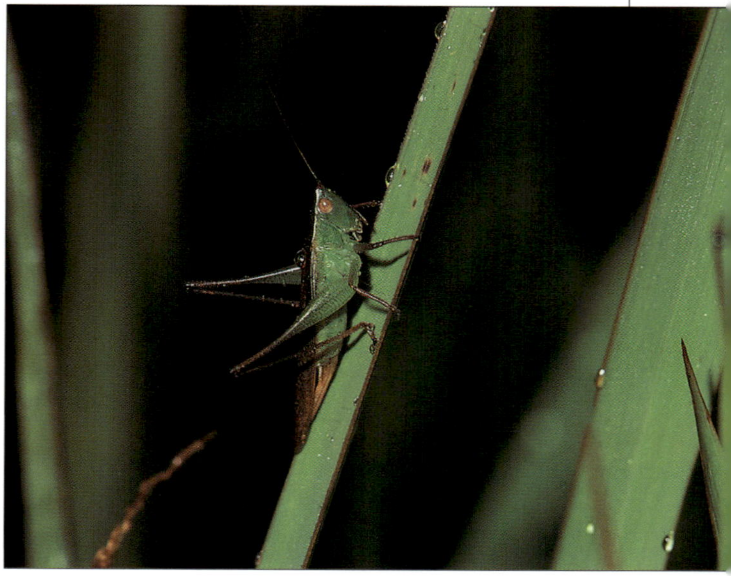

Der Blitz - weg von der Kamera

Diese Grille wurde bei Nacht in einem waldreichen Nationalpark in Thailand fotografiert. Den kleinen Blitz haben wir auf einem Ausleger montiert, wie in der Illustration rechts zu sehen, und von der Seite darauf gerichtet. Auch wenn dadurch die Schatten lang und groß erscheinen, macht das Licht einen natürlicheren Eindruck.

das), werden Sie schnell merken, dass eine Standard-Konfiguration eine Menge Zeit spart und Sie weniger Gelegenheiten verpassen.

Die Einfachste zeigen wir hier in zwei Varianten – ein Blitz mit Reflektor und Doppelblitz. Wie Sie die Blitzgeräte an der Kamera befestigen, ist nicht so wichtig, vorausgesetzt man kann sie bewegen und arretieren. Wenn die Kamera mit jeder Art von Blitz zurechtkommt, reichen einfach zu bedienende, billige Geräte völlig. Wenn Sie die Konfiguration erst ausgetestet haben, können Sie auf die Belichtungsautomatik verzichten – stellen Sie fest, welche Einstellung für die gewünschten Distanz passt und arbeiten Sie manuell. Dieses Vorgehen bewährt sich vor allem nachts, wenn ein Herumfummeln an den Reglern alles andere als praktisch ist. Im Interesse größtmöglicher Tiefenschärfe legen Sie zuerst die Blende fest und passen dann die Blitzleistung oder -entfernung an.

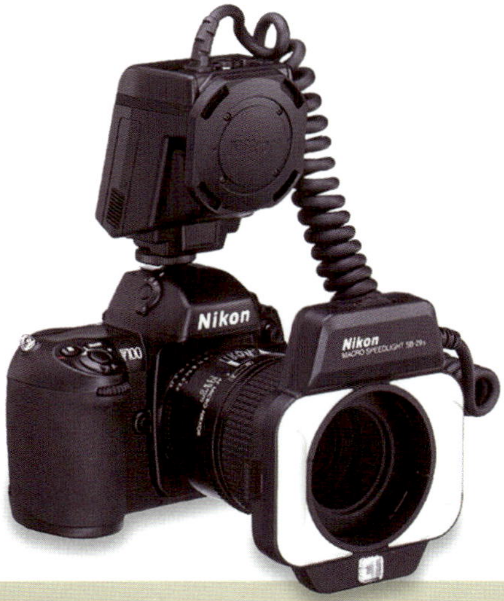

Makroblitz
Ein Makrobliotz ist einem Ringblitz ähnlich, jedoch einfacher in der Konstruktion. Auf jeder Seite des Objektivs befinden sich zwei Lampen. Der Blitz verursacht links und rechts schwache Schatten.

Blendeneinstellungen

Als Methode zu richtiger Belichtung ist das Verfahren Versuch und Irrtum bei einer Digitalkamera wegen der unmittelbaren Kontrollmöglichkeit durchaus brauchbar. Dennoch: Wenn Sie einen Blitzbelichtungsmesser haben, benutzen Sie ihn unter Berücksichtigung der Linsenverlängerung. Andernfalls können Sie diese Formel verwenden:

Blitzentfernung [dividiert durch] Leitzahl = Blende x (Vergrößerungsfaktor + 1)

Das Ergebnis ist in Fuß oder Meter, abhängig davon, welche Leitzahl Sie wählen. Zum Beispiel ergibt sich bei einer Leitzahl von 20 (in Meter) und einem 50-mm-Objektiv, das um 75 mm verlängert wird (Vergrößerungsfaktor 1,5 x) bei Blende *f*22 eine Blitzentfernung von:

20 / 22 x (1,5 +1) = 32 / 22 x 2,5 = 0,36 m oder 36 cm

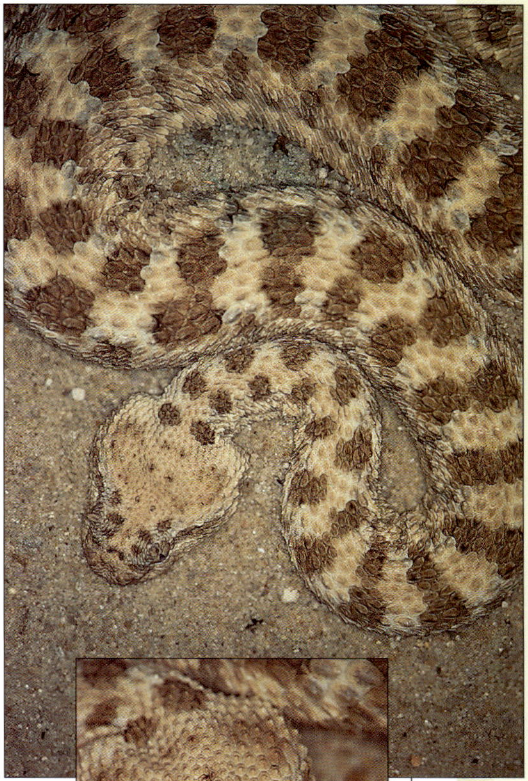

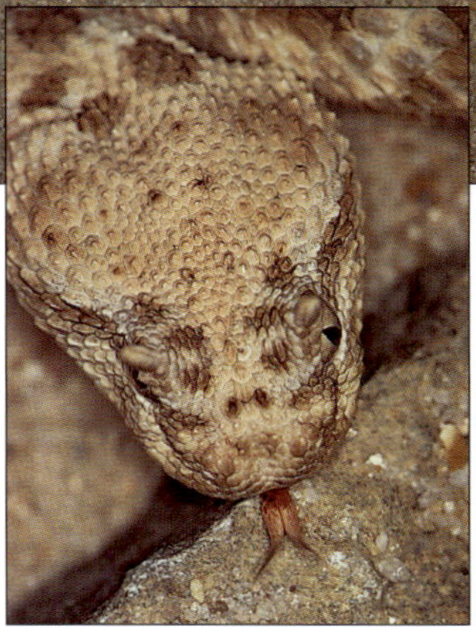

Nahaufnahme mit Ringblitz
Ein Ringblitz ist, wie der Name vermuten lässt, eine Röhre. Er umschließt das Objektiv an der Vorderseite und sorgt für schattenfreies Vorderlicht. Obwohl die Bilder bald monoton wirken, wenn man ihn häufig verwendet, ist er extrem verlässlich und besonders nützlich in Spalten und an anderen engen Plätzen. Da sich der Blitz immer in der gleichen Entfernung zum Objektiv befindet, muss man die Belichtung über die Blende oder die Regelung der Blitzstärke kontrollieren. Im Makrobereich ist der Blitz so nahe am Objekt, dass eine kleine Blende und damit hohe Tiefenschärfe möglich ist, bei größerer Entfernung erreicht man meist kein zufriedenstellendes Ergebnis.

Innenraum-Aufbauten

Professionelle Naturfotografen gelangen zu perfekten Bildern von Kleintieren durch den Bau eines kleinen Behälters, der nach Belieben ausgestattet und beleuchtet werden kann.

Eine Alternative zur Aufnahme von Insekten in freier Natur ist, sie einzusammeln und unter kontrollierten Bedingungen, im Studio oder zu Hause, abzulichten. Mit einem Netz streichen Sie über Gebüsch und fangen fliegende Kleintiere, oder Sie halten ein Tuch unter ein paar Blätter und schlagen mit einem Stock darauf. Wenn Sie die natürliche Umgebung nachbauen wollen, nehmen Sie ein paar Pflanzen mit.

Es gibt zwei Arten von Sets zum Fotografieren wild lebender Tiere: Terrarien für Landbewohner und Aquarien für Wassertiere. Sie unterscheiden sich nicht nur in der Bauweise und in der Haltung der Tiere, sondern verlangen auch andere fotografische Techniken. Terrarien eignen sich für Kleinsäuger, wie Feld- oder Wühlmäuse, Eidechsen und andere Reptilien sowie Insekten (auf Aquarien kommen wir auf Seite 418–419 zu sprechen). Obwohl die Gewohnheiten vieler Tiere speziell darauf eingerichtete Behälter verlangen, kann ein Basis-Aufbau meist diesen Bedürfnissen angepasst werden.

Sie könnten ein großes, naturnah ausgestattetes Terrarium bauen und darauf warten, dass sich das Tier eingewöhnt, dann den Augenblick nicht verpassen, in dem das Tier in der richtigen Position ist, und schon haben Sie Ihr Foto. Eine hohe Kameraposition wird sich kaum vermeiden lassen, der Aufbau eignet sich nur für Tiere, die nicht klettern oder springen können.

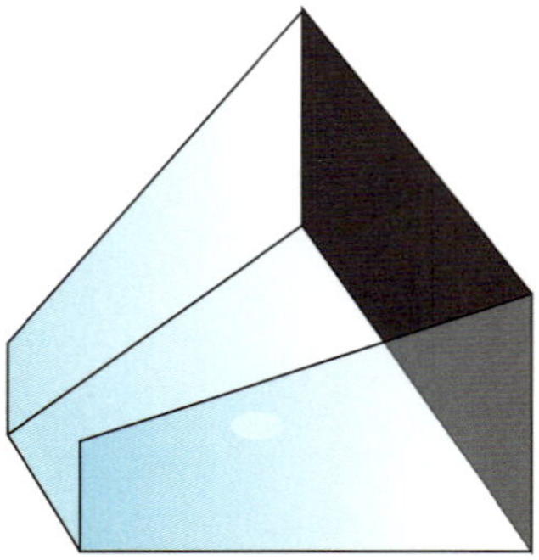

Dem Sichtwinkel der Kamera entsprechendes Terrarium.

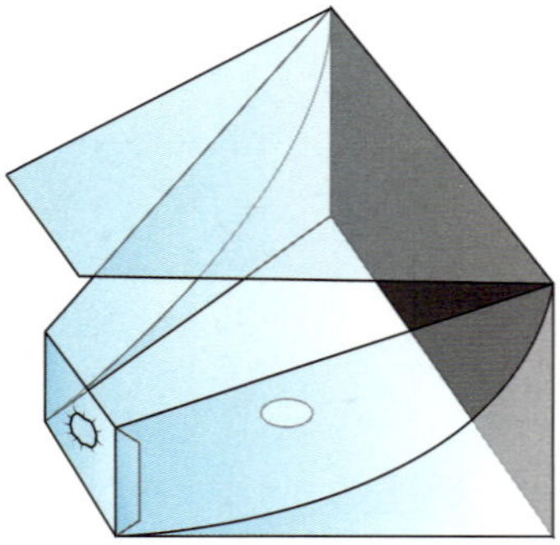

Terrarium mit „Hohlkehle" und Klappe.

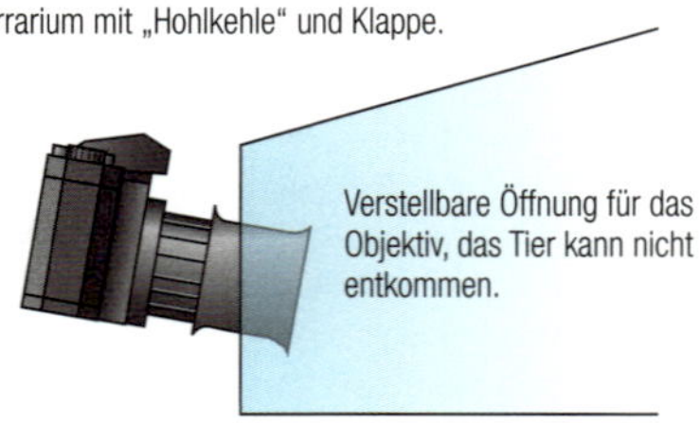

Anpassungsfähiges Set
Bauen Sie das Set nach Ihren Bedürfnissen. Passen Sie die Form dem Blickwinkel jenes Objektivs an, das Sie meistens verwenden. So wird kein Platz verschwendet und, noch wichtiger, es gibt keine versteckten Winkel.

Ein fototaugliches Terrarium bauen

Warum machen Sie sich die Sache nicht einfacher und bauen ein Set, das der Kamera mehr entgegenkommt. Wenn sich der Behälter zur Kamera hin verjüngt, können Sie ihn so bauen, dass er exakt dem Blickwinkel Ihres Objektivs entspricht, nicht zu groß und nicht zu klein. Abgesehen von der Schärfe ist das Tier so immer im Bild. Ein einfaches Terrarium für friedfertige Kreaturen fertigen Sie aus Sperrholzplatten und Perspex. Legen Sie fest, welches Objektiv Sie verwenden wollen – zum Beispiel ein 50-mm-EFL-Makro – und zeichnen Sie den Blickwinkel auf dem ungeschnittenen Material ein, das die Bodenplatte werden soll. Diese schneiden Sie zurecht und bauen den Rest der Konstruktion darauf auf. Die fortgeschrittenere Version hat eine Deckklappe aus Perspex oder Glas und ist ausbruchsicher. Um zu vermeiden, dass

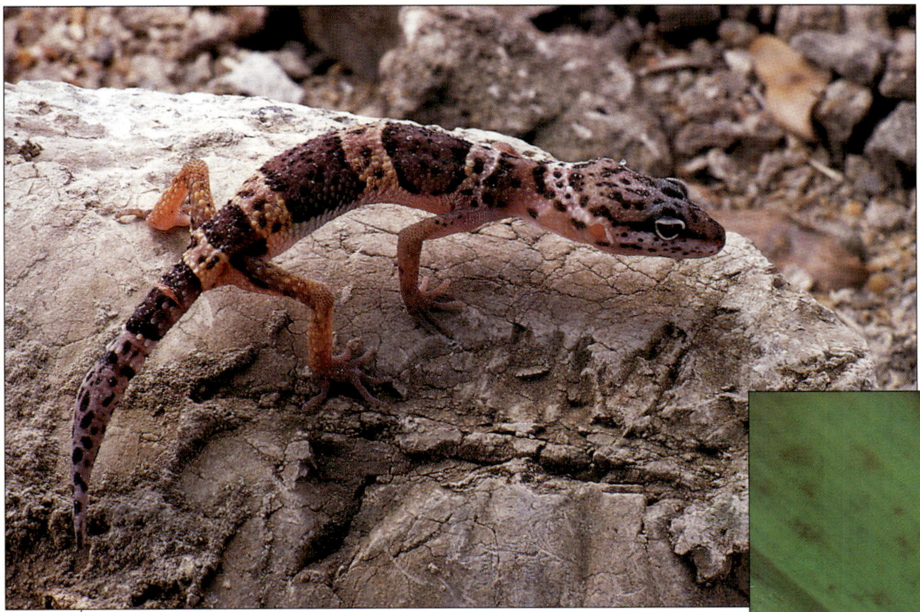

Weiches Licht Die einfachste und vielseitigste Ausleuchtung besteht aus einer einzelnen Lichtquelle von oben, die durch eine Softbox (eine mit durchscheinendem Plastik oder Tuch bespannter Box) gestreut wird. Die Schatten sind weich und es gibt keine harten, hellen Lichtspitzen. In dieser Aufnahme eines Leopardengeckos misst die Lichtfläche ein Vielfaches des Motivs, der Effekt diesigen Sonnenlichts wird imitiert.

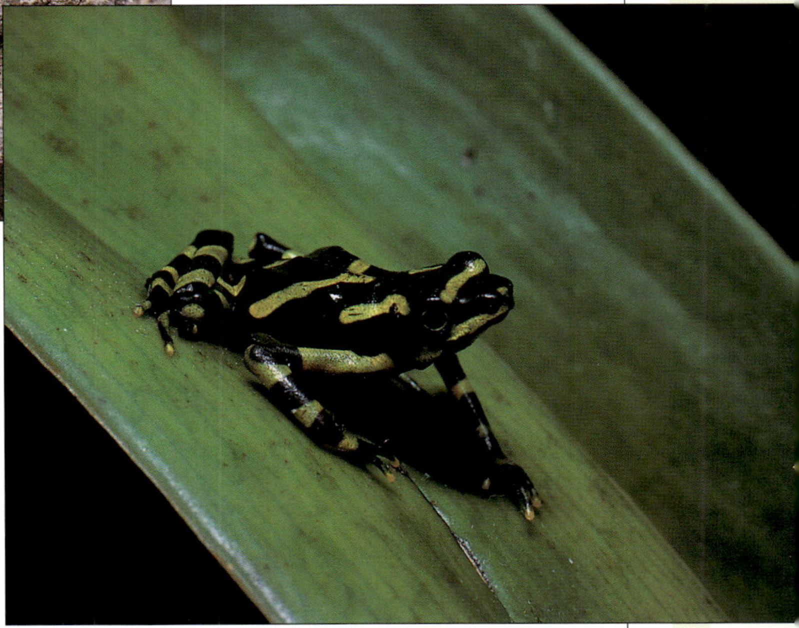

Einfach und wirkungsvoll Wenn Sie nichts als einen klares, sauberes Porträt wollen, empfiehlt sich die Wahl eines einfachen, doch naturnahen Hintergrunds. Dieses diagonal nach unten gebogene Blatt erfüllt seinen Zweck doppelt: als Sitzplatz für den winzigen Pfeilgift-Frosch und als Messlatte für die Größe (eher: Kleinheit) des Tierchens.

Sie durch Glas fotografieren müssen, wodurch die Bildqualität leidet, bringen Sie an der Vorderseite eine Schleuse für das Objektiv an. Der Gipfel der Vollkommenheit ist ein gewölbter Hintergrund, sodass keine Horizontlinie sichtbar ist.

Studiofotografie erlaubt ein hohes Maß an Kontrolle, einschließlich der Gestaltung der Umgebung für das Subjekt, ja des gesamten Bildaufbaus. Den natürlichen Lebensraum möglichst getreu nachzubauen ist eine, doch bei weitem nicht die einzige Möglichkeit. Wie Sie ein Tier präsentieren, liegt nur teilweise an dem Tier, das meiste ist Sache des Fotografen. Sie können eine bestimmte Eigenschaft betonen, etwa die Art, wie ein Gecko eine senkrechte Wand hochklettert. Sie können sich für eine streng wissenschaftliche Betrachtung entscheiden oder für ein künstlerisches Porträt, das keinen Anspruch auf Naturalismus erhebt. Ein natürlicher Hintergrund ist am schwierigsten zu konstruieren, weil Sie, damit er stimmig ist, die natürliche Umgebung genau kennen müssen. Im Zweifel orientieren Sie sich an Fotos ähnlicher Orte. Wenn Sie die richtigen Pflanzen, Steine und andere Teile gesammelt haben, widerstehen Sie der Versuchung, die Kulisse allzu perfekt zu gestalten. Zu offensichtliche Ordnung lässt Ihr Bild erst recht künstlich wirken, bewusste Unordnung macht es natürlich.

Wassertiere

Wassertiere bewohnen eine dreidimensionale Welt, die eine Menge interessanter Bilder bietet, ein fototauglich gestaltetes Aquarium ermöglicht sie.

Aquarien bereiten Fotografen ganz spezielle Probleme, doch sie haben einen großen Vorteil – sie eröffnen ein breites Spektrum möglicher Blickwinkel. Bedenken Sie jedoch, bevor Sie ans Werk gehen, dass Bedingungen wie Temperatur, Wasserqualität und Sauerstoffgehalt entscheidend sind. Oft ist die Kontrolle dieser Werte weit wichtiger als bei Lebewesen auf trockenem Land.

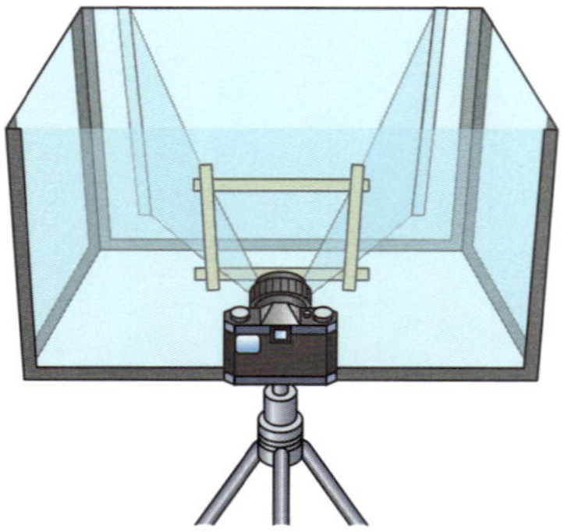

Das Blickfeld markieren
Markieren Sie das Blickfeld des Objektivs, sodass Sie genau wissen, wann ein Fisch, den Sie gerade anlocken, im Bild ist, ohne dass Sie durch den Sucher schauen müssen. Bringen Sie die Kamera in Position und markieren Sie die Grenzen an der vorderen und hinteren Glasscheibe mit Klebeband.

Aquarien fototauglich machen

Fachgeschäfte für Aquaristik sind ein guter Ausgangspunkt. Es ist fast immer einfacher, ein bestehendes Aquarium zu adaptieren, als es neu zu bauen. Selbst in kleinen Behältern ist der Wasserdruck am Boden sehr hoch, was es überraschend schwierig macht, sie abzudichten. Wasser und Strom sind gefährliche Kumpane, Kabel und elektrische Bauteile müssen gut isoliert sein. Auch ist es eine gute Idee, die Kabel nicht direkt dort zu verlegen, wo sich Spritzwasser sammelt. Die meisten Fotos von Wassertieren schießt man durch Glas, daher müssen die Scheiben fehlerfrei sein. Für beste optische Bedingungen ersetzt man die Frontscheibe durch Platinglas. Dafür brauchen Sie eine neue Dichtung. Füllen Sie den Tank sofort, wenn die Scheibe befestigt ist, damit der Wasserdruck die Dichtung versiegelt.

Nicht alle Wassertiere brauchen eine Sauerstoffanreicherung, viele kleine Süßwasserfische kommen gut ohne zurecht – Sie können die Pumpe von Zeit zu Zeit abschalten. In manchen Fällen können jedoch einige Luftblasen den Eindruck der Bewegung im Bild verstärken. Das beste Belüftungssystem ist modular aufgebaut, aus einer kleinen Pumpe,

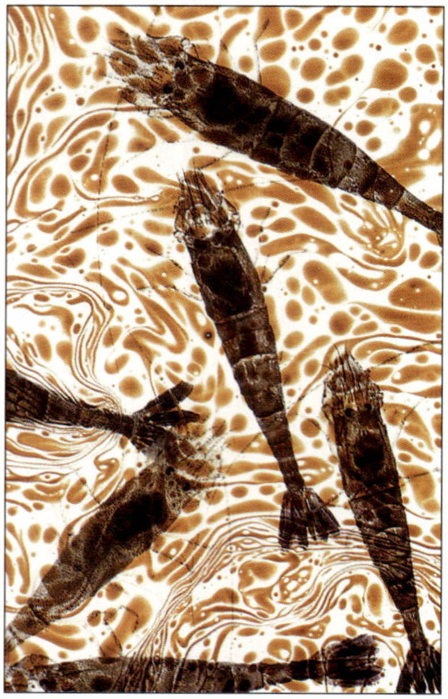

Garnelen in Öl
Diese Aufnahme entstand zur Rettung von Garnelen aus verseuchtem Meerwasser nach einem Tankerunfall. Die Wasserprobe mit den Organismen stammt von einer regulären Entnahme einer Forschungsstation in Maine, die die Folgen solcher Katastrophen untersucht. Der Aufbau wurde von hinten beleuchtet.

Plastikschläuchen, verstellbaren Ventilen und einer Reihe blasenbildender Köpfe. Damit können Sie Zahl und Grüße der Blasen nach Ihrem Geschmack einstellen. Manche Spezies, vor allem Meeresbewohner, brauchen sich bewegendes Wasser, dazu ist eine Umwälzpumpe nötig. Algen sind immer ein guter Hintergrund für Meerestiere, auch sie brauchen fließendes Wasser, um zu überleben. Wenn Sie Wasser aus einer natürlichen Quelle besorgen, was dem chlorierten Leitungswasser vorzuziehen ist, müssen Sie es filtern, um Schwebeteilchen zu entfernen.

Bewegung kontrollieren

Die Probleme mit Fokus und Tiefenschärfe sind im Wasser noch größer als auf dem Trockenen. Fische im Besonderen bewegen sich in drei Richtungen, in den meisten Fällen wird es nötig sein, diese Bewegung zu kontrollieren. Obwohl es mit einem Blitz möglich ist, aus der Hand zu fotografieren und mit der Kamera den Bewegungen zu folgen, gestaltet sich diese Prozedur frustrierend schwierig. Erfolgversprechender ist es, die Kamera zu fixieren und das Motiv zu ermutigen, in Position zu schwimmen.

Richten Sie die Kamera so ein, dass Sie Hintergrund und Reflexionen unter Kontrolle haben. Achten Sie darauf, dass die hinteren Kanten des Aquariums bei geschlossener Blende nicht sichtbar sind. Stellen Sie auf jenen Punkt scharf, wo sich Ihr Objekt später befinden soll, und markieren Sie das Blickfeld an der vorderen und hinteren Scheibe mit Fettstift oder Klebeband. Dann können Sie abdrücken, ohne durch den Sucher zu sehen, und auf die Ereignisse im Aquarium achten. Um den Fisch in die Schärfeebene zu zwingen, schieben Sie vorsichtig eine Glasplatte in den Behälter. Der Fisch hat nun kaum eine Chance, aus der Schärfe zu schwimmen, und wann immer er ins Bild kommt, drücken sie ab. Noch genauer kontrollieren Sie seine Bewegung, wenn Sie zwei Perspexplatten entsprechend dem Blickwinkel der Kamera platzieren, quasi ein Aquarium im Aquarium bauen, sodass der Fisch das Blickfeld nicht verlassen kann. Seien Sie jedoch vorsichtig, dass Sie dem armen Tier nicht zu viel Stress bereiten, wodurch es übermäßig hektisch umherschwimmt. Kleinstlebewesen brauchen noch mehr Kontrolle, die Tiefenschärfe im Makrobereich ist extrem begrenzt und ein normales Aquarium unbrauchbar. Einen einfachen Minibehälter konstruieren Sie aus zwei kleinen Glasscheiben, zwischen die Sie mit Hilfe von Schraubzwingen ein U-förmiges, biegsames Stück Plastikrohr quetschen. Das Rohr hält den Behälter dicht, sein Durchmesser bestimmt dessen Größe.

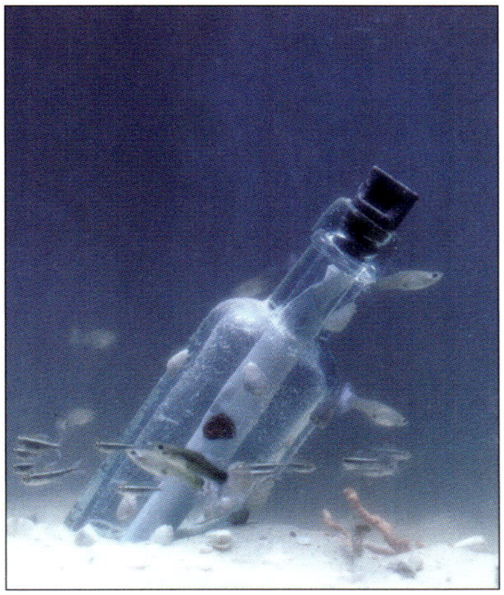

Flaschenpost
Ein Zeitschriftencover verlangte eine gut ausgeleuchtete Flasche auf dem Meeresgrund. Wir brauchten also Fische, und das Wasser musste etwas trüb sein, um realistisch zu wirken. Weißer Sand wurde in das Aquarium geleert und die Szene mit einem diffusen Blitz von oben beleuchtet.

Hintergrund

In den meisten Fällen wird der Hintergrund des Aquariums unscharf sein, selbst wenn die Blende geschlossen ist. Dennoch muss er passen. Für manche Motive wählen Sie eine saubere, fast klinische Umgebung, damit nichts den Blick von den feinen Details der Lebewesen ablenkt. In diesem Fall eignet sich ein ebener, weißer Hintergrund am besten. Das erreichen Sie am leichtesten duch Gegenlicht, wie bereits beschrieben. Sie können aber auch für einen dunklen Hintergrund sorgen, indem Sie schwarzen Samt hinter das Aquarium hängen oder, um Reflexionen zu vermeiden, eine schwarze Plastikfolie an der Innenseite anbringen. Für einen natürlichen Hintergrund gilt es, den Lebensraum der Wasserbewohner zu kennen. Wasserpflanzen sind eine gute, sichere Wahl, doch in vielen Fällen ist ein Bild in ineinanderlaufenden Farben, wie grün und braun oder schwarz und blau völlig ausreichend, um den nötigen Eindruck von Tiefe zu erreichen.

Muscheln

Muscheln sind eine der elegantesten Erscheinungsformen der Natur und eignen sich gut für Nahaufnahmen. Behandeln Sie sie als eigenständige Motive, nicht als Teil der maritimen Welt.

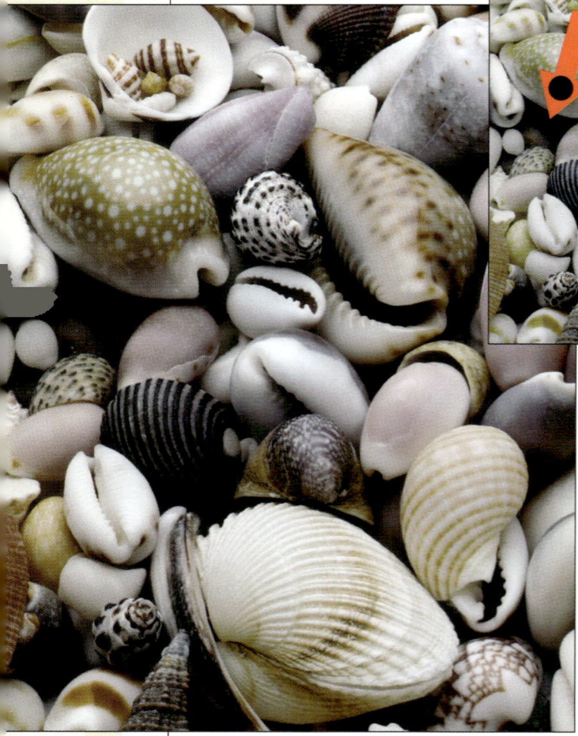

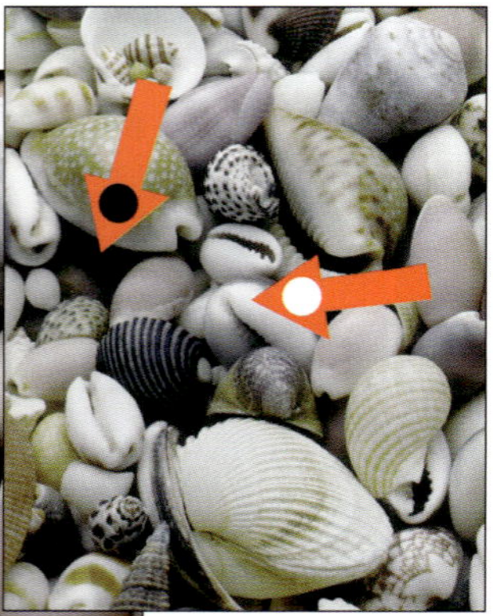

Schwarzpunkt – Weißpunkt

Die Muschelsammlung zeigt eine breite Palette an Farben und Schattierungen. Selbst ohne Korrektur (oben) ist das Bild akzeptabel, doch die farbkorrigierte Version (großes Bild) ergab ein noch weit lebhafteres Resultat. In einem Standardverfahren der Bildbearbeitung, der Tonwertanpassung, setzten wir den Weißpunkt auf die Lichtspitze der Kaurimuschel und den Schwarzpunkt auf den Schatten (siehe Pfeil).

Beim Fotografieren von Muscheln ist Licht das wichtigste Element. Als generelle Regel gilt: Eine Lichtquelle, mäßig gestreut, ergibt gute, unkomplizierte, durchstrukturierte Bilder. Zwei seitliche Lichtquellen, einfach hingestellt, führen zu überkreuzten Schatten. Das ist nicht nur hässlich, es verwischt auch jede Detailzeichnung. Bei nur einer Lampe können die Schatten behutsam mit einem Reflektor aus Karton oder Silberfolie aufgehellt werden. Ein Spiegel hat die stärkste Wirkung, zerknitterte Alufolie, auf Karton geklebt, kann ganz gezielt gerichtet werden. Muscheln mit glänzender Schale erfordern besondere Sorgfalt, da sie das Licht von allen Seiten reflektieren. Eine extra Streufolie, die Sie über die Muschel stülpen, schafft Abhilfe.

Jeder andere als ein konturloser Hintergrund ist meist eine Ablenkung. Reinweiß und Tiefschwarz bieten sich gleichermaßen an, je nachdem, ob sie die Kontur der Muschel oder die Zeichnung der Schale betonen wollen. Kontrastierende Farben verstärken die Kontur, ähnliche Farben lenken die Aufmerksamkeit auf Textur oder Muster.

Am einfachsten fotografiert man Muscheln auf ebener Unterlage vertikal von oben. Das Licht kommt seitlich von schräg oben, die Kamera befindet sich direkt über der Muschel. Position und Winkel hängen von den Eigenschaften der Spezies ab. Gastropoden zum Beispiel zeigt man normalerweise mit der Öffnung nach oben. Bei schwarzem Hintergrund können Sie die Muschel direkt auf den Samt legen oder ein paar Zentimeter erhöht auf einem Rundstab platzieren und das Licht so richten, dass nichts davon auf den Samt fällt (befestigen Sie die Muschel mit Knete). Achten Sie auf die Kameraposition, damit der Stab nicht sichtbar wird.

Für einen hellen Hintergrund kann man eine ebene weiße Fläche, etwa weißen Samt, verwenden, doch die Schatten werden tief und auffällig sein. Vielleicht stellen Sie das Objekt im Bildbearbeitungsprogramm frei (mit Pfaden) und fügen den Schatten digital hinzu. Es bereitet allerdings weit weniger Probleme, wenn Sie die Unterlage von hinten beleuchten, wie auf Seite 381 gezeigt. Das bringt bei Muscheln mit dünner Schale die innere Struktur zur Geltung, bei einer Muschelscheibe die Geometrie der Spiralwindungen. Bei ebenem weißen Hintergrund muss das Licht diffus sein. Als Alternative bietet sich die auf Seite 76 beschriebene Aufnahmetechnik an: Die Muschel liegt auf einer Glasplatte, die etwas erhöht über einem Hintergrund aus farbigem oder weißem Karton angebracht ist. Bei sorgfältiger Positionierung können Sie den Hintergrund separat beleuchten, sodass es keine Schatten gibt. Hier entsteht der Eindruck eines fließenden Schattens. Das Licht muss so aufgestellt werden, dass es sich nicht im Glas spiegelt.

Es gibt Techniken, um Reflexionen zu verhindern, doch gehen Sie behutsam vor, da sich dadurch der Charakter der Muschel radikal ändern kann. Mattspray ist eine brutale Methode, die einen in hochauflösenden Fotos sichtbaren, klebrigen Film hinterlässt. Bei der Verwendung von Polarisationsfolien beachten Sie, dass sich die Lichtstärke um zwei Stufen verringert.

Die Farbe mancher Muscheln wird intensiver, wenn sie nass sind. Man kann sie auch ganz ins Wasser legen, muss dabei aber auf den Lichtwinkel und dadurch bedingte Reflexionen der Wasseroberfläche achten.

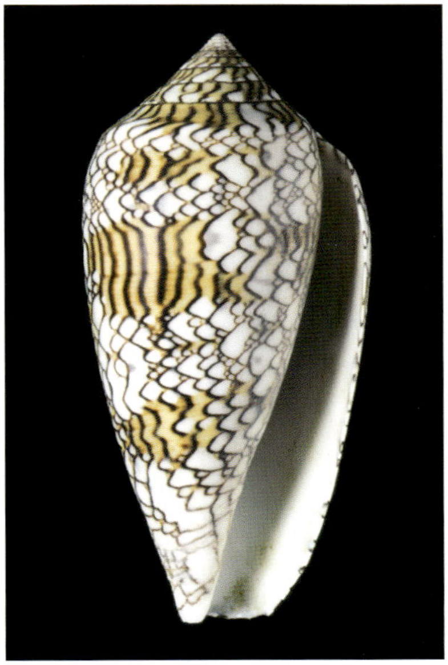

Muschelkegel
Um die Reflexionen in der glänzenden Muschelschale zu reduzieren, wurden gekreuzte Polarisationsfilter verwendet, wie auf Seite 401 gezeigt. Eine Polarisationsfolie kam vor die Lichtquelle, ein Polfilter vor das Objektiv. Fallweise kommt es bei der gekreuzten Polarisation zu einem leichten violetten Schimmer an den Stellen starker Reflexion, doch dieser kann in der Nachbearbeitung leicht entfernt werden.

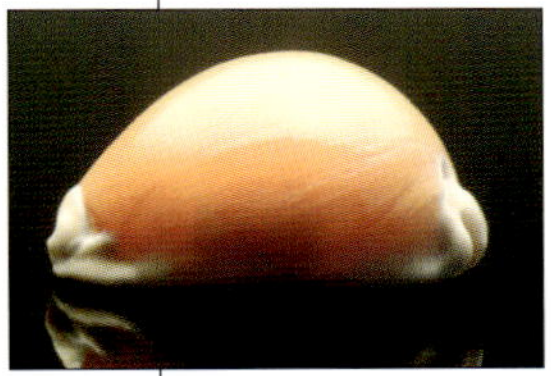

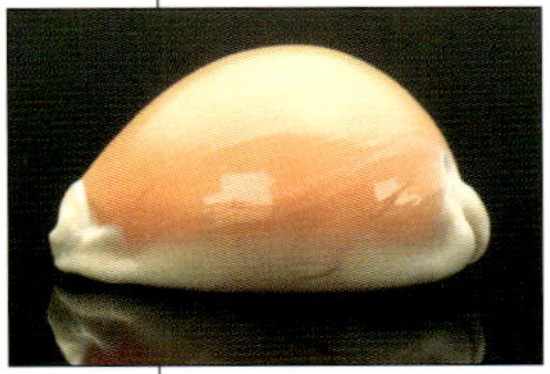

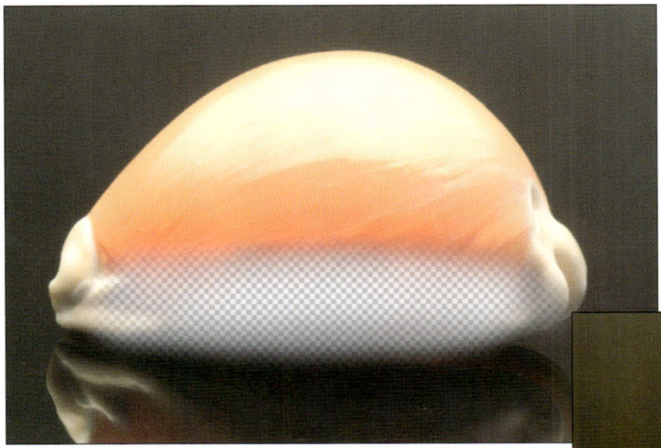

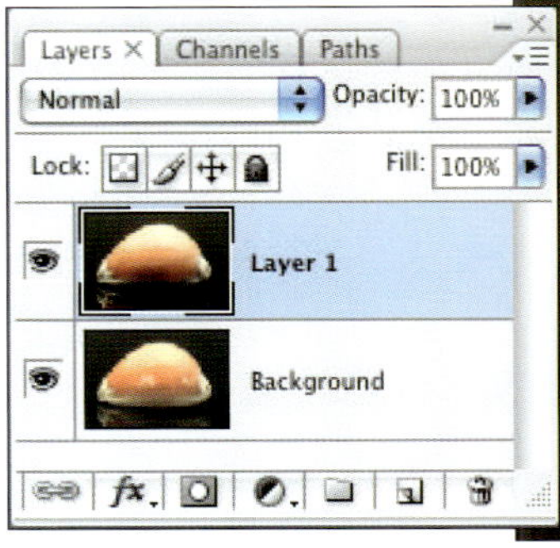

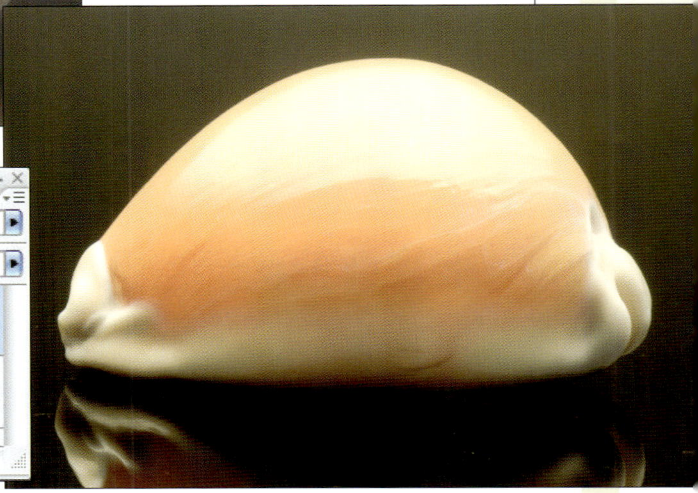

Goldene Kaurimuschel
Die goldene Kaurimuschel wurde auf schwarzem Perspex/Plexiglas fotografiert, um ihre Farbe zu betonen. Doch die glänzende Oberfläche der Unterlage brachte Probleme mit sich. Mit dem Hauptlicht von oben war die Unterseite der Muschel viel zu dunkel (ganz oben links), während ein Spiegel als Reflektor gleichzeitig zu unannehmbaren Lichtspitzen führte (darunter). Die einzige Lösung war, die beiden Bilder als Ebenen zu kombinieren und den unteren Teil des zu dunklen Bildes teilweise wegzuradieren (oben rechts), sodass die hellere Version darunter zum Vorschein kam (rechts).

Mineralien

Die Eigenschaften geologischer Proben unterscheiden sich stark, und jede verlangt so ins rechte Licht gesetzt zu werden, dass ihre essenziellen und einzigartigen Qualitäten hervortreten.

Ebenso wie Pflanzen und Tiere eingesammelt und unter kontrollierten Studiobedingungen auf andere, eher analytische Weise abgebildet werden können, ist dies auch mit Fels und Stein möglich. Mineralien sind der Hauptbestandteil der Erdkruste, jedes mit exakt definierter chemischer Formel. Felsen sind ihre Konglomerate, mit einer weit größeren Vielfalt an Form und Erscheinungsbild. Suchen Sie nach typischen Vertretern – Feldspatkristalle zum Beispiel kommen oft als „Zwilling" (zusammengewachsen) vor und es lohnt sich, einem Exemplar nachzujagen, das diese Eigenschaft deutlich zeigt. Für Mineralien und Steine gelten ähnliche Lichtbedingungen wie für Muscheln, oft kann man die gleichen Techniken anwenden.

Wenn sich Mineralien aus einer Lösung verdichten, formen sie oft Kristalle mit charakteristischen Formen und flachen Ebenen. Aus verständlichen Gründen sind perfekt geformte Kristalle selten, die meisten Mineralien verfestigen sich in Kristallformationen, wo sich die Form des einzelnen in der Form der Masse verliert. Doch auch diese Formen sind typisch und man kann ein Mineral daran erkennen. Glimmer zum Beispiel tritt in flachen, flockigen Platten auf, Hämatit formt leicht abgerundete Gebilde und natives Kupfer findet man in dendritischen Formen, wie ein Farn verzweigt. Ein weiteres Charakteristikum ist die Art, wie Mineralien brechen. Ist die Bruchstelle unregelmäßig, nennt man sie Fraktur; manche Mineralien brechen auf typische Art, wie Obsidian mit seiner gewölbten Oberfläche. Andere Mineralien spalten sich eher, als dass sie brechen. Die Bruchstelle steht im Zusammenhang mit der Struktur und tritt an jenen Stellen auf, wo sich eine Kristallfläche gebildet hätte.

Die optischen Qualitäten umfassen Transparenz, Farbe und Glanz. Von diesen ist der Glanz für gewöhnlich

Einfaches Setup für Gesteinsproben

Hier sehen Sie einen unkomplizierten Aufbau für kleinere Gesteinsproben, die man mühelos bewegen kann.
Beim Lichtaufbau gilt es, vier Dinge zu beachten:

Intensität Diese sollte ausreichen, um eine geschlossene Blende für größtmögliche Tiefenschärfe zu ermöglichen.

Richtung Üblicherweise richtet man das Hauptlicht von oben links oder oben rechts auf das Bild. Andere Lichtquellen können hinzugefügt werden, um die Schatten aufzuhellen.

Diffusion Härteres Licht enthüllt feine texturale Details; weiches Licht betont die Kontur und die Farbe.

Reflektoren Verwenden Sie weißen Karton, Silberfolie oder Spiegel, um die Schatten aufzuhellen.

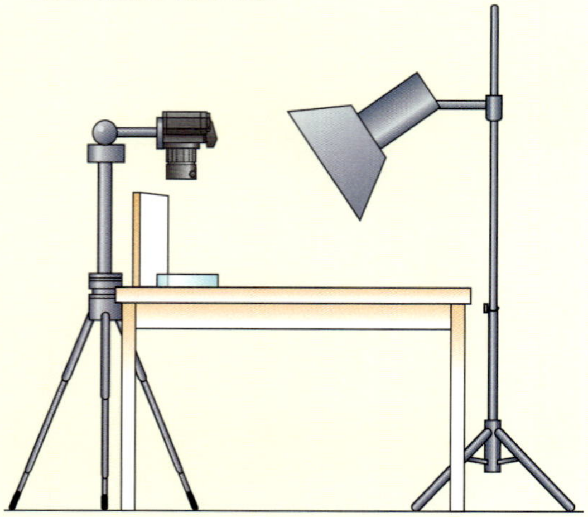

die größte Herausforderung für den Fotografen, da dies eine subtile Eigenschaft ist – die Art, wie die Oberfläche des Minerals Licht reflektiert. Beschreibungen wie metallischer, harziger, öliger, seidiger oder Perlglanz sind leicht zu verstehen und auch leicht nachvollziehbar, hält man die Probe in der Hand und beobachtet das Spiel des Lichts auf seiner Oberfläche. Um so feine Differenzen in einem Stillleben wiederzugeben, muss man mit verschiedenen Lichtpositionen und Diffusionsgraden experimentieren. Kennen Sie die essenziellen Eigenschaften eines bestimmten Minerals, lässt sich der geeignete Lichtstil leichter finden. Einen interessanten Glanz, wie etwa das ölig-wachsige Schimmern von Chalzedon, wird eine stark gestreute Lichtquelle am deutlichsten zeigen. Andererseits wird diese Art der Beleuchtung bei der pudrigen Textur von Löss, einer kalkhaltigen Ablagerung, wenig ausrichten. Hier wäre hartes, direktes Licht angebracht. Licht aus tiefem Winkel bringt kleinste Unebenheiten zur Geltung, doch wenn die Textur unwichtig ist, versuchen Sie eine frontalere Ausleuchtung. Kristalle bereiten die größten Probleme von allen Mineralien, sie reflektieren das Licht mit ihren vielen Flächen und brechen es, wenn sie transparent sind. Mit Edelsteinen beschäftigen wir uns auf den nächsten Seiten.

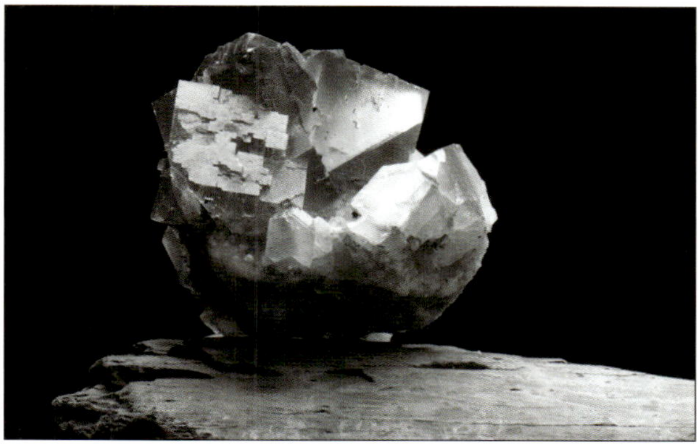

Form und Struktur
Ein Amethyst. Hier wollte ich seine Form zeigen und das Ineinandergreifen der einzelnen Kristallflächen. Die Aufnahme ist absichtlich schwarz-weiß, damit die starke Farbe nicht ablenkt. Das Licht ist diffus und leicht nach hinten versetzt, so wird es von manchen Flächen reflektiert, von manchen gebrochen.

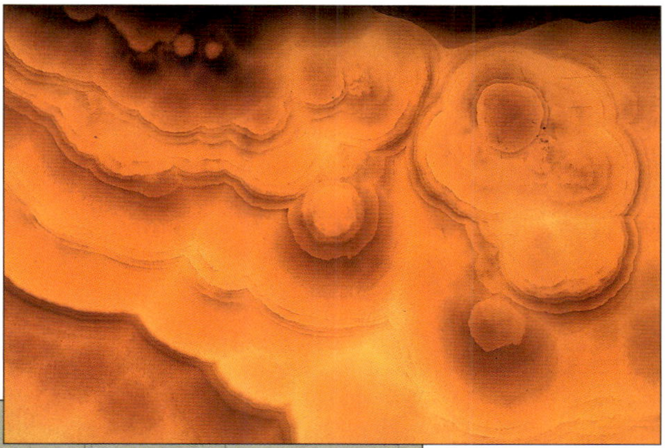

Dünn und farbig
Durchscheinende Mineralien bieten dem Fotografen eine neue Art von Motiv – eine dünne Scheibe wird im Gegenlicht aufgenommen, wie bei diesem gelben Onyx. Gegenlicht kann oft die Farbsättigung über die Maßen erhöhen, was sich in der Nachbearbeitung korrigieren lässt.

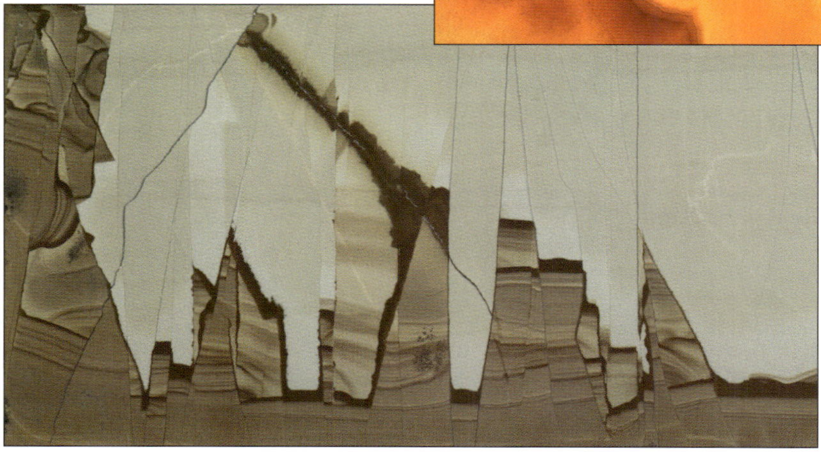

Dünne Scheiben scannen
Eine gebräuchliche Art, Gesteinsproben zu präsentieren, ist es, sie in dünne Scheiben zu schneiden, wie bei diesen Plättchen aus Ruinenmaror (er wird so genannt, weil er dem Anstrich verfallener Gemäuer ähnelt). Ist Textur wichtig, kann das Licht direkt sein, doch hier wurden die Plättchen extra poliert, um den Kontrast im Tonwert zu betonen. Das verlangt eine gleichmäßige Ausleuchtung. Man könnte diffuses Licht verwenden, doch wenn die Probe perfekt plan geschnitten wurde, ist der Einsatz eines Flachbett-Scanners einfacher. Machen Sie einen Test bei niedriger Auflösung, unter Umständen kommt es zu Spiegelungen oder ungewollten Lichtspitzen.

Edelsteine

Edelsteine sind durch ihre Schönheit gekennzeichnet und werden deswegen geschätzt, sie sind ein anspruchsvolles, aber auch lohnendes Motiv in der Nahfotografie.

Die Mehrheit der Edelsteine ist hart und durchsichtig (Diamanten, Topase, Zirkone, Smaragde) und vereint daher zwei in der Fotografie wichtige Eigenschaften – Reflexion und Lichtbrechung. Im Rohzustand sind sie oft rau oder rundlich und ähneln ihrer Präsentation als Juwel nur wenig *(siehe Seite 390–391)*. Erst durch den Schliff treten diese Qualitäten hervor. Die Reflexionen von den Facetten definieren die äußere Form, die Lichtbrechung enthüllt nicht nur Details im Inneren, sie sorgt auch für das entscheidende Funkeln. Beides in einem Foto einzufangen, verlangt sorgfältige Positionierung, sowohl des Edelsteins im Verhältnis zur Kamera als auch des Lichts im Verhältnis zu beiden. Idealerweise werden so viele Facetten wie möglich gezeigt, wobei der Gesamteindruck einfach bleibt. Dazu müssen die Facetten unterschiedliches Licht erhalten. Zu Beginn sucht man einen Blickwinkel, der mehrere Kristallflächen zeigt und richtet das Licht so ein, dass es von jeder leicht anders reflektiert wird. Versuchen Sie, die Reflexion einer großen, diffusen Lichtquelle auf zumindest zwei Hauptflächen zu legen, Reflektoren unterschiedlicher Stärke, etwa weißen Karton und Silberfolie, rund um den Stein lassen jede Facette anders erstrahlen.

Nicht alle Edelsteine sind facettiert, der Schliff ist ebenso der Mode und dem Geschmack verschiedener Kulturen unterworfen wie den Möglichkeiten

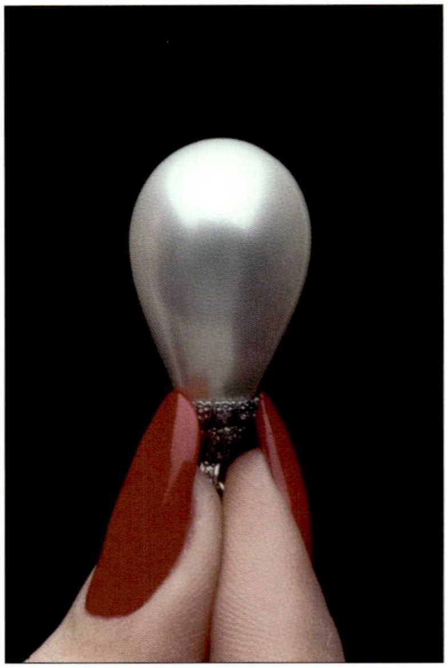

Oberflächentextur
Diese Perle (das Exemplar ist die größte bekannte Schmuckperle) verlangte wegen ihrer hoch glänzenden Oberfläche weiches Licht, das jedoch nicht so gleichmäßig sein durfte, als dass es die sanft geschwungene Form und den charakteristischen Schimmer verschluckt hätte. Eine quadratische Softbox wurde am Kopf des Studioblitzgeräts befestigt und von oben gerichtet, unterstützt von zwei weißen Kartonreflektoren an den Seiten. Den Blitz brauchten wir, um die Bewegung der Hand des Modells einzufrieren.

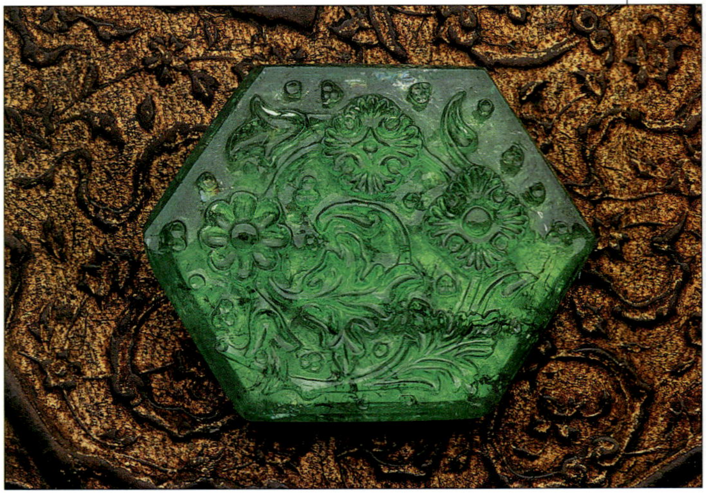

Smaragd
Der Smaragd „Taj Mahal" des indischen Herrschers Shah Jahan aus dem 17. Jahrhundert wird in der Sackler Gallery in Washington DC aufbewahrt. Edelsteingravur war zu dieser Zeit populär und das Bild musste dem ebenso gerecht werden (durch einen Lichtwinkel, bei dem das Licht von der Oberfläche reflektiert wurde) wie der Farbe (durch exakt zugeschnittene Kupferfolie unter dem Smaragd).

einzelner Kristalle. In Südostasien, wo Rubine und Saphire hoch geschätzt werden, liebt man zum Beispiel die halbrunde Form des Cabochons. Der Ausdruck Edelstein umfasst nicht nur Kristalle, sondern auch Perlen, welche sich als natürliche Ablagerungen rund um Fremdkörper im Inneren von Austern bilden. Perlen haben ihre ganz eigenen, visuellen Qualitäten, speziell ihr perlmuttartiger Glanz sowie das sanfte Farbenspiel, das durch geringfügige Interferenzen in den äußeren, durchscheinenden Schichten entsteht.

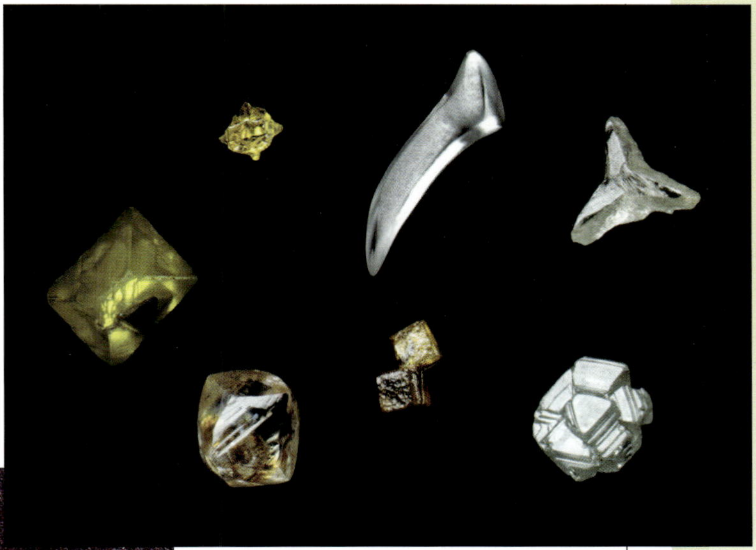

Ungewöhnliche Diamanten
Für diese Gruppenaufnahme einiger ungewöhnlich geformter Diamanten nahmen wir eine einzelne, stark gestreute Lichtquelle. Der schwarze Hintergrund gab einen guten Kontrast zum Funkeln der Steine ab. Das Flächenlicht ergab einen hellen Ton für die Reflektion, während ein Kartonreflektor mit mittlerem Tonwert auf andere Kristallflächen gerichtet wurde. Das Licht brachte auch die Brechung zur Geltung. Das Erfolgsgeheimnis solcher Aufnahmen liegt in der exakten Ausrichtung der Steine. Knete kann man zur Befestigung transparenter Steine nicht verwenden, man würde sie sehen, daher nahmen wir kleine Diamantclips, die man im Spiel von Licht und Farbe nicht bemerkt. Die Arbeit ist in jedem Fall mühsam.

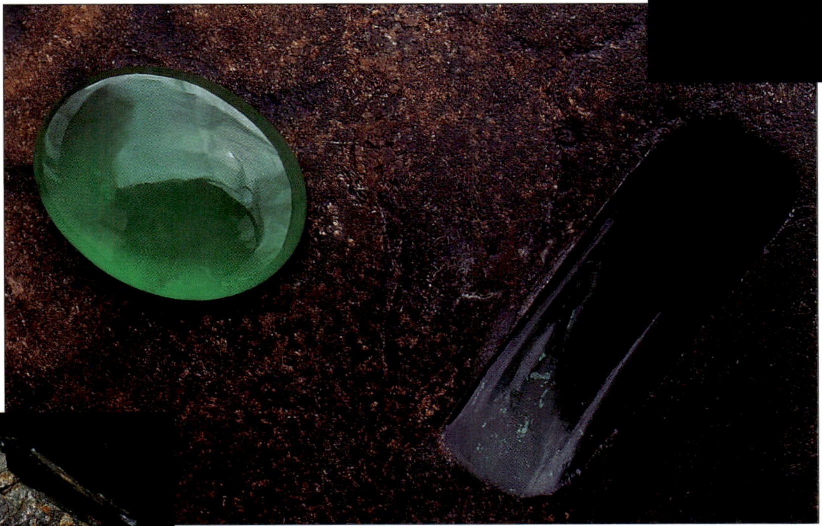

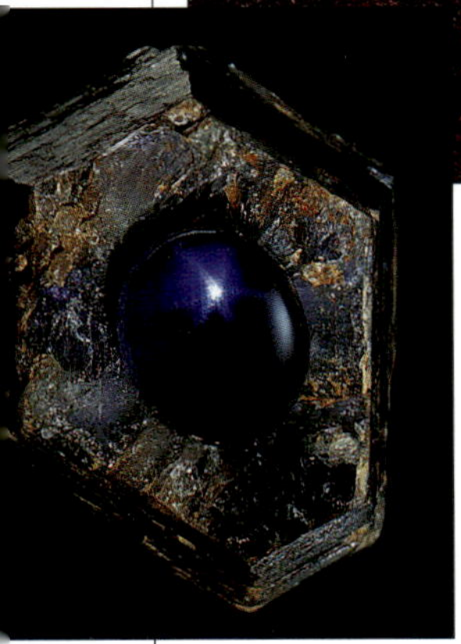

Saphir
Ein 202-Karat Sternsaphir aus den Minen von Mogok. Der Sterneffekt ist nur unter Punktlicht sichtbar.

Jade
Imperiale Jade macht mit ihrem Glanz dem Smaragd Konkurrenz. An dieser Aufnahme war der Gegensatz von geschliffenem Cabochon und rohem Block interessant. Der von Flusswasser geglättete Stein nimmt eine braune Farbe an. Für den Handel wird mit einem Schleifstein ein kleines „Fenster" in die Oberfläche geschliffen, damit man die Qualität der Jade beurteilen kann.

Jade im Gegenlicht
Ein anderer Weg, Jade in Edelstein-Qualität abzubilden, war, im Gegenlicht die Leuchtkraft der Farbe zur Geltung zu bringen. Um die Komposition interessanter zu machen, ist der Spalt, aus dem das Stück geschnitten wurde, mit im Bild.

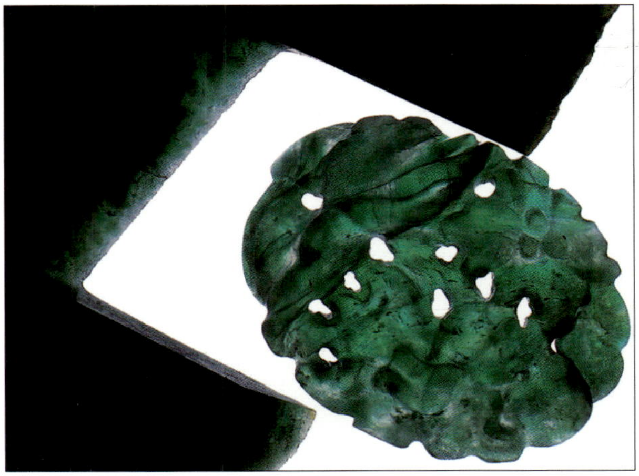

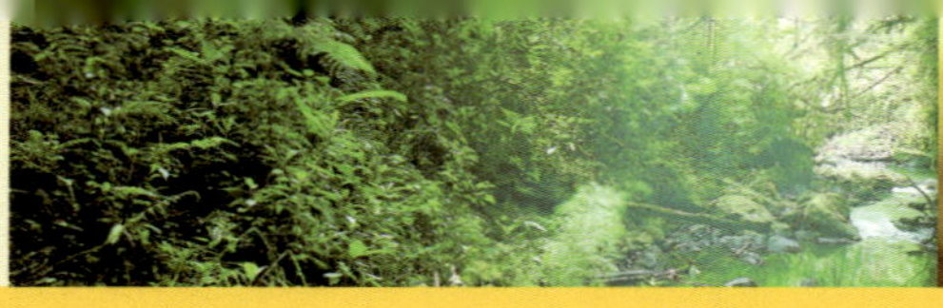
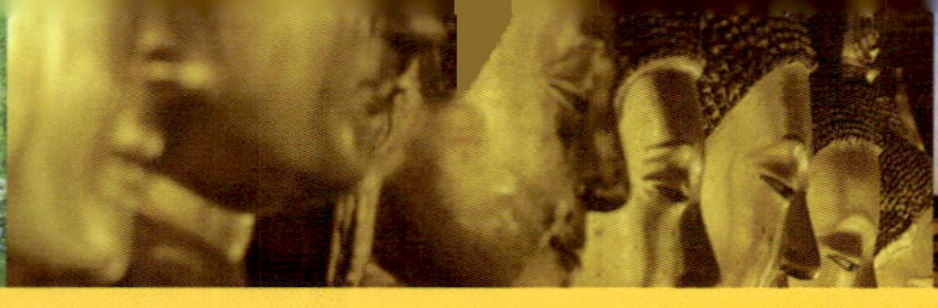
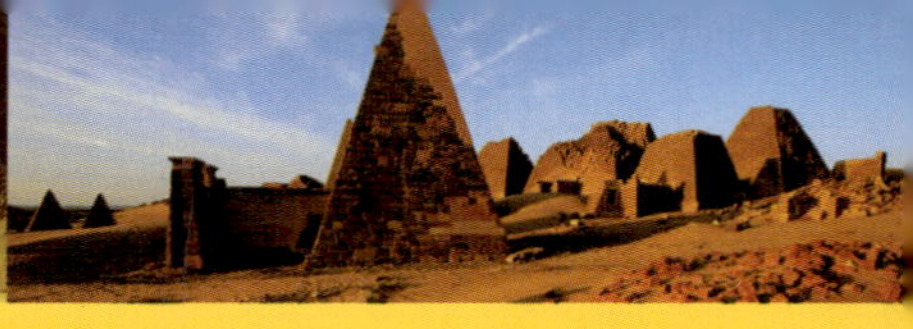
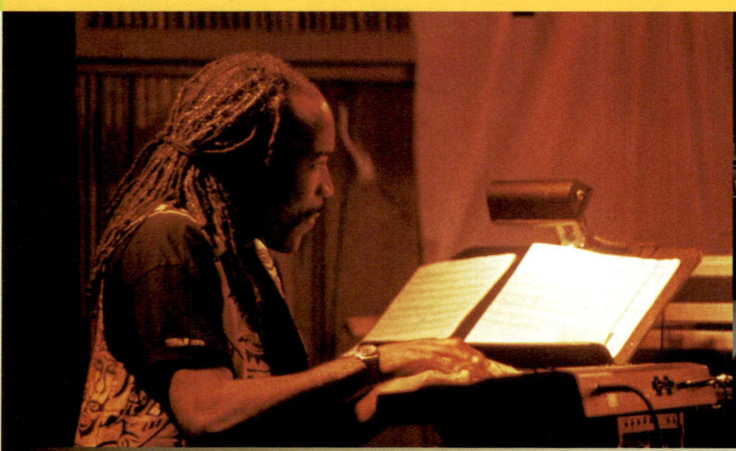
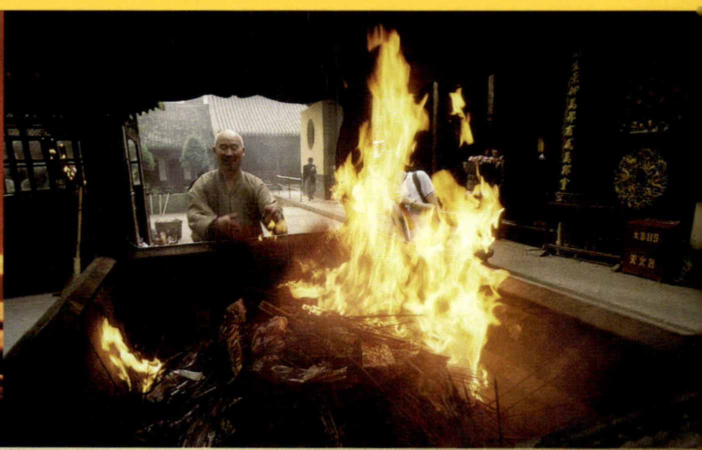
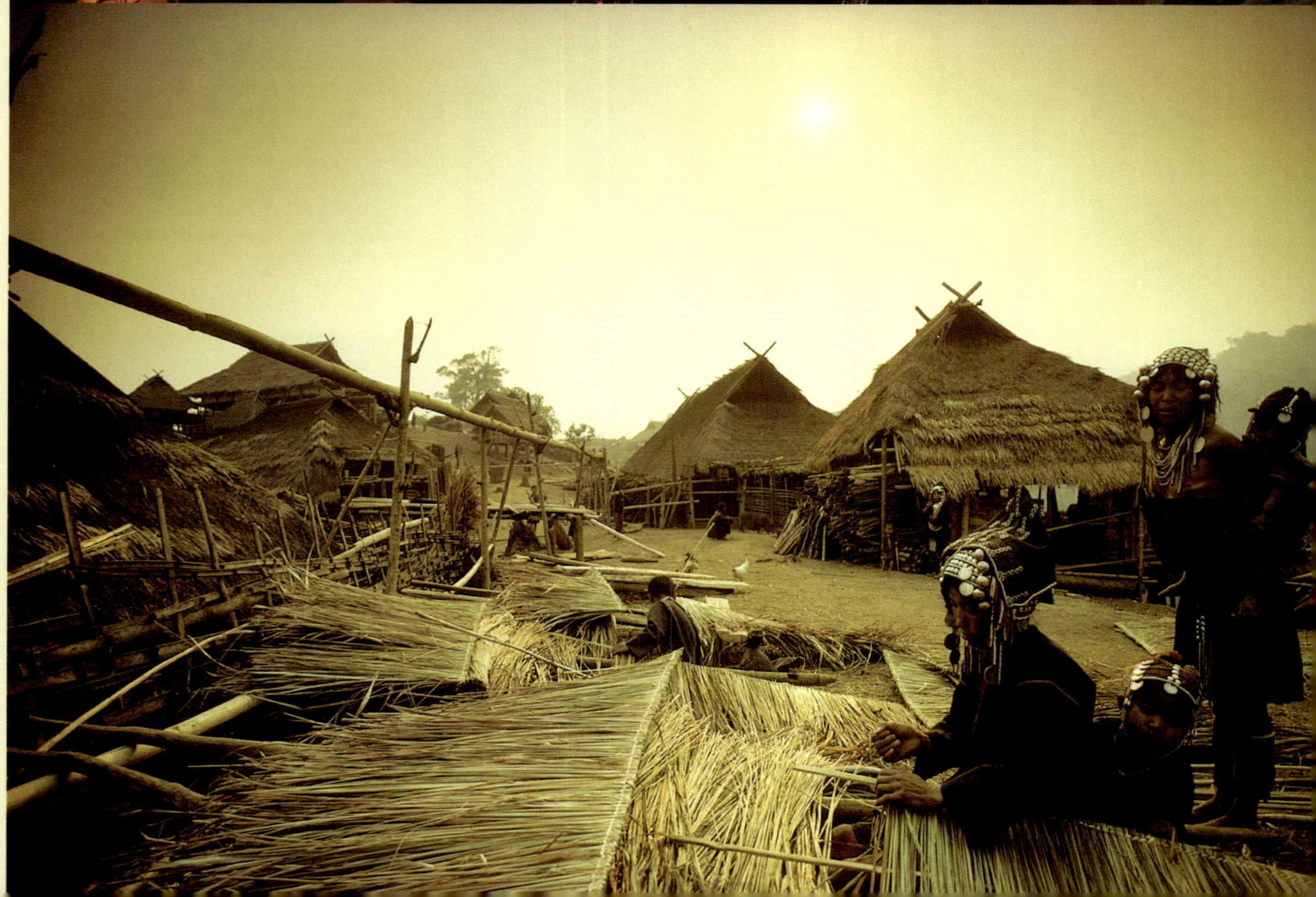

Die Sprache der **Farbe**

Vor allem in diesem Kapitel – und ich hoffe Sie nicht zu langweilen – werde ich mich auf die Erfahrung von Malern verlassen. Dafür gibt es zwei gute Gründe. Erstens liegt das Nachdenken über Farbe in der Malerei begründet, die Fotografie begann damit erst vor kurzem. Im Gegensatz dazu erfolgte der Hauptteil der Arbeit und Diskussion über monochrome Bilder – Schwarz und Weiß – in der Fotografie. Darauf konzentrieren wir uns in einem späteren Kapitel dieses Buches (*siehe Seite 508 ff.*). Zweitens hat uns die digitale Fotografie in der Bildgestaltung viele Tore geöffnet, und mit dieser Vielfalt an neuen Mitteln zur Wahl und Kontrolle der Farben in einem Bild ist es nun legitim und wertvoll, einen Blick darauf zu werfen, wie dieses Thema die Jahrhunderte hindurch behandelt wurde. Fotografen haben nun Zugang zu dieser Welt, und dies ist eine Welt, die es, auch wenn dies angeberisch klingen mag, jetzt schon gibt, deren Möglichkeiten jedoch noch lange nicht ausgelotet sind.

Mit anderen Worten, was früher von rein akademischem Interesse war, als Grundlage der Wertschätzung eines Kunstwerks, hat nun praktischen Wert. Zwei Entwicklungen, welche wie selbstverständlich in die Fotografie Eingang gefunden haben, illustrieren die neue Art des Denkens über Farbe: der Farbkreis und RGB. Der Farbkreis zur Darstellung der Primärfarben hat eine lange Tradition, welche sich auf Isaac Newton zurückführen lässt, doch wie viele Fotografen haben ihn je berücksichtigt? Heute ist er in Verbindung mit Farbmodellen jedem Anwender von Photoshop geläufig. Wir treffen ihn auch in Digitalkameras – bei der Einstellung der Farbe, der Einstellung des Weißabgleichs werden die Werte in Grad angegeben, entsprechend den 360° des Farbkreises. RGB ist sogar noch bekannter, ein weit verbreitetes Akronym, dem ein generelles Verständnis dafür zugrunde liegt, wie Farbfotografien aus drei Primärfarben aufgebaut sind. Im analogen Film, obwohl auch der Farbfilm mit seinen drei Schichten auf demselben Prinzip basierte, war der Nutzen gering: Man konnte die Schichten nicht auseinander nehmen und verändern. Nun kann man dies.

Mit diesem Wissen lohnt es sich, das Farbspektrum mit den Augen des Fotografen zu betrachten. Dieses Kapitel widmet sich nicht nur jenen Theorien – alten wie neuen –, welche alle Farben gemeinsam behandeln, sondern wir werden jede Farbe einzeln betrachten. Hinter der optischen Energie von Rot, der Strahlkraft von Gelb oder der Kälte von Blau steckt jeweils ein anderes Konzept. Das Genannte bezieht sich auf erlernte psychologische Reaktionen auf Farben. Grün wird meist als positiv empfunden – Frühling, üppige Vegetation, Wachstum, ja sogar Verkehrsampeln –, während Rot als Warnfarbe gilt. Je besser Sie die Symbolik verstehen, desto besser werden Sie diese in ihren eigenen Arbeiten nützen können. Ihre Fotos werden ansprechender, und Sie werden besser entscheiden können, was im nächsten Schritt, der Nachbearbeitung, zu tun ist. Auch das werden wir in diesem Buch im Detail besprechen.

Farbtheorie, Farbpraxis

Unsere Reaktion auf Farben ist komplex – auf einer emotionalen, subjektiven Ebene zum physikalischen Phänomen von Licht unterschiedlicher Wellenlänge.

Gekonnt eingesetzt, kann Farbe das mächtigste Element eines Bildes sein. Wenn es ihr gelingt, beim Betrachter „etwas zum Schwingen zu bringen", wird sie zur Essenz des Bildes. Darin unterscheidet sich Farbe von allen anderen grafischen Elementen. Die Anordnung von Linien mag Bewegung oder Ruhe suggerieren, doch Farbe provoziert Reaktionen auf anderer Ebene, auch solche, die sich nicht genau beschreiben lassen. Doch auch wenn es schwer ist, entsprechende Worte zu finden, wird die Bedeutung der, wie sie Gauguin nannte, „inneren Kraft" der Farbe nicht geringer. Oft ist es sogar passender zu sagen, dass wir eine Farbe fühlen, anstatt dass wir sie einfach nur sehen.

Der Physiker James Clark Maxwell stellte 1872 fest, dass das Auge des Menschen bei der Farbsicht auf drei verschiedene Reize reagiert. Diese so genannte Trivarianz ist der Funktionsweise von Digitalkameras und Bildschirmen sehr ähnlich. Er schrieb: „Wir können drei verschiedene Farben empfinden. Licht verschiedener Art stimuliert dieses Empfinden unterschiedlich stark, und durch die verschiedenen Kombinationen dieser drei primären Empfindungen wird die Vielfalt der sichtbaren Farben erzeugt." Tatsächlich entsprechen diese drei Empfindungen drei verschiedenen Pigmenten in der Netzhaut - Erythrolab, Chlorolab und Cyanolab -, welche auf Rot, Blau und Grün reagieren.

Diese Entdeckung hatte gewaltige Auswirkungen, nicht nur für die Aufnahme und Wiedergabe von Farbe - digitale Sensoren, Filmmaterial und Monitore arbeiten nach einem sehr ähnlichen Prinzip wie das Auge. Sie führte zu der fundamentalen Idee, dass alle Farben durch Mischen von nur dreien erzeugt werden können. Maler waren bereits zu dieser Einsicht gelangt, allerdings mit anderen Farbtönen, und all das untermauerte das Konzept der Grundfarben: Farben, die als Bausteine für andere dienen. In diesem Fall wurden physikalische Fakten zu ästhetischen, und im Großteil dieses Kapitels werden wir Farbe in Form ihrer wahrnehmbaren Töne betrachten. Wir beginnen mit der Palette der reinen Farben.

Die meisten Farbtheorien wurden von Malern oder für Maler entwickelt und nur sehr vage an die Fotografie angepasst. Ich will versuchen, das auf den nächsten Seiten ein wenig auszugleichen. Für Fotografen liegt der Nutzen der

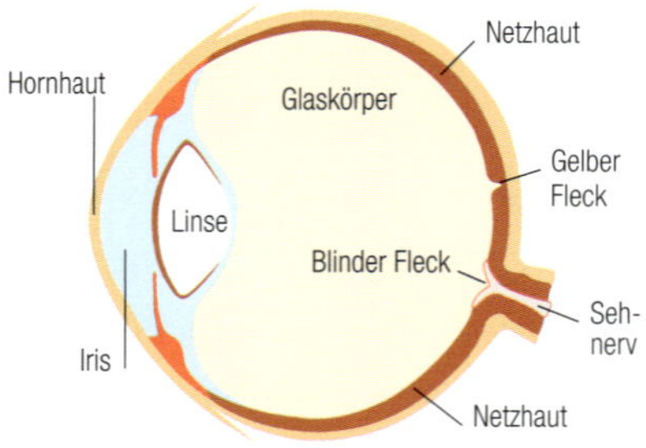

Das Auge und die Wahrnehmung
Die Linse stellt sich auf ein Bild scharf, wobei die Iris hilft, indem sie die Menge des eintreffenden Lichts regelt, genau wie bei einer Kameralinse. Auf der Netzhaut befinden sich die Sehzellen, Zapfen und Stäbchen, die einen sind sehr lichtempfindlich, sehen aber nur Schwarzweiß, die anderen brauchen mehr Licht, sehen aber Farbe. Im Gelben Fleck liegen sie am dichtesten, dort sehen wir am schärfsten.

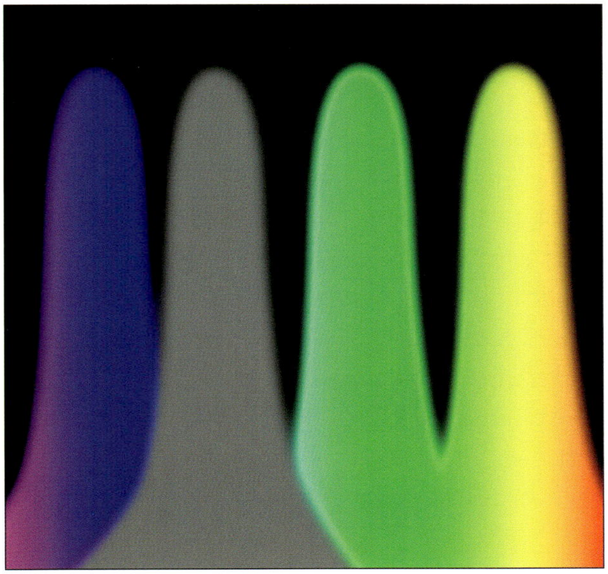

Kombinierte Empfindlichkeit
Addiert man alle drei Zapfenarten, ergibt sich ein Farbspektrum mit einer deutlichen Tendenz zu Grün. Wenn man jedoch die monochrome Kurve ebenfalls hinzufügt, wird das Spektrum ausgeglichen.

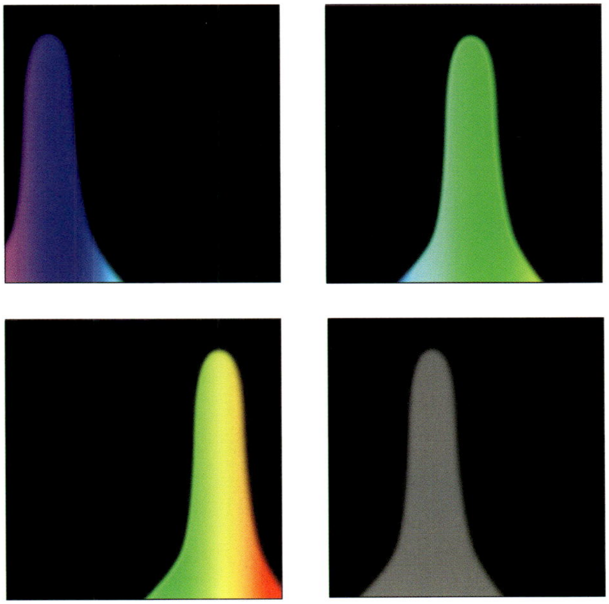

Trichromatisches Sehen
Einem Sensor vergleichbar, haben Menschen drei Arten von Zapfen, jede davon ist für eine andere Wellenlänge des Lichts empfindlich. Beachten Sie, dass die Rotkurve ihren Gipfel bei Gelb erreicht. Die monochrome Kurve fügt sich zwischen Blau und Grün. Die Bilder zeigen, auf welche Wellenlängen die grünempfindlichen, die blauempfindlichen und die rotempfindlichen Zapfen sowie die Stäbchen ansprechen.

Beschäftigung mit Farbtheorien in der Verfeinerung von Wahrnehmungs- und Beurteilungsvermögen. Es ist zu einfach, Farben und ihre Beziehung auf das persönliche „Ich mag" oder „Ich mag nicht" zu reduzieren. Sicher, die meisten Leute beurteilen Farben auf diese Art, doch macht auch keiner Musik, ohne es vorher gelernt zu haben. Zwar mindert Unwissenheit nicht den Musikgenuss, mehr Wissen kann ihn aber steigern. Obendrein gibt Ihnen die Farbtheorie, wenn Sie als Fotograf gekonnte, eindringliche Farbeffekte erzielen wollen, die Mittel dafür in die Hand. Farbe wird zwar subjektiv erlebt, folgt aber objektiven Gesetzen. Wie wir sehen werden, wenn wir die Beziehungen zwischen Farben betrachten, beschreibt das Prinzip der Harmonie nicht nur, ob ein Effekt angenehm auf uns wirkt, es beruht auch auf physikalischen Zusammenhängen und ist messbar.

Das mehrdimensionale Farbempfinden

Unsere Reaktion auf Farben hat eine physikalische, eine physiologische und eine psychologische Komponente. Farbe ist Licht bestimmter Wellenlänge und wissenschaftlich messbar *(siehe Seite 436)*. Dieses Licht wird vom Auge in Zusammenarbeit mit dem Gehirn des Menschen in einem Prozess verarbeitet, der an der Netzhaut beginnt. Zu guter Letzt stellt das Gehirn einen Bezug zwischen diesem Reiz und der persönlichen Erinnerung her, das können Gefühle sein, aber auch Vorlieben oder Symbole.

Farbmodelle

Der erste wichtige Schritt bei der Beschreibung und dem Umgang mit Farbe ist, sie standardisiert zu messen. Es gibt dafür verschiedene Methoden, jede zu einem bestimmten Zweck, und jede benutzt drei Parameter.

Diese Terminologie kam mit der digitalen Bildbearbeitung in aller Munde, doch Farbmodelle gab es schon vor Jahrhunderten. Das erste bekannte Farbdiagramm stammt aus dem 15. Jahrhundert, eine medizinische Skala verschiedener Urinfärbungen. Das wissenschaftliche Interesse an Farben und die Erstellung von Farbmodellen setzten ernsthaft nach dem Erscheinen von Isaac Newtons *Optik* im Jahr 1702 ein. Seine Entdeckung, dass Licht aus einer Sequenz von Wellenlängen besteht, die alle eine bestimmte Farbe haben, werden wir auf Seite 436 näher untersuchen.

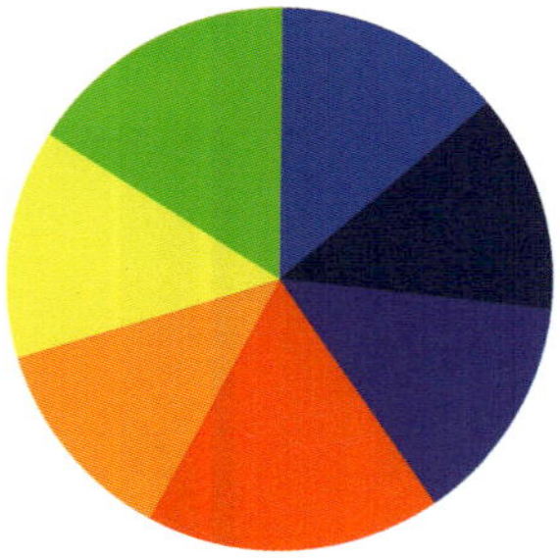

Der Newton'sche Kreis
Die von Newton identifizierten Spektralfarben entsprechen den Farben des Regenbogens und werden im Allgemeinen mit sieben Namen beschrieben: Rot, Orange, Gelb, Grün, Blau, Lila und Violett. Alle sieben können in unendlicher Abfolge aneinander gelegt werden, doch wenn man daraus einen Kreis bildet, wie es Newton tat, werden die Bezüge zwischen den einzelnen Tönen deutlicher. Der Kreis ist auch eine große Hilfe beim Verständnis von Farbharmonie und Farbbalance. Er ist die Grundlage der Farbtheorie. Newton hat die Farben in seinem Buch mehr beschrieben denn aufgezeichnet und hier wurden sie reproduziert. Bei sieben identifizierten Farbtönen ist das Modell selbstverständlich asymmetrisch.

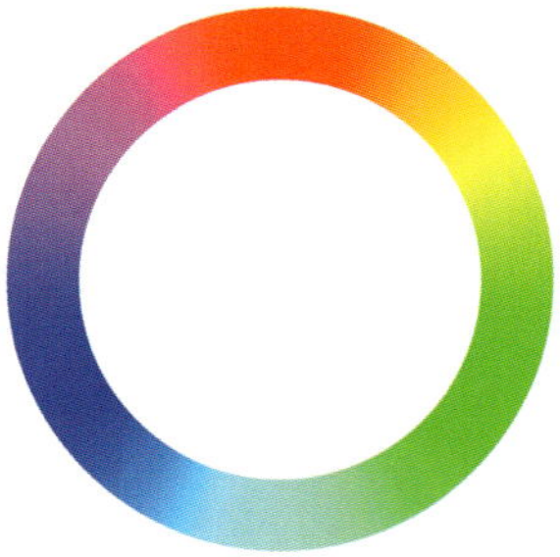

Der Spektralkreis
Tatsächlich ist das Farbspektrum unendlich, ein Farbton geht in den anderen über. Hier haben wir das Spektrum als Kreis angeordnet und so gedreht, dass Rot (0 Grad in der üblichen Schreibweise der Farbtöne) an der Spitze liegt.

Das Farbdreieck von Delacroix
Der französische Maler Delacroix konstruierte ein Dreieck, bei dem sich die Primärfarben in den Ecken befinden und von den Sekundärfarben verbunden werden.

Dies hat zwei andere wichtige Beiträge fast verdrängt: zum einen die Anordnung von Farben in einem Kreis, um deren Beziehungen abzubilden, zum anderen, als Folge davon, die Darstellung von Komplementärfarben, welche einander im Kreis gegenüberliegen und neutralisieren.

Die ersten Farbmodelle verwendeten Kreise, aber auch Dreiecke oder die lineare Anordnung kamen vor. Diese zweidimensionalen Diagramme eignen sich zwar für Farbtöne, da Farben jedoch drei Parameter brauchen, verwenden komplexere Darstellungen 3-D-Modelle. Wie wir noch sehen werden, sind diese drei Parameter, mit denen sich alle Farben beschreiben lassen, Farbton, Sättigung und Helligkeit.

Betrachten wir nur den Farbkreis und den Farbton – die Essenz der Farbigkeit –, gibt es einen Konflikt zwischen jenen Modellen, welche auf dem reflektierten Licht basieren, und jenen, welche auf dem ausgesandten Licht

Blancs Farbstern
Der Farbstern von Charles Blanc aus dem Jahr 1867 verwendet die üblichen Primär- und Sekundärfarben, doch die Tertiärfarben haben recht ausgefallene Namen.

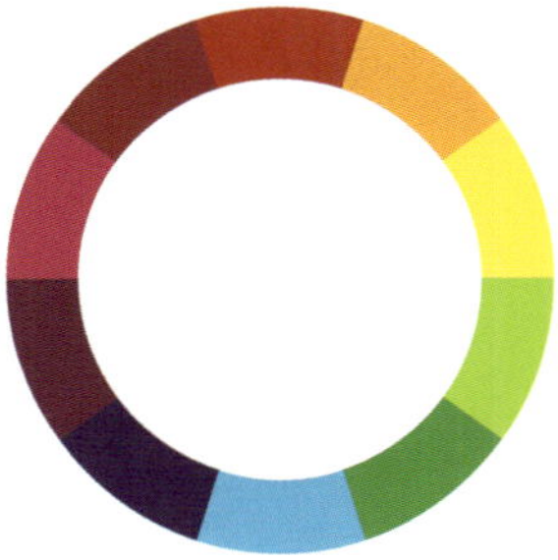

Der Munsell-Kreis
Der amerikanische Maler Albert Munsell veröffentlichte 1905 sein Farbmodell, welches zum Standard der Farblehre wurde und bis heute verwendet wird (die GretagMacbeth-Targets verwenden dieses System). Es basiert auf fünf Grundfarben – Rot, Gelb, Grün, Blau, und Violett – und fünf Zwischenfarben, alle zusammen in 100 Schritte geteilt. Dieser Kreis war die Basis des noch brauchbareren Baumdiagramms (siehe nächste Seite).

Ostwalds Kreis
Der deutsche Chemiker Wilhelm Ostwald beschrieb 1916 einen 24-teiligen Kreis, basierend auf den vier Grundfarben der Wahrnehmung: Rot, Gelb, Blau und Grün. Edward Hering sah wie Mondrian Grün als Grundlage der Wahrnehmung.

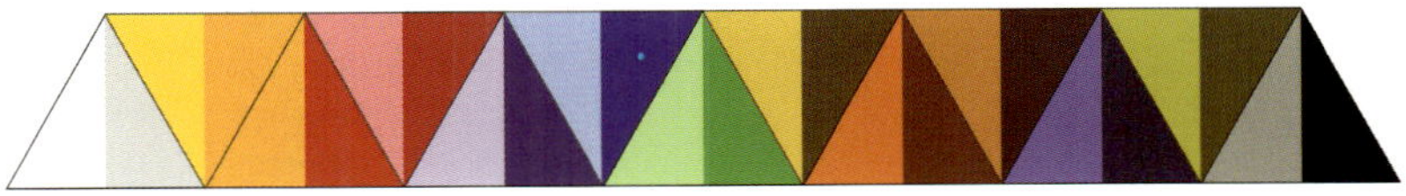

Fields lineare Skala
1835 erstellte George Field, Farbtheoretiker und Freund des Malers John Constable, dieses Diagramm von Primär-, Sekundär und Tertiärfarben, basierend auf Rot, Gelb und Blau. Die Dreiecke sind in helle und dunkle Farbvarianten unterteilt.

basieren. Wir werden dieses Thema mehrmals behandeln, da dadurch Probleme mit der Identifikation der Primärfarben und den Komplementärverhältnissen entstehen. Newton verwendete bei der Zerlegung des Lichts mit dem Prisma und in seinem Farbkreis Spektralfarben, während viele andere in ihren Theorien von Pigmenten ausgingen, die Licht reflektieren. In der Digitalfotografie nutzen wir beide Systeme - das ausgesandte Licht zur Betrachtung auf dem Monitor und das reflektierte Licht im Ausdruck - und entkommen dem Konflikt also nicht. Wir gehen noch näher darauf ein, im Wesentlichen sind jedoch nicht nur die Primärfarben andere, sie werden auch unter ganz anderen Bedingungen wahrgenommen, sodass ein Vergleich

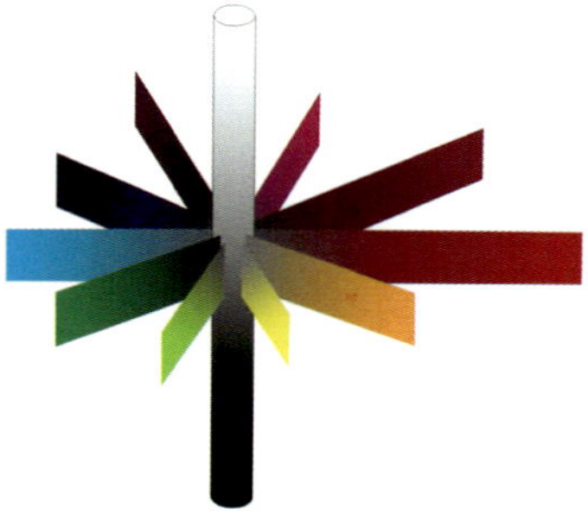

Der Baum von Munsell
In Munsells 3-D-Darstellung sind die Farben außen angeordnet und verlieren zur Mitte an Sättigung. Die vertikale Achse reicht von Weiß bis Schwarz. Da die maximale Sättigung (Chroma) von verschiedenen Farben bei verschieden starker Helligkeit erreicht wird, ist die endgültige Form asymmetrisch und wird oft, wie hier, als Baum gezeigt. Wir haben Munsells Schritte durch stufenlose Verläufe ersetzt.

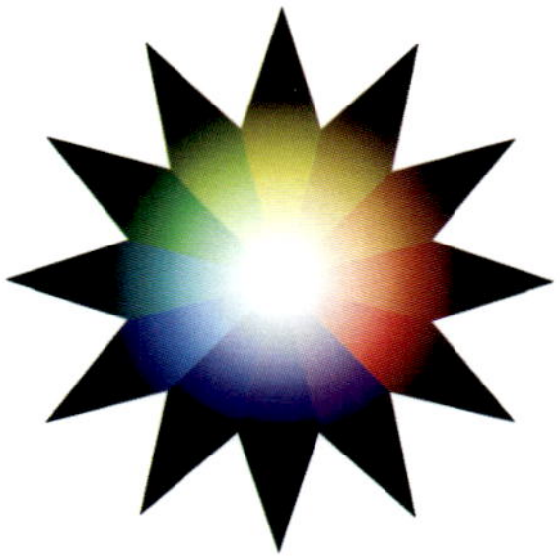

Ittens Farbstern
Mit dieser sternförmigen Projektion einer Kugel auf eine flache Oberfläche versuchte Itten die Hell-Dunkel-Modulation des Farbkreises zu zeigen. Reine Farben befinden sich etwa in der Mitte.

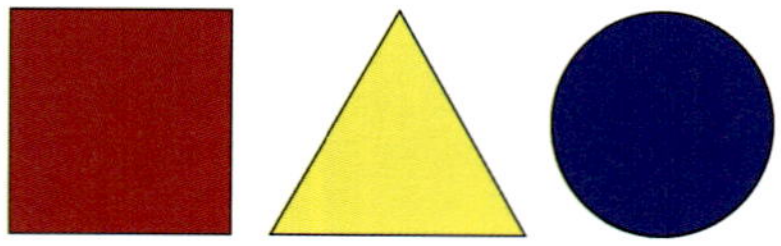

Ittens Kreis und Dreieck
Der Farbkreis des Bauhaus-Künstlers Johannes Itten beginnt ebenfalls mit Rot, Gelb und Blau. Mit den Sekundär- und Tertiärfarben ergeben sich 12 Teile. Das Farbdreieck ist eine Ableitung davon, wobei sich die Tertiärfarben notwendigerweise unterscheiden.

nicht zulässig ist. Der hier gedruckte Newton'sche Farbkreis der Spektralfarben ist nur eine Annäherung, eine exakte Darstellung mit Druckfarben auf Papier ist nicht möglich.

Bei der Entwicklung der Farbmodelle wurde auch berücksichtigt, wie Farben verändert werden, um heller oder dunkler, aber auch mehr oder weniger gesättigt zu erscheinen. Maler können diese Veränderungen mit Schwarz oder Weiß (oder Komplementärfarben) erreichen, daher wurden die drei bestimmenden Parameter der Farben – Farbton, Sättigung und Helligkeit – erst später verstanden. Deren Darstellung erforderte ein dreidimensionales Modell, wie es Albert Munsell als erster entwickelte.

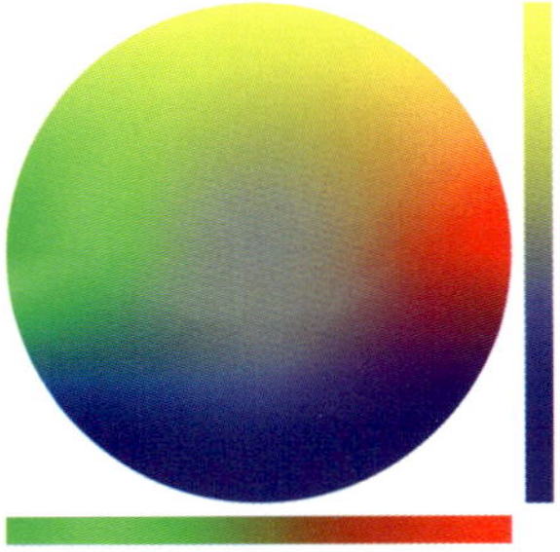

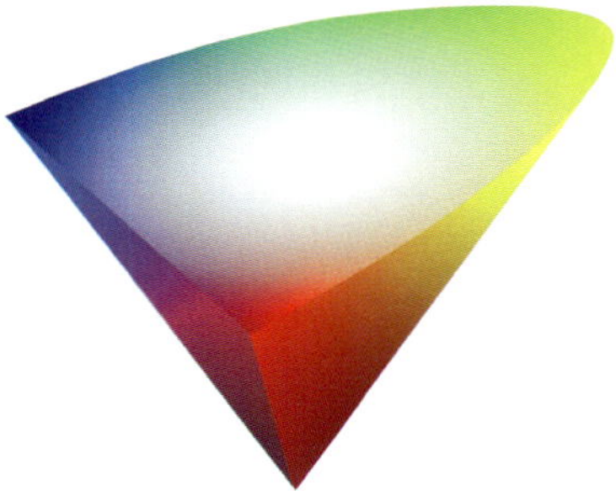

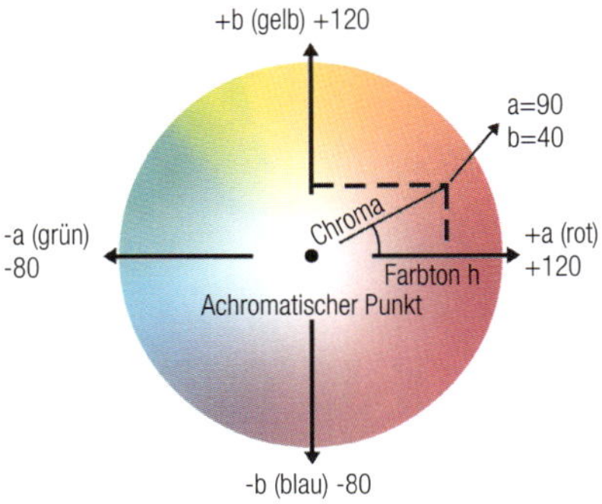

L*a*b*

CIE Lab (genau genommen, L*a*b*) wurde 1976 von der Commission Internationale d'Eclairage entwickelt. Das Ziel war, der menschlichen Wahrnehmung so nahe wie möglich zu kommen. Das Modell verwendet Farbton, Sättigung und Helligkeit entlang von drei Achsen. Digital betrachtet sind dies drei Kanäle, die z. B. in Photoshop bearbeitet werden können. Wichtig ist, dass es einen sehr großen Farbraum darstellt, sodass dieses theoretische Modell vor allem deshalb sehr nützlich ist, weil die meisten anderen Modelle darin Platz haben. Eine Achse/ein Kanal ist L* zur Darstellung der Luminanz (Helligkeit), die/der zweite, a*, steht für den Verlauf von Rot nach Grün und die/der dritte, b*, repräsentiert den Verlauf von Blau nach Gelb. Im Prinzip geht man davon aus, dass Rot kein Grün enthalten kann (und umgekehrt) und Blau kein Gelb (und umgekehrt). Unsere Abbildungen zeigen einen runden Querschnitt und einen Querschnitt durch die 3-D-Darstellung. Letzterer repräsentiert das Gamut der Spektralfarben. Die charakteristische, asymmetrische Form spiegelt die verstärkte Empfindlichkeit des menschlichen Auges für Grün wider. Wir werden dieser Form auf Seite 462 nochmals begegnen, wo wir uns mit Farbräumen und Gamuts beschäftigen.

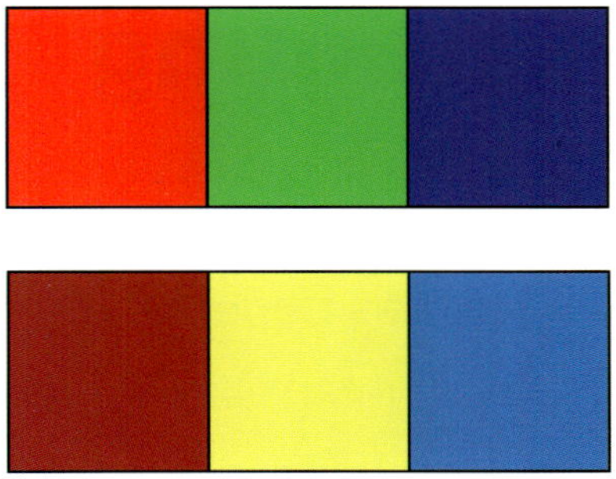

Primärfarben

Rot, Grün und Blau sind die Primärfarben des Digitalzeitalters, aber auch Maler können aus Rot, Grün und Blau fast alle anderen Farben mischen.

Sättigung

Reine Farbtöne sind voll gesättigt, was bedeutet, dass sie in all ihrer Intensität leuchten. Die meisten Farben, denen wir im täglichen Leben begegnen, sind weniger intensiv, bis hinunter zu einem gänzlich desaturierten Grau.

Der Farbton ist, wie wir gesehen haben, die erste Eigenschaft von Farben, so wie wir sie wahrnehmen. Die anderen beiden sind Helligkeit und Sättigung, und beides sind Modulationen des Farbtons. Sättigung, auch Chroma genannt, ist die Variation in der Reinheit der Farbe, ihrer Intensität oder Üppigkeit. An einem Ende der Skala sind die reinen, intensiven Farben des Farbkreises. Je weniger gesättigt sie werden, desto „schmutziger", „verwaschener", weniger „farbig" erscheinen sie. In der Wirklichkeit, nicht so sehr in der digitalen Welt,

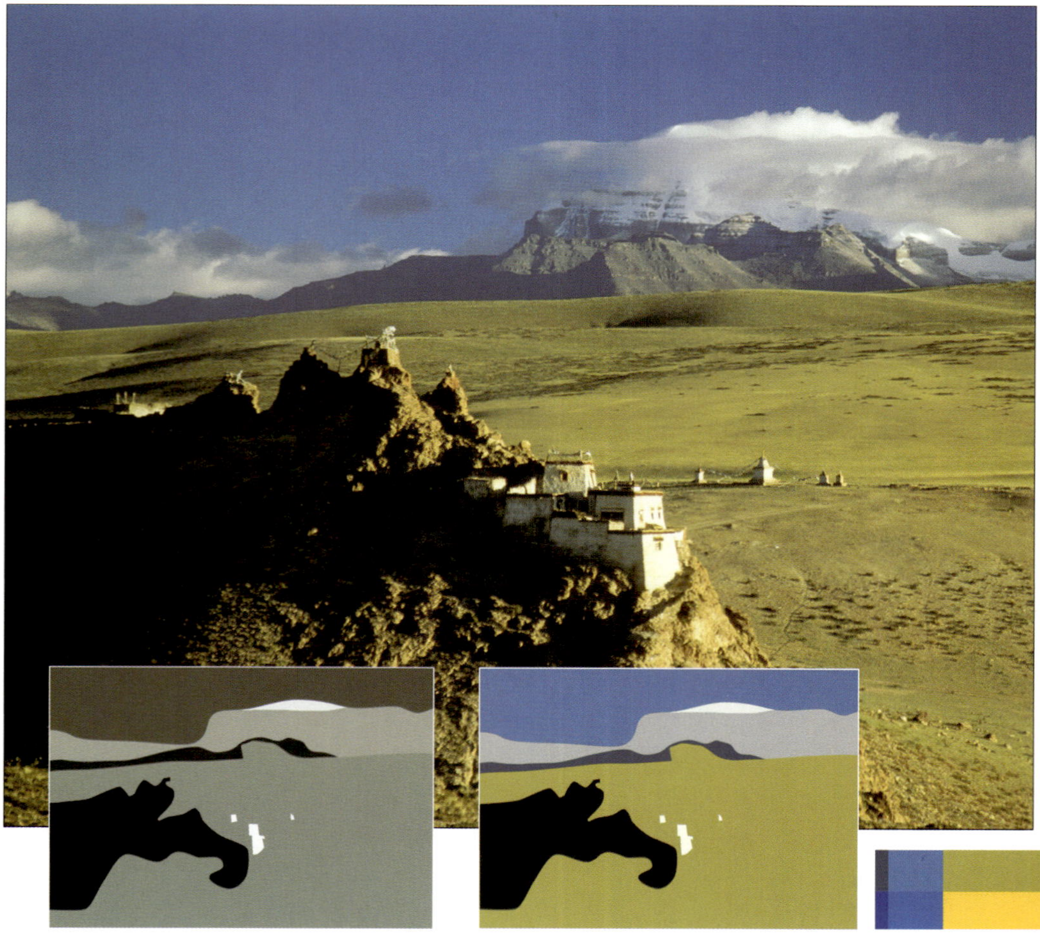

Wenig gesättigte Farben in der Natur
Voll gesättigte Farben kommen in der Natur selten vor, und wenn, dann nur in ganz bestimmten Objekten, wie in Blüten oder der Zeichnung mancher Tiere. Sogar ein so starker Farbton wie der des blauen Himmels ist in der Tat ziemlich verunreinigt. Die Szene hier im Himalaja auf 5000 m Höhe macht dies deutlich. Die klare Luft und die Höhenlage intensivieren die Farben, sie wirken unvergleichlich stark. Doch wenn wir die natürlichen Farben in der schematischen Darstellung mit voll gesättigten Farben vergleichen, wirkt die Realität noch immer ziemlich gedämpft.

werden Pigmente oder Tinten weniger gesättigt, wenn man sie mit Weiß, Schwarz oder Grau sowie ihren Komplementärfarben, welche im Farbkreis gegenüber liegen, mischt. Die Primärfarben sowie alle Farben, die wir ohne nähere Beschreibung anführen (also „Blau" im Gegensatz zu „Kobaltblau"), sind voll gesättigt und lassen nur eine Richtung der Modulation zu - gegen Grau. In der Natur, besonders im großen Maßstab von Landschaften oder Panoramen, sind die meisten Farben ungesättigt.

Die fotografischen Motive sind überwiegend Objekte, die der Fotograf entdeckt hat, weniger selbst gebaut, daher enthält deren Farbpalette vor allem unreine, gebrochene Farben. In der Natur dominieren Grau, Braun und stumpfes Grün, das ist auch der Grund, warum reine Farben, wenn man sie findet, so hoch geschätzt und oft zum bestimmenden Element einer Farbaufnahme werden. Üppige Farben werden daher von den meisten Fotografen mehr geliebt als Pastelltöne. Wir wollen hier nicht werten - farbenfrohe und pastellfarbige Kombinationen können beide aussagestarke Bildern ergeben -, doch es erklärt die Anziehungskraft starker Farben. Wären sie eine dominierende Komponente der uns umgebenden Landschaft, würden vielleicht mehr Fotografen nach subtilen Schattierungen suchen.

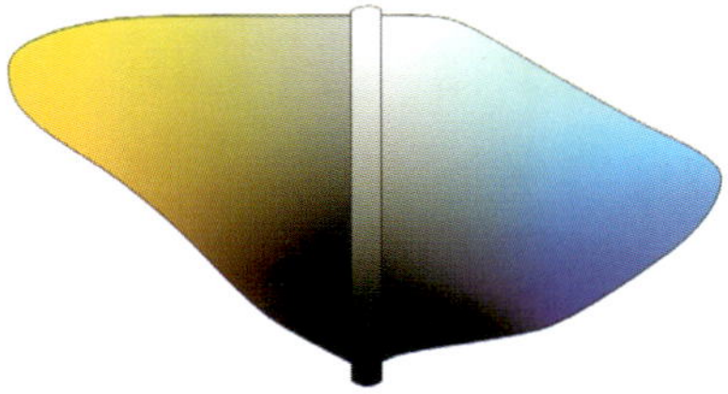

Helligkeit
Wie diese beiden Querschnitte einer HBS-Verteilung zeigen, weisen unterschiedliche Farbtöne maximale Sättigung bei verschiedenen Helligkeitswerten auf. Gelb zum Beispiel hat seine maximale Sättigung auf einer weit helleren Stufe als etwa Purpur.

Farbton (Hue)
Farbton, Helligkeit (als Wert) und Sättigung (Chroma) nehmen in unserem 3-D-Modell jeweils eine Achse ein, welche zu den anderen beiden normal steht. So kann man leicht erkennen, warum der Farbton in Werten von 0° bis 360° Grad gemessen wird.

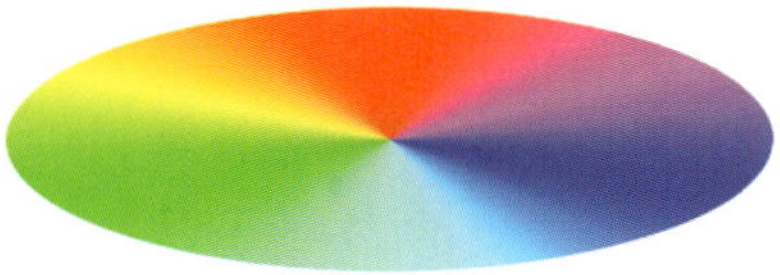

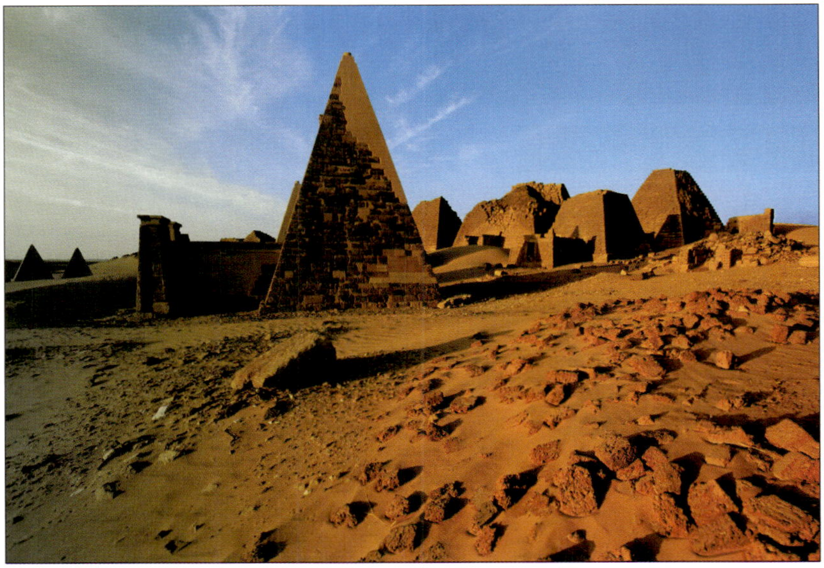

Sättigung
In diesem Bild der alten Pyramiden im Sudan wurde ein Sättigungsverlauf von links (ungesättigt) nach rechts (doppelter Wert der normalen Sättigung) gelegt. Die Wahl des passenden Sättigungswerts ist nicht ganz so einfach, wie es auf den ersten Blick scheint.

Die Farbe des Lichts

Der erste Teil der Farbgleichung ist die Wellenlänge der Lichtquelle – sei es die Sonne, der Kamerablitz oder eine Glühbirne –, und diese beeinflusst die Bandbreite des Spektrums.

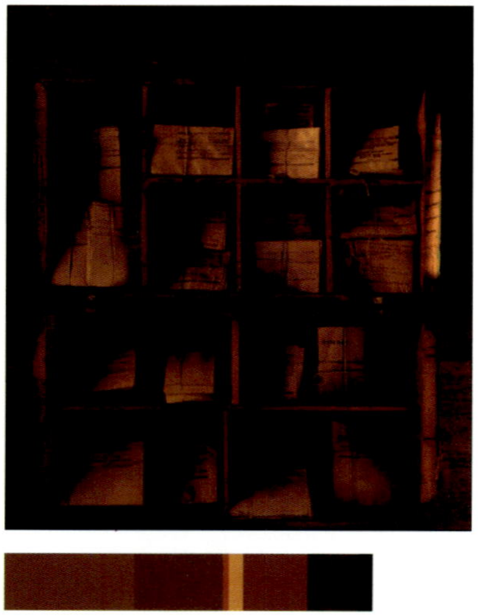

Tiefe Sonne Die Abendsonne beleuchtet durch ein Fenster diese mit Kräutern gefüllten Schachteln im Shakerdorf Hancock und verleiht der Szene ein warmes Strahlen, reich an rötlichen Schatten. In der Tat sind die Farbe und die Schatten die bildbestimmenden Faktoren dieser Aufnahme.

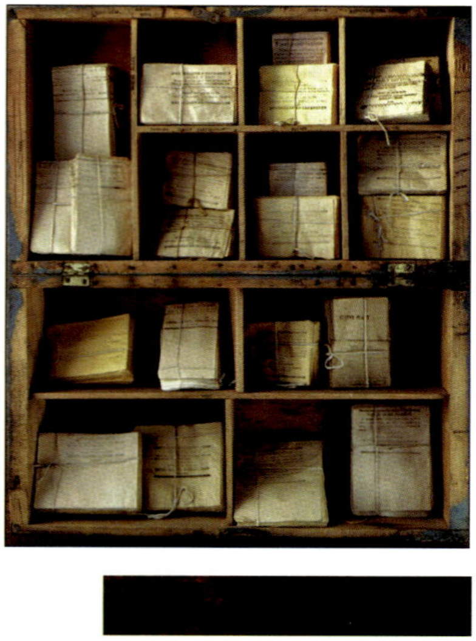

Optimiert Wenn wir das Bild so optimieren, dass das Papier einen neutralen Mittelton annimmt, sehen wir, wie anders – und langweilig – das Bild ohne die Farbe des Lichts aussehen würde.

Das Phänomen „Farbe" entsteht durch die Interaktion von Licht mit Flächen. Das gilt für alles Sichtbare. Licht einer bestimmten Farbe fällt auf einen ebenfalls farbigen Gegenstand. Das, was reflektiert wird (bzw. bei transparenten Materialien durchscheint) und in unsere Augen gelangt, ist eine Mischung aus beidem. Speziell in der Digitalfotografie hat diese Trennung nicht nur akademische Bedeutung.

Wie erwähnt, existiert und funktioniert Farbe auf mehreren Ebenen, deren messbarste und objektivste die Wellenlänge des Lichts ist. Das sichtbare Licht nimmt nur einen kleinen Teil des elektromagnetischen Spektrums ein, welches auch Röntgen- und Infrarotstrahlen sowie Radio- und andere Wellen umfasst, die auf die eine oder andere Art für uns wichtig sind. Dieses Spektrum ist kontinuierlich, von einem Ende zum anderen, und der einzige Punkt, in dem sich Licht von allen anderen Wellen unterscheidet, ist, dass wir es sehen können, wir es quasi selbst definieren. Wie Sir Isaac Newton 1666 feststellte, als er das sichtbare Spektrum mit einem Prisma analysierte, identifizieren wir jede Wellenlänge in dem schmalen Bereich von etwa 400 bis 700 nm oder Millimikron (10^{-9} m oder 1/1000000 mm) anhand eines bestimmten Namens. Traditionellerweise (doch dies ist nur Tradition) unterscheiden wir in diesem Spektrum - in der Natur am deutlichsten in einem Regenbogen zu sehen - sieben Farben: Violett, Indigo, Blau, Grün, Gelb, Orange und Rot, wobei heutzutage Indigo oft weggelassen und das Spektrum in nur sechs Segmente geteilt wird. Alle zusammen ergeben Weiß, jenes Licht, in dem wir die meiste Zeit leben, wenn die Sonne am Himmel steht. Daran ist nichts Geheimnisvolles. Unsere Augen haben sich im Sonnenlicht entwickelt, und unser Gehirn sieht dieses einfache, farblose Licht als normal an. Und, wie Sie aus dem Setzen des Weißabgleichs Ihrer Kamera

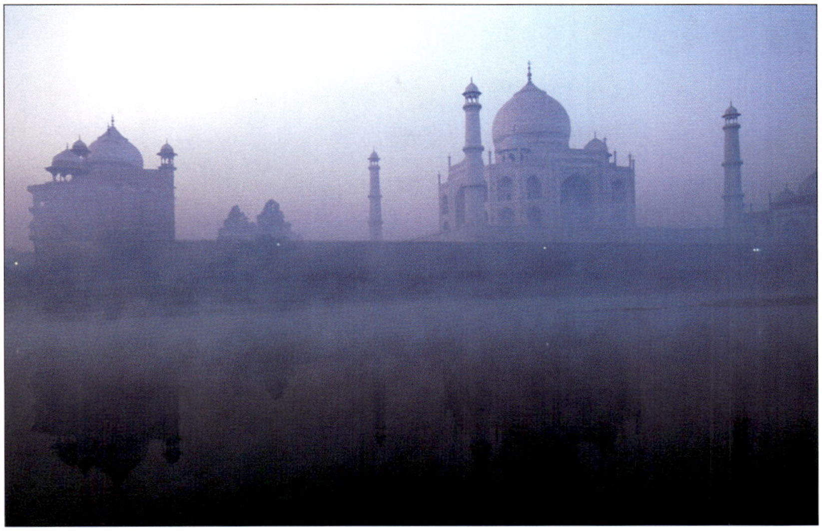

Tadsch Mahal
Vor Sonnenaufgang fängt der Nebel über dem Fluss Yamuna vor allem das Blau des wolkenlosen Himmels und das Magenta der aufgehenden Sonne, noch unter dem Horizont, ein. Im sanften Licht des frühen Morgens ist die Szene in ausgeprägt farbiges Licht getaucht.

wissen, ist dies eine rein praktische, keine theoretische Frage.

Die kürzeste sichtbare Wellenlänge ist Violett, die längste Rot, wobei sich diese beiden Farben so sehr ähneln, dass man alle sichtbaren Farben in einem praktischen Kreis anordnen kann *(siehe Seite 430-431)*. Doch vergessen Sie nicht: Dies ist nur ein Konstrukt. Violett mit 380-450 nm und Rot mit 630-780 nm „treffen" einander nie wirklich, sie führen in verschiedene Richtungen zu Ultraviolett und Infrarot. Interessanterweise kann unser Auge, anders als andere Sinnesorgane, einzelne Wellenlängen - Farben - nicht unterscheiden, wenn sie gemischt werden. Wir sehen einfach eine andere Farbe. Sind alle vorhanden, wird das Licht weiß, bei Sonnenuntergang sehen wir die Mischung von 570 bis 620 nm als „Orangerot".

Farben im elektromagnetischen Spektrum

Das elektromagnetische Spektrum ist unendlich, doch selbst die für uns „nützliche" Bandbreite, von Röntgen- und Gammastrahlen bis zu langwelligen Radiowellen, ist weit größer als der sichtbare Bereich von ca. 400 bis 700 nm.

Violett	380–450 nm
Blau	450–490 nm
Grün	490–560 nm
Gelb	560–590 nm
Orange	590–630 nm
Rot	630–780 nm

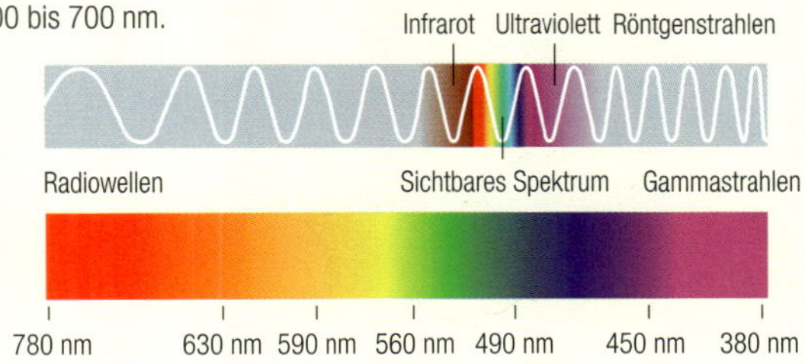

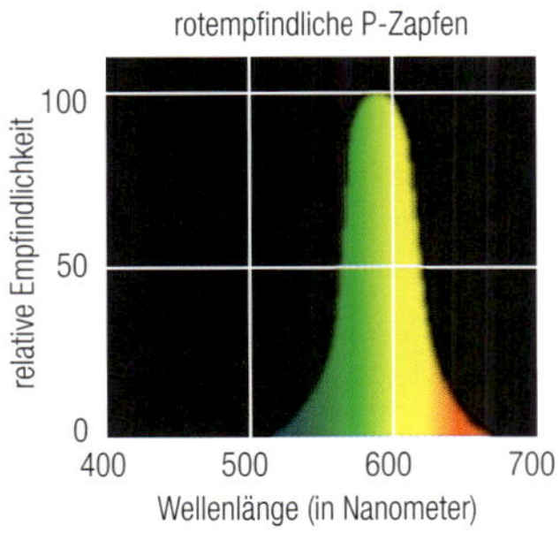

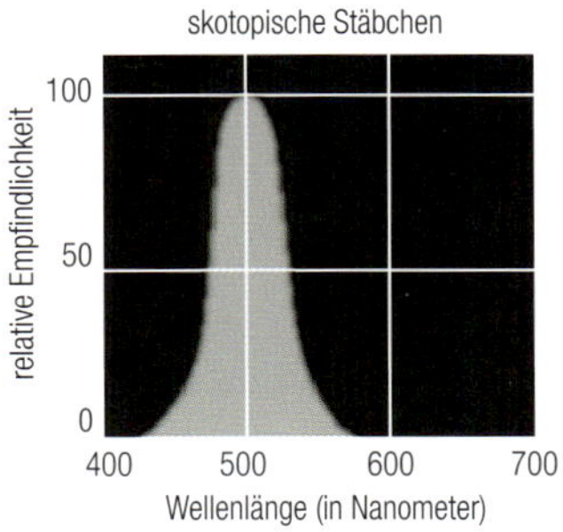

Das Auge und Farben
Unser Auge ist für verschiedene Wellenlängen unterschiedlich empfindlich. Wie Sie sicher ahnen, nehmen wir die mittleren Längen um Gelb und Grün am besten wahr. Daher wirkt Gelb immer hell, Violett immer dunkel – auf den nächsten Seiten erfahren wir mehr. Die Wahrnehmungsfähigkeit des Auges hängt auch von der Helligkeit ab. Farben werden von den Zapfen auf der Netzhaut wahrgenommen – photopisches Sehen –, doch bei wenig Licht übernehmen die farbunempfindlichen Stäbchen – skotopisches Sehen. Wie die Diagramme zeigen, liegt die maximale Empfindlichkeit der Systeme bei jeweils anderen Wellenlängen *(siehe Seiten 482–485)*.

Die Farben von Gegenständen

Die zweite Komponente der Farbgleichung ist die Fläche, welche vom Licht getroffen wird. Je nach Art wird sie das Licht reflektieren, zum Teil absorbieren oder durchscheinen lassen – dadurch wird ein Objekt „farbig".

Blätter sind grün, unsere Haut ist rosig und Löwenzahn ist gelb - bekannte Eigenschaften, die im Wesen der Dinge selbst liegen. Diese allgemeine Einsicht bekommt allerdings in der Digitalfotografie eine besondere Bedeutung und wird leicht übersehen, wenn es darum geht, Farben abzustimmen. Die Farbe, die wir sehen und die die Kamera aufnehmen wird, hängt nicht nur von der Lichtquelle, sondern auch von der Oberfläche ab, die das Licht trifft. Da die Menüs digitaler Kameras so viel Gewicht auf die Messung der Farbtemperatur des Lichts und die Anpassung des Sensors mit Hilfe des Weißabgleichs legen, wird der Beitrag der Oberfläche des Objekts nur allzu leicht übersehen.

Die Beschaffenheit der Oberfläche bestimmt unter anderem, wie viel Licht reflektiert, absorbiert und durchgelassen wird. Ein glänzend weißer Anstrich wird einen Großteil des Lichts reflektieren, nichts durchlassen und sehr wenig absorbieren, sodass das meiste Licht zurückgeworfen wird. Im Gegensatz dazu wird schwarzer Samt das meiste Licht absorbieren. Das scheint offensichtlich, da wir ja Objekte und Oberflächen gerade anhand dieser Eigenschaft beschreiben. Außer weißen, schwarzen und grauen

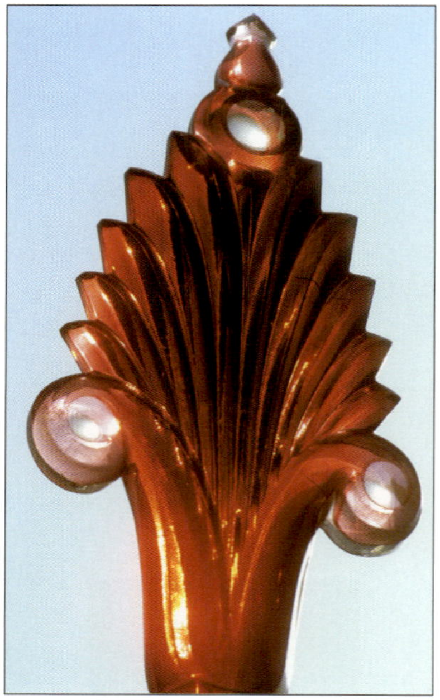

Rotes Glas
Farbiges Glas hat eine lange Tradition in dekorativen Objekten, von den bunten Glasfenstern europäischer Kirchen bis zu dieser Kreuzblume am Dach des Lake Palace in Udaipur, Indien.

Lichtbrechung und Farbe

Die Brechzahl (Brechungsindex) kennzeichnet das Verhältnis zwischen der Geschwindigkeit des Lichts im Vakuum (etwa des Sonnenlichts auf dem Weg zur Erde) und der langsameren in einem durchsichtigen Körper (Luft, Wasser, Glas usw.). Je höher die Brechzahl, desto langsamer ist das Licht. Trifft das Licht in einem anderen als dem rechten Winkel auf eine Oberfläche, ändert es die Richtung – die Basis optischer Linsen. Die Brechzahl ist zudem von der Wellenlänge abhängig, sie ist für längere Wellenlängen höher als für kurze. Daher sind Prismen und Regentropfen in der Lage, das Spektrum zu teilen.

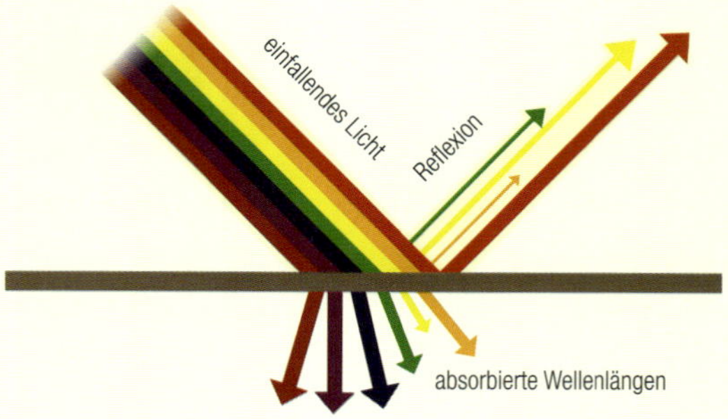

Oberflächen reagieren allerdings alle anderen Objekte selektiv auf das auftreffende Licht, manche Wellenlängen - Farben - werden bevorzugt. Reflexion und Absorption arbeiten gegengleich. Blätter sind grün, da sie Rot absorbieren, die Blüten des Löwenzahns absorbieren Blau und sind daher gelb.

Transparente Materialien lassen mehr Licht durch, als sie reflektieren oder absorbieren, und wenn sie dies selektiv tun (wie etwa 3-D-Brillen), erscheinen sie farbig. Zudem steigt der Effekt mit zunehmender Tiefe. Da Glas ein wenig Rot absorbiert, erscheint dickes Glas grünlich, während Wasser zuerst Rot und dann Grün absorbiert, bis es in großen Tiefen nur mehr blau ist, wie alle Unterwasser-Fotografen wissen, die die fehlenden Farben mit einem Blitz wiederherstellen müssen. Meerwasser in Ihrer Hand scheint farblos, doch mit einer Tiefe von 10 m über weißem Sand sieht es von oben blau aus.

Metamerie

Manche Farben, die bei bestimmten Lichtverhältnissen ähnlich oder gleich aussehen, könne sich „in anderem Licht betrachtet" stark unterscheiden. Besonders deutlich wird der Effekt im Unterschied zwischen Tages- und Kunstlicht oder zwischen Tageslicht und bestimmten Leuchtstoffröhren.

Farbige Objekte, farbiges Licht

Ist die Lichtquelle selbst farbig, wird die Gleichung komplizierter. Im orange-roten Licht des frühen Morgens erscheinen zum Beispiel sattgrüne Blätter recht dunkel, da sie rotes Licht absorbieren und dessen Anteil in diesem Fall einen Großteil des gesamten Lichts ausmacht. Hat das Licht selbst eine intensive Farbe, wie etwa die Straßenbeleuchtung von Natriumdampflampen, werden alle Flächen, die diese spezielle Wellenlänge absorbieren, fast völlig schwarz erscheinen.

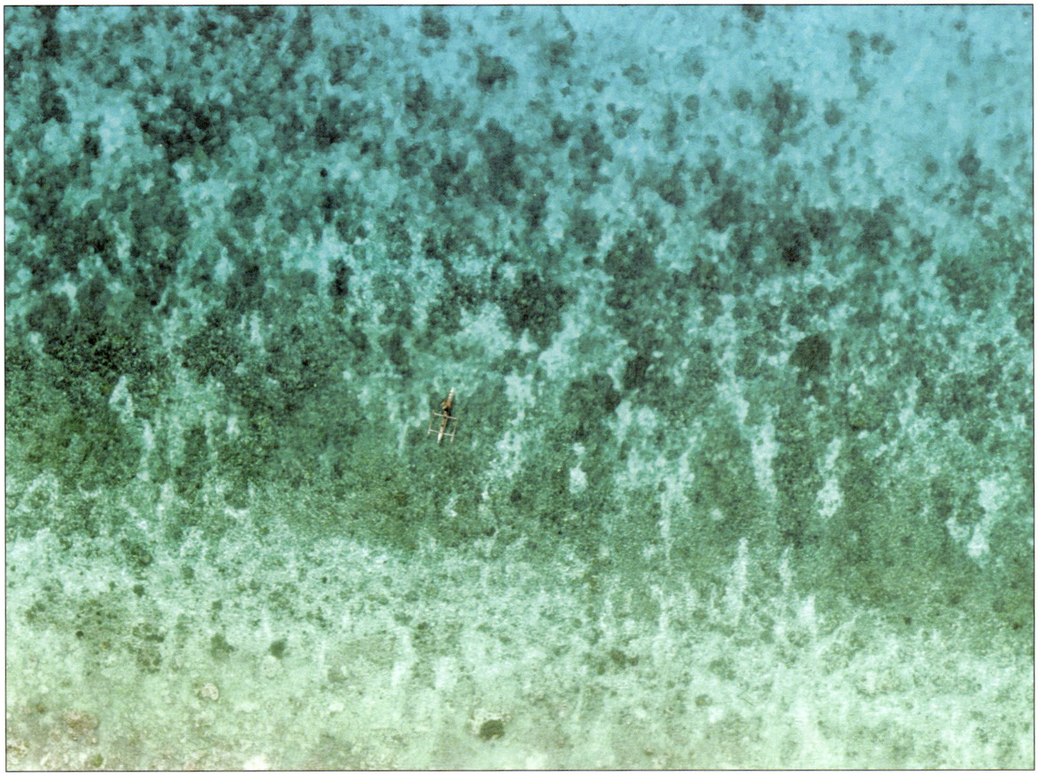

Farbe und Tiefe
Eine Luftaufnahme der flachen Gewässer vor der Küste einer Insel der Philippinen zeigt deutlich, wie die Wassertiefe die Farbe des Meerwassers beeinflusst. In diesem Bild wird das Wasser von unten nach oben immer tiefer, die Farbe des Wassers wechselt von Grün zu immer intensiverem Blau.

Rot

Rot ist eine der auffälligsten, stärksten Farben und zieht die Aufmerksamkeit sofort auf sich. Darüber hinaus ruft die Farbe starke Assoziationen hervor.

Zwischen kühleren Farben, vor allem Blau und Grün, scheint Rot auf den Betrachter zuzustreben. Es scheint „vor" den anderen Farben zu liegen und kann in der richtigen Kombination von Objekt und Farbintensität einen tatsächlich wahrnehmbaren, dreidimensionalen Effekt hervorrufen. Rot hat beträchtliche kinetische Energie und strahlt, wie wir später sehen werden *(siehe Seiten 482–485)*, am stärksten auf andere Farben aus.

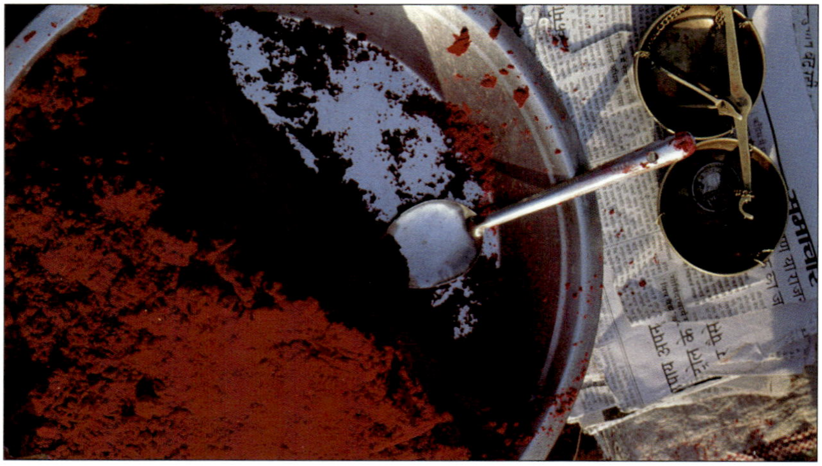

Tilaka
Der rote Punkt, den Hindus in der Mitte der Stirn tragen, ist so weit verbreitet, dass das rote Kumkum-Pulver auf den Märkten im ganzen Land haufenweise zu finden ist.

Rot beleuchtet
In künstlich gefiltertem Rotlicht erhalten Objekte eine besondere tonale Qualität. Die Schatten sind schwarz, doch die Lichter bleiben rot und überstrahlen nicht wie bei weißem Licht. Das Bild weist einen eingeschränkten Tonwertumfang auf. Sie können diesen Effekt mit einem Wratten-25-Rotfilter auf dem Objektiv reproduzieren.

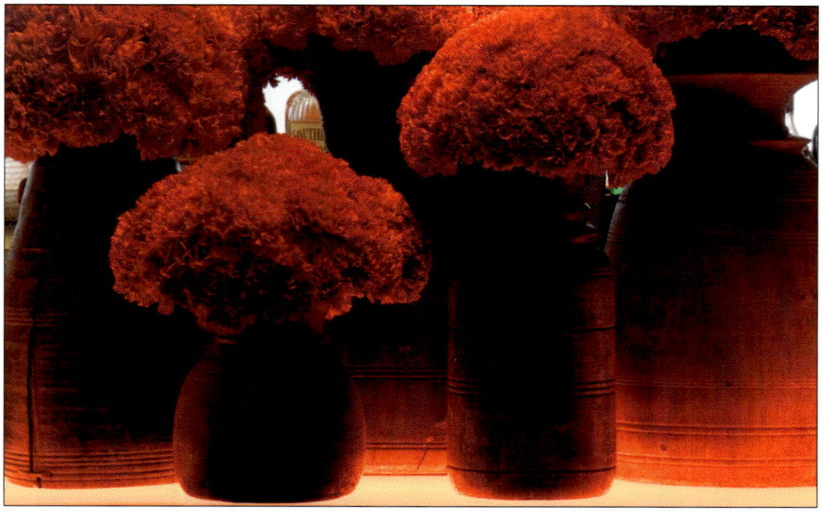

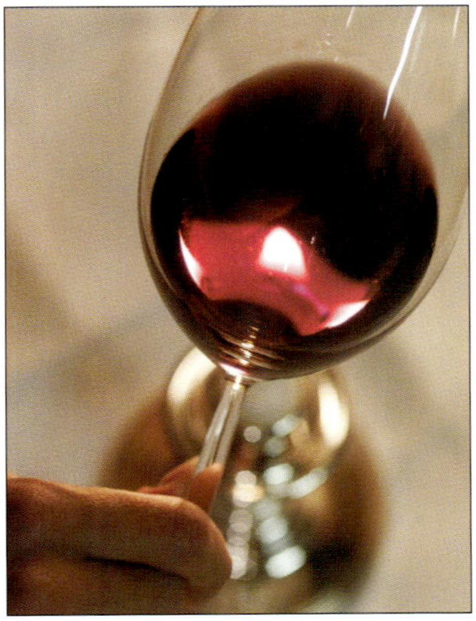

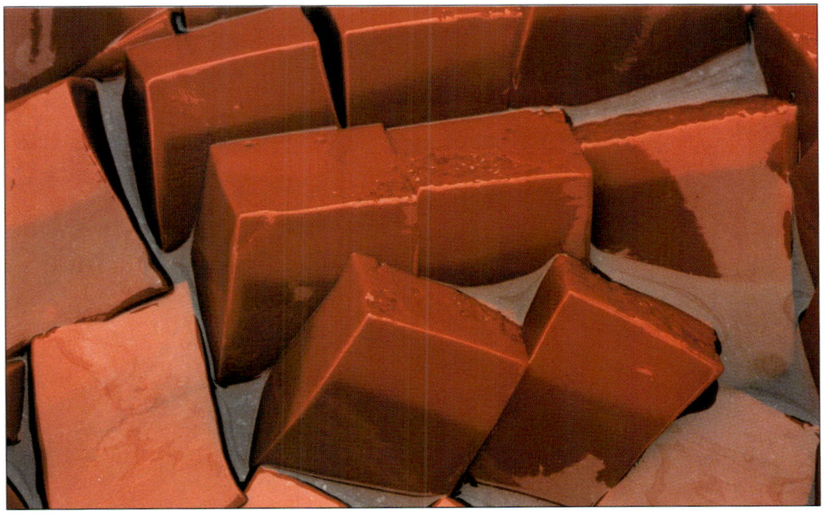

Rotwein
Um die subtilen Unterschiede im Farbton des Weins besser erkennen zu können, benutzt ein französischer Sommelier traditionellerweise das warme Licht einer Kerze. Wenn man durch das Glas in die Flamme sieht, hat das flackernde Licht den Vorteil der vertrauten Farbtemperatur: Da es rötlicher ist als Tageslicht, kommt die Farbe des Weines besser zur Geltung.

Primärfarbe
Dieses Bild wird von den Betrachtern meist mehr geschätzt, bevor sie wissen, was es ist – Blöcke von geronnenem Schweineblut, die auf einem Markt im Norden von Laos angeboten werden. Nichtsdestotrotz ist die Assoziation von Rot mit Blut eine der stärksten.

Zinnober
Als bevorzugtes Pigment der Maler aller Jahrhunderte war Zinnober immer der intensivste und auch teuerste Farbstoff. Dieser antike Block wird in einem Skriptorium für eine von Hand auf Pergament geschriebene Bibel verwendet.

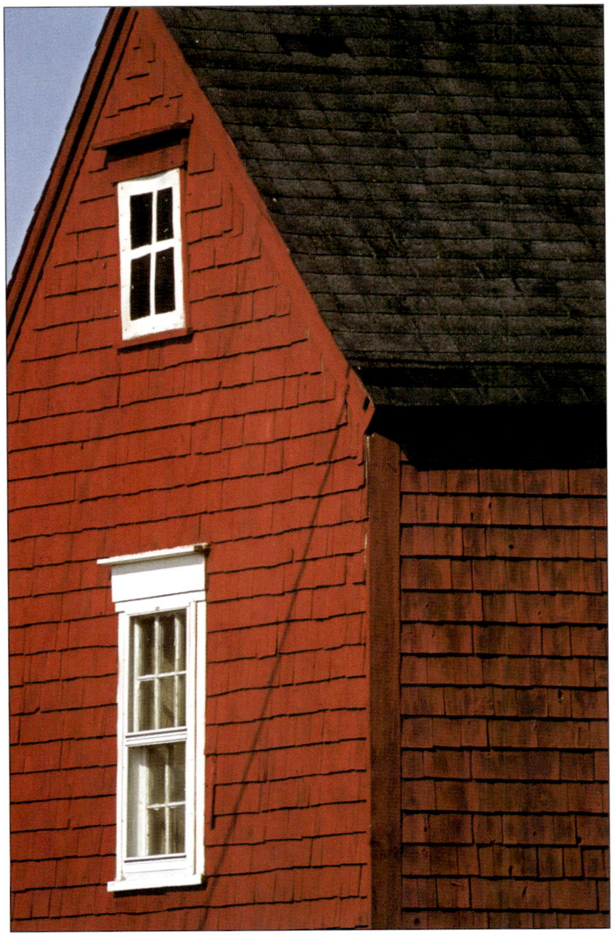

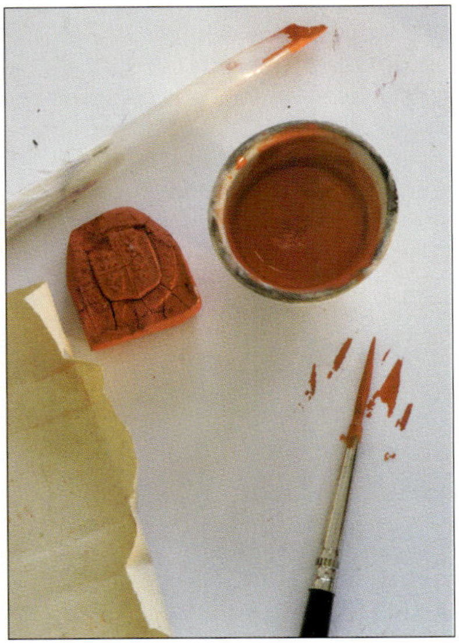

Traditionell rote Farbe
Überall an der Nordostküste Amerikas war Rot schon immer als Anstrich für Schuppen und andere Gebäude aus Holz beliebt, wie hier in New Brunswick, Kanada.

Gelb

Gelb ist die hellste, „leichteste" aller Farben, seine Strahlkraft ist seine hervorragendste Eigenschaft, sowohl was die praktische Verwendung als auch die symbolische Bedeutung betrifft.

Gelb gibt es nicht in dunklen Schattierungen – wird es mit Schwarz vermischt, entsteht daraus eine erdige Farbe zwischen Braun und Grün –, denn dunkles Gelb ist im Vergleich zu anderen Farben immer noch strahlend und hell. Wenn es, wie in vielen Bildern, auf dunklem Hintergrund steht, scheint Gelb Licht auszustrahlen. Seine Brillanz mit anderen Farben zu vergleichen, ist schwer: Ein ähnlich helles Blau etwa würde sehr blass wirken. Gelb weist eine geringe Bandbreite an Farbtönen auf. Um rein zu sein, muss es einen exakten Ton haben, selbst die geringste Abweichung nach Grün ist bereits auffällig. Alle Farben ändern ihren Charakter, wenn sie mit anderen kombiniert werden, doch Gelb ist dabei besonders anfällig, wie die Bilder unten zeigen: Es strahlt am meisten gegen Schwarz und verblasst auf weißem Grund. Neben Orange und Rot sorgt es für noch mehr Helligkeit, und es bildet einen starken Kontrast zu Blau und Violett.

Gelb ist kraftvoll und scharf im Ausdruck, niemals friedlich oder ruhig. Wahrscheinlich unterstützt durch die Assoziation mit Zitronen (als einer

Ein eingeschränkter Bereich

Mit reinem Gelb in der Mitte bewegt sich der Farbtonbereich nach links gegen Grün und nach rechts gegen Orange. Nur der persönliche Geschmack wird diese Grenze ziehen, doch für die meisten Menschen wird Gelb sehr schnell zu Grün bzw. Orange, „verschmutztes" Gelb wird von den Wenigsten als Gelb anerkannt.

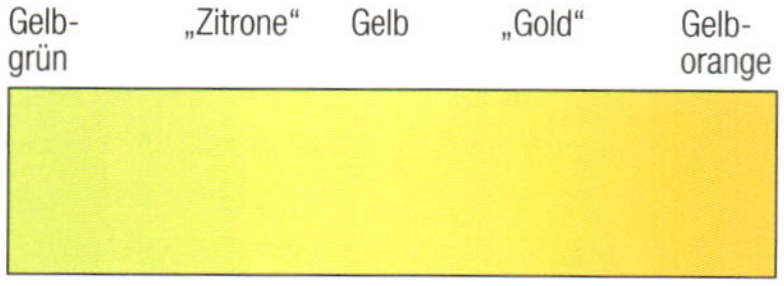

Variable Energie

Wie die beiden Farbquadrate zeigen, zieht eine helle Farbe wie Gelb Energie aus der dunklen Umgebung, während sie auf weißem Grund blässlich wirkt. Das gelbe Quadrat in der Mitte ist beide Male gleich. Man muss kein Experte in optischen Phänomenen sein, um die realen Auswirkungen dieses Umstand auf die Fotografie zu erkennen. Das Gelb des Ölfläschchens ist tatsächlich mehr gesättigt als das Espenlaub, doch der dunkle Hügel im Hintergrund lässt dieses deutlich farbiger und intensiver wirken. Sowohl das Öl als auch die Blätter sind im Gegenlicht aufgenommen, um störende Reflexe zu vermeiden.

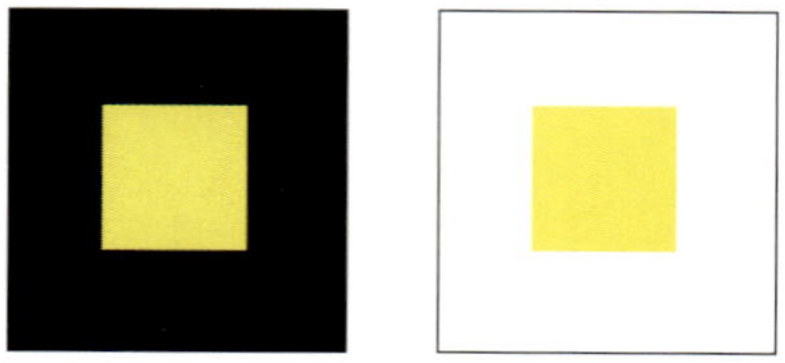

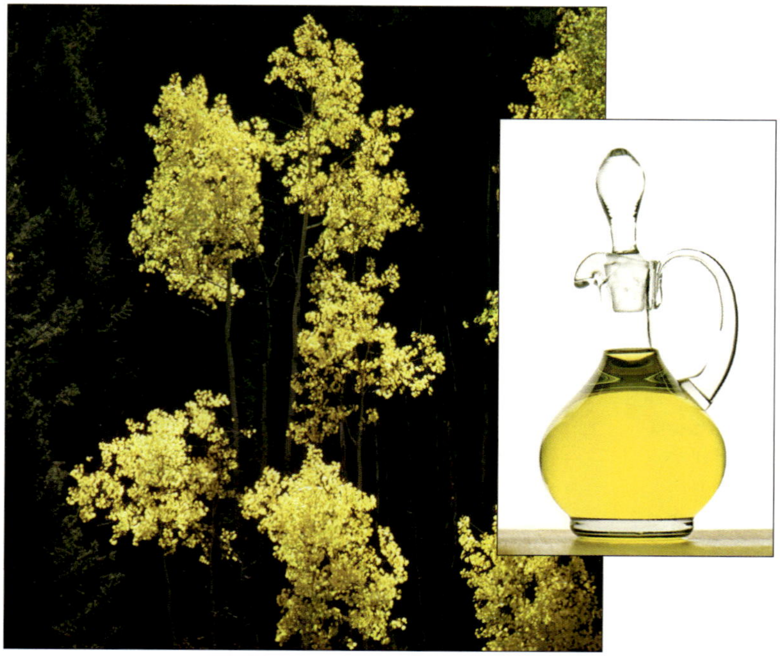

allgemein anerkannten Variante von Gelb) kann es sogar stechend und beißend wirken, sodass es zum Beispiel für die Foodfotografie keinesfalls als Hintergrund geeignet ist. Andere Assoziationen sind in der Hauptsache entweder aggressiv oder fröhlich.

Wie bei den meisten Farben lassen sich der Ausdruck und die Symbolik von Gelb nicht klar trennen. Viel von seiner Kraft stammt aus dem am weitesten verbreiteten Symbol: der Sonne (die allerdings meist weiß ist, so lange sie nicht so tief steht, dass wir sie mit freiem Auge betrachten können). Darüber hinaus symbolisiert Gelb das Licht im Allgemeinen. Eine weitere Assoziation mit einem konkreten Objekt ist Gold, obwohl ein gelbliches Orange dafür eher zutrifft.

In großen Szenen und Landschaften ist Gelb selten, man findet es eher in kleinen Objekten, etwa Pflanzen: Butterblumen, Löwenzahn, Ringelblumen und Herbstlaub oder Früchten wie Zitronen und Melonen. Auch Eidotter kommen einem sofort in den Sinn. Als Mineral zeigt Schwefel ein intensives Gelb, er kommt aber kaum je in reiner Form vor und ist meist in Vulkangestein eingeschmolzen. Als Farbe und Anstrich für von Menschen gemachte Dinge ist Gelb immer dann beliebt, wenn man Aufmerksamkeit erregen will: Straßenschilder, amerikanische Schulbusse, deutsche Postkästen und Regenkleidung sind oft gelb. Gleichzeitig wirkt Gelb hell und fröhlich.

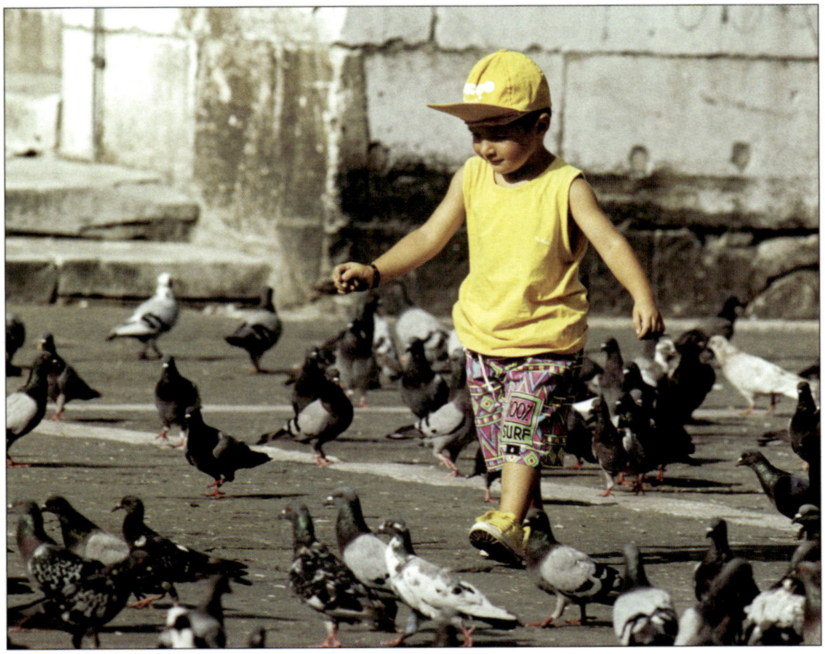

Gelbschattierungen

PALE GOLDENROD (BLASSE GOLDRUTE – #EEE8AA)

LIGHT GOLDENROD YELLOW (HELLE GOLDRUTE – #FAFAD2)

LIGHT YELLOW (HELLGELB – #FFFFE0)

GELB (#FFFF00)

GOLD (GOLDGELB – #FFD700)

WHEAT (WEIZENGELB – #F5DEB3)

GOLDENROD (GOLDRUTE – #DAA520)

DARK GOLDENROD (DUNKLE GOLDRUTE – #B8860B)

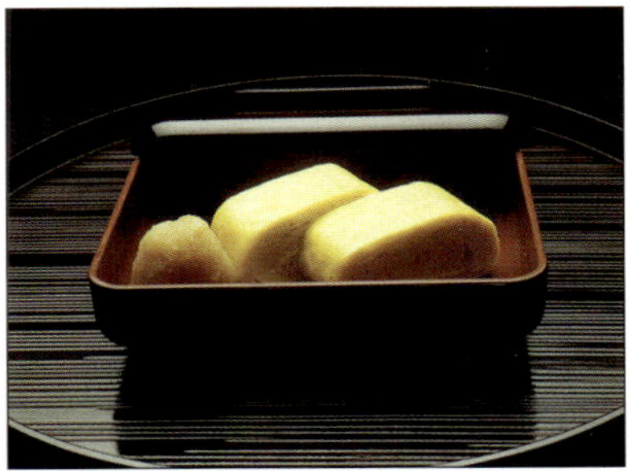

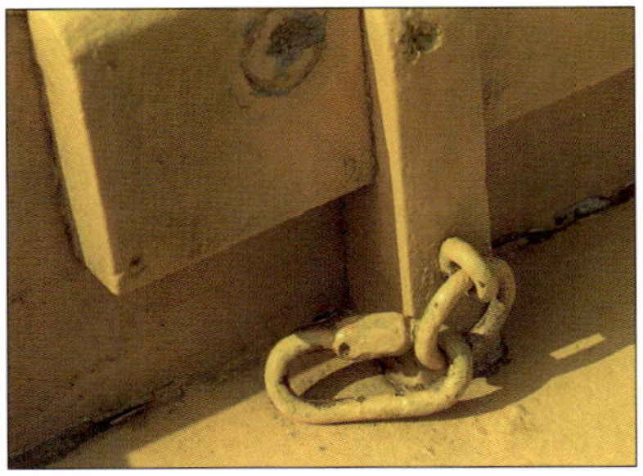

Eier
Das japanische Gericht Dashimaki Tamago, ein gerolltes Omelette, zeigt das typische Gelb der Mischung aus Dotter und Eiklar. Die Präsentation japanischer Gerichte ist seit jeher für das Auge ansprechend, da wir „mit den Augen zuerst essen", wie ein Sprichwort sagt. Daher unterstreicht die dunkelrote Schüssel das strahlende Gelb.

Heller Anstrich
Die Strahlkraft von Gelb lässt viele immer dann dazu greifen, wenn ein Gegenstand besonders hervorstechen soll, sei es aus funktionalen Gründen (zur Sicherheit oder um Aufmerksamkeit zu erregen) oder aus Freude an einer fröhlichen, freundlichen Farbe, wie bei dem kleinen Fischerboot am Mittelmeer.

Blau

Diese ruhige, recht dunkle und vor allem kühle Farbe mit einer breiten Palette unterscheidbarer Schattierungen ist in Fotografien häufig anzutreffen.

Blau ist eine zurückhaltende, weit stillere und weniger aktive Farbe als Rot. Sie ist die dunkelste der drei Primärfarben und wirkt am stärksten in einer tiefen Variante. Im Gegensatz zu dem opaken Rot wirkt Blau transparent. Obwohl reines Blau weder zu Grün noch zu Violett tendiert, hat die Farbe einen breiten Spielraum, sodass reines Blau schwer zu erkennen ist. Tatsächlich ist klares, exaktes Blau weit schwerer zu identifizieren als Rot oder Gelb, besonders wenn andere Schattierungen als Vergleich fehlen. Es könnte eine nützliche Übung sein, einige Aufnahmen von Objekten, die Sie für „blau" halten, nebeneinander zu legen. Oft werden Sie von der Vielfalt unterschiedlicher Farbtöne überrascht sein, denn ohne entsprechende Übung hält das Auge einen Farbton für „reiner", als er tatsächlich ist.

Ein Strand in den Tropen
Eine klassische Szene: der Blick durch Palmen auf ein flaches Riff in der Karibik. Vergleichen Sie die Farbe mit der Luftaufnahme *(siehe Seite 439)* – von vorne gesehen reflektiert das Wasser den hellen, blassen Himmel am Horizont. Das blassgrüne Wasser in der Ferne lässt das knapp unter der Oberfläche liegende Korallenriff erahnen.

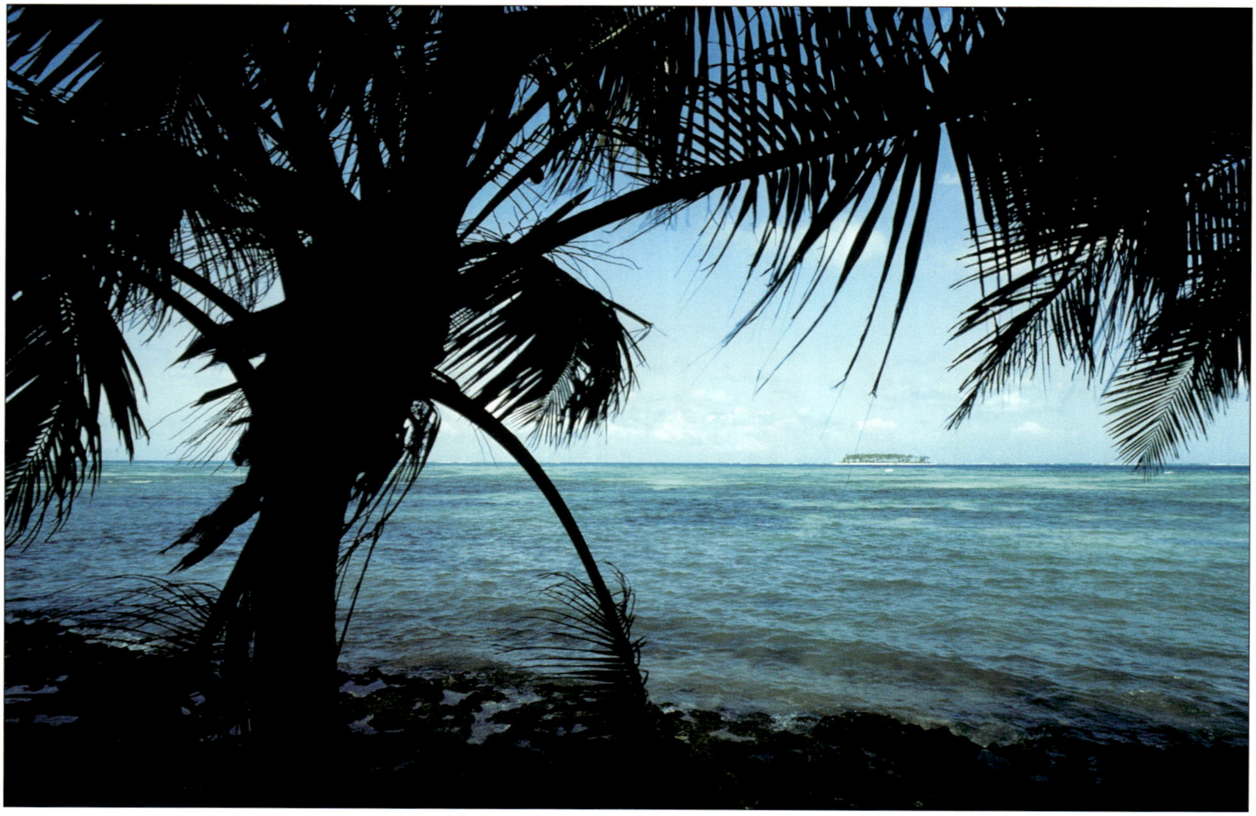

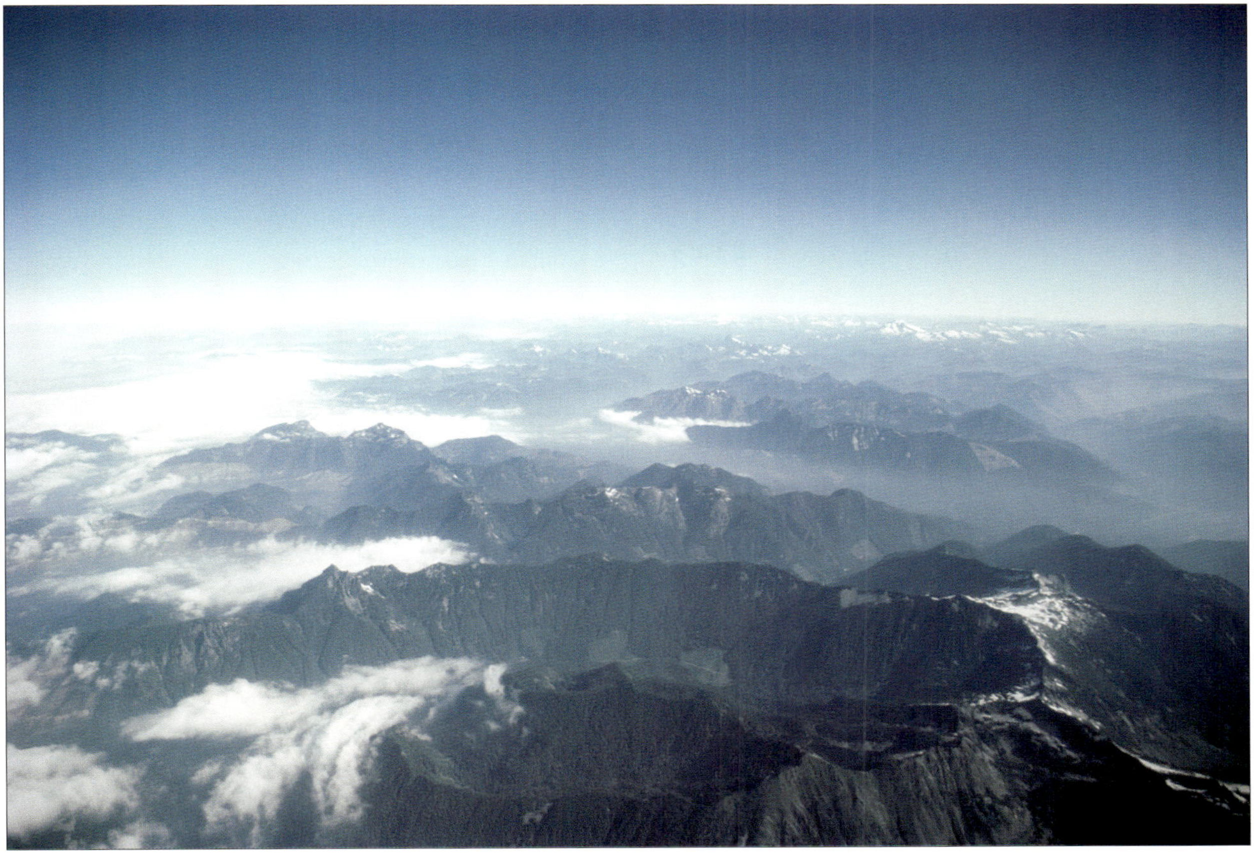

Vom Ausdruck her ist Blau vor allem kühl. In Innenräumen lässt es uns die Raumtemperatur als niedriger empfinden, als es tatsächlich der Fall ist. Auch in anderen Punkten zeigt sich der Gegensatz zu Rot: Blau wirkt fern und passiv. Es suggeriert eine in sich gekehrte Nachdenklichkeit. Die wichtigste Symbolik zieht Blau aus seinen häufigsten Erscheinungsformen in der Natur: dem Himmel und dem Wasser. Aber es existieren auch andere, persönliche Assoziationen, so schrieb der Maler August Macke, Mitglied des „Blauen Reiters" (Künstlergemeinschaft des Expressionismus im frühen 20. Jahrhundert): „Blau ist das männliche Prinzip, scharf und durchgeistigt ..."

Für den Fotografen ist Blau eine sehr leicht zu entdeckende Farbe, da die kurzen Wellenlängen von der Atmosphäre gestreut werden. Daher zeigt sich der Himmel an klaren Tagen blau, ebenso wie seine Reflexionen (in der Form von Schatten oder an der Wasseroberfläche). Wasser absorbiert die Farben des Spektrums selektiv, beginnend bei Rot, sodass Aufnahmen in klarem, tiefem Wasser einen deutlichen Blaustich aufweisen.

Dem Himmel nah

Ein wolkenloser Himmel ist die für Fotografen am leichtesten zugängliche Quelle für strahlendes Blau, und je höher man steigt, desto intensiver wird seine Farbe. Hier wurden die Cascades, eine Bergkette im Staat Washington, aus einer Höhe von 9000 Metern aufgenommen.

Grün

Grün ist nicht nur die dominierende Farbe in der Natur, sondern auch jene, für die unser Auge am empfindlichsten ist. So fällt es uns leicht, eine Vielzahl von Grüntönen zu unterscheiden.

Angesiedelt zwischen Gelb und Blau weist Grün die größte Bandbreite aller Primärfarben auf. Es kann viele verschiedene Schattierungen annehmen - je nachdem, wie hoch der Gelb- bzw. Blauanteil ist -, und jede hat ihre eigene Charakteristik. Obwohl nur von mittlerer Helligkeit wird Grün vom Auge am besten wahrgenommen: Bei gedämpfter Beleuchtung sehen wir in grünem Licht besser als bei jeder anderen Wellenlänge.

Grün ist die dominierende Farbe der Natur, und daher rührt auch seine Ausdruckskraft und meist positive Symbolik. Pflanzen sind grün, daher gilt Grün als die Farbe des Wachsens und Gedeihens, oft suggeriert es auch Hoffnung und Fortschritt. Aus demselben Grund assoziieren wir Gelbgrün mit Frühling und Jugend. Auch in Symbolen wird Grün in diesem Sinnzusammenhang verwendet - Jugend, Wachstum und Natur, im Besonderen Vegetation. Als spezielles Beispiel mag das Grün der Verkehrsampel dienen, das im Gegensatz zum Rot der Gefahr „Freie Fahrt" signalisiert.

Grüntöne

- DARK GREEN (DUNKELGRÜN – #006400)
- DARK OLIVE GREEN (DUNKLES OLIVGRÜN – #556B2F)
- DARK SEA GREEN (DUNKLES MEERGRÜN – #8FBC8F)
- SEA GREEN (MEERGRÜN – #2E8B57)
- MEDIUM SEA GREEN (MITTELMEERGRÜN – #3CB371)
- LIGHT SEA GREEN (HELLES MEERGRÜN – #20B2AA)
- PALE GREEN (BLASSGRÜN – #98FB98)
- SPRING GREEN (FRÜHLINGSGRÜN – #00FF7F)
- LAWN GREEN (GRASGRÜN – #7CFC00)
- GRÜN (#008000)
- CHARTREUSE (#7FFF00)
- M. SPRING GREEN (M. FRÜHLINGSGRÜN – #00FA9A)
- GREEN YELLOW (GRÜNGELB – #ADFF2F)
- LIME GREEN (LIMONENGRÜN – #32CD32)
- YELLOW GREEN (GELBGRÜN – #9ACD32)
- FOREST GREEN (WALDGRÜN – #228B22)

Kiesel im Teich
Dieser kleine Teich in einem Shinto-Garten in Tokio soll die Farben des waldigen Hügellands ins südliche Japan holen. Der Künstler hat in dem steinernen Becken im Unterholz der Farne geschickt eine Vielzahl grüner Kiesel angeordnet.

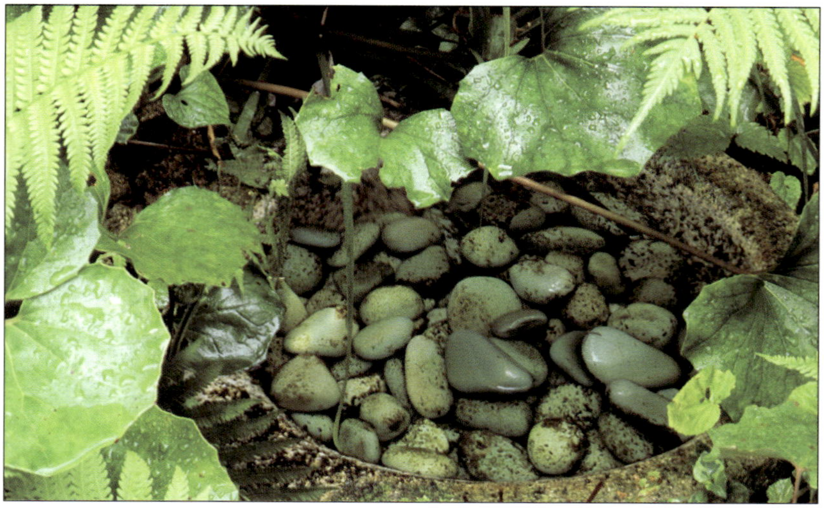

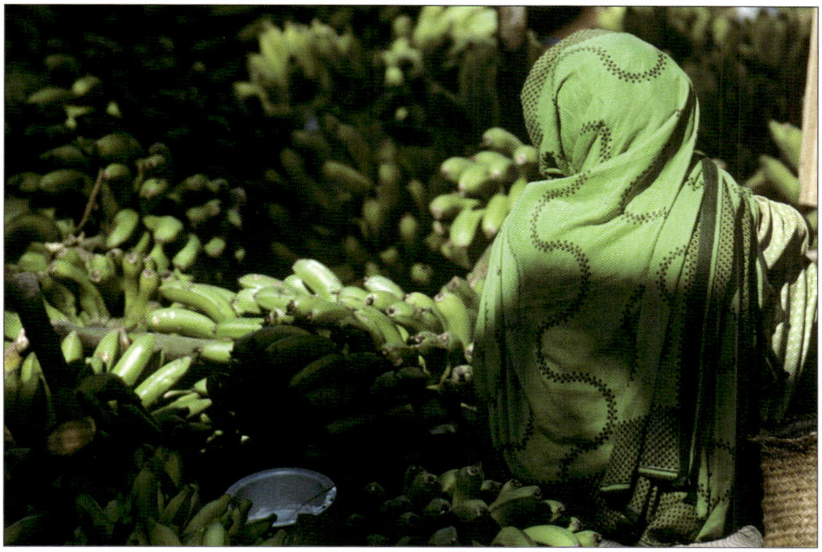

Markt auf den Komoren
Der Morgenmarkt in Moroni, der Hauptstadt der Republik Komoren auf der Hauptinsel Njazidja: Die grünen Bananen harmonieren mit der ebenfalls grünen Kleidung der Händlerin – eine Farbe, die in der islamischen Welt religiöse Bedeutung hat.

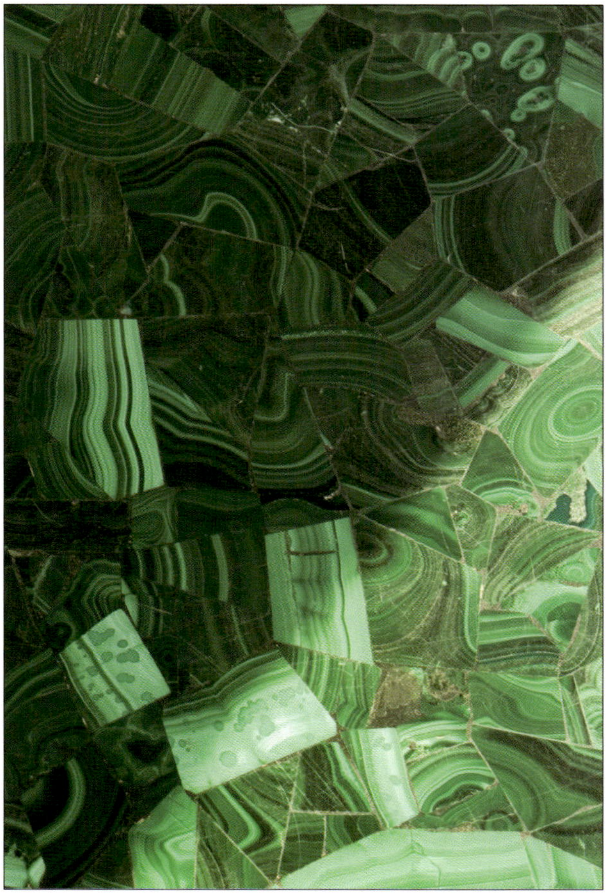

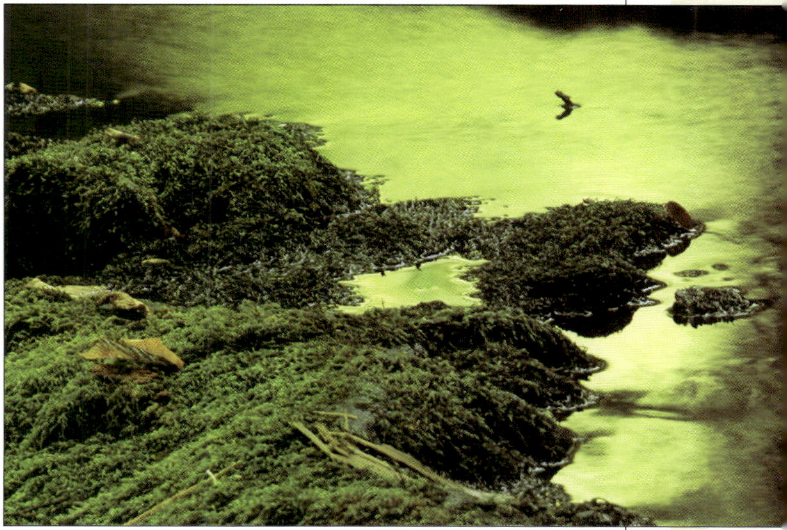

Malachit
Von allen Mineralien zeigt der Malachit das intensivste Grün, der strahlende, fast grelle Farbton erinnert an Veroneser Grün. Hier wurde der Stein für die Einlegearbeit in einer Tischplatte in einem indischen Palast verwendet.

Das Grün des Waldes
Ein Wald an der Küste der Fundybai in New Brunswick, Kanada: Helles Sonnenlicht bestrahlt das dichte Blattwerk, das sich im Wasser eines Stroms spiegelt, der moosbedeckte Felsen umfließt. Durch die lange Belichtungszeit wurden die Wellen unscharf, das Grün tritt noch deutlicher hervor.

Violett

Die Mischung aus Rot und Blau gilt als die am schwersten fassbare aller Farben, sowohl was unsere Fähigkeit betrifft, sie zu erkennen, als auch, sie auf einem Foto einzufangen.

Vielen Menschen fällt es schwer, reines Violett zu erkennen, oft wählt man stattdessen Purpur. Es lohnt sich, es selbst zu versuchen und mit den hier abgebildeten Farbstreifen zu vergleichen. Die Schwierigkeit Violett zu erkennen geht Hand in Hand mit dem Problem, diese Farbe fotografisch festzuhalten und wiederzugeben. Das Gamut von Bildschirmen und Druckertinten versagt meist gerade bei diesem Farbton. Sie können dies selbst testen, wenn Sie eine Reihe von Blüten in unterschiedlichen Violetttönen fotografieren. Reines Violett ist die dunkelste aller Farben, aufgehellt wird es zu Lavendel und in sehr dunklen Schattierungen wird es leicht mit Dunkel- oder Schwarzblau verwechselt. Überwiegt der Rotanteil, wird es zu Purpur oder Magenta und mit weniger Rot verläuft es zu Blau. Der kritische Unterschied liegt daher im Bereich zwischen Violett und Rot.

Birmesische Nonnen
Die Kleidung dieser Nonnen im Kloster von Sagaing in der Nähe von Mandalay ist rosa und rot, doch die bläulichen Schatten eines klaren Tages färben sie violett.

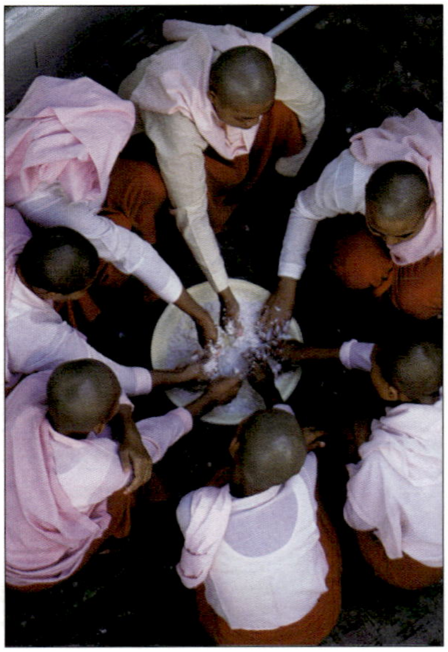

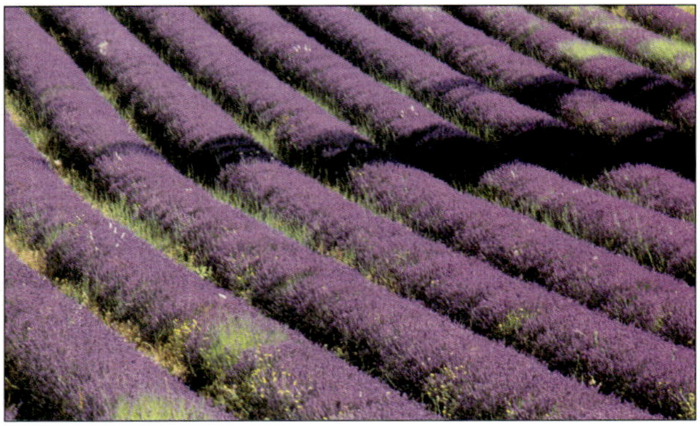

Lavendelfelder
In der Provence, im Süden Frankreichs, wächst Lavendel in langen Reihen auf den Feldern. Seine Farbe gilt einerseits als eigenständig, fällt andererseits aber auch in das breite Spektrum von Violett als sekundärem Farbton.

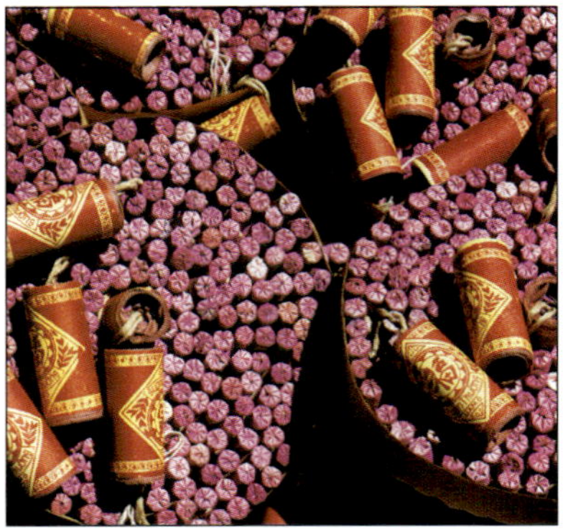

Neujahrsfeuerwerk
In den Tagen vor „Tet“, dem vietnamesischen Neujahrsfest, das am 9. Februar gefeiert wird, werden überall auf Marktständen Feuerwerke zum Kauf angeboten.

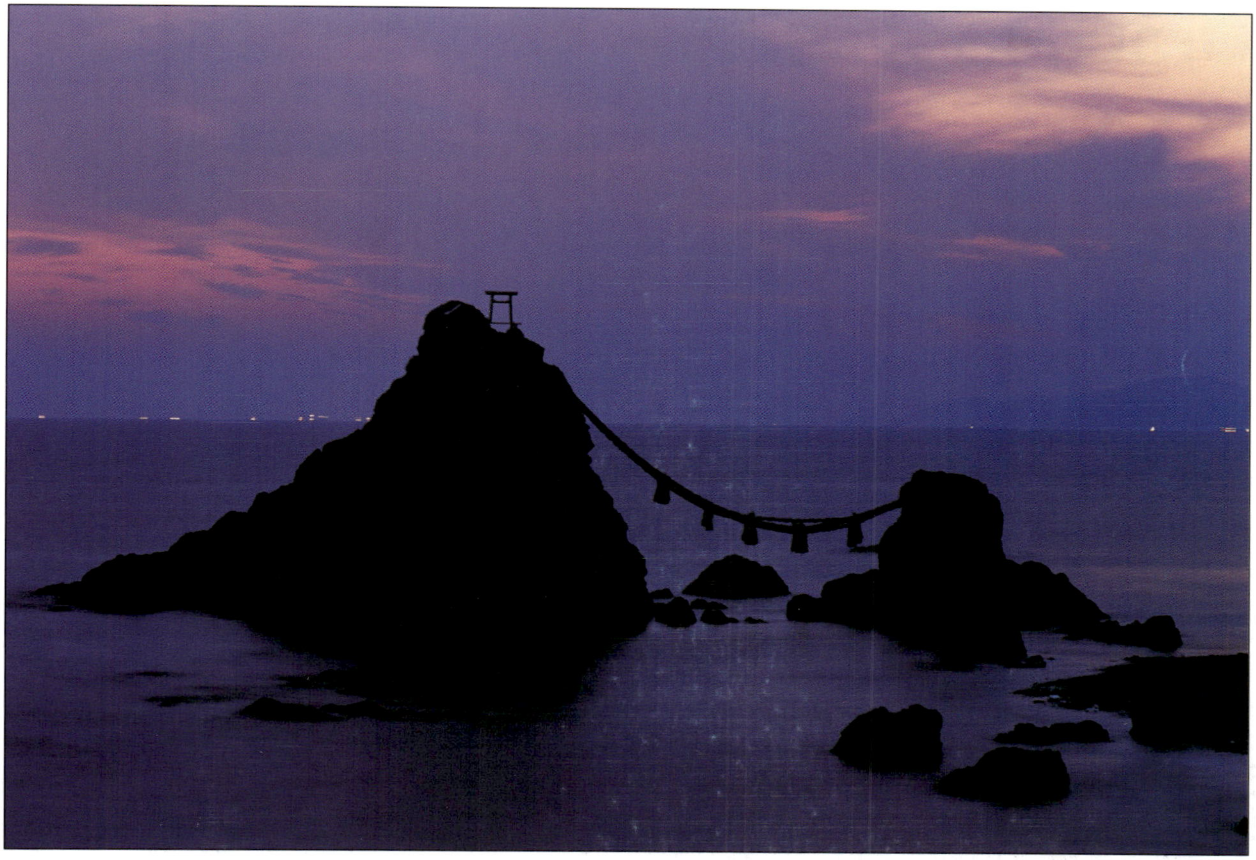

Violett lässt uns an Reichtum und Luxus denken, kann aber auch geheimnisvoll und furchterregend sein. Eine violette Landschaft wirkt von bösen Vorahnungen erfüllt, wie „nicht von dieser Welt". Purpur hat religiöse und majestätische, aber auch abergläubische Bezüge. Im Christentum symbolisiert Violett die Frömmigkeit, es steht aber auch für Pseudo-Religiosität, Magie und Astrologie. Manchmal kündigt es sogar die Apokalypse an.

Für den Fotografen ist Violett schwer zu finden. Es gibt zwar einige violette Blumen, doch sind diese kaum auf Film zu bannen. Die Wellenlänge von UV-Lampen, die als „Schwarzlicht" dienen, wird vom Sensor als reines Violett aufgenommen. Unter bestimmten Umständen kann auch das Licht kurz vor Sonnenauf- bzw. nach Sonnenuntergang rötlich-violett erscheinen.

Variationen von Violett

MAGENTA (#FF00FF)

VIOLETT (#EE82EE)

PLUM (PFLAUME – #DDA0DD)

ORCHID (ORCHIDEE – #DA70D6)

MEDIUM ORCHID (MITTLERES ORCHIDEE – #BA55D3)

DARK ORCHID (DUNKLES ORCHIDEE – #9932CC)

DARK VIOLET (DUNKELVIOLETT – #9400D3)

BLUE VIOLET (BLAUVIOLETT – #8A2BE2)

PURPLE (PURPUR – #800080)

MEDIUM PURPLE (MITTLERES PURPUR – #9370DB)

THISTLE (DISTEL – #D8BFD8)

Dämmerung Abhängig von der Beschaffenheit der Atmosphäre und dem Wetter entsteht in der Morgen- und Abenddämmerung ein Spiel vielfältigster Farben, oft mit unvorhersehbaren Ergebnissen. Meoto-Iwa, die beiden berühmten „Hochzeitsfelsen" vor der Südostküste Japans, sind mit einem Tau aus Reisstroh verbunden. Sie wurden im Gegenlicht des purpurnen Himmels fotografiert, den wir nicht digital bearbeitet haben.

Orange

Orange kombiniert die starken Eigenschaften seiner beiden Nachbarn, Rot und Gelb, zu einer kräftigen, strahlenden Farbe, die untrennbar mit dem Glanz wärmenden Lichts verbunden ist.

Orange ist die Mischung aus Rot und Gelb und verbindet die Eigenschaften beider Farben. Es ist leuchtend und kräftig und, da Gelb Licht und Rot Energie ausstrahlt, gilt reines Orange vor allem als „strahlende" Farbe. In hellen (beigen) aber auch dunklen (braunen) Schattierungen vermittelt es Wärme. Orange ist die Farbe des Feuers und des Sonnenlichts am späten Nachmittag. Man assoziiert damit Feste und Feiern, aber auch Hitze und Trockenheit. Symbolisch steht es sowohl für das Gelb der Sonne als auch für das Rot der Hitze.

In der realen Welt findet man Orange vor allem in Blüten sowie, in leicht modulierter Form, im Licht von Kerzen, Glühbirnen und anderen Lichtquellen mit niedriger Farbtemperatur (unter 2000 K). In der analogen Fotografie verwendete man einen Standardfilter 85 B (stumpfes Orange), um den blauen Farbstich zu kompensieren, den Kunstlichtfilm Typ B bei Tageslicht zeigte. Sein digitales Äquivalent finden Sie zum Beispiel in Photoshop unter *Bild > Anpassen > Fotofilter*.

Orangetöne

ORANGE (#FFA500)

COPPER (KUPFER – RGB=#B87333)

COOL COPPER (KALTES KUPFER – RGB=#D98719)

CORAL (KORALLE – #FF7F50)

GOLD (GOLDORANGE – #FFD700)

MANDARIN (MANDARINE – RGB=#E47833)

OLD GOLD (ALTGOLD – RGB=#CFB53B)

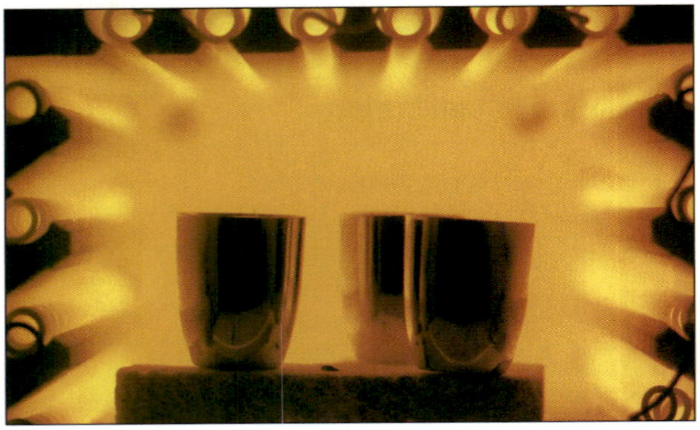

Das Orange der Hitze

Metallteile werden im Schmelzofen eines Laboratoriums erhitzt, ein reines Beispiel der Verbindung der Farbe Orange mit der Temperatur.

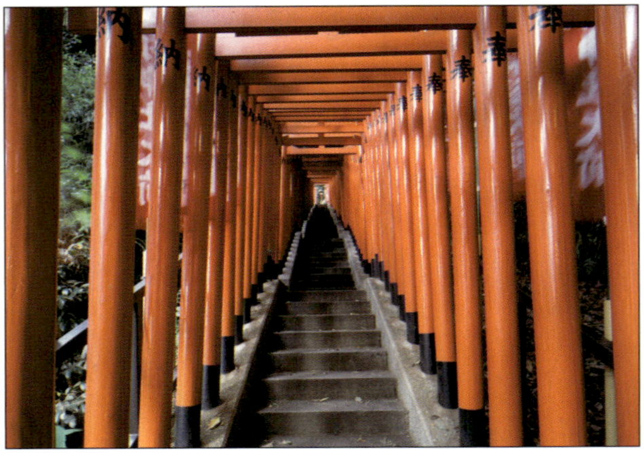

Religiöse Bezüge

Im japanischen Shinto-Glauben gilt dieses spezielle, rötliche Orange als heilig. Hier wurden die Torii-Bögen über dem Aufgang zu einem Schrein damit gestrichen.

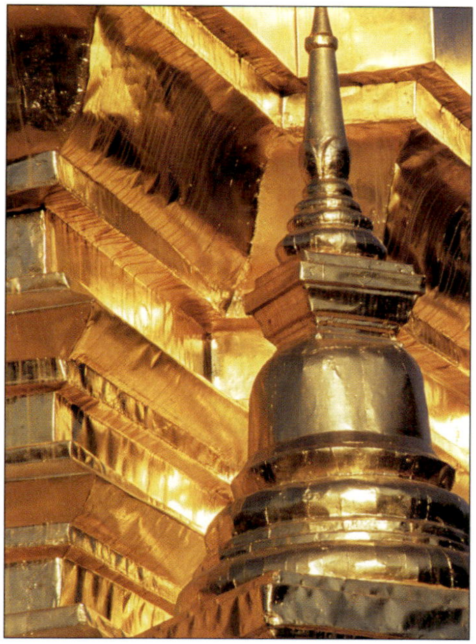

Gold Dieses Chedi in einem Wat, einer buddhistischen Tempelanlage im Norden Thailands, reflektiert nicht nur das Sonnenlicht, sondern auch das Gold seiner Umgebung und leuchtet von Gelb bis Orange.

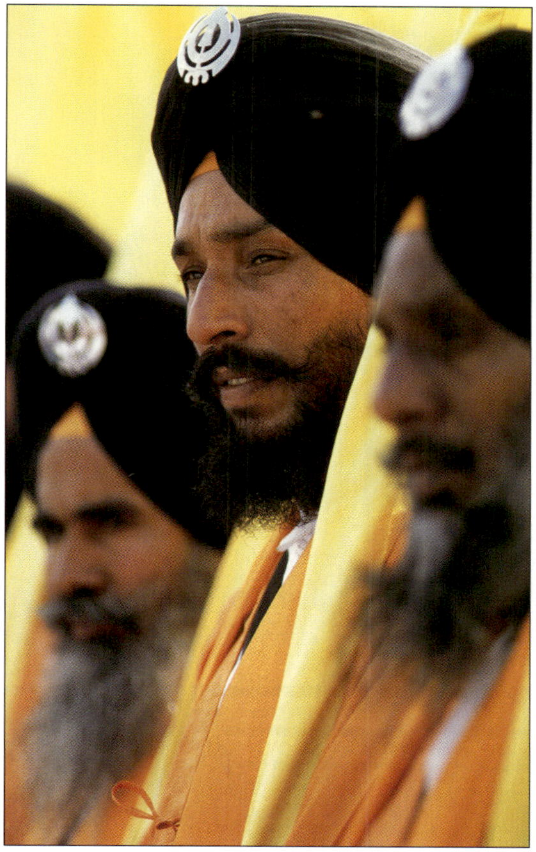

Sikh-Wachen Zeremoniell gekleidete Wachen im Goldenen Tempel von Amritsar in Indien, dem religiösen Zentrum der Sikh.

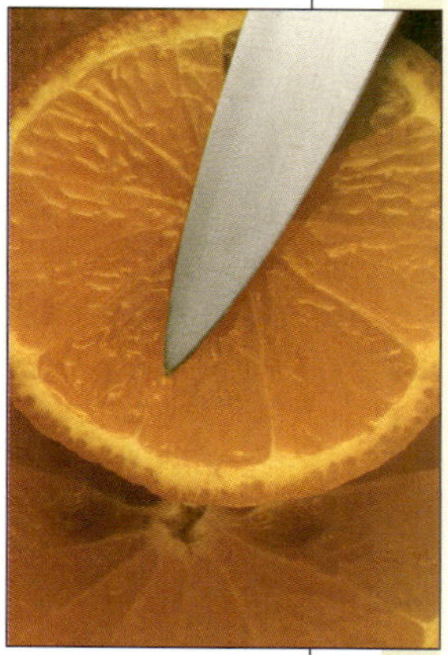

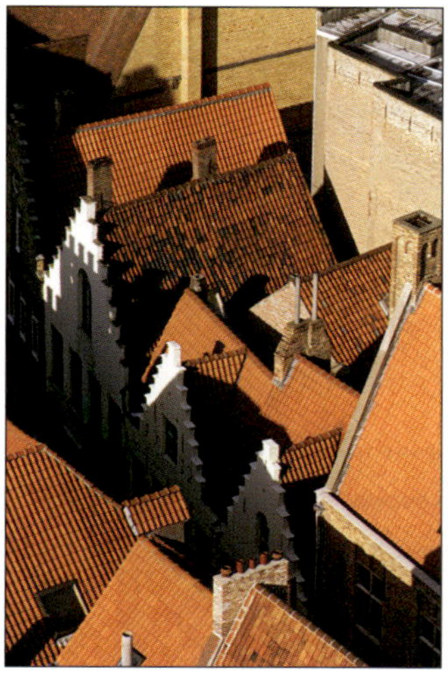

Dachziegel Dächer in der Altstadt von Brügge in Belgien. Mit derart leuchtend-orangen Dachziegeln gedeckte Dächer sind überall in den Benelux-Ländern und in Dänemark sowie in anderen Regionen Mittel- und Nordeuropas anzutreffen.

Sonnenuntergang Fast rot erscheint die Sonne, wenn sie nahe am Horizont steht. Hier spiegelt sie sich als schmaler, schimmernder Streifen im trüben Wasser des Mekong, der Vientiane, die Hauptstadt von Laos, durchfließt.

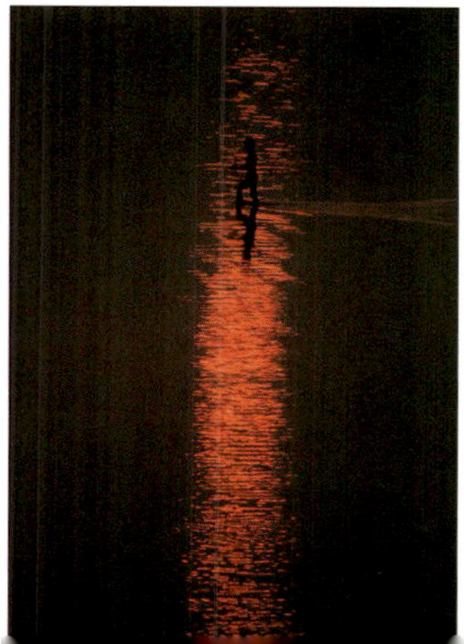

Nur eine Orange Selbstverständlich ist die Frucht, die der Farbe den Namen gab, auch das klassische Beispiel dafür.

Schwarz

Schwarz ist die Abwesenheit von Licht und Farbe und entsteht in der Fotografie einfach durch Unterbelichtung. Zwar zeigt reines Schwarz selbst keinerlei Details, ist aber essenziell für die Dichte und Tiefe eines Bildes.

Reines Schwarz, das Extrem von Dichte und Stabilität, das einem Bild Tiefe verleiht, braucht den Kontrast anderer Farben oder Töne, damit man etwas erkennen kann. Daher dient es vor allem als Hintergrund, als Form (wie in einer Silhouette) oder Kontur. Schwarz kann nie „zu tief" sein – in der Tat führen die Grenzen der Drucktechnik oft dazu, dass es verwaschen, eher als dunkles Grau erscheint, wodurch die Wirkung des Bildes unterschwellig, aber umso nachhaltiger negativ beeinflusst wird. Dieser Mangel ist vor allem deshalb störend, weil Schwarz, wann immer es in einem Bild auftaucht, eine solide Basis für alle anderen Farben und Töne bilden soll. Daher ist es für die Wirkung der meisten Bilder äußerst wichtig, dass die Aufnahme irgendwo einen kleinen Bereich reines Schwarz aufweist. Zwar gibt es offensichtlich auch eine Vielzahl von Fotografien, die ein sanfteres Motiv mit zarteren Tönen zeigen – die feinen Abstufungen einer nebeligen Landschaft zum Beispiel –, doch die meisten Bilder wirken auf uns erst dann überzeugend, wenn sie irgendwo sattes, tiefes Schwarz enthalten. Dies entspricht der natürlichen Wahrnehmung, sodass das Setzen des Schwarzpunkts *(siehe Seite 472)* als die Basis der Bildoptimierung gelten kann. Überbelichtung, Kontrastarmut und sorglose Bearbeitung führen zu einem verwaschenen, substanzlosen Schwarz.

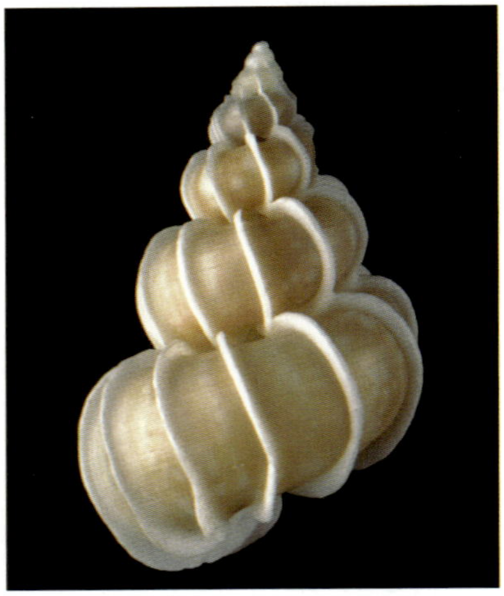

Hintergrund
Eine der wichtigsten Funktionen von Schwarz ist seine Verwendung als leerer, unstrukturierter Hintergrund, der das kontrastierende Motiv – hier die Schale einer „Wendeltreppe" (Epitonium scalare) – auf den Betrachter zustreben lässt. Durch leichte Unterbelichtung verliert der schwarze Samt jede Tönung.

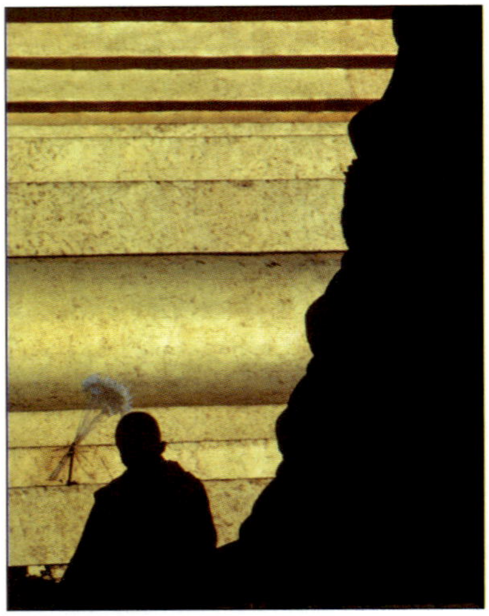

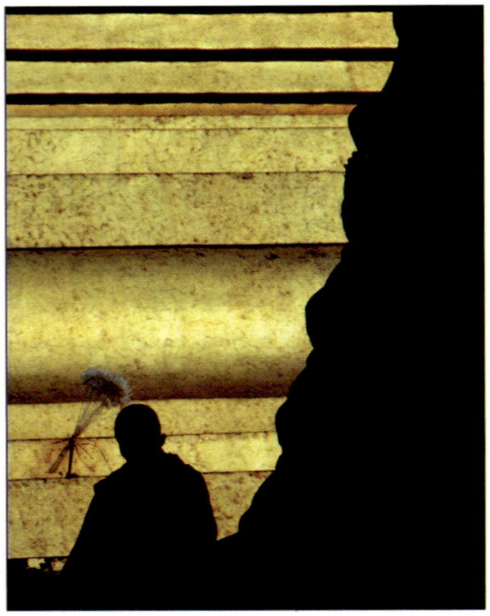

Silhouette
Ein heller Hinter- und ein dunkler Vordergrund sind die Zutaten für Silhouetten, wie jene des Mönchs, der vor der Shwedagon-Pagode in Rangun (Yangon), Birma, meditiert. Konturloses Schwarz unterstreicht die „Silhouettenhaftigkeit", daher wurde der Effekt des Originals mit vollem Tonwertumfang (links) mit Hilfe der Schwarzpunkt-Pipette in Photoshop verstärkt (rechts).

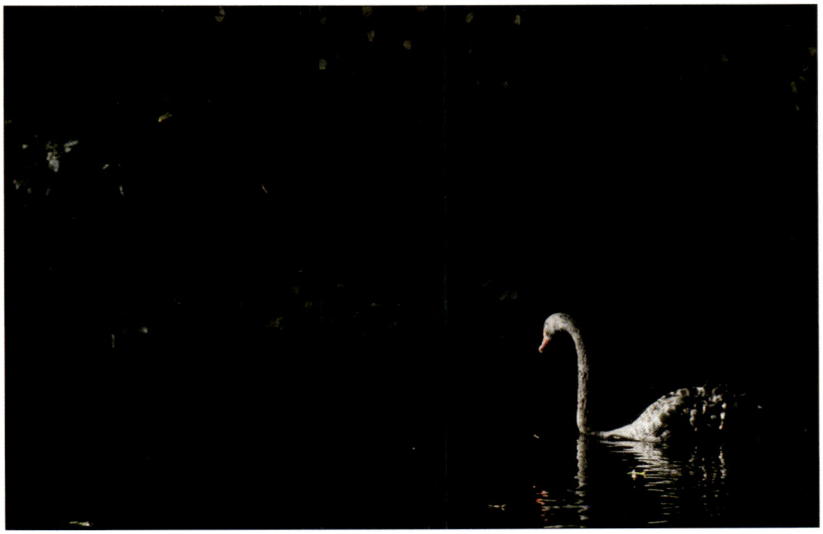

Schwarzer Schwan
Eine Variante der „schwarzen Katze im Kohlenkeller" ist dieses Bild eines schwarzen Schwans im tiefen Schatten. Es verlässt sich allein auf die weißen und blassgrauen Lichter, welche die Form andeuten und das Motiv erkennen lassen.

Nichtsdestotrotz hängt der Erfolg eines gekonnt abgestuften Fotos auch davon ab, dass die Details in den Schatten erkennbar bleiben. Daraus ergibt sich die Notwendigkeit, sehr feine Nuancen im untersten Tonwertbereich herauszuarbeiten, bei einem 24-Bit-Bild liegt dieser auf einer Skala von 0 bis 255 etwa zwischen 0 und 20. Feinste Tonwertabstufungen in Bildern, die Schwarzes auf schwarzem Hintergrund zeigen, sind eine interessante Herausforderung (in Gemälden wie *Der Balkon* oder *Das Frühstück im Atelier* erreichte Manet das, was Matisse als „freches, leuchtendes Schwarz" bezeichnete). Hokusai, der japanische Meister der Druckkunst, unterschied viele Arten von Schwarz: „Es gibt altes Schwarz und frisches, strahlendes und mattes Schwarz, Schwarz im Sonnenlicht und Schwarz im Schatten." Er verwendete ein wenig Blau, um Schwarz „alt" wirken zu lassen. Der Unterschied zwischen leuchtendem und mattem Schwarz ist jedem Fotografen aus der Auswahl des Papiers für den Druck der Fotos vertraut. Als Hintergrund kann Schwarz jedoch einmal dicht sein wie eine feste Wand, ein andermal uferlos wie leerer Raum. Um einen tiefschwarzen Hintergrund im Studio zu gewährleisten, wählen sie ein passendes Material und vertiefen das Schwarz in der Nachbearbeitung.

Schwarz, das in Grau übergeht, sollte absolut neutral sein. Jeder Farbstich wird sofort wahrgenommen und daraus der Rückschluss auf die dunkelsten Bildteile gezogen. Wenn Sie in einem Bild keinen neutralen Schwarzpunkt setzen, wird das Bild fast immer in den Schatten farbstichig werden, obwohl dies auf dem Bildschirm kaum zu erkennen ist. Sie können die Helligkeit des Monitors kurz hinaufsetzen, die dunklen Bereiche aber auch mit der Pipette aufnehmen und deren RGB-Wert kontrollieren.

Die Neutralität von Schwarz überdeckt fast all seine Aussagen und seine Symbolik. Taucht es massiv in einem Bild auf, kann es schwer und erdrückend wirken, andererseits aber auch reich und elegant. Im 16. und 17. Jahrhundert, vor allem im Holland des 17. Jahrhunderts, war Schwarz die beliebteste Modefarbe der Aristokratie.

Weiß

Obwohl Weiß theoretisch auf das Fehlen von Farbe und Ton hinweist, ist es in der Praxis die delikateste aller Farben und spielt in fast jedem Bild eine bedeutende Rolle.

Weiß ist die Abwesenheit jedes, auch des zartesten Farbtons. Doch ebenso wie schwarze Objekte durch Lichter modelliert werden müssen, um erkennbar zu sein, braucht auch ein weißes Motiv zumindest blassgraue oder nicht ganz reinweiße Bereiche, um als Bild zu gelten. Diese zarten Modulationen sind allerdings – stärker noch als Schwarz – sehr anfällig für Farbstiche, neutrale Töne zu erhalten ist nicht einfach. (Da sich dieses Problem in erster Linie bei Grautönen ergibt, werden wir es dort detailliert besprechen.) Das berühmte Stillleben *Die weiße Ente* (1753) von Jean-Baptiste Oudry ist ein überzeugendes Beispiel für die Nuancen von chromatischem Weiß. Der Künstler schrieb: „Der Vergleich wird zeigen, dass keine der Farben dieser weißen Dinge der anderen gleicht."

Varianten von Weiß

WEISS (#FFFFFF)

SNOW (SCHNEEWEISS – #FFFAFA)

GHOST WHITE (GESPENSTERWEISS – #F8F8FF)

WHITE SMOKE (WEISSER RAUCH – #F5F5F5)

GAINSBORO (#DCDCDC)

FLORAL WHITE (BLÜTENWEISS – #FFFAF0)

OLD LACE (ALTE SPITZE – #FDF5E6)

LINEN (LEINEN – #FAF0E6)

ANTIQUE WHITE (ANTIKWEISS – #FAEBD7)

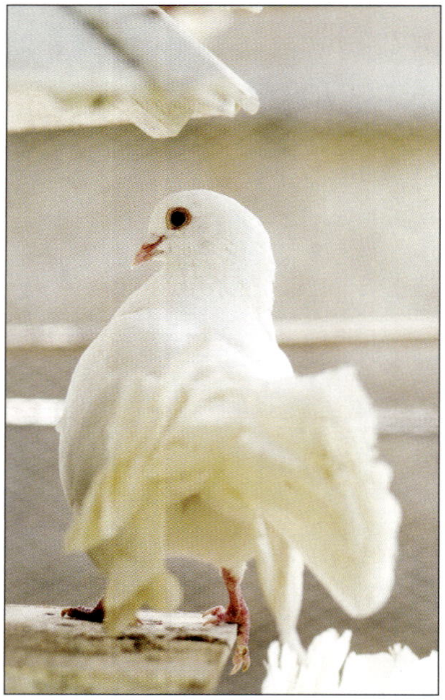

Tauben
Wie bei schwarzen ist auch bei weißen Objekten die Belichtung schwierig. Bei genügend Zeit empfiehlt sich eine Belichtungsreihe. In der Regel brauchen Bilder wie dieses, will man sich nicht auf die Nachbearbeitung verlassen, einen oder mehr Blendenschritte Überbelichtung gegenüber der Automatik.

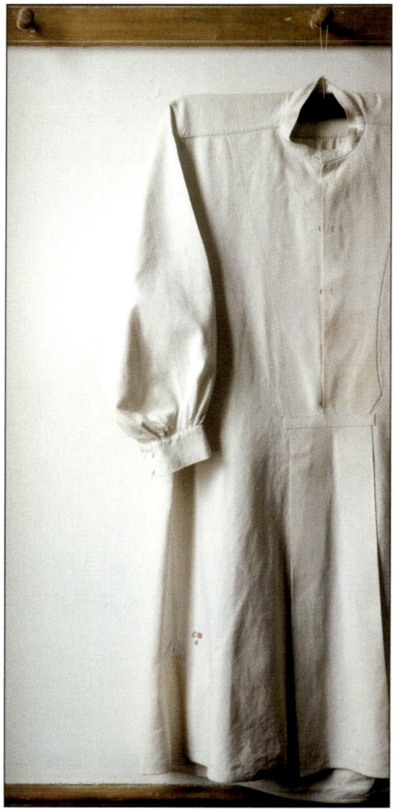

Weiß auf Weiß
Ein Arbeitskittel hängt im Shakerdorf Pleasant Hill, Kentucky, an der Wand. Bei dieser Studie in Weiß sind es allerdings die Schatten, die das Motiv definieren und die Belichtung bestimmen.

In der Fotografie, und zwar bei der digitalen noch mehr als bei der analogen, erfordert Weiß größte Sorgfalt bei der Belichtung. Schon geringe Unterbelichtung lässt es schmutzig wirken, zu viel Licht zerstört die Detailzeichnung und das Bild wirkt unbefriedigend und verwaschen. Filmmaterial reagiert nicht-linear auf Licht, was bedeutet, dass selbst bei beträchtlicher Überbelichtung meist noch Spuren grundlegender Details zu erkennen sind. Der Sensor einer Digitalkamera reagiert direkter – die Dioden eines CCD- oder CMOS-Chips füllen sich gleichmäßig und streng proportional zum auftreffenden Licht, bis nichts mehr geht. Sind sie einmal voll geladen, können sie keine weitere Information mehr aufnehmen, keine weiteren Tonwertnuancen registrieren. Daher gehen bei Digitalkameras leicht alle Details verloren, die Lichter „reißen aus" – ein leider nur allzu bekannter Effekt. Obwohl die Neutralität von Weiß keinen starken Ausdruck zulässt, steht es im Allgemeinen für Reinheit. Es kann auch Entfernung oder gar Unendlichkeit symbolisieren (wie es der russische Maler Kasimir Malevich in seiner Serie *Weiß auf Weiß*, entstanden zwischen 1917 und 1918, verwendete).

Neutrale „Farben"

Die neutralen Schattierungen Schwarz, Weiß und Grau sind essenzielle Komponenten der Farbfotografie, obwohl sie keinerlei Farbe beinhalten und nicht im Farbkreis vertreten sind. Sie sind nicht nur als Kontrapunkt und, wie eben beschrieben, wegen ihres Potenzials, die Wirkung von Farben zu verändern, von Bedeutung, sondern auch, weil sie in unterschiedlichem Grad mit reinen Farben gemischt Schmutzig-Braun, Schiefergrau und andere gedämpfte Farben ergeben. Daher behandeln wir sie als speziellen und wichtigen Teil der Farbpalette der Fotografie.

Stiele im Schnee
Schnee ist natürlich weiß, doch er reflektiert auch die Umgebung und muss daher, damit er auf einem Foto auch reinweiß erscheint, unter einem neutralen, bewölkten Himmel aufgenommen werden. Doch selbst an bedeckten Tagen ist ein leicht bläulicher Farbstich zu bemerken.

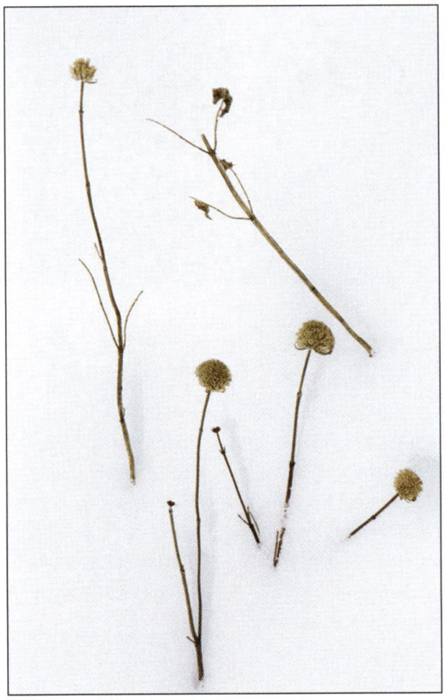

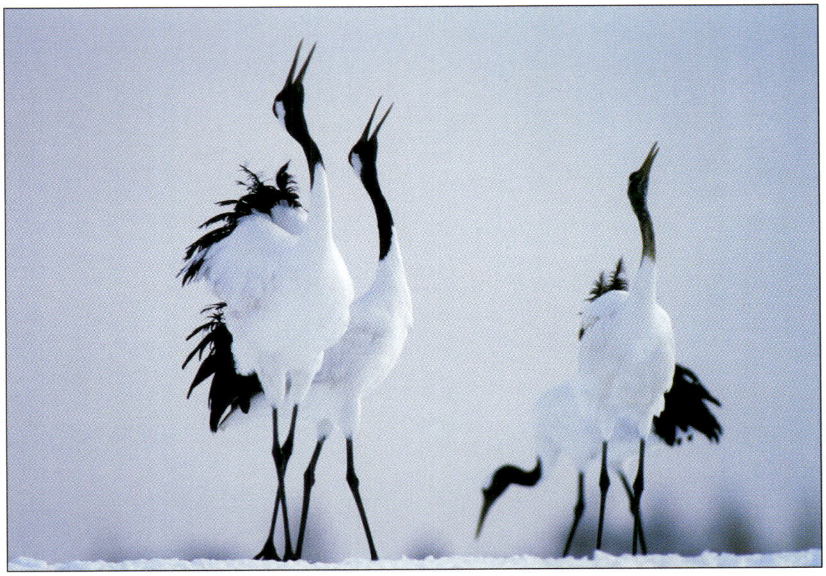

Kraniche im Winter
Kraniche auf Hokkaido, der nördlichsten Insel Japans, singen ihr Abendlied. Die schwarzen Spitzen des Gefieders geben dem ansonsten wiederum ganz in Weiß gehaltenen Bild Kontur.

Fallstudie: **Graustufen**

Wegen seiner Neutralität, dem Fehlen jeder „Farbe“, sind wir empfindlich für die Genauigkeit von Grau – zumindest meinen wir das. Doch so viele Leute Sie bitten, einen neutral-grauen Gegenstand zu nennen, so viele Antworten werden Sie wahrscheinlich erhalten. Die Unterschiede in der Messung sind dabei meist geringer als jene der Meinungen. Zum Glück gibt es einfache digitale Werkzeuge zur Bestimmung von neutralem Grau, und RGB ist der dafür am besten geeignete Farbraum. Bei reinem Grau sind alle drei Werte gleich. Wir erkennen kleine Abweichungen im Ton nur, wenn sie nebeneinander liegen. Diese Bilder verfolgen zwei Ziele: die Bandbreite der so genannten chromatischen Graustufen auszuloten, indem wir zumindest die sechs Primär- und Sekundärfarben abdecken, und die Grenzen von Grau zu finden. Wann wird das farbstichige Grau durch Zugabe von Farbton und Sättigung tatsächlich zu einer Farbe? Natürlich gibt es keine objektive Antwort.

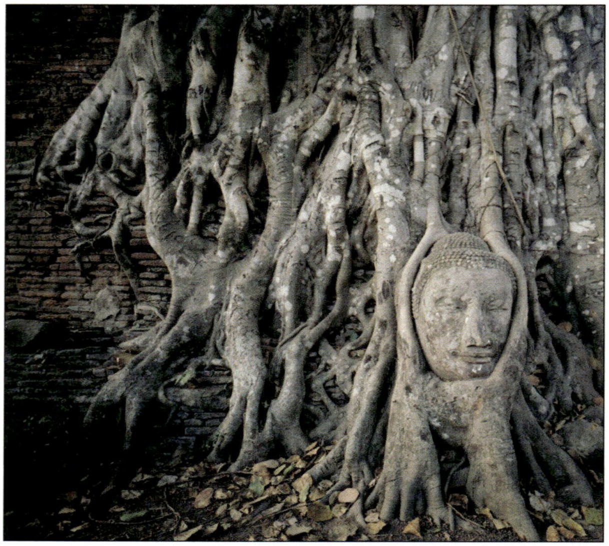

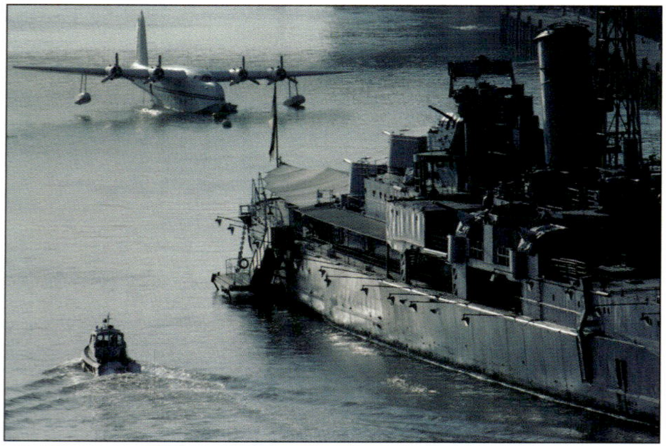

Wurzeln und Stein Warmes Grau findet sich in diesen sonderbaren, fremdartigen Wurzeln eines Feigenbaums in Ayutthaya, Thailand. Sie sind um den Kopf einer Buddha-Statue herumgewachsen und haben diesen hochgezogen.

HMS Belfast Der leichte Kreuzer lief 1938 vom Stapel. Nun liegt er in der Nähe der Tower Bridge vor Anker und dient, immer noch militärgrau gestrichen, als Touristenattraktion.

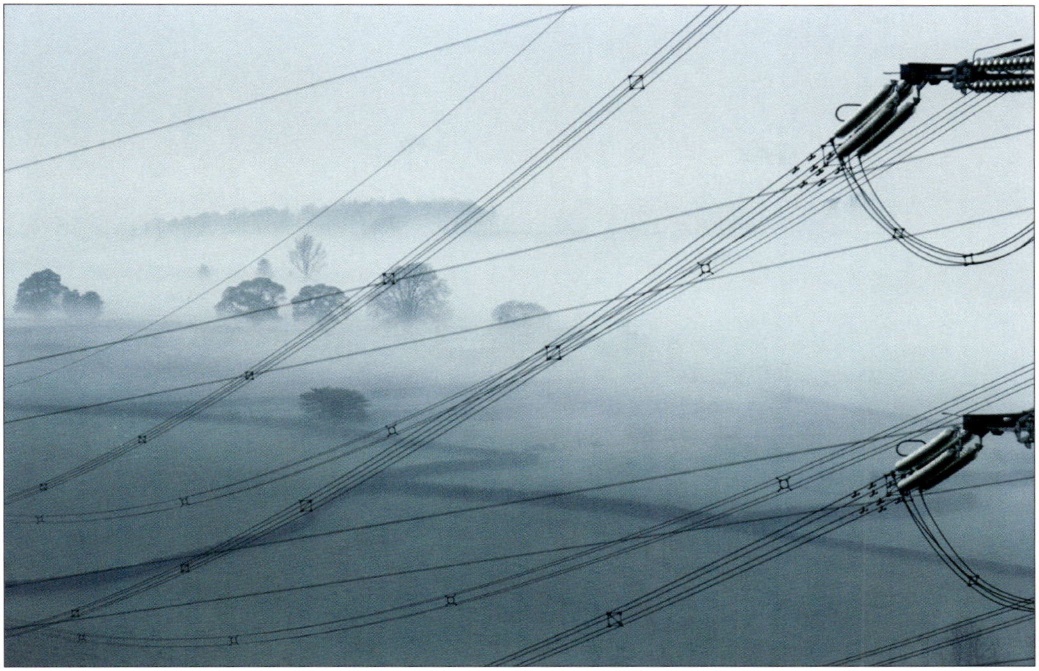

Morgen-nebel
Wiederum ein Fall, wo es galt, die zarten Farbtöne zu erhalten und nicht zu neutralem Grau zu wandeln. Die blassen Blau- und Grünnuancen der englischen Felder unterhalb der Stromkabel unterstreichen die Empfindung eines diesigen Wintermorgens.

Die Sättigung verringern
Hier sehen wir den vollen Farbtonumfang. Allerdings wurde ein Hell-Dunkel-Verlauf darüber gelegt und die Sättigung um 96% reduziert. Dieser fast völlige Verlust der Sättigung ergibt ein Spektrum an Farben, die allesamt nur mehr als „Grau“ zu bezeichnen sind und dennoch Unterschiede in ihrem Charakter behalten haben.

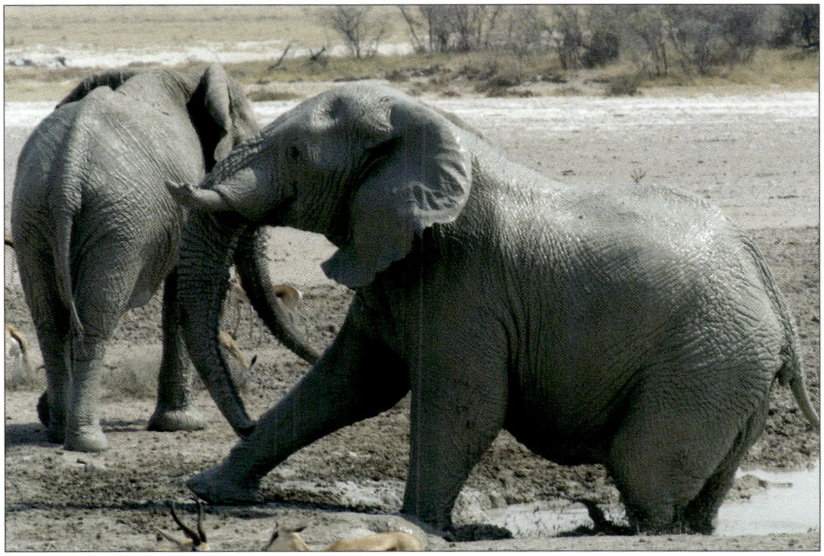

Blauer Matsch
Bei annähernd neutralen Farbtönen ist es wichtig, auf jede Nuance zu achten. Der Schlamm, in dem sich die namibischen Elefanten in Etosha suhlen, war tatsächlich blassblau. Hätte ich das bei der Aufnahme nicht bemerkt, hätte ich ihn vielleicht zu neutralem Grau „korrigiert“.

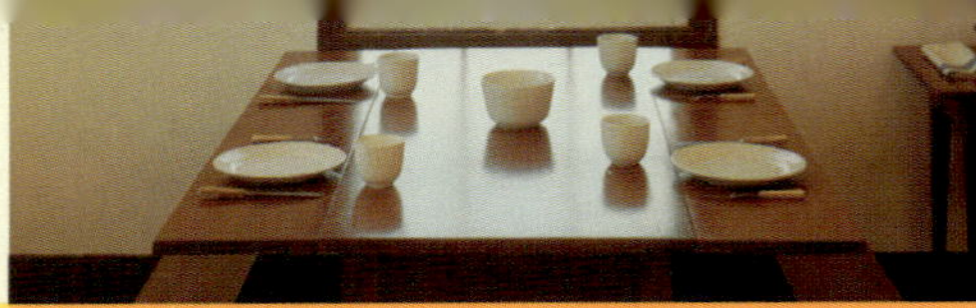
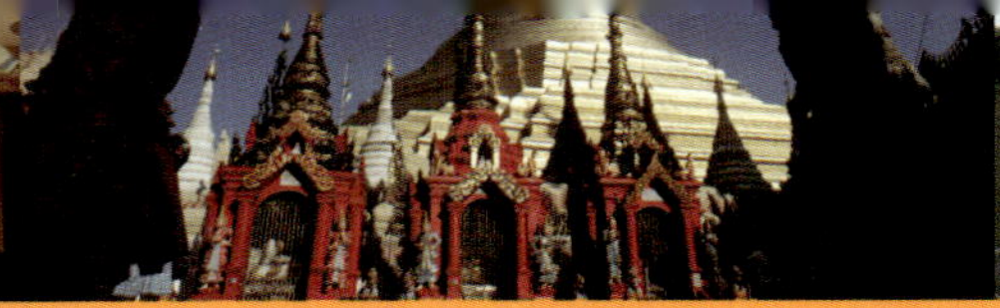
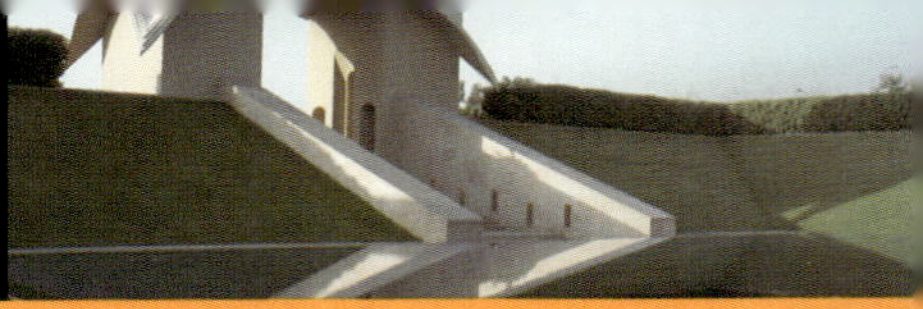
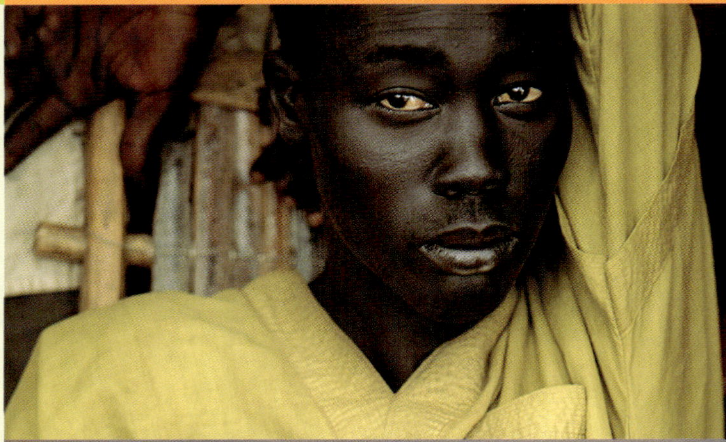
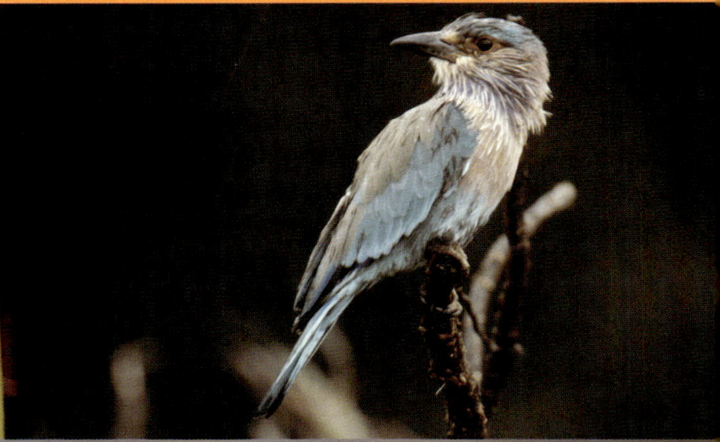
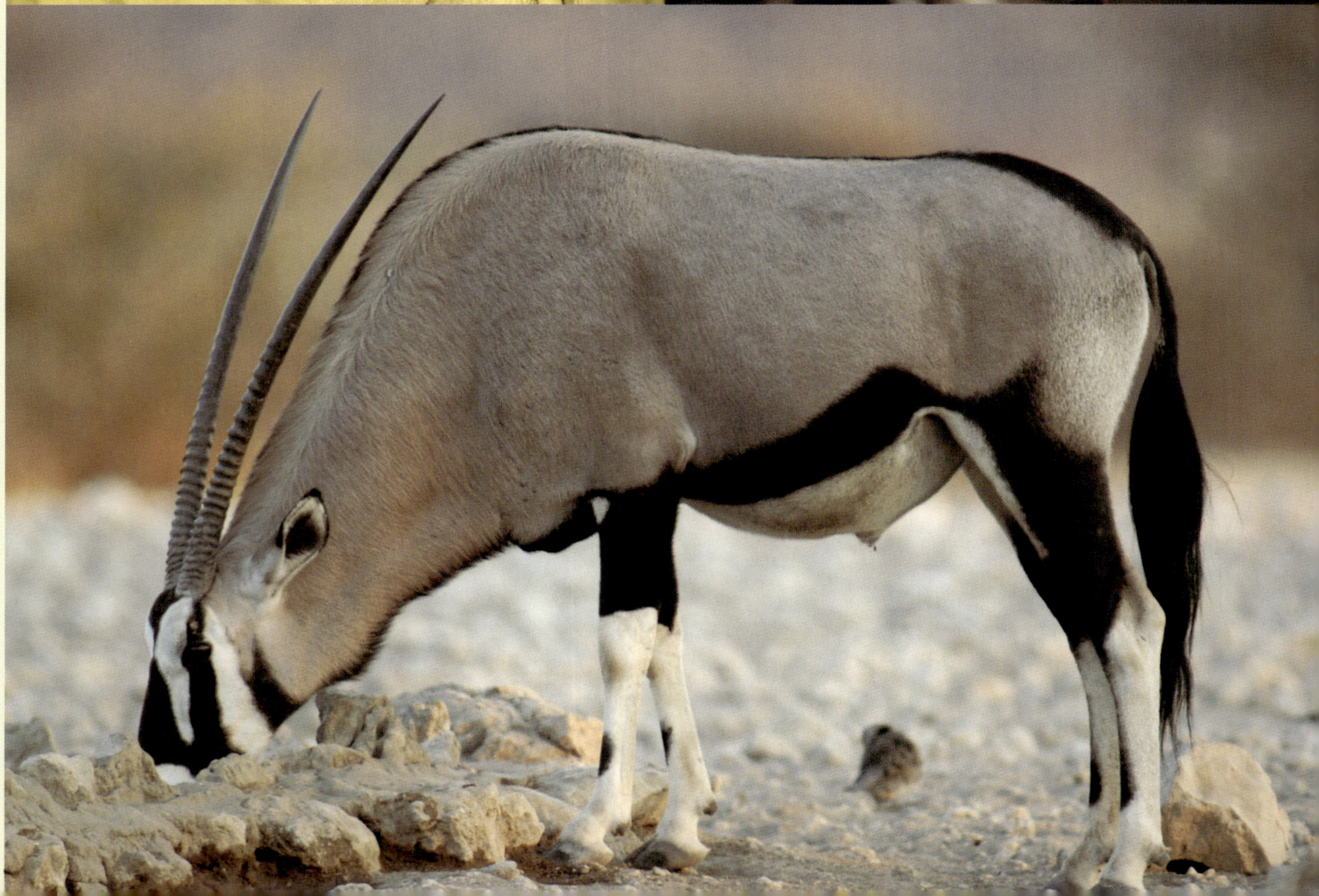

Digitales **Arbeiten**

Die Digitalfotografie bietet uns nicht nur die Möglichkeit, sondern zwingt uns dazu, Farben auf eine für die Fotografie völlig neue Art zu kontrollieren. Die Notwendigkeit ergibt sich daraus, dass es, anders als im analogen Film, nirgendwo im gesamten digitalen Workflow einen Punkt gibt, an dem eine Farbe eindeutig festgelegt ist. Bisher bestimmte man vor allem beim Diafilm im Moment der Aufnahme, wie die Farben erscheinen. Sicher, ein Bild konnte vor dem Druck entweder in der Dunkelkammer oder in der Repro bearbeitet werden, doch das Original blieb immer die Referenz. Digitale Bilder lassen dem Fotografen weit mehr Spielraum, denn die Farbe jedes einzelnen Pixels kann wieder und wieder geändert werden. Im Raw-Format werden alle Einstellungen getrennt von der Bildinformation gespeichert und können jederzeit nachträglich angepasst werden.

Die Chance liegt in der freien Bestimmung jeder einzelnen Farbe, unabhängig davon, wie die Szene bei der Aufnahme tatsächlich aussah. Diese neuen Möglichkeiten kreativer Gestaltung waren der Fotografie bisher fremd, daher beziehe ich mich das ganze Buch hindurch immer wieder auf die Art, wie Maler mit Farbe umgehen. Dies soll Sie jedoch nicht dazu verleiten, aus Ihren Bildern „Gemälde" zu machen, aber Sie können sie „kolorieren".

Die Techniken zur digitalen Kontrolle von Farbe erfordern die Vertrautheit im Umgang mit bestimmter Software einschließlich jener, die in der Kamera arbeitet (eine Art „eingebettete" Software). Wenn Sie einfach „darauf losschießen" wollen, ohne sich um Farben und andere Feinheiten zu kümmern, reichen die vom Hersteller mitgelieferten Programme zum Überspielen und Speichern der Bilder. Gehen Ihre Ansprüche darüber hinaus, wächst die Liste schnell. Photoshop gilt wohl als das Standardprogramm zur Bildbearbeitung und wird von den meisten Fotografen mehr oder weniger intensiv genutzt, doch es gibt Alternativen. Selbst die Programme der Kamerahersteller werden in ihrem Leistungsumfang immer umfangreicher, und viele andere (billigere) Programme sind in der Lage, den digitalen Workflow vom Speichern und Katalogisieren der Bilder bis zur Nachbearbeitung und darüber hinaus zu meistern.

Außerdem gibt es spezielle Programme zum Umgang mit Farbe, wie etwa zum Erstellen von Kameraprofilen mit Hilfe von Targets. Auch Monitore und Drucker müssen kalibriert werden und verlangen nach geeigneter Hard- und Software. Lassen Sie sich von der Vielfalt nicht entmutigen, der Prozess an sich ist sehr einfach, die Programme arbeiten für Sie. Darüber hinaus entwickelt sich der Mark ständig weiter, sei es, um neuen Fragen zu begegnen, wie etwa Erinnerungsfarben, sei es, um neue Möglichkeiten der Hardware zu nutzen. Stets auf dem Laufenden zu bleiben, ist zu einem Teil des digitalen Alltags geworden und selbst wenn Sie all dies als Ablenkung von der eigentlichen Aufgabe eines Fotografen empfinden, wird es Ihnen, obschon unvermeidlich, von Mal zu Mal leichter fallen und es wird sich für Sie eher früher denn später lohnen.

Farbmanagement

Die Vielzahl der Geräte im digitalen Workflow, von der Kamera über den Monitor bis zum Drucker, macht es unvermeidlich, die Farben so zu kontrollieren, dass sie konstant bleiben.

Farbmanagement ist jener Prozess, durch den Sie sicherstellen, dass die Farben, welche Sie bei der Aufnahme vor dem Objektiv der Kamera sehen, während der verschiedenen Arbeitsschritte des digitalen Workflow – Aufnahme, Bearbeitung und Lieferung – so bleiben, wie sie sein sollen. Dies ist und bleibt ein heißes Thema in der digitalen Fotografie, denn bevor Sie die Farben auf irgendeine Art und wie geringfügig auch immer kreativ beeinflussen, müssen Sie darauf vertrauen können, dass die verwendete Kombination unterschiedlicher Hard- und Software diese Farben exakt wiedergibt.

Doch obwohl uns die Digitaltechnik alle Mittel zur exakten Kontrolle der Farbe in die Hand gibt, wurde diese Frage zu Zeiten des analogen Films, der bekanntlich weit mehr unter Farbverschiebungen und Ungenauigkeiten litt, kaum je diskutiert. Dieses scheinbare Paradoxon erklärt sich dadurch, dass es

Grundlegende Arbeitsabläufe

Digitales Farbmanagement erfordert die Umwandlung sämtlicher Farbdefinitionen in einen geräteunabhängigen Farbraum. Das erfolgt im Computer.

Nicht nur Kameras und Scanner haben ihre speziellen Eigenheiten, auch Monitore und Drucker können Farben falsch darstellen. Das Farbmanagementsystem (CMS) nimmt darauf Rücksicht und sorgt für größtmögliche Farbtreue.

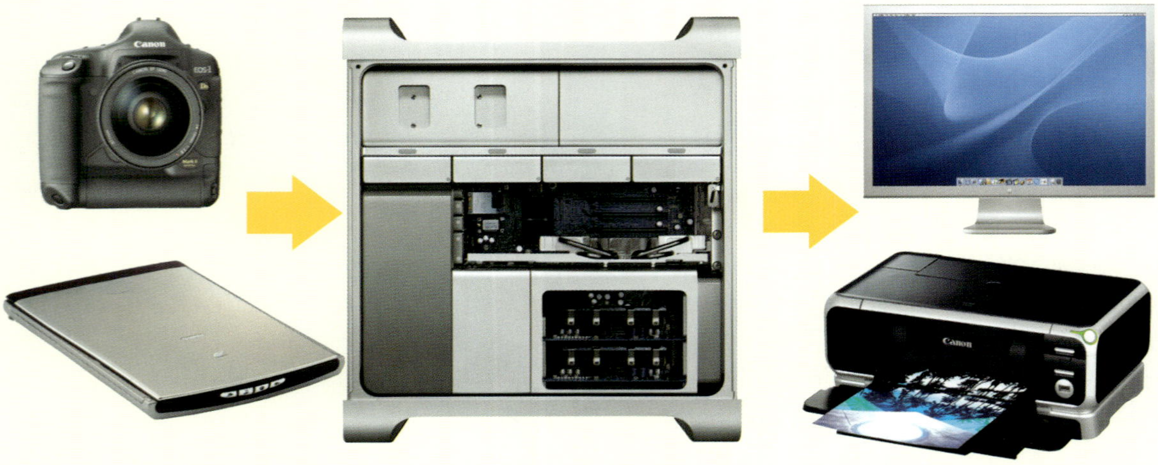

damals ein reales Objekt gab, auf das man sich beziehen konnte. Mögen die Farben des Originals auch „falsch" gewesen sein und der Leuchtkasten schlecht, gab es diese Referenz immerhin. Ein solches Referenzbild existiert in der Digitalfotografie nicht mehr, nur mehr einzelne Versionen, die allesamt von dem Medium abhängig sind, mit dessen Hilfe man es betrachtet – und Bildschirme wie Betriebssysteme variieren beträchtlich.

Für konsistente Farben sorgt ein so genanntes Farbmanagementsystem (CMS), ein für jeden ernsthaften Fotografen unverzichtbares Softwarepaket. Zum Glück ist ein CMS mittlerweile Bestandteil fast aller guten Kameras, Computer und Programme. Wenn Sie zumindest ein genaues Kameraprofil (wird in der Regel automatisch eingelesen) sowie einen kalibrierten Monitor und Drucker haben und die Farbeinstellungen in Photoshop entsprechend wählen, sollte Ihr Farbmanagementsystem akkurat genug sein.

Jene Bandbreite an Farben, die ein Gerät (Kamera, Monitor, Drucker) darstellen kann, nennt man Gamut. Das CMS überträgt die Farben aus einem speziellen Gamut in ein anderes. In der Regel benutzt es dafür einen geräteunabhängigen Referenzfarbraum und wandelt die Gerätefarben mit Hilfe eines für jedes Gerät erstellten „Farbprofils" zuerst in diesen Farbraum um und dann aus diesem wieder heraus. Die RGB-Farben des Bildschirms werden zum Beispiel in das kleinere CMYK-Gamut des Druckers über den größeren, unabhängigen L*a*b*-Farbraum konvertiert. Das CMS wandelt also zuerst RGB zu L*a*b* und dann L*a*b* zu CMYK, wobei einige Farben geändert werden müssen. Dies geschieht entsprechend der Konvertierungsoptionen (siehe Kasten), welche die Prioritäten festlegen.

Render- oder Konvertierungsoptionen

Manche Farben fallen aus dem Gamut heraus, wenn Sie von einem Farbraum zu einem anderen wechseln, sodass das CMS zum Finden des richtigen Kompromisses Ihre Hilfe braucht. Photoshop erlaubt die Wahl unter vier dieser so genannten Konvertierungs- oder Renderoptionen:

- Bei der Einstellung **perzeptiv** wird der Farbraum einfach verkleinert.
- Wählt man **Sättigung**, wird versucht, die Leuchtkraft der Farben zu erhalten (eignet sich besser für Illustrationen als für Fotos).
- **Absolut Farbmetrisch** lässt die Helligkeit unverändert.
- **Relativ Farbmetrisch** verändert nur jene Farben, die sich außerhalb des Gamut eines der beiden Farbräume befinden, und ist die Standardeinstellung für Fotos.

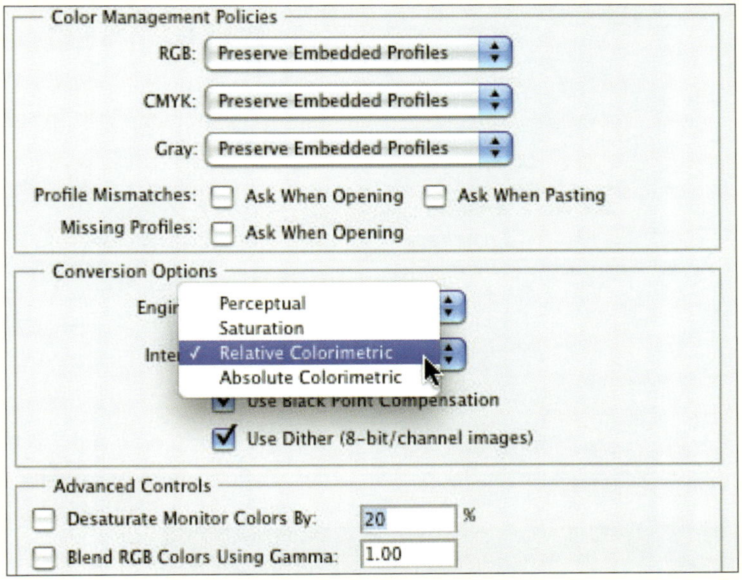

Farbmodus

Manche Kameras erlauben es dem Anwender, für noch bessere Kontrolle unter verschiedenen Farbmodi zu wählen.

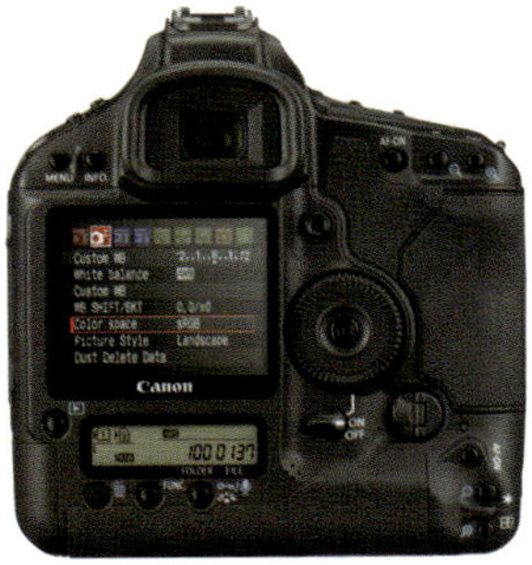

Farbraum

Ein Farbraum ist ein oft dreidimensional dargestelltes Modell zur Beschreibung von Farbwerten. Jeder Farbraum hat ein eigenes Gamut, eine Bandbreite an Farben, die er abbilden kann.

Der Standard-Farbraum in der digitalen Fotografie ist RGB, definiert durch die Komponenten Rot, Grün und Blau. Kamerasensoren verwenden RGB-Filter zur Trennung der Farben, und der Monitor stellt die Farben dar, indem er sie wieder zusammenmischt. Die Praxis kennt mehrere RGB-Farbräume, unter anderem sRGB, Adobe RGB (1998) und Apple RGB, die ungleich groß sind und auch unterschiedliche Farbtonbereiche abdecken. Falls Sie sich fragen, was gegen den größtmöglichen Farbraum spricht und wo die Vorteile eines kleineren liegen, finden Sie die Antwort in der endgültigen Präsentation des Bildes – zum Beispiel als Fotodruck oder als CMYK-Reproduktion in einer Zeitschrift. Das weite Gamut eines großen Farbraums kann zwar eine Vielzahl von Farbnuancen aufzeichnen, das nützt aber wenig, wenn man diese später nicht darstellen kann. Daraus folgt: Farbräume wurden für spezielle Einsatzbereiche geschaffen, und die gebräuchlichsten sind sRGB – klein aber nützlich, wenn Sie ohne weitere Bearbeitung direkt aus der Kamera drucken wollen – und Adobe RGB (1998), der größer ist und sich besser für die Bearbeitung in Photoshop eignet.

Arbeitsfarbraum
Die in der Fotografie gebräuchlichsten Farbräume sind das größere Adobe RGB (1998), unten, und sRGB. Letzteres eignet sich besser für Bilder, die gedruckt werden, umfasst aber weniger Rot- und Grünstufen.

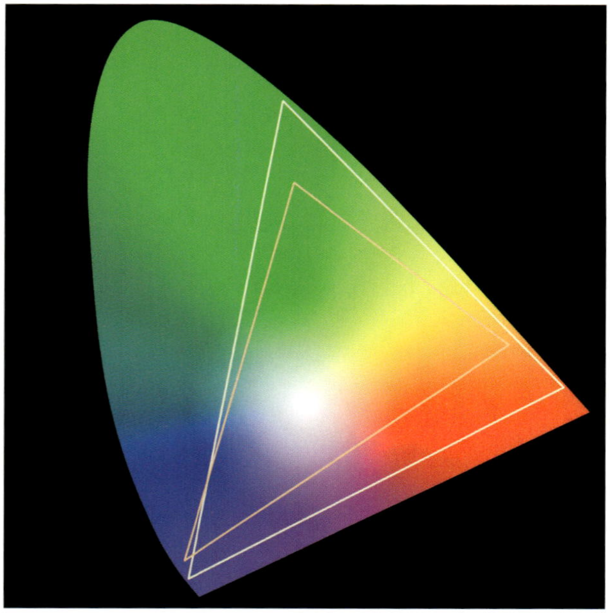

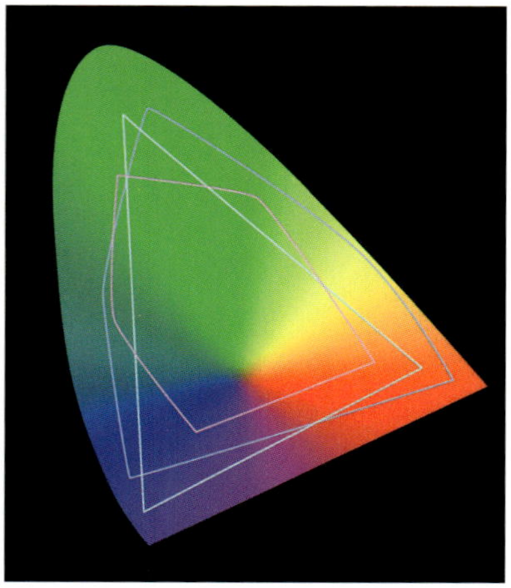

Gerätefarbraum
Die Grafik zeigt das Gamut eines typischen 8-Bit-Monitors (weiß) und eines Fotodruckers auf geeignetem Papier (rosa), so wie dies in einem im CMYK gedruckten Medium, diesem Buch, überhaupt möglich ist. Zum Vergleich wurde auch das Gamut eines herkömmlichen Diafilms (blau) eingezeichnet.

Arbeiten mit HSB und L*a*b*

Obwohl der RGB-Standard in der Fotografie weit verbreitet ist, kann man darüber streiten, ob er auch die beste Umgebung für die digitale Bildbearbeitung bietet. Einiges spricht auch für HSB und L*a*b*. Bildbearbeitungsprogramme wie Photoshop bieten unter den verschiedensten Namen Möglichkeiten zur Farbanpassung. Manche nennen sich „Modus" (z. B. L*a*b*), andere sind Dialogfenster (Farbton/Sättigung oder Selektive Farbkorrektur). Abgesehen von dieser unnötigen Sprachverwirrung in Photoshop kennen wir HSB und L*a*b* vor allem als Farbmodelle, die uns die Möglichkeit bieten, Farben auf Arten zu ändern, die sich oft besser bewähren als die übliche Korrektur über RGB.
Der Vorteil von HSB ist, dass er dem natürlichen Farbempfinden am ehesten entspricht. Nicht umsonst arbeitet gute Farbkorrektursoftware mit diesen drei Parametern. In Photoshop sind die wichtigsten Dialoge Farbton/Sättigung und Selektive Farbkorrektur. iCorrect EditLab Pro 4.6 ist ein Spezialist unter den Farbkorrekturprogrammen *(siehe Seite 473)*. Üblicherweise erfolgt die Einstellung über Regler, wobei es HSB zum Glück erlaubt, breite, aber auch ganz enge Farbtonbereiche anzusprechen, sodass eine gezielte Kontrolle möglich ist.
Auch L*a*b* hat seine, wenn auch nicht ganz so offensichtlichen Vorteile. Seine Entwickler hatten vor allem einen möglichst großen Farbraum im Sinn, weniger ein Werkzeug für den Anwender. Bei manchen Änderungen verwendet Photoshop L*a*b* als internen Farbraum. Der separate Helligkeitskanal von L*a*b* ist immer dann nützlich, wenn Sie die Helligkeit anpassen wollen, ohne die Farbbalance zu beeinflussen. Die anderen beiden Kanäle a* (Grün-Rot) und b* (Blau-Gelb) haben weniger praktischen Nutzen, außer Sie wollen einmal die Farben gezielt nur entlang einer dieser beiden Achsen verändern.

Große Farbräume spielen allerdings eine wichtige Rolle als Zwischenstufe bei der Konvertierung. L*a*b* wurde 1976 von der Commission Internationale d'Eclairage (CIE, daher auch oft CIELab genannt) entwickelt und soll unserer Wahrnehmung, der Art, wie wir Farben sehen und unterscheiden, so nahe wie möglich kommen. Er hat drei Parameter oder Achsen: eine für die Helligkeit, die anderen beiden für entgegengesetzte Farbskalen. L* steht für Luminanz oder Helligkeit, a* für die Achse Rot-Grün und b* für die Achse Blau-Gelb. Die Logik dahinter sieht die Gegensätze an den Enden jeder Skala – die Komplementärfarben Rot und Grün bzw. Blau und Gelb sowie Hell und Dunkel. Auch für das Auge gibt es kein „helles Dunkel", ebenso wie Rot niemals grünlich und Blau niemals gelblich sein kann. Durch seine Größe bewährt sich Lab bei der Umwandlung von einem Farbmodus in einen anderen, da nichts verloren geht. Die internen Routinen von Photoshop wandeln etwa RGB über L*a*b* zu CMYK, Lab steht aber auch als eigener Bearbeitungsmodus zur Verfügung. Dennoch ist er das, was man als geräteunabhängigen Farbraum bezeichnet.

Ein weiterer, in der Digitalfotografie weit verbreiteter Farbraum ist CMYK, der für Repro und Druck verwendet wird und sich über die Druckfarben Cyan, Magenta und Gelb (die Komplementärfarben von Rot, Grün und Blau) sowie Schwarz (K für „key" – Schlüssel, eine wichtige Komponente, um auf Papier satte Farben zu erhalten) definiert. Der Farbraum ist deutlich kleiner als RGB und erfordert Geschick und Erfahrung, damit wichtige Informationen nicht verloren gehen. Nicht selten überlassen Fotografen diesen letzten, entscheidenden Schritt für den Druck der Druckerei oder dem Kunden.

Selektive Anpassung

Um einen bestimmten Farbtonbereich gezielt zu verändern, wählen Sie in Photoshop diesen Bereich im Dialogfenster Farbton/Sättigung. Um einen Farbton auszuschließen, vergrößern Sie den Gesamtbereich (mit dem Master-Regler) und grenzen dann die Farbtöne ein, die so bleiben sollen, wie sie sind. Eine noch exaktere Wahl können Sie treffen, wenn Sie zuerst den Farbbereich wie beschrieben wählen und dann die Farbe mit der Pipette aus dem Bild aufnehmen. Die Regler werden sich leicht verschieben, Sie können sie für noch mehr Genauigkeit enger stellen.

Den Monitor kalibrieren

Alle wichtigen Entscheidungen über digitale Farben werden vor dem Bildschirm getroffen, und als erster wichtiger Schritt muss durch Kalibrierung gewährleistet sein, dass er die Farben absolut genau darstellt.

Wie vom Hersteller eingestellt und ohne weitere Korrekturen wird jeder gute Monitor die Farben halbwegs ordentlich darstellen - normalerweise. Für den professionellen Umgang mit Farbe ist „halbwegs" jedoch keinesfalls ausreichend. Ein gewisses Maß an Kalibrierung ist einfach und meist mit den im Betriebssystem integrierten Möglichkeiten zu erreichen (wenn nicht, wechseln Sie das Betriebssystem!). Wenn schon nicht mehr, sollte er zumindest neutrales Grau ohne Farbstich zeigen, und zwar nicht nur die Mitteltöne, sondern auch Schwarz und Weiß.

Vor allem anderen stellen Sie sicher, dass die Betrachtungsbedingungen gut sind. Die Umgebung sollte maximal halb so hell sein wie der Bildschirm selbst (je dunkler, desto besser, doch dabei ermüden die Augen leicht), und die Gegenstände in der Umgebung (Regale, Wände) dürfen keine starken Farben haben. Unnötig zu erwähnen, dass Sie ab sofort die grell-bunte Landschaft durch einen neutral grauen Bildschirmhintergrund ersetzen.

Die Kalibrierung des Monitors steht am Anfang jedes Farbmanagements. Dafür gibt es zwei Methoden: mit freiem Auge oder mit Messgerät. Gegen Erstere ist absolut nichts einzuwenden, und sie ist über einen praktischen Assistenten in neuere Betriebssysteme integriert (Mac ebenso wie Windows). Eine Abfolge von Dialogen justiert die Helligkeit und Neutralität von Schwarz, Weiß und den Mitteltönen und stellt den Gammawert (siehe Kasten rechts) und die Farbbalance ein. Das Ergebnis wird als Profil gespeichert.

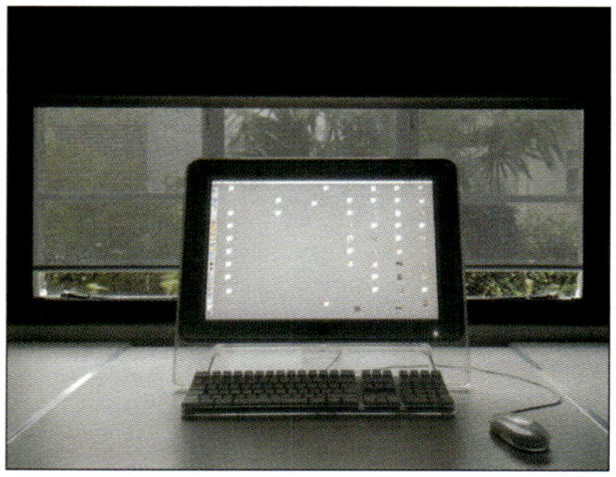

Das richtige Licht
Ideale Lichtverhältnisse am Arbeitsplatz herrschen immer dann, wenn, so wie hier, sanftes Tageslicht von hinter dem Monitor keinerlei Reflexe erzeugt.

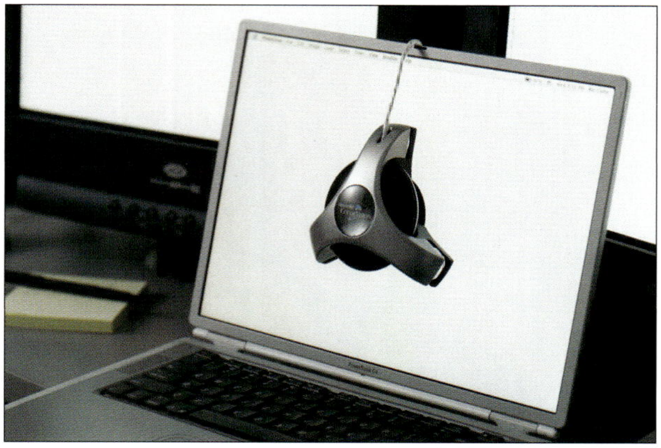

iSpyder
Mit Hilfe eines Colorimeters wird die Leistung des Monitors gemessen und anhand dieser Daten ein eigenes Profil erstellt. Befestigen Sie das Gerät nach Anleitung am Bildschirm, und die Software wird nach einigen Farbzyklen das passende Profil errechnen.

Noch genauer ist die Kalibrierung mit Hilfe eines Colorimeters oder Spektralfotometers, das am Bildschirm befestigt wird und das dessen Leistung exakt misst. Meist liegt den Geräten eine Software bei, die nach einer Abfolge von Farbenspielen automatisch das entsprechende Profil erstellt. Die Bilder unten zeigen die Einstellungen anhand des Colorimeter-Modells „Spyder", dem die Software OptiCal beiliegt. Das so erstellte Profil wird als Standard gespeichert.

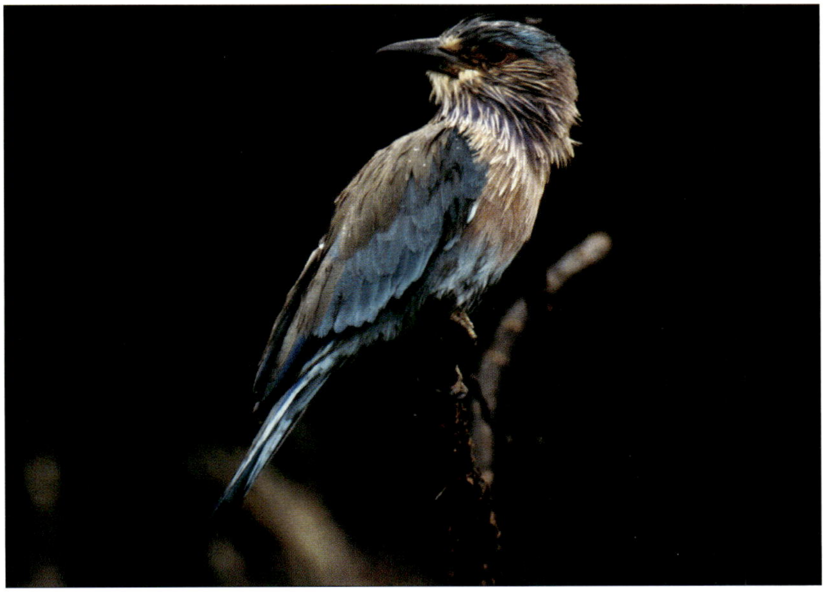

Gamma

Diese Bilder simulieren die Ansicht ein und desselben Bildes unter verschiedenen Betriebssystemen. Das obere wurde mit dem Gammawert von Windows gespeichert und auf dem Mac geöffnet, das rechte auf dem Mac erstellt und unter Windows betrachtet.

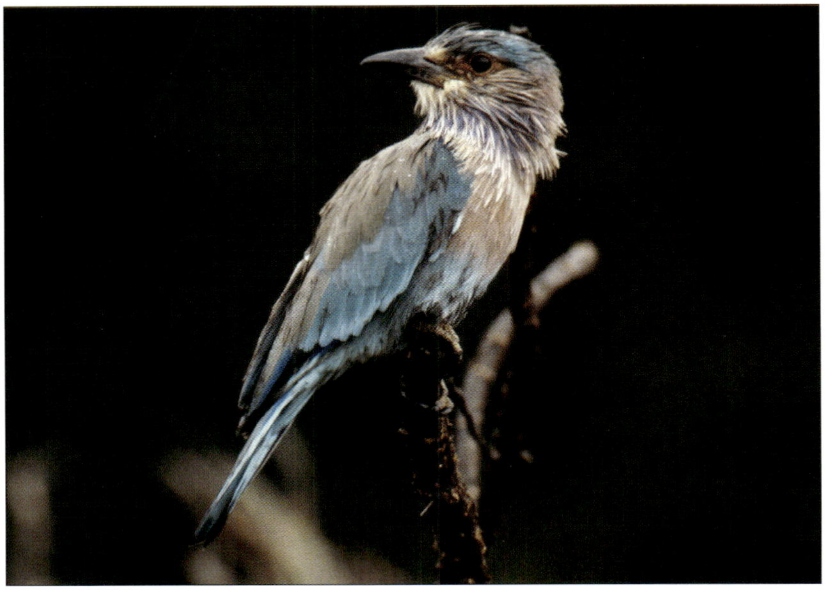

Gamma

Der Winkel jener Kurve, in welcher ein Monitor auf ein Signal reagiert, wird als Gamma bezeichnet – vom technischen Standpunkt aus also das Verhältnis der Stärke des Eingangs- gegenüber dem Ausgangssignal. Der Windows-Standard von 2,2 ist höher (also dunkler und kontrastreicher) als der Mac-Wert von 1,8. Das bedeutet, dass Fotos, die auf einem Mac gut aussehen, unter Windows meist zu dunkel und kontrastreich sind.

Kameraprofile

So wie ein Monitor kalibriert werden kann, können auch die speziellen Charakteristika Ihres Kamerasensors gemessen und für exakte Farbtreue in einem Profil gespeichert werden.

Die exakteste Einstellung auf die Farbe des Lichts erlaubt ein Standard-Target, das Sie mitnehmen und für Probeaufnahmen verwenden können. Es gibt sie in neutralem Grau ebenso wie mit speziellen (und teuren) Farbmosaiken. Am gebräuchlichsten ist der ColorChecker von GretagMacbeth, der exakt gedruckte Munsell-Farben *(siehe Seite 432)* enthält. Eine weitere nützliche Referenz ist die Standard-Graukarte. Beide sind weit verbreitet und anerkannt, und wenn Sie eine Referenzaufnahme davon machen, können Sie die Farben später anpassen.

Die einfachste Art der Kontrolle ist jene mit freiem Auge beim Öffnen der Bilder im Katalogisierungs- oder Bildbearbeitungsprogramm, die genaueste Methode ist jedoch die Erstellung eines ICC-Profils (ICC steht für International Color Consortium). Diese Profile, kleine Dateien, die auf Systemebene zugänglich sind, sind die Basis jedes Farbmanagementsystems. Spezialsoftware, wie etwa das Photoshop-Plug-In „inCamera" von PictoColor, können das Bild der Karte auslesen, vergleichen es mit bekannten Werten und erstellen ein eigenes Farbprofil für Ihre Kamera. Dadurch „weiß" Photoshop, wie er ein anderes von der Kamera aufgenommenes Bild anzupassen hat. Dies ist einfach und effektiv, jedoch sind solche Profile nur dann akkurat, wenn die Lichtverhältnisse übereinstimmen, sodass sie sich für Innen- oder Studioaufnahmen weit besser eignen als für die Reportage- oder Landschaftsfotografie.

Das Target aufnehmen

1. Halten Sie es gerade vor die Kamera.
2. Sorgen Sie für eine gleichmäßige Ausleuchtung der Farbkarte.
3. Wählen Sie eine geringe Empfindlichkeit und messen Sie wie üblich.
4. Stellen Sie sie Belichtung korrekt auf die Lichter und Schatten ein.
5. Zur Erstellung des Kameraprofils folgen Sie der Anleitung der Software.
6. Überprüfen Sie das Ergebnis *(siehe Seite 468)*.

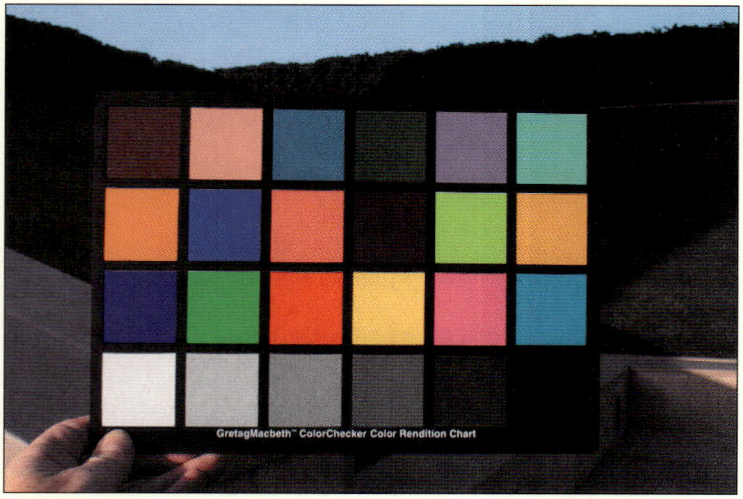

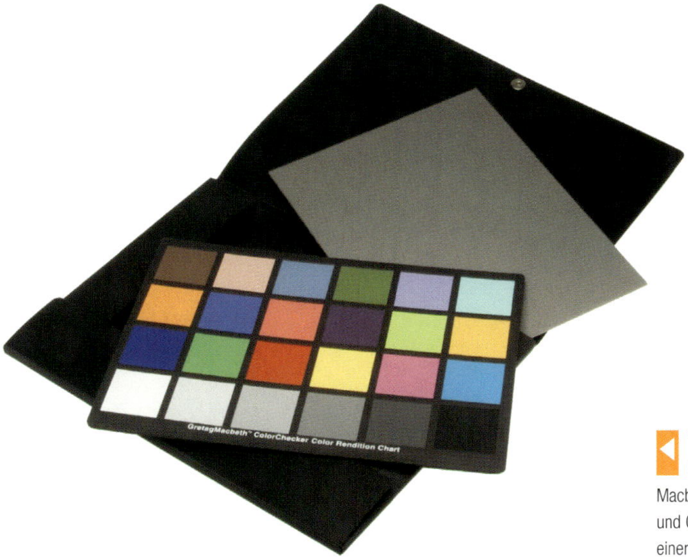

Targets
Farb- (der Gretag Macbeth ColorChecker) und Graukarten werden in einer Hülle aufbewahrt, damit sie nicht verblassen.

GretagMacbeth ColorChecker

Ein 24-teiliges Mosaik penibel gedruckter Farben, einschließlich Graustufen und „natürlichen" Farben wie Haut, Himmelblau oder das Grün der Pflanzen. Trotz seines respektablen Preises (aufgrund der Drucktechnik) gilt es als das Standard-Target in der Fotografie. Mit noch mehr Farbfeldern umfangreicher (und noch teurer) ist der GretagMacbeth ColorChecker DC. Auf dem mattem Karton ist der Bereich zwischen Weiß und Schwarz recht klein, das Schwarz ist eher ein dunkles Grau. Achten Sie bei der Erstellung eines Farbprofils darauf, dass der Wert von Mittelgrau dem unten angegebenen entspricht.

Graukarte

Zur Profilerstellung ungeeignet, stellt eine Graukarte vor allem die Neutralität der Grautöne sicher. Sie reflektiert 18% (ein Mittelwert, weil unsere Augen nicht linear auf Licht reagieren) des Lichts und sollte gemessene 50% Helligkeit und die Werte R128, G128 und B128 aufweisen.

Profile zuweisen

Bildern, die unter denselben Lichtverhältnissen aufgenommen wurden, weisen Sie das gespeicherte Profil zu (in Photoshop unter *Bearbeiten > Profil zuweisen ...*) und konvertieren Sie dann in Ihren üblichen Arbeitsfarbraum, in der Regel Adobe RGB (*Bearbeiten > In Profil konvertieren ...*). Wahrscheinlich werden Sie das Ergebnis etwas anpassen müssen, vor allem den Kontrast. Bilder mit Kameraprofilen sind oft ein wenig blass, sodass ein leichtes „S" der Gradationskurven das Bild oft entscheidend verbessert.

Das Profil erzeugen

1. Öffnen Sie das Bild in Photoshop. Wenn der Warndialog „Abweichung vom eingebetteten Profil" erscheint, wählen Sie „Profil verwerfen" (kein Farbmanagement), sollte der Warndialog ein „Fehlendes Profil" anzeigen, wählen Sie „Beibehalten" (kein Farbmanagement).
2. Überprüfen Sie, ob die Grauwerte den oben genannten entsprechen und passen Sie unter Umständen die Tonwertkontrolle oder die Gradationskurven entsprechend an.
3. Öffnen Sie den Profilfilter.
4. Wählen Sie das entsprechende Target und die zugehörige Referenzdatei.
5. Richten Sie den Raster aus, indem Sie an den Ecken ziehen.
6. Nun wird die Software das Profil errechnen, das Sie dann bei Ihren anderen Profilen speichern.

Eine Frage der Genauigkeit

Letztendlich werden Fotografien von Menschen, nicht von Maschinen betrachtet, sodass die Messung, aber auch das Augenmaß stimmen müssen.

Unsere Werkzeuge zur Farbkorrektur gehen von der Annahme aus, dass es so etwas gibt wie „perfekte Farben" – für jedes Bild eine optimale Einstellung. Unvermeidlich bleibt dabei die persönliche Interpretation auf der Strecke, doch ist eine solche Annahme überhaupt vernünftig? In manchen Fällen sicher, doch diese sind bemerkenswert selten und meist auf spezielle Einsatzgebiete wie Produktaufnahmen oder Abbildungen von Gemälden und Textilien, naturwissenschaftliche oder wissenschaftliche Fotos und ähnliches beschränkt. Für die meisten Bilder gelten andere Kriterien.

Wir glauben zu wissen, wann die Farben in einem Bild „richtig", also so sind, wie sie sein sollen. Tatsächlich machen sich die wenigsten Menschen überhaupt darüber Gedanken, die Frage taucht immer nur dann auf, wenn eine Farbe ausgesprochen „falsch" erscheint. Ist etwa der Reflex der Sonne im Wasser grün, wissen wir sofort: Das stimmt nicht. Und woher wissen wir das? Aus Erfahrung! Das ist allerdings, wie Sie zugeben müssen, keine solide Basis zur Beurteilung der mehreren Millionen Farben, die wir unterscheiden können, und lässt jeglichen wissenschaftlichen Ansatz außer Acht.

Original Bei der Aufnahme dieses neuen Hotels in Indien wurde der Weißabgleich auf „Sonnenlicht" gesetzt und parallel der ColorChecker fotografiert.

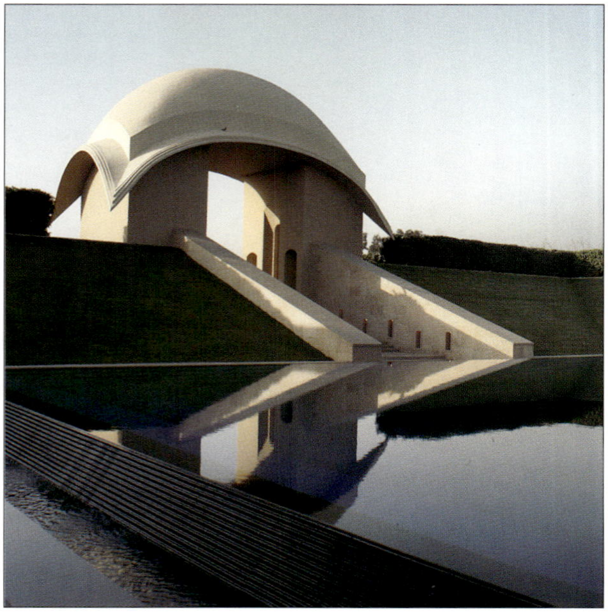

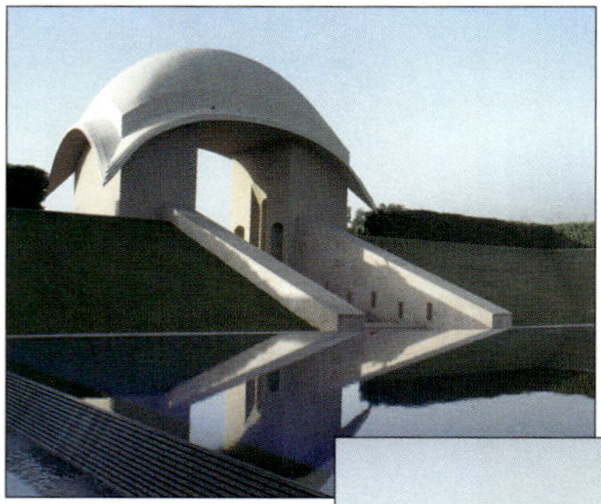

Akkurat In diesem Beispiel garantiert der Color Checker in der Nachbearbeitung absolute Genauigkeit. Das Profil nimmt jedoch auf die Wärme der Nachmittagssonne keine Rücksicht.

Mit Augenmaß In Fällen wie diesem, wenn Sie einen warmen Ausdruck haben wollen, müssen Sie nach der Zuordnung des Profils von Hand die Farbtemperatur etwas senken.

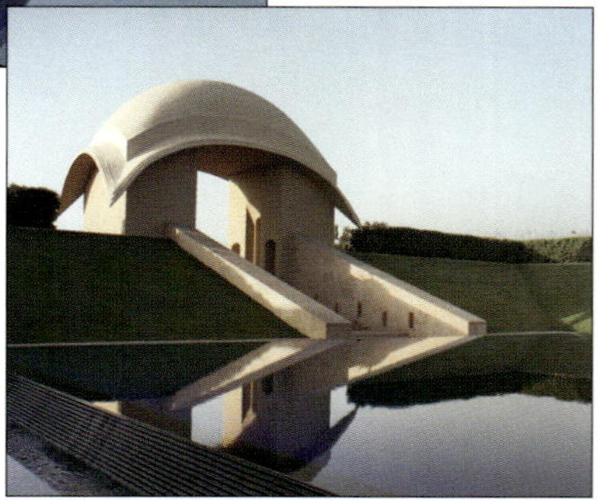

Nichtsdestotrotz wird jedes Bild letztendlich von Menschen betrachtet, sodass man diesen Faktor in die Gleichung miteinbeziehen muss. So Sie sich nicht die Mühe machen, ein Kameraprofil zu erstellen, was, wie erwähnt *(siehe Seite 466)*, oft recht unpraktisch ist, wird Sie jedes Farbmanagementsystem irgendwann nach Ihrer Meinung fragen, wie der Erfahrung nach ein Farbton auszusehen hat. Dies gilt für Grau ebenso wie für Hauttöne, das Blau des Himmels und die Farbe des Lichts. Wie wir gesehen haben, ist der Spielraum in all diesen Bereichen sehr groß, wir haben also die Wahl. Mit einem Kameraprofil kommt man absoluter Exaktheit zwar am allernächsten, es ist jedoch nicht die Lösung für alles. Obwohl ein an die jeweilige Lichtsituation angepasstes Kameraprofil die messbare Genauigkeit der Farben sicherstellt, kann es nicht alle Faktoren berücksichtigen, denn es ignoriert unser Empfinden. Das offensichtlichste, wenn auch nicht einzige Beispiel liefert die tief stehende Sonne, wenn die Farbtemperatur des Lichts niedriger ist als „Tageslicht-Weiß". Auch wenn Sie noch so sorgfältig ein Farbtarget in der auf Seite 466 beschriebenen Art oder auch eine einfache Graukarte verwenden, um das neutrale Grau auszubalancieren, wird das Ergebnis sicherlich messbar korrekt sein - und das Bild dennoch irgendwie „falsch" aussehen. Abgesehen von allen subjektiven Gefühlen, die Sie persönlich mit dem Licht am frühen Morgen oder am späten Abend verbinden mögen - die Attraktivität von „wie in Gold getauchten" Szenen etwa -, erwarten wir alle, dass Farben in diesen Stunden warm aussehen.

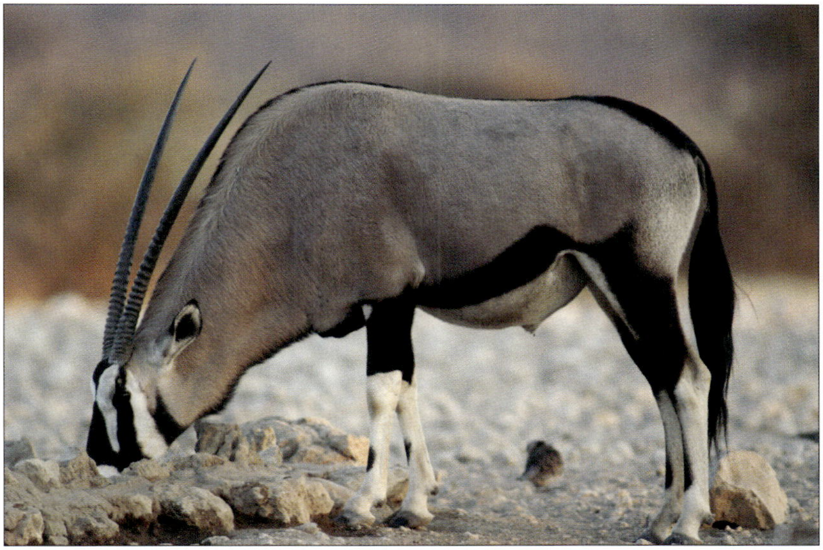

Original
Die unbearbeitete Aufnahme einer Oryxantilope. Der Weißabgleich stand auf „Tageslicht".

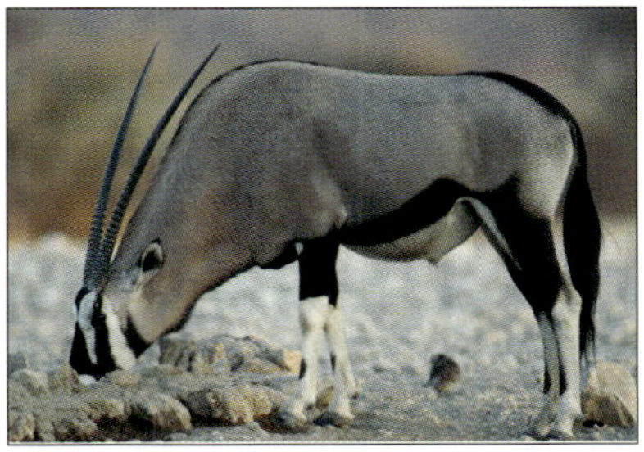

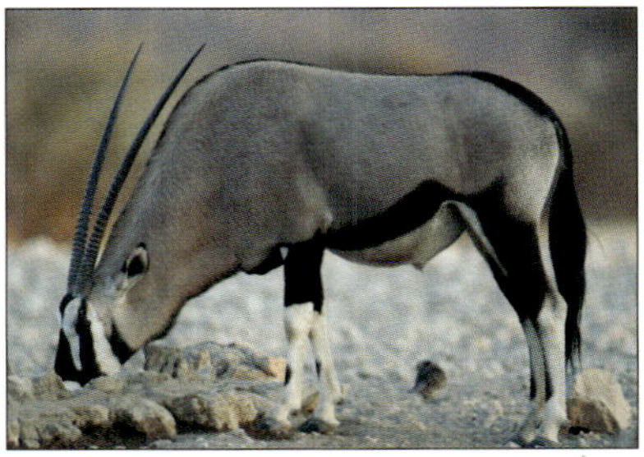

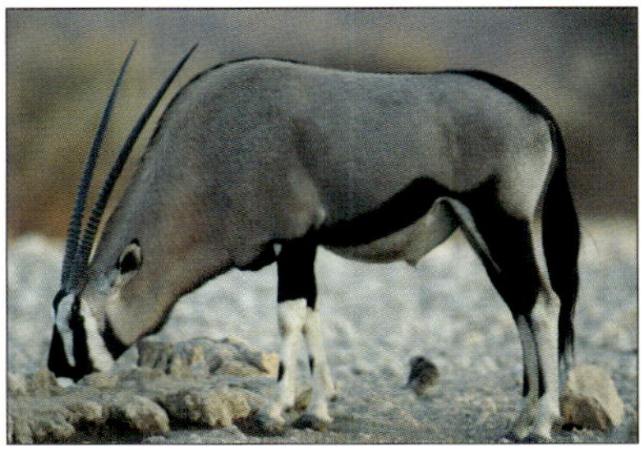

Mit freiem Auge
Eine etwas komplexere Frage der Beurteilung. Die Antilope wurde in Namibia aus einem Versteck heraus bei Sonnenuntergang fotografiert. Zum Aufnehmen einer Graukarte war weder Zeit noch Gelegenheit. Um das fast neutrale Grau möglichst exakt wiederzugeben, wandten wir uns an Experten: einen Spurensucher, einen Führer und einen Jäger. Ihre Meinungen wurden am nächsten Tag in das Bild übernommen. In der Praxis galt es, den neutralen Punkt im Fell des Tieres zu finden, und, wie die drei Beispiele zeigen, ist es wichtig, wo man diesen annimmt. In der Tat liegt das neutralste Grau, wie die Experten angaben und eine Aufnahme am nächsten Tag zu Mittag bestätigte, am Rücken (Mitte).

Gedächtnisfarben

Eine der besten Methoden, die Farbtreue in einem Bild zu gewährleisten, auch wenn man sie mit Vorsicht benutzen sollte, ist, sich auf Objekte zu konzentrieren, die uns so vertraut sind, dass wir intuitiv wissen, wie sie aussehen sollen.

Manche Farben sind in unserem Bewusstsein tiefer verankert als andere, was bedeutet, dass wir sie deutlich unterscheiden und eine klare Vorstellung davon haben, ob sie „stimmen" oder nicht. Bis zu einem gewissen Grad ist dies von Mensch zu Mensch verschieden und hängt von Vorlieben und Erfahrungen ab, doch es gibt einige Standardfarben, die fast allen gemeinsam sind. Man nennt sie „Gedächtnisfarben", da sie in unserem visuellen Gedächtnis verankert sind. Daher spielen sie selbstverständlich eine wichtige Rolle bei der Bildbearbeitung, denn sie sind der direkte Schlüssel zur Beurteilung der Farbtreue eines Fotos. Wir erkennen diese Farben intuitiv sofort als „richtig" oder „falsch". Messwerte sind in der Farbanpassung äußerst wichtig, doch da Farben in erster Linie an das Auge appellieren, ist das subjektive Element nicht zu unterschätzen. Wenn es richtig aussieht, ist es auch richtig.

Die zwei wichtigsten Gedächtnisfarben sind jene, die uns am vertrautesten sind: Grau- und Hauttöne. Darauf folgen das Grün der Pflanzen und das Blau des

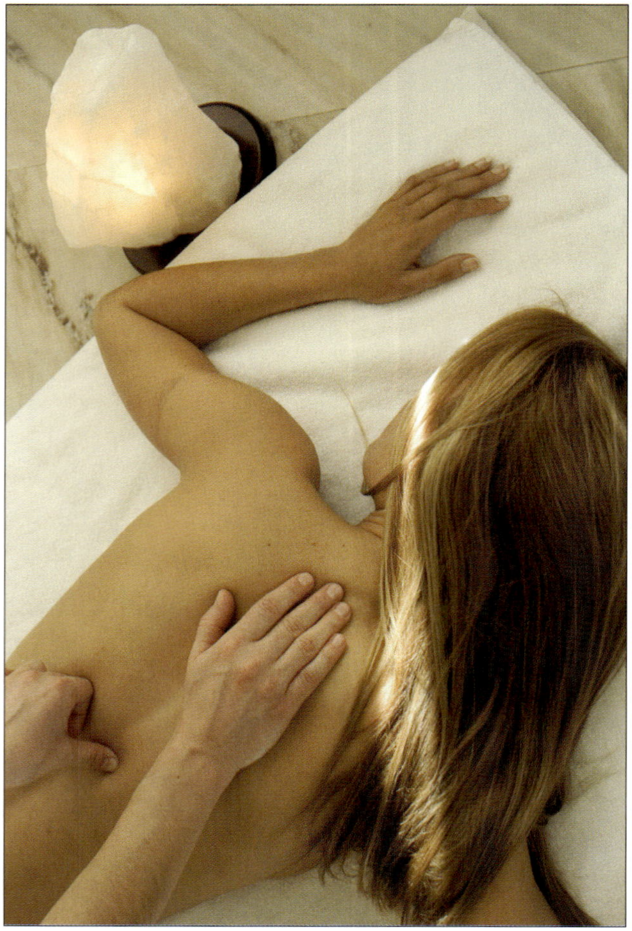

Haut
Ebenso wie wir allen Aspekten des menschlichen Körpers äußerste Aufmerksamkeit widmen (zum Beispiel beim Wiedererkennen von Gesichtern), ist uns das Aussehen menschlicher Haut von unseren ersten Atemzügen an vertraut. Wir haben sehr klare Vorstellungen davon, welche Farbe wir erwarten. Dennoch gibt es hier beträchtliche Unterschiede, nicht nur zwischen den Rassen, sondern auch, wie das Bild zeigt, zwischen zwei Menschen ein und derselben „Hautfarbe".

Neutrales Grau

Objekte und Oberflächen, die in einem Foto neutral erscheinen sollten, sind zum Beispiel Beton, Stahl, Aluminium, Autoreifen, Asphalt, weiße und schwarze Farbe sowie Wolken am Zenith.

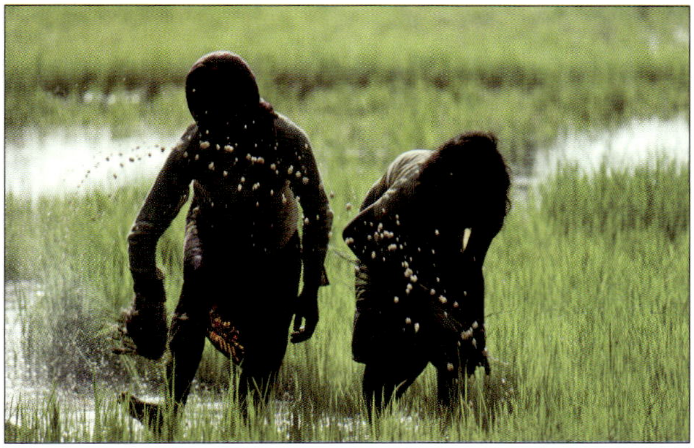

Gras
Die Farbe grüner Pflanzen ist ebenfalls in unserem Gedächtnis verankert, wobei wir jedoch eine weit breitere Palette möglichen „Grüns“ tolerieren als bei allen anderen Gedächtnisfarben.

Beton
Beton, wie er in Stadtansichten der ganzen Welt zu finden ist, wird von unseren Augen immer als neutral gesehen. Er bietet daher einen guten Anhaltspunkt zur Farbkorrektur von digitalen Bildern.

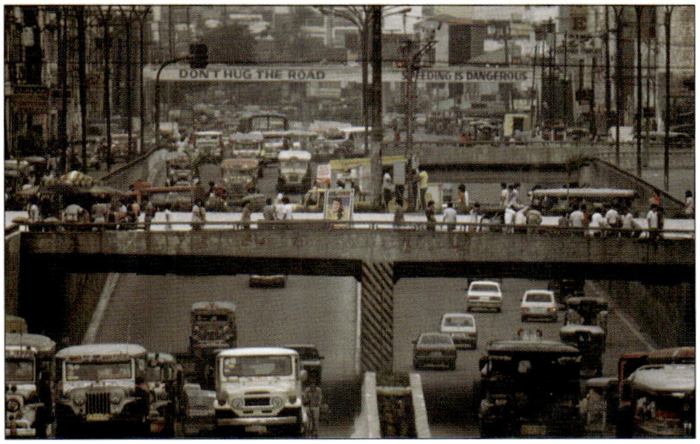

Himmels. Der Rest hängt vor allem von der Umgebung ab, in der man lebt – den Bewohnern Nordafrikas werden die Farben von Sand und Stein vertrauter sein als zum Beispiel einem Nord- oder Mitteleuropäer. Die Korrektur dieser Gedächtnisfarben erfolgt, indem man sie an bekannte Beispiele angleicht. Sie können bei der Optimierung einfach auf Ihre Erinnerung vertrauen oder den Prozess verfeinern, indem Sie sich an Bildern orientieren, die Sie bereits als exakt anerkannt haben. Öffnen Sie ein solches Bild ebenfalls und nehmen Sie es als Referenz. Sie könnten sich aber auch selbst einen Satz von Gedächtnisfarben zusammenstellen, und es gibt sogar Spezialsoftware dafür. Der Prozess des Einstellens folgt in jedem Fall dem Prinzip von Quelle und Ziel.

Ein Spezialprogramm
iCorrect Professional hat eine Reihe vorgegebener Gedächtnisfarben. Man kann aber auch eigene anlegen. Bei der Festlegung der Farben dafür gibt es drei Parameter:
Hue als Winkel zwischen 0 und 359 Grad auf dem internationalen CIE-Farbkreis (nicht zu verwechseln mit Photoshops HSB-Farbraum).
Chroma als Prozentsatz der Sättigung, ebenfalls nach CIE-Standard und nicht nach Photoshop-HSB.
Δ Hue als Wert zwischen 10 und -10, der den Übergang eines Farbtons von Hell nach Dunkel angibt. Bei einem negativen Wert verkleinert sich der Farbtonwinkel auf dem Farbkreis mit zunehmender Helligkeit, bei einem positiven Wert vergrößert er sich.

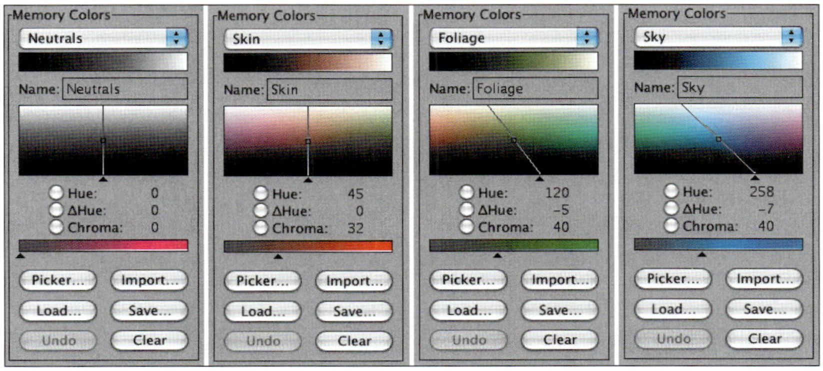

Schwarzpunkt, Weißpunkt

Die grundlegendste, einfachste und effektivste Technik, um die Farben eines digitalen Bildes optimal auszugleichen, besteht darin, den hellsten und den dunkelsten Punkt zu finden und ihn reinweiß bzw. tiefschwarz zu machen.

Der Optimierung genannte Prozess ist darauf ausgelegt, ein Bild so gut wie möglich erscheinen zu lassen, indem das Gamut von Monitor und Drucker voll genützt wird. Der erste Schritt ist, die aufgenommenen Tonwerte und Farben möglichst über den gesamten 8-Bit-Bereich von Schwarz (0) bis Weiß (255) zu strecken, indem man Schwarz- und Weißpunkt entsprechend setzt. Dafür gibt es eine Reihe von Methoden. In Photoshop beginnen Sie bei der Tonwertkorrektur. Unterhalb des Histogramms befinden sich Regler für den Weißpunkt (links), den Schwarzpunkt (rechts) und die Mitteltöne (in der Mitte). Ziehen Sie den Schwarzpunktregler zur Mitte, bis er am Beginn der ersten Pixelgruppe im Histogramm steht. Dadurch werden diese Pixel, die dunkelsten Bereiche des Bildes, schwarz. Dasselbe tun Sie mit dem Weißpunktregler und klicken dann auf OK.

Auto-Korrektur

Eine Alternative zur Anpassung der Tonwerte per Hand bieten die automatischen Routinen von Photoshop unter *Bild > Anpassen > -Gradationskurven*. Klicken Sie auf *Optionen*:

- **Schwarzweiß-Kontrast verbessern** Entspricht dem Befehl *Auto-Kontrast*. Hellt die Lichter auf und dunkelt die Schatten ab, die Farbbalance bleibt unverändert.
- **Kontrast kanalweise verbessern** Entspricht der *Auto-Tonwertkorrektur*. Die Tonwertspreizung in jedem Kanal wird maximiert, daher sind teils heftige Farbverschiebungen möglich.
- **Dunkle und helle Farben suchen** Entspricht *Auto-Farbe*. Maximiert den Kontrast bei geringstmöglichem Verlust durch Wahl der durchschnittlich hellsten und dunkelsten Pixel.
- **Neutrale Mitteltöne ausrichten** Passt das Gamma so an, dass jene Farben, die neutralem Grau am ähnlichsten sind, tatsächlich neutral Grau erscheinen.

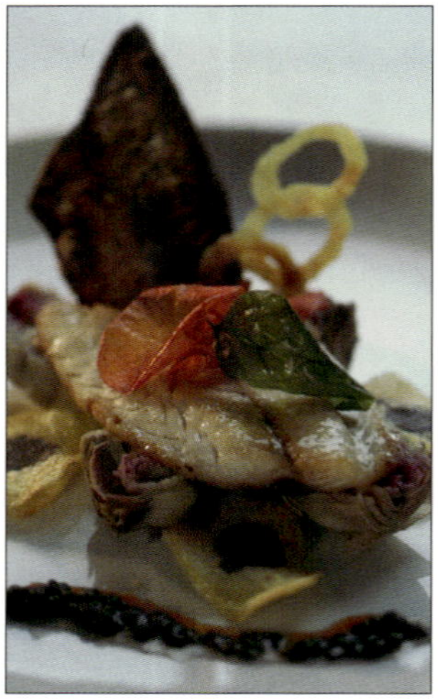

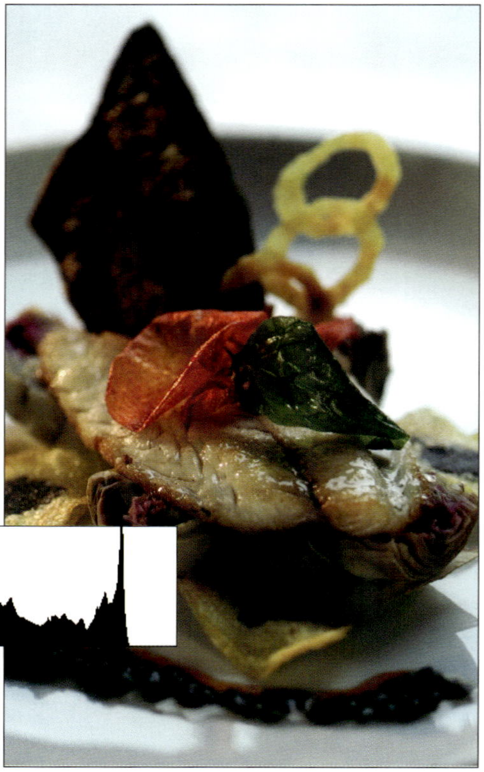

Vorher Wenn Sie das Dialogfenster „Tonwert" öffnen, um das Bild zu editieren, hat das Histogramm deutliche Lücken an beiden Enden: Sowohl helle Lichter als auch tiefe Schatten fehlen.

Wenn Sie den Dialog nun nochmals öffnen, sehen Sie, dass das Histogramm gestreckt wurde und den gesamten Bereich ausfüllt. Ein nützlicher Trick: Halten Sie beim Verschieben der Regler die Alt/Option-Taste gedrückt. Beim Schwarzpunktregler bleibt das ganze Bild weiß, bis Sie die ersten Pixel erreichen – nun erscheinen bunte Stellen im Bild, hier würden die dunkelsten Schatten gekappt werden. Beim Weißpunktregler funktioniert es ebenso, nur dass das Vorschaubild schwarz sein wird.

Alternativ kann man die Pipetten rechts unten im Dialogfenster verwenden. Wählen Sie zuerst die Pipette für den Schwarzpunkt, suchen Sie die dunkelste Stelle im Bild und klicken Sie darauf. Anschließend klicken Sie mit der Weißpunkt-Pipette auf die allerhellsten Lichter. Ein Blick auf die Werte in der Info-Palette erleichtert das Auffinden der dunkelsten bzw. hellsten Stellen.

Als nächsten Schritt gilt es, jene Töne festzulegen, die Ihrer Meinung nach neutral grau sein sollen. Der direkteste Weg, diese festzulegen, ist, eine Stelle im Bild zu identifizieren, die neutral grau ist oder sein sollte, und mit der Pipette für Mitteltöne darauf zu klicken. Wenn Sie eine solche Stelle entdeckt haben, bewegen Sie zuerst den Cursor darüber und kontrollieren in der Info-Palette, ob die RGB-Werte tatsächlich annähernd identisch sind.

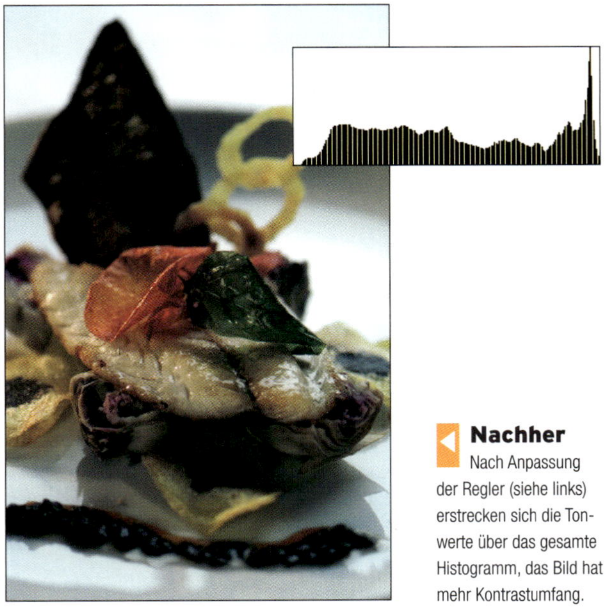

Nachher
Nach Anpassung der Regler (siehe links) erstrecken sich die Tonwerte über das gesamte Histogramm, das Bild hat mehr Kontrastumfang.

Der Ausgabe angepasst

Drucker haben – oft große – Schwächen, wenn es darum geht, reines Weiß und Schwarz wiederzugeben. Setzen Sie den Weiß- und den Schwarzpunkt etwas geringer als das Extrem, indem Sie auf die entsprechenden Pipetten doppelklicken und neue Werte eingeben: Vernünftige Einstellungen in RGB sind 10,10,10 für Schwarz und 243,243,243 für Weiß.

iCorrect EditLab Pro

Diese Spezialsoftware zur Farbkorrektur folgt einem vierstufigen Ansatz in logischem Ablauf. Es hat aber auch eine Automatik-Einstellung, welche sich „SmartColor" nennt:

1. Farbbalance, um einen globalen Farbstich zu entfernen. Dazu klickt man entweder auf neutrale Bildbereiche oder benutzt Regler. Ergebnis: eine ausgewogene Farbbalance.
2. Schwarz- und Weißpunkt setzen, um den Tonwertumfang anzupassen – meist wird er gestreckt. Ergebnis: voller Kontrastumfang.
3. Globale Einstellung von Helligkeit, Kontrast und Sättigung zur Balance der Tonwerte zwischen Schwarz und Weiß bzw. neutralen und gesättigten Farben. Ergebnis: ausgewogene Tonwertverteilung.
4. Einstellung von Helligkeit, Kontrast und Sättigung für einzelne Farbtöne – auch auf bestimmte Bildbereiche beschränkt. Korrektur nicht neutraler Farben. Ergebnis: optimierte einzelne Farbtöne.

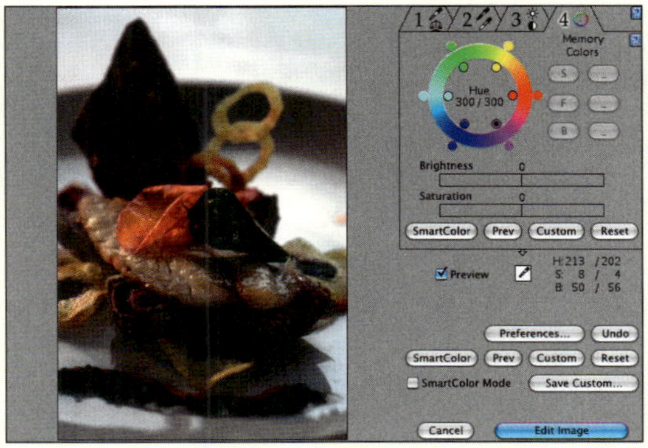

Der subjektive Faktor

Wenn man so viel Gewicht auf Farbtreue legt, gerät das persönliche Empfinden leicht in Vergessenheit Doch eine visuelle Idee ist ebenso wichtig wie „Korrektheit".

Farbmanagement hat einen Punkt erreicht, an dem es für manche Fotografen zur Obsession wird, da die Technik relativ neu ist und Beachtung verlangt. Die verschiedenen Geräte (einschließlich der Kamera) müssen aufeinander abgestimmt werden, das macht Farbmanagement zu einer Notwendigkeit, doch um den Farben kreativ gerecht zu werden, müssen Sie einen eigenen Standpunkt haben. Messbar exakte Farbwerte sind nur der erste Schritt, Ihre ganz persönliche Farbgestaltung der nächste.

Am deutlichsten zeigt sich der Wert der Subjektivität in der Wahl der Sättigung. Wie wir gesehen haben, ist HSB der rationellste und bequemste Weg, Farben anzupassen, doch unser Gefühl neigt dazu, den drei Parametern Farbton, Sättigung und Helligkeit unterschiedliche Wertigkeiten zu geben. Der Farbton wird im Allgemeinen als die Essenz der Farbe gesehen. Die Helligkeit ist,

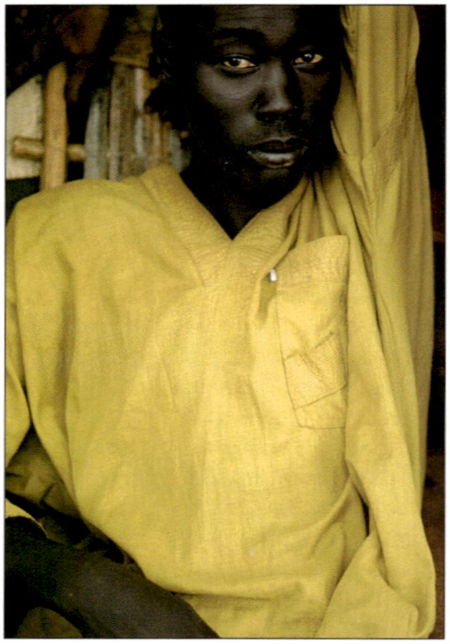

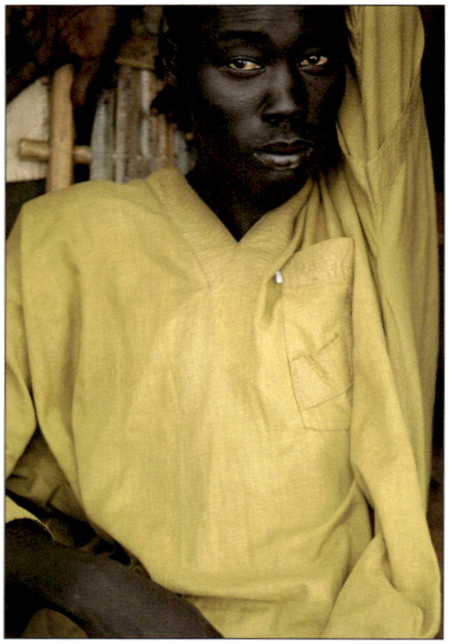

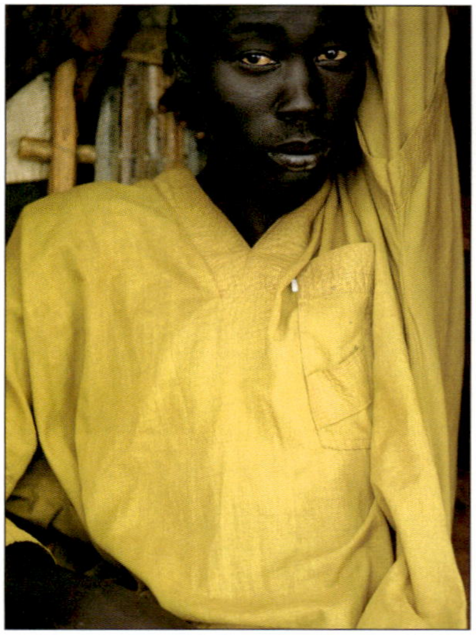

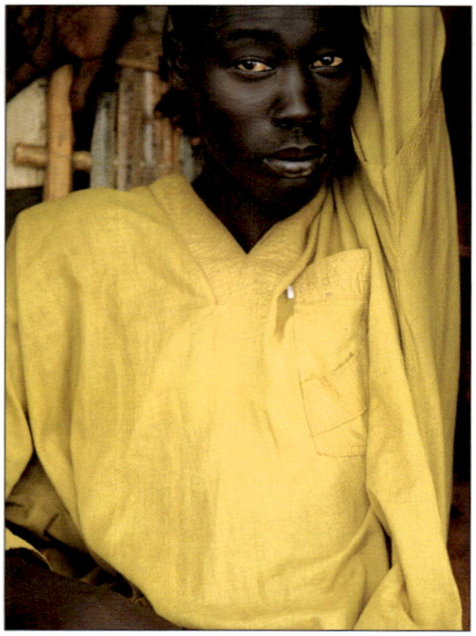

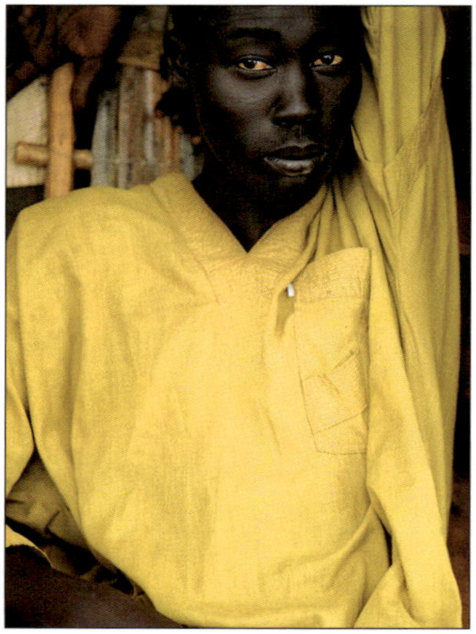

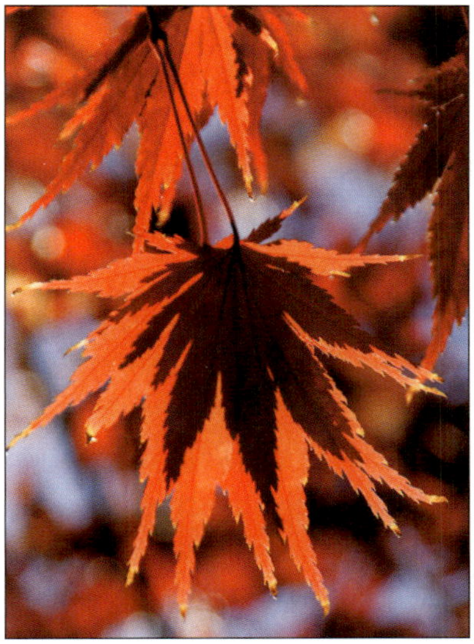
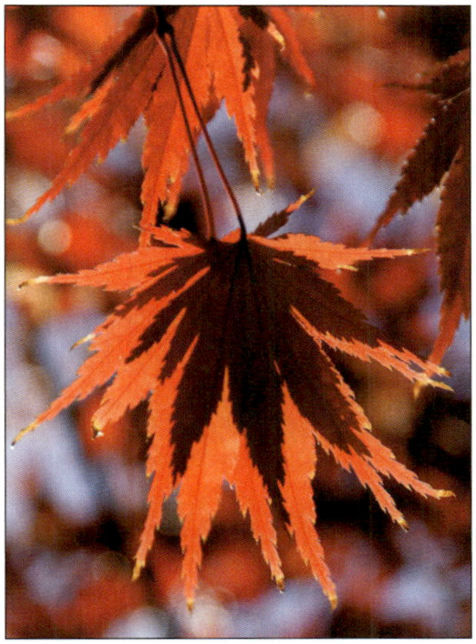
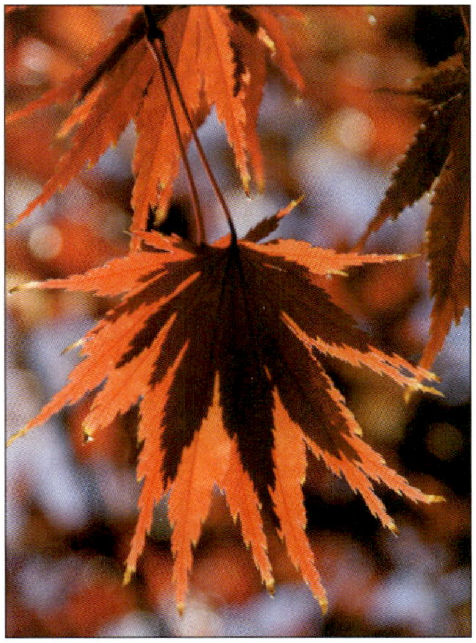
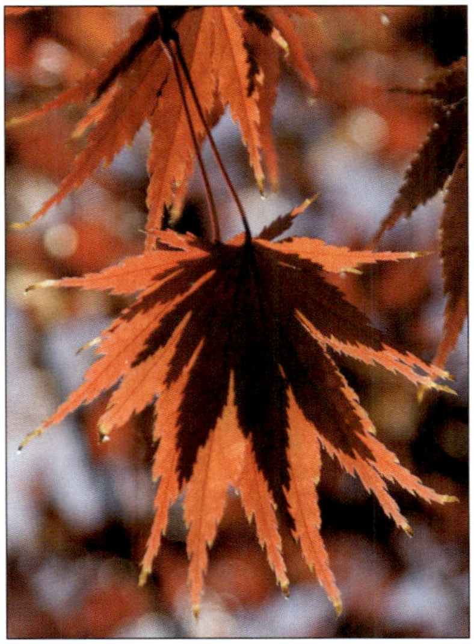
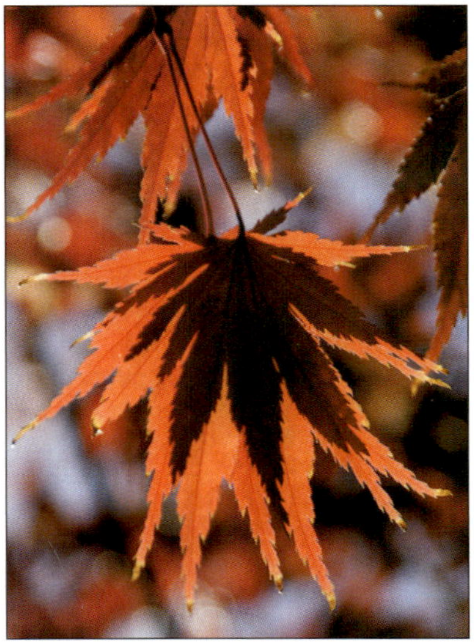

besonders in der Fotografie, meist mit der Belichtung und dem Tonwert verknüpft, sodass die Sättigung zum bedeutendsten Modulationsfaktor wird – zumindest nach Ansicht der meisten Menschen.

Worauf ich hinaus will, ist, dass der kreative Spielraum bei der Wahl der Sättigung größer ist als bei den anderen farbbestimmenden Faktoren, wie uns Bücher, Magazine und Karten täglich vor Augen führen, wo sich die Farben im Produktionsprozess oft verändern. Die beiden hier in verschiedenen Sättigungsstufen gezeigten Bilder mögen als Beispiel dienen. Um den größten Nutzen aus dieser Fallstudie zu ziehen, betrachten Sie die Bilder genau und entscheiden, welches Ihnen am besten gefällt. Dann decken Sie alle anderen Varianten ab und lassen Ihr Auge einige Zeit auf diesem einen ruhen, machen Sie vielleicht sogar eine kurze Pause. Decken Sie dann die anderen Bilder wieder auf. Hat sich Ihr Urteil geändert? Welche Bandbreite an Sättigung finden Sie akzeptabel? Die Übung ist noch nützlicher mit Ihren eigenen Bildern. Wir lernen daraus, dass es einen „richtigen" Bereich für die Sättigung gibt, nicht nur einen einzelnen Punkt.

Tabakverkäufer Ein Tabakverkäufer auf einem Markt im Sudan. In diesem Bild ist das Verhältnis zwischen den Gelbtönen und der dunklen Haut wichtig. Sättigung von rechts oben gegen den Uhrzeigersinn: -11, Original, +11, +22, +33.

Blatt Ein Bild, dessen Buntheit offensichtlicher zutage tritt als in dem Porträt, reiche, gesättigte Farben herrschen vor. Man ist leicht versucht, die Sättigung zu sehr anzuheben. Sättigung im Uhrzeigersinn: +33, +22, +11, Original, -11.

Druckerprofile

Das dritte und letzte Gerät im Workflow der meisten Fotografen ist der Drucker. Auch er braucht ein genaues Profil, welches man nur mit professioneller Kalibrierungssoftware erstellen kann.

Geräteprofile für Kameras, Bildschirme und Drucker garantieren den gesamten Produktionsablauf hindurch exakte Farben. Sie sind die Basis jedes vernünftigen Farbmanagements. Die Kalibrierung von Druckern ist etwas aufwändiger, einige Arbeitsschritte erfordern professionelles Equipment, doch die Mühe lohnt sich in jedem Fall, da Sie nur so darauf vertrauen können, dass das gedruckte Ergebnis annähernd dem entspricht, was Sie auf dem Bildschirm sehen. Die professionelle Komponente ist die Messung eines Farbtargets, welche mit Hilfe eines Spektrophotometers geschehen muss - ein kostenpflichtiges Service.

Bei Kameras macht ein Profil, wie wir gesehen haben, nur dann Sinn, wenn die Lichtverhältnisse bei der Aufnahme des Targets und des Motivs identisch sind, wie

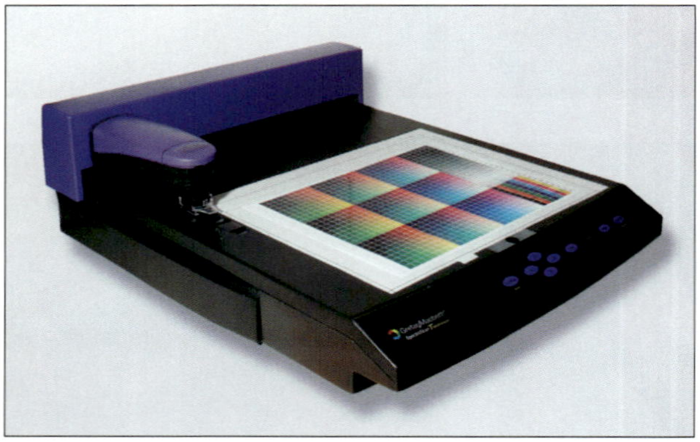

Spectrolino Der GretagMacbeth Spectrolino (oder Spectroscan) ist ein präzises Farbmessgerät, welches das Ergebnis Ihres Druckers genau analysiert.

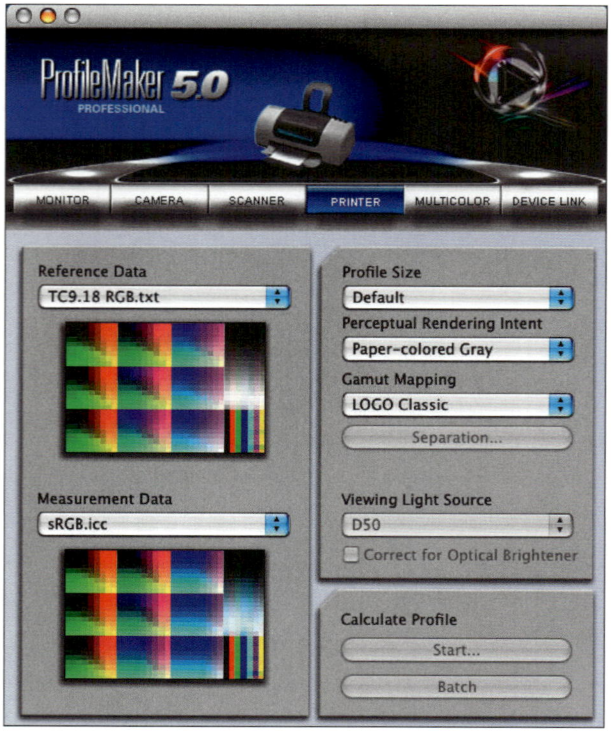

Profile Maker Ein spezielles Programm liest die Ergebnisse des Spectrolino-Scanners und erstellt ein exaktes Farbprofil für den Drucker.

etwa in einem Studio. Ein Profil für den Drucker ist dagegen nicht nur notwendig, sondern auch konstant: Solange Sie dieselbe Papier- und Tintenqualität verwenden, wird auch das Ergebnis stimmen. Drucker erzeugen Farben auf völlig andere Art als Kameras oder Monitore. Sie verwenden Prozessfarben (Cyan, Magenta, Gelb und andere Tinten wie Schwarz, Grau und helles Magenta), und das Bild reflektiert die Farben, es strahlt sie nicht aus. Daraus ergibt sich, dass man zur Messung der Pigmente ein Spektrophotometer braucht, das teuer ist und Erfahrung bei der Bedienung verlangt. Daher wird die Profilerstellung für Drucker oft als kostenpflichtiger Service angeboten. Sie können selbstverständlich auch das mit dem Drucker gelieferte generische Profil verwenden, doch das kann, je nach verwendetem Papier, zu stark unterschiedlichen Resultaten führen.

Das Angebot an Papieren und Druckertinten ist derart umfangreich, dass sich etwas Experimentieren lohnt, um die Möglichkeiten voll auszuschöpfen. Hat man sich für eine Kombination entschieden, wird man ein vom Dienstleister zur Verfügung gestelltes Target ausdrucken und einschicken. Dann wird, wie für Kameras, ein ICC-Profil erstellt, das den Unterschied von gemessenem und erwünschtem Ergebnis ausgleicht. Dieses laden Sie in den Computer und verwenden es für den Druck. Jede Kombination von Tinte und Papier braucht ein eigenes Profil.

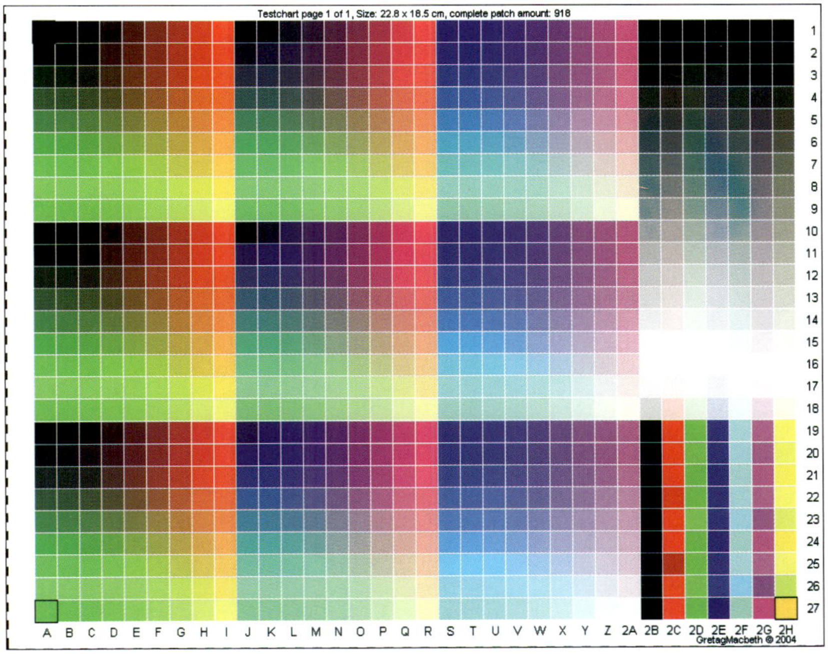

Farbkarte Das TC9.18 Target wurde vom Farbguru Bill Atkinson entwickelt. Die 918 Farbfelder liefern umfassende Farbinformationen an die Software. Es eignet sich gleichermaßen für Thermosublimations- und Tintenstrahldrucker mit vier (oder mehr) Druckfarben.

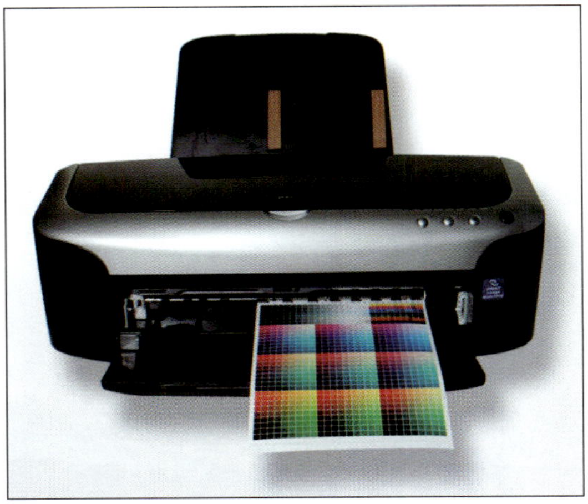

Ausdruck Der erste Schritt zur Profilerstellung ist der Ausdruck eines Targets wie zum Beispiel das TC9.18 (oben). Sie müssen das Target auf jedem Papier, das Sie verwenden, drucken und ein eigenes Profil erstellen.

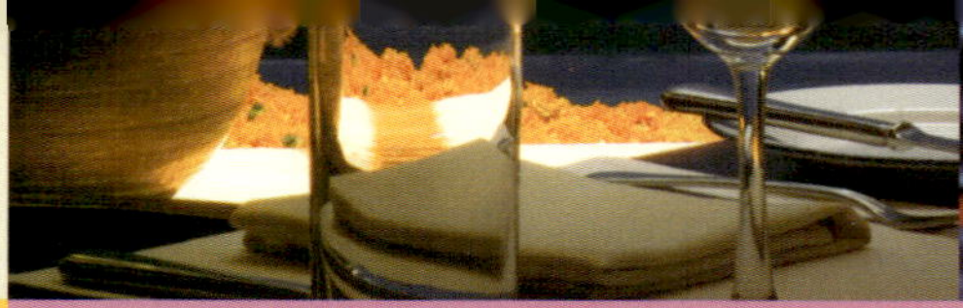
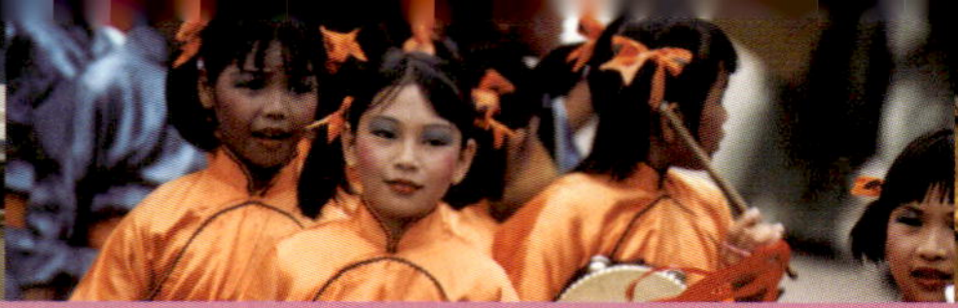
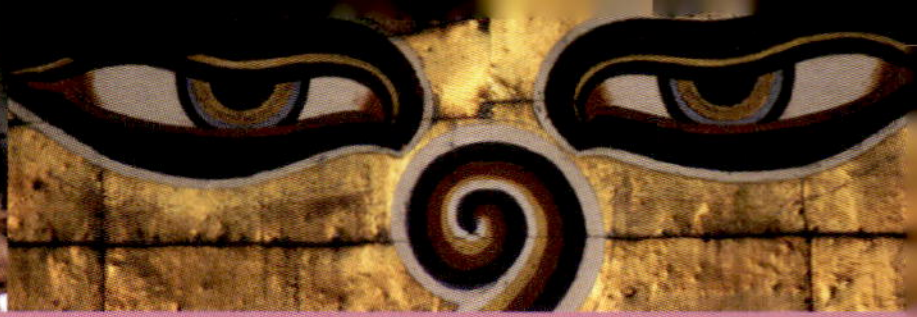
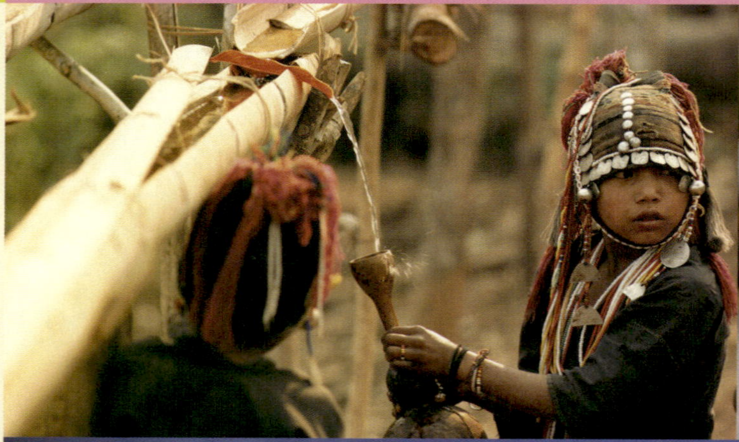
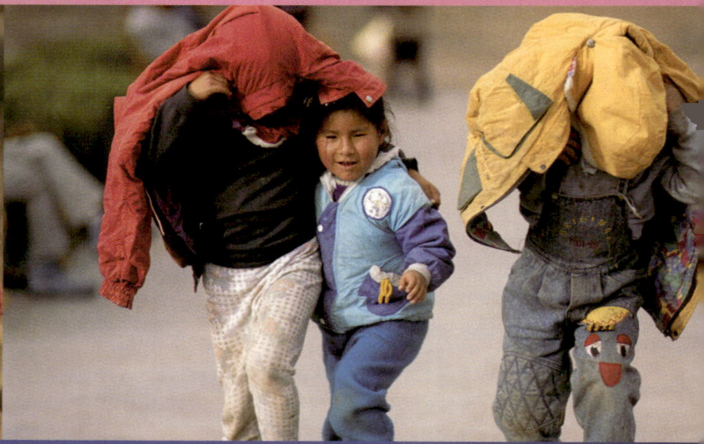
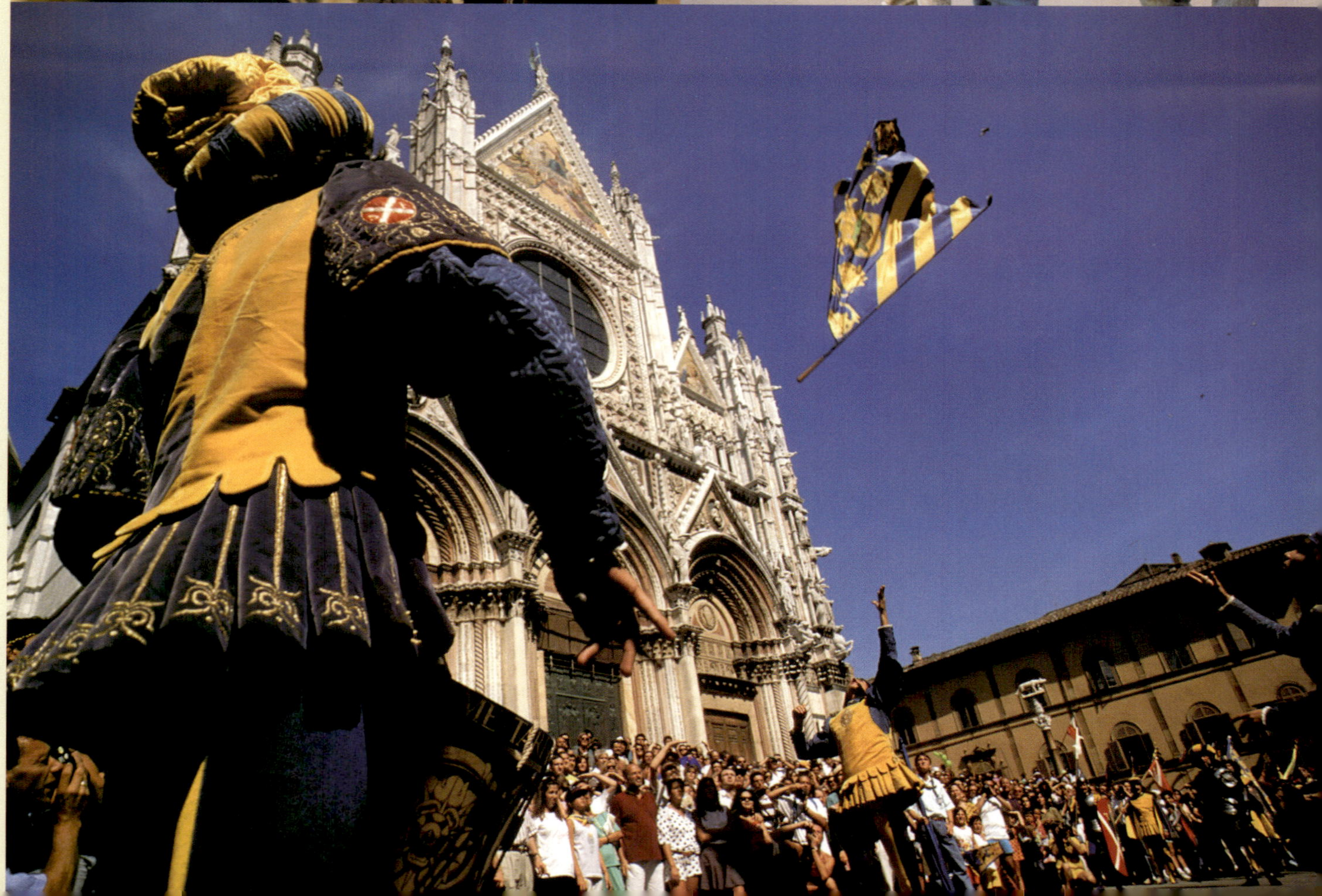

Lebensechte **Farben**

Nachdem wir die Grundlagen der Farbe und die digitalen Techniken zu ihrer Kontrolle besprochen haben, betrachten wir nun die Farben so, wie sie im wirklichen Leben vor der Kamera erscheinen. Trotz all der Möglichkeiten, die uns die digitale Technik zur Abstimmung, Anpassung, ja sogar Kreation von Farben in der Bildbearbeitung in die Hand gibt, müssen wir doch immer von den Farben realer Objekte in realen Szenen ausgehen.

Der Ausdruck und die Symbolik einzelner Farben werden ungeheuer komplex, sobald man sie im Kontext mit anderen betrachtet. Gelb kombiniert mit Blau wirkt anders als Gelb kombiniert mit Grün, und doch ist es gerade dieses subtile Zusammenspiel der Farben, ihre Beziehungen untereinander, die unsere Fotos anziehend, faszinierend und aufregend macht. Wie bei vielen anderen Fragen im Zusammenhang mit Farbe spielen bei der Dynamik dieser Beziehungen verschiedenste Faktoren auf unterschiedlichen Ebenen der Wahrnehmung und des Empfindens eine Rolle. Manche optischen Effekte werden direkt auf der Netzhaut erzeugt, andere in unserem Gehirn, und all diese werden durch persönliche Vorlieben und Abneigungen überlagert. Eine der am meisten diskutierten Fragen im Zusammenhang mit Farben ist das Thema von Harmonie und Disharmonie – welche Farben „passen zusammen", ergänzen einander, und welche verstoßen gegen allgemein akzeptierte Regeln. Diese Regeln existieren außerhalb von Geschmäckern, Vorlieben und modischen Strömungen und sind für jeden, der farbige Bilder kreiert – Fotografen wie Maler –, das Handwerkszeug, um ansprechende oder abstoßende Bilder zu schaffen.

Meist hat die Kunst, und die Fotografie fast noch mehr als andere Sparten, das Ziel zu gefallen, wen überrascht das schon. Nichtsdestotrotz gehen die Ansprüche der Fotografie über das Abbilden der „Schokoladenseite" der Welt hinaus, und das Verständnis der Beziehungen der Farben zueinander kann ein Teil davon sein. Ein wichtiges Charakteristikum der Farben, wie wir sie täglich um uns sehen, ist, dass sie in der realen Welt in weit subtileren Nuancen und keineswegs rein als jene Primär- und Sekundärfarben vorkommen, die wir bereits untersucht haben. In den Farbkreisen und Farbfeldern, die uns zum Beispiel Photoshop anbietet, sind die Unterschiede im Farbton weit weniger breit gestreut. Die Farben von Erde und Stein, die komplexe Vielfalt pflanzlichen Grüns, Pastelltöne und schimmernde Metalle, sie alle haben einen ganz besonderen Reiz, der weniger in ihrer Aufdringlichkeit als in den feinen Schattierungen liegt.

Optische Farbeffekte

Farben interagieren auf vielfache wichtige und aufgrund der Psychologie der Wahrnehmung nicht immer erwartete Art und Weise miteinander.

Es gibt eine Reihe von Phänomenen bei der Art, wie wir Farben in ihrer Umgebung wahrnehmen, und diese haben starken Einfluss auf die Theorien von Harmonie und Dissonanz – und darauf, wie sich Farben in einem Foto präsentieren. Die wichtigsten davon sind der Sukzessiv- und der Simultankontrast, die der französische Chemiker Michel Eugène Chevreul erstmals in den 1820er-Jahren entdeckte. Der Sukzessivkontrast, auch als Nachbild bekannt, veranlasst das Auge, unmittelbar nachdem es einem starken Farbreiz ausgesetzt war, die Komplementärfarbe zu „sehen". Starren Sie etwa eine Minute auf das Kreuz in dem roten Kreis und blicken Sie dann in das weiße Quadrat. Sie sollten einen Kreis in anderer Farbe „sehen" – Blaugrün. Dieses Nachbild wird von Auge und Gehirn gemeinsam erzeugt und ist am stärksten bei hellen Farben und wenn man dem Farbreiz lange ausgesetzt war. Signifikant beim Sukzessivkontrast ist, dass das Nachbild immer in der Komplementärfarbe gesehen wird, also jener, die der zuvor betrachteten Farbe auf dem Farbkreis der Spektralfarben *(siehe Seite 431)* gegenüberliegt.

Buntes Zebra

Ein natürliches Muster beginnt zu vibrieren, die dunklen Streifen des Zebras wurden mit einem Verlauf der Primärfarben koloriert. Wenn man die hellen Bereiche etwas abdunkelt, sodass sie grau werden, wäre das optische „Flackern" noch augenfälliger.

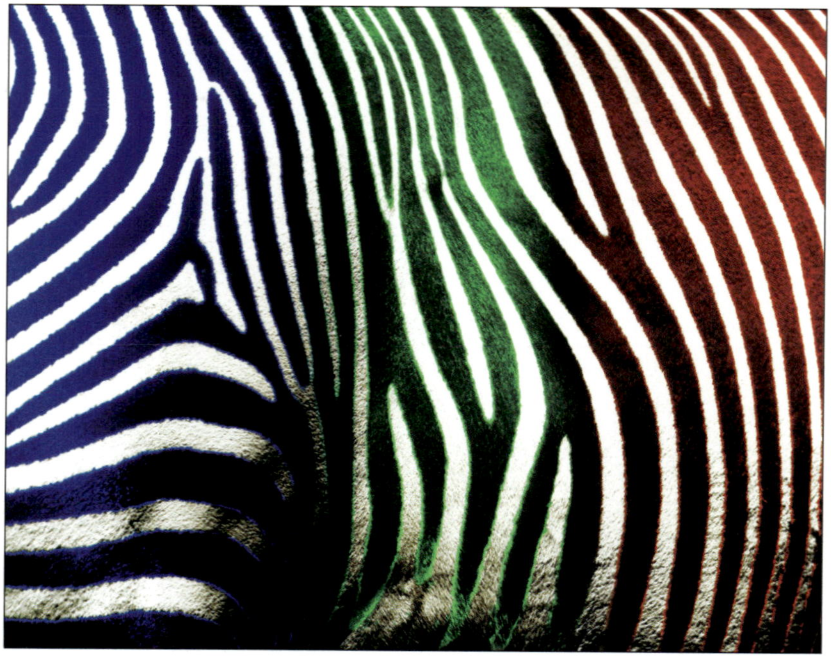

Dem Sukzessivkontrast verwandt ist der Simultankontrast. Dabei nimmt eine Farbe, wenn sie von einer anderen umgeben ist, einen zur Umgebungsfarbe komplementären, leichten Farbstich an. Am deutlichsten ist dies bei einer neutralen Farbe zu erkennen, die von einem starken, reinen Farbton umschlossen wird *(siehe auch die Fotos auf Seite 483)*. Ein grauer Fleck auf einem starken Hintergrund wird sich immer ein wenig in die Richtung von dessen Komplementärfarbe verschieben. Der Effekt tritt auch, wenn auch weniger deutlich, bei zwei nicht-komplementären Farben auf.

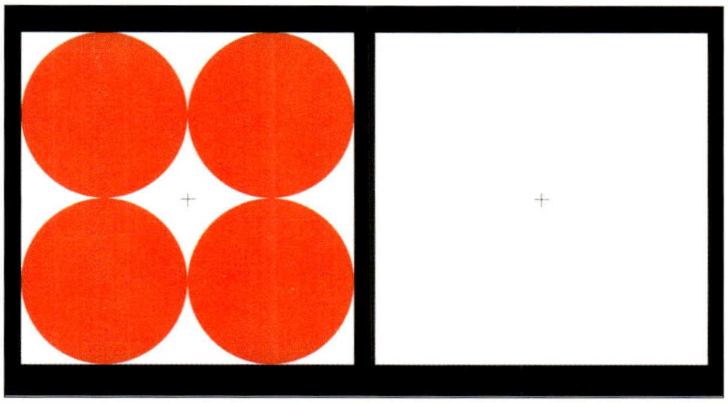

Kreiseffekt
Diese Variation des unten beschriebenen Effekts bezieht den Hintergrund mit ein. Starren Sie auf das Kreuz im linken Feld. Nach einer halben Minute fixieren Sie das Kreuz im rechten Fenster. Sie sehen cyanfarbige Kreise auf dunklem Grund.

Simultankontrast

Einer der bekanntesten und wichtigsten optischen Effekte: Das Auge versucht eine starke Farbe auszugleichen, indem es in angrenzenden Bereichen seine Komplementärfarbe „sieht". Das klassische Beispiel ist ein von einer starken Farbe eingeschlossenes graues Feld. Das Grau nimmt einen Farbstich an, der komplementär zur Farbe der Umgebung ist. Grau auf grünem Grund erscheint leicht rötlich (Magenta) getönt, auf rotem Grund erscheint es grünlich. Der Effekt tritt auch bei nicht neutralen Farben auf, wie das lila und das violette Farbfeld zeigen. Die Quadrate in der Mitte sind identisch.

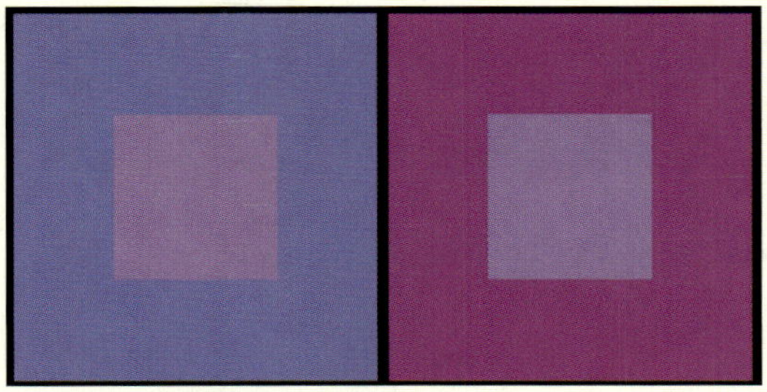

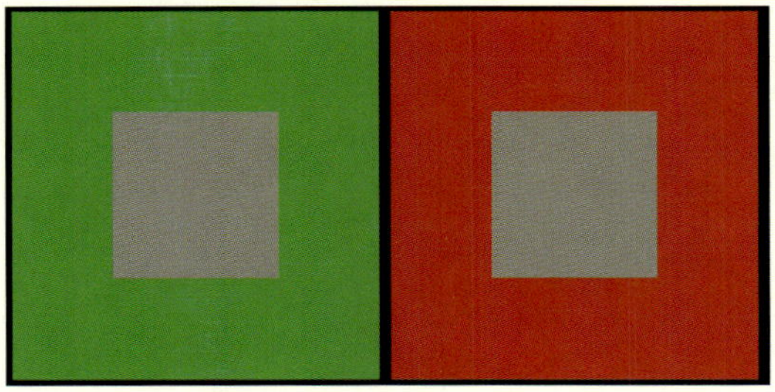

Sukzessivkontrast

Dieser Effekt ist dem Simultankontrast ähnlich, hält aber nur kurze Zeit an. Auch hier reagiert das Auge auf den Stimulus einer starken Farbe, indem es ihr Gegenteil erzeugt, jedoch erst im Nachhinein. Starren Sie mindestens 30 Sek. lang auf das Kreuz in der Mitte des roten Kreises und richten Sie Ihren Blick dann unmittelbar auf das Kreuz im weißen Feld daneben. Sie werden ein Schattenbild sehen, das nach und nach verblasst, und dieses wird Cyan sein. Wäre der Kreis grün (Sie können das in Photoshop leicht selbst ausprobieren), wäre das Schattenbild Magenta.

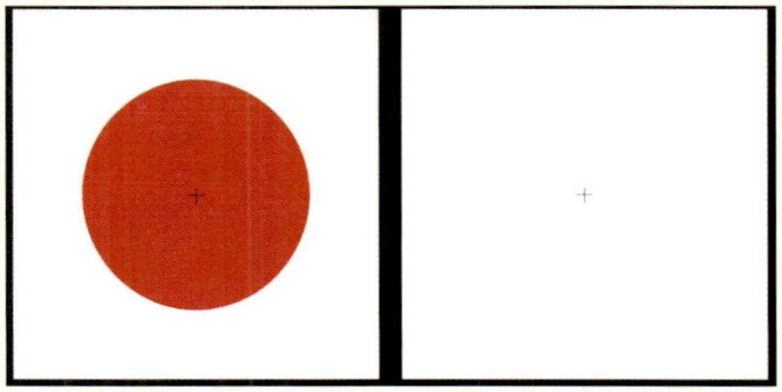

Bezold-Effekt

Eine Farbillusion, die dem Simultankontrast vergleichbar ist, aber genau das Gegenteil bewirkt: Der Effekt wurde von dem deutschen Meteorologen Wilhelm von Bezold entdeckt und beschreibt eine Art Farbverschmelzung. Der Farbtheoretiker Josef Albers stellte ihn anhand zweier ähnlicher Bilder dar, wir nahmen ein Foto einer Ziegelmauer. Eine helle Farbe (weißer Gips) hellt auch die Ziegel deutlich auf, während sie durch den dunklen Stuck deutlich abgedunkelt werden, ganz so, als ob das Auge die Farben vermischt.

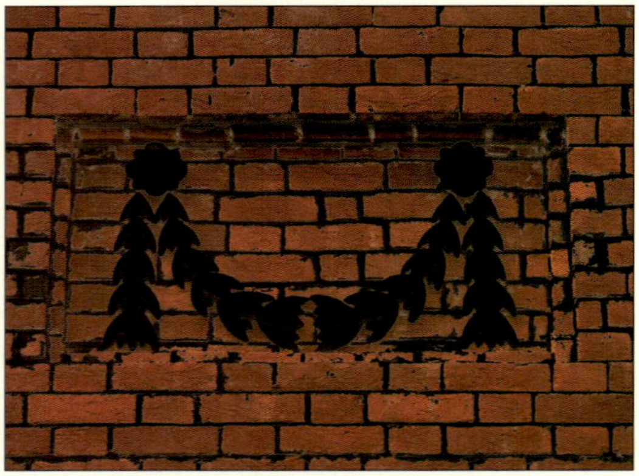

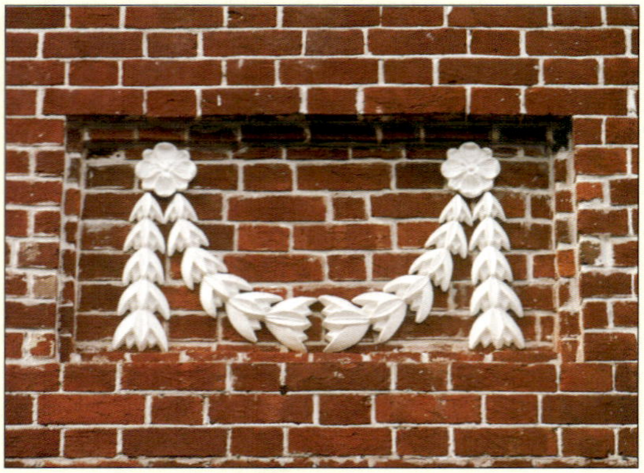

Purkinje-Phänomen

Der böhmische Psychologe Purkinje entdeckte 1825 dieses Phänomen. Es tritt in der Morgendämmerung auf, wenn das skotopische System (lichtempfindliche Stäbchen) unseres Auges die Hauptarbeit leistet, aber schon genug Licht für die farbempfindlichen Zapfen des photopischen Systems vorhanden ist. Das photopische System sieht Licht längerer Wellenlängen (Rot und Gelb) besser, das skotopische System ist empfindlicher für kurzwelligeres Licht (Blau und Grün). Daher erscheinen Rot- und Gelbtöne am frühen Morgen dunkler und Grün- und Blautöne heller, als sie tatsächlich sind.

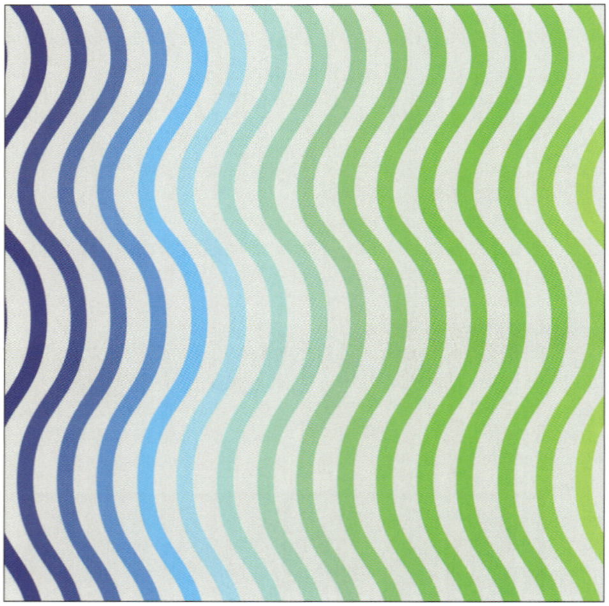

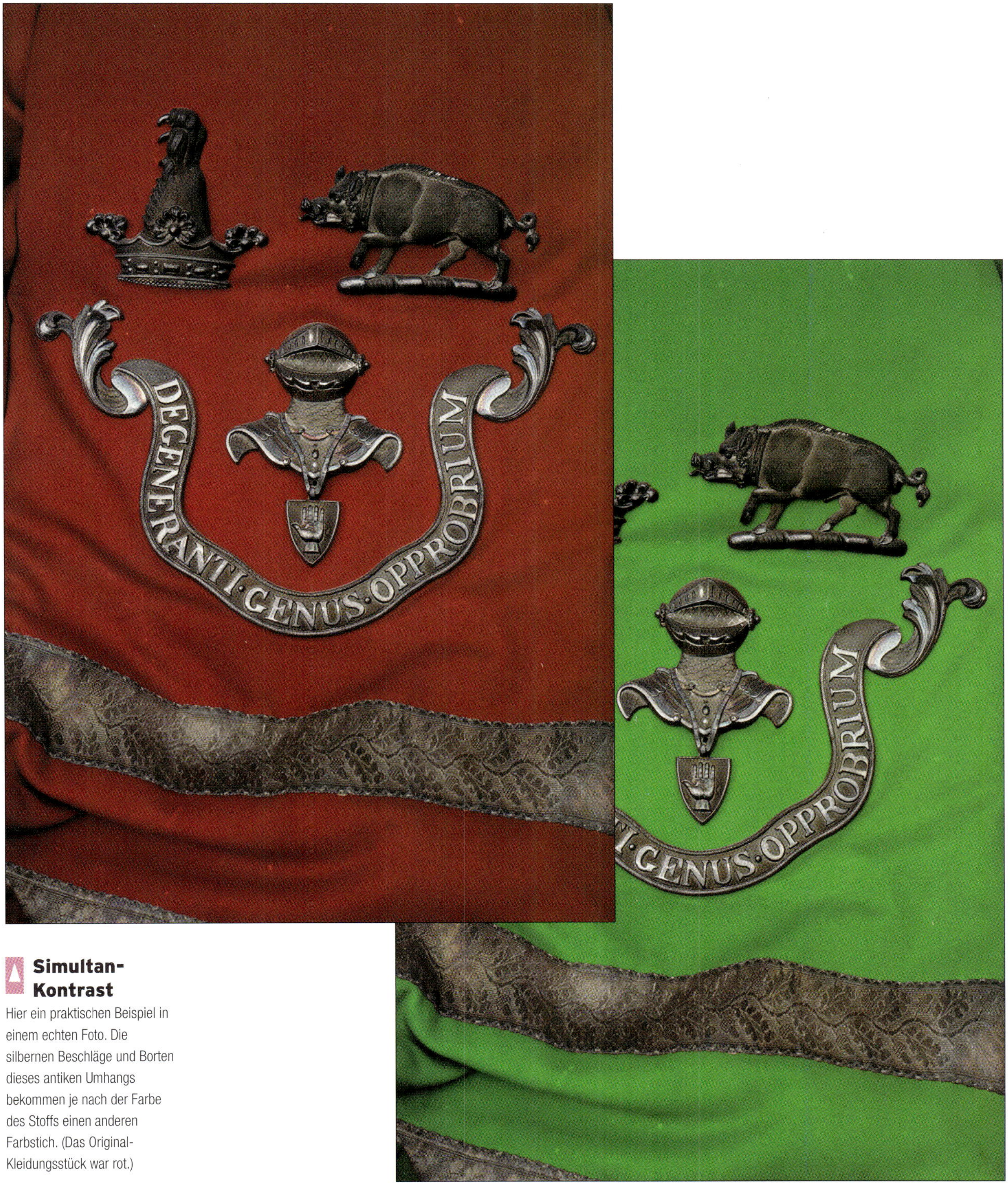

Simultan-Kontrast

Hier ein praktischen Beispiel in einem echten Foto. Die silbernen Beschläge und Borten dieses antiken Umhangs bekommen je nach der Farbe des Stoffs einen anderen Farbstich. (Das Original-Kleidungsstück war rot.)

Verschwimmende Grenzen

Dieser Effekt bewirkt das Gegenteil des Vibrationseffekts: Die Grenzen zwischen zwei Farben gleicher Helligkeitsstufe verschwimmen und sind schwer zu erkennen. Dieses Phänomen kann manchmal bei bewölktem Himmel beobachtet werden, wenn die Farbe der Wolken von Weiß bis Dunkelgrau reicht – es gibt einen Bereich in der Mitte, in dem sich die Wolken im Himmel aufzulösen scheinen.

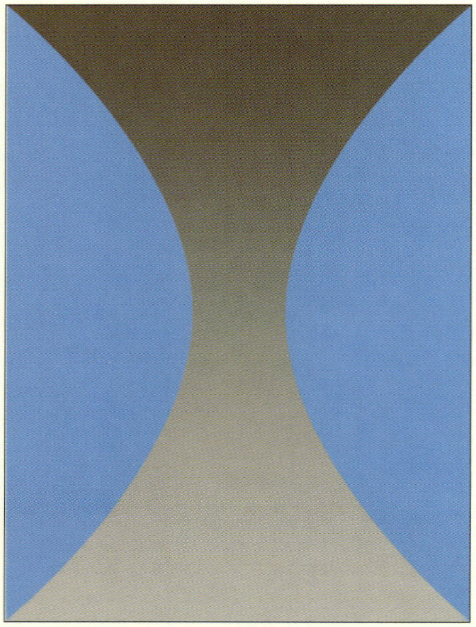

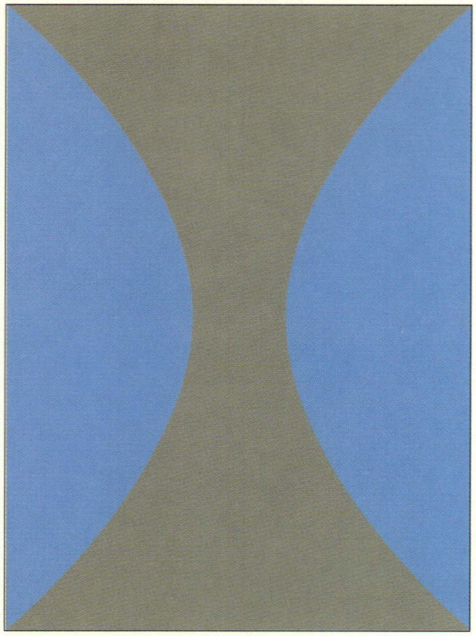

Vibration

Vibration ist einer jener Bewegungs- und Flimmereffekte, die in den 1960er-Jahren mit dem Aufkommen der Op-Art (vor allem durch Bridget Riley und Victor Vasarely) populär wurden. Linien, Punkte und geometrische Muster können so angeordnet werden, dass sie verschiedenste Bewegungseffekte und unerwartete Farbverschiebungen hervorrufen. Viele davon sind nach einiger Zeit für die Augen eher unangenehm. Der Kunsthistoriker Ernst Gombrich schrieb: „Ich bewundere den Einfallsreichtum dieser Demonstrationen und habe Spaß daran. Und ich muss zugeben, dass es nicht die Schuld der Künstler ist, wenn deren Werke für uns nur von untergeordneter Bedeutung sind."

Vibration entsteht an der Grenze zwischen zwei starken Farben von gleicher Helligkeit, jedoch kontrastierendem Farbton. Rot eignet sich aufgrund seiner mittleren Helligkeit und seiner Kraft am besten. Der Effekt ist, wie das Beispiel zeigt, sehr ausgeprägt. Die Grenze ist optisch instabil, wenn Sie länger hinsehen, erscheinen helle und dunkle Ränder. Vibration lässt solche Kombinationen bei längerer Betrachtung unangenehm irritierend wirken. Wie gesagt, müssen die beiden Farben ähnliche Helligkeit und eine klare Kante aufweisen. Für eigene Experimente ist der Dialog Farbton/Sättigung geeignet.

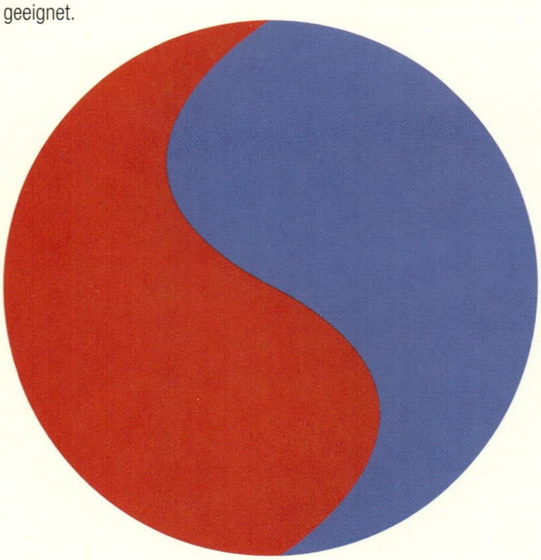

Unterbrochene Farbfelder

Dieser Effekt hat Ähnlichkeit mit dem Simultankontrast, bezieht seine Wirkung jedoch aus dem Vorhandensein intensiver Farben, die die durchgehende Wahrnehmung eines einzelnen Farbfelds unterbrechen. Unsere Augen lassen uns glauben, dass die blassblauen Felder oben und unten verschieden sind. Erst wenn man die mittleren Balken entfernt, erkennen wir unseren Irrtum.

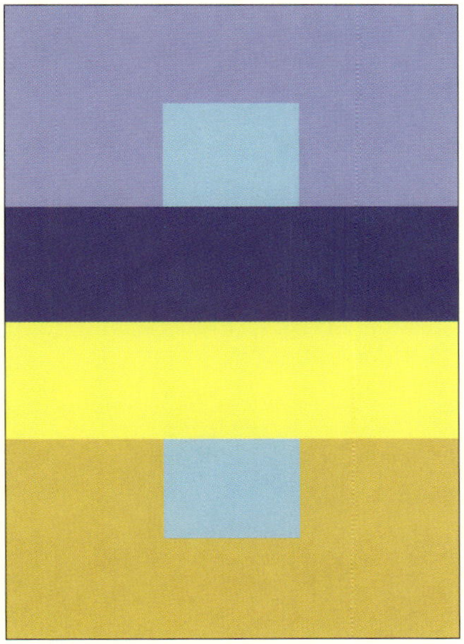

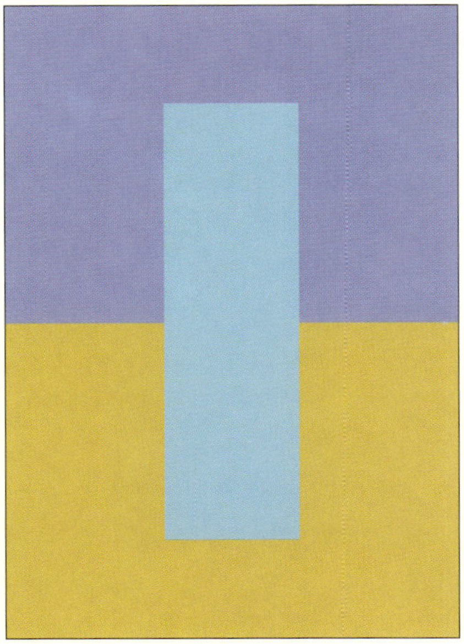

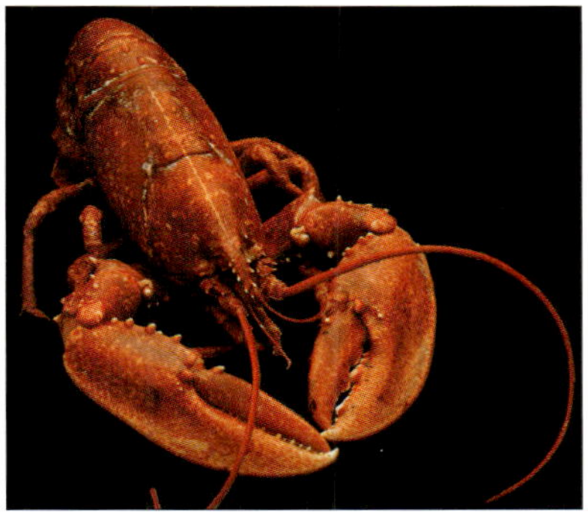

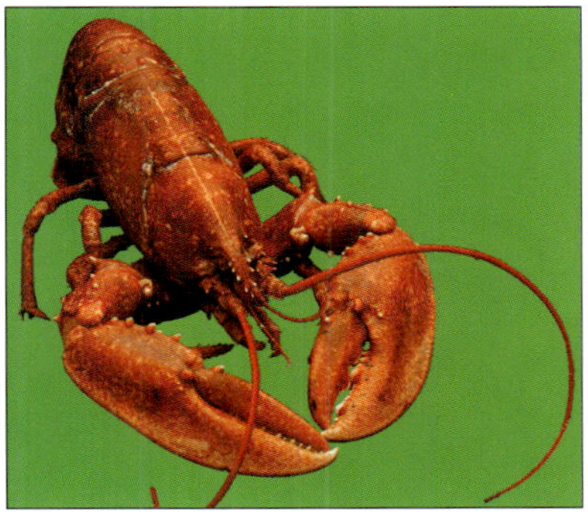

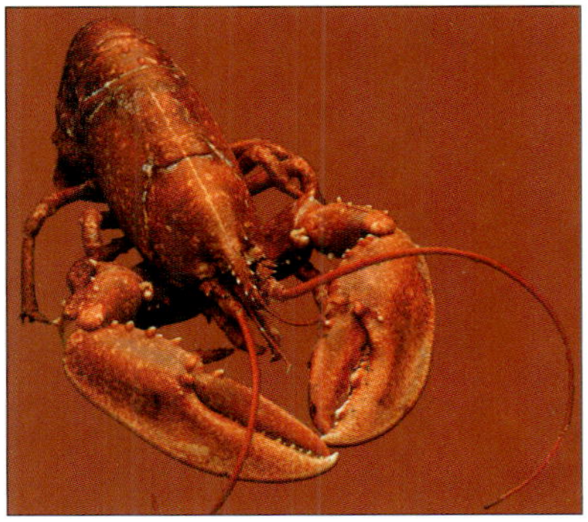

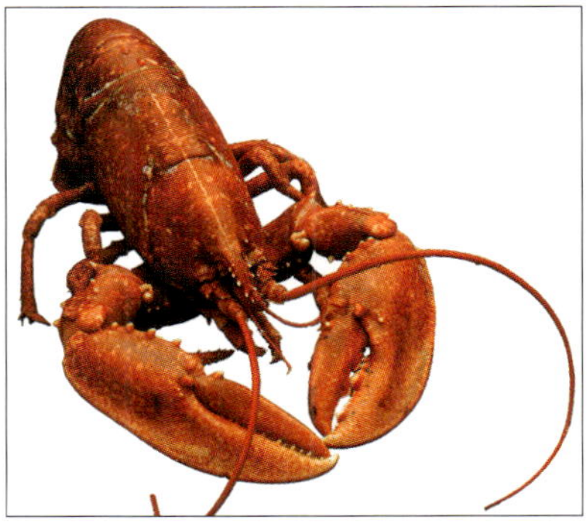

Hummer Ein praktisches Beispiel für optische Effekte ist die Frage nach dem geeigneten Hintergrund für ein Objekt. Die Tendenz des Auges, starke Farben zu kompensieren, beeinflusst die Wahrnehmung des eigentlichen Motivs, hier ein gekochter Hummer. In diesen vier extremen Beispielen (extrem sowohl in der Helligkeit als auch im Farbtonkontrast zur Farbe des Hummers) scheint das Objekt seine Farbe zu ändern. Am deutlichsten wird dies beim grünen (der Hummer erscheint intensiver rot) im Vergleich zum roten Hintergrund (der Hummer wirkt blasser).

Harmonie

Es gibt starke Argumente für angenehme Farbkombinationen, die sich allesamt auf den Farbkreis und die Position der einzelnen Farben darauf beziehen.

Die Idee, dass bestimmte Farbkombinationen harmonisch sind und uns ihr Anblick zufrieden macht, ist uralt. Maler, Designer und Farbenkünstler nähern sich dem Thema im Allgemeinen intuitiv, doch es steckt auch etwas Theorie dahinter. Der Kunsthistoriker John Gage identifiziert vier Arten von Harmonie: jene analog zur Musik („Farbtonleiter"), die Harmonie der Komplementärfarben (Gegensätze auf dem Farbkreis), Harmonie durch ähnliche Helligkeitswerte und ein in der Experimentalpsychologie anhand der Reaktion von Testpersonen ermitteltes Verständnis von Harmonie. Zusätzlich gibt es noch die Harmonie ähnlicher Farbtöne (aus demselben Bereich des Farbkreises). Harmonie gilt als konservative Art des Farbsehens, sie entspricht unseren Gewohnheiten. Ihre Vertrautheit hilft „schöne" Bilder zu machen, doch auch ihr Gegenteil, Dissonanz, hat Bedeutung in der Kunst und der Fotografie. In der Regel funktionieren die Theorien, doch die Implikation, dass Bilder harmonisch sein müssen, kann gefährlich sein. Dennoch werden wir jene Kombinationen betrachten, die die meisten Menschen als angenehm empfinden.

Ein wichtiger Hinweis zur Funktion von Harmonie liegt im Sukzessivkontrast: dem Nachbild. Indem es eine Komplementärfarbe erzeugt, will das Auge das Gleichgewicht wiederherstellen. Daraus ergibt sich ein Prinzip fast aller Farbtheorien: Auge und Gehirn erfahren zufrieden stellende Balance nur in der Neutralität. Dazu braucht es nicht unbedingt neutrales Grau, sondern Farben, die zusammen Grau ergeben. Es gibt Hinweise darauf, dass Auge und Gehirn diese Farben eigenständig „mischen". Und hier zeigt sich der Wert des Farbkreises. Jedes Farbenpaar, dass sich auf dem Farbkreis exakt gegenüber liegt, ergibt Grau. Diese Farbenpaare nennt man Komplementärfarben und ihre Kombination ist auf überprüfbare Art ausgewogen, wie uns das Phänomen des Sukzessivkontrasts demonstriert. Goethe war der Erste, der dieses Nachbild entdeckte. Wir können aber noch weiter gehen: Jede Kombination von Farben, die symmetrisch um die Mitte des Farbkreises angeordnet sind, würde Grau ergeben und ist daher ausgewogen. So ergeben auch drei gleichmäßig verteilte Farben, wie die Primärfarben Rot, Blau und Gelb, eine harmonische Gruppe, ebenso wie Gelborange, Rotviolett und Blaugrün, aber auch Mischtöne und weniger gesättigte Farben.

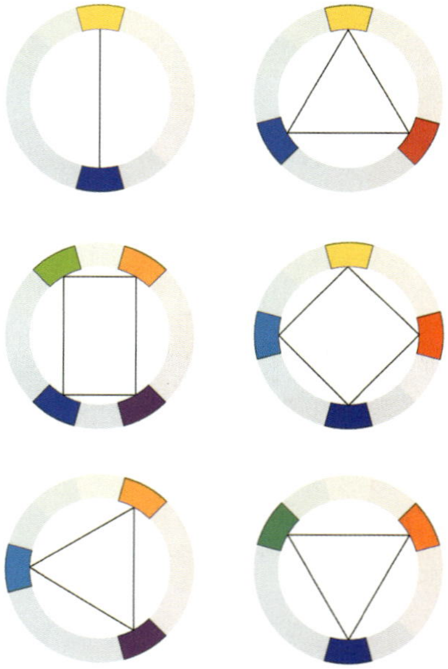

Komplementärfarben im Farbkreis

Mit Hilfe des Farbkreises von Seite 431 können harmonische Farbkombinationen leicht ausgearbeitet werden. Die einzige Vorgabe ist die, dass die Farben symmetrisch um das Zentrum des Farbkreises angeordnet sein müssen. Unter dieser Voraussetzung erzeugen zwei, drei oder mehr Farben ein Gefühl der Balance und des Gleichgewichts.

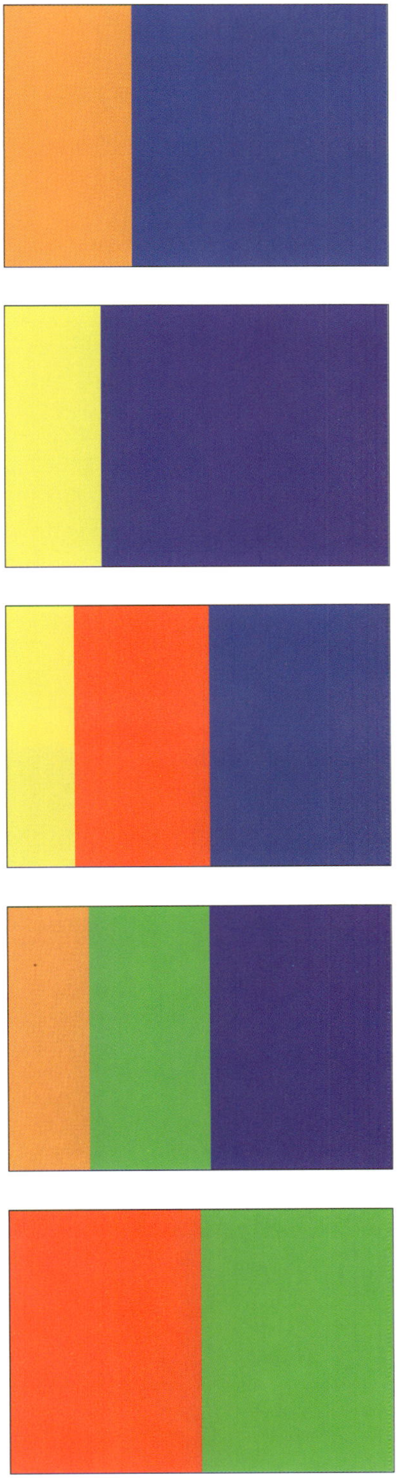

In Helligkeit und Proportion angepasste Komplemetärfarben

Wenn wir uns an der im Text angesprochenen relativen Helligkeit reiner Farben orientieren, entsprechen die ausbalancierten, harmonischen Kombinationen der Komplementärfarben sowie die elementaren Drei-Farb-Kombinationen den hier abgebildeten Blöcken.

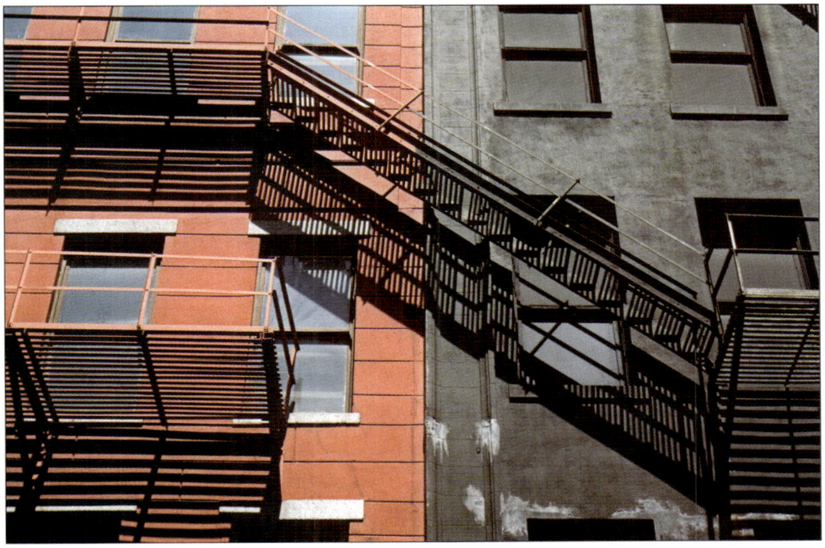

Helligkeit und Proportion

Selbst wenn man keine Ahnung davon hat, dass Hell und Dunkel als komplementär zu betrachten sind, wirkt deren Kombination harmonischer, wenn die Bildkomposition darauf Bedacht nimmt. Harmonie ist keineswegs eine eherne Regel, sondern nur eine von vielen möglichen Aspekten eines gelungenen Bilds.

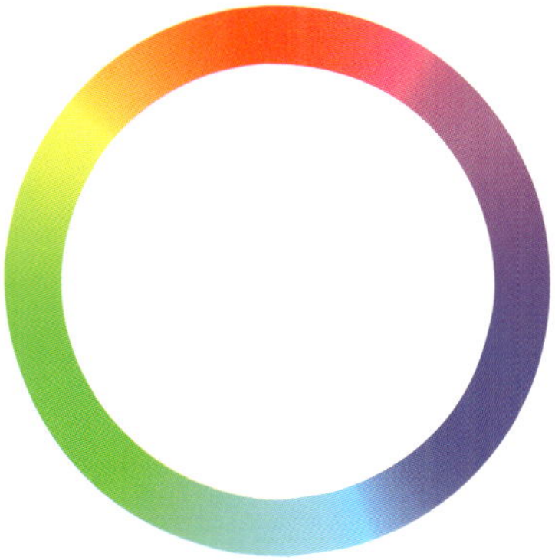

Farbkreis

Chevreul, der den Simultan- und den Sukzessivkontrast entdeckte *(siehe Seiten 480–481 und 483)*, sah darin jedoch mehr als nur ein Gesetz der Wahrnehmung. Er formulierte sein ästhetisches Postulat: „In der Harmonie des Kontrasts ist die komplementäre Anordnung jeder anderen überlegen." Diese Annahme wurde seither oft wiederholt, und die optischen Effekte, die er entdeckte, geben ihm einigermaßen Recht.

Doch auch die Helligkeit spielt eine Rolle. Es genügt nicht, bestimmte Farbenpaare oder -kombinationen als harmonisch zu definieren. Jede Farbe hat eine angestammte Helligkeit, sodass völlige Harmonie verlangt, dass die Farben in ausgewogener Proportion zueinander stehen. In der Fotografie wird dies durch Details wie Textur, Form und so weiter erschwert. Die Farben eines Fotos sind immer Teil des Motivs. Für den Anfang können wir von den grundlegenden Primär- und Sekundärfarben ausgehen. Das Komplement jeder Primärfarbe ist eine Sekundärfarbe: Rot/Grün, Orange/Blau, Gelb/Violett. Wir haben bereits die unterschiedlichen Helligkeitswerte dieser sechs Farben untersucht, und die Stärke jeder Kombination orientiert sich daran. In absteigender Folge hat man sich für diese Farben auf folgende Helligkeitsstufen geeinigt, wobei wiederum Goethe der Erste war, der dies

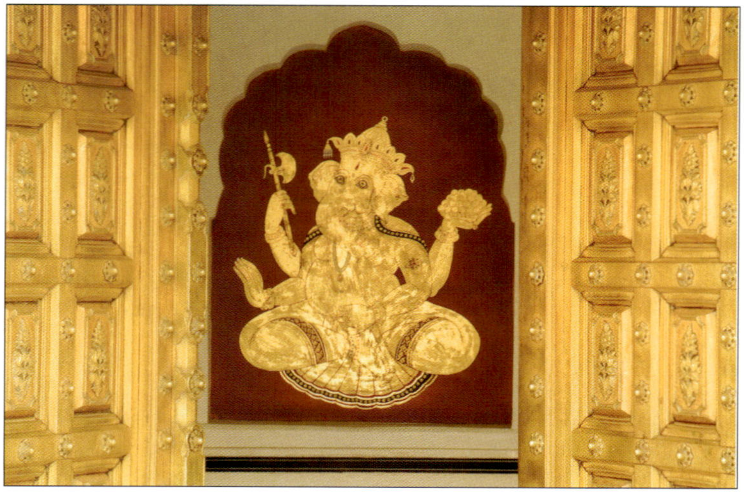

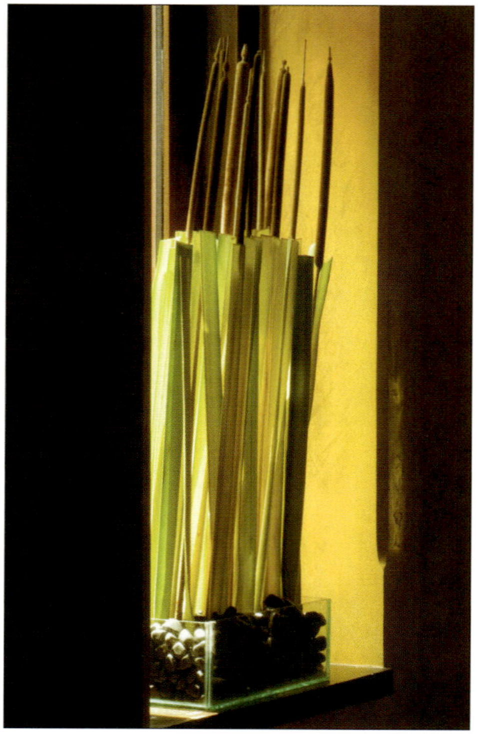

Harmonie durch Ähnlichkeit

Auf dem Farbkreis unmittelbar nebeneinander liegende Farben wirken immer harmonisch. Der Farbbalken zeigt dies als Diagramm, die beiden Fotos anhand praktischer Beispiele. Alternativ kann man die Sättigung einer der Farben ändern.

festlegte: Gelb 9, Orange 8, Rot und Grün 6, Blau 4 und Violett 3. Daraus folgt, dass man diese Komplementärfarben so kombinieren muss, dass jede eine ausreichend große Fläche einnimmt. Der violette Bereich muss zum Beispiel groß genug sein, um die mangelnde Strahlkraft zu kompensieren. Bei zwölf gleich großen Bildteilen wäre diese Flächenaufteilung daher: Violett 9, Blau 8, Rot und Grün 6, Orange 4 und Gelb 3.

Die Farbblöcke auf Seite 487 illustrieren die idealen Proportionen der Farbenpaare sowie der dreifarbigen Kombinationen. Andere Kombinationen können auf dieselbe Art ausgearbeitet werden. Der Einfachheit halber haben wir zur Demonstration der Proportionen reine Farben herangezogen, doch das Prinzip lässt sich auf jede Farbe anwenden, egal ob sie irgendwo auf dem Farbkreis liegt oder ob es sich um Mischfarben oder wenig gesättigte Farben handelt. Die Helligkeit des Farbtons beeinflusst die Proportion.

In diesem Prinzip der Harmonie liegt jedoch eine große Gefahr: Sie können es sehr erfolgreich anwenden, es beruht jedoch ausschließlich auf psychologischen und physiologischen Gesetzen der Wahrnehmung. Folgt man ihm sklavisch, wird das Bild leicht mechanisch, vorhersehbar und verliert leicht an Charakter, Inspiration und Originalität. Die Lehre der Farbharmonie zeigt Ihnen, wie ein Bild ruhig und befriedigend aussehen kann, doch man sollte nicht voraussetzen, dass jedes Bild jederzeit diesen Eindruck hervorrufen muss. Sie sollten mit den Grundsätzen der Farbharmonie vertraut sein, doch nur als ein mögliches Prinzip. Wahrhaft gekonnter Umgang mit Farben erfordert auch den Einsatz von Dissonanz und Konflikt, wann immer ein Bild dies verlangt.

Ein anderer Ansatz sucht nach Harmonie durch Ähnlichkeit, durch die Wahl benachbarter Farbtöne. Diese Ähnlichkeit kann viele oder gar alle Farbtöne des Farbkreises in der Folge ihrer Anordnung umfassen oder nur einige wenige, die in Sättigung oder Helligkeit moduliert werden. Solcherart erzeugte sanfte Farbverläufe haben eine lange Tradition in der Kunst. Der Kunsthistoriker Kenneth Clark verglich die „spektakuläre Schönheit nah beieinander liegender Farben" mit der Rhythmik einer Beschwörungsformel als dem „Quell der Magie".

In Unschärfe vermischen

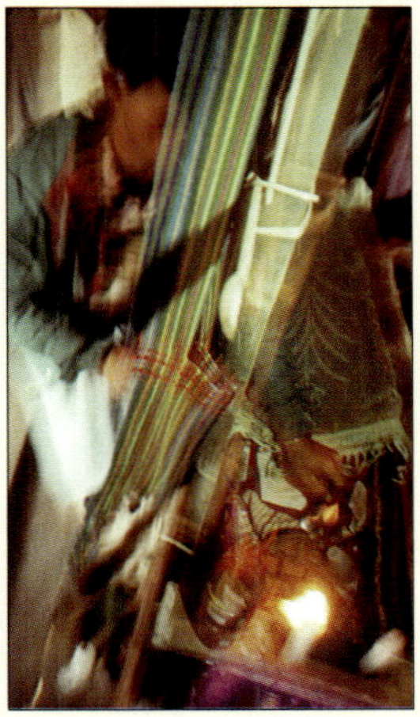

Ein hervorragendes Charakteristikum von Fotografien ist die optische Unschärfe – das sanfte Verschwimmen der Konturen weg vom Brennpunkt der Linse. Diese verlaufende Schärfe wird oft als jener Faktor gesehen, der ein Bild „fotografisch" macht, und findet unter Malern seit den 1960er-Jahren Beachtung. In der Unschärfe gehen auch die Farben ineinander über, wie die Bilder zeigen. Dieser natürliche optische Effekt hat eine harmonisierende Wirkung, unabhängig von den Farbtönen.

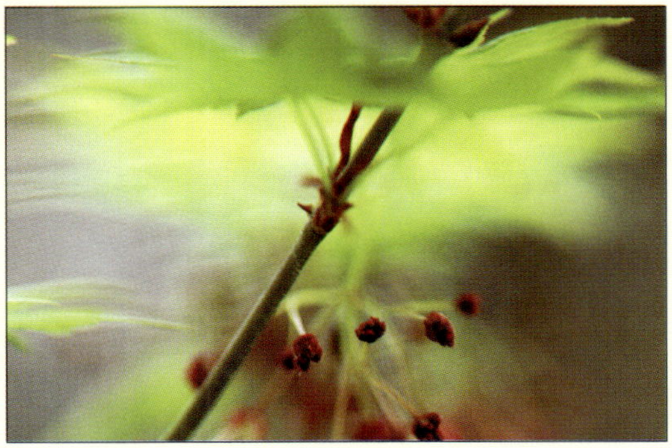

Rot und Grün

Die Kombination des stärksten (Rot) mit dem in der Natur am häufigsten zu findenden Farbton (Grün) ist kraftvoll und daher beliebt, wobei die größte Harmonie eher mit Blaugrün entsteht.

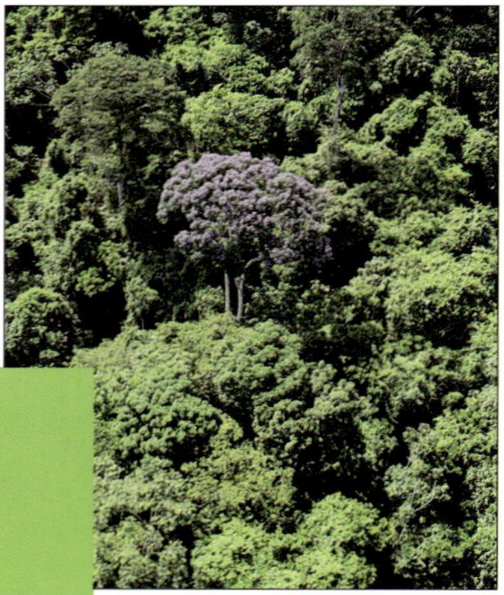

Jacaranda
Obwohl die malvenfarbigen bis purpurnen Blüten dieses einsamen Jacaranda-Baums im Regenwald des Amazonas am äußersten Rand von Rot liegen, bezieht das Bild seine Kraft aus dem Rot-Grün-Kontrast.

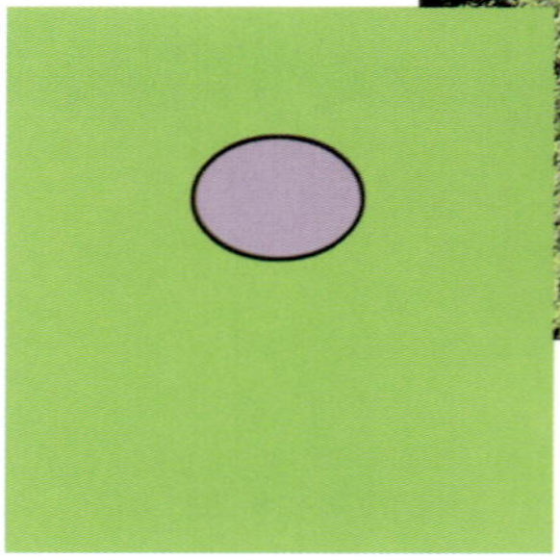

Reines Rot und reines Grün haben dieselbe Luminanz und können daher in gleich großen Anteilen harmonisch kombiniert werden – vorausgesetzt, beide Farben sind rein und exakt. Dies ist jedoch kaum jemals der Fall, sodass ein präzises Ausmessen der Flächen wenig Sinn macht. In der Tat weisen zwar sowohl Rot als auch Grün eine sehr große Bandbreite an Farbtönen auf, wie wir bei den optischen Farbeffekten *(siehe Seiten 480–485)* gesehen haben, doch das konkrete Komplement zu Rot liegt näher bei Cyan als bei Grün. In der Natur sind Rot-Grün-Kombinationen meist auf Pflanzen beschränkt: Zwar ist Grün Teil fast jeder Landschaft, Rot jedoch fast nie. Ein frühes Klischee von *National Geographic* zeigte eine Gestalt in roter Jacke in freier Natur, einfach als Mittel, um Aufmerksamkeit zu erregen. Viele Fotografien zeigen irgendetwas Rotes in einem ansonsten grünen Bild, allein um das Auge anzuziehen.

Stehen Rot und Grün gleich stark und gleich hell nebeneinander, entsteht Vibration *(siehe Seite 484)*.

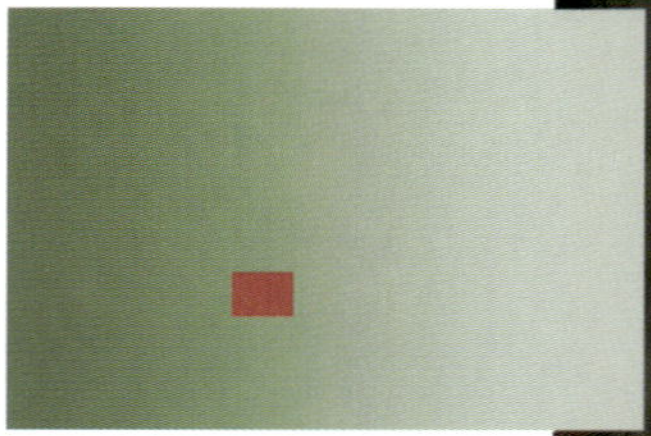

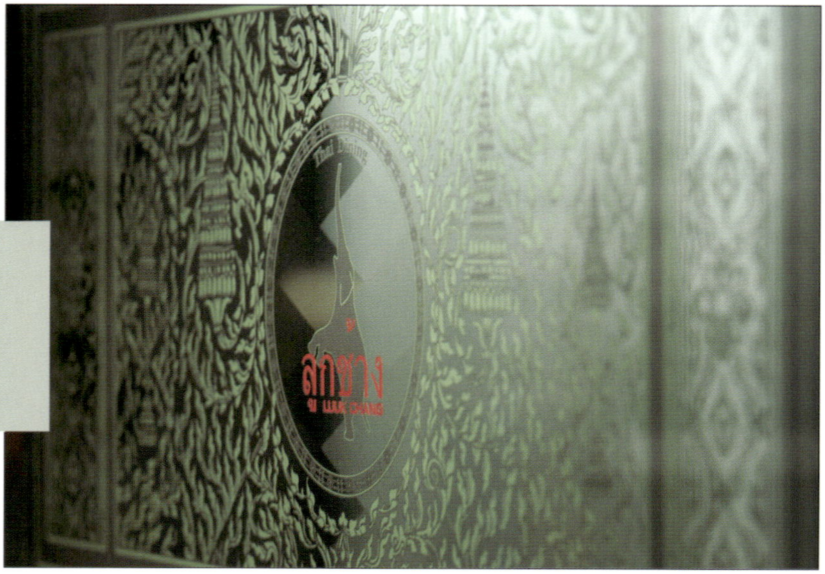

Am Eingang eines Restaurants
Der japanische Designer, der dieses Schild für ein Thai-Restaurant in Tokio schuf, erzeugte mit der subtilen Wahl der beiden Farben einen besonders feinen Effekt.

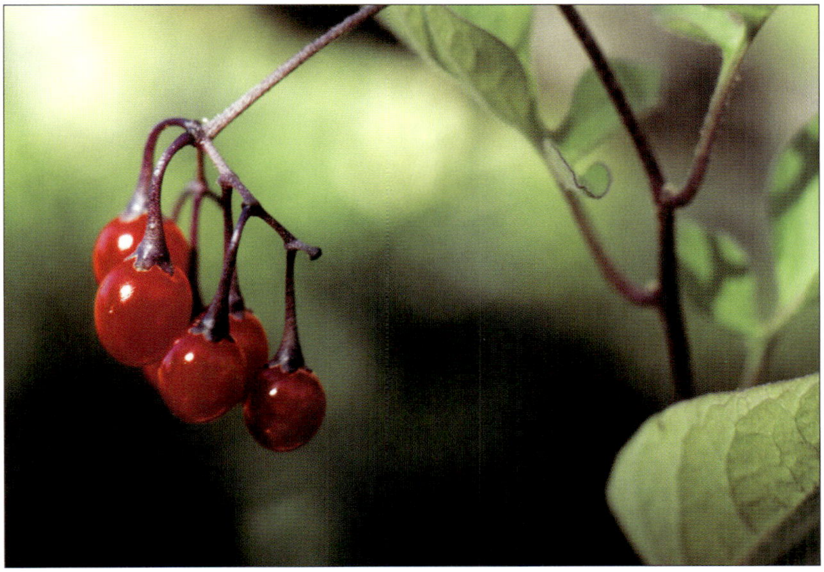

Beeren Der glänzend rote Farbtupfer dieser Beeren in den Wäldern von New Brunswick erscheint in seiner rein laubgrünen Umgebung umso interessanter.

Mandala Ein Jainas-Tempel in Gujarat, Indien: Die Reisspuren auf der lackierten Oberfläche erzeugen ein Mandala. Das Bild wurde beschnitten, um die Proportionen von Rot und Grün auszugleichen.

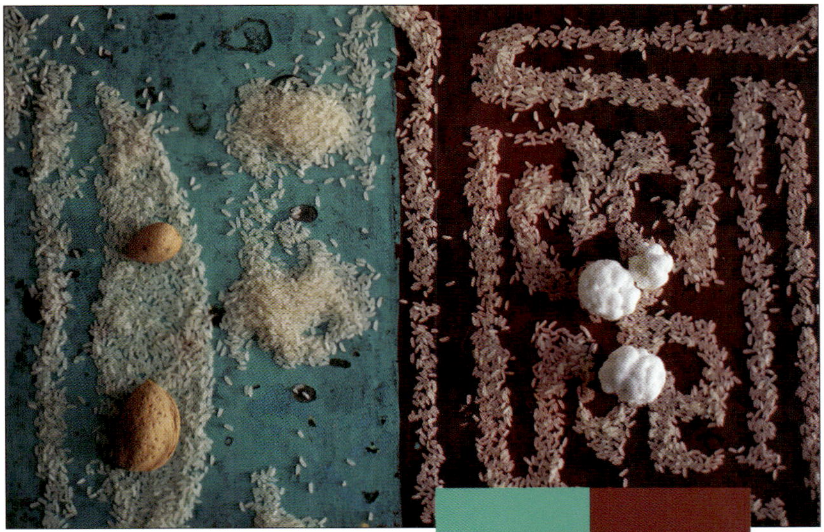

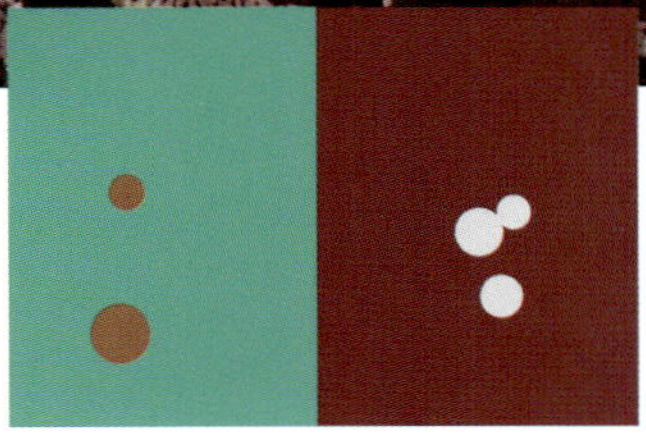

Obwohl dieser Effekt irritierend sein kann, wenn man länger darauf blickt (und viele TV- und Computerbildschirme Probleme haben, diese Kombination darzustellen), ist er doch aufregend und dynamisch und gibt einem Bild enorme Kraft. Bis zu einem gewissen Grad entsteht Vibration immer bei der Kombination zweier strahlender Farben, ist eine davon Rot, ist er jedoch am stärksten. Ist die zweite Farbe Grün, ist der Effekt am deutlichsten.

Wie Sie richtig vermuten, stört eine Verschiebung der Proportionen das Gefühl der Harmonie. Bei extremem Ungleichgewicht bekommt jedoch der besonders kleine Farbfleck eine besondere Energie. Wie Sie auf dem Foto der Bauernhäuser inmitten grüner Felder sehen, werden die roten Dächer keineswegs vom Grün „erdrückt“, ganz im Gegenteil, sie ziehen das Auge sofort an. An die Stelle der Farbharmonie tritt der Farbakzent, der bei Rot auf grünem Grund stärker wirkt als umgekehrt, da warme Farben die Tendenz haben, aus dem Bild hervorzutreten, während sich kühlere zurückziehen.

Orange und Blau

Von den klassischen Farbharmonien ist die Kombination Blau-Orange für den Fotografen wahrscheinlich am leichtesten zu finden, da beide Farben der möglichen Farbtemperatur des Lichts sehr nahe kommen.

Orange ist doppelt so hell wie Blau, daher erreicht man das größte Gleichgewicht, wenn die blaue Fläche doppelt so groß ist wie die orangefarbene. Dadurch stellt sich, anders als bei Rot/Grün, kaum die Frage, welche Farbe der Hintergrund ist. Auch die Vibrationseffekte treten stark zurück, sodass Orange und Blau meist angenehmer anzusehen sind. Der deutsche Expressionist August Macke beschrieb die Kombination von Blau und Orange als „zutiefst festlichen Akkord".

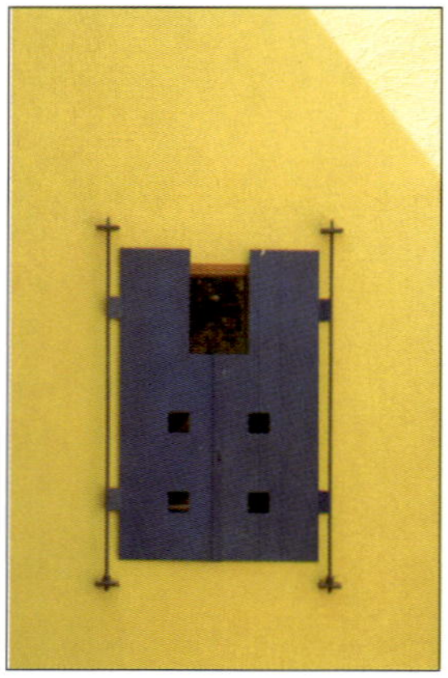

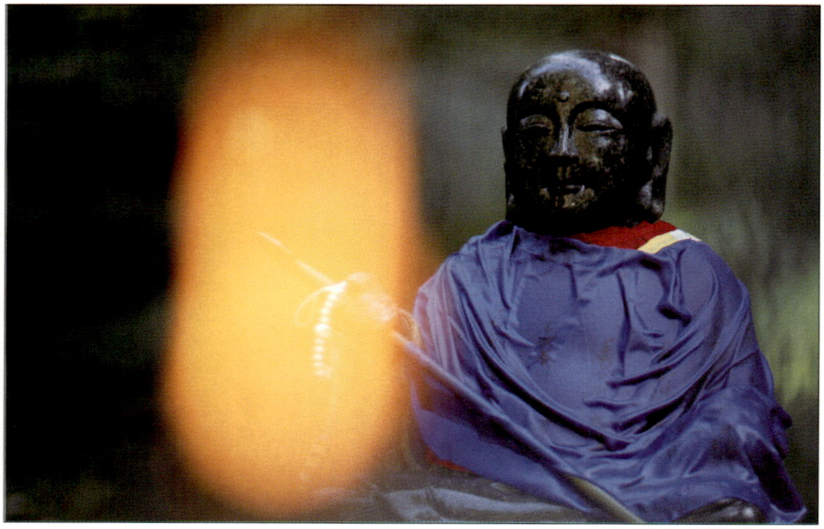

Fensterläden aus Metall
Dieses moderne Haus in Ahmedabad, Indien, wurde in den Primärfarben bemalt: so auch diese handgearbeiteten metallenen Fensterläden.

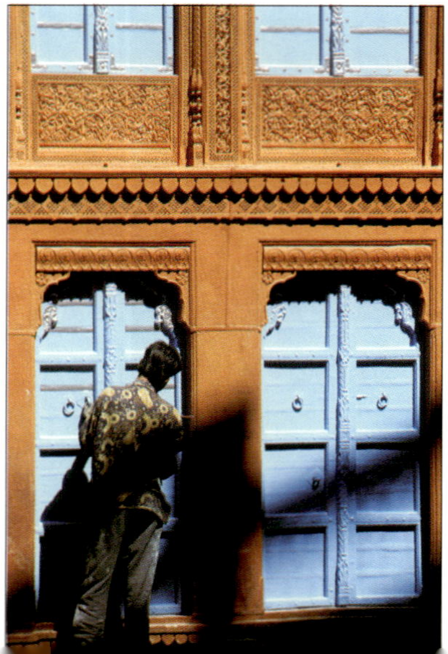

Gerichtsgebäude
Ein altes Gerichtsgebäude in Bikaner im indischen Bundesstaat Rajasthan wurde in orangen und blauen Pastelltönen gestrichen. Zwar unterscheiden sich die einzelnen Farbtöne der drei Bilder hier recht deutlich voneinander, die visuelle Implikation der Kombinationen ist jedoch immer dieselbe.

Buddha und Feuer
Diese blau gekleidete Buddhastatue in Koya-san, Japan, wurde durch die Flamme einer davor aufgestellten Kerze fotografiert. Durch den Einsatz von selektivem Fokus entstand ein Bild in einer klassischen Farbkombination.

Orange und Blau liegen nahe an den beiden Extremen der Farbtemperaturskala, sodass man sie in vielen üblichen Lichtverhältnissen leicht findet. Die tief stehende Sonne, Kerzenlicht und normale Glühbirnen leuchten orange – nicht rein, doch hinreichend gesättigt. Andererseits strahlt ein wolkenloser Himmel, und daher auch sein Licht, in einzigartigem Blau. Bei Sonnenauf- und -untergang ergibt sich so aus dem orangefarbenen Sonnenlicht und den blauen Schatten ein natürlicher Komplementärkontrast (den Leonardo da Vinci als Erster entdeckt zu haben scheint). Nicht nur in der Helligkeit sind Blau und Orange Gegensätze, sie haben auch den stärksten Warm-Kalt-Kontrast aller Primär- und Sekundärfarben-Paare. Dadurch ergibt sich ein ausgesprochen starker Eindruck von Nähe und Ferne, sodass sich ein relativ kleines orangefarbenes Objekt bei der richtigen Einstellung kraftvoll vom blauen Hintergrund abhebt und ein dreidimensionaler Effekt entsteht.

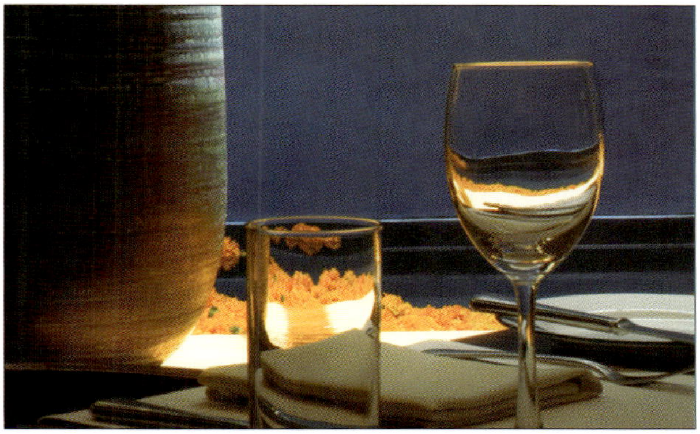

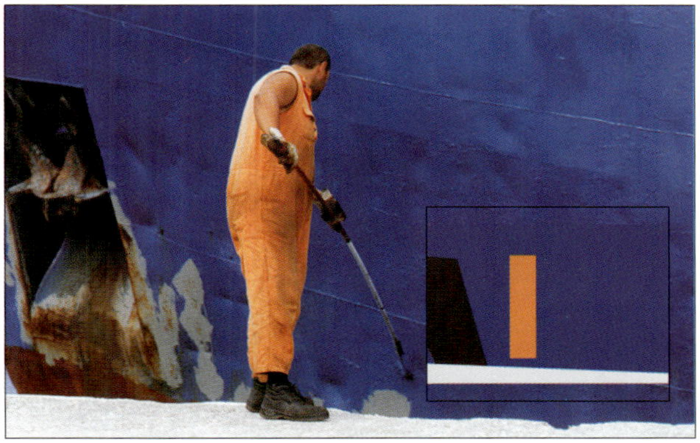

Umgekehrte Proportionen

Ein interessantes Experiment und eines, das sich digital leicht durchführen lässt, ist die Umkehrung der Proportionen zweier Farben. Für das hier gezeigte Foto wurde eine zweite Ebene erstellt und die Farbtöne mit dem Masterregler des Dialogs Farbton/Sättigung um 180° verschoben. Dann wurden jene Bereiche aus der oberen Ebene entfernt, die sich nicht

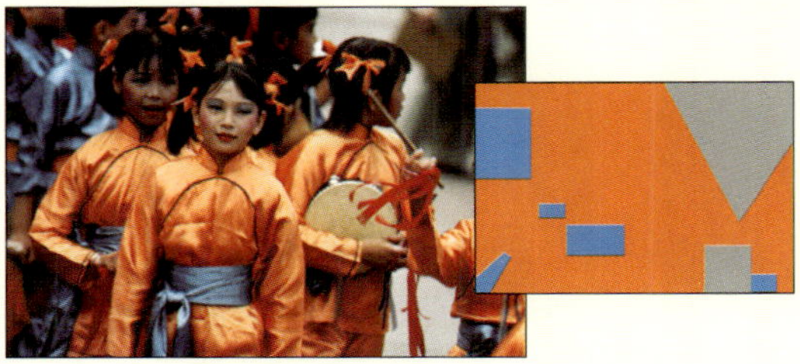

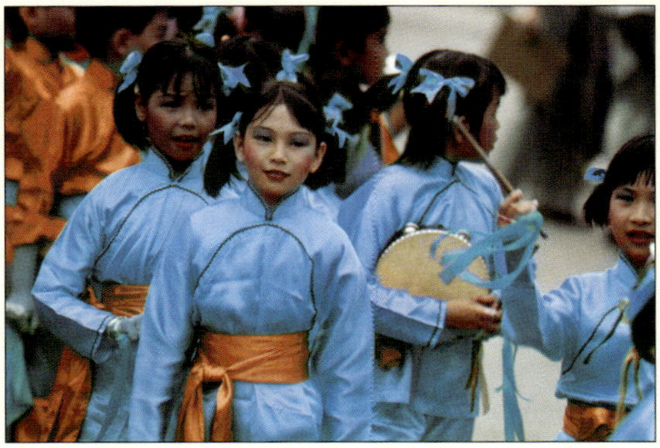

ändern sollten – in diesem Fall vor allem die Gesichter der Mädchen. Wenn Sie das Bild so verändern, dass das Orange nunmehr einen kleinen blauen Bereich dominiert, geht der klassische Effekt keineswegs verloren. Wie das Ergebnis zeigt, reicht schon die Kombination der beiden Farben an sich, um ein Gefühl der Harmonie zu vermitteln. Wie bei den Farbakzenten auf Seite 500 wird das Auge vom kleineren Bereich angezogen. Dadurch konzentriert es sich auf eben diesen Bildbereich und erfährt einen lokal stark harmonischen Eindruck, bei dem das Blau weit auffälliger erscheint, als es seinem flächenmäßigen Anteil entspricht.

Ringelblumen

In einem Restaurant in Mumbai schwimmen Ringelblumen in einem blauen Becken. Durch die Kameraposition und den Bildausschnitt wird auch hier der orange Bereich proportional kleiner als der blaue.

Schiffsanstrich

Ein griechisches Fischerboot wird neu gestrichen. Der riesige blaue Rumpf und die klaren Grenzen der Szene machten es einfach, mittels Teleobjektiv die Proportionen der beiden Farben auszubalancieren.

Gelb und Violett

Die dritte Kombination stellt die hellste und die dunkelste Farbe des Spektrums gegenüber – mit starker Wirkung, die jedoch ob der Seltenheit von Violett nicht häufig anzutreffen ist.

Das dritte Komplementärfarbenpaar vereint den hellsten und den dunkelsten aller reinen Farbtöne. Aus diesem Grund ist der Kontrast stark ausgeprägt, und die harmonischen Proportionen stehen im Verhältnis von 1:3. Da dabei Gelb nur etwa ein Viertel des Bildes einnimmt, wird es zu einem winzigen Farbfleck, und das Gefühl des Zusammenhangs zwischen den beiden Farben tritt entsprechend zurück.

Violett ist als Farbe von Objekten und in Landschaften selten anzutreffen, sodass Gelb/Violett eine für die Fotografie ungewöhnliche Farbkombination ist, vor allem, weil die violette Fläche für eine ausgewogene Harmonie relativ groß sein muss. Eines der wenigen verlässlichen Motive in der Natur sind Blüten - die Nahaufnahme des Veilchens ist dafür das klassische Beispiel.

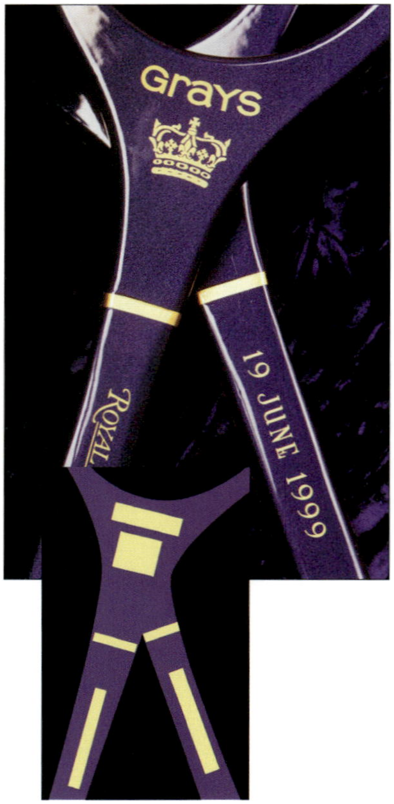

Tennisschläger
Real Tennis (oder Royal Tennis) wird in der Halle gespielt, und sowohl Squash als auch das uns bekannte Tennis stammen davon ab. Dieser Schläger wurde einem Mitglied der königlichen Familie überreicht. Die Nahaufnahme unterstreicht den Farbkontrast.

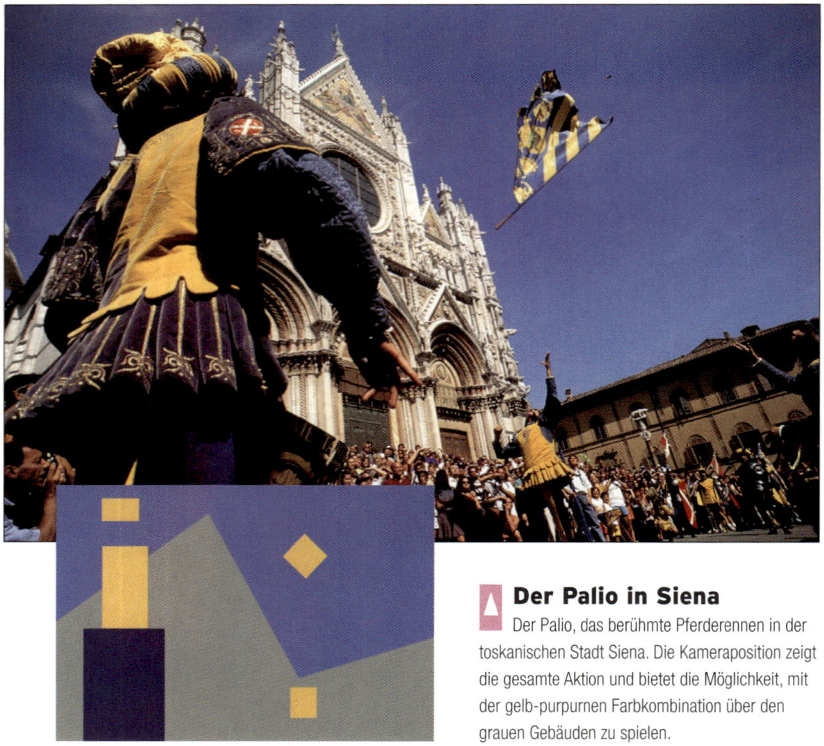

Der Palio in Siena
Der Palio, das berühmte Pferderennen in der toskanischen Stadt Siena. Die Kameraposition zeigt die gesamte Aktion und bietet die Möglichkeit, mit der gelb-purpurnen Farbkombination über den grauen Gebäuden zu spielen.

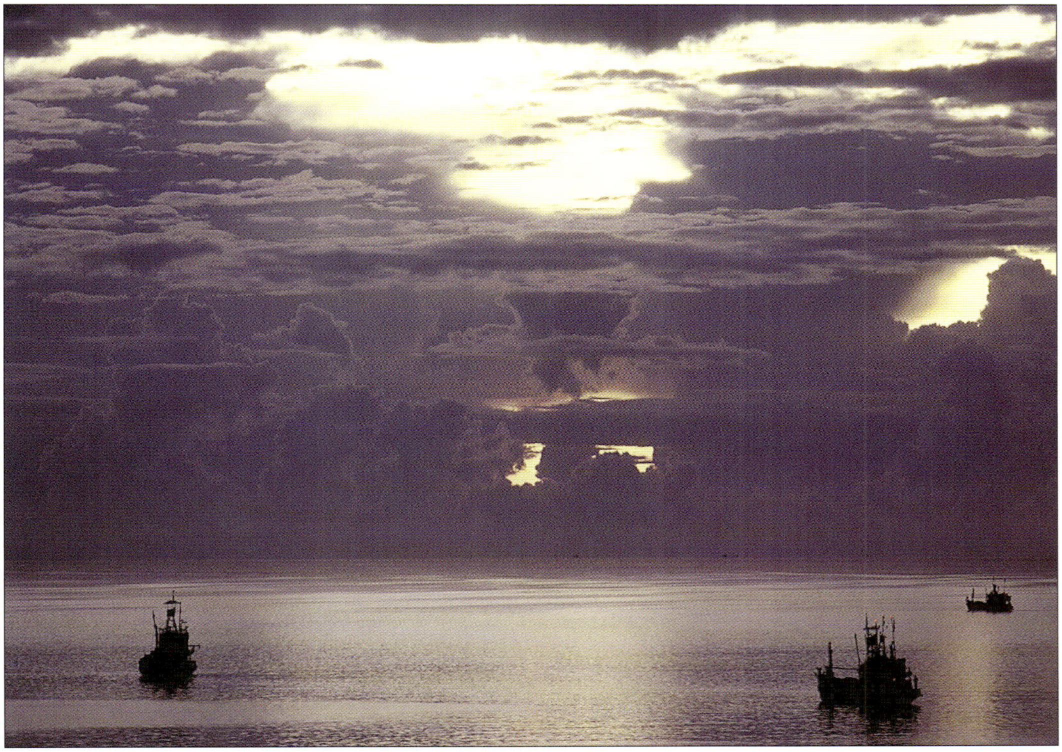

Stürmischer Sonnenaufgang
Der harmonische Gelb-Violett-Kontrast ist der Hauptgrund für die Attraktivität dieser Morgenansicht der Fischerboote im Golf von Siam. Obwohl beide Farbtöne blass sind, ist die Harmonie spürbar vorhanden und trägt zu dem ruhigen, friedlichen Eindruck des Bildes bei. Der Farbkontrast wurde selektiv erhöht.

Blüte
Das Innerste eines Veilchens bietet uns diese Farbharmonie. Durch die extreme Nahaufnahme mit einem Makroobjektiv wurden die Proportionen korrigiert.

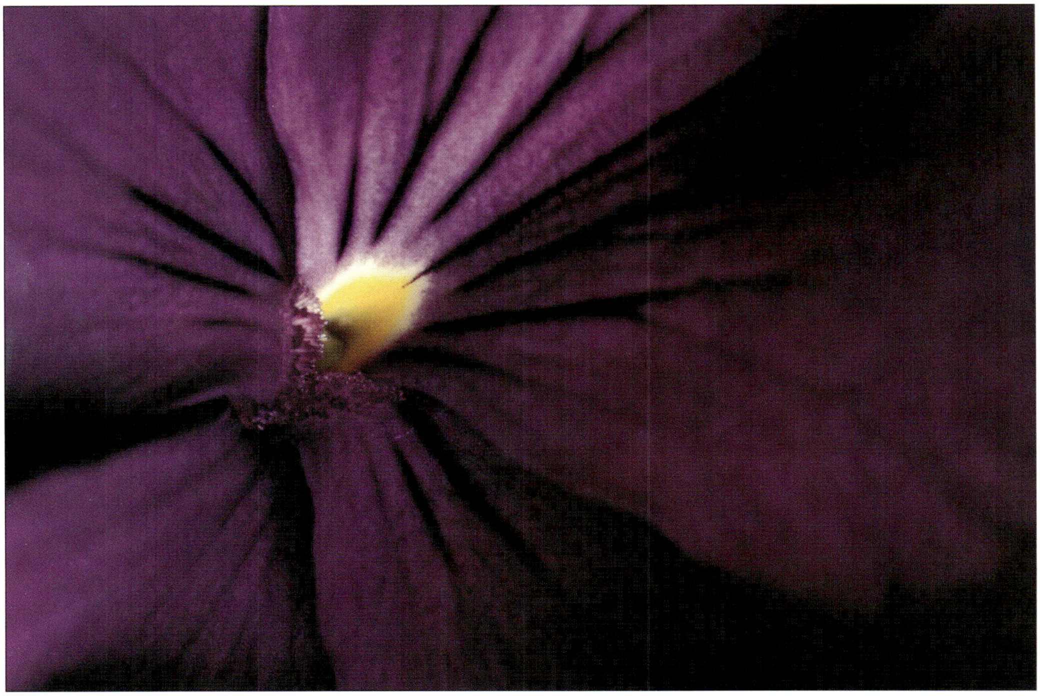

Mehrfarbige Kombinationen

Die Beziehungen von drei und mehr Farben in einem Bild sind sehr komplex und verlangen nach starken Farbtönen, um offensichtlich zu werden.

Je mehr Farben in einem Bild erscheinen, desto weniger werden sie als einzelne Farbblöcke wahrgenommen. Ab einem bestimmten Punkt vermischt sie unsere Wahrnehmung zu einem bunten Mosaik, sie verlieren ihre individuelle Identität. Viele kleine Flecke ein und derselben Farbe werden nicht notwendigerweise zu einer großen Fläche addiert, sodass sich in der Realität selbst eine deutlich dreifarbige Szene nur schwer finden lässt. Selbstverständlich kann eine selektive digitale Korrektur die Farbbeziehungen unterstreichen.

Zwar ergeben Rot, Gelb und Blau die kräftigste Mischung reiner Farbtöne, doch auch andere weniger gut ausbalancierte Kombinationen können eindrucksvolle Effekte kreieren. Wie man an den Bilder dieser und der nächsten

Cuzco
In einer ausgewogenen Dreifarbkombination gekleidete peruanische Kinder in Cuzco.

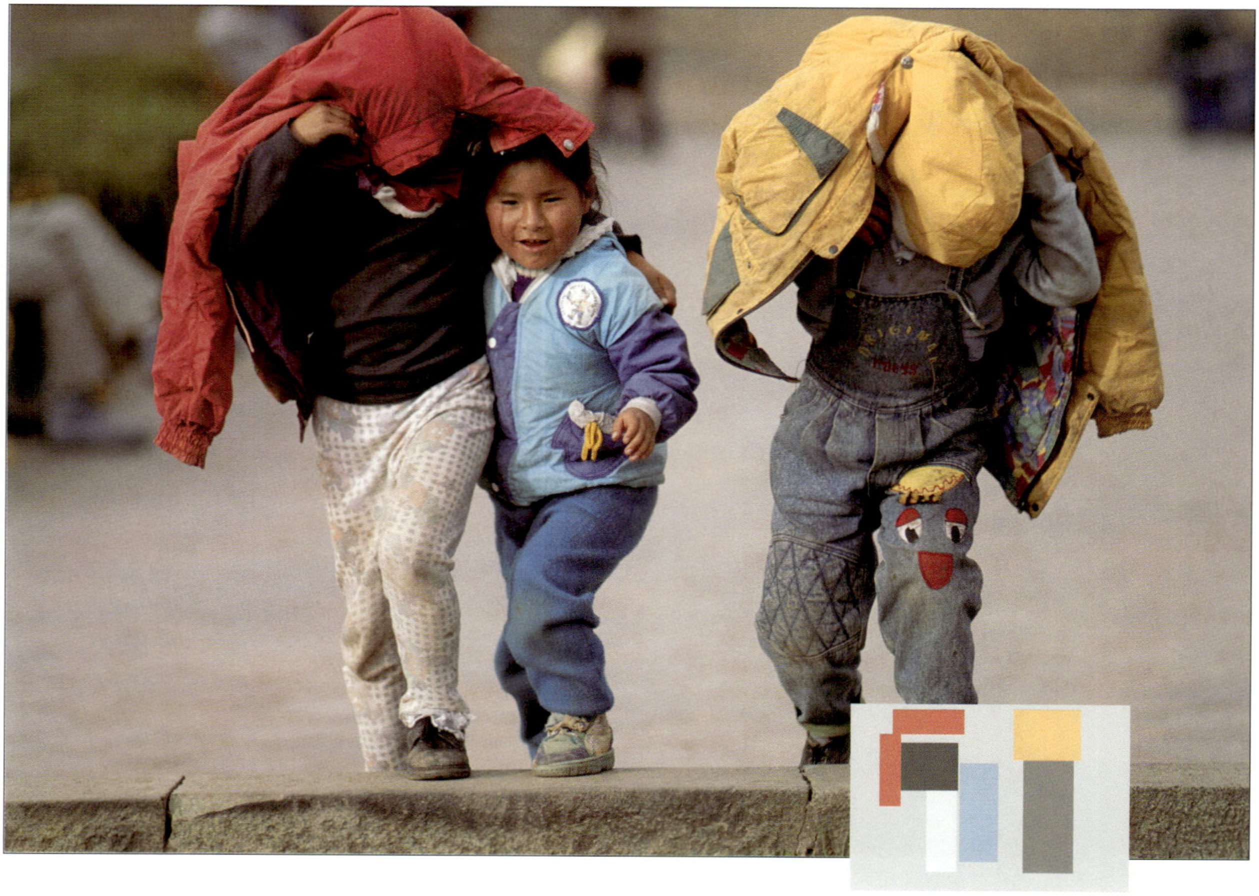

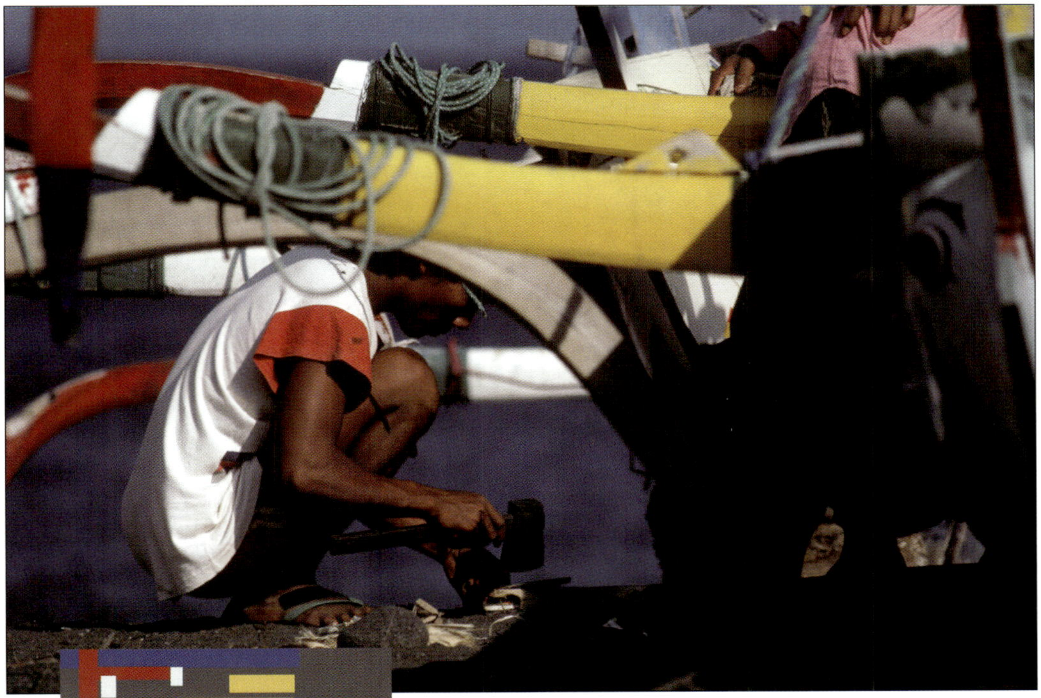

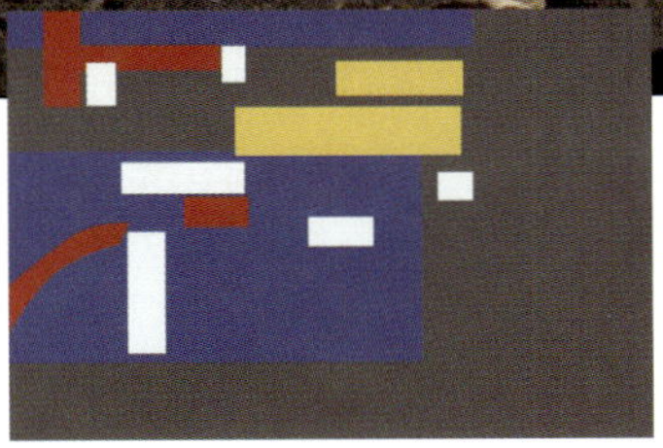

Bunte Prahu

Obwohl sie über das gesamte Bild verstreut sind und zwischen anderen, meist neutralen Farbtönen liegen, stechen die drei Primärfarben intensiv aus dem Bild heraus. Sie dominieren die Ansicht der bunten balinesischen Fischerboote. Keine andere Farbkombination hat diese Kraft und Intensität, die sich selbst dann zeigt, wenn die Farben nur spärlich auftreten.

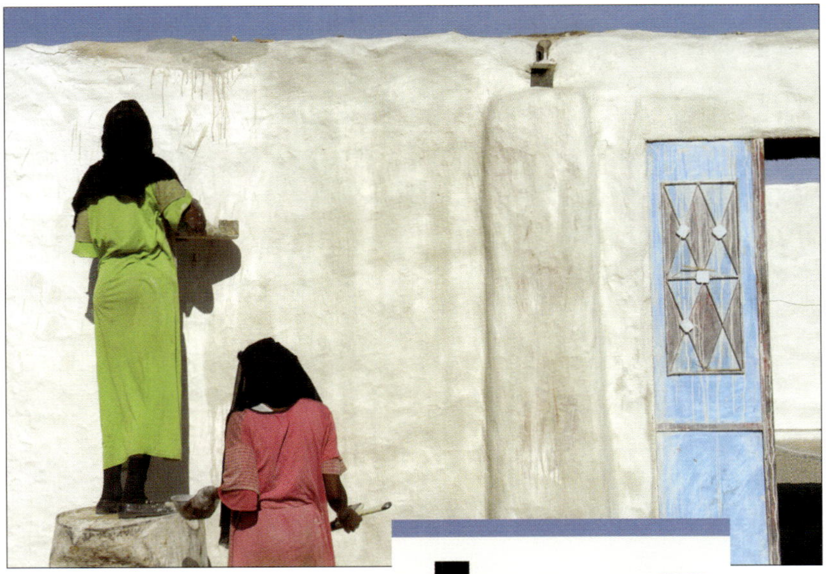

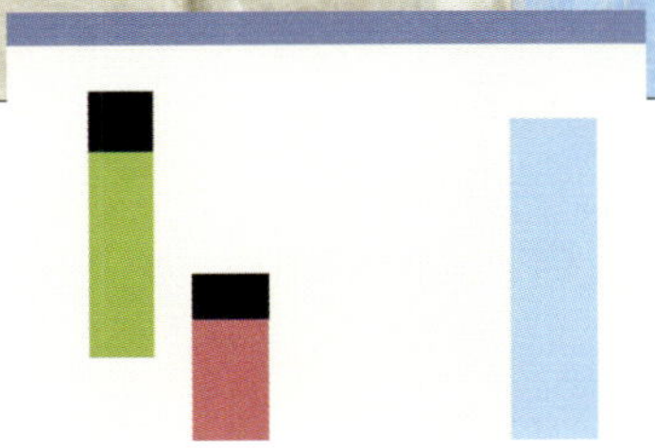

Harmonie in Pastell

Obwohl die Farben dieser Szene im Nordsudan kein exakt gleichseitiges Dreieck ergeben, kommen sie einem harmonischen Verhältnis ausreichend nahe. Diese Pastellfarben sind nichts anderes als blassere Versionen der Grundfarben.

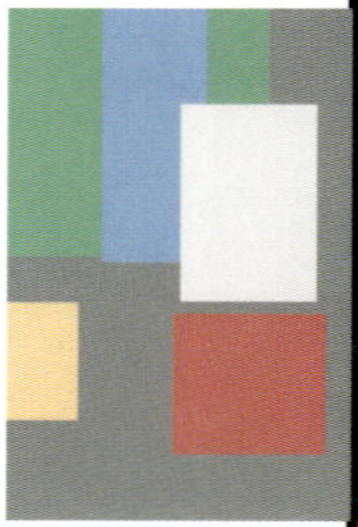

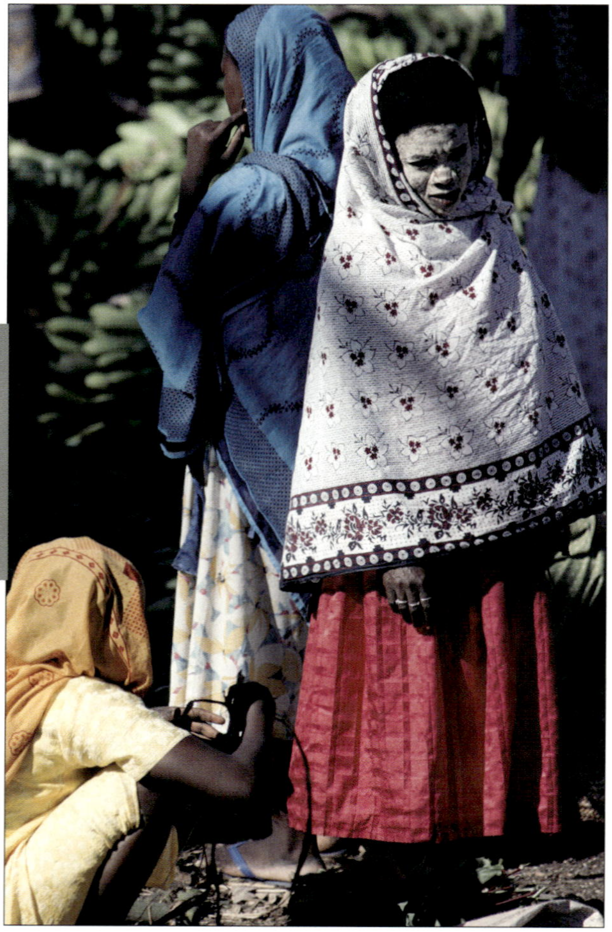

Seiten sieht, besteht ein grundsätzlicher Unterschied zwischen der Zusammenstellung starker, aufdringlicher Farben und jener sanfter Pastelltöne. Reine Farben kämpfen intensiv um unsere Aufmerksamkeit, sodass die wirkungsvollste Kombination bei drei Farben entsteht. Eine weitere Farbe kann hingegen so viel Wettstreit in ein Bild bringen, dass der Kontrast verschwimmt, statt dass sich die Farben verstärken.

Wann immer Sie mehrere reine Farben entdecken, haben Sie ein Motiv für eine aufregende Aufnahme. Da die Farben kaum je gleichmäßig auf dem Farbkreis verteilt sein werden, vermischen sie sich auch nicht zu Grau und erzeugen eine Spannung, die den harmonischen Kombinationen der Primär- und Sekundärfarben von Seite 486 fehlt. Im Kontext einer fotografischen „Philosophie" erzeugt die Kombination starker Farben jene Bilder, die uns „mitten zwischen die Augen treffen". Sie passen sehr gut als Akzente zwischen weniger drastische Aufnahmen, treten sie jedoch in Massen auf, hat man sie bald satt.

Markt in Moroni

Auf diesem Markt in der Hauptstadt der Republik Komoren war die Kombination von vier Grundfarben auf engstem Raum zu finden.

Man kann das Prinzip der Komplementärfarben auf drei oder mehr Farben erweitern. Sind die Farben auf dem Farbkreis gleichmäßig verteilt, ergeben sie allesamt einen neutralen Ton (abhängig von deren Helligkeit Grau, Weiß oder Schwarz). Die intensivste Triade bilden die Primärfarben Rot, Blau und Gelb. Der fotografische Effekt hängt stark von der Sättigung und von den Bereichen ab, den die Farben einnehmen: Gleich große Bildanteile liefern das harmonischste Resultat.

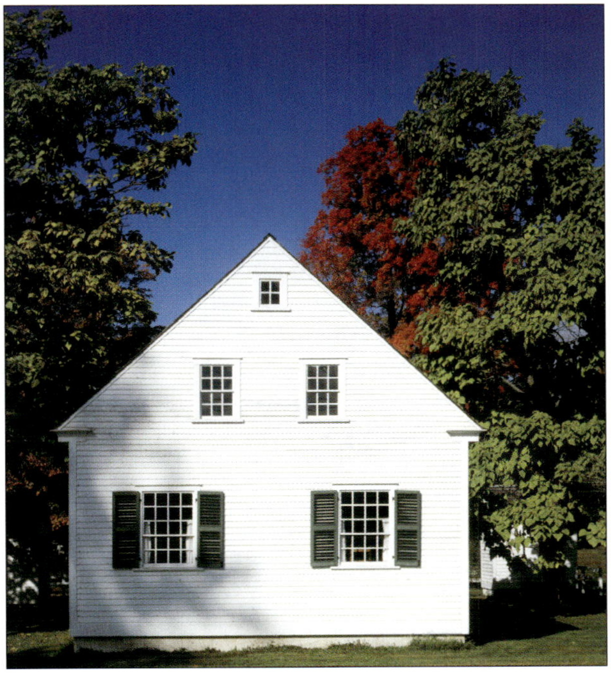

Den Farbkontrast erhöhen

Hebt man die Sättigung entsprechend an, treten die Farbbezüge deutlicher hervor – allerdings um den Preis, dass die Subtilität und andere Qualitäten eines Bildes verloren gehen. Probeweise wurde in diesem Foto eines Schulhauses in einem Shakerdorf, das bereits sehr kontrastreich war, die Farbsättigung in Photoshop weiter erhöht. Die neutralen Farben des Gebäudes sind kaum betroffen, die Umgebung enthüllt allerdings einen starken Dreifarbkontrast.

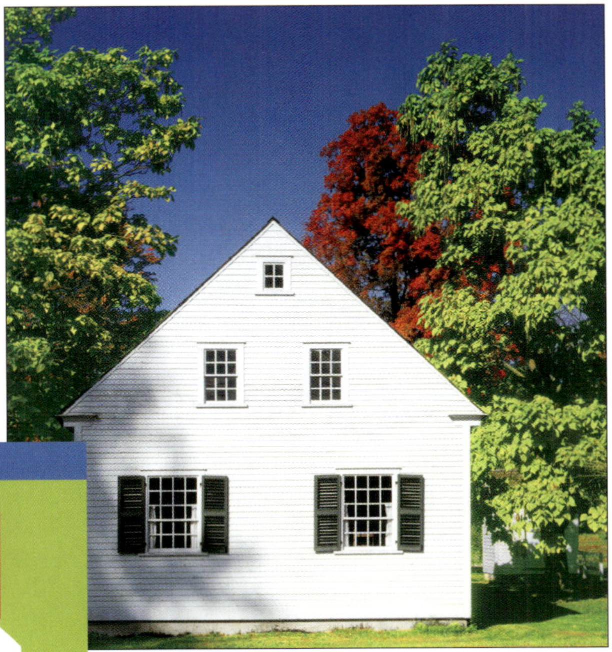

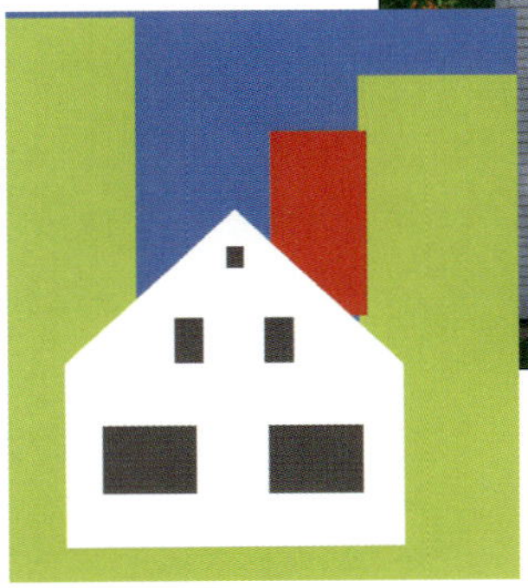

Drei-Weg-Balance

Gleichmäßig über den Farbkreis verteilt, bilden die drei Primärfarben ein gleichseitiges Dreieck. Fügt man sie zusammen, heben sie einander auf und ergeben neutrales Grau. Die drei Sekundärfarben sind ebenso gleichmäßig über den Farbkreis verteilt und harmonieren daher auf exakt dieselbe Weise miteinander.

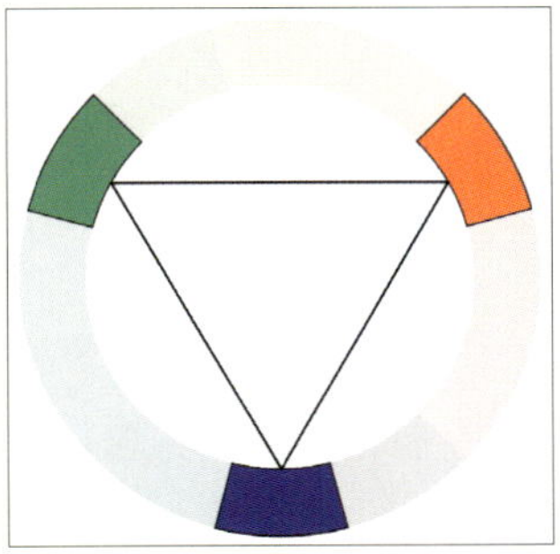

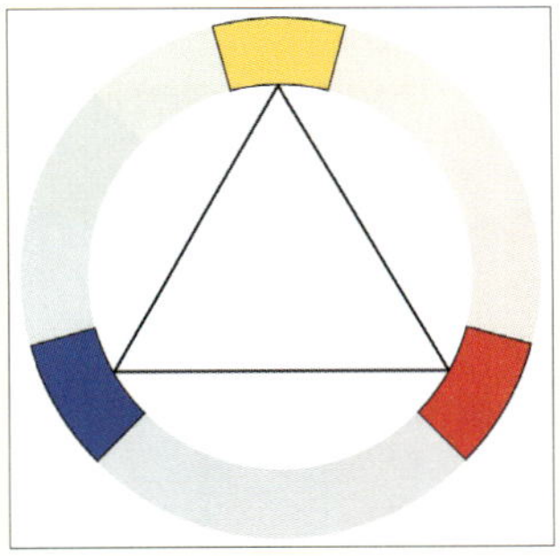

Farbakzente

Ein kleiner Bereich einer hellen Farbe irgendwo im Bild, der sich vom kontrastierenden Hintergrund abhebt, ist ein Spezialfall der Farbbeziehungen und von besonderer Relevanz für die Fotografie.

Wenn wir die Idee der Harmonie als in unserer Wahrnehmung verwurzelt akzeptieren, nämlich dass das Auge ein gewisses Maß an Gleichgewicht sucht, erkennen wir auch, warum wir bei der Komposition unserer Bilder bestimmte Proportionen zwischen großen und kleinen Flächen von Farben bevorzugen. Die auf den vorigen Seiten gezeigten harmonischen Proportionen machen Bilder „bequem" – besser werden sie dadurch nicht unbedingt. Die Suche nach natürlichen Proportionen hat für die Fotografie eine besondere Relevanz, da die meisten unserer Motive Fundstücke sind. Angesichts einer vielversprechenden Szene ist es selbstverständlich, dass wir näher heran oder weiter weg gehen, ein Teleobjektiv verwenden oder den Bildausschnitt ändern – auf der Suche nach der idealen Bildkomposition und mehr oder weniger beeinflusst von Farben, Licht und Schatten.

Herrscht zwischen den Farben ein ausgeprägtes proportionales Missverhältnis – ist zumindest eine nur in einem sehr kleinen Bereich vorhanden –, bekommt diese die Dynamik des Pucks beim Eishockey, ein schwarzer Punkt auf weißem Grund. Die Proportionen werden irrelevant. Eine Farbe wird zu einem Akzent, einem Farbtupfer, und das Auge wird davon über die Maßen angezogen. Wenn die Akzentfarbe aus einem „zurücktretenden" Hintergrund „hervorsticht", ist der Effekt am stärksten – wie bei Rot oder Gelb auf Blau oder Grün. Unter bestimmten Umständen kann die Tatsache, dass wir diesen Akzent erst einmal suchen müssen, seine Ausdruckskraft sogar steigern.

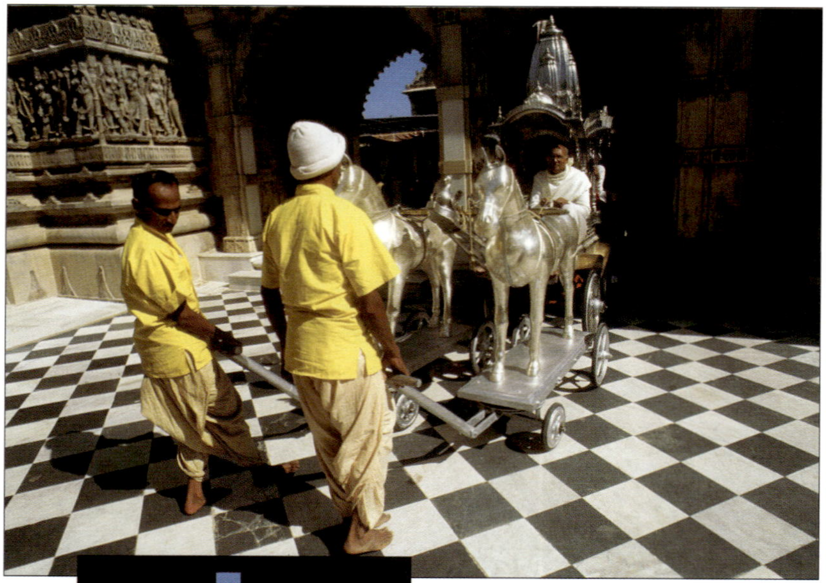

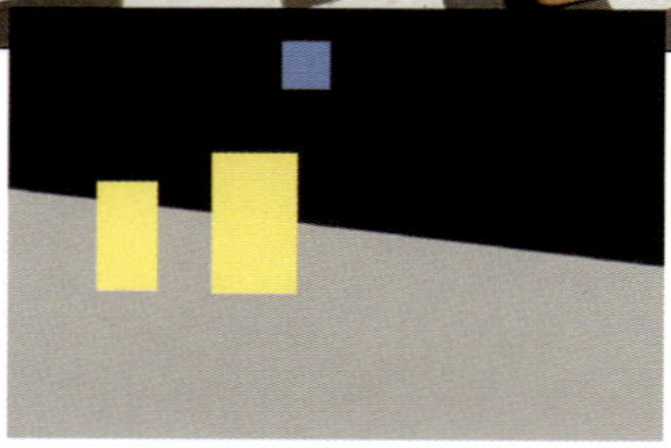

Silberner Wagen
Diese silbernen Wagen sind Teil eines täglichen Rituals in einem indischen Jainas-Tempel. Sie sind das Hauptmotiv des Bildes, das jedoch durch die drei Farbtupfer lebendig wird. Die räumliche Trennung von Gelb und Blau macht die Proportionen nebensächlich.

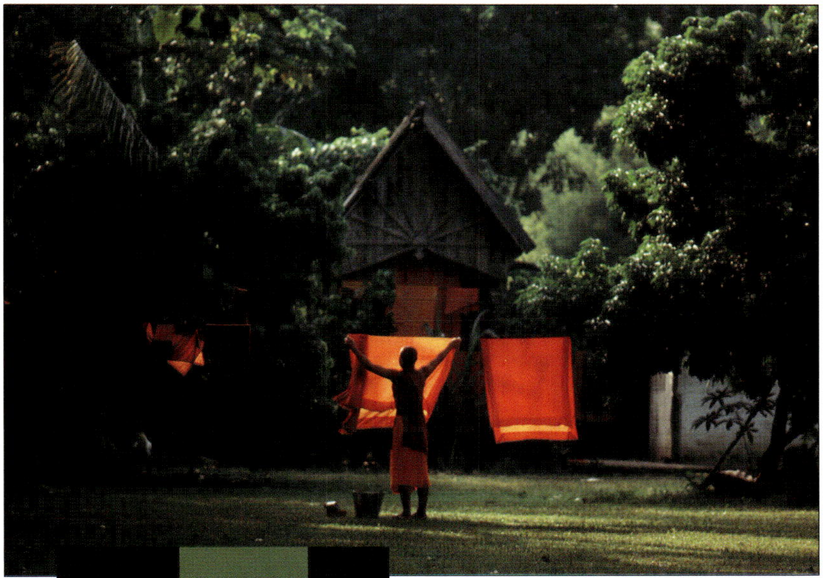

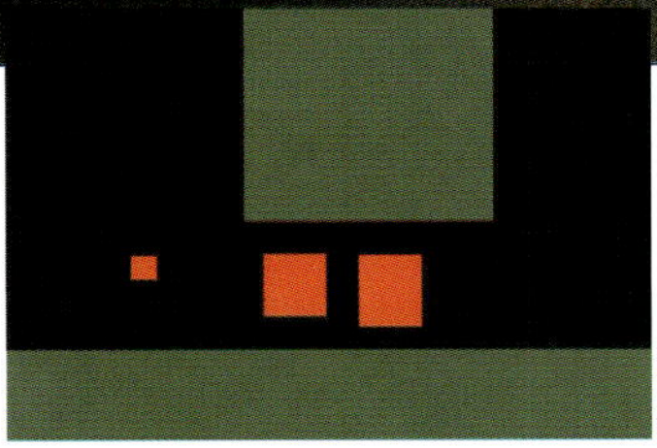

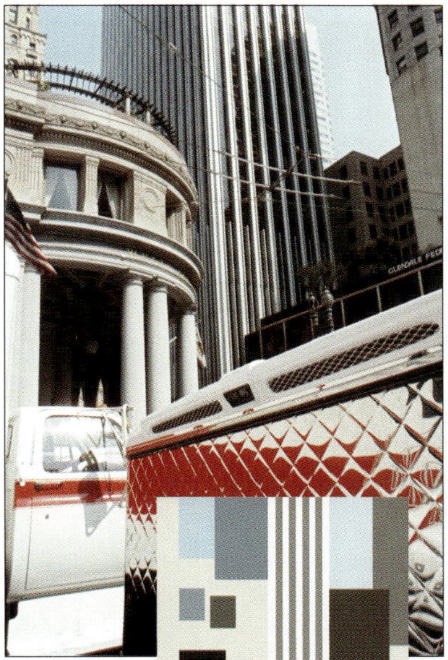

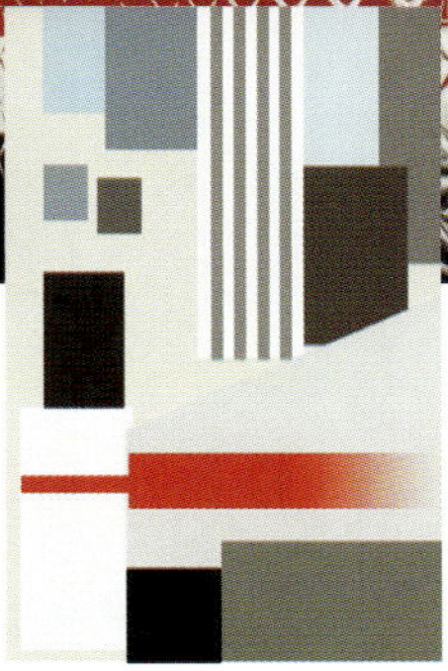

Wäsche beim Trocknen
Die im Gegenlicht leuchtenden Tücher mit der Silhouette des Mönchs davor ließen diese Szene sofort als lohnenswert erscheinen. Die Wahl des relativ großen Bildausschnitts sollte einerseits den Zusammenhang zeigen, andererseits das helle Orange zur Geltung bringen.

Da diese Farbtupfer sehr klein sind, kann ein Bild auch mehrere solcher Akzente in verschiedenen Farben aufweisen. Dadurch wird die Sache allerdings kompliziert, da die Akzentfarben sowohl eine Beziehung zueinander als auch zum Hintergrund aufbauen. Die deutlichste Wirkung erzeugen zwei sparsam gesetzte, streng lokale reinere Farbtöne in annähernd neutraler Umgebung. Maler wie Delacroix und Ingres benutzten diesen Effekt in verschiedenen Varianten, um in einigen ihrer Bilder Harmonie zu erzeugen. Sie verwendeten Akzente von Komplementärfarben wie Rot und Grün oder Blau und Orange.

Diese spezielle Form von Farbkontrast unterstreicht das, was Maler die „lokale Farbe" nennen, jene Farbe, die ein Objekt in neutralem Licht ohne Beeinflussung durch irgendeinen Farbstich hätte. Farbakzente betonen daher in erster Linie die Farbigkeit eines Objekts.

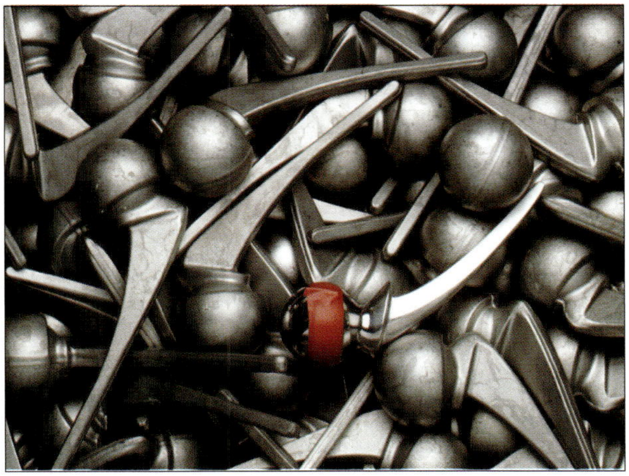

Ein roter Klecks
In dieser absichtlich abstrakten Ansicht der Innenstadt von San Francisco ist es allein die rote Spiegelung an der Seitenwand des Lastwagens, die die ansonsten neutralen und metallischen Elemente zu einem ausgewogenen Bild zusammenfügt.

Hüftgelenk
Auch hier sticht ein roter Akzent aus einem ansonsten neutralen Bild heraus. Es zeigt künstliche Hüftgelenke.

Dissonanz

Das Gegenteil der Harmonie, die Dissonanz, ist ebenso subjektiv, kulturell geprägt und Veränderungen unterworfen. Sie hat ihre eigene Terminologie, man nennt sie schreiend und vulgär.

Karneval
Der Karneval in Kingston, Jamaika, ist ein Ventil für Ausgelassenheit und Energie, nicht nur in Musik und Tanz, auch visuell. Die Idee dahinter: hemmungslose Buntheit.

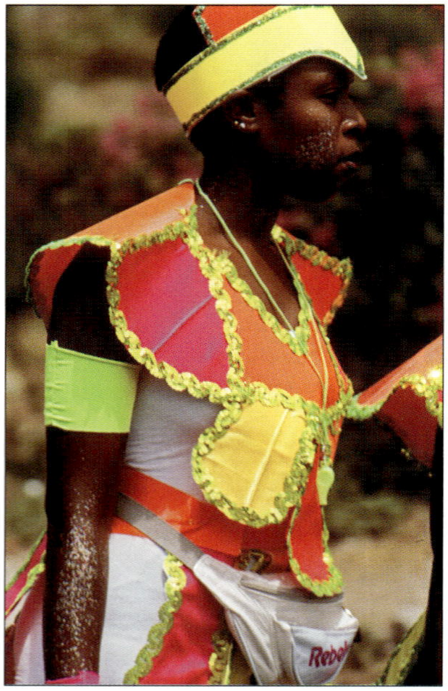

Kitsch in Japan
Niedliche Plüschtiere in einem Verkaufautomaten auf einer Einkaufsstraße einer japanischen Großstadt. Grelles Rosa oder „Pink" ist eine der bevorzugten Farben der absichtlich kitschigen Präsentation. Seine Grellheit wird durch den Grünstich der Neonröhren noch stärker hervorgekehrt.

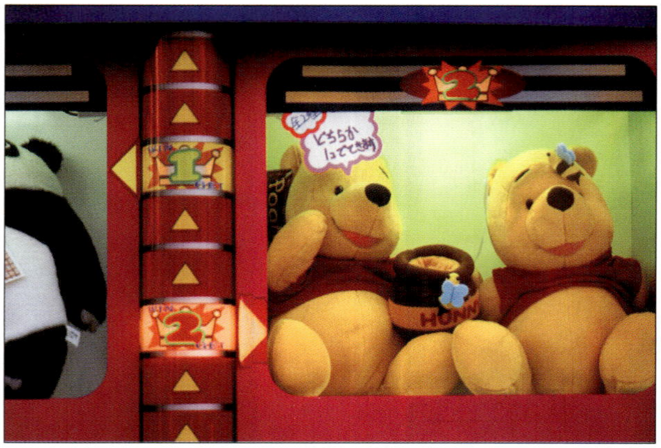

Wie die Idee der Harmonie *(siehe Seite 486)* von persönlichen und kulturellen Werten getragen wird, hängt auch an der Dissonanz die Last von Meinungen und Vorurteilen. Darüber hinaus liegt dem Konzept die Annahme zugrunde, dass es „anstößige" Farbkombinationen gibt. Dies gilt keinesfalls als sicher, doch wie bei der Harmonie steckt auch in der Dissonanz ein wenig Wahrheit – teils durch die Wahrnehmung, teils durch kulturelle Prägung oder Moden begründet. Definitionsgemäß können disharmonische Farben nicht in demselben Bereich eines Farbmodells liegen. Sie müssen deutlich verschieden sein, jedoch nicht komplementär. Auch muss zumindest eine der Farben stark gesättigt sein, und jeder unangenehme optische Effekt verstärkt die Dissonanz.

Über diese fundamentalen optischen Prinzipien hinaus ist Dissonanz durch Kultur und Moden bestimmt. Die kulturell bedingte Ablehnung ist erwartungsgemäß stark ausgeprägt, denn „schreiende" Kontraste sind als Widerspruch zum Bequemen, Sicheren, Konservativen auch irgendwie bedrohlich. In der Einrichtung wie in der Kleidung steht „guter" Geschmack gegen „schlechten", obwohl es das Absolute nicht gibt. Am meisten toleriert man Dissonanz in der Werbung, der Zwang zur Auffälligkeit scheint Geschmacksfragen obsolet zu machen.

In der Kunst stellt Dissonanz in der Regel (Vor-)Urteile in Frage, versichert sich der Aufmerksamkeit des Betrachters und trifft Aussagen. Kandinsky brachte dies in seinem 1911 erschienenen Werk *Über das Geistige in der Kunst* auf den Punkt: „Die Suche nach Harmonie allein auf der Basis einfacher Farben ist am wenigsten geeignet für unsere Zeit. [...] Schreiender Missklang, ... die Überwindung von Prinzipien, ... Spannung und Sehnsucht, ... Gegensatz und Widerspruch ... , das ist unsere Harmonie."

Schon 1888 verwendete Van Gogh Dissonanz in dem Bild *Das Nachtcafé*, um einen Ort zu beschreiben, an dem man verrückt werden kann: „Ich habe versucht, die schrecklichen Leidenschaften des Menschlichen durch Rot und Grün auszudrücken. [...] Überall herrscht der Konflikt und Kontrast der gegensätzlichsten Rot- und Grüntöne." Dies scheint im Widerspruch zur Rot-Grün-Harmonie zu stehen, doch Van Goghs Grün ging stark in die Richtung von lebhaftem Gelb.

Absichtliche Irritation ist auch ein Grundsatz der Konzeptkunst und stellt ebenso einen Ansatz für die Fotografie dar. Bisher haben jedoch nur wenige Fotografen dissonante Farben auf erwähnenswerte Weise eingesetzt. Die Gründe dafür liegen auf der Hand. Im der prädigitalen Zeit waren die Farben eines Fotos in erster Linie davon bestimmt, was der Fotograf vorfand, und da die meisten Menschen vor Disharmonie zurückschrecken, ist sie auch schwer zu finden. Der Brite Martin Parr ist einer der wenigen, für den schreiende Kontraste zu einer Art Markenzeichen wurden, da diese ein Bestandteil seiner bevorzugten Thematik sind – der Geschmacklosigkeiten der Briten auf Urlaub.

Durch die Digitaltechnik kann sich der Fotograf in seiner Farbwahl von der Realität lösen. Farben können verstärkt, verschoben oder durch andere ersetzt werden. Dieses Gebiet ist noch Neuland. Wie immer bei der Wahl von Farben und deren Manipulation braucht man einen vertretbaren Grund, umso mehr, wenn das Ergebnis visuelles Unbehagen erzeugen soll.

Als theoretisches Gegenstück zur Harmonie ist Dissonanz wegen der negativen Implikationen jedenfalls problematischer. Die Behauptung, zwei Farben würden sich nicht „vertragen", deutet an, dass deren Wahl irgendwie falsch war. Ebenso wie wir Harmonie unbewusst als erstrebenswert erachten, deutet die Idee der Dissonanz an, dass man sie besser vermeidet. Diese Annahmen sind eindeutig gefährlich und sei es nur, weil sie von einer allgemein gültigen Ordnung ausgehen.

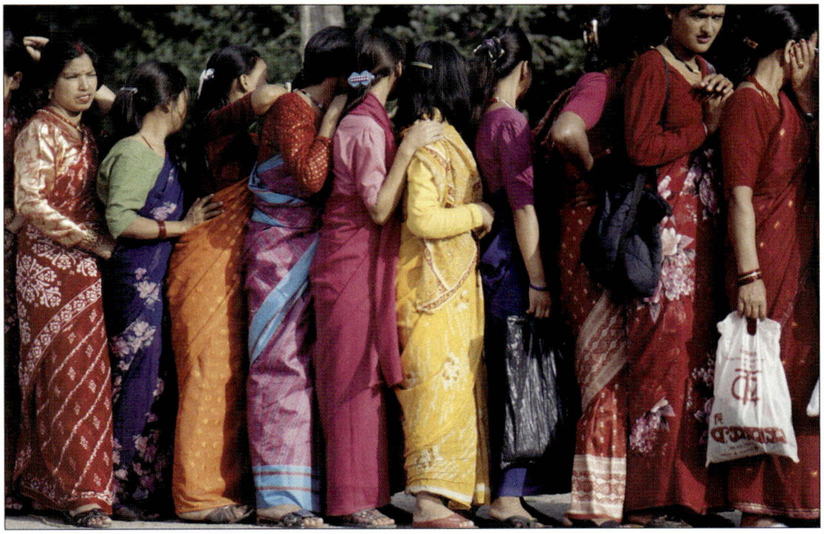

Teej-Festival
Bei diesem jährlichen Fest in der Nähe von Katmandu bilden die fröhlich bunten Saris der nepalesischen Frauen ein schreiendes Kaleidoskop. Disharmonisch, gewiss, aber auch voll Energie.

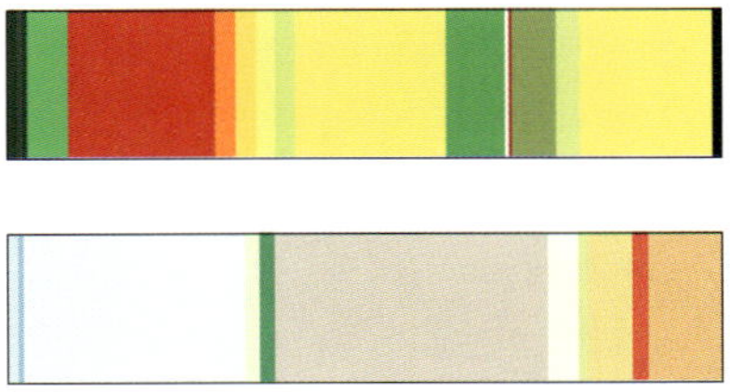

Van Goghs Palette
Von großen Meistern kann man viel lernen. Der obere der beiden Streifen repräsentiert die Farben aus Van Goghs *Nachtcafé*. Hier strebte der Künstler offensichtlich nach Disharmonie. Zum Vergleich die Farben aus *Schlafzimmer von Arles*, wo er Harmonie suchte.

Gedämpfte Farben

Die Mehrzahl der Farben, die wir in der realen Welt vor der Kamera haben, sind weit entfernt von rein. Sie haben zwar weniger Kraft, ihre subtilen Varianten können jedoch voller Schönheit sein.

In der traditionellen Farbtheorie dominieren die reinen Farben, und Maler werden dazu angehalten, ihr Farbenspiel aus den Primär- und Sekundärfarben zu entwickeln. Im Gegensatz dazu hat es die Fotografie fast ausschließlich mit den Farben der realen Welt zu tun, und ihre Farbpräferenzen sind daher entsprechend anders. Wie wir bei der Betrachtung der Grundfarben gesehen haben, sind diese in der Natur nicht eben häufig anzutreffen. Die meisten Farben der Wirklichkeit sind „gebrochen", eine weniger lebendige, kaum jemals gesättigte Mischung von Farbtönen.

Die Arbeit mit diesen gedämpften Farben kann jedoch sehr lohnend sein, da sich eine Vielzahl subtiler Effekte ergibt. Die Farbtheorie hebt die reinen Primär- und Sekundärfarben über Gebühr hervor, da sie die Basis aller anderen sind - das Vorhandensein reiner Farben in einem Bild jedoch als das einzig Erstrebenswerte zu sehen, wäre ein fundamentaler Fehler. Sanfte Farben ergeben weit feinere Nuancen, und die konsequente Beschäftigung damit lässt das Auge ihre Unterschiede besser erkennen und seltene Farben weit höher schätzen. Rotbraun, Siena, Olivgrün, Schiefergrau - daraus und aus einer fast unendlichen Vielfalt anderer Farben und neutralem Grau besteht die überreiche, wenn auch gedämpfte Palette des Fotografen.

Pastelltöne

PAPAYA WHIP (PAPAYAGERTE – #FFEFD5)
BLANCHED ALMOND (MANDEL – #FFEBCD)
BISQUE (PORZELLAN – #FFE4C4)
PEACH PUFF (PFIRSICHHAUCH – #FFDAB9)
NAVAJO WHITE (NAVAJOWEISS – #FFDEAD)
MOCCASIN (MOKKASIN – #FFE4B5)
CORNSILK (ROHSEIDE – #FFF8DC)
IVORY (ELFENBEIN – #FFFFF0)
LEMON CHIFFON (GELBER SCHLEIER – #FFFACD)
SEASHELL (MUSCHELSCHALE – #FFF5EE)
HONEY DEW (HONIGTAU – #F0FFF0)
MINT CREAM (PFEFFERMINZCREME – #F5FFFA)
AZUR (#F0FFFF)
ALICE BLUE (#F0F8FF)
LAVENDER (LAVENDEL – #E6E6FA)
LAVENDER BLUSH (LAVENDELRÖTE – #FFF0F5)
MISTY ROSE (ROSENHAUCH – #FFE4E1)

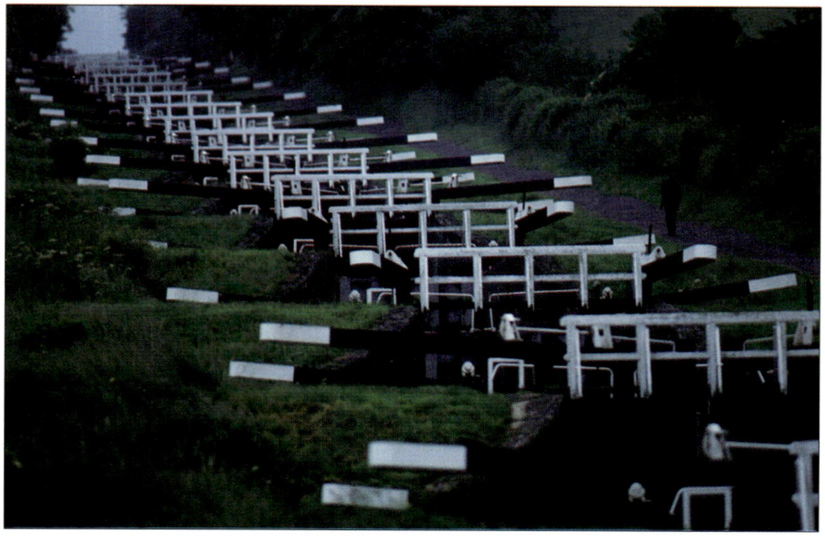

Caen Hill Eine bemerkenswerte Ansammlung von Schleusen im englischen Kanalsystem. Im für die Aufnahme idealen diffusen Licht eines trüben Tages tritt die Geometrie der Formen hervor.

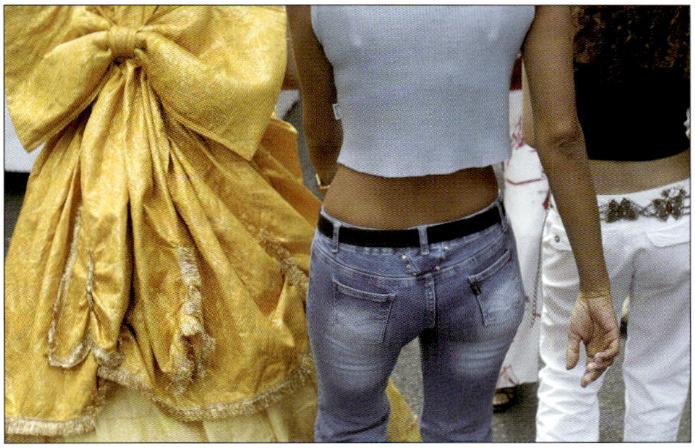

Pastell
Ausgebleichte Jeans und ein blassgelbes Sambakleid bilden in den Straßen von Paris am „brasilianischen Tag" eine Sinfonie in Pastell.

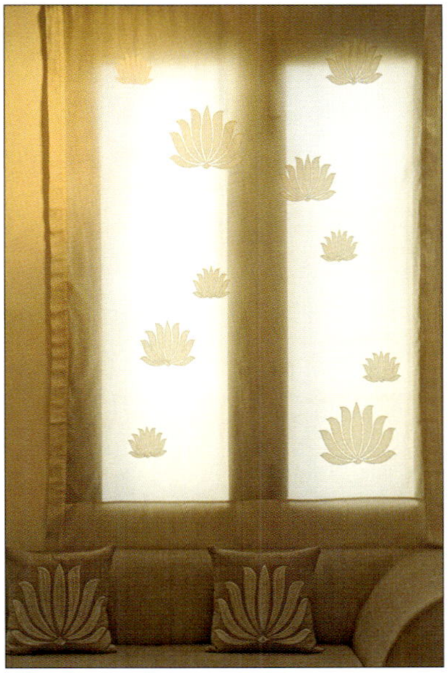

Sanftes Interieur
In dieser modernen indischen Wohnung waren Beige und ein blasses silbriges Grau das Thema des Ausstatters für dieses Eckchen mit Organzavorhang, Sofa und Kissen.

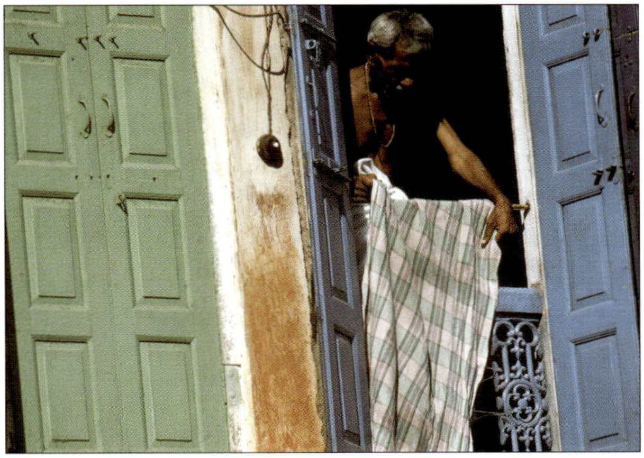

Balkon in Jaipur
Eine sanfte und doch farbige Kombination von Fensterläden in der indischen Stadt Jaipur. Wie die Aufnahme von Seite 497 ein Beispiel für die Harmonie der Pastelltöne.

Im Dunklen, in den Details der Schatten, kann es keine starken Farben geben, wie die großen Niederländer Rembrandt und Frans Hals erkannten. Sie waren Meister der Schatten und übertrafen sich selbst in der Darstellung der untersten Tonwertbereiche mit Hilfe einer fast monochromen Palette. Das bringt uns wieder zu den neutralen Farben *(siehe Seite 456)*.

Am anderen Ende der Helligkeitsskala liegen die Pastelltöne. Diese entstehen aus der Sicht des Malers durch die Beimischung von Weiß anstatt Grau oder Schwarz. Daher wirken sie niemals „schmutzig", sondern sanft, zart, blass und leicht und behalten einen Ansatz der Reinheit des ursprünglichen Farbtons bei, verlieren jedoch dessen Ausdruckskraft.

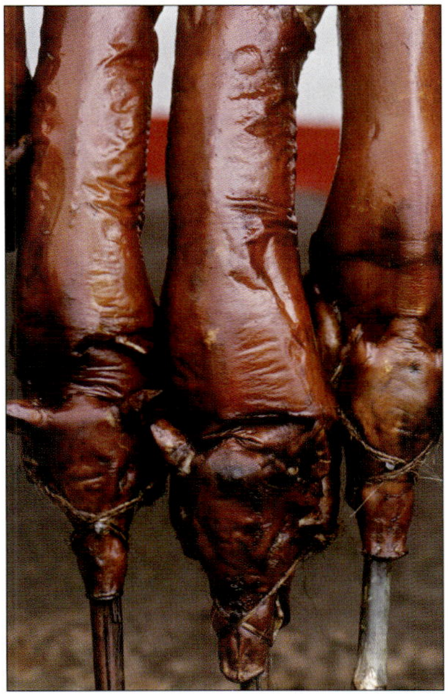

Ferkel am Spieß
Ein beliebtes Restaurantviertel in Manila. Braun, hier mit dem reichen, rötlichen Ton der glänzenden Haut der am Spieß gebratenen Ferkel, ist die am besten definierte gedämpfte Farbe. Andere, wie etwa Graugrün, sind meist wenig gesättigte Varianten eines Farbtons, es gibt jedoch kein „gesättigtes Braun".

Fallstudie: **Unwirkliche Farben**

Bisher hatte die Fotografie nicht die technischen Mittel, sich in derselben Art Farben zu schaffen, wie es der Künstler vielleicht wollte. Doch wie wir gesehen haben, erlaubt die Digitaltechnik die totale Manipulation der Farben. Fügen Sie den besprochenen Techniken zur Auswahl die Methoden zur Änderung der Farben hinzu, und Sie haben hervorragende Werkzeuge, um einem Bild genau jene Farben zu geben, die Sie wollen – wie radikal auch immer.

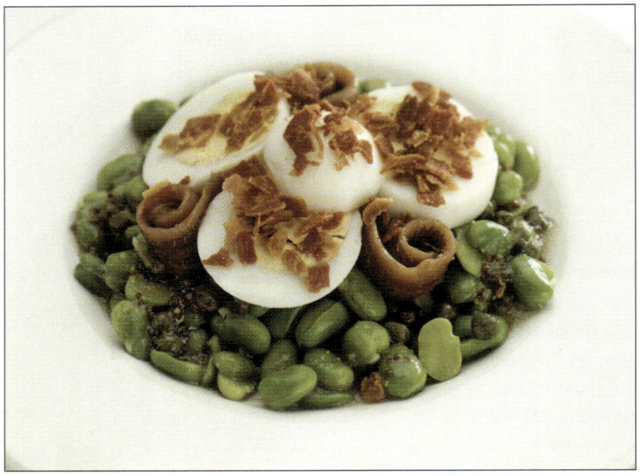

Salat aus grünen Bohnen
Das Originalgericht. Das Bett aus dicken Bohnen hat genau jene Farbe, die jedermann erwarten würde.

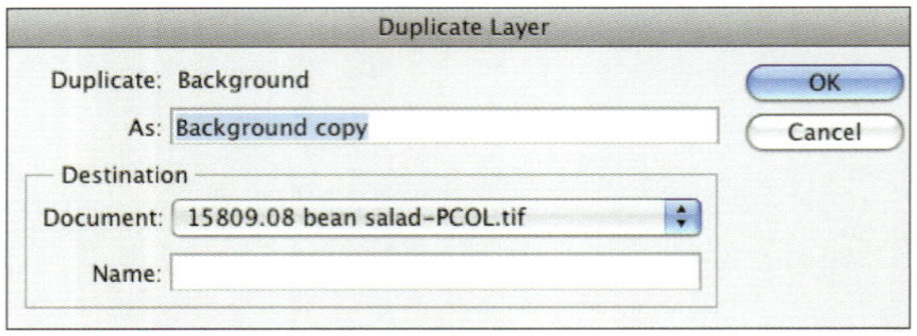

Ebene duplizieren
Da wir auf jeden Fall etwas retouchieren müssen (und vielleicht auch unsere Meinung ändern), macht es Sinn, die Manipulationen in einer eigenen Ebene vorzunehmen.

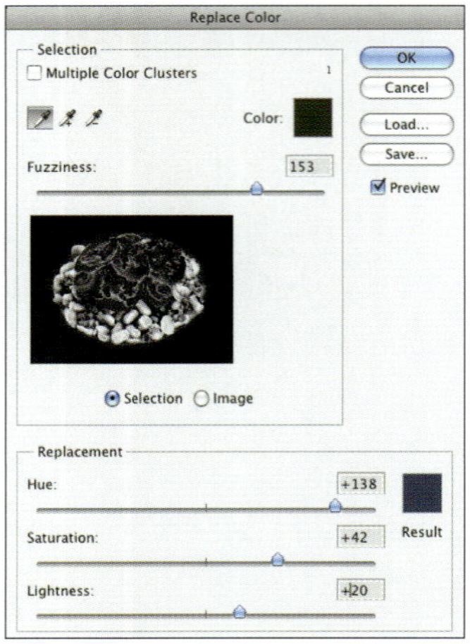

Farbe ersetzen
Die beste Methode, um eine gewählte Farbe zu ändern, bietet der Dialog Farbe ersetzen. Wir wählen das Grün der Bohnen aus und erhöhen die Toleranz, um alle Schattierungen einzuschließen. Dadurch ist auch ein Teil des Dotters betroffen, dem wir uns später widmen. Der Farbton wird nach Blau verschoben, die Sättigung erhöht, um dies deutlicher zu machen, und die Helligkeit leicht erhöht.

Änderung Stufe eins

So sieht das Bild nach dem Ersetzen der Farbe aus – alles in allem wie gewünscht, doch die Eidotter schimmern nun grün. Wenn wir das nicht korrigieren, wird das ganze Bild einfach nur „blau gefärbt“ aussehen, während das Gelb der Dotter eine kontrastierende Referenzfarbe liefert. Da wir die Manipulation in einer über das Bild gelegten zweiten Ebene durchgeführt haben, entfernen wir die Bereiche der falschen Farben einfach mit dem Radierwerkzeug.

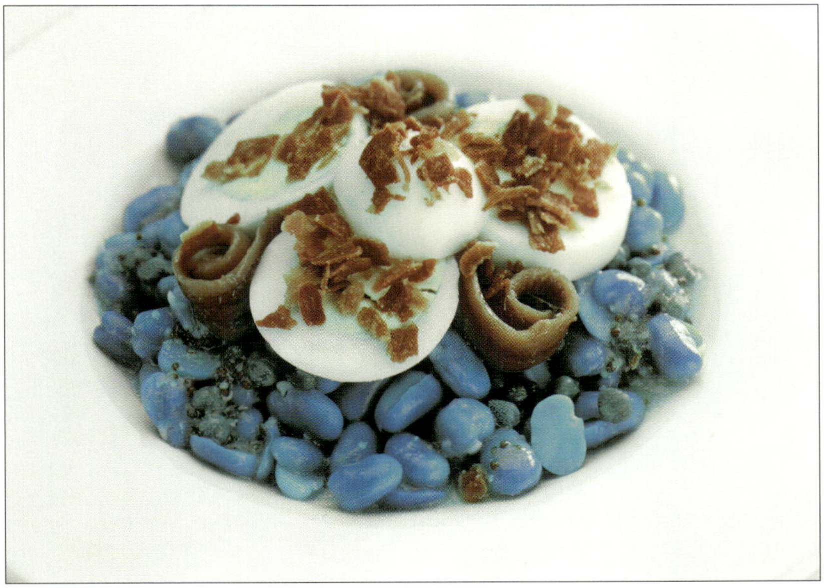

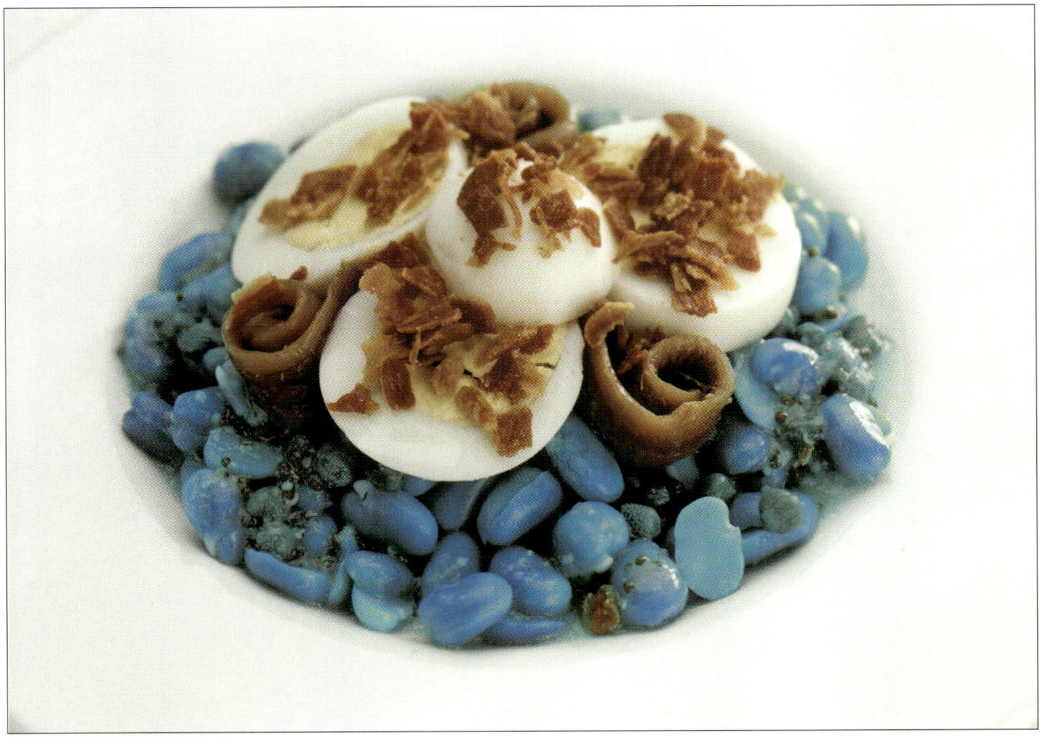

Das fertige Bild

Nachdem wir die duplizierte Ebene etwas retouchiert haben, um Teile des Originals freizulegen, können wir das Bild auf die Hintergrundebene reduzieren. Das Resultat ist ein durch und durch unappetitliches Gericht, das wohl keiner, der bei klarem Verstand ist, kosten möchte.

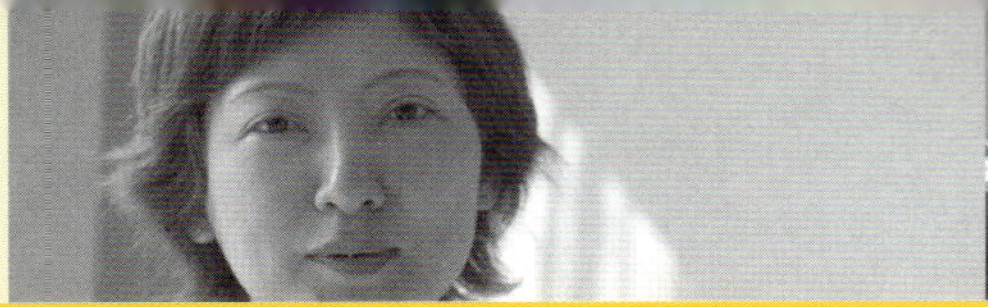
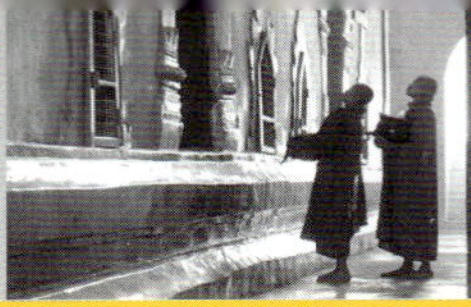
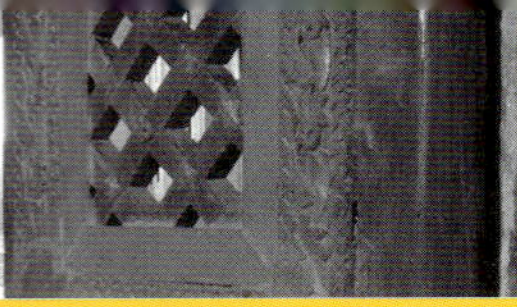
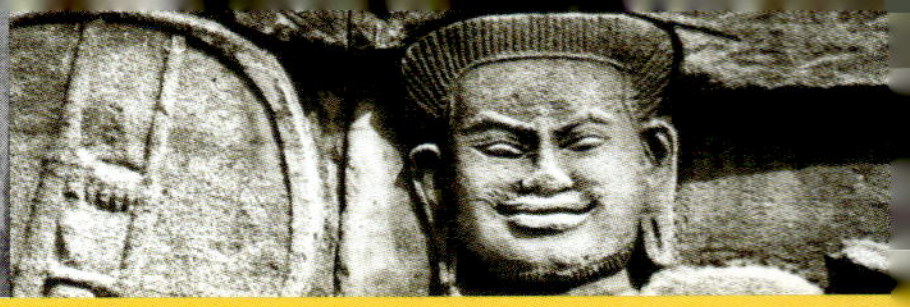
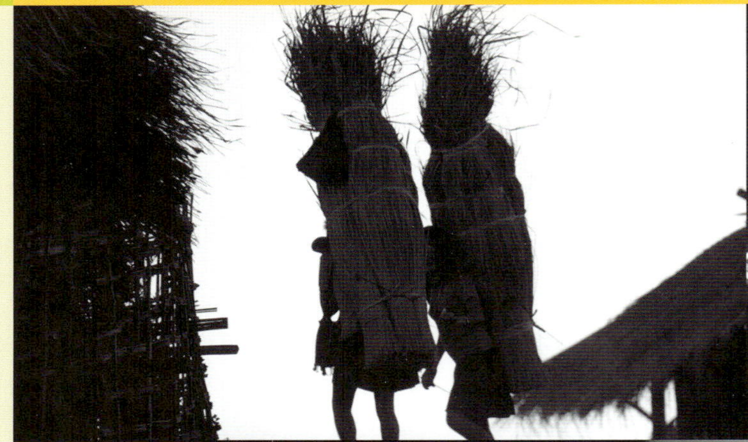
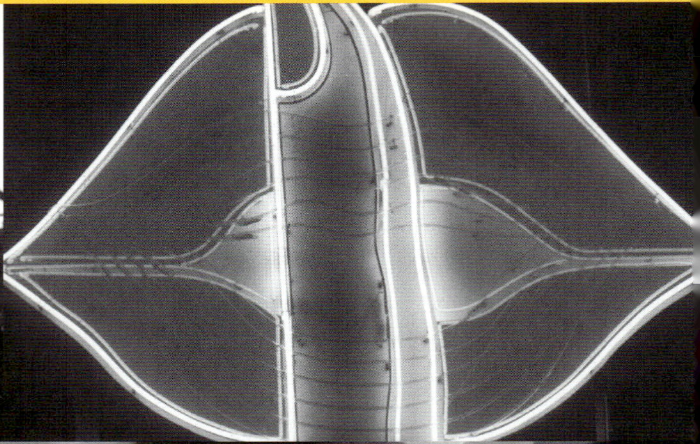
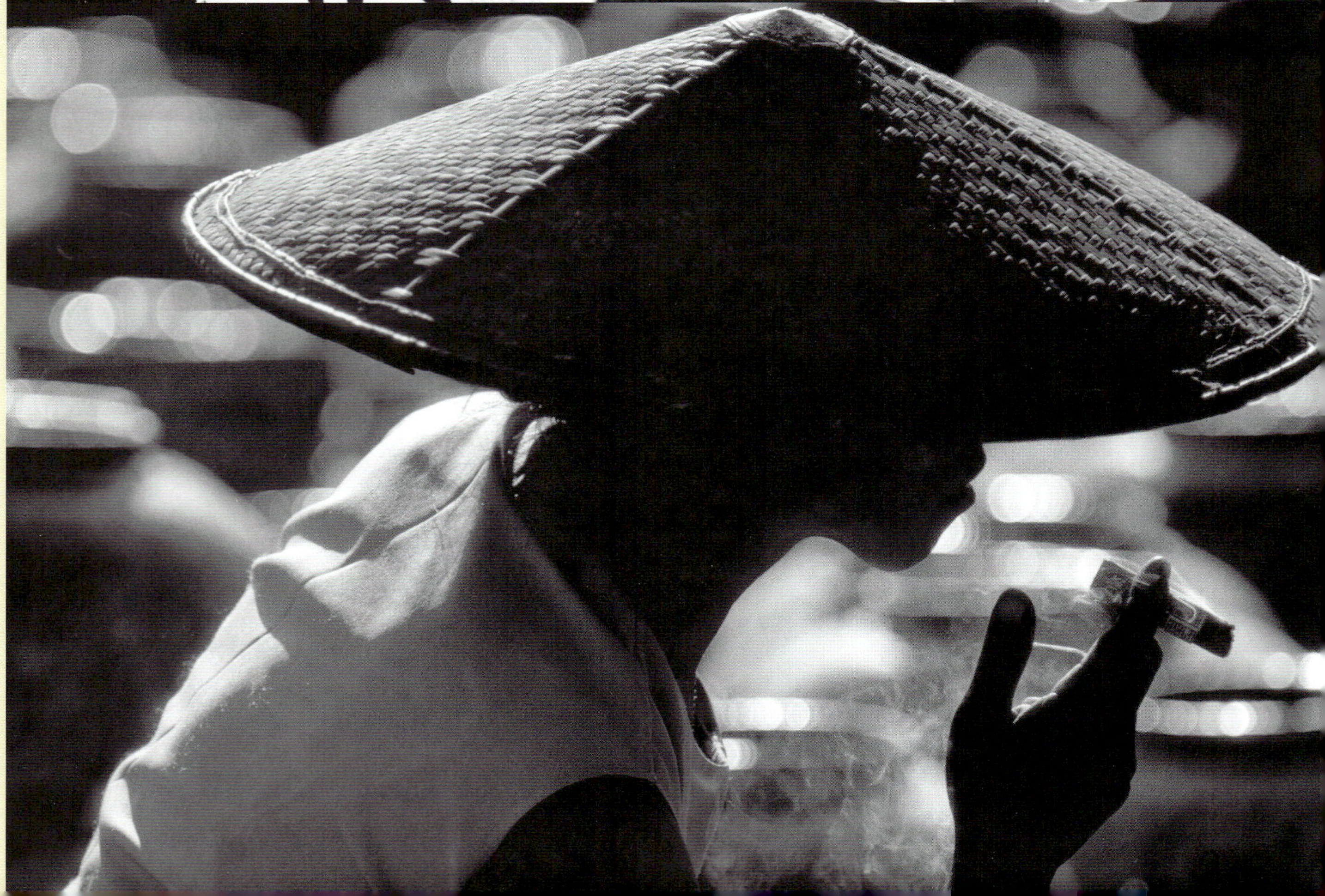

Die **monochrome** Sprache

Aus kreativer Sicht war die Beschränkung auf Schwarz und Weiß in den Anfängen der Fotografie ein Vorteil. 1826, als Nicéphore Niépce als Erster ein Bild permanent fixierte, war es die einzige technische Möglichkeit. Er verwendete eine lichtempfindliche Schicht, die bei Belichtung hart wurde. Jene Bereiche, wo wenig Licht auftraf, konnten abgewaschen werden. Die Fotografie verließ sich also zu Beginn auf die Menge des Lichts , nicht auf dessen Wellenlänge (welche die Farben bestimmt).

Dies schränkte die Möglichkeiten der Fotografie zur Wiedergabe der Wirklichkeit sicherlich stark ein, wieso spreche ich dann von einem Vorteil? Die Palette war begrenzt, doch dies half der Fotografie, sich als eigenständiges kreatives Medium zu etablieren. Abgesehen von dem beträchtlichen konzeptionellen Unterschied zwischen dem „Einfangen" eines Fotos und der Konstruktion eines Bildes in der Malerei war durch die beschränkte Skala von Schwarz zu Weiß der Schritt von der Realität zur Interpretation vorbestimmt. Die Farbfotografie wurde bereits 1903 mit der Erfindung des Autochromverfahrens möglich und Anfang der 1960er-Jahre allgemein üblich, dennoch ist die Schwarzweißfotografie nicht verschwunden und wurde auch nie als unterlegen betrachtet, eher bekam sie einen noch spezielleren Stellenwert. Essenziell in der Schwarzweißfotografie ist der Ethos des „Weniger ist Mehr", wobei das Fehlen von Farbe die Aufmerksamkeit auf andere Bezüge im Bild lenkt. Entfernt man die Komponente des Farbtons, konzentriert man sich mehr auf die feinen Abstufungen der Tonwerte. Es ergibt sich eine gewisse Strenge – eine formale Disziplin, die in den emotionalen und kulturellen Assoziationen mit Farbe oft verloren geht. In der Tat stand Schwarzweiß bis vor kurzem im Zentrum der Entwicklung der Fotografie als Kunstform und Mittel der Kommunikation. Es erlaubt dem Fotografen, aus der Überfülle der bunten Welt eine Auswahl zu treffen und seine Individualität auszudrücken.

Das, was wir die „Sprache der Schwarzweißfotografie" nennen könnten, orientiert sich stark an den grafischen Qualitäten von Proportion, Linien, Form und Textur. Auf ihre Art ähnelt sie stark dem Kunstverständnis der Renaissance. Kunsttheoretiker wie Cristoforo Landino unterschieden für gewöhnlich die Elemente eines Gemäldes, zum Beispiel *rilievo* (räumliches Modellieren), *composizione* (Komposition), *disegno* (lineares Design) und *colore* (Farbe). Die Fähigkeiten der Zeichner in der Arbeit mit Linie, Form und Perspektive hielt man für prinzipiell verschieden vom Umgang mit Farbe, obwohl ein Ölgemälde beides vereinte. Zurück bei der Fotografie finden wir, dass hier die anfangs technisch bedingte Trennung bestehen blieb, zumindest für Fotografen, welche es kreativ befreiend fanden, all ihre Energie in die Gestaltung eines Bildes ohne Farbe zu stecken. Ein Großteil der Freude an Schwarzweiß stammt aus feinsten Nuancen, wir sehen dies etwa in hochqualitativen Drucken. Für die meisten Fotografen, die monochrom arbeiten, ist dies das höchste Ziel. Kann man in Licht und Schatten alle Details erkennen, hat das Bild den Gipfel der Perfektion erreicht.

Unterschiedliche Anliegen

Der Wechsel von der Farb- zur Schwarzweißfotografie verlangt es eine veränderte Sichtweise und bedingt einen wichtigen Wandel der grafischen Prioritäten für das jeweilige Bild.

So wie sich die gesamte Fotografie von ausschließlich schwarzweiß zu überwiegend farbig bewegt hat, gab es im Lauf vieler Jahre auch eine wichtige Verschiebung in der Ansicht, was ein Foto ist. Ein Schwarzweißfoto verstand jeder als eine Interpretation einer Szene, angepasst an das spezielle Medium, das von Tonwerten dominiert wurde. Die Farbfotografie hat uns glauben gemacht, dass ein Foto ein zweidimensionales Abbild der Wirklichkeit wäre – eine Illusion, sicherlich, doch eine effektive. Dies ist keine Kritik an der Farbfotografie, doch wir könnten sagen, dass Schwarzweiß die Fähigkeit schärft, ein Bild aus einer umfassenden, lebendigen, dreidimensionalen Situation zu konstruieren.

In der Praxis und vom Standpunkt der Komposition und Organisation eines Bildes sind die Prioritäten von Farb- und Schwarzweißfotografie notwendigerweise verschieden. Dabei gehen wir selbstverständlich davon aus, dass der Fotograf das Beste aus dem Medium herausholen will – aus dem Farbbild ein Gefühl für die Farben und tonale Feinheiten aus dem Bild in Schwarzweiß. In beiden Fällen wurde den Ansprüchen an Genauigkeit bei Belichtung, Schärfe und Verschlusszeit Genüge getan.

Bei der Farbfotografie liegt das Hauptanliegen in der Komplexität und Feinheit der Wiedergabe von mehreren Millionen Farben, die unser Auge unterscheidet. Die Belichtung beeinflusst nicht nur den Kontrast und die „Richtigkeit" eines Bildes, sie ändert auch die Farben. Rot wird zum Beispiel stärker belichtet zu Rosa, Gelb bei geringerer Belichtung zu Ocker – in unseren Augen völlig verschiedene Farben. In

Porträt Die Dynamik des Ausdrucks und die immer zwingende Blickrichtung der Augen (die das Auge des Betrachters anzieht und lenkt) macht Porträts kaum abhängig von Farbe. Dennoch bleibt der korrekte Hautton ein Thema.

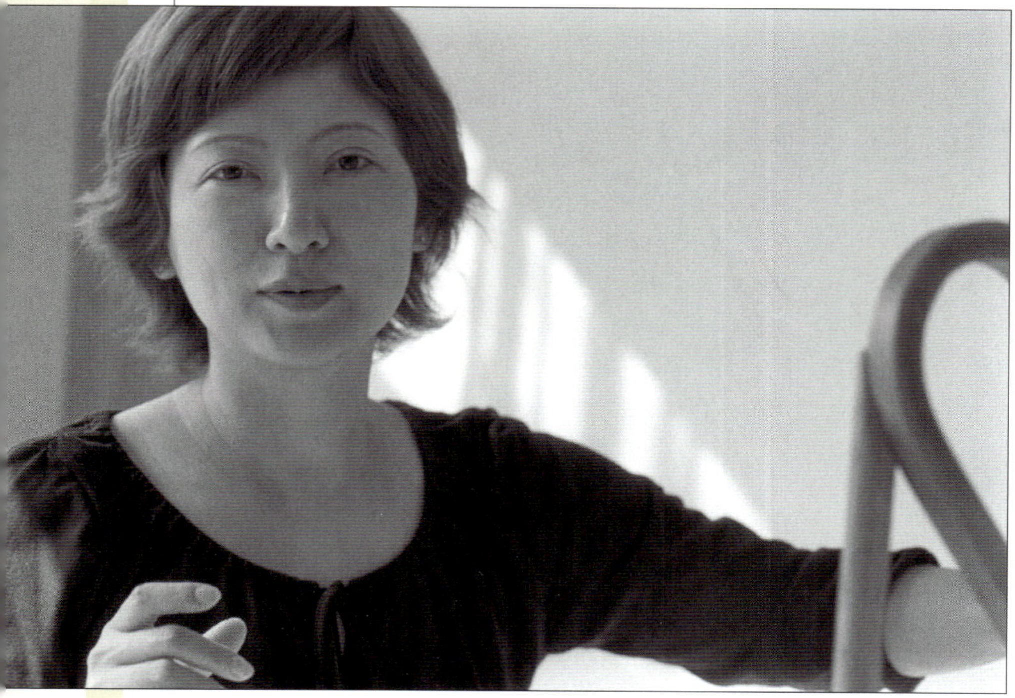

einer Szene mit hohem Kontrast muss man sich daher oft bewusst für Farben entscheiden. Auch gilt es den weniger leicht zu definierenden Gesamteindruck aller Farben eines Bildes, der sich aus den Beziehungen der Farben untereinander und der Grundtönung ergibt und auf den ersten Blick einen Stil andeuten kann, zu beachten. Die Farbbeziehungen sind verantwortlich dafür, ob und wie Harmonie, Kontrast und Dissonanz wahrgenommen und empfunden werden. Die Sättigung ist nun, im digitalen Zeitalter, viel leichter zu kontrollieren als beim analogen Film. Dies verlangt die Entscheidung, wo das jeweilige Bild angesiedelt wird, wobei die Skala von farbenfroh und üppig bis zu gedämpft und zurückhaltend reicht.

Dem gegenüber bietet die Schwarzweißfotografie einen größeren kreativen Spielraum und ist doch stärker eingeschränkt. Das Fehlen von Farbe lenkt die Aufmerksamkeit auf die spezielle Dynamik, teils, weil Schwarzweißbilder in der Regel in Bezug auf Tonwertabstufungen und Detailzeichnung in Lichtern und Schatten strenger beurteilt werden, teils, weil die formalgrafischen Qualitäten von Form, Linie, Kontur, Masse und Textur offensichtlicher sind. Zu guter Letzt stellt sich bei der digitalen Fotografie verstärkt die Frage, welche Grautöne die Originalfarben am besten wiedergeben. Im nächsten Kapitel erforschen wir die schier endlosen Möglichkeiten der digitalen Bearbeitung als eine neue Freiheit, die über den Einsatz von Filtern weit hinausgeht. Die neue Technologie und ein wenig auch die Tatsache, dass sie jedem zur Verfügung steht, macht es notwendig, das visuelle „Gewicht" der Farben in jeder Szene zu bedenken.

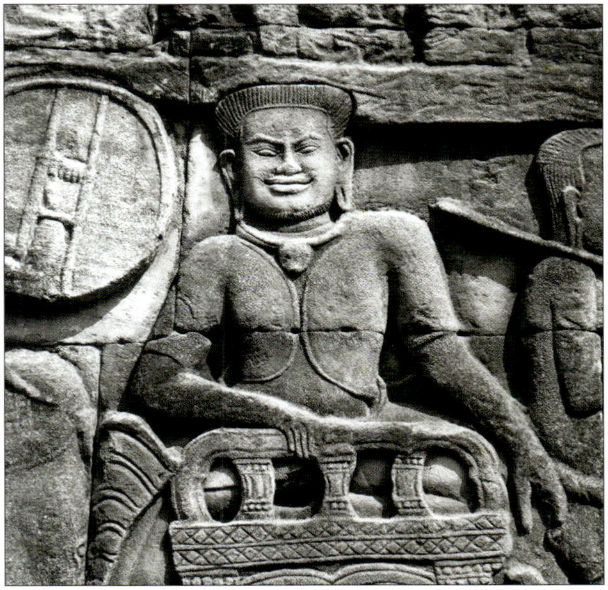

Basrelief Textur ist eine der großen Stärken von Schwarzweiß. Indem er das beste Licht findet, gibt der Fotograf dem Bild eine taktile Dimension. Hier erweckt der Winkel der Sonne den Stein zum Leben.

Silhouette Bei Gegenlichtaufnahmen kann man mit dem Dynamikumfang spielen. Hoher Kontrast ist ebenfalls eine hervorragende Qualität von Schwarzweißbildern. Von Reflexen erzeugte Muster spielen mit.

Entgegengesetzte kreative Ansprüche

Schwarzweiß	Farbe
Kontrast	Belichtung und Farben
tonale Nuancen	Farbstil
Geometrie	Farbbezüge
Räumlichkeit	Farbintensität
Textur	Farbtonverläufe

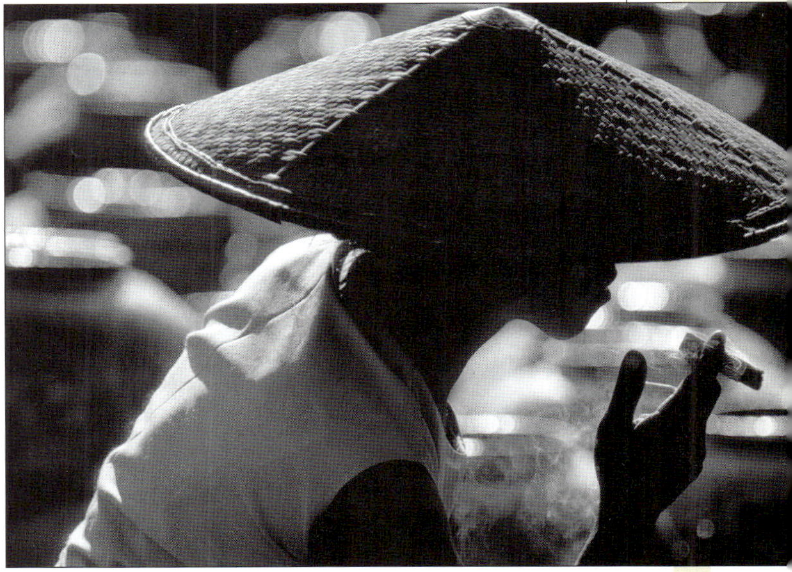

Fallstudie: **Monochrom visualisieren**

Was macht ein Bild zu einem Bild? Die Frage ist in Monochrom noch um einiges komplexer als in Farbe. Sie hängt von der Spannung des Motivs vor der Kamera, der Absicht des Fotografen und von der alles dominierenden Fähigkeit, in Schwarzweiß zu denken, ab: Einer der technisch besten Schwarzweißfotografen des 20. Jahrhunderts, Ansel Adams, nannte dies „Visualisierung". Beim Bildinhalt gibt es die klare Unterscheidung zwischen Motiven, die sich durch ihre starke Geometrie, ihre Form und Textur für ein Schwarzweißbild geradezu aufdrängen, und jenen mit einer ausgeprägten Farbkomponente, die das Auge durch ihre Üppigkeit, Subtilität oder den Bezug der Farben zueinander anregt. Wir haben eine Reihe von farbigen Originalen in Schwarzweiß umgewandelt. Manchmal funktioniert dies besser, manchmal weniger gut: Einige verlieren durch die Umwandlung, andere wiederum erhalten eine andere, jedoch ebenso gültige Qualität.

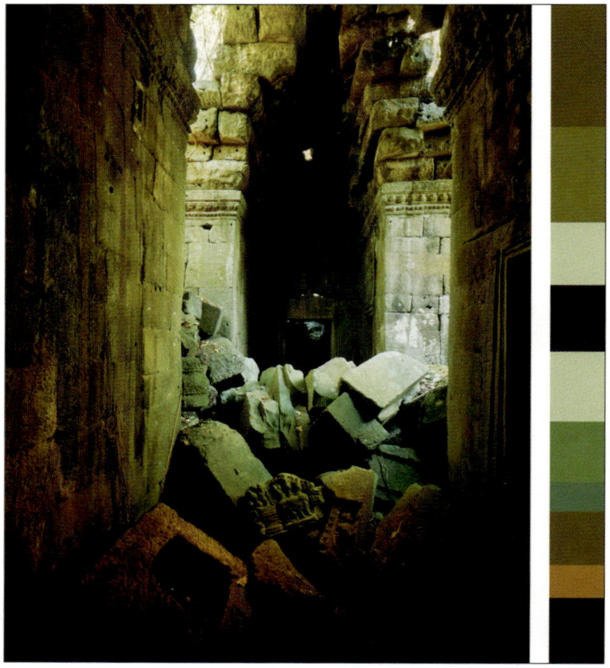

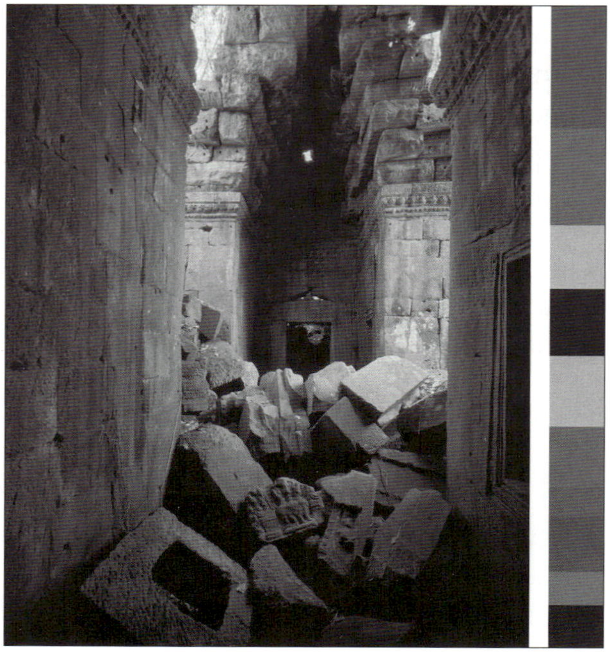

Antiker Stein
Das Thema dieser Innenansicht einer Tempelruine der Khmer ist die feine Variation im Farbton. In Schwarzweiß wird das Bild zu einer Expedition ins Reich der Schatten.

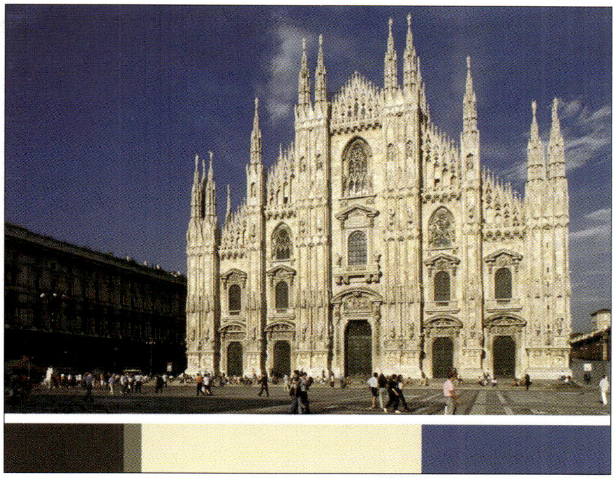

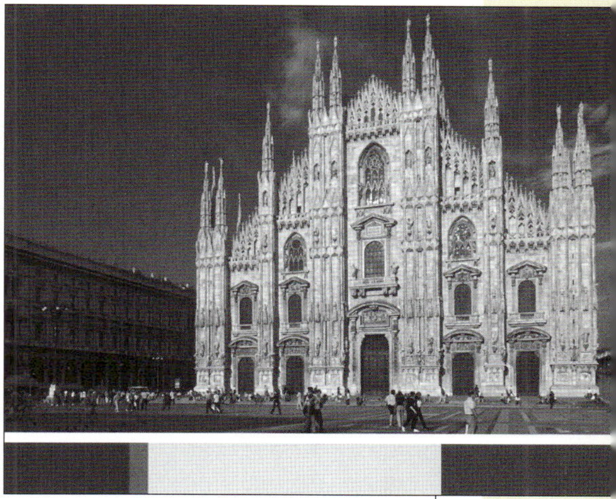

Duomo
In Farbe wirkt die Fassade des berühmten Mailänder Doms zwar hell, erinnert aber auch an das Motiv auf Millionen von Postkarten. In Schwarzweiß kann der strahlende Himmel nicht länger von der Form ablenken.

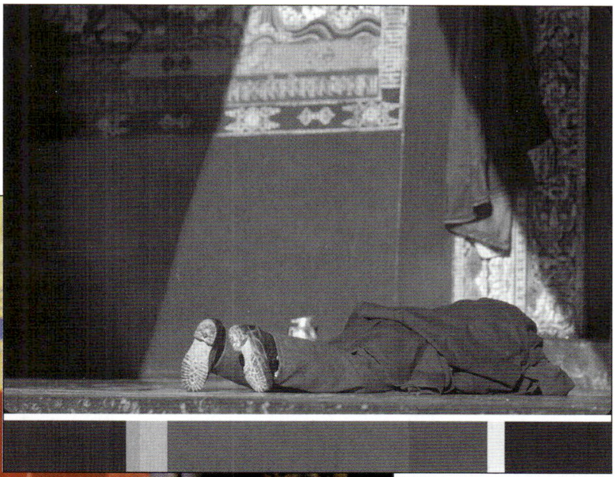

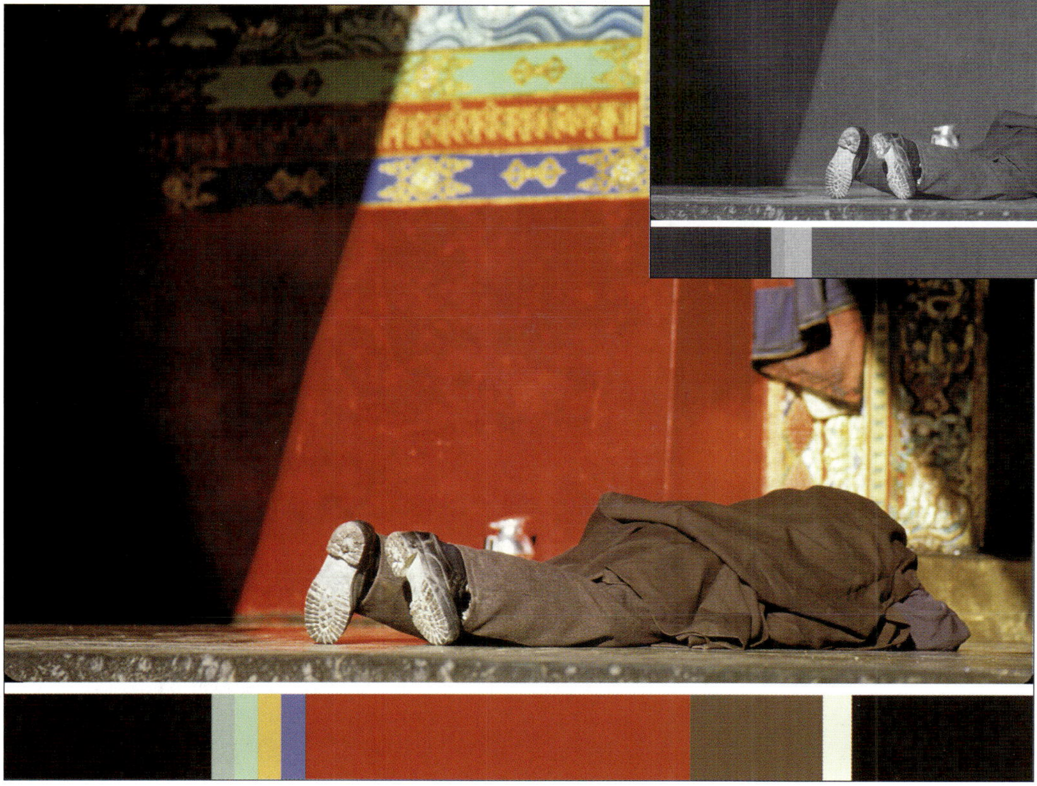

In den Straßen von Tibet
Gebetsandacht im Kloster Tashilunpho. In dieser Szene ist es offensichtlich die Farbe, die die Aufmerksamkeit auf sich zieht. Ohne die Abgrenzung zu dem deutlichen Rot verschwindet die Gestalt des Gläubigen fast in der Umgebung.

Entscheidende grafische Qualitäten

Schränkt man die Palette soweit ein, dass die komplexe Wirkung der Farben wegfällt, konzentriert sich die Aufmerksamkeit auf die grafischen Elemente: Linie, Form, Kontur und Textur.

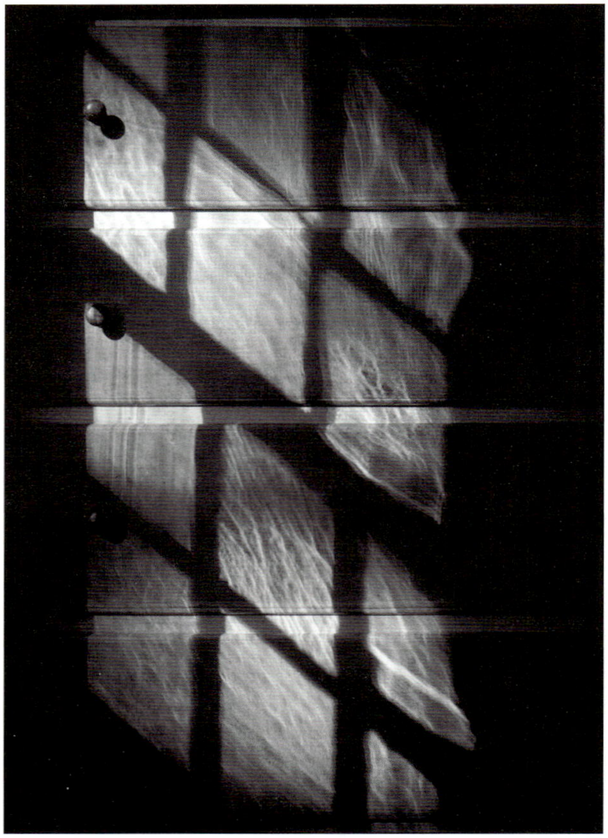

Spiel des Lichts
Die Unregelmäßigkeiten in alten Fensterscheiben erzeugen, wenn das Sonnenlicht hindurchscheint, einen flüssigen, wogenden Effekt auf dieser Kommode. Das Bild ist fast, jedoch nicht ganz abstrakt.

Ohne Farben werden in einem Foto automatisch die formalen Qualitäten von Bildaufbau und Tonwerten deutlich. Unabhängig vom Inhalt wirkt das Bild durch die stark voneinander abhängigen Elemente Linie und Form und durch die Modulation des Lichts von Hell bis Dunkel. Diese grafischen Elemente sind für ein monochromes Bild nicht nur wichtiger als für eines in Farbe, sie definieren auch den Charakter eines Fotos. Wenn der Fotograf eines dieser Elemente geschickt betont, kann dies ebenso zum Motiv des Bildes werden wie der Gegenstand, die Szene vor der Kamera. Jedes der drei Beispiele hier widmet sich gezielt einem solchen grafischen Element – Textur, Volumen oder Licht.

Linie und Kontur ergeben sich durch den starken Kontrast, der an Kanten auftritt und in Schwarzweiß automatisch prominenter ist als in Farbe. Wie diese Kanten den Bildausschnitt unterteilen, miteinander interagieren und das Auge leiten, hängt von der Bildkomposition ab. In Silhouetten wird dies am deutlichsten. Kanten umschließen Formen, und diese werden erkennbar, wenn sie sich zur Gänze innerhalb des Bildes befinden, ohne über die Ecken hinauszuragen.

Die Form eines Objekts ist komplexer als dessen Umriss, da hier drei anstatt zwei Dimensionen zum Tragen kommen. Während der Umriss in erster Linie eine grafische, zweidimensionale Qualität ist, wie bei einer Hell-Dunkel-Silhouette, ist die Form plastisch und dreidimensional und erfordert eine Beleuchtung, die Rundungen und Tiefe unterstreicht. Räumliche Tiefe ist in Schwarzweiß in mancherlei Hinsicht einfacher darzustellen als in Farbe, erfordert jedoch die genaue Beachtung des Winkels, in dem das Licht auf ein Objekt trifft. Die verlässlichste Technik ist es, für eine sanfte und sorgfältige Abstufung zwischen Licht und Schatten zu sorgen. Damit ist in erster Linie gerichtetes Licht gemeint, das deutliche Schatten wirft und dessen Winkel für eine vernünftige Balance zwischen Hell und Dunkel sorgt. Licht von vorne wirft kaum Schatten und ist daher weit weniger effektiv als Seitenlicht. Es gibt viele Variablen, unter anderem den exakten Einfallswinkel, die Diffusion oder Konzentration von Lichtquellen und, falls vorhanden, das Verhältnis zwischen Objekt und Hintergrund.

Textur meint die Beschaffenheit einer Oberfläche, die unendliche Vielfalt von glatt und glänzend bis rau und körnig. In der Schwarzweißfotografie ist es die Interaktion zwischen der physischen „Haut" eines Objekts und der Art, wie das Licht darauffällt. Der Einfallswinkel des Lichts betont nicht nur die räumliche Wirkung, er ändert auch die Erscheinung der detaillierten Struktur einer Oberfläche und schafft taktile Eindrücke. Raue Oberflächen, wie der Stein in der Nahaufnahme des Basreliefs hier, werden in der Regel durch schräges Licht am besten betont. Da Texturen in der Regel feine Details abbilden, werden sie umso wichtiger, je näher man geht.

Unter bestimmten Umständen kann das Licht selbst zum Bildinhalt werden. Zwar ist das Licht nie völlig von den Objekten und Oberflächen zu trennen, die es trifft, vorausgesetzt, diese liefern dem Betrachter genug Hinweise, um sie wiederzuerkennen, doch das Spiel des Lichts - seine Modulation - kann in Schwarzweiß wunderschön sein. Falls der Effekt nicht gerade vom Farbkontrast abhängt, ist Schwarzweiß perfekt geeignet, da es die Aufmerksamkeit auf die Tonwerte lenkt.

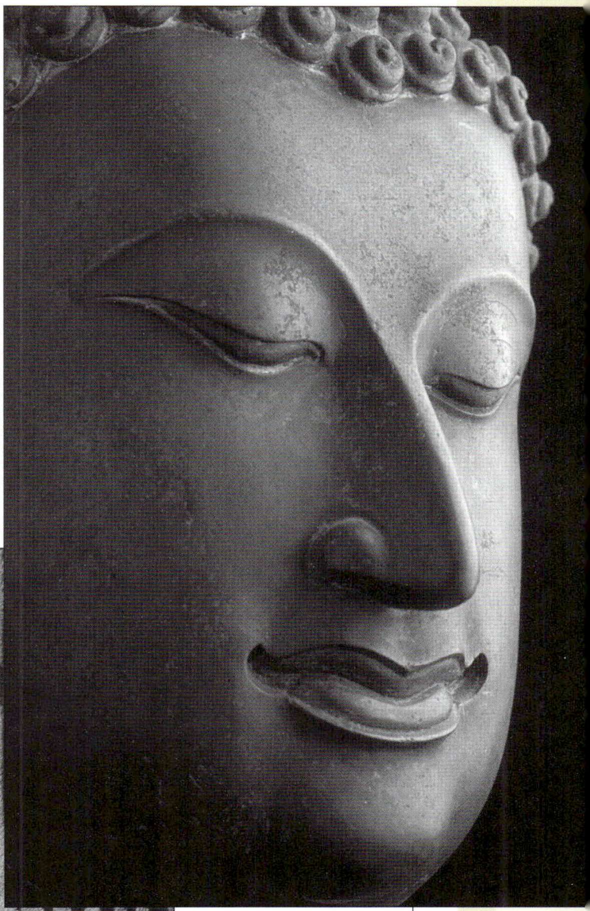

Form
Diese aus Basalt gehauene Buddhastatue wurde mit Studiolicht ausgeleuchtet. Die Form (der Umriss) wurde den Konturen (dem Volumen) zuliebe geopfert und die Konturen mit Hilfe einer einzelnen diffusen Lichtwanne herausgearbeitet. In einem leichten Winkel platziert, macht das Licht die runde Gesichtsform durch den Verlauf von Dunkel nach Hell räumlich sichtbar.

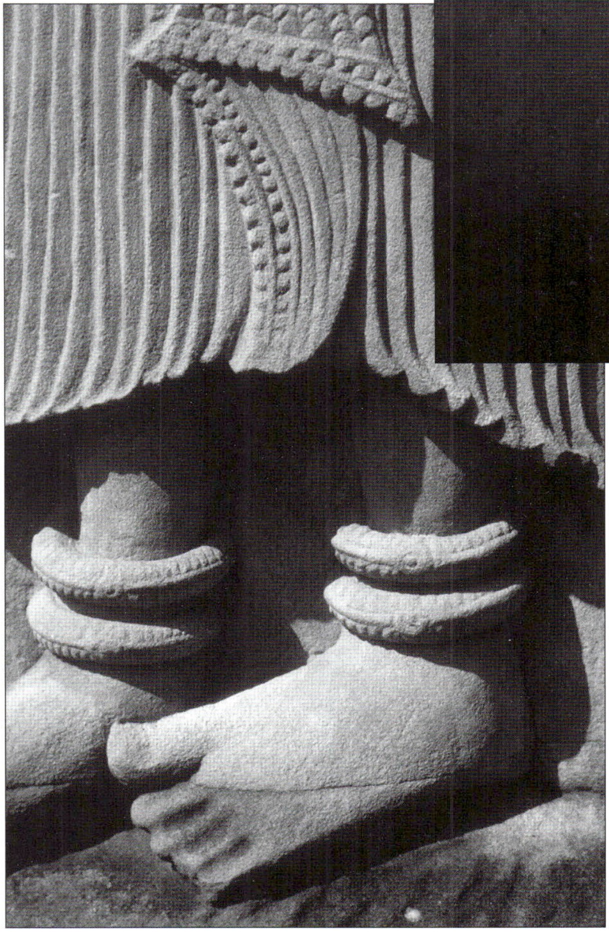

Textur
Eine aus Sandstein gemeißelte Gottheit, aus so großer Nähe aufgenommen, dass man die feinen Details der Bildhauerarbeit und die körnige Textur des Steins gut erkennen kann. Der exakte Einfallswinkel des Sonnenlichts, fast normal zur Kameraachse, macht dies möglich.

Fallstudie: **Problemfall Himmel**

In der Landschaftsfotografie, bei Architektur- ebenso wie bei Naturaufnahmen, bilden Himmel und Erde oft zwei deutlich getrennte Zonen, die sich nicht immer gut vertragen. Das Problem liegt im Tonwertumfang, denn der Himmel kann einige Blendenschritte heller sein als das Terrain darunter. Dies betrifft natürlich nicht nur die Schwarzweißfotografie, doch da bei monochromen Drucken den Tonwerten ein so hoher Stellenwert zukommt, wird jeder Mangel umso deutlicher. Da Farbe irrelevant ist, ist der Wert von blauem Himmel umstritten, während Wolken ein dankbares Objekt für Experimente bleiben. Der Schlüssel liegt in der Bearbeitung der Tonwerte des Himmels, wozu man ihn digital auswählen muss – nichts anderes als eine präzisere Art des „Abwedelns“ mit den Händen oder einem Stück Karton. In dieser Aufnahme von Angkor Wat ist der Himmel mit den divergierenden Linien der Nachmittagswolken attraktiv, verlässt sich aber stark auf die Farbe.

Zunächst sehen wir uns die einzelnen RGB-Kanäle an um herauszufinden, welcher die sattesten Himmelstöne enthält. Da der Himmel im Blaukanal so hell wird, dass man ihn kaum mehr sieht, ist erwartungsgemäß der Rotkanal am nützlichsten. Dennoch ist er nur der Ausgangspunkt zur Bearbeitung des Himmels, und da wir den Tempel nicht verändern wollen, muss eine Auswahl erstellt werden. Das geht einfach mit dem Zauberstab. Nun gilt es mit Hilfe der Gradationskurven zu experimentieren, bis der Himmel dunkler und interessanter erscheint.

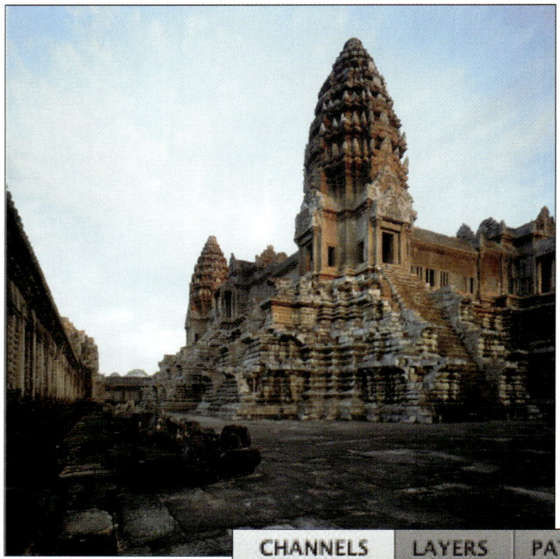

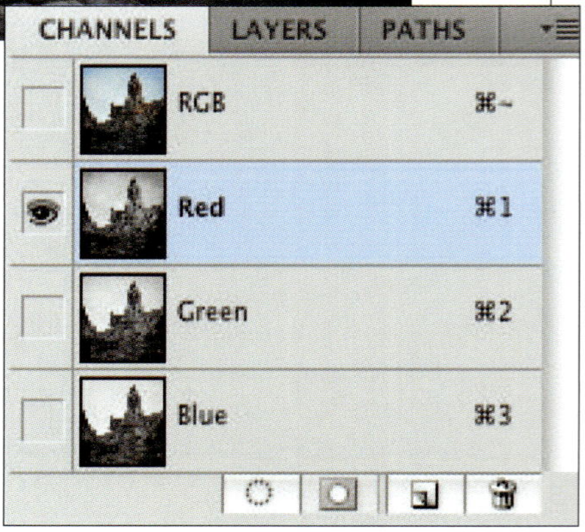

Kanäle
Klickt man auf die Kanalpalette und wählt einen einzelnen Kanal, wird nur dieser, und zwar in Schwarzweiß, dargestellt. Ein Großteil der Tonwerte des Himmels ist erfahrungsgemäß im Rotkanal zu finden.

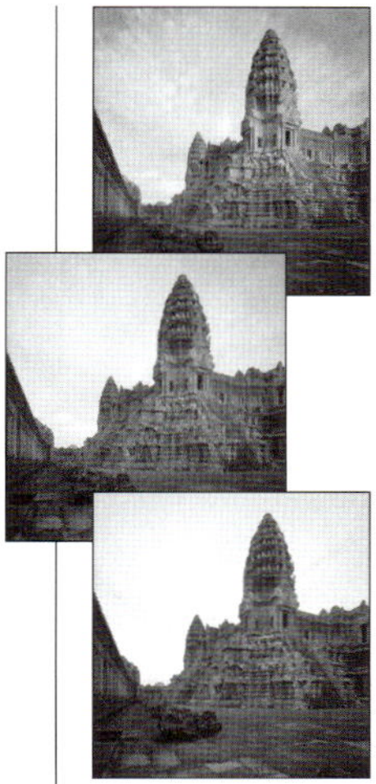

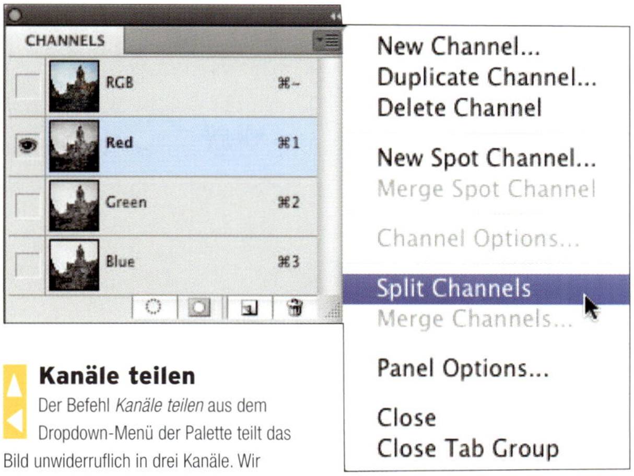

Kanäle teilen

Der Befehl *Kanäle teilen* aus dem Dropdown-Menü der Palette teilt das Bild unwiderruflich in drei Kanäle. Wir wählen den Rotkanal aus.

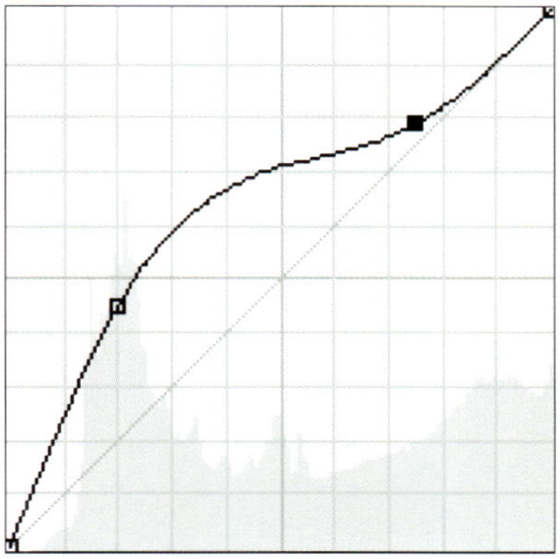

Feineinstellung

Wenn wir in die oberen Ecken des Himmels klicken, sehen wir, wo deren Tonwert auf der Kurve liegt. Diesen Punkt im oberen Teil der Kurve ziehen wir wieder nach rechts. So wird die Darstellung realistischer.

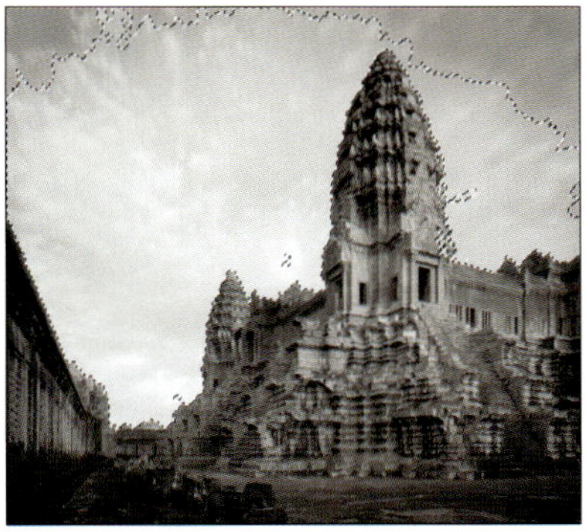

Den Himmel auswählen

Mit dem Zauberstab und einer Toleranz von 20 klicken wir mehrmals mit gedrückter Shift-Taste in den Himmel, wodurch die angeklickten Bereiche der Auswahl hinzugefügt werden, bis der ganze Himmel gewählt ist.

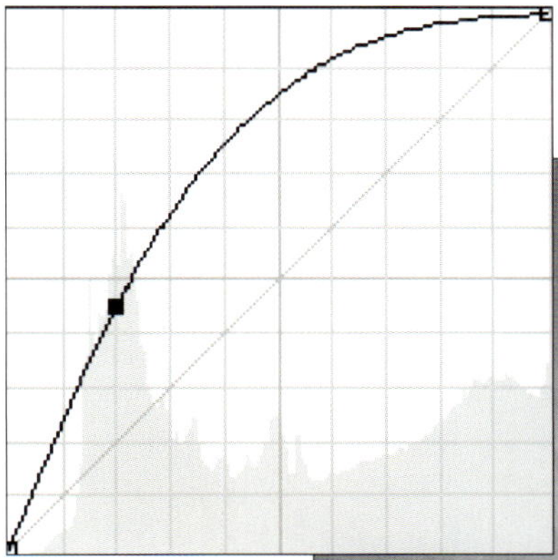

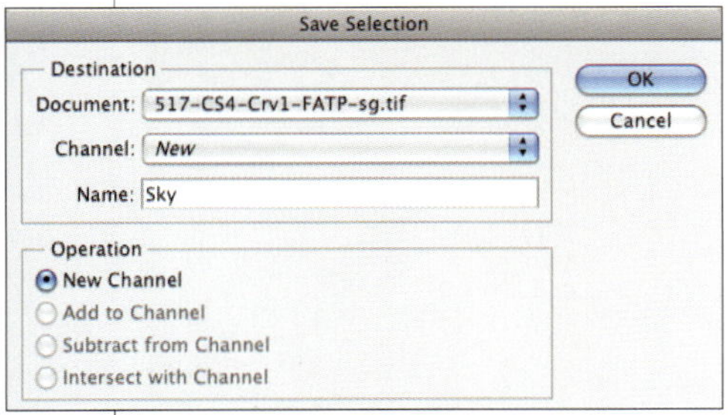

Auswahl sichern

Der zur Gänze ausgewählte Himmel wird nun als Alphakanal gesichert.

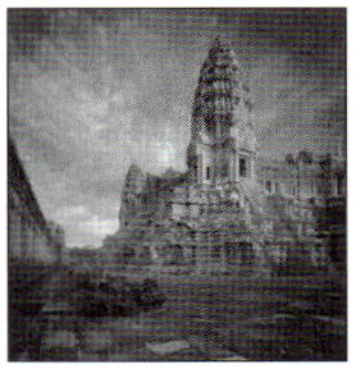

Erste Anpassung

Im Dialogfenster *Gradationskurven* ziehen wir die Mitte stark nach links. Dadurch wird der Himmel deutlich und gut abgedunkelt. Allerdings ist nun der oberste Bereich, der im Original sehr blau war, zu dunkel.

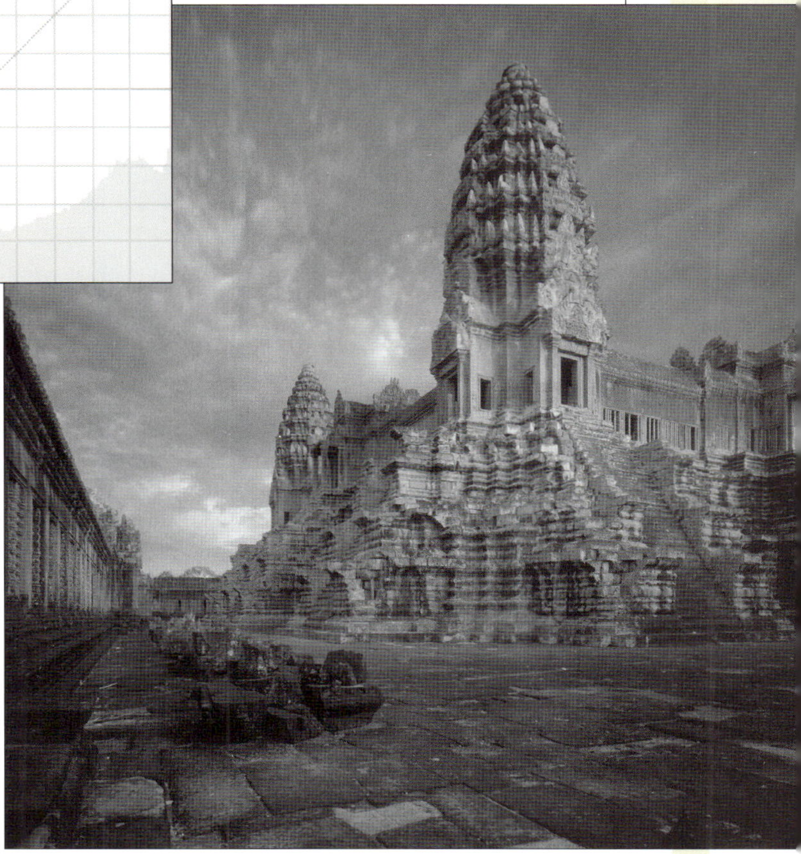

Farbumwandlung – die Grundlagen

Die einfachsten digitalen Werkzeuge, die Farbfotos mit einem Mausklick in Schwarzweiß umwandeln, versuchen unserer intuitiven Auffassung von der Helligkeit der Farben zu entsprechen.

Es gibt zwei einfache Wege, ein Farbbild in ein monochromes umzuwandeln, und beide sind standardmäßig in Photoshop integriert. Zum einen kann man aus allen drei RGB-Kanälen die Farbe entfernen (*Sättigung verringern*), zum anderen mit einem Klick die drei Kanäle auf einen einzigen Graustufenkanal reduzieren – mit anderen Worten, den Modus wechseln. Beide Methoden zeigen fast, jedoch nicht ganz dasselbe Ergebnis, und es kann sowohl lehrreich als auch nützlich sein, sie beide an verschiedenen Bildern auszuprobieren und die Resultate zu vergleichen.

Sättigung bezeichnet das Maß an Chroma in einem Bild, die Intensität oder Üppigkeit der Farben, und ist einer der drei Parameter des HSB-

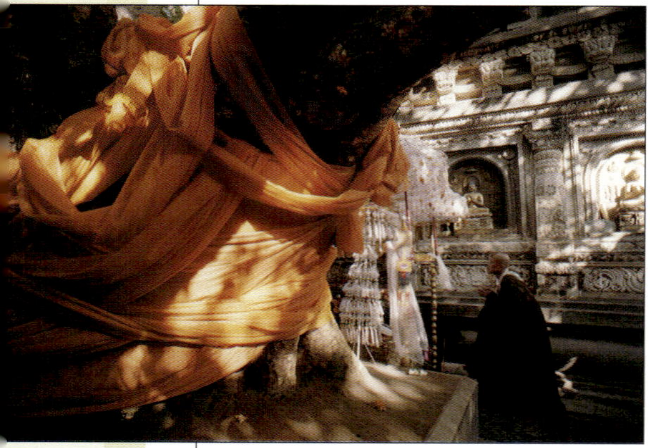

Original Safrangelbes Tuch an einem Baum in Bodh Gaya, Indien, wo Buddha die Erleuchtung erlangte. Das Orange reagiert auf die Kanalgewichtung bei der Umwandlung.

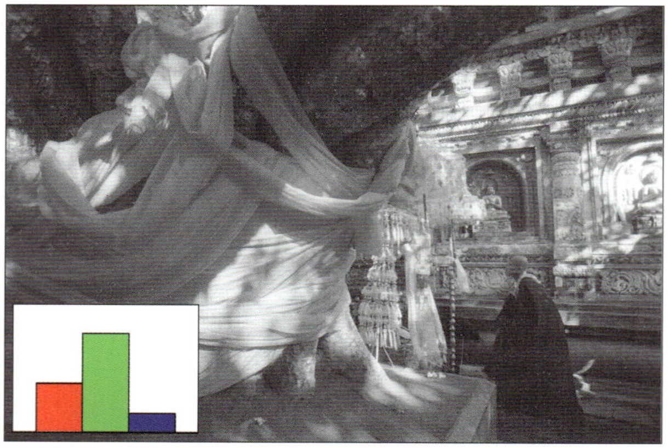

Graustufen Der Photoshop-Befehl, welcher die drei Farbkanäle in einen einzigen Graustufenkanal zusammenführt, betont Grün und reduziert Blau. In diesem Fall gleicht der geringe Blauanteil den hohen Grünanteil aus, sodass das Orange deutlich hell dargestellt wird.

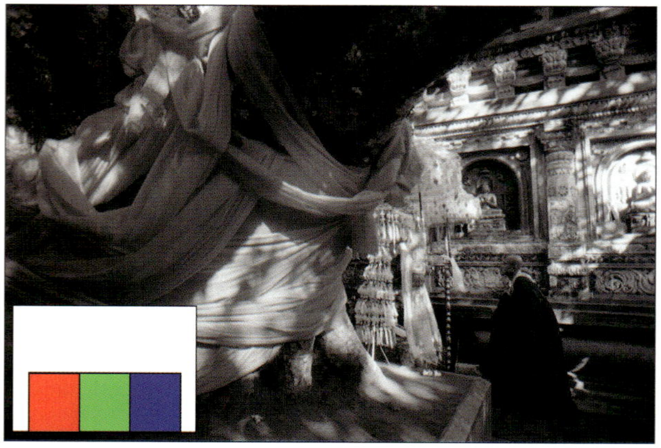

Sättigung verringern Beim Photoshop-Befehl *Sättigung verringern* werden alle drei Kanäle gleich gewichtet, sodass hier das orangefarbene Tuch sichtbar dunkler erscheint als oben. Die Sättigung kann man auch mit dem Schieberegler im Dialog *Farbton/Sättigung* beeinflussen.

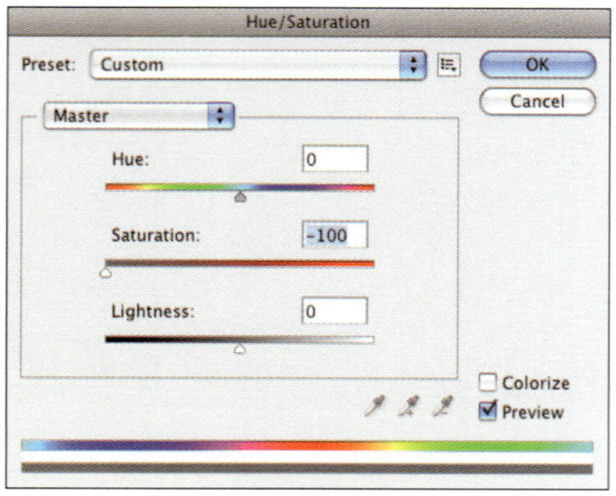

Farbmodells (Farbton, Sättigung, Helligkeit; wertvoll in der Bildbearbeitung, da es der menschlichen Farbwahrnehmung sehr nahe kommt). Man kontrolliert die Sättigung über einen Schieberegler im Dialog *Bild > Anpassen > Farbton/Sättigung*. Zieht man den Regler nach links, wird die Intensität der Farben so weit verringert, bis bei -100% keine Farben mehr sichtbar sind. Der Befehl *Bild > Anpassen > Sättigung verringern* arbeitet auf exakt dieselbe Weise: Jeder einzelne Kanal wird desaturiert. Das Bild bleibt im RGB-Modus, erscheint jedoch monochrom.

Die Umwandlung in Graustufen folgt einem anderen Prinzip: Alle drei RGB-Kanäle werden zu einem einzigen Kanal ohne Farbton zusammengeführt, aber nicht in identischer Gewichtung. Der Standardalgorithmus in Photoshop (unter *Bild > Modus > Graustufen*) kombiniert die Kanäle in folgendem Verhältnis: Rot 30%, Grün 59% und Blau 11%. Dahinter steckt die Absicht, dass das schwarz-weiße Ergebnis für das Auge „natürlich" wirken soll - so wie es die meisten Menschen erwarten würden, falls sie je einen Gedanken daran verschwendeten. (Zusätzlich reduziert diese Methode die Zahl der Kanäle von drei auf einen, sodass die Datei insgesamt kleiner wird.)

Genau genommen würde eine gleichmäßige Umwandlung jedem Kanal einen Anteil von ca. 33% einräumen (um die Helligkeit zu erhalten, muss die Gesamtsumme 100% ergeben), die Methode von Photoshop begünstigt jedoch Grün auf Kosten von Blau. Dadurch wirken vor allem Hauttöne natürlich, und diese sind für die meisten wahrscheinlich das Wichtigste in einem Bild (obwohl sich bei anderer als heller Haut manchmal Mängel zeigen). Die Methode gibt uns einen ersten Hinweis auf die vielfältige, komplexe und großteils neue Welt der digitalen Umwandlung von Farbe in Schwarzweiß. Die Tatsache, dass alle drei Kanäle unterschiedlichst kombiniert werden können, hat offensichtlich enorme Auswirkungen. Und da Sie diese Kombination je nach Geschmack beeinflussen können, müssen Sie über die Proportionen nachdenken.

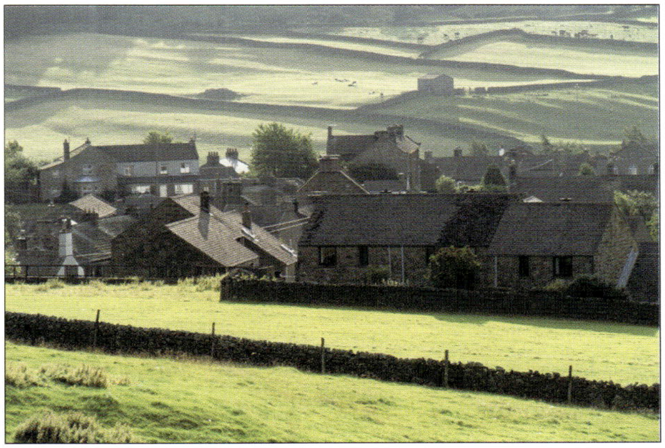

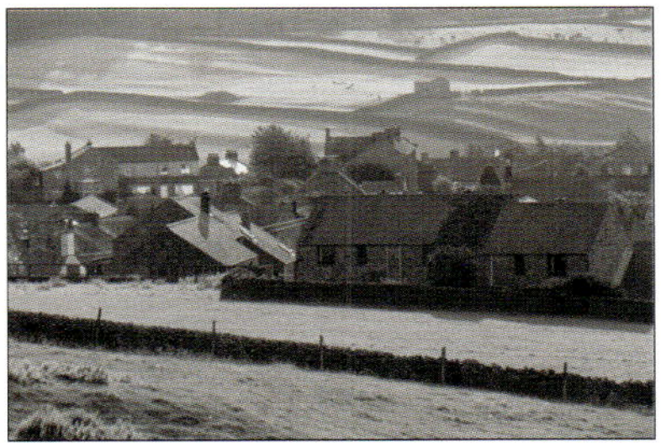

Original
In diesem Bild der Yorkshire Dales ist die dominierende Farbe Gelbgrün, die Schatten haben einen leichten blauen Farbstich. Die gleichmäßige Kanalgewichtung ergibt ein Bild mit moderatem Kontrast.

Graustufen
Bei der Standardumwandlung hat der Grünkanal einen Anteil von 59%, wodurch die Felder heller werden, 11% Blau vertieft die Schatten. Das monochrome Bild hat deutlich mehr Kontrast.

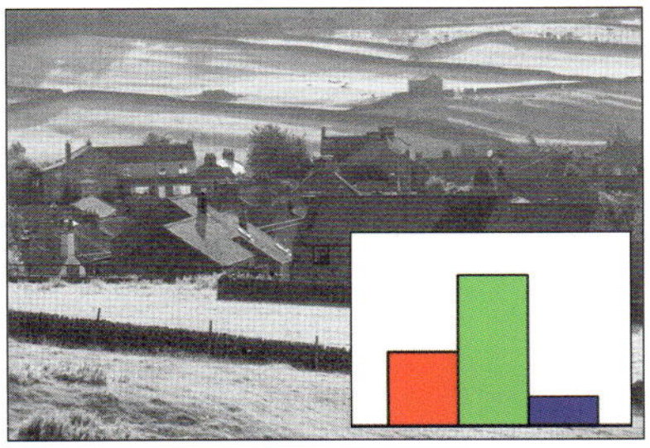

Mit Kopien arbeiten

Es gibt vielerlei Arten, ein digitales Bild radikal zu verändern. Äußerst wichtig dabei ist, das Original zu erhalten. Am vernünftigsten wäre es, schon beim Überspielen ein Backup aller Bilder zu erstellen, sodass dieses Problem niemals auftritt. Wenn Sie aber ein Bild in Schwarzweiß umwandeln wollen, ohne vorher eine Sicherungskopie erstellt zu haben, duplizieren Sie die Datei oder speichern sie unter anderem Namen, bevor Sie beginnen. Vorsicht verhindert Überschreiben!

Der traditionelle Filtersatz

Lange Erfahrung in der Übersetzung der farbigen Welt in monochrome Bilder gab den Fotografen Mittel zur Kontrolle der Helligkeit einzelner Farben in die Hand.

In der analogen Fotografie gab es für Aufnahmen, die geplant werden konnten – in der Landschafts-, Architektur- oder Porträtfotografie, kaum bei Reportagen – einen Satz farbiger Filter, die die Kontrolle darüber ermöglichten, wie hell einzelne Farben in Schwarzweiß erschienen. Im fotografischen Alltag dauert es zu lange, einen Filter auszuwählen und anzuwenden, doch wenn beste Bildqualität und die exakte Darstellung im Druck wichtig sind, wird die Anwendung von Farbfiltern zu einer speziellen und wertvollen Fertigkeit.

Das Prinzip ist einfach – ein stark gefärbter Filter vor dem Objektiv blockiert das Licht, das von bestimmten Farben des Motivs reflektiert wird. Ein grüner Filter etwa lässt offensichtlich grünes Licht ungehindert durch (daher ist er selbst auch grün). Wichtig aber ist, dass er als Barriere für seine Komplementärfarbe wirkt. Entscheidend für die Farbtheorie, für die hauptsächlich Isaac Newton verantwortlich zeichnet (auch für das Farbspektrum), ist die Anordnung der Farben in einem Kreis. Es gibt einen wichtigen Zusammenhang zwischen Farben, die einander auf diesem Kreis gegenüber liegen *(siehe Seite 524–525)*: Sie sind komplementär. Ein Filter in einer Farbe wird das Licht der gegenüber liegenden Farbe abblocken, sodass diese dunkel, sogar schwarz erscheint. Komplementär zu Grün sind eine Reihe von Rottönen, die durch einen grünen Filter dunkler als in normalem weißen Licht erscheinen.

In der Natur, im großen Maßstab einer Landschaft, kommen Farben kaum rein und intensiv vor, sodass unzählige Filter in einer Vielzahl von Farben und Stärken, die ohnehin kompliziert anzuwenden sind, wenig Sinn machen. Selbst jene Fotografen, die diese Technik wo immer möglich anwenden, begnügen sich in der Regel mit einigen wenigen, wobei der Standardsatz aus der Wratten-Serie von Kodak stammt. Auswahl und Anwendung waren und bleiben alles andere als einfach. Sie verlangen Erfahrung, um zu wissen, wie das Ergebnis aussehen wird, die Korrektur der Belichtung gemäß der Dichte des Filters und Augenmaß, um zu beurteilen, wie hell die gefilterte Farbe und wie dunkel ihr Gegenteil erscheinen sollen. Die Tabelle zeigt die wenigen vorhersehbaren Effekte, vom Abdunkeln des Himmels bis zum Verdecken von Sommersprossen, welche wir später näher betrachten werden.

Wratten-Filter

Zur Herstellung der Wratten-Filter von Kodak werden organische Farbstoffe in Gelatine gelöst. Diese Lösung wird auf eigens präparierte Glasplatten aufgetragen, wo sie trocknet und aushärtet. Im Anschluss daran wird die Gelatineschicht vom Glas gelöst und mit Lack überzogen. Zwar sind diese Filter äußerst zerbrechlich und zerkratzen leicht, doch das Material muss so hauchdünn sein, um genügend Licht durchzulassen.

Bei den wenigen Digitalkameras, die die Aufnahme in Schwarzweiß als Alternative zur Farbe anbieten, arbeiten diese Filter ebenso wie bei Schwarzweißfilm. Sie würden selbstverständlich auch bei normalen RGB-Aufnahmen funktionieren, das ist aber wenig sinnvoll und außerdem zeitaufwändig. Man erhält dieselben Resultate mit allen Vorteilen einer Softwarelösung (einschließlich der Möglichkeit, etwas rückgängig zu machen) durch Manipulation der Kanäle in der Nachbearbeitung - dem Thema der folgenden Seiten.

Farbfilter

Kodak Wratten-Filter Gelb

8 Gelb. Dunkelt den Himmel ab, sodass er der vom Auge erwarteten Helligkeit entspricht.

9 Tiefgelb. Ähnlich wie Nr. 8, doch der Effekt ist ein wenig dramatischer.

11 Gelbgrün. Dunkelt blauen Himmel ab und hellt deutlich grüne Vegetation ein wenig auf.

12 Tiefgelb, auch bekannt als Minus-Blau. Deutliche Abdunklung des blauen Himmels, durchdringt Dunst und Nebel.

15 Tiefgelb. Stärkste Abdunklung des Himmels, für Landschaftsfotografie.

Kodak Wratten-Filter Orange und Rot

16 Gelborange. Stärkere Über-Korrektur von Blau als die Gelbfilter. Dunkelt grüne Vegetation etwas ab.

21 Orange. Absorbiert Blau und Blaugrün, für höheren Kontrast in Landschaftsaufnahmen.

25 Rot Tricolor. Extreme Abdunklung des blauen Himmels und der Schatten unter blauem Himmel, erhöht den Kontrast.

29 Tiefrot Tricolor. Stärkste Abdunklung des blauen Himmels, die mit einem Filter möglich ist.

Kodak Wratten-Filter Magenta

32 Minus-Grün. Dunkelt Grün am stärksten ab.

Kodak Wratten-Filter Blau

44A Cyan oder Minus-Rot. Dunkelt Rottöne ab.

47 Blau Tricolor. Hellt blauen Himmel auf, verstärkt den Effekt der Entfernung und mindert in Landschaften oft den Kontrast.

47B Tiefblau Tricolor. Stärkerer Effekt als 47.

Kodak Wratten-Filter Grün

58 Grün Tricolor. Dunkelt Hauttöne ab, helle Haut wirkt natürlicher, Lippen zeichnen sich deutlicher ab.

61 Tiefgrün Tricolor. Stärkerer Effekt als 58.

Die beliebtesten traditionellen Filter für die Schwarzweißfotografie auf analogem Film

Wratten 12 Gelb	Wratten 58 Grün
Wratten 25 Rot	Wratten 61 Dunkelgrün
Wratten 29 Dunkelrot	Wratten 32 Magenta
Wratten 47B Blau	Wratten 44A Cyan
Wratten 47 Dunkelblau	

Mit Kanälen arbeiten

Jeder der drei RGB-Kanäle einer Digitalfotografie zeigt eine einzigartige Version dieses Bildes in Schwarzweiß – der Ausgangspunkt für die völlige Kontrolle über das endgültige Ergebnis.

Kanäle sind das Herzstück des digitalen Schwarzweiß, denn jeder einzelne ist monochrom. Öffnen Sie ein RGB-Bild in Photoshop und klicken Sie nacheinander den Rot-, Grün- und Blaukanal in der Kanalpalette an. Abhängig von den Farben des Originals können sie sich sehr voneinander unterscheiden. Sie sind das digitale Äquivalent zu starken Farbfiltern beim Schwarzweißfilm *(siehe Seite 520–521)*. Der Rotkanal entspricht der Aufnahme durch einen starken Rotfilter, selbstverständlich mit entsprechender Belichtungskorrektur. Wie der Filter lässt auch der Rotkanal so viel Licht von roten Objekten passieren, dass diese, wie die Balkone der Pagode hier, sehr hell erscheinen. Farben mit geringem Rotanteil, wie etwa das Blau des Himmels, werden im Rotkanal kaum registriert und sind daher dunkel.

Einzelne Kanäle extrahieren

Bei Aufnahmen mit starken Farbkontrasten sehen die drei RGB-Kanäle höchst unterschiedlich aus und können sogar eine unerwartete Atmosphäre vermitteln. Beim Bild des Daisho-in-Tempels auf der heiligen Insel Myajima, Japan, zeigt der Rotkanal den erwarteten starken Kontrast, der Blaukanal hingegen eine sanfte, dunstige Ansicht.

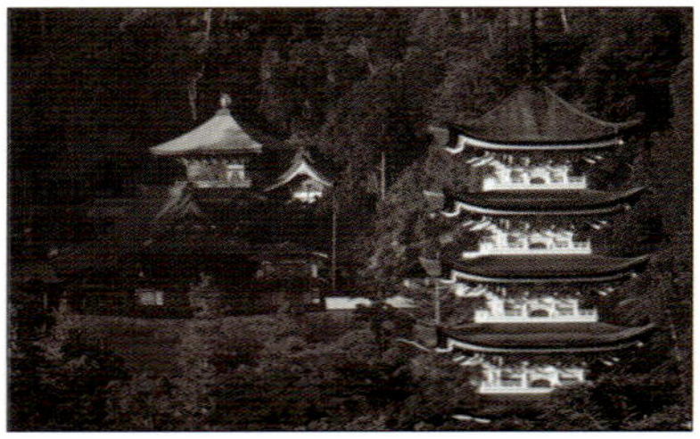

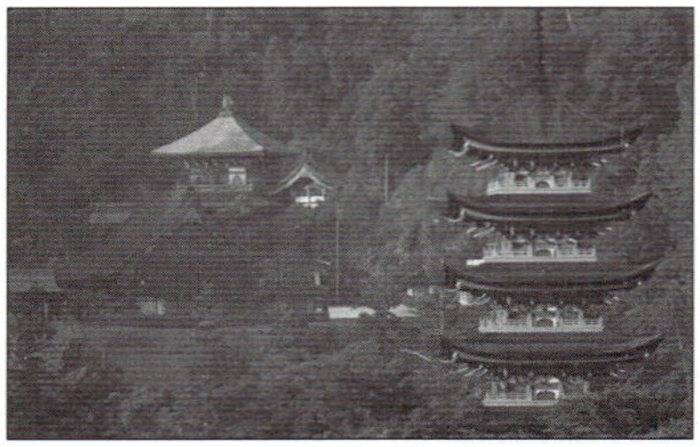

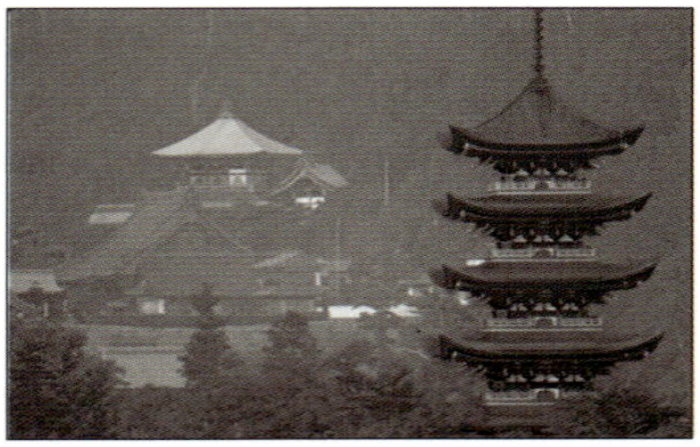

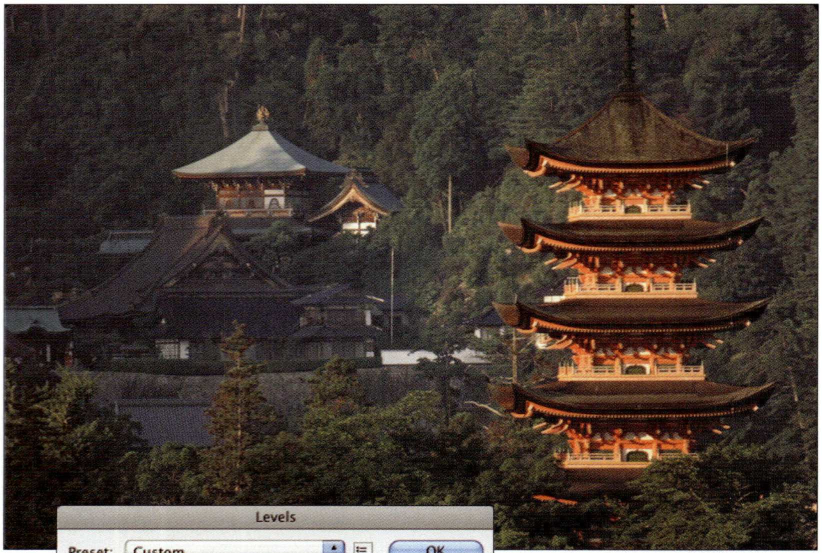

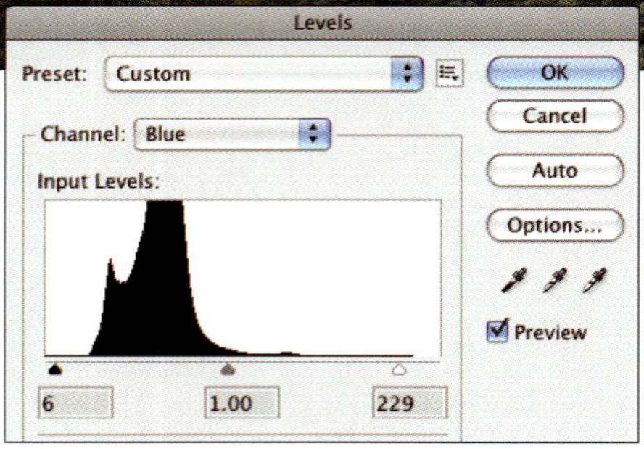

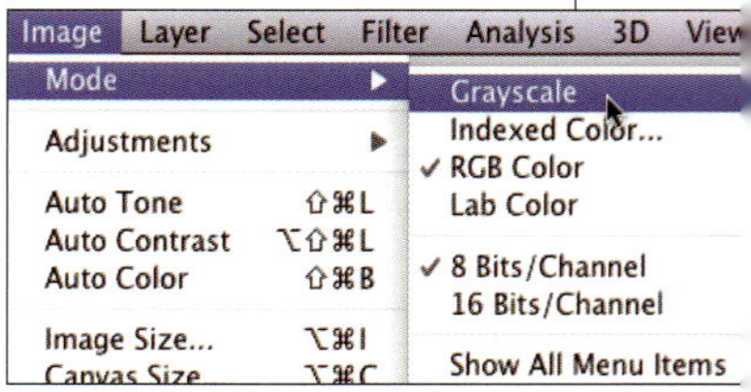

Dies kann kreativ genutzt werden. Die drei Kanäle bieten unterschiedliche, jedoch durchaus gültige Umwandlungen in Schwarzweiß. Einen davon zu extrahieren erfordert, wie Sie hier sehen, zwei Mausklicks. Eine weitere Möglichkeit ist zum Beispiel, das Bild in CMYK zu konvertieren und die neuen Kanäle einzeln auszuwählen. Oder Sie löschen einen Kanal. Die Tonwertverhältnisse im Bild werden sich bei jeder Aktion ändern.

Doch die Auswahl einzelner Kanäle ist erst der Anfang, denn man kann sie – monochrom – in jeder beliebigen Kombination überblenden. Das ideale Werkzeug dafür ist der Kanalmixer von Photoshop unter *Bild > Anpassen*. Zur Umwandlung in Schwarzweiß markieren Sie das Kästchen „Monochrom" im Dialogfenster und experimentieren dann mit den Kanalreglern. 100% Rot bei 0% Blau und Grün entspricht der Wahl des Rotkanals allein. Ein Wert von 33% für jeden Kanal wäre eine simple Desaturierung ohne Gewichtung. Andere Kombinationen bevorzugen bestimmte Farben. Es lohnt sich, die Effekte Bild für Bild auszuprobieren. Um eine vernünftige Tonwertspreizung zu erhalten, weder zu hell noch zu dunkel, sollte die Gesamtsumme bei 100% liegen. Doch weicht man absichtlich von diesem Richtwert ab und verwendet den Konstanteregler zur Kompensation der Helligkeit, sind überraschende Ergebnisse möglich. Dieser vierte Regler kontrolliert die Gesamthelligkeit von Tiefschwarz links bis Reinweiß rechts. Da jeder der Kanalregler einen Bereich von ±200% abdeckt, bleibt eine Menge Spielraum für dramatische Effekte.

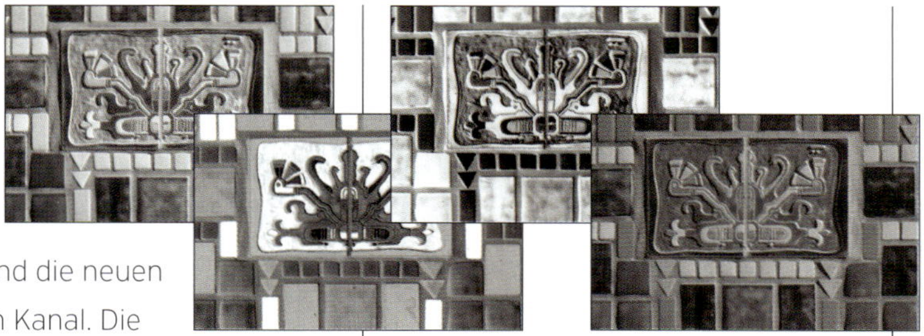

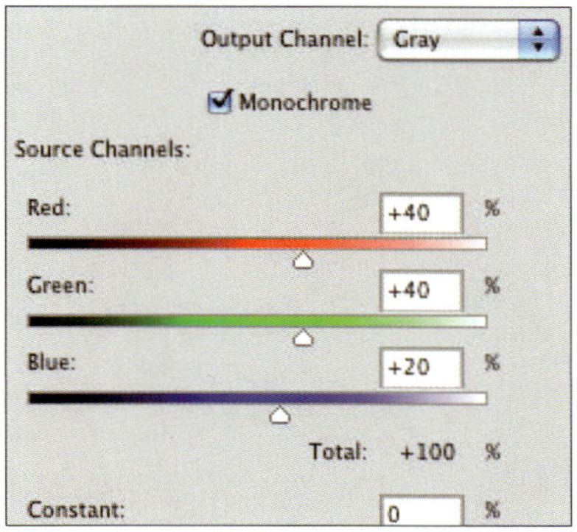

Kanäle mixen
Der Kanalmixer von Photoshop ermöglicht bei gewählter Monochromoption die totale Kontrolle des Verhältnisses aller drei Kanäle – bis zu 200% in jede Richtung, positiv nach rechts und negativ nach links. Mit dem Regler „Konstante" kann man bei so extremen Einstellungen wie in zweien unserer Beispiele praktischerweise Helligkeitsunterschiede kompensieren.

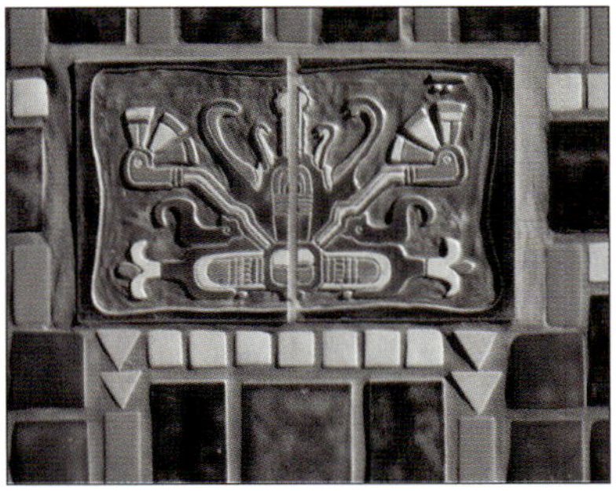

Standardumwandlung
Die einfachsten Wege, um aus einem Farbbild ein monochromes zu erhalten, sind die Umwandlung in Graustufen (*Bild > Modus > Graustufen*) oder die Verringerung der Sättigung (*Bild > Anpassen > Sättigung verringern*). Der Effekt ist derselbe, die zweite Methode behält jedoch alle drei Farbkanäle. Jeder Kanal ist betroffen.

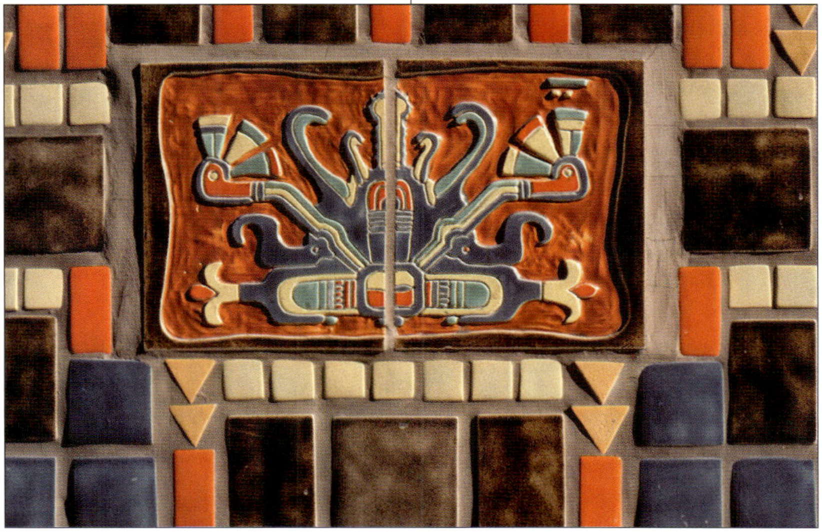

Die einzelnen Kanäle

Ein einfacher und effektiver Weg, deutlich verschiedene Umsetzungen eines Farbbildes in ein monochromes zu erhalten, ist die Aufspaltung in einzelne Kanäle.

Ein normales digitales RGB-Bild ist aus drei Kanälen aufgebaut, von denen jeder die Informationen einer bestimmten Wellenlänge enthält. Das Prinzip, das gesamte Farbspektrum aus drei Farben aufzubauen, trifft nicht nur den Kern der Fotografie, sondern den Kern der menschlichen Wahrnehmung insgesamt. Es geht auf James Clark Maxwell zurück, der 1872 entdeckte, dass unser Auge Farben mit Hilfe von nur drei Pigmenten in der Netzhaut wahrnimmt: Rot, Grün und Blau. Dieselbe Methode nützen der Farbfilm und die

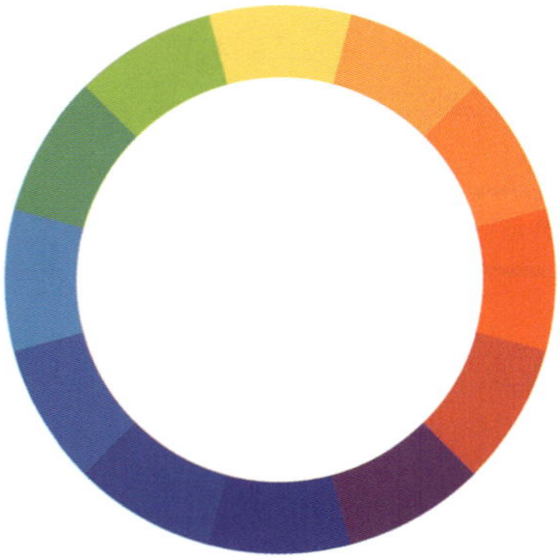

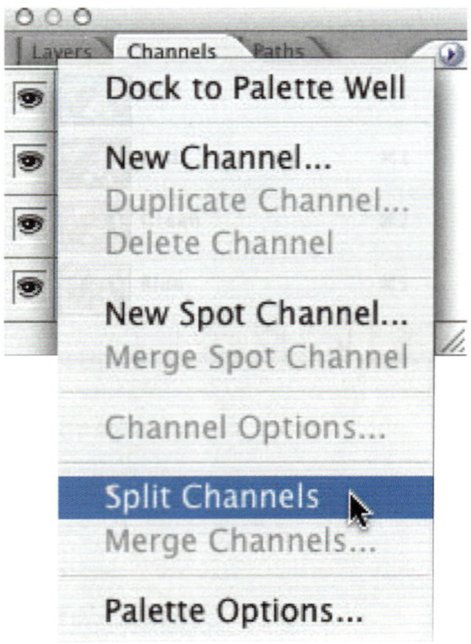

Kanäle teilen
Der Befehl „Kanäle teilen" teilte ein Bild sauber in drei (RGB) bzw. vier (CMYK) Schwarzweißbilder auf.

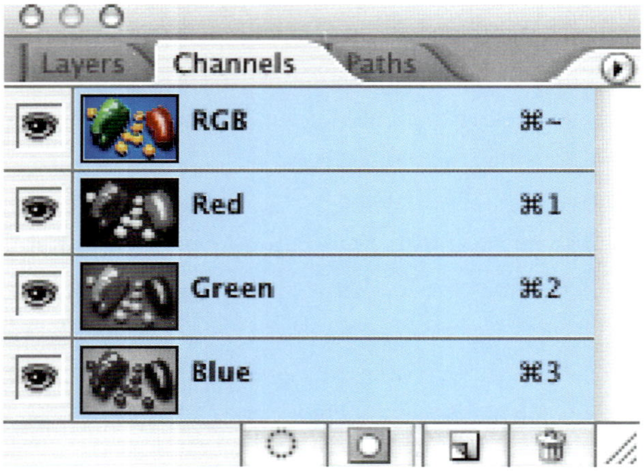

RGB-Kanäle
In einem normalen Farbbild aus Ihrer Kamera wird die gesamte Farbigkeit (oben) aus einem roten, einem blauen und einem grünen Kanal zusammengesetzt. Die Bilder unten zeigen die entsprechenden monochromen Versionen.

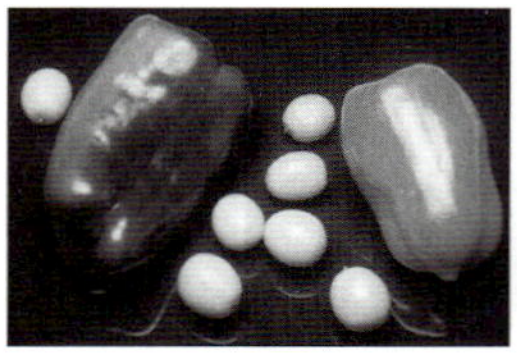

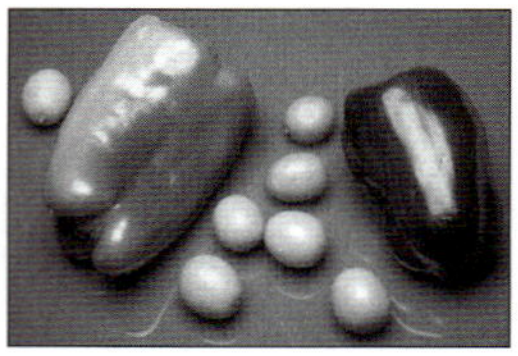

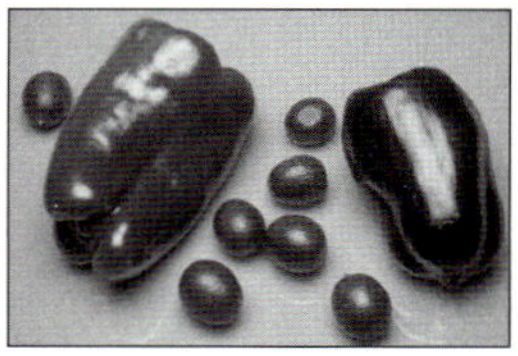

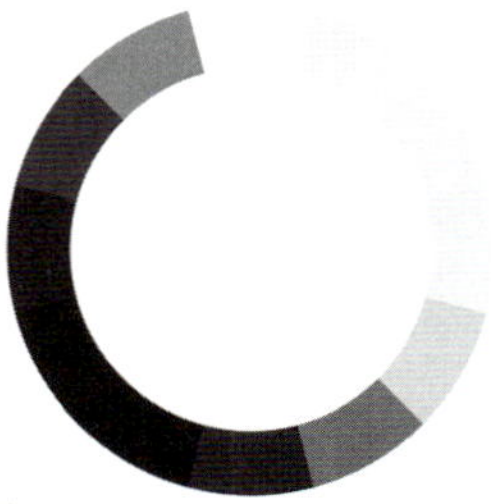

Rot

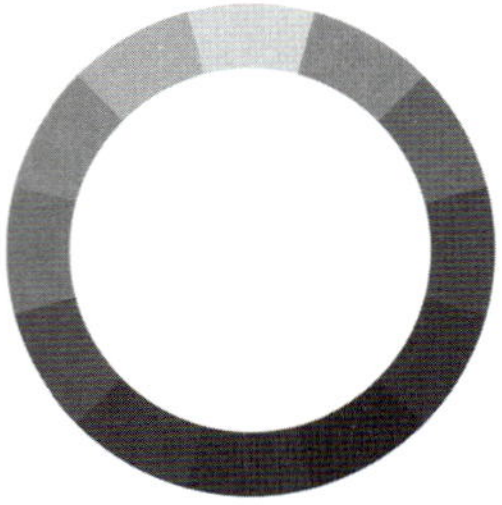

Grün

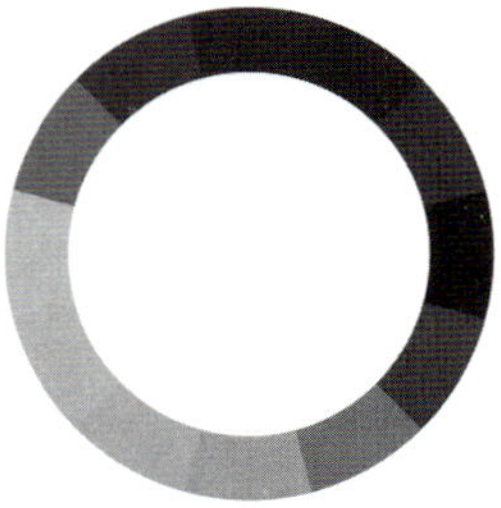

Blau

Sensoren digitaler Kameras bzw. Monitore. Der gebräuchlichste Farbmodus ist RGB. Der Befehl „Kanäle teilen" ist der einfachste Weg, die Farben einzeln zu betrachten. Vergleicht man das Ergebnis mit der normalen Umwandlung in Graustufen, wird der Unterschied der Kanäle sofort deutlich.

Dieser Unterschied hängt davon ab, wie rein und verschieden die Farben des Originals sind. Für unser Beispiel unten haben wir vier Extreme gewählt – einen roten und einen grünen Paprika sowie Zitronen auf blauer Plastikfolie. Die Farben unterscheiden sich allerdings ein wenig in der Reinheit des Farbtons und in der Helligkeit - Paprika und Hintergrund ähneln einander, doch das Gelb ist naturgemäß um vieles heller als jede andere Farbe. Es gibt kein „dunkles Gelb", es wird zu einer anderen Farbe, meist Ocker.

Die Verwendung von Kanälen entspricht der Verwendung starker Farbfilter. Der Rotkanal spiegelt den Rotanteil des Bildes wider, die Rottöne sind hell. Andere Farben werden abhängig von ihrer Nähe zu Rot blockiert. Die Rot am stärksten entgegengesetzte Farbe ist Cyan, knapp gefolgt von Blau. Daher zeigt der Rotkanal in unserem Beispiel einen Paprika hell, den anderen dunkler und den Hintergrund sehr dunkel. Die anderen Kanäle bringen ähnlich starke Veränderungen. Zur Verdeutlichung habe ich einen 12-stufigen Farbkreis abgebildet, die Komplementärfarben liegen einander gegenüber.

Ein zweiter Farbmodus eröffnet ebenfalls drei Tonwertinterpretationen, wenn auch anders als vielleicht erwartet. CMYK wird für den Druck verwendet und von Fotografen in der Regel wegen des kleineren Gamuts vermieden (und weil Digitalbilder von vornherein im RGB-Modus sind). Er hat drei Farbkanäle mit extremen Effekten und einen Schwarzkanal (K). Zwar würde man vermuten, dass diese Kanäle, einmal geteilt, Cyan, Magenta und Gelb aufhellen, doch wegen des anderen Aufbaus eines CMYK-Bildes werden diese Farben abgedunkelt. So benimmt sich der Cyankanal, wie die Bilder zeigen, wie ein übertriebener Rotkanal, der Magentakanal entspricht einer etwas intensiveren Version des grünen und der Gelbkanal einem sehr starken Blaukanal.

CMYK-Kanäle
Konvertiert man das Bild in den CMYK-Modus, kann man es in die komplementären Farbkanäle, nämlich Cyan, Magenta und Gelb aufteilen. Der Schwarzkanal (K) ist für diese Übung bedeutungslos.

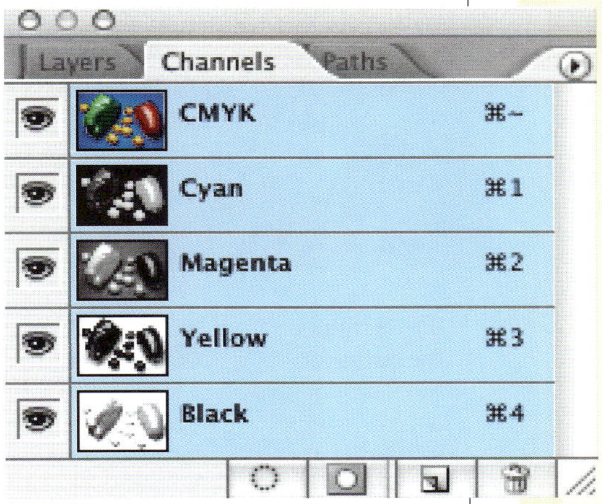

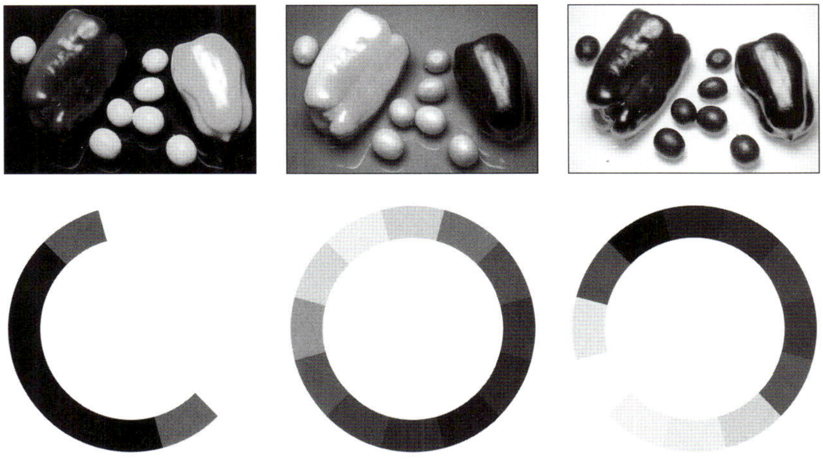

Cyan | Magenta | Gelb

Kanäle mischen in der Praxis

Die beeindruckendste und flexibelste Methode, das Verhältnis der Kanäle zu kontrollieren, ist, sie mit dem Kanalmixer von Photoshop prozentual zu mischen und als Ausgabe monochrom zu wählen.

Das Prinzip des Kanalmixers ist einfach genug, doch die Möglichkeiten sind unendlich. Ein Satz von Reglern erlaubt einzig und allein die Festlegung des Prozentanteils jedes Kanals am Endergebnis. Markieren Sie das Kästchen „Monochrom", bevor Sie beginnen. Der Einstellbereich liegt nicht einfach zwischen 0 und 100%, sondern reicht bis zu 200% in jede Richtung. So werden extreme, ja bizarre Effekte möglich. Die durchschnittliche Helligkeit bleibt erhalten, wenn alle drei Prozentsätze zusammen 100 ergeben, doch ein vierter Regler - Konstante - kontrolliert die Helligkeit, sodass auch extreme Veränderungen bei vernünftiger Tonwertspreizung möglich sind. Ein RGB-Prozentsatz von über 100% würde ein zu helles Bild ergeben, einer unter 100% ein zu dunkles. Mit der Konstante wird dies kompensiert. Aber Vorsicht: Der Kontrast kann ungewöhnlich hoch bzw. niedrig werden.

In der Praxis ergibt sich durch die drei Regler eine ungeheure Vielfalt an Einstellungen, die die meisten Benutzer durch Experimentieren erforschen.

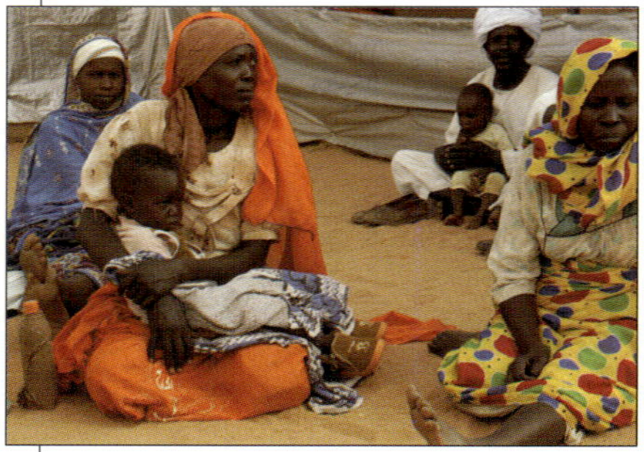

Farbiges Original
Dank seiner starken und vielfältigen Farben ist dieses Bild der sudanesischen Frauen und Kinder ein sehr gutes Übungsbeispiel. Es gibt neutrale Bereiche (der Hintergrund) sowie dunkle, mittlere und helle Farbschattierungen.

Vielfältige Mischungen
Fünf unterschiedliche Mischverhältnisse der drei Kanäle illustrieren auf einen Blick, wie beeindruckend dieses Werkzeug arbeitet. Mix (1) entspricht dem Befehl „Sättigung verringern", die Kanäle sind im selben Verhältnis gemischt. Mix (2) entspricht der Standardumwandlung in Graustufen. Mix (3) ist jene Einstellung, in der sich das Dialogfenster öffnet (100% Rot). In Mix (4) und (5) haben wir die dunkelste bzw. hellste Darstellung des orangen Tuchs gesucht.

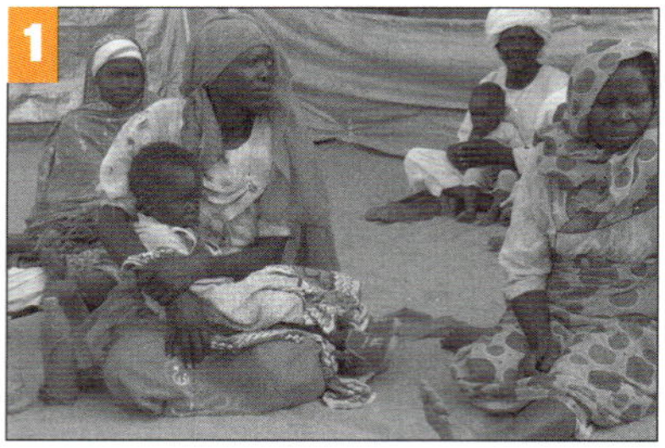

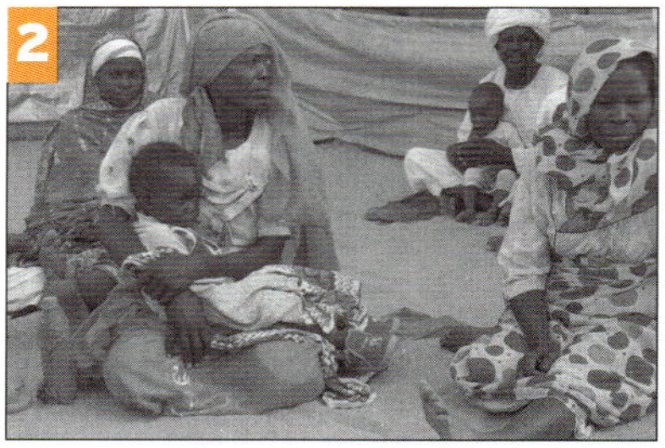

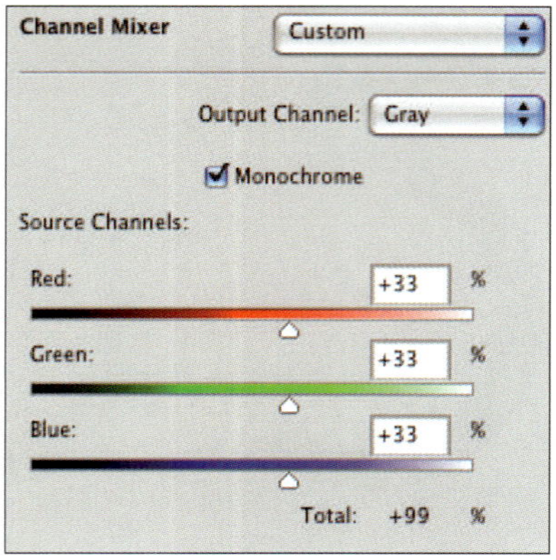

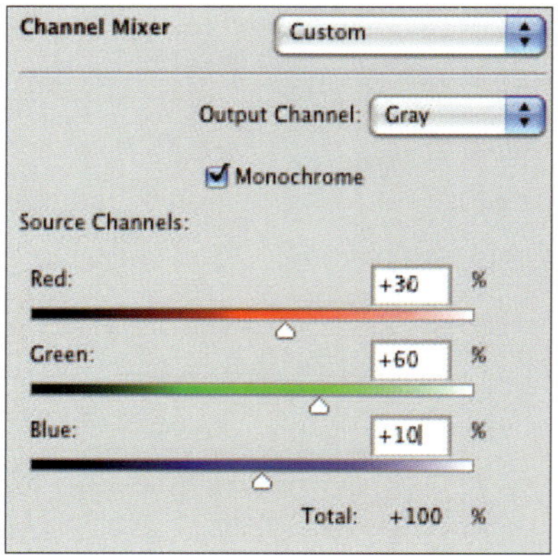

Die Beispiele hier liefern einen ersten Hinweis darauf, was alles möglich ist, wobei die auf den vorigen Seiten beschriebenen Techniken hilfreich sein können. Finden Sie Kanal für Kanal heraus, wie sich das Bild verändert, um die grundsätzliche Zielrichtung festzulegen. Wesentlich ist, dass der Kanalmixer die totale Kontrolle der Tonwerte eines Schwarzweißbildes ermöglicht. Wie die Extreme unten zeigen, sind sogar unwahrscheinliche und unnatürliche Umsetzungen wie ein schwarzes Gelb und ein weißes Rot möglich.

Das Beispiel der sudanesischen Frauen in ihren farbenfrohen Gewändern wurde mit Bedacht ausgewählt, da es zwei deutliche Farbtonbereiche enthält – neutrale und sehr starke Farben. Die Plane im Hintergrund und die weiße Kleidung sind beinahe neutral, ebenso die dunkelbraune Haut (im Mittelwert Rot 80, Grün 50, Blau 35). Sie verändern sich wenig, wie sehr Sie die Kanäle auch manipulieren, sind aber eine gute Richtlinie für die optimale Helligkeit des Bildes. Gefährlich beim Mischen der Kanäle ist, dass sich Kontrast und Helligkeit stark ändern können. Es gibt jedoch keinerlei Grund, die Lichter oder Schatten zu kappen, sodass man die hellsten und dunkelsten Bereiche im Auge behalten muss. Details sollten erkennbar bleiben. Zusätzlich ist der Spielraum für die Mitteltöne ebenfalls sehr hoch und deren Verteilung nicht immer leicht einzuschätzen. Die Histogrammpalette hilft dabei.

Interaktives Histogramm

Als hilfreiche Warnung vor gekappten Lichtern und Schatten sowie zur Anzeige der Position der Mitteltöne halten Sie die Histogrammpalette geöffnet, vorzugsweise die erweiterte Ansicht aller drei Kanäle und mit nur einer Cache-Stufe. Das aktuelle Histogramm wird in Grau angezeigt, jede Änderung bei den Kanalreglern wird sofort in Schwarz sichtbar (leichter zu lesen als die Option „Kanäle in Farbe anzeigen").

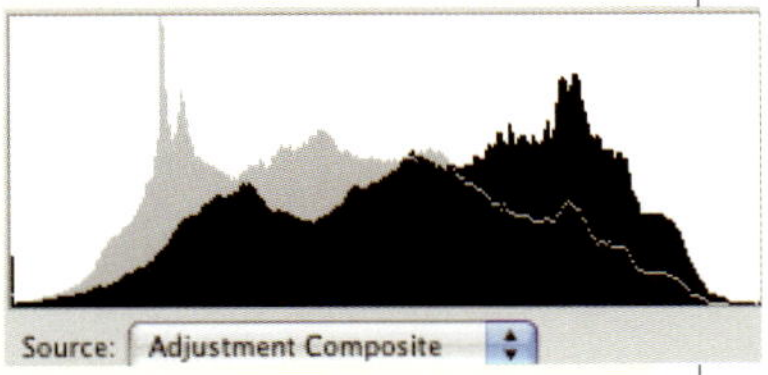

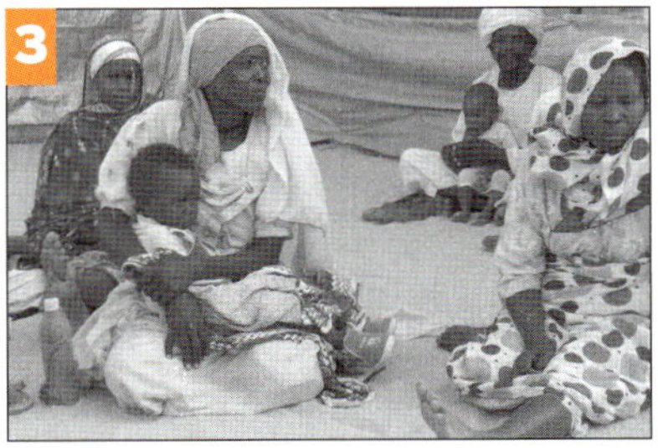

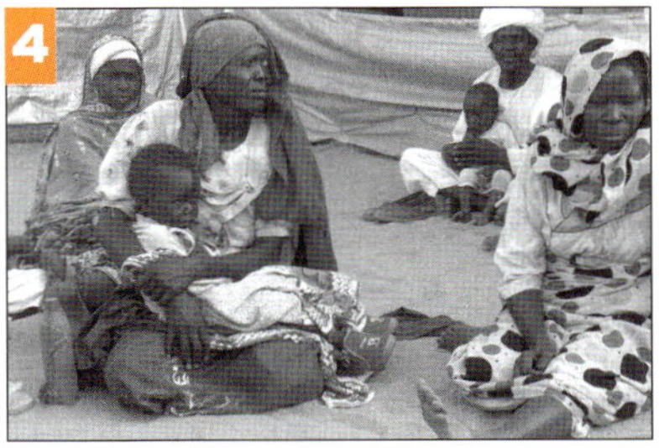

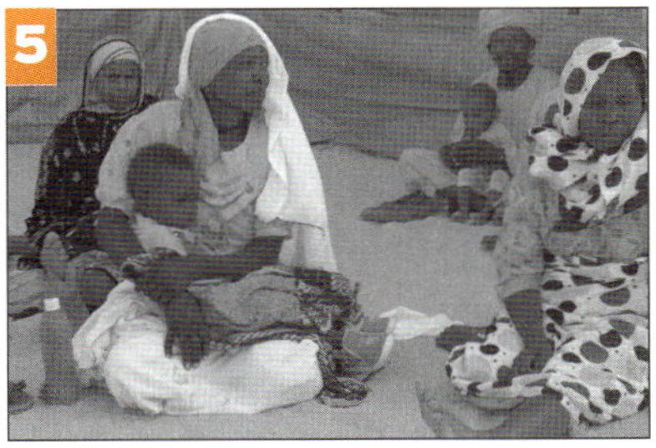

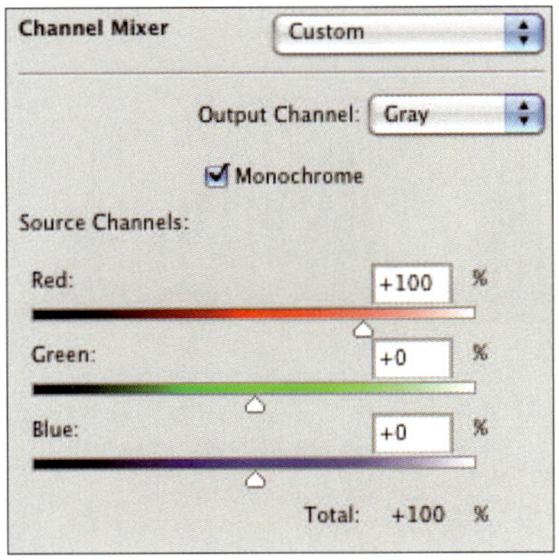

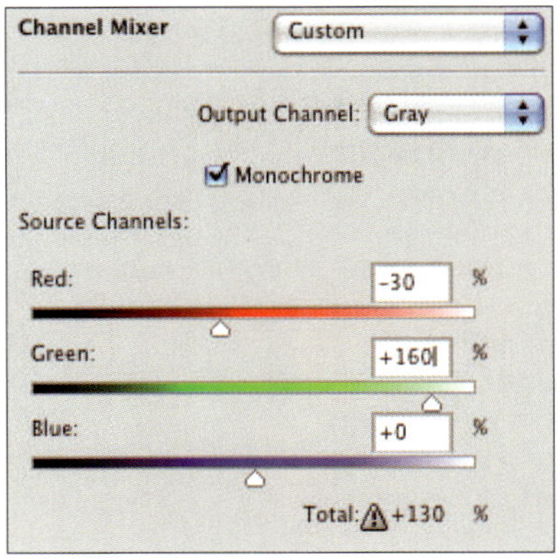

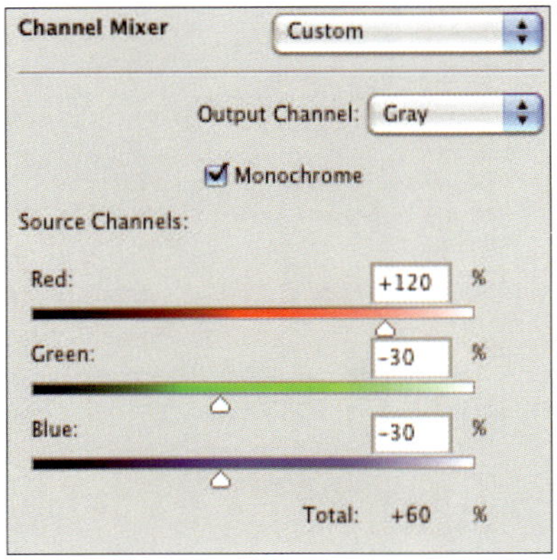

Eine Einstellungsebene verwenden

Viele der Änderungen, die bei der Umwandlung in Schwarzweiß und der Manipulation der Tonwerte üblich sind, können mit Hilfe von Einstellungsebenen gemacht werden.

Photoshops Einstellungsebenen werden für gewöhnlich als Möglichkeit propagiert, nicht permanente Änderungen an einem Bild vorzunehmen – sie liegen über dem Bild und können wieder und wieder kontrolliert und verändert werden. Meiner Ansicht nach ist es noch wichtiger, dass sie die konstante Kontrolle komplexer Bearbeitungsprozesse ermöglichen, die nicht leicht vorhersehbar sind, wie das Mixen der Kanäle. Aus dem bisher Gesagten und sicher anhand der Beispiele in diesem Kapitel wird klar, dass der Kanalmixer das Werkzeug erster Wahl bei der Umwandlung in Schwarzweiß darstellt, denn er fügt dem Prozess eine neue Dimension hinzu, die auch das Setzen von Schwarz- und Weißpunkt sowie die Anpassung der Gradationskurven umfasst. Die Schwierigkeit beim Mixen der Kanäle besteht darin, dass es nur einer von mehreren Arbeitsschritten ist, und es nötig werden kann, vorangegangene Aktionen zu modifizieren, um den Effekt bei anderer Tonwertverteilung oder anderem Kontrast zu überprüfen.

Einstellungsebenen erleichtern die Arbeit ein wenig. In einer Ebene für den Kanalmixer (*Ebenen > Neue Einstellungsebene > Kanalmixer*) können Sie jede Änderung ebenso gut vornehmen wie im Original, jedoch in einer eigenen (wieder entfernbaren) Ebene. Wenn Sie, nachdem die Kanäle gemixt wurden, die Ebene darunter (die Hintergrundebene) bearbeiten, wird sich jede Änderung sofort auf die monochrome Mischung auswirken.

So können Sie zum Beispiel die Sättigung des Originals erhöhen oder verringern und den Effekt sofort im monochromen Bild beurteilen. Diese anderen Einstellungen können selbstverständlich ebenfalls über

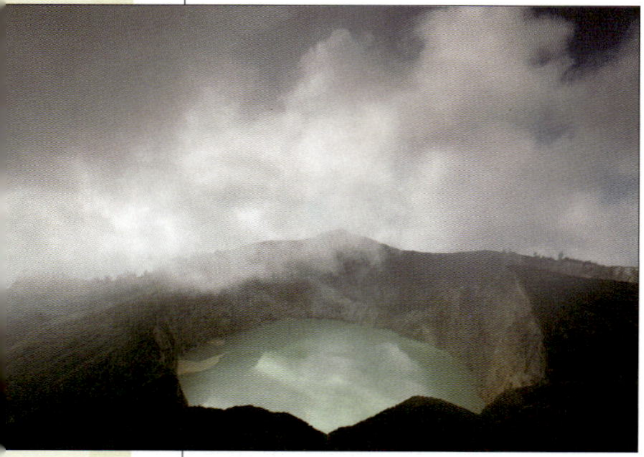

Original
Ein vulkanischer Kratersee in Indonesien. Das Bild hat nur eine deutlich erkennbare Farbe – Grün – mit einer Andeutung von Blau im Himmel. Wir verwenden für die Umwandlung drei Einstellungsebenen. Als ersten Schritt wählen wir für die Basisoptimierung aus einem Dutzend möglicher Einstellungsebenen die Tonwertkorrektur.

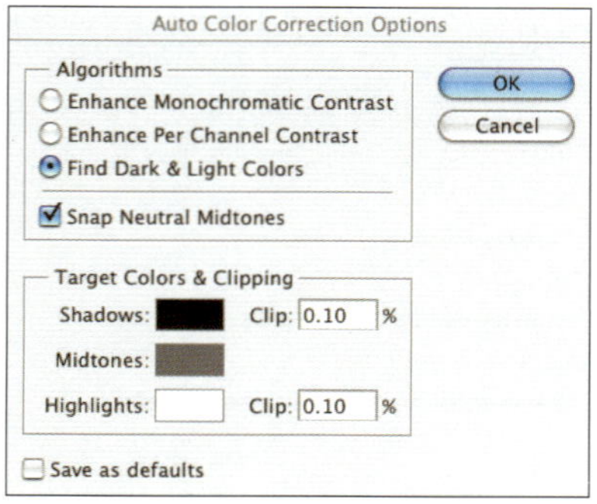

Schwarz-/Weißpunkt
Wie bei der Optimierung üblich, setzen wir zuerst den Schwarz- und den Weißpunkt. Hier müssen wir den Effekt nicht visuell überprüfen, die Option Auto ist bestens geeignet.

Histogramm
Nach der Korrektur zeigt das Histogramm eine Tonwertspreizung über den gesamten Bereich.

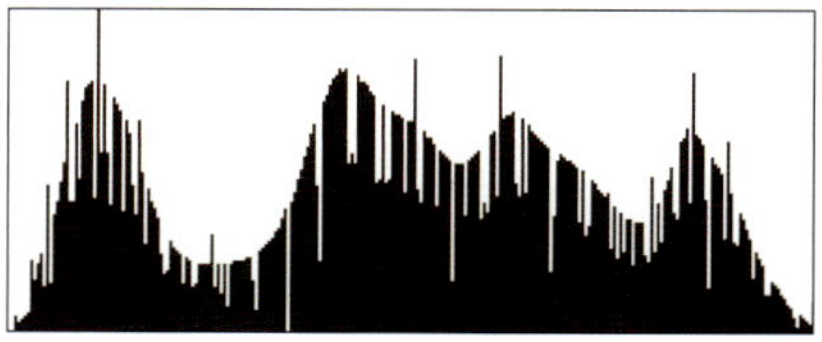

Einstellungsebenen erfolgen. Da der Kanalmixer jenes Stadium ist, in dem das Bild in Graustufen umgewandelt wird, muss diese Ebene immer oben auf dem Ebenenstapel liegen, der unter anderem Ebenen zur Korrektur der Tonwerte, der Gradationskurven oder von Farbton und Sättigung und einige mehr umfassen kann. Ein Doppelklick auf den Ebenen-Thumbnail öffnet das entsprechende Dialogfenster, sodass die Einstellungen immer wieder angepasst werden können.

Und der Nachteil von Einstellungsebenen? Soweit keiner, doch wie Sie im Verlauf des Buches bemerken werden, verwende ich sie selten, aus einem einfachen Grund: Ich treffe lieber Entscheidungen und arbeite weiter, als einen ständig wachsenden Berg von Optionen aufzutürmen. Im professionellen Workflow bleibt oft keine Zeit, einen Schritt wieder und wieder zu überarbeiten und nie fertig zu werden (obwohl man natürlich das unbearbeitete Original aufbewahren sollte). Dies gilt jedoch nicht, wenn Fotografie Ihr Hobby ist. Der interaktive Ansatz der Einstellungsebenen, die es erlauben, die einzelnen Schritte bei der Umwandlung in Schwarzweiß nochmals zu überprüfen, ist definitiv ein Vorteil.

Die automatische Ebenenmaske

Wenn Sie die Einstellungsebene für den Kanalmixer öffnen, sehen Sie in der Ebenenpalette, dass die Ebene bereits eine Maske hat. Nach dem Mischen der Kanäle wird das Bild schwarzweiß sein, doch mit einem Pinsel und Schwarz als Vordergrundfarbe können Sie in der Maske malen, um die Schwarzweißumwandlung teilweise wieder rückgängig zu machen. Selektiv angewandt, können Sie mit dieser Technik teils farbige, teils monochrome Bilder erstellen, als ob sie von Hand gemalt wären (siehe auch Seiten 536 und 596).

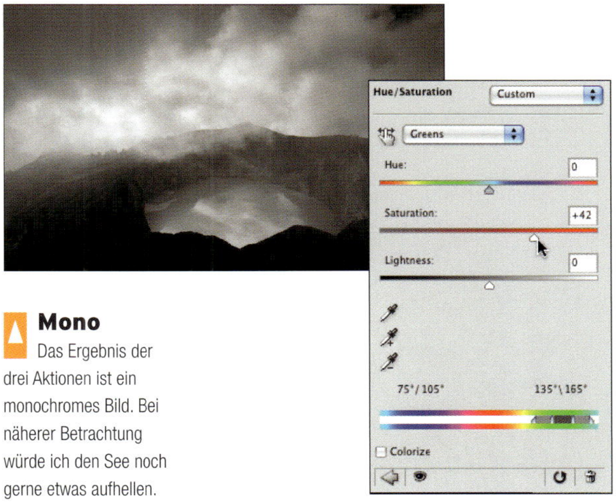

Mono
Das Ergebnis der drei Aktionen ist ein monochromes Bild. Bei näherer Betrachtung würde ich den See noch gerne etwas aufhellen.

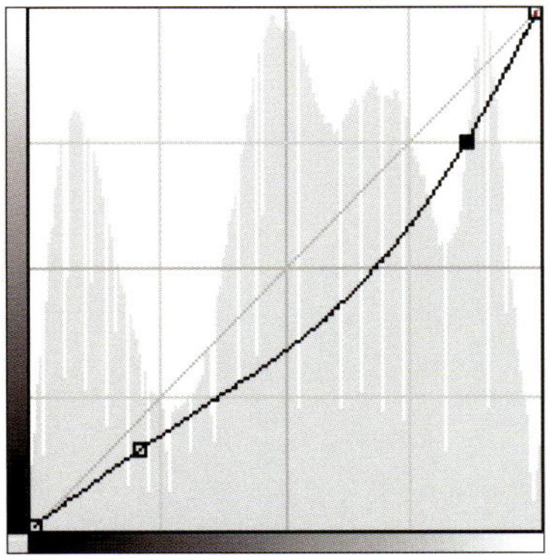

Ebene Gradationskurven
Als nächstes werden die Mitteltöne innerhalb des Bereichs justiert. Um den Krater visuell hervorzuheben, wird das obere Viertel nach rechts gezogen und so die Helligkeit der Wolken reduziert. Ein zweiter Ankerpunkt links unten hält die dunklen Töne an ihrem Platz.

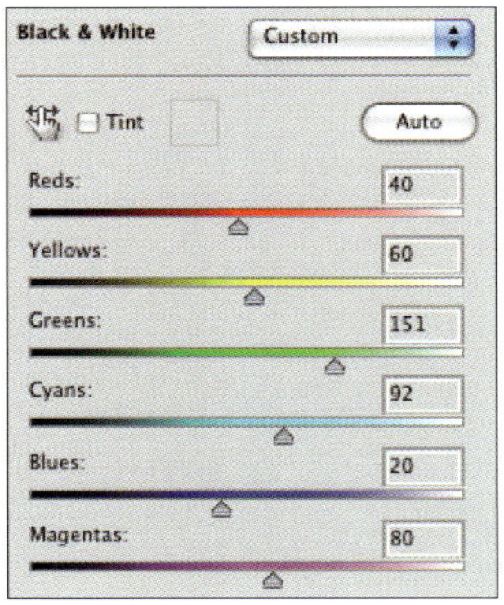

Ebene Kanalmixer
Unter die ersten beiden kommt eine dritte Ebene zum Mischen der Kanäle. Ziel dieser interaktiven Korrekturen ist es, das Grün aufzuhellen, sodass der See „leuchtet“. Das Blau des Himmels wird ein wenig reduziert und die Tonwertdifferenz mit dem Rotkanal ausgeglichen.

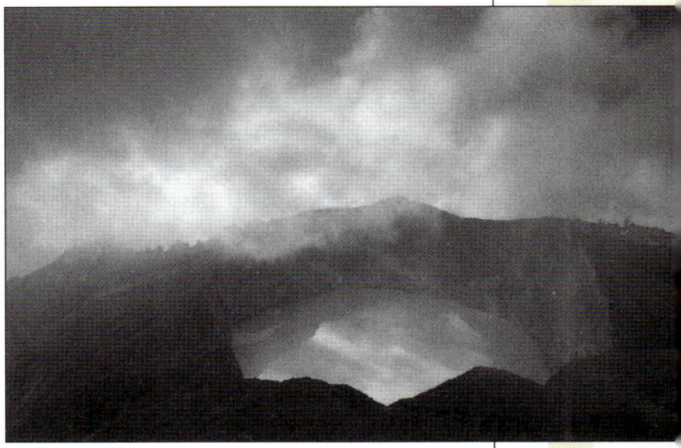

Eine vierte Ebene
Anstatt die Einstellung des Kanalmixers weiter zu verändern, können wir das Grün des Sees leicht mit einer Ebene für Farbton/Sättigung, in der wir die Sättigung von Grün erhöhen, beeinflussen. Dadurch wird auch der Effekt der Kanalmischung gesteigert.

Fallstudie: **Das richtige Verhältnis**

Aus diesem angemessen einfachen Beispiel, einem Shakerdorf in Neu England in den Farben des Herbsts, wird klar, welchen Spielraum der Kanalmixer bei der Einstellung der Farbtöne bietet. Im Brennpunkt der Aufmerksamkeit steht der Gebäudekomplex mit weißen Holzwänden und fast schwarzem Dach. Mit anderen Worten, es gibt keinen Grund, ihm bei der Justierung der Kanäle besondere Aufmerksamkeit zu schenken – wir müssen nur sicherstellen, dass die Tonwertverteilung von Wänden und Dach gleich bleibt. Mit der desaturierten Version als Referenz arbeite ich an einer ansprechenderen Schwarzweißansicht. Das Ziel ist, dem überwältigenden Eindruck der leuchtenden Blätter gerecht zu werden. Auch bin ich für den Gewitterhimmel dankbar, obwohl er nicht ganz realistisch wirkt und etwas auf die Gebäude „drückt". Das Ergebnis ist jedoch, wie immer, der persönliche Eindruck eines Einzelnen und keinesfalls allgemein gültig.

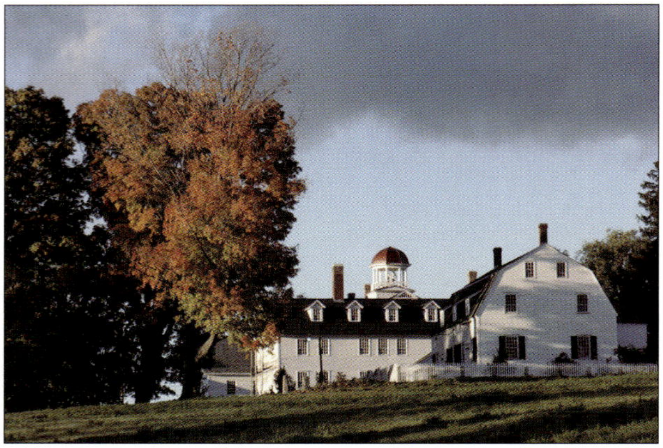

Farbiges Original
Diese Herbstansicht eines Shakerdorfs in Neu England ist in Farbe so wirkungsvoll, dass ich im Normalfall nicht daran dächte, es in Schwarzweiß umzuwandeln. Doch zur Übung ist es eine Herausforderung, da es seine Wirkung aus dem Zusammenspiel von Licht und Farbe bezieht.

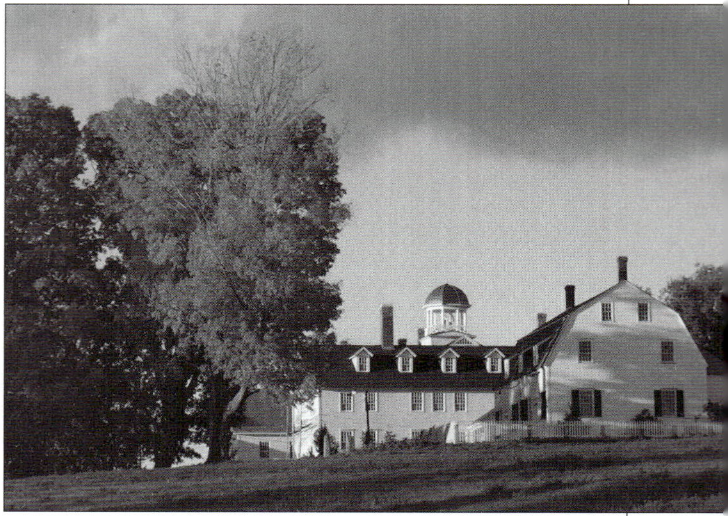

Sättigung verringern
Zum Vergleich hier die normale Umwandlung über den Befehl „Sättigung verringern", der allen drei Kanälen das gleiche Gewicht gibt. Mein unmittelbarer Eindruck ist, dass der Himmel zu hell und das Gras zu stumpf wirkt. Am schlimmsten aber ist, dass der reiche Glanz der Bäume völlig verloren gegangen ist.

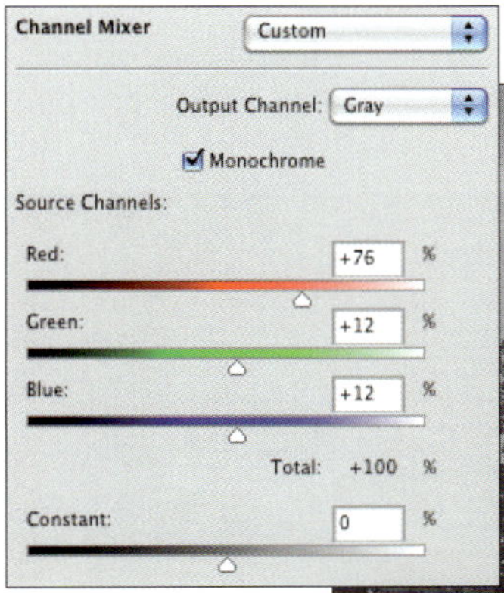

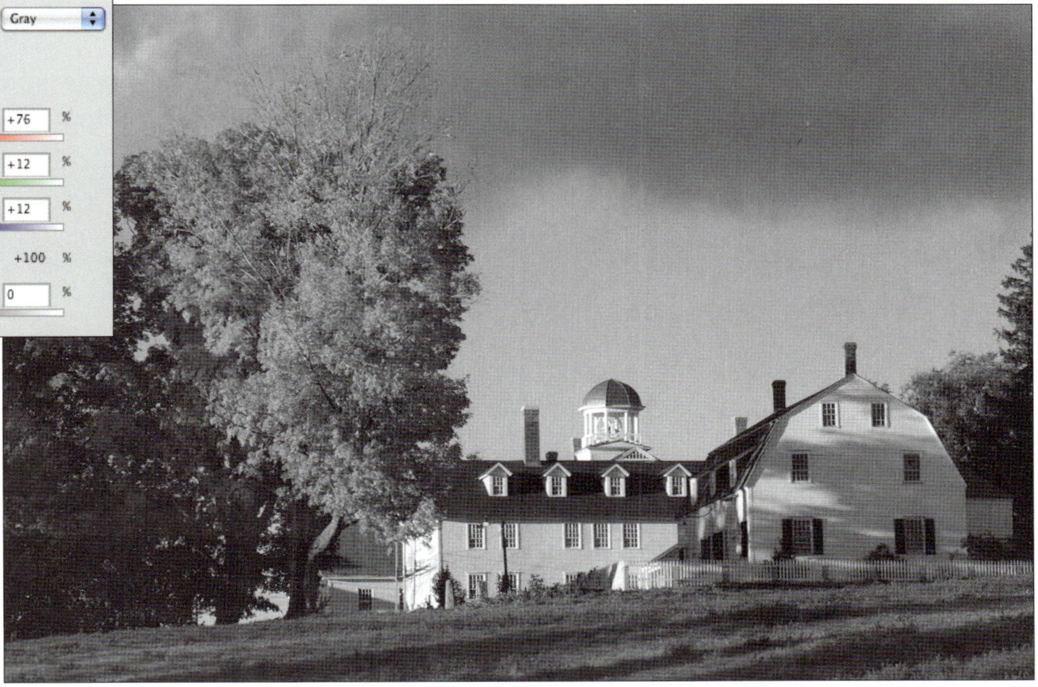

Rot anheben Hebt man den Rotkanal auf 76% an und reduziert gleichzeitig den Grün- und den Blaukanal auf je 12%, kommt das Ergebnis der Wahrnehmung näher. Ich denke aber, dass es noch weiter verbessert werden kann.

Fertig! Mit einem sehr hohen Rotanteil und ganz wenig Blau erhält man helle, strahlende Blätter. Die Schatten auf dem Gras werden satter, während im Gegensatz dazu die hellen Grüntöne noch heller wirken. Daher ist es nicht nötig, den Grünkanal anzupassen.

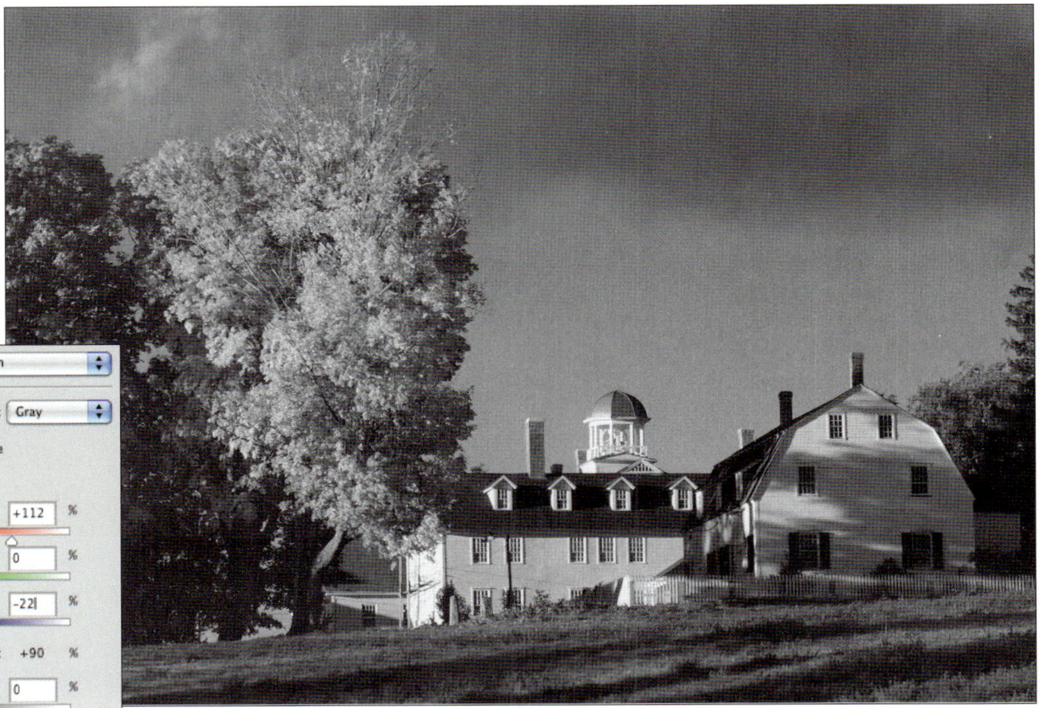

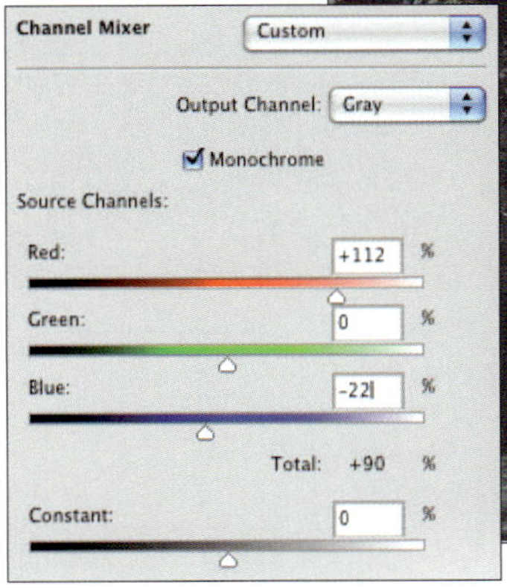

Fallstudie: **Extreme Mischung**

Da man jeden der drei Kanalregler um 200% in jede Richtung – also über insgesamt 400% – verschieben kann, ist es möglich, die Tonwerte einzelner Farben weit über das Realistische hinaus zu verändern. Gelegenheiten, bei denen man dies braucht, sind rar, doch bei diesen beiden Beispielen wollte ich sehen, wie nahe an Weiß bzw. Schwarz man einen bestimmten Farbton eines Fotos verschieben kann. Theoretisch könnte jeder Farbton einen beliebigen Wert auf der Tonwertskala zwischen 0 und 255 einnehmen, schwierig ist es nur, den Rest der Szene entsprechend im Gleichgewicht zu halten. Eine starke Verschiebung eines Reglers muss durch Verschieben der beiden anderen in die Gegenrichtung ausgeglichen werden. Eine Analyse des RGB-Werts des relevanten Farbtons erleichtert die Entscheidung darüber, wie das Verhältnis der einzelnen Kanäle aussehen könnte.

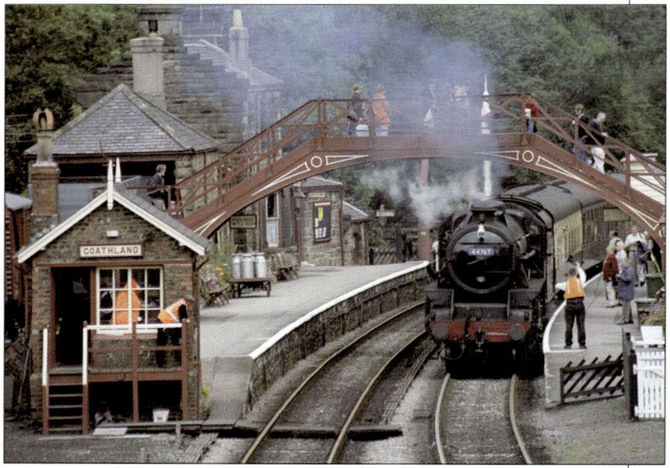

Goathland
Im Fall dieses historischen Bahnhofs im Norden Englands ist der kritische Farbton das Orange der Sicherheitswesten. Selbst bei kurzem Hinsehen erkennt man, dass die Szene vorwiegend in wenig gesättigten Farben gehalten ist, Grau, stumpfes Grün und Braun dominieren. Selbst starke Kanalkorrekturen wirken sich darauf kaum aus, sodass man sich auf das Orange konzentrieren kann.

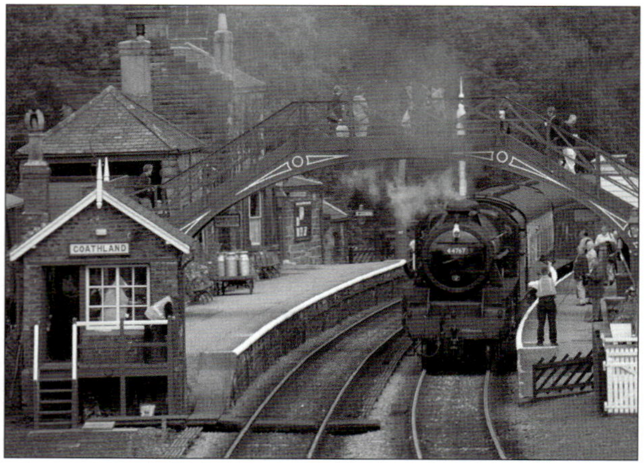

Standardumwandlung
Als Referenz wandeln wir das Bild in Graustufen um und sichern dieses als Kopie. Dabei wird das Orange zu mittelhellem Grau (25%) und entspricht somit dem Belag des Bahnsteigs.

RGB-Analyse

Unter bedecktem Himmel haben die Westen einen gleichmäßigen, starken, gesättigten Farbton. Führt man den Cursor darüber, zeigt die Infopalette die RGB-Werte an, wobei Rot klarerweise dominiert. In der Tat ist der Grünanteil etwas mehr als halb so hoch wie der Rotanteil und der Blauanteil etwas mehr als die Hälfte von Grün.

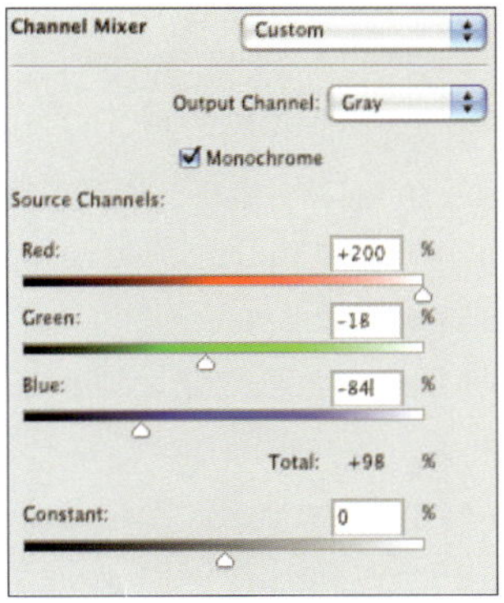

Helles Orange

Um das Orange mit maximaler Helligkeit darzustellen, folgen wir dem ursprünglichen RGB-Verhältnis: Die Farbe mit dem höchsten Wert wird auf das Maximum eingestellt – also Rot auf 200% – und die anderen beiden werden proportional davon abgezogen. Da einer der Werte 200% beträgt, müssen die anderen beiden selbstverständlich negativ sein. Wir überprüfen per Augenmaß, ob die neutralen Töne des Bildes der Standardumwandlung entsprechen. Als Nebenprodukt der Aktion wird die rote Brücke ebenfalls sehr hell und der Rauch der Lokomotive, bläulich im Original, verschwindet teilweise.

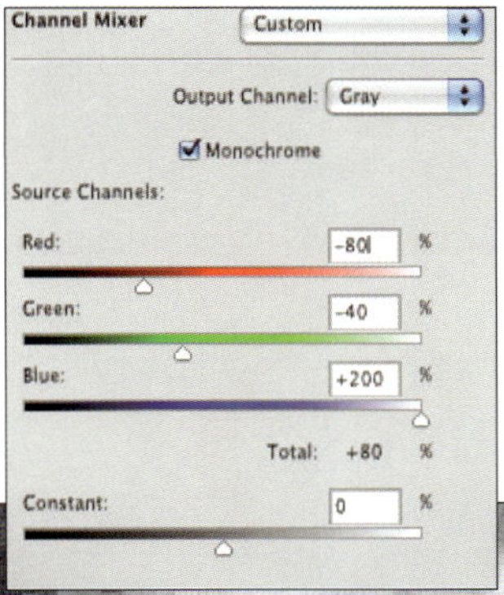

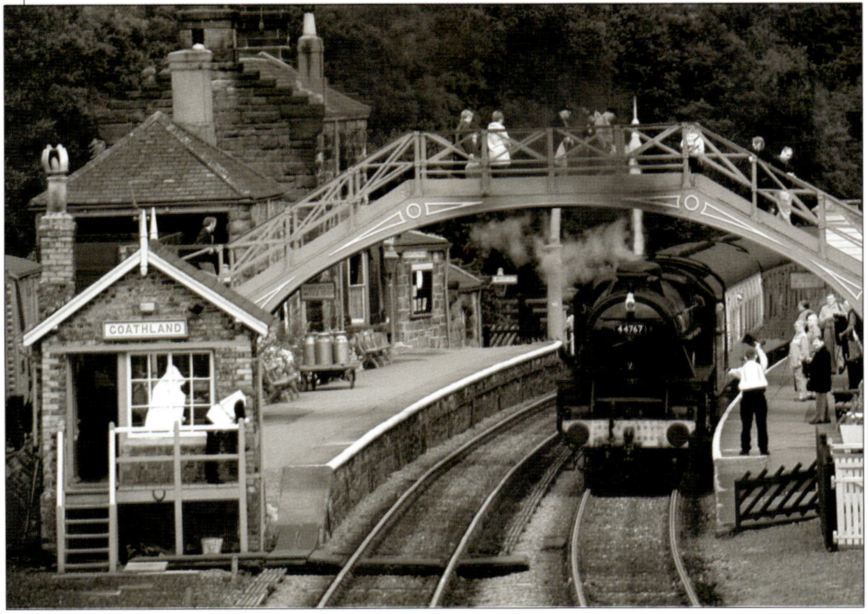

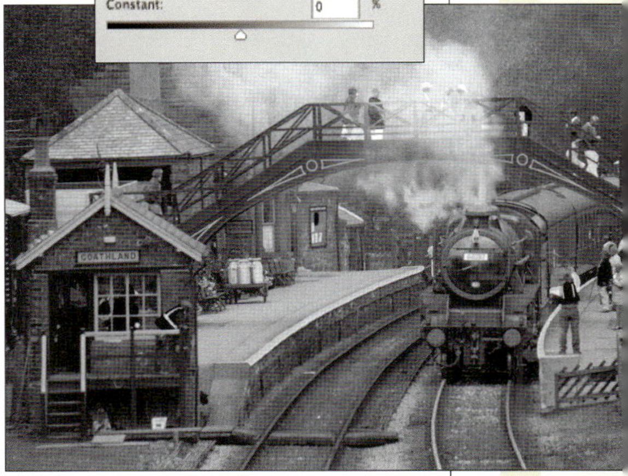

Dunkles Orange

Nun versuchen wir dasselbe Prinzip mit umgekehrten Vorzeichen. Den niedrigsten der RGB-Werte hat Blau, also setzen wir den Blauregler auf das Maximum und gleichen mit den anderen beiden Farben proportional aus. Wieder überprüfen wir den Effekt per Augenmaß, wobei die dominierenden Grautöne eine große Hilfe sind. Der Rauch in der zu Orange komplementären Farbe Blau ist nun so hell, wie er nur sein kann.

Farbtöne anpassen

Da die Umsetzung der Farben in Tonwerte unendlich flexibel ist, kann sich das Verschieben der Farbtöne im Spektrum fundamental auswirken.

Als ob die schon beschriebenen Techniken zur Umwandlung von Farbe in Schwarzweiß nicht genug wären, sehen wir hier noch eine, die zu starken, globalen und schwer vorhersehbaren Änderungen führt. Der Dialog „Farbton/Sättigung" unter *Bild > Anpassen* verwendet das HSB-Farbmodell, das unserem intuitiven Farbempfinden sehr nahe kommt. Der Farbton bezieht sich auf die Wellenlängen und die Namen der Farben (also Rot, Gelb, Cyan usw.), die Sättigung beschreibt die Intensität (das Chroma) des Farbtons, und die Helligkeit erklärt sich von selbst. Welche Methode auch immer man zur Umwandlung in Schwarzweiß wählt, sei es Photoshops Graustufenmodus, Desaturieren oder den Kanalmixer, das Ergebnis hängt vom Verhältnis von Rot, Grün und Blau ab. Jede Änderung der Sättigung und des Farbtons beeinflusst das Ergebnis, vor allem der Farbtonregler, der die Farben entlang des Spektrums verschiebt.

Die Farbtonskala ist in Grad eingeteilt, wobei Rot bei 0°/360° liegt. Alle Farben sind im Kreis angeordnet, sodass die Komplementärfarben, um 180° gedreht, einander gegenüberliegen. Komplementär zu Rot ist Blaugrün (also Cyan) mit einem Farbtonwinkel von 180°. Verschiebt man den Regler, kann Rot zu Grün, aber auch zu jeder anderen Farbe werden, und alle anderen Farben werden entsprechend mit verändert. In einem Farbbild würde man den Regler nur um wenige Grad verschieben, meist um einen Farbstich zu

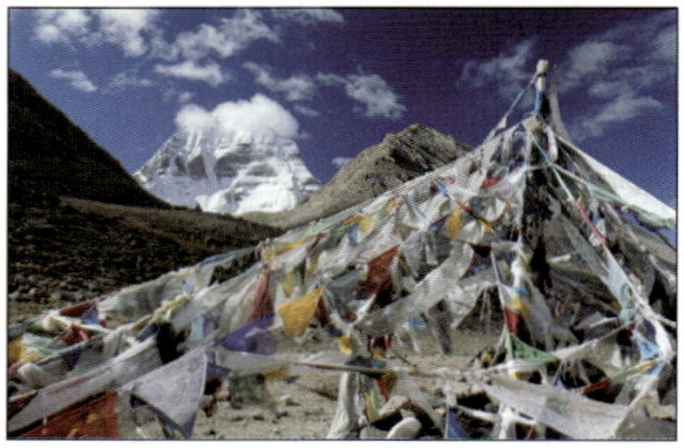

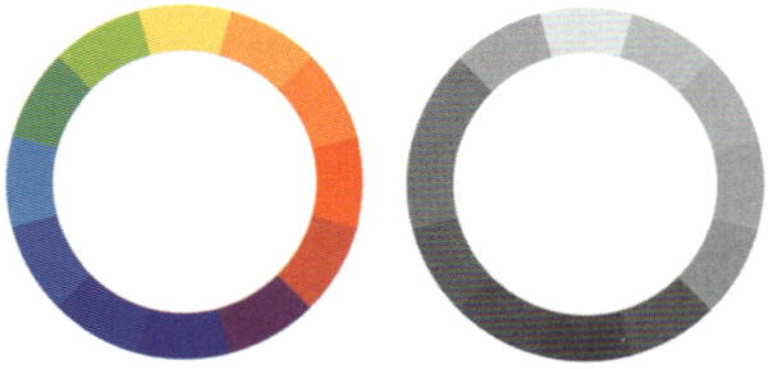

Farbiges Original
Das Original weist einige Besonderheiten auf, die das Ergebnis stark beeinflussen. Der Himmel ist intensiv blau, die Landschaft hingegen fast neutral. Wie zuvor stellen wir anhand des Farbkreises fest, welche Auswirkungen drei verschiedene Positionen des Farbtonreglers, jeweils um 90° verschoben (da 0 und 360 identisch sind), haben. Als Referenz dient die Umwandlung in Graustufen.

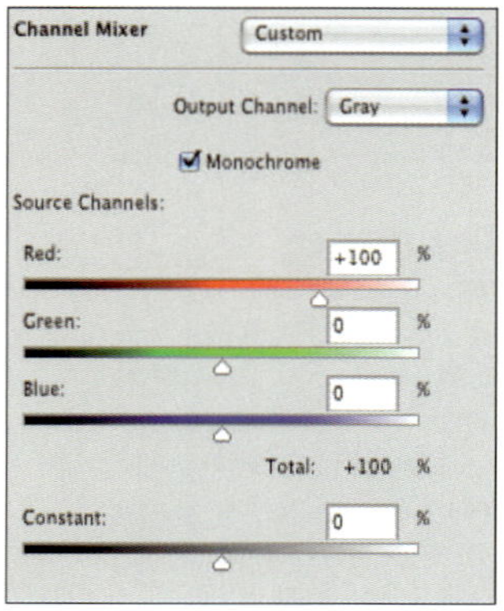

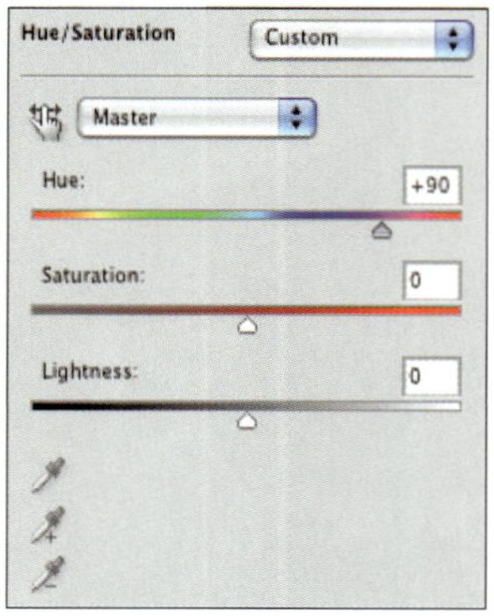

Ein starker Rotkanal
Wir beginnen mit einer Einstellungsebene für den Kanalmixer, der sich mit 100% Rot öffnet. Wir behalten diese Einstellung für den dramatischen Himmel.

Einstellebene Farbton
Als nächstes erstellen wir darunter eine Einstellebene für Farbton/Sättigung.

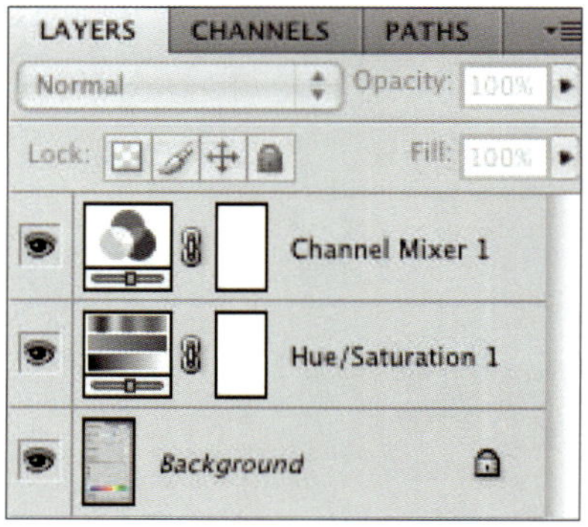

korrigieren. Jede Übertreibung ließe das Bild grundlos gefärbt aussehen. In Schwarzweiß hat der Farbtonregler jedoch nicht denselben Effekt, besonders wenn dem Betrachter eine farbige Referenz fehlt. Er führt vielmehr zu einer Änderung des Kontrasts innerhalb des Gesamtbildes.

Wie beim Farbbild kann man diese globale und grobe Verschiebung feiner abstimmen. Wählen Sie statt der Einstellung „Standard" (alle Farben) einen Farbton im Dropdown-Menü, um den Bereich des Spektrums, den Sie ändern werden, einzuschränken. Unterhalb des Farbspektrums erscheinen vier Regler, die den betroffenen Bereich eingrenzen und die verschoben werden können. Die inneren Regler zeigen jenen Teil des Spektrums an, in dem die Änderungen zu 100% wirksam werden - bis zu den äußeren Reglern schwächt sich der Effekt für ein natürlicheres Aussehen kontinuierlich ab.

Die Wirkung der Farbtonverschiebung ist eindrucksvoll und für die Umwandlung in Schwarzweiß durchaus nützlich. Das wahre Problem liegt darin, diese gravierende Manipulation mit all jenen Methoden abzustimmen, die Sie ebenfalls anwenden wollen. Die Möglichkeiten sind zu vielfältig, als dass man sich alle vorstellen könnte. Hier erweisen sich Einstellungsebenen als unentbehrlich. Erstellen Sie eine solche für den Kanalmixer und wählen Sie eine annehmbare Mischung. Darunter liegt dann die Ebene für Farbton und Sättigung, in der Sie wie beschrieben mit dem Farbtonregler arbeiten. So werden die Tonwertverschiebungen sofort sichtbar.

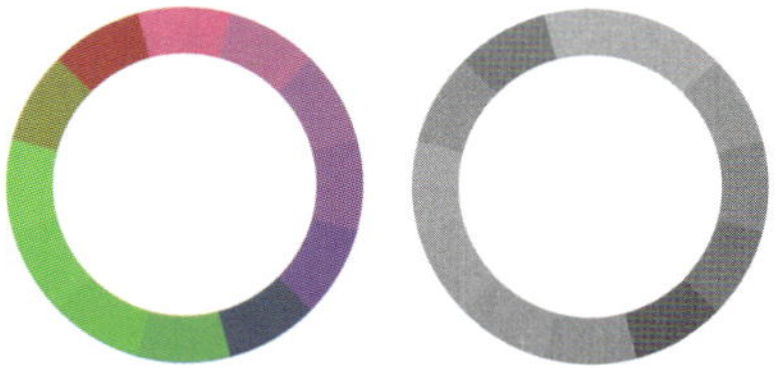

Farbtonwinkel +270°
Ein Farbtonwinkel von +270° ergibt in Monochrom die gleichmäßigste Tonwertverteilung für alle Farben. Nur das Purpur sticht dunkel heraus.

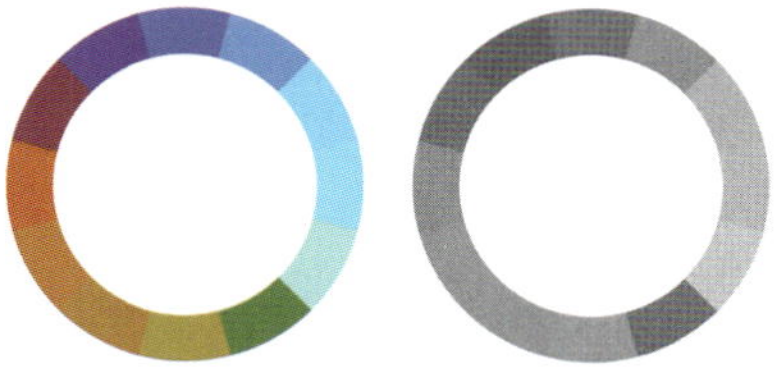

Farbtonwinkel +180°
Bei einem Farbtonwinkel von +180° ist die Helligkeit von Gelb auf dem monochromen Kreis nicht zu erkennen.

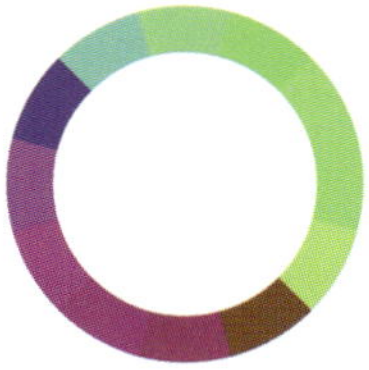

Farbtonwinkel +90°
Bei +90° wird der gelb-rote Bereich des Farbkreises zu einander ähnlichen Abstufungen von Grün. Durch die Umwandlung in Schwarzweiß würde der Kreis in zwei Hälften zerfallen.

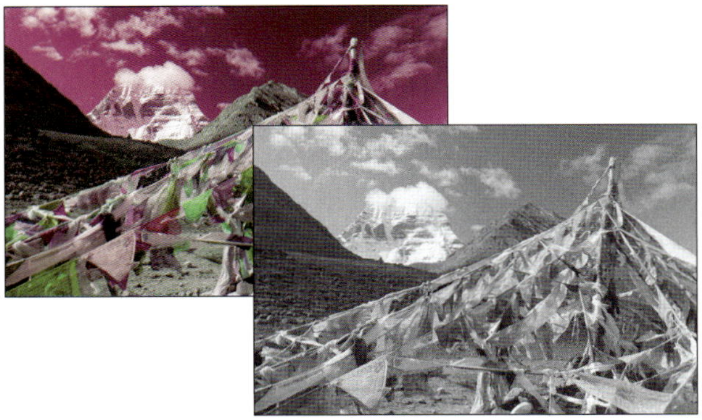

Farbtonwinkel +100°
Wenn wir den Farbton um +100° verschieben, wird der blaue Himmel magentarot, das Licht in demselben monochromen Mix von +100% Rot ändert sich dramatisch. Die Landschaft ist nicht betroffen, wohl aber die Fahnen. Das Farbbild zeigt, wie sich die Farbtonverschiebung in einem nicht monochromen Bild darstellt.

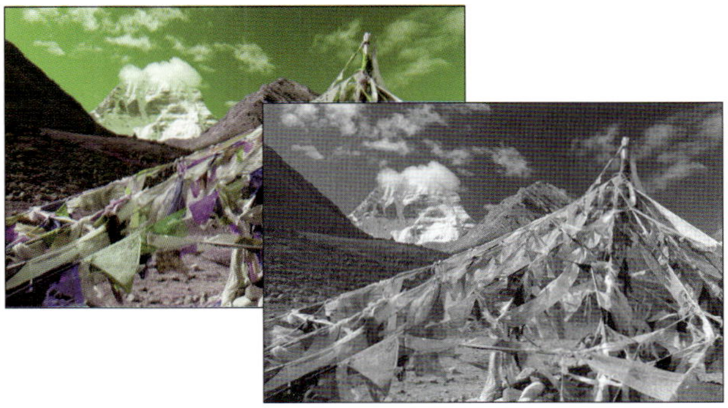

Farbtonwinkel -120°
Wenn wir den Regler in die andere, negative Richtung auf -120° bewegen, wird der blaue Himmel grün. Der Effekt im monochromen Bild ist entsprechend schwach.

Ebenenmasken

Wenn Sie Ebenen statt Kanälen verwenden, können Sie durch Masken, die selektives Entfernen erlauben, den Grad der Kontrolle noch weiter erhöhen.

Ein weiteres Argument für die Kontrolle der Tonwerte einer Schwarzweißumwandlung mittels zu Ebenen gewandelter Kanäle ist die selektive Retusche. Der Kanalmixer, so nützlich er auch ist, wirkt sich immer auf das gesamte Bild aus. Wenn Sie eine bestimmte Mischung nur auf einen Teil des Bildes anwenden wollen und eine andere auf den Rest, wird es etwas mühsam – Sie müssen zwei Mischungen erstellen, eine über die andere legen und radieren *(siehe Seite 548)*. Ebenenmasken für Ebenen, welche wie beschrieben aus den Farbkanälen erstellt wurden, sind eine elegantere Lösung. Dennoch ist etwas Handarbeit beim Pinseln und Radieren nötig. Masken bestimmen, welche Teile einer Ebene sichtbar oder unsichtbar sind. Es sind einfache, der Ebene zugeordnete Graustufenbilder. Weiß zeigt alles – ist also durchsichtig –, Schwarz deckt alles ab. Wenn Sie mit Schwarz in einer weißen Maske malen, werden Teile der unteren Ebene sichtbar.

Eine Ebenenmaske erstellen Sie für die aktive Ebene über den Befehl *Ebene > Ebenenmaske*, wobei Sie die Wahl zwischen „Alles einblenden" und „Alles ausblenden" haben. Die Maske erscheint in der Ebenenpalette neben dem Thumbnail der Ebene. Alternativ gibt es in der Ebenenpalette einen Button „Ebenenmaske hinzufügen".

Die Möglichkeiten sind vielfältig. Sie könnten eine Kombination erstellt haben, wobei sich Blau oben,

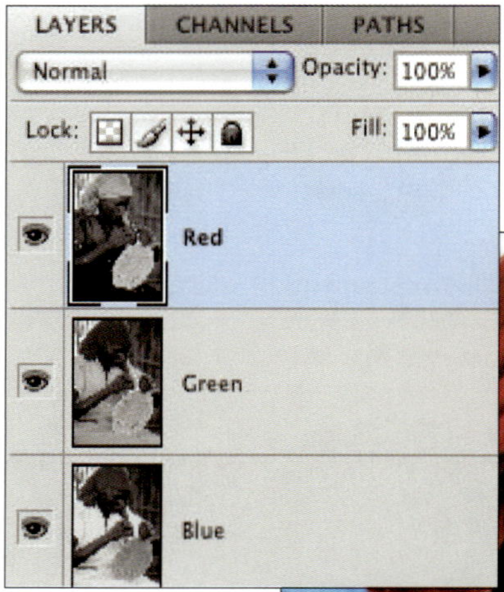

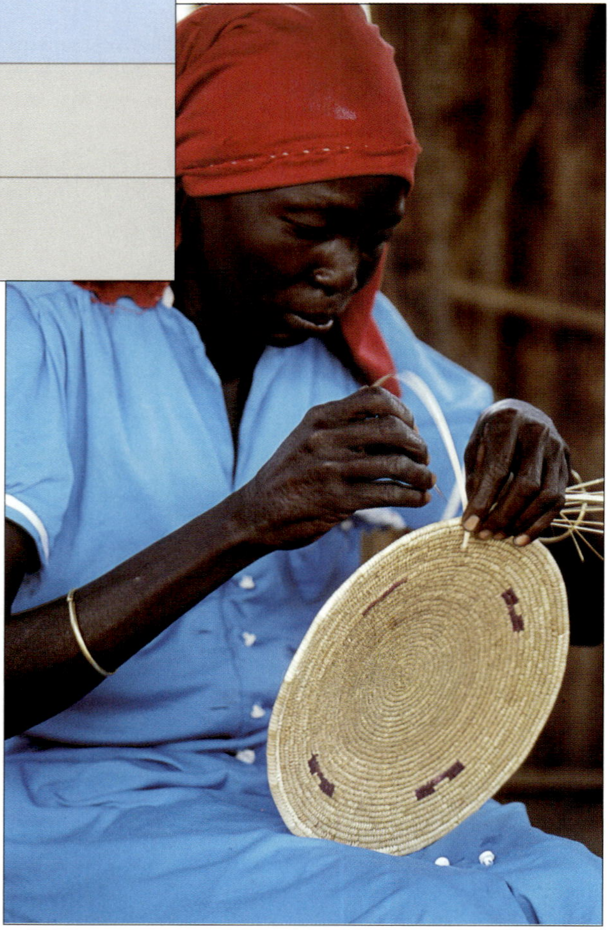

Farbiges Original
Dieses Porträt einer sudanesischen Frau beim Korbflechten enthält zwei starke Farben. Jede davon muss in einer Weise umgewandelt werden, die der natürlichen Wahrnehmung entspricht. Der erste Schritt ist die Erstellung einer neuen Datei durch Kopieren der Kanäle und deren Umwandlung in Ebenen.

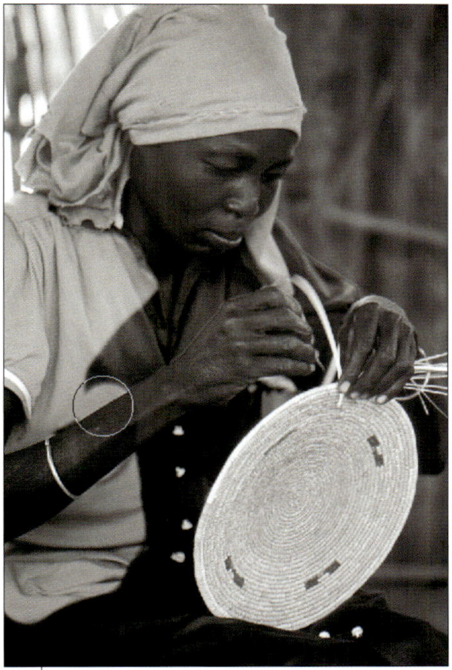

Rot darunter und Grün ganz unten befindet. Die Deckkraft jeder Ebene ist so eingestellt, wie es für den Großteil des Bildes, einer Landschaft, passt. Nehmen wir an, Sie wollen den Himmel noch etwas abdunkeln. Nun würden Sie in der Maske mit Schwarz über den Himmel malen und ihn so aus dem ehemaligen Blaukanal entfernen. Dadurch wird die dunklere Wiedergabe der Ebene des Rotkanals sichtbar. Doch Malen ist nicht die einzige Methode für die Retusche – Sie könnten auch einen Graustufenverlauf über die ganze oder einen Teil der Maske legen.

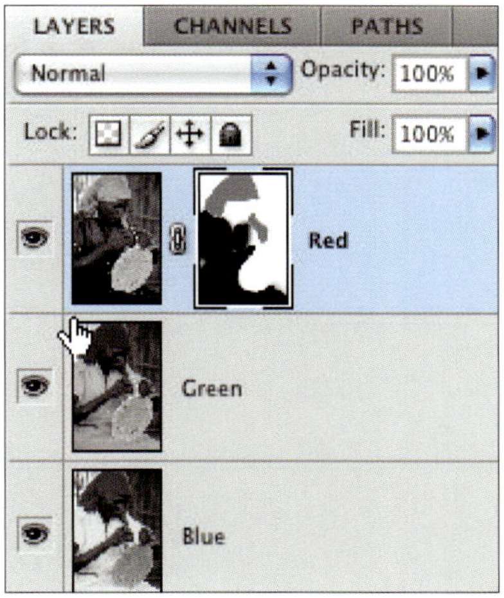

Ebenenmaske erstellen
Der obersten, roten Ebene wird eine Ebenenmaske hinzugefügt, wobei die Option „Alles einblenden" gewählt wird.

Das Kleid freilegen
Sobald die Ebenenmaske erstellt ist, wird mit dem Pinsel und 100% Schwarz das Kleid freigelegt. Die neutrale dunkle Haut ist kaum betroffen, das Tuch wird später bearbeitet, man kann mit einer großen Pinselspitze arbeiten.

Kopftuch teilweise abdunkeln
Das Kopftuch wäre völlig freigelegt im Grünkanal zu dunkel. Um es nur ein wenig abzudunkeln, wählt man 50% Grau als Vordergrundfarbe und übermalt damit das Tuch. Der Zusammenstoß von Kleid und Tuch erfordert etwas Feinarbeit.

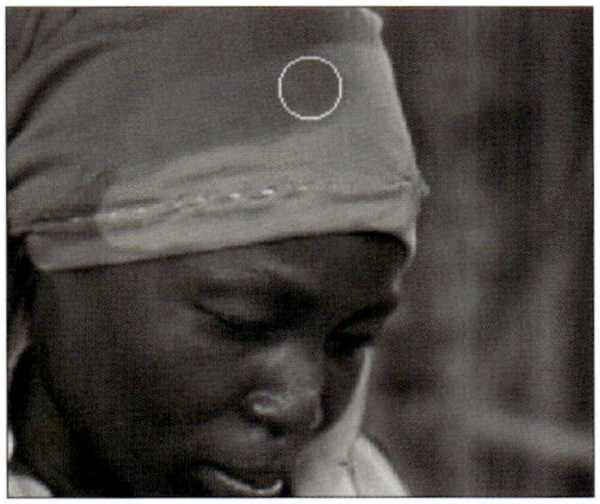

Ebenenmasken verwenden und anzeigen

Um die Maske zu aktivieren, sodass Sie darin arbeiten können, klicken Sie auf den Thumbnail in der Ebenenpalette. Links erscheint ein Pinsel, der anzeigt, dass die Maske bearbeitet werden kann. Um die Maske im Hauptfenster des Bildes anzuzeigen, klicken Sie mit gedrückter Alt-Taste auf den Thumbnail. Die Maske erscheint dann über dem Bild. Um die Maske zu deaktivieren, klicken Sie bei gedrückter Shift-Taste auf den Thumbnail, genauso wird sie wieder aktiviert, oder Sie wählen den Befehl *Ebenenmaske > Aktivieren* bzw. *Deaktivieren* aus dem Menü „Ebene". Um die Darstellung der Ebene anzupassen (etwa in Rot mit einem bestimmten Prozentsatz an Deckkraft), doppelklicken Sie auf den Thumbnail der Maske in der Ebenenpalette. Ein Dialogfenster erscheint, in dem Sie die Optionen für die Ebenenmaskenanzeige festlegen und ändern können.

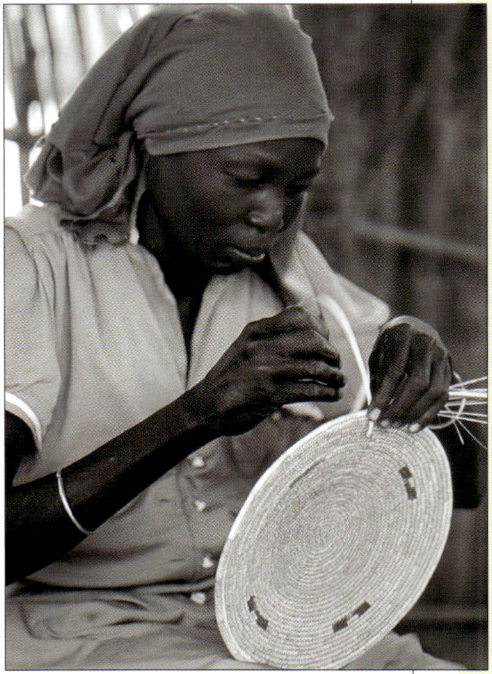

Retuschierte Version
Die endgültige Version mit hellem Kleid und dunklem Tuch, das dennoch mit der Haut kontrastiert, kommt der Wahrnehmung bzw. der Erwartung etwas näher.

Fallstudie: **Dramatik im Rotkanal**

In der traditionellen Schwarzweißfotografie sorgt ein einfacher Rotfilter über dem Objektiv bei Aufnahmen im Freien mit starkem Sonnenlicht und blauem Himmel für intensive und starke Tonwertkontraste. Man verfällt leicht ins Extrem, und der Grad der Dramatik ist Geschmackssache. Ansel Adams stand solchen „Mondlandschaften", wie er sie nannte, also Aufnahmen mit übertrieben starken Rotfiltern, kritisch gegenüber. In diesem Beispiel wollte ich jedoch genau diese ausgeprägte Fremdartigkeit erzeugen, ganz so, als ob es keine Atmosphäre gäbe. Die Landschaft selbst ist es, die dieses Vorgehen provoziert: ein öder, noch immer aktiver Vulkan in den Anden am späten Nachmittag, wenn die Schatten sehr lang sind. Selbstverständlich ist es ein Experiment, um zu sehen, wie weit man die Szene dramatisieren kann. Da das Original in Farbe ist und wir digital arbeiten, ist es jedoch nur eine von vielen möglichen Versionen.

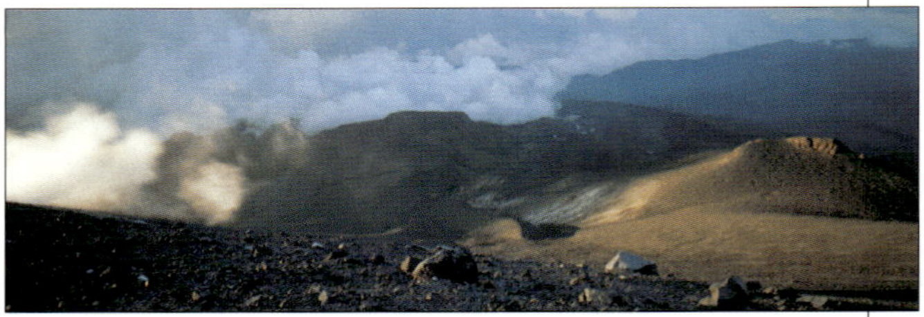

Farbiges Original
Das farbige Bild bietet alle Voraussetzungen für eine Mischung mit stark dominantem Rotkanal – das Sonnenlicht ist stark, die Sicht klar und ohne Dunst und der Himmel intensiv blau, sodass er sich deutlich in den Wolken in der Ferne und, noch wichtiger, in den Schatten widerspiegelt. Darüber hinaus befinden wir uns in großer Höhe, der UV-Anteil des Lichts ist sehr hoch. Außerdem finden wir den erwarteten starken Unterschied in der Farbtemperatur zwischen den sonnenbeschienenen und den schattigen Bereichen vor.

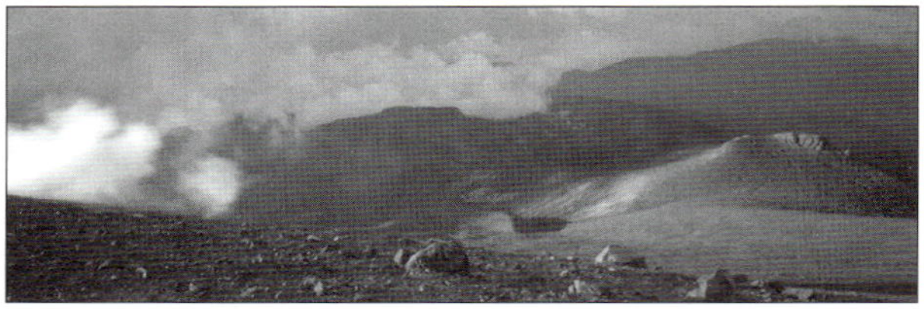

Standardkonversion
Wie üblich wandeln wir das Bild zuerst in Graustufen um und sichern es als Kopie. Dabei werden die Kanäle, wie wir wissen *(siehe Seite 518)*, im Verhältnis 30% Rot, 59% Grün und 11% Blau gemischt, sodass der Mittelwert zwar im Rotkanal liegt, der Grünkanal aber viel mehr Gewicht hat, als wir uns für unser Bild vorstellen.

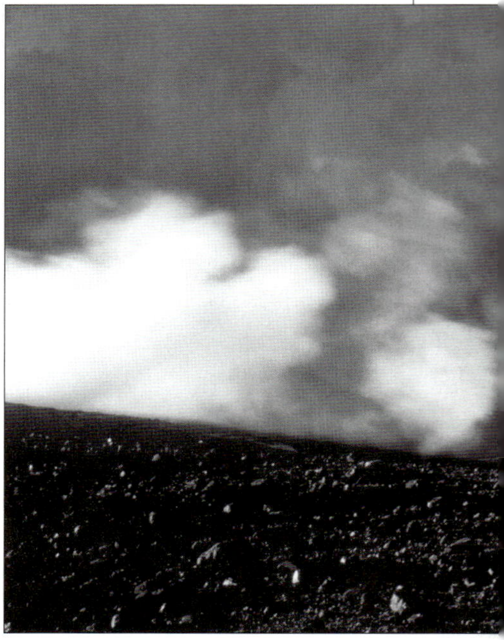

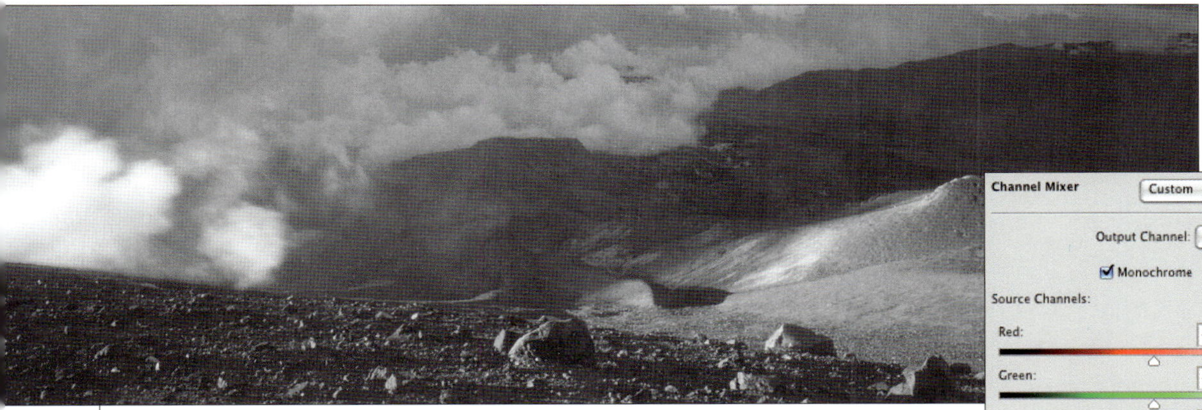

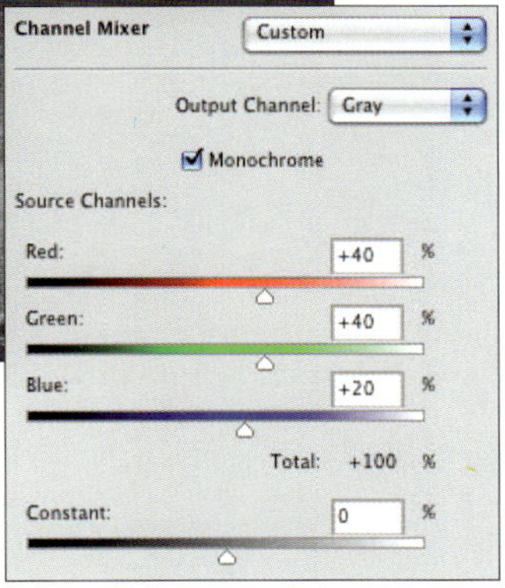

Starkes Rot

Zufällig ist die Standardeinstellung beim Öffnen des Kanalmixers 100% Rot, 0% Grün und 0% Blau, geht also genau in die gewünschte Richtung. Der Kontrast ist zwar höher, doch das Histogramm zeigt, dass weder Lichter noch Schatten gekappt werden. Die Felsen im Vordergund und der Geröllhügel darunter sind Schlüsselstellen – ich will versuchen, den lokalen Kontrast in dem Bereich zu erhöhen, sodass Licht und Schatten dort den sonnenbeschienenen Gebieten bzw. den Schatten im Gesamtbild entsprechen. Der obere Bereich des Bildes mit den bläulichen Wolken wird ebenfalls etwas abgedunkelt.

Maximales Rot

Nun will ich sehen, wie weit wir mit dem Rotfilter gehen können, um den Effekt der „Mondlandschaft" zur Geltung zu bringen. Da eine Verstärkung des Rotkanals den Kontrast im Gesamtbild erhöht, liegt die Grenze dort, wo die Lichter und Schatten gekappt werden. Der für die Lichter kritische Punkt ist die linke Seite der giftigen Wolke, die aus einer der Erdspalten austritt. Hier müssen wir aufpassen, in den Schatten haben wir jedoch etwas Spielraum. So ergibt sich ein Maximalwert von 160% für Rot. Zusätzlich zur Schroffheit der neuen Version wird die Bildkomposition durch ein breites, diagonales dunkles Schattenband, das die helleren Bereiche links oben und rechts unten voneinander trennt, betont.

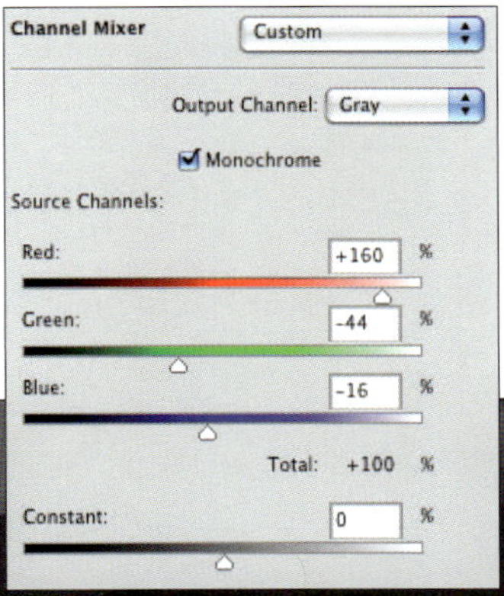

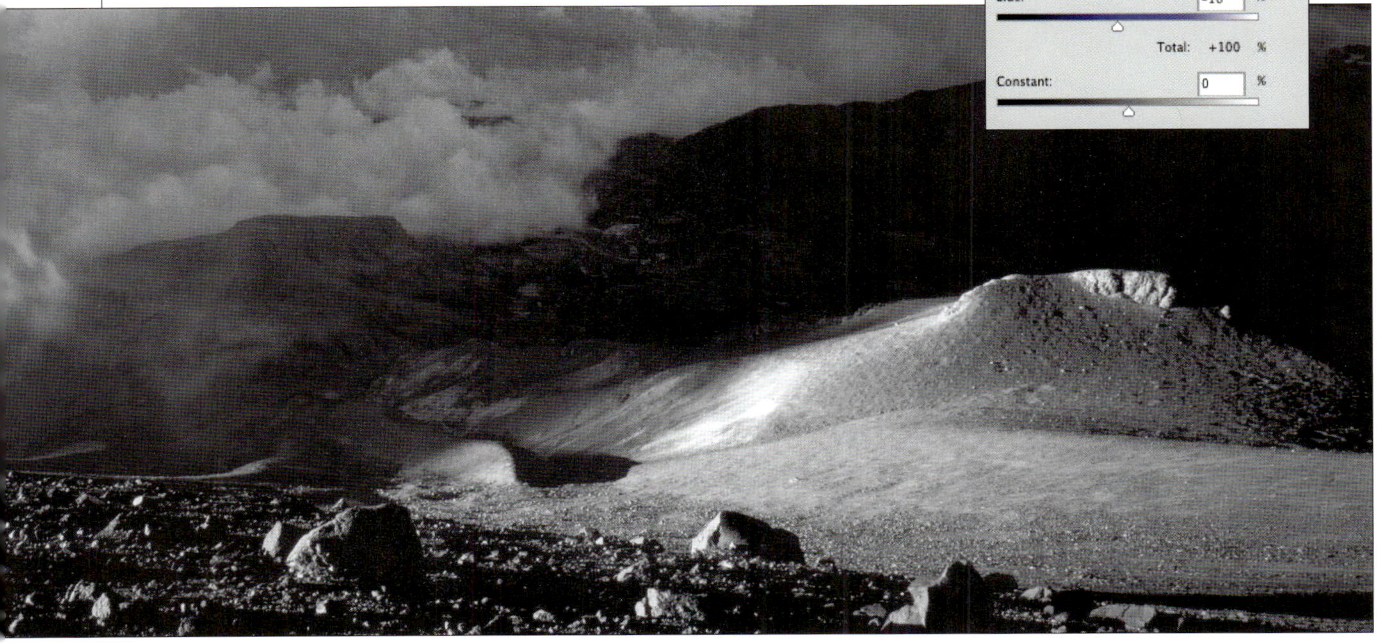

Fallstudie: **Kompromiss in Gelb**

Die Erfahrungen aus der traditionellen Schwarzweißfotografie zeigen, dass jener Filter, der bei Aufnahmen im Freien am häufigsten zur Anwendung kam, ein Gelbfilter war. Wie der Rotfilter braucht auch dieser direktes Sonnenlicht und einen klaren Himmel, um voll zur Geltung zu kommen, da er auf Blautöne wirkt. Seine Beliebtheit ist auf die charakteristische Überempfindlichkeit der Silberhalogenidemulsion gegenüber UV-Licht zurückzuführen. Ein Gelbfilter stellt den Himmel und seine Reflexionen so dunkel dar, wie man sie wahrnimmt. Die Digitaltechnik macht solche Überlegungen obsolet. Was bleibt, ist der populäre Kontrast zwischen klarem Himmelblau und Wolken, den viele bevorzugen. Gelb liefert ein weniger extremes, wirklichkeitsnäheres Bild des Himmels. Weder Rot noch Grün sind komplementär zu Blau, beide dunkeln jedoch den Himmel deutlich ab. Das Blau des Himmels liegt in den meisten Fällen bei einem Farbwinkel von 190° bis 220°.

Acoma Dieses Bild wurde unter fast idealen Bedingungen bei klarem Winterwetter in New Mexico aufgenommen – die Sandsteinfelsen der Mesas mit einem Pueblo der Ureinwohner. Der Stein hat einen warmen gelblichen Ton, der sich von dem klaren, tiefen Blau des Himmels abhebt.

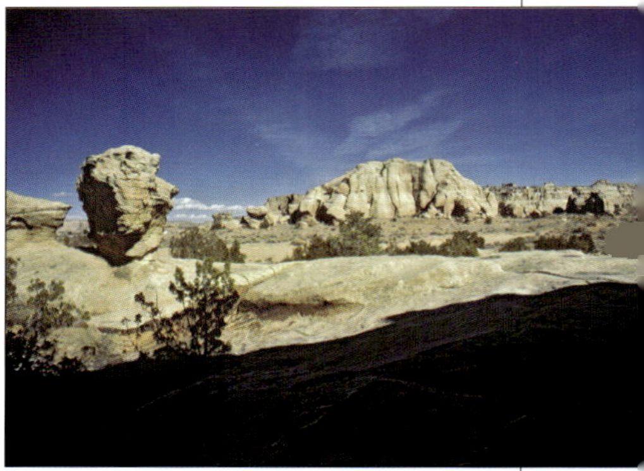

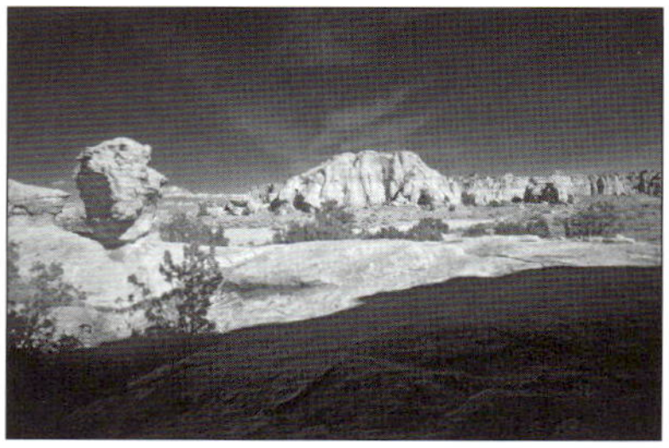

Rotkanal

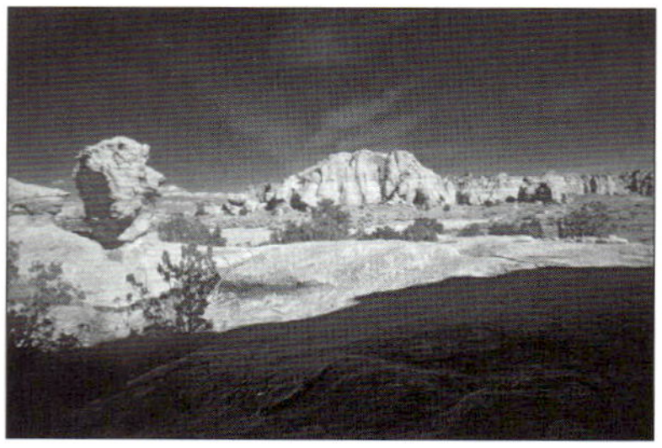

Grünkanal

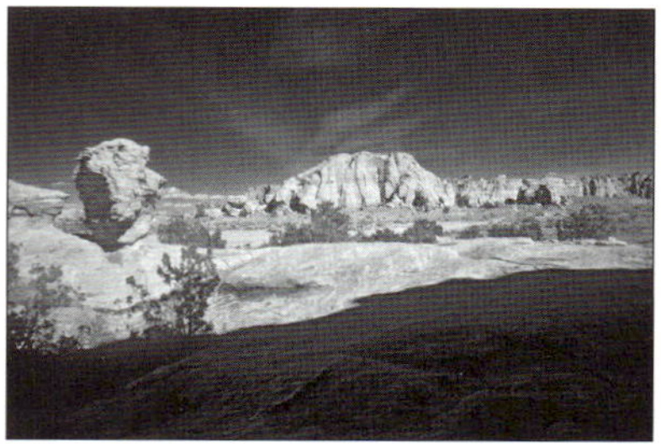

Blaukanal

Vorschau: Kanäle teilen
Der Befehl „Kanäle teilen" (in einer Kopie des Bildes, da er nicht widerrufen werden kann) liefert eine schnelle Vorschau jener Extreme, die wir vermeiden wollen. Wir suchen hier nach einer realistischen Einstellung mit ausgewogenem Kontrast und wollen keine Details in den ausgedehnten schattigen Bereichen verlieren. Rot ist das Extrem in die eine, Blau in die andere Richtung, und die Unterschiede sind deutlich erkennbar. Der Grünkanal ist recht interessant.

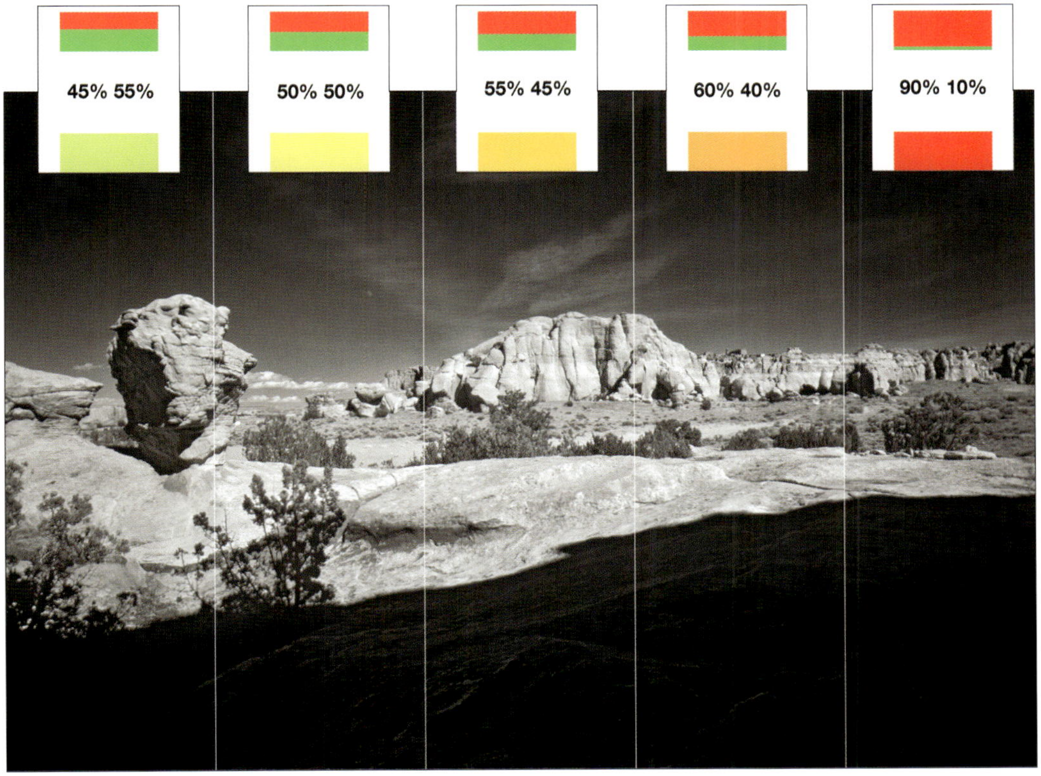

Stufen von Gelb

Unter den traditionellen Wratten-Filtern gibt es mehr als einen gelben *(siehe Seite 520)*. Hier haben wir digital einen Filtersatz kreiert, der von Grünlichgelb bis Rötlichgelb reicht. Bei der additiven Farbmischung ist Gelb das Produkt aus Rot und Grün. Das haben wir mit dem Kanalmixer simuliert, und, wie die Prozentangaben zeigen, haben rund um die ausgewogene Mischung von 50% Rot und 50% Grün bereits kleine Änderungen eine große Wirkung auf den Farbton. Man bemerkt jedoch auch, dass der Effekt in Monochrom nicht so stark zu sehen ist – es sind eher feine Unterschiede im Kontrast.

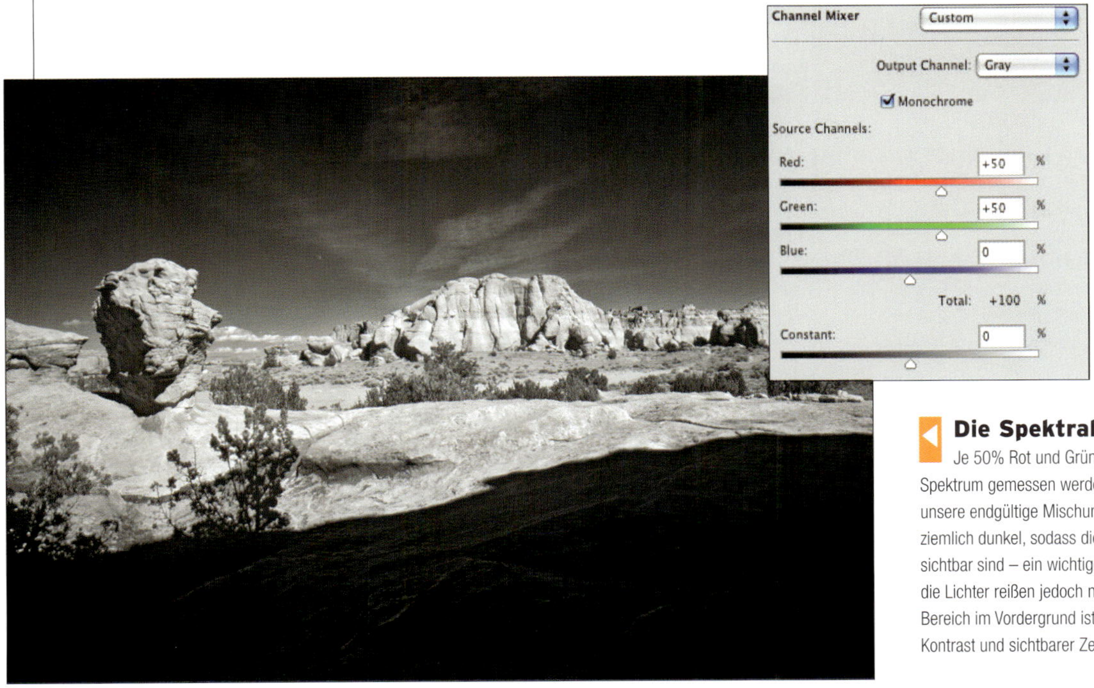

Die Spektralfarbe Gelb

Je 50% Rot und Grün ergeben reines Gelb, wie es im Spektrum gemessen werden kann, und das ist auch unsere endgültige Mischung hier. Der blaue Himmel ist ziemlich dunkel, sodass die dünnen Wolkenfetzen gut sichtbar sind – ein wichtiger Punkt. Die Felsen sind hell, die Lichter reißen jedoch nicht aus, und der schattige Bereich im Vordergrund ist satt und dunkel mit gutem Kontrast und sichtbarer Zeichnung.

Fallstudie: **Atmosphäre in Blau**

Wir bleiben bei der Landschaftsfotografie und betrachten nun wegen des besonderen Effekts von blauem Himmel und Dunst jene Methode, die als das Gegenteil von Gelb- oder Rotfiltern gilt.

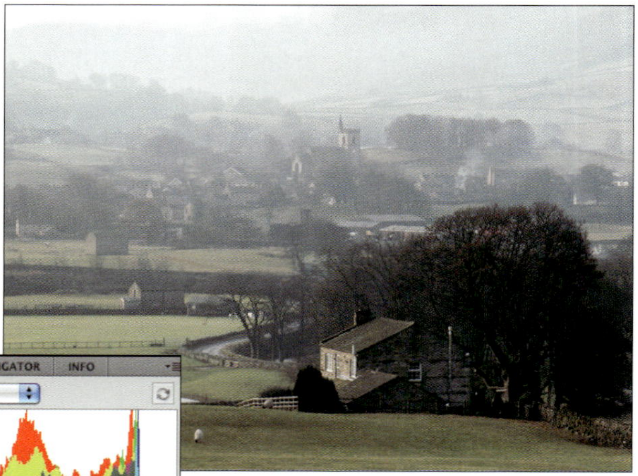

Landschaft mit Atmosphäre

Frühmorgens, wenn die ersten Sonnenstrahlen Wensleydale, ein Tal in Yorkshire, erreichen, steigt leichter Nebel aus den Wiesen und Wäldern auf. Eine starke, dramatische Version würde dem blassen bläulichen Ton in der Ferne mit einem orangen oder roten „Filter“ begegnen, doch wenn man eine gedämpftere Variante vorzieht, könnte man die luftige Perspektive betonen und so den Eindruck der Tiefe und Atmosphäre verstärken. Da der UV-Anteil des Lichts Entferntes blau erscheinen lässt, ist dies wahrscheinlich ein Fall für den Blaukanal.

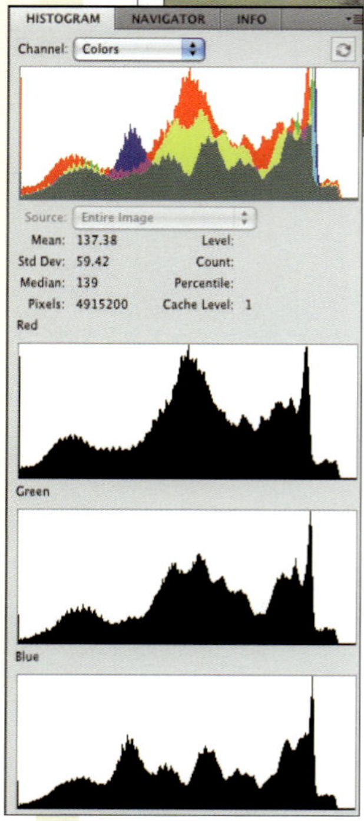

Die Kanalhistogramme untersuchen

Es ist hilfreich für die Analyse, wenn man sich in der Histogrammpalette die einzelnen Kanäle in Farbe ansieht. Die kräftige Spitze rechts im Blaukanal (ganz unten) zeigt deutlich den blassen Dunst. Fahren wir also fort.

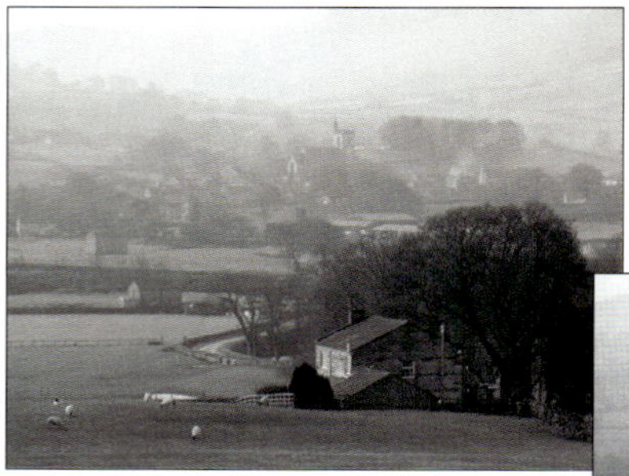

Desaturiert

Fünf Basisversionen

Da das gesamte Bild nicht besonders gesättigt ist, können wir zwischen den Standardmethoden und den einzelnen Kanälen keine großen Unterschiede erwarten. Diese Standardmethoden sind in Phototshop die Umwandlung in den Graustufenmodus, die Verringerung der Sättigung sowie die Spaltung in drei Einzelkanäle über den Befehl „Kanäle teilen“. In der Ferne sind die Unterschiede kaum zu bemerken, doch der Vordergrund ist in der Version des Blaukanals allein um einiges dunkler – zu dunkel, falls die Bauernhäuser das Hauptmotiv des Bildes bleiben sollen.

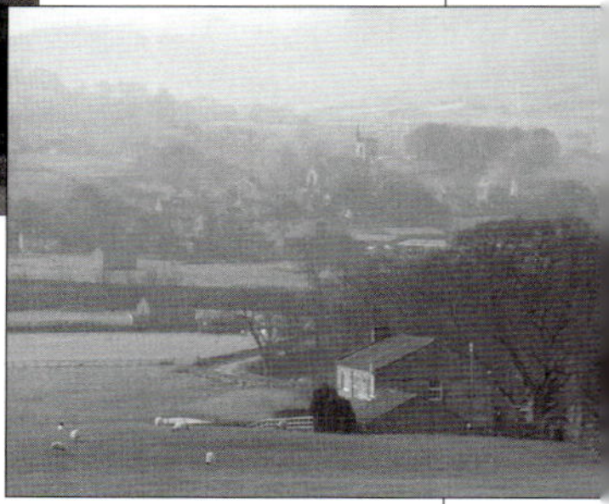

Graustufen

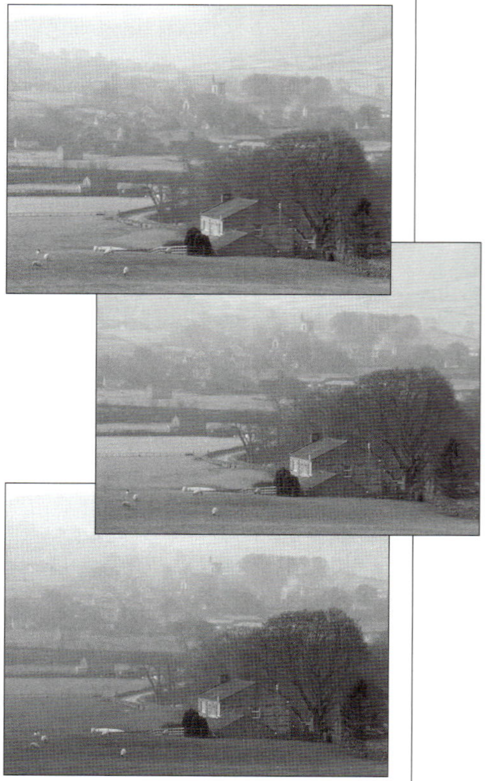

Rot-, Grün- und Blaukanal

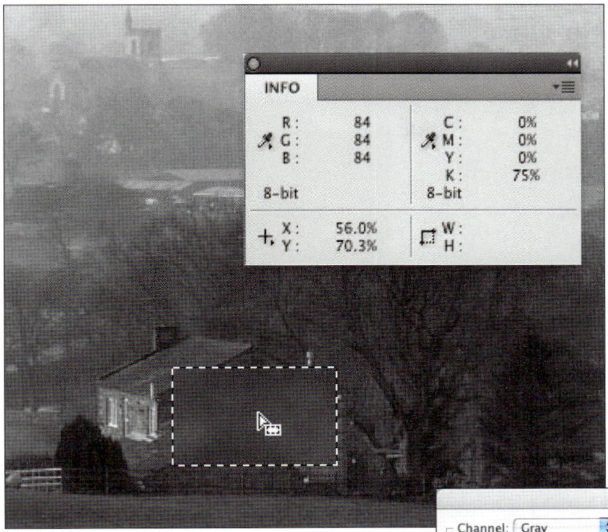

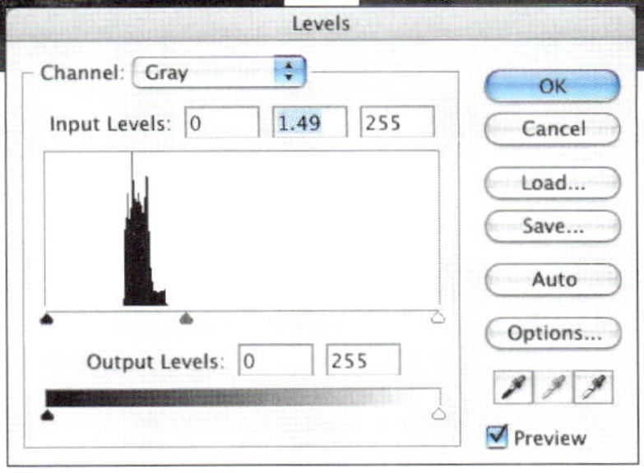

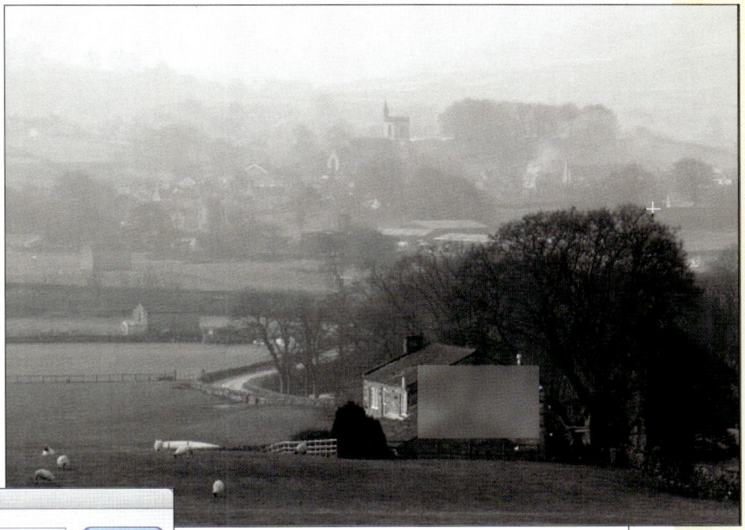

Die Mitteltöne festlegen

Wie wir sehen, ist ein einzelner Kanal nicht immer automatisch optimiert. Wir müssen etwas daran arbeiten, wobei wir zunächst entscheiden, welche Teile des Bildes in 50% Grau wiedergegeben werden sollen. Die Steinmauer des Gebäudes nächst der Kamera erscheint als geeigneter Kandidat. Wir verwenden den Weichzeichner zur Ermittlung des Durchschnitts und analysieren das Ergebnis. Bei 75% ist es ein mittlerer Schattenwert und für meinen Geschmack zu dunkel.

Die Belichtung bestimmen

Mit unserer Durchschnittsauswahl können wir leicht festlegen, wie sehr das Bild aufgehellt werden muss. In der Tonwertkontrolle ziehen wir den Regler für die Mitteltöne unter die Häufung, die die Tonwerte der Auswahl anzeigt. Allerdings meine ich, dass Mittelgrau für diesen Bereich etwas zu hell sein wird, 60% Grau wäre besser. Notieren Sie den neuen Wert für die Mitteltöne: 1,49.

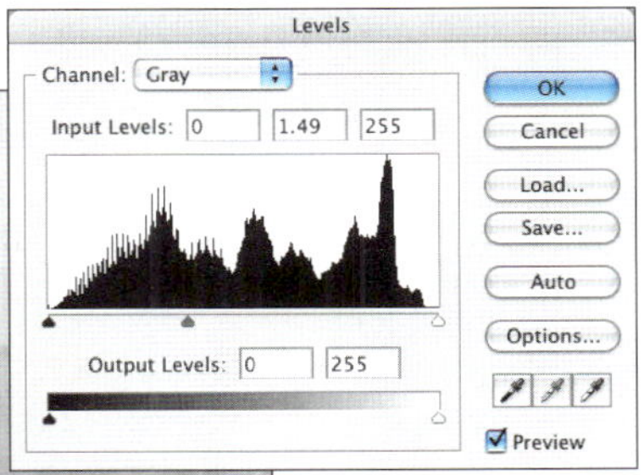

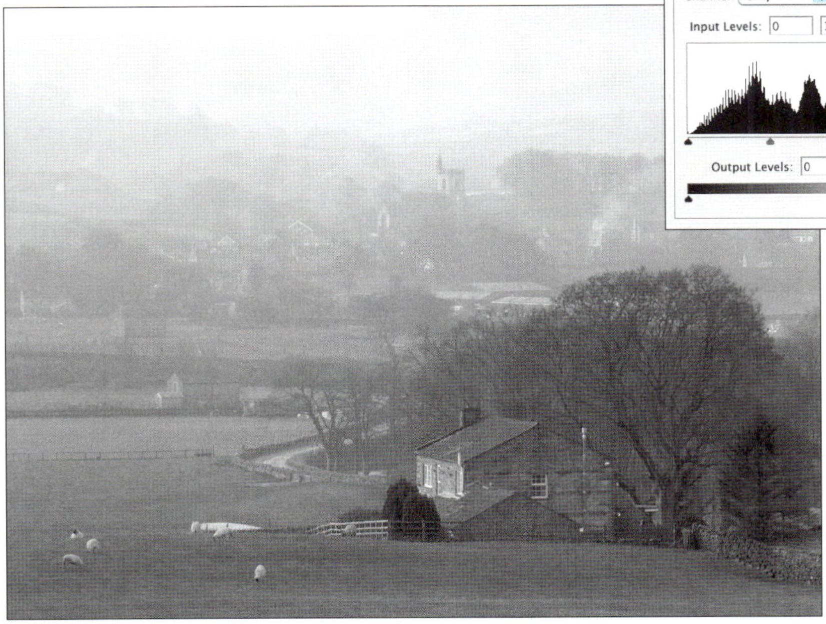

Das Bild aufhellen

Nachdem der Weichzeichner rückgängig gemacht und die Auswahl aufgehoben wurde, wird der soeben notierte Wert für die Mitteltöne, 1,49, auf das gesamte Bild angewandt. Dadurch sehen die Gebäude, die Bäume und das Gras in mittlerer Entfernung normal aus, der ferne Dunst wird deutlich heller, sodass die gesamte Szene eine leuchtende Leichtigkeit erhält, die den anderen Schwarzweißversionen fehlte.

Fallstudie: **Leuchtend grüne Pflanzen**

Bei jeder Art farbiger Filtration bei der Umwandlung in Schwarzweiß hellt die gewählte Farbe Objekte derselben Farbe auf und dunkelt die Komplementärfarbe ab. Im Fall von Grün ist dies Magenta. Daher ist Grün nützlich für Hauttöne und Make-up oder Lippenstift, wie wir bald sehen werden. Hier aber betrachten wir den Grünkanal unter dem Aspekt, wie er seine eigene Farbe behandelt, die ja in der Natur äußerst häufig anzutreffen ist. Dabei ist zu beachten, dass normale Vegetation bei weitem weniger gesättigt ist, als man gemeinhin annimmt. Unterbewusst neigen wir dazu, im Zusammenhang mit Bäumen und Gras unserer Fantasie freien Lauf zu lassen. In diesem Beispiel habe ich absichtlich eine Szene gewählt, in der die Grüntöne hoch gesättigt sind – frisches Gras in den Yorkshire Dales unter bewölktem Himmel (gut für gesättigte Farben, da es keine spektakulären Reflexe von den Grashalmen gibt).

Wanderer und grüne Felder

Das Originalbild (das in Farbe sehr gut wirkt und daher eher als Übungsbeispiel zu sehen ist) enthält eine Vielzahl von Grüntönen, die sich sowohl in der Helligkeit als auch der Sättigung unterscheiden. Mit einer Filtertechnik habe ich Beispielfelder aus den vier Zonen erstellt. Die alte steinerne Scheune ist grau und dient daher als Referenz für alle Veränderungen der Helligkeit, obwohl sie in der Tat einen leichten Blaustich hat, wie wir noch sehen werden, wenn wir einige extreme Änderungen vornehmen.

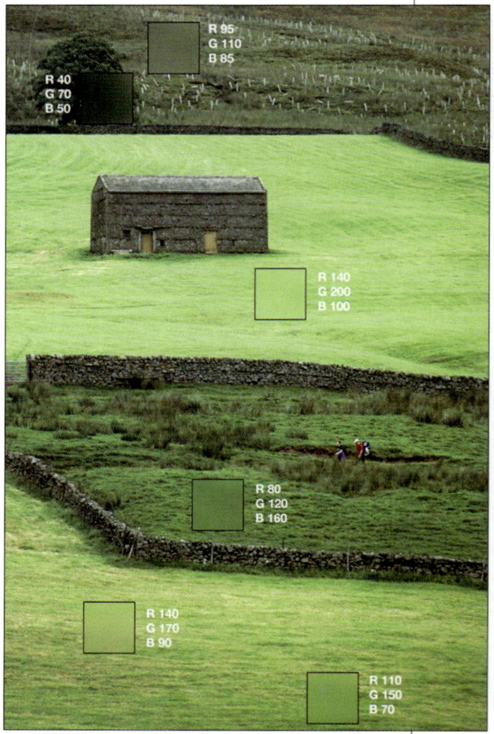

Graustufenreferenz

Als Maßstab dient uns die normale Umwandlung in Graustufen, die bereits gegen Grün gewichtet ist (RGB 30,59,11), doch verglichen mit dem farbigen Original wirkt sie enttäuschend: Die erwartete Strahlkraft fehlt völlig. Das menschliche Auge ist besonders empfindlich gegenüber grünen Wellenlängen, und genau das wollen wir hier in Schwarzweiß nachempfinden.

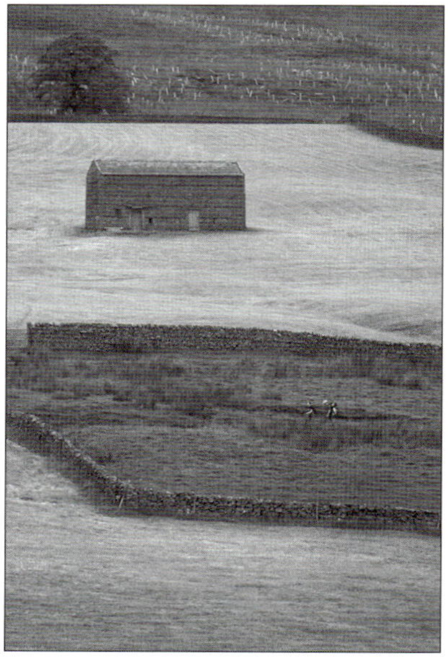

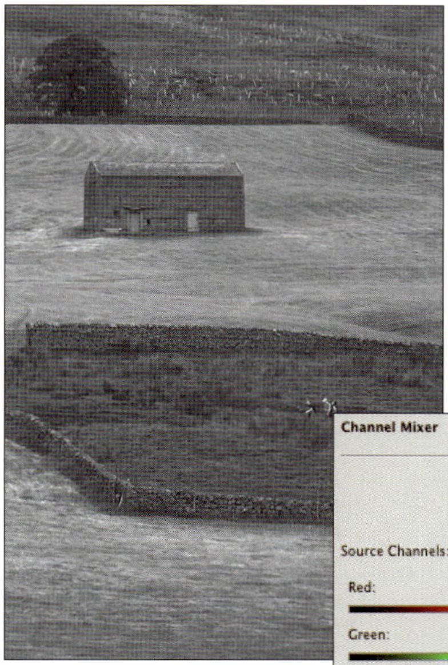

Standardkanalmix

Wie wir wissen, öffnet sich der Kanalmixer mit 100% Rot – für unsere Zwecke völlig ungeeignet, doch eine gute Illustration dafür, dass unser Bild genau das Gegenteil braucht.

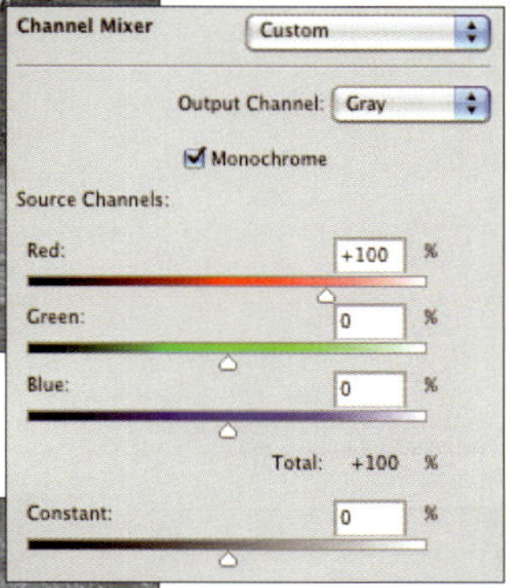

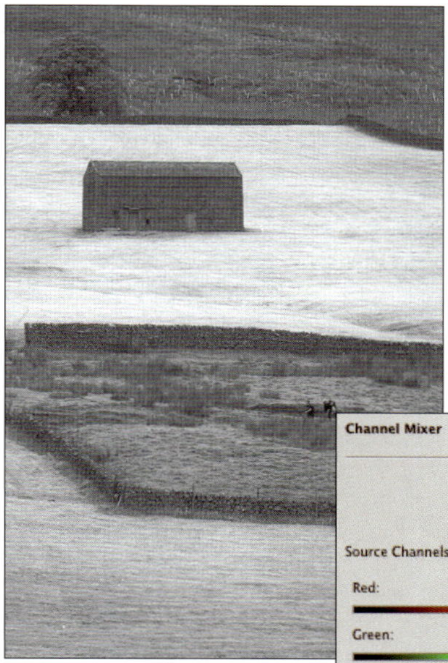

Stärkeres Grün

Wir können das Grün weiter aufhellen. 150% im Grünkanal, ausgeglichen durch negative Werte in den anderen beiden Kanälen und eine sanfte Korrektur der Konstanten, lässt das Bild ähnlich wirken wie die farbige Version.

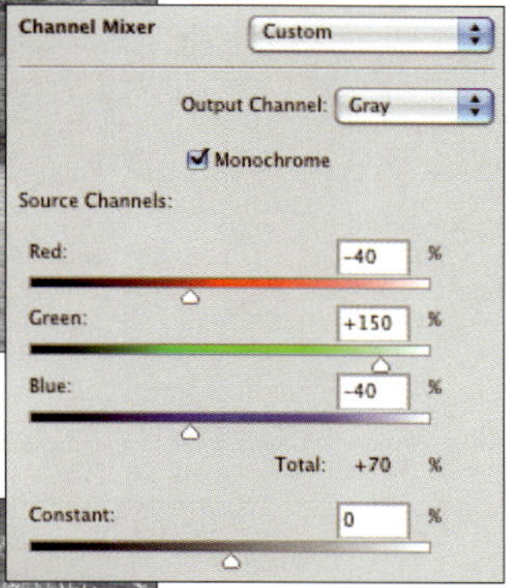

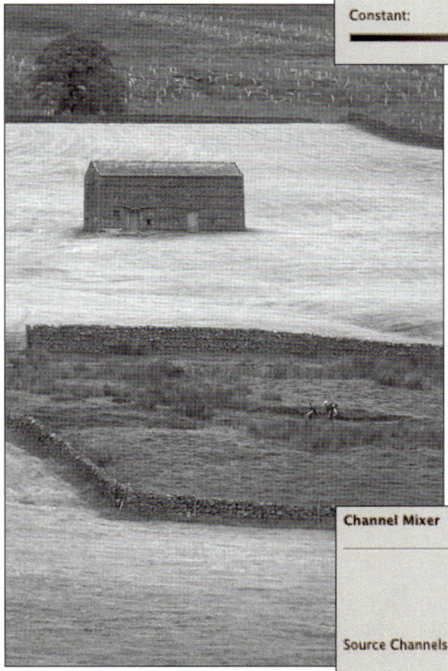

Grüne Mischung

100% Grün und 0% für die beiden anderen Kanäle im Kanalmixer entsprechen der Wahl des Grünkanals allein. Der Effekt ist gut, doch nur für die helle Wiese rund um die Scheune. Die anderen Bereiche bleiben stumpf.

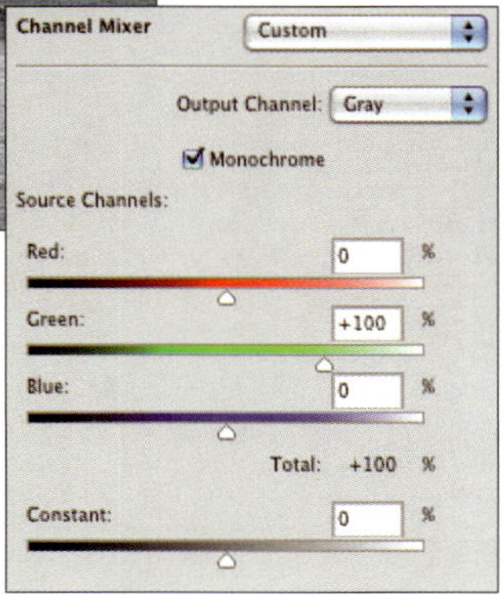

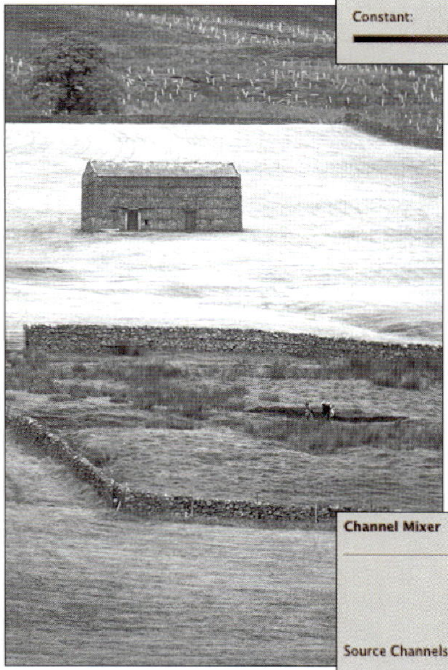

Die Wanderer

Die Farbanalyse zeigt, dass das Feld mit den Wanderern mehr Blau als Rot enthält. Die Lösung ist, Grün zu maximieren, Rot zu minimieren und mit dem Regler für Blau den Gesamtkontrast und die Helligkeit einzustellen.

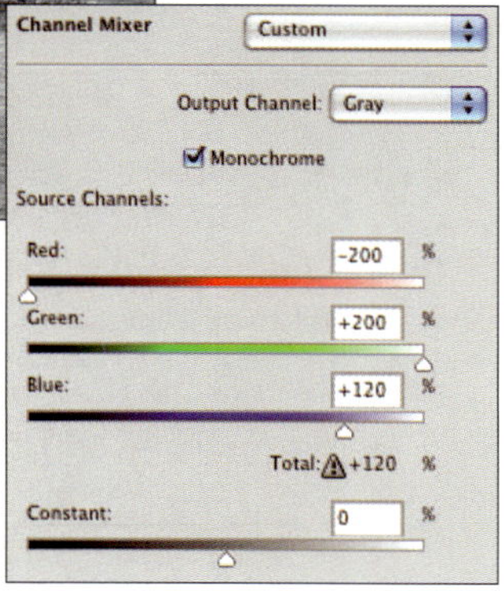

Hauttöne, hell und dunkel

Obwohl es ungewöhnlich ist, uns vorzustellen, dass Haut eine bestimmte Farbe hat, beeinflusst ihr Farbstich die Darstellung in Schwarzweiß.

Wie immer in der Fotografie ruft alles, was mit menschlichen Gesichtern zu tun hat, starke, von Erwartung und Gewohnheit geprägte Reaktionen beim Betrachter hervor. In der Praxis bedeutet das, dass wir beim Anblick eines fotografischen Porträts eine klare Vorstellung davon haben, welche Farbe „richtig" oder „falsch" ist. Auch in Schwarzweiß meinen wir zu erkennen, wenn ein Hautton zu hell oder zu dunkel, zu kontrastreich oder kontrastarm ist. Hier ist der Spielraum sicher größer als in Farbe (wo schon der leiseste Hinweis auf Grün zum Beispiel als extrem falsch empfunden wird), doch verglichen mit Objekten wie dem Himmel, Pflanzen oder Gebäuden ist die Toleranz gering. Mit anderen Worten, Hauttöne erfordern immer besondere Beachtung, umso mehr, als sie in Schwarzweiß willkürlich manipuliert werden können.

Der Hauptgrund dafür ist der, dass wir darauf trainiert sind, in Gesichtern zu „lesen": Wir erkennen sie, bewerten sie, sie liefern uns Informationen. Wenn daher Farbe oder Tonwert nicht mit dem Gewohnten übereinstimmen, fragen wir uns immer

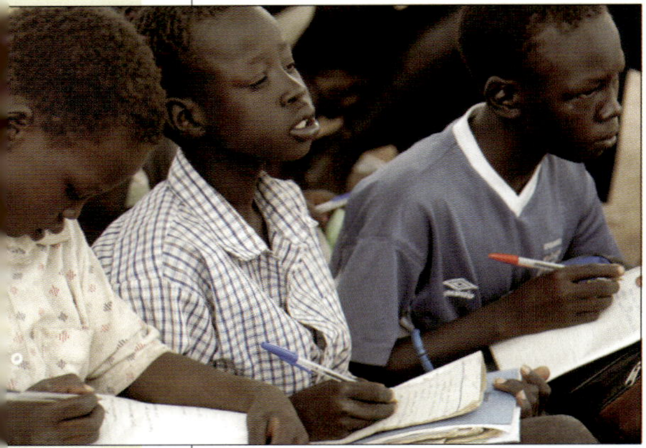

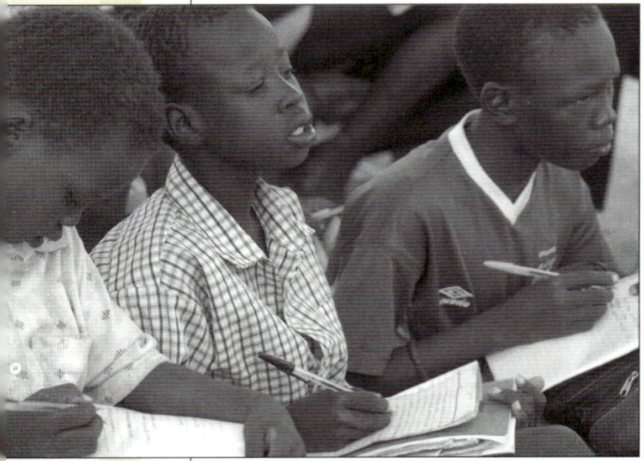

Dinka-Jungen in der Schule
Es gibt in der Tat viele Farbtöne bei dunkler Haut. In diesem Fall, Dinkas im Sudan, ist der aufhellende Effekt von 100% Rot im Kanalmixer (verglichen mit der Standardumwandlung in Graustufen) zwar moderat, hilft aber den Kontrast zwischen Haut und Kleidung zu reduzieren.

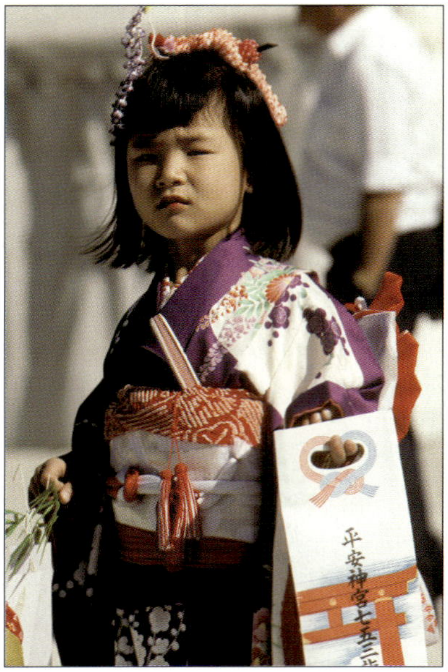

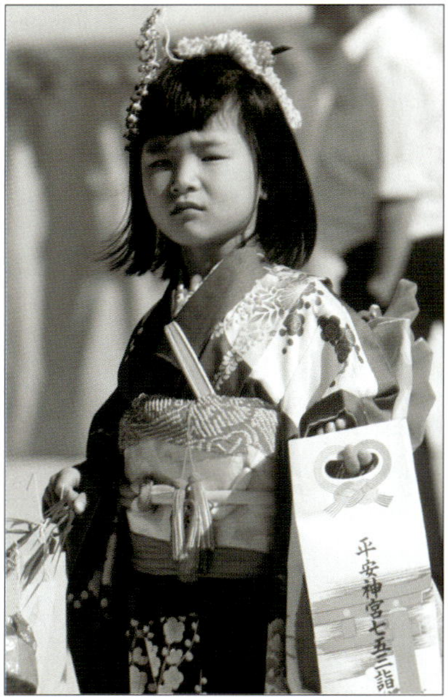

Japanisches Mädchen
Aus dem farbigen Original wird ein gegen Rot gewichteter Mix von +76 Rot, +14 Grün und +10 Blau.

sofort warum und stellen uns meist auch gleich den Grund vor. Wenn ein an sich helles Gesicht dunkel aussieht, vermuten wir Sonnenbräune. Wird es noch dunkler, sind wir nur mehr verwirrt, da wir dafür keine Erklärung mehr haben. Gesichter sind etwas ganz Besonderes. Kein anderes „Objekt" zieht so sehr die Aufmerksamkeit auf sich. Interessanterweise ist man bei Schwarzweißaufnahmen weitaus toleranter. Hat ein Farbfoto zum Beispiel einen Farbstich, wird dies als fotografischer Fehler gewertet, doch in Schwarzweiß gilt die Verfälschung einzelner Tonwerte, so lange der Gesamtkontrast und die Helligkeit im Rahmen des Normalen liegen, als gestalterisches Element.

Uns am vertrautesten und daher am stärksten von Erwartungen geprägt ist der Hautton der eigenen ethnischen Gruppe. Doch auch innerhalb einer Gruppe gibt es große Unterschiede, sodass man sich vor Vorurteilen hüten muss. Allen Hauttönen gemeinsam ist, dass sie einen höheren Rot- als Grünanteil haben, wobei der Rotanteil sehr heller (die englischen Kinder rechts) und sehr dunkler Haut geringer ist als bei mittelbrauner. Die Japanerin hat den geringsten Blauanteil und das braune Gesicht des Pakistani das meiste Rot. Im Kanalmixer muss man jedes Bild für sich betrachten – es gibt kein Universalrezept. Die Unterschiede zwischen der Umwandlung in Graustufen und gleichgewichteter Desaturierung sind meist gering.

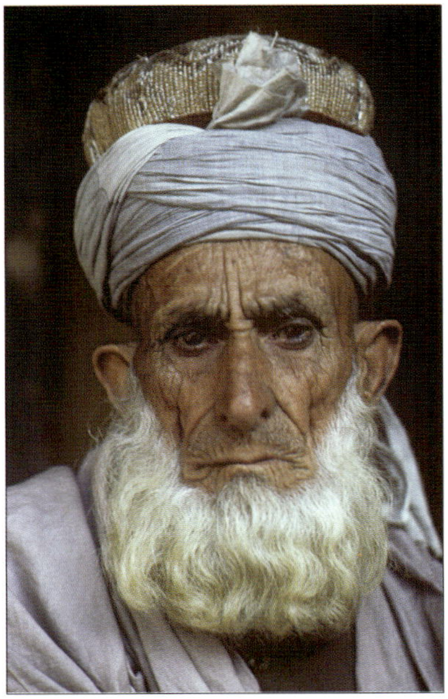

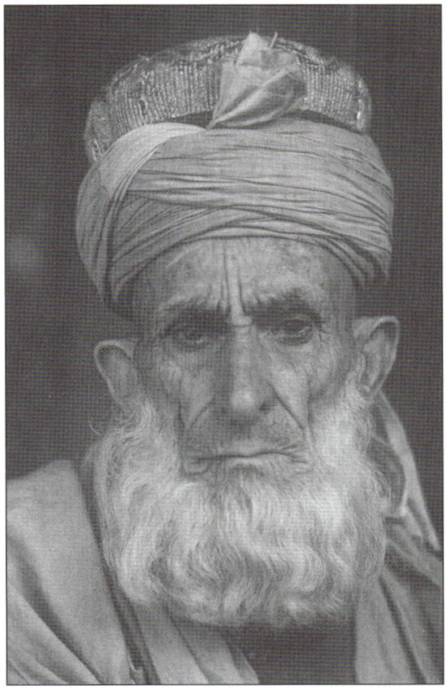

Paschtune in Pakistan
Dieses Porträt eines Paschtunen (Pathanen) hat den höchsten Rotanteil. Dies bemerkt man, wenn man den Durchschnitt ermittelt *(siehe Seite 543)*. Die Umwandlung erfolgte demzufolge mit einem von Rot dominierten Mix.

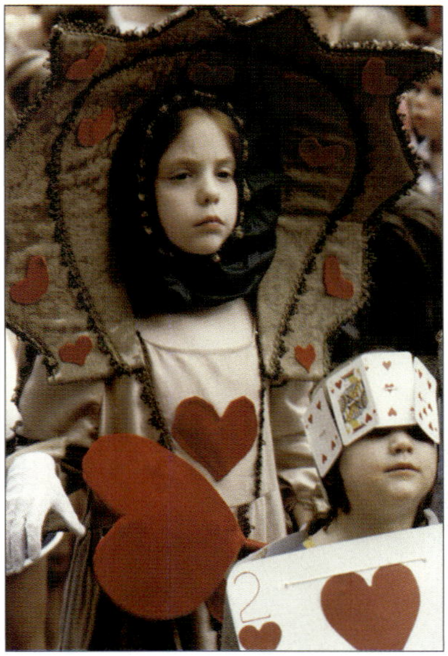

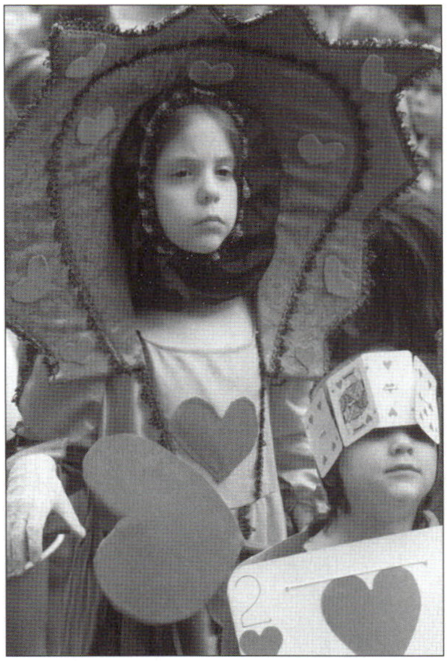

„Mad Hatter's Tea Party"
Helle Haut reagiert maßvoll auf Veränderungen im Rotkanal, die Wahl der Gewichtung ist Geschmackssache – durch den aufhellenden Effekt kann die Haut leicht zu blass wirken.

Die Feinabstimmung dunkler Haut

Sehr dunkle Haut, wie jene vieler afrikanischer Völker, erfordert bei der Umwandlung in Schwarzweiß die Betonung des lokalen Kontrasts.

Wie wir gesehen haben, gibt es bei den Farben von Haut große Unterschiede. Die Begriffe „Weiß“ und „Schwarz“ sind in Bezug auf den methodischen Umgang mit Hauttönen völlig unzureichend. Dennoch erfordert dunkle Haut einen anderen Zugang in Bezug auf die Tonwerte als helle. Im Prinzip wollen wir den satten, dunklen Ton behalten, ohne die Details in den Schatten zu verlieren (was nur allzu leicht passiert). Daher muss man, wie unser Beispiel zeigt, oft den Kontrast in den dunkleren Bereichen erhöhen. Das Porträt zeigt ein Mädchen aus dem Westen des Sudan, sein Hautton ist weder typisch für diesen Teil der Welt, noch ist er besonders ungewöhnlich.

Wenn wir mit Hilfe des Durchschnittsfilters die RGB-Werte einiger Bereiche des Gesichts analysieren, zeigt sich, dass der Rotanteil in allen Teilen am höchsten, der Blauanteil überall am geringsten ist. Beachten Sie jedoch,

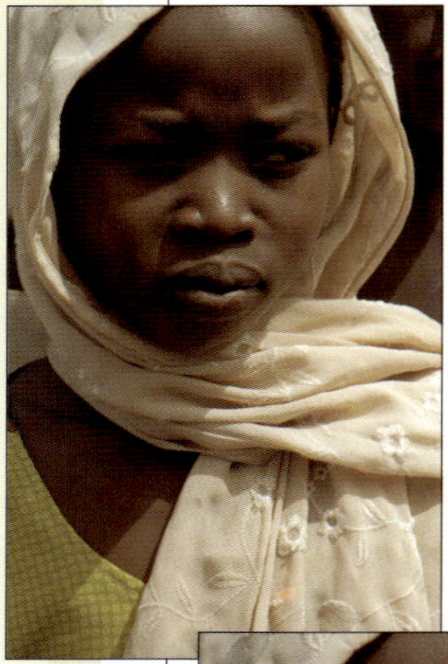

Farbiges Original
Im Original ist das Gesicht durch die helle, jedoch tief stehende Sonne halb im Schatten. Die dominierende Farbe ist Braun, der Rotanteil ist daher sicher hoch. Wir messen die Helligkeit mit der HSB-Option der Infopalette, sie liegt in den hellsten Bereichen bei 40%, in der Mitte bei 30% und in den Schatten bei 20%.

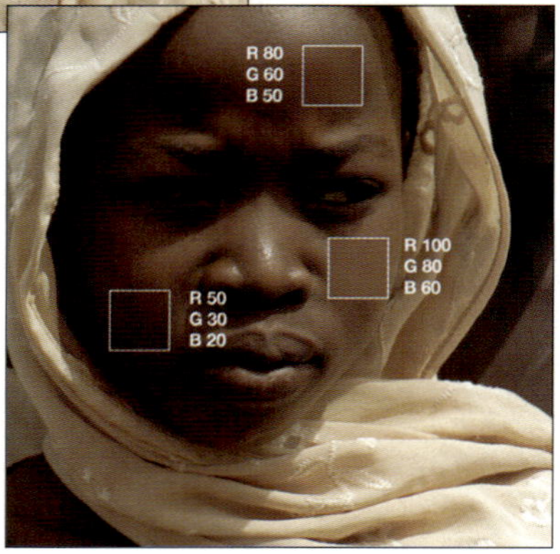

Die Standardeinstellung des Kanalmixers
Beim Öffnen des Kanalmixers sehen wir die Standardeinstellung von 100% Rot, in diesem Fall auch die dominierende Farbe. Die Helligkeit des Gesichts ist ausreichend, es fehlt ihm aber an Kontrast.

Proportionale Mischung
Bezugnehmend auf die Durchschnittswerte der Farbfelder passen wir den Kanalmixer grob den Messwerten an, der Rotanteil ist am höchsten, der Blauanteil am geringsten. Die Lichter bleiben erhalten, der Kontrast ist allgemein höher, im Gesicht jedoch nach wie vor zu gering.

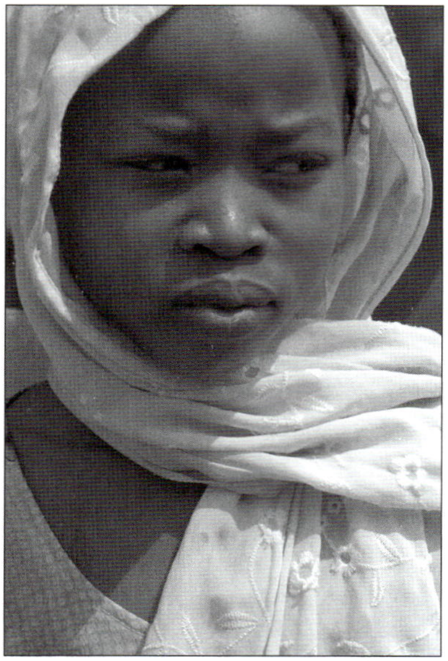

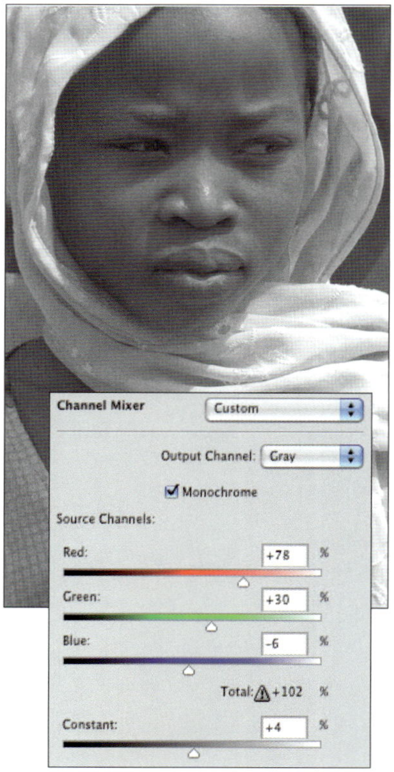

dass sich die Proportionen im Schatten stark verschieben, sodass der Rotanteil dort weit höher ist als an den von der Sonne beschienenen Stellen. Dies beeinflusst bei der Umwandlung in Schwarzweiß den Kontrast. Allerdings kann dunkle Haut auch weit weniger rot sein. Ist sie neutral oder sehr dunkel, wird sie die Farben der Umgebung reflektieren – und zwar weit stärker als helle Haut – und unter blauem Himmel sogar leicht bläulich erscheinen.

Im Kanalmixer wird der stärkste Kanal kaum davon bestimmt, dass das Bild als Ganzes aufzuhellen oder abzudunkeln ist, vor allem der Kontrast ist wichtig. Außer einigen ausgeprägten Lichtern (auf der Stirn, der Nasenspitze und den Lippen) liegen alle Werte im unteren Bereich der Tonwertskala. Dadurch wirkt das Bild flach, man muss einen ausreichend hohen Kontrast erreichen. Ein erstes zufrieden stellendes Ergebnis ergaben die Einstellungen des Kanalmixers gemäß der gemessenen RGB-Werte, doch eine extremere Mischung, die den Kontrast im Gesicht stark erhöhte, gefiel uns weit besser. Leider hat der helle Schal diese Behandlung nicht unbeschadet überstanden, sodass eine Montage nötig wurde. Keine elegante und eine keinesfalls immer notwendige Lösung, doch sie brachte das gewünschte Ergebnis.

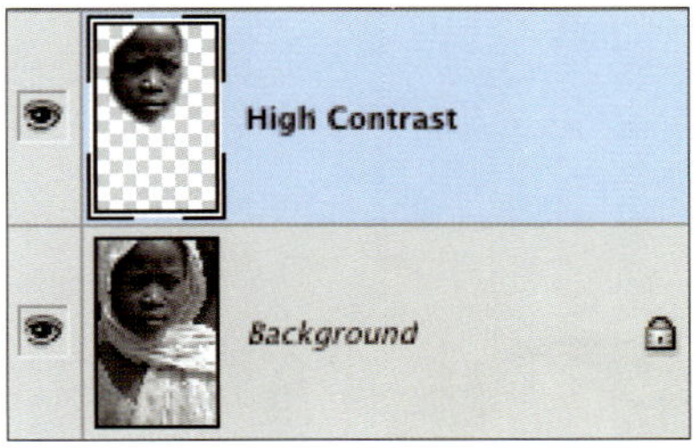

Ebenenkomposition
Die einzige Lösung ist die Kombination des Gesichts der kontrastreichen Mischung mit der Kleidung der proportionalen Mischung. Wir legen beide als Ebenen übereinander und entfernen die unerwünschten Stellen.

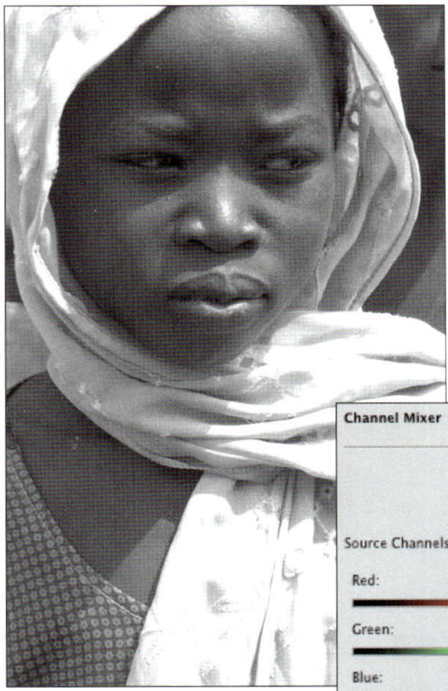

Kontrast-betont
Wir ignorieren fürs Erste die Kleidung und passen die Mischung so an, dass das Gesicht kontrastreich wird. Durch Probieren ergibt sich ein mittlerer Rot- und ein hoher Blauanteil. Das Ergebnis ist gut, doch der Schal reißt völlig aus.

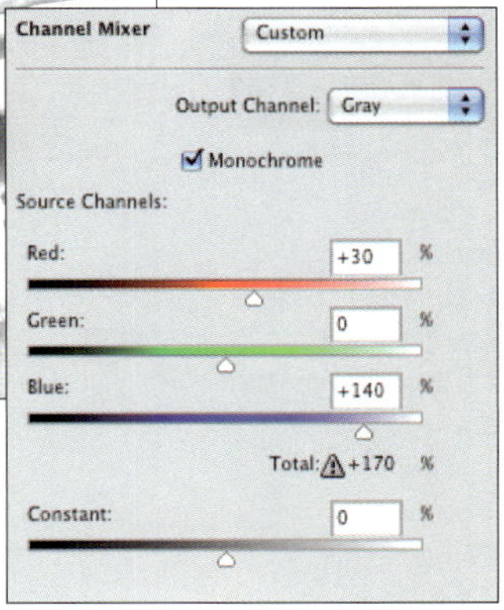

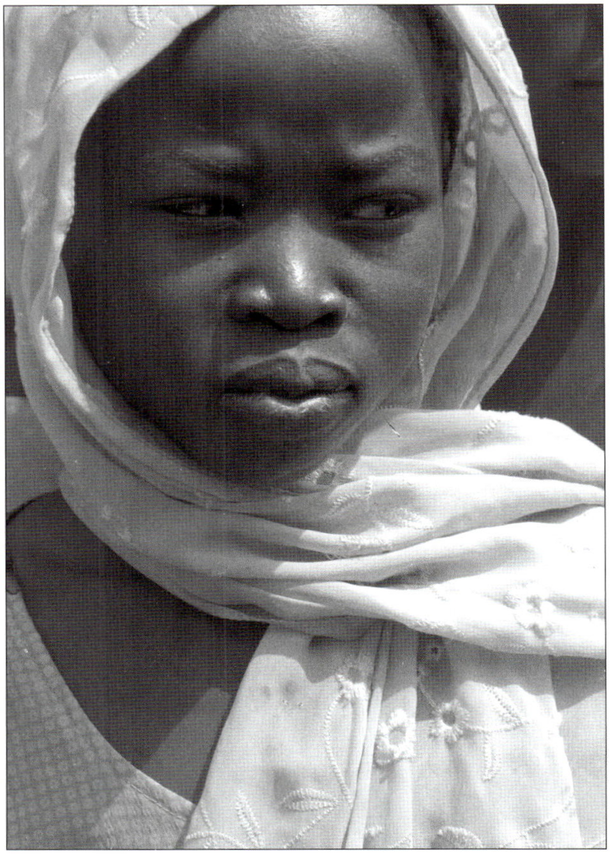

Die Feinabstimmung heller Haut

Helle Haut profitiert in der Regel von einem Ansatz, der dem eben gezeigten entgegengesetzt ist – nämlich geringer lokaler Kontrast und weniger Textur.

Die Tonwertverteilung in einem hellhäutigen Gesicht unterscheidet sich ziemlich von jener bei dunkler Haut und verlangt für gewöhnlich einen High-Key-Effekt. Ausgenommen davon sind Mund, Augen und Brauen, die in der Praxis meist recht auffällig sind und wie hier eine spezielle Behandlung brauchen. Der Begriff „helle Haut" deckt selbstverständlich einen weiten Bereich von Hauttönen ab, es gibt ethnische Unterschiede ebenso wie Variationen durch den Teint (gerötet, blass, Sommersprossen) und natürlich durch Make-up.

Für ein attraktives Ergebnis müssen auch Details beachtet werden, wie Variationen in der Pigmentierung. Es wäre unfair, sie „Fehler" zu nennen, doch vom Standpunkt der „Schönheitsfotografie" aus gilt ihre Entfernung oder Milderung meist als Verbesserung. Daraus eine Regel abzuleiten wäre falsch, bei Reportagen sollten Gesichter immer so bleiben, wie sie sind, doch hier bemühen wir uns um ein Bild, das der Porträtierten gefällt. Ich habe absichtlich ein Gesicht mit Sommersprossen gewählt, denn diese haben einen deutlich höheren Rotanteil als die restliche Haut und werden allzu leicht zu prominent. Man kann sie aber beim Mischen der Kanäle auch ganz verlieren.

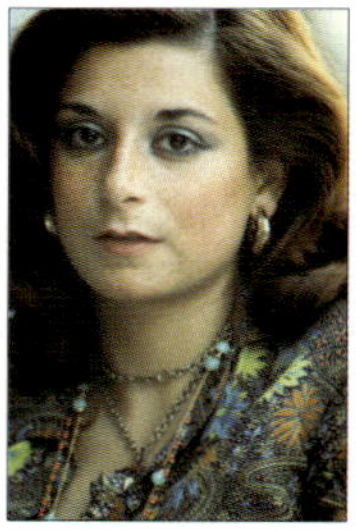

Farbiges Original
Die Kombination aus Teint, Augen-Make-up und Kleid lässt das Bild sehr farbig wirken. Es wird daher auf jede Änderung im Kanalmixer stark ansprechen. Zu beachten ist auch, dass die rosigen Wangen auf Variationen im Rotkanal stärker reagieren werden als die Sommersprossen.

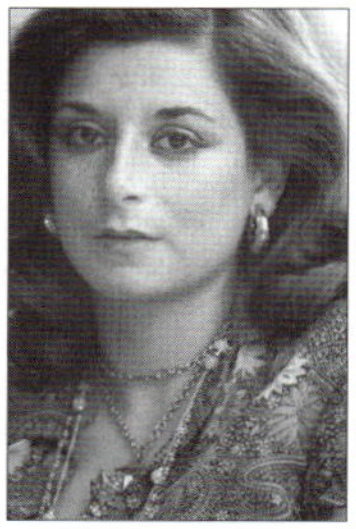

Standard-graustufen
Bei der Umwandlung in den Graustufenmodus von Photoshop, die wie wir wissen Grün betont, treten die Sommersprossen stärker hervor als gewünscht, die Wangen werden etwas zu dunkel.

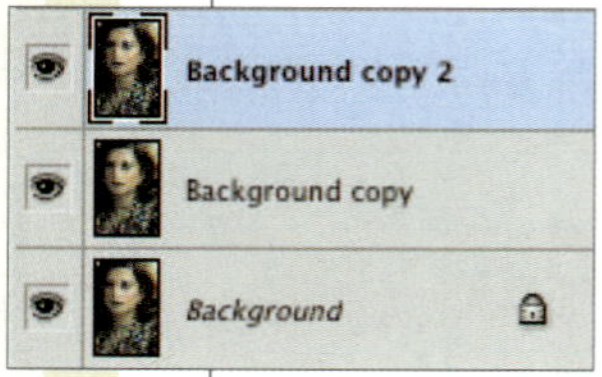

Ebenen duplizieren
Da wir wahrscheinlich für einzelne Teile des Porträts unterschiedliche Einstellungen benötigen werden, erstellen wir im ersten Arbeitsschritt einige Duplikate der Hintergrundebene, die wir später zusammenfügen werden.

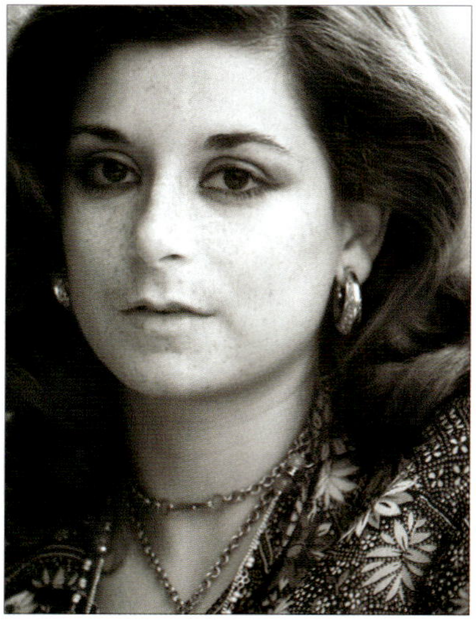

Extremes Rot
Die Öffnungseinstellung des Kanalmixers von 100% Rot ist unser Ausgangspunkt. Wie erwartet wird das Gesicht als Ganzes heller, die Sommersprossen treten zurück – leider aber auch der Mund, da der rote Lippenstift ebenfalls aufgehellt wurde. Und auch die Augen wurden unnatürlich dunkel und die Lichtspitzen im Haar zu hell. Die Mischung kommt in die unterste, die Hintergrundebene. Beachten Sie, dass wir die Sommersprossen nicht ganz entfernen, sondern nur etwas zurücknehmen wollen.

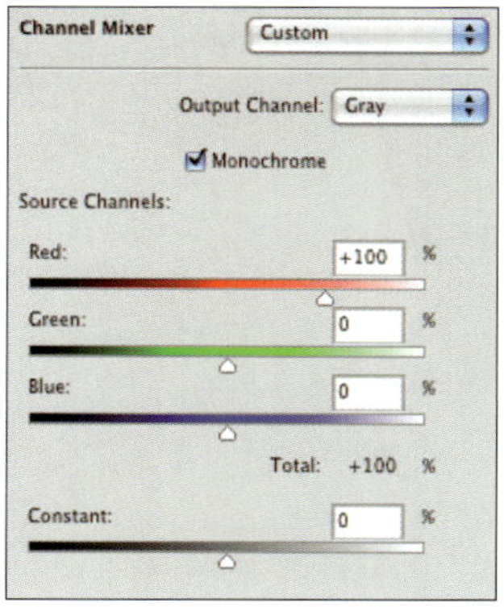

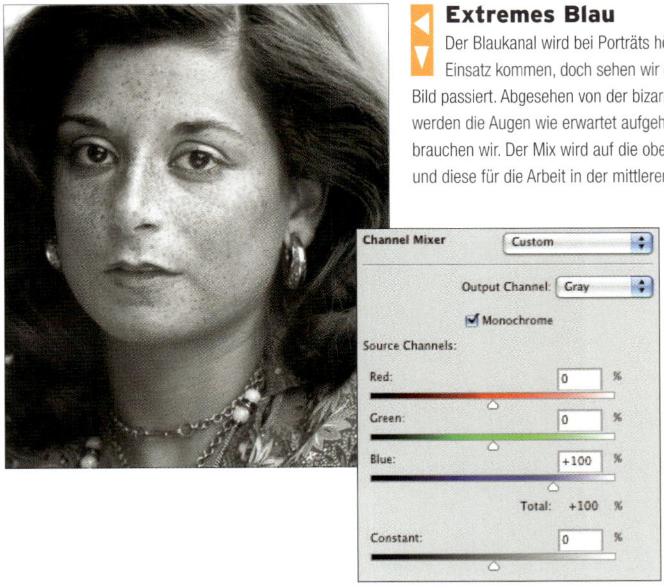

Extremes Blau

Der Blaukanal wird bei Porträts höchst selten zum Einsatz kommen, doch sehen wir einmal, was bei diesem Bild passiert. Abgesehen von der bizarren Gesichtsfarbe werden die Augen wie erwartet aufgehellt – und genau das brauchen wir. Der Mix wird auf die oberste Ebene angewandt und diese für die Arbeit in der mittleren Ebene ausgeblendet.

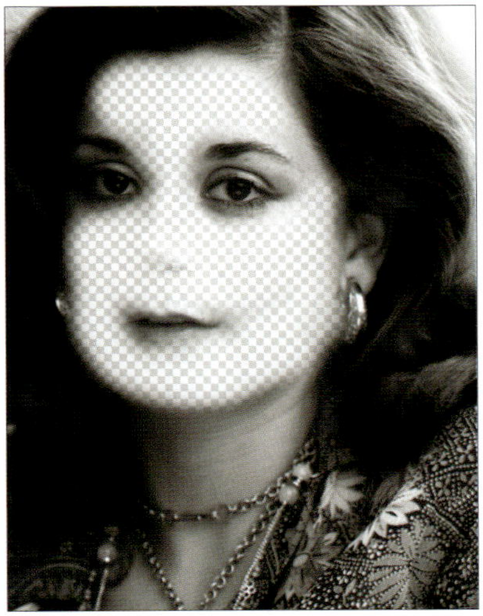

Erste Montage

Nun entfernen wir aus der mittleren Ebene (der Rot-Grün-Mischung) mit einem weichen Pinsel das gesamte Gesicht bis auf Augen und Mund.

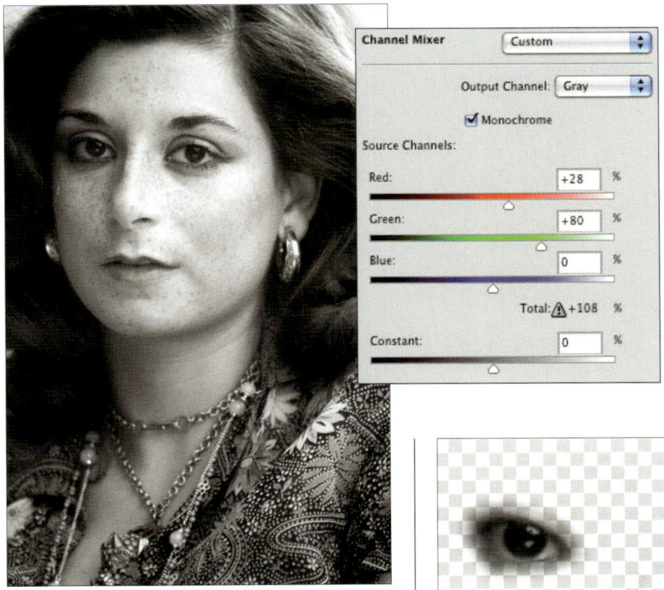

Rot und Grün in ausgewogenem Verhältnis

Unter der Voraussetzung, dass wir die beiden extremen Mischungen zum Teil verwenden werden, mixen wir die mittlere Ebene analog zur Standardmethode bei der Umwandlung in Graustufen, entfernen den Blaukanal jedoch komplett.

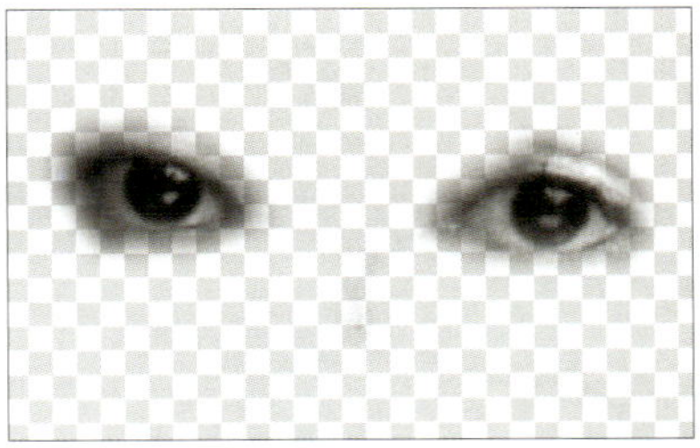

Zweite Montage

Zum Schluss blenden wir die oberste Ebene (blaue Mischung) wieder ein und entfernen alles bis auf die Augen, die in diesem Kanal am hellsten dargestellt werden.

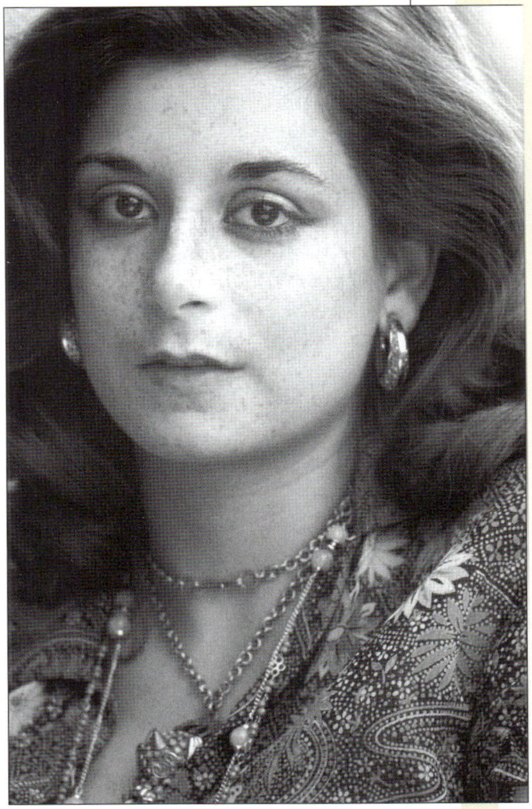

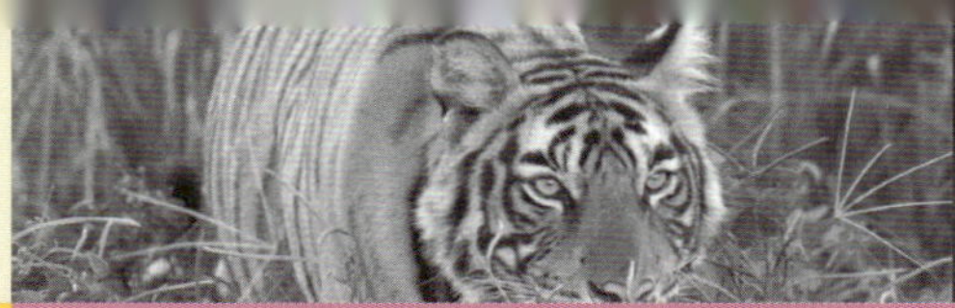
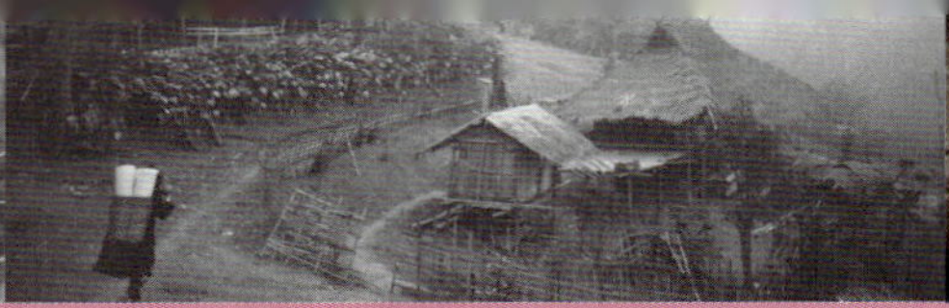
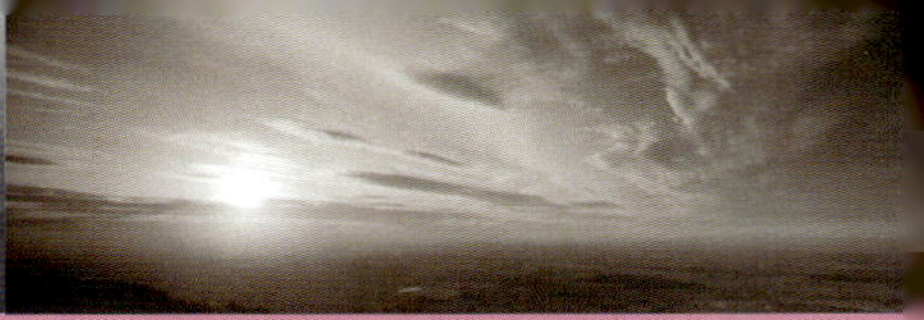
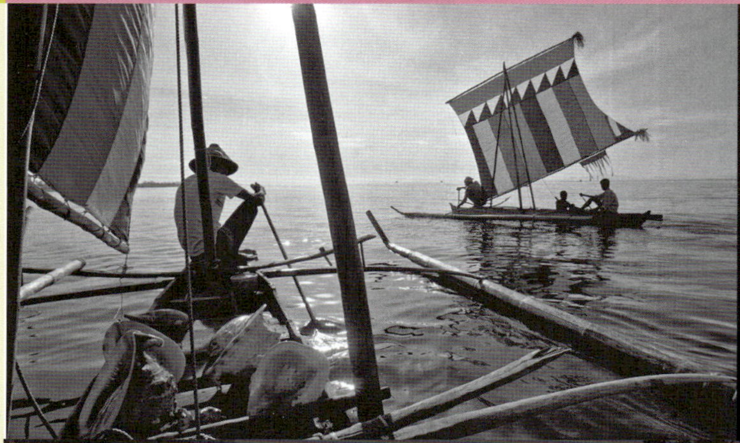
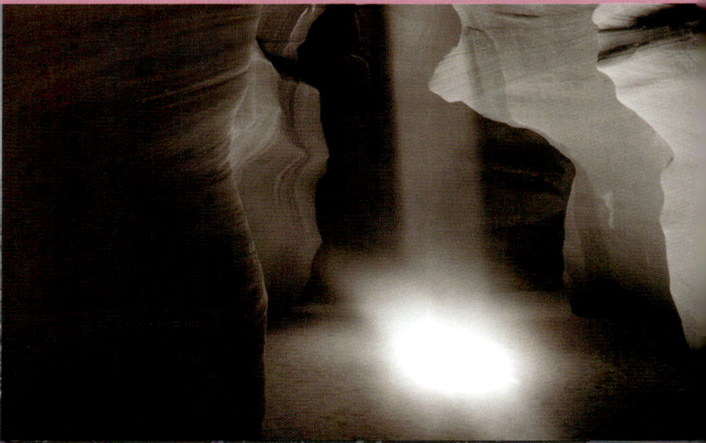
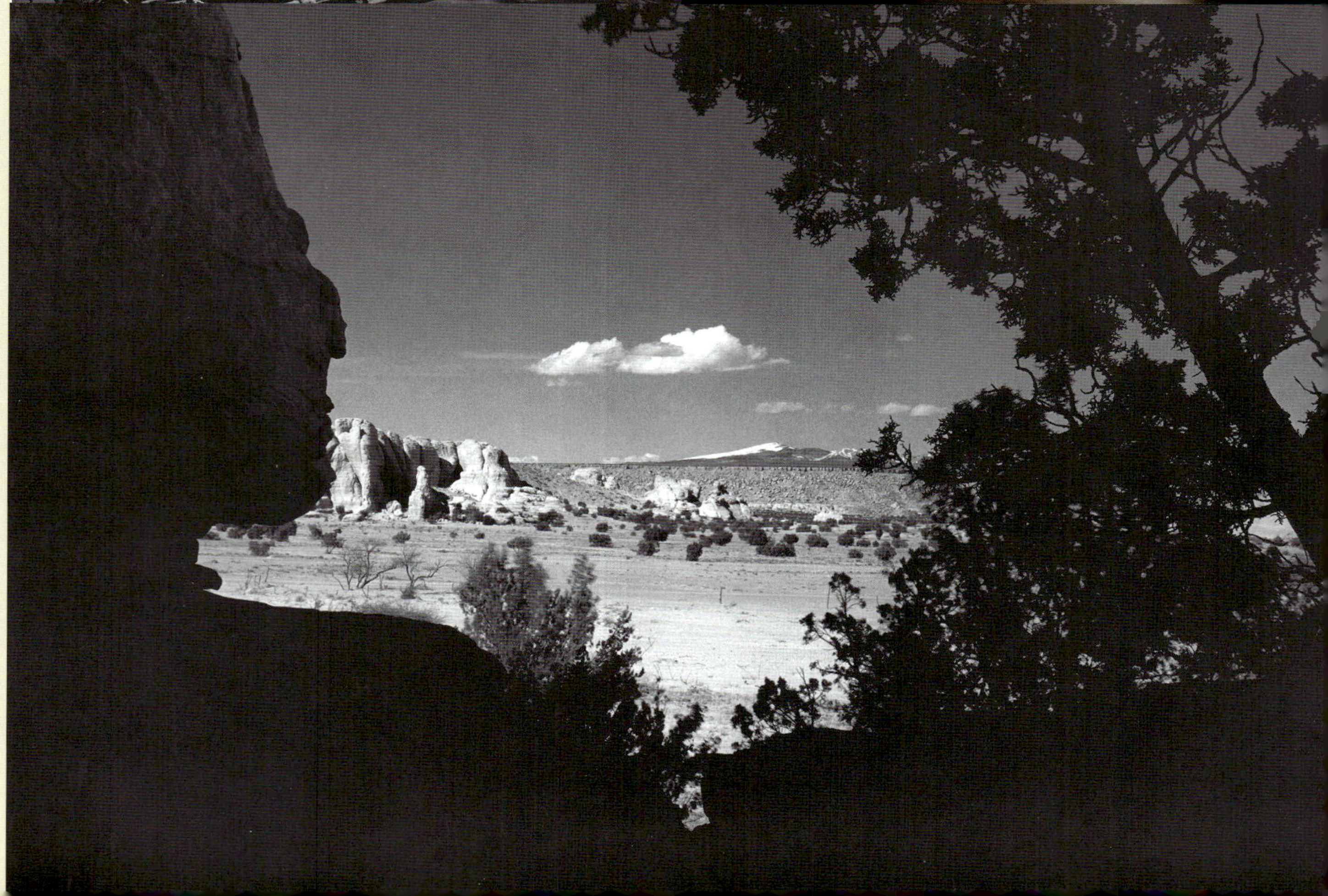

Schwarzweiß digital

Nachdem wir die relativen Tonwerte der Farben in einer Szene festgelegt haben, ist der nächste Schritt die Optimierung des Schwarzweißbildes. Dies ist das fundamentale, essenzielle Stadium des Workflows und selbstverständlich Teil der Nachbearbeitung. Da die Optimierung am Computer und nicht in der Kamera erfolgt, ist sie der traditionellen Entwicklung verwandt. Abhängig vom Format der Aufnahme – JPEG, TIFF oder RAW – werden der tatsächliche Ablauf und der dadurch bedingte Aufwand variieren, jedoch stets mit demselben Ziel – das Beste aus einem Bild zu machen. Dabei führt die Digitaltechnik zu einem Umdenken in Bezug auf die Bildqualität. Es gibt anerkannte Softwaretechniken für jeden Aspekt, von der Einstellung des Tonwertumfangs bis zu exakten Vergrößerungen, die Details präzisieren. Vieles davon kann man innerhalb ein und desselben Bildbearbeitungsprogramms erledigen, das bekannteste ist nach wie vor Adobe Photoshop, doch es gibt auch Spezialsoftware für bestimmte Aufgaben, etwa das Montieren von verschiedenen Belichtungen zu einem einzigen Bild. Daher wird die Optimierung für einige Fotografen mit zwei oder drei Aktionen in nur einem Programm erledigt sein, während andere verschiedene Programme für eine Reihe von Arbeitsschritten verwenden.

Abgesehen von der Optimierung gibt es immer auch die Möglichkeit, ein Bild verschieden zu interpretieren. Ein Silberhalogenidnegativ kann in der traditionellen Schwarzweißfotografie auf vielerlei Arten vergrößert werden. Es enthält eine Reihe potenzieller Positive, und ein erfahrener Fotograf kann seine Grenzen und Möglichkeiten ausloten. Sie wollen vielleicht starken Ausdruck mit intensivem Schwarz oder aber ein voll durchgezeichnetes Bild, das weniger Pep hat, aber in Lichtern und Schatten alles deutlich zeigt. Solche subjektiven Entscheidungen verlangen Geschick bei der Vergrößerung und Voraussicht, da die Genauigkeit der Arbeit erst nach dem Trocknen des Abzugs sichtbar ist.

Digitales Schwarzweiß macht auf drei Gebieten mehr aus der Idee des potenziellen Bildes: Erstens sind in der Regel weit mehr Informationen verfügbar, vor allem im RAW-Format. Wenn manche Fotografen vom „digitalen Negativ" sprechen, ist genau das gemeint, ein Format, das so genau wie möglich jenes Bild speichert, das der Kamerasensor aufgenommen hat – ein Datenpool, der verschieden „entwickelt" werden kann. Der wichtige Unterschied zum analogen Negativ ist der, dass die Informationen getrennt sind – die Farben sind zum Beispiel in drei Kanälen gespeichert, sodass unendlich viele tonale Interpretationen möglich werden, wie wir im letzten Kapitel gesehen haben. Zweitens werden die Bearbeitungswerkzeuge immer besser – sie verwenden immer ausgefeiltere Algorithmen zur Verteilung der Tonwerte von Schwarz nach Weiß. Und drittens sind alle Arbeitsschritte von der Aufnahme bis zum Druck ein ununterbrochener Prozess auf dem Computer, und die drei beteiligten Geräte – Kamera (direkt oder über Speicherkarte), Computer, Drucker – arbeiten eng zusammen, der Workflow wird direkt und effizient.

Das Zonensystem

Diese klassische Methode der Zuordnung von Tonwerten stellt sicher, dass der endgültige Druck alle wichtigen Details wiedergibt.

Das Zonensystem wurde Ende der 1930er-Jahre von Ansel Adams und Fred Archer entwickelt. Sein Ziel ist die allgemein verständliche Anwendung der Sensiometrie – ein einfacher Weg, die Helligkeitsstufen einer Szene über die Kamera in den Tonwertbereich des Drucks zu übersetzen. Obwohl sich das System auf Schwarzweißfilm bezog, kam es durch die Digitalfotografie zu neuer Blüte, und zwar genau deshalb, weil nun die exaktesten Mittel zur Anpassung der Töne verfügbar sind. Im Mittelpunkt steht die Idee, die Skala der Graustufen, von den dunkelsten Schatten bis zu den hellsten Lichtern, in Zonen zu unterteilen. Theoretisch gibt es, wie hier gezeigt, zehn mit römischen Zahlen nummerierte Zonen. 0 ist reines Schwarz, IX reines Weiß und V Mittelgrau. Laut Adams und Archer sollte dieses Werkzeug Fotografen von technischen Überlegungen befreien und „die Umsetzung einer persönlichen kreativen Aussage" ermöglichen. Für jeden, der die Kunst der Fotografie schätzt und sich Zeit für seine Aufnahmen nimmt, ist es die beste aller Methoden.

Zunächst muss man die wichtigsten Töne einer Szene identifizieren – wichtig für Sie, niemanden sonst. Es gibt drei Schlüsselzonen: V, Mittelgrau, entsprechend der Standardgraukarte, III, ein dunkler, doch deutlicher Ton im Schatten, und VII, ein signifikanter Ton in den Lichtern. Die Tonwerte der Szene werden den zehn, je einer Blende entsprechenden Zonen zugeordnet. Zuerst platzieren Sie den wichtigsten Tonwert in der gewünschten Zone, die Textur im Schatten also in Zone III. Da die Zonen um je eine Blende differieren, fallen die anderen Tonwerte automatisch in die passenden Zonen. Zone V ist die einzige Konstante – sie ist immer Mittelgrau. Im Grunde ist das Zonensystem eine Methode, verschiedenen Bildteilen Prioritäten zuzuordnen.

Jeder Fotograf hat seine eigene Ansicht über die tonalen Qualitäten eines Bildes und das Zonensystem erlaubt diese Individualität. Setzt man es erfolgreich ein, ist sichergestellt, dass der Druck dem Eindruck entspricht, den Sie von einer Szene haben und der sich von der Ansicht anderer unterscheiden kann. Ein weiterer Vorteil des Zonensystems ist, dass es auf den gegenüber der Kamera geringeren Dynamikumfang von Papier Rücksicht nimmt (die Kamera selbst kann wiederum nicht den gesamten Helligkeitsumfang einer kontrastreichen Szene des wirklichen Lebens einfangen).

Zuordnung von Zonen
Bewegt man die Skala über einen Druck, sieht man sofort, welche Töne im Bild welchen Zonen entsprechen. In einer Szene mit mittlerem Kontrast, wie hier, sind alle Zonen vertreten. Tut man dies im Geist, kann man den Druck vorhersehen, der in diesem Fall auch um eine Zone, also eine Blende, variieren könnte.

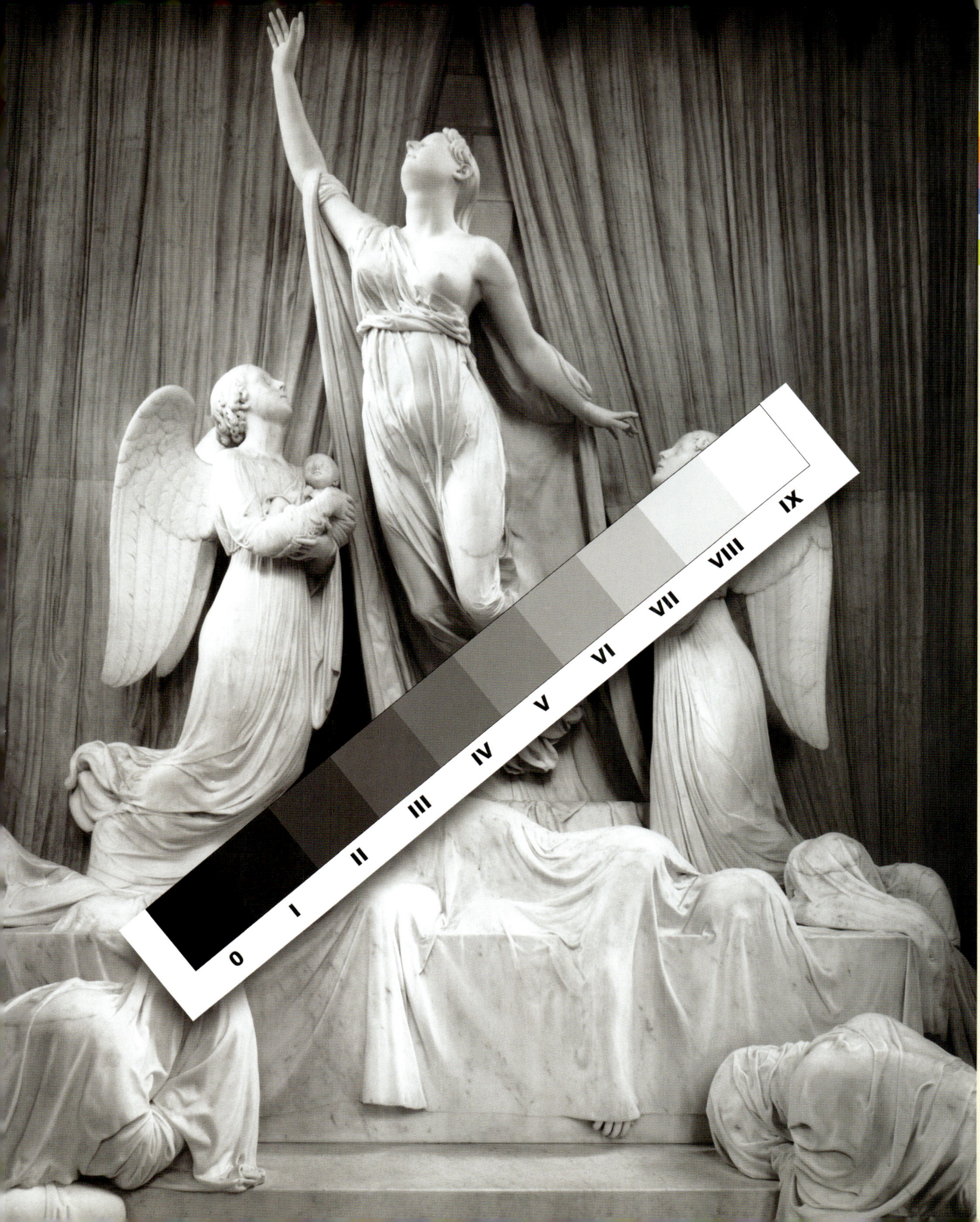
0
I
II
III
IV
V
VI
VII
VIII
IX

Fallstudie: **Einen Ton zuordnen**

Das Zonensystem funktioniert am besten, wenn Sie sich Zeit nehmen, die Helligkeit in verschiedenen Teilen der Szene zu beachten und zu messen. Das Konzept des Blicks auf ein Shakerdorf in Neu England über den Schaukelstuhl hinweg musste wohl oder übel zu Problemen mit dem Kontrast führen. Ohne die spätere Bearbeitung mit einzubeziehen, gab es zwei mögliche Interpretationen. In der helleren Version wurde der gerade noch sichtbare Bereich zwischen dem Fenster und der Tür Zone II zugeordnet, sodass noch wenige Details erkennbar waren. Dadurch ging allerdings die Zeichnung der Details des weißen Lattenzauns draußen verloren, die in Zone VIII fielen. Hielte man hingegen den Zaun für wichtig, müsste man die Schattenzeichnung links von der Tür opfern – oder später in der Nachbearbeitung wiederherstellen. In diesem Fall wählten wir die zweite, dunklere Einstellung, um gekappte Lichter zu vermeiden.

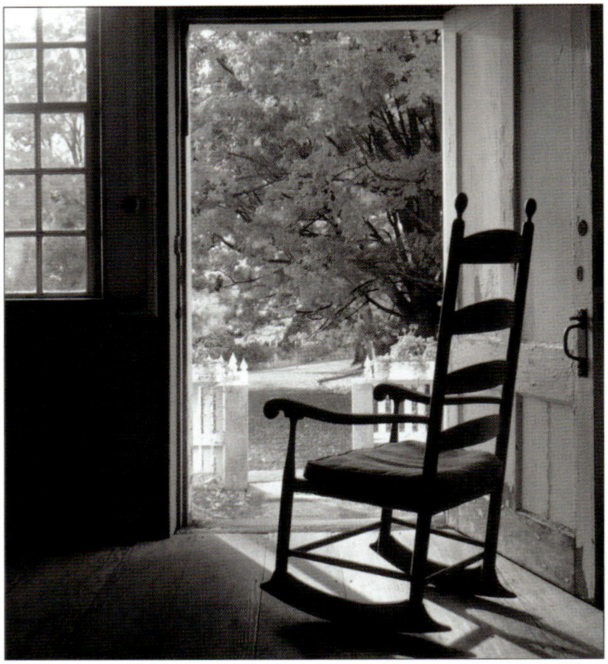

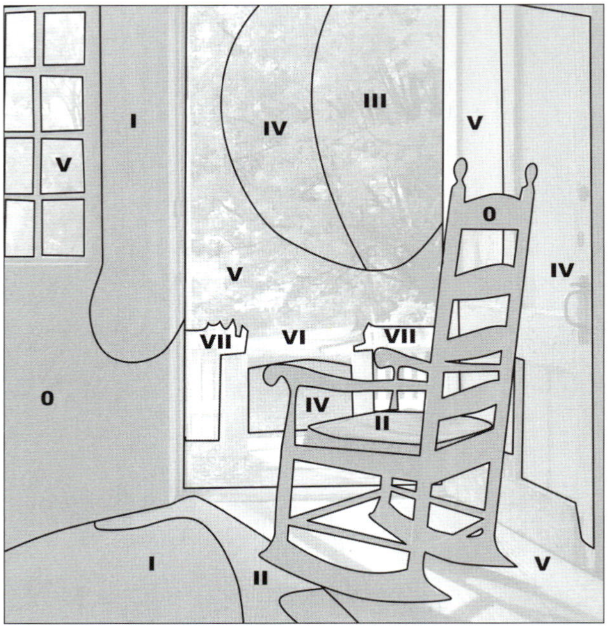

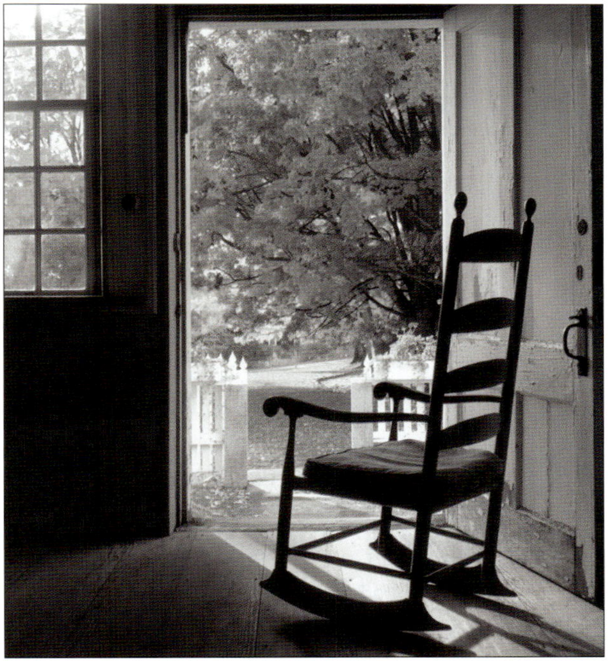

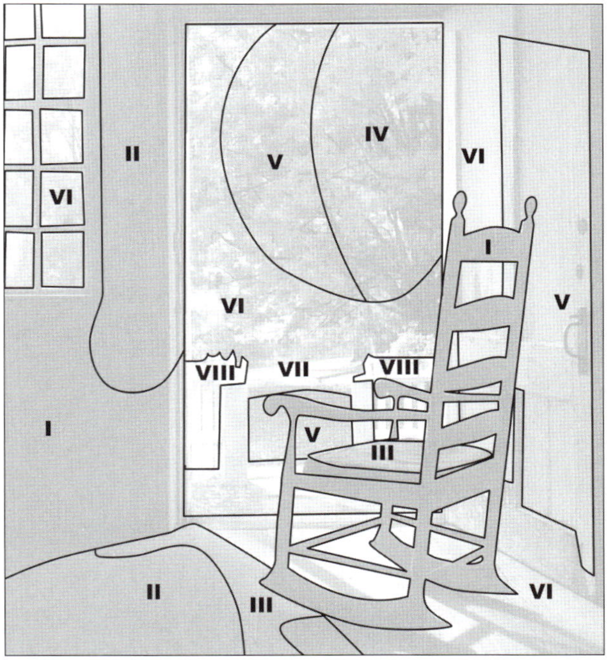

Die Zonen

Zone 0
Solides, maximales Schwarz. RGB-Wert 0,0,0. Keine Details.

Zone I
Fast schwarz, wie in tiefen Schatten. Keine erkennbare Textur.

Zone II
Erster Hinweis auf Textur im Schatten. Geheimnisvoll, gerade noch sichtbar.

Zone III
DETAILS IM SCHATTEN. Eine Schlüsselzone in vielen Szenen und Bildern. Textur und Details klar erkennbar, wie etwa die Falten und das Gewebe von dunklem Stoff.

Zone IV
Typischer Schattenwert, wie in dunklem Laub, im Schatten von Gebäuden, in Landschaften und Gesichtern.

Zone V
MITTELTON. Der zentrale Wert. Durchschnittliches Mittelgrau wie auf einer 18%-Graukarte. Dunkle Haut, helles Laub.

Zone VI
Durchschnittlich helle Haut, Beton unter bedecktem Himmel.

Zone VII
DETAILS IN DEN LICHTERN. Blasse Haut, heller, gut erleuchteter Beton. Gelb- und Rosatöne sowie andere offensichtlich helle Farben.

Zone VIII
Der letzte Hinweis auf Textur in hellem Weiß.

Zone IX
Reines Weiß, RGB-Wert 255,255,255. Nur akzeptabel für spektakuläre Spitzen.

Die Tonwertverteilung anpassen

Schritt zwei, nachdem Schwarz- und Weißpunkt gesetzt wurden, ist die Optimierung der Helligkeit der Mitteltöne.

Sind die Endpunkte des Tonwertbereichs gesetzt, können Sie mit der Tonwertverteilung experimentieren. Achten Sie auf den Unterschied zwischen der Aufhellung und Abdunklung des gesamten Bildes und der Änderung der Werte innerhalb eines bestimmten Bereichs (siehe Kasten). Wichtig ist, dass Sie erst Schwarz- und Weißpunkt setzen und dann die Tonwertverteilung anpassen.

Das Standardwerkzeug dafür ist der Dialog Gradationskurven, also zuerst Tonwertkorrektur, dann Gradationskurven. Die RGB-Kurve beginnt als Diagonale von Schwarz (0) unten links bis Weiß (255) oben rechts. Die horizontale Achse repräsentiert die Anfangswerte, den Input, die vertikale den Output.

Solange Sie die Endpunkte der Kurve dort lassen, wo sie sind, nämlich in den Ecken, wird sich der Tonwertumfang, den Sie in der Tonwertkorrektur festgelegt haben, nicht ändern. Man kann sie verschieben – dadurch ändern sich Schwarz- und Weißpunkt –, doch dabei erhält man oft extreme Resultate.

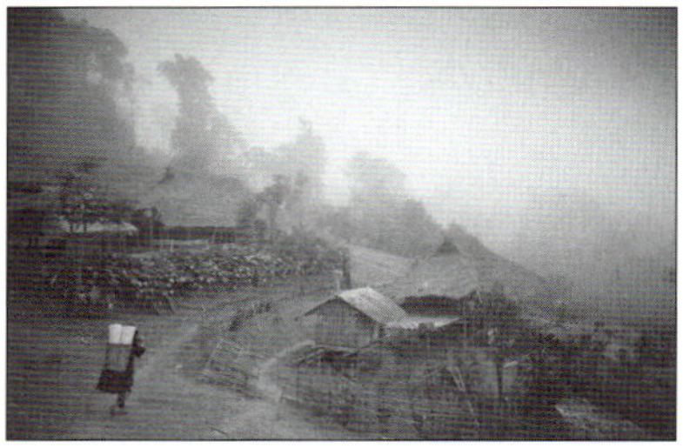

Dorf im Nebel
Voller Tonwertumfang, vor Anpassung der Mitteltöne.

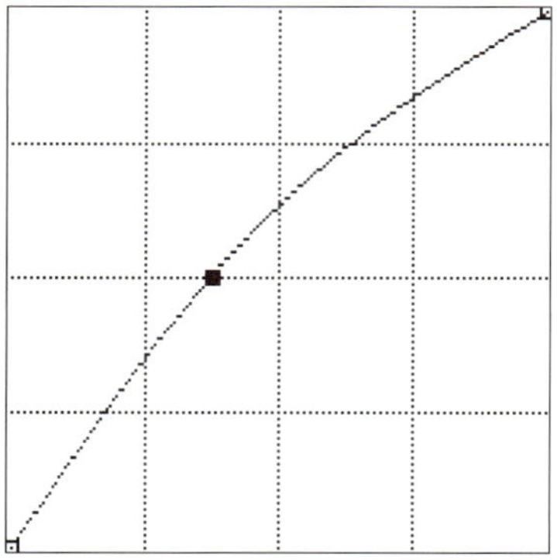

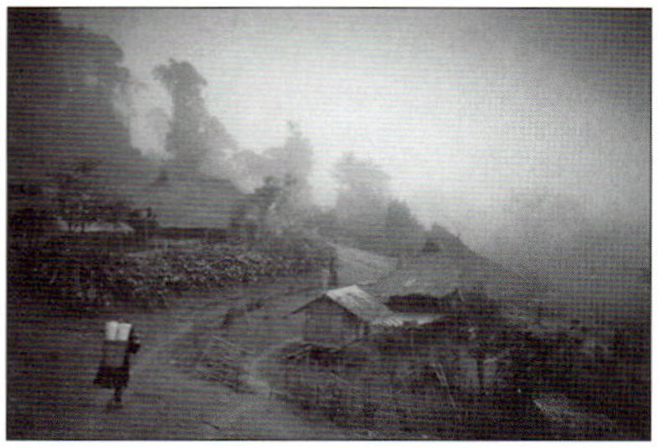

Mitteltöne dunkler
Gute Zeichnung der Lichter, Verluste im Schatten.

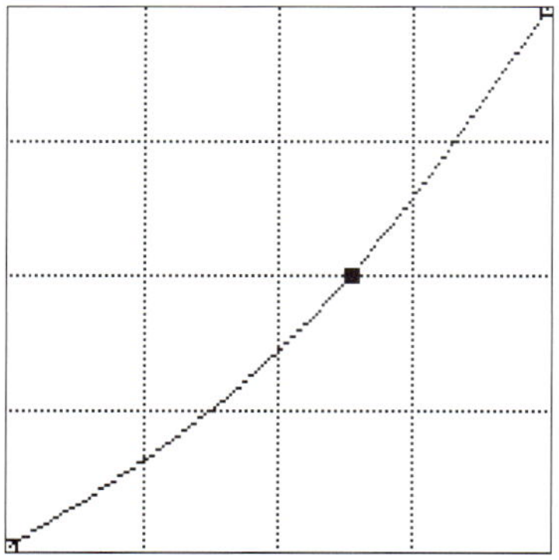

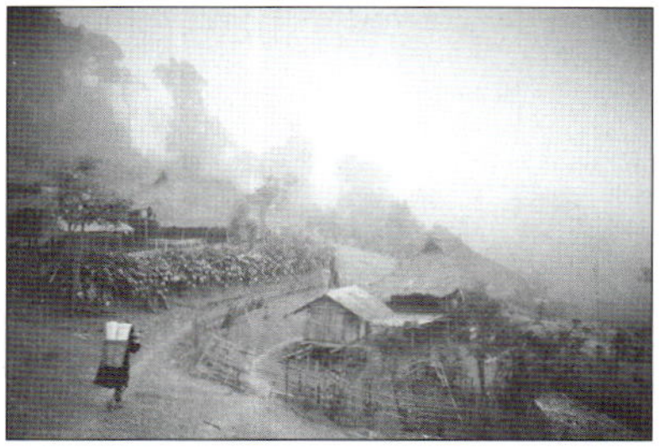

Mitteltöne heller
Bessere Schatten, der Himmel in der Mitte reißt aus.

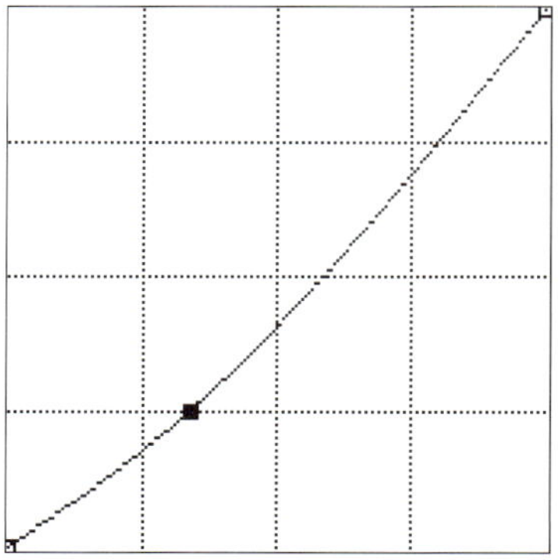

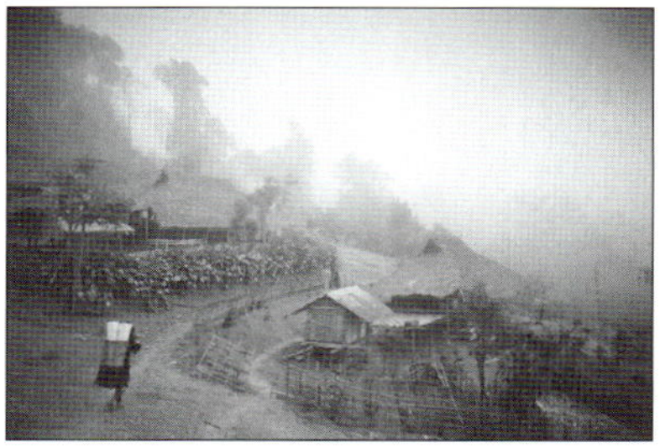

Schatten aufgehellt
Das Beste bisher, aber nicht besser als das Original.

Der horizontal und vertikal je dreimal unterteilte Raster ist eine gute Hilfe. Er gibt drei wichtige Punkte auf der Kurve an: den Mittelpunkt, die Mitte der Schatten und die Mitte der Lichter. Grundsätzlich wird das Bild dunkler oder heller, ohne dass sich Schwarz- und Weißpunkt ändern, wenn man den Mittelpunkt nach links oder rechts zieht. Dies entspricht dem Verschieben des Mitteltonreglers in der Tonwertkorrektur. Die Mitteltöne werden heller oder dunkler und ziehen die anderen Tonwerte mit sich, proportional zu ihrer Entfernung zu Mittelgrau (bzw. dem bewegten Punkt).

Doch die Tonwertverteilung kann auf vielerlei interessante Arten justiert werden. Wenn Sie statt auf den Mittelpunkt zuerst auf die mittleren Lichter (dem Kreuzungspunkt oben rechts) klicken, ist die Auswirkung auf die hellen Töne stärker als auf die dunklen. Als nächsten Schritt kann man zwei Punkte auf der Kurve unabhängig voneinander verschieben. Zieht man die mittleren Lichter nach rechts und die mittleren Schatten nach links, erhält man eine S-Kurve, der Kontrast wird erhöht. In die andere Richtung verschoben erhält man ein umgekehrtes S, geringeren Kontrast. Die unendliche Vielzahl von Möglichkeiten zur Feineinstellung macht die Gradationskurven zu einem eindrucksvollen Werkzeug zur Anpassung der tonalen Beziehungen.

Helligkeit oder Kurven

Es gibt drei Wege, die Helligkeit eines Bildes zu ändern. Der Helligkeitsregler unter *Bild > Anpassen > Helligkeit/Kontrast* verschiebt den ganzen Tonwertbereich mit Schwarz- und Weißpunkt, wobei die Lichter oder die Schatten unvermeidlich gekappt werden. Der Helligkeitsregler unter *Bild > Anpassen > Farbton/Sättigung* schiebt die Tonwerte an einem Ende zusammen, der Kontrast wird verringert. Bewegt man einen Punkt in der Mitte der Gradationskurven, ist nur der zentrale Bereich der Tonwerte betroffen. Bei beiden Methoden werden Lichter und Schatten bewahrt.

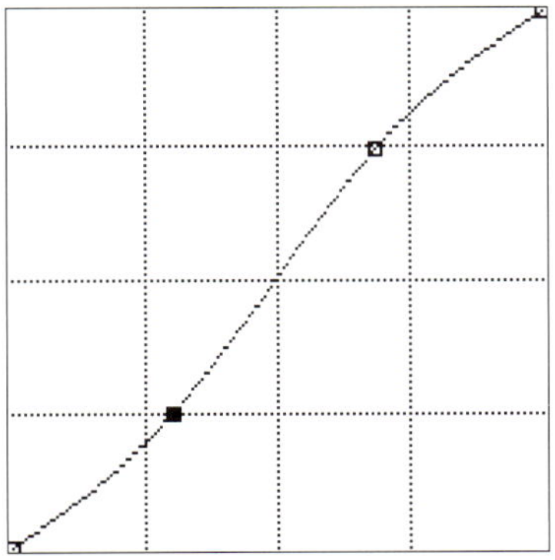

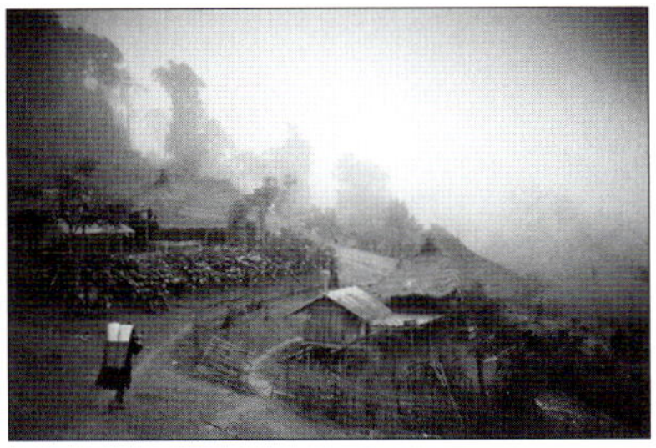

Kontrast erhöht
Gute Hütten, zu hohe Verluste an beiden Enden.

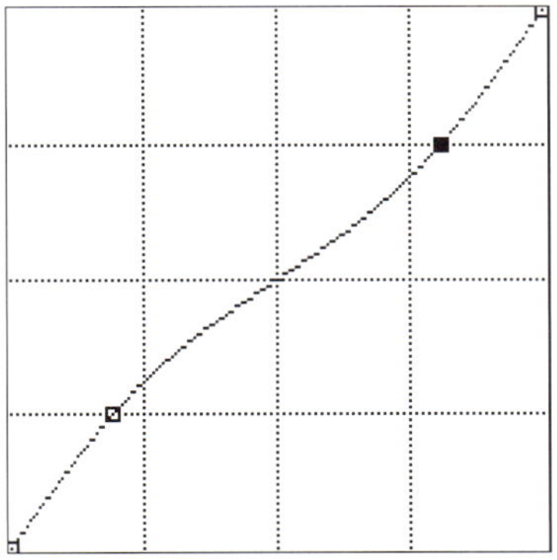

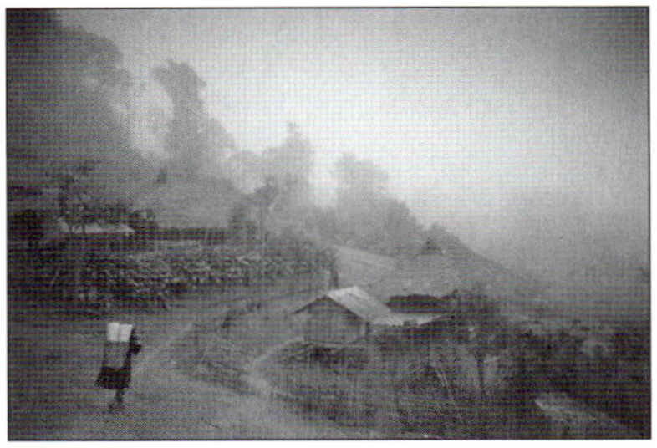

Kontrast reduziert
Sanfte Tonwertverteilung, doch die Mitte wird flach.

Endgültige Kurve
Nach den Versuchen bisher hat sich gezeigt, dass die größte Verbesserung durch erhöhten Kontrast nur der Mitteltöne, die den zentralen Teil des Bildes ausmachen, erreicht würde. Die Kurve zeigt dies: Extra Punkte in den mittleren Lichtern und den mittleren Schatten halten die beiden Enden der Skala an ihrem Platz, dann wird die Mitte vorsichtig zur S-Form gezogen.

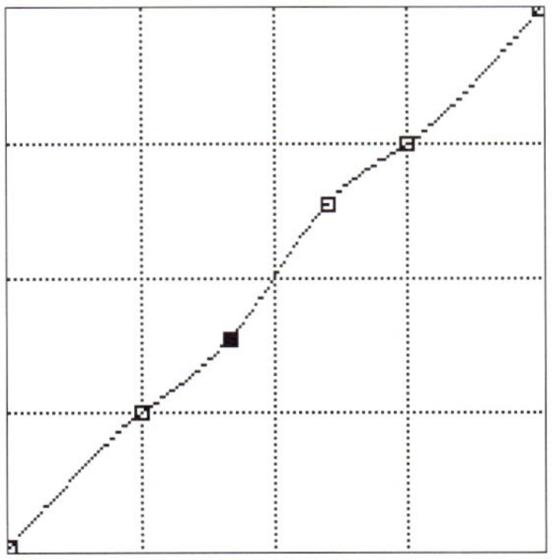

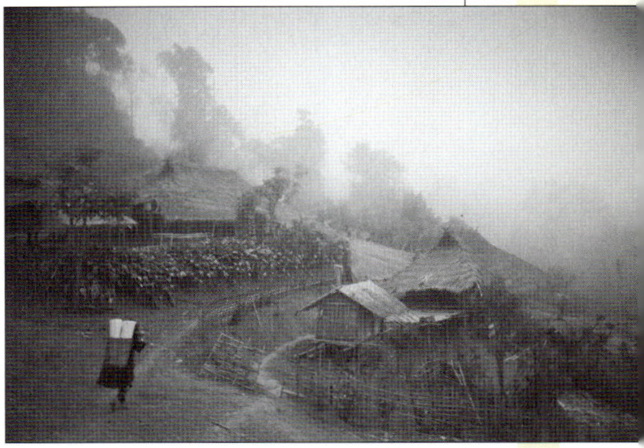

Tonwerte – ein anderer Ansatz

Photoshops Befehl „Tiefen/Lichter", der sich explizit rein fotografischen Fragen von Gegenlicht und Kontrast annimmt, passt die Tonwerte auf ganz pragmatische Weise an.

Eine relativ neue und andersartige Prozedur, die sich vor allem für Fotos eignet, teilt die Tonwerte eines Bildes in drei Zonen ein und ermöglicht für jede davon die subtile Feineinstellung von Lichtern, Tiefen und Kontrast. Statt des Prinzips der tonalen Kurven verwendet man hierbei Techniken ähnlich dem Schärfe- und anderen Filtern und sucht nach benachbarten Pixeln innerhalb eines frei wählbaren Radius. Der Befehl soll vor allem massive Schattenblöcke und ausgewaschene Lichter korrigieren, wie sie bei Objekten im Gegenlicht vor hellem Hintergrund (der erste Fall) bzw. bei Objekten, die sich zu nahe am Kamerablitz befinden (im zweiten Fall), häufig auftreten. Außer bei diesen Problemen. die Amateuren nur allzu bekannt sind, sind die ausgefeilten Algorithmen aber auch für feinste Abstimmungen bei einer Reihe von Bildern nützlich.

Wegen den Korrekturen, für die er gedacht ist, geht der Befehl „Tiefen/Lichter" von einer mehr oder weniger normalen Belichtung der Mitteltöne aus. Es gibt drei Gruppen von Reglern: für die Tiefen, die Lichter und für „Korrekturen". Für Tiefen und Lichter kann man den Bereich (Tonbreite) wählen, der angepasst werden soll und der sich von beiden Enden zu den Mitteltönen hin erstreckt. „Stärke" legt das Ausmaß der Aufhellung (der Schatten) bzw. Abdunklung (der Lichter) fest. Zuletzt legt man den Umkreis fest, in welchem der Befehl sucht, um festzustellen, ob ein Pixel als „Licht" oder „Schatten" gilt. Da der Radius in Pixel gemessen wird, ist er von der Größe des Bildes und der Größe des Objekts, das Sie anpassen wollen, abhängig. Mit den

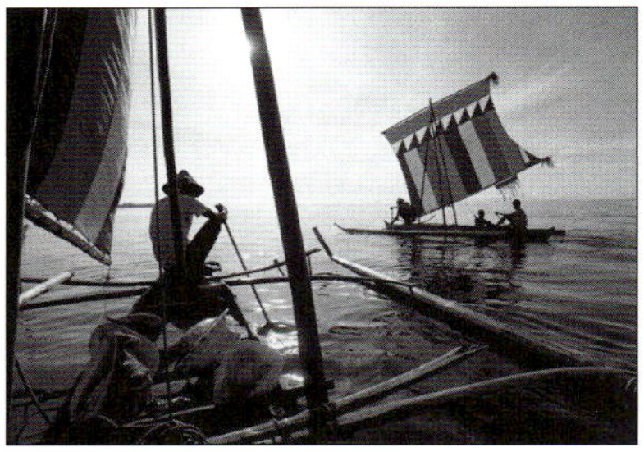

Original
Muschelfischer auf den Philippinen: Der Scan von einem Dia hat hohen Kontrast und viel Atmosphäre, doch die Details in den Schatten wurden zugunsten der Lichter bei der Belichtung geopfert.

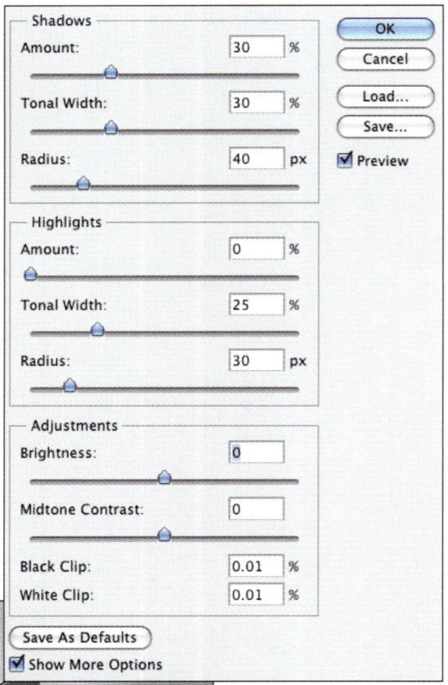

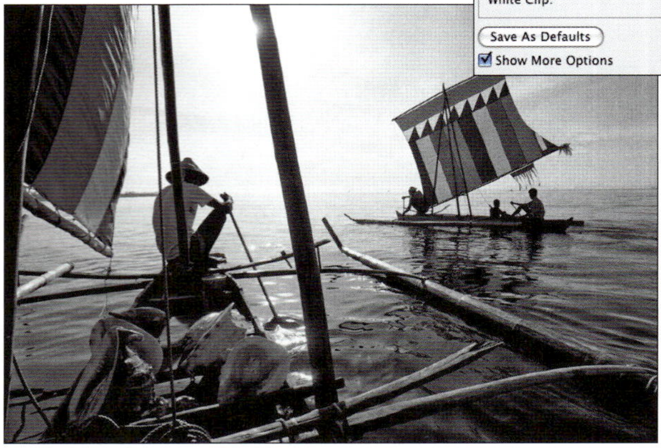

Angepasste Schatten
Da das digitale Original von einem Trommelscanner kam, gab es genug Details, um damit zu arbeiten. Mit diesen Einstellungen konnten wir die Schatten wunderbar öffnen.

beiden Reglern unter „Korrekturen" können Sie den Kontrast der Mitteltöne (jenen Bereich, der von den eingestellten Bereichen der Lichter und Tiefen nicht berührt wird) justieren und die Helligkeit in den Schatten und den Lichtern beeinflussen.

Da Schwarz- und Weißpunkt nicht verschoben werden, können Lichter nicht „ausreißen" oder Schatten „ertrinken", doch wie bei jeder Änderung führen extreme Einstellungen oft zu sonderbaren Ergebnissen. Da man den Befehl oft zur Öffnung der Schatten verwendet, ist ein typisches Zuviel an irreal hellen Schatten und wenig Kontrast zu erkennen. Oft ist man verleitet, versteckte Details zu enthüllen, doch das Maß ist immer die Realität.

Zu viel des Guten

Die einzigartige Wirkungsweise dieses Befehls kann sonderbare, schwer fassbare Effekte erzeugen. Die üblichen Prozeduren der Tonwertkorrektur und der Gradationskurven sind jedem so vertraut, dass die Toleranzgrenzen allgemein anerkannt sind. Dieser Befehl ist offener für Interpretationen. Ein extremer Radius kann aber zu Haloeffekten führen.

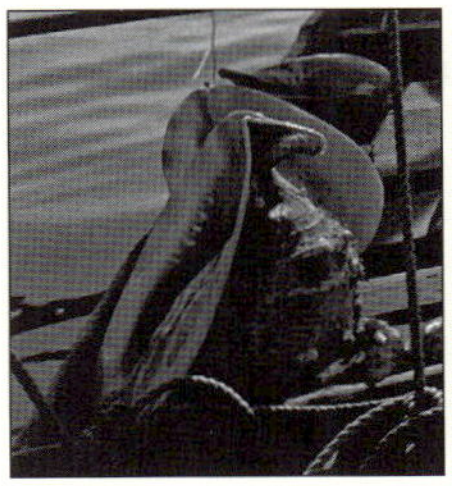

Radius 10

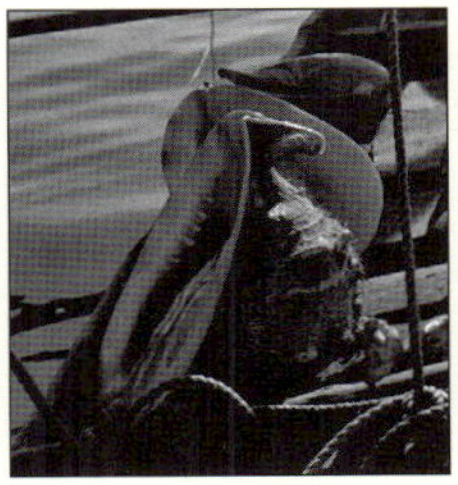

Radius 50

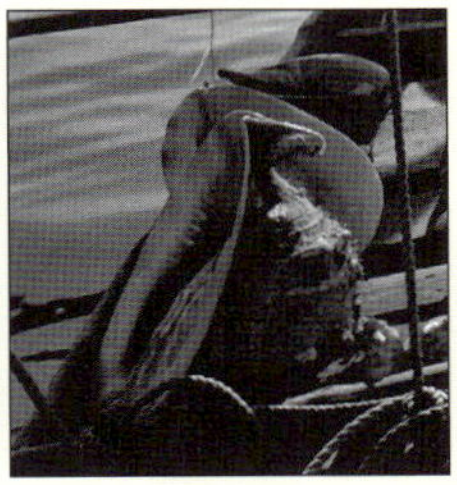

Radius 100

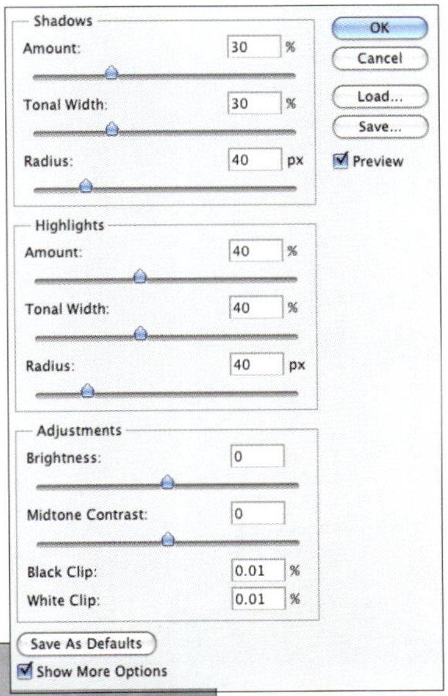

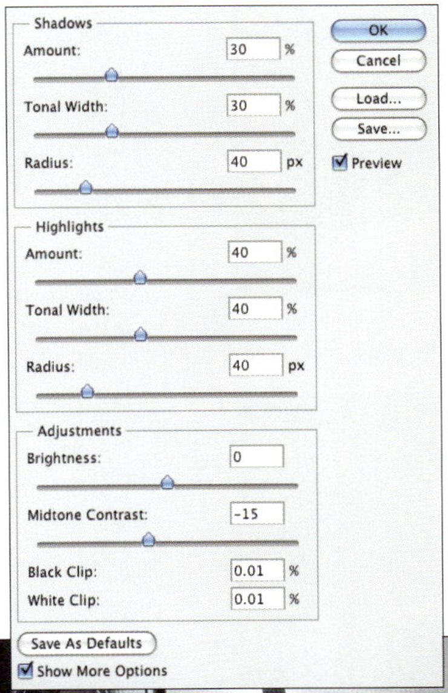

Angepasste Lichter

Werden auch die Lichter angepasst, werden überraschend viele Details im hellen Himmel sichtbar.

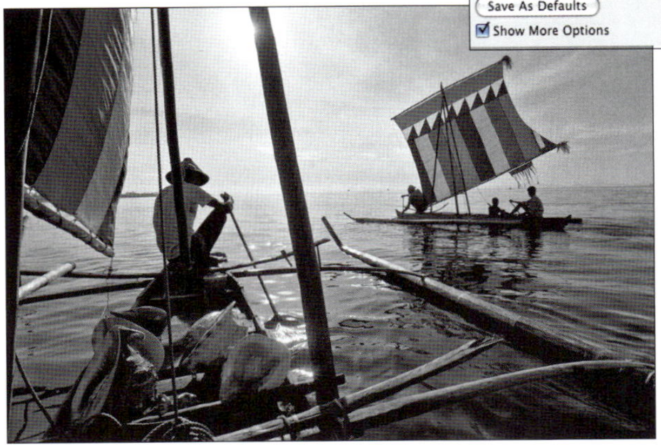

Mitteltöne

Zu guter Letzt wurde der Kontrast der Mitteltöne ein klein wenig verringert, so wurde die Tonwertverteilung im Wasser gleichmäßiger.

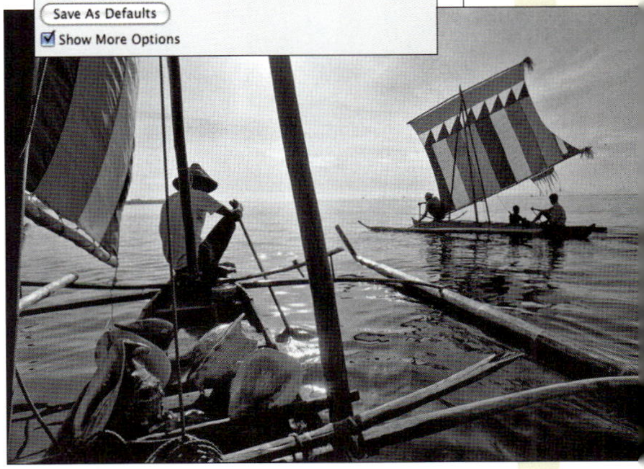

Verlaufsumsetzung

Eine alternative Technik zur Festlegung von Tonwertumfang und -verteilung ist die Überlagerung mit einem Verlauf.

Mapping ist eine digitale Technik, bei der alle Pixelwerte entsprechend einer bestimmten Absicht neu berechnet werden. Der Prozess betrachtet jedes Pixel und „überlegt": „Wenn dieses Pixel so oder so ist, wird ihm dieser oder jener Wert nach einer bestimmten Vorgabe zugeordnet." Das ist für Schwarzweißbilder einfacher und auch relevanter als für farbige, da es nur einen Kanal gibt – Mapping bedeutet für ein monochromes Bild im Grunde eine Tonwertverschiebung und kann ein nützlicher Weg sein, Schwarz- und Weißpunkt zu setzen und die Graustufen dazwischen anzupassen. Es handelt sich vor allem um einen prozeduralen Vorgang, der durch Berechnung und weniger durch Interaktion auf dem Bildschirm funktioniert. Er ist präzise, messbar und reproduzierbar, jedoch nicht intuitiv, daher kann man schwer damit experimentieren.

Photoshop bietet diese globale tonale Kontrolle unter *Bild* > *Anpassen* > *Verlaufsumsetzung*, das Verlaufswerkzeug wird als Referenz benutzt. Theoretisch ist es recht einfach, doch für kontrollierte, subtile

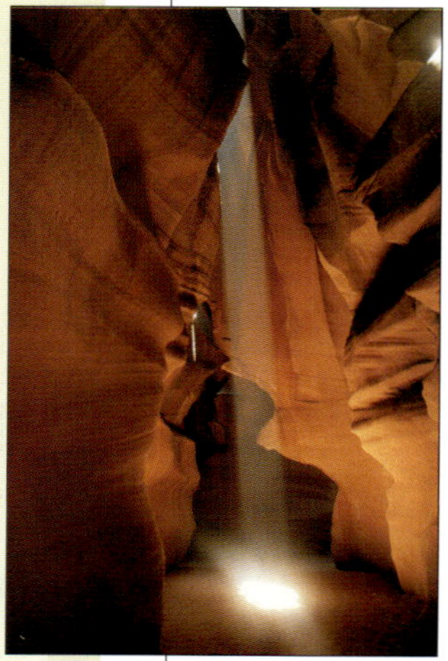

Loch im Canyon
Diese Aufnahme eines gebündelten Sonnenstrahls, der einen engen Canyon erhellt, enthält einen breiten Bereich an Tonwerten, deren Verteilung hier betrachtet wird.

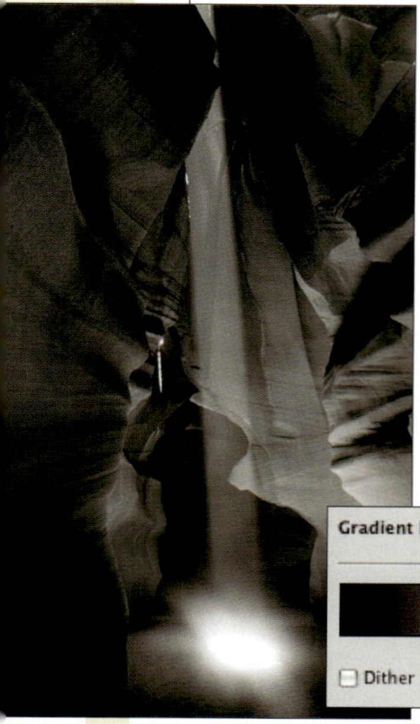

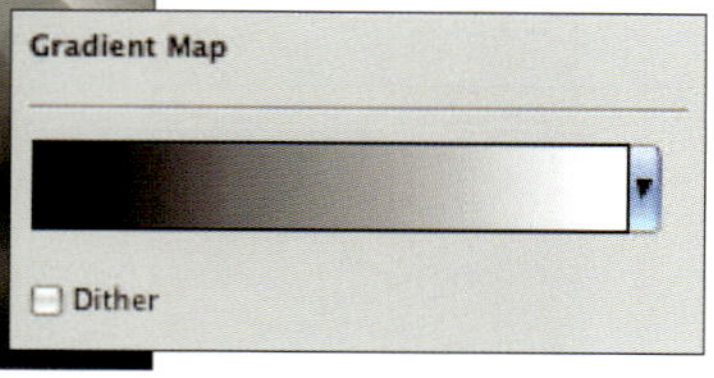

Standardverlauf
Wählen sie *Bild* > *Anpassen* > *Verlaufsumsetzung* und nehmen Sie den ersten vorgegebenen Verlauf, einen sanften Wechsel von Schwarz nach Weiß. Dadurch wird das Bild automatisch in Monochrom konvertiert.

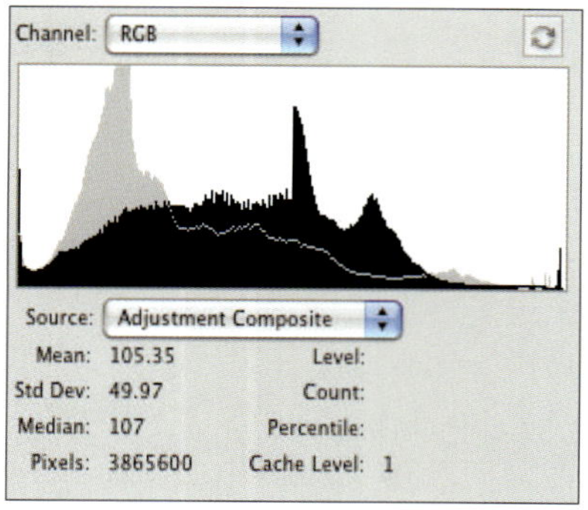

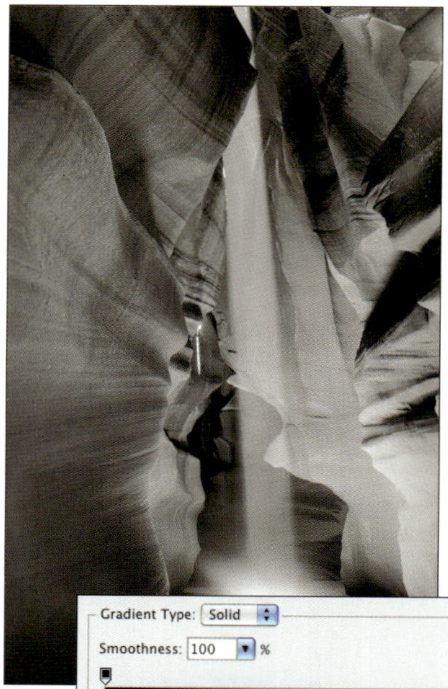

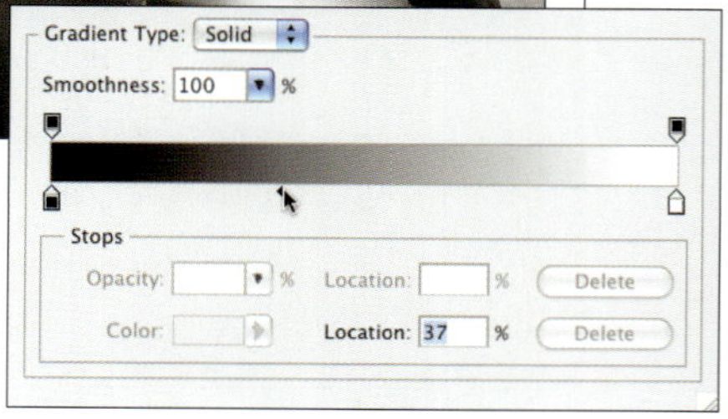

Nach links
Ein Doppelklick auf das Verlaufsfeld öffnet den Verlaufseditor. Wenn Sie den mittleren Regler nach links ziehen, wandern die Tonwerte in Richtung Weiß, wie das Histogramm zeigt.

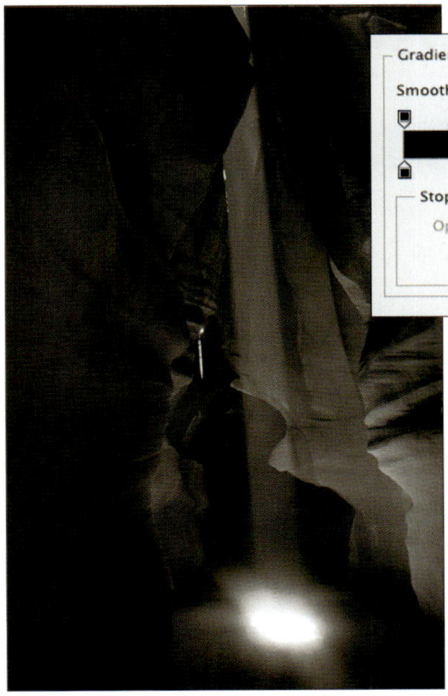

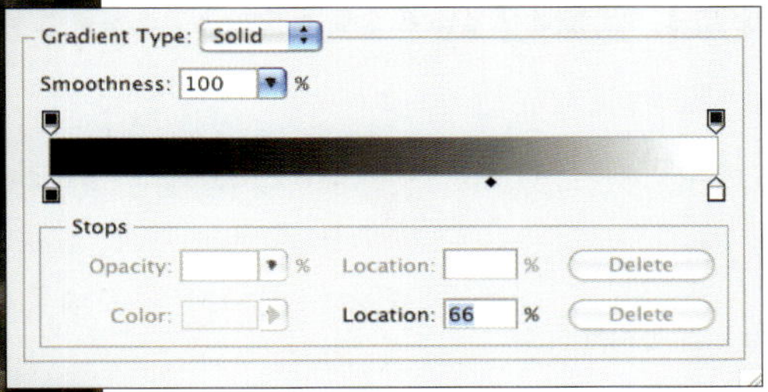

Nach rechts
Wenn Sie den Regler für den Mittelpunkt nach rechts ziehen, verschieben sich die Tonwerte in Richtung Schwarz.

Einen Ton hinzufügen
Klicken Sie unter den Balken, ein neuer Reiter erscheint, dem Sie eine Farbe zuweisen können, hier ein mittleres Grau. Dadurch erhält der Verlauf ein graues Band, ähnlich einer sanften Posterisation.

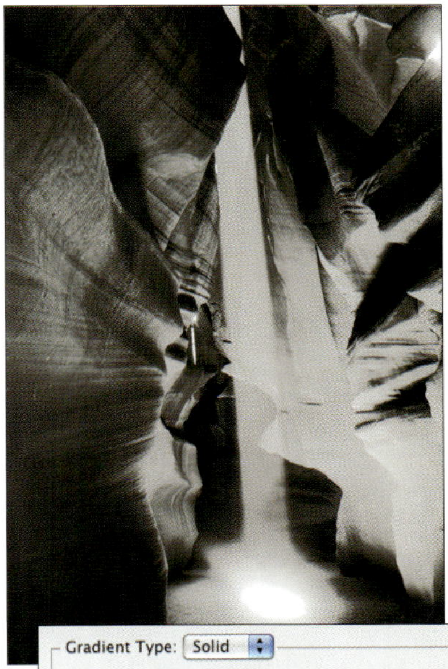

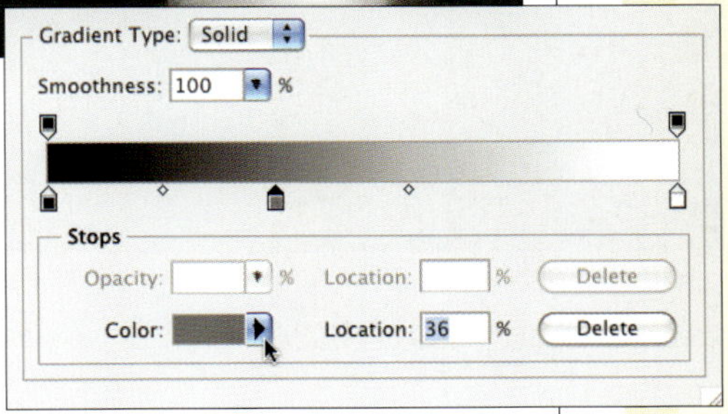

Einstellungen muss man mit den Effekten verschiedener Verläufe vertraut sein. Der einfachste ist ein linearer Verlauf von Schwarz (0) nach Weiß (255). Dieser Verlauf ist standardmäßig ausgewählt, wenn Sie den Dialog öffnen. Lassen Sie die Histogrammpalette geöffnet, um die Änderungen zu beobachten, und versuchen Sie, die Enden des Tonwertbereichs fein säuberlich in diesen Rahmen einzupassen.

Auch jeder andere Verlauf kann angewandt werden, doch damit er für Schwarzweißbilder verwendbar ist, müssen Sie ihn zuerst erstellen. Dafür gibt es den Verlaufseditor, der sich öffnet, wenn Sie auf die Verlaufsvorschau im Optionsbalken klicken. Meist wird Ihr Verlauf bei Schwarz beginnen und bei Weiß enden, doch dazwischen sind unendlich viele Einstellungen möglich. Mit dem Standardschwarzweißverlauf als Ausgangspunkt klicken Sie auf einen der Reiter an den Enden des Balkens. Eine kleine verschiebbare Raute erscheint in der Mitte. Damit verschieben Sie den Verlauf zu den Lichtern (nach links ziehen) oder zu den Schatten (nach rechts ziehen). Der Nachteil des Verlaufseditors ist, dass Sie das Ergebnis nur erraten können – im Prinzip wird ein Verlauf, der zu den Schatten verschoben wurde, die Mitteltöne heller machen und umgekehrt. Die Sache wird interessant, wenn Sie dem Verlauf eine weitere „Farbe" hinzufügen – für ein Schwarzweißbild einen Grauton. Klicken Sie irgendwo unter den Verlaufsbalken, ein neuer Reiter erscheint. Auf diese Art kann man einige sehr knifflige Verläufe erzeugen.

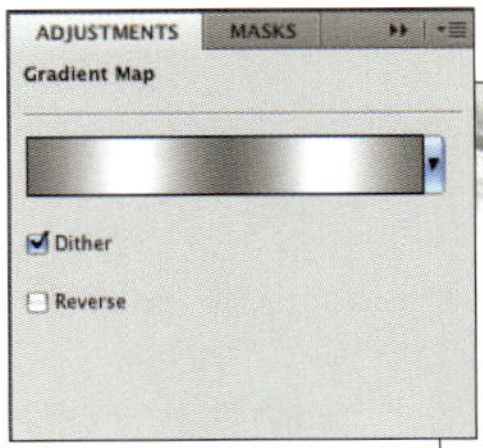

Metallic-Verlauf
Sie können jeden gespeicherten Verlauf laden, in diesem Fall wählten wir einen Metallic-Verlauf. Die Wechsel zwischen Schwarz und Weiß erzeugen einen der Solarisation ähnlichen Effekt.

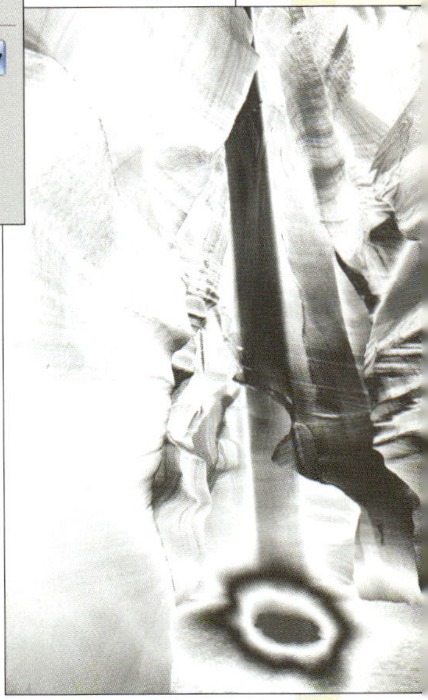

Abwedeln und Nachbelichten

Traditionelle Dunkelkammertechniken, wie das Erhöhen und Zurücknehmen der Belichtung einzelner Bereiche, können digital nachgeahmt werden.

Die Emulation (Nachahmung) fotografischer Techniken ist eine Art, wie Softwarehersteller ihre Produkte zu verbessern trachten. Man will, dass sich Fotografen wohl fühlen, indem man ihnen Werkzeuge liefert, die ihnen vom Film her vertraut sind. Abwedeln und Nachbelichten fallen in diese Kategorie – bekannt aus der guten alten Zeit der Dunkelkammer. Natürlich können traditionelle Techniken nicht zu 100% imitiert werden, doch das Prinzip der Anpassung der Helligkeit einzelner Bereiche scheint logisch, und Photoshop bietet dafür mehrere Wege.

Erstens gibt es das Abwedler- und das Nachbelichterwerkzeug in der Werkzeugpalette. Früher wurde die Belichtung durch die Vergrößerungslampe zurückgehalten, in der Regel mit einem kleinen, zugeschnittenen Stück schwarzen Kartons oder Metalls an einer dünnen Rute, die man während der Belichtung ständig hin- und herbewegte. So wurden die Kanten des abgewedelten Bereichs unscharf, und der Schatten der Rute fiel nicht auf. Größere Bereiche an den Bildrändern wurden mit den Händen abgeschirmt und diese bewegt. Nachbelichten bedeutete das Gegenteil – bestimmte Bereiche wurden länger belichtet als das Gesamtbild. Dafür brauchte man ein geformtes Loch, entweder in schwarzen Karton geschnitten oder mit den Händen geformt.

Digitale Werkzeuge zum Abwedeln und Nachbelichten ähneln dem nur zum Teil, da die Helligkeit eines existierenden Bildes geändert wird und nicht dessen Belichtung. Sie haben allerdings einen Vorteil, der früher nicht möglich war: Man kann ihre Wirkung auf einen Tonwertbereich – Tiefen,

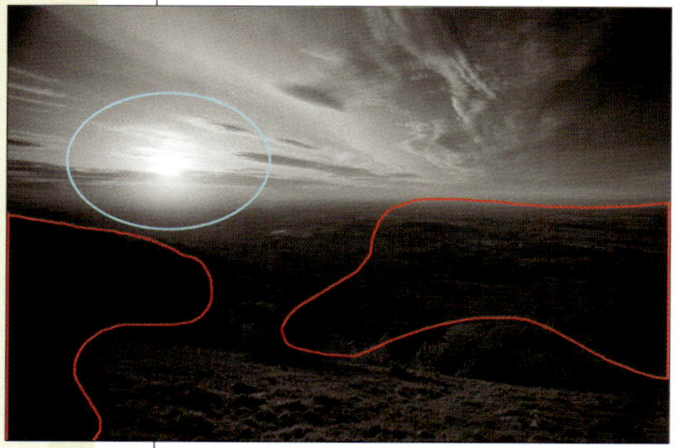

Der Plan
Der Plan für das selektive Aufhellen und Abdunkeln, hier als Diagramm zu sehen, umfasst drei Bereiche – die dunklen Teile der Bäume und Felder links und rechts und die unmittelbare Umgebung der Sonne.

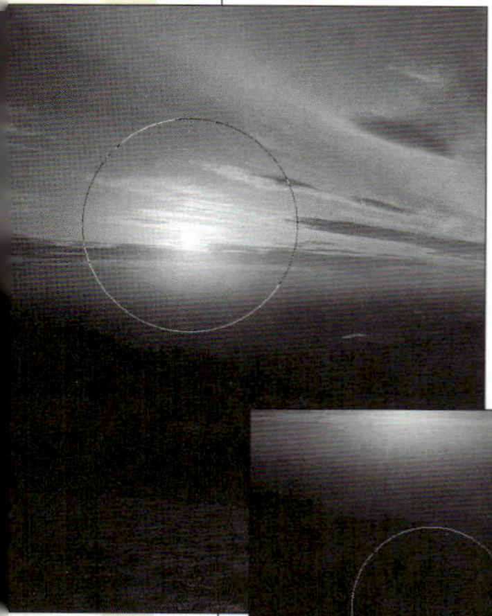

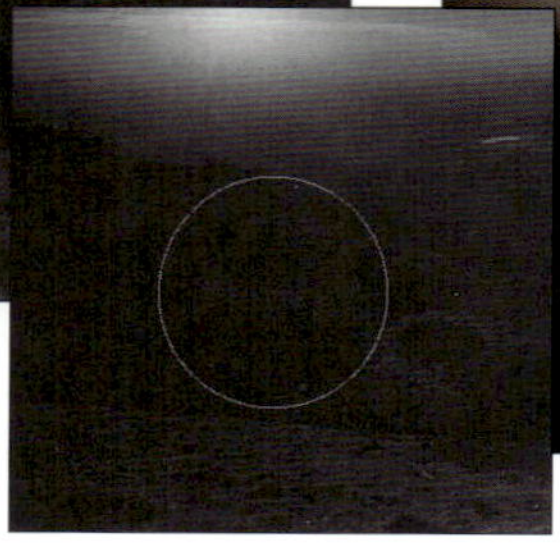

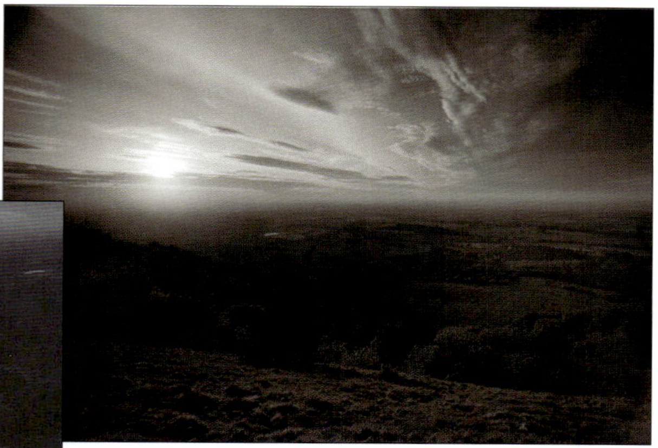

Zuerst Abwedeln
Mit einer weichen, großen Spitze, über 600 Pixel, und geringer Belichtung (Stärke) von 6% können wir mehrmals darüber streichen. Zum Nachbelichten setzen wir für einen realistischen Effekt den Bereich auf „Mitteltöne", nehmen eine kleinere Spitze entsprechend der Form der Bereiche und eine Belichtung von 10%.

Auswahl malen
Eine andere Herangehensweise an diese Anpassung wäre, im Maskierungsmodus eine Auswahl zu zeichnen, wieder zuerst für die dunkleren Bereiche.

lichter oder Mitteltöne – beschränken. Dadurch kann man den lokalen Kontrast besser kontrollieren, wie die Beispiele hier zeigen. Und natürlich kann man sich soviel Zeit nehmen, wie man will und jedes Zuviel korrigieren.

Angesichts der anderen Methoden zur Kontrolle der Tonwerte in einem Schwarzweißbild eignen sich Abwedeln und Nachbelichten am besten als letzte Vervollkommnung kleiner Bereiche (größere behandelt man besser mit dem Dialog „Tiefen/Lichter"). Die Gefahr liegt, genau wie bei der traditionellen Technik, im zu sorglosen Einsatz, sodass der behandelte Bereich aus den Tonwerten der Umgebung hervorsticht. Allzu typisch ist, dass beim Abwedeln die dunkelsten Bereiche keine Kraft haben und beim Nachbelichten die hellsten Bereiche einen Grauschleier bekommen.

Da beim digitalen Abwedeln und Nachbelichten das Ergebnis zählt, nicht der Prozess, gibt es Alternativen. Man kann im Maskierungsmodus eine Auswahlmaske erstellen, wobei der Bereich so verlaufend und geformt sein kann, wie man will, und dann kann man mit den Gradationskurven die Tonwerte ändern. Denkt man das Prinzip der Belichtungskorrektur weiter durch, wäre es, wenn Sie im RAW-Format aufgenommen haben, eine gute Alternative, zwei Bilder aus der RAW-Datei zu erstellen. Diese legt man als Ebenen übereinander und entfernt sanft jene Teile der oberen Ebene, wo die andere durchscheinen soll (beim Nachbelichten liegt die hellere, beim Abwedeln die dunklere Version oben).

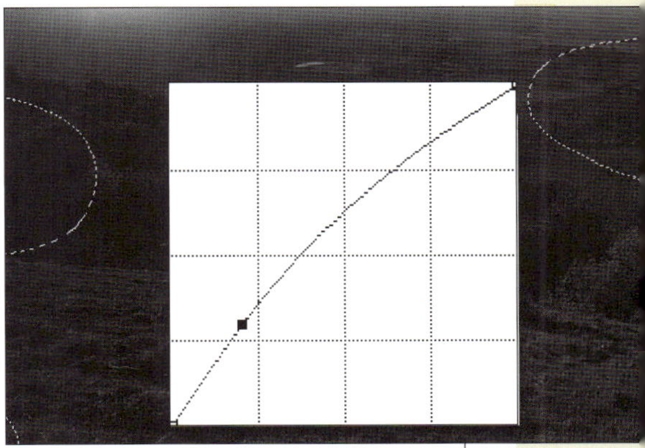

Gradationskurven
Verwenden Sie die Gradationskurven, um die Bereiche aufzuhellen, der Punkt wird in den Schatten gesetzt.

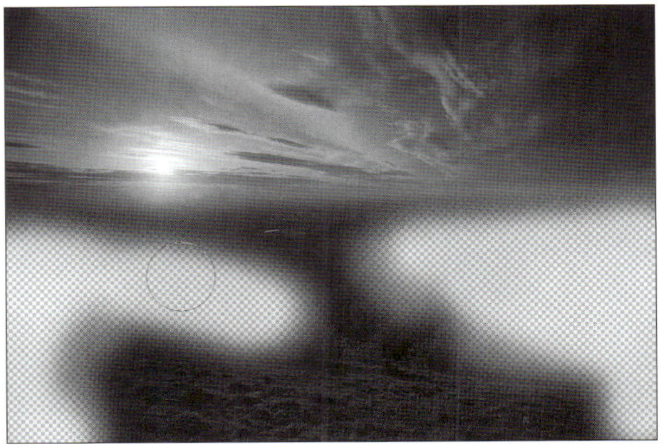

Ergebnis
Vergleichen Sie das Ergebnis mit dem Original. Abwedeln ist etwas erfolgreicher als Nachbelichten, dem es an Kontrast fehlt.

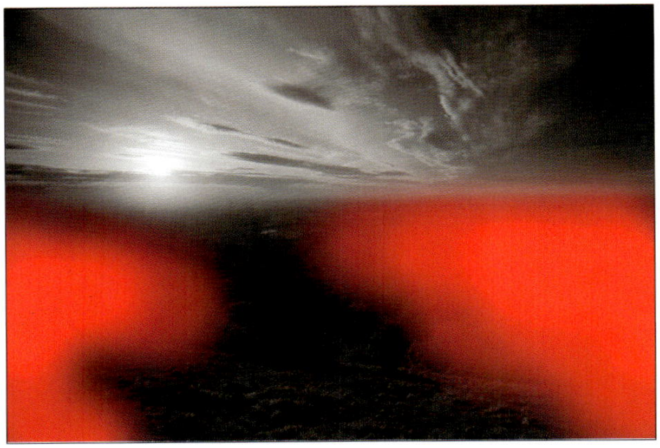

Selektive Montage
Ein weiterer Weg wäre, eine Kopie des Bildes als Ebene über eine Version zu legen, die zur Gänze aufgehellt wurde, und dann die zu dunklen Teile der oberen Ebene zu entfernen.

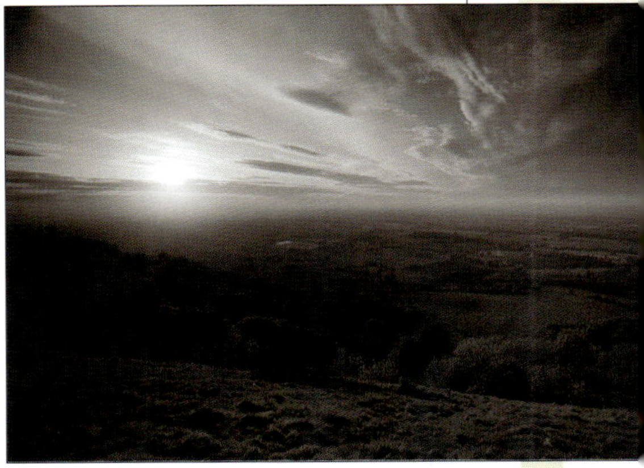

Das HDRI-Verfahren

Eine ausgefeilte Technik zur Abdeckung eines großen Tonwertbereichs ist die Erzeugung eines Bildes mit extrem hoher Bittiefe und die Rückwandlung zu 8 Bit.

Wenn der Kontrastumfang extrem ist - mehr als 2000:1 oder elf Blendenschritte -, stößt selbst die eben gezeigte Kombinationstechnik an ihre Grenzen. Die einzige Antwort liegt in einem speziellen Dateiformat, das einen hohen Dynamikumfang speichern kann, und darin, alle Belichtungsversionen zusammenzuführen und das Resultat mittels „Tone Mapping" in das normale Format zurückzuwandeln, das man wieder betrachten kann. Dieser hoch technische, spezielle Prozess nennt sich HDRI (High Dynamic Range Image). Wir haben die Software PhotoMatix verwendet, die im RGB-Modus arbeitet, also bevor das Bild in Graustufen umgewandelt wird. Es kann jedoch, wie hier, desaturiert werden.

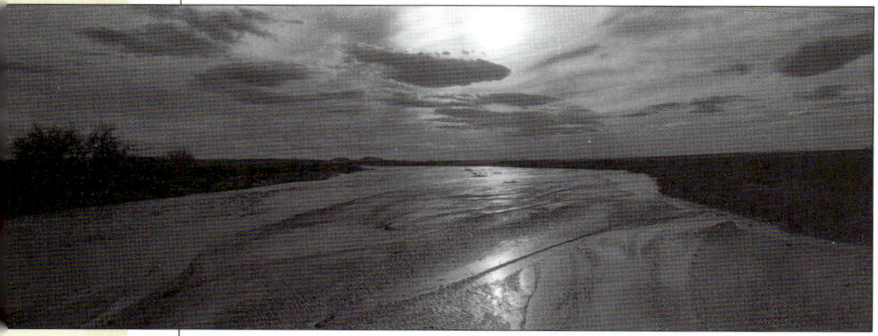

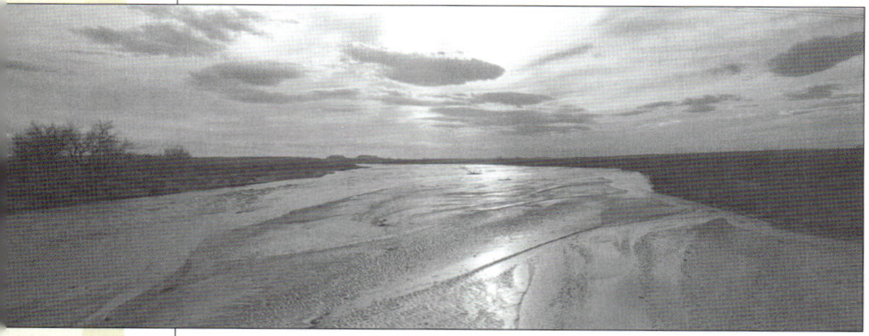

Zwei Versionen Der Dynamikumfang des hier verwendeten Papiers ist zu gering, um den Effekt richtig darzustellen, doch am Leuchtkasten kann man sehen, dass das Negativ extrem viele Details zeigt. Ein heller und ein dunkler Scan enthalten nun alle Informationen, die wir brauchen.

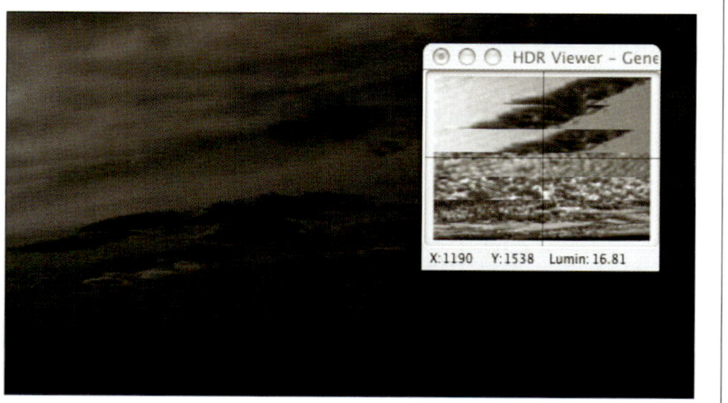

Auf dem Schirm Das Bild ist sehr dunkel und kontrastreich, ein Vorschaufenster zeigt die optimierte Version des Bereichs unter dem Cursor.

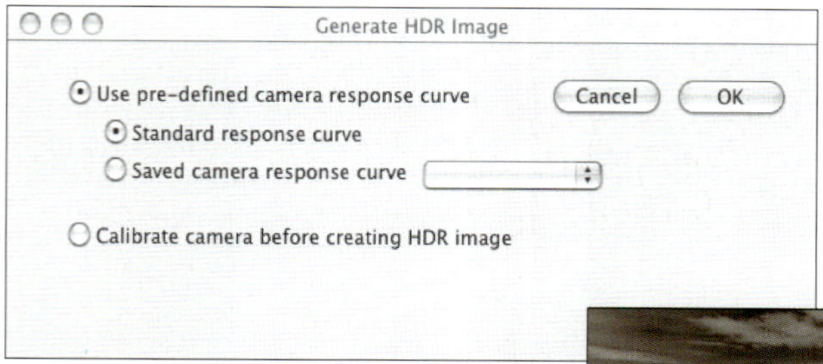

Das HDR-Bild erzeugen Die Software PhotoMatix erlaubt bei der Erzeugung eines HDR-Bildes die Wahl der Reaktionskurven. Wir wählen Standard. (Photoshop bietet ein HDR-Werkzeug unter *Datei > Automatisieren > Zu HDR zusammenfügen*.)

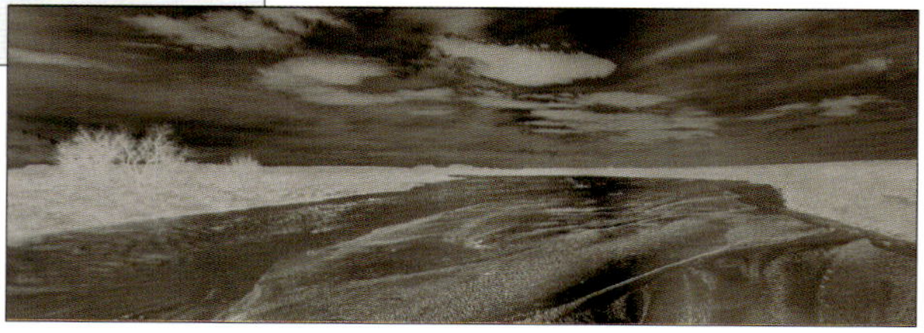

„Tone Mapping" Im nächsten Schritt wird die hohe Bittiefe auf ein Standardbild von 8 oder 16 Bit pro Kanal reduziert.

Die Software wurde für Digitalfotos entwickelt, kommt jedoch, wie hier, auch mit gescannten Negativen gut zurecht. Es handelt sich um ein Mittelformatpanorama, das ich vor Jahren in New Mexico aufgenommen habe und das praktisch nicht druckbar war. Hätte ich digital fotografiert, wäre eine Belichtungsreihe nötig gewesen (siehe Kasten) und der Helligkeitsbereich wäre noch höher, doch die HDRI-Technik käme auch damit zurecht. Auch der Kontrastumfang dieses Negativs war zu hoch, er lag zwar im Rahmen der technischen Möglichkeiten, war jedoch eine Herausforderung für das Bild. Im Ergebnis müssen die hellen Wolken um die Sonne ebenso erkennbar sein wie die Bäume am Ufer.

Die Belichtungsreihe aufnehmen

Beginnen Sie mit den Aufnahmen an einem Ende des Helligkeitsbereichs und ändern Sie die Belichtung um jeweils einen oder zwei Blendenschritte. Wenn Sie mit der Belichtung auf die Schatten beginnen, blenden Sie auf dem Kameradisplay das Histogramm ein und wählen jene Einstellung, bei der zwischen dem linken Ende der Tonwertkurve (den aufgezeichneten Pixeln) und dem linken Ende der Histogrammskala (dem Schwarzpunkt) ein ganz klein wenig Platz bleibt. Verändern Sie stets die Verschlusszeit, nie die Blende, um jeden Unterschied in der Schärfentiefe auszuschließen. Wechseln Sie im Display vom Histogramm zur Lichterkontrolle und fahren Sie mit Ihrer Belichtungsreihe so lange fort, bis keine Lichter mehr gekappt werden. Nun haben Sie den gesamten Helligkeitsbereich der Szene aufgezeichnet.

Nur zwei Scans wurden verwendet, einer für die Lichter und einer für die Schatten. Die Software kombiniert diese (kann jedoch auch mehrere Bilder verarbeiten) zu einem einzelnen HDR-Bild im Radiance-Format. Kurios dabei ist, dass das HDR-Bild zwar alle Informationen enthält, aber weder der Monitor noch ein Druck diese darstellen kann. Dazu braucht es den nächsten Schritt, bei dem der hohe Wertebereich in ein Bild von normaler Bittiefe umgewandelt wird. Mit anderen Worten, komprimieren Sie das Bild und achten Sie dabei auf eine gute Verteilung der Tonwerte.

Rio Puerco Die HDRI-Technik kombiniert den enormen Kontrastumfang einer schwierigen Aufnahme bemerkenswert gut.

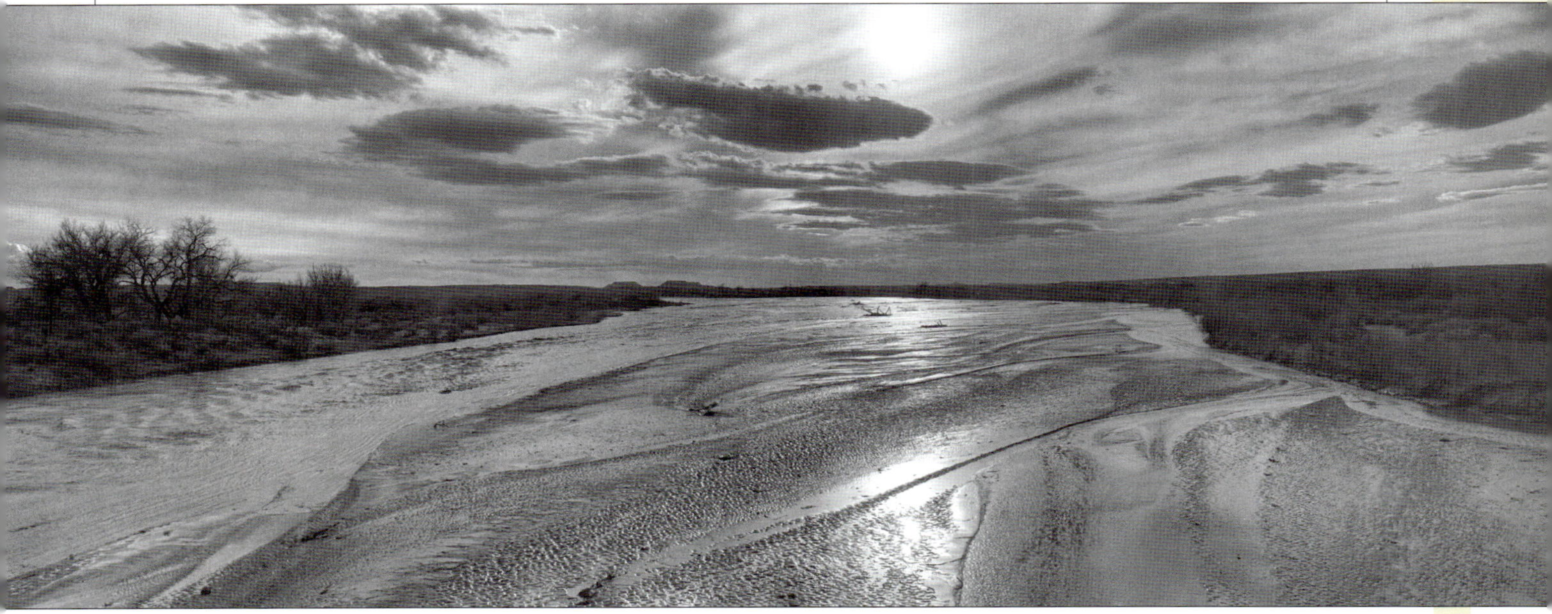

Bildrauschen kontrollieren

Unerwünschtem Rauschen kommt man mit den richtigen Kameraeinstellungen und Filtern in der Nachbearbeitung bei.

Bildrauschen ist wahrscheinlich das häufigste Artefakt bei digitalen Aufnahmen (als Artefakt werden all jene Phänomene betrachtet, die durch den Prozess entstehen, nicht aus dem Original). Auf den ersten Bick gleicht digitales Rauschen dem Korn von Film, und tatsächlich steigt es ebenfalls mit der ISO-Empfindlichkeit. Dennoch hat es andere Ursachen und, wie eine Vergrößerung zeigt, eine andere Struktur. Man kann Bildrauschen während der Aufnahme unterdrücken und in der Nachbearbeitung reduzieren. Da es sich jedoch in den feinsten Bilddetails festsetzt, ist es nicht leicht vom Bildinhalt zu unterscheiden. Wenn Sie ein „verrauschtes" Bild auf 100 oder 200% vergrößern, sind die Flecken sichtbar, doch ebenso jene Pixel, die „wirkliche" Details repräsentieren. Die einzige Unterscheidung kann Ihr eigenes Wissen um die Szene und Ihr Urteil treffen. Dadurch wird eine automatische Rauschreduzierung schwierig - sie muss von einem erfahrenen Auge geleitet werden, damit nicht Details entfernt oder unscharf werden, die erhalten bleiben sollten.

Bei der Aufnahme gibt es Möglichkeiten, extremes Rauschen zu vermeiden, das von Kamera zu Kamera, abhängig vom Sensordesign und dem Prozessor, variiert. Die erste und einfachste Vorkehrung ist eine möglichst geringe ISO-Empfindlichkeit. Zweitens kann man bei langer Belichtung die

Korrekturartefakte

Ein unerwünschter Nebeneffekt der Reduktion von Bildrauschen ist die Zerstörung sichtbarer Details in unruhigen Bildbereichen. Die Filtereinstellungen, die sich für einen ruhigen Bereich eignen, etwa den Himmel oder glatte Haut, beeinträchtigen Gebiete mit vielen Details, wie Pflanzen oder Haare. Dies spricht dafür, dass man zuerst die glatteren Bildbereiche auswählt (wo sich Bildrauschen ohnehin am störendsten bemerkbar macht) und die Korrektur auf die Auswahl beschränkt. Spezialprogramme zur Korrektur von Bildrauschen haben manchmal Algorithmen, die auf diesen Umstand Rücksicht nehmen.

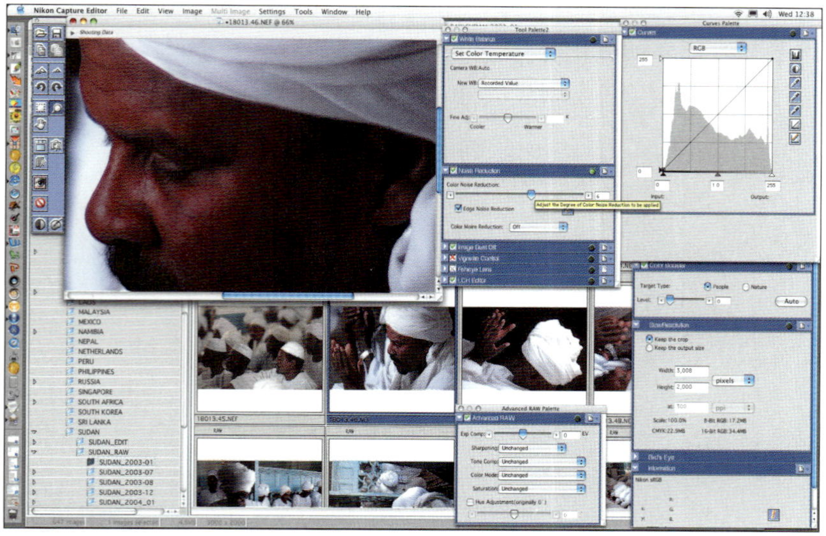

Kamerasoftware

Der Nikon Capture Editor, der jeder Nikon-Kamera beiliegt, hat den Vorteil, dass er vom Hersteller exakt auf die Besonderheiten genau dieser Kamera abgestimmt wurde.

Photoshop Raw

Bildbearbeitungsprogramme wie Photoshop haben ebenfalls Möglichkeiten zur Rauschreduzierung, diese müssen natürlich etwas allgemeiner sein.

Dfine

Dieses Plug-in erlaubt die getrennte Behebung von Luminanz- und Farbrauschen, man kann Zonen wählen und spezielle Kameraprofile laden.

Kameraoption zur Rauschreduzierung nutzen. Es gibt mehrere Arten von Rauschen und die sichtbarste, aber korrigierbare entsteht bei langer Belichtung (Fixed Pattern Noise). Aufgrund herstellungsbedingter Unterschiede erzeugt jeder Sensor ein eigenes Muster falscher Pixel, die bei wenig Licht am sichtbarsten sind. Wie der Name sagt, handelt es sich um ein fixes Muster, welches der Prozessor kennt und abzieht, daher haben bessere Kameras diese Option.

In der Nachbearbeitung kann Rauschen durch eine Reihe von Verarbeitungsalgorithmen reduziert werden. Die meisten davon erkennen Kontrastunterschiede auf Pixelebene und glätten diese mit Durchschnitts-, Median- oder Unschärfefiltern. Es gibt Unterschiede zwischen Dunkelrauschen (helle und dunkle Flecken) und Farbrauschen (farbige Flecken), und manche Programme haben dafür separate Prozeduren. Wenn das Endprodukt eines RGB-Bildes monochrom ist, macht Farbrauschen nichts aus. Da Rauschreduzierung ein spezialisierter Prozess ist, richtet man mit normalen Photoshop-Tools nichts aus. Photoshops RAW-Editor hat zwar eine Option dafür, doch verwenden Sie besser die Editiersoftware des Kameraherstellers, da diese die besten Informationen über die spezielle Rauschcharakteristik des Sensors hat. Es gibt auch Spezialprogramme, wie „Noise Ninia“ von PictureCode, für die eigene Rauschprofile der Kameras angeboten werden.

Photoshop Kamera-Raw

Bei Raw-Bildern werden Dunkel- und Farbrauschen getrennt ausgefiltert. Wenn das Bild in Graustufen umgewandelt werden soll, ist Farbrauschen kaum störend.

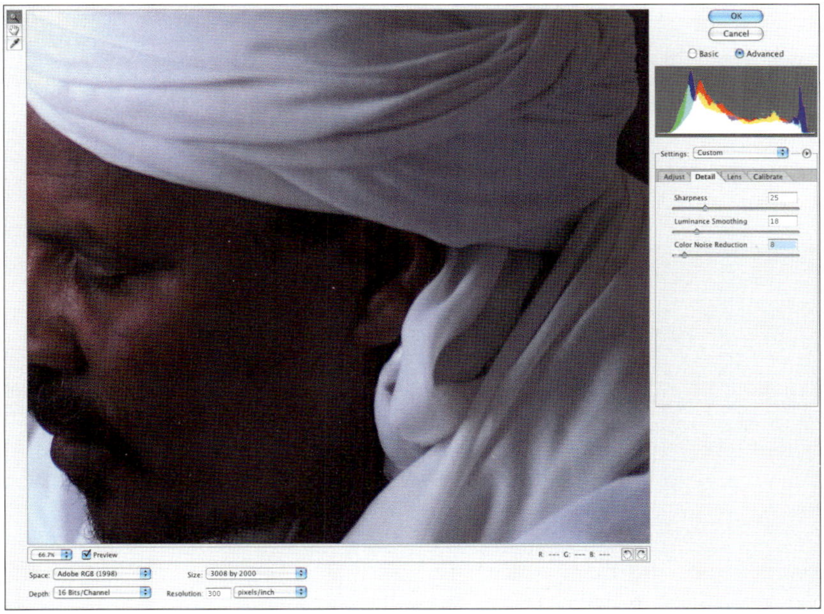

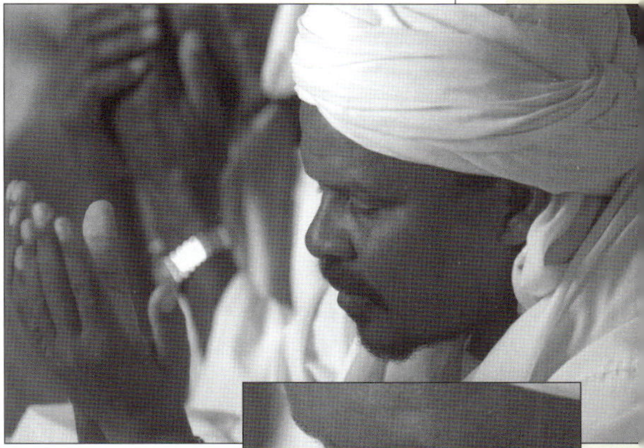
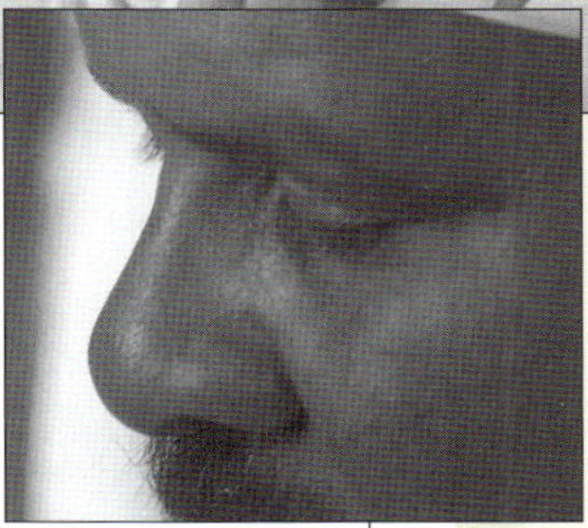

Moschee Die Betenden in der schwach erleuchteten Moschee mussten mit 1600 ISO fotografiert werden, Bildrauschen war daher nicht zu vermeiden. Das Bild unten zeigt das Ergebnis nach der Rauschreduzierung mit dem Nikon Capture Editor (siehe unten links).

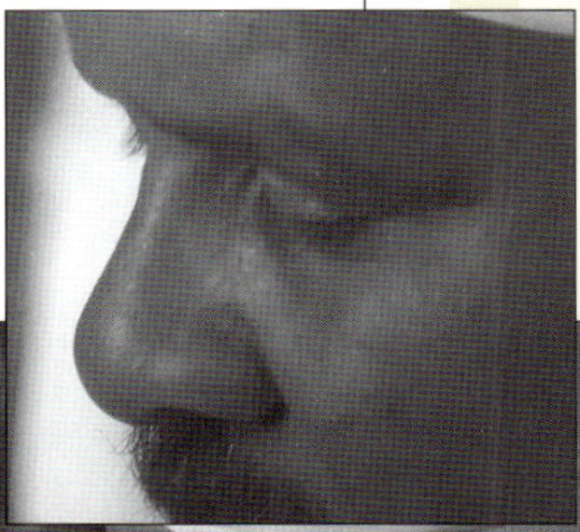
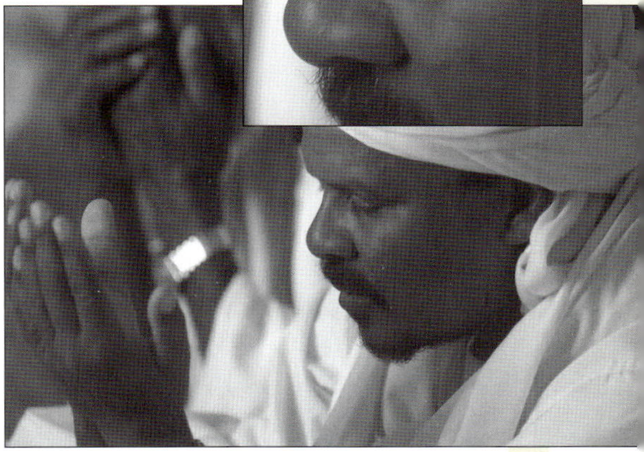

Kopieren in Schwarzweiß

Die genaue Abbildung eines flachen Kunstwerks erfordert die präzise Anpassung des Tonwertbereichs, um die oft heiklen Details zu bewahren.

Paradoxerweise erfordert die Aufnahme für die Reproduktion in Schwarzweiß mehr Sorgfalt, als wenn ein Farbbild das Ergebnis sein soll, das gilt vor allem für flache Kunstwerke mit weißem Hintergrund, wie ein Dokument oder ein Holzschnitt. Der Grund dafür ist, dass die Vielfalt der Farben leichter über Fehler in der Ausleuchtung oder Belichtung hinwegtäuschen kann. Die eingeschränkte Graustufenpalette lenkt hingegen die Aufmerksamkeit auf Dinge wie Vignettierung, ungleichmäßiges Licht und den Ton des „weißen" Hintergrunds. Doch in der Bildbearbeitung kann man solche Probleme beheben.

Bei einem vollflächig farbigen Original, etwa einem Gemälde, hilft ein Richtwert für die tatsächlichen Farben, sodass Profis immer ein Farbtarget vor dem Original in einer Referenzaufnahme fotografieren. Exakte Farbtreue ist selbstverständlich in einer Schwarzweißreproduktion weniger wichtig, daher ist dieser Arbeitsschritt nicht nötig. An seine Stelle tritt, wie bei allen anderen Fotos, die Einschätzung, welche Tonwerte den Farben zuzuordnen sind. Sehr oft ist man dazu verleitet, den tonalen Kontrast für einen dramatischen Effekt zu übertreiben, doch dies würde dem Originalkunstwerk nicht entsprechen. Kopieren mag keine besonders kreative Aufgabe sein, verlangt jedoch Professionalität und die Treue zum Original. Unser Beispiel eines Ganzkörperporträts zeigt die Entscheidungen, die dabei zu treffen sind.

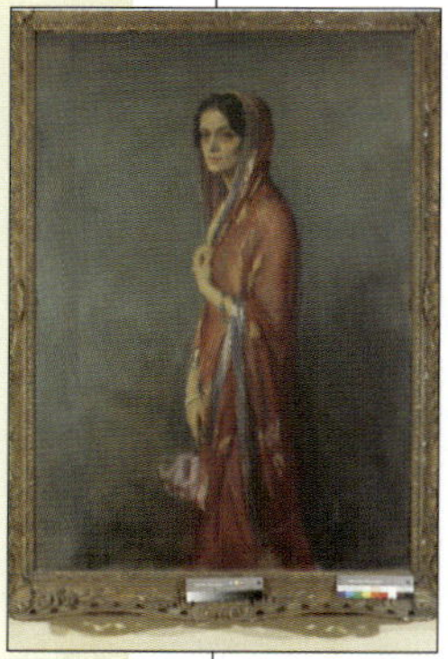

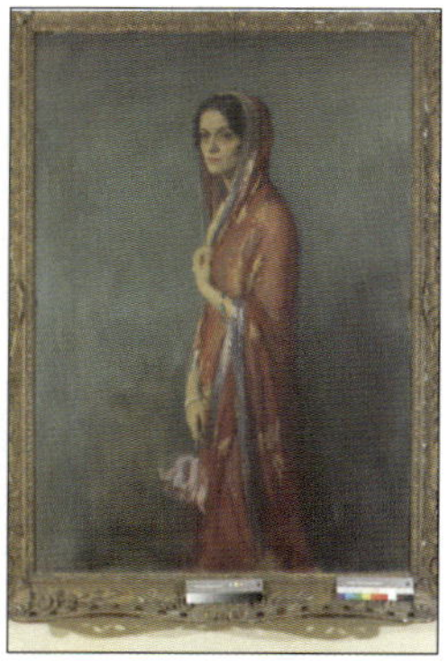

Original
Das Porträt in Öl wurde unter gutem Licht – 3200-K-Quarz-Halogenstrahler – aufgenommen, der Weißabgleich auf 3200 K gesetzt. Exakte Farben sind auch in Schwarzweiß nötig, um den Kanalmix festzulegen.

Weißpunkt
Der Weißpunkt, wie er in der Tonwertkorrektur gesetzt wurde (rechts).

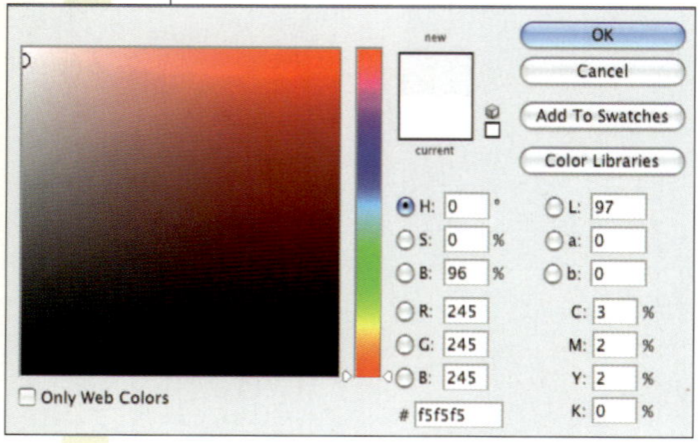

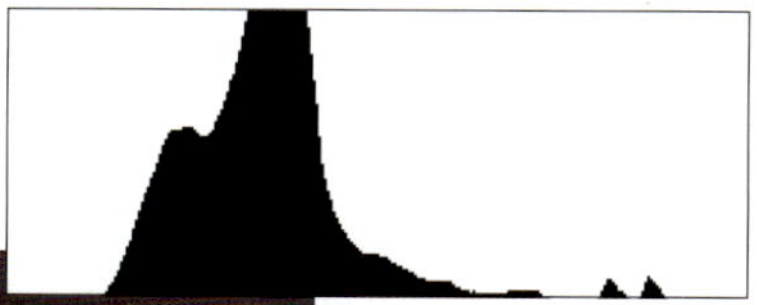

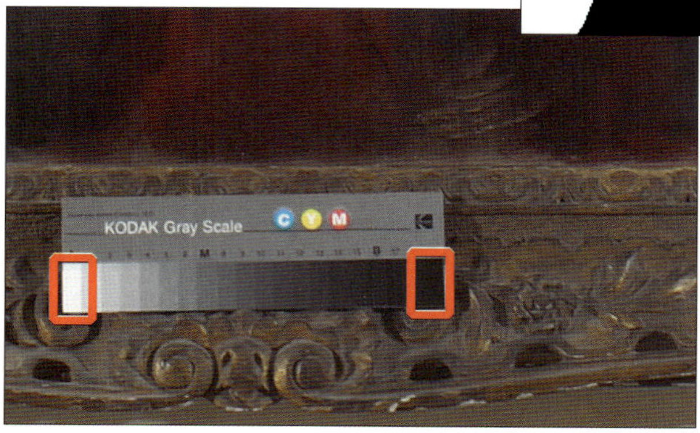

Punkte
Mit den Pipetten erhalten Weiß- und Schwarzpunkt die idealen Werte – 45 und 245. Dazu wurde eine Graustufenskala mit aufgenommen.

Einfache Schwarz-auf-Weiß-Kunstwerke sind technisch anspruchsvoller. Dabei ist es essenziell, das Weiß so hell wie möglich wiederzugeben, ohne dass es durch Überbelichtung ausgewaschen wirkt. Gleichzeitig muss das Schwarz satt und dicht sein, darf jedoch nicht „auslaufen", das heißt, feine Linien und Kanten müssen getrennt bleiben. Bei der Aufnahme kann wegen der Extreme von Schwarz und Weiß das Histogramm der Kamera schwer zu lesen sein, da sich beide an je einem Ende der Skala zusammenballen werden. Besser eignet sich die Lichterkontrolle am Display, die Ihnen hilft, die Belichtung so hell wie möglich einzustellen, ohne dass die Lichter gekappt werden.

Bei der Ausleuchtung gibt es zwei kritische Punkte: Erstens muss das gesamte Original gleichmäßig ausgeleuchtet sein. Dazu braucht man mindestens zwei Lampen, die man wie in unserem Beispiel ausrichtet. Vier sind besser, auch wenn die Platzierung umständlicher ist. Eine probate Alternative ist direkte Sonne, auch wenn man ihr Licht nicht kontrollieren kann, sie ist jedoch so weit weg, dass es keinen Lichtabfall gibt. Damit kommen wir zum zweiten Punkt – Reflexe. Sehr wenige Oberflächen sind völlig matt, selbst texturiertes weißes Papier wird helle Flecken zeigen, wenn das Licht zu frontal ist. Ein flacher Winkel, ob von der Sonne oder den Leuchten, ist das Beste.

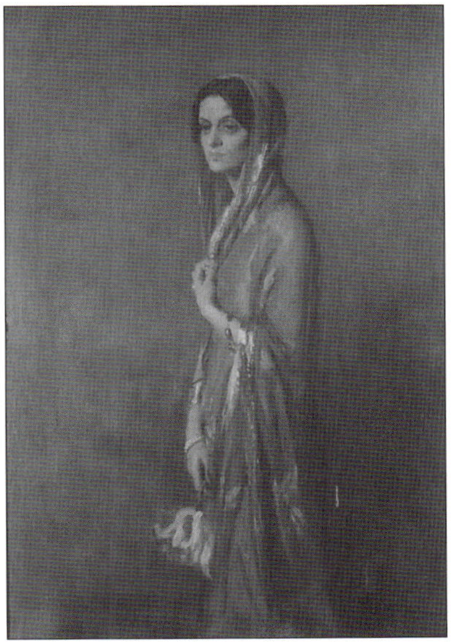

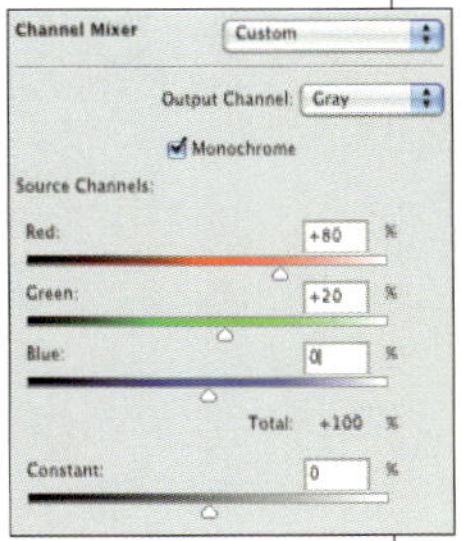

Resultat
Mit einem Kanalmix von 80% Rot, 20% Grün und 0% Blau, den wir anhand der Farbmuster festlegen, entspricht der wahrgenommene Kontrast des Gemäldes nun dem des optimierten Farboriginals.

Gradationskurven
Wir wenden eine Standardkurve an, die den Kontrast erhöht, das Bild kann nun umgewandelt werden. Das Ergebnis der Standardmethode sehen Sie oben.

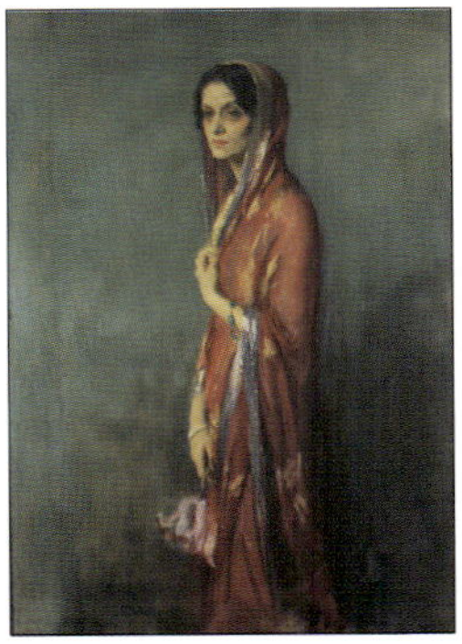

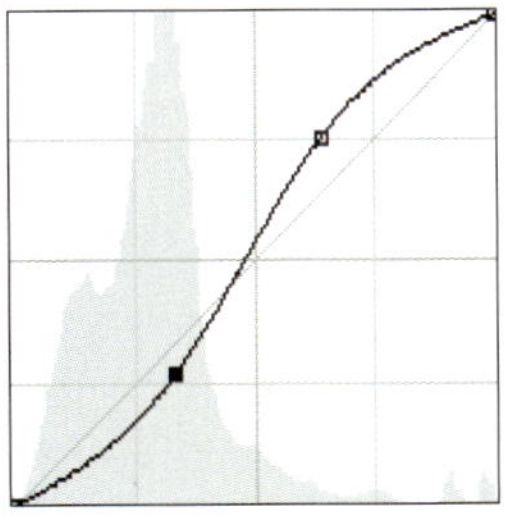

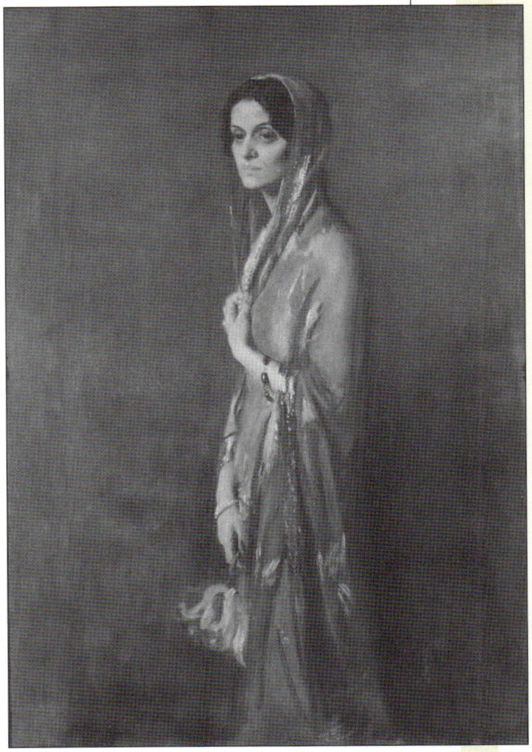

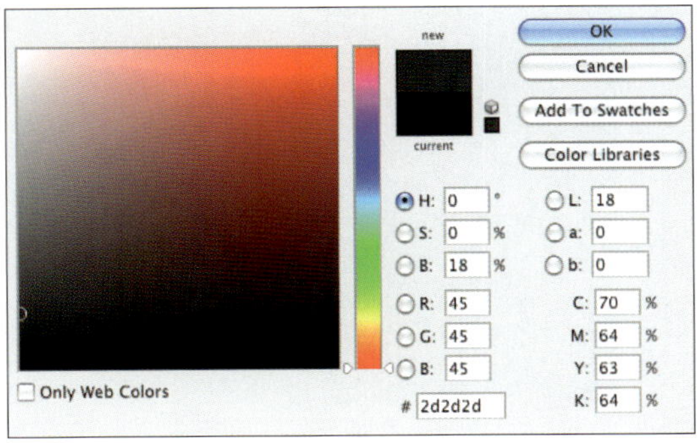

Negative scannen

Scannt man ein Schwarzweißnegativ für den digitalen Druck ein, bringt dies gegenüber normalen Silberhalogenid-vergrößerungen den Vorteil, dass alle digitalen Werkzeuge zur Bearbeitung und Optimierung genützt werden können.

Das Einscannen in der Praxis

1. Laden Sie die Vorschau in ein Fenster, das so groß wie möglich ist und drehen Sie, wenn nötig, die Ansicht um 90°.
2. Schneiden Sie exakt zu. Wenn Sie etwas von dem unbelichteten Rand um das Bild lassen wollen, bedenken Sie, dass das Histogramm dadurch verfälscht wird.
3. Legen Sie Dateigröße und Auflösung fest. Die Auflösung in dpi ist weniger wichtig, da man diese später ändern kann, ohne das Bild zu beeinträchtigen. Die Dateigröße in Megabyte bedingt allerdings die Größe, in der das Bild später gedruckt werden kann. Bei 300 dpi braucht man für einen A4 großen Druck eines monochromen Scans etwa 8 MB (bzw. 16 MB bei 16-Bit-Qualität).
4. Wählen Sie die Bittiefe so hoch wie möglich, mehr als die üblichen 8 Bit, um maximale Tonwertinformationen aufzuzeichnen.
5. Setzen Sie Weiß- und Schwarzpunkt, ohne Lichter oder Schatten zu kappen.
6. Stellen Sie die Helligkeit anhand der Bildschirmansicht mit den Gradationskurven oder einem Regler ein.
7. Deaktivieren Sie das Nachschärfen oder setzen Sie es auf niedrig (Schärfen hängt von der endgültigen Größe ab und sollte am besten der letzte Arbeitsschritt vor dem Ausdruck sein).
8. Scannen Sie das Bild und speichern Sie die Datei.

Beim Wechsel von Film zu digital kommt die Zeit, wo es Sinn macht, die „alten" Negative zu archivieren, nicht nur, um Sie als Datei aufzubewahren, sondern auch, um sie dem digitalen Workflow der Bearbeitung und des Drucks verfügbar zu machen. Diascanner haben eine Option zur Verarbeitung von Schwarzweiß-negativen, dabei werden die Tonwerte für die Darstellung und die Aufzeichnung umgekehrt und ein Positiv-Scan geliefert sowie nur ein Graustufenkanal anstatt der drei RGB-Kanäle verwendet. Dadurch wird der Scanprozess beschleunigt, ein Vorteil bei hochauflösenden Scans.

Die Scannersoftware biete viele Optimierungswerkzeuge, die wir von Photoshop kennen, auch Histogramm und Gradationskurven. Es gibt also zwei Stellen um diese Einstellungen vorzunehmen, doch wie bei der Kamera ist es auch beim Scannen wichtig, so viele

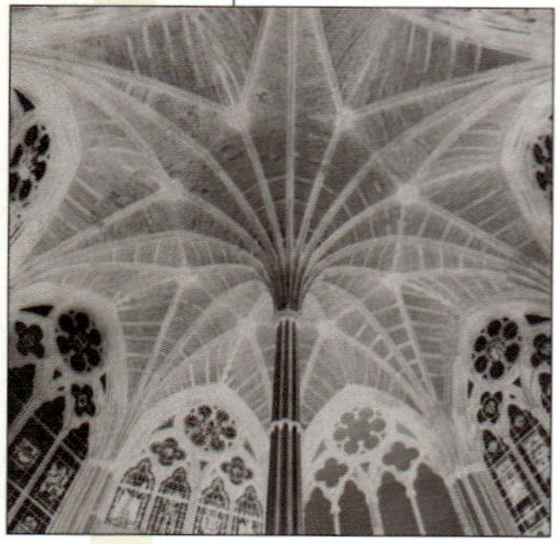

Kapiteldecke
Das Original, ein 6 x 6 cm großes Negativ der steinernen Decke von Londons Westminster Abbey. Die meisten Details finden sich offensichtlich in den Schattenbereichen.

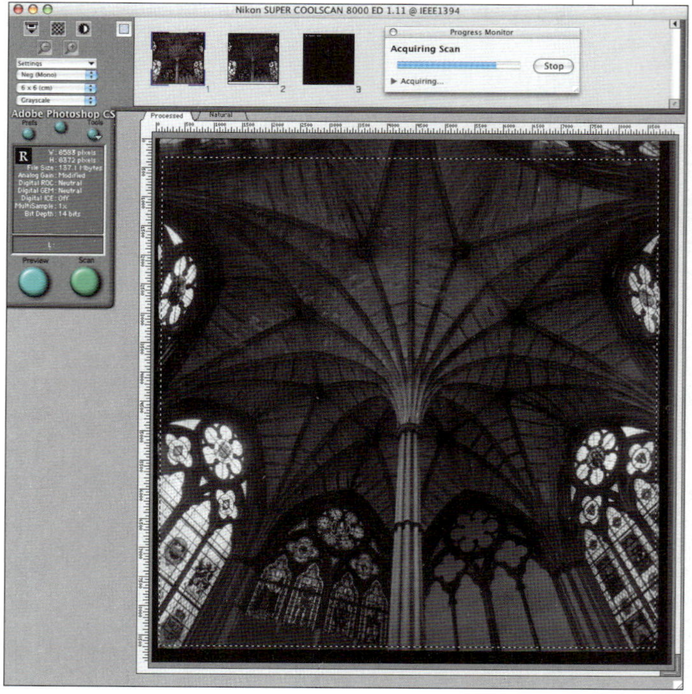

Der Scan
Bei unserem Nikon Diascanner wählen wir Neg (Mono), 6 x 6 und Graustufen. Die Beleuchtung (analog der Helligkeit) ist so eingestellt, dass die Lichter gerade noch im Bereich liegen, am linken (dunklen) Ende bleibt ein kleiner Spalt.

Informationen wie möglich aufzuzeichnen. Dies betrifft vor allem das richtige Setzen von Schwarz- und Weißpunkt, wobei es gilt, den größtmöglichen Tonwertbereich einzufangen, ohne Lichter oder Schatten zu kappen. Viel hängt dabei von der Scannersoftware ab. Im Zweifelsfall bleiben Sie besser vorsichtig und setzen Weiß- und Schwarzpunkt lieber ein wenig entfernt von den Enden der Histogrammskala. Wenn Sie allerdings keinerlei Anpassungen vornehmen, werden Sie den vollen Dynamikumfang des Scanners nicht nützen können, und eine spätere Optimierung wird den zu sehr begrenzten Tonwertumfang des Bildes strecken müssen. Aus demselben Grund wie die Aufnahme im RAW-Format der Kamera *(siehe Seite 552)* rechnet sich auch das Scannen in der höchstmöglichen Bittiefe. Ein wenig schwierig beim Scannen von Negativen ist, dass der Dynamikumfang des Originals nicht an reines Schwarz oder Weiß heranreicht. Betrachten Sie ein richtig belichtetes Negativ im Leuchtkasten und Sie sehen, dass die dichtesten Bereiche (maximale Belichtung) dunkelgrau sind, während der Radstreifen (keine Belichtung) aufgrund der Tönung der Azetatbasis blassgrau ist. Im Scanner wird das Histogramm daher zuerst deutliche Lücken links und rechts zeigen, die man schließen muss. Je mehr Sie dabei der Tonwertkorrektur von Photoshop überlassen, desto mehr subtile Tonwertabstufungen gehen verloren.

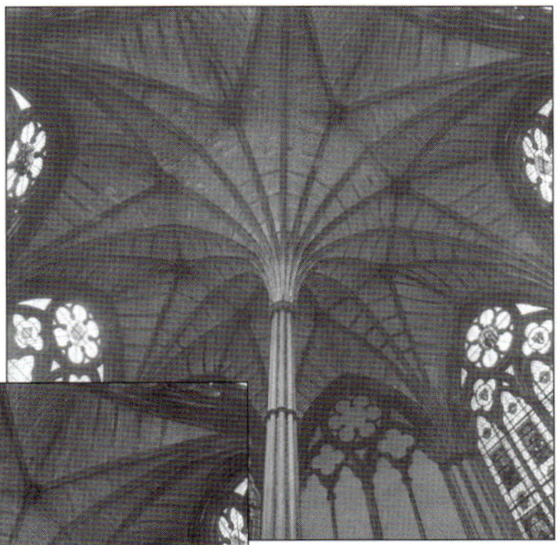

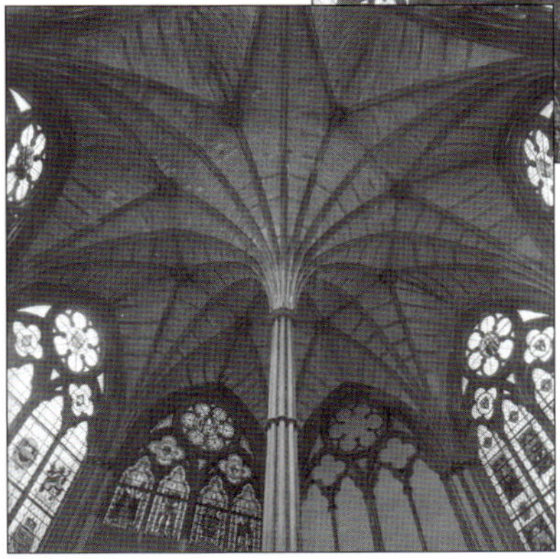

Arbeit in Photoshop
Das Positiv, der Scan, vor der Optimierung (oben) und nach der Tonwertkorrektur (links). Da die Scaneinstellungen mit Bedacht gewählt wurden, muss die Tonwertspreizung in Photoshop nur wenig angepasst werden.

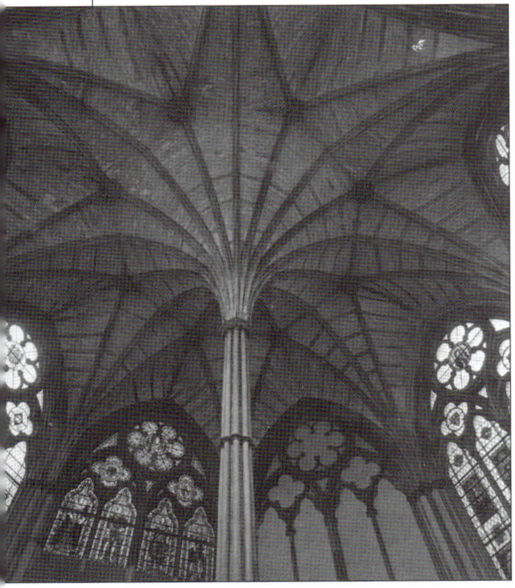

16 Bit
Dieser 16-Bit-Scan enthält sichtbar mehr Informationen als die 8-Bit-Versionen oben auf dieser Seite. Man kann auch radikale Anpassungen vornehmen, ohne die Bildqualität als Ganzes allzu sehr zu beeinträchtigen.

Das stimmungsvolle Ergebnis
Die optimierte Version des 16-Bit-Originals zeigt subtile Tonwertabstufungen. Für den Druck wurde es etwas nachgeschärft.

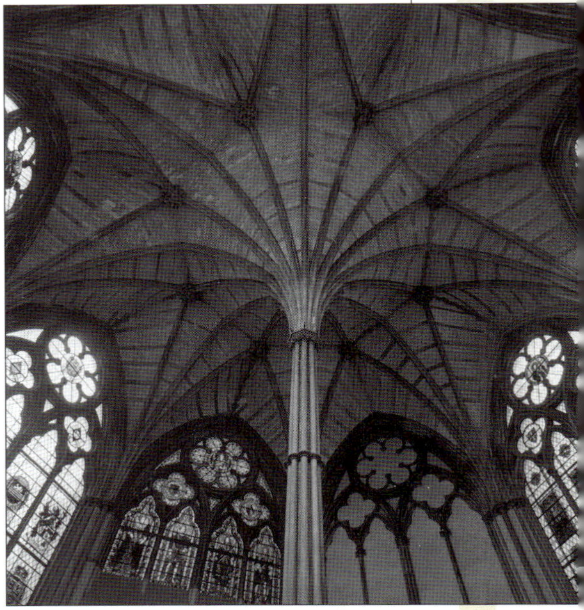

Dias scannen

Die Archivierung wird durch das Einscannen der Dias im Diascanner und die Vergrößerungen im Flachbettscanner perfekt.

Ein Scanner liefert dasselbe Ausgangsmaterial zur Umwandlung einer farbigen Szene in Schwarzweiß wie die Aufnahme mit der Kamera, auch die Wahl der Grautöne für die einzelnen Farben. Der Scanvorgang entspricht dem eben beschriebenen für Negative, außer dass die Modi „Positiv" und „RGB" gewählt sind. Nach den im Kasten „Das Einscannen in der Praxis" empfohlenen Anpassungen stellen Sie Farbbalance und Sättigung ein. Dazu ist es wichtig, die Farben des Dias auf einem farbkorrigierten Leuchtkasten zu betrachten, bevor Sie es in den Scanner legen. Achten Sie auf neutrale Töne und Gedächtnisfarben im Dia und notieren Sie diese im Geist. Neutrale Töne, wie Beton oder Schatten auf Weiß, sind besonders wertvoll, da sie mit den Pipetten der Scannersoftware ausgemessen werden können. Wenn Sie den Diascanner regelmäßig benutzen, sollten Sie ihn auf jeden Fall kalibrieren.

Wenn nur mehr ein Schwarzweißabzug eines Fotos überlebt hat, ist das Einscannen mit einem Flachbettscanner sowohl eine Methode, das Bild zu

Staub und Kratzer

Reinigen Sie den Film vor dem Scannen immer von Staub und Körnchen. Sitzen die Partikel fest, kann man den Film unter Umständen waschen. viele Scanner bieten die Option, Staub und Kratzer beim Scannen zu entfernen, jene Modelle, die mit einen Infrarotkanal arbeiten, funktionieren allerdings nur bei Farbdias, nicht bei Schwarzweißnegativen.

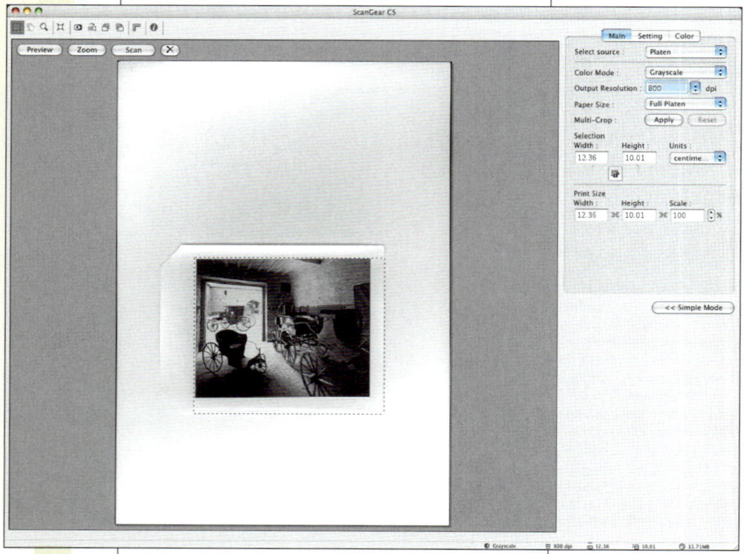

Modus
Beim Diascanner entspricht der Scanvorgang im Großen und Ganzen dem Scannen von Negativen. Der Input hier ist Kodachrome, der Output Graustufen.

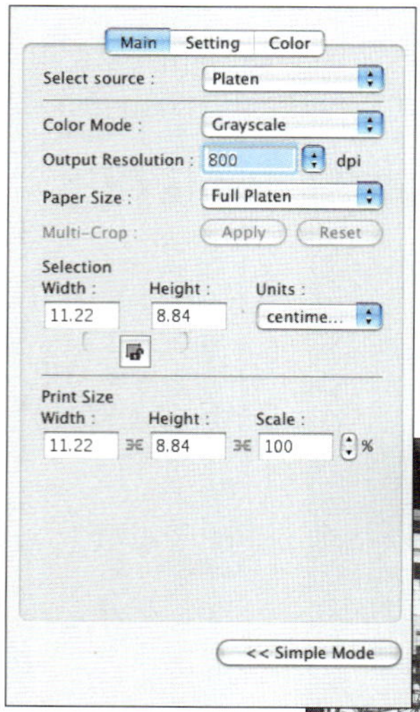

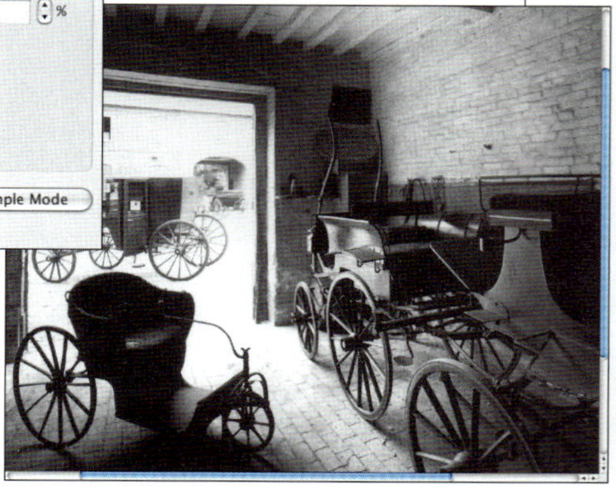

Einstellung
Das Bild wird exakt zugeschnitten, Größe und Auflösung werden auf die gewünschten Werte gesetzt (maximal auf 300 dpi) und die Mitteltöne mit den Gradationskurven aufgehellt.

bewahren, als auch der erste Schritt, Schäden auszubessern. Zwar entspricht ein guter Abzug in etwa einem Raw-Negativ, das gemäß der Vorstellung des Fotografen optimiert wurde, trägt aber den Nachteil in sich, dass sein Dynamikumfang keineswegs dem Originalnegativ entspricht. Der Dynamikumfang einer Vergrößerung auf mattem Papier beträgt etwa fünf, auf glänzendem Papier etwa sieben Blendenschritte, der eines Schwarzweißnegativs liegt hingegen bei 2000:1 oder elf Blendenschritten. Wenn Sie das Negativ und einen optimalen Abzug haben, scannen Sie das Negativ und verwenden das Positiv als Referenz.

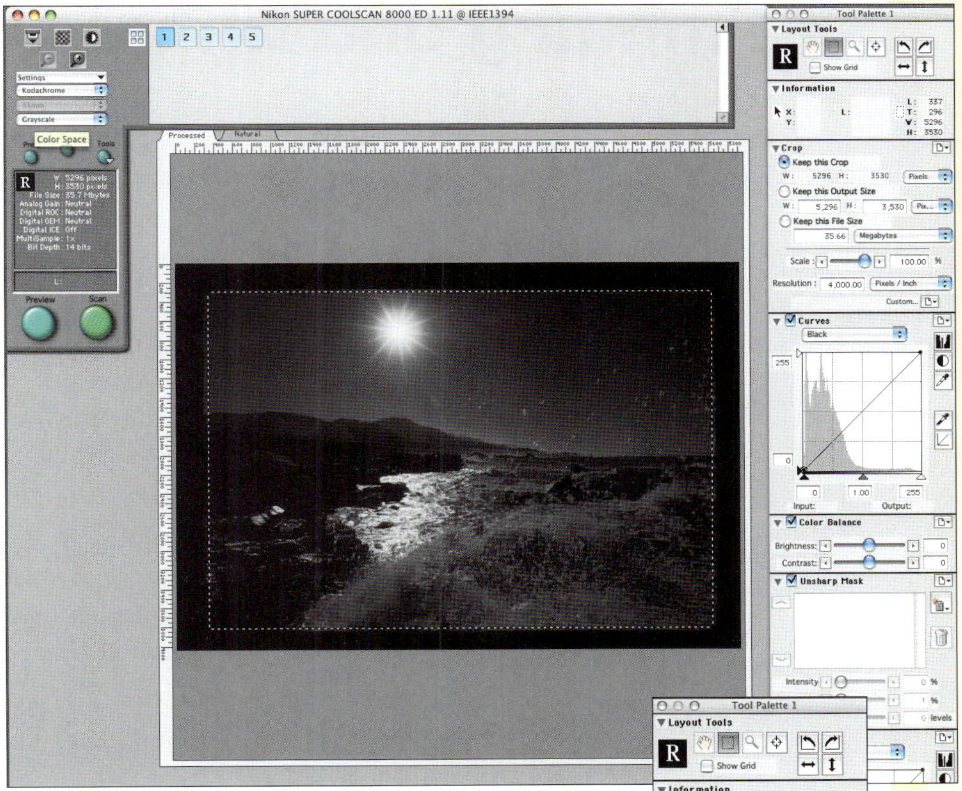

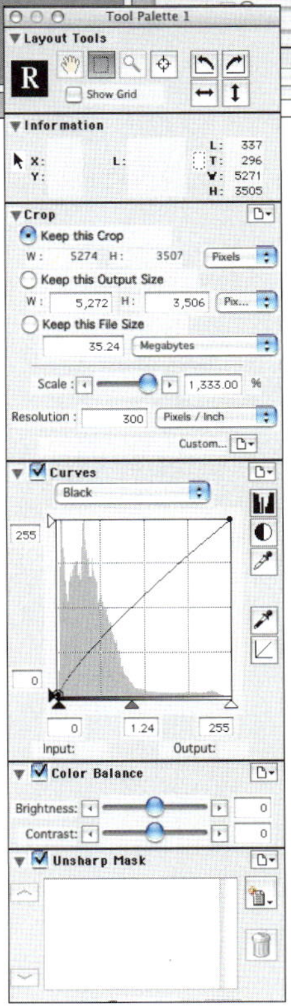

Abzug

Das Original ist ein 4 x 5 in. großes Schwarzweißpolaroid – klein, aber von guter Qualität. Wir verwenden einen Flachbettscanner mit dem mitgelieferten Photoshop-Plug-in und setzen den Modus auf Graustufen.

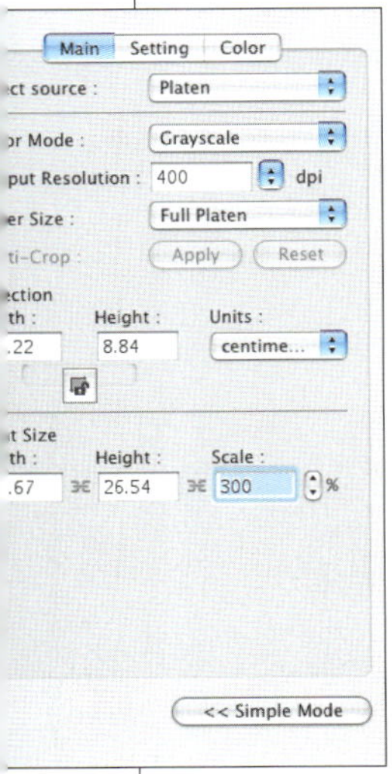

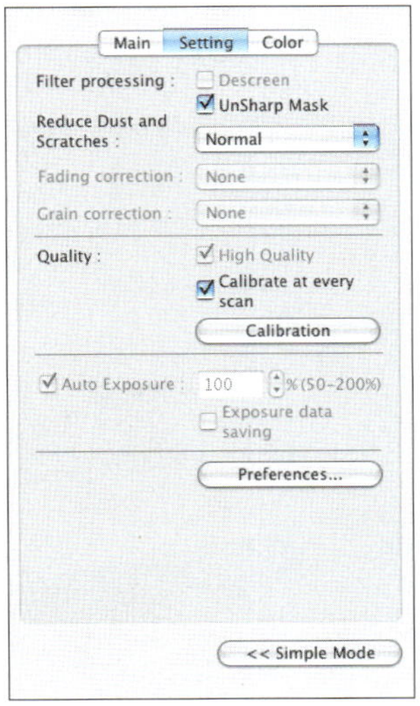

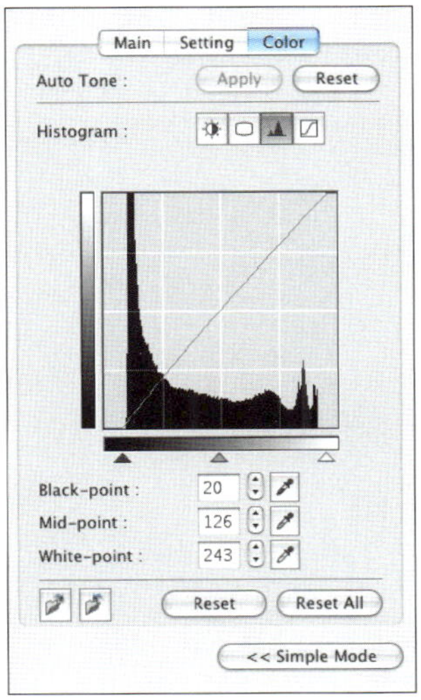

Größe

Vergrößerung und Auflösung werden gewählt – 800% bei 400 dpi – und Schärfe und Staub und Kratzer entfernen mit den Standardwerten aktiviert.

Optimierung

Zuletzt wird der Tonwertumfang optimiert: Die Spalten links und rechts werden geschlossen und die Mitteltöne mit den Gradationskurven ein wenig aufgehellt.

Stimmung und Atmosphäre

Durch Abstimmung von Helligkeit und Kontrast kann man Charakter und Licht einer Szene persönlich interpretieren.

In Schwarzweiß noch mehr als in Farbe gibt es keinen perfekten, „richtigen" Druck. An seiner Stelle tritt die Idee des Fotografen, wie das Bild aussehen sollte, das, was Ansel Adams „Visualisierung" nannte. So beschrieb er seine Ideen für eines seiner berühmtesten Bilder *(Clearing Winter Storm, Yosemite National Park, 1940)*: „Obwohl die Szene im Allgemeinen nur wenig Kontrast aufwies, war meine Visualisierung des fertigen Bildes sehr kraftvoll. Das Motiv hatte ein sehr hohes dramatisches Potenzial." Oder betrachten Sie die Arbeiten des Engländers Bill Brandt, der hochglänzendes Papier für intensives Schwarz und strahlendes Weiß bevorzugte und einmal anmerkte: „Ich versuche, die Atmosphäre meiner Motive zu vermitteln, indem ich die Elemente, aus denen es sich zusammensetzt, verstärke." Andere Fotografen zielen auf niedrigen Kontrast, um von den Lichtern bis zu den Schatten auch noch das kleinste Detail zu zeigen.

Nur weil die Stimmung eines Bildes weniger greifbar ist als, sagen wir, die Bildkomposition, ist sie nicht weniger wichtig. Verständlich, dass Fragen der digitalen Technik die meiste Aufmerksamkeit beanspruchen, sind sie doch neu, komplex und umfangreich, doch sie dürfen nicht jene kreativen Qualitäten überdecken, die weniger leicht festzumachen sind. Schwarz- und

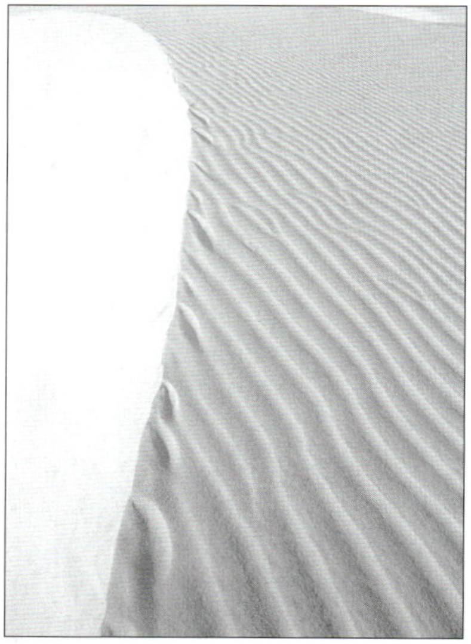

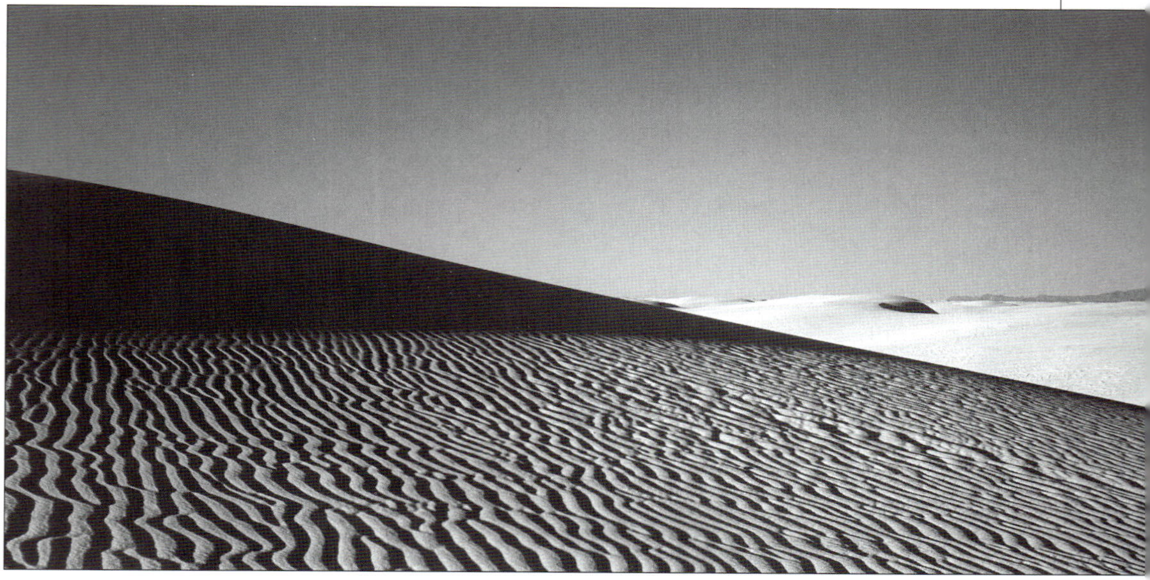

▲ White Sands I
Wegen der ständig wechselnden grafischen Schatten und dem gipsweißen, strahlenden Sand ist White Sands in New Mexico eine beliebte Location für die Landschaftsfotografie in Schwarzweiß. In dieser High-Key-Bearbeitung ist die Stimmung offen und hell, Schatten fehlen.

Weißpunkt und andere Fragen der Optimierung sind technische Vorgänge, die sich Ihrer Vorstellung des Bildes unterordnen müssen, nicht diese bestimmen.

Nehmen Sie die folgenden Beschreibungen eines Schwarzweißfotos: hell und offen, geheimnisvoll, sanft, bedrohlich, verhalten, luftig, fröhlich, spröd. Alle sind sie gültig und entstammen doch der persönlichen Interpretation, die Sprache ist keinesfalls technisch. Sie meinen die Wirkung, nicht den Vorgang. Doch die Mittel, diese Atmosphäre zu erzeugen, drängen sich, wie die Tabelle zeigt, in Monochrom geradezu auf. Wieder ein Fall, in dem der Verzicht auf Farbe die Aufmerksamkeit auf tonale Nuancen lenkt. Man kann mit Recht behaupten, dass sich Stimmung und Atmosphäre in Schwarzweiß besser ausdrücken lassen als in Farbe.

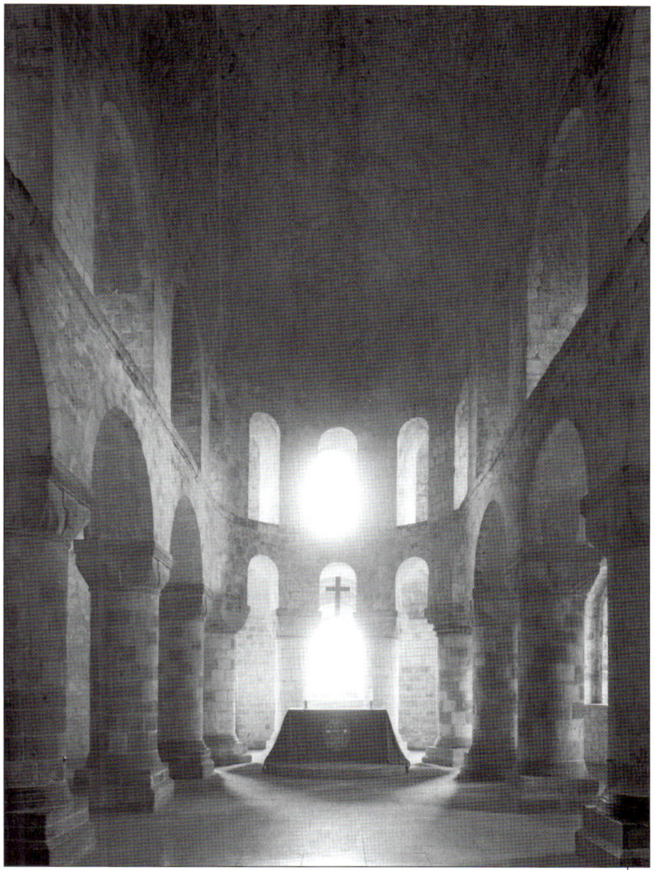

Kapelle von St. John
Das Gewölbe der normannischen Kapelle im Tower von London wurde ohne künstliches Licht fotografiert, um die natürliche Atmosphäre einzufangen, eine Mischung aus mysteriösen und tiefen, detailreichen Schatten zwischen den steinernen Pfeilern und Bögen und dem vom gegenüberliegenden Ende hereinflutenden Licht.

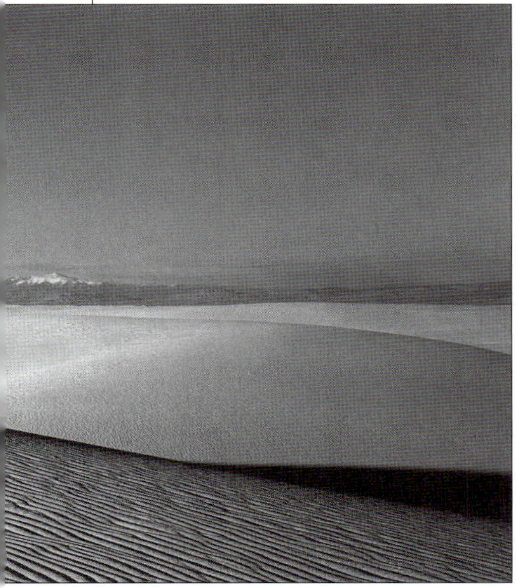

White Sands II
Eine ganz andere Atmosphäre ignoriert das Weiß des Sands und kehrt die grafischen Beziehungen durch Nutzen des gesamten Tonwertumfangs mit sattem Schwarz hervor.

Eigenschaften und Effekte

Technische Eigenschaften	Stimmungseffekte
Mittlere und helle Töne machen den Großteil des Bildes aus, großflächige Lichter, kein Schwarz, begrenzte Schattenbereiche.	High-Key, hell, fröhlich, auch ein wenig mysteriös, da man in der strahlenden Helligkeit nicht alles sehen kann.
Der Großteil des Bildes ist dunkel, wenige Lichter. Die grafischen Effekte sind in den Schatten konzentriert.	Low-Key, reich und dicht, kann auch bedrohlich oder geheimnisvoll wirken.
Das zweite Viertel des Tonwertbereichs (mittlere und mitteldunkle Töne) überwiegt, kein echtes Schwarz, wenige Lichter.	Trüb, dämmrig, mögliche Untertöne von Industrie, Technik oder sogar (Umwelt-) Verschmutzung.
Schatten und Lichter gekappt oder fast gekappt, große Bildteile liegen an beiden Enden der Tonwertskala, nur wenige Bereiche mit Mitteltönen.	Hoher Kontrast, kräftig, fremdartig („Mondlandschaft"), Hell-Dunkel-Malerei, scharf und spröde.
Konzentration auf die Mitteltöne, kaum bis keine dunklen Schatten und hellen Lichter.	Niedriger Kontrast, dumpf, unterdrückt.
Bild zum Großteil im dritten Viertel des Tonwertbereichs (mittlere bis helle Töne), wenige dunkle Stellen, keine wirklich hellen Lichter.	Sanft, neblig, zart.

Fallstudie: **Die Stimmung festlegen**

Wir haben auf den vorigen Seiten gesehen, wie Stimmung und Atmosphäre eines Bildes bestimmt werden können. Dieses Beispiel zeigt die Umwandlung eines 16-Bit-Originals in einen Kunstdruck.

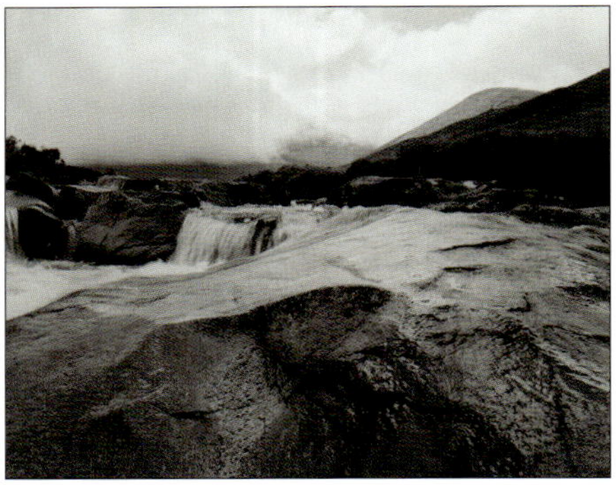

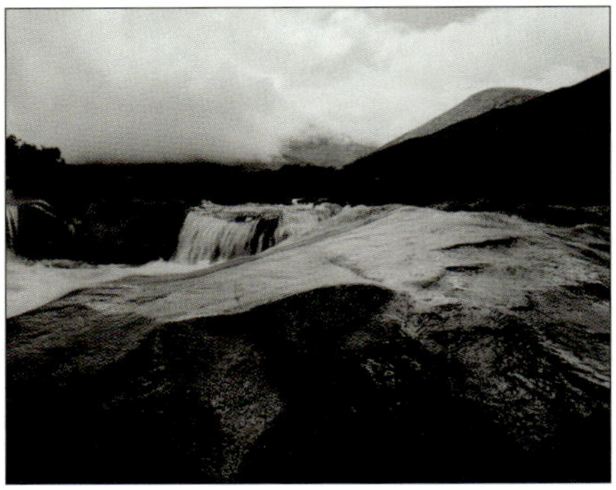

1 Das Original in 16 Bit sieht eher dunkel und flach aus – ein exzellenter Ausgangspunkt! Darunter eine noch dunklere Belichtung für den Himmel.

2 Die Skizze zeigt den Plan. Der Himmel wird in zwei Stufen bearbeitet, um das drohende Gewitter zu betonen.

3 Zuerst wird der Tonwertumfang durch Setzen des Schwarz- und Weißpunkts auf die gesamte Skala gedehnt. Mit der Alt- bzw. Options-Taste kann man beim Bewegen der Regler den Punkt erkennen, wann und wo Schatten bzw. Lichter gekappt werden. Die tatsächliche Einstellung ist gegenüber der Gezeigten etwas zurückgenommen.

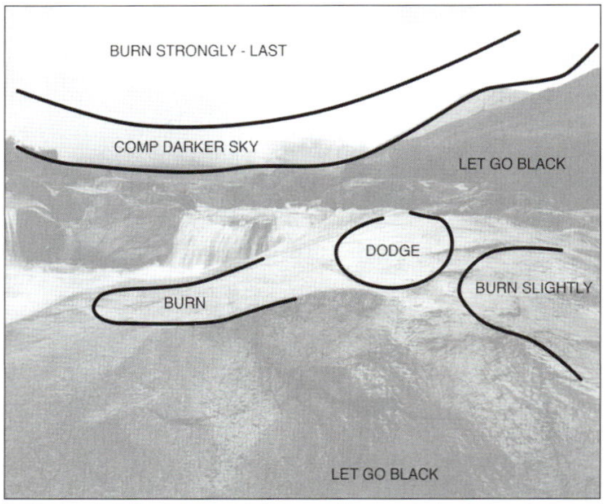

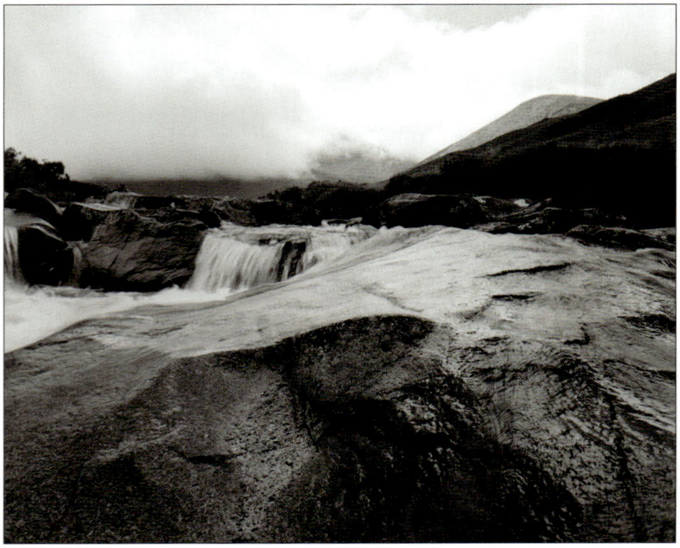

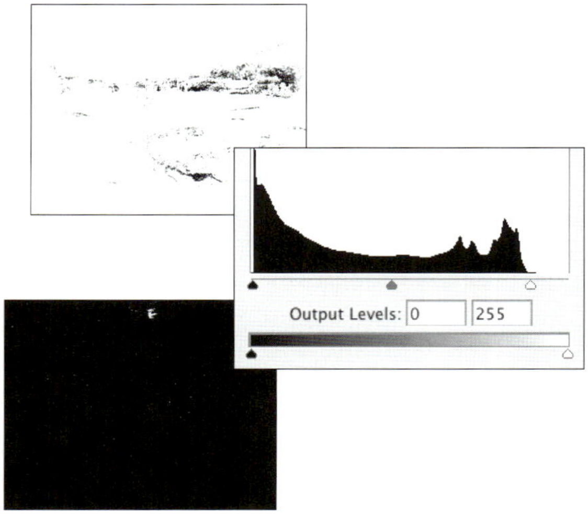

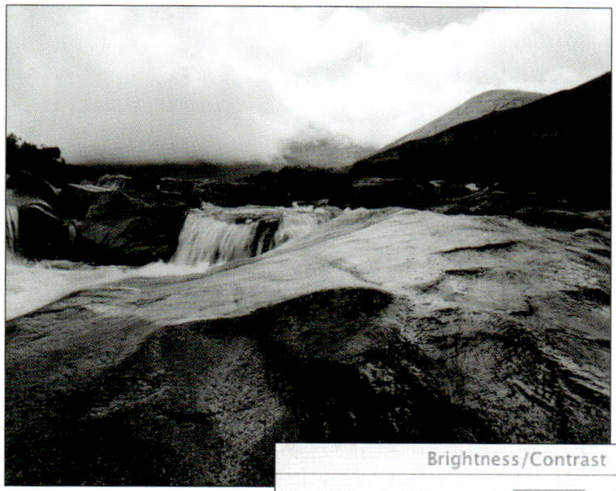

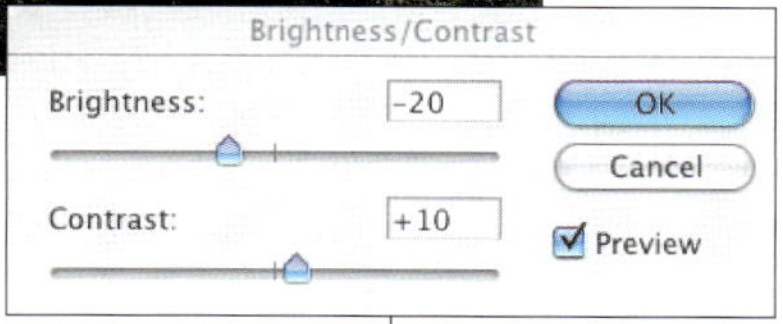

4 Helligkeit und Kontrast werden dann nach Geschmack angepasst – hier also dunkler und kontrastreicher.

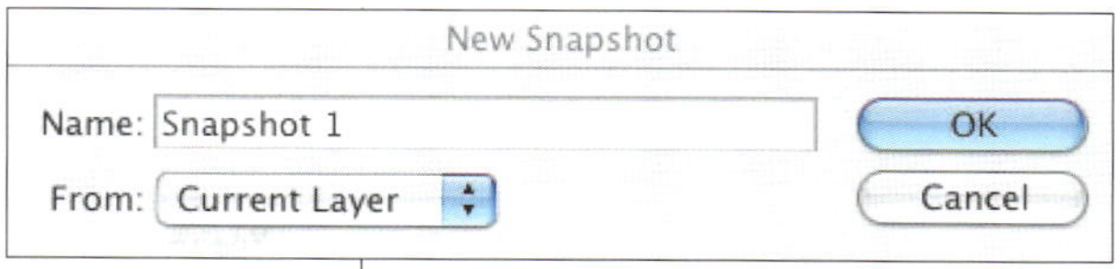

6 Ein Schnappschuss der oberen Ebene wird für den Protokollpinsel verwendet, mit dem ich den Himmel abdunkeln werde. Die andere Ebene wurde vorher gelöscht.

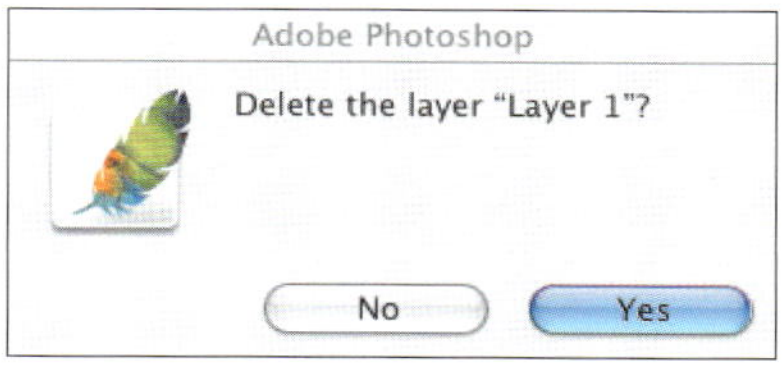

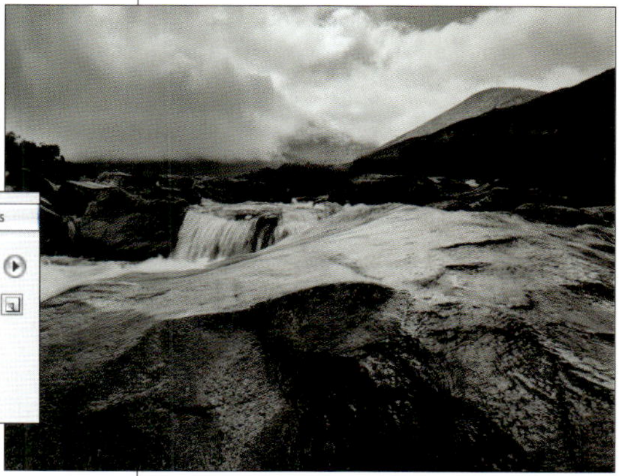

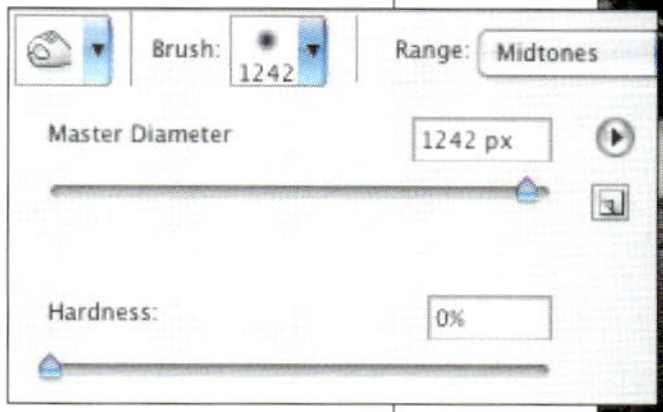

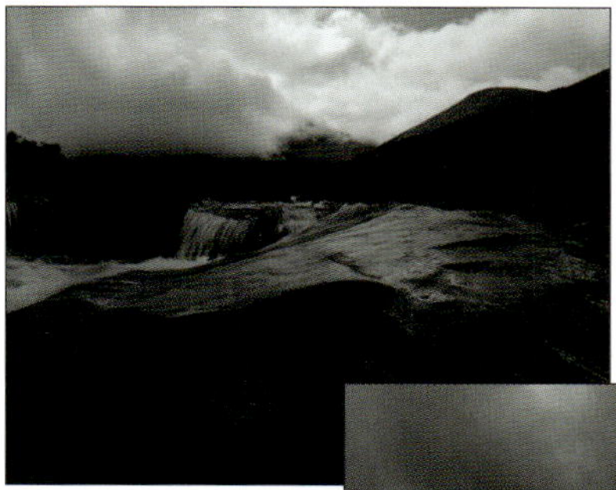

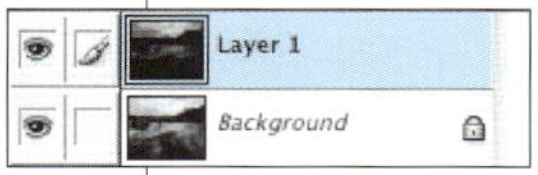

5 Obwohl keine Lichter gekappt wurden, lässt die Zeichnung des Himmels zu wünschen übrig. Die zweite, dunklere Belichtung zeigt mehr Informationen und mehr Kontrast. Die Kamera war auf einem Stativ, daher passen die Bilder exakt übereinander, und das dunklere wird kopiert und oberhalb von dem aktuellen Bild eingefügt.

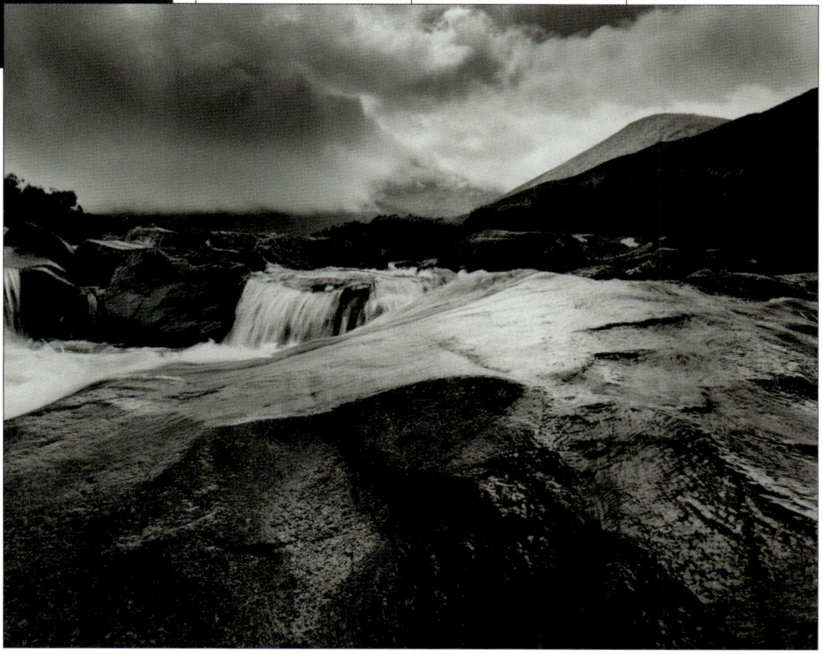

7 Im letzten Schritt wird abgewedelt und nachbelichtet. Die Werkzeuge in Photoshop funktionieren ähnlich wie in der Dunkelkammer, haben jedoch den Vorteil, dass man sofort den Effekt sieht – und ihn wenn nötig rückgängig machen kann. Mit dem Abwedler streiche ich mit sehr breiter Spitze und nur 15% Deckung (für feinste Kontrolle) sieben Mal über den oberen Teil des Himmels. Die Felsen im Vordergrund werden ein wenig abgewedelt und nachbelichtet, wie die Skizze zeigt, damit sie besser zum retuschierten Himmel passen.

Tonereffekte

Traditionelle Tonerbäder, die Silberhalogenidabzügen eine leichte Tönung gaben, kann man in der Bildbearbeitung mit verschiedenen Methoden imitieren.

Bei Silberhalogenidvergrößerungen wurden Tonerbäder im 19. Jahrhundert als Mittel, den Ausdruck eines Bildes durch Änderung des Farbtons von Schwarz zu erhöhen, populär. Die Stärke des Effekts hing vom verwendeten Toner und von der Verarbeitung ab (längere Entwicklung ergab im späteren Tonerbad typischerweise eine stärkere Färbung). Zusätzlich wurde der Abzug konserviert. Die Ästhetik der Toner fand Befürworter und Kritiker, war aber allgemein am erfolgreichsten, wenn man sie behutsam einsetzte. Toner verändern die Emulsion, das bedeutet, das ihr visueller Effekt in den mittleren und

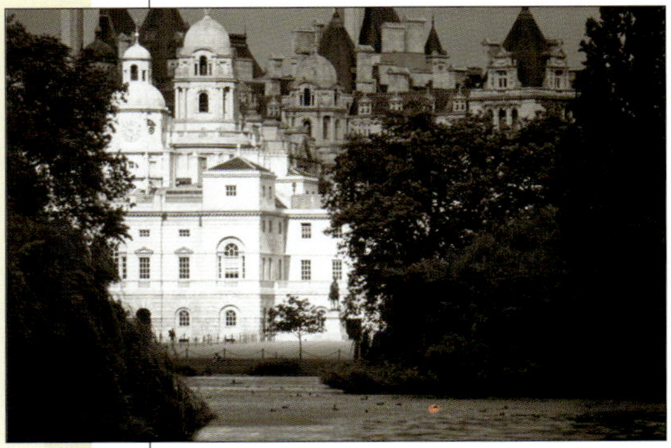

St. James's Park
Whitehall und die Parade der Horse Guards in London, aufgenommen mit einem Teleobjektiv.

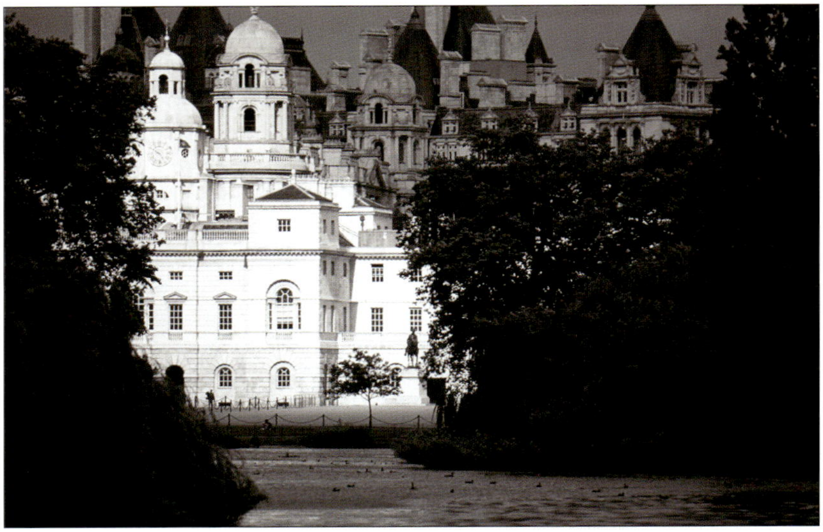

Seleneffekt
Der Blaukanal wird ein wenig erhöht, der Rotkanal noch weniger zurückgenommen und der Kontrast ein bisschen erhöht, um den Effekt von Selentoner zu imitieren.

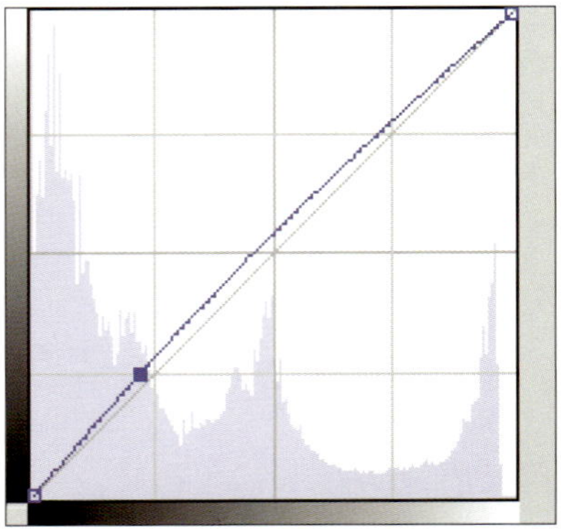

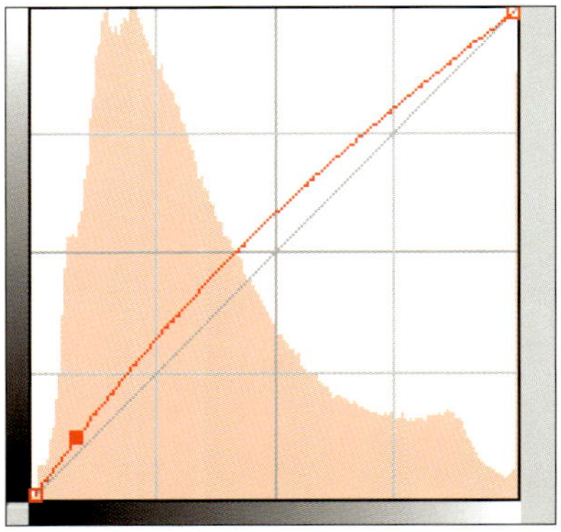

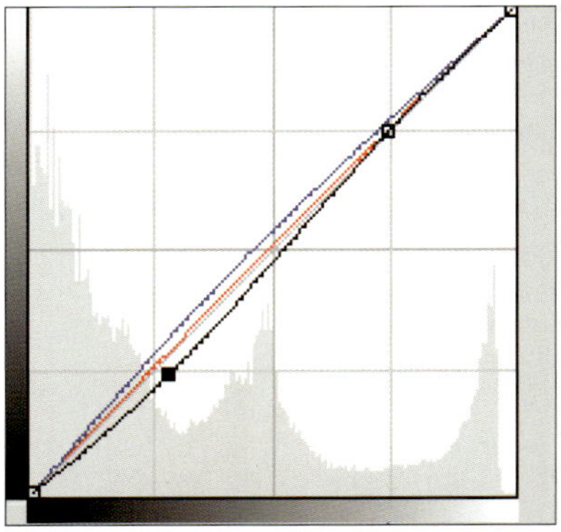

mitteldunklen Tönen am stärksten ist. In den Lichtern bemerkt man sie kaum (da es hier wenig zu verändern gibt), und die dunklen Schatten bleiben in jedem Fall schwarz und zeigen kaum Farbe.

All das kann man digital in der Bildbearbeitung imitieren, und wenn man Tonereffekte liebt, ist es nützlich, über die traditionellen Toner Bescheid zu wissen. Der gebräuchlichste war Schwefel, der einen Sepia-Effekt ergab. Die Methode war, zu bleichen und neu zu entwickeln, wobei ein Bleichbad zuerst das metallische Silber in Silbersalz verwandelte, das anschließend in einem zweiten Bad in Natriumsulfat zu bräunlichem Silbersulfat wurde. Das Problem ist der starke Effekt auf das gesamte Bild, der keinesfalls jedem gefällt. Selen ergibt ein weniger offensichtliches und für die meisten ein gefälligeres Ergebnis, der Abzug wirkt ein wenig kühler. Ansel Adams nutzte Selenbäder oft in Kombination mit Papieren, deren Emulsion eine kalte Farbe hatte, sodass sich mit einem kalt getönten Entwickler und einem leichten Selenbad ein kühles, purpur-schwarzes Bild ergab.

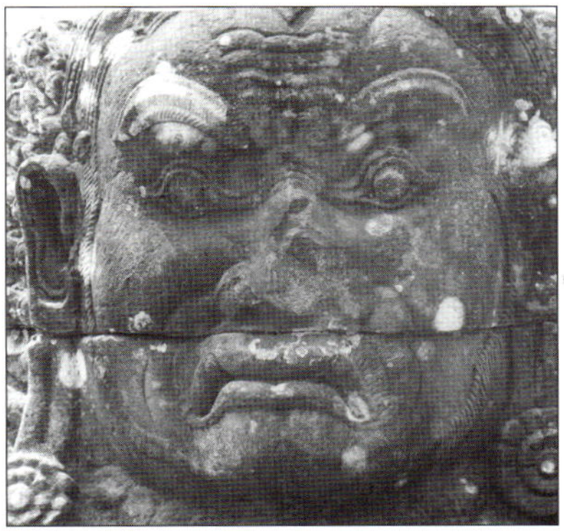

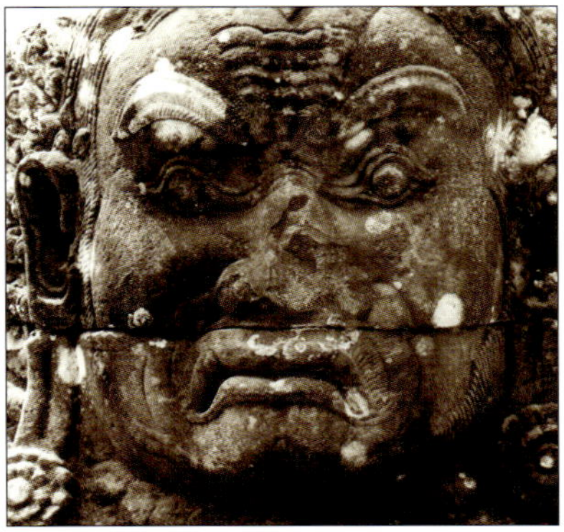

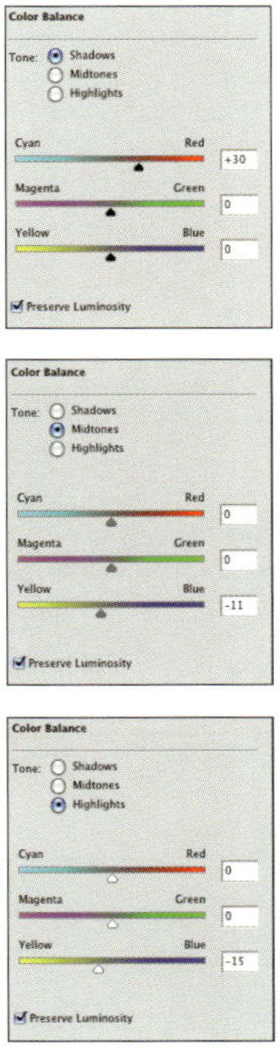

Balance Dieser nützliche Dialog beschränkt Änderungen im Farbton auf einzelne Bereiche, das Sepia bleibt auf die Tiefen, das Gelb auf die Lichter konzentriert.

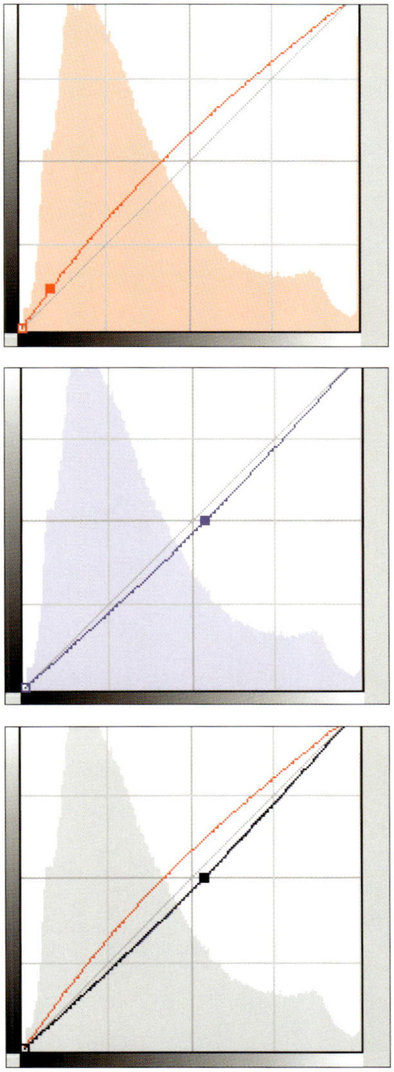

Kurven Gradationskurven haben denselben Effekt – Rot wird in den Schatten verstärkt, Blau in den Lichtern reduziert (was einem höheren Gelbanteil entspricht).

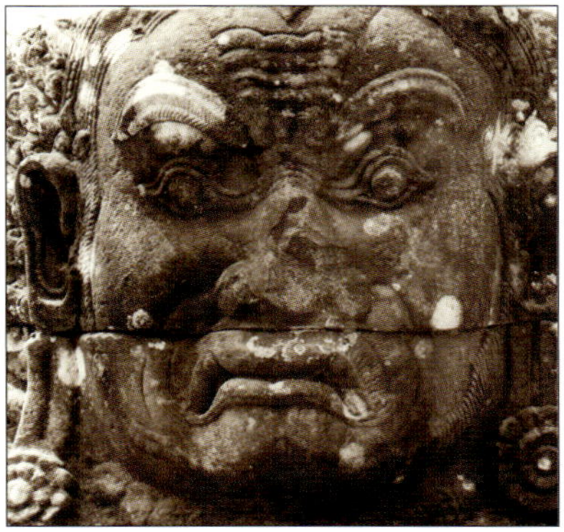

Traditionelle Toner analysieren

Ein alternativer, mehr an den Fakten orientierter Ansatz geht von traditionell getönten Abzügen und Druckverfahren aus und analysiert deren Farbeffekte.

Wir können das Netz weiter spannen und uns über Toner hinaus speziellen Drucktechniken zuwenden, da der Reiz all dieser Effekte unabhängig vom chemischen Prozess auf dem subtilen Hinzufügen von Farbe basiert. Dies führt zu einem pragmatischen Ansatz bei der digitalen Imitation der Effekte – zuerst verschiedene Verarbeitungen einer Quelle vorbereiten, dann diese einscannen und das Ergebnis analysieren. Das Problem ist, dass manche Techniken, wie Palladium und Cyanotype, sehr spezifisch sind und es wenige Könner gib. Jan Esmann von PowerRetouche hat das Problem mit Hilfe von Experten für die einzelnen Druck- und Vergrößerungsverfahren gelöst und die Bilder hinsichtlich Tonwertumfang und Farbvariationen analysiert.

Sein Plug-in „Toned Photos" hat neun Voreinstellungen einschließlich Platin, Palladium, Cyanotype und Kallitype. Die Ergebnisse variieren in der Farbe, der Art, wie die Farbe auf einzelne Tonwertbereiche verteilt ist, in der Sättigung und dem Tonwertumfang.

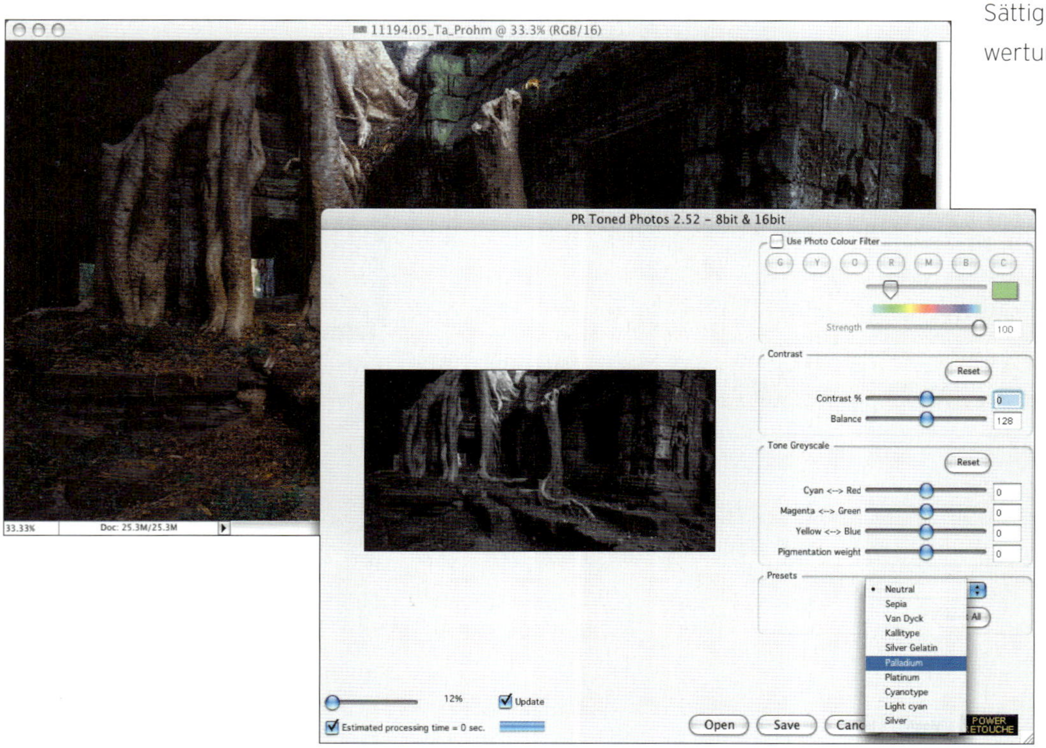

Wurzeln Eine Galerie in einem der Tempel von Angkor Vat, eingefasst von den Wurzeln eines gigantischen, uralten Baums. Die Atmosphäre dieses alten Heiligtums könnte durch altertümliches Aussehen des Bildes gewinnen, ganz als ob das Foto aus jener Zeit stammte, als die Ruinen entdeckt wurden.

Power Retouche

Das Plug-in „Toned Photos“ enthält eine Reihe von Einstellungen, die ein farbiges Original automatisch in einer bestimmten Drucktechnik darstellen. Ein Teil der Filter nimmt auf die Charakteristik einzelner Papiere Rücksicht.

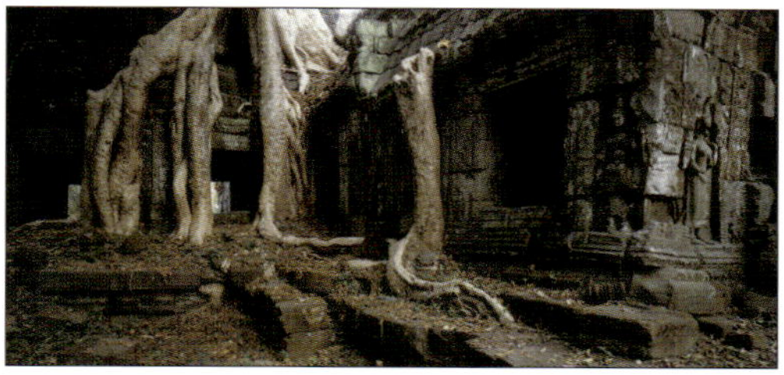

Ta pro

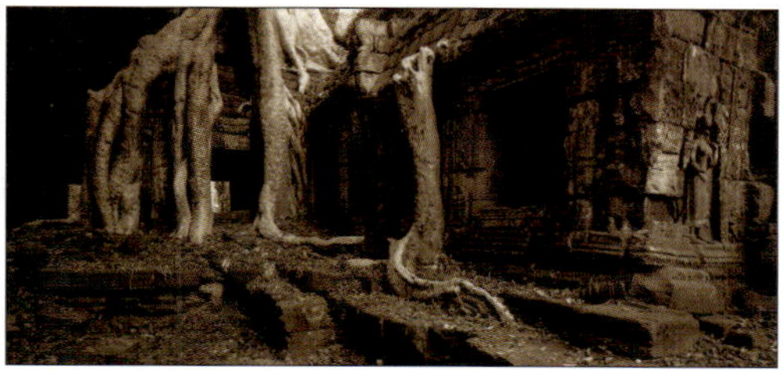

Van Dyck

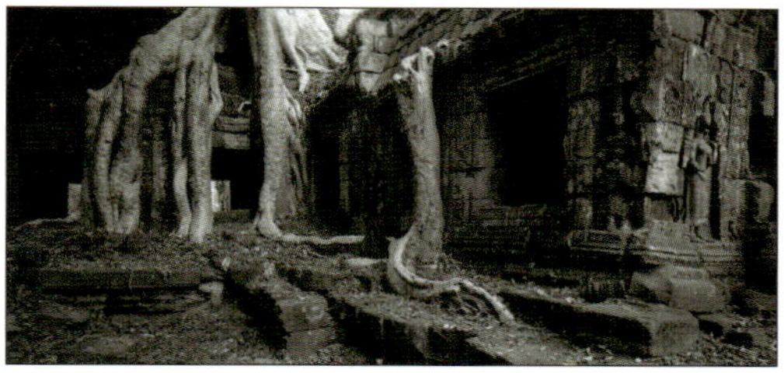

Silver (Silber)

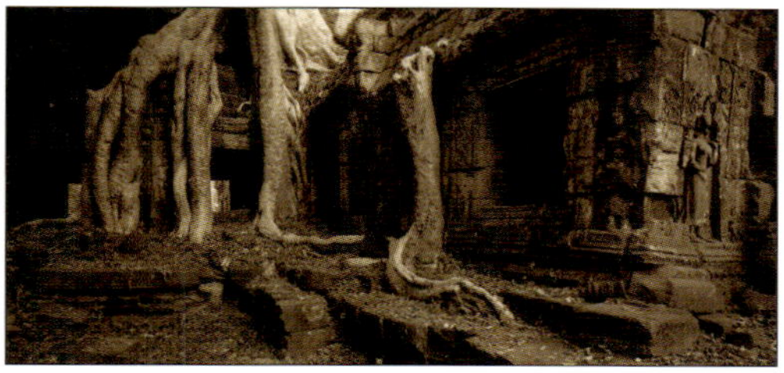

Silver gelatin (Silbergelatine)

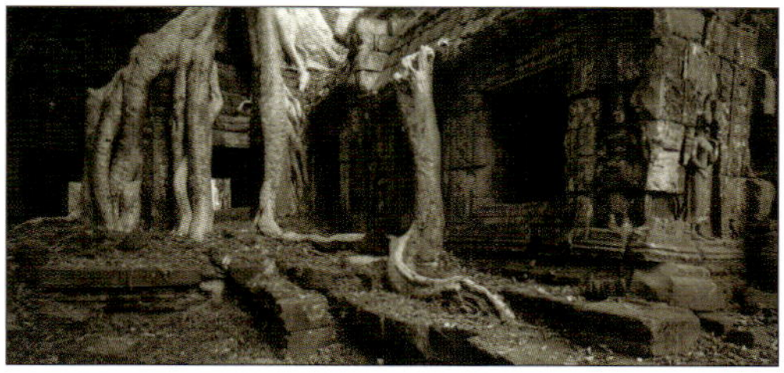

Platinum (Platin)

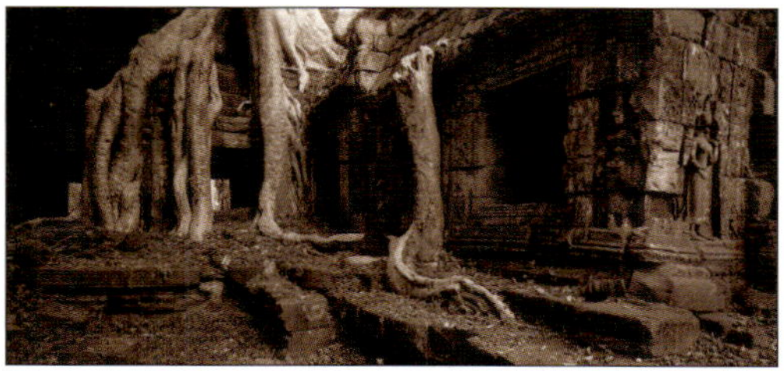

Sepia

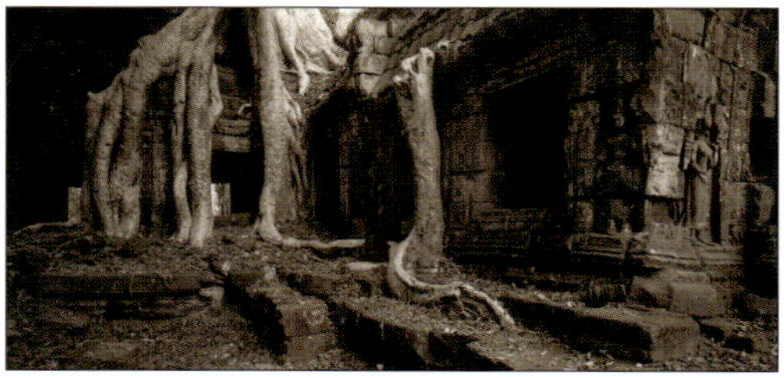

Kallitype

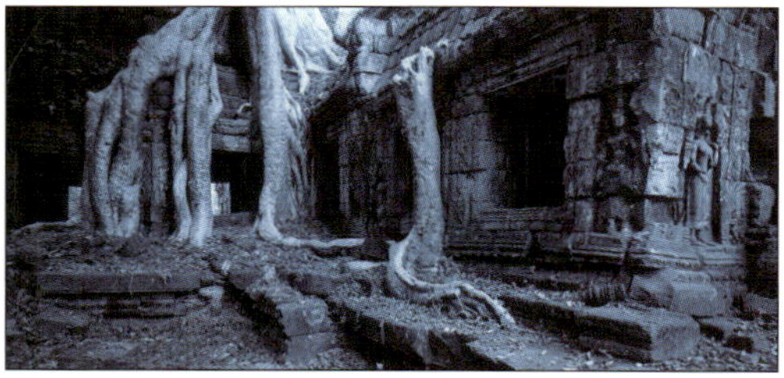

Light Cyan (Helles Cyan)

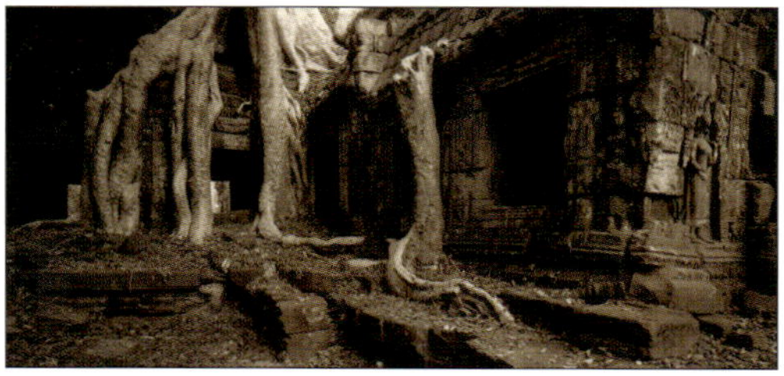

Palladium

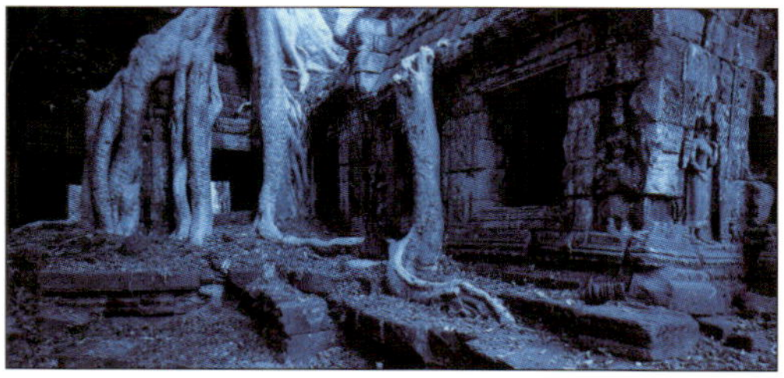

Cyanotype

Filmmaterial imitieren

Auch für Fotografen, die unglücklich darüber sind, dass sie ihrer bevorzugten Schwarzweißemulsion beraubt wurden, gibt es überzeugende digitale Imitate.

Viele Fotografen bevorzugen bei der Arbeit in Schwarzweiß eine bestimmte Emulsion, auch wenn die behaupteten Unterschiede zwischen den Marken umstritten sind. Es gibt große Abweichungen zwischen dem alten orthochromatischen (relativ empfindlich für Rot) und dem modernen panchromatischen Material, doch die Unterschiede moderner Marken sind gering und liegen in erster Linie im Dynamikumfang und in der Form der charakteristischen Kurve. Ein Weg, die Reaktion einer bestimmten Emulsion zu imitieren, ist, die Reaktionskurve von der Website des Herstellers (falls es die Firma noch gibt) herunterzuladen und dann die Gradationskurve eines bestimmten Bildes ebenso zu formen. Diese Einstellung kann man für den späteren Gebrauch speichern. Dies ist selbstverständlich nur eine Schätzung, doch angesichts der minimalen Differenzen so gut wie jede andere Lösung. Man könnte auch eine Grauskala fotografieren, einscannen und die Tonwerte messen, doch der Scanvorgang führt wahrscheinlich zu größeren Unterschieden, als es sie tatsächlich gibt. Ein Hersteller, nämlich wieder einmal PowerRetouche, hat sich allerdings wirklich die Mühe gemacht, die verschiedenen Emulsionen hinsichtlich ihrer tonalen Qualitäten und der spektralen Empfindlichkeit zu analysieren: Beim Plug-in „Black and White Studio" kann man den Filmtyp wählen, und es ist, falls Ihre digitalen Bilder etwa genauso aussehen sollen wie auf Tri-X, sehr

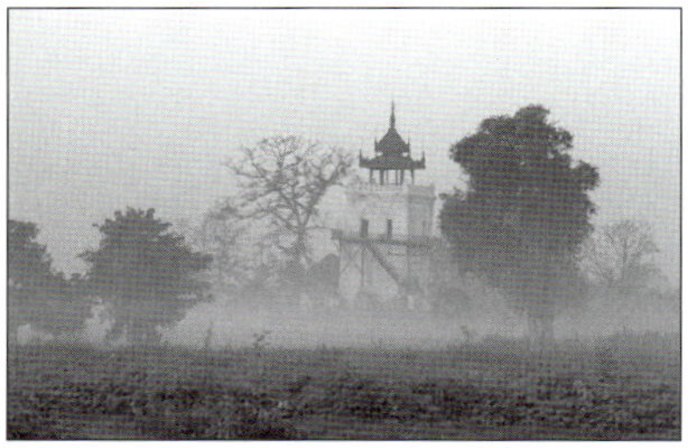

Ava
Der Ausgangspunkt für das Hinzufügen von Filmkorn ist diese neblige Ansicht eines alten Wachturms in Birma. Die sanften Grauschattierungen werden jedes Korn deutlich zeigen.

Nik Color Efex Pro
Dieses Plug-in, Teil der Sammlung „Color Efex Pro!" von Nik Multimedia hat fünf Regler, einen davon für Korn („Grain").

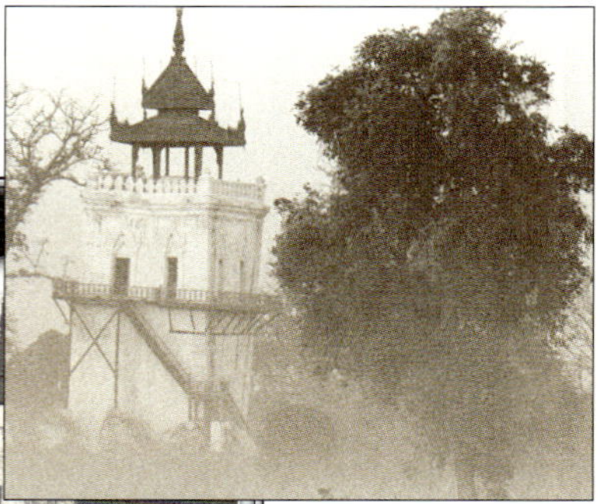

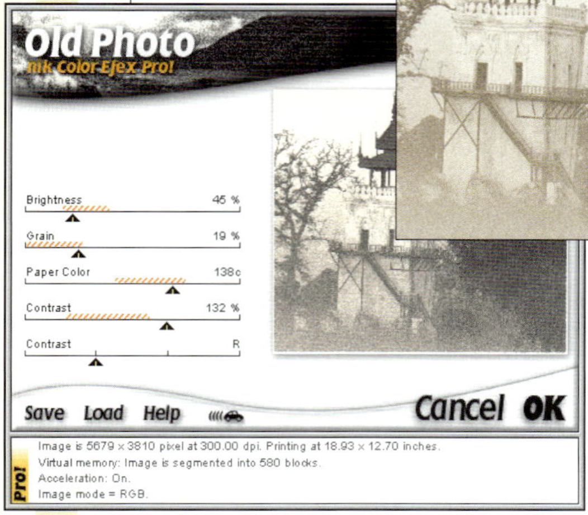

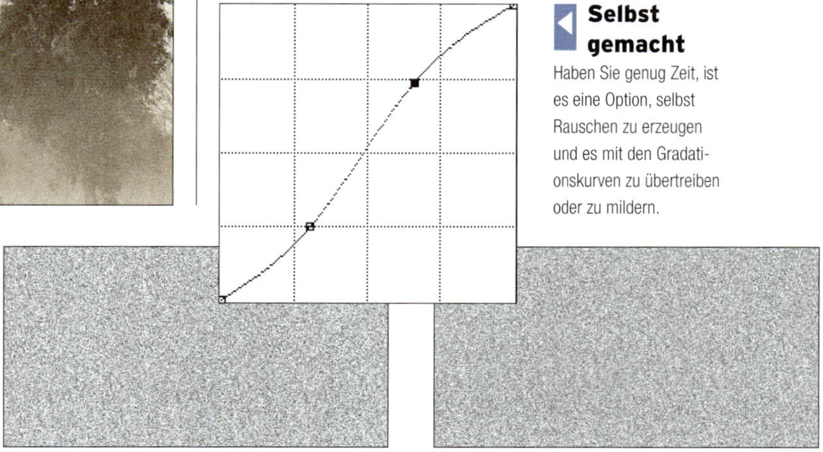

Selbst gemacht
Haben Sie genug Zeit, ist es eine Option, selbst Rauschen zu erzeugen und es mit den Gradationskurven zu übertreiben oder zu mildern.

zu empfehlen. Es spart einige Mühe und ist nur einer von vielen Effekten, die man auf Schwarzweißfotos anwenden kann *(siehe Seiten 582-583)*.

Ein weiteres Charakteristikum von Schwarzweißfilm mit einem gewissen ästhetischen Reiz ist das Filmkorn. Die Ähnlichkeit mit seinem digitalen Äquivalent, dem Bildrauschen, ist nur allzu oberflächlich, da sie verschiedene Ursachen haben. Digitales Bildrauschen hat keinerlei rettende Anmut und gleicht eher einem verrauschten Audiosignal - einem Artefakt, das den Inhalt stört. Filmkorn sieht zwar ähnlich aus (außer aus der Nähe) und hängt ebenfalls mit der ISO-Empfindlichkeit zusammen, hat jedoch seine eigene Berechtigung. Es entsteht durch Kristallklümpchen in der Emulsion und ist daher ein integraler Bestandteil des Prozesses, so wie sichtbare Pinselstriche in einem Gemälde. Damit argumentieren zumindest jene Fotografen, die Filmkorn mögen, und die Schwarzweißfilme der verschiedenen Hersteller unterschieden sich sichtbar in der Struktur des Korns. Hier ist nicht der Ort, um die Ästhetik von Filmkorn zu diskutieren, da es aber seine Anhänger hat, ist die digitale Simulation berechtigt. Sichtbares Korn in einem Schwarzweißbild entsteht jedoch nicht durch einzelne Kristalle, sondern durch viel größere Klumpen.

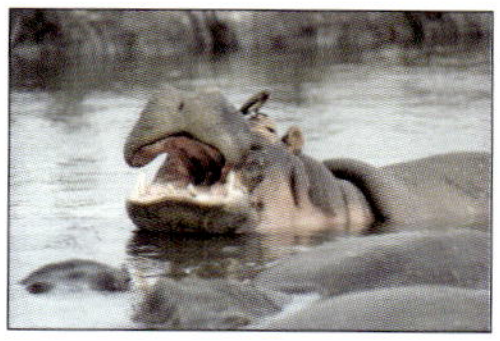
Original

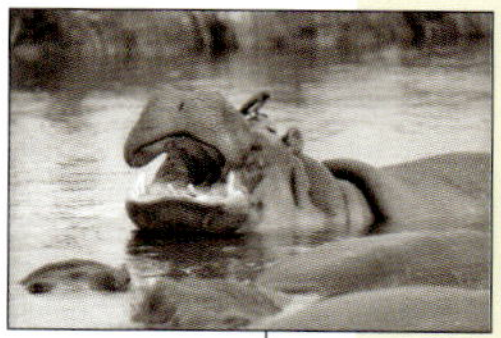
APX 100

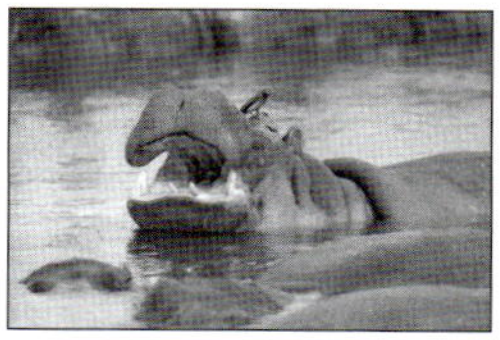
100TMX

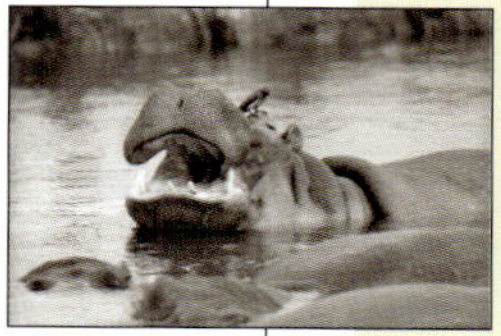
HP5

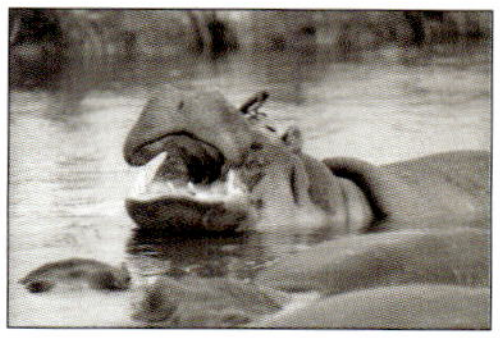
T400CN

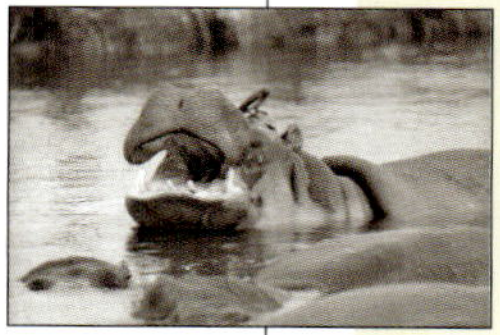
Delta 100

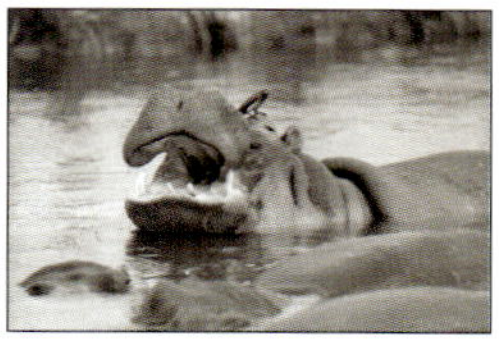
400TX

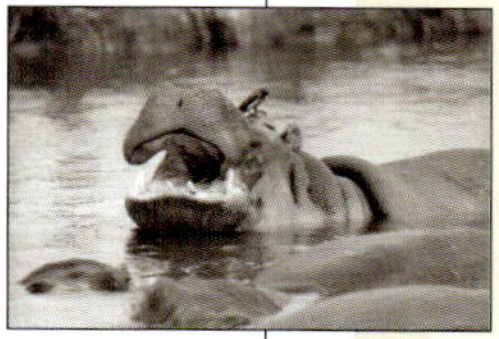
PanF

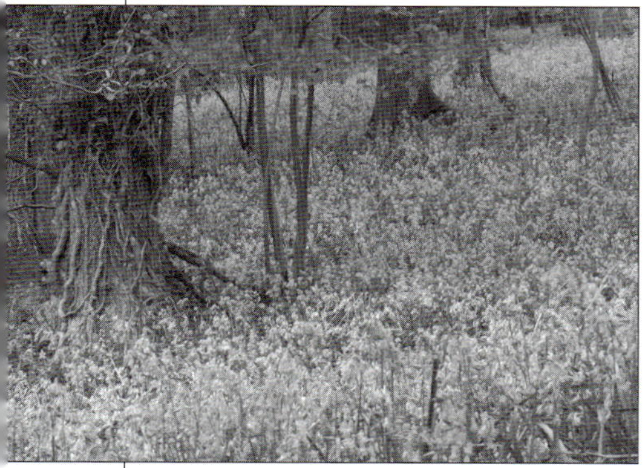

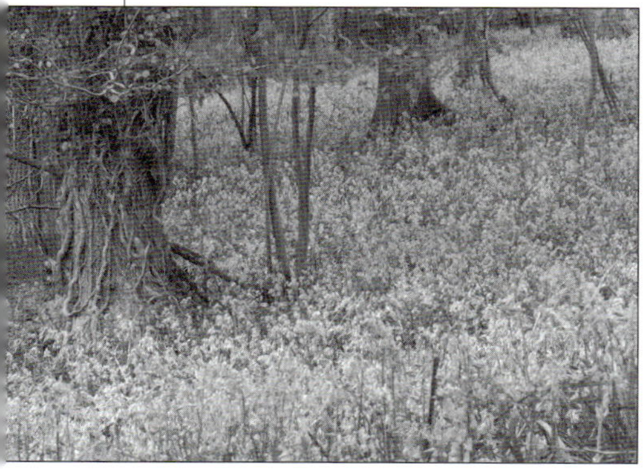

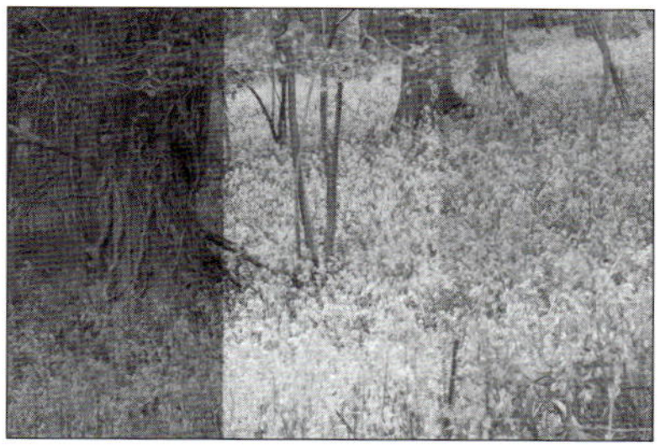

Waldgebiet

Diese Aufnahme von Glockenblumen im Wald wurde in Schwarzweiß konvertiert. Das Bild zeigt ziemlich viele Details, der Korneffekt wird daher recht stark sein müssen, um einen Unterschied zu machen. Wir haben mit dem Filter „Störungen hinzufügen" unser eigenes Korn kreiert.

Hippo

Der kleine Vogel auf der Stirn dieses Nilpferds ist ein geeignetes Testobjekt, um die feinen Unterschiede in der Reaktion verschiedener Schwarzweißfilmqualitäten zu betrachten.

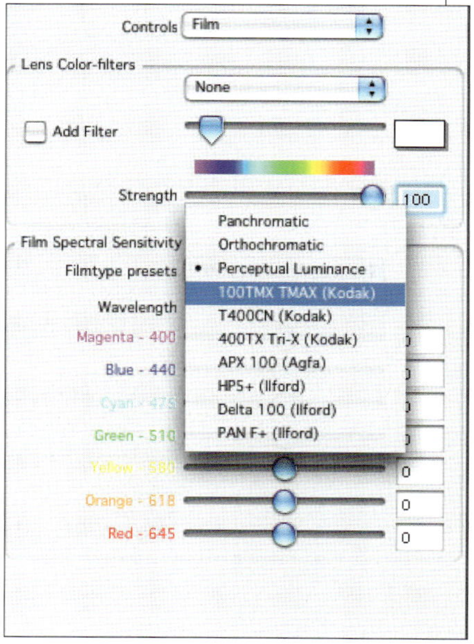

Duplexbilder

Das bewährte Werkzeug der Grafiker kann, zweckentfremdend benutzt, die Darstellung monochromer Bilder auf dem Desktopdrucker verbessern und ihnen subtile Farbnuancen hinzufügen.

Duplex wurde für die Druckindustrie entwickelt, um einerseits einem Bild eine Schmuckfarbe hinzuzufügen, andererseits dem Problem der geringen Zahl druckbarer Graustufen zu begegnen. Ein monochromes 8-Bit-Bild hat 256 Stufen von Schwarz nach Weiß, eine typische Druckmaschine stellt hingegen nur 50 dar. Ein Duplex aus Grau und Schwarz erhöht den Dynamikumfang der Druckerpresse signifikant. Dies mag für die Digitalfotografie von untergeordneter Bedeutung sein, doch die Werkzeuge für Duplex-, Triplex- und Quadruplexbilder, welche Photoshop zur Verfügung stellt, können, ungeachtet ihres eigentlichen Zwecks, die Wirkung eines Ausdrucks mit dem Desktopdrucker erhöhen. Diese Drucker können Duplex nicht in der traditionellen Art verarbeiten, doch das Bild kann auf einige interessante Arten verändert werden. Außerdem sind die Ergebnisse selbst guter Drucker, wie etwa der Epson-Modelle *(siehe Seite 600)*, bei einem Einkanalgraustufenbild recht kläglich. Warum, ist leicht erklärt. Während ein RGB-Bild 16,8 Millionen Farben hat (256 x 256 x 256), hat ein Graustufenbild

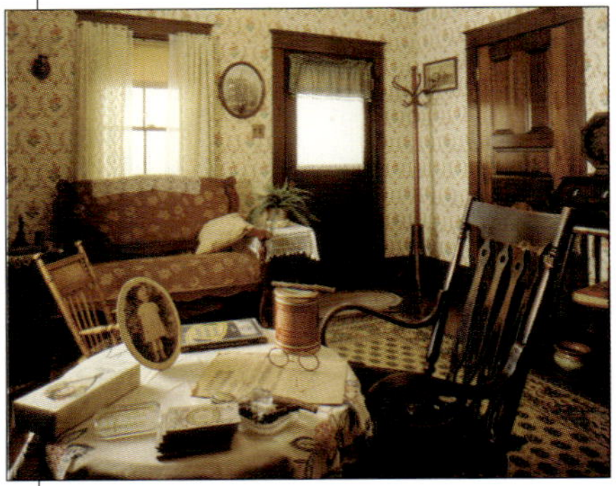

Ein Wohnzimmer aus den 1930ern
Das italo-amerikanische Wohnzimmer in einem Museum ist der Ausgangspunkt. Das Bild hat einen historischen Touch, wozu die Umwandlung in Duplex recht gut passen wird.

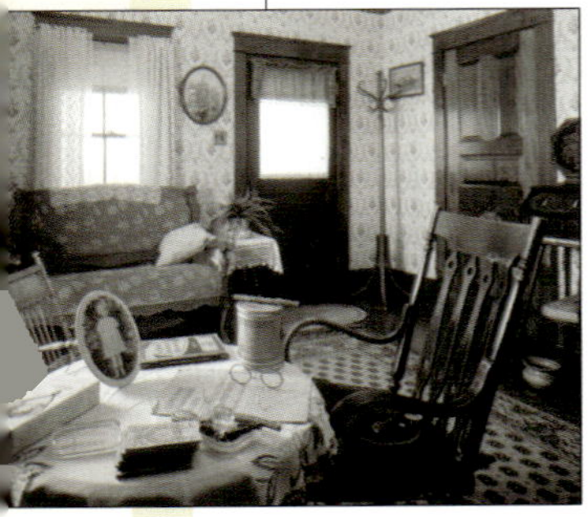

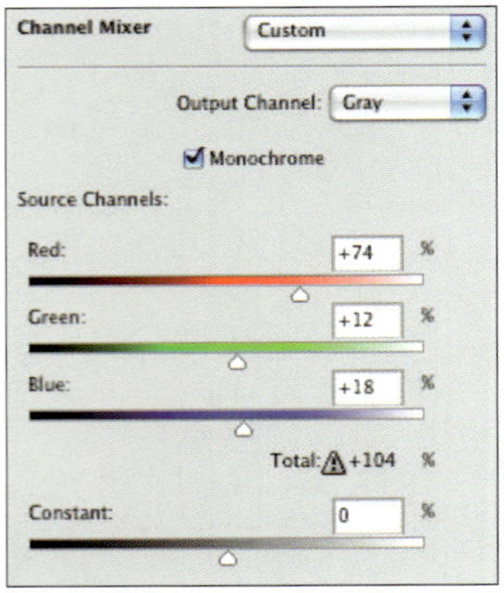

Das monochrome Bild
Erzeugen Sie zuerst jenen monochromen Effekt, der Ihnen gefällt, entweder durch Desaturieren, mit dem Kanalmixer oder mit einer der anderen Methoden, die auf den Seiten 552–563 beschrieben sind.

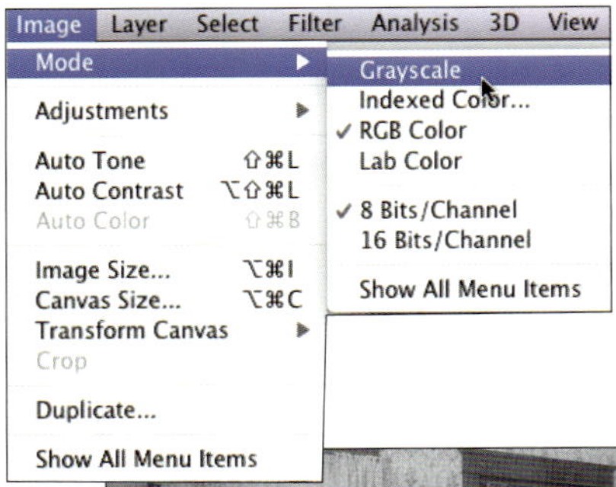

Graustufen
Dann konvertieren Sie das Bild in 8-Bit-Graustufen. Photoshop kann nur 8-Bit-Bilder mit einem Kanal in Duplex konvertieren. *Bild > Modus > Graustufen.*

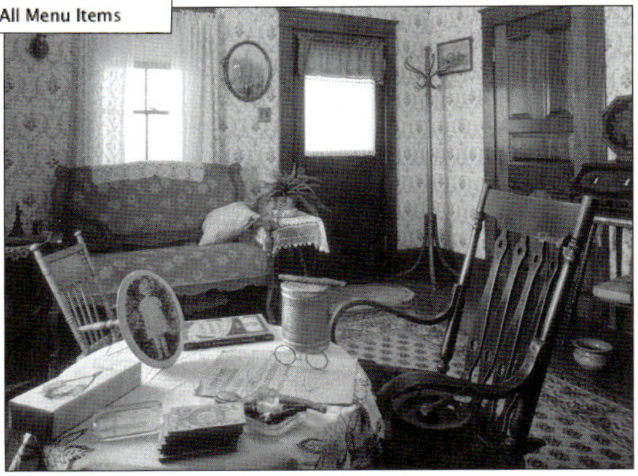

nur 256, und mit der schwarzen Tinte allein kann der Dither-Algorithmus des Druckers keine 256 verschiedenen Graustufen erzeugen. Der Druck mit allen vier Farben erhöht zwar den Dynamikumfang, kann jedoch zu einem Farbstich führen. Duplexbilder sind ein Ausweg aus diesem Dilemma.

In gewisser Weise ersetzt Duplex die Kanäle mit dem Vorteil, dass jede Farbe, die Sie hinzufügen, eine eigene Gradationskurve hat, mit der Sie ihren Tonwertbereich exakt justieren können. Wir werden uns mit diesem Aspekt auf den nächsten Seiten beschäftigen. Der erste Schritt, nachdem Sie das Bild in Photoshop zu Duplex konvertiert haben, ist die Wahl der Farben, in der Regel beginnend mit Schwarz. Professionelle Grafiker müssen eine ganz bestimmte Farbe festlegen können, daher kann man im Dialogfeld „Duplexoptionen" eine Reihe vorgegebener Prozess- und Pantone-Farben laden. Diese Präzision ist für den Desktopdruck nicht nötig, da der Drucker eigene Tinten verwendet, Sie können sich also frei auch dem Aussehen richten. Sie können die Farben auch mit dem Standardfarbwähler auswählen.

Wenn Sie Probleme mit Duplex haben, dann meist aufgrund der unendlich vielen Möglichkeiten an Farbkombinationen und Einstellungen. Ignorieren Sie fürs Erste die Gradationskurven auf der Seite und konzentrieren Sie sich nur auf die Farben. Die Voreinstellungen sind in erster Linie eine Frage des persönlichen Geschmacks.

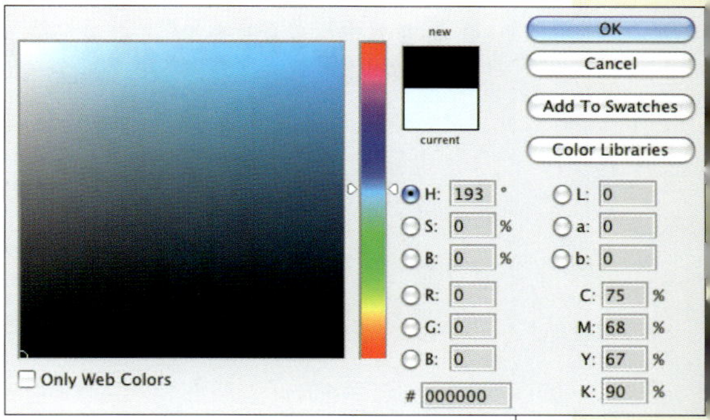

Farbe 1
Für Druckfarbe 1 wählen Sie reines Schwarz und verwenden dieses als Ausgangspunkt. Sie können jederzeit zurückgehen und die Farbe ändern.

Farbe 2
Für Druckfarbe 2 wählen Sie eine andere, beliebige Farbe, in unserem Beispiel Blaugrün. Wenn Sie das Kästchen „Vorschau" ein- und ausschalten, können Sie die Stärke des Effekts am besten einschätzen.

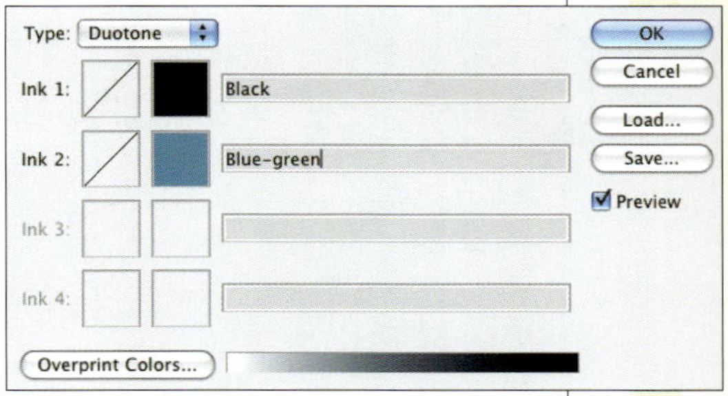

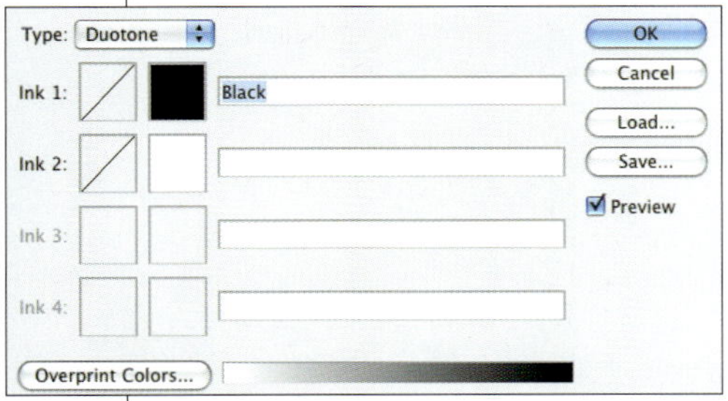

Zwei Druckfarben
Zwei Farben sind verfügbar. Klicken Sie auf das zweite Feld von Druckfarbe 1, um zur Farbauswahl zu gelangen. Sie können Farben aus einer der mitgelieferten Farbbibliotheken wählen oder mit Hilfe des Farbwählers. Dazu klicken sie auf den Button „Farbwähler".

Duplex-optionen
Wählen Sie *Bild > Modus > Duplex*. Der Dialog „Duplexoptionen" öffnet sich. Hier wählen Sie „Duplex" und markieren die Option „Vorschau", sodass Sie Ihre Änderungen sofort sehen können.

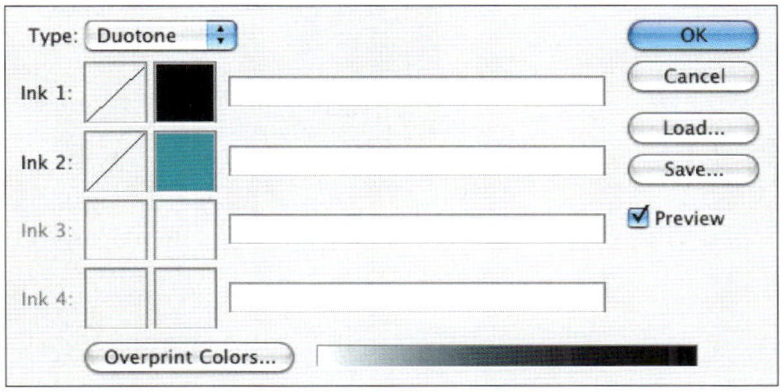

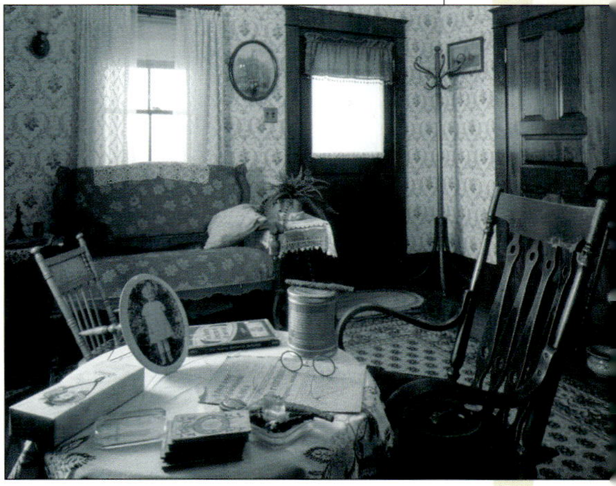

Duplexkurven manipulieren

Am eindrucksvollsten sehen Duplexbilder aus, wenn man die einzelnen Farben mit den Gradationskurven auf bestimmte Tonwertbereiche des Bildes beschränkt.

Dem Bild nur Schwarz und eine Farbe hinzuzufügen, wie auf der vorigen Seite, ist interessant, lässt aber die meisten Möglichkeiten von Duplex aus. Jede (Druck-)Farbe hat links in den „Duplexoptionen" eine eigene Gradationskurve. Klickt man darauf, öffnet sich die Kurve in einem eigenen Fenster mit einer Grafik links und Prozentangaben rechts. Nun sind Sie schon mit der Anpassung der Gradationskurve vertraut, sie entspricht den normalen Gradationskurven, ohne Schwarz- und Weißpunkt, jedoch mit einem kleineren Raster für eine feinere Einstellung durch genauere Platzierung der Punkte. Sie öffnet sich immer als 45°-Diagonale. Wenn Sie neue Punkte setzen und verschieben, zeigen die Prozentkästchen rechts, wie viel Tinte auf den speziellen Punkt der Kurve aufgetragen wird.

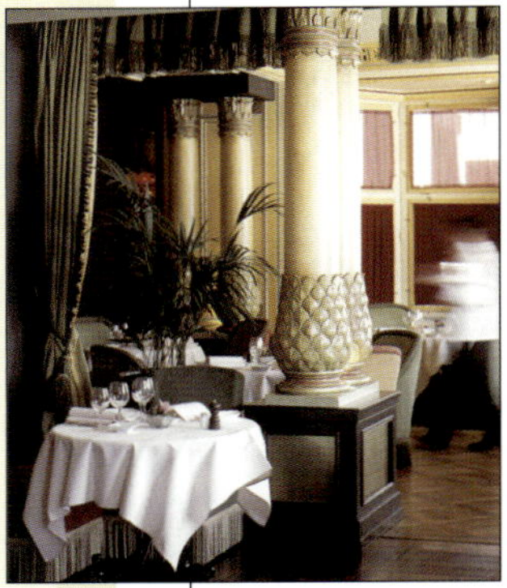

Original
Die Aufnahme des opulenten Interieurs aus der Schweiz des 19. Jahrhunderts ist für unsere Zwecke ideal.

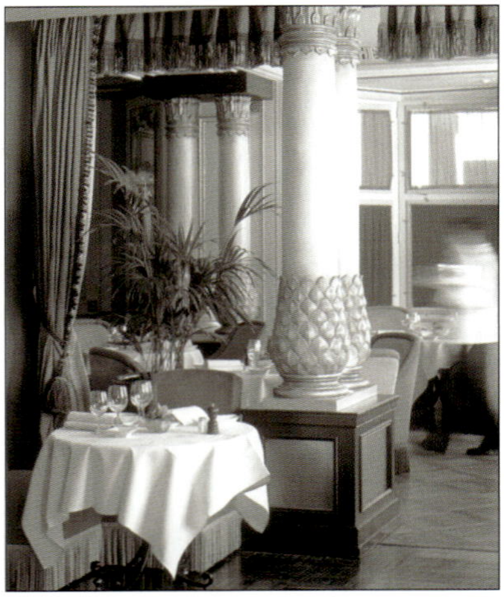

Graustufen
Wandeln Sie das Bild wie auf der vorigen Seite beschrieben in Graustufen um. Wir können nun mit der in Photoshop gespeicherten Bibliothek experimentieren.

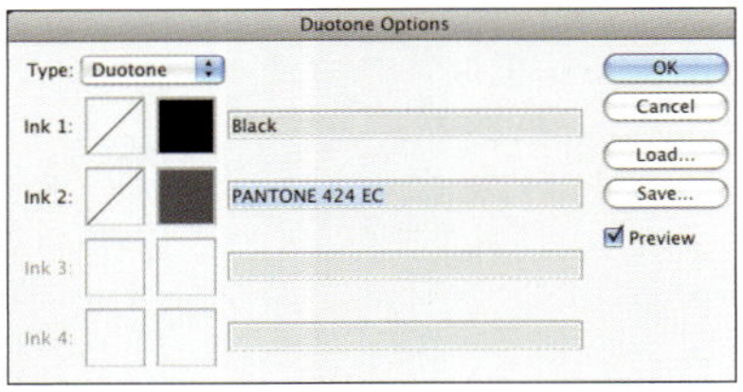

Eine Vorgabe wählen
Laden Sie irgendeine der gespeicherten Vorgaben (im Ordner *Duplex > Grau-Schwarz-Duplex*), in unserem Beispiel verwenden wir „424 bl 4".

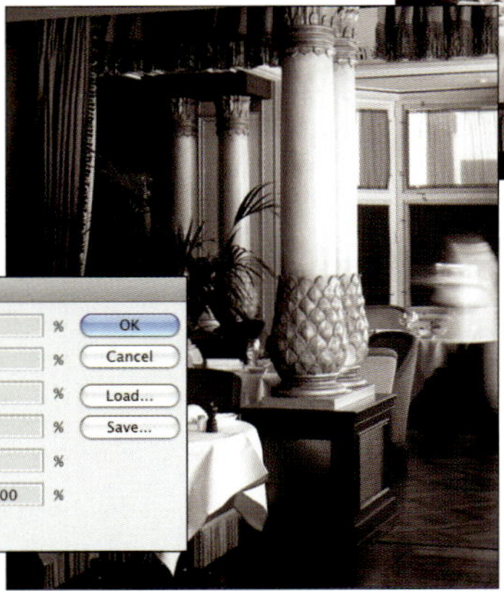

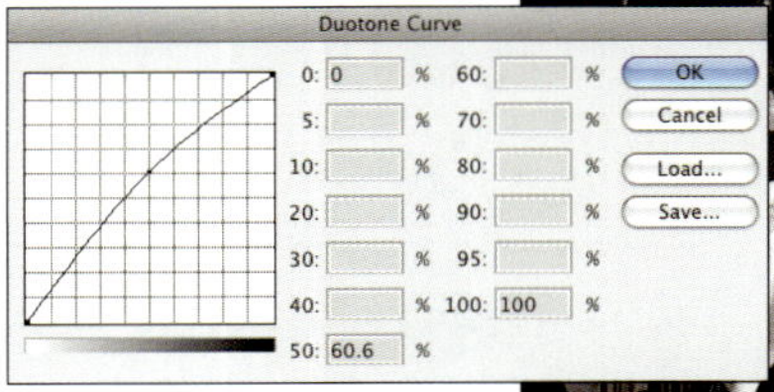

Druckfarbe 1
Klicken Sie auf das Kurvenbild und hellen Sie mit der Gradationskurve den Auftrag von Schwarz in den Lichtern auf.

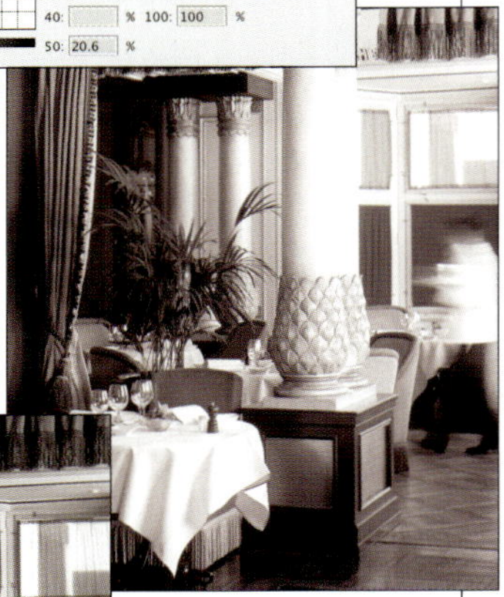

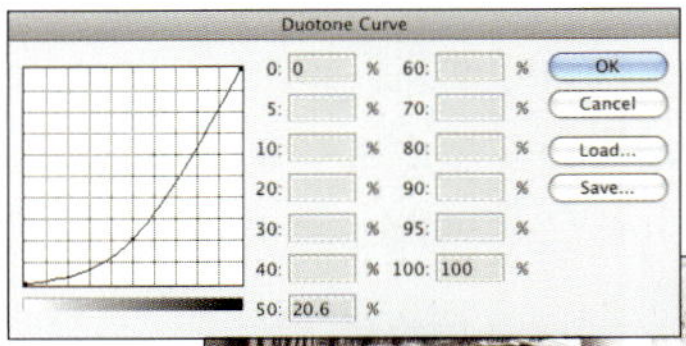

Farbe 2
Dann ziehen Sie die obere rechte Ecke der Kurve für Farbe 2 nach unten und fügen einen Punkt hinzu, den Sie nach oben ziehen, um den Effekt in den Schatten zu reduzieren.

Die Anpassung der Gradationskurven ist das Herzstück der Methode, doch es braucht Zeit, bis man ein Gefühl für die Wirkungen der Änderungen hat. Der grundsätzliche Ansatz weist jeder (Druck-)Farbe einen bestimmten Tonwertbereich zu, in der Regel nimmt man Schwarz für die Schatten (für ein dichtes, sattes unteres Ende der Tonwerte) und eine andere Farbe für Mitteltöne und Lichter. Dennoch ist es schwer, einen Anfang zu finden. Zum Glück bietet Photoshop vorgegebene Effekte, die man in den Optionen laden kann. Sie sind besonders nützlich, wenn Sie mit Ihren Experimenten erst beginnen, denn jede hat nicht nur bestimmte Farben, sondern auch fertige Kurven. Ein Blick auf ein paar der Voreinstellungen zeigt, wie unendlich flexibel, aber auch komplex allein die Kombinationen mit zwei Farben sein können. Am besten beginnen Sie mit einem Bild, das Sie gut kennen, und laden hintereinander einige der Vorgaben im Ordner Grau-Schwarz-Duplex, um sich mit dem Effekt verschiedener Kurvenformen vertraut zu machen. Zögern Sie nicht, die geladenen Kurven zu manipulieren, um die Wirkung zu sehen. Wenn Sie sich sicher fühlen, experimentieren Sie mit den Bibliotheken der Pantone- und Prozessfarben. Dadurch wird dem Bild eine farbliche Dimension hinzugefügt – ein Hauch von Farbe in bestimmten Tonwertbereichen kann das Aussehen und den Ausdruck erstaunlich verbessern.

Wenn Sie mit Auswahl und Anwendung von Duplex vertraut sind, kommt zuletzt die Anwendung von Triplex- oder Quadruplex. Dadurch steigt die Zahl der Optionen dramatisch. Wie wir sehen werden, kann man mit vier Farben und entsprechenden Kurven, sodass diese verschiedene, überlappende Tonwertbereiche betreffen, die komplexen Effekte nachahmen, die einst die Domäne von Tonerbädern mit Selen und anderen Chemikalien waren.

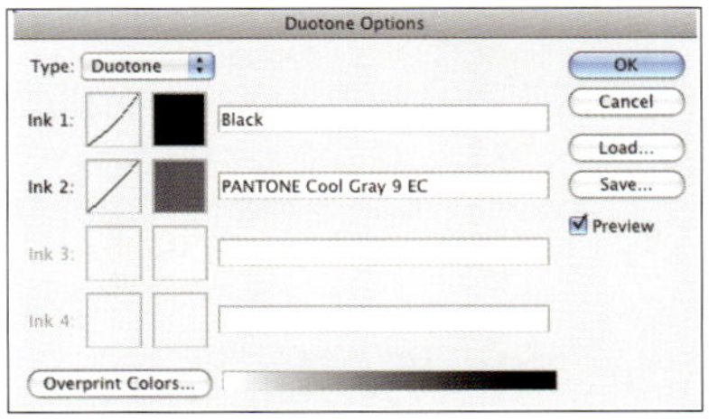

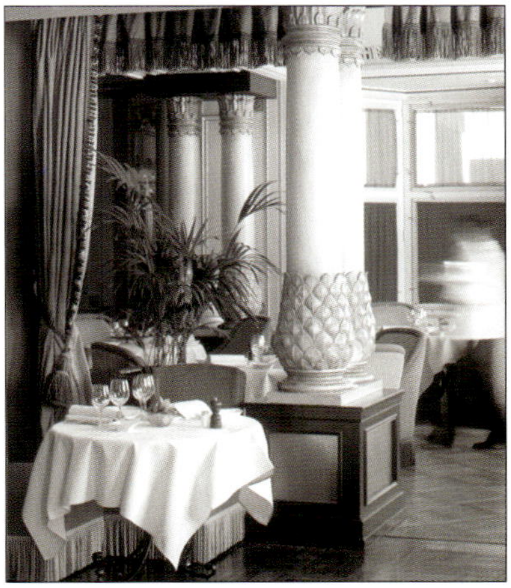

Cool Gray 9
Ein „Cool Gray 9". Wie bei jeder Voreinstellung öffnen Sie die Gradationskurven der Farben, jede für sich, und sehen, wie sie konstruiert ist.

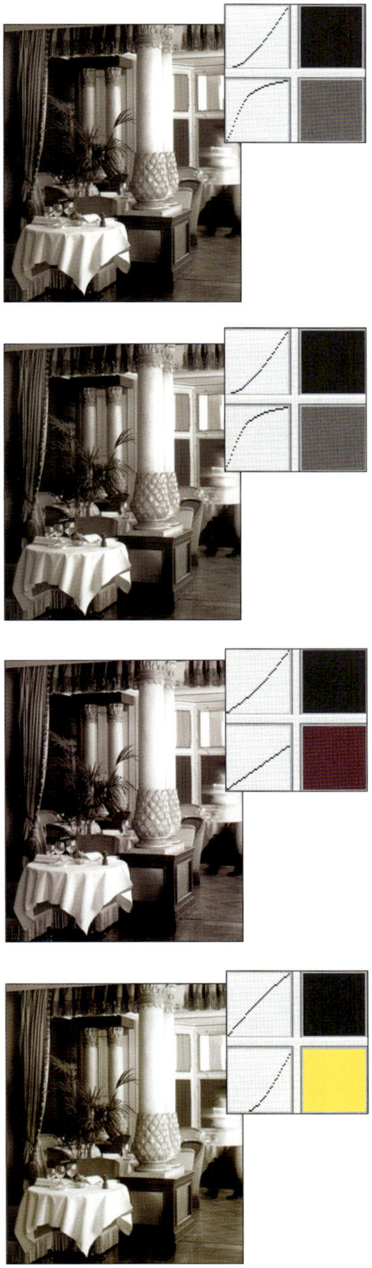

Andere Voreinstellungen
Öffnen Sie jeweils die Gradationskurve für jede Farbe und passen Sie die Wirkung Ihren Vorstellungen an.

Stilisiertes Schwarzweiß

In den Weiten der Sammlungen spezieller Effektfilter finden sich auch einige, die bei monochromen Bildern ungewöhnliche oder atmosphärische grafische Effekte erzielen wollen.

Dies ist ein weites Feld der Bildveränderung, jedoch weit entfernt von den Standards einer ausgewogenen, optimierten Fotografie. Es gibt viele Filter für alle Arten von Verfremdung, sowohl in Photoshop, als auch von anderen Herstellern. Puristen, die sich der „aufrichtigen" Fotografie verschrieben haben, lehnen sie ab, für andere haben sie einen gewissen Wert. Es gibt eine Trennung (sie kann nützlich sein oder auch nicht) in Effekte, die traditionell mit dem fotografischen Prozess verknüpft sind (Solarisation, Posterisieren, Lithografie), und solche, die das Bild in ein anderes künstlerisches Medium übertragen (Malstriche, Kohle, Kreide und ähnliches). Das Filtermenü von Photoshop bietet ein weites Experimentierfeld ohne Zusatzkosten, vor allem die Zeichen-, Mal- und Kunstfilter. Plug-ins anderer Hersteller oder eigene Programme eröffnen ausgefeilte und fein justierbare Möglichkeiten, wie die Beispiele hier zeigen.

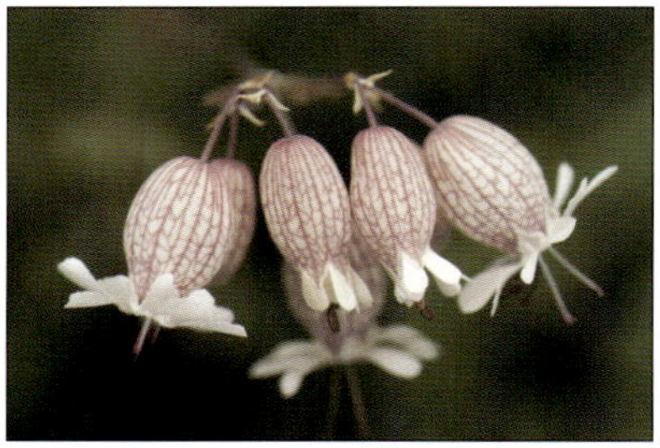

Alpenblumen Das farbige Original wurde wegen seiner klaren Formen und Linien ausgewählt.

Tontrennung und Kantenbetonung ... aus Photoshops Kunstfiltersammlung erzeugen einen Posterisierungseffekt und fügt den Kanten Linien hinzu, ähnlich einer Zeichnung.

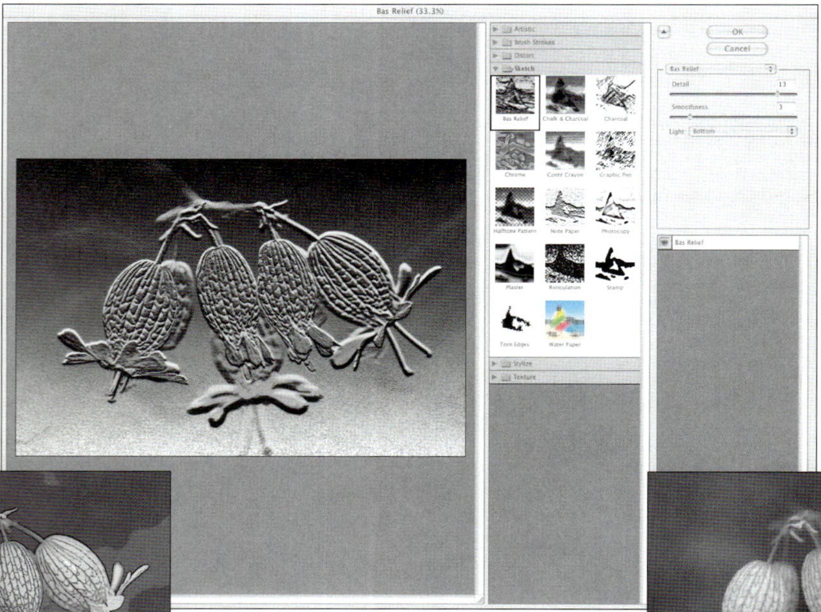

Basrelief Dieser Zeichenfilter hebt auf einer Seite des Bildes die Kanten hell hervor und dunkelt sie auf der anderen Seite ab.

Spritzer Der Malfilter von Photoshop imitiert Spritzer mit den charakteristisch ausgefransten Kanten.

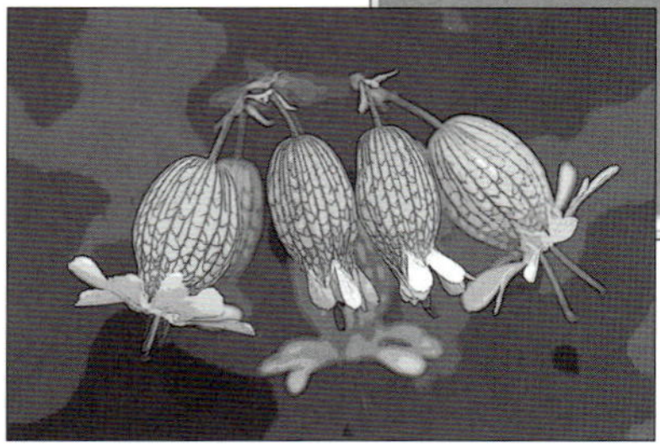

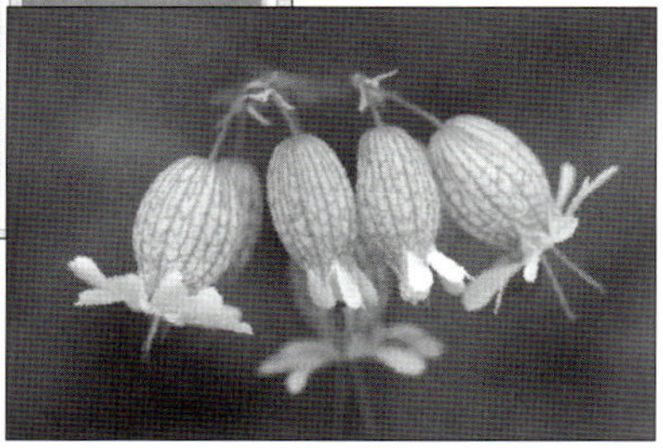

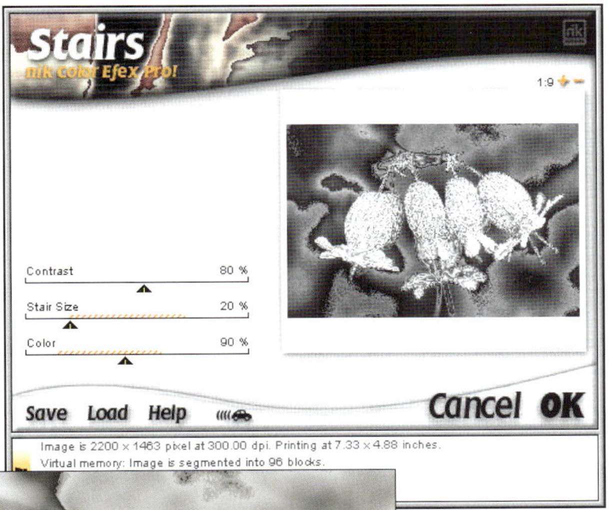

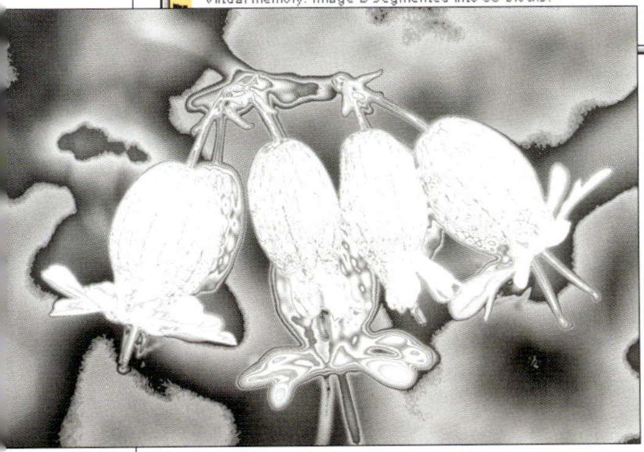

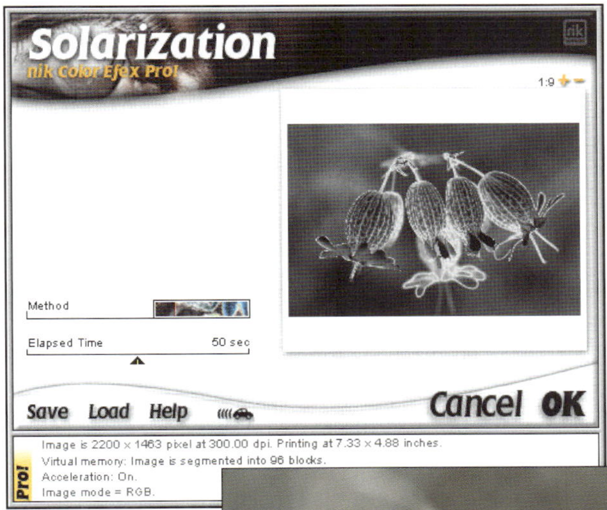

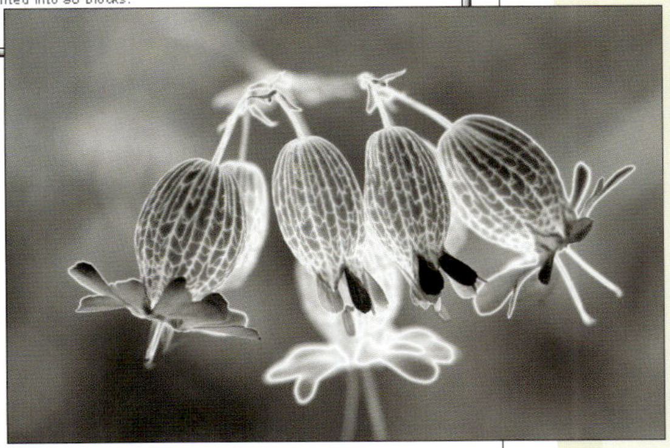

Stairs
Der Filter aus der Sammlung „Abstract Efex Pro" von Nik Multimedia erzeugt aus der Luminanz des Bildes einen Treppeneffekt und nimmt auf Farbton basierende Anpassungen vor.

Solarize
Dieser Filter von Nik Multimedia aus der Sammlung „Abstract Efex Pro" simuliert den Solarisationseffekt, den man früher in der Dunkelkammer durch kurzen Lichteinfall erreichte.

Duplex
Dieser Filter aus der Sammlung „Color Efex Pro" von Nik Multimedia simuliert den Duplexdruck, indem er ein Bild in einem einzigen Farbton erzeugt und dabei für ein stilisiertes Aussehen die Farbwerte über das Bild wechselnd verteilt.

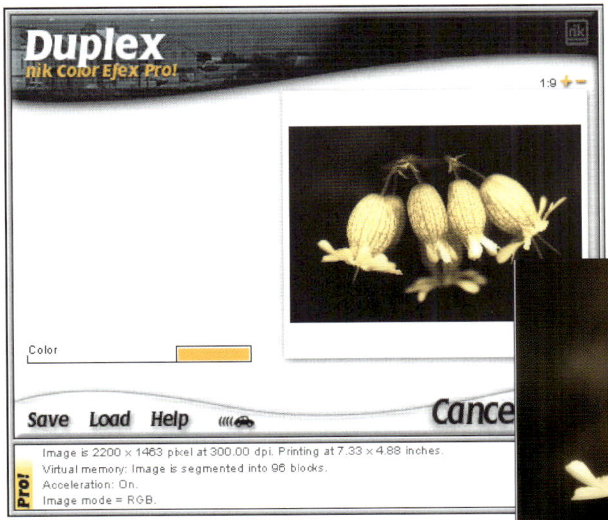

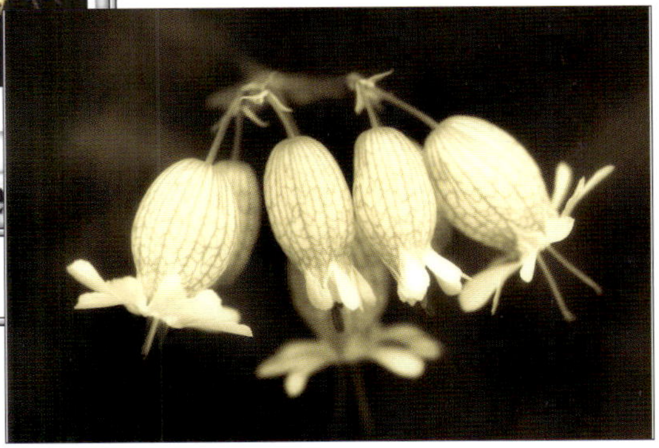

Posterisieren

Beim geeigneten Bild kann diese traditionelle Technik, die den Tonwertverlauf eines Fotos zu einer kleinen Zahl deutlich getrennter Töne vereinfacht, eine interessante grafische Stilisierung erzeugen.

Posterisieren ist sowohl ein Bildfehler als auch ein absichtlicher Effekt, um ein Foto zu stilisieren. Dabei wird ein Tonwertbereich auf einen einzigen Wert reduziert. Dies war früher, daher der Name, eine weit verbreitete grafische Technik zur Posterproduktion – mit flachen Farb- oder Tonblöcken. Als Bildfehler können Sie den Effekt erleben, wenn Sie starke Änderungen an einem 8-Bit-Bild vornehmen und dann im Histogramm den typischen „Sägezahn-Effekt", zusammengeballte Tonwerte mit Spalten dazwischen, entdecken. Für den absichtlichen kreativen Einsatz bietet Photoshop einen eigenen Filter unter *Ebene > Neue Einstellungsebene > Tontrennung*. Der Weg zum Erfolg liegt nicht nur in der Wahl der richtigen Zahl von Stufen, auf die das Bild reduziert wird, sondern auch in der Wahl der Abstände dazwischen, die die Grenzen der neuen Töne bestimmen. Die richtige Trennung kann den Bildinhalt verdeutlichen, anstatt den Betrachter zu verwirren.

Zuerst gilt es, ein passendes Bild zu finden. Da der Prozess den Tonwertbereich drastisch vereinfacht, funktionieren grafisch einfache Bilder fast

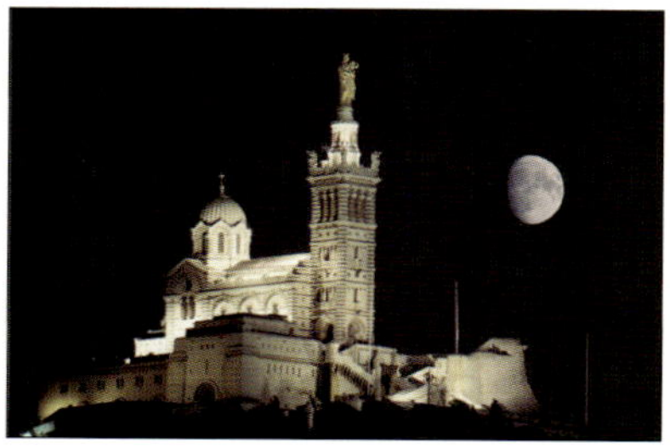

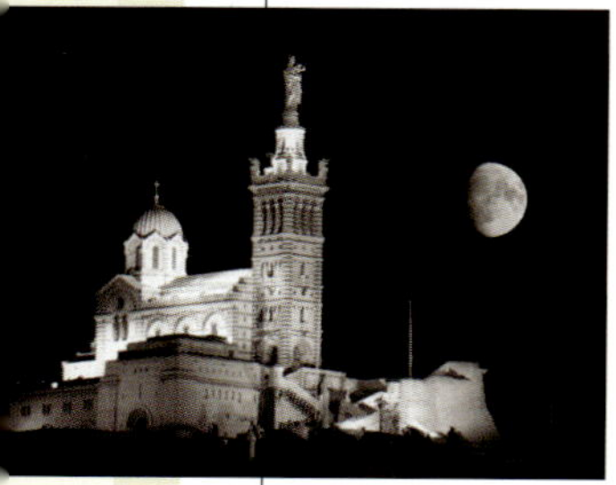

Basilika
Bilder mit klaren Formen und einfachen tonalen Bereichen eignen sich am besten für das Posterisieren. Die Kirche oberhalb des Hafens von Marseille hat noch genug Ton im Himmel, um ihn zu separieren.

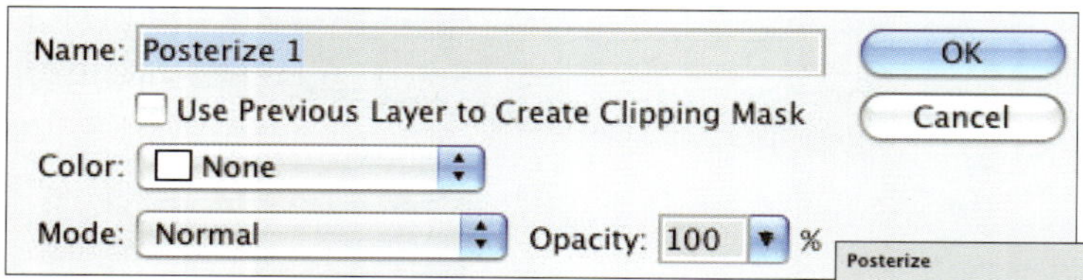

Umwandlung in Graustufen
Ein Kanalmix mit stark betontem Rotkanal hellt das Gebäude stark auf und dunkelt den Himmel für eine bessere Separation weiter ab. Wir arbeiten in einer Einstellungsebene.

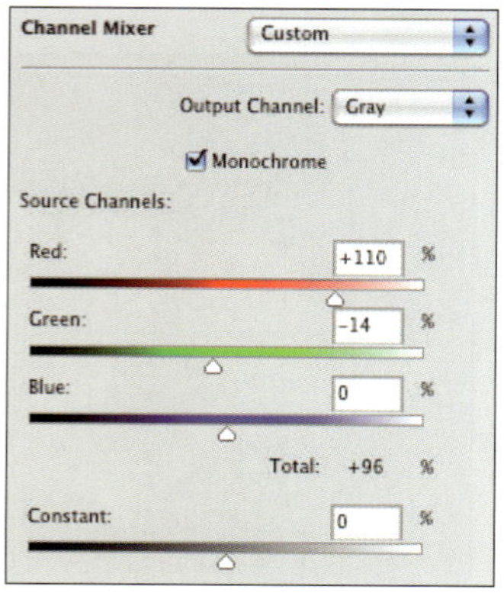

Einstellungsebene für die Tontrennung
Wir fügen eine Einstellungsebene für die Tontrennung hinzu und wählen vier Stufen.

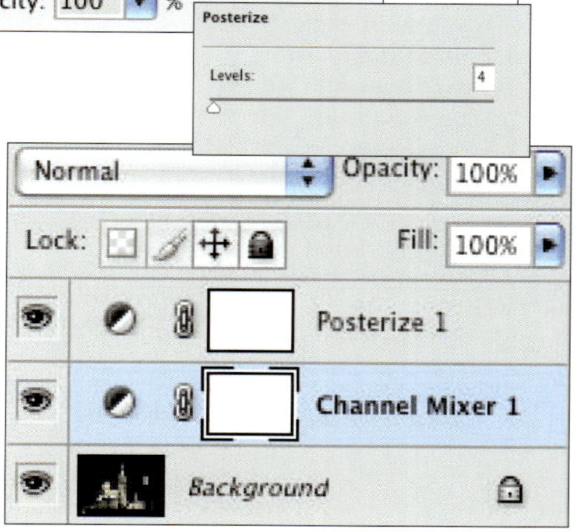

immer am besten. Man kann einzelne Bereiche, etwa den Hintergrund, retuschieren, um das Bild zu simplifizieren. Dann wird das Bild in Schwarzweiß umgewandelt, die drei Kanäle bleiben jedoch erhalten. Dafür ist der Kanalmixer das ideale Werkzeug. Wie bei vielen Spezialeffekten ist das Ergebnis schwer vorherzusehen, daher arbeiten Sie, um flexibel zu bleiben, besser mit Einstellungsebenen. So können Sie den Kanalmix später ändern. Der Filter Tontrennung kann auch auf Farbbilder angewandt werden, doch dann braucht man mindesten sechs Stufen, da das Minimum für den Befehl zwei beträgt, was jedoch für jede Farbe gerechnet werden muss. Die Umwandlung in Graustufen entfernt diese Beschränkung.

Über die Ebene für den Kanalmixer kommt die Ebene für die Tontrennung (*Ebene > Neue Einstellungsebene > Tontrennung*). So können wir die Stufen von zwei aufwärts frei wählen. Auch hier können wir die Zahl der Stufen jederzeit ändern, weniger ist hierbei in der Regel jedoch grafisch mehr. Vier ist für den Anfang eine gute Zahl.

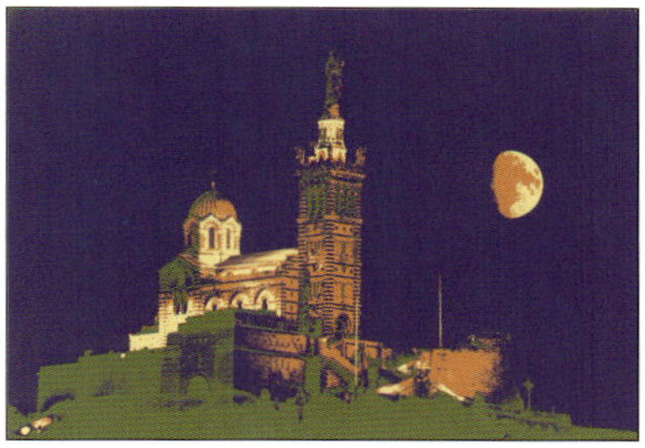

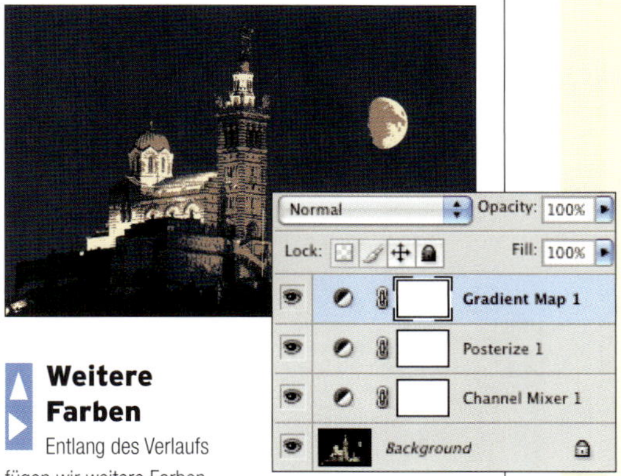

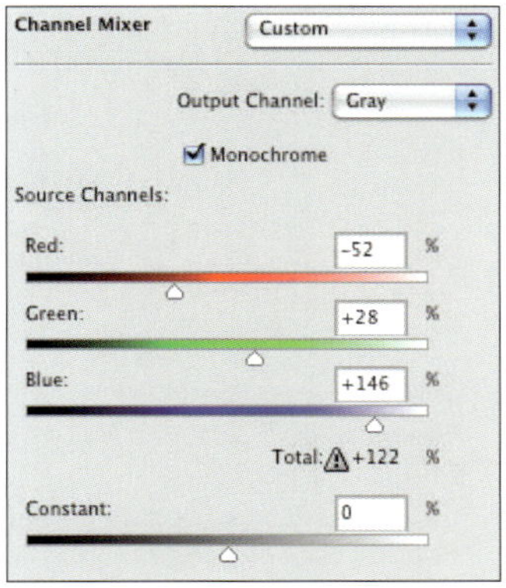

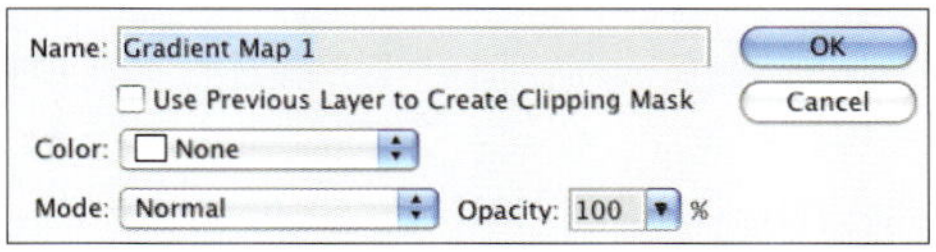

Neuer Kanalmix
Nun können wir den Effekt beurteilen und unsere Meinung unter Umständen ändern. Wir kehren zur Ebene für den Kanalmix zurück und ändern die Einstellungen. Wir reduzieren den Rotkanal und heben den Blaukanal an, sodass der Himmel blasser wird.

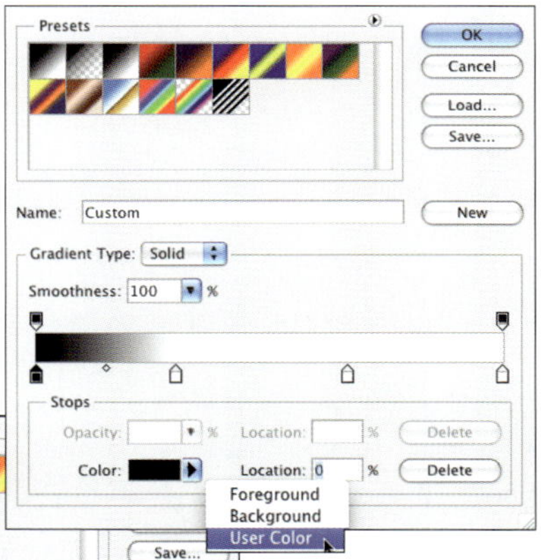

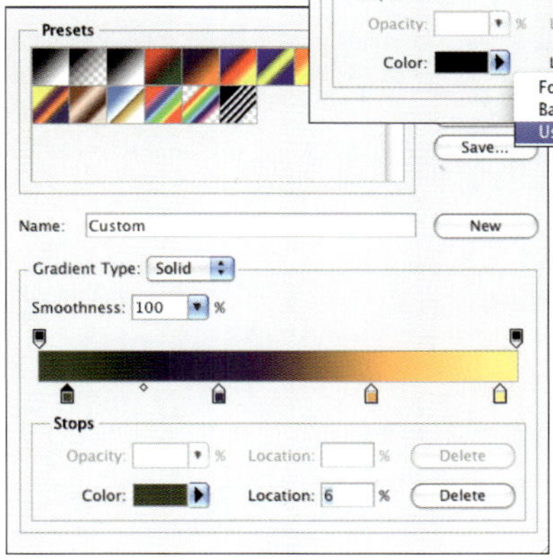

Verlaufsumsetzung
Wir fügen Farbe hinzu und öffnen den Verlaufseditor in einer neuen Einstellungsebene. Wir beginnen mit einem Standardgraustufenverlauf, dem wir weitere Farben beifügen.

Weitere Farben
Entlang des Verlaufs fügen wir weitere Farben hinzu, insgesamt vier, für jede Tonwertstufe eine. Der Effekt ist erstaunlich.

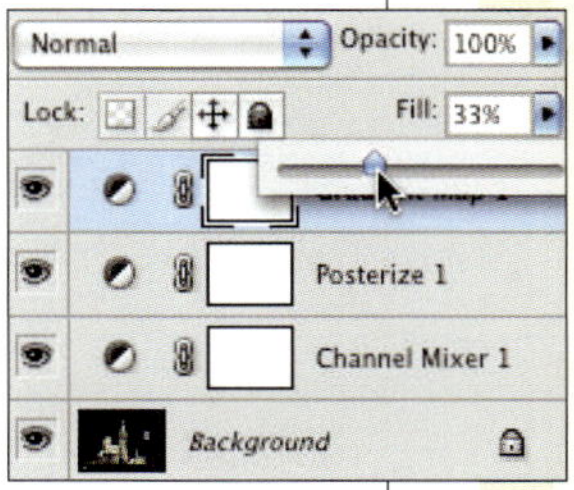

Gedämpfte Farben
Um die hellen Farben zu modifizieren, wird die Deckkraft der Ebene reduziert, hier auf 33%.

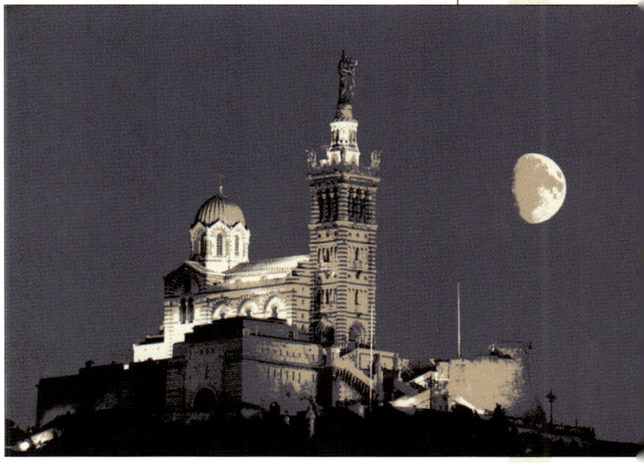

Künstlich altern lassen

Eine spezielle Klasse von Bildverfremdung ist ein Alterungseffekt, der einen frühen Silberhalogenidabzug oder andere alte Techniken imitieren soll.

Eine sehr spezielle Art der Stilisierung von Schwarzweißfotos lässt sie künstlich altern. Diese Art der „Fälschung" verlangt nach Rechtfertigung. Wie jede Stilisierung unterläuft sie das Ethos des optimalen, hochqualitativen Bildes, ja es ist quasi sein Gegenteil: Im Ergebnis gehen die Lichter verloren, der Kontrast ist zu niedrig und das Bild hat obendrein einen Farbstich.

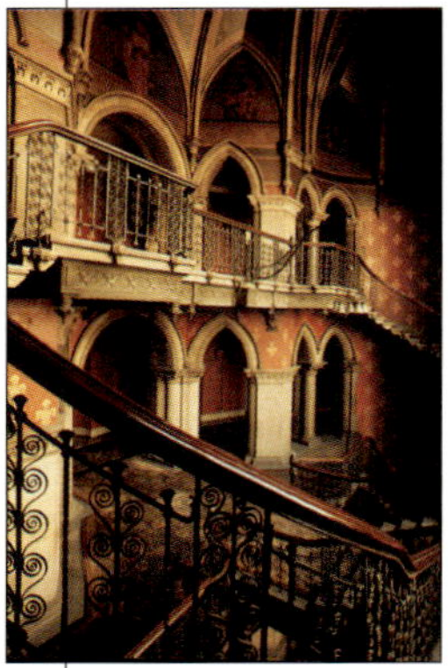

St. Pancras Hotel
Das Bild, das wir künstlich altern lassen, zeigt das Innere eines Eisenbahn-Hotels aus viktorianischer Zeit, welches schon lange verlassen und ungenutzt dasteht.

Einige Hersteller bieten dafür Spezialprogramme an, unsere Beispiele zeige drei Plug-ins von Nik Multimedia und eines von AutoFX Software. Mit einigem Mehraufwand und deutlich mehr Arbeitsschritten können ähnliche Effekte auch mit den Filtern und Befehlen von Photoshop erzeugt werden. Die typischen „Alterserscheinungen" sind verblasste Töne, der Verlust der Lichter und die Verfärbung des Papiers. Man kann einem Bild auch durch veraltete Präsentationsformen, wie Vignettierung oder dekorative Ränder, einen antiken Touch geben.

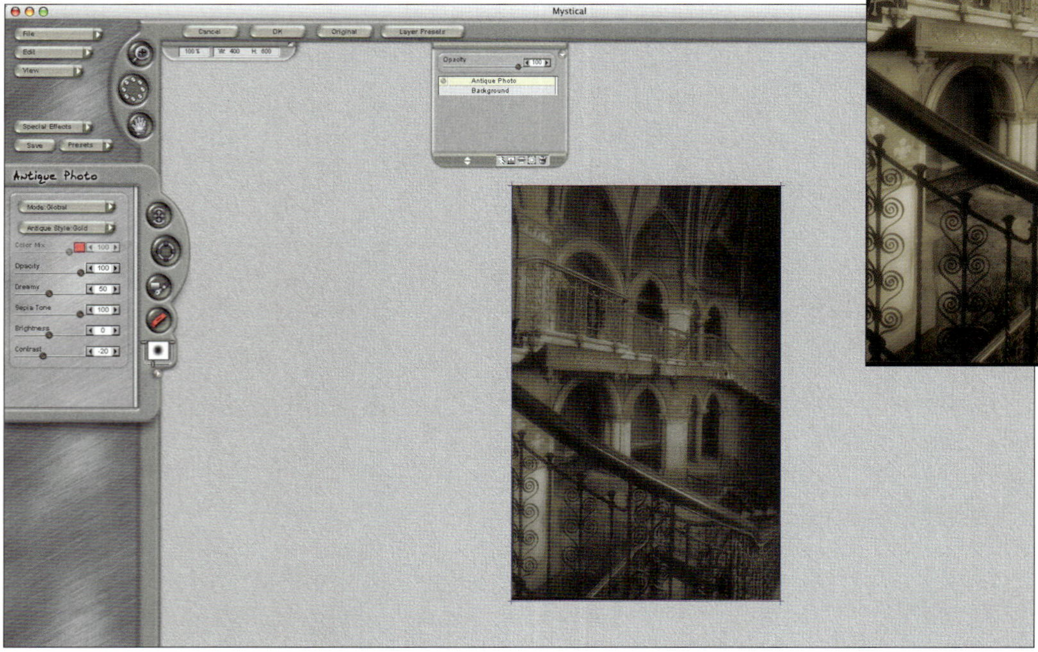

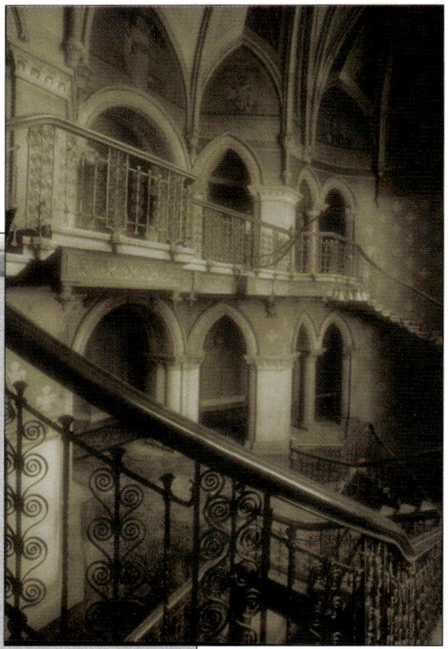

„Antique Photo"
Der Filter aus der Sammlung „Mystical Tint, Tone and Color" von AutoFX Software umfasst Farbstich, Unschärfe, Verblassen und eine Sepia-Färbung.

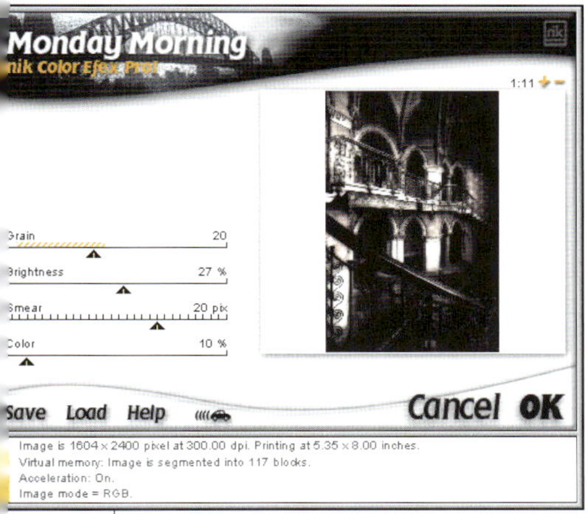

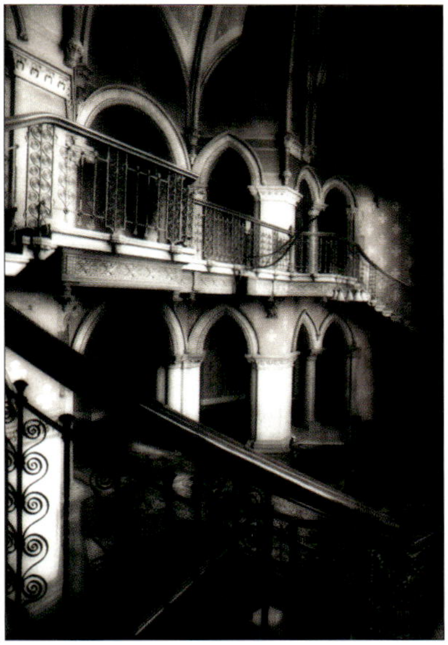

„Monday Morning"

Bei diesem Filter der Sammlung „Color Efex Pro" kann man zusätzlich zur Farbe (Color) und der Helligkeit (Brightness) auch das Korn (Grain – *siehe Seite 584–585*) und das „Verschmieren" (Smear), also eine sanfte Unschärfe, einstellen.

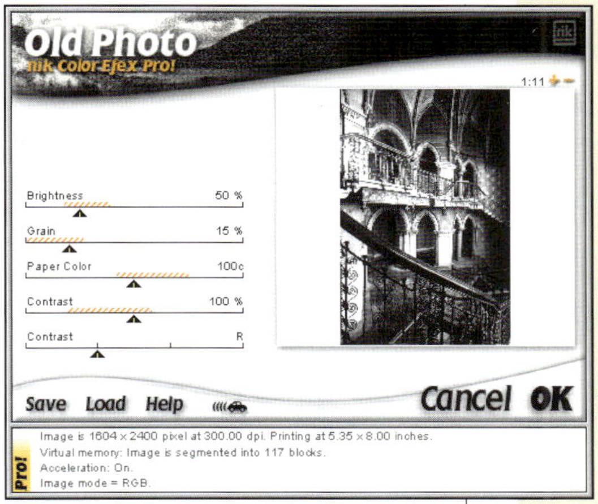

„Old Photo"

Noch ein Filter der Sammlung „Color Efex Pro". Hier kann man einen oder alle drei RGB-Kanäle für die Umwandlung wählen und außerdem die Färbung des Papiers (Paper Color) festlegen.

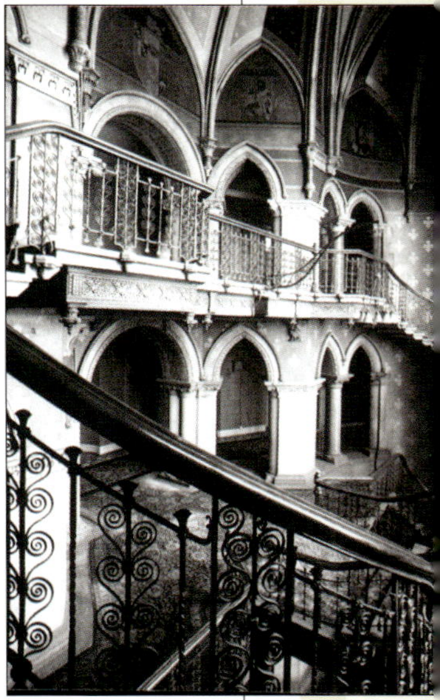

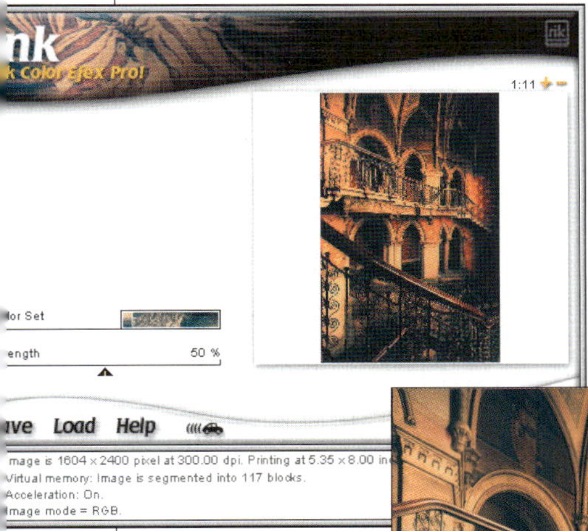

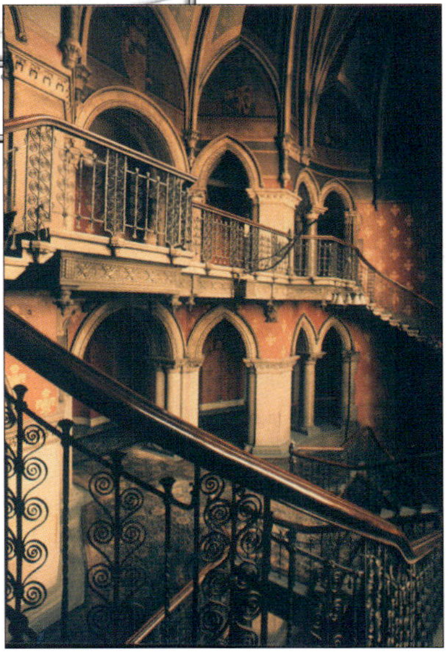

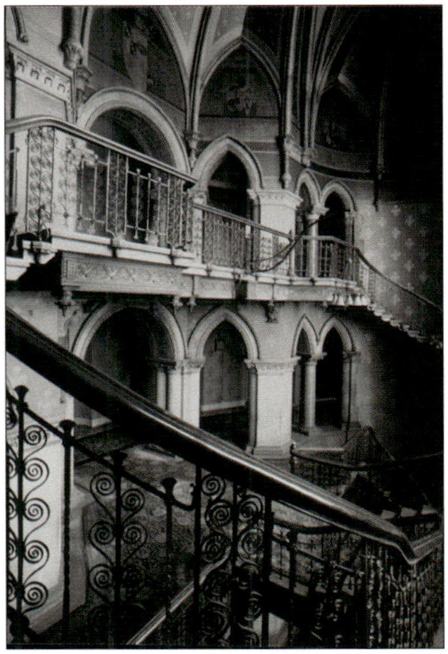

„Ink"

Der Filter aus der Sammlung „Color Efex Pro" von Nik Multimedia ändert die Farben des Bildes so ab, dass es aussieht, als wäre es ein Abzug auf altem Fotopapier. Für einen monochromen Effekt wird das Bild dann desaturiert.

Handkolorierte Bilder

Die digitale Bearbeitung birgt neue Annehmlichkeiten und eine Vielzahl an Möglichkeiten für eine altmodische Technik – dem manuellen Kolorieren monochromer Abzüge.

Handkolorieren war eine frühe Technik, um einem monochromen Bild Farbe zu geben, ziemlich plump, jedoch anspruchsvoll in Bezug auf die Fertigkeit beim Malen. In der digitalen Nachbearbeitung kommt das Verfahren zu neuen Ehren, wobei mehrere Alternativen zur Wahl stehen. Traditionell verwendete man dünne Wasserfarben oder Tinten, sodass der Effekt in den Lichtern am stärksten und in den Schatten kaum zu bemerken war. Mit anderen Worten, Handkolorieren wirkt in umgekehrter Weise auf die Tonwerte wie Toner, daher war ein Ansatz, das Bild zuerst leicht abzutönen und dann die Farbe aufzutragen. Das digitale Äquivalent leidet natürlich nicht unter solchen Einschränkungen, doch wenn man den Effekt

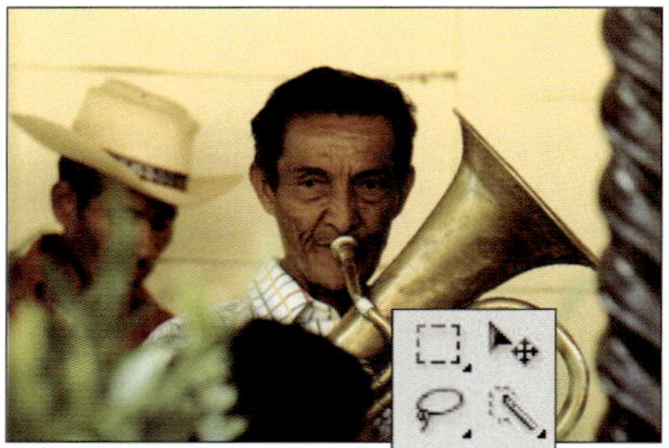

Musiker
Eine kolumbianische Band spielt bei einem Fest auf – das ist unser Anfangsbild.

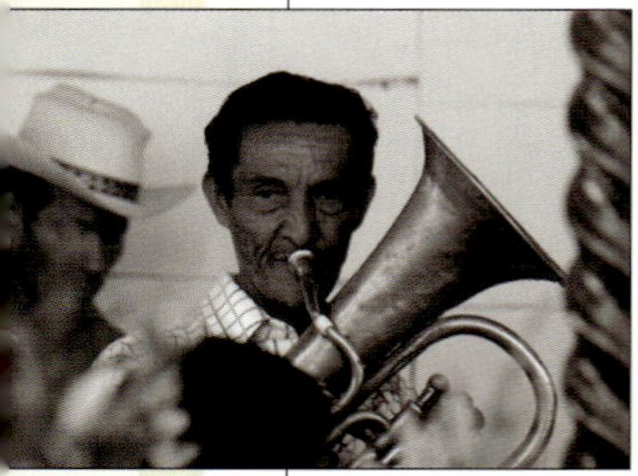

Zuerst desaturieren
Der erste Schritt als Vorbereitung für eine der drei alternativen Techniken. Wir arbeiten in einer Ebenenkopie, um das Bild später vergleichen oder ändern zu können.

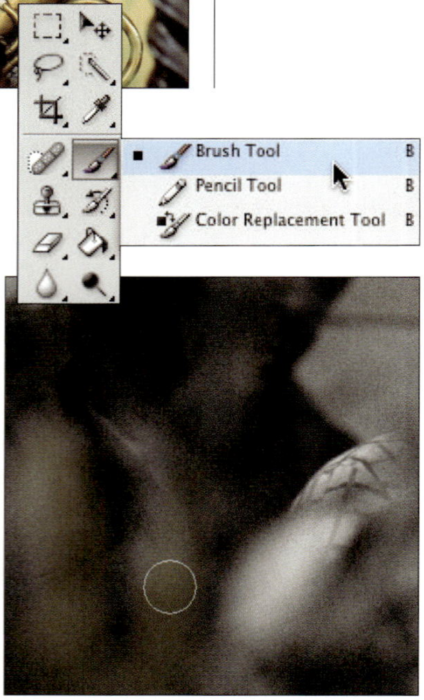

Malen
Der Standardansatz. Geringe Deckkraft (20%) ergibt den gewünschten verhaltenen Effekt, Pinselspitze und Druck werden ständig dem zu bearbeitenden Bildbereich angepasst.

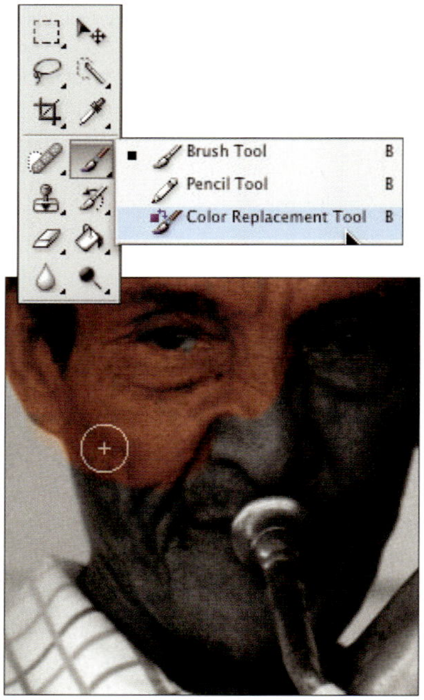

Farbe-ersetzen-Werkzeug
Dieses Werkzeug hat gegenüber dem Pinsel den Vorteil, dass der Farbauftrag durch die Wahl der Toleranz automatisch auf einen Tonwertbereich beschränkt werden kann. Wir stellen auf „Aufnahme einmal“, Grenzen „Aufeinander folgend“ und auf eine Toleranz von 20%.

Handkoloriert
Das Endergebnis: ein verhalten koloriertes Bild, bei dem sich die Farben hauptsächlich auf das Instrument und das Gesicht konzentrieren und der Rest des Bildes schwarzweiß bleibt.

möglichst getreu imitieren will, sollte man mit seinen Nuancen vertraut sein. Handkolorierte Bilder waren nie auch nur annähernd so realistisch wie Farbfotos, sie hatten eher einen subtilen, wenig gesättigten Überzug. Eine interessante und effektive Variante ist die hier gezeigte Teilkoloration, bei der der Kontrast des monochromen Hintergrunds die Farbbereiche betont.

Die Möglichkeiten, Farben hinzuzufügen – oder besser den Stil der Farbgebung zu kontrollieren –, sind endlos. Die drei praktikabelsten sind das Malen in einer neuen Ebene, die leichte Verringerung der Sättigung und das Farbe-ersetzen-Werkzeug. Die erste Methode ist unkompliziert und verlässt sich ganz auf den gekonnten Umgang mit dem Pinsel. Erstellen Sie eine neue Ebene in der Ebenenpalette, wählen Sie Vordergrundfarbe, Pinselspitze und Druck und stellen Sie den Malmodus oder den Überblendmodus auf „Farbe".

Beim Verringern der Sättigung (Undercolour), einem mehr prozessorientierten Vorgang, nützt man das vollfarbige RGB-Bild für eine Teilkoloration. Im Basisbild wird die Sättigung etwas verringert, dann eine Graustufenebene (etwa ein Kanalmix) darüber gelegt, und von dieser Ebene werden einzelne Bereiche entfernt oder – besser – maskiert.

Die dritte Alternative ist interaktives Malen mit dem Farbe-ersetzen-Pinsel. Der Wert des Werkzeugs, das für die Arbeit mit Farbbildern bestimmt ist, liegt in der Wahl der Voraussetzungen für den Farbauftrag. Außer der Toleranz in Prozent kann man bei der Aufnahme zwischen „Kontinuierlich" und „Einmal" wählen – erstere beschränkt den Farbauftrag auf Bereiche, die direkt an den ersten Auftrag angrenzen.

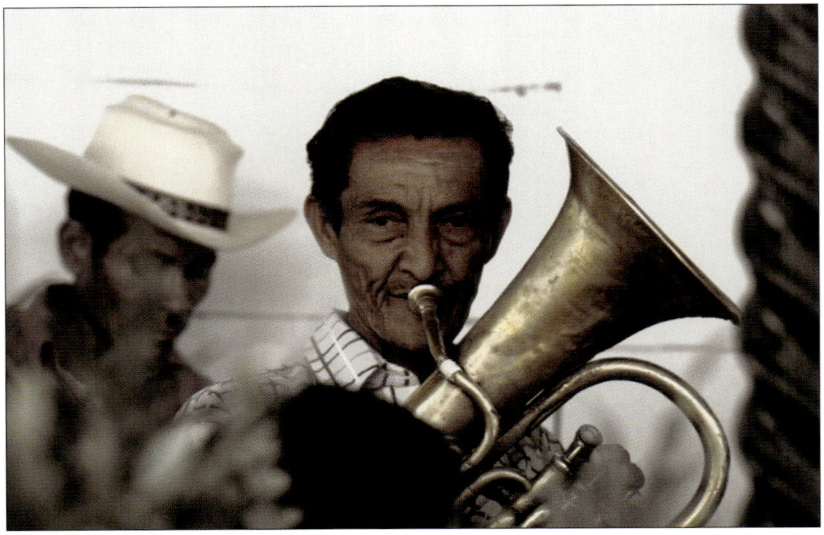

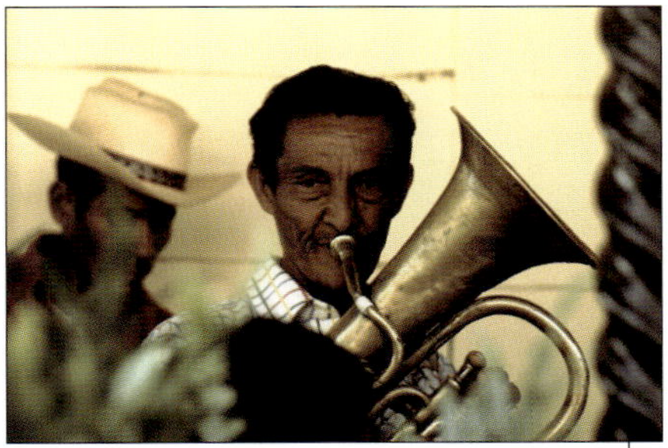

▲ Undercolour (geringe Sättigung)

Bei dieser Technik wird die Farbe im ganzen Bild zurückgenommen. Zuerst wird die Sättigung etwas verringert.

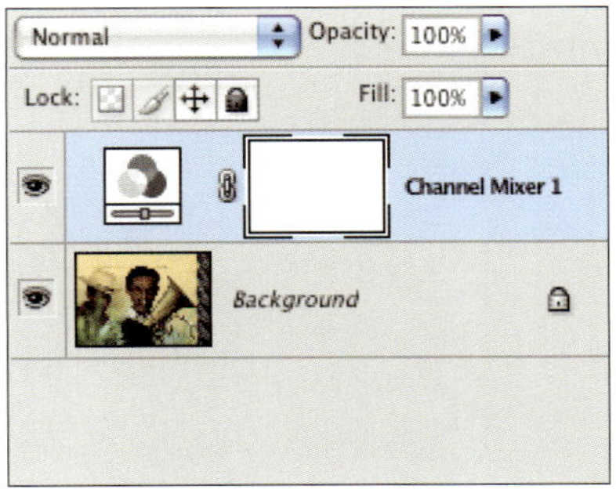

▲ Monochrom-ebene

Über die Hintergrundebene kommt eine Einstellungsebene für den Kanalmix.

▼ Ebenen-maske

Das Malen in der Ebenenmaske bringt die Farben der Hintergrundebene zum Vorschein.

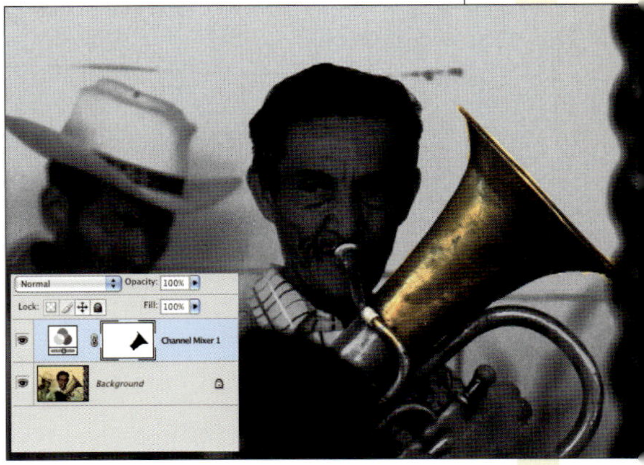

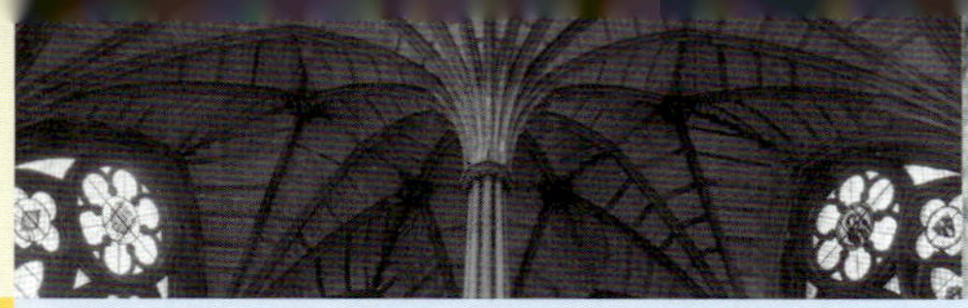
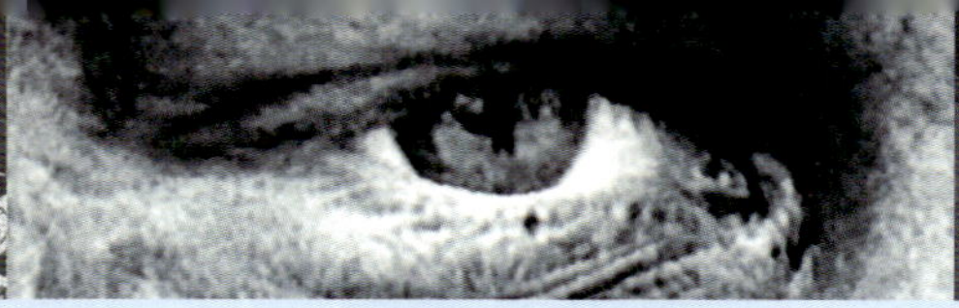
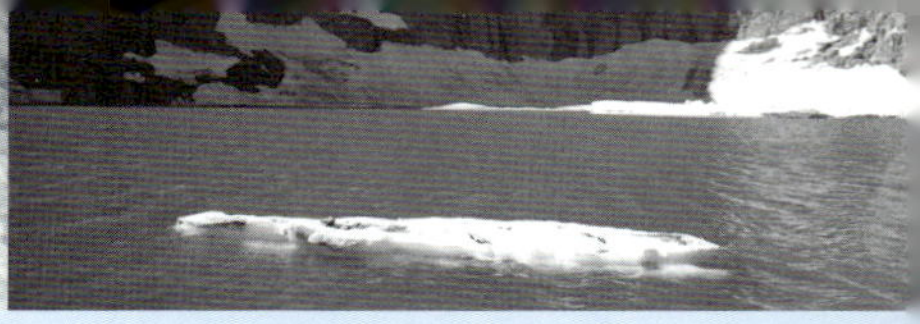
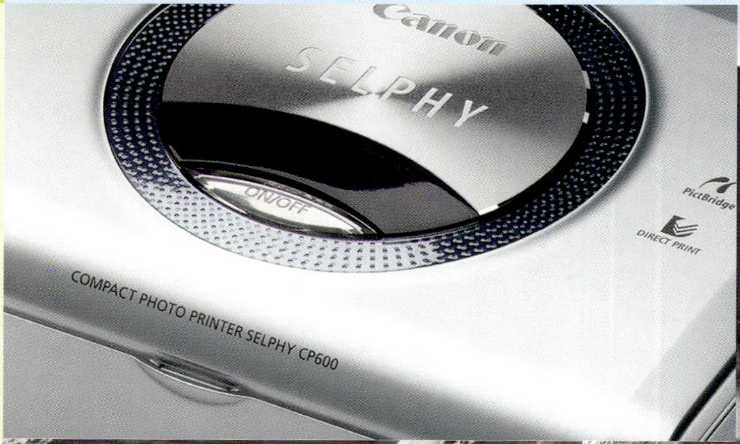
Canon
SELPHY
ON/OFF
PictBridge
DIRECT PRINT
COMPACT PHOTO PRINTER SELPHY CP600
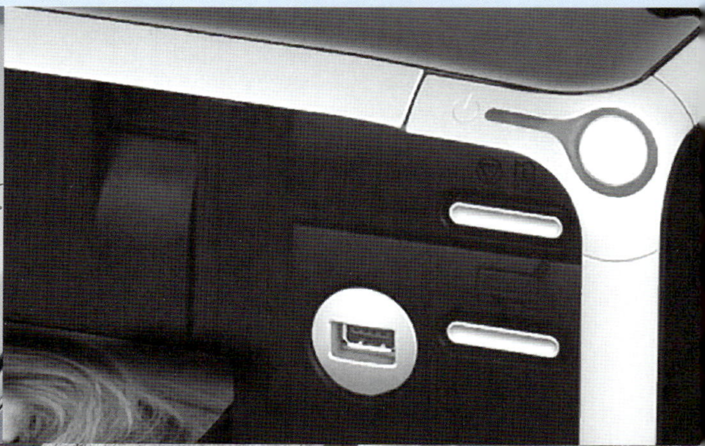
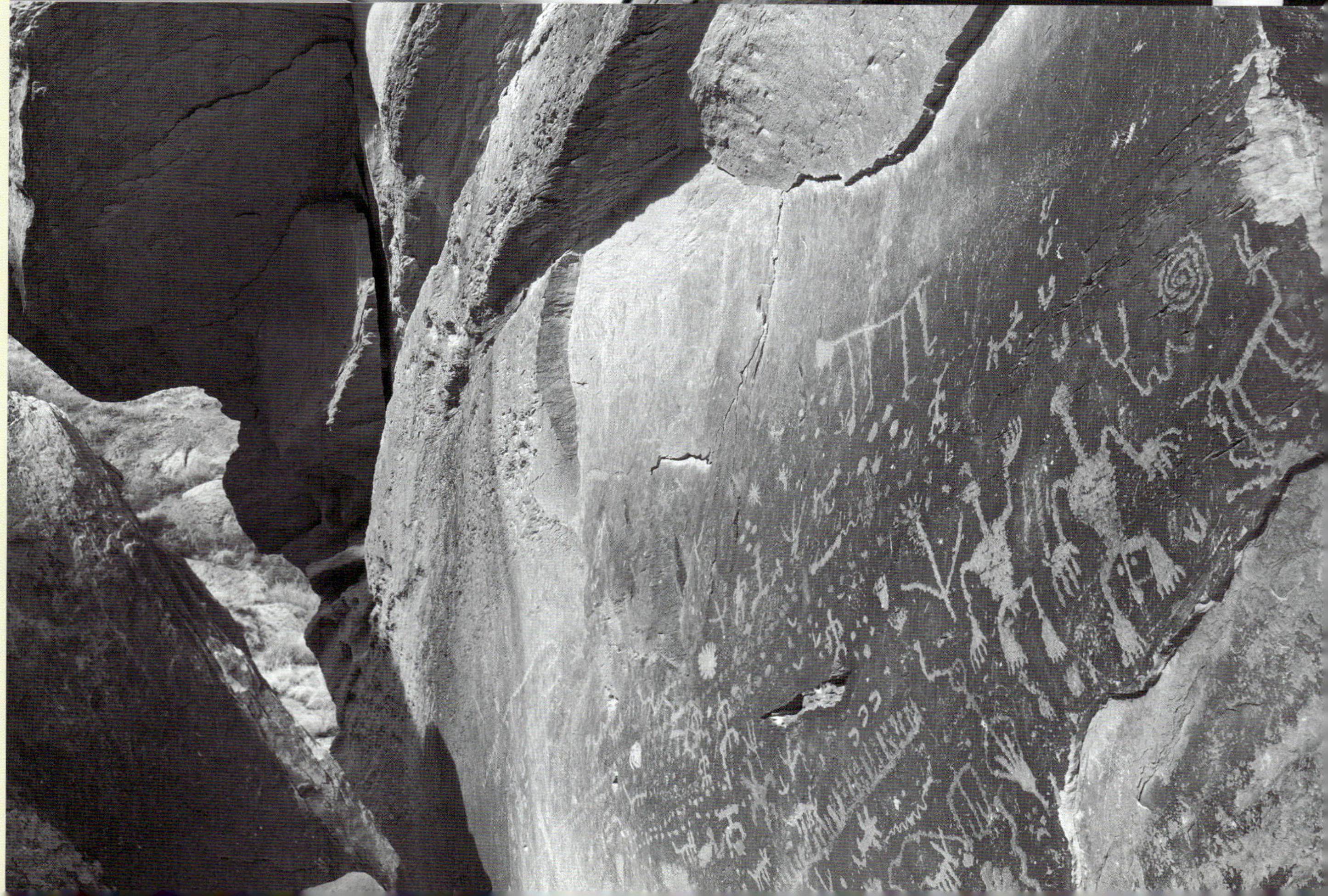

Der **Druck**

Ein perfekter Abzug war immer das letzte Ziel der Schwarzweißfotografie – viel mehr als bei der Arbeit in Farbe, wo Entwicklung und Vergrößerung immer stärker eingeschränkt und weniger gut selbst zu erledigen waren. Die Digitaltechnik, weit davon entfernt, dieses Ziel durch neue Möglichkeiten wie Bildschirmpräsentationen, digitale Projektionen oder Websites aus den Augen zu verlieren, hat in der Tat die Vergrößerung einfacher und interessanter gemacht. Nur das Ritual der Dunkelkammer fehlt, das den Fotografen ein wenig zum Alchimisten machte, aber auch umständlich, zeitaufwändig und nicht leicht vorhersehbar war. Es trug sicher zum Gefühl bei, ein Bild zu „schaffen", und ist als Prozess sehr nachhaltig, doch die anderen Eigenschaften sehen viele heutzutage bereits als Nachteile der Fotografie.

Im Gegensatz dazu sind Desktopdrucker sauber, sichtbar und unmittelbar. Die einzigen Chemikalien sind Tinten und Pigmente, verpackt als Patronen oder in Tanks (bekannt als „Continuous Ink"). Praktisch und bequem findet alles bei normaler Beleuchtung statt, man braucht keinen extra abgedunkelten Raum, keinen Wasseranschluss und muss auch keine Chemikalien entsorgen. Die einzige Verzögerung entsteht durch das Papier, das sich über die Druckköpfe schiebt, doch auch das ist nur ein Zeitproblem und bedeutet keinesfalls einen Moment der Ungewissheit, denn, vorausgesetzt Monitor, Bildbearbeitungsprogramm und Drucker sind richtig aufeinander abgestimmt, ist das, was Sie auf dem Bildschirm sehen, auch das, was der Ausdruck zeigt.

Wie in anderen Bereichen auch sprengt die rapide voranschreitende Technik immer wieder ihre eigenen Grenzen in Bezug auf Kosten und Qualität, sodass die Drucktechnik ein Niveau erreicht hat, das in der Welt der Silberhalogenide kaum vorstellbar schien. Nunmehr ist durch die Qualität sowohl der Tintenstrahl- als auch der Thermosublimationsdrucker ein professioneller Abzug, etwa nach dem Standard eines Museums, leistbare Realität, sodass sich die Einstellung der Fotografen zu diesem letzten Stadium eines Bildes radikal ändert. Da der physische Raum für die Dunkelkammer nicht mehr notwendig ist, wird das Vergrößern so einfach wie jeder andere Arbeitsschritt im digitalen Prozess. Und Bequemlichkeit ist nicht der einzige Vorteil, denn als vielleicht aufregendster Aspekt wird der digitale Abzug zu einem Teil eines geschlossenen Kreislaufs. Ob im Studio oder zu Hause, man kann jedes Stadium der Nachbearbeitung selbst erledigen, und das unmittelbare Feedback, das man vom Drucker erhält, macht es einfach, das Ergebnis optimal abzustimmen. Außerdem kann man mit Tintenstrahldruckern, die de facto zum Standard geworden sind, auf fast jedes Papier drucken. Man ist nicht mehr auf glänzende, halbglänzende oder matte Varianten der Silberhalogenidabzüge beschränkt. Abenteuerlustige Naturen experimentieren auch mit der unendlichen Vielfalt der nicht für diese Drucker bestimmten Materialien. Selbst handgemachte Papiere aus den obskursten Quellen können von den Druckern verarbeitet werden und ergeben noch individuellere Ausdrucke.

Desktopdrucker

Zwei digitale Drucktechnologien, Inkjet und Thermosublimation, bieten ein breites Feld an Möglichkeiten für den Druck, in Farbe und in Schwarzweiß.

Die Fortschritte in der Drucktechnologie, bei Inkjet- ebenso wie bei Thermosublimationsdruckern, haben die Möglichkeiten zur Produktion hochqualitativer Präsentationsdrucke radikal verändert. Die Inkjettechnologie sprüht winzige Tintentröpfchen durch einen Satz von Düsen auf und gilt heute als der Standard für Desktopdrucker. Thermosublimationsdrucker verwenden breite Farbbänder, von denen die Farbe im direkten Kontakt mittels Wärme übertragen wird. Sie haben den Vorteil, dass die Drucke im „Look and Feel" den traditionellen Abzügen gleichen, brauchen aber Spezialpapier. Für den Schwarzweißdruck gibt es eigene monochrome Bänder, das Ergebnis ist ein Bild mit tatsächlich verlaufenden Tönen ohne Raster. Dennoch werden Tintenstrahldrucker wohl aufgrund ihrer Vielseitigkeit bei der Größe und Art des Papiers und der Auswahl der Tinten weiter den Markt beherrschen. Man kann so gut wie jedes Papier in einem Tintenstrahldrucker verwenden, und für Spezialeffekte eröffnet sich ein weites Experimentierfeld.

Thermosublimation
Dieses Wärmetransferverfahren arbeitet mit zu Bändern verbundenen Blättern in der Größe des Ausdrucks, auf denen die Druckfarbe aufgebracht ist. Heizelemente im Druckkopf bringen die Farben zum Schmelzen, wenn das Band darüber geführt wird, und die Farbe dringt in das Papier ein. Das Papier durchläuft den Drucker für jede Farbe einmal, beim Schwarzweißdruck wird nur Schwarz verwendet. Da man das Band nur einmal verwenden kann und Spezialpapier braucht, ist dieses Verfahren recht kostenintensiv.

Canon Selphy
Die heute gebräuchlichste Art der Thermosublimationsdrucker sind kompakte Fotodrucker. Die Technologie wurde früher häufig für digitale Proofs genutzt, doch die im Vergleich zu Tintenstrahldruckern hohen Kosten erwiesen sich als Hindernis.

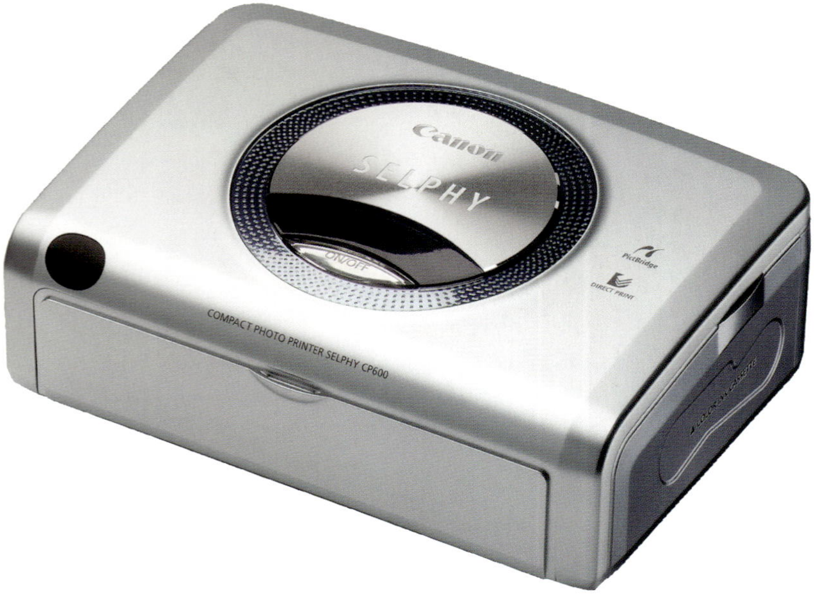

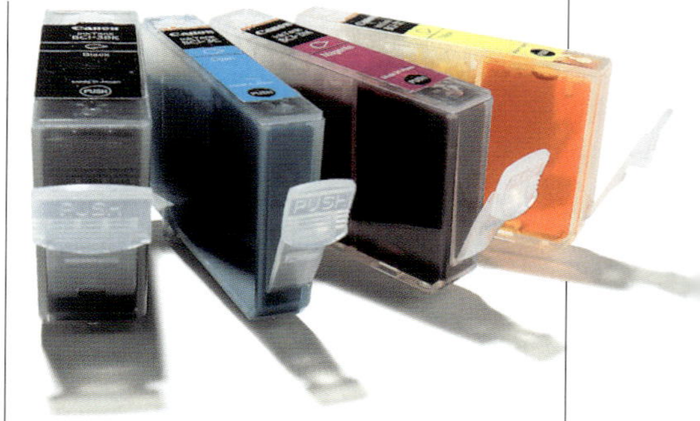

Inkjettinten
Der Standardsatz an Drucktinten für einen Canon-Drucker. Die einzelnen Drucker brauchen jeweils eigene Druckerpatronen. Manche, wie diese, sind einzeln erhältlich, andere werden als Set verkauft, sodass man alle entsorgen muss, wenn eine Farbe leer ist.

Tintenstrahldrucker

Viele moderne Desktopdrucker wurden speziell für den Fotodruck entwickelt. Sie haben viele Druckköpfe und eine hohe Auflösung. Ein Motor bewegt die Druckkopfeinheit mit allen Düsen gleichzeitig, eine für jede Tinte oder Farbe, über das Papier. Durch Rastern (Dithering) werden die Tinten gemischt, Ausgabeauflösungen von 1440 oder 2880 dpi sind keine Seltenheit. Beim Vergleich der Auflösungen bedenken Sie jedoch, dass die kleinste Einheit, ein Tintentropfen, entweder vorhanden sein kann oder nicht (Schwarz oder Weiß, Cyan oder Weiß usw.), daher kann man diese Auflösungen nicht direkt mit den 300 dpi vergleichen, die die meisten Druckereien bevorzugen, oder mit den 72 dpi Ihres Monitors.

Canon Pixma

Dieser moderne Tintenstrahldrucker zeigt, wie sehr sich die Technologie in wenigen Jahren entwickelt hat, und dennoch sind die Geräte vielseitig geblieben. Dieser Drucker hat zwei Papierladen und kann auch CDs oder DVDs bedrucken. Da er zwei Schwarzpatronen verwendet, liefert er ausgezeichnete Fotodrucke.

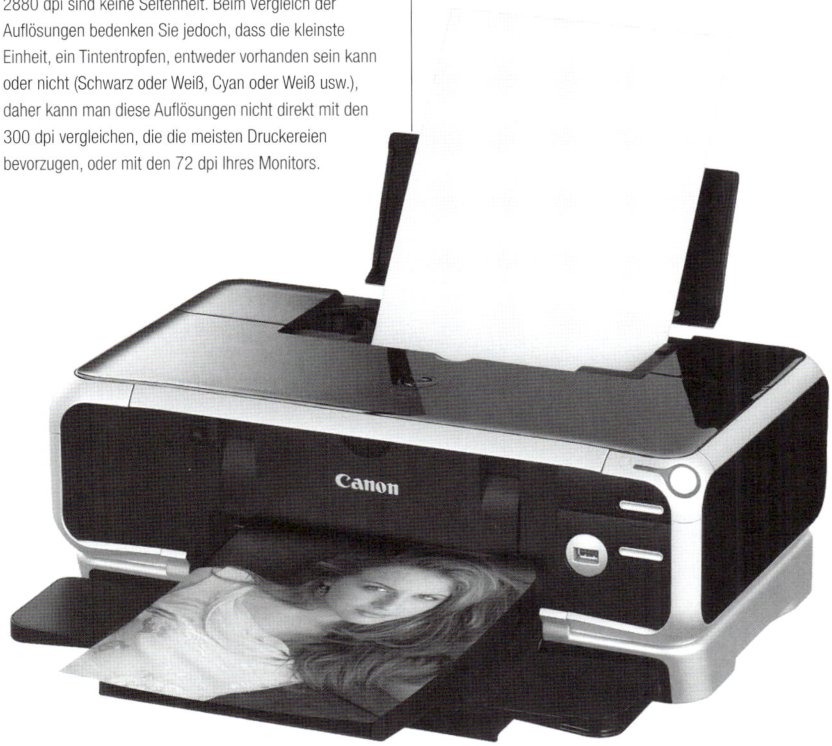

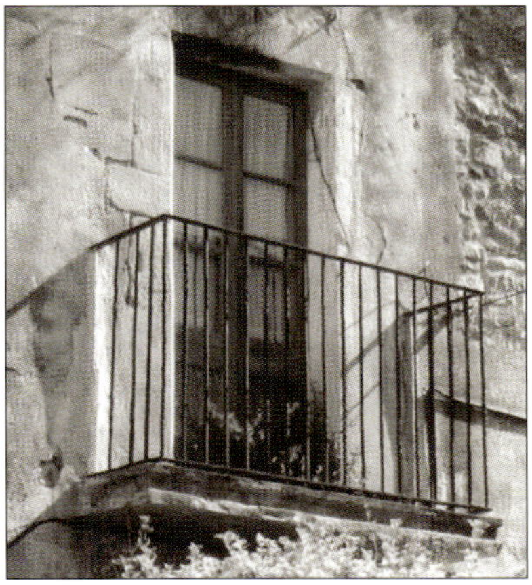

100%

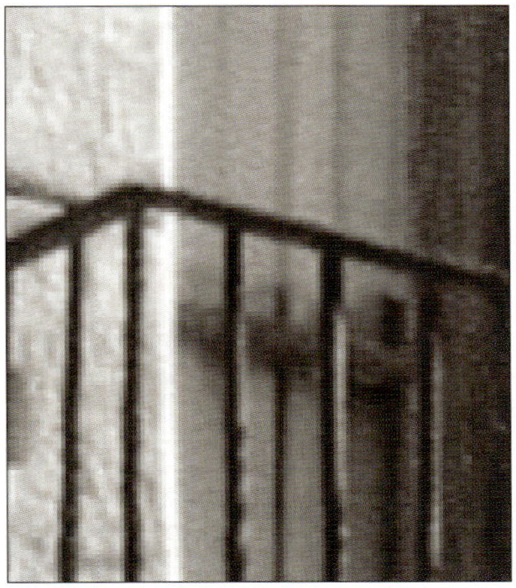

500%

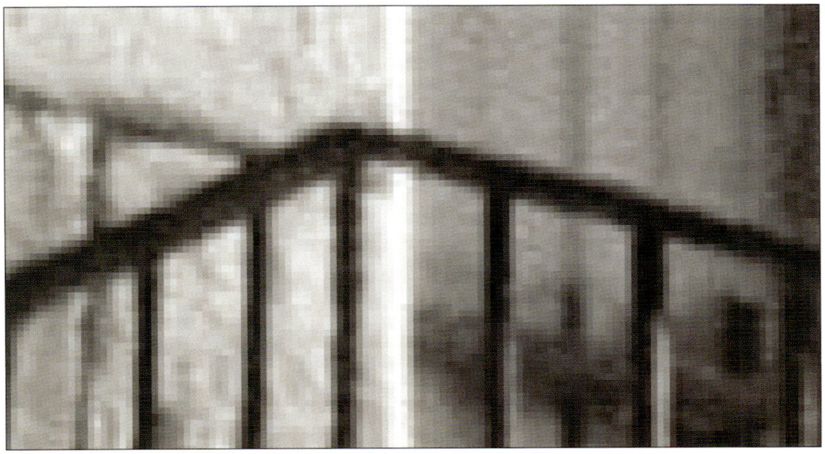

1000%

Rastern

Tintenstrahldrucker erzeugen Farbverläufe und -übergänge durch Rastern (Dithering) – ein Muster von Punkten in unterschiedlicher Dichte. Ein Blick durch die Lupe auf einen Ausdruck enthüllt dieses Muster, das manchmal auch Halbtonraster genannt wird.

Kontaktabzüge

So gut wie alle Browser und Bearbeitungsprogramme bieten eine Option zur Erstellung der Stütze der Fotoauswahl, den gedruckten Kontaktabzug.

Kontaktabzüge haben beim Editieren von Schwarzweißfotos immer eine besondere Rolle gespielt – sie dienten nie nur einfach der Bequemlichkeit. Editieren bedeutet in diesem Zusammenhang die Auswahl der Bilder für die Vergrößerung anhand eines Kontaktabzugs der Aufnahmesequenz, der auch eine Zusammenfassung der Fotosession darstellt. Ein Satz positiver „Thumbnails" der Schwarzweißnegative war die einzige Möglichkeit, Details in den Bilder zu erkennen, wie den Ausdruck eines Gesichts, doch selbst wenn dies heute kein Thema mehr ist, bleibt der Kontaktabzug ein wertvoller, sehr empfehlenswerter Zwischenschritt. Digitale Bilder am Monitor zu betrachten ist sicher oft sehr praktisch, bindet Sie jedoch an einen Computer (und sei es der Laptop) und ist nur in einem verdunkelten Raum wirklich zufriedenstellend.

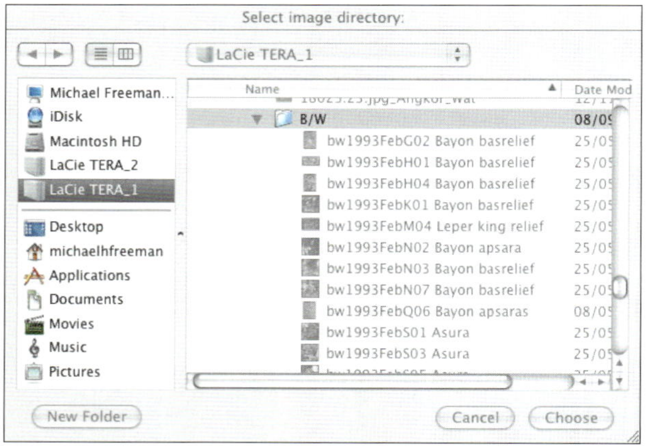

Photoshop
Rechts sehen Sie den Dialog „Kontaktabzug II" mit der interaktiven Darstellung der Bildanordnung entsprechend der gewählten Zahl von Reihen und Spalten und der Menge an Informationen, die mitgedruckt werden.

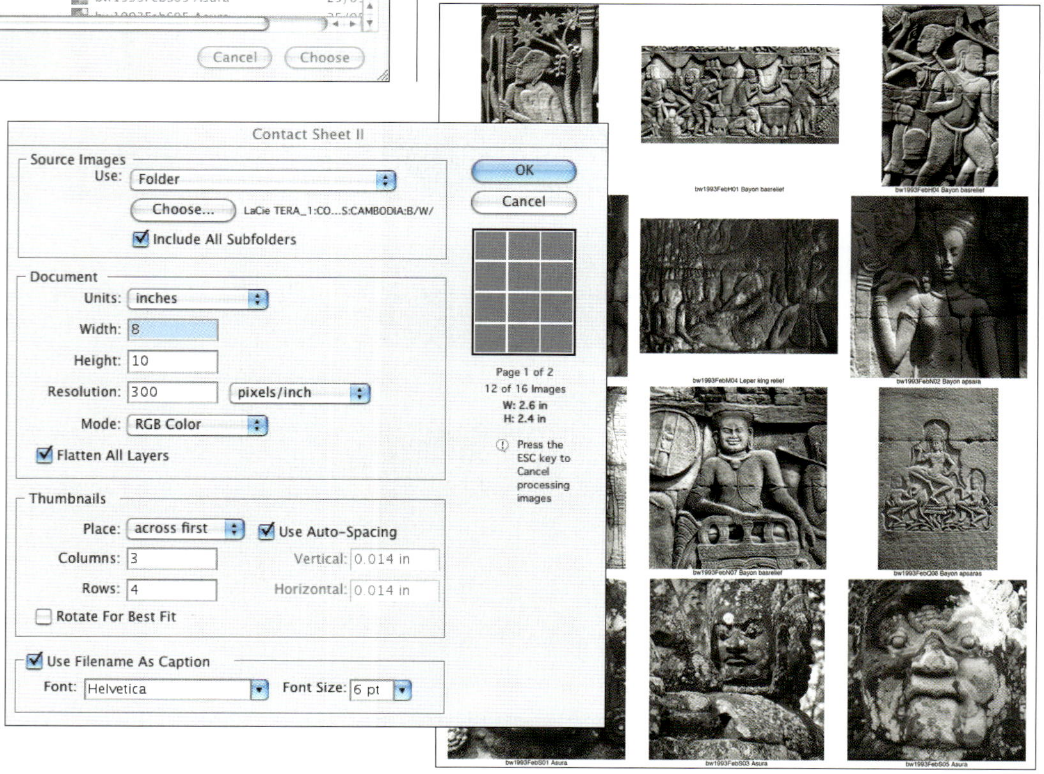

Mit den meisten Browsern und Bildbearbeitungsprogrammen können Kontaktabzüge erstellt werden. Sie sind natürlich keine „Abzüge" von irgendetwas, sondern können beliebig vergrößert und angeordnet und mit jeder Art von Information kombiniert werden, die Sie zur Hand haben wollen. Es lohnt sich, sich etwas Zeit zu nehmen und diese Optionen der gewohnten Arbeitsweise anzupassen. Als Vorbereitung für die Arbeit in Schwarzweiß kann es hilfreich sein, die Bilder in Graustufen zu drucken, auch wenn sie in Farbe aufgenommen wurden. Wahrscheinlich werden Sie den mit der Kamera gelieferten Bildbrowser oder Photoshop verwenden, auch wenn es eine Reihe von Programmen anderer Hersteller gibt. Die Beispiele hier stammen von Nikon und Photoshop und zeigen die Optionen, die die Größe der Bilder, deren Anordnung und mögliche Zusatzinformationen umfassen. Als Entscheidungshilfe, womit Sie arbeiten wollen, beachten Sie, ob die Bilder aus Thumbnails (schnell, mindere Qualität) oder aus verkleinerten Originalen (exzellente Qualität, aber langsam) erstellt werden.

Graustufenvorschau

Da Layout und Anordnung der Bilder völlig flexibel sind – und die Kontaktabzüge automatisch erstellt werden –, kann man Varianten ein und desselben Bildes drucken. Photoshops drei Standardmethoden zur Umwandlung in Graustufen sind der Graustufenmodus (gegen Grün gewichtet), Desaturierung (gleichmäßiger Kanalmix) und der Kanalmixer (beim Öffnen auf 100% Rot). Man könnte daher zum Beispiel Kopien der Bilder auf alle drei Arten konvertieren und dann in Reihen zu je vier mit dem Original gemeinsam ausdrucken.

Nikon View
Die Software der Kamerahersteller bietet meist eine Option, um Kontaktabzüge direkt aus dem Bildbrowser zu drucken. Hier ist die Anzahl der Reihen und Spalten vorgegeben, wir wählten 4 x 4 Hochformat.

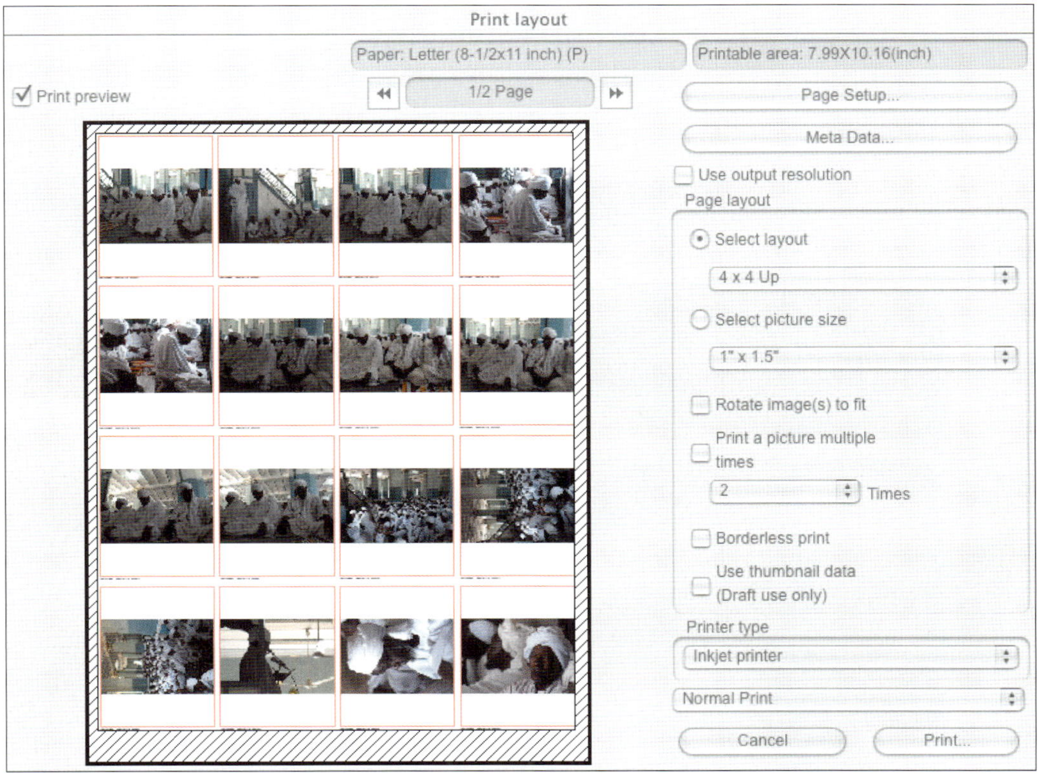

Photoshop Kontaktabzug
Ein Beispiel für einen Kontaktabzug, bei dem die Bilder korrekt gedreht sind (braucht bei Hoch- und Querformat auf einem Blatt mehr Platz).

Den Drucker kalibrieren

Um präzise neutrale Töne in Schwarzweiß und eine vorhersehbare Finesse bei getönten Fotos zu erhalten, kann nichts die professionelle Kalibrierung des Druckers ersetzen.

Wie wir gesehen haben, stimmt Kalibrieren die Aufnahme der Kamera und die Wiedergabe durch den Bildschirm präzise aufeinander ab und sollte, falls eine hohe Bildqualität gefragt ist, ein Teil des Workflow sein. Zwar brauchen Farbfotos wegen ihrer Komplexität dies mehr als monochrome, doch die feinen Tonwertabstufungen in Schwarzweiß erhalten meist höchste Aufmerksamkeit. Um die Kontrolle über die Bildqualität im gesamten Prozess zu behalten, muss auch der Drucker kalibriert werden.

Bis zu einem gewissen Grad sind Desktopdrucker bereits kalibriert, da jedes Gerät ein generisches Profil mitbringt, das der Computer auslesen kann. Doch der Drucker arbeitet völlig anders als die anderen am Arbeitsprozess beteiligten Geräte, und die Übersetzung eines RGB-Bildes, das für den Bildschirm optimiert wurde, bietet sich einschleichenden Fehlern jede Menge Raum. Die Prozessfarben des Druckers, in der Regel Cyan, Magenta und Gelb sowie andere Tinten, etwa Schwarz, Grau und helle Farben, sind komplementär zu RGB. Außerdem reflektiert der Druck das Licht, wodurch der Kontrast sinkt und die Papierfarbe in den Lichtern durchschlägt.

Es gibt auch Probleme, die speziell Schwarzweißfotos betreffen, vor allem die Dichte und die Neutralität des Drucks. Ein Schwarzweißbild, wie wir es auf unserem 8-Bit-Monitor (fast alle haben 8 Bit) sehen, enthält 256 verschiedene Grautöne. Obwohl dies viel weniger ist als die 16,7 Millionen Farben eines RGB-Bildes, kommt unser Auge perfekt damit aus. Leider haben die meisten Tintenstrahldrucker in ihrem Tintensatz nur ein Schwarz und können durch Rastern keinesfalls 256 Abstufungen von diesem Schwarz erzeugen. Druckt man mit allen Farben, entfällt dieses Problem, doch der Versuch, aus fünf oder sieben verschiedenen Farben neutrales Grau zu erzeugen scheitert oft: Die Drucke leiden an ungewollten Farbstichen, aber auch an Metamerie (der Ton erscheint je nach Licht anders). Wenn Sie allerdings aktiv in Ihren Bildern einen zarten

Test-Target

Bei der Kalibrierung wird zuerst ein Test-Target gedruckt. Hier druckt ein Epson-Drucker das TC9.18. Die Lyson-Tintentanks rechts sind Teil eines „Continous-Ink"-Systems, bei dem größere externe Tanks die kleinen (und oft teureren) Originalpatronen des Herstellers ersetzen.

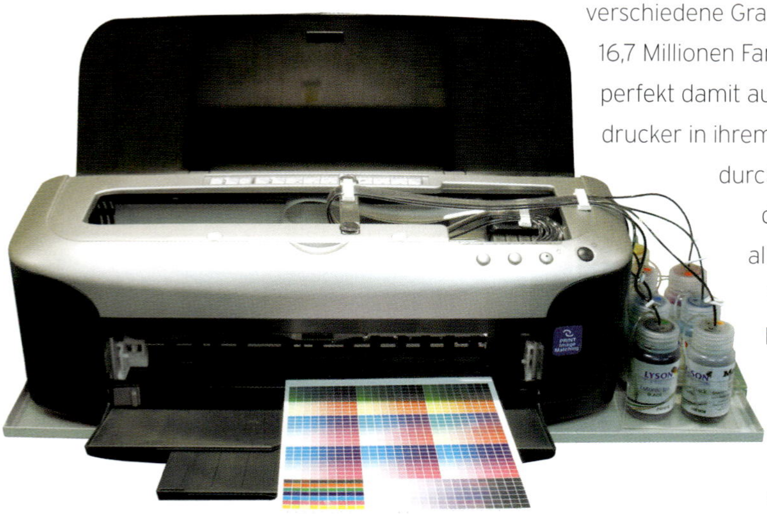

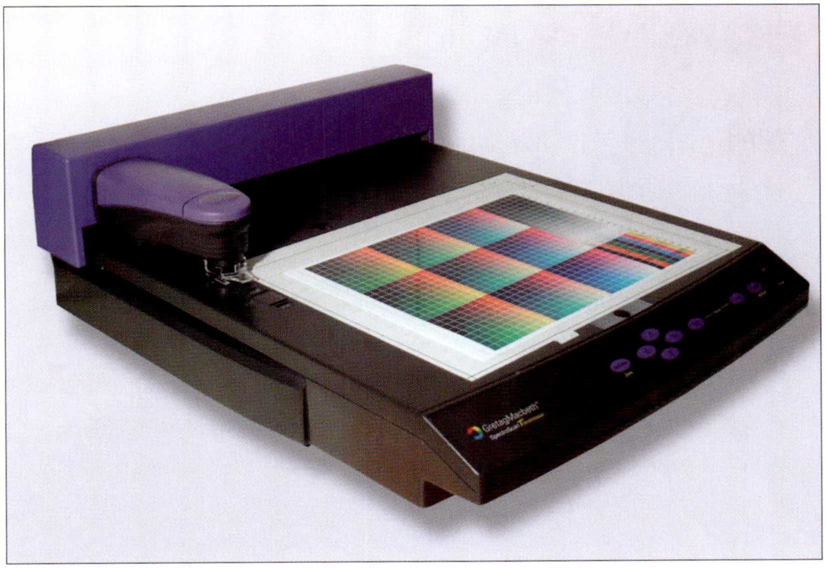

Spectrolino Wenn die Tinte getrocknet ist, wird das Target auf den GretagMacbeth Spectrolino/Spectroscan gelegt und ausgemessen.

Hinweis auf Farbe wollen, wie mit Duplexbildern oder Verlaufsumsetzungen, ist es einfacher, den Farbstich zu steuern, als völlig neutrale Töne zu erhalten.

Um ein Druckerprofil zu erstellen, braucht man in der Regel die Hilfe eines Professionisten, da zum Ausmessen des Testdruckes ein Spektrophotometer nötig ist, das teuer ist und dessen Bedienung Erfahrung erfordert. Im Prinzip drucken Sie zuerst ein Test-Target mit bekannten Einstellungen sowohl von Photoshop als auch des Druckers. Der Ausdruck wird von einem Fachmann, wie hier von Udo Machiels von Atmos Designs in Großbritannien, ausgelesen, ein Spezialprogramm analysiert die Unterschiede zu vorgegebenen Werten und erzeugt ein ICC-Profil, das diese ausgleicht. Wenn Ihr Drucker bereits für den Druck in Farbe kalibriert wurde, reicht dies in der Regel für den Schwarzweißdruck aus, die Grautöne müssen jedoch nicht unbedingt perfekt neutral sein. Eine Lösung besteht, wie erwähnt, darin, das Bild absichtlich zu tönen, sodass Sie zumindest wissen, in welche Richtung die Farben abweichen. Sie können sich auch einen Satz monochromer Tinten oder Tinten mit extrem kleinem Gamut besorgen, doch beachten Sie, dass solche Tinten nicht kalibriert werden können. Eine professionelle Lösung wäre der Einsatz von RIP-Programmen, die zwar teuer sind, aber auch hervorragende Resultate liefern. „ImagePrint" von Colorbyte sorgt für absolut neutrale Töne. Ein weiteres, etwas komplexeres und professionelles Beispiel, Shiraz RIP von Isphoto, erlaubt es, eigene Profile für Graustufen und CMYK zu erstellen.

Druckerprofil erstellen

Typischerweise geht man wie folgt vor:
1 Drucken Sie ein Test-Target mit den Standardeinstellungen des Druckers.
2 Warten Sie, bis die Tinte trocken ist.
3 Der Druck wird von einem Spektrophotometer ausgemessen und das Ergebnis an die Kalibrierungssoftware übermittelt.
4 Die Software vergleicht das Messergebnis mit den bekannten Werten des Targets und konstruiert ein ICC-Profil, das die Differenzen ausgleicht.
5 Laden Sie das Profil in den Computer und wählen Sie es für jeden Ausdruck aus.

Tinten und Papiere

Pigmente und spezielle monochrome Tinten steigern das Potenzial hochqualitativer Tintenstrahldrucker enorm, ebenso die unendliche Vielfalt an Papieren.

Für Tintenstrahldrucker gibt es eine ungeheure Auswahl an Tinten und Papieren, passend für jeden Bedarf. Zusätzlich zu den Tintenpatronen des jeweiligen Druckerherstellers gibt es eine Reihe von Alternativen anderer Firmen, die meist nicht nur weniger kosten, sondern auch qualitativ einiges bieten. Wenn Sie viel und oft drucken, ist ein CIS (Continous Ink System - ununterbrochenes Tintensystem) eine der besten kleinen Investitionen. Eine Reihe von Tintentanks wird außerhalb des Druckers in einem extra Behälter aufgestellt. Die Tinte gelangt über dünne Schläuche in Patronen am Druckkopf, welche die Originalpatronen ersetzen. Der große Vorteil der Systeme ist, dass sie viel, oft zehn Mal billiger sind als die Originaltinten. Der Tintenstand kann von außen kontrolliert und jede Tinte einzeln nachgefüllt werden. Sowohl für CIS als auch als normale Patronen gibt es Farbstoff- und Pigmenttinten von verschiedenen Herstellern. Farbstofftinten sind der Standard und eignen sich besser für glänzende oder satinierte Papiere, sind aber weniger haltbar. Pigmenttinten sind dickflüssiger und besser für mattes Papier geeignet, die besseren haben jedoch eindeutig Archivqualität. Außerdem gibt es eine Auswahl an monochromen Tintensets, die schwarze und graue Tinten enthalten.

Einer der größten Vorteile der Tintenstrahldrucker ist ihre Vielseitigkeit in Bezug auf Papier. Anders als beim herkömmlichen Foto oder dem Thermosublimationsdruck ist keine Vorbehandlung nötig. Beschichtetes oder geleimtes Papier hat Vorteile, doch im Prinzip kann man auf fast allem drucken. Spezialgeschäfte bieten handgeschöpfte Papiere aus verschiedenen Quellen, und wenn Sie einen texturierten, einem Gemälde vergleichbaren Effekt für Ihre Bilder wollen, sind diese einen Versuch wert. Aber auch innerhalb des regulären Angebots ist die Auswahl an Stärken und Oberflächen enorm.

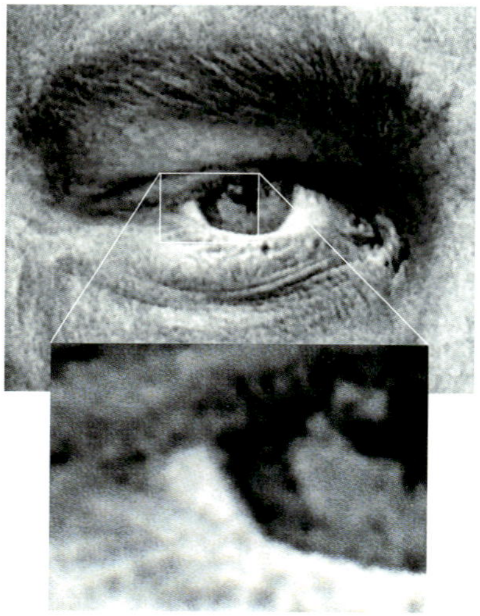

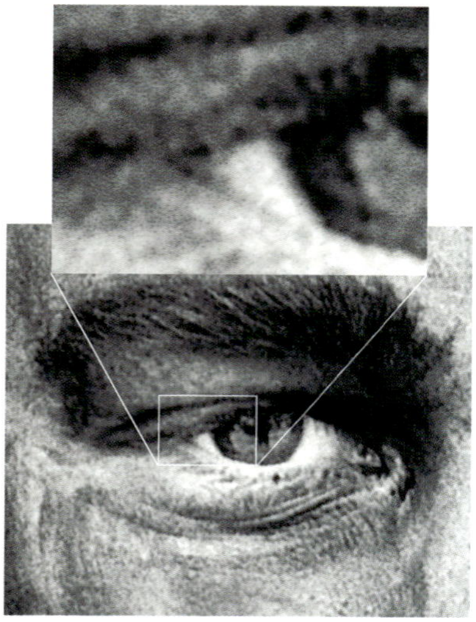

Monochrome Tinten
Monochrome Tinten können Details in Graustufen besser darstellen. Das Bild oben wurde mit normalen Prozessfarben gedruckt, das Bild unten mit „Quad Black"-Tinten von Lyson. Der Kontrast ist erkennbar höher und die Zeichnung viel exakter.

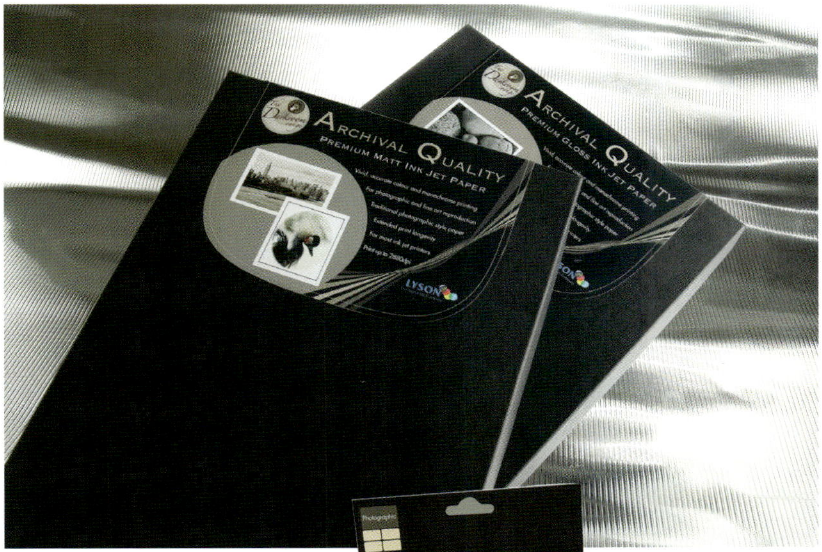

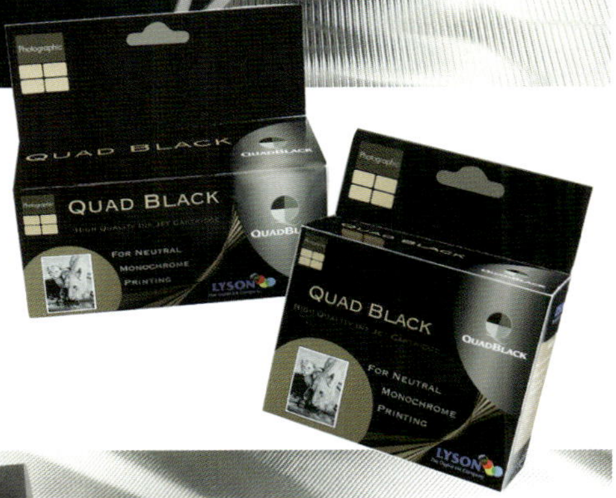

Verbrauchsmaterial

Gutes Material, sowohl Tinten als auch Papiere, ist die Voraussetzung für gute Ergebnisse. Alle Inkjettinten neigen dazu, früher oder später zu verblassen, vor allem Magenta, doch diese Erscheinungen können durch Produkte in „Archivqualität" minimal gehalten werden.

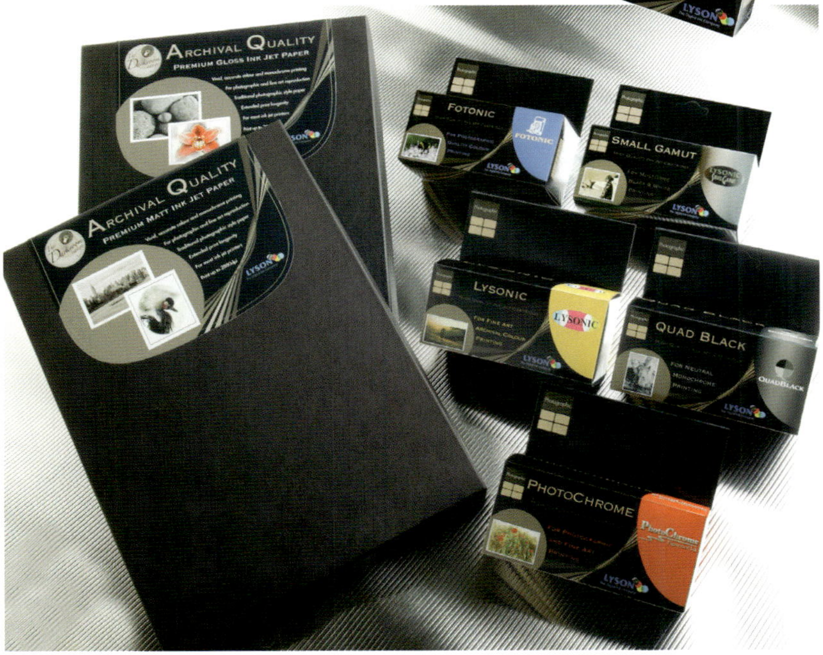

„Lyson Daylight Darkroom"

Diese Verlaufsbalken mit ihren zarten Unterschieden wurden mit „Daylight Darkroom"-Tinten von Lyson gedruckt. Diese ersetzen die normalen Tanks durch Varianten von Schwarz, aus denen ein Spezialprogramm (erhältlich für PC und Mac) monochrome Drucke erstellt.

Monochromtinten

Die Verwendung von vier verschieden intensiven schwarzen Tinten anstelle der normalen CMYK-Farben ist ein Weg, Tonwertabstufungen zu erreichen, die mit den traditionellen Silberhalogenidabzügen mithalten können. Die in unserem Beispiel gezeigten „Quad Black"-Tinten von Lyson gibt es in drei Versionen: kühl, neutral und warm. Reinigen Sie die Druckköpfe vor (und nach) jedem Wechsel zu monochromen Tinten. Absolute Genauigkeit erhalten Sie, wenn Sie einen monochromen Druckertreiber installieren.

Präsentation

Die Präsentation des fertigen Drucks ist der letzte Schritt jeder ernsthaften Schwarzweißfotografie und verdient ebenso viel Aufmerksamkeit wie alle anderen Arbeitsschritte.

Drucke wollen präsentiert werden, und obwohl es dafür viele Möglichkeiten gibt, vom Einklemmen zwischen Acrylplatten bis zum direkten Druck auf Aluminium, bleibt die traditionelle, gebräuchlichste Methode nach wie vor der Standard: Der Druck wird auf einer Trägerplatte befestigt, mit einem Passepartout eingefasst und von einer Glasplatte geschützt, und alles zusammen kommt in einen Rahmen. Es gibt gute Gründe dafür, vor allem ist das Bild geschützt, und die auffälligsten Komponenten – den Rahmen und das Passepartout – gibt es in verschiedensten Qualitäten und für jeden Geschmack. Die wichtigsten Überlegungen dabei sind, dass der Druck flach aufliegt, gut geschützt ist und überall aufgehängt werden kann.

Es gibt weniger Parallelen zu Gemälden als vielleicht angenommen. Im Prinzip ist ein Foto weit weniger selbst ein Objekt als ein Gemälde, das erstens einzigartig ist und dessen Oberfläche zweitens taktile Qualitäten hat. Ein Foto ist per Definition eine Reproduktion – ein „Fenster zur Wirklichkeit". Dies verlangt eine unprätentiöse Präsentation, besonders für monochrome Bilder. Jede außer der zartesten, natürlichsten Farbe lenkt ab. Der Rahmen eines Schwarzweißfotos sollte die Aufmerksamkeit auf das Bild lenken, nicht mit ihm in Konkurrenz treten. Jede Ausnahme von dieser Regel führt von der Fotografie weg zu einem multimedialen Ansatz – der selbstverständlich seine Berechtigung hat, hier aber nicht unser Thema ist.

Die Trägerplatte muss den Druck halten, kann aus natürlichem Material (Museen verwenden in der Regel 100% Naturfaser) oder Kunststoff (Hartschaum mit Polystyrol-Kern) und selbstklebend sein oder nicht. Im letzteren Fall gibt es mehrere Möglichkeiten, den Druck zu befestigen. Dickes Papier kann durch Klebeecken oder doppelseitiges Klebeband mit nichtklebenden Ecken an seinem Platz gehalten werden. Digitaldrucke sind in der Regel flacher als traditionelle Vergrößerungen, da sich das Papier nicht durch die Feuchtigkeit im Entwicklerbad wellt. Wenn Sie den Druck permanent befestigen wollen, gibt es dafür unter anderem Trockenklebefolien, Klebetücher oder kalt geklebte Folien. Manchmal braucht man dafür eine Klebepresse oder ein Klebeeisen. In jedem Fall trägt bei dickem Papier, das sich nicht wellt, auch das Passepartout dazu bei, es an seinem Platz zu halten.

Trägerplatte
Trägerplatten gibt es in vielen verschiedenen Farben und Stärken und mit unterschiedlichen Oberflächen.

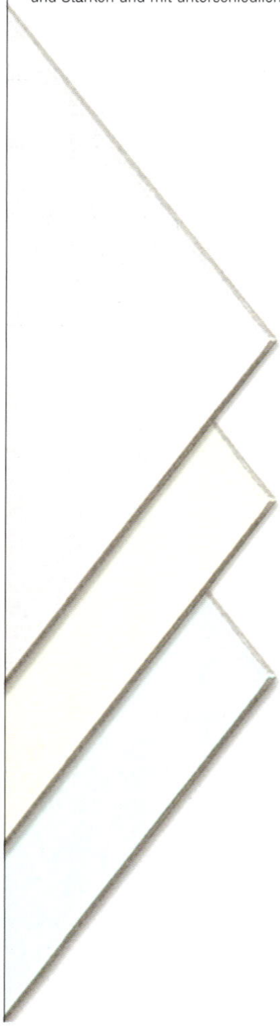

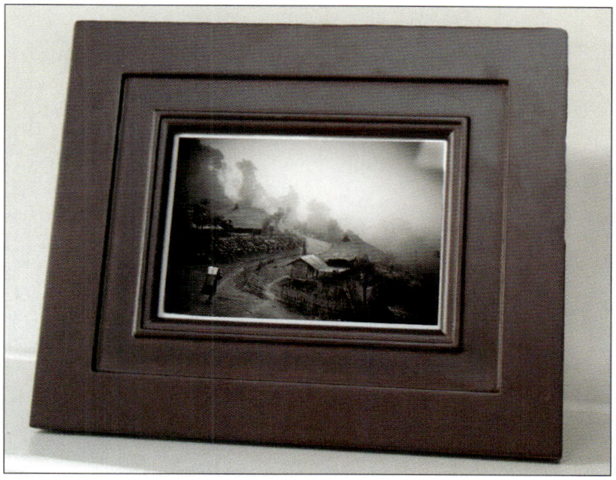

Das Passepartout hat verschiedene Funktionen. Es schützt die Oberfläche des Drucks, indem er ihn von der Glasplatte trennt, drückt die Ecken flach gegen die Trägerplatte und sorgt für ein ästhetisch ansprechendes „Fenster". In der Regel nimmt man dafür Museumskarton. Die bei weitem schwierigste Arbeit, die einiges an Können verlangt, ist das Einschneiden des Fensters in das Passepartout, da die inneren Kanten von den Betrachtern des Fotos einen Gutteil an Aufmerksamkeit erhalten. Sie müssen gerade und sauber sein und sollten einen Winkel von 45° haben, wofür man ein eigenes Schneidewerkzeug braucht. Es gibt fertig zugeschnittene Passepartouts, doch dann müssen Sie die Bildgröße entsprechend anpassen. Als Alternative gibt es auch Distanzstücke, meist aus Acryl, die auf die Ecken der Trägerplatte passen und den Druck vom Glas trennen.

Typische Rahmen sind einfach im Querschnitt (meist quadratisch) und im Material, wobei Aluminium und Holz am beliebtesten sind. Eine saubere, auf Gehrung geschnittene Ecke erfordert handwerkliches Geschick, sodass man Rahmen und Glas meist fertig als Set kauft. Da sie den üblichen Papiergrößen entsprechen, ist dies in der Regel recht praktisch. Die Frontplatte kann aus Glas oder Acryl sein, eine entspiegelte Oberfläche reduziert Reflexe. Es gibt Spezialglas, das UV-Strahlen abhält, wodurch der Druck weniger schnell verblasst. Auch Acryl ist für UV-Strahlen undurchlässig. Je nach Konstruktion wird der Rahmen mit Draht an Ringen oder Clips an der Rückseite aufgehängt.

Die letzte Überlegung gilt dem Licht. Bei Glasrahmen muss man Reflexe in Augenhöhe vermeiden. Entspiegeltes Glas hilft dabei, doch die Position der Lichtquelle bleibt entscheidend. Wird der Rahmen ein wenig schräg nach unten gekippt aufgehängt (wie dies ohnehin normal ist), kann er das Deckenlicht nicht reflektieren. Direkt gegenüber einem Fenster ist jedenfalls kein guter Platz. Ideal wäre ein eigener Spot für jedes Bild, hoch angebracht, sodass der Winkel zwischen dem Lichtstrahl und der Blickrichtung groß ist. Der Lichtstrahl sollte so genau wie möglich der Größe des Bildes angepasst sein. Man kann den Lichtstrahl entweder durch kleine verstellbare Tore maskieren oder durch eine kleine viereckige Maske, die nahe am Brennpunkt angebracht wird (trifft das Licht in schrägem Winkel auf, wird die Form zu einem Trapez). Das nur auf das Bild konzentrierte Licht unterstreicht seine Prominenz an der Wand und reduziert Spiegelungen der Umgebung im Glas.

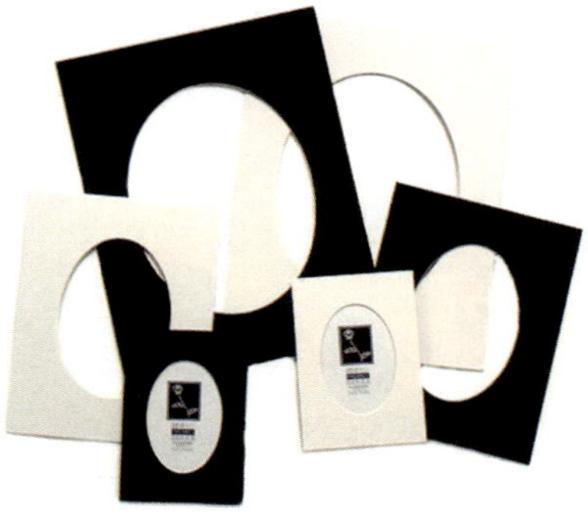

Fertige Rahmen
... gibt es in einer Unzahl von Formen, Farben und Größen.

Schrägschnitt
Hier sehen Sie den 101 Bevel Cutter von FrameCo, der das Papier in einem Winkel von 45° schneidet, wenn man ihn am Lineal entlang führt.

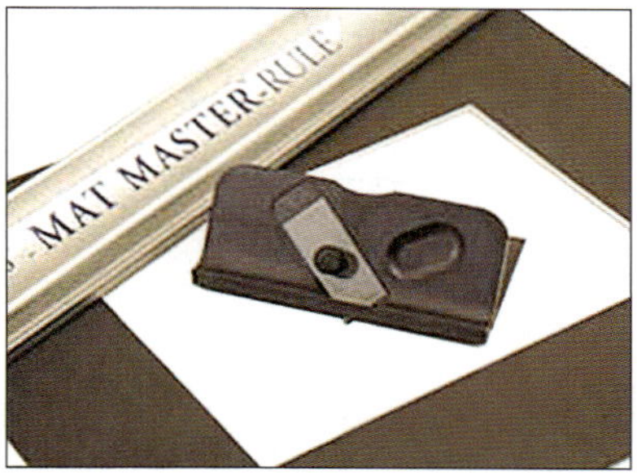

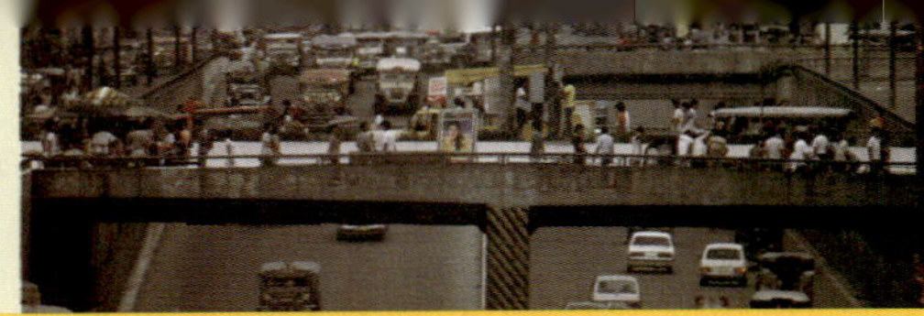
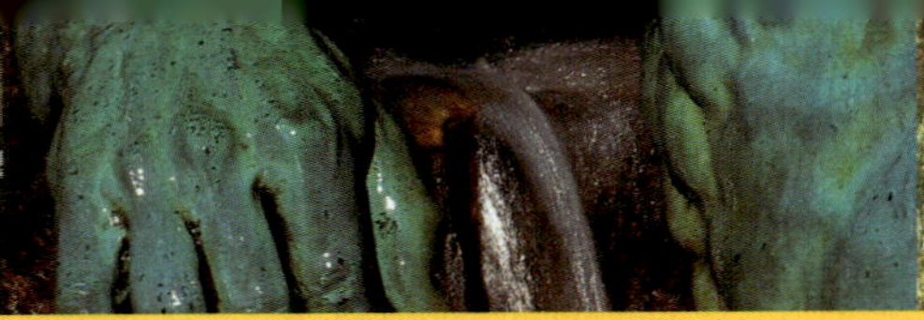
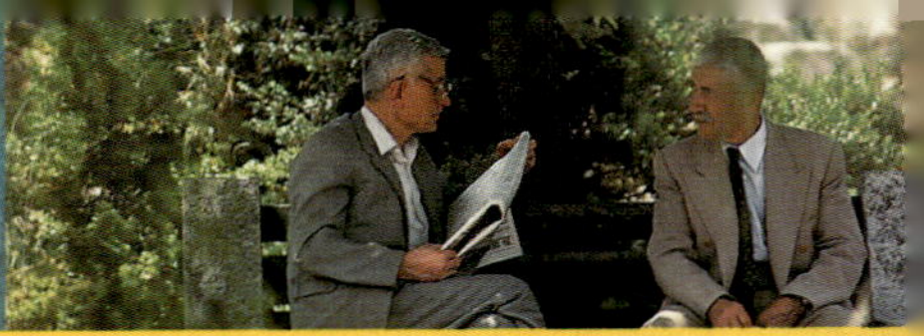
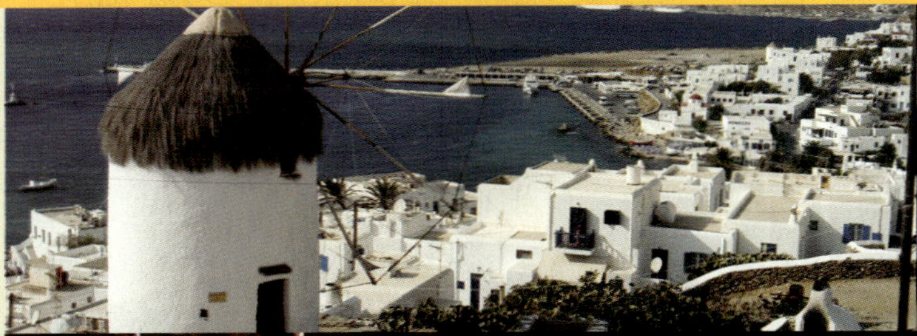
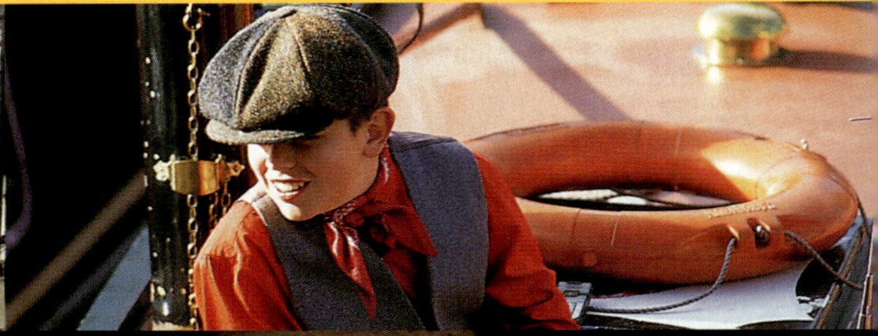
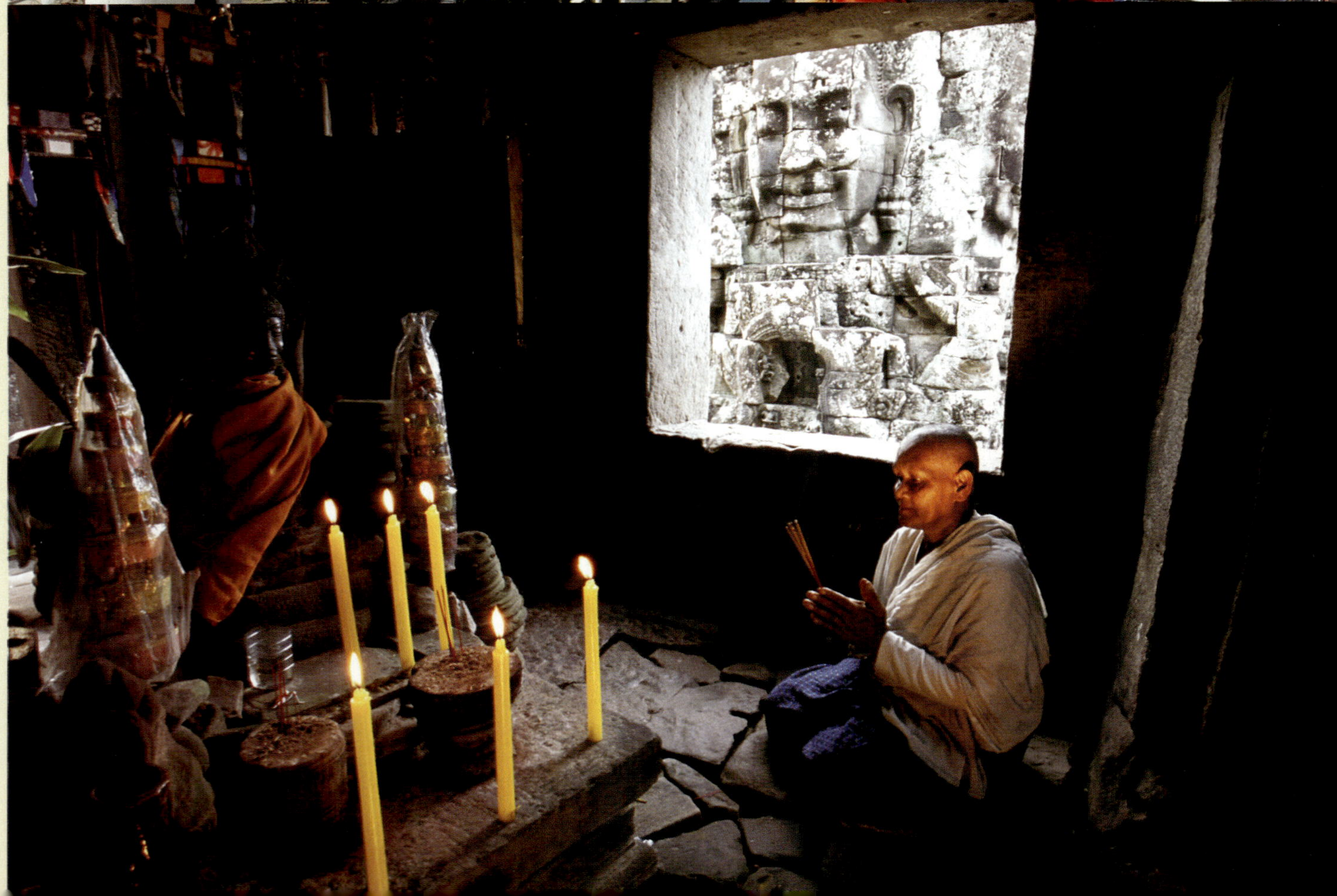

Anhang: **Grundlagen** Digitalkamera

In vielerlei Hinsicht funktionieren Digitalkameras ganz ähnlich wie ihre analogen Vorläufer. Die Vorgehensweise ist gleich geblieben: Festlegen des Ausschnitts, Scharfstellen, Bestimmen der Belichtung durch Zeit und Blende und Auslösen. Äußerlich haben sich digitale Spiegelreflexkameras (SLRs), die Spitzengeräte unter den Digitalkameras, kaum verändert. Der wesentliche Unterschied besteht darin, dass ein digitaler Sensor den Film ersetzt hat. Doch ist diese Neuerung für viele Aspekte der Fotografie unbedeutend, sodass ein fast problemloser Übergang von einer Technik zur anderen möglich ist. Für viele der in diesem Buch vorgestellten Motive und Aufnahmesituationen ist es unerheblich, welche Kamera Sie nehmen. Man sollte sich also nicht zu sehr von den Wundern der digitalen Technik mitreißen lassen.

Doch die Konsequenzen des Umstiegs von der Filmemulsion auf den digitalen Sensor sind bedeutsam. Wie bei jedem Werkzeug ist es von großem Vorteil, wenn man gut mit der Kamera vertraut ist. Bei einem gut durchdachten Fotoapparat kann man zwar davon ausgehen, dass ein kurzer Blick in die Bedienungsanleitung genügt, um damit technisch zufriedenstellende Bilder zu machen. Eine intensivere Beschäftigung mit dem Gerät wird aber die Qualität der Bilder deutlich verbessern. In diesem Anhang beschäftigen wir uns mit den mechanischen, optischen und elektronischen Grundlagen unserer Ausrüstung.

Digitalkameras bieten Einstellmöglichkeiten, die es bei Analogkameras nicht gab, wie Bildgröße und Auflösung, Lichtempfindlichkeit und Farbbalance. Eine größere Auswahl zu haben ist gut, doch sie verlanget vom Nutzer fundierte Entscheidungen bei der Aufnahme. Hinzu kommen völlig neue Aspekte wie das Dateiformat, der Dateityp in dem die Bilder gespeichert werden, um sie später am Computer öffnen und bearbeiten zu können. Schließlich benötigt man auch Strom, verschiedene Kabel und manches Zubehör, ohne das die elektronische Welt nicht funktioniert. Wer will, kann höchst akribisch vorgehen, doch ich beschränke mich auf das Wesentliche und widme mich dafür intensiver dem Fotografieren selbst. Das Wesentliche habe ich auf den nächsten 22 Seiten zusammengefasst.

Die Digitalkamera

Der erste Schritt zu besseren Fotos besteht darin, alle Funktionen der Kamera kennenzulernen. Je schneller man sie bedienen kann, umso besser kann man auf eine Aufnahmesituation reagieren.

Im Profibereich kommen SLRs zum Einsatz, den weitaus größten Marktanteil für Digitalkameras machen aber – Fotohandys bleiben unberücksichtigt – Kompaktmodelle unterschiedlichster Ausstattung aus. SLRs heben sich vor allem durch ihre Wechselobjektive ab. Kompaktmodelle bieten oft eine ähnliche Bildauflösung, sind aber leicht und handlich.

Sucher
Digitale Spiegelreflexkameras wie diese haben einen traditionellen optischen Prismensucher für den Blick durch das Objektiv. Viele Kompaktmodelle zeigen das Aufnahmemotiv direkt am LCD-Monitor an.

Einstellrad
Mit diesem Rad können die verschiedenen Aufnahmemodi ausgewählt werden. Die meisten Kameras bieten eine Vielzahl von Möglichkeiten mit unterschiedlichen Graden der Automatisierung an: von Vollautomatik bis hin zu rein manueller Einstellung des Fokus, der Verschlusszeit, Blende und ISO-Empfindlichkeit.

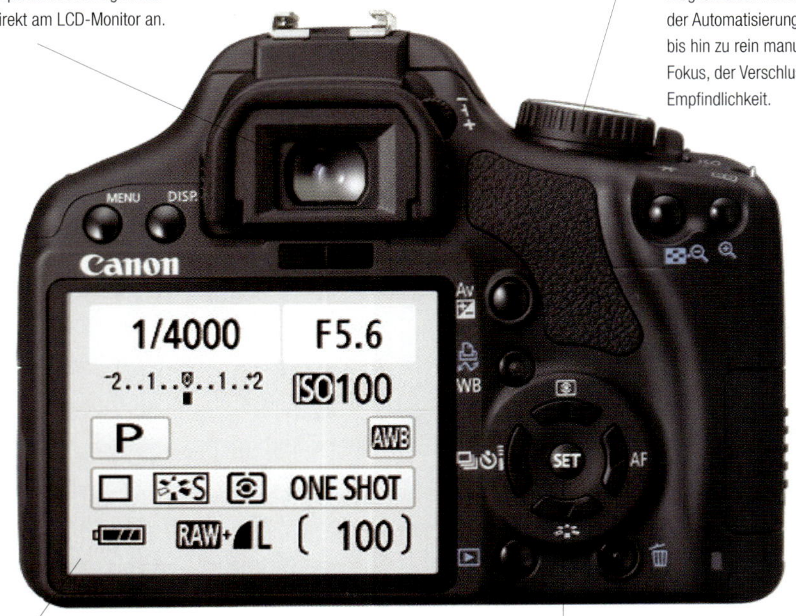

LCD-Monitor
Der Monitor mit der Möglichkeit einer direkten Ansicht der Bilder ist der auffälligste Unterschied zwischen einer digitalen und einer analogen Kamera. Bei diesem Modell werden auf dem Monitor auch die Kameraeinstellungen angezeigt.

Menü-Wahltasten
Bei vielen Kameras erfüllen die Kontrolltasten eine doppelte Funktion. Beim Navigieren durch die Menüs fungieren diese fünf Tasten als Richtungstasten. Beim Fotografieren diene die vier Kreuztasten der Schnellwahl bestimmter Kamerafunktionen und Einstellungen.

Auslöser
Der halb gedrückte Auslöser aktiviert den Autofokus; drückt man ihn ganz durch, wird der Verschluss der Kamera ausgelöst.

Einstellrad
Direkt hinter dem Auslöser sitzt ein Rad, mit dem ausgewählte Einstellungen verändert werden können, ohne das Auge vom Sucher nehmen zu müssen.

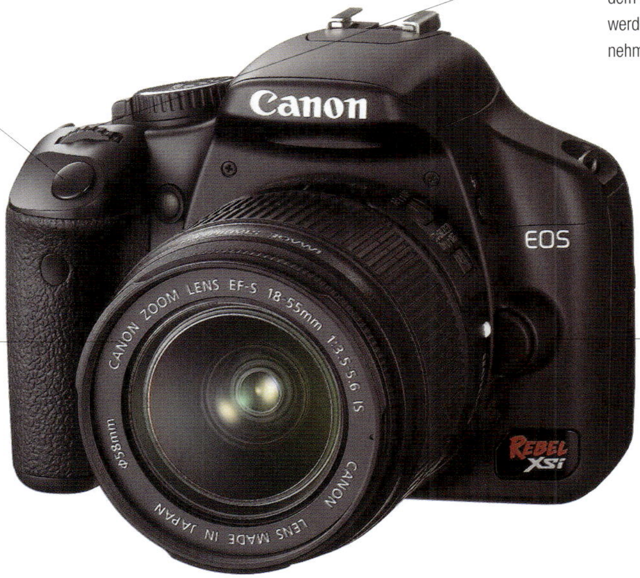

Wechselobjektive
Spiegelreflexkameras haben gegenüber Kompaktkameras den Vorteil, dass man das Objektiv wechseln kann. Hier ist ein Zoom für alltägliche Aufnahmesituationen angesetzt, es gibt aber auch stärkere Tele- und Weitwinkelobjektive.

Objektiventriegelung
Mit dieser Taste auf der Kameravorderseite wird das Wechselobjektiv mechanisch entriegelt.

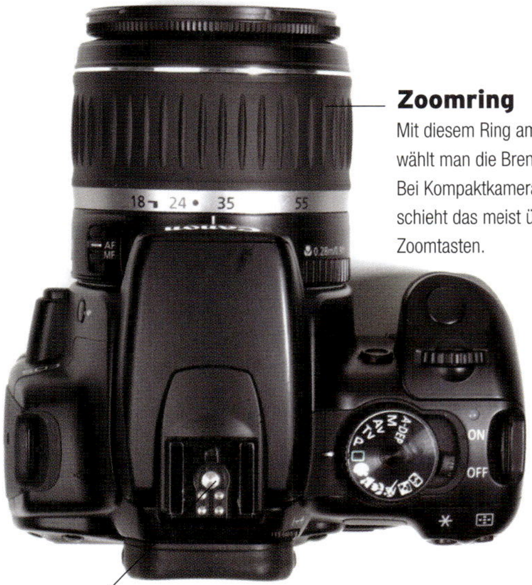

Zoomring
Mit diesem Ring am Objektiv wählt man die Brennweite. Bei Kompaktkameras geschieht das meist über Zoomtasten.

Blitzschuh
Hier können Zubehörteile, wie z. B. ein externes Blitzgerät, angesetzt werden.

Objektivaufbau

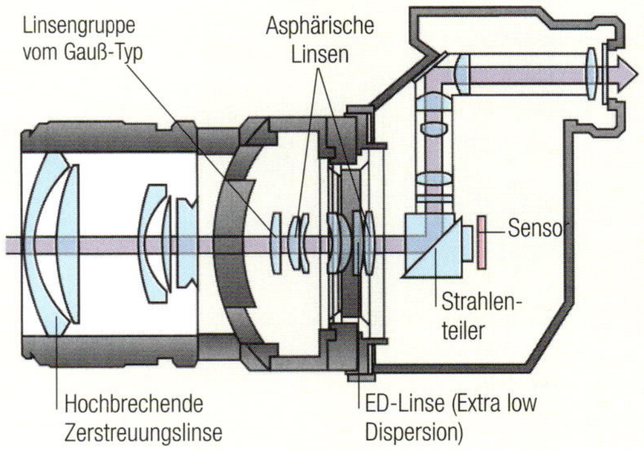

Der Sensor

Der Sensor ist weit mehr als nur ein Ersatz für den Film. Er ist mit fast allen Kamerafunktionen gekoppelt und ein integraler Bestandteil der Kamera.

Die technische Entwicklung schreitet ständig fort, und selbst wenn in immer kürzeren Abständen neue, noch leistungsfähigere Sensoren auf den Markt kommen, bleibt noch viel Raum für Verbesserungen. Da ein Sensor nicht einfach nachgerüstet werden kann, kommen fortlaufend neue Kameramodelle auf den Markt. Wenn ein Sensor, wie in einer SLR, beim Objektivwechsel gelegentlich offen liegt, muss man besonders vorsichtig sein, um Verschmutzung und Beschädigung der Oberfläche zu vermeiden.

Ein Sensor ist ein auf einem Mikrochip angebrachtes Gitter aus Fotorezeptoren und entsprechenden, zur Aufzeichnung der Lichtwerte erforderlichen Schaltungen und Komponenten. Diese Schaltungen werden in einem fotolithografischen Verfahren höchst präzise auf einen Siliziumwafer geätzt. Die typische Breite der Leiterbahnen liegt bei 4 µm (4 Mikrometern). Um die Komplexität zu verdeutlichen: Die Leitungen auf dem 11,1-Megapixel-Sensor von Canon haben insgesamt 200 m Länge. Ein Sensor besteht aus vielen Pixeln, winzigen Fotozellen, die in Vertiefungen nebeneinander angeordnet sind. Die Photonen des Lichts treffen auf diese Fotozellen und werden in elektrische Ladung umgewandelt – je mehr Photonen, umso höher die Ladung. Diese Ladung wird dann ausgelesen, in digitale Signale umgesetzt und verarbeitet. Jedes Signal einer Fotozelle liefert den Helligkeits- und Farbwert eines Bildpunkts oder Pixels, die Atome eines digitalen Bildes.

Fotozellen können nur Helligkeitswerte erkennen. Bei den meisten Sensortypen wird die Farbe daher durch Interpolation hinzugefügt. Bei einer gängigen Methode deckt man den Sensor mit einem transparenten Gitter in den Farben Rot, Blau und Grün ab. Wie bei Farbfilmen oder Farbmonitoren lassen sich aus diesen drei Farben fast alle anderen zusammensetzen. Allerdings beträgt die Farbauflösung nur ein Drittel der Helligkeitsauflösung. In der Praxis ist das aber weniger gravierend. Durch Interpolation berechnet man die Farben aller Pixel, was recht gut funktioniert. Wie die beiden Kapitel über Farb- und Schwarzweißfotografie zeigen, ist Farbe ein höchst komplexes Thema – physikalisch wie auch psychologisch. Fotografie möchte eine möglichst „echte“ Farbe erzielen, doch das ist sehr subjektiv. Ein abweichendes Sensordesign von Sigma soll speziell die Farbtreue verbessern.

Kleine und große Pixel

Ein Kamerahersteller hat zwei Möglichkeiten, die Auflösung zu steigern: kleinere Fotozellen oder größere Sensoren. Beide Varianten haben ihre speziellen technischen Herausforderungen, dabei geht es nicht nur um die Auflösung. Ein größerer Sensor braucht länger, bis er „überläuft“ und soll deshalb, wie tiefere Rezeptoren, einen größeren Kontrastumfang bieten.

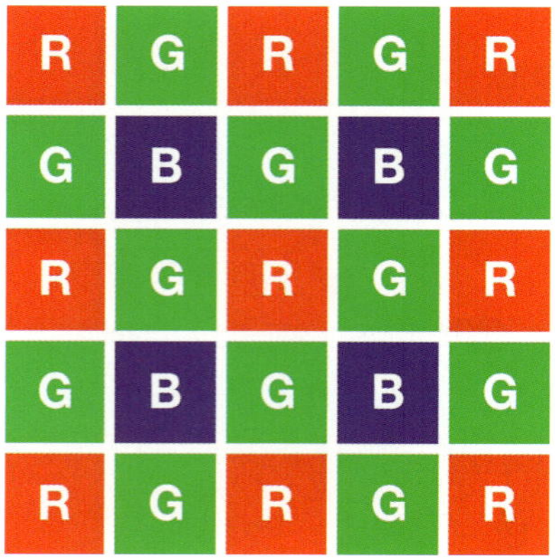

Bayer-Matrix
Lange war dies die einzige bei Bildsensoren eingesetzte Farbfilteranordnung. Inzwischen suchen Kodak und andere Hersteller nach Alternativen.

Die Farbfiltermatrix

Die Fotozellen auf dem Sensor reagieren auf die Lichtmenge (Photonen), nicht auf die Wellenlänge. Ein Bild bekommt durch Filtern des Lichts Farbe. Der gesamte Sensor wird von einer Farbfiltermatrix (CFA: Color Filter Array) aus roten, grünen und blauen Einzelfiltern über den Fotozellen abgedeckt. Der Kameraprozessor muss die fehlenden zwei Drittel der Farbinformation aus den benachbarten, vorrangig den acht unmittelbar angrenzenden Pixeln interpolieren. Im CFA-Muster sind, wie die Abbildung zeigt, die Farben nicht gleichmäßig vertreten. In Anlehnung an das menschliche Auge, das besonders sensibel für Grün-Gelb ist, gibt es meist doppelt so viele grüne wie rote und blaue Filter

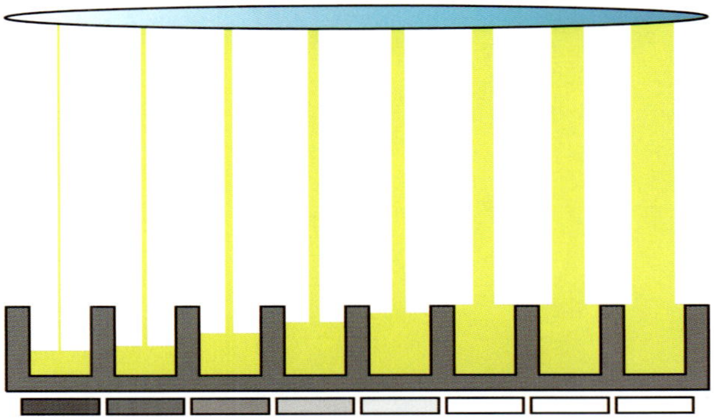

Fotozelle sammelt Photonen Auslesen der Fotozelle Photonen kommen von der Linse

Fotozelle Man kann sich die Fotozelle als Eimer vorstellen, in den Licht gegossen wird. Je mehr sich der Eimer mit Licht füllt, umso heller ist der ausgegebene Wert (hier durch die unterschiedlichen Graustufen der unteren Kästchen dargestellt).

Sensor Bildsensoren werden durch mehrere Filterschichten geschützt.

Die Fotozelle

Die einzelne Fotozelle in der Matrix eines Sensors wird häufig mit einem „Eimer" verglichen, in den Licht statt Wasser gegossen wird. Ist kein Licht da, bleibt der Eimer leer, es gibt keine elektrische Ladung – das Resultat ist ein schwarzer Bildpunkt. Wird Licht hinzugefügt, fließt der Eimer irgendwann über – heraus kommt ein reines Weiß ohne Detailzeichnung. Hier zeigt sich das lineare Ansprechen des digitalen Sensors. Der analoge Film hat einen höheren Kontrastumfang, weil seine Kurve sanft ausläuft.

Der Tiefpassfilter

Vor dem Sensor sitzt ein optischer Tiefpassfilter, der die einfallenden Lichtstrahlen filtert. Das geschieht, um Moiré, Doppelkonturen und Farb-Aliasing zu unterdrücken und die Lichtaufnahme der Fotozellen zu verbessern. Das Ergebnis ist eine präzisere Datentrennung. Der hier abgebildete Tiefpassfilter ist ein Dreilagenfilter von Canon. Zwischen zwei Tiefpassfiltern zur horizontalen und vertikalen Trennung der Lichtinformationen befindet sich eine Phasenplatte, die linear polarisiertes in zirkular polarisiertes Licht umwandelt. Eine weitere Schicht blockiert zur Verbesserung der Farbtreue die Infrarotanteile des Lichts durch Absorption und Reflexion. Der Tiefpassfilter schirmt den Sensor zwar nach außen ab, ist aber sehr empfindlich und sollte nie berührt werden.

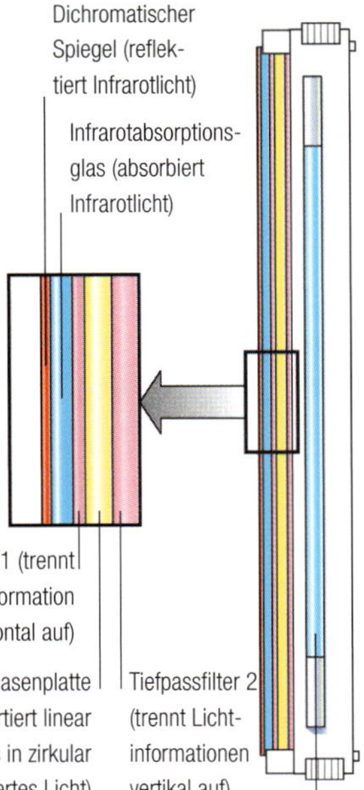

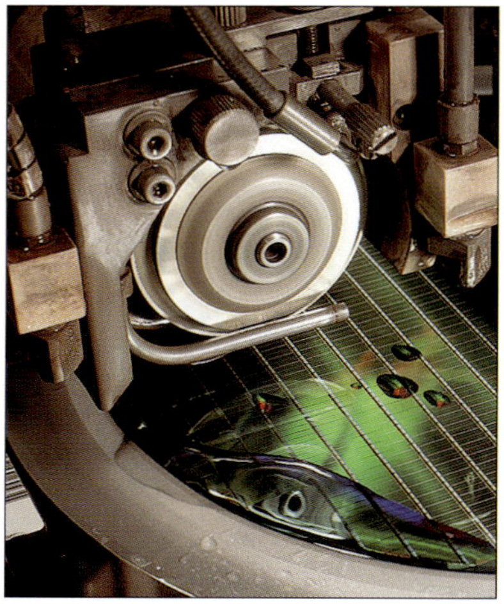

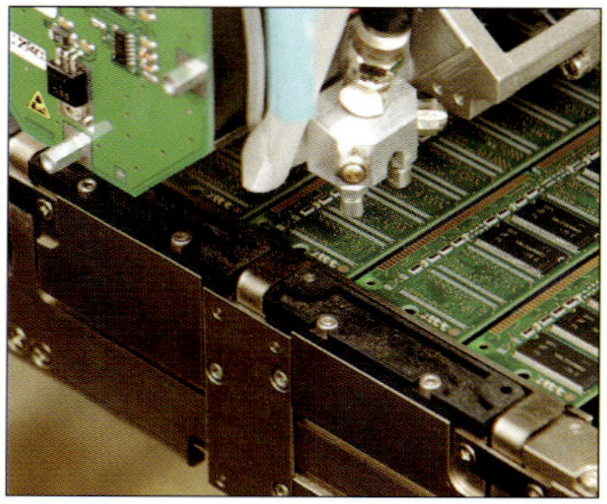

Wafer CMOS-Sensoren werden wie andere Computerchips aus Siliziumwafern gefertigt, die dann mit speziellen Diamantsägen in einzelne Chips zerteilt werden.

Chips Die einzelnen Chips können dann wie andere Computerchips auf Schaltungen platziert werden.

CMOS VERSUS CCD

Der wichtigste Konkurrent des CCD-Sensors ist der CMOS-Sensor (Complementary Metal Oxide Semiconductor), vor allem im Hinblick auf den Preis. Die verschiedenen Mikrochips werden in Unternehmen produziert, die auf Mikroelektronik spezialisiert sind, doch CCDs sind sehr spezielle Bauelemente und deshalb teurer als andere. Auf CMOS-Produktionslinien können auch Computerprozessoren und Speicherbausteine hergestellt werden, weshalb CMOS-Sensoren zur Massenproduktion geeignet sind. Sie sind in der Herstellung wesentlich günstiger als CCDs, leiden aber noch unter Problemen wie Rauschen, die zusätzliche Korrekturen im Kameraprozessor nötig machen. Anders formuliert, CCDs sind eigentlich besser für die hochwertige Bildaufzeichnung, doch mit entsprechenden Prozessoren und Algorithmen steht einem Einsatz von CMOS-Sensoren in Spiegelreflexkameras der Spitzenklasse nichts entgegen. Zusammengefasst unterscheiden sich CMOS-Sensoren in folgenden Punkten von CCD-Sensoren:

1 Individueller Verstärker bringt Geschwindigkeitsvorteile bei der Datenübertragung.
2 Geringerer Energiebedarf.
3 Einfachere und billigere Produktion (Kosten etwa 1:3).
4 Unterdrückung von Pixeldispersion erforderlich.

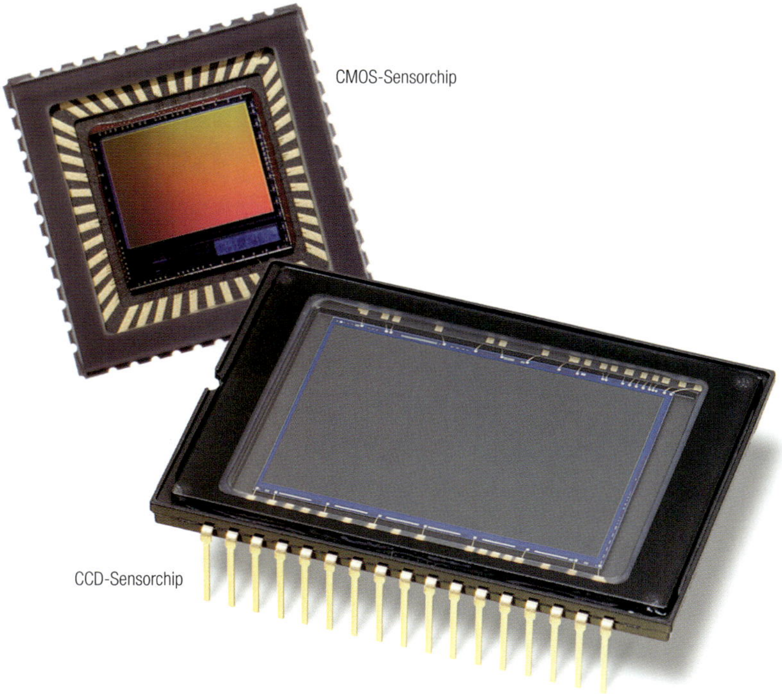

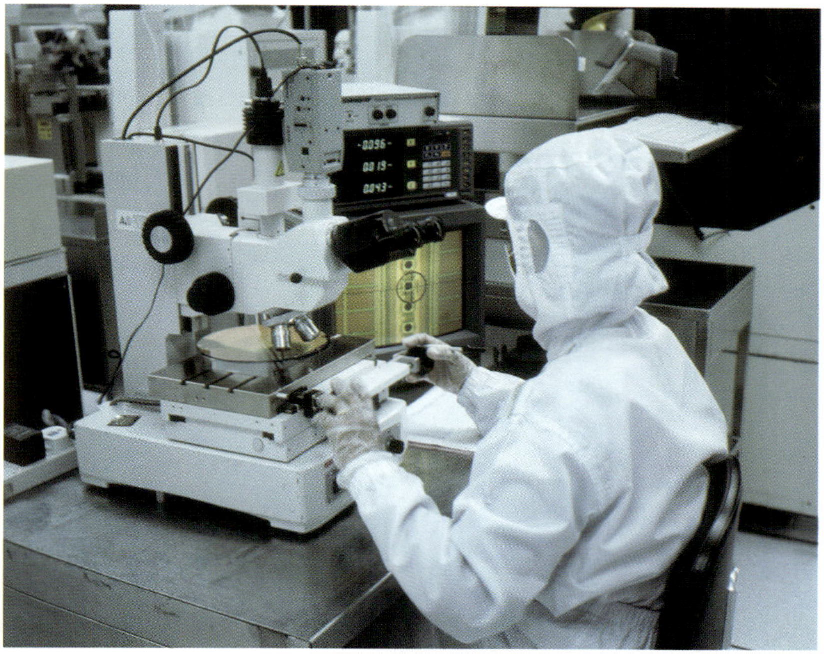

Produktion Wie alle Halbleiterprodukte unterliegen auch Siliziumwafer einer intensiven Fehlerkontrolle. Ein Mitarbeiter des Chipherstellers Micron prüft das Produkt unter einem Mikroskop.

Moiré Separat betrachtet sind die Muster der beiden Gitter klar erkennbar. In der Kombination zeigt sich ein starkes Moiré.

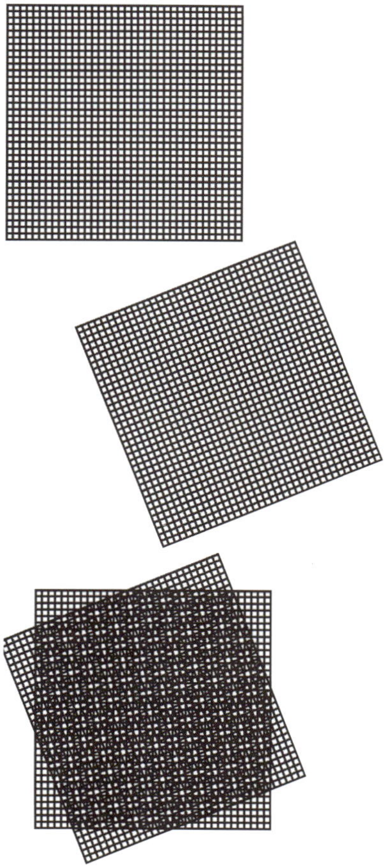

MOIRÉ

Der Moiré-Effekt tritt meist als vielfarbige, in Wellenmustern angeordnete Streifen in Erscheinung. Er entsteht durch Interferenz beim Überlappen feiner, dicht beieinanderliegender Muster. Die Digitalfotografie ist für diese Variante von Artefakten wegen der Gitterstruktur der Fotozellen auf dem Sensor besonders anfällig. Wird ein zweites Gittermuster mit ähnlichen Abständen aufgenommen, etwa ein Kleiderstoff, kann das in der Überlagerung zu einem dritten Muster, dem Moiré-Muster führen (siehe rechts). Der Tiefpassfilter der Kamera hilft, diesen Effekt zu reduzieren. Allerdings nur bis zu einem gewissen Grad, denn eine zu intensive Korrektur zeichnet das Bild insgesamt zu weich. Objektive, Sensoren und Software eines digitalen Spiegelreflexsystems sind auf hohe Schärfe und Auflösung ausgelegt, was die Gefahr von Moiré erhöht. Der Moiré-Effekt lässt sich durch folgende Vorgehensweisen vermeiden oder reduzieren:

1 Aufnahmewinkel oder Kameraposition verändern.
2 Schärfenebene und/oder Blende verändern. Moiré entsteht bei scharfer Fokussierung und vielen Details.
3 Andere Brennweite wählen.
4 Moiré mit dem Bildbearbeitungsprogramm entfernen.

Achtung

Moiré sollte man immer bei 100% Vergrößerung überprüfen. Bei einem kleineren Vergrößerungsfaktor kann das tatsächliche Moiré nicht dargestellt werden, das durch eine Überlagerung der Bildpixel mit den Pixeln von Kamera- oder Computermonitor entsteht.

Auflösung

Die Bildqualität wird meist mit dem Begriff Auflösung verbunden. Eine höhere Auflösung bedeutet eine bessere Qualität, ab einem bestimmten Wert beansprucht sie aber nur unnötig viel Speicherplatz.

Nachdem die Auflösung zwei oder drei Jahrzehnte kaum thematisiert wurde, ist sie heute wieder ein vieldiskutierter Punkt. Entscheidend ist hierbei die spätere Verwendung des Fotos. Ist diese bekannt, ergeben sich andere Aspekte von selbst. Bis in die 1980er-Jahre bestimmte die Druckvorstufe die Größe des Filmnegativ und Dias, um ein zufriedenstellendes Druckergebnis zu erhalten. Der 35-mm-Farbfilm verursachte häufig Probleme, und meist forderten Agenturen und Verlage größere Originalvorlagen, daher kamen häufig der 120er-Rollfilm und Planfilme (4 x 5 in. und 8 x 10 in.) für Großbildkameras zum Einsatz.

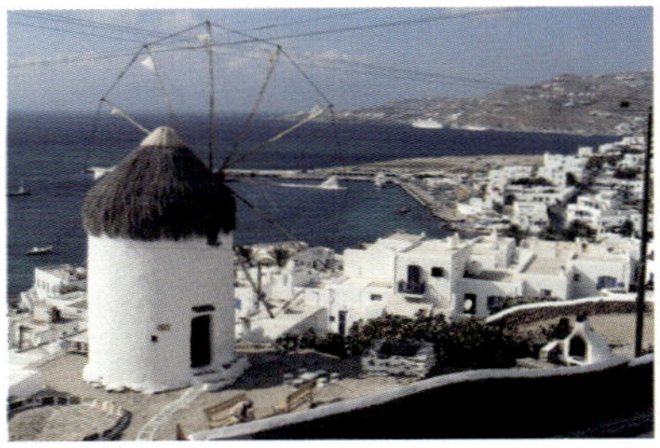

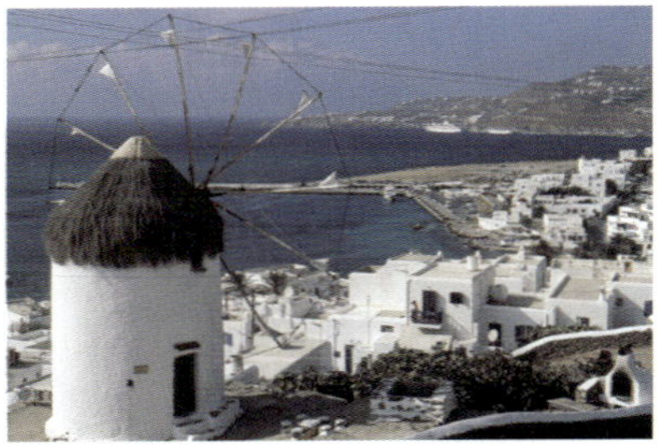

Digital versus Film
Diese Ansicht einer alten Windmühle auf der griechischen Insel Mykonos wurde mit einer Digitalkamera und einer Auflösung von 6 Megapixeln aufgenommen.

Grunddaten

Druckvorstufe und Druck	Breite x Höhe (in)	Breite x Höhe (mm)	MB @ 300 ppi
A5	5,83 x 8,27	148 x 210	12,7
Ganze Zeitschriftenseite (wie z. B. *Spiegel*)	7,5 x 10,1	190 x 260	19,5
US Letter	8,5 x 11	216 x 279	21,2
A4	8,27 x 11,69	210 x 297	25,5
8 x 10 in Druck	8 x 10	203 x 254	21,1
A3	11,69 x 16,54	297 x 420	51,0
A3+	13 x 19	329 x 483	63,4
Doppelseite einer Zeitschrift (wie z. B. *Spiegel*)	15 x 10,1	380 x 260	391

Bildschirm (Pixel)	Breite x Höhe (in)	Breite x Höhe (mm)	MB @ dpi
15-Zoll-Vollbildschirm (800 x 600)	12 x 9	305 x 229	1,4 / 66 ppi
17-Zoll-Vollbildschirm (1024 x 768)	13,6 x 10,2	345 x 259	2,3 / 75 ppi
20-Zoll-Vollbildschirm (1280 x 960)	16 x 12	406 x 305	3,5 / 80 ppi
20-Zoll-Widescreen (1680 x 1050)	17 x 10,6	432 x 269	5,1 / 100 ppi
23- Zoll-Widescreen (1920 x 1200)	19,5 x 12,2	495 x 310	6,6 / 100 ppi

Hinweis: Die Software geht meist von 72 ppi (Mac OS Standard) oder 96 ppi (Windows Voreinstellung) aus, obwohl der Wert in der Praxis variiert.

Technische Verbesserungen in der Druckvorstufe, besonders beim Scannen, haben die Probleme behoben, doch mittlerweile gibt es eine weitere Veränderung. Die Entwicklung der Sensortechnologie schreitet permanent voran, allerdings bleiben sehr hohe Auflösungen vorerst den wenigen, sehr teuren High-End-Kameras vorbehalten. Das wird sich ändern – bis dahin müssen wir uns der Einschränkungen bewusst sein und versuchen, aus den gegebenen Möglichkeiten das Beste machen.

Bildschirm oder Druck?

Die Frage nach der erforderlichen Auflösung eines Fotos hängt unmittelbar mit dessen Verwendung zusammen. Was am Bildschirm gut aussieht, muss im Druck nicht unbedingt zu einem guten Ergebnis führen. Schaut man Bilder nur am Monitor an, genügt eine geringe Auflösung. Bilder für die Druckvorstufe, große gedruckte Abzüge oder das Web haben jedoch andere Anforderungen. Für die Druckvorstufe und hochwertige Abzüge sollten die digitalen Dateien doppelt so groß sein, wie für den eigentlichen Druck nötig. Ein hochwertiger Offsetdruck hat eine Rasterweite von 133 lpi bis 150 lpi, die Bilddatei sollte also eine Auflösung von 300 dpi – die Standardauflösung für den Druck – haben.

Was letztlich zählt, ist die für das gedruckte Bild nutzbare Anzahl der Pixel. Für einen Ausdruck im DIN-A4-Format braucht man eine Bilddatei mit rund 21 MB. Jeder Sensorpixel liefert drei Byte Daten: je ein Byte für die drei RGB-Farbkanäle. Eine Kamera mit 7 Megapixeln (mit 3 multipliziert) erfüllt die Anforderung perfekt, meist reichen sogar 6 Megapixel völlig aus. In der professionellen Fotografie ist eine ganze Zeitschriftenseite das gängige Zielformat, eine Doppelseite als Vorlage bietet entsprechende Reserven für mögliche Veränderungen des Bildausschnitts. Bildarchive wie Corbis machen folgende Vorgaben: 40 MB für den redaktionellen und 50 MB für den Werbebereich. Bei einem Foto, das ein einmaliges oder wichtiges Motiv zeigt, wird die Bildqualität jedoch oft zweitrangig. Das zeigen regelmäßig Bilder aus dem Nachrichten- oder Kunstbereich deutlich.

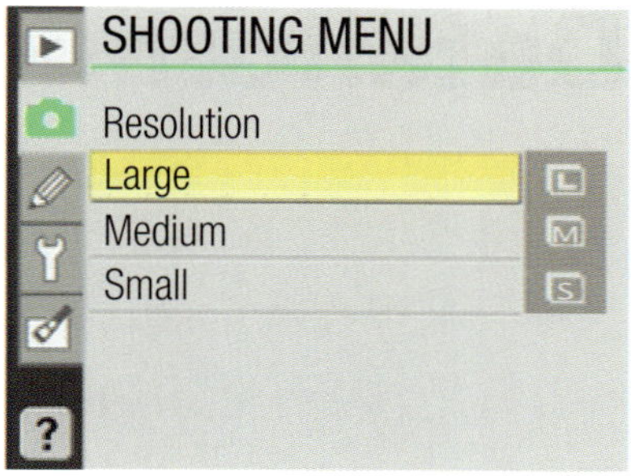

Einstellung der Auflösung
Alle Digitalkameras bieten die Option, die Bilder in einer anderen als der Sensorauflösung abzuspeichern. Wenn es der verfügbare Speicherplatz zulässt, sollte man immer die höchstmögliche Auflösung wählen, die (zumindest bei den Standardsensoren mit Gitteranordnung) jedes Sensorpixel einzeln ausliest und speichert und so die Möglichkeiten der Kamera und des Sensors am besten nutzt.

Auflösung bei Digital- und Filmaufnahmen

Ein Vergleich ist nicht einfach, denn es kommen unterschiedliche Messsysteme zum Einsatz. Zudem sind digitale Bilder „schärfer“ als Filmbilder. Bei Digitalbildern kann man die Pixeldichte messen, doch es spielen auch andere Faktoren, speziell die Qualität des Objektivs, eine Rolle. Die Angabe erfolgt üblicherweise in Pixel pro Inch oder Zentimeter (entlang einer geraden Linie). Ein Vollformatsensor mit 24 x 36 mm und 12 Megapixel hat also eine Auflösung von 4048 x 3040 Pixel.

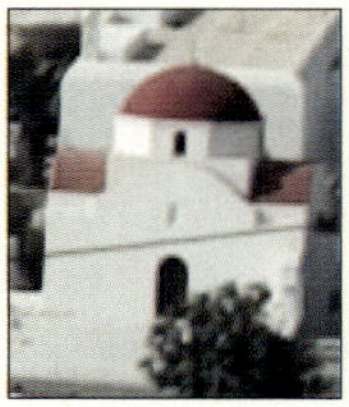
Digital 100%

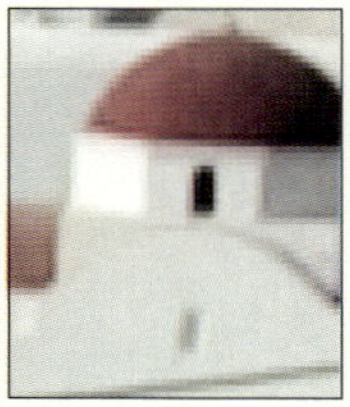
Digital 200%

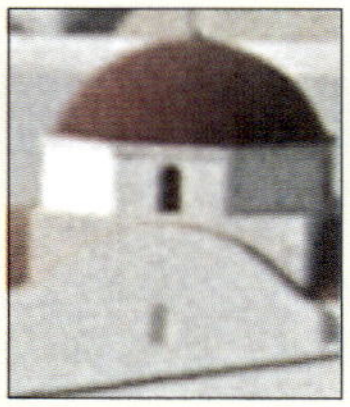
Film 100%

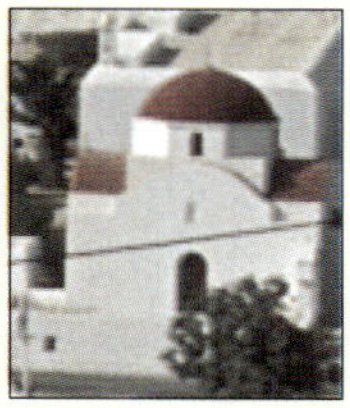
Film 50%

Dateiformat

Es gibt viele verschiedene Möglichkeiten, um Bilddaten digital zu speichern. Heute haben sich die Formate JPEG, TIFF und RAW als die gängigen Varianten etabliert.

JPEG-Kompression

Die JPEG-Kompression kann zu sichtbaren Artefakten führen. Je höher die Komprimierung, umso offensichtlicher wird der Effekt.

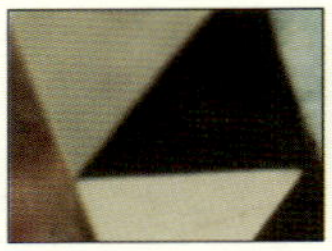
Hoch

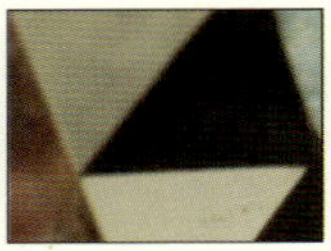
Niedrig

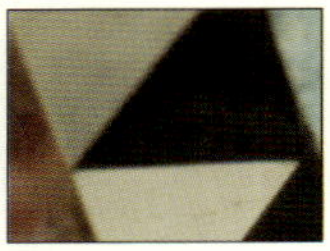
Normal

Aus Sicht des Fotografen geht es bei der Wahl des Dateiformats im Wesentlichen um drei Aspekte: Qualität, Größe und Kompatibilität. Die Qualität bedarf keiner weiteren Erklärung, doch die Größe kann ein Problem darstellen. Bei der Größe geht es hier um den auf einer Speicherkarte oder Festplatte beanspruchten Platz, nicht um die Anzahl der Pixel. Die Dateigröße wirkt sich auch auf die Kosten - Speicherkarten sind teuer - und die Übertragungszeiten im Internet aus. Die Lösung für die stetig wachsende Dateigröße liegt in der digitalen Kompression, die die Größe im Prozessor reduziert. Eine weitere Reduktion kann durch eine „verlustbehaftete" Komprimierung erreicht werden, wobei aber durch die Verarbeitung einige Bilddetails verloren gehen. JPEG ist das weitverbreitetste verlustbehaftete Datenformat und wird von fast allen Digitalkameras unterstützt. Man kann

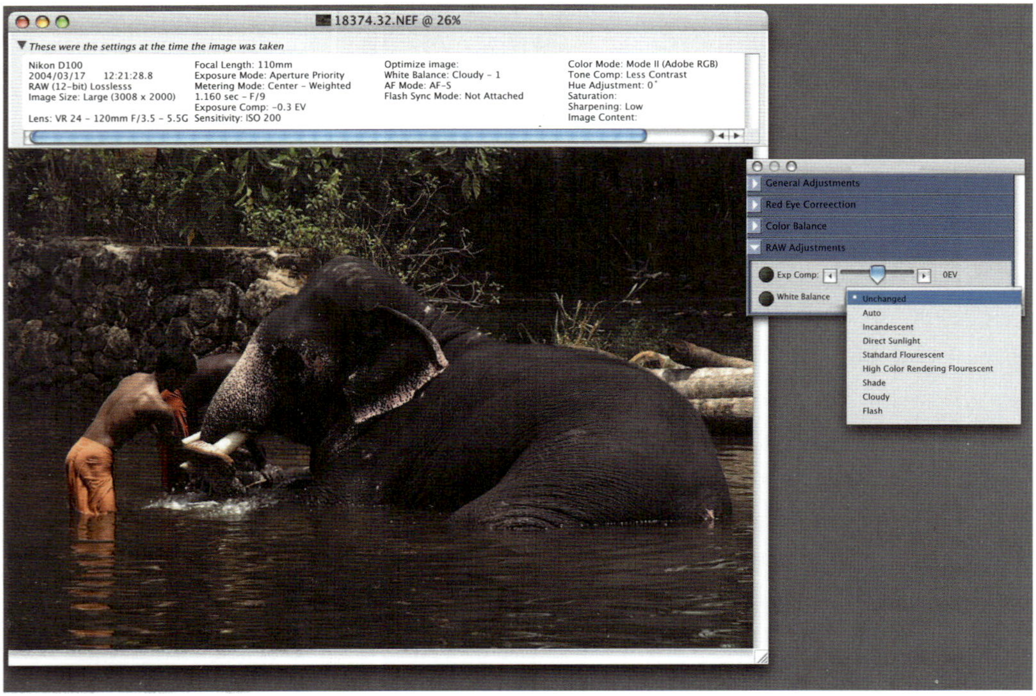

Nikon Raw Dieses Bild wird mit dem Bearbeitungsprogramm Nikon Raw angezeigt, das mit der Kamera geliefert wird. RAW-Daten müssen am Computer bearbeitet werden. Anders als bei JPEG-Daten kann man nicht einfach die Speicherkarte in eine Druckstation stecken und die Bilder ausdrucken.

Bilder pro 100 MB Speicherplatz

Die Übersicht zeigt, wie viele Bilder ungefähr auf eine Speicherkarte passen. Die tatsächlichen Werte können je nach Kameramarke etwas variieren.

Dateiformat	5 Megapixel	6 Megapixel	8 Megapixel	10 Megapixel	12 Megapixel
RAW*	12	10	8	6	5
RAW komprimiert**	27	22	18	13	12
TIFF	6	5	4	3	2
JPEG 1:4	24	23	16	12	11
JPEG 1:8	48	46	28	24	22
JPEG 1:16	96	92	56	48	44

*Das Format ist herstellerspezifisch, die Werte variieren je nach Kamera. Die Angaben beziehen sich auf das Nikon-Format .NEF.
**Hängt vom Kompressionsalgorithmus des Herstellers ab. Die Angaben beziehen sich auf das Nikon-Format .NEF.

TIFF
Dieses Detail eines Bodenmosaiks wurde mit einer Nikon D100 aufgenommen und als TIFF-Datei gespeichert. Anders als das JPEG-Format beschreibt eine Standard-TIFF-Datei jedes Pixel mit allen Farbkanälen entweder als CMYK- oder RGB-Darstellung (wie hier). Die Dateien können aber sehr groß sein.

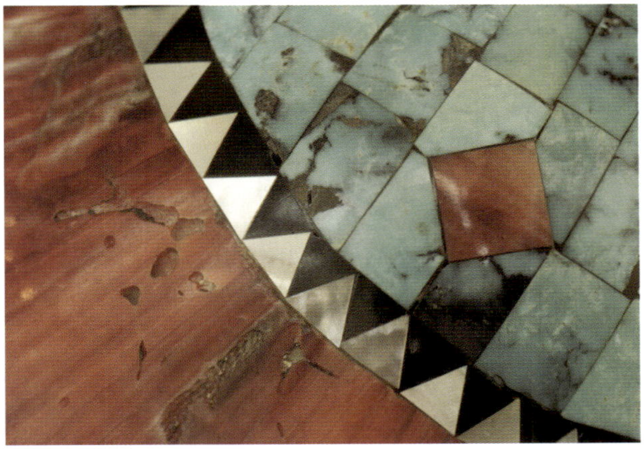

verschiedene Qualitätsstufen wählen: Je niedriger die Qualität, umso kleiner wird die Bilddatei und umso mehr Bilder passen auf eine Speicherkarte.

TIFF hat sich schon lange im Druckbereich als verlustfreies Standardformat durchgesetzt, das alle Bildinformationen bewahrt, allerdings zum Preis deutlich größerer Dateien. Eine neuere Variante ist RAW, das kein einheitliches Dateiformat bezeichnet, sondern die kameraspezifischen „Rohdaten", die viele Modelle heute abspeichern können. Hier werden alle Aufnahmeinformationen und die „unbehandelten" Daten des Sensors erfasst. Am Computer können die RAW-Dateien dann „entwickelt" werden. Bei Speicherung als JPEG muss die Kamera diese Verarbeitung bereits beim Fotografieren leisten. Die RAW-Verarbeitung bietet mehr Spielraum bei der Korrektur von Belichtung und Farbe.

Formaterkennung

Jedes Datenformat besitzt eine typische Dateiendung (Suffix). Für die meisten Mac-Anwendungen sind diese Erweiterungen nicht notwendig. Windows-Computer sind unbedingt auf sie angewiesen, und einige Mac-Programme erkennen manche Dateiformate ohne Erweiterung nur schwer. Mac-User sollten darauf achten, Punkte in Dateinamen nur vor der Erweiterung zu setzen, wenn die Daten auch von Windows-Rechnern lesbar sein sollen.

TIFF	.tif
JPEG	.jpg
PICT	.pct
Nikon Raw	.nef
Canon Raw	.crw
	.cr2
Fujifilm Raw	.raf
Olympus Raw	.orf
Pentax Raw	.pef
Minolta Raw	.mrw
Kodak Raw	.dcr

Objektive

Objektive sind eine ganz wesentliche Komponente von Kameras. In einem heiß umkämpften Markt werden sie ständig weiterentwickelt und mit neuen, intelligenten Funktionen ausgestattet.

Die erste 1936 vorgestellte Kleinbild-Spiegelreflexkamera eröffnete einen großen Vorteil: Eine große Palette verschiedenster Wechselobjektive konnte an den Apparat angesetzt werden. Die Vielseitigkeit einer SLR beruht wesentlich auf dieser Objektivauswahl und der Möglichkeit, das Bild im Sucher genau zu beurteilen. Dies trifft auch auf die digitalen SLRs zu. Meist können die Objektive der analogen Kameras ohne größere Einschränkungen für die digitalen Kameras eingesetzt werden. Allerdings werden einige moderne Kamerafunktionen von den älteren Objektiven nicht unterstützt. Diese Funktionen können jedoch größtenteils vernachlässigt werden; nur Aspekte, die sich aus einem kleineren Sensorformat und bei einfacheren Kameras aus der Pixelgröße ergeben, sind von entscheidender Bedeutung.

Die Kamerahersteller haben zwei Entwicklungsrichtungen verfolgt. Einige wenige, vor allem Canon und Nikon, haben Sensoren im vollen Kleinbildformat (24 x 36 mm) eingeführt. Die Kompatibilität mit bereits vorhandenen Objektiven ist hier voll gegeben. Andere Hersteller haben sich wegen der einfacheren Fertigung für kleinere Sensoren entschieden. Das hat Auswirkungen auf einige Bildmerkmale und die bisher gebräuchlichen Standards, bei denen man die Brennweite eines Objektivs zur Beschreibung seines Bildwinkels heranzog. Das „24er" war ein Synonym für ein dynamisches, ausgeprägtes Weitwinkelobjektiv. Ein kleinerer Sensor erfasst einen kleineren Ausschnitt des auf ihn

Weitwinkelprobleme

Bei allen Kameras, ausgenommen die Modelle mit Vollformatsensor, ergeben sich durch den kleineren Sensor Probleme in der Weitwinkelfotografie. Die meisten digitalen SLRs haben einen Sensor, der nur etwa halb so groß ist wie ein Vollformatsensor. Das reduziert die Wirkung klassischer Weitwinkelobjektive deutlich, wie der daraus resultierende Formatfaktor 1,5 verdeutlicht. Positiv wirkt sich der Effekt bei Teleobjektiven aus, die an einer solchen digitalen Spiegelreflex viel stärker vergrößern. Diese Einschränkungen im Weitwinkelbereich haben zur Entwicklung neuer Weitwinkelobjektive mit sehr kleiner Brennweite speziell für Digitalkameras geführt. Ein 12-mm-Objektiv etwa ist ein Äquivalent für 18 mm Brennweite im Vollformatbereich. Beim Umstieg auf Digitalfotografie stellt dies eine zusätzliche Investition dar. Außerdem können starke tonnenförmige Verzeichnungen bei diesen extremen Brennweiten Probleme bereiten.

Spezielle Digitalobjektive

Diese Objektive können meist nicht an einem analogen Spiegelreflexgehäuse genutzt werden. Die speziell für Kameras mit kleineren Sensoren gebauten Objektive decken gerade im Weitwinkelbereich mit ihrem Bildkreis nicht das Vollformat ab. Sie gestatten dadurch aber kleinere und leichtere Bauformen und einen größeren Zoombereich. Bei modernen Objektiven werden viele Funktionen elektronisch übertragen, was z. B. einen mechanischen Blendenring überflüssig macht, die Kompatibilität mit alten Gehäusen aber einschränkt.

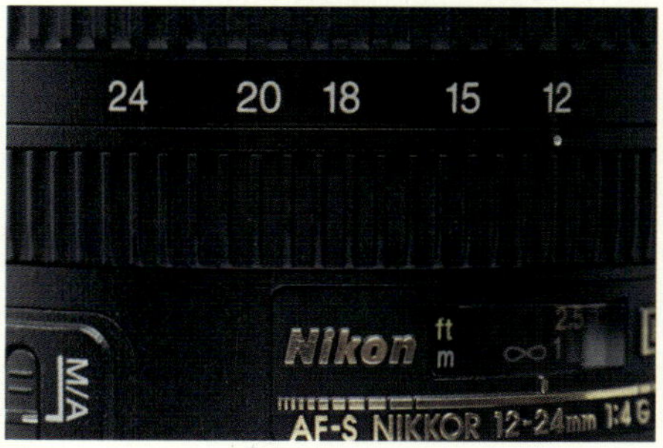

Kleinerer Zerstreuungskreis

Ein auf einen Punkt fokussiertes Objektiv gibt diesen scharf auf der Bildebene wieder. Wird der Fokus leicht verstellt, erscheint der Punkt als winziger Kreis. Bis zu einem bestimmten Durchmesser erscheint dieser Kreis von normalem Abstand aus betrachtet unserem Auge noch als scharfer Punkt. Die Hersteller gehen dabei von einem Durchmesser von 0,025 bis 0,033 mm beim 35-mm-KB-Format aus. Ist das Format aber kleiner, muss das Bild zur Betrachtung stärker vergrößert werden, weshalb der zulässige Zerstreuungskreis kleiner sein muss. Hier ist höchste Qualität bei den Objektiven gefordert.

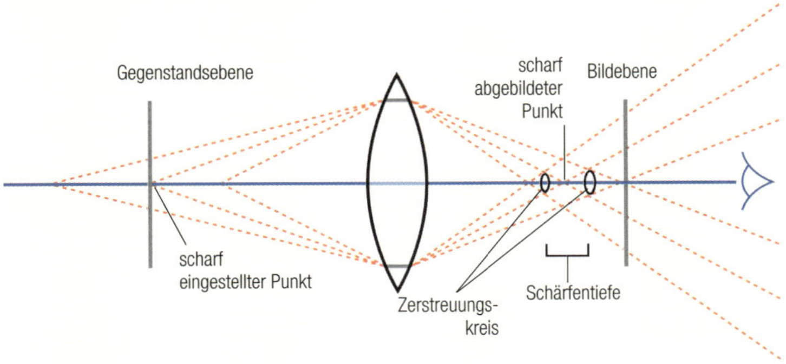

Äquivalente Brennweite

Die von der Kleinbildkamera bekannten Brennweiten sind so in der Terminologie der Fotografie verwurzelt, dass man noch lange von 20 mm, 50 mm oder 180 mm Objektiven sprechen wird. Für Vollformatdigitalkameras behalten diese Angabe ihre Gültigkeit. Durch die Vielfalt an Sensorgrößen verliert diese gängige Beschreibung wichtiger Objektiveigenschaften, von Bildwinkel und Vergrößerung, an Aussagekraft. Eine Lösung ist die Angabe der KB-äquivalenten Brennweite, der dieses Objektiv an einer Kleinbildkamera entsprechen würde. Zur Umrechnung wird die Brennweite mit dem Formatfaktor (Crop-Faktor) multipliziert, der sich aus der Division der KB-Diagonalen (43,3 mm) durch die jeweilige Sensordiagonale errechnet.

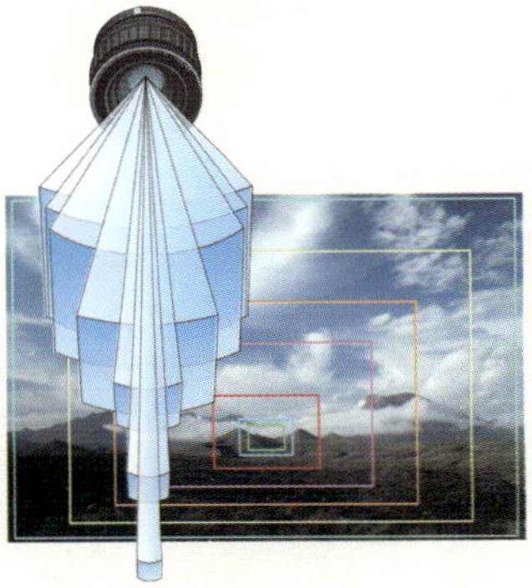

Eine Serie von KB-äquivalenten Brennweiten von 20 mm bis 300 mm, mit den Zwischenstufen 28 mm, 25 mm, 50 mm, 100 mm und 300 mm.

projizierten Bildes als ein Vollformatsensor. In der Praxis bedeutet dies, dass ein 50-mm-Normalobjektiv an einer Digitalkamera mit einem Sensor von 23 x 15 mm einem Objektiv mit 78 mm Brennweite einer Vollformatkamera entspricht. Weitwinkelobjektive haben dadurch einen abgeschwächten Weitwinkeleffekt, während Teleobjektive eine verstärkte Telewirkung zeigen. So entsteht eine deutliche Lücke im extremen Weitwinkelbereich.

Auch die Schärfentiefe ist davon betroffen – sie wird vergrößert. Das hat Konsequenzen für die Bildschärfe und die Zerstreuungskreise. Schärfe lässt sich nicht präzise definieren, denn sie hängt sowohl von der Auflösung als auch von der Wahrnehmung ab. Ein hoher Kontrast verstärkt den Schärfeeindruck. Weil der Zerstreuungskreis bei einem kleineren Sensor kleiner ausfällt *(siehe Abbildung oben)* und das Bild stärker vergrößert wird, wächst der Schärfentiefebereich. Das ist zunächst vorteilhaft, führt aber zu Problemen bei bewusst selektiv eingesetzter Schärfe etwa in der Porträt- und Foodfotografie.

Die Schärfe lässt sich nicht durch weitere Miniaturisierung der einzelnen Pixel auf einem Sensor steigern. Die Fotozellen eines 24 x 16 mm Sensor, der 3000 x 2000 Pixel erfasst, sind nur 8 μm groß. Die Fortschritte der Halbleitertechnologie ermöglichen mehr Pixel auf gleicher Fläche, wodurch die Anforderungen an die Objektive steigen. Hochwertige Objektive können Details von 10 Pixeln bei einer Größe von 5 μm auflösen. Ein wichtiger Aspekt ist, dass durch chromatische Aberration verursachte Farbsäume unterhalb der Größe eines Einzelpixels bleiben. Damit haben ältere Objektive häufig Probleme. Eine weitere Schwierigkeit ist die Vignettierung, die sich aber digital korrigieren lässt.

Moderne Zoomobjektive

Die Zeiten, als Objektive mit fester Brennweite messbar schärfere Bilder als Zooms lieferten, sind vorbei. Eine neue Zoomgeneration bietet in äußerst kompakter, leichter Bauweise ein beeindruckendes Brennweitenspektrum, wie z. B. das Nikon 18-200 mm oder das Leica D Vario-Elmar 14-150 mm von Panasonic. Ein Nachteil ist die im Telebereich kleinere Blende, die das Objektiv „langsamer" macht. Hinzu kommt die Schwierigkeit, die Objektivverzeichnung über den gesamten Bereich gleichmäßig zu korrigieren. Eine Festbrennweite lässt sich perfekt korrigieren, doch ein vom Weitwinkel- bis zum Telebereich gehendes

Filter

Die digitalen Möglichkeiten bei Weißabgleich und Farbkorrektur machen herkömmliche Farbkorrekturfilter überflüssig. Noch immer nützlich sind UV-, Polarisations- und neutrale Verlauffilter. Der UV-Filter hält kurzwellige Lichtanteile ab, die zu Schleiern führen können. Außerdem schützt es die Frontlinse vor Kratzern. Neutralgraue Verlauffilter lassen sich in einer Filterfassung so verschieben und drehen, dass die Übergangszone des Filters mit der Horizontlinie übereinstimmt. Ein zirkularer Polfilter sperrt das polarisierte Licht aus. Man kann damit das Blau des Himmels vertiefen (besonders effektiv im rechten Winkel zur Sonne) und Reflexionen auf Glas, Wasser und anderen nichtmetallischen Oberflächen reduzieren. Dieser Polarisationseffekt lässt sich nicht mit einer Software erzielen.

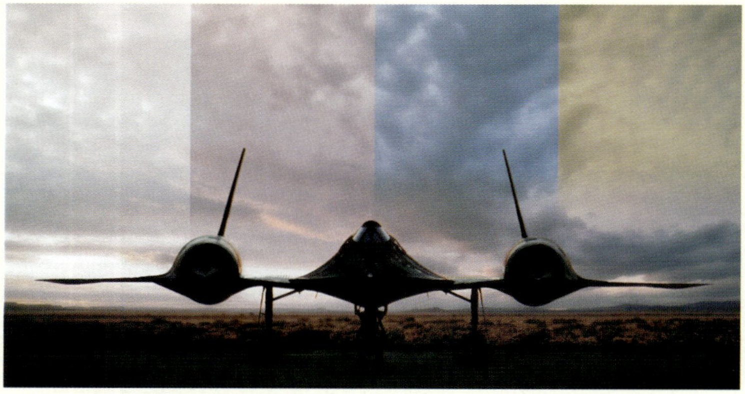

Bokeh

Die ästhetische Wirkung unscharfer Bildbereiche wird neben anderen konstruktiven Aspekten vor allem durch die Blendenöffnung und den Korrekturumfang der sphärischen Aberration bestimmt. Dieser Effekt, besonders für Porträtfotografen bedeutsam, kommt hauptsächlich bei Teleobjektiven und großer Blendenöffnung zum Tragen. Dem inzwischen sehr beliebten Effekt hat man die aus dem Japanischen entlehnte Bezeichnung Bokeh („unscharf") verliehen. Einen wichtigen Einfluss hat die Form der Blende, die sich in spiegelnden Glanzpunkten zeigt: Meist sind sie polygonal, bei Spiegelobjektiven aber kreisförmig. Je mehr Blendenlamellen ein Objektiv hat, umso gleichförmiger werden die Übergänge im Unschärfebereich. Auch der optische Aufbau des Objektivs spielt eine Rolle.

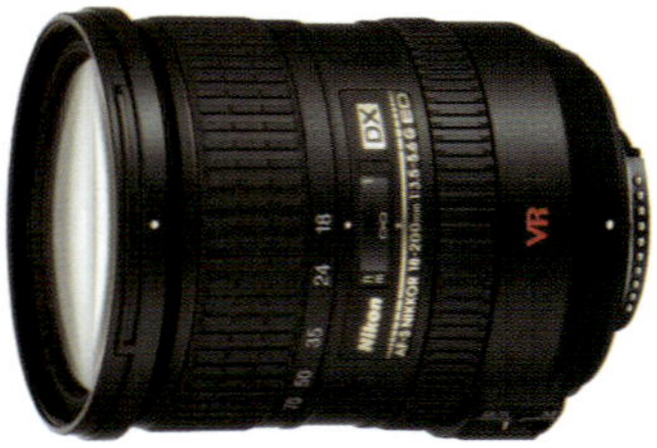

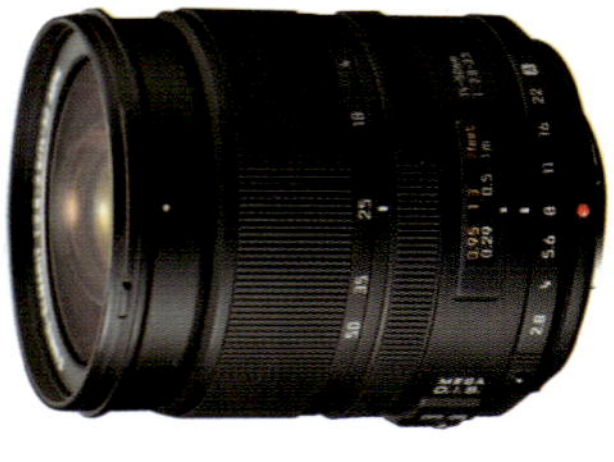

Nikon-Objektiv
Nikon 18–200 mm Zoom mit VR-Bildstabilisierung

Leica-Objektiv
Leica 15–150 mm Zoom von Leica

Zoom wird immer am einen Ende tonnenförmige und am anderen kissenförmige Verzeichnungen aufweisen. Umso wichtiger ist eine Software, mit der man in der Nachbearbeitung die Verzeichnung korrigieren kann.

Bildstabilisierung

Bildstabilisierung wird von den Herstellern unter verschiedenen Bezeichnungen angeboten: VR (Vibration Reduction) bei Nikon, IS (Image Stabilizer) bei Canon. Diese mechanischen Systeme sollen Kamerabewegungen kompensieren. Bewegungssensoren erfassen die ruckartigen Bewegungen, die beim unruhigen („zittrigen") Halten der Kamera entstehen und leiten die Informationen an die von Mikromotoren gesteuerte, bewegliche Linsen weiter. Durch fast verzögerungsfreie Gegenbewegungen kompensieren die motorischen Linsenelemente die Schüttelbewegung. Diese Linsen sollen einen Gewinn von bis zu vier Blendenstufen ermöglichen. Absichtliche, längere Bewegungen wie beim Mitziehen werden nicht korrigiert. Ist die Kamera auf einem Stativ montiert, sollte diese Funktion abgeschaltet werden. Eine unter anderem von Sony eingesetzte Variante ist direkt in das Kameragehäuse integriert. Hier wird der Sensor und nicht die Linsenelemente bewegt, sodass die Stabilisierung mit allen Objektiven funktioniert.

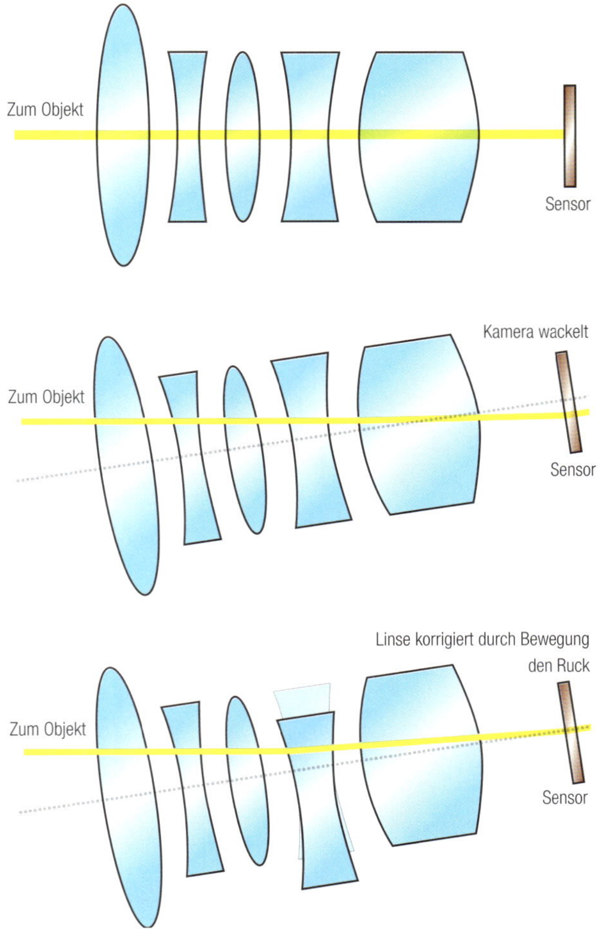

Objektive mit eingebauter Bildstabilisierung

Standard versus Weitwinkel

Weitwinkel- und Teleobjektive haben eine kürzere bzw. längere Brennweite als das sogenannte Standard- oder Normalobjektiv. Das Normalobjektiv soll den gleichen Bildwinkel wie unser Auge wiedergeben. Doch diese Vorgabe ist wenig präzise. Als Faustregel setzt man die Standardbrennweite mit der Diagonalen des Film- oder Sensorformats gleich. Bei einem 35-mm-KB-Film wären das 43 mm, doch man hat sich auf 50 mm als „Normal"-Brennweite geeinigt. Es ist also eine Frage der Wahrnehmung: Am besten vergleicht man den Blick durch den Sucher und Objektiv mit dem, was man mit bloßem Auge sieht.

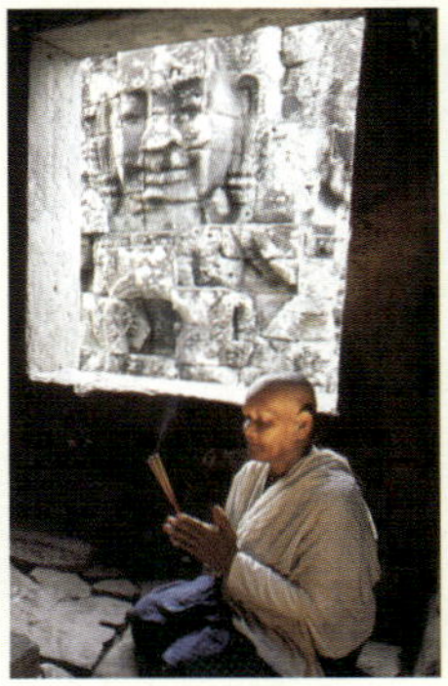

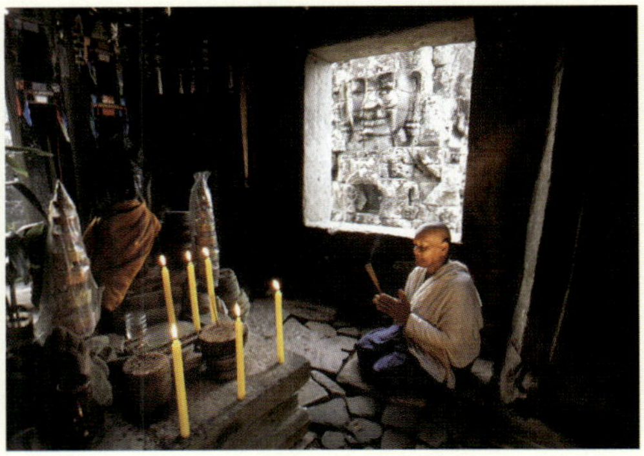

Belichtung

Die Belichtung zu kontrollieren bedeutet, die totale Menge des Lichts, das auf den Sensor fällt, zu kontrollieren.

Ein Problem bei digitalen Sensoren besteht darin, einen dem Film mindestens vergleichbaren Kontrastumfang zu erzielen. Bei Motiven, die Bereiche mit normalem bis hohem Kontrast beinhalten, ist es schwierig, in den Lichtern eine ausreichende Detailzeichnung zu erhalten. Je größer eine Fotodiode, desto größer ihre Empfindlichkeit und ihr Dynamikumfang. Doch dies steht in Konflikt mit der Forderung, immer kleinere Fotozellen auf einen Sensor zu packen, um dessen Auflösung zu erhöhen *(siehe Seite 614)*. Die Fotodiode muss auf die Fläche der Fotozelle passen und noch Platz für andere Komponenten lassen. Außerdem erreichen die gängigen Fotodioden ihre Sättigung zu schnell.

Mit Verlust Diese Aufnahme ist leicht überbelichtet, wodurch die Lichter ausgefressen sind (Clipping). Das zeigt sich im Histogramm als direkt am rechten Rand aufragender Peak – ein Zeichen, dass große Teile des Bildes rein weiß sind.

Ohne Verlust Bei dieser Aufnahme liegen Lichter und Schatten im Bereich des Histogramms. Es gibt keine Bildbereiche, die durch Clipping ohne Detailzeichnung sind.

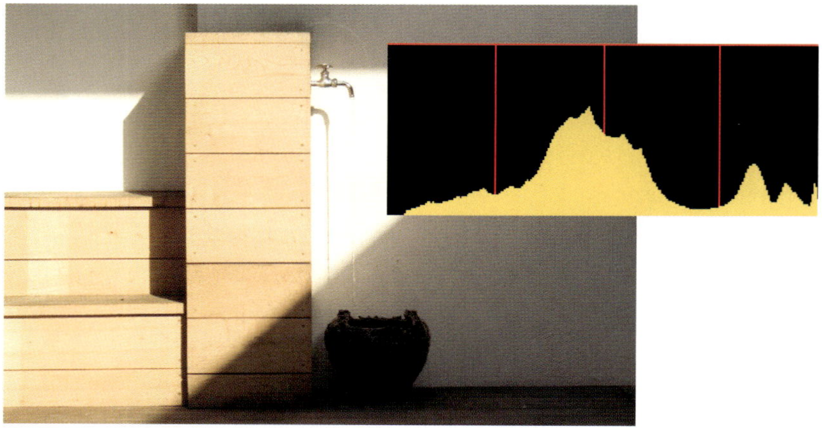

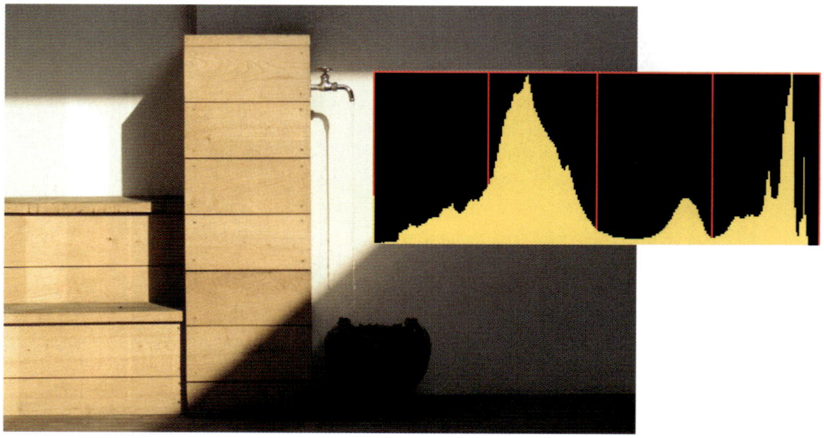

Doppeldioden-Fotozelle

Um das Problem mit den hellen Bildpartien zu lösen, führte Fujifilm als erster Hersteller für seine High-End-Kompaktkameras eine zweite Fotodiode ein. Sie ist deutlich weniger lichtempfindlich als die größere Primärdiode und erfasst Details der Lichter, die ihre „große Schwester" nicht mehr registrieren kann. Der Kameraprozessor kombiniert die Information der beiden Dioden. Der effektive Zuwachs des Dynamikumfangs beträgt etwa zwei Blendenstufen. Das spezielle Design der Fotozellen setzt allerdings der Sensorgröße gewisse Grenzen, weil die Gefahr von Vignettierung besteht.

„Ausgefressene Lichter"

In diesen hellen Bereichen, den Lichtern, verhalten sich Digitalsensoren wegen ihrer linearen Charakteristik weniger günstig als der Film. Ein typischer Film kann dank einer S-förmigen Dichtekurve (siehe rechts) Tonwerte an beiden Extremen der Kurve besser erfassen. In der Praxis bietet deshalb der Film einen größeren Belichtungsspielraum bei Lichtern und Schatten. Bei Digitalsensoren mit ihrer linearen Dichtekurve werden die Lichter sehr schnell blockiert. Wer mit klassischem Film fotografiert, weiß, dass sich aus den hellen Partien meist noch Details herausholen lassen; bei Digitalaufnahmen ist das nicht möglich. Sobald die Kapazitätsgrenze des „Eimers" (der Fotodiode) erreicht ist, werden keine Informationen mehr über die Lichter gesammelt - im Bild zeigt sich das als rein weißer Fleck. Man spricht von „ausgefressenen" Lichtern. Das sollte man unbedingt vermeiden, denn selbst aus Aufnahmen im RAW-Format lassen sich für diese Bildpartien keine Informationen rekonstruieren.

Traditionelles Filmnegativ

Abgebildet ist hier die Decke der St. George's Chapel in Windsor Castle. Der Schwarz-Weiß-Negativfilm hat einen sehr großen Kontrastumfang und kann selbst in sehr hellen oder dunklen Bildpartien noch Details erfassen. Das hängt mit der typischen Reaktion des SW-Negativmaterials auf Lichter und Schatten zusammen (siehe rechts: Kontrastumfang). Der Sensor ist weniger tolerant, sodass es schwieriger ist, eine Durchzeichnung an beiden Extremen des Helligkeitsspektrums zu erzielen. Doch die Technik wird hier ständig weiterentwickelt.

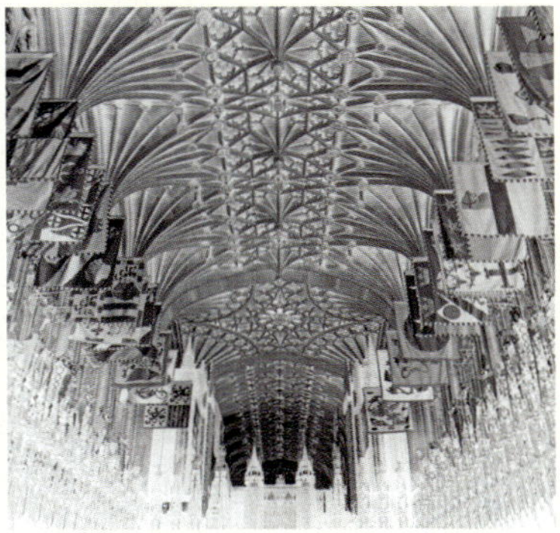

Filmnegativ der St. George's Chapel

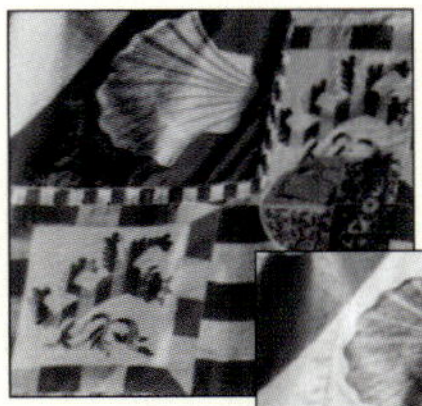

Negativ (Detail)

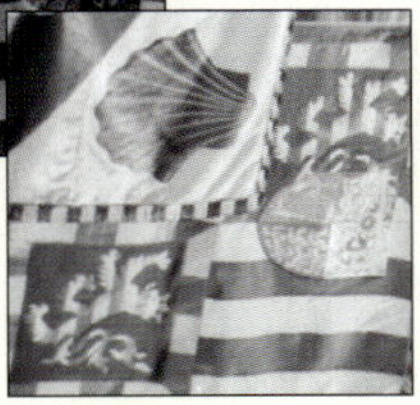

Abzug (Detail)

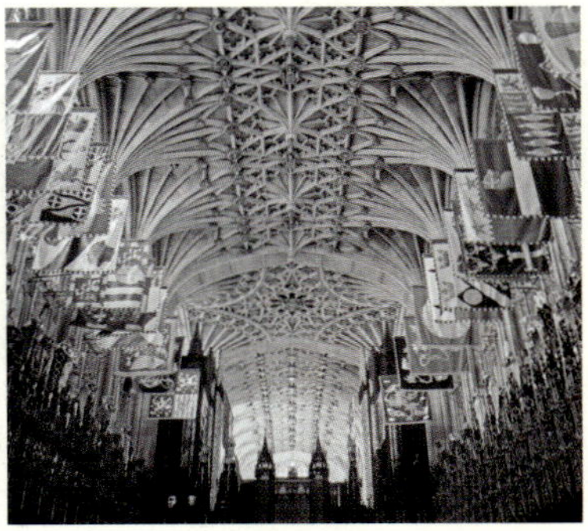

Abzug

Kontrastumfang

Der grundlegende Unterschied in der Art, wie Filmmaterial im Vergleich zum Digitalsensor auf zunehmenden Lichteinfall reagiert, verdeutlicht am besten der entsprechende Kurvenverlauf. Vertikal wird die Bildhelligkeit erfasst, horizontal die Helligkeit des einfallenden Lichts. Bei Film wie Sensor entsprechen die Mitteltöne eines Motivs einer geraden Linie, das heißt, die Bildhelligkeit nimmt linear mit der Objekthelligkeit zu. An beiden Enden der Kurve reagiert der Film in besonderer Weise: Im Bereich der Schatten (unten links) und der Lichter (oben rechts) läuft die Kurve sanft aus. Extreme Lichter werden nicht mehr linear erfasst, sondern hier bewirkt die doppelte Lichtmenge weniger als das Doppelte an Helligkeit im Bild. So bleiben auch in den Lichtern Details erhalten. Das Gleiche findet bei Schatten statt. Sensoren haben dagegen keine sanft auslaufende Gradationskurve (Dynamikkurve).

Bei einem normalen Foto eines Standardmotivs liegen die Schatten unten links und die Lichter oben rechts mit dem überwiegenden Anteil der Töne im mittleren geraden Bereich. Das bedeutet, dass bei Aufnahmen auf Film Lichter nicht sofort „ausfressen", denn die Lichtmenge wird immer weniger stark in eine Schwärzung des Negativs umgesetzt. Anders gesagt: die Reaktion von Filmmaterial setzt zunächst träger ein (Bereich der Schatten) und läuft dann langsamer aus (Lichter). Den Fotodioden eines Sensors fehlt dieser Puffereffekt.

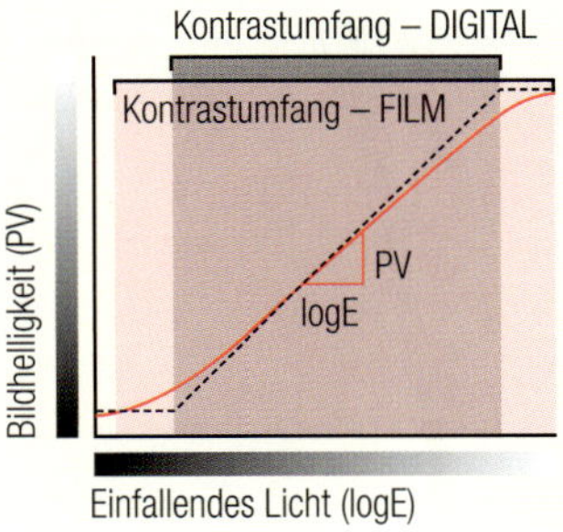

Zubehörtasche

Das Angebot an Fotozubehör ist nahezu grenzenlos – und ständig kommt Neues hinzu.

Entscheidend für die Auswahl ist, wie viel man auf Reisen mitnehmen will und kann. Alle hier vorgestellten Teile sind nützlich. Zusätzlich zu den obligatorischen Objektiven und Filtern empfiehlt es sich immer, einige Basiswerkzeuge und Klebeband dabei zu haben. Vielleicht wird unterwegs eine provisorische Reparatur fällig, oder man nutzt das Klebeband, um Kartenfächer gegen Staub oder Nässe abzudichten. Man sollte so gut wie möglich gerüstet sein.

Stative

Auf einige Zubehörteile kann kein Fotograf verzichten, dazu zählt das Stativ. Wenn die Lichtverhältnisse lange Belichtungszeiten erforderlich machen, benötigt man ein Stativ. Auch für Spezialaufnahmen, wie Panoramaansichten, ist ein Stativ notwendig. Die Qualität eines Stativs hängt von der Konstruktion und dem verwendeten Material ab. Wesentliches Qualitätskriterium für ein Stativ ist der stabile Stand unter normalen Einsatzbedingungen. Im Studio ist ein schweres, solides Stativ empfehlenswert. Unterwegs sind leichtgewichtige Konstruktionen die erste Wahl.
Ein leichtes Stativ, das die Kamera nicht sicher tragen kann oder zu niedrig ist, erfüllt ebenso wenig seinen Zweck wie ein überdimensioniertes Stativ für eine kleine Kamera. Ausschlaggebend bei der Wahl sind auch die Kosten: Leichte Materialien wie Kohlefaser (Carbon) sind wesentlich teurer.

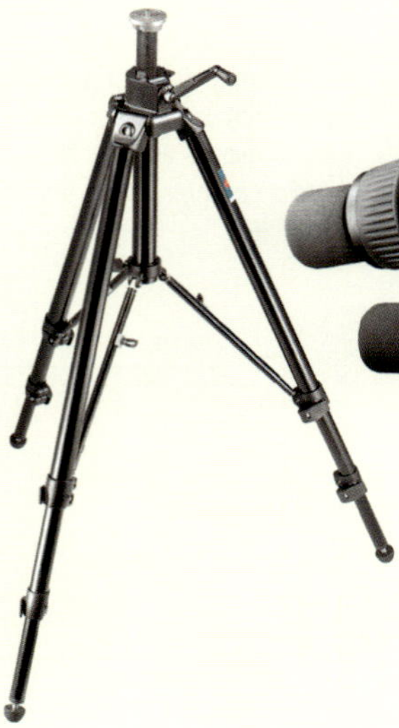

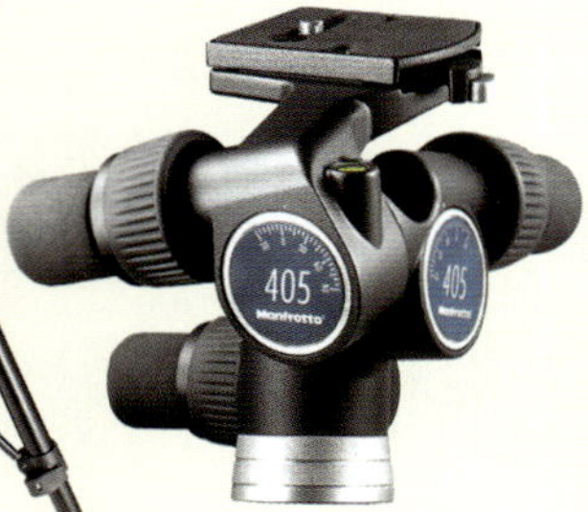

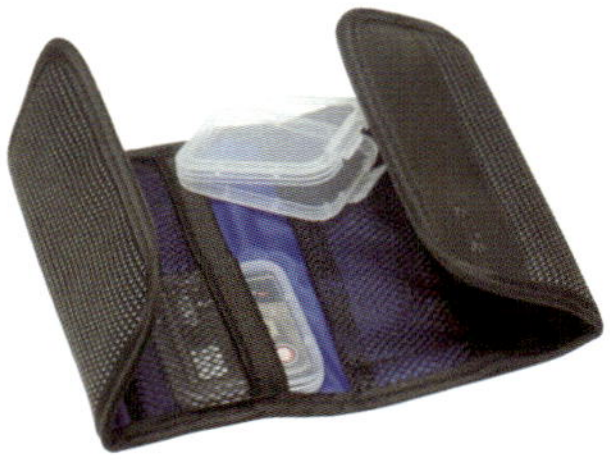

Speicherkarten & Etui

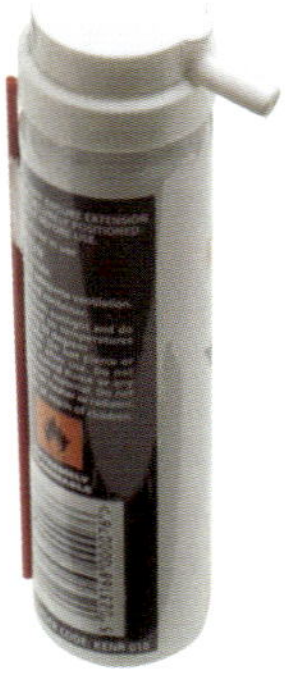

Druckluft

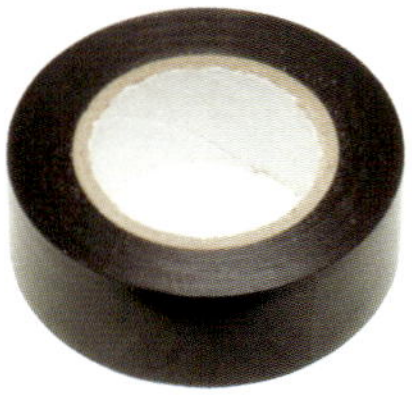

Isolierband

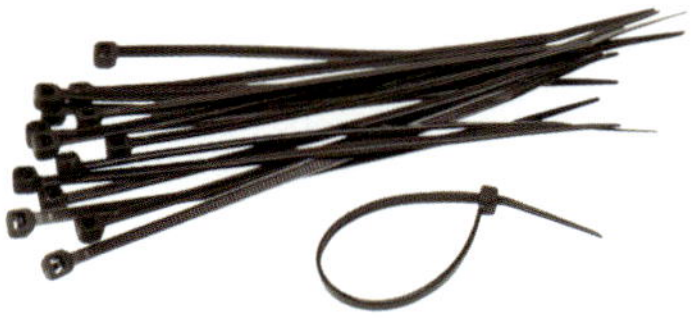

Kabelbinder

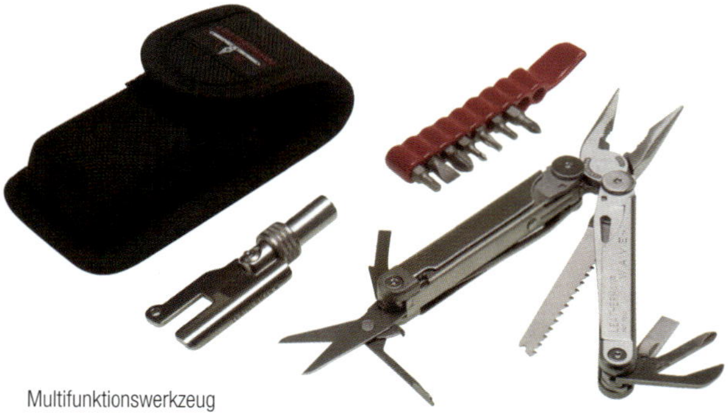

Multifunktionswerkzeug

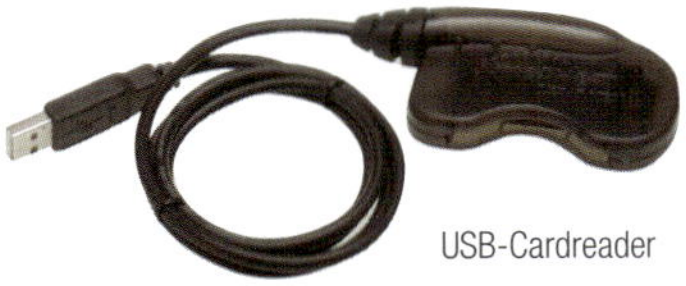
USB-Cardreader

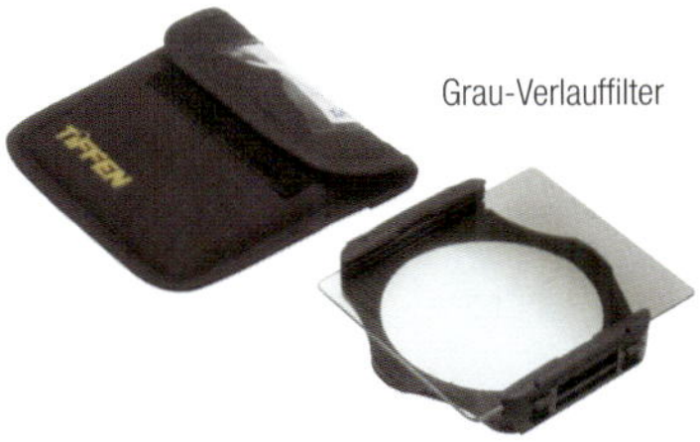
Grau-Verlauffilter

Gummituch zum Lösen klemmender Filter

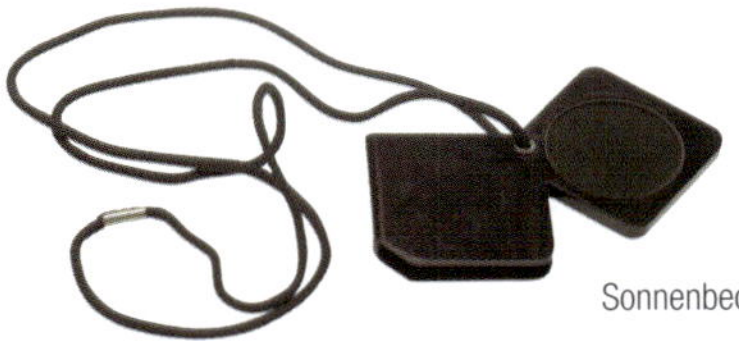
Sonnenbeobachtungsfilter

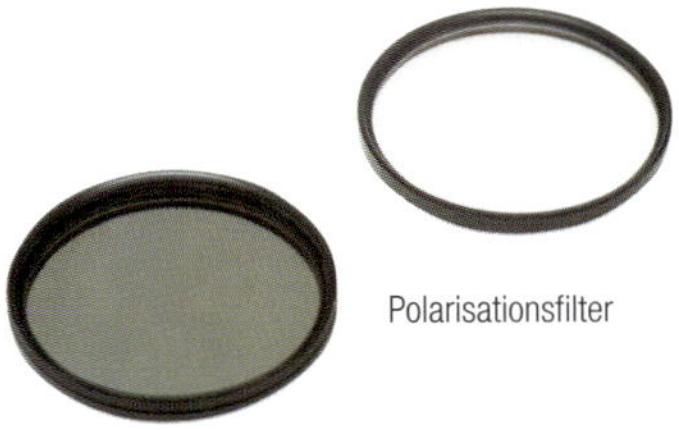
Polarisationsfilter

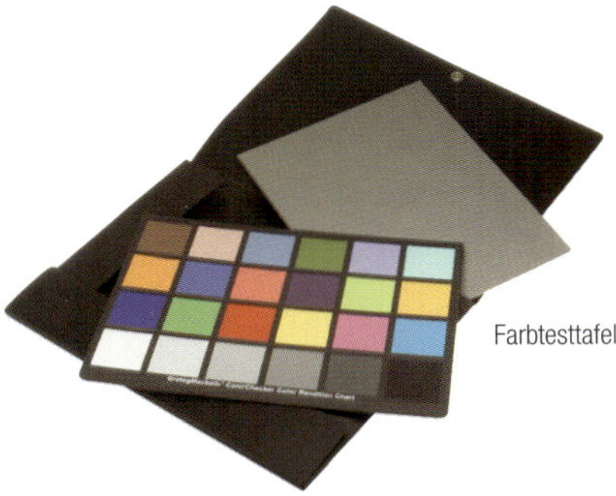
Farbtesttafel

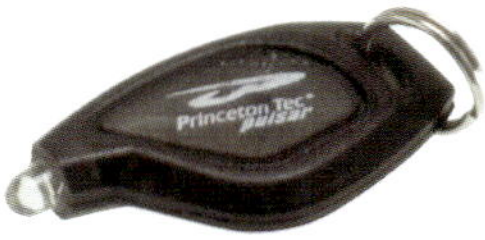

LED-Taschenlampe

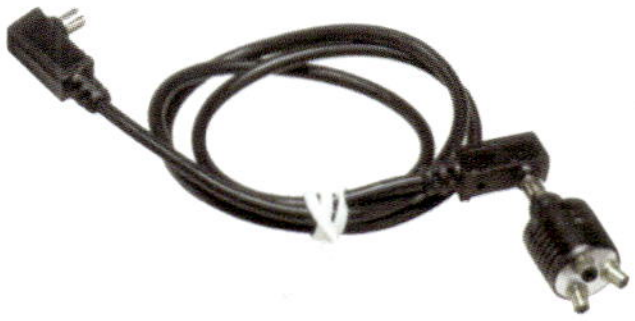
Videokabel

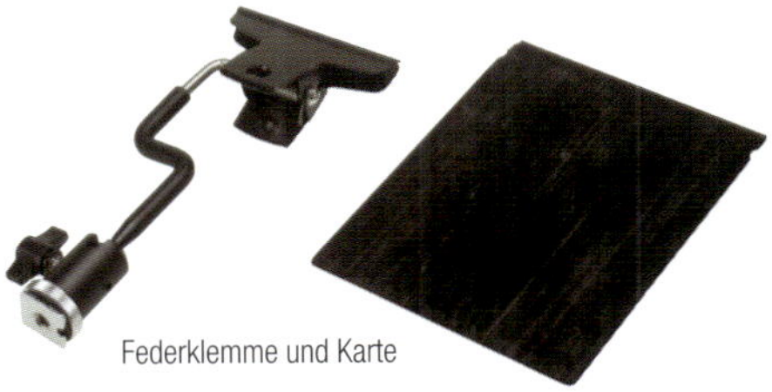
Federklemme und Karte

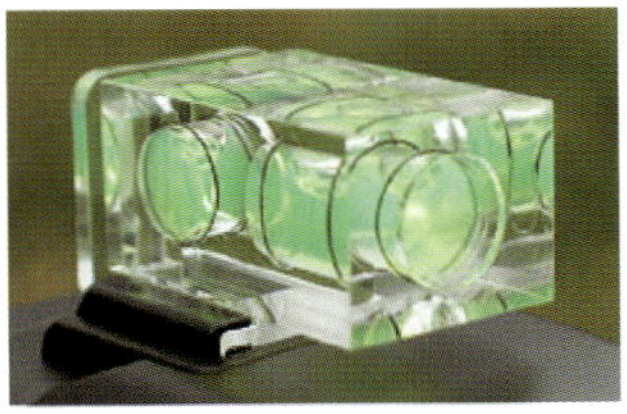
Wasserwaage für Blitzschuh

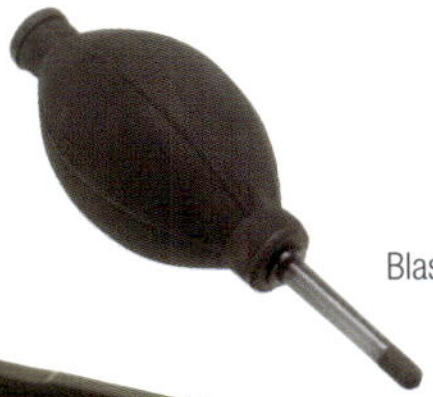
Blasebalg

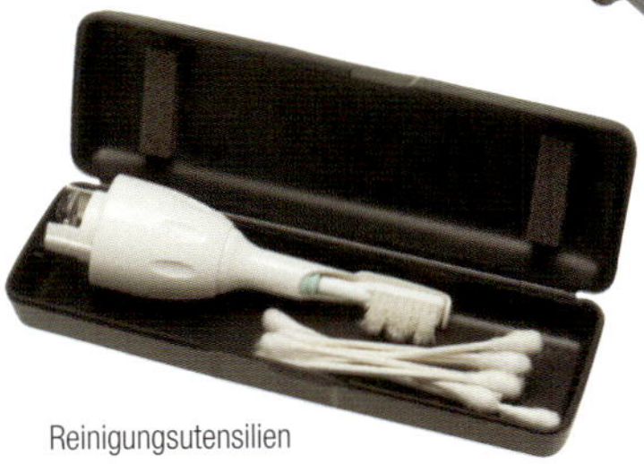
Reinigungsutensilien

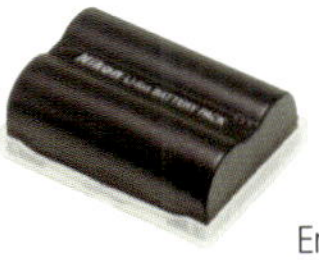
Ersatzakku

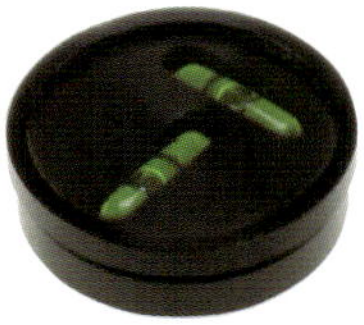
Taschenwasserwaage

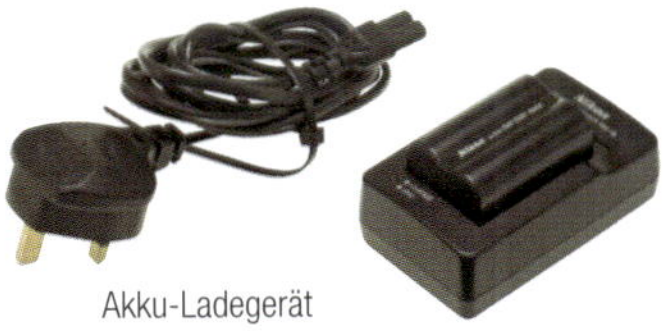
Akku-Ladegerät

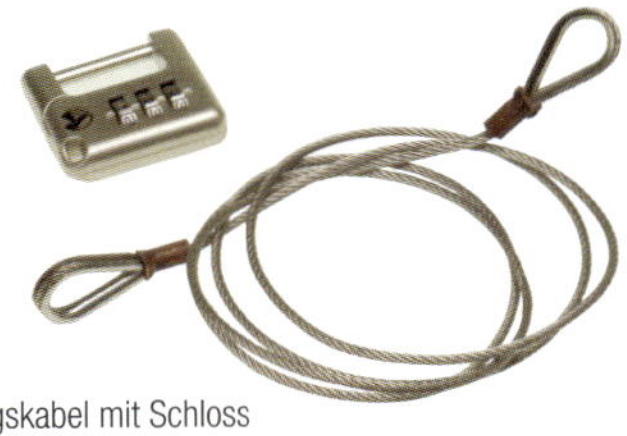
Sicherungskabel mit Schloss

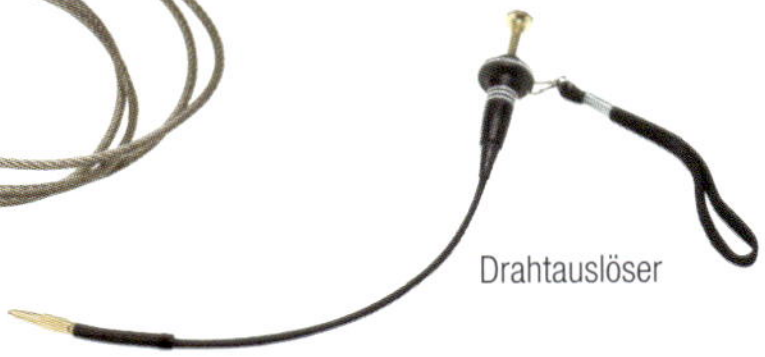
Drahtauslöser

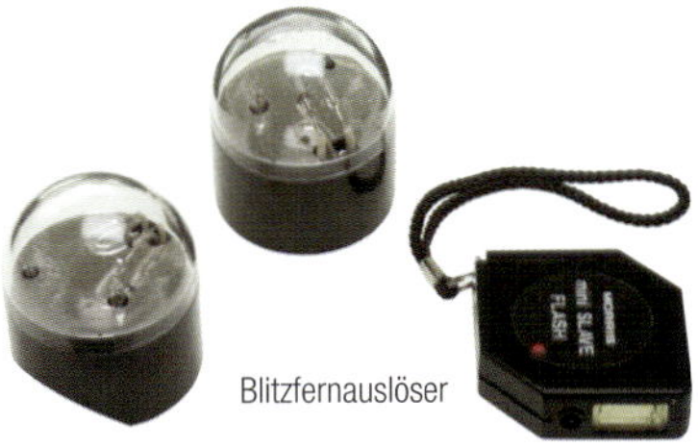
Blitzfernauslöser

Energie

Die Digitalfotografie ist viel abhängiger von der Versorgung mit Strom als die analoge Fotografie. LCD-Monitore „fressen“ viel Strom, daher ist es notwendig, stets ausreichend vollgeladene Akkus im Gepäck zu haben.

Die Kapazität eines Akkus wird in Milliampere-Stunden (mAh) angegeben. Ein Akku kann eine bestimmte Elektrizitätsmenge bei der Ladung speichern, je höher der mAh-Wert, umso länger hält er. Akkus mit höherer Kapazität sind zwar teurer, lohnen sich aber für die zumeist energiehungrigen Digitalkameras. Eine Kapazität von etwa 1800 mAh ist gut. Meistens kann man aber nur einen speziellen vom Kamerahersteller gefertigten Akku verwenden. Es ist daher wichtig, die Anzahl der Akkus zu ermitteln, die bei normalem Betrieb zwischen den Ladevorgängen notwendig sind.

Einige Kameramodelle bieten Alternativen in Form von Batteriehandgriffen. Diese Handgriffe werden, wie früher die Motor- oder Winderantriebe bei Analogkameras, unter der Kamera befestigt. Sie nehmen zusätzliche Akkus auf oder – für manche Reise äußerst praktisch – auch normale AA-Mignonbatterien.

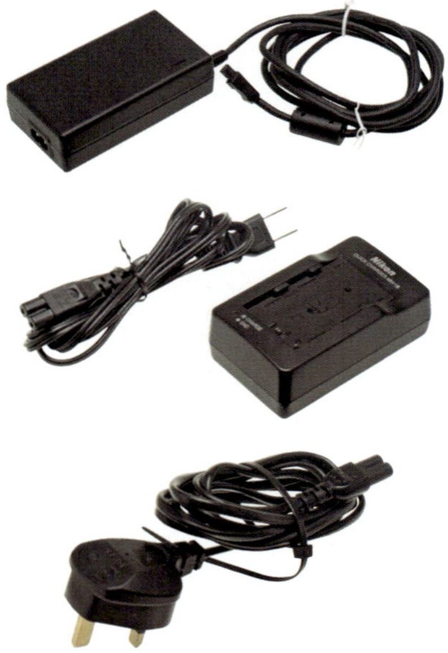

Ladegeräte und Adapter Je nach Kameramodell werden Akkuladegeräte mit mehreren Standardnetzkabeln und verschiedenen Netzsteckervarianten ausgeliefert.

Memory-Effekt

NiCd-Akkus leiden anders als NiMH- und Li-Ionen-Akkus unter dem Memory-Effekt. So bezeichnet man einen Kapazitätsverlust, der durch das Nachladen noch nicht vollständig entleerter Akkus entsteht. Kleine Gasbläschen reduzieren allmählich die aktive Zellfläche. Dadurch verringert sich die Kapazität, und der Akku entlädt sich früher. Solche Akkus müssen neu konditioniert werden.

Aufladbar

Wenn in eine Kamera normale AA- oder AAA-Batterien passen, kann man entsprechende Akkus kaufen. Allerdings ist die Kapazität dieser Akkus etwas geringer als die von Alkaline- oder Lithium-Batterien.

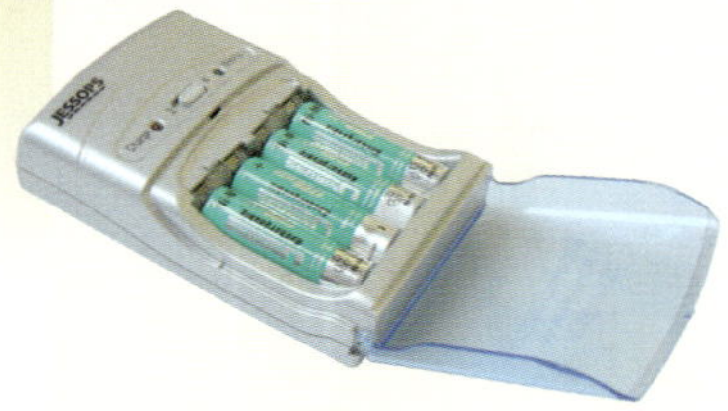

Aufladehinweise

Halten Sie sich an das Kamerahandbuch und beachten Sie Folgendes:

- ☐ NiCd- und auch NiMH-Akkus erst aufladen, wenn sie völlig entladen sind. Bei Li-Ionen-Akkus fördert eine schwache Entladung die Zahl der möglichen Ladezyklen.
- ☐ Akkus nicht überladen.

- Intelligente Ladegeräte können Akkus vor dem Laden zunächst entladen, um eine bessere Ladewirkung zu erreichen. Sie schalten sich bei voller Ladung automatisch ab.
- Passen Sie das Nachladen der Akkus an Ihre Bedürfnisse an. Man sollte mindestens einen Reserveakku haben, sodass die Kamera auch genutzt werden kann, während der leere Akku geladen wird.

Steckertypen weltweit

Weltweit sind vier grundlegende Netzsteckertypen mit Untervarianten gebräuchlich. Auf Reisen braucht man unbedingt die passenden Adapter. Auch die Netzspannung variiert von 110 V in Amerika und Japan bis zu den in Europa üblichen 220–240 V. Viele Kameraladegeräte kommen mit beiden Spannungen zurecht, doch sollte dies zuvor überprüft werden.

Amerikanisch

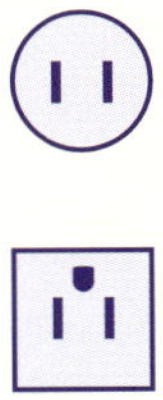

Br(D)

Haiti
Honduras
Jamaika
Japan
Kanada
Kuba
Liberia
Mikronesien
Nicaragua
Panama
Puerto Rico
Tahiti
Taiwan
Trinidad & Tobago
USA
Venezuela
Virgin Islands

Britisch

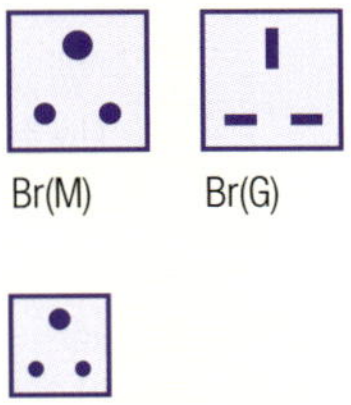

Br(M) Br(G)

Br(D)

Großbritannien – Br(G)
Hongkong – Br(D, G)
Indien – Br(D, M)
Irland – Br(G)
Katar – Br(D, G)
Libyen – Br(D)
Malaysia – Br(G)
Myanmar – Br(D, G)
Pakistan – Br(D)
Simbabwe – Br(D, G)
St. Lucia – Br(G)
Südafrika – Br(M)
Tansania – Br(D, G)
VAE – Br(D, G)

Europäisch

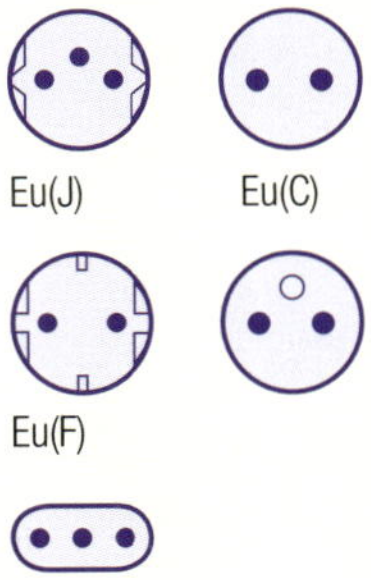

Eu(J) Eu(C)

Eu(F)

Eu(K)

Ägypten – Eu(C)
Dänemark – (C, K)
Deutschland – Eu(C, F)
Frankreich – Eu(E)
Griechenland – Eu(C, E, F)
Italien – Eu(F)
Kamerun – Eu(C, E)
Norwegen – (C, F)
Polen – Eu(C, E)
Russische Föderation – Eu(C, F)
Schweiz – Eu(J)
Spanien – Eu(C, F)
Ungarn – Eu(C, F)

Australasien

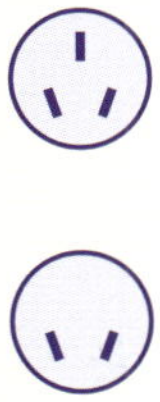

Au

Australien
Kiribati
Nauru
Neuseeland
Papua Neuguinea
Samoa
Tadschikistan
Tonga
Uruguay
Usbekistan

(Dieser Steckertyp passt auch in einige in der Volksrepublik China gebräuchliche Netzdosen, doch sind auch dort die Typen Br(G) und Am gebräuchlich.)

Inverter fürs Auto

DC/AC-Wandler werden an die Buchse des Zigarettenanzünders im Auto (oder an entsprechende Anschlüsse in Flugzeugen) angeschlossen. Der Inverter liefert die normale Netzspannung.

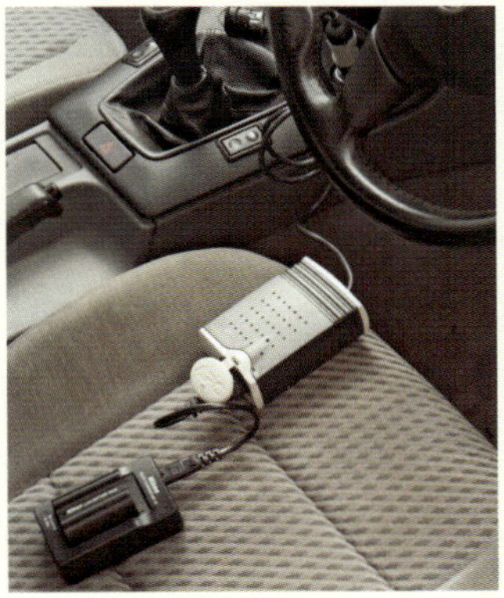

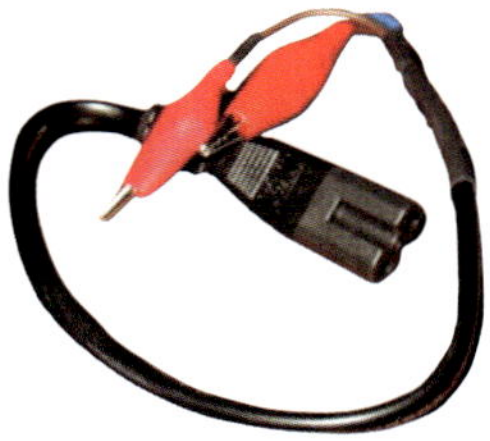

Fail-safe Netzadapter
Ein solcher Adapter mit Kabelklemmen ermöglicht es, die benötigten lokalen Stecker anzuschließen. Die meisten Ladegeräte und Transformatoren sind aber gekapselt, ihre Anschlusskabel sollten deshalb nicht abgeschnitten oder verändert werden.

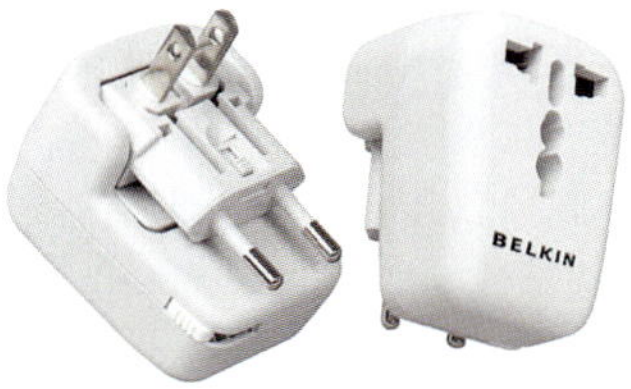

Multi-Adapter
Mit einem Universaladapter, der möglichst viele internationale Steckervarianten abdeckt, spart man die Kosten für mehrere Einzeladapter.

Glossar

Aberration (Abweichung) Abbildungsfehler durch geringfügige Fehler in der Linse.

Alphakanal Graustufenversion der Bilddatei, die zusammen mit den Farbkanälen zum Speichern von Masken und ausgewählten Bereichen benutzt werden kann.

Artefakt Fehler in einem digitalen Bild.

Aufhellblitz (auch Fill-in-Flash) Unterstützung von Kunst- oder Tageslicht durch Blitzlicht, um Details herauszuarbeiten und Schatten aufzuhellen.

Auflösung Die Detailgenauigkeit eines Bildes, gemessen in Pixeln (z. B. 1024 x 768 Pixel), lpi (Zeilen pro Zoll bei einem Monitor) oder dpi (Punkten pro Zoll, z. B. 1200 dpi in Halbtonbildern).

Ausschneiden / Einfügen Vorgehensweise in der Bildbearbeitung, bei der man einen Teil eines Bildes auswählt und in einem anderen Bild platziert.

Auswahl Bildteil, der zum Verschieben oder zur separaten Bearbeitung ausgewählt wurde, auf dem Bildschirm einen sichtbaren Rahmen markiert.

Belichtungsreihe Serie von meist drei Aufnahmen, um ein korrekt belichtetes Bild zu erhalten: einmal mit der als richtig angenommenen Belichtung, einmal etwas über- und einmal etwas unterbelichtet.

Beschneiden Unerwünschte Bildteile werden entfernt, der zurückbleibende Ausschnitt enthält nur noch die signifikanten Elemente.

Beschneidungspfad Eine Linie, die in der Bildbearbeitung einen auszuschneidenden Bildteil umreißt.

Bildrauschen siehe Rauschen.

Bit (binary digit) Die kleinste Einheit in der EDV mit dem Wert 0 oder 1. Acht Bits ergeben ein Byte.

Bitmap Ein Bild, das aus einem Muster aus Pixeln mit jeweils spezifischen Farb- und Helligkeitswerten zusammengesetzt ist.

Bit-Tiefe Die Anzahl der Bits an Farbdaten pro Bild-Pixel eines digitalen Bildes. Ein Bild in Fotoqualität benötigt acht Bits für jeden der drei Farbkanäle Rot, Grün und Blau, sodass das Bild die Bit-Tiefe von 24 erreicht. Die Anzahl der Bits entspricht einem Exponenten der Zahl 2, d. h. bei maximaler Bit-Tiefe eines Kanals 2^8=256 mögliche Farben. Daraus ergeben sich 256 x 256 x 256 Schattierungen, also 16,78 Millionen Farben.

Blende Die einstellbare Öffnung hinter der Kameralinse, durch die das Licht auf den Sensor fällt.

Blendeneinstellung Die Einstellung der Größe der Blendenöffnung im Objektiv.

Blendenschritt Exakt kalibrierter Wert der Öffnung der Blende des Objektivs.

Blitzschuh Vorrichtung an den meisten Spiegelreflex- und besseren Kompaktkameras zur Anbringung und Steuerung eines externen Blitzgeräts.

Brennpunkt (Fokus) Jener Punkt, an dem sich die Lichtstrahlen auf der Film- oder Sensorebene kreuzen und das schärfste Bild entsteht.

Brennweite Abstand zwischen der optischen Mitte einer Linse und ihrem Brennpunkt, wenn die Schärfe auf unendlich eingestellt ist.

Byte Die Grundeinheit bei der Desktop-Bildbearbeitung. 1 Byte entspricht 8 Bit. 1024 Byte sind ein Kilobyte (KB), 1024 KB sind ein Megabyte (MB) und 1024 MB sind ein Gigabyte (GB).

CCD (Charge-Coupled Device) Winzige Fotozelle, die Licht in ein elektrisches Signal umwandelt. In engen Abständen dicht angeordnet, dienen CCDs in Digitalkameras als Aufnahmesensoren.

CMOS (Complementary Metal-Oxide Semiconductor) Alternative Sensortechnologie, wird anstelle der CCD-Chips in ultra-hochauflösenden Kameras von Canon und Kodak verwendet.

Dateiformat Methode, um eine digitale Information, etwa ein Bild, zu schreiben und zu speichern. Übliche Formate für Bilder sind z. B. TIFF, BMP und JPEG.

Diffusion Die Streuung des Lichts durch ein Material, wodurch Licht und Schatten weicher werden. In der Natur wird Licht durch eine Wolkendecke oder Nebel gestreut, was man im Studio mit einer Streufolie oder Softbox simulieren kann.

dpi (Dots pro Inch) siehe Auflösung.

Dunst Diffusion durch feine Partikel in der Luft, in der Regel verursacht durch Staub, hohe Luftfeuchtigkeit oder Luftverschmutzung. Dunst lässt ein Bild in der Ferne verblassen und streut das harte Sonnenlicht.

Ebene Separate Schicht eines Bildes, die es erlaubt, verschiedene Elemente eines Bildes getrennt voneinander zu bearbeiten.

Farbsaum (Fringe) Ein normalerweise unerwünschter Effekt am Rand einer Auswahl, bei der sich die Farben des Auswahlbereichs und des Hintergrunds teilweise vermischen.

Farbtemperatur Eine Methode, Farbunterschiede im Licht zu beschreiben, Die Farbtemperatur wird in Kelvin gemessen und umfasst eine Skala von Mattrot (1900 K) über Orange und Gelb bis Weiß und Blau (10000 K).

Farbton (Hue) Die reine Farbe, die durch ihre Position im Farbspektrum definiert wird. Laienhaft auch als „Farbe" bezeichnet.

Filter 1) eine dünne, transparente Scheibe, die vor das Objektiv oder eine Lichtquelle gesetzt wird, um die Qualität oder die Farbe des Lichts zu beeinflussen. 2) Eine Funktion eines Bildbearbeitungsprogramms, die ausgewählte Pixel verändert oder transformiert, um eine bestimmte visuelle Wirkung zu erzielen.

Freistellen In der Bildbearbeitung ein Vorgang, bei dem eine Auswahl aus einem Bild herausgelöst wird.

Freistellpfad Eine Linie in Bildbearbeitungsprogrammen, um Bild und Hintergrund zu trennen.

Fringe siehe Farbsaum GB (Gigabyte) siehe Byte

Gegenlichteffekt Das Ergebnis einer Aufnahme mit einer künstlichen oder natürlichen Lichtquelle, die sich hinter dem Motiv befindet und eine Silhouette oder einen Lichtsaum erzeugt.

Gradation *siehe* Verlauf.

Graustufenbild Bild, das aus einer Serie von 256 aufeinander folgenden Graustufen aufgebaut ist, die den gesamten Bereich zwischen Weiß und Schwarz abdecken.

Helligkeit Grad der Lichtintensität, eine der drei Eigenschaften von Farbe. Siehe auch Farbton, Sättigung.

Histogramm Grafische Darstellung der Tonwertverteilung in einem Bild. Die horizontale Achse reicht vom dunkelsten zum hellsten Ton, die vertikale Achse gibt die Anzahl der Pixel an.

HSB (Hue, Saturation, Brightness) = Farbton, Sättigung, Helligkeit. Die drei Eigenschaften von Farbe und das Standard-Farbmodell in vielen Bildbearbeitungsprogrammen.

Hue *siehe* Farbton.

Interpolation Hinzufügen oder Löschen von Pixeln bei der Berechnung einer neuen Bildgröße in Photoshop.

ISO Norm zur Angabe der Lichtempfindlichkeit eines Films. Je höher der ISO-Wert, desto weniger Licht/kürzere Belichtungszeit ist für eine Aufnahme erforderlich. Eine höhere Empfindlichkeit macht die Aufnahme allerdings auch grobkörniger.

JPEG Dateiformat, das Bilddaten durch Weglassen kaum erkennbarer Farbinformationen stark komprimiert speichert.

Kalibrierung Feineinstellung der Farbwiedergabe einer Komponente, etwa des Monitors, damit dieser verlässlich mit anderen Komponenten, wie Scanner und Drucker, zusammen arbeitet.

Kanal Teil eines digitalen Bildes, einer Ebene vergleichbar. In der Regel besitzt ein Farbbild je einen Kanal pro Primärfarbe (z. B. RGB) sowie manchmal zusätzlich einen oder mehrere Kanäle für Masken und andere Effekte.

KB (Kilobyte) *siehe* Byte.

Kompaktblitz (Monoblock) Geschlossene, regelbare Blitzeinheit mit eigener Stromversorgung. Für ausgefeilte Ausleuchtung können mehrere Kompaktblitze miteinander synchronisiert werden.

Komprimierung Die Größe von Bilddateien wird durch bestimmte Algorithmen reduziert. Viele Bildpixel mit ähnlichen Farbwerten werden dabei zu einer Information zusammengerechnet.

Kontrast Helligkeitsunterschied zwischen benachbarten Bereichen in einem Bild.

Kontrastumfang Der Tonwertumfang eines Bildes von hellen Lichtspitzen bis zu dunklen Schatten.

Konvergenz Die Verzerrung paralleler Linien, die durch den Aufnahmewinkel und das Objektiv entsteht.

Lasso Ein Werkzeug der Bildbearbeitung, das zum Zeichnen einer Linie um einen auszuwählenden Bildbereich dient.

LCD (Liquid Crystal Display) Monitor an der Rückseite der Kamera.

Lichtsaum Licht, das ein Motiv von hinten trifft und einen Blendeffekt oder einen leuchtenden Rand um seine Kanten erzeugt.

Lichtzelt Ein zeltartiger Überbau von verschiedener Größe aus Diffusionsmaterial, streut das Licht bei Nahaufnahmen über einen größeren Bereich.

Luminanz Leuchtkraft einer Farbe, unabhängig von Farbton und Sättigung.

Makro Eine Spezialobjektiv für Nahaufnahmen mit einem Abbildungsmaßstab von 1:1 oder größer.

Maske Eine Graustufenschablone in der Bildbearbeitung, die einen Teil eines Bildes verdeckt. Als eines der wichtigsten Bearbeitungswerkzeuge beschränkt die Maske Veränderungen auf einen definierten Bereich.

MB (Megabyte) *siehe* Byte.

Megapixel Wert zur Angabe der Auflösung einer Digitalkamera. Entspricht der Anzahl der Pixel, die ein CMOS- oder CCD-Chip (siehe dort) speichert. Je mehr Megapixel, desto höher ist die Auflösung der von der Kamera gelieferten Bilder.

Mikrofotografie Das Fotografieren mithilfe eines Mikroskops.

Mitteltöne Jene Teile des Bildes, die im mittleren Bereich des Tonwertumfangs zwischen Lichtern und Schatten liegen.

Monoblock *siehe* Kompaktblitz.

Panorama Ein breit angelegtes Bild, das mindestens doppelt so breit wie hoch ist.

Pixel (PICture ELement) Kleinste Einheit eines digitalen Bildes – als quadratischer Bildpunkt in einem Bitmap-Bild zu sehen. Jedes Pixel trägt Helligkeits- und Farbinformationen.

ppi (Pixel pro Inch) *siehe* Auflösung.

Puffer (Buffer) Temporärer Speicher in der Digitalkamera, in dem die Bilder einer schnell aufgenommenen Sequenz vor der Übertragung auf die Speicherkarte gelagert werden.

Rauschen (Noise) Unerwünschtes, zufälliges Muster aus kleinen Punkten in einem digitalen Bild, erzeugt durch Signale, die nicht der Bilddarstellung dienen.

Reflektor Gegenstand aus reflektierendem Material, der künstliches oder natürliches Licht auf das Motiv lenkt. Dadurch wird das Licht auch oft gestreut und verteilt, sodass gleichmäßigeres Licht auf das Motiv fällt.

Resampling Ändern der Auflösung eines digitalen Bildes. Pixel werden entweder entfernt (geringere Auflösung) oder durch Interpolation hinzugefügt (höhere Auflösung).

RGB (Rot, Grün, Blau) Die Primärfarben des additiven Farbmodells, die von Monitoren und Bildbearbeitungsprogrammen verwendet werden.

Sättigung Farbintensität, die von farblos (grau) bis intensiv bunt reichen kann.

Schärfebereich Bereich, in dem ein Objektiv einen Punkt fokussieren kann (z. B. 0,5 m bis unendlich.

Schärfentiefe Die Entfernung vor und hinter dem fokussierten Punkt, in der die Szene auf einem Foto in akzeptabler Schärfe abgebildet wird.

SLR (Single Lens Reflex) Einäugige Spiegelreflexkamera. Kamera, bei der das Bild gleichzeitig auf den Film bzw. den Sensor und über einen Spiegel in den Sucher gelenkt wird, sodass man Ausschnitt und Schärfe exakt kontrollieren kann.

Snoot *siehe* Spotvorsatz.

Softbox Zubehör für die Studiobeleuchtung; flexible Box, die an einer Seite an einer Lichtquelle befestigt und an der anderen Seite mit Streufolie bespannt wird. Diese macht Lichter und Schatten auf dem Motiv weicher.

Spitzlicht Licht, das das Motiv von seitlich hinten beleuchtet und Reflexe oder einen hellen Lichtrand erzeugt.

Spotmesser Ein spezieller Belichtungsmesser als Gerät oder Kamerafunktion, der die Belichtung für einen eng umgrenzten Bereich des Motivs misst.

Spotvorsatz Konischer Zylinder; wird an einer Leuchte angebracht und konzentriert das Licht zu einem Spot.

Stitching In der Bildbearbeitung der Vorgang, bei dem mehrere Aufnahmen zu einem größeren Bild, meist einem Panorama (siehe dort), zusammengefügt werden.

Strahl (Objekt- bzw. Bildstrahl) Abstand zwischen dem Zentrum der Linse und dem Objekt auf der einen bzw. dem Sensor auf der anderen Seite.

Teleobjektiv Objektiv mit langer Brennweite zur Vergrößerung entfernter Objekte. Nachteile sind die geringere Schärfentiefe sowie der kleinere Blickwinkel.

TIFF (Tagged Image File Format) Dateiformat für hochauflösende Grafiken und Bilder, das von vielen Programmen und Betriebssystemen erkannt wird.

TTL (Through The Lens)-Messung Methode zur Belichtungsmessung anhand des durch das Objektiv einfallenden Lichts.

Verlauf Sanfte Überblendung eines Farbtons in einen anderen oder von transparent zu getönt. Ein Gradationsfilter (Verlaufsfilter) kann z. B. auf einer Seite dunkel sein und sich bis transparent aufhellen.

Verschluss Vorrichtung in der Kamera, welche die Zeitdauer steuert, in der Licht auf den Film oder den Sensor fällt.

Vorderlicht Licht, das von hinter der Kamera auf das Motiv trifft; kreiert helle Bilder mit hohem Kontrast, jedoch wenig Schatten und Relief.

Weiche Kante Unscharfe Begrenzung eines Bildes oder einer Auswahl (elektronische Bildbearbeitung).

Weißabgleich Einstellmöglichkeit an Digitalkameras, um Belichtung und Farbbalance verschiedenen Lichtquellen anzupassen.

Zoomobjektiv Objektiv mit verstellbarer Brennweite. Nachteile gegenüber Festbrennweiten sind geringere Lichtempfindlichkeit und stärkere Aberration.

Zwischenring Objektivvorsatz zwischen Sensor und Objektiv einer SLR, um auf kurze Distanz scharf stellen zu können.

Notizen

Register